Criminologie

Criminologie

7ᵉ édition

2011

Raymond Gassin
Professeur honoraire à la Faculté de droit et de science politique
de l'Université Paul Cézanne Aix-Marseille III
Directeur honoraire de l'Institut de sciences pénales
et de criminologie d'Aix-en-Provence

Prix Beaumont-Tocqueville
de l'Association internationale
des criminologues de langue française

Sylvie Cimamonti
Professeur à l'Université Paul Cézanne
Aix-Marseille III
Directrice du Centre de Recherches
en Matière Pénale

Philippe Bonfils
Professeur à l'Université Paul Cézanne
Aix-Marseille III
Directeur de l'Institut
d'Études Judiciaires

31-35 rue Froidevaux, 75685 Paris cedex 14

© ÉDITIONS DALLOZ - 2011
ISBN 978-2-247-11012-4

SOMMAIRE

(Une table des matières détaillée figure à la fin de l'ouvrage)

AVANT-PROPOS
de la première édition

Le présent Précis de « Criminologie » est à la fois la continuation de l'ancien Précis de « Criminologie et Science Pénitentiaire » de MM. Stefani, Levasseur et Jambu-Merlin et quelque chose de nouveau. Nouveau, il l'est tout d'abord parce qu'il est tout entier consacré à la Criminologie, la Science Pénitentiaire devant faire l'objet d'un Précis distinct. Nouveau, il l'est ensuite par sa conception d'ensemble qui diffère notablement de celle de la partie de l'ancien Précis qui était réservée à la criminologie. Nouveau enfin, il l'est par la personne de son auteur à qui ses prédécesseurs ont fait la faveur insigne de confier la continuation de leur entreprise.

C'est ici précisément que se situe la part de permanence entre le nouveau et l'ancien. Le signataire de ces lignes n'a jamais oublié tout ce qu'il doit au regretté Professeur Stefani auprès de qui il a appris cette technique irremplaçable d'étude et de présentation des questions que constitue la leçon d'agrégation. Il sait aussi tout ce dont il est redevable au Professeur Levasseur, non seulement pour l'amitié dont il n'a cessé de l'honorer, mais pour l'exemple qu'il lui a donné d'une œuvre qui a abordé brillamment pratiquement tous les aspects du droit pénal et nombre de problèmes de criminologie. Il doit dire encore combien lui a apporté le Professeur Jambu-Merlin à travers sa très importante participation à la partie « criminologie » de l'ancien Précis qui avait su parfaitement concilier la tradition de la science criminologique française élaborée dans les Facultés de Droit au début du XXe siècle par H. Joly et P. Cuche, avec les acquisitions de la criminologie contemporaine postérieures à la Seconde Guerre mondiale. L'auteur de ce nouveau Précis a entendu, à son tour, tenir le plus grand compte de l'expérience de ses aînés pour offrir à ses lecteurs, et notamment aux étudiants à qui il est tout particulièrement destiné, une connaissance aussi actuelle que possible de la criminologie moderne.

AVERTISSEMENT
de la deuxième édition

D'une édition à l'autre, un manuel est une pensée en évolution. La chose est bien connue et ne mériterait pas d'être rappelée si les modes d'évolution de la pensée n'étaient différents selon les types de disciplines scientifiques. Or, la collection des Précis Dalloz dans laquelle est publié le présent manuel étant destinée principalement aux juristes, il paraît nécessaire de relever que la réalisation de la nouvelle édition d'un manuel de *criminologie* ne se fait pas de la même façon que celle d'un manuel de *droit pénal*. La préoccupation du *criminaliste* consiste essentiellement à mettre à jour son ouvrage de la législation et de la jurisprudence nouvelles et à y intégrer les références aux travaux doctrinaux publiés depuis la précédente édition. Le souci du *criminologue* en revanche est bien différent. Le caractère empirique de la criminologie exclut, sauf exceptions rarissimes, les préoccupations de mise à jour législative et jurisprudentielle. Ce qui focalise son attention, en revanche, c'est la *littérature criminologique récente* qui contient la présentation de *nouvelles recherches empiriques* et *de nouvelles réflexions théoriques*. Ces dernières l'amènent tout d'abord à *ajouter des références* de bas de page ou de fin de chapitre. Elles le conduisent en deuxième lieu à *compléter les développements de la précédente édition,* soit par l'adjonction d'alinéas dans les numéros du texte existants, soit par la création de numéros complémentaires lorsque les nouveaux développements sont trop importants. Enfin – *last but non least* – la lecture des ouvrages et articles nouvellement publiés – ou la relecture de textes antérieurs – entraîne parfois à *réviser certains points de vue* ou à *construire des analyses inédites*. C'est précisément ce qui a été fait dans cette deuxième édition.

AVERTISSEMENT
des éditions ultérieures

Comme les précédentes éditions ces éditions comportent trois sortes de modifications :

1) Des additions bibliographiques en vue de la mise à jour de l'ouvrage, portées soit en fin de livre pour celles qui concernent l'ensemble de la matière, soit en fin de chapitre pour celles qui se rapportent au thème général du chapitre, soit en notes de bas de page pour les bibliographies nouvelles particulières;

2) Des modifications ou des développements supplémentaires secondaires insérés dans les numéros existants de l'ouvrage, assortis éventuellement des références bibliographiques correspondantes;

3) Des adjonctions de numéros supplémentaires comportant des développements nouveaux signalés par des nombres-indices ajoutés aux numéros de l'ouvrage (ex. n°s 70-1 à 70-14). Pour permettre le repérage immédiat de ces nouveaux numéros, l'édition précédente a été entièrement renumérotée afin de faire disparaître l'indication particulière des numéros de cette édition qui avaient été ajoutés à l'édition antérieure.

AVERTISSEMENT
de la septième édition

Il y aura cette année 23 ans qu'a été publiée la première édition du présent manuel de criminologie. L'accueil bienveillant fait à l'ouvrage tant par les criminologues de langue française que par les pénalistes, a nécessité dans les deux ans suivants une deuxième édition. Depuis lors se sont succédé quatre nouvelles éditions comportant chacune non seulement des mises à jour mais aussi de nouveaux développements destinés à tenir compte de problèmes criminologiques nouveaux, ce qui représente au total une édition tous les quatre ans environ.

Mais entre-temps, le temps a passé et l'âge aussi a avancé... Aussi était-il nécessaire que je m'associe des collègues qui ont encore devant eux de longues perspectives de carrière pour assurer la continuation de l'entreprise.

Leur choix m'a été naturellement dicté par l'intérêt et la compétence apportés à la criminologie par Sylvie Cimamonti et Philippe Bonfils, tous deux professeurs à l'Université Paul Cézanne d'Aix-Marseille III, qui avaient été mes étudiants en criminologie en doctorat. Leur qualité de pénalistes est bien connue des juristes par leurs nombreux travaux. Mais leur compétence en criminologie n'en est pas moins certaine comme en témoignent déjà les distinctions qu'ils ont obtenues en la matière dès leurs études doctorales. Sylvie Cimamonti, auteur d'un mémoire sur « Le processus d'élaboration de la loi « Sécurité et Liberté ». Essai d'analyse sociologique », a été couronnée en 1982 par le prix Gabriel Tarde décerné par le « Comité de Coordination des recherches criminologiques » et son travail a été publié la même année aux Presses de l'Université d'Aix-Marseille. Philippe Bonfils, auteur à son tour d'un mémoire de macrocriminologie intitulé « Pourquoi la criminalité a-t-elle baissé au cours des années 1980 ? Le cas français » a tant intéressé plusieurs collègues étrangers qu'il lui a été proposé d'en publier la « substantifique moelle » à la *Revue internationale de criminologie et de police technique et scientifique*, ce qui fut fait dans l'un des numéros de 1996, page 192-213. C'est dire combien cette 7ᵉ édition et les éditions à venir se trouvent en d'excellentes mains pour continuer l'œuvre entreprise il y a 23 ans...

Raymond GASSIN

ABRÉVIATIONS

AAC	Archives d'anthropologie criminelle
Act. psych.	Actualités psychiatriques
AIC	Annales internationales de criminologie
AJ pénal	Actualité juridique pénal (Dalloz)
AMLC	Annales de médecine légale et de criminologie
AMP	Annales médico-psychologiques
Ann. Vaucr.	Annales de Vaucresson
APC	Archives de politique criminelle
Archives Phil. dr.	Archives de philosophie du droit (Dalloz/Sirey)
AS	Année sociologique
BML	Bulletin de médecine légale et de toxicologie médicale
BSIC	Bulletin de la société internationale de criminologie
BSIDS	Bulletin de la société internationale de défense sociale
C. com.	Code de commerce
C. pén.	Code pénal
C. pr. pén.	Code de procédure pénale
C./	Contre
CESDIP	Centre d'études sociologiques du droit et des institutions pénales
CGI	Code général des impôts
Chron.	Chronique
CICC	Centre international de criminologie comparée (Montréal)
CIPC	Centre international pour la prévention de la criminalité
Comp.	Comparer
Consid.	Considérant(s)
CR	Compte rendu
CS	Cahiers de la sécurité
CSI	Cahiers de la sécurité intérieure
D.	Recueil Dalloz-Sirey
Déc.	Décision
Dév. et soc.	Déviance et société
Dict. sc. crim.	*Dictionnaire des sciences criminelles*, Dalloz, 2004
Doc. fr.	La documentation française

EIPSC	Études internationales de psychosociologie criminelle
EJCPR	European Journal on crime, policy and research
Gaz. Pal.	Gazette du Palais
Gend. Nat.	Gendarmerie Nationale
IC	Instantanés criminologiques
IHESI	Institut des hautes études et de la sécurité intérieure
INHESJ	Institut national des hautes études de la sécurité et de la justice
IP	Information psychiatrique
JCP	Jurisclasseur périodique, Semaine juridique
LPA	Les Petites Affiches
ML et DC	Médecine légale et dommage corporel
OND	Observatoire national de la délinquance
ONDRP	Observatoire national de la délinquance et des réponses pénales
Prob. act. Sc. crim.	Problèmes actuels de science criminelle
Quest. pén.	Questions pénales
RCC	Revue canadienne de criminologie
RCCJP	Revue canadienne de criminologie et de justice pénale
RDPC	Revue de droit pénal et de criminologie
Req.	Requête
Rev. gend. nat.	Revue de la Gendarmerie nationale
Rev. pol. nat.	Revue de la police nationale
RFSP	Revue française de science politique
RI. polit. crim.	Revue internationale de politique criminelle
RICPT	Revue internationale de criminologie et de police technique et scientifique
RIDP	Revue internationale de droit pénal
RIDS	Revue internationale de défense sociale
RIPC	Revue internationale de police criminelle
RISS	Revue internationale des sciences sociales
RPDP	Revue pénitentiaire et de droit pénal
RRJ	Revue de la recherche juridique. Droit prospectif
RSC	Revue de science criminelle et de droit pénal comparé
SEPC	Service d'études pénales et criminologiques
SPES	Service Provençal d'Encouragement et de Soutien
UNSDRI	Institut de recherches sur la défense sociale des Nations Unies

SITES INTERNET

American Society of Criminology :   www.asc41.com

Association française de criminologie (AFC) :   www.afc-assoc.org

Association internationale des criminologues
de langue française :   http://www3.unil.ch/wpmu/aiclf/

Centre d'études sociologiques sur le droit
et les institutions pénales (CESDIP) :   www.cesdip.fr

Centre international de criminologie
comparée (CICC) :   www.cicc.umontreal.ca

Centre international pour la prévention
de la criminalité (CIPC) :   www.crime-prevention-intl.org

Champ pénal (Nouvelle revue internationale
de criminologie) :   http://champpenal.revues.org

Dictionnaire de Criminologie en ligne :   www.criminologie.com

European Society of Criminology :   www.esc-eurocrim.org

Ministère de l'Intérieur :   www.interieur.gouv.fr

Ministère de la Justice :   www.justice.gouv.fr

Observatoire national de la délinquance
(OND) :   www.inhes.interieur.gouv.fr

Observatoire national de la délinquance
et des réponses pénales (ONDRP) :   www.inhesj.fr

INTRODUCTION

1 *Plan* ◇ On date généralement la naissance de la criminologie des travaux accomplis par trois savants italiens dans le dernier quart du XIXᵉ siècle : Lombroso[1], Ferri[2] et Garofalo[3]. La criminologie a donc maintenant plus de 125 ans d'existence.

Mais malgré le passé qu'elle possède déjà, la criminologie pose encore une question qui ne reçoit pas toujours une réponse très nette : *la criminologie est-elle une science véritable ou bien n'est-elle qu'un ensemble de propositions, plus ou moins cohérentes, qui n'ont pas encore acquis un véritable statut scientifique, voire qu'un simple mythe pseudo-scientifique ?*[4]

Pour répondre à cette question fondamentale, il convient de s'interroger tour à tour, comme on le fait chaque fois qu'il s'agit de l'introduction à l'étude d'une science et en particulier d'une science de l'homme, sur son objet, sa méthode et ses tendances principales, en ayant également présent à l'esprit que l'enseignement, la recherche et les débouchés professionnels sont eux-mêmes tributaires de cette réponse. Aussi va-t-on diviser cette introduction générale en quatre chapitres :

– Chapitre 1 : La définition et l'objet de la criminologie,
– Chapitre 2 : La méthode de la criminologie,
– Chapitre 3 : Les grandes théories criminologiques,
– Chapitre 4 : L'enseignement, la recherche et la profession en criminologie.

---

1. L'ouvrage fondamental de Lombroso est *L'homme criminel* publié en 1876.
2. Auteur de la *Sociologie criminelle* parue en 1881 sous le titre *Les nouveaux horizons du droit pénal.*
3. Garofalo est resté célèbre par son ouvrage *La criminologie* publié en 1885. On attribue généralement à cet auteur la paternité du terme « Criminologie », mais celui-ci a été, semble-t-il, employé pour la première fois par un médecin anthropologue français du nom de Topinard (1830-1911).
4. J. Cordier, « La criminologie peut-elle être une science ? » dans F. Ringelheim (dir.), *Punir mon beau souci. Pour une raison pénale*, Bruxelles, 1984, p. 330-346.

CHAPITRE 1
LA DÉFINITION ET L'OBJET DE LA CRIMINOLOGIE

2 *Premières définitions* ◇ On définit souvent la criminologie comme « l'étude scientifique du phénomène criminel », la « science du phénomène criminel », la « science du crime »[1].

Ces définitions, qui sont à première vue séduisantes par leur simplicité et leur généralité, sont en réalité purement nominales. Elles recouvrent en effet des notions extrêmement variables de la criminologie (Section 1) dont l'exposé préalable est indispensable pour comprendre l'objet spécifique de cette discipline (Section 2). Ces développements sont aujourd'hui d'autant plus nécessaires que la question a connu ces dernières années, un regain d'intérêt dans la littérature criminologique[2].

SECTION 1. LA DIVERSITÉ DES DÉFINITIONS DE LA CRIMINOLOGIE

3 *Définitions en extension et en compréhension* ◇ L'examen de la littérature consacrée à la définition de la criminologie montre qu'il n'existe pas plus aujourd'hui qu'hier de définition uniforme de celle-ci. Les divergences se manifestent non seulement en ce qui concerne l'extension du concept de criminologie, c'est-à-dire l'étendue de son domaine (§ 1), mais aussi ce qui est plus grave encore à propos de la compréhension de cette notion, c'est-à-dire de ce qui la caractérise et en constitue l'essentiel (§ 2).

§ 1. La diversité des définitions en extension

4 *Les faces multiples de l'action criminelle* ◇ La diversité des définitions en extension de la criminologie est attestée par le fait qu'il y a presque autant de conceptions de la criminologie que de criminologues.

---

1. V. encore tout récemment M. Le Blanc et M. Cusson (dir.), *Traité de criminologie empirique*, 4ᵉ éd., Presses Univ. Montréal, 2010, p. 7 : « La criminologie empirique peut être définie comme l'étude scientifique du phénomène criminel ».

2. *Cf.* C. Debuyst, « Pour introduire une histoire de la criminologie : les problématiques de départ », *Dév. et soc.* 1990, p. 347-371 ; F. Digneffe, « La criminologie et son histoire. Réflexions à propos de quelques questions d'objet et de méthode(s) », *RICPT*, 1991, p. 299-319 ; L. Walgrave, « À la recherche de la criminologie », *RICPT*, 1993, p. 9-22 ; H. Schuler-Springorum, « *Criminology as a Congress Issue* », *AIC*, 1989, p. 27-36. On remarquera toutefois que le mot « criminologie » ne figure pas dans le *Dictionnaire de la violence et du crime* de R. Dufour-Gompers, éd. Erès, 1992. Ce dictionnaire n'emploie le terme qu'assorti d'un qualificatif (anthropologique, clinique, comparative) ; est-ce l'aveu implicite d'une difficulté insurmontable ou l'expression silencieuse de l'inexistence de la discipline pour cet auteur ?

Il faut cependant se garder de croire que ce phénomène est dû à la fantaisie et à l'indiscipline des criminologues. Il s'explique au contraire par le fait que le phénomène criminel est un phénomène à facettes multiples, qui met en jeu un nombre important de faits et d'activités se déroulant sur une période parfois fort étendue (existence d'une législation pénale, infraction à celle-ci, intervention de l'appareil policier et judiciaire, exécution de la condamnation, voire aujourd'hui au-delà).

Certains auteurs ont alors prétendu regrouper l'ensemble des disciplines qui étudient ces divers aspects du phénomène criminel sous le vocable de criminologie, tandis que d'autres ont réservé ce terme à l'étiologie et à la dynamique criminelles. Il en est résulté tantôt des définitions larges (A) et tantôt des définitions étroites de la criminologie (B).

A. Les définitions larges de la criminologie

5 *Les trois grandes orientations* ◇ Les définitions larges de la criminologie se caractérisent par le fait que le terme de « criminologie » y recouvre un nombre plus ou moins grand de sciences criminelles. Il s'agit bien souvent plus d'une étiquette apposée sur un flacon au contenu divers que d'une véritable délimitation d'une science distincte et autonome.

6 *La conception de Ferri* ◇ Dans cette perspective la définition la plus large est celle de l'un des fondateurs de la criminologie, l'Italien Enrico Ferri (1857-1929)[1]. Pour Ferri en effet, la « sociologie criminelle », terme qui doit être entendu dans son œuvre comme synonyme de « criminologie », est la somme de toutes les sciences criminelles. Elle englobe notamment le droit pénal qui n'est rien d'autre que le chapitre juridique de cette science plus générale qu'est la sociologie criminelle. Cette conception a été reprise par un élève de Ferri, V.V. Stanciu[2] et par certains sociologues dont notamment M. Denis Szabo[3, 4].

7 *L'école encyclopédique* ◇ Parmi les conceptions larges de la criminologie, on trouve encore celle qui a été développée par l'école autrichienne encyclopédique de Hans Gross, Roland Grassberger[5] et Ernst Seelig[6]. Sans doute, ces auteurs se séparent-ils de Ferri en ce qu'ils distinguent

---

1. E. Ferri, *La sociologie criminelle*, 4ᵉ éd. 1900, trad. française, 1905. La 3ᵉ éd. de 1891 traduite en français par E. Ferri lui-même en 1893 a été republiée en 2004 par les éd. Dalloz avec une présentation de R. Gassin, 648 p.
2. M. Laignel-Lavastine et V. V. Stanciu, *Précis de criminologie*, Payot 1950; V. V. Stanciu, « Qu'est-ce que la criminologie ? », *Et. int. psycho-socio. crim.* 1956, 52-58; V. V. Stanciu, *Essais de psycho-sociologie criminelle*, Éd. Anthropos, 1980, p. 23-25.
3. D. Szabo, *Criminologie*, 24-27. *Adde* : « Tendances actuelles en criminologie », *RICPT*, 1979, p. 231-237.
4. V. encore pour une conception englobante contemporaine, F. Mantovani, *Il problema della criminalita Compendio du scienze criminali*, Cedam, 1984, 682 p., CR *RSC*, 1988, p. 172-174.
5. R. Grassberger, « Qu'est-ce que la criminologie ? », *RICPT*, 1949, p. 3-9.
6. E. Seelig, *Traité de criminologie*, PUF 1956, p. 3-14.

soigneusement le droit pénal de la criminologie. Selon eux en effet, il faut différencier deux aspects dans le phénomène criminel : les aspects normatifs qui relèvent du droit pénal et les aspects réels ou positifs qui seuls font partie de la criminologie. Mais au-delà de cette distinction, le champ de la criminologie demeure extrêmement vaste et fait de celle-ci une science composite puisqu'elle comprend non seulement l'étiologie criminelle, mais également la criminalistique et la science pénitentiaire. De là son appellation d'école encyclopédique[1]. En France, cette conception du contenu de la criminologie semble avoir été retenue par J. Larguier[2].

8 *L'école américaine classique* ◇ C'est encore dans une perspective étendue, quoique d'orientation différente, que se situe la définition de la criminologie donnée par l'américain Sutherland[3]. Partant de cette idée que la « criminologie est la science qui étudie l'infraction en tant que phénomène social », il lui assigne un vaste domaine englobant « les processus de l'élaboration des lois, de l'infraction aux lois et des réactions provoquées par l'infraction aux lois », qui constituent trois aspects d'une suite d'interactions constantes. De la sorte la criminologie se diviserait en trois branches principales : la sociologie du droit pénal, l'étiologie criminelle et la pénologie[4].

Cette conception a certainement influencé en France la représentation de la criminologie que se faisait J. Léauté[5]. Mais c'est surtout en Amérique du Nord – d'où elle s'est ensuite répandue un peu partout dans le monde occidental – que la conception de Sutherland a eu de l'influence sur la pensée criminologique contemporaine. En incluant en effet dans la criminologie, à côté de l'étiologie criminelle, la sociologie du droit pénal et la pénologie, l'approche de cet auteur contenait en germe le développement de points de vue nouveaux sur l'action criminelle fondés sur les analyses effectuées dans ces deux sous-disciplines. C'est précisément ce qui s'est produit avec l'apparition dans les années 1960 des perspectives interactionnistes et de la théorie de la stigmatisation (*labeling theory*), puis dans les années 1970 de la criminologie radicale et de la criminologie critique[6]. Ces nouvelles approches de l'action criminelle ont donné naissance à la criminologie dite de « la réaction sociale »[7] qui met l'accent non plus sur l'acte criminel et son auteur, mais sur le contenu et les effets de la réaction sociale à la délinquance, et en dernier lieu sur la victime. Finalement, on dit volontiers aujourd'hui que la criminologie comprend en gros quatre domaines : la criminogenèse, la criminologie organisationnelle, la criminologie interactionniste et la

---

1. *Cf.* J. Pinatel, *La criminologie*, n° 5; *Traité*, n° 4.
2. J. Larguier, *Criminologie et science pénitentiaire*, p. 3-4.
3. E. H. Sutherland et D. R. Cressey, *Principes de criminologie*, Cujas, 1966, p. 11-32.
4. V. ce qu'écrit sur cette définition extensive C. Debuyst, *Dév. et soc.* 1990, art. précité, spéc. p. 374-376.
5. Vouin-Léauté, 1956, p. 19-21; Léauté, *Criminologie et science pénitentiaire*, p. 13-26; Cours polycopié, p. 114-133. Adde R. Gassin, « À propos de *Criminologie et science pénitentiaire* de M. Jacques Léauté, Quelques considérations », *RSC*, 1978, p. 593 spéc. 594-595.
6. Sur ces diverses théories, *cf. infra* n°s 301 et s.
7. P. Robert, « La sociologie entre une criminologie du passage à l'acte et une criminologie de la réaction sociale », *AS*, 1973, p. 441-504.

victimologie[1]. Il s'agit bien ici encore de conceptions larges de la criminologie qui s'inscrivent dans le prolongement de la perspective dessinée par Sutherland et qui tiennent en même temps compte des nouveaux champs d'investigation scientifique qui se sont ouverts ou développés depuis une trentaine d'années, comme la victimologie[2].

B. Les définitions étroites de la criminologie

9 *Points communs* ◊ À côté des définitions larges de la criminologie que l'on vient d'étudier, il existe aussi des définitions étroites de l'objet de celle-ci.

Toutes ces définitions s'accordent d'abord à admettre que criminologie et droit pénal constituent deux disciplines distinctes, ayant l'une une fonction positive et expérimentale et l'autre une fonction normative. Elles présentent donc toutes les caractéristiques de s'opposer à la conception de Ferri sur ce point.

Mais en outre, ces définitions étroites répudient les autres conceptions larges de l'objet de la criminologie en ce qu'elles assignent à celle-ci pour but exclusif l'étude de l'étiologie et de la dynamique criminelles et écartent ainsi de son champ d'investigation aussi bien la sociologie du droit pénal et de la justice pénale que la criminalistique, la pénologie et la prophylaxie criminelle, la victimologie contemporaine[3], et en tout dernier lieu, la dernière née des sciences criminelles, la « sécuritologie » ou savoir sur la sécurité intérieure[4].

10 *Différences* ◊ À l'intérieur de ces limites générales cependant, les contours de la criminologie ne sont pas tracés toujours avec la même rigueur.

1) Une tradition qui remonte au début du xxᵉ siècle cantonne la criminologie dans le rôle d'une science pure se proposant l'étude des « causes » et des « lois » de la délinquance. Cette conception a été dégagée au début du xxᵉ siècle par Cuche[5] qui séparait nettement le groupe des sciences pures ou criminologie du groupe des sciences appliquées qu'il appelait politique criminelle par emprunt de l'expression forgée par Von Listz. Elle a été reprise, par la suite, dans les travaux préparatoires du IIᵉ Congrès International de Criminologie tenu à Paris en 1950[6] et on la retrouve également chez nombre d'auteurs étrangers (Kinberg, par exem-

---

1. M. Milutinovic, Rapport général introductif au VIIIᵉ Congrès international de criminologie (Belgrade, 1973); J. Pinatel, « Le domaine et les grandes orientations de la criminologie », (Réflexions suscitées par le VIIIᵉ Congrès international de criminologie, Lisbonne, 1978), *RSC*, 1978, 909-916; D. Szabo, « Au milieu de l'affrontement des doctrines criminologiques », in *La criminologie, Bilan et perspectives, Mélanges offerts à Jean Pinatel*, 1980, p. 23, spéc. 25-31; D. Szabo, « Vocation et responsabilité de la criminologie comparée », *in Prob. act. Sc. crim.*, 1985, p. 89, spéc. 90-92.
2. Ainsi A.-P. Pires utilise le terme Criminologie comme désignant « l'ensemble de recherches en sciences sociales dont l'objet porte sur ce qui se passe dans le champ pénal ou déborde ce champ mais a un rapport explicite de connaissance avec lui » (« La criminologie et ses objets paradoxaux », *Dév. et soc.* 1993, 129 et s., spéc. p. 129, note 2).
3. *Cf. infra* n° 32-1.
4. Sur cette nouvelle discipline *Cf. infra* n° 32-3.
5. P. Cuche, « Un peu de terminologie », *RPDP*, 1900, p. 466-476.
6. Actes du Congrès, t. I, p. 1-16.

ple) [1] et français, comme Marquiset [2] et Stefani, Levasseur et Jambu-Merlin [3]. Pour ces derniers auteurs notamment, la criminologie se définit comme « l'étude des causes de la délinquance ». Une telle position stricte a encore été réaffirmée récemment au XVe Congrès mondial de criminologie qui s'est tenu à Barcelone en juillet 2008 par le Pr Ezzat A. Fattah (Canada) dans son rapport « *The future of criminology as a social science and academic discipline* » [4] en réponse au discours du professeur David Garland (USA) « *Disciplining criminology* » [5], partisan au contraire d'une criminologie conçue comme « un objet fédérateur qui mobilise les ressources intellectuelles d'une série de disciplines de base telles que la sociologie, la psychologie et le droit ».

2) Mais une autre conception restrictive de la criminologie voit cependant dans celle-ci, non seulement une science théorique, mais également une science appliquée. Telle est notamment la position de J. Pinatel [6] qui s'est efforcé de dégager une conception de la criminologie qui tienne compte des préoccupations pratiques qui avaient présidé à sa naissance, sans pour autant se condamner à une représentation encyclopédique de cette science. Pour cet auteur, la criminologie doit être distinguée tour à tour du droit pénal, de la criminalistique et même de la pénologie. Cependant elle ne peut se cantonner dans l'étude des facteurs et des mécanismes de l'action criminelle. Comme la médecine, elle n'a de signification que par son utilisation pratique. Aussi se diviserait-elle en deux branches, la *criminologie générale*, science théorique, qui coordonnerait les diverses données recueillies sur les facteurs et les mécanismes de la délinquance, et la *criminologie clinique*, science pratique, qui consisterait dans l'approche multidisciplinaire du cas individuel en vue du traitement du délinquant et de la prévention de la récidive. C'est finalement la criminologie clinique qui représenterait la partie la plus spécifique de la criminologie [7]. C'est dans une perspective voisine que s'est située l'École de criminologie de l'Université de Montréal créée en 1960 par Denis Szabo. Comme viennent de le rappeler Marc Le Blanc et Maurice Cusson dans l'introduction à la dernière édition du *Traité de criminologie empirique* [8], « l'activité scientifique menée au cours des 50 dernières années reposait sur une conception précise de la criminologie. Elle partait du principe que son objet – la criminalité, le crime et le criminel – ne constituait pas son unique raison d'être. La criminologie doit être non seulement une science, mais aussi une profession. Une science, c'est-à-dire une discipline qui fait évoluer les connaissances par une synthèse continuelle de la recherche théorique et de la recherche empirique. Une profession, c'est-à-dire une pratique qui mêle l'acquisition de connaissances et l'action, qui touche les politiques en matière criminelle et l'intervention directe auprès des

---

1. *Cf.* G. Inghe, O. Kinberg, *BSIC* 1961, p. 24-31, spéc. p. 26.
2. J. Marquiset, *Le Crime*, PUF, 1976, p. 14-17.
3. G. Stefani, G. Levasseur et R. ambu-Merlin, *Criminologie et science pénitentiaire*, Dalloz, 5e éd., 1982, n° 2.
4. *AIC*, 2008, p. 137-170.
5. Même *revue*, p. 19-37.
6. J. Pinatel, « La criminologie, ses problèmes fondamentaux », *RIDP*, 1951, p. 101-109 ; « Criminologie et droit pénal », *RSC*, 1953, p. 593-608 ; « Nature de la criminologie », *RSC*, 1955, p. 710-717 ; *Criminologie*, éd. Spes, 1re éd., 1960 et 3e éd. 1979, n°s 2 et s. ; *Traité de droit pénal et de criminologie*, t. III, *Criminologie*, 1re éd. 1963 et 3e éd. 1975, n°s 2 à 12 ; « Les rapports de la criminologie et des sciences de l'homme », *RSC*, 1966, p. 107-112 ; « Perspective d'avenir de la Criminologie », *in La Criminologie, Bilan et perspectives, Mélanges offerts à Jean Pinatel*, Pedone 1980, p. 261-270. *Adde : La société criminogène*, Calmann-Lévy 1971, p. 15-18.
7. Comp. J. Léauté, *Le traitement des délinquants*, 1966, Préface, p. V : L'objet ultime de la criminologie est le traitement des délinquants.
8. 4e éd. 2010.

individus et des groupes » [1]. C'est également dans une optique analogue à celle de Jean Pinatel, mais en l'élargissant notablement, que s'inscrit au demeurant le présent manuel. Outre la criminologie clinique, la criminologie appliquée s'y étend tout à la fois à la criminologie de la politique criminelle et des techniques pénales ainsi qu'à la criminologie préventive [2].

§ 2. La diversité des définitions en compréhension

11 *Les trois oppositions* ◇ Les criminologues ne se divisent pas seulement lorsqu'il s'agit de délimiter le domaine de la criminologie. Leurs divergences se manifestent également à l'égard de la compréhension du concept de criminologie, c'est-à-dire des caractères essentiels de l'objet de cette science.

Dans cette perspective, on a vu s'opposer tour à tour les conceptions de la criminologie, science du délit et science du délinquant (A), de la criminologie, science des facteurs de la délinquance et science des processus du passage à l'acte criminel (B), et aujourd'hui de la criminologie de l'action criminelle et de la criminologie de la réaction sociale (C).

A. L'opposition traditionnelle entre science du délit et science du délinquant

12 *La science du délinquant* ◇ La conception de la criminologie conçue comme la science du délinquant puise ses origines à la naissance même de la criminologie puisque son fondateur, Lombroso, a étudié essentiellement « l'homme criminel » [3]. Telle était également la conception de Ferri qui, en de nombreux endroits de son œuvre, a insisté sur cet aspect caractéristique de la criminologie. La criminologie, a-t-il notamment écrit, « entreprend d'étudier non seulement le délit en lui-même comme rapport juridique, mais aussi et d'abord celui qui commet ce délit, le délinquant » [4]. Le crime n'est que l'« indice » de la personnalité du délinquant [5].

Ce point de vue s'est perpétué depuis lors et a été notamment très vivace dans la pensée criminologique des années 1950. Ainsi pour le grand criminologue belge Étienne de Greeff (1898-1961) : « La criminologie, c'est l'ensemble des sciences criminelles sans doute, mais c'est aussi l'homme criminel. Si c'est lui qu'on rencontre, on rencontre en même temps les problèmes » [6]. De même pour le profes-

---

1. P. 7-8.
2. *Cf.* la seconde partie de l'ouvrage.
3. C. Lombroso, *L'homme criminel*, Alcan, Paris, 1895, 2 vol.
4. E. Ferri, *La sociologie criminelle*, p. 20-21; *cf.* encore p. 173. Dans la réédition de Ferri chez Dalloz de 2004 précitée, p. 12-13.
5. *Op. cit.* p. 15, note 1.
6. E. De Greeff, « La double orientation de la criminologie », *in* Travaux de la semaine internationale de Strasbourg (mai 1954), p. 26. *Adde* déjà I. E. De Greeff (1937), p. 3-8.

seur Heuyer, « La criminologie n'étudie pas le crime en lui-même... L'étude du criminel est l'objet de la criminologie »[1].

13 *La science du délit* ◇ Mais il existe aussi une conception objectiviste de la criminologie qui, à l'exemple du droit pénal classique, fait du délit l'objet de la criminologie. Ainsi pour Durkheim, qui se place ici, il est vrai, au seul point de vue méthodologique, cette science se définit de la manière suivante : « Nous constatons l'existence d'un certain nombre d'actes qui présentent tous ce caractère extérieur que, une fois accomplis, ils déterminent de la part de la société cette réaction particulière qu'on nomme la peine. Nous en faisons un groupe *sui generis*, auquel nous imposons une rubrique commune : nous appelons crime tout acte puni et nous faisons du crime ainsi défini, l'objet d'une science spéciale, la criminologie »[2].

Dans un esprit très différent, c'est encore cette conception objective de la criminologie qui paraît présider au développement de certaines théories criminologiques anglo-saxonnes plus récentes regroupées sous l'appellation de « criminologie critique » ou « criminologie radicale »[3]. Ainsi Taylor, Walton et Young considèrent l'action criminelle comme un acte politique par lequel le délinquant exprime son refus de l'organisation sociale en place et ne voient pas de différences significatives entre délinquants et non-délinquants[4]. De la sorte, ce qui retient l'attention de ces théories, ce sont essentiellement les délits et leurs relations avec l'organisation et le fonctionnement de la société.

Si l'on se tourne vers l'ex URSS, la criminologie, qui n'y était considérée que comme une branche du droit pénal, n'étudiait pas séparément la personnalité du délinquant, mais seulement en liaison avec l'infraction commise car ce n'était pas en elle que les criminologues soviétiques cherchaient l'explication de la criminalité[5]. C'était encore une forme de conception objectiviste.

B. L'opposition des années 1950 entre science des facteurs et science des processus[6]

14 *La criminologie étiologique* ◇ Depuis le début des années 1950, le débat entre la criminologie, science du crime ou science du criminel, s'est doublé d'une nouvelle controverse. Les premiers criminologues avaient en effet voulu mettre en évidence les « causes » de la délinquance et les « lois » de son développement. Ainsi Ferri avait-il formulé diverses « lois

1. G. Heuyer, « Histoire des doctrines en criminologie », *RICPT*, 1950, p. 121. Dans le même sens aujourd'hui : P. Poncella, « La philosophie pénale : inscription en marge et dans le texte », dans E. Ringelheim (éd.), *Punir mon beau souci*, Bruxelles, éd. ULB, 1984, p. 47-60, spéc. p. 55-56; G. Canepa, « Criminologie et sciences humaines », *AIC*, 1989, p. 19-25, qui, en insistant sur la « personnalité » comme objet d'étude de la criminologie, participe du courant de la science du délinquant.
2. E. Durkheim, *Les règles de la méthode sociologique*, 13ᵉ éd., 1956, p. 33.
3. *Cf.* R. Gassin, « De quelques tendances de la criminologie anglaise et nord-américaine », *RSC*, 1978, p. 249-268, spéc. 258-264.
4. I. Taylor, P. Walton et J. Young, *The new criminology. For a social theory of deviance*, Routledge & Kegan Paul plc, Londres, 1973.
5. *Cf.* I.-I. Karpets, « Étude et prévention de la criminologie en URSS. Quelques questions théoriques et pratiques », *RSC*, 1967, 127-138, spéc. 134.
6. Sur la distinction entre « étiologie criminelle » et « criminogenèse », *cf.* J. Pinatel, *RSC*, 1978, p. 407-408.

de la criminalité » restées célèbres dans l'histoire de la criminologie et cru pouvoir dégager les grandes séries de facteurs du crime[1]. Cette ambition causaliste a par la suite animé la criminologie pendant plus d'un demi-siècle en s'appuyant notamment sur les techniques de recherche quantitatives[2]. Ainsi s'est développé un corps important de propositions qui ont formé « l'étiologie criminelle » ou « criminologie étiologique »[3].

15 *La criminologie dynamique ou criminogenèse* ◊ À partir des années 1950 cependant, nombre de criminologues, déçus par la minceur des résultats obtenus par la criminologie causaliste, puis encouragés par le perfectionnement des techniques et des modèles de recherche en science sociale, ont estimé que la criminologie devait abandonner la recherche illusoire des « causes » pour concentrer son effort sur un objet nouveau, l'étude des processus qui débouchent sur la délinquance[4].

Le précurseur dans ce domaine a été incontestablement E. de Greeff qui, dans son rapport sur la « criminogenèse » au IIe Congrès international de criminologie (Paris, 1950), a développé toute une théorie des processus du passage à l'acte[5]. On peut dire que venait ainsi de se fonder la « criminologie dynamique ». Depuis lors la nouvelle approche en termes de processus n'a cessé de se développer en liaison avec les critiques dirigées à la fois contre l'approche positiviste[6] de la délinquance[7] et contre l'emploi des techniques quantitatives en sciences sociales[8]. C'est ainsi qu'aux États-Unis, Howard S. Becker a présenté un modèle « séquentiel » de déviance par opposition au modèle « simultané » traditionnel[9]; à son tour, A. Cohen a proposé le modèle de l'« arbre » pour figurer le processus d'interaction conduisant à la déviance[10]. En Europe également, la perspective dynamique s'est peu à peu imposée, à côté du point de vue étiologique, si bien que le suédois K. Sveri pouvait déclarer en 1971 : « Beaucoup se demanderont maintenant ce qui reste du domaine traditionnel de la criminologie, à savoir les causes de la criminalité. On peut répondre que les criminologues d'aujourd'hui s'occupent très peu de questions de causalité. Si l'on veut indiquer en quelques mots dans quelles perspectives nous considérons aujourd'hui nos devoirs, on peut peut-être dire que nous essayons d'étudier des processus individuels, sociaux et administratifs. »[11]

1. *Cf. infra* n°s 217 et s.
2. Sur ces techniques, *cf. infra* n°s 138 et s.
3. L'étiologie est la science des « causes ».
4. On entend par « processus » toute succession de faits ou d'événements liés entre eux, se déroulant suivant un certain ordre et marquée par un commencement, un déroulement et une fin. La dimension « temps » est donc essentielle dans la notion de processus, alors qu'elle n'a pas d'autre incidence sur la notion de cause que celle de l'exigence de l'antériorité de la « cause » par rapport à l'« effet ».
5. Actes du Congrès, t. VI, p. 481 et s. *Adde* antérieurement E. De Greeff (1937), p. 10-15.
6. « Positiviste » étant entendu ici comme synonyme d'un déterminisme mécanique et rigoureux.
7. L'une des premières critiques systématiques du « délinquant positiviste » se trouve dans D. Matza, *Delinquency and drift*, New York, 1964, chap. I.
8. Les critiques contre la recherche quantitative, baptisée « quantophrénie », sont venues notamment des sociologues américains P. Sorokin (*Tendances et déboires de la sociologie américaine*, Paris, éd. Montaigne, 1959) et C. W. Mills (*L'imagination sociologique*, Paris, Maspéro, 1967).
9. H. S. Becker, *Outsiders. Studies in the sociology of deviance*, New York, 1963, trad. fr., 1985, p. 43-63, *cf. infra* n° 282.
10. A. Cohen, *La déviance*, p. 89-96, *cf. infra* n° 277.
11. K. Sveri, « La collaboration en matière criminologique dans le cadre du Conseil de l'Europe », *RIDP*, 1971, p. 57-65.

C. L'opposition contemporaine entre criminologie de l'acte et criminologie de la réaction sociale [1]

16 *La criminologie de l'acte* ◇ Les années 1960 ont vu l'apparition d'une nouvelle opposition extrêmement importante à l'égard de la compréhension du concept de criminologie. Il s'agit de l'opposition entre ce que l'on a appelé, non sans quelque déformation réductrice, la « criminologie du passage à l'acte », et la « criminologie de la réaction sociale » [2].

Qu'elle soit la science du délit ou la science du délinquant, qu'elle cherche à identifier des facteurs ou à démêler des processus, la criminologie avait toujours été considérée jusque dans les années 1960 comme la discipline qui a pour but d'expliquer l'action criminelle. Comme le déclarait Grispigni au Ier Congrès international de criminologie (Rome, 1938), la criminologie a pour tâche spécifique de rechercher comment et pourquoi certaines personnes ne sont pas retenues dans leurs actions par la menace pénale [3]. Cela ne veut pas dire que la criminologie traditionnelle ne s'intéressait pas à l'étude de la réaction sociale contre la délinquance; elle avait au contraire mis l'accent sur certains aspects criminogènes de cette réaction, comme notamment la prison. Mais l'étude de la réaction sociale ne l'intéressait que dans la mesure où elle permettait de mieux comprendre le crime et son auteur et, par voie de conséquence, de lutter plus efficacement contre la délinquance.

17 *La criminologie de la réaction sociale* [4] ◇ Or, depuis une quarantaine d'années, des criminologues de plus en plus nombreux se sont engagés dans une voie tout à fait différente que l'on peut qualifier de véritable « révolution copernicienne » en criminologie. Partant du postulat que « ce n'est pas la déviance qui conduit au contrôle social, mais c'est le contrôle social lui-même qui conduit à la déviance » [5] et

---

1. J.-L. Bacher, v° « Criminologie de l'acte », *in Dictionnaire des siences criminelles*, Dalloz 2004, p. 210-213.

2. P. Robert, « La sociologie entre une criminologie du passage à l'acte et une criminologie de la réaction sociale », *AS*, 1973, p. 441-504. Il vaut mieux employer l'expression large de « criminologie de l'acte » plutôt que celle de « criminologie du passage à l'acte », car cette dernière renvoie elle-même à la notion de « processus » par opposition à celle de « facteurs », *cf. supra* n° 15.

3. C. Erra, « Le congrès de criminologie de Rome », *BSIC*, 1952, II, p. 9-25, 19-22.

4. P. Robert, « Déviance, déviances et champ en renouvellement », *AS*, 1978, p. 223-238; M. Spector et G. Casadamont, « Profils épistémologiques en criminologie comparée », *Dév. et soc.* 1978, p. 349-364; C. Debuyst, « Le droit pénal et les différentes problématiques possibles en criminologie », *RICPT*, 1986, p. 256-264; P. Robert, v° « Criminologie », dans *Dictionnaire encyclopédique de théorie et de sociologie du droit*, LGDJ, 1988, p. 81-84; D. Kaminski, *Du crime à la pénalité, RDPC*, 1997, p. 196-204; J.-P. Brodeur, *Les visages de la police*, Presses Univ. Montréal, 2003; P. Robert, *Sociologie du crime*, La Découverte, 2005.

5. E. Lemert, *Human deviance, Social problem and social control,* 2ᵉ éd., 1972, Préface p. IX. Le terme de contrôle social (*social control*) employé par les anglo-saxons peut être considéré comme synonyme de « réaction sociale », avec cette précision qu'au sens anglais le mot « *control* » signifie « maîtrise totale », sens fort par opposition au sens faible français du terme « contrôle » qui évoque plutôt l'idée de « régulation ». Il existe toutefois deux définitions de la notion de « *social control* » : 1/ une définition large qui est synonyme de réaction sociale; 2/ une définition étroite qui désigne les contrôles *extra-pénaux*, par opposition au contrôle par *le système de justice pénale*.

que « la déviance n'est pas une qualité de l'acte commis par une personne, mais plutôt une conséquence de l'application par les autres, de normes et de sanctions à un « transgresseur » [1] », ces criminologues attribuent comme objet à la criminologie non plus l'étude du « passage à l'acte » qui n'a pour eux aucune spécificité, mais l'analyse sociologique des mécanismes de la réaction sociale, depuis l'établissement de la loi pénale jusqu'à l'application des sanctions pénales, en passant par le fonctionnement de la police, des Parquets et des tribunaux, ainsi que les réactions des victimes, de l'entourage et des médias, ceci afin de montrer comment le système de justice criminelle « crée » la délinquance [2]. Ainsi, s'est constituée la criminologie dite « de la réaction sociale » qui regroupe pour l'essentiel la « criminologie interactionniste », la « criminologie organisationnelle », la « criminologie critique », et la « criminologie victimologique » [3]. L'auteur du mot « criminologie » dans le « Dictionnaire encyclopédique de théorie et de sociologie du droit » résume cette nouvelle orientation en écrivant qu'« à ce moment, la criminologie apparaît comme la sociologie d'un registre juridique particulier » et suggère d'éviter l'emploi même du terme « criminologie » comme trop marqué par sa signification traditionnelle de catégorie comportementale spécifique [4]. Cette nouvelle orientation de la criminologie suscite une situation sans précédent dans l'histoire de cette discipline. « On assiste aujourd'hui, a-t-on écrit, à une véritable crise d'identité de la criminologie et du criminologue [5] ». Cette crise a d'ailleurs atteint un degré tel qu'en 1993, à l'issue du XIᵉ Congrès international de criminologie, on a même pu se poser la question du « destin de la criminologie » (*The Future of Criminology*) [6] et que, depuis lors, cette question n'a pas cessé de tarauder nombre de criminologues, comme en témoigne le rapport d'Ezzat A. Fattah au XVᵉ Congrès mondial de criminologie de Barcelone en 2008, rapport intitulé précisément « *The future of criminology as a social science and academic discipline* » [7]. Cela rend d'autant plus nécessaire l'examen critique de la détermination de l'objet spécifique de la criminologie.

---

1. H.-S. Becker, *op. cit.*, p. 33.
2. R. Gassin, art. précité, n° 13 et « La confrontation de la théorie de la stigmatisation et de la réalité criminologique », *RSC*, 1980, p. 5-12.
3. *Cf. supra*, n° 8.
4. P.-R., v° « Criminologie », *in* A.-J. Arnaud (éd.), *Dictionnaire de théorie et de sociologie juridique*, p. 81 et s., spéc. p. 84, n° 10.
5. De Coninck, « La notion de dangerosité a-t-elle encore un sens ? », *RDPC*, déc. 1979, p. 977.
6. R. Ottenhof, « Le XIᵉ Congrès international de criminologie et le destin de la criminologie », *RSC*, 1994, p. 384-387.
7. *AIC*, 2008 précité.

SECTION 2. L'OBJET SPÉCIFIQUE DE LA CRIMINOLOGIE

18 Les deux problèmes ◇ Il résulte des explications qui précèdent que la détermination de l'objet spécifique de la criminologie pose en réalité deux problèmes distincts : un problème de *domaine* et un problème de *contenu*. La première question a pour objet de délimiter les frontières de la criminologie relativement aux autres sciences criminelles : il s'agit de savoir ce qui entre et ce qui n'entre pas dans le champ de la criminologie (§ 1). Quant à la seconde question, elle est d'une nature différente : elle suppose délimité le domaine de la criminologie et s'interroge alors sur ce qu'elle contient à l'intérieur de ces limites, sur son contenu (§ 2).

§ 1. Le domaine de la criminologie

19 Les six frontières ◇ Les difficultés de frontières se situaient classiquement sur quatre fronts : le droit pénal et la politique criminelle (A), la criminalistique (B), la pénologie et la prophylaxie criminelle (C), et enfin la sociologie pénale (D). Mais depuis peu, la délimitation du domaine de la criminologie s'est encore complexifiée pour deux nouvelles raisons : le développement contemporain de la victimologie (E) et la naissance d'un savoir spécifique sur la sécurité que l'on peut appeler la « sécuritologie » (F).

A. La distinction de la criminologie et du droit pénal et de la politique criminelle[1]

20 La position du problème ◇ Le problème de la distinction entre la criminologie et le droit pénal et la politique criminelle[2], est la querelle la plus ancienne suscitée par l'apparition de la criminologie puisque celle-ci s'est constituée contre le droit pénal néo-classique, mais cette querelle demeure aujourd'hui encore vivace et elle est loin d'être réso-

---

1. **Pour le droit pénal :** J. Graven, « La criminologie et la fonction pénale », *RICPT*, 1950, p. 165-171 ; J.-B. Herzog, « La criminologie et la justice pénale », *RDPC*, 1950-51, p. 287-304 ; P. Nuvolone, « Droit pénal et criminologie », *RIDP*, 1952, p. 223-246 ; J. Pinatel, « Criminologie et droit pénal », *RSC*, 1953, p. 595-608 ; M.-H. Thelin, « Criminologie et défense sociale », Travaux de la semaine inter. de Strasbourg 1954, Paris, Dalloz, 1955, p. 181 ; J. Léauté, « L'influence de la criminologie sur le droit pénal », *id.* 192-203 ; J. Pinatel, « Nature de la criminologie », *RSC*, 1955, p. 716 ; Salingardes, « Problèmes de criminologie et juridiction pénale », *RSC*, 1956, p. 77-82 ; Mergen, « Les valeurs dans la doctrine pénale et la criminologie scientifique », *RIPC*, 1956, p. 274-279 et 308-313 ; J. Léauté, « Droit pénal et sociologie criminelle », *RSC*, 1957, p. 287-299 ; P. Bouzat, « Criminologie et droit pénal », *BSIC* 1959, p. 9-23 ; Andenaes, « Droit pénal, criminologie et politique criminelle », *RDPC*, 1962, p. 3-16 ; D. Szabo, « Pensée crimino-

lue par un accord entre toutes les parties prenantes. Toutefois la manière de poser le problème a profondément évolué depuis la fin du XIXe siècle.

À l'origine en effet, le débat était dominé par l'opposition entre les partisans de l'« impérialisme criminologique » pour qui le droit pénal ne devait plus être considéré que comme un chapitre de la criminologie, et les tenants de l'école technico-juridique du droit pénal selon laquelle criminologie et droit pénal

logique et droit pénal », RCC, 1962, p. 61-73; R. Lyra, « Criminologie et droit pénal », RICPT, 1966, p. 87-88; R. Gassin, « Perspectives d'avenir judiciaire pour la criminologie comparée », in L'organisation judiciaire et les magistrats (Journées de défense sociale de Montréal de 1972), Public. du CICC, 1973, 222-255; J.-M. Aussel, « L'évolution des rapports du droit criminel et des sciences criminelles en France depuis 1950 », Études dédiées à Alex Weill, 1983, p. 19-31; A. Beristain, Ciencia penal y criminologia, Madrid, 1985, 245 p.; G. Picca, « La contribution de la criminologie à la justice pénale », RICPT, 1986, p. 87-94; C. Debuyst, « Le droit pénal et les différentes problématiques possibles en criminologie », RICPT, 1986, p. 256-264; R. Ottenhof, « Criminologie et procédure pénale », RSC, 1992, p. 388-393; D. Kaminsky, Entre criminologie et droit pénal, 1995; S. Tzitzis, La philosophie pénale, coll. « Que sais-je ? », PUF, 1996.
POUR LA POLITIQUE CRIMINELLE : J. Pinatel, « Criminologie et défense sociale », BSIC 1957, p. 15-45; G. Levasseur, « Sociologie criminelle et défense sociale », RSC, 1957, 301-308; R. Vouin, « Code pénal et politique criminelle », in Mélanges Donnedieu de Vabres, 1960, p. 73 et s.; Van Bemmelem, « Les rapports de la criminologie et de la politique criminelle », RSC, 1963, p. 467-480; J. Pinatel, « Criminologie et politique criminelle », IC, n° 7, 1969, p. 3-8; VIe Congrès international de criminologie, Madrid, sept. 1970, « Les rapports de la criminologie et de la politique criminelle », conférences de Vodopivec, Szabo et Houchon, CR in RDPC, 1970, p. 340 et s.; VIIIe Conférence des directeurs d'Institut de Recherches Criminologiques, Conseil de l'Europe, Strasbourg 1er-3 déc. 1970, « L'application des résultats de la recherche criminologique à la politique criminelle », Rapports Lodge, De Gennaro et Robert; G. Levasseur, « La politique criminelle », Archives Phil. dr., 1971, p. 131 et s.; D. Szabo, « Criminologie, justice et société. Le rôle de la science dans la politique sociale », RICPT, 1971-1972, p. 87-92; « Criminologie et politique criminelle », n° spécial des AIC 1973, vol. 12; Lodge, « La recherche scientifique et la politique criminelle », RSC, 1974, p. 499-509; M. Ancel, « The relationship between criminology and Politique criminelle », Essais en l'honneur de Sir L. Radzinowicz, 1975; id., « Contribution de la recherche à la définition d'une politique criminelle », RICPT, 1975, p. 225-236; id., « Criminologie comparative, droit pénal comparé et politique criminelle (Coexistence, conflit ou coopération ?), La criminologie, Bilan et perspectives », Mélanges offerts à J. Pinatel, 1980, 15-21; D. Szabo, Criminologie et Politique criminelle, 1978, p. 106-112; F. Ferracoid, La coordination des recherches et l'application de leurs résultats dans le domaine de politique criminelle, Conseil de l'Europe, 1979; F. Canestri, « Criminologie, politique criminelle et administration de la justice », RICPT, 1980, p. 119-132; D. Szabo, « L'évaluation des politiques criminelles, quelques réflexions préliminaires », RSC, 1981, p. 1-23; L. Walgrave, « Criminologie de la jeunesse et politique criminelle : pour une stratégie criminologique plus consciente », Ann. Vaucr., 1982, p. 131-146; M. Delmas-Marty, « Modèles et mouvements de politique criminelle », Économica, 1982, 231 p.; IXe Congrès international de criminologie, Vienne, 25-30 sept. 1983, « Relations de la criminologie avec les politiques et pratiques sociales », principales contributions in AIC, 1985, 309 p., CR par N. Lahaye, RDPC, 1984, p. 361-369 et J. Vérin, RSC, 1984, p. 143-148; D. Szabo, Science et crime, 1986, p. 33-69; C. Lazerges, La politique criminelle, coll. « Que sais-je ? », PUF, 1987; M. Delmas-Marty, Les grands systèmes de politique criminelle, PUF, 463 p.; R. Cario, Pour une approche globale et intégrée du phénomène criminel, Essai d'introduction aux sciences criminelles, 1996, 2e éd. 2002, 240 p.; C. Lazerges, Introduction à la politique criminelle, L'Harmattan, 2000, 141 p.; R. Gassin, v° « Politique criminelle », Dict. sc. crim., p. 716-719.
2. Rappelons que le droit pénal est « l'ensemble des règles juridiques qui organisent la réaction de l'État vis-à-vis des infractions et des délinquants » (R. Merle et A. Vitu, I, n° 142) et que la politique criminelle consiste dans « l'organisation de la lutte contre une criminalité préalablement définie, lutte menée sous diverses formes, employant des moyens variés et orientée vers des buts précis » (B. Bouloc, Droit pénal général, Dalloz, 22e éd., 2011, n° 22). Le droit pénal fait donc partie de la politique criminelle, dont il n'est que l'un des éléments, quoi qu'il en soit un élément fondamental.

étaient deux disciplines entièrement distinctes, sans rapports l'une avec l'autre[1]. Aujourd'hui à la suite d'inflexions successives du débat, il n'est plus grand monde pour nier que les deux matières sont à la fois distinctes et liées entre elles par certaines relations (a); mais la discussion porte sur la question cruciale de savoir quelle doit être l'influence de la criminologie sur le contenu du droit pénal et de la politique criminelle (b).

a. Les points acquis

21 ***Deux points acquis*** ◇ **1)** Un premier point peut être considéré aujourd'hui comme hors de discussion : c'est que la criminologie et le droit pénal sont deux disciplines *distinctes*. Le droit pénal n'est pas plus un chapitre de la criminologie que cette dernière n'est une simple science annexe du droit pénal. La distinction procède de ce que les deux disciplines, bien qu'ayant le même objet : l'action criminelle, ne l'étudient pas du tout du même point de vue. L'une, le droit pénal, est une discipline normative qui déclare « ce qui doit être »; l'autre, la criminologie, est une science empirique qui étudie « ce qui est ». Il résulte alors de cette différence fondamentale de points de vue sur l'action criminelle une différence profonde de méthode d'étude de cet objet entre les deux disciplines. Alors que le droit pénal utilise les méthodes caractéristiques de la science du droit qui reposent sur l'analyse interprétative des sources du droit et la synthèse théorique de leurs données, la criminologie recourt aux méthodes empiriques spécifiques des sciences sociales en les adaptant à la complexité particulière de son objet[2].

2) Le second point qui paraît également admis aujourd'hui par la plupart des parties au débat est qu'il ne *saurait exister de cloison étanche* entre les deux séries de disciplines. D'une part en effet, la grande majorité des criminologues qui s'occupent de l'étude de l'action criminelle conviennent assez aisément que le droit pénal et la politique criminelle définissent l'*axe* autour duquel ils mènent leurs recherches, même lorsque celles-ci s'étendent à des comportements « déviants » qui ne sont pas pour autant nécessairement « délinquants » (suicide, prostitution, incivilités non infractionnelles, etc.); ce n'est que la « criminologie de la réaction sociale » qui s'éloigne de cet objet mais on verra qu'il ne s'agit pas vraiment de criminologie[3]. D'autre part et à l'inverse, la plupart des pénalistes contemporains admettent que le droit pénal et la politique criminelle ne peuvent pas ignorer les résultats de la criminologie. Nombreux sont d'ailleurs les exemples de l'influence de la criminologie sur le droit pénal (individualisation des peines, mesures de sûreté, procédés modernes de traite-

---

1. Pour une certaine analyse historique de l'évolution des rapports entre le droit pénal et les sciences criminologiques, *cf.* J. Vervaele, « La naissance de l'État-Providence et le modèle des sciences pénales intégrées » (*Gesamte Strafrechtswissenschaft*), *Dév. et soc.* 1989, p. 141-154; C. Debuyst, « Pour introduire une histoire de la criminologie : les problématiques de départ », *Dév. et soc.* 1990, p. 347-376, spéc. la 1ᵣₑ partie 348-363; F. Digneffe, « La criminologie et son histoire », *RICPT*, 1991, p. 299 et s., spéc. p. 301-302 et 309-311.
2. *Cf. infra* n° 46.
3. *Cf. infra* n° 30.

ment des délinquants, actions de prévention de la délinquance, etc.)[1] et on peut souligner que les pénalistes considèrent généralement cette influence comme légitime lorsqu'elle se fonde sur des données empiriques suffisamment établies[2]. Mais c'est précisément sur l'étendue de l'influence que la criminologie doit avoir sur le droit pénal et la politique criminelle que porte essentiellement le débat contemporain.

b. Le point en discussion

22 **1) *Les thèses en présence*** ◇ Deux conceptions s'opposent quant à l'ampleur de l'influence qu'il convient de reconnaître à la criminologie sur l'élaboration et l'application du droit pénal et de la politique criminelle. Suivant la conception *multifactorielle* du droit pénal, le « donné » qui sert à l'élaboration de ce « construit » qu'est le droit pénal est un donné complexe dont les résultats de la criminologie ne peuvent constituer que l'un des aspects, à côté des préoccupations d'ordre historique, politique, administratif, social et culturel[3]. Proche de cette analyse est également la conception qui voit entre la criminologie et le droit pénal une différence d'esprit fondamentale; aux soucis de respect de la liberté individuelle (principe de la légalité) et d'efficacité du droit pénal s'opposeraient l'« amoralisme » de la criminologie dans la recherche des causes et des remèdes de la délinquance ainsi que son « angélisme » du fait de sa prise de position obstinée en faveur de la resocialisation du délinquant; aussi le « donné » criminologique, sans être négligeable, devrait se combiner avec le « donné » politique et le « donné » pragmatique dans la construction et l'application du droit pénal[4].

À l'opposé de ces conceptions multifactorielles, d'autres auteurs plaident en faveur *d'une politique criminelle et d'un droit pénal « criminologiques »*[5]. Selon ces auteurs en effet, la criminologie doit être l'inspiratrice essentielle de la politique criminelle et du droit pénal, parce que ces disciplines ont pour objet la lutte contre la délinquance, que l'on ne peut lutter efficacement que contre ce que l'on connaît et que c'est précisément la criminologie qui fournit les connaissances nécessaires sur les facteurs et les processus de l'action criminelle ainsi que sur les moyens et les stratégies propres à la prévenir et à empêcher la récidive. Dans cette perspective, la science criminelle qui doit servir de liaison pour assurer le jeu de cette influence est la « politique criminelle », entendue au sens précis où Von Liszt employait le terme, et repris par Marc Ancel[6], c'est-à-dire l'organisation

---

1. V. également A.-H. Nadjafi, « L'internationalisation des apports de la criminologie par les instruments pénaux internationaux », *in Sciences pénales & Sciences criminologiques Mélanges offerts à Raymond Gassin*, PUAM, 2007, p. 463-473.
2. *Cf.* Stefani, Levasseur et Jambu-Merlin, n° 10 : « Il n'est pas exagéré de dire que si entre la criminologie et le droit pénal, le mariage n'est que de raison, les nécessités lui imposent une solide indissolubilité ».
3. Bouzat-Pinatel, I, n° 17.
4. Stefani, Levasseur et Jambu-Merlin, n°s 6-9 et 12-14. Comp. R. Merle et A. Vitu, I, n° 145.
5. *Cf.* J. Pinatel, *La société criminogène*, p. 7 et 15-18. *Adde* Bouzat-Pinatel, p. XV et XVI.
6. « La politique criminelle, c'est-à-dire la recherche rationnelle des meilleures réponses au phénomène criminel... au sens fort du mot » : M. Ancel, *in* « Beccaria et la défense sociale moderne », *RSC*, 1989, p. 182-185, spéc. 183.

rationnelle de la lutte contre le crime sur la base des données de la science criminologique [1].

23 *2) La solution proposée* ◇ Face à ces conceptions contradictoires,
une première remarque s'impose : trop souvent, les points de vue exprimés confondent l'état actuel des relations entre la criminologie et le droit
pénal avec ce que ces relations devraient être. Ce n'est pas parce qu'en
l'état actuel de la situation, la criminologie n'a qu'une influence limitée,
voire parfois nulle, sur la création et l'application du droit pénal que l'on
doit se satisfaire de cet état de choses [2]. Ce qui importe, c'est de savoir ce
que devrait être l'impact de la criminologie sur le droit et la politique criminelle afin d'aboutir à des solutions rationnelles et efficaces.

Or, à cet égard, il nous semble qu'il faut distinguer entre d'une part le droit
pénal général et la procédure pénale (que nous appellerons ici le *droit pénal commun*) et d'autre part le droit pénal spécial.

1) S'agissant tout d'abord du *droit pénal commun,* on ne peut admettre les
conceptions multifactorielles qui font de la criminologie une simple source parmi
d'autres du droit pénal. Si l'on veut en effet que le droit pénal soit un instrument
efficace de lutte contre la criminalité, on doit l'asseoir nécessairement sur une
connaissance effective de la réalité criminelle [3]. Il existe d'ailleurs une branche de
la criminologie appliquée, que nous appellerons la « *criminologie de la politique criminelle et des techniques pénales* », qui a pour objet l'étude critique des diverses institutions pénales à la lumière des données de la criminologie (ex. la notion de
responsabilité morale) [4]. Cette primauté donnée à la criminologie dans l'élaboration et l'application du droit pénal et de la politique criminelle n'exclut pas pour
autant l'admission de certaines limitations : 1/ limitations temporaires tout
d'abord pour tenir compte de l'état d'évolution de l'opinion publique, comme

---

1. Par opposition à la définition vulgaire dans laquelle nous l'utilisons de manière générale
dans ce paragraphe et qui, à l'exemple des concepts de politique économique, politique sociale,
etc. désigne l'ensemble des orientations et des solutions positives de lutte contre le crime, quelle
que soit l'influence que la criminologie peut avoir sur elles et quelle que soit leur rationalité.
Comme illustration de cette dernière signification, *cf.* M. Delmas-Marty, *Les grands systèmes de
politique criminelle,* PUF, 1992, qui définit la dite politique comme « l'ensemble des procédés par
lesquels le corps social organise les réponses au phénomène criminel », p. 13 et 44.
2. Sur l'état actuel des relations, *cf.* le IXe Congrès international de criminologie (Vienne, sept.
1983); M. Ancel, art. précit. aux *Mélanges Pinatel;* R. Ottenhof, art. précité, *RSC,* 1992. Pour le
Canada : P. H. Solomon Jr, « *The policy process in canadian criminal justice* », *RCC,* 1981, p. 5-25,
spéc. p. 16 et s. Lors du XLIVe Cours international de criminologie (Saint-Marin, 6-10 mai 1991)
consacré au « Dialogue entre Criminologie et Défense Sociale », (CR *RSC,* 1991, p. 842-844 et *RICPT,*
1991, p. 391; Conclusions générales D. Szabo, « Dialogue à voix multiples », *RSC,* 1992, p. 161-169),
l'influence de la criminologie sur le mouvement de la Défense Sociale Nouvelle présentée dans les rapports introductifs de Beria Di Argentine et Canepa nous paraît avoir été exagérée au point de donner
l'impression que ledit Mouvement n'aurait été qu'une sorte de « criminologie en action ». Tout
l'aspect *idéologique* de la Défense Sociale Nouvelle y a été passé sous silence. S'agissant en revanche, du
cas particulier de la délinquance juvénile, J. Pinatel a montré très fortement que la criminologie a
exercé une influence importante sur le droit français des mineurs résultant de l'ordonnance du 2 févr.
1945 et des textes qui l'ont modifiée ainsi que sur les pratiques judiciaires et administratives
d'application de ce droit; mais il a en même temps relevé que les développements conjugués, à
l'époque contemporaine, des « criminologies de la réaction sociale » et de la « criminologie
vindicative » ont complètement subverti les pratiques sinon les textes (« Doctrine et pratique en
matière de délinquance juvénile », *RICPT,* 1983, p. 50-61).
3. Dans le même sens, M. Killias, *Précis de criminologie,* Stampfli, 2e éd., 2001, p. 1-2.
4. *Cf. infra* 2e Partie, Titre I, n°s 769 et s.

d'ailleurs de celui des personnes chargées d'assurer l'application de la loi pénale (policiers, magistrats, personnels pénitentiaires et de la protection judiciaire de la jeunesse); 2/ limitations de portée permanente ensuite, soit pour sauvegarder le respect de la liberté individuelle et la dignité de la personne humaine, soit pour prendre en compte les contraintes d'ordre technique (notamment en procédure pénale). Mais il s'agit là seulement de « butoirs » qui viennent limiter la portée du principe de la « criminologisation » du droit pénal commun, et non de véritables « donnés » du droit pénal qui se combineraient avec cet autre « donné » que serait la criminologie[1]. Un exemple tout récent montre bien comment le droit constitue un « butoir » pour l'application de la criminologie. Les développements de la « perspective développementale » en criminologie, selon laquelle il existe une importante continuité dans le comportement des individus – de ce fait l'agressivité anormale de la petite enfance serait un pronostic défavorable de comportements délictueux à l'adolescence et à l'âge adulte[2] –, ont incité plusieurs organismes officiels (INSERM, MGEN) à appliquer les principes de cette perspective dans des expertises collectives ou des enquêtes. Le législateur a même tenté d'introduire le principe et certaines de ses conséquences dans un avant-projet de loi sur la prévention de la délinquance en 2006. Ces diverses tentatives ont généralement échoué devant l'hostilité des professionnels français de la psychiatrie et de la psychanalyse et d'une partie de l'opinion publique. Outre les arguments contraires d'ordre scientifique ou pseudo-scientifique d'ailleurs discutables, les principes juridiques d'atteinte à la vie privée et d'éthique supérieure consacrés par le Comité consultatif national d'éthique ont fait obstacle à l'application de cette perspective[3]. Cette fonction de « butoir » du droit et notamment des droits fondamentaux à l'égard de la criminologie ne joue cependant pas un rôle immuable et rigide; elle dépend de l'interprétation qui est donnée de l'ampleur des droits fondamentaux face aux exigences de la lutte contre la délinquance. On a ainsi montré que le développement important de la place de la notion criminologique d'état dangereux ou de dangerosité dans le droit français des dernières années entraînait une éclipse des notions traditionnelles d'imputabilité morale et de dignité de la personne humaine[4].

2) Pour le *droit pénal spécial,* qui est la branche du droit pénal qui détermine quelles sont les conduites punissables et les sanctions applicables à chacune d'elles[5], le problème se pose en termes plus complexes. D'une part, les incriminations du droit pénal spécial reflètent généralement les valeurs et les besoins fondamentaux de chaque société et en particulier les valeurs consacrées comme des droits fondamentaux[6]; le droit pénal spécial est donc constitué de règles qui pui-

---

1. Aussi ne partageons-nous pas le point de vue exprimé par R. Ottenhof (« Criminologie et procédure pénale. Réflexions sur une difficile rencontre », *RSC*, 1992, p. 389, précité) qui fait des droits de l'homme, l'un des deux terrains de rencontre, avec la politique criminelle, entre la criminologie et la procédure pénale (p. 393). Les droits de l'homme ne peuvent constituer qu'un « butoir » qui limite l'« information » de la procédure pénale par la criminologie et non un facteur de cette dernière. Au surplus sur le problème de la « criminologie normative », v. *infra* n° 43.
2. *Cf. infra* n°s 618 et s.
3. *Cf.* Catherine Vincent, « Santé mentale : prédictions à risques », *Le Monde* du 7 juin 2007.
4. P.J. Delage, « La dangerosité comme éclipse de l'imputabilité et de la dignité », *RSC* 2007, p. 797-814.
5. *Cf.* B. Bouloc, *Droit pénal général,* 22e éd., 2011, n° 38.
6. Sur la double dimension qu'assument aujourd'hui les droits fondamentaux par rapport au droit pénal, *cf.* F. Palazzo, « Charte européenne des droits fondamentaux et droit pénal », *RSC* 2008, 1-21, spéc. p. 18 : « Ce n'est plus uniquement celle traditionnelle des droits comme *limites* à l'intervention pénale, mais aussi celle plus innovatrice des droits comme *objets et fondement* de la protection pénale ».

sent leur inspiration dans le système de valeurs de la société et dans la conception que celle-ci se fait de son organisation politique, économique, sociale et culturelle[1]; on est alors tenté de penser que la criminologie est étrangère au droit pénal spécial. Mais d'autre part, les données de la criminologie montrent que l'efficacité de la lutte contre la délinquance n'est pas compatible avec n'importe quel système d'incriminations et de sanctions. Encore faut-il que ce système soit accepté par une majorité importante de la population et que son application ne heurte pas le sentiment populaire de justice[2].

En présence de cette contradiction, nous avions cru pouvoir soutenir dans la première édition de ce manuel que la criminologie était *en principe* étrangère au droit pénal spécial, ce principe souffrant toutefois les *exceptions* commandées par la deuxième série de remarques. Cependant, une nouvelle réflexion nous a amenés à modifier cette position. Il nous paraît en effet qu'un affinement de l'analyse de la notion de *valeurs sociales* comme support des incriminations conduit à distinguer entre les *valeurs-fins*, c'est-à-dire celles qui déterminent les catégories de « biens » à protéger par le droit pénal, et les *valeurs-moyens*, à savoir celles qui désignent les « procédés » dont l'emploi doit être prohibé par le droit pénal. Or l'examen du droit pénal spécial, dans sa dimension à la fois historique et comparative, montre que si les *valeurs-fins* sont variables selon les sociétés considérées, on retrouve en revanche, comme une constante dans tous les droits pénaux, la condamnation de ces deux *moyens* que sont d'une part la *violence* et d'autre part la *ruse ou fraude. Le droit pénal spécial est ainsi fondamentalement l'incrimination de la violence et de la ruse.* Or ces comportements illicites sont des phénomènes dont l'étude relève au premier chef de l'analyse criminologique. Par là s'explique le fait que le droit pénal spécial ne peut pas incriminer n'importe quoi et se manifeste finalement le lien étroit qui unit aussi le droit pénal *spécial* et la criminologie[3].

B. **La distinction de la criminologie et la criminalistique**[4]

24 *Distinction et rapports* ◇ La criminalistique est l'ensemble des sciences et des techniques utilisées en justice pour établir les faits matériels

1. *Cf.* A. Vitu, *Droit pénal spécial*, 1982, t. l, n°s 6 et 7.
2. Comp. A. Vitu, *op. cit.* n°s 9 et 10.
3. Pour plus de développement, *cf. infra* n° 57. Il est intéressant de noter à cet égard que les dispositions de l'art. 695-23, al. 2, du C. pr. pén. (loi du 9 mars 2004 dite Perben II) relatives à l'exécution du mandat d'arrêt européen qui dérogent au principe de l'exigence de la double incrimination, dans l'État d'exécution comme dans l'État d'émission, aboutissent en fait à donner une *énumération criminologique plutôt que juridique* des crimes et délits qui donnent lieu à la délivrance d'un mandat d'arrêt européen, puisque la double incrimination n'est pas requise pour l'exécution du mandat. L'observation vaut à l'identique au regard des instruments communautaires supprimant ultérieurement partiellement le contrôle de la double incrimination.
4. J. Pinatel, « Criminologie et police sociale », *RICPT*, 1952, p. 133-136; « L'apport scientifique dans le domaine de la police », *BSIC*, 1955, p. 9-34; J. Planques, « De la médecine légale à la criminologie », *RICPT*, 1956, p. 305-307; E. De Greeff, « Criminologues et policiers », *RICPT*, 1957, p. 98-105; J. Susini, « Police et criminologie », *RSC*, 1963, 589-600; H. Tarniquet, « Participation de la police à l'action criminologique », *RICPT*, 1966, p. 247-272; G. Canepa, « Les rapports entre criminologie et médecine légale », *RSC*, 1976, p. 889-891; J. Léauté, Cours polycopié, 1981, p. 116-119; H. Souchon, « Place et fonctions des sciences de l'homme dans la formation des personnels de police », *RIPC*, 1981, p. 284-290; J. Nepote, « Situation actuelle et tendance d'évolution de la criminalistique », *RIPC*, 1983, p. 2-19; J.-L. Clément, *Sciences légales et police scientifique*, Masson éd., 1987, 296 p.; C. Debuyst, « Pour introduire une histoire de la

constitutifs de l'acte délictueux et la culpabilité de la personne qui l'a commis. Ainsi définie, la criminalistique comprend : la médecine légale, la police scientifique, la police technique et la psychologie judiciaire. Un rapport parlementaire du mois de décembre 2003 met en lumière les insuffisances actuelles de la *médecine légale* en France. Ses conclusions sont formelles : face à la mort ou aux agressions, les victimes ne bénéficient pas du même traitement selon qu'elles se trouvent dans un grand pôle urbain ou dans une petite ville. Aussi préconise-t-il d'intégrer la médecine légale au sein du service public hospitalier, en instaurant de grands « centres de référence » pour les examens très poussés et des « structures de proximité » pour les actes les plus courants.

Par ailleurs la police scientifique a connu récemment de nouveaux champs d'application avec les découvertes de la génétique qui ont permis le recours à la preuve par l'ADN [1], celles de la *biométrie* [2] et de l'*odorologie* (technique d'identification des odeurs recueillies sur les lieux de l'infraction) qui constituent de nouveaux procédés scientifiques de preuve et en dernier lieu, grâce au développement de la neurobiologie, l'analyse des images cérébrales pour dépister le vrai du faux [3]. Le développement de la police scientifique française au cours des dernières années a entraîné le regroupement de sept laboratoires en un Institut National. L'un des laboratoires les plus importants est celui d'Écully dans le Rhône. En 2004 il a traité 15 000 affaires criminelles. Le budget pour 2005 était de 3,2 millions d'Euros.

Contrairement au point de vue de l'école encyclopédique autrichienne [4], la criminalistique ne fait nullement partie de la criminologie car elle a un but exclusivement probatoire alors que la criminologie a pour objectif l'explication de

criminologie », *Dév. et soc.* 1990, p. 347 et s., spéc. p. 361 à 363 ; M. Godfryd, *La psychiatrie légale*, coll. « Que sais-je ? », PUF, 1989 ; C. Diaz, *Le livre du crime*, 1993 ; U. Kobbe, « L'agonie du progrès dans la psychiatrie judiciaire », *RICPT*, 1994, p. 419-427 ; J. Susini, « De la policiologie », *RSC*, 1995, p. 411 ; J. Fombonne, *La criminalistique*, coll. « Que sais-je ? », PUF, 1996 et *RICPT*, 1995, p. 212. « La police technique et scientifique », *Rev. gend. nat.*, juill.-sept. 1996, p. 1-115 (soit l'intégralité du numéro : 49 études) ; C. Diaz, *La police technique et scientifique*, coll. « Que sais-je ? », PUF, 2000, CR à la *RSC*, 2000, p. 717-718 ; A. Buquet, *Manuel de criminalistique moderne*, PUF, Collection « Criminalité internationale », 2001, 262 p. ; F. Chauvaud, *Les experts du crime. La médecine légale en France au XIXe siècle*, Aubier, 2000 ; *Dict. sc. crim.*, 2004, nombreuses rubriques spécialisées, outre les v[is] *Médecine légale-Médecin légiste* et *Criminalistique* ; M. Prinsen et B. Custers, « Introduction to Forensics », *in* M. Herzog-Evans (ed.), vol. 3, p. 15-34.

1. B. Ludes, v° « Identification génétique », *Dict. sc. crim.*, 2004, p. 493-495 ; R. Coquoz et F. Taroni, *Preuve par l'ADN. La génétique au service de la justice*, Presses universitaires romandes, 2e éd., 2006. Depuis que la loi autorise les enquêteurs à recueillir les traces d'ADN non plus seulement pour les affaires sexuelles mais pour tous les crimes et délits (loi du 18 mars 2003), le volume d'analyse est énorme. On parle de 125 000 profils ADN analysés par an. Les analyses d'ADN servent également à identifier le cas échéant les victimes ; c'est ainsi que sur 2 749 victimes des attentats du 11 septembre 2001 contre les tours jumelles du *World Trade Center* à New York, 1 598 personnes ont pu être identifiées et, parmi celles-ci, 850 grâce au recours à l'ADN.

2. P. Leclercq, « À propos de la biométrie (quelques réflexions après la visite de l'exposition « Biométrie, le corps identité » à la Cité des Sciences) », *Communication, commerce électronique*, mars 2006, Étude n° 7, p. 14-18.

3. *Cf. L'Express* du 5 mars 2009, « Cerveau. La vérité... si je mens ». Cette « collusion entre la technoscience et la justice » a été dénoncée parce qu'elle néglige « la relativité des corrélations entre les données objectives sur le cerveau et le caractère insondable de l'âme humaine », J.-D. Vincent, « La science et le crime », *L'Express* du 30 juin 2010 ; C. Vidal, « Quand la justice se met à scruter le cerveau des criminels », *Rue 89*, 20 mars 2011.

4. *Cf. supra* n° 7.

l'action criminelle. De la sorte la criminalistique constitue plutôt un ensemble de disciplines annexes de la procédure pénale.

Toutefois, la criminalistique n'est pas sans rapports avec la criminologie. D'une part en effet, elle puise dans cette dernière des données qui l'aident à perfectionner les méthodes d'identification et de recherche des délinquants. D'autre part et à l'inverse, la criminologie trouve dans la criminalistique des renseignements très précieux pour l'étude du crime et des criminels. Par exemple, il est très utile pour le criminologue de savoir quels sont les divers modes d'exécution des vols ou encore quelles personnes sont habituellement victimes d'escroquerie[1]. J. Susini, dans l'une de ses chroniques de police consacrée au vol, a fort bien décrit l'apport de la police à la criminologie : « la police traque le vol *in vivo*... L'action de recherche *in vivo* traverse inévitablement les articulations « informes » de la société, les espaces moraux. Elle apprécie, identifie et utilise techniquement les moralités, les mentalités, les usages variés qui habitent les milieux où s'entrecroisent les multiples appétits sociaux. La sociologie policière quotidienne connaît directement les faux milieux, les cristallisations géographiques durables ou éphémères, les conflits de cultures les plus subtils, parfois même artificiels, et sait déchiffrer sous l'apparence banale la vie clandestine »[2]. Encore faut-il que cette connaissance soit scientifiquement exploitée, ce qui est loin d'être toujours le cas...

25 *Une illustration topique : le profilage criminel*[3] ◊ Parmi les techniques criminalistiques les plus récentes, le *profilage criminel*, encore appelé *analyse criminelle*, constitue une illustration topique des rapports que la criminologie entretient avec la criminalistique[4].

1. *Cf.* J. Pinatel, *RSC*, 1955, p. 717.

2. J. Susini, « Le monde des voleurs, Chronique de police », *RSC*, 1958, p. 451.

3. **OUVRAGES :** L. Montet, *Tueurs en série. Introduction au profilage*, PUF, coll. « Criminalité internationale », 2000, 271 p. ; L. Montet (dir.), *Profileurs*, PUF, Même collection, 320 p. **ARTICLES :** M. Pistorius, « Le syndrome du "garçon d'à côté" chez les tueurs en série », *RIPC*, 1997, n° 465, 2-6 ; T. Lezeau, « L'importance de la scène du crime », *Gend. Nat.*, 1998, juill.-déc., 144-145 ; M. Agrapart-Delmas, « *Serial killers :* le profilage », *Gend. Nat.*, 2000, janv.-mars, 27-36 ; St. Aurousseau, « Les logiciels d'analyse criminelle », *Gend. Nat.*, 2000, avr.-juin, p. 77-80 ; A. Bossard et L. Negrier-Dormont, « Le profilage des tueurs en série », *RIPC*, 2000, n° 481, p. 25-29 ; R. Nossintchouk, « Sherlock Holmes, précurseur des techniciens de scène du crime », *RIPC*, 2000, n° 482, p. 12-16 ; T. Toutin, « Les origines du profilage criminel », *RICPT*, 2000, 104-119 ; « Témoignages sur la formation en analyse criminelle », *Gend. Nat.*, 2000, avr.-juin, p. 81-84 ; E. Beauregard et J. Proulx, « Le profilage criminel. Évaluation et nouvelles perspectives dans l'établissement de modèles prédictifs », *RIPC*, 2001, n° 486, p. 20-28 ; S. Spitzer et T. Toutin, « Ultraviolence et profilage criminel », *CSI*, 2002, 1ᵉʳ trim, n° 47, p. 195-207 ; A. Girod, O. Ribaux, P. Margot et S. Walsh, « Base de données AND, un potentiel peu exploité de mise en relation d'événements criminels », *RICPT*, 2004, p. 131 ; F. Carle, v° « Analyse criminelle », *Dict. sc. crim.*, 2004, p. 52 ; M. Agrapart, v° « Profilage psychocriminologique ou analyse criminelle et comportementale », *Dict. sc. crim.*, 2004, p. 755-759. **COLLOQUES :** Séminaire européen d'analyse criminelle d'Europol, *Gend. Nat.*, Paris, 13-15 oct. 1999, C.-R., « L'harmonisation de l'analyse criminelle en Europe », *Gend. Nat.*, 2000, avr.-juin, p. 85-86 ; Géocriminologie et profilage criminel, Montréal, 4 avr. 2000 ; 1ʳᵉ conférence internationale sur l'analyse et le profilage criminels, Paris 3-5 juin 2002, CR *RSC*, 2002, p. 686-691 ; XXVIIᵉ Journée de l'Institut de criminologie de Paris, Analyse criminelle et procédure pénale française, Paris, 28 nov. 2002 ; Rapports D.-H. Matagrin, M. Agrapart, R. Gassin, J.-C. Fombonne, *Revue de l'Institut de criminologie de Paris*, vol. 4, 2003-2004, p. 137-187 ; Rapport du groupe de travail interministériel remis au Garde des Sceaux le 30 juillet 2003, « Analyse criminelle et analyse comportementale », CR *RSC*, 2003, p. 944-946 ; D. B. kennedy et R. J. Homant, « Forensics in the field : the example of profiling », *in* M. Herzog-Evans (ed.), vol. 3, p. 79-99.

4. R. Gassin, « Les rapports du profilage criminel et de la criminologie », Rapport à la Journée précitée de l'Institut de Criminologie de Paris du 28 nov. 2002, Rapport précité, p. 167 et s.

On entend par *profilage criminel* la technique qui a pour objet, en présence d'un acte criminel dont l'auteur est inconnu, de faciliter son identification en dressant un profil psychologique de son auteur à partir de l'analyse de l'acte criminel qui a été commis et de l'ensemble des constatations effectuées par la police judiciaire appelée « scène du crime ». *L'analyse de l'acte criminel* (ou analyse criminelle au sens étroit du terme) et le *profilage* de son auteur sont ainsi deux opérations étroitement liées. L'analyse criminelle (au sens étroit) est première : elle est l'œuvre de la police judiciaire sur la « scène du crime ». Le profilage consiste en une *inférence* : il infère le profil de la personnalité de l'auteur potentiel du crime et de son comportement à partir de l'observation de la « scène du crime »[1].

Ainsi défini, le profilage criminel est une technique criminalistique, puisqu'il contribue à l'établissement de la preuve et non à l'explication de l'action criminelle elle-même; c'est une technique complémentaire de l'enquête de police judiciaire, qui ne peut cependant, en elle-même, constituer un mode de preuve recevable[2]. Mais, la nature du profilage et les procédés utilisés pour le mener à bien montrent à l'évidence que profilage criminel et criminologie entretiennent entre eux des rapports très étroits. On peut les résumer en disant que la criminologie constitue l'aliment essentiel du profilage (a) tandis que ce dernier est une occasion notable d'enrichissement des connaissances criminologiques (b).

26 ***Des rapports réciproques*** ◇ a) La criminologie – et plus précisément la microcriminologie ou étude du crime comme phénomène individuel[3] – constitue l'*aliment essentiel* du profilage criminel parce que, ce dernier consistant dans l'inférence, à partir des données collectées par la police judiciaire sur la « scène du crime », du profil psychologique de la personne de l'auteur de l'acte criminel, ce profil ne peut être élaboré qu'en puisant dans le stock des connaissances criminologiques acquises jusque là. Par ailleurs, l'auteur potentiel étant, par hypothèse, inconnu, le profileur ne peut pas en dresser un portrait individualisé comparable à celui qu'établirait l'expert chargé de procéder à l'examen de personnalité d'une personne mise en examen; le profil psychologique inféré de la scène du crime ne peut guère être bâti que par référence à des types criminologiques préexistants. C'est dire l'importance des typologies de délinquants en matière de profilage et, tout particulièrement, de celles qui intègrent dans leur contenu tout ou partie des circonstances du crime. C'est ainsi notamment que la distinction entre meurtres « organisés » et meurtres « désorganisés » que l'on trouve souvent dans les écrits sur le profilage présente la caractéristique d'une typologie qui intègre à la fois la scène du crime (organisé/désorganisé) et un profil de personnalité (organisé/désorganisé)[4].

1. Il existe depuis sept ans à la gendarmerie nationale un « Département des sciences comportementales » qui compte notamment quatre « profileuses » (*Nouvel Observateur* du 25 mars 2010, Les drôles de Dames du Fort de Rosny).
2. Dans un arrêt en date du 29 janvier 2003, la Cour de cassation a jugé que l'expertise-psycho-criminologique – autre nom du profilage – n'était pas un mode de preuve admissible (Crim., 29 janv. 2003, *Bull. crim.*, n° 22).
3. Sur cette notion *cf. infra* n° 92.
4. À titre d'ex., on signalera qu'en analysant du point de vue criminologique l'ouvrage de M. Montet précité *Tueurs en série*, on a pu relever pas moins de cinq hypothèses criminologiques qui sous-tendent l'ouvrage. *Cf.* R. Gassin, « Profilage criminel et criminologie » *in* L. Montet (dir.) *Profileurs* également précité, p. 9-13.

b) Mais si le profilage criminel puise dans la criminologie l'essentiel de la matière lui permettant d'être réalisé, la criminologie, à son tour, trouve dans les profilages l'*occasion d'enrichir ses propres connaissances.*

Cet enrichissement résulte en premier lieu de ce que la réalisation des profilages constitue une occasion de *vérification de la validité des typologies* utilisées par les profileurs. On peut dire que si le profilage a réussi, c'est sans doute que la typologie de référence est performante. En revanche, en cas d'échec du profilage, on doit s'interroger sur la pertinence de la typologie utilisée.

Mais l'enrichissement provient plus encore de ce que les profilages réalisés constituent également un *instrument* intéressant *de création de nouvelles connaissances criminologiques.* Les exigences du profilage ont conduit certains spécialistes, en particulier des agents du FBI ou des experts travaillant pour cet organisme, à analyser tout une série d'affaires criminelles, notamment de tueurs et de violeurs en série, afin de dégager de *nouvelles typologies* opérationnelles ou d'affiner des typologies préexistantes. On a vu ainsi se créer une recherche criminologique appliquée au profilage criminel. Dans la même perspective, des chercheurs ont élaboré des *modèles de prédiction statistique* à partir d'analyses multivariées opérées sur des bases de données de cas d'agresseurs sexuels[1], ainsi que des *modèles de géoprofils* destinés à orienter les profilages géographiques lorsqu'il existe une relation entre les lieux du crime et le lieu de résidence ou de travail de l'agresseur comme c'est le cas, semble-t-il, pour les pyromanes.

C. La distinction de la criminologie et de la pénologie et de la prophylaxie criminelle

27 1) *Criminologie et pénologie*[2] ◊ La pénologie est la branche des sciences criminelles qui étudie les fonctions des sanctions pénales, les règles de leur exécution et les méthodes utilisées dans leur application. Autrefois, on parlait de « science pénitentiaire » parce que son objet se rapportait aux seules peines privatives de liberté. Mais la science pénitentiaire s'est élargie à la pénologie à partir du moment où elle a pris également pour sujet d'étude les peines et les mesures de sûreté autres que l'emprisonnement. L'étude de la privation de liberté est aujourd'hui souvent appelée « carcérologie ».

À la fin du XIXᵉ siècle, on assimilait généralement en France la pénologie à la criminologie. Cette conception est encore adoptée de nos jours aux États-Unis où le terme de criminologie a recouvert pendant longtemps en fait deux grands domaines : l'étiologie criminelle et la pénologie. Cette assimilation n'est pas sans raison car, si l'on veut lutter efficacement contre la récidive, il faut connaître les facteurs et processus de l'action criminelle, ce qui est l'objet premier de la criminologie.

---

1. E. Beauregard et J. Proulx, art. précité.
2. J. Pinatel, « Les diverses conceptions de la science pénitentiaire », *RSC*, 1949, p. 705; « Criminologie et science pénitentiaire », *RSC*, 1949, p. 364-367 et *RIDP*, 1951, p. 25-28; « Science pénitentiaire et sociologie criminelle », *RSC*, 1957, p. 319; Fuily, « Médecine pénitentiaire et criminologie », *AIC*, 1966, l, p. 9-16; J. Pradel, vᵒ « Pénologie », *Dict. sc. crim.*, Dalloz, 2004, p. 695-696.

Cependant cette extension du champ de la criminologie doit être rejetée pour diverses raisons qui procèdent de l'analyse du contenu de cette discipline complexe qu'est la pénologie. Celle-ci comprend en effet trois grandes branches : le droit d'exécution, la technique de l'administration des institutions pénitentiaires et la thérapeutique criminelle. Or les deux premières branches relèvent du droit pénal et du droit administratif et se distinguent donc, de ce fait de la criminologie. Quant à la thérapeutique criminelle, c'est-à-dire l'ensemble des méthodes de traitement utilisées pour prévenir la récidive, ses buts et ses méthodes peuvent, suivant les cas, n'avoir aucune correspondance réelle avec les données de la criminologie[1].

Mais si la pénologie et la criminologie doivent ainsi être distinguées, elles n'en sont pas moins reliées l'une à l'autre par l'intermédiaire de cette branche importante de la criminologie appliquée qu'est la *criminologie clinique*[2].

28 *2) Criminologie et prophylaxie criminelle* ◇ La prophylaxie criminelle est constituée par l'ensemble des mesures à caractère collectif qui ont pour objet de s'opposer à la perpétration des délits[3]. La prophylaxie criminelle est donc à la prévention de la criminalité ce que la pénologie est au traitement des délinquants et à la prévention de la récidive, bien qu'elle soit beaucoup moins élaborée qu'elle.

Comme cette dernière, elle doit *être* distinguée de la criminologie à la fois en ce qu'elle comporte tout un aspect juridique consistant dans la description des dispositions législatives et réglementaires relatives aux mesures de prévention (ex. Arr. du 4 juill. 1972 et circulaire du 17 oct. 1972 sur les clubs de prévention) et en ce que les mesures de prophylaxie criminelle utilisées peuvent n'avoir dans la réalité aucune base scientifique solide. Mais ici encore, il existe une branche de la criminologie appliquée qui fait le pont entre la criminologie et la prophylaxie criminelle. C'est la *criminologie préventive*[4].

D. La distinction de la criminologie et de la sociologie pénale

a. La sociologie pénale

29 *L'essor de la sociologie du droit pénal et de la justice pénale* ◇ La sociologie du droit pénal et de la justice pénale, à peu près complètement ignorée autrefois, connaît depuis près d'une cinquantaine d'années une vogue croissante au point d'avoir aujourd'hui très largement submergé la criminologie sous l'appellation de « criminologie de la réaction

---

1. **Ouvrages de pénologie :** B. Bouloc, *Droit de l'exécution des peines*, coll. « Précis » Dalloz, 4ᵉ éd., 2011; M. Herzog-Evans, *Droit de l'application des peines*, Dalloz référence, 3ᵉ éd., 2007-2008; F.-J. Pansier, *La peine et le droit*, coll. « Que sais-je ? », PUF, 1994; P. Poncela, *Droit de la peine*, PUF, 2ᵉ éd., 2001. Pour la Belgique : G. Kellens, *Punir, Pénologie et droit des sanctions pénales*, éd. juridiques de l'Université de Liège, 2000.
2. *Cf. infra* 2ᵉ Partie, Titre II, nᵒˢ 878 et s.
3. E. Seelig, p. 389. Comp. B. Bouloc, *op. cit.* nᵒ 25, L'expression « prophylaxie criminelle » aurait été inventée par Bentham (*cf.* L. Radzinovicz, *RSC*, 1970, p. 769).
4. *Cf. infra* 2ᵉ Partie, Titre III, nᵒˢ 917 et s.

sociale ». La sociologie du droit pénal et de la justice pénale, ou sociologie pénale [1], est la branche de la sociologie juridique qui étudie les divers aspects de la réaction sociale contre le crime, non en tant que normes juridiques, mais en tant que faits sociaux susceptibles d'être appréhendés par les méthodes de la sociologie.

La sociologie pénale comprend en gros trois parties : 1/ La sociologie du droit pénal proprement dit, ou « juristique criminelle » [2], qui consiste dans l'étude empirique des lois pénales; 2/ La sociologie de la peine qui, prenant les peines comme des faits sociaux, s'interroge sur les conditions sociologiques de leur apparition et de leur développement ou de leur abolition [3], ainsi que sur les effets qu'elles entraînent dans la société; 3/ La sociologie du procès pénal enfin qui étudie comment fonctionnent les divers organes de la justice pénale (police, parquets, juges d'instruction, juridictions de jugement, auxiliaires de la justice pénale : avocats, experts...) et quels sont les résultats sociologiques de leurs activités.

b. Distinction et rapports

30 **1) *La distinction de la criminologie et de la sociologie pénale* ◇**
Il existait depuis longtemps un courant de pensée qui tendait à considérer la sociologie de la réaction sociale contre le crime comme une branche de la criminologie [4] : c'est la thèse de l'appartenance soutenue notamment en France par Vouin et Léauté [5]. Mais aujourd'hui les sociologues du droit pénal vont beaucoup plus loin; ils identifient – et réduisent donc – la criminologie à la sociologie pénale sous l'appellation de « criminologie de la réaction sociale » [6]. Cette conception qui a pris naissance aux États-Unis a gagné de proche en proche tous les pays d'Europe.

Il existe pourtant des différences fondamentales entre la criminologie et la sociologie pénale tant en ce qui concerne leurs objets respectifs que leur méthode. La criminologie a essentiellement pour *objet* d'expliquer les facteurs et les processus de l'action criminelle, alors que la sociologie pénale étudie les divers aspects empiriques de la réaction à cette action. Ainsi que l'a écrit le doyen Carbonnier : « La sociologie du droit pénal, qui étudie le phénomène de la répression, la réaction de la société non délinquante au délit, est quelque chose d'essentiellement différent de la sociologie criminelle qui étudie le phénomène de la criminalité, le passage des délinquants à l'acte » [7]. L'expression criminologie de la réaction sociale est en réalité un « abus de langage » [8]. « La criminologie de la réaction sociale, écrit encore J. Pinatel, n'est... pas une criminologie à proprement parler. Elle est la science des effets, des conséquences du crime; elle n'est pas la science

---

1. Par opposition à la sociologie « criminelle ». *Cf.* J. Carbonnier, *Sociologie juridique*, PUF, 1978, p. 44; *v°* « Sociologie du droit pénal », *Dict. sc. crim.*, p. 877-879.
2. Selon l'expression de Lévy-Bruhl.
3. Pour une illustration récente : J. Le Quang Sang, « L'abrogation de la peine de mort en France : une étude de sociologie législative », *EJCPR*, 2000, p. 275.
4. *Cf. supra* n° 8.
5. R. Vouin et J. Léauté, p. 37-38.
6. *Cf. supra* n° 17. D. Szabo parle ainsi du *réductionnisme* de « gauche » qui a fait de la criminologie une simple branche de la sociologie du droit et a de la sorte mis en cause son existence même (*RICPT*, 1992, p. 89).
7. *Sociologie juridique*, précitée, p. 42.
8. R. Gassin, *RSC*, 1977, p. 267.

du crime... Elle est une branche de la sociologie juridique et pas autre chose. »[1] Différente de la criminologie par son objet, la sociologie pénale l'est encore par ses *méthodes*. Alors en effet que la criminologie est par sa nature interdisciplinaire et emprunte ses méthodes de base aux diverses disciplines qui la constituent (biologie criminelle, sociologie criminelle, psychologie criminelle...) pour recourir ensuite à une méthode synthétique[2], la sociologie pénale est unidisciplinaire et applique les seules méthodes de la sociologie[3]. Il est d'ailleurs significatif que certains des partisans les plus déterminés de la « criminologie de la réaction sociale » ont finalement reconnu qu'ils font de la sociologie pénale et non de la véritable criminologie[4]. Quelques-uns en arrivent jusqu'à nier, sinon l'existence même de la criminologie, du moins son aptitude à constituer une véritable discipline universitaire[5].

31 *Des mots et des contenus...* ◇ Une ambiguïté demeure toutefois quant à cette distinction à cause du vocabulaire employé. La similitude ou la forte ressemblance des titres de livres écrits par des sociologues sur le sujet de la délinquance ne permet pas toujours de savoir, à première vue, si l'on a affaire à un ouvrage de *sociologie criminelle* ou de *sociologie pénale*. Tel est le cas de deux publications récentes : « Sociologie de la délinquance » de Renaud Fillieule[6] et « Sociologie du crime » de Philippe Robert[7]. La lecture de l'introduction et l'examen du contenu de la première montre qu'il s'agit d'un livre de *sociologie criminelle*, branche de la criminologie. L'ouvrage a pour objet d'expliquer les actions délictueuses commises par les mineurs comme par les majeurs et plus particulièrement les « formes les plus traditionnelles de la délinquance, principalement les vols et les agressions », « la délinquance la plus typique »[8] ; à cette fin, l'auteur expose successivement les faits qui caractérisent la délinquance, les théories qui entendent les expliquer et les méthodes qui permettent de les prévenir.

En revanche, l'intitulé « la sociologie du crime » de M. Robert correspond à un projet entièrement différent, malgré la quasi-similitude du titre avec l'ouvrage précédent. Il ne s'agit plus en effet d'expliquer la délinquance comme « action de violer les lois pénales », mais tout différemment d'analyser l'action du droit pénal

---

1. J. Pinatel, « Perspectives d'avenir de la criminologie », *in La criminologie, bilan et perspectives*, 1980, p. 265-266.
2. *Cf. infra* chap. II, « La méthode de la criminologie », n°s 45 et s.
3. J. Pinatel, art. précité, *loc. cit.*
4. *Cf.* P. Robert, « De la criminologie de la réaction sociale à la sociologie pénale », *AS*, 1981, p. 253-283. Pour d'excellentes illustrations de travaux de sociologie pénale, *cf.* « Acteur social et délinquance, une grille de lecture du système de justice pénale », *Hommage à Christian Debuyst*, éd. Mardaga, Liège-Bruxelles, 1990, 475 p.; C. Robert (dir.), *La création de la loi et ses acteurs, l'exemple du droit pénal*, ONATI Proceedings, 1991, 240 p. Pour un exemple récent d'application : J. Le Quang-Sang, « L'abrogation de la peine de mort en France : une étude de sociologie législative (1976-1981) », *EJCPR*, 2000, p. 275.
5. *Cf.* la critique de la création d'une chaire de criminologie au Conservatoire National des Arts et Métiers (CNAM), L. Mucchielli, « Une "nouvelle criminologie" française. Pourquoi et pour qui ? », *RSC*, 2008, p. 795-803; I. Mandraud, CNAM : pétition contre la création d'une chaire de criminologie, *Le Monde* du 24 janvier 2009.
6. PUF, 2001, 284 p.
7. La Découverte, Collection Repères, 2005, 111 p.
8. *Op. cit.*, p. 5.

en tant qu'il saisit ce comportement que l'on appelle le crime. « L'étude du crime, écrit l'auteur, est un problème particulier de sociologie du droit, d'un droit particulier : le droit pénal »[1]. Ce n'est certes pas l'étude du droit pénal comme discipline théorique telle que l'analyse le juriste, mais ce n'en est pas moins le droit pénal en tant qu'il est une « pratique » qui « par son action même » constitue le crime « comme réalité sociale »[2]. On a donc affaire ici à un ouvrage de *sociologie pénale* et non de sociologie criminelle. Le contenu de l'ouvrage le montre d'ailleurs avec netteté. Après avoir rappelé, conformément à l'interprétation dominante de Durkheim, que le crime n'est rien d'autre qu'un comportement sanctionné par une peine prévue par le droit[3], il développe successivement la « criminalisation primaire », c'est-à-dire la création de la loi pénale, et la « criminalisation secondaire », c'est-à-dire l'application de cette loi par le système de justice pénale, entre lesquels, comme en sandwich, il situe « la transgression », transgression dont il récuse toute explication « à prétention universelle »[4] pour l'inscrire dans le processus qui va de la criminalisation primaire à la criminalisation secondaire[5].

32 *2) Les rapports de la criminologie et de la sociologie pénale* ◇

Le fait que la criminologie et la sociologie pénale doivent être soigneusement distinguées, n'exclut nullement l'existence de relations parfois fort étroites entre les deux disciplines. Les travaux de sociologie du droit pénal et de la justice criminelle[6] sont en effet très utiles aux criminologues pour mieux comprendre certains aspects de l'action criminelle. C'est ainsi que les concepts de « déviance secondaire » et de « carrière criminelle »[7] imaginés par la perspective interactionniste apportent une contribution non négligeable à la compréhension du problème de la récidive. De même les insuffisances et les malfaçons du système de justice pénale mis en évidence par la sociologie pénale ne sont pas étrangères à la constitution des situations précriminelles et même à la formation de la personnalité de certains délinquants[8]. Mais les influences ne sont pas à sens unique. La sociologie pénale contemporaine néglige trop souvent tout ce qu'elle peut puiser dans l'étude de l'action criminelle. Les délits et les délinquants n'induisent-ils pas, dans une certaine mesure, la manière dont la justice pénale fonctionne ? Si le juge contribue à façonner le criminel, le criminel ne détermine-t-il pas aussi en partie la manière de réagir du juge dans

1. *Op. cit.*, p. 12-13.
2. *Op. cit.*, p. 11.
3. Qui fait de la peine le critère du crime selon un critère formel : *cf. supra* n° 13. Dans *De la division du travail social*, 1893 (rééd. PUF 1973), Durkheim donne au contraire du crime une définition matérielle (« un acte criminel quand il offense les états forts et définis de la conscience collective », p. 47) et fait de la peine la conséquence du crime (« ce qui caractérise le crime, c'est qu'il détermine la peine », p. 52) et non l'inverse.
4. *Op. cit.*, p. 57 à 78.
5. Un autre ouvrage récent de sociologie relatif à la délinquance indique en revanche, par son titre même, qu'il comporte une partie consacrée à la sociologie de la délinquance (les cinq premiers chap.) et une autre à la sociologie pénale (le chap. 6). Il s'agit de Jacques Faget, *Sociologie de la délinquance et de la justice pénale*, éd. Erès, coll. trajets, 2002, 145 p., 2ᵉ éd. 2007.
6. M. Erard, « Réflexions et pistes de recherches en sociologie pénale », *RICPT*, 1985, p. 445-452.
7. *Cf. infra* n° 62.
8. *Cf. infra* nᵒˢ 635 et s.

leur interaction singulière ? Ce sont là sans doute quelques-unes, parmi les nombreuses questions suggérées par la criminologie, que les sociologues du droit pénal et de la justice pénale feraient bien de se poser...

E. De la distinction entre la criminologie et la victimologie...

32-1 *Des victimologies...* ◊ La victimologie ou « science de la victime » est une discipline de création relativement récente par rapport à la criminologie. Alors que cette dernière remonte au dernier quart du xixe siècle, ce n'est que quelques années avant la guerre de 1939-1945 que l'attention de la communauté criminologique a été attirée sur le problème de la quasi-indifférence des systèmes pénaux à l'égard des victimes d'infraction pénale. Le terme de « victimologie » lui-même – que le petit Robert fait remonter seulement au milieu du xxe siècle – paraît avoir été utilisé pour la première fois par un avocat pénaliste Benjamin Mendelsohn dans une communication présentée en mars 1947 à un congrès organisé par la Société roumaine de psychiatrie[1]. Le mot a par la suite acquis très rapidement droit de cité et la matière a donné lieu à des développements de plus en plus substantiels avec l'organisation de congrès, la réalisation de recherches empiriques, la mise en place d'enseignements spécialisés dans de nombreuses universités de par le monde[2], la constitution d'associations de victimes et la création de services d'aide aux victimes.

Dans sa conception initiale, la victimologie n'était rien d'autre que l'« *envers du crime* » comme on l'a écrit avec bonheur[3], c'est-à-dire l'étude des seules victimes d'infractions pénales et des actions destinées à leur venir en aide. Aussi n'a-t-elle eu aucune difficulté à s'intégrer dans les divers titres et chapitres de la criminologie, qu'il s'agisse de la criminologie théorique avec sa distinction cardinale de la criminalité comme phénomène collectif et du crime comme phénomène individuel, ou de la criminologie appliquée (criminologie de la politique criminelle, criminologie clinique et criminologie préventive). Cette conception de la victimologie est en particulier celle qui a été retenue pour l'essentiel par la Résolution 40/34 du 11 décembre 1985 de l'Assemblée générale des Nations unies, portant Déclaration des principes fondamentaux de justice relatifs aux victimes de la criminalité et aux victimes d'abus de pouvoir.

Mais, à partir de la décennie 1970, la victimologie a étendu son domaine d'investigation et son effort de systématisation aux victimes de *tous les événements dramatiques* qui sont à l'origine de souffrances et de dommages divers : infractions pénales certes, mais aussi accidents du travail et maladies professionnelles, accidents de la circulation, accidents domestiques, accidents médicaux, catastrophes naturelles et écologiques, guerres et leur cortège de victimes et de dommages de

---

1. L'accord ne règne pas toutefois sur l'origine du terme. Certains ont attribué la paternité du néologisme « victimologie » au psychiatre américain F. Wertham dans son livre *The show of violence* publié en 1949.
2. Ainsi en France (Paris V, Université de Pau), au Canada (Montréal, Vancouver), en Belgique (Louvain).
3. Micheline Baril, L'envers du crime, thèse de doctorat de l'Université de Montréal de 1984, L'Harmattan, 2002.

guerre, violation massive des droits humains...; en bref tout événement qu'il soit fautif ou purement casuel du moment qu'il est à l'origine de souffrances et de dommages. Ainsi est née la « *victimologie générale* » ou « seconde victimologie », par opposition à la « victimologie des infractions pénales » dite encore « première victimologie ». Aussi définit-on aujourd'hui volontiers la victimologie comme « le discours scientifique, pluridisciplinaire, philosophique, sociologique, médical et juridique, élaboré au sujet de la victime »[1].

Dès lors ne manque pas de se poser la question de savoir si la victimologie ainsi définie fait encore partie de la criminologie, ou si elle n'est pas devenue une discipline nettement distincte de celle qui l'a abritée lors de ses premiers développements.

32-2 *Du nœud du problème et de sa solution* ◇ Sans doute existe-t-il et continuera-t-il d'exister des relations et des échanges importants entre les deux savoirs, ne serait-ce que parce que cette branche particulière de la victimologie générale qu'est la *victimologie pénale* fait à la fois partie intégrante de la criminologie et de la victimologie globale. Ce n'est donc pas à ce niveau que se situe le nœud du problème. Le siège véritable de la difficulté de la distinction des deux sortes de victimologie réside dans la question de savoir si le phénomène de la *victimation* présente les mêmes *caractéristiques* que celle-ci ait une origine infractionnelle ou qu'elle soit due à une cause occasionnelle, étrangère à toute faute pénale.

Selon les théoriciens de la victimologie générale, « les conséquences sociales et personnelles de la victimation sont quasiment les mêmes qu'il y ait ou non infraction pénale »[2]. Aussi ont-ils tendance à traiter de la même manière la *dévictimation*, c'est-à-dire ce processus d'accompagnement, de soins et de réparation du préjudice subi par la victime, quelle qu'ait été la cause de la victimation.

En revanche, les partisans de la spécificité de la *victimologie pénale* s'insurgent contre ces « tentatives de faire divorcer la victimologie de la criminologie et de réclamer pour elle le statut de discipline autonome et indépendante » et demandent « le retour de la victimologie à sa position originale de branche intégrale de la criminologie »[3].

La *solution de la question* se trouve dans les nombreux traits spécifiques qui caractérisent les victimes d'infractions à la loi pénale et le traitement de leur victimation[4]. Ces spécificités justifient le maintien intégral de cette variété très particulière de victimisation dans le champ de la criminologie.

F. Le problème de la place de la « sécuritologie » par rapport à la criminologie

32-3 *La sécurité, nouvel objet de recherche* ◇

a) La sécurité des personnes et des biens est l'une des préoccupations les plus importantes des gouvernements dans les sociétés démocratiques contemporaines.

---

1. G. Lopez, v° *Victimologie*, Dictionnaire des Sciences Criminelles, Dalloz 2004 ; *La victimologie*, Dalloz 2010, Coll. Connaissance du droit, 160 p.
2. G. Lopez, v° *Victimologie* et ouvrage précités.
3. E. A. Fattah, rapport précité, *AIC*, 2008, spéc. p. 167.
4. Sur ces spécificités, *cf.* not. *infra* n° 916.

Sans doute l'accent mis sur ce problème dans le discours politique varie-t-il selon les majorités au pouvoir : les uns pour trop insister sur la sécurité se font taxer de « frénésie sécuritaire » par leurs adversaires[1]; les autres pour tenter de minimiser le problème sont traités à leur tour de « rousseauistes ». Sans doute aussi les procédés de politique criminelle utilisés ou préconisés varient-ils avec les gouvernements : les uns insistent sur la répression tandis que les autres mettent l'accent surtout sur la prévention. Mais aujourd'hui le temps n'est plus où nombre de criminologues niaient la réalité de l'accroissement important de la délinquance depuis les années 1950-1960 et où ils soutenaient que cette opinion provenait d'une illusion purement statistique. D'une manière plus générale, le haut degré de *bien-être* atteint par les sociétés occidentales, joint aux effets pervers de la haute *technicisation* de leur civilisation, font que l'insécurité est devenue un « mal absolu » et qu'elle entretient une sorte de « règne de la peur »[2].

b) Du même coup, la sécurité est devenue un *objet juridique essentiel.* C'est ainsi qu'en France le Conseil constitutionnel a fait, depuis 1981, de la sécurité des personnes et des biens un « objectif de valeur constitutionnelle », ce qui lui a permis dans nombre de cas d'écarter l'application d'un droit fondamental dans le cadre de la recherche d'un équilibre raisonnable entre la satisfaction des besoins de sécurité d'une part, et la sauvegarde de la liberté individuelle d'autre part[3]. Par la suite, le législateur lui-même a consacré à plusieurs reprises la sécurité des personnes et des biens comme un « droit fondamental » (loi du 21 janvier 1995 dite « loi Pasqua », loi du 15 novembre 2001 dite « loi Vaillant » et loi du 18 mars 2003 dite « loi Sarkozy »)[4][5].

c) Parallèlement à la promotion juridique du droit à la sécurité, cette dernière a fait depuis quelques années l'objet de *recherches empiriques* spécifiques qui ont donné lieu à la constitution d'un « savoir » nouveau sur la sécurité.

1) C'est ainsi qu'en 2007 a paru au *Canada* un remarquable *Traité de sécurité intérieure* qui rassemble et ordonne les travaux de nombreux criminologues, sociologues et politologues, pour la plupart québécois, mais aussi français, suisses et belges[6]. L'ouvrage est composé de 45 chapitres répartis en six parties intitulées respectivement : Connaître et penser la sécurité, Menaces et parades, Le rensei-

---

1. L. Mucchielli (dir.), *La frénésie sécuritaire. Retour à l'ordre et nouveau contrôle social,* Paris, La Découverte, 2008,135 p. Adde S. Portelli, *Traité de démagogie appliquée, Sarkozy, la récidive et nous,* Paris, Michalon, 2006, 38 p.

2. J.-A. Miller (Psychanalyste), interview « L'insécurité, le mal absolu », *Le Point* du 4 déc. 2008.

3. *Cf.* R. Gassin, « Les lois répressives nouvelles devant le Conseil constitutionnel », *in Renouveau du droit constitutionnel, Mélanges en l'honneur de Louis Favoreu,* Dalloz, 2007, p. 1553-1575.

4. La qualification de « fondamental » du droit à la sécurité par des lois ordinaires n'est certes pas conforme à la notion de « droit fondamental » telles que l'entendent les constitutionnalistes pour qui le terme de « droits fondamentaux » caractérise des droits protégés par des normes constitutionnelles, européennes ou internationales (L. Favoreu et *al., Droit constitutionnel,* 2011, n°s 1216 et s.; M.A.Granger, « Existe-t-il un "droit fondamental à la sécurité" ? », *RSC* 2009, p. 273-296). Mais elle présente l'intérêt de montrer l'importance particulière que le législateur a entendu attribuer à ce droit.

5. Est-il besoin de préciser qu'il ne faut pas confondre le droit à la sécurité avec le droit à la sûreté, consacré par l'art. 2 de la Déclaration des Droits de l'Homme de 1789 et mis en oeuvre par l'art. 7 de la même Déclaration, qui garantit les citoyens contre les arrestations et détentions arbitraires ? Au demeurant, le droit à la sûreté est un droit individuel alors que le droit à la sécurité est un droit collectif qui bénéficie à l'ensemble de la communauté des citoyens.

6. M. Cusson, B. Dupont et F. Lemieux (dir.), *Traité de sécurité intérieure,* Montréal, éd. Hurtubise, 2007, 705 p.

gnement et l'analyse, Prévenir, La répression et l'investigation, Le maintien de l'ordre et la gestion des crises. Le simple énoncé des diverses divisions de l'ouvrage permet de discerner quel peut être l'objet du nouveau savoir sur la sécurité intérieure. Dès les premières pages de l'introduction, les initiateurs de l'entreprise donnent une définition de la sécurité intérieure : « Nous entendons par là, écrivent-ils, l'activité déployée par des professionnels de première ligne en vue de protéger leurs concitoyens contre les dangers associés à la vie en société »[1]. L'analyse de cette définition met en évidence quatre éléments : 1°/ La sécurité intérieure est *une activité, une action*[2]. 2°/ Cette action est l'œuvre de *professionnels de première ligne*, c'est-à-dire des policiers, gendarmes, agents de renseignement et personnels privés chargés de la sécurité, par opposition ou distinction avec, d'une part les professionnels de deuxième et troisième lignes (magistrats chargés de juger les personnes poursuivies devant les tribunaux, puis organes d'exécution des sanctions pénales [personnels pénitentiaires, agents de probation etc.]), et d'autre part les personnels de prévention de la délinquance qui relèvent des divers organismes nationaux et locaux de prévention (Secrétariat d'État à la ville, Conseils de prévention etc.). 3°/ Cette activité a pour but d'assurer la *sécurité des personnes et des biens*, sécurité objective et sécurité subjective (sentiment de sécurité). 4°/ La cible de l'action de sécurité, ce sont les *dangers qui menacent* les personnes et leurs biens du fait qu'elles vivent en société. Ces dangers sont essentiellement la délinquance sous toutes ses formes, individuelle ou organisée, grave ou bénigne, contre les personnes et contre les biens.

2) En *France* aussi, l'année 2008 a vu se manifester un nouveau courant que d'aucuns ont appelé une « nouvelle criminologie ». Si l'on fait abstraction de la confusion que risque d'entraîner l'emploi de l'expression « nouvelle criminologie » qui en elle-même n'a en réalité rien de nouveau[3], cette « nouvelle criminologie » a essentiellement pour objectif de déplacer le regard de l'étude de la délinquance individuelle et *de son traitement* vers les *formes collectives de criminalité* (crime organisé, terrorisme, trafics divers etc.) ainsi que vers les *menaces* qu'elles constituent pour la sécurité des personnes, des biens et de la vie sociale en général[4]. L'exposé de cette perspective trouve par exemple une illustration significative dans l'ouvrage de M. Raufer « Les nouveaux dangers planétaires. Chaos mondial, décèlement précoce »[5]. Elle conduit à considérer, comme on l'a écrit à propos de la criminalité organisée, « qu'elle est autre chose et plus que la criminalité ordinaire »[6], ou encore que ces formes nouvelles de criminalité se sont imposées « comme un phénomène non plus marginal, relevant seulement de la criminologie et des politiques anti-criminelles, mais comme un fait (géo) politi-

---

1. Traité précité, p. 29.
2. La même caractéristique s'applique aussi à la « sécurité *extérieure* » : c'est également une activité; mais, du moins dans sa conception traditionnelle, elle appelle d'autres solutions, des solutions militaires. Toutefois, aujourd'hui, il n'existe plus de solution de continuité entre sécurité extérieure et sécurité intérieure, du fait notamment du terrorisme international, de la piraterie maritime, du trafic de drogue international...
3. L'expression « *New Criminology* » est, avec celle de « criminologie critique » et de « criminologie radicale », l'appellation conférée à un courant doctrinal anglo-saxon en criminologie qui s'est manifesté à la fin des années 1960-début des années 1970 (*cf.* J. Pinatel, *RSC*, 1975, p. 189-192; *infra* n° 308-310). L'un des ouvrages les plus significatifs de cette école est celui de I. Taylor, P; Walton et J. Young qui a précisément pour titre *The New Criminology. For a social theory of deviance*, Routledge & Kegan Paul plc, Londres, 1973.
4. A. Bauer, X. Raufer et Y. Roucaute, « Une vocation nouvelle pour la criminologie » *in* Sécurité Globale, automne 2008, p. 89-93.
5. CNRS Éd. 2009, 254 p.
6. Questions internationales, *Doc. fr.*, n° 40, novembre-décembre 2009, Éditorial p. 1.

que majeur »[1]. De là, la représentation d'une société sous le coup de *menaces permanentes pour sa survie*, et la focalisation de la réaction sociale sur le *décèlement précoce* de ces menaces et la quête incessante de *renforcement de la sécurité*[2].

Ainsi est-il en train de se constituer, autour de la notion de sécurité, un nouveau savoir empirique que l'on peut désigner par le néologisme « sécuritologie ».

32-4 *La sécuritologie, nouveau chapitre de la criminologie ou quelque chose d'autre ?*[3] ◇ La question que pose ce nouveau savoir en voie de constitution au regard de *la détermination du domaine de la criminologie* consiste à se demander si la sécuritologie n'est qu'un chapitre particulier de la criminologie ou si, au contraire, on a affaire à une discipline différente.

À première vue, on peut être tenté de penser que ces nouvelles recherches ne constituent que l'approfondissement de certaines questions de criminologie déjà étudiées depuis plus ou moins longtemps, telles que la criminalité organisée ou le terrorisme, ainsi que la *focalisation de la politique criminelle* sur une lutte préventive particulièrement énergique contre ces menaces redoutables. Mais, à l'examen notamment du *Traité de sécurité intérieure* qui a le mérite de présenter un système complet, on est conduit à relever des différences essentielles entre sécuritologie et criminologie (a) sans pour autant nier l'existence de rapports étroits entre les deux disciplines (b). Ces différences se trouvent encore accrues avec la doctrine française actuelle de la sécuritologie (c).

a) Les différences. Le savoir sur la sécurité intérieure diffère de la criminologie à trois points de vue.

1) D'abord au regard de leurs *finalités* respectives. La *criminologie* a pour objet l'explication du phénomène criminel dans sa double dimension individuelle et collective et la critique constructive des solutions de politique criminelle qui sont utilisées dans les divers pays pour lutter contre ce mal social. La *sécuritologie* au contraire apparaît essentiellement comme une activité de lutte contre les menaces identifiées par elle. En d'autres termes, l'une est *action*, alors que l'autre est *réflexion*. Sans doute, est-il nécessaire lorsqu'il s'agit d'agir contre des menaces de savoir en quoi elles consistent; mais précisément, il semble bien que la sécuritologie s'en remette sur ce chapitre à la criminologie théorique pour mieux concentrer ses efforts sur son action, car ce qui compte pour elle, *ce n'est pas la pertinence de l'explication mais l'efficacité de l'action*. Aussi, finalement, si la sécuritologie devait relever de la criminologie, ce ne pourrait être que de la *criminologie appliquée*[4].

2) En deuxième lieu, s'agissant précisément de l'action contre le crime, l'étendue des *champs d'observation* des deux disciplines n'est pas du tout le même. La *criminologie de la politique criminelle* porte son regard critique sur l'ensemble des

1. J.-F. Gayraud, La criminalité transnationale : des territoires, des puissances et des flux en expansion, *in Questions internationales,* précité, p. 8 et s., spéc. p. 8.

2. Parallèlement à ces préoccupations scientifiques, le milieu politique français est aujourd'hui particulièrement attentif à la sécurité intérieure. Au cours de l'année 2008, en effet, avait été créé un groupe d'études sur la sécurité intérieure à l'Assemblée nationale. En 2009, l'Association parlementaire « Défense et Stratégie » a créé à son tour un cercle « Sécurité intérieure ».

3. R. Gassin, Criminologie et « savoir » sur la sécurité intérieure, *RPDP* 2010, n° 2, p. 485-491.

4. C'est probablement ce qui explique que la chaire de criminologie qui a été créée au Conservatoire National des Arts et Métiers (CNAM) pour être attribuée à un « sécuritologue », porte l'intitulé de « criminologie appliquée » (*cf. infra* n° 323).

politiques criminelles concrètes : depuis l'élaboration de la loi pénale jusqu'à son application aux stades successifs de celle-ci par la police, les parquets, les tribunaux répressifs et les organismes administratifs comme judiciaires de l'exécution des sanctions pénales; depuis la prévention de la délinquance, sociale comme situationnelle, jusqu'à sa répression, avec notamment la criminologie clinique qui concerne elle-même aujourd'hui les victimes comme les délinquants. Le *savoir sur la sécurité intérieure* en revanche se focalise sur la seule activité déployée par ce que le Traité précité appelle les « professionnels de première ligne »[1]. Ce qui l'intéresse ainsi dans la répression de la délinquance, c'est essentiellement l'activité policière; la justice pénale elle-même y est considérée non comme un facteur essentiel de la sécurité mais seulement comme son complément[2]. Quant à la prévention de la délinquance, des deux grands types de prévention, la prévention sociale et la prévention situationnelle, seule la seconde retient son attention; la prévention sociale est renvoyée à la compétence des seuls éducateurs, psychologues et travailleurs sociaux[3].

3) Il est un troisième point qui, sauf discussion, paraît justifier la distinction entre la criminologie appliquée et sécuritologie : c'est la différence de *démarche méthodologique*.

La *criminologie appliquée* est essentiellement *critique* et *source de réforme*. Son donné de base, la politique criminelle concrète, lui est fourni par les systèmes pénaux. La description du contenu de ces systèmes relève des différents droits pénaux pour le contenu juridique et de la sociologie des institutions pénales pour la manière dont ils sont mis en application. La criminologie de la politique criminelle se trouve ainsi en présence de systèmes tout faits lorsqu'elle s'en saisit pour porter un regard critique sur son efficacité et pour proposer éventuellement des réformes. La *sécuritologie* apparaît plutôt comme *descriptive* et *analytique;* ce n'est qu'occasionnellement qu'elle peut déboucher sur des modes d'action de sécurité différents à la suite d'une évaluation défavorable. C'est la différence qui apparaît du moins à la lecture du Traité de sécurité intérieure précité parce que ses multiples analyses d'actions policières ne mentionnent nulle part le cadre juridique dans lequel celles-ci se développent. Il en irait toutefois autrement si les nouvelles recherches réalisées en la matière adoptaient à cet égard la même démarche méthodologique qu'en criminologie appliquée.

En définitive, si l'on devait rattacher la « sécuritologie » à une discipline scientifique plus large, le choix se porterait de préférence sur la *science politique* plutôt que vers la criminologie. Selon Madeleine Grawitz, la science politique est « l'étude de la façon dont les hommes conçoivent et utilisent les institutions qui régissent leur vie en commun, les idées et la volonté qui les animent pour assurer la régulation sociale »[4]. La « sécuritologie » s'inscrit bien dans ce schéma : elle étudie la façon dont les « professionnels de première ligne » conçoivent et utilisent les actions de sécurité pour parer aux dangers qui menacent les personnes et les biens. Ce rattachement n'exclut pas pour autant l'existence de rapports entre la « sécuritologie » et la « criminologie ». Ceux-ci sont même très étroits.

---

1. *Traité de la Sécurité intérieure* précité, p. 29.
2. « Indispensable » il est vrai (*cf.* Traité précité, p. 34). Encore n'y est-il fait allusion qu'en deux seules pages et que sous l'angle de l'alimentation du sentiment d'injustice subie quand l'action de sécurité s'exerce de manière injuste et devient séquence contre-productive (p. 34-35).
3. *Traité* précité, p. 406.
4. *Méthode des sciences sociales*, Dalloz éd., 11ᵉ éd. 2001, n° 232.

b) Les rapports. Ces rapports s'opèrent dans les deux sens. En premier lieu, la « *sécuritologie* » utilise les connaissances acquises en criminologie théorique pour comprendre et définir les « menaces » qui pèsent sur la société et déterminer les « parades » à leur opposer. Cela est très net dans le Traité de la sécurité intérieure précité. Toute la deuxième partie intitulée « Menaces et parades » (p. 175-259) résume l'essentiel des connaissances acquises en criminologie sur des problèmes contemporains (crime organisé, terrorisme etc.) qui constituent autant de « menaces » et pour rechercher quelles peuvent être les « parades » à ces « menaces ». Et la « nouvelle criminologie » française elle-même[1] ne paraît pas procéder autrement.

À l'inverse, le « *savoir* » *sur la sécurité* apporte à son tour une contribution plus ou moins importante au progrès de la criminologie de la politique criminelle. En effet, les descriptions approfondies et systématiques des multiples actions de sécurité intérieure ainsi que les évaluations éventuelles de l'efficacité de leur mise en œuvre fournissent à la criminologie appliquée quantité d'analyses qui contribuent à alimenter le travail critique qui caractérise la criminologie appliquée. Tel est le cas par exemple des travaux de « sécuritologie » sur la télésurveillance[2].

c) Sécuritologie *soft* et sécuritologie *hard*. La conception de la sécuritologie de l'École québécoise dont on vient d'exposer les différences puis les rapports avec la criminologie, peut être qualifiée de *conception modérée*. En effet, lorsqu'il s'agit de déterminer quelles sont les « menaces » contre lesquelles la sécuritologie doit élaborer des « parades », le « Traité de la sécurité intérieure » s'appuie sur l'exposé des *connaissances acquises en criminologie* dans les domaines les plus divers (personnalité du délinquant, récidive, psychopathie, crime organisé, terrorisme, criminalité économique, délinquance de banlieue, cybercriminalité). Tel est en effet, sinon l'objet exclusif, du moins le point d'appui essentiel exposé dans la deuxième partie du Traité de la sécurité intérieure.

Tout autre est, semble-t-il, la conception de la sécuritologie que paraît adopter la *doctrine française* en la matière. Il résulte en effet du rapport d'étape de la Conférence nationale de Criminologie créée en 2009-2010[3] que le contenu de la formation universitaire qui relèverait d'une nouvelle section du Conseil National des Universités, s'intitulerait tout à la fois « Criminologie, diplomatie, polémologie, stratégie ». Or, quand on s'attache à la signification des termes ainsi associés à celui de criminologie, on constate qu'ils désignent des disciplines au caractère scientifique d'ailleurs bien discutable, qui sont consacrées à l'étude de la politique extérieure des États (diplomatie), à celle de la guerre (polémologie) et à l'art de faire évoluer les armées sur les théâtres d'opérations (stratégie). Cette association curieuse suggère que la délinquance, ou en tout cas certains chapitres très importants de celle-ci (terrorisme, trafic de stupéfiants, crime organisé...), seraient des *sujets de guerre et non des questions de politique criminelle*. Cela ne manque pas d'évoquer des slogans bien connus comme « guerre au crime », « guerre au terrorisme » etc., mais cette conception pose à nos démocraties occidentales, particulièrement attachées à la promotion des « droits de l'homme », plus de problèmes qu'elle n'est susceptible d'en résoudre. Il suffit de penser à cet égard à toute la polémique suscitée par les cas et les conditions de détention de la base américaine de Guantanamo. Même l'élimination physique par un commando spécial américain du chef du terrorisme fondamentaliste islamique international, Ben Laden, pour-

1. *Cf. supra* n° 32-3 c1.
2. *Cf. Traité* précité, chapitre 31 « La télésurveillance » par M. Cusson, p. 452-460.
3. *Cf. infra*, n° 323.

tant sans doute le terroriste le plus redoutable en ce début du xxie siècle, a, peu après sa mort, soulevé un débat sur la nécessité qu'il y aurait eu à s'en saisir vivant, sauf impossibilité : certains soutiennent en effet qu'il aurait fallu le traduire devant la Cour pénale internationale, comme les autres auteurs de crimes contre l'humanité dans les procès en cours à La Haye, afin de le faire juger selon une procédure conforme aux conventions internationales sur les droits de l'homme.

On a vu ainsi, en procédant par éliminations successives, se décanter et se circonscrire le domaine de la criminologie. Encore reste-t-il à en explorer le contenu inscrit à l'intérieur de ces limites.

§ 2. **Le contenu de la criminologie**[1]

33 *Les problèmes* ◇ L'examen du domaine de la criminologie a montré qu'en définitive la criminologie apparaît essentiellement comme la science qui étudie les facteurs de l'action criminelle, leur interaction et les processus qui conduisent au passage à l'acte délictueux, ainsi que les conséquences que l'on peut tirer de ces connaissances pour une lutte efficace contre la délinquance.

Mais si la criminologie se réduit ainsi à ces dimensions, son contenu n'est pas pour autant facile à dégager. Les multiples problèmes que pose en l'espèce la détermination de celui-ci, gravitent en fait autour des deux questions suivantes : La criminologie est-elle un faisceau de sciences ou une science unitaire et autonome ? (A). La criminologie est-elle une science pure ou une science appliquée ? (B).

A. **La criminologie, faisceau de sciences ou science unitaire et autonome ?**

34 *Position de la question* ◇ La difficulté de cette première question tient au fait que l'étude scientifique du crime et du délinquant a été abordée, non pas directement en elle-même mais par le biais de diverses sciences de l'homme qui ont donné lieu à la naissance de criminologies spécialisées plutôt qu'à celle d'une criminologie synthétique intégrant au même niveau tous les points de vue exprimés. Il convient donc d'exposer d'abord quelles sont les diverses *sciences constitutives de la criminologie* (a) avant d'examiner la *nature* de cette discipline (b).

a. **Les sciences constitutives de la criminologie**

Pour prendre la dimension exacte de ces sciences, la meilleure méthode consiste à les suivre dans leur ordre d'apparition chronologique : biologie criminelle (1), sociologie criminelle (2) et psychologie criminelle (3).

---

1. J. Pinatel, « Nature de la criminologie », *RSC*, 1955, p. 710-717; « Les rapports de la criminologie et des sciences de l'homme », *RSC*, 1966, p. 107-115; « Les directions nouvelles ouvertes à la criminologie et au droit pénal par les sciences de l'homme », *RSC*, 1966, p. 378-386.

35   **1) *La biologie criminelle***[1] ◇ Le premier aspect du phénomène criminel qui a retenu l'attention est son aspect biologique. Il a donné lieu à la théorie fameuse du « criminel-né » imaginée par le fondateur de la criminologie, l'italien Cesare Lombroso, selon laquelle il existerait chez les délinquants des stigmates anatomiques et physiologiques qui les distingueraient des non-délinquants[2].

Aujourd'hui la biologie criminelle, que l'on appelait jadis l'anthropologie criminelle, n'étudie pas seulement les aspects anatomiques et physiologiques de la personnalité des délinquants. Elle s'intéresse aussi à ses aspects génétiques, biotypologiques, biochimiques, voire bio-sociaux[3]. Elle a pour tâche d'étudier les particularités biologiques les plus diverses qui pourraient se trouver chez les délinquants et de proposer les traitements médicaux qui seraient susceptibles d'y remédier. Il existe donc une partie médicale dans la criminologie. Les progrès considérables réalisés récemment dans le domaine biologique sont d'ailleurs susceptibles d'ouvrir à la criminologie des horizons tout à fait nouveaux[4].

36   **2) *La sociologie criminelle***[5] ◇ Le second aspect sous lequel a été abordée l'action criminelle est son aspect sociologique. Déjà Guerry et Quételet avaient formulé, dès la première moitié du XIXᵉ siècle, diverses « lois » de la criminalité prenant appui sur les premières statistiques criminelles. Mais l'étude des facteurs sociologiques du crime a surtout été l'œuvre de l'école française du milieu social de la fin du XIXᵉ siècle avec Tarde, Durkheim, Lacassagne et Joly. E. Ferri, à son tour, a grandement insisté sur le rôle joué par les facteurs sociologiques dans l'étiologie criminelle. L'étude des aspects sociologiques de la délinquance est devenue par la suite en grande partie une spécialité de la criminologie nord-américaine des auteurs comme Sutherland, Sellin, Cohen, etc., ont mis l'accent sur le rôle de l'apprentissage, des conflits de culture et des sous-cultures délinquantes dans l'étiologie de la délinquance. Depuis le début des années 1960, la sociologie criminelle a cédé le pas à la « sociologie de la

---

1. M. Carrara, « L'anthropologie criminelle », *AAC*, 1909, p. 721-752; « Le devenir de l'anthropologie criminelle », *RDPC*, 1930, p. 661-668; B. Di Tullio, « L'état actuel des études d'anthropologie criminelle » *RSC*, 1948, p. 275-292; « Les récents travaux d'anthropologie criminelle », 1ᵉʳ Cours international de criminologie, 1953, 135-151; E. Yamarellos et G. Kellens, I, vᵒ « Anthropologie criminelle », p. 30-34; P. Grapin, *L'anthropologie criminelle*, coll. « Que sais-je ? », PUF, 1973; J. Pinatel (1987), vᵒ « Biologie criminelle », 33-35; vᵒ « Anthropologie criminelle » par S. Bauzon et F. D'Agostino, *Dict. sc. crim.*, 2004, p. 58.
   2. *Cf. infra* nᵒˢ 206 et s.
   3. P. Grapin, « Biologie sociale et criminelle », *RSC*, 1971, p. 79-98; S. A. Mednik et K. Chritstiansen éd., *Biosocial Bases of Criminal Behavior*, New-York, Gardner, 1977.
   4. *Cf.* J. Pinatel, « L'intégration des recherches biologiques et sociologiques en criminologie », *RSC*, 1975, p. 450-456, spéc. 453-456.
   5. V.-V. Stanciu, *L'état actuel de la sociologie criminelle*, 1ᵉʳ Cours internat. de criminologie, 1953, 116-123; J. Pinatel, « Criminologie et sociologie », *Informations sociales*, juill. 1954, p. 820-828; « Initiation à la sociologie criminelle », art. de J. Léauté, G. Levasseur et J. Pinatel, *RSC*, 1957, p. 285 et s.; D. Szabo, « La sociologie dans l'étude du comportement criminel », *Rev. action populaire*, févr. 1958, p. 164; « Criminologie et sociologie », *RCC*, 1959, p. 12-29; H. Lévy-Bruhl, « Problèmes de sociologie criminelle », *in Traité de sociologie* de G. Gurvitch, 3ᵉ éd., PUF, 1968, II, 207-226; P. Robert, « L'évolution récente de la sociologie criminelle », *BML*, 1977, p. 605-610; J. Pinatel (1987), vᵒ « Sociologie criminelle », 1987, 196-198; R. Fillieule, *Sociologie de la délinquance*, PUF, 2001; J. Faget, *Sociologie de la délinquance et de la justice pénale*, Erès, 2002.

déviance » orientée essentiellement, avec l'école interactionniste puis l'école radicale, vers l'étude critique de la réaction sociale contre la déviance[1].

Même en laissant de côté cette dernière tendance qui, on l'a vu[2], n'appartient pas à la criminologie mais à la sociologie pénale, le domaine de la sociologie criminelle apparaît comme extrêmement vaste. Elle étudie le phénomène criminel en tant que phénomène social et phénomène de masse. Elle s'occupe de l'étude de la criminalité considérée dans son ensemble, comme de l'analyse de l'influence de l'environnement familial et social du délinquant et des relations interindividuelles qui s'établissent entre le délinquant et son environnement. C'est la sociologie criminelle encore qui se penche sur les problèmes du reclassement social du délinquant comme sur celui de la prévention collective du crime.

Pour mener à bien sa tâche, la sociologie criminelle s'appuie sur la *statistique criminelle* qui renseigne sur la structure et les variations de la criminalité dans le temps comme dans l'espace[3]. Elle nourrit ses développements des données de *l'ethnologie*[4], de la *géographie humaine*[5], de la *science économique*[6] et en dernier lieu de *l'histoire sociale*[7]. L'utilisation de l'informatique à l'époque la plus récente pour traiter les données géographiques relatives à la distribution spatiale des actes criminels et des délinquants a donné naissance à la *géomatique*[8]. D'autre part, la diversité des cultures et des comportements sociaux selon les sociétés a soulevé le problème de la comparaison en criminologie; il y a ainsi une *criminologie comparée* aujourd'hui en plein essor[9]. La *géopolitique* a été également utilisée

1. P. Robert, « La sociologie entre une criminologie du passage à l'acte et une criminologie de la réaction sociale », *AS*, 1973, p. 441-504.

2. *Supra* n° 30.

3. J. Pinatel, « Criminologie et statistique », *Cahiers de sauvegarde*, 1947, n° 1, p. 3.

4. A. Corre, *L'ethnographie criminelle*, Paris, Sd; A. De Coire, *L'ethnologie criminelle d'après les observations et les statistiques judiciaires recueillies dans les colonies françaises*, Paris, 1894; P. Grapin, « Ethnologie et criminalité », *RSC*, 1955, p. 49; H. Lévy-Bruhl, « Les rapports entre l'ethnologie et la criminalité », *in La responsabilité pénale*, Paris, Dalloz, 1959; J. Pinatel, « L'apport de l'ethnographie à la criminologie et au droit pénal, » *RSC*, 1966, p. 646-653; J. Poirier, *Ethnologie générale,* 1968, p. 1165-1174 (Ethnologie criminelle); J. Sohier, « Criminologie et ethnologie », *RIPC*, 1970, p. 97-101.

5. C. Burky, « Géohumanisme et criminologie », *RICPT*, 1957, p. 241-246; D. J. Evans et D. T. Herbert (éd.), *The geography of crime*, Londres et New York, Routledge, 1989; D. Élie, « Analyse spatiale et criminologie », *Criminologie*, 1994, n° 1, p. 7-21; J.-L. Besson, *Les cartes du crime*, PUF, 2005.

6. *Cf.* C. Granger, « Criminalité et science économique (Évolution des recherches) », Rapport Peyrefitte (Comité d'études sur la violence, la criminalité et la délinquance), « Réponses à la violence », Paris, Doc. fr., 1977, Annexe 8, p. 199-208.

7. *Cf.* 6ᵉ Colloque criminologique du Conseil de l'Europe, Strasbourg 21-23 nov. 1983 : « La recherche historique sur la criminalité et la justice pénale », v. not. exposé introductif de P. Robert, p. 3.

8. M. Cusson, « La géocriminologie, ses applications par la police de New York », *RPDP*, 2000, p. 653-665; E. Beauregard, vᵒ « Géocriminologie », *Dict. sc. crim*, 2004, p. 465-469; S. Birrer et A.L. Terretaz, « Croisement spatial et temporel de données issues d'activités délictueuses et d'appareils permettant une géolocalisation », *RICPT*, 2008, p. 481.

9. *Cf.* les numéros spéciaux des *AIC* consacrés à la criminologie comparée, 1977, vol. 16 et, 1978, vol. 17; *Adde* D. Szabo, *Criminologie et politique criminelle*, Vrin, Bibliothèque criminologique, 1978, chap. IV, p. 62-103; J. Pinatel (1987), vᵒ « Criminologie comparée », 50-52; M. Clinard, « Criminologie comparée », *RICPT*, 1985, p. 162-173; G.-C. Leavitt, « Relativism and cross-cultural criminology : a critical analysis », *Journal of research in crime and delinquency*, 1990, I, p. 5-29; R. Dufour-Gompers, 1992, vᵒ « Criminologie comparative », p. 106; M. Cusson et A. Dossier : « La criminologie comparée. Hommage à Denis Szabo », *Criminologie*, 1993, n° 2, 7-136; D. Szabo, *De l'anthropologie à la criminologie comparée*, Paris, Vrin éd., 1993; S. Miyazawa, « The

pour l'analyse des *mafias* en raison de son originalité par rapport à la délinquance classique[1].

37 3) *La psychologie criminelle*[2] ◇ L'aspect psychologique, au sens le plus large du terme, est le dernier aspect sous lequel a été étudiée l'action criminelle.

À vrai dire, il y a déjà fort longtemps que la *psychiatrie* s'est penchée sur les aspects du phénomène criminel qui ressortent de la pathologie mentale[3]. La *psychologie* elle-même n'était d'ailleurs pas absente de l'œuvre de Lombroso, tout au moins dans sa dernière époque. Mais c'est l'essor de la *psychanalyse* qui semble avoir provoqué l'étude systématique de la psychologie du délinquant.

Suivant l'excellente description qu'en donne J. Pinatel[4], la psychologie criminelle étudie l'intelligence, le caractère, les aptitudes sociales et les attitudes morales des délinquants en recourant aux tests de la psychologie expérimentale. Elle utilise également les ressources de la psychologie clinique pour étudier les motivations de l'action criminelle et les processus mentaux qui conduisent au passage à l'acte. Avec la psychanalyse, elle s'attache à la vie profonde du délinquant, à ses motivations inconscientes dans la vue de rechercher les raisons de ses motivations apparentes et immédiates[5]. Elle se rencontre encore avec la psychiatrie

enigma of Japan as a testing ground for cross-cultural criminological studies », *AIC*, 1994, p. 81-104; « La criminologie comparée : bilan et avenir », *RICPT*, 1995, p. 140-147; Colloque du 25ᵉ anniversaire du CICC de Montréal, *AIC*, 1995, p. 13-24; R. Ottenhof, « La criminologie au Québec : bilan et perspectives », *RSC*, 1996, p. 946; 10ᵉ Colloque de l'AICLF, Istanbul, mai 2006 : « Criminologie comparée, aspects théoriques et empiriques avec illustration par la question des violences domestiques ».

1. J.-F. Gayraud, *Le monde des mafias*, O. Jacob, 2005, spéc. p. 23 et s.
2. J. Favez-Boutonnier, « L'influence de la psychologie sur la criminologie », Travaux de la semaine internat. de Strasbourg (mai 1954), Dalloz, 1955, 26-41; J. Pinatel, « Les orientations psychologiques récentes en criminologie », *RSC*, 1963, p. 377-387; J. Pinatel, (1987), vᵒ « Psychologie criminelle », 1987, p. 181-182; A. Pino, *Psychologie et question criminelle*, th. doct. Fac. psych., U.-C.-I. Louvain, 1985; F.-Z. Eddine, « Les délinquants sont-ils des hommes comme nous ? Psychologie de la délinquance », *RPDP*, 1995, p. 125-154; D. Casoni et L. Brunet, *La psychocriminologie, Apports psychanalytiques et applications cliniques*, Presses Univ. Montréal, 2003; M. Born, *Psychologie de la délinquance*, De Boeck éd., 2003, 284 p.; A.-M. Favard, « Criminologie clinique : de la pensée pinatélienne aux nouvelles approches psychodynamiques », *in Sciences pénales & Sciences criminologiques Mélanges offerts à R. Gassin*, PUAM, 2007, p. 399-414; J.-L. Senon, G. Lopez, R. Cario et al., *Psycho-criminologie*, Dunod éd., 2008; C. Blatier, *Introduction à la psychocriminologie*, Dunod, 2010.
3. Cf. P. Broussole, *Délinquance et déviance. Brève histoire de leurs approches psychiatriques*, éd. Privat, 1978, 221 p.; J. Pinatel, (1987), vᵒ « Psychiatrie criminelle », 179-181; P. Marchais, *Psychiatrie et délinquance*, Paris, 1952, 119 p.; J. Leyrie, « La psychiatrie dans la criminologie d'aujourd'hui », *RICPT*, 1980, p. 361-370; M. Bénezech, M. Addad et A. Grasset, « Criminologie et psychiatrie », *Encyclopédie médico-chirurgicale*, 1981; « Psychiatrie et justice », Actes du Congrès de *Pro menta sane* (1986, Suisse), Lausanne, 1987, 130 p.; M. Godfryd, *La psychiatrie légale*, coll. « Que sais-je ? », PUF, 1989; T. Albherne (dir.), *Criminologie et psychiatrie*, éd. Ellipses, 1997, spéc. p. 104-115.
4. *Traité*, III, n° 9.
5. S. Ferenczi, *Psychanalyse et criminologie, Œuvres complètes*, t. III, 1919-1926, p. 79 et s.; O. Kinberg, « Criminologie et psychanalyse », *BSIC* 1952, II, 26-27; J. Pinatel, « Criminologie et psychanalyse », *Rev. française de psychanalyse*, 1953, p. 281-300; G. Trombi, « Psychanalyse et criminalité » (en italien), *Quaderni di criminologica clinica*, 1977, 3, 299-382; J.-M. Labadie, « Limites et chances d'une réflexion psychanalytique en criminologie », *Dév. et soc.* 1979, p. 301-322; J.-P. et L. Chartier, *Délinquants et psychanalystes : les chevaliers de Thanatos*, 1986, 188 p.; G. Zilboorg, « Psychoanalysis and Criminology », *Encyclopedia of criminology*, p. 398-405; D. Casoni et L. Brunet, *La psychocriminologie* précitée. Pour la compréhension des concepts psychanalytiques, *cf.* E. Roudinesco et M. Plon, *Dictionnaire de la Psychanalyse*, Fayard 2006; Journée

lorsqu'elle aborde les aspects psychopathologiques de la conduite criminelle[1]. Elle s'élève enfin à la psychologie sociale qui s'intéresse notamment aux aspects interpersonnels du crime avec le couple criminel-victime, et tend à donner des indications curatives, pédagogiques et éducatives pour l'organisation du traitement des délinquants[2]. Quelques noms contemporains illustrent cette approche du phénomène criminel : de Greeff en Belgique, Mailloux et Ellenberger[3] au Canada, Gemelli en Italie, Hesnard et Pinatel en France.

Toutefois, la psychologie criminelle, comme la sociologie criminelle, a connu l'effet entraîné par la substitution doctrinale de la « criminologie de la réaction sociale » à la « criminologie du passage à l'acte »[4]. De la sorte la psychologie criminelle d'inspiration étiologique et dynamique s'est trouvée mise en cause et l'existence de son objet a été discutée[5]; on a proposé de lui substituer une psychologie interactionniste complémentaire de la sociologie de la réaction sociale[6] ou induite par elle[7]. Mais ces critiques et cette réorientation se heurtent aux mêmes objections que celles qui sont faites à la sociologie de la réaction sociale[8].

Tels sont finalement les divers aspects par lesquels a été abordée l'étude de l'action criminelle. La criminologie apparaît donc comme une science fondamentalement *pluridisciplinaire*[9]. Reste à se demander si elle constitue une science uni-

---

de l'Institut de criminologie de Paris, 5 juillet 2008 : Psychanalyse et criminologie : recherches antérieures et actuelles. Alors que l'on a célébré en 2009 le 70e anniversaire de la mort de Freud, son fondateur, la psychanalyse vient de faire l'objet de sévères critiques dont la plus largement médiatisée est l'ouvrage de Michel Onfray, *Le crépuscule d'une idole, l'affabulation freudienne* (Grasset 2010), selon lequel Freud aurait tout simplement « pris son cas personnel pour une généralité ». On devine que ce pamphlet a soulevé de violentes protestations dans les médias de la part de tout ce qui compte comme psychanalystes. Mais il a aussi été l'occasion de publications plus pertinentes, notamment du sociologue N. Elias, *Au-delà de Freud, Sociologie, psychologie, psychanalyse*, éd. La Découverte 2010, 216 p.

1. O. Kinberg, « La psychiatrie criminelle sans métaphysique », *RSC*, 1949, p. 513; E. Yamarellos et G. Kellens, II, v° « Psychopathologie criminelle », p. 129-135; J. Ley, « La psychiatrie en question : évolution et perspectives », *RDPC*, 1979, p. 619-634; H. Feldmann, « La position du psychiatre dans notre société actuelle », *RICPT*, 1983, p. 75-77; T. Albherne (dir.), *Criminologie et Psychiatrie*, éd. Ellipses, 1997, 752 p. avec les préfaces de C. Debuyst, R. Pouget et D. Szabo; sur cet ouvrage v. L. Mucchielli, « Quelques interrogations épistémologiques sur la psychiatrie criminelle française (à partir d'un ouvrage récent) », *RICPT*, 1999, p. 461-487; D. Szabo, « Criminologie et psychiatrie », *RICPT*, 2000, p. 173-183. Sur la crise actuelle de la psychiatrie française, *cf.* *Le Monde* du 7 juin 2003 : « Grandes et petites misères de la psychiatrie française ». La crise est due au fait que d'une part les moyens d'accueil et de prise en charge en psychiatrie se sont réduits comme peau de chagrin (125 000 places d'hospitalisation supprimées entre 1970 et 2000) et d'autre part, dans le même temps la demande a explosé. En effet, aux pathologies traditionnelles de la folie – psychose, démence et alcoolisme – se sont progressivement ajoutées névroses, dépressions et nouvelles formes d'anxiété, troubles du comportement ou de l'alimentation. M. Dubec et C. de Rudder, *Le plaisir de tuer*, Le Seuil, 2007.

2. *Cf.* V.-V. Stanciu, *Essai de psycho-sociologie criminelle*, 1980, chap. II, p. 27-46; J. Pinatel, « Criminologie clinique et psychologie sociale », *RICPT*, 1980, p. 231-242; M. Reuchlin, *Traité de psychologie appliquée*, PUF 1972, Chap 4 « Contribution de la psychologie à l'étude de la délinquance » par J. Selosse, p. 183-244.

3. A. Yanacopoulo, *Henri F. Ellenberger, Une vie*, éd. Liber 2010, 392 p.

4. *Cf. supra* n° 17.

5. C. Debuyst, « Les nouveaux courants dans la criminologie contemporaine. La mise en cause de la psychologie et de son objet », *RDPC*, 1974-75, p. 845-870.

6. L. Walgrave, « Considérations sur l'orientation de la psychologie dans la criminologie actuelle », *Dév. et soc.* 1980, p. 305-330.

7. C. Debuyst, *Modèle éthologique et criminologie*, Bruxelles, 1985, 184 p.

8. *Cf. supra* n° 30.

9. G. Canepa, « Criminologie et sciences humaines dans la perspective interdisciplinaire et comparée », *AIC*, 1989, p. 19-25.

taire et autonome ou si elle n'est que la juxtaposition des diverses disciplines de base que l'on vient d'inventorier.

b. La nature de la criminologie

38 ***La difficulté du problème*** ◇ Certains auteurs ne craignent pas d'affirmer que la criminologie est une science de synthèse autonome en comparant celle-ci à un vaste delta créateur où viennent se déposer les alluvions représentées par ses diverses disciplines constitutives et en la présentant même comme une « superscience de l'homme », une « somme des sciences de l'homme »[1]. D'autres auteurs, au contraire, et non des moindres, estiment avec de Greeff que « la science de la criminologie n'existe pas en soi » ou avec Sellin que « le criminologue est un roi sans royaume »[2].

Il y a effectivement difficulté pour cette raison que, s'il y a eu évolution dans les différentes approches du phénomène criminel, cette évolution s'est faite le plus souvent, non dans le sens d'une criminologie synthétique véritable, mais dans celui de la création de *criminologies spécialisées*, c'est-à-dire des criminologies qui, tout en intégrant les diverses données recueillies sur le phénomène criminel, conservent cependant une orientation d'ensemble tantôt biologique, tantôt sociologique et tantôt psychologique ou psychanalytique[3]. On parle ainsi de criminologie biologique, criminologie sociologique, criminologie psychologique ou criminologie psychanalytique. De même, malgré l'appel à l'interdisciplinarité, persiste la tendance à distinguer entre une « criminologie sociologique » et une « criminologie clinique »[4]. Ces criminologies spécialisées méritent-elles alors le nom de « criminologie » ou ne sont-elles pas plutôt de simples branches spécialisées de la biologie, de la sociologie et de la psychologie ?

39 ***La réponse à la question*** ◇ Cette difficulté n'est toutefois pas insurmontable si l'on veut bien se rappeler qu'une science se caractérise à la fois par son objet et par sa méthode. Or, il n'est pas douteux que la criminologie a un *objet* spécifique : l'action criminelle, qui englobe à la fois l'acte et son auteur, et qui n'est réductible à aucun autre objet. Elle a d'autre part une *méthode* qui, si elle emprunte beaucoup aux autres sciences de l'homme, n'en présente pas moins, comme on le verra, des carac-

---

1. M. Laignel-Lavastine et V. V. Stanciu, p. 21; V. V. Stanciu, p. 25.
2. Déclaration faite en 1950. Mais en 1960, Sellin se déclarait « disposé à donner le titre royal à celui qui fait l'intégration et la synthèse des conclusions des chercheurs dans les diverses sciences biologiques, mentales et sociales », *RDPC*, 1960, p. 890-896, reproduit *in* Armand et D. Szabo, *Déviance et criminalité*, Textes, A. Colin, 1970, p. 370-375.
3. Sur ces différents passages aux criminologies spécialisées, *cf.* J. Pinatel, *Traité*, n°s 8 à 10 et *La criminologie*, n°s 9 à 11. Cette tendance à une orientation unilatérale s'est encore manifestée relativement récemment avec le *Précis de Criminologie* de M. Killias, Berne, Stämpfli, 1991, 2e éd. 2001. Dans ses notes sur ce *Précis* intitulées « Criminologie ou sociologie criminelle ? » (*RICPT*, 1992, p. 89-92), D. Szabo souligne le caractère restrictif de la définition de la criminologie donnée par son auteur, laquelle exclut l'étude du « criminel » du champ de la discipline et fait de ce *Précis*, moins un véritable ouvrage de criminologie qu'un ouvrage de « sociologie criminelle », dans la tradition sociologique nord-américaine. *Cf.* la même critique dans le CR de R. Cario, *RSC*, 1993, p. 622.
4. *Cf.* G. Canepa, « Criminologie et sciences humaines », *AIC*, 1989, précité, spéc. p. 20-21.

tères propres [1]. D'ailleurs, il existe, depuis une quarantaine d'années, un courant dit de « criminologie intégrative » ou de « criminologie intégrée », qui œuvre dans le sens d'une intégration des données biologiques, sociologiques et psycho sociales dans une synthèse véritable [2]. Il n'est donc nullement excessif de considérer aujourd'hui la criminologie comme une science véritable.

Celle-ci, comme le droit pénal, se subdivise en deux grandes branches : la *criminologie générale* qui étudie l'action criminelle en général, quelle que soit la nature de l'acte commis (meurtre, vol, prise d'otage, crime en col blanc, etc.) et la *criminologie spéciale* qui s'occupe de l'étude des diverses actions criminelles particulières, comme le fait, de son point de vue, le droit pénal spécial. Les développements de criminologie qui sont présentés dans cet ouvrage concernent la seule criminologie générale [3].

40 *Une difficulté nouvelle* ◇ La criminologie, en tant que science unitaire et autonome, se trouve cependant menacée à nouveau, depuis une vingtaine d'années, par le développement d'une tendance inédite à la constitution de disciplines nouvelles à caractère thématique (la violence, l'astuce, la sexualité, la sécurité, etc.). Dans cette perspective, la criminalité de violence, d'astuce, etc., n'est plus qu'un chapitre d'une science plus générale de la violence [4], de l'astuce, de la sécurité, etc. Cette tendance a pour conséquence, non seulement de morceler la criminologie en général en criminologies particulières (criminologie de la violence, de l'astuce, etc.), mais encore de faire perdre à chacune de ces criminologies particulières son existence propre, puisqu'elle n'est plus qu'une sous-catégorie d'une catégorie plus générale. Cette nouvelle approche des problèmes est favorisée par la conception développée par la « criminologie de la réaction sociale » selon laquelle il n'y a pas de différence entre les délinquants et les non-délinquants et il ne saurait exister par conséquent de criminologie de l'acte englobant dans un même ensemble tous les auteurs d'infractions et cherchant une explication unique de l'ensemble de la criminalité [5]. La même tendance se manifeste également à propos de l'étude des victimes d'infractions pénales. La victimologie la plus récente

---

1. *Cf. infra* n° 46.
2. M. E. Wolfgang et E. Ferracuti, *The subculture of violence : towards an integrate theory in criminology*, 1967, 387 p.; J. Pinatel, « Synthèse criminologique », *in* D. Szabo (éd.), *Criminologie en action*, 1968, 135-171; L. Lernell, « Esquisse d'une théorie cohérente du facteur général, génétique et dynamique du crime », *RSC*, 1968, 1-17; J. Pinatel, « L'intégration des recherches biologiques et sociologiques en criminologie », *RSC*, 1975, p. 450-456.
3. Sur la criminologie spéciale : *cf.* G. Kellens, « De l'utilité de la criminologie spéciale », *RDPC*, 1986, p. 639-647; du même auteur : *Qu'as-tu fait de ton frère ? Études de criminologie spéciale*, Mardaga éd., Bruxelles, 1986; J. Proulx, M. Cusson et M. Ouimet (dir.), *Les violences criminelles*, Presses Univ. Laval (Québec), 1999, 353 p.; J. Proulx, M. Cusson, E. Beauregard et A. Nicole (dir.), *Les meurtriers sexuels*, Préface de R. Gassin, Presses Univ. Montréal, 2005, 342 p.
4. Sur la violence par ex. *cf.* Yves Michaud, *La violence*, coll. « Que sais-je ? », PUF, 1986; J-C. Chesnais, *Histoire de la violence en Occident de 1800 à nos jours*, Hachette 1982; R. Muchembled, *Une histoire de la violence de la fin du Moyen Age à nos jours*, Seuil, 2008; D. C. North, J. J. Wallis et B. R. Weingast, *Violence et ordres sociaux. Un cadre conceptuel pour interpréter l'histoire de l'humanité*, Gallimard, 2010.
5. *Cf.* J. Léauté, Cours polycopié, p. 144-145.

ou « seconde victimologie » considère en effet que les victimes d'actes délinquants ne sont qu'une variété de victimes à côté des victimes de faits non fautifs, d'événements fortuits ou de catastrophes naturelles : la victimisation par actes délictueux est considérée comme une sorte de « risque social » au même titre que celles qui résultent d'autres événements[1]. On peut encore rattacher à la même orientation par thèmes spécifiques la « nouvelle criminologie » pour laquelle cette discipline doit réserver ses travaux aux « nouvelles menaces » (crime organisé, mafias, terrorisme, piratage informatique, piratage maritime...) et à la mise en œuvre de moyens destinés à les anticiper et à les neutraliser[2].

Les recherches « thématiques » présentent certes un grand intérêt et elles méritent d'être encouragées. Mais elles ne doivent pas pour autant se substituer aux disciplines existantes qui étudient un objet présentant une cohérence souvent plus grande que les nouveaux thèmes à la mode. Ainsi, pour faire référence à la violence, le meurtrier serait-il plus proche du combattant qui tue à la guerre que du cambrioleur ou du faussaire ? À l'inverse, la guerre serait-elle plus proche de la criminalité de droit commun que de la révolution ? La réponse à ces questions montre que la criminologie demeure bien une science véritable. Mais s'agit-il d'une science pure ou d'une science à la fois théorique et appliquée ?

B. La criminologie, science pure ou science appliquée ?

41 *Les conceptions en présence* ◇ On sait que l'une des classifications retenues en philosophie des sciences consiste à distinguer entre les sciences pures et les sciences appliquées ou techniques. Le problème se pose pour la criminologie de savoir dans quelle catégorie la ranger, avec d'autant plus d'acuité que son objet, l'action criminelle, n'est pas un phénomène social quelconque, mais un *mal social* contre lequel il convient de lutter. Son objet même implique donc un « jugement de valeur » négatif et non un simple « jugement de réalité ».

Face à cette difficulté, deux conceptions opposées ont été soutenues. Pour les uns la criminologie est une science pure qui se désintéresse de ses applications pratiques. Ce point de vue a été notamment présenté par Cuche[3] et il a servi de point de départ aux travaux du IIe Congrès international de criminologie (Paris, 1950)[4]; on le trouve également sous la plume d'auteurs comme H. Lévy-Bruhl[5]. Enrico Ferri au contraire a présenté la criminologie comme une science appliquée[6] et sa conception a été reprise par nombre de criminologues contemporains, dont J. Pinatel[7] en France et Sir Léon Radzinowicz[8] en Angleterre.

---

1. *Cf. infra* n° 311.
2. *Cf. supra* n° 32-3.
3. *Supra* n° 10.
4. *Idem.*
5. *In Traité de sociologie* de G. Gurvitch, II, p. 20-226.
6. *Supra* n° 6.
7. *Supra* n° 10. Dans *La société criminogène*, 1971, p. 15-18, J. Pinatel emploie les termes de « criminologie contemplative » et « criminologie engagée » pour mieux marquer, dans les mots, l'opposition entre « criminologie pure » et « criminologie appliquée ».
8. *Où en est la criminologie ?*, éd. Cujas, 1965, p. 148.

Ultérieurement, un auteur écrivait ainsi que « si les discours criminologiques... se caractérisent par leur aptitude à résoudre des énigmes, il faut convenir que la solution de certaines énigmes en ce qui la concerne (la criminologie) implique non seulement des *jugements de réalité* mais aussi des *jugements de valeur* et des *propositions d'action* »[1]. Entre les deux conceptions toutefois, se trouvent quelques auteurs aux positions quelque peu ambiguës ou incertaines, comme Hood et Sparks[2] et Léauté[3].

42 *La criminologie, science appliquée*[4] ◇ L'opinion qui voit dans la criminologie une science à la fois théorique et pratique nous paraît être la seule satisfaisante : elle seule, en effet, prend en compte la nature particulière de son objet, l'action criminelle en tant que mal social qui appelle la lutte contre lui en vue de l'endiguer et de le refouler[5]. Ce point de vue intuitif a trouvé une assise théorique solide dans les travaux épistémologiques du Pr. Ellenberger sur la classification des sciences. Cet auteur a en effet isolé, dans la classification traditionnelle, un groupe particulier qu'il appelle le groupe des *sciences complexes* et qui est composé de la médecine et de la criminologie. Ces disciplines se caractérisent par plusieurs traits communs, notamment par le fait que, travaillant sur des concepts exprimant des jugements de valeur (santé, maladie, guérison pour la médecine; crime, responsabilité, peine pour la criminologie), elles ne sauraient être purement théoriques et n'ont de sens, au contraire, que par leurs applications pratiques[6]. Il convient de remarquer toutefois qu'il existe une différence fondamentale entre les deux disciplines même de ce point de vue. Alors que la maladie est un mal naturel, donc un mal à la fois invariable, général et permanent, le crime est un mal en quelque sorte artificiel, et donc variable selon les lieux et les époques, puisqu'il suppose une incrimination préalable par le groupe social au moyen de la coutume ou de la loi[7], encore que l'on

---

1. F. Digneffe, « La criminologie et son histoire », *RICPT*, 1991, p. 299 et s., spéc. p. 299 *in fine* et 300. C'est nous qui soulignons les trois expressions contenues dans la citation.
2. R. Hood et R. Sparks, p. 9-10.
3. J. Léauté, *Criminologie et science pénitentiaire*, p. 17, pour qui la science pénitentiaire « s'occupe principalement de recherche appliquée, alors que la matière de la criminologie est au premier chef, de la recherche fondamentale ».
4. S. Blaettler et N. Queloz, « La criminologie : orientations et utilité sociale », *RICPT*, 1985, p. 436-444.
5. Comp. D. Szabo, « Criminologie, justice et société », *RICPT*, 1971-72, p. 87-92.
6. L. Ellenberger, *Recherche clinique et expérimentale en criminologie, Contribution à l'étude des sciences de l'homme*, Montréal, 1965, p. 7-18. Il existe sans doute d'autres disciplines dont l'objet contient, par sa nature même, un jugement de valeur. Tel est le cas de l'étude de la démocratie. Dans son *Précis de la démocratie* (Calmann-Lévy, 1994), J. Baechler pointe bien le problème. Constatant que tout le monde parle de démocratie, personne ne s'entend sur ce qu'il faut entendre par ce mot, il écrit : « On ne saurait s'en tirer en affirmant que l'analyse de la démocratie doit être objective, parce que l'objet de cette étude ne saurait être quelconque : la « bonne » définition de la démocratie comme « bon régime » est inscrite dans la nature même de l'objet... Il nous faut par conséquent construire un point de vue permettant à la fois l'objectivité et le jugement de valeur, qui hiérarchise » (p. 8).
7. C'est d'ailleurs pourquoi la criminologie comparée possède une place si importante, *cf. supra* n° 36.

verra que ce qui constitue le « noyau dur » de la délinquance n'est pas aussi variable, et donc aussi artificiel, qu'on ne le dit généralement[1].

Mais sous cette réserve on doit considérer la criminologie comme étant de par sa nature même une science à la fois théorique et appliquée[2].

42-1 *La criminologie, science seulement appliquée... mais application de quoi ?* ◇

a) Dans un article publié en 2010 à la revue *Champ pénal*[3], M. Laurent Mucchielli[4] soutient que « la criminologie ne peut exister qu'en tant que science appliquée et ne saurait être une science fondamentale »[5]. Cet article fait suite à une précédente contribution dans laquelle il dénonçait le « projet d'institution-nalisation de la criminologie dans le contexte politique et institutionnel français actuel »[6]. Laissant cependant de côté la polémique relative à ce projet, M. Mucchielli entend cette fois contribuer au « débat de fond » sur la nature même de la criminologie.

À l'appui de sa théorie qui réduit la matière à celle de *science appliquée,* il invoque deux séries d'arguments : l'histoire de la criminologie française et la réalité du modèle québécois généralement invoquée par les partisans du projet d'institu-tionnalisation précité.

En premier lieu, faisant de la pluridisciplinarité la pierre de touche de l'attribu-tion à la criminologie du caractère de science fondamentale, il parcourt les quel-que 130 ans d'histoire de la criminologie française pour montrer que la « pluridisciplinarité » de cette discipline ne serait qu'un mythe. « Au terme de ce panorama historique, nous constatons, écrit-il, qu'il existe trois disciplines ou sous-disciplines universitaires bien distinctes qui s'intéressent toutes les trois au crime – ce sont le droit, les sciences de l'individu (psychologie clinique, psychopa-thologie, psychiatrie) et les sciences sociales (sociologie, histoire, sciences politi-ques, démographie, économie) – mais qui ne partagent ni la définition et la représentation de leur objet, ni les objectifs de sa connaissance, ni les méthodes de recherche pour y parvenir »[7].

Quant au « modèle québécois », il oppose à la vision française de l'École de criminologie de Montréal comme « la preuve de la possibilité de faire exister cette science et cette pluridisciplinarité »[8], une réalité bien plus prosaïque

1. *Cf. infra* n°s 77 et s.
2. Il n'est pas sans intérêt de relever que la « criminologie de la réaction sociale » (*cf. supra* n° 17) se considère aussi généralement comme une « science appliquée » de par sa nature même. Mais la différence essentielle d'avec la véritable criminologie tient à ce que, alors que pour cette dernière c'est *l'action criminelle* qui est un mal social, pour la « criminologie de la réaction sociale » c'est *le système pénal lui-même* qui est le mal social (*cf.* L. Hulsman et J. Bernat de Celis, « Fondements et enjeux de la théorie de l'abolition du système pénal », *in* F. Ringelheim, *Punir mon beau souci,* éd. ULB, 1984, p. 297-317, spéc. p. 298-302).
3. « De la criminologie comme science appliquée et des discours mythiques sur la "multidis-ciplinarité" et "l'exception française" », *Champ pénal,* Vol. VII. 2010, 8 p. V. antérieurement du même auteur « L'impossible constitution d'une discipline criminologique en France : cadres ins-titutionnels, enjeux normatifs et développemnts de la recherche des années 1880 à nos jours », *Criminologie,* vol. 37, n° 1, 2004, p. 13-42.
4. www.laurent-mucchielli.org
5. *Op. cit.* p. 1.
6. « Une "nouvelle criminologie" française ? Pourquoi et pour qui ? », *RSC,* 2008, p. 795-803. Sur les diverses étapes de la conception et de la réalisation du projet, *cf. infra* n° 323.
7. P. 4.
8. P. 5.

d'une criminologie qui n'aurait pas « plus de consistance et d'unité qu'ailleurs » et dont les enseignants-chercheurs manifestent « des divisions et des ignorances mutuelles entre les disciplines ou les sous-disciplines qui ont été recréées »[1].

b) M. Mucchielli a sans doute raison lorsqu'il soutient que la criminologie n'est pas parvenue encore à atteindre une interdisciplinarité intégrale, encore qu'il paraisse négliger l'existence et l'importance du courant de la « criminologie intégrative » qui s'est développée depuis une quarantaine d'années[2]. Il a probablement aussi raison quand il affirme que les enseignants-chercheurs de l'École de criminologie de Montréal ne partagent pas la même conception de la criminologie (le même « paradigme » pour parler le langage de Thomas S. Khun[3]), encore que cette École demeure plus active et plus dynamique que jamais[4].

Cela dit, en quoi l'existence ou l'absence d'« interdisciplinarité » a-t-elle une incidence sur la caractérisation d'une discipline comme « science » et sur sa nature « fondamentale » ou « appliquée » ? La question en réalité se dédouble. Quel est le critère de distinction entre « sciences fondamentales » et « sciences appliquées » ? Et quels sont les rapports entre les « sciences fondamentales » et les « sciences appliquées » ?

1) S'agissant de la première question, on s'accorde à reconnaître que cette classification première des sciences repose sur la notion d'utilité. Les « sciences appliquées » produisent des connaissances en vue d'agir sur le monde, donc dans une perspective pratique, tandis que les « sciences fondamentales » visent prioritairement l'acquisition de connaissances nouvelles abstraites. Mais on considère également que la limite entre les deux catégories demeure bien floue, de sorte que certaines connaissances peuvent participer à la fois de l'une et de l'autre. En revanche, la diversité ou même les oppositions des réponses apportées à la question posée par chaque science n'empêchent pas cette dernière de mériter la dénomination de « science ». Cette diversité des réponses se trouve déjà dans les sciences dures; tel est le cas, par exemple, en physique, de l'incompatibilité entre la théorie de la relativité et la théorie quantique. *A fortiori* en va-t-il même pour les sciences de l'homme et de la société. Il suffit ainsi de feuilleter un ouvrage récent sur « les nouvelles sociologies »[5] pour mesurer la dispersion des théories autour du débat toujours récurrent qui, depuis les premiers moments de cette science, n'a cessé d'opposer le collectif et l'individuel, la « société » et l'« individu », au cœur même de la sociologie. Ainsi l'absence d'interdisciplinarité reprochée à la criminologie est-elle tout à fait étrangère à sa caractérisation de « science ». A-t-elle du moins pour conséquence de la confiner au rang de simple « science appliquée » comme le soutient M. Mucchielli ? C'est l'objet de la seconde question.

2) Outre l'incertitude déjà signalée sur les limites respectives des deux sortes de sciences, la question des rapports entre « sciences fondamentales » et « sciences appliquées » revient à se demander si l'on peut concevoir des applications scientifiques (sciences appliquées) sans que celles-ci ne s'appuient sur un lot plus ou moins étendu de connaissances fondamentales. On ne peut

---

1. Même p.
2. *Cf. supra* n°s 38 et 39.
3. *La structure des révolutions scientifiques,* 1962, trad. fr. Flammarion 1983.
4. *Cf.* la publication de la 4ᵉ éd. du *Traité de criminologie empirique* (M. Le Blanc et M. Cusson dir.), Presses Univ. Montréal, 2010, 450 p.
5. P. Corcuff, *Les nouvelles sociologies,* éd. Nathan, 1995.

répondre à la question que par la négative. Un exemple emprunté à la criminologie elle-même permet d'illustrer cette réponse. Il est devenu de pratique courante au Canada comme dans de nombreux pays occidentaux [1] de procéder à une évaluation clinique rigoureuse des jeunes délinquants afin de déterminer les risques de récidive et de déterminer en conséquence les mesures de réadaptation les mieux appropriées. À cette fin, on utilise des protocoles d'entretien systématique destinés à évaluer le degré d'adaptation de chaque sujet. Comment pourrait-on construire utilement de tels instruments d'évaluation sans s'appuyer solidement sur une théorie explicative suffisamment élaborée de la délinquance des adolescents, donc sur des connaissances fondamentales ? [2]. On pourrait faire la même démonstration avec la plupart, sinon chacune, des questions de criminologie appliquée depuis la critique criminologique du droit pénal positif et sa réforme jusqu'aux mesures de prévention de la délinquance, telles que, par exemple, l'implantation de caméras de surveillance dans les espaces publics. Ainsi que l'a écrit un physicien contemporain, « aujourd'hui comme hier la recherche d'une connaissance toujours plus affinée et prise comme fin est utile, voire indispensable, au maintien d'une recherche-développement féconde » [3].

En réalité, il semble que l'opinion de M. Mucchielli provienne d'une confusion entre deux notions que l'on distingue pourtant généralement soigneusement. Les « sciences appliquées » et les « techniques empiriques », telles que l'homme les pratique depuis l'âge du néolithique et qui reposent simplement sur cette sorte de connaissance rudimentaire de la nature et de l'homme que procure l'expérience ordinaire, voire professionnelle. Ainsi en prétendant ravaler la criminologie au rang de simple science appliquée, il l'abaisse en réalité jusqu'au rang de « non-science », de simple « technique empirique ».

43 *Le problème de la criminologie « normative »* ◇ La nature de science appliquée de la criminologie pose la question des fondements éthiques de cette discipline. Le problème a déjà été aperçu depuis longtemps [4].

À l'époque la plus récente où l'éthique est souvent confondue avec le respect des droits de l'homme, voire identifiée avec celui-ci, la question se trouve posée sous l'angle des rapports entre la criminologie et les droits de l'homme. La criminologie est-elle en accord avec les droits de l'homme ou, au contraire, est-elle en conflit avec ceux-ci ? Se développe-t-elle conformément aux concepts des droits de l'homme ? Que faudrait-il faire pour qu'elle serve à la réalisation de ces droits dans la vie sociale ? Telles sont les questions qui ont été examinées notamment au 3ᵉ Colloque de l'Association Internationale des criminologues de langue française

---

1. Mais pas en France qui sur ce point accuse beaucoup de retard.
2. V. précisément les deux chapitres du *Traité de criminologie empirique* précité rédigés par M. Le Blanc : « La conduite déviante des adolescents : son développement et ses causes » (p. 227-272) et « L'évaluation clinique, les mesures et la réadaptation des jeunes délinquants » (p. 413-441).
3. B. d'Espagnat, *Penser la science ou les enjeux du savoir*, Dunod, 1990, p. 18.
4. *Cf.* H. Baruk, « Le problème des fondements de la criminologie », EIPSC, 1956, p. 3-5 ; Adde, L. Negrier-Dormont, La criminologie : ses fondements et son efficience, RIPC, sept-oct. 1994, p. 10 ; D. Szabo, « La criminologie en Europe et en Amérique : le poids des cultures », in *Études en hommage à Alice Yotopoulos-Marangopoulos*, vol. B, Bruylant éd., 2003, p. 1349-1358 et « Approche ontologique et axiologique de la criminologie de l'acte », in *Mélanges en l'honneur de Pierre-Henri Bolle*, Helbing et Lichtenhahn éd., Bâle, 2006, p. 263-271.

(Bucarest, 5-6 juin 1992)[1]. Il n'est pas sûr que cette façon d'aborder le problème soit la meilleure. Aussi n'est-il pas surprenant que l'auteur d'un compte rendu des travaux de ce colloque ait relevé que, malgré la volonté optimiste des initiateurs de ce thème de montrer que « la criminologie peut aider au maintien de l'équilibre entre la protection des libertés individuelles et celle des droits collectifs » et « contribuer ainsi au respect des droits de l'homme », les discussions ont vite glissé hors du sujet lui-même et « se sont tournées vers l'étude des rapports entre le droit pénal et les droits de l'homme », ce qui est évidemment différent de celle des relations entre la criminologie et lesdits droits de l'homme[2]. Au demeurant, le 43e Cours international de criminologie (Miskole, Hongrie, 21-25 août 1990) avait été plus lucide en se donnant pour thème « Droits de l'Homme et Justice pénale : approche comparée de l'application des droits de l'Homme dans la Justice pénale »[3]. De même, le 5e Colloque de l'Association internationale des criminologues de langue française qui s'est tenu à Athènes en 1996 sur le thème « La criminologie face à la crise des valeurs. L'optique des droits de l'Homme », s'il contient une analyse intéressante des manifestations de la crise contemporaine des valeurs et de ses effets sur la science de la criminologie, n'éclaire guère sur la place que pourraient occuper les droits de l'homme dans la criminologie[4]. La raison en est que la criminologie étant une science empirique, ce ne peut être que le droit pénal, discipline essentiellement normative, qui prend en compte les droits fondamentaux, soit comme limite ou butoir à l'application en droit pénal des données de la criminologie, soit encore comme objectif particulier de protection pénale en déterminant les moyens de violence ou de ruse qui portent atteinte à cette valeur[5]. Dans le premier cas, il appartient au législateur de faire la balance entre les avantages et les inconvénients de son choix en se privant des moyens de lutte contre la délinquance préconisés par la criminologie au profit d'une conception plus exigeante d'un droit fondamental (ex. la réglementation stricte de la garde à vue policière). Dans le second cas, il incombe au législateur de ne criminaliser que les actes véritables de violence ou de ruse qui portent atteinte à la valeur fondamentale et non n'importe quel acte, comme le législateur contemporain a trop souvent tendance à le faire avec les délits artificiels[6].

1. *Adde* R. Ottenhof, « Criminologie et procédure pénale », *RSC*, 1992, p. 389-393, spéc. 393 ; R. Dufour-Gompers, *vo* « Criminologie anthropologique », faisant référence à L.-E. Pettiti et aux droits de l'homme ; G. Canepa, « Une perspective déontologique pour la protection des droits de l'homme dans le domaine de la médecine légale, psychiatrique et criminologique », *RICPT*, 1992, p. 11-16 ; 5e Colloque de l'AICLF (Athènes 17-19 mai 1996) : « La criminologie face à la crise des valeurs et des droits de l'homme » ; J. Borricand, « La criminologie face à la crise des valeurs, Victimes et criminels », *RICPT*, 1996, p. 217-227 ; M. Chiavario, « La grande criminalité et les exigences du respect des droits de l'homme dans les démocraties européennes », *RPDP*, 1997, 249-258 ; L. Negrier-Dormont, « Recherche ontologique – axiologique en criminologie », *RICPT*, 1997, p. 431-438 ; M. Delmas-Marty, « Le crime contre l'humanité, les droits de l'homme et l'irréductible humain », *RSC*, 1994, p. 477-490.

2. H.-M. Vasilescu, « Criminologie et droits de l'homme », 3e Colloque de l'Association Internationale des Criminologues de Langue Française (Bucarest, 5-6 juin 1992), *RICPT*, 1992, p. 492-497, spéc. p. 493, 497.

3. V. également : A.-P. Pires, *Éthiques et réforme du droit criminel : au-delà des philosophies de la peine*, Ethica, 1991, 2, p. 47-78.

4. J. Farsedakis, « Crise des valeurs et criminologie » (Rapport introductif au Congrès), *RICPT*, 1998, p. 3-17.

5. *Cf. supra* n° 23.

6. Ainsi, en droit français, l'art. 225-1 du C. pén. donne une définition des discriminations qui constituent des atteintes à la dignité de la personne. Mais c'est l'art. suivant (225-2) qui détermine les seuls moyens de violence ou de ruse qui sont considérés comme des atteintes à cette forme de dignité de la personne humaine : refus de fourniture de bien ou de service, entrave à l'exercice d'une activité économique, etc.

En revanche, ce type de problématique a le mérite de susciter la réflexion sur la possibilité et le contenu éventuel d'une criminologie « normative », c'est-à-dire d'une criminologie qui ne se satisferait pas d'expliquer l'action criminelle et de déterminer quels sont les moyens de lutte les plus efficaces contre la délinquance, mais qui, prenant appui sur l'ensemble de ces connaissances, s'efforcerait de rechercher quelles peuvent être les *solutions les plus équitables* au problème de la délinquance. Les économistes travaillent depuis longtemps à la construction d'une « économie du bien-être » ou « économie normative ». Leur réflexion a été renouvelée récemment par l'apport d'auteurs contemporains, philosophes comme économistes, autour du concept de « justice sociale » (F.A. Hayek, R. Nozick, J. Rawls) [1]. De la même manière, ne serait-il pas possible de construire une « criminologie normative » gravitant autour de l'exploration de la notion de « justice pénale », entendue dans son sens le plus général, c'est-à-dire comme un « idéal » de solution de la délinquance entre le recours à la force brute et l'abandon à la faiblesse pusillanime ? [2].

44 *Ultime définition* ◇ Au terme de ce chapitre, on peut finalement donner la définition suivante de la criminologie : la science qui étudie les facteurs et les processus de l'action criminelle et qui détermine, à partir de la connaissance de ces facteurs et de ces processus, les moyens de lutte les meilleurs pour contenir et si possible réduire ce mal social [3, 4, 5].

Ainsi s'explique que l'étude de la criminologie comportera deux parties : une première partie consacrée à *la criminologie théorique* et une seconde partie réservée à *la criminologie appliquée.*

---

1. *Cf.* C. Gamel, *Économie de la justice sociale. Repères éthiques du capitalisme*, Cujas, 1992.

2. V. par ex. la réflexion de D. Charvet, « La criminologie comme enjeu démocratique », *in AJ pénal*, juin 2009, p. 260-261.

3. La définition est légèrement différente de celle donnée dans les deux premières éditions, mais elle ne change nullement sa signification. On a simplement substitué l'expression « les moyens de lutte les meilleurs » à celle « les stratégies et les techniques les meilleures » en raison de sa plus grande généralité. Mais « stratégies » et « techniques » s'inscrivent bien évidemment dans les « moyens de lutte » dont elles détaillent les aspects opératoires.

4. On observera d'autre part que cette définition est une définition de nature « matérielle », par opposition aux définitions de type « méthodologique », telle que celle qui avait été donnée par M. Killias dans la 1re éd. de son *Précis de Criminologie* (p. 17).

5. Dans une note de son art. précité « La criminologie et son histoire » (*RICPT*, 1991, p. 299 et s., spéc. p. 317, note 4), Mme F. Digneffe a critiqué l'emploi de l'expression « mal social » utilisé dans cette définition au motif qu'il lui paraît « difficile d'accepter sans réserve le fait que la criminologie en tant que science (même comme science appliquée) se définisse à partir de questions qui relèvent... de choix de société ou, au moins, de politique criminelle ». L'objection serait pertinente si la criminologie était une science qui ne fonctionne que sur la base de « jugements de réalité ». Mais, comme Mme Digneffe le reconnaît elle-même, la solution de certaines énigmes qui la concernent (la criminologie) implique non seulement des jugements de réalité mais des jugements de valeur et des propositions d'action (art. précité, p. 300). Dès lors, s'agissant du jugement de valeur que l'on peut porter sur l'activité criminelle, il ne peut y avoir, schématiquement parlant, que trois sortes d'appréciations : ou cette activité est un *mal* social, ou, à l'inverse c'est un *bien*, ou, troisième hypothèse, c'est un comportement *neutre*. Comme nous ne pensons pas que Mme Digneffe puisse considérer l'action criminelle comme un bien pour la société, la récusation de la qualification de « mal social » conduit à présumer que, pour elle, il s'agit d'un phénomène *neutre*. C'est précisément la position des partisans de la criminologie de la réaction sociale, qui ne voient la qualification d'activité condamnable de l'activité criminelle que dans les définitions qu'en donne la loi pénale. Mais c'est aussi un point de vue scientifiquement comme socialement inacceptable, ainsi que nous le démontrons ultérieurement dans les développements des nos 75 et s.

44bis *Bibliographie générale du chapitre* [1] ◇

J. Constant, 3-6; J. Marquiset, 14-17; M. Laignel-Lavastine et V. V. Stanciu, 7-14 et 21-23; V. V. Stanciu, 13-25; E. Seelig, 3-14 et 15-22; R. Vouin et J. Léauté, 19-24; J. Pinatel, *La criminologie*, 5-28; Traité, III, n°s 1-13; *La société criminogène*, 7-20; G. Stefani et G. Levasseur, 12-16 et 24-44; G. Stefani, G. Levasseur et R. Jambu-Merlin, 1-15; D. Szabo, Criminologie, 1-27; *Déviance et criminalité*, 370 et s.; D. Szabo et E. A. Fattah, A. 10, 1-5; E. H. Sutherland et D. R. Cressey, 11-30; J. Larguier, 3-11; E. Yamarellos et G. Kellens, I, v° « Criminologie », 120-128; J. Léauté, *Criminologie et science pénitentiaire*, 7-25; R. Merle et A. Vitu, I, n°s 1 et 144-145; J. Leyrie, 16-27; G. Picca, 9-22; J. Pinatel (1987), v° « Criminologie », 45-47; L. Négrier-Dormont, 105-109; M. Killias, 1-6; H. N. Barte et G. Ostaptzeff, 3-10; G. Kellens, 5-13; R. Gassin, v° « Criminologie », *Dictionnaire des Sciences criminelles*, Dalloz, 2004, p. 207-210; G. Kellens et M. Dantinne, « Criminology : Concept, field and scope », *in* M. Herzog-Evans, vol. 1, p. 23-30.

---

1. Les traités, manuels et encyclopédies sont cités à la fin de chaque chapitre par le seul nom de l'auteur; pour l'intitulé complet des ouvrages, v. la bibliographie générale de la criminologie en fin d'ouvrage. D'autre part, les ouvrages sont cités par ordre chronologique de publication. Lorsqu'un même auteur a écrit plusieurs ouvrages cités, l'ordre chronologique se retrouve généralement sous son nom. Lorsqu'un ouvrage a fait l'objet de plusieurs éditions, la référence se rapporte à l'édition la plus récente, sauf indication contraire.

CHAPITRE 2
LA MÉTHODE
DE LA CRIMINOLOGIE

45 ***La notion de méthode scientifique*** ◇ Maintenant que l'on sait quel est l'objet de la criminologie, il convient de se demander comment on peut le connaître. C'est le problème de la méthode de la criminologie.

On entend par *méthode scientifique* l'ensemble des procédés utilisés par l'esprit, soit pour *découvrir la vérité*[1], soit pour la *prouver*. La description de ces divers procédés, l'étude de leur fondement, de leur portée et de leur valeur, forment l'objet de la *méthodologie*.

Ainsi définie, la méthode scientifique doit en premier lieu être distinguée du « *bon sens* » ou « *sens commun* », qui est le résultat de l'expérience ordinaire, non méthodique. Mais la méthodologie doit également être distinguée de l'*épistémologie* ou réflexion sur la valeur de la science comme connaissance[2].

Cela étant, il ne faut pas croire pour autant que la méthodologie de la criminologie se réduit à l'inventaire des techniques de recherche utilisées dans cette discipline ou même à l'exposé de quelques règles méthodologiques. Elle couvre bien plus largement *l'étude de l'ensemble des « cheminements » par lesquels la pensée criminologique peut atteindre son objet spécifique.*

46 ***Les caractéristiques de la méthode de la criminologie*** ◇ Ces « cheminements de la pensée » en criminologie se caractérisent par *trois traits essentiels* qui sont étroitement liés aux caractéristiques mêmes de la discipline.

Le premier de ces traits est le recours à cette forme de raisonnement que l'on appelle l'*induction*. La criminologie est en effet une *science empirique* fondée sur l'observation de la réalité et sur l'expérience, par opposition aux sciences normatives, dont fait évidemment partie le droit pénal, et qui recourent au raisonnement déductif[3].

---

1. Nous persistons à employer le mot « vérité » bien que celui-ci soit rejeté par nombre de méthodologues. Il n'en demeure pas moins certain que la « vérité scientifique » est une notion empreinte de *relativité*, en ce sens que de nouvelles découvertes peuvent toujours démontrer que ce que l'on tenait jusque-là pour « vrai » était erroné, en tout ou en partie. Cette gravitation de la méthodologie autour de la vérité est à l'origine des problèmes éthiques que pose la recherche : *cf.* M. Killias, « Problèmes éthiques en matière de recherches criminologiques » *in* M. Killias (éd.), *L'éthique et le droit*, Fribourg, 2000, p. 299-312.

2. Il existe divers travaux d'épistémologie de la criminologie. *Cf.* G. Canepa, « L'épistémologie et la recherche criminologique », *RDPC*, 1970-71, p. 761-771. Plus récemment C. Atias, *Le traitement des délinquants : essai d'une épistémologie de la criminologie* (3ᵉ conférence de la fondation Aquinas), éd. Vrin, 1991, 108 p., et sur cet ouvrage J. Verhaegen, « Une réflexion épistémologique sur la criminologie », *RICPT*, 1992, p. 367-369; J. Farsedakis, « Crise des valeurs et criminologie », *RICPT*, 1998, p. 3-17, spéc. 8-10.

3. Il ne faut cependant pas s'exagérer l'opposition induction-déduction dans la pratique de la recherche empirique. *Cf.* J. Pinatel, et A.-M. Favard, « La méthode hypothético-déductive en criminologie », *RSC*, 1979, p. 367-374. *Adde* R. Ottenhof et A.-M. Favard, *RSC*, 1989, p. 804.

Une deuxième caractéristique est l'appartenance de la méthode de la criminologie au cadre plus large des *méthodes des sciences de l'homme et de la société* qui se distinguent des méthodes des sciences de la nature en raison de la nature particulière du fait dans les sciences humaines [1,2].

Enfin, la méthode de la criminologie se caractérise par sa *spécificité au sein des méthodes des autres sciences humaines,* bien que ce dernier trait soit discuté par certains. Cette spécificité résulte en premier lieu du caractère unitaire et autonome de la criminologie malgré sa pluridisciplinarité [3]. Elle découle en second lieu du fait qu'à la différence de la plupart des autres sciences de l'homme, la criminologie est, de par sa nature, une science à la fois théorique et appliquée [4]. L'objet du présent chapitre est précisément de mettre en lumière les aspects de la méthode de la criminologie qui sont propres à cette discipline [5].

47 *Évolution de la méthode de la criminologie* ◇ Depuis la naissance de la criminologie dans la deuxième moitié du XIXᵉ siècle, la méthode de la criminologie n'est pas restée figée. Elle a au contraire, profondément évolué depuis l'emploi par Lombroso et Ferri des méthodes de recherche positivistes qui étaient en usage de leur temps.

Au point actuel de son développement, la démarche scientifique en criminologie a atteint un tel degré de complexité et de technicité que les comptes rendus de recherche sont devenus très difficiles à comprendre par les non-spécialistes. C'est à coup sûr un obstacle majeur à la compréhension de la criminologie par les étudiants. Aussi le but du présent chapitre est-il de leur faciliter, autant que faire se peut, l'intelligence de la matière.

Mais l'insistance sur les problèmes méthodologiques a aussi une autre raison. Comme on l'a, en effet, très justement remarqué [6], « de nombreuses controverses théoriques en criminologie, avec de vastes implications pratiques, ont leur origine dans des problèmes méthodologiques ». Aussi est-il indispensable de connaître ces problèmes pour comprendre le sens et la portée même de ces controverses et leurs incidences éventuelles sur la politique criminelle.

48 *Plan* ◇ Pour atteindre ces résultats, on va procéder en trois temps. Une première section sera consacrée à la définition des *caractéristiques méthodologiques de l'objet de la recherche criminologique* (comment se présente ce que l'on cherche ?). Une deuxième section aura pour objet l'étude de *la logique de la recherche criminologique* (quelles sont les procédures intellectuelles utilisées pour mener à bien les investigations sur l'objet de la recherche ?). Enfin, une troisième section présentera

---

1. Cf. J. Parrain-Vial, *La nature du fait dans les sciences humaines,* PUF, 1966, p. 227.

2. Sur la liste des ouvrages de méthodologie des sciences humaines, v. la bibliographie, en fin de chapitre, n° 197 *bis.*

3. Cf. *supra* n° 39.

4. Cf. *supra* n° 42.

5. Il n'existe pas à notre connaissance d'ouvrage en langue française sur la méthode de la criminologie, sauf la traduction de T. Hirschi et H.-S. Selvin, *Recherches en délinquance. Principes de l'analyse quantitative,* Mouton éd., 1975.

6. M. Killias, *Précis de criminologie,* p. 5. *Adde* Farsedakis, art. précité, spéc. p. 10. Pour une illustration de cette idée, *cf.* M. F. Aebi, « Les indicateurs de la criminalité : leurs limitations, leur complémentarité et leur influence sur les théories criminologiques », *RICPT,* 2000, p. 131-156.

les techniques de recherches criminologiques (quels sont les procédés concrets auxquels on recourt pour recueillir des informations sur cet objet ?).

SECTION 1. L'OBJET DE LA RECHERCHE CRIMINOLOGIQUE

49 ***Le double objet de la recherche criminologique*** ◇ Jusqu'à une époque récente, l'objet de la recherche criminologique était essentiellement centré sur *l'action criminelle*. Mais avec l'avènement de la criminologie de la réaction sociale[1], il s'est produit un déplacement de cet objet vers *la réaction sociale*.

En réalité, ce glissement provenant d'une confusion entre la sociologie pénale et la criminologie[2], cette dernière a toujours pour objet l'action criminelle. Mais comme elle est, par nature, une science à la fois pure et appliquée[3], son objet se dédouble en étude de *l'action criminelle en elle-même* (sous-section 1) et de *la valeur scientifique des moyens de lutte contre la délinquance* (sous-section 2). C'est ce double objet que l'on va tenter de préciser dans la présente section du point de vue de *ses caractéristiques méthodologiques*.

SOUS-SECTION 1. Le premier objet : la connaissance de l'action criminelle

50 ***Le juriste et le criminologue*** ◇ Pour le *juriste,* les termes d'« infraction » et d'« auteur » de l'infraction ont un sens bien précis[4]. En *criminologie,* les choses sont beaucoup plus délicates. Cela se perçoit déjà à travers le caractère flottant du vocabulaire où les termes de « crime » et de « délit », comme ceux de « criminel » et de « délinquant » sont considérés comme des synonymes et sont employés indifféremment l'un pour l'autre[5]. Mais au-delà du verbe, c'est la chose elle-même, *l'action crimi-*

---

1. *Cf. supra* n° 17.
2. *Cf. supra* n°ᵉ 29 à 32.
3. *Cf. supra* n°ˢ 41 et 42.
4. Toutefois il n'est pas sans intérêt de noter que les dispositions de l'art. 695-23, al. 2, du C. pr. pén. (loi du 9 mars 2004, Perben II), prises à la suite de l'art. 2 § 2 de la décision-cadre du Conseil de l'Union européenne du 13 juin 2002, donnent une énumération plus criminologique que juridique des crimes et délits donnant lieu à l'exécution d'un mandat européen en ce qu'elles dispensent cette exécution du contrôle de la « double incrimination ». L'observation vaut à l'identique pour les instruments communautaires ultérieurs supprimant partiellement le contrôle de la double incrimination.
5. Certains auteurs préfèrent toutefois utiliser un vocabulaire spécifique pour désigner chaque catégorie d'infractions : *criminalité, délictuosité* et *contraventionnalité* et attribuer un sens général au mot *délinquance* en définissant celle-ci comme « toute violation de la norme légale pénale quel que soit le mode criminel, délictuel ou contraventionnel de son occurrence » (M. Spector et G. Casadamont, « Profils épistémologiques en criminologie comparée », *Dév. et soc.* 1978, p. 349 et s., spéc. p. 349).

nelle[1], qui est empreinte de la plus grande incertitude et qui donne lieu aux plus vives controverses. D'où la nécessité de s'expliquer à la fois sur la notion de l'action criminelle (§ 1) et sur les modalités de celle-ci (§ 2).

§ 1. La notion de l'action criminelle

51 *Le double aspect de l'action criminelle* ◇ Envisagée du point de vue criminologique par comparaison avec les notions juridiques de l'« infraction » et de l'« auteur d'une infraction », l'action criminelle se présente sous un double aspect : c'est une *action humaine volontaire* (A); c'est aussi une *conduite humaine spécifique* (B).

A. L'action criminelle, action humaine volontaire[2]

52 *1) L'action criminelle, fait humain*[3] ◇ Par là, l'action criminelle se distingue des *faits du monde de la nature* (une pierre, une étoile, etc.). Ces derniers se caractérisent en effet du point de vue méthodologique par deux traits : d'une part ils sont *objectifs* en ce sens qu'ils sont perçus de la même façon par tous les observateurs; d'autre part, ils sont *extérieurs* au sujet qui les observe en ce sens qu'ils existent en dehors de sa conscience.

Or, les faits humains, individuels ou collectifs, se distinguent des précédents à la fois par leur caractère subjectif et par leur intériorité. Les actions humaines sont des *phénomènes subjectifs* car elles expriment la personnalité individuelle ou collective de leurs auteurs dans une situation donnée en sorte qu'elles ne peuvent être perçues indifféremment de la même manière par tous les observateurs.

---

1. Nous employons le terme « d'action criminelle », plutôt que ceux, plus habituels, de « crime » ou de « phénomène criminel », parce que nous lui trouvons une plus grande généralité et, en même temps, une signification plus précise. Le terme est transposé de la notion « d'action sociale » qui occupe une place fondamentale dans la théorie sociologique de Talcott Parsons. Précisons que pour le célèbre sociologue nord-américain, l'action sociale s'entend de toute conduite humaine qui se déploie dans un milieu social quelconque, depuis la relation entre deux personnes qui est la plus petite unité concrète d'observation du sociologue jusqu'à la communauté mondiale (*cf.* G. Rocher, *Talcott Parsons et la sociologie américaine*, PUF, 1972, p. 44 et s.; Fr. Bourricaud, *Essai sur la sociologie de Talcott Parsons*, PUF, 1977, p. 31). L'action sociale ainsi définie comprend, toujours selon Parsons, les quatre éléments suivants : 1/ Un *sujet-acteur* qui peut être un individu, un groupe ou une collectivité. Parsons évite en effet d'assimiler l'action sociale à la conduite individuelle. Il en généralise au contraire la notion à toute entité, individuelle ou collective, dont on peut saisir une conduite qu'il est possible d'analyser. Cela permet dès lors de couvrir aussi bien la criminalité comme phénomène collectif que le crime comme phénomène individuel; 2/ Une *situation* qui comprend des objets physiques (objets matériels, conditions climatiques, géographie des lieux) et sociaux (les autres acteurs) avec lesquels le sujet-acteur entre en rapport; 3/ Des *signes* et des *symboles* par l'intermédiaire desquels le sujet-acteur parvient à connaître son environnement, à le ressentir, l'évaluer et le manipuler; 4/ Enfin des *règles, normes et valeurs* qui guident l'orientation de son action, c'est-à-dire la manière dont il va agir avec les objets sociaux et matériels qui forment son environnement (*cf.* G. Rocher, *op. cit.*, p. 47).
Cette définition de l'action sociale permet de situer *l'action criminelle* comme une variété d'action sociale qui se caractérise par le fait que la conduite adoptée par l'acteur dans la situation telle qu'il l'a saisie, est *contraire* aux règles, normes et valeurs en cours dans la société qui sont pénalement sanctionnées.
2. J.-M. Labadie, *Le crime, phénomène humain*, th. doct. Paris, Université-Paris VIII, 1988.
3. J. Parrain-Vial, *La nature du fait dans les sciences humaines*, PUF, 1966.

D'autre part, les comportements observables de l'extérieur sont l'expression de volontés, de sentiments, de passions, de tendances... qui les motivent si bien que ce ne sont que des « signes » qui renvoient à tout un réseau de « *signifiés internes* ». La *signification* des actions humaines qui marque leur *intériorité* est donc un caractère fondamental de celles-ci. C'est d'ailleurs sans doute la prise de conscience de cette particularité de l'action humaine qui a conduit à écarter progressivement la responsabilité pénale des choses inanimées et des animaux pour la réserver à *l'homme seul.*

53 **2) *L'action criminelle, acte volontaire*** ◇ Tous les comportements humains ne sont cependant pas susceptibles d'entrer dans le champ de l'action criminelle. Encore faut-il distinguer parmi eux entre les *automatismes comportementaux* et les *actes volontaires* [1,2].

Les automatismes comportementaux comprennent les réactions élémentaires dues à la propriété d'excitabilité de la matière vivante, les comportements réflexes et les conduites purement instinctives dans la mesure où celles-ci existent vraiment chez l'homme. Aucun de ces automatismes, si dommageable soit-il, ne constitue une action criminelle et d'ailleurs le droit pénal moderne ne leur attache aucune sanction.

Avec *l'habitude,* nous nous trouvons en revanche aux frontières de la volonté, car, s'il est vrai que l'habitude est un automatisme, il s'agit d'un automatisme secondaire et acquis sur lequel la volonté a une certaine prise.

L'acte volontaire proprement dit cependant apparaît lorsque le comportement, au lieu d'être la répétition d'un mécanisme préformé, consiste dans un essai d'adaptation aux conditions originales d'une situation dans laquelle le sujet se trouve placé et constitue ainsi, d'une certaine manière, une invention de comportement qui est inséparable de l'intelligence au sens le plus général du terme. De la sorte la volonté, par opposition à l'instinct qui est une sorte de savoir-faire inné (ex. l'instinct de nidification chez l'oiseau), se caractérise par deux traits essentiels : 1°) la *représentation d'un but* qui est l'idée d'un résultat à atteindre, ce dont aucun animal n'est capable; 2°) l'*emploi de moyens efficaces,* (ou du moins considérés comme tels par l'agent) c'est-à-dire aptes à atteindre le but envisagé, et dont l'invention n'appartient également qu'à l'homme [3].

Les actes volontaires s'étagent eux-mêmes en *plusieurs types* qui vont de l'attitude passive devant les événements que l'on subit jusqu'à l'action délibérée et mûrement réfléchie. Le droit pénal moderne le sait bien qui établit une savante et subtile gradation des fautes pénales depuis la faute contraventionnelle jusqu'au dol aggravé ou préméditation [4]. Mais ce qui est fondamental, c'est que seuls les actes volontaires sont susceptibles de constituer des actions criminelles [5].

---

1. *Cf.* A. Cuvillier, *Nouveau précis de philosophie,* t 2, L'action, 2ᵉ éd., A. Colin, 1964, p. 1-20.
2. « Automatique » : qui s'accomplit sans la participation de la volonté. « Automatisme » : accomplissement de mouvements, d'actes, d'opérations mentales sans participation de la volonté; activité d'un organe sans intervention du système nerveux central (*Dictionnaire Robert de la langue française*).
3. *Cf.* A. Cuvillier, *op. cit.*, p. 106-120.
4. *Cf.* B. Bouloc, *Droit pénal général,* Dalloz, 22ᵉ éd., 2011, nᵒˢ 266 et s. Avec le nouveau C. pén., seules les contraventions de police désormais peuvent être des infractions matérielles. Les délits, comme les crimes, nécessitent l'intention coupable ou, à tout le moins, une faute d'imprudence.
5. Aussi le droit pénal subordonne-t-il toujours la responsabilité pénale à la volonté de l'agent (B. Bouloc, *op. cit.*, nᵒ 266). Rappelons la formule célèbre de l'arrêt *Laboube* : Attendu que toute infraction, même non intentionnelle, suppose que son auteur ait agi avec intelligence et volonté, (Crim. 13 déc. 1956, D. 1957. Jur. 349).

Toutefois, si les actes criminels sont des actes volontaires, ils constituent, parmi ceux-ci, une *catégorie bien particulière* dont il convient maintenant de mettre en évidence la *spécificité*.

B. L'action criminelle, conduite humaine spécifique

54 *Les deux problématiques* ◇ Pour le *juriste,* la spécificité de l'*infraction pénale* par rapport aux autres faits juridiques ne fait aucun doute; c'est la *peine* qui en constitue le critère. Quant au *délinquant,* c'est la *condamnation définitive* qui le caractérise.

En *criminologie* en revanche, la spécificité de l'action criminelle a toujours fait problème. Toutefois la manière de le poser a changé avec le temps. Jusque dans les années 1950 la discussion a tourné autour de la question de savoir si le criminologue pouvait se référer aux notions juridiques d'infraction et de délinquant ou s'il devait recourir à des définitions criminologiques *autonomes* inévitablement moins précises : c'est la problématique classique (a). Mais depuis le développement de la criminologie dite « de la réaction sociale », une nouvelle problématique est née qui a mis en cause non plus simplement la scientificité de l'action criminelle, mais sa *réalité* même. Ce fut la problématique qui a agité les milieux criminologiques dans les années 1970-1980 (b). À partir de la fin des années 1980, cependant, la prise de conscience des excès de la criminologie de la réaction sociale a suscité de nouvelles réflexions sur la question qui constituent la problématique actuelle (c).

a. La problématique classique
1. La notion criminologique du crime [1]

55 *Exposé de la conception* ◇ Pour nombre de criminologues classiques, la notion juridique d'infraction et les qualifications fondamentales du droit pénal (crimes, délits, contraventions; vol, escroquerie, etc.) sont des

---

1. Sur cette notion, bibliographie abondante : E. Yamarellos et G. Kellens, I, v^o « Crime », p. 103-108; R. Boudon et F. Bourricaud, *Vocab. critique de la sociologie,* v^o « Crime », p. 118-124; J. Pinatel (1987), v^o « Crime (et délit) », p. 38-40; R. Garofalo, *La criminologie,* 1-52; E. Ferri, *La sociologie criminelle,* p. 80-95; E. Durkheim, *Les règles de la méthode sociologique,* p. 15-46, spéc. 35 à 41; J. Marquiset, p. 5-13; O. Kinberg, p. 123-133; E. Mira y Lopez, 94-103; E. H. Sutherland et D. R. Cressey, 22-26; J. Pinatel, 1971, p. 8-12; R. Merle et A. Vitu, I, n°s 1-38; V. V. Stanciu, 1980, p. 16-23; G. Picca, 11-20; Blocy et Cranoff, « Une définition naturelle du crime et du criminel », *Rev. scientifique,* 1890, t. 2, p. 752; A. Hamon, « De la définition du crime », *AAC,* 1893, p. 242-257; Ve Congrès international d'anthropologie criminelle, *AAC,* 1901, p. 603-648; T. Drago, *L'infraction comme phénomène social,* Paris, 1903; J. Maxwell, *Le concept social du crime,* Paris, 1914; H. Bekaert, « Ordre social et structure conventionnelle », *RDPC,* 1947-48, p. 1 et s.; P. Grapin, « Définition criminologique du crime et droit comparé », Actes du IIe Congrès international de criminologie de Paris, 1950, t. VI; J. Pinatel, « Définition criminologique du crime et le caractère scientifique de la criminologie », *RSC,* 1957, p. 192-197; « La pensée criminologique d'E. Durkheim et sa controverse avec G. Tarde », *RSC,* 1959, p. 435-443; « L'apport de l'histoire et de la psychologie sociale à la compréhension de l'évolution du concept de crime », *RSC,* 1967, p. 209-217; « État dangereux prédélictuel et garanties de la liberté individuelle », *RSC,* 1970, p. 903-909; M. Lopez-Rey, « Le crime et le système pénal », *RIDP,* 1974, p. 93 et s.; A.-P. Pires, « Le débat inachevé sur le crime : le cas du Congrès de 1950 », *Dév. et soc.* 1979, p. 23-46; Y. De Saussure, *Comment peut-on être criminel ?,* 1979, p. 10-21; P. Ramsay, « What is an antisocial behaviour ? », *Criminal Law Review,* 2004, p. 908.

concepts purement formels dépourvus de toute scientificité. Deux raisons sont avancées à l'appui de cette affirmation : l'extrême *variabilité* des incriminations dans le temps et dans l'espace qui fait de l'infraction pénale un phénomène tout *relatif*[1]; le caractère très *disparate* des incriminations contenues dans une même législation, ce qui donne à la catégorie juridique une grande *hétérogénéité* (assassinat, contravention aux règles de stationnement, prise d'otages, infraction au permis de conduire, etc.).

Pour sortir de cette difficulté, la criminologie traditionnelle a alors tenté de construire une *notion matérielle* du crime qui soit à la fois universelle et permanente et logiquement cohérente.

Pour échapper à la *relativité* de la notion juridique, on a ainsi défini criminologiquement l'infraction comme une réalité humaine et sociale, antérieure à toute incrimination, consistant dans une agression dirigée par un ou plusieurs individus contre les valeurs[2] les plus importantes du groupe social, ces valeurs résidant soit dans des sentiments moraux élémentaires (Garofalo), soit dans des émotions ou des passions collectives (Durkheim), soit encore dans la nature des moyens employés pour atteindre les buts (Nuvolone qui désigne l'interdiction du recours à la fraude et à la violence).

Quant à *l'hétérogénéité* des infractions pénales, la criminologie a prétendu y remédier d'abord en dessinant de nouveaux *contours* à la catégorie du crime : *plus étroits* à certains égards (distinction de Garofalo entre crimes naturels et crimes conventionnels, distinctions entre crimes de droit commun et crimes politiques, crimes par nature et crimes par détermination de la loi, infractions à « l'ordre social » et à « la structure conventionnelle »[3]), les premiers seuls intéressant la criminologie; *plus larges* à d'autres égards en incluant des déviances non pénalement sanctionnées dans nombre de législations (suicide, prostitution, toxicomanie, « déviations » en affaires).

À l'intérieur même du *domaine commun* au droit pénal et à la criminologie ainsi délimité, divers auteurs ont également proposé de rejeter les qualifications légales jugées artificielles au profit de concepts et de catégories propres à la criminologie (ex. l'appropriation *utilitaire* et l'appropriation *symbolique* du bien d'autrui au lieu des vol, escroquerie et abus de confiance du droit pénal spécial).

56 *Critiques* ◇ Ces tentatives de définition d'une notion criminologique du crime ont suscité diverses critiques qui ont conduit finalement nombre d'auteurs à revenir au droit pénal pour caractériser cet objet de la recherche criminologique.

On a ainsi fait observer que le recours à la notion de *valeurs socio morales* ne résolvait pas le problème de la relativité du droit pénal, car ces valeurs sont elles-mêmes relatives et changeantes, sauf à postuler l'existence de *supervaleurs*, tout à fait hypothétiques, qui commanderaient les valeurs ordinaires.

---

1. À titre d'illustration à propos de la prohibition de l'usage de stupéfiants, v. D. Szabo, « Drogues, criminalité et culture. Essai de criminologie comparée », *RDPC*, 1985, p. 85-112.

2. Sur la notion socio-morale de « valeur », *cf.* la définition dans G. Rocher, *Introduction à la sociologie générale*, t. 1, p. 56 et ses traits caractéristiques dans A. Cuvillier, *op. cit.*, t. 2, n° 128. *Adde : R.* Boudon et F. Bourricaud, *v°* « Valeurs », p. 601-608, J. Pinatel (1987), *v°* « Valeurs », p. 217-218.

3. Dans le même sens, le droit anglais distingue entre les « *mala in se* » et les « *mala prohibita* ».

On a, d'autre part, remarqué que la redéfinition des contours et la restructuration du contenu du droit pénal par la criminologie faisaient bon marché du phénomène de la *menace de la peine*. Or la criminologie n'a-t-elle pas pour tâche, selon le mot de Grispigni, de résoudre ce problème : comment se fait-il que certaines personnes ne soient pas retenues dans leurs actions par la menace pénale ?

Aussi bien, Durkheim se ralliait-il déjà à la définition du crime donnée par le droit pénal : « *Nous appelons crime tout acte puni* et nous faisons du crime ainsi défini l'objet d'une science spéciale, la criminologie »[1]. Aujourd'hui également, des auteurs comme Merle et Vitu, après avoir longuement recherché « les traits constants du crime », finissent par conclure que « la seule définition » du crime que l'on puisse retenir est « la définition juridique la plus banale »[2].

Cette position revient en somme à retenir, en s'appuyant sur l'attitude épistémologique plus générale qui distingue entre deux types d'universaux[3], les universaux formels ou catégoriels et les universaux de nature substantielle, qu'en matière pénale, s'il existe des universaux, ils ne sont que de nature *formelle ou catégorielle*, mais non de nature *substantielle*[4].

57 *Convergences* ◇ Le critère de l'action criminelle telle qu'elle est définie et délimitée par le droit pénal présente des avantages certains. C'est en premier lieu un critère d'une grande *commodité* : il suffit en effet de se référer au Code pénal et aux lois pénales spéciales pour savoir ce qui est infraction pénale et ce qui ne l'est pas; à cet égard, il a le mérite d'écarter les discussions incessantes sur la question de savoir quels sont les comportements qui entrent ou non dans le champ de la recherche criminologique, tels que la prostitution, l'usage de drogues etc. En outre, c'est un critère d'une *précision* certaine : le principe de la légalité des délits et des peines et son corollaire le principe de l'interprétation stricte des textes pénaux permet de déterminer, à propos d'une catégorie de comportements déterminés, tels que les relations sexuelles, ce qui est pénalement répréhensible et ce qui échappe à la pénalisation. Commodité et précision sont ainsi des avantages qui s'opposent aux risques de contradiction et de confusion qui guettent les criminologues qui recourent à une *notion matérielle* du crime en raison de la grande liberté que leur donne ce critère dans la détermination de leurs objets de recherche.

Mais lorsqu'on l'approfondit, le *critère formel* de l'action criminelle n'est pas aussi éloigné du *critère matériel* qu'on ne le dit. Les Codes pénaux en effet ne sont pas des constructions arbitraires du pouvoir politique. Ils reflètent un certain nombre de *valeurs* qui sont tenues pour essentielles par la société dans laquelle ils sont élaborés. Les spécialistes du droit pénal spécial le savent depuis longtemps, eux qui sont habitués à regrouper dans leur enseignement, souvent après le Code pénal, les infractions en fonction des valeurs protégées : la vie et l'intégrité physique, la dignité humaine, la réputation des individus, la propriété etc. et à indiquer, au moins pour les plus importantes d'entre elles, leur fondement axiologique. Les travaux préparatoires du Code pénal français de 1992-1994 sont

---

1. E. Durkheim, *Les règles de la méthode sociologique*, 15ᵉ éd., PUF, 1963, p. 35.
2. R. Merle et A. Vitu, t. 1, n° 7.
3. Universaux : notion philosophique, synonyme de concepts, qui désigne les *idées générales*.
4. En ce sens J.-P. Brodeur, « La réforme de l'imposition des peines au Canada », *RICPT*, 1989, p. 472-484, spéc. 472.

particulièrement éclairants à cet égard. Il y est dit, à propos des fonctions du Code pénal, que « tout code pénal doit remplir une double fonction ». La première est la fonction répressive qui est remplie par les peines qu'il édicte. Mais « la seconde fonction de la loi pénale est plus secrète. Toute société repose sur certaines valeurs reconnues par la conscience collective. Ces valeurs se traduisent par des interdits. Et ces interdits à leur tour engendrent des peines contre ceux qui les méconnaissent. *Ainsi la loi pénale exprime-t-elle par les sanctions qu'elle édicte le système de valeurs d'une société.* C'est la *fonction expressive* de la loi pénale »[1].

Ce phénomène explique sans doute que des auteurs classiques – et non des moindres – ont pu donner successivement les deux définitions, sans être autrement troublés par leur contradiction apparente et, par voie de conséquence, sans chercher à les combiner. C'est ainsi que Durkheim a défini tour à tour le crime comme l'acte qui froisse des états forts et définis de la conscience collective (définition matérielle) dans sa thèse « De la division du travail social » en 1893[2], et deux ans après seulement, en 1895, dans « Les règles de la méthode sociologique »[3], comme l'acte qui présente ce caractère extérieur que, une fois accompli, il détermine de la part de la société cette réaction particulière qu'on appelle la peine (conception formelle).

Quant aux pénalistes, tels que Merle et Vitu, quand ils écrivent que « la seule définition du crime que l'on puisse retenir c'est la définition juridique la plus banale », ils n'ont nullement en vue un critère purement formel. Derrière la variabilité des incriminations dans le temps et dans l'espace, ils perçoivent l'atteinte aux *valeurs essentielles*, en arrière-plan desquelles « se profilent des *sentiments* collectifs qui attachent *affectivement* les membres d'un groupe à leurs normes de conduite ». Ils rejoignent ainsi le Durkheim de « La division du travail social » dans la détermination du « seuil criminel », c'est-à-dire du seuil à partir duquel un acte blesse les états forts et définis de la conscience collective et déclenche une charge émotionnelle suffisamment intense pour provoquer une réaction de pénalisation[4].

Finalement on peut constater que les définitions criminologiques traditionnelles du crime gravitent toutes à leur façon autour de la notion de *valeurs sociales essentielles*, sans parvenir toutefois à trouver la voie permettant d'expliquer pourquoi il y a, à la fois, du mouvant et du constant dans le phénomène des incriminations. Seul un approfondissement de ces valeurs essentielles aurait permis d'y parvenir. Mais au moment où la réflexion criminologique aurait pu s'engager dans cette voie, la problématique a été détournée dans les années 1970 par le courant de la criminologie de la réaction sociale[5] qui, à la différence de la criminologie traditionnelle est venu nier la réalité même de l'action criminelle.

2. La notion criminologique du délinquant[6]

58 *Une définition réaliste* ◇ À la différence du pénaliste qui voit dans la *condamnation pénale définitive* le critère du délinquant, la criminologie

---

1. *Projet de nouveau Code pénal*, Présentation par R. Badinter, Dalloz 1988, p. 10-11.
2. PUF, 9ᵉ éd. 1973, p. 47.
3. PUF, 15ᵉ éd. 1963, p. 35.
4. R. Merle et A. Vitu, Traité précité, t. I, les développements des nᵒˢ 1 à 7.
5. *Cf. supra* nᵒ 17.
6. E. Yamarellos et G. Kellens, I, vᵒ « Criminel », p. 116-120; J. Pinatel (1987), vᵒ « Criminel (et délinquant) », p. 42-45; E. H. Sutherland et D. R. Cressey, p. 26; D. Szabo, « Qui sont les criminels ? », *RICPT*, 1976, 343-352; Y. De Saussure, *Comment peut-on être criminel ?*, Lausanne, éd. L'âge de l'homme, 1979, p. 21-24.

s'attache à la *réalité* du phénomène et définit le délinquant comme « celui qui a commis un crime ». Point n'est besoin qu'il ait été condamné ni même poursuivi ou même connu des autorités de police et de justice (le délinquant caché a toujours intéressé le criminologue). À l'inverse, la condamnation n'est pas toujours suffisante car il faut compter avec les erreurs judiciaires.

Cette définition criminologique du délinquant a été critiquée par les juristes, mais aujourd'hui elle se trouve contestée par les criminologues eux-mêmes, comme celle du « crime criminologique », à la suite du déplacement du « regard criminologique » par la criminologie dite de « la réaction sociale » qui a suscité la nouvelle problématique annoncée au numéro précédent.

b. La problématique des années 1970-1980

59 *De l'autonomie à la négation de l'action criminelle* ◇ La problématique de la spécificité de l'action criminelle des années 1970-1980 est issue de la *conjonction de trois facteurs :* 1/ les conclusions tirées des recherches sur la délinquance cachée qui montreraient que la délinquance est un phénomène très répandu et ce dans toutes les classes sociales; 2/ la domination de la criminologie contemporaine par la sociologie qui noie la question de l'action criminelle dans le problème beaucoup plus vaste de la conformité et de la déviance; 3/ la « colonisation » de la sociologie contemporaine par les théories inter-actionnistes et la « sociologie du conflit » d'inspiration néo-marxiste.

Dès lors, le problème n'a plus été de rechercher ce qui caractérise la spécificité de l'action criminelle du point de vue criminologique par rapport à l'infraction pénale, mais de montrer que l'action criminelle n'a *pas de spécificité propre* et qu'elle n'est rien d'autre qu'une « *construction* » *factice de la réaction sociale*. Il s'agit donc d'une *opération de « déspécification »* que l'on va présenter (1), puis dont on fera la critique (2).

1. L'opération de « déspécification » de l'action criminelle

60 *1) La dissolution de la délinquance dans la « déviance »*[1] ◇ La première manœuvre de cette opération a consisté, dans les années 1960,

---

1. A. K. Cohen, *La déviance*, p. 13-88; R. Boudon et F. Bourricaud, v° « Conformité et déviance », p. 96-104; J. Pinatel (1987), v° « Déviance », p. 64-66, RR v° « Déviance », *Dictionnaire encyclopédique de théorie et de sociologie du droit,* 1988, p. 99-101; IXe Conférence des Directeurs d'Instituts de recherches criminologiques, Strasbourg, 1971; Colloque de Lyon, Fonctions des déviances, 1977; P. Cornil, « Criminalité et déviance. Essai de politique criminelle », *RSC,* 1970, p. 289-308; « La déviance ou le refus de l'autre », art. A. Jeannière, A. Cauquelin, L. Sfez, P. Guyomard et G. Defois, *in Projet,* n° de juin 1974; C. Debuyst, « Les nouveaux courants dans la criminologie contemporaine. La mise en cause de la psychologie criminelle et de son objet », *RDPC,* 1974-75, p. 845-870; J. Pinatel, « Criminologie et pathologie sociale », *RSC,* 1976, p. 181; M. Spector et G. Casadamont, « Profils épistémologiques en criminologie comparée », *Dév. et soc.* 1978, p. 349-364; H. Souchon, « Qu'est-ce qu'une marge ? Réflexions sur les formes et l'enjeu de la marginalité sociale », *IC,* 1978, n° 34, p. 5-25; P. Robert, « Déviance, déviances, un champ en renouvellement », *AS* 1978, p. 223-238; F. et J.-J. Schaller, « Marginalité et société dans le travail

à dissoudre la criminologie dans la « sociologie de la déviance ». Paradoxalement, la manœuvre présente deux aspects quelque peu contradictoires, mais intimement liés : la *banalisation* de la délinquance et la *dramatisation* de la réaction sociale [1].

61 *La banalisation de la délinquance* ◇ Pour comprendre ce premier aspect, il est nécessaire de préciser d'abord la notion de « déviance » et l'objet de la « sociologie de la déviance ».

En sociologie, on entend par *déviance* l'ensemble des comportements qui ne sont pas conformes aux « normes sociales » en vigueur et qui donnent lieu dès lors, dans le groupe social, à des réactions de type divers que l'on désigne par l'expression de *contrôle social (social control)*. Les normes sociales étant très diverses, la déviance va des handicaps physiques (bégaiement par ex.) et psychiques (maladie mentale par ex.) jusqu'à la délinquance, en passant par la violation des prescriptions religieuses, des impératifs moraux, des usages sociaux et des règles légales non pénales.

Quant à la *sociologie de la déviance,* c'est la branche de la sociologie qui a pour objet d'expliquer la, déviance en terme de facteurs et de processus sociaux et culturels. Née aux États-Unis de la transformation de l'étude des problèmes sociaux dans les années 1930, elle s'est surtout développée dans les années 1960 avec l'école interactionniste et notamment E. Lemert [2] et H.S. Becker [3]. Ces auteurs ont ainsi élaboré des théories explicatives de la déviance qui considèrent la délinquance comme une *simple variété de déviance* sans spécificité particulière, à côté de celle des bègues et des malades mentaux (Lemert) ou des « musiciens de danse » (Becker) [4].

Dès lors, on comprend qu'en insérant l'objet « délinquance » dans l'objet « déviance », la sociologie de la déviance ait *banalisé* le premier objet. La délinquance n'est plus une conduite spécifique sanctionnée par une peine que l'on opposerait au comportement de respect de la loi pénale ; ce n'est que l'un des *mul-*

social. Études des représentations dans la littérature française », *Dév. et soc.* 1985, p. 233-253 ; M.-M.-T. Brault et al., « Les études québécoises sur la déviance : les exemples de la prostitution et de la clochardise », *in* D. Szabo et M. Le Blanc (éditeurs), *La criminologie empirique au Québec,* 1985, 134-160 ; Congrès de la société suisse de criminologie (Lausanne 8-9 oct. 1992) : « Où vont les sociologies de la déviance ? Qu'apportent-elles aujourd'hui au débat social sur la délinquance, la criminalité et les autres déviances ? », CR *RICPT,* 1992, p. 246 ; M. Lilla, « Déviances en démocratie », *D. S.* Moynihan, « La déviance redéfinie à la baisse », C. Krauthamer, « La déviance redéfinie à la hausse », *in Rev. Le Débat,* 1994, sept.-oct., p. 151-176 ; C. Bellot, « L'itinérance contemporaine au Québec », *in* M. Le Blanc et *al.* (dir.) *Traité de criminologie empirique,* Presses Univ. Montréal, 3ᵉ éd., 2003, p. 111-134 ; M. Le Blanc, « La conduite déviante des adolescents : son développement et ses causes », *in* M. Le Blanc et M. Cusson (dir.), *Traité de criminologie empirique,* Presses Univ. Montréal, 4ᵉ éd., 2010, p. 227-272.

1. Nous avons toujours perçu les deux aspects « banalisation » et « dramatisation », comme indissolublement liés dans la théorie interactionniste. Aussi est-ce mutiler notre pensée que de ne retenir que l'aspect « banalisation de la délinquance », comme le fait F. Digneffe dans « Le concept d'acteur social et le sens de son utilisation dans les théories criminologiques » *in Acteur social et délinquance. Hommage à Christian Debuyst,* Mardaga éd., 1990, p. 351 et s., spéc. p. 366-367.

2. E. Lemert, *Human deviance, social problems and social control,* Englewood Cliffs (NJ.), Prentice Hall Inc., 1ʳᵉ éd. 1967, 2ᵉ éd. 1972.

3. H. S. Becker, *Outsiders, Studies in the Sociology of deviance,* 1ʳᵉ éd. 1963, 2ᵉ éd. 1973 ; trad. fr. 1985 aux éd. Métailié.

4. On comprend ce choix si l'on sait que Becker a été musicien de jazz avant de s'engager dans la carrière de sociologue.

tiples aspects de la déviance par opposition à la *conformité sociale,* opposition qui tend d'ailleurs à s'estomper dans les développements les plus récents par le recours à des concepts intermédiaires (marginalité, variance, différence, incivilités) [1]. Mais comme des sanctions pénales sont appliquées à certains « déviants », on assiste alors, dans la littérature de la sociologie de la déviance, parallèlement à cette banalisation, à une véritable dramatisation de la réaction sociale contre la délinquance.

62 *La dramatisation de la réaction sociale* ◇ Cette dramatisation est attachée aux effets de l'intervention de la réaction sociale contre les délinquants qui sont considérés toujours comme néfastes et de ce fait, « stigmatisants ». Elle se traduit par l'invention de *distinctions nouvelles* destinées précisément à mettre en évidence le phénomène.

La distinction la plus connue est celle de Lemert entre « déviance primaire » et « déviance secondaire ». Le *déviant primaire* est celui qui a accompli un acte quel-

---

1. Le terme d'*incivilité* est ancien; il remonte au XVIᵉ siècle et était défini comme « le manque de civilité », la civilité elle-même étant définie comme « l'observation des convenances, des bonnes manières en usage dans un groupe social » (Petit Robert). Mais dans la signification – ou plus exactement les significations – qu'on lui donne aujourd'hui en criminologie, le *concept* qu'il désigne est de formation récente. Il vient des États-Unis, certains en créditant la paternité au sociologue interactionniste E. Goffman dans *La mise en scène de la vie quotidienne* (1969, trad. fr. éd. Minuit 1973), d'autres à A. Hunter en 1978 (*cf.* S. Body-Gendrot, *Les villes. La fin de la violence*, Presses. Sc. Po. 2001, p. 31). Il a été introduit en France par S. Roché en 1993 (*Le sentiment d'insécurité*, PUF, 1993); v. déjà antérieurement à : « Insécurité, incivilités, citoyenneté et ordre public » *in* Y. Bernard et M. Segaud (éd.) : *La ville inquiète : habitat et sentiment d'insécurité*, éd. De l'Espace européen, 1991, p. 135-155) et se retrouve dans plusieurs de ses ouvrages (*La société incivile, qu'est-ce que l'insécurité ?*, Seuil 1996 et en dernier lieu, *Tolérance zéro ?, Incivilités et insécurité*, O. Jacob, 2002). Depuis lors, il a été repris par nombre d'auteurs (H. Lagrange, *La civilité à l'épreuve, Crime et sentiment d'insécurité*, PUF, 1995; R. Dhoquois, « Civilité, incivilités », *CSI* 1996, n° 25, p. 48-53; D. Peyrat, « Libertés, Légalité, Civilité », *Gaz. Pal.* 19-21 sept. 1999; J. Damon, *Les incivilités*, Presses. Sc. Po. 2001, p. 31). Il a été introduit en France par S. Roché en 1993 (*Le sentiment d'insécurité*, PUF, 1993); D. Peyrat et J. Damon, « Les incivilités en questions », *Recherche Droit et Justice*, Lettre n° 14, nov. 2002; J. Bichot, « Le coût des incivilités », annexe de l'étude « Le coût du crime et de la délinquance », *Institut pour la justice, études et analyses*, avril 2010.

La *notion* « d'incivilité » varie selon les auteurs. Pour certains, elle caractérise l'ensemble des désordres qui ne tombent pas sous le coup de la loi pénale; pour d'autres au contraire, elle se réduit à une sous-catégorie d'infractions pénales qui, en raison de leur peu de gravité ne retiennent pas l'attention de la police ou de la justice; pour d'autres encore elle se situerait entre les deux et regrouperait les actions volontaires qui engendrent un trouble social anormal à la tranquillité civile, qu'elles tombent ou non sous le coup de la loi pénale. Ces variations conduisent certains auteurs à nier l'intérêt de cette notion au contour indéterminé, non prévue par la loi quoique visée dans les circulaires interministérielles, faute d'opérationnalité.

En revanche, sa *fonction* dans l'emploi qui en a été fait pendant longtemps a été politiquement importante, car elle a servi à *banaliser des actes de petite délinquance* et à justifier ainsi le refus du système de justice pénale de les prendre en considération. Mais aujourd'hui un renversement paraît s'être opéré, au point que l'on voit certaines autorités politiques locales envisager la création de « Conseils de réprimande des incivilités ». C'est que dans la conjoncture actuelle d'augmentation de la délinquance, on a commencé à percevoir que les incivilités sont un facteur qui facilite le passage à la petite délinquance.

Il existe aussi une *critique* du contenu du concept contemporain d'« incivilité » que l'on peut rattacher au courant de la criminologie « radicale » (sur ce courant *cf.* n° 308 et s.). Selon cette critique ceux qui sont considérés comme responsables des incivilités seraient plutôt eux-mêmes victimes d'incivilités qui ne portent cependant pas cette qualification (contrôles d'identité arbitraires et harcelants, tutoiements par policiers, pressions policières...), *cf.* H.-O. Hubert, « Ce que les incivilités ne comprennent pas... Déconstruction d'un concept et de ses implications », *in* L. Van Campenhoudt et *al.*, *Réponses à l'insécurité : du discours aux pratiques*, Bruxelles, Labor., 2000, p. 245-264.

conque de déviance sans avoir encore jamais été saisi par le processus de réaction sociale contre la déviance; son acte s'explique, selon Lemert, par des facteurs divers qui ne sont pas différents de ceux qui rendent compte des comportements conformistes. En revanche, il y a *déviance secondaire* à partir du moment où le déviant primaire ayant été saisi par le processus de contrôle social, en arrive à se définir lui-même comme un déviant conformément à l'« étiquette », au « stigmate » que les autres membres de la société, et notamment les organes officiels de répression (police, justice), lui ont accolé[1].

Cette distinction de Lemert a inspiré à H.S. Becker une distinction voisine entre « *lawbreakers* » (les auteurs d'une violation de la loi) et ceux qui font une « carrière criminelle » (*criminal career*) qui sont les déviants proprement dits à la suite du processus d'interaction caractéristique du jeu du contrôle social. Se plaçant toujours dans la perspective de dramatisation examinée, Becker est également ment l'auteur d'une *typologie des comportements déviants* qui est résumée dans le tableau suivant[2] :

	Obéissant à la norme	Transgressant la norme
Perçu comme déviant	Accusé à tort	Pleinement déviant
Non perçu comme déviant	Conforme	Secrètement déviant

63 *2) La négation de la délinquance dans des concepts « neutres »* ◇

De la dissolution de la délinquance dans la déviance, il était inévitable que l'on en viendrait un jour ou l'autre à la *négation* même de la première. C'est ce qui s'est produit dans une seconde étape de l'opération de « déspécification » avec l'éclosion de diverses conceptions criminologiques récentes dont le point commun est d'enlever aux notions de « crime » et de « délinquant » toute signification particulière pour les noyer dans des concepts neutres au point de vue socio-moral.

Selon un premier courant représenté notamment par M. Hulsman[3], le crime ne serait rien d'autre qu'une *situation-problème*, un *acte-problème*, dramatisé artificiellement par l'incrimination pénale qu'il conviendrait dès lors d'abolir pour lui substituer un règlement du « problème » par des voies non pénales (transaction, médiation, dommages-intérêts...). Dans le dernier état de cette tendance, on ne parle même plus de « problème », mais d'« événement », de « tranche de vie »

---

1. C'est à partir de cette distinction que l'on a forgé ensuite l'opposition entre *criminalisation primaire et criminalisation secondaire*. La première désigne les comportements types définis comme devant être assujettis au droit pénal, la seconde indique l'activité qui consiste à sélectionner les cas concrets pour les envoyer dans le système pénal. *Adde* J. Vérin, « Le stéréotype du délinquant », *RSC*, 1970, p. 144-150.
2. Reproduit de la traduction d'*Outsiders*, p. 43.
3. L.H.C. Hulsman, « Un paradigme « criminologique » abolitionniste et la recherche sur la catégorie du crime », *in Le fonctionnement de la justice pénale*, Colloque du CNRS, éd. CNRS, 1979, p. 485-498; L.-H.-C. Hulsman et J. Bernat De Celis, *Peines perdues*, éd. Le Centurion, 1982; mêmes auteurs, « Fondements et enjeux de la théorie de l'abolition du droit pénal », *in* F. Ringelheim, *Punir mon beau souci*, 1984, p. 297-317, spéc. p. 302 et 305-306. *Adde* dans le même sens : P. Landreville, *Normes sociales et normes pénales, notes pour une analyse socio-politique des normes*, Montréal, ronéo, 1982.

qui serait construite artificiellement en infraction par une « mise en forme pénale »[1].

Pour une deuxième orientation, le crime ne serait cette fois rien d'autre qu'une « invention » des *groupes dominants* qui leur permettrait d'encadrer les individus et les groupes qu'ils considèrent comme dangereux pour le maintien de leur dominance, de sorte que la tâche de la criminologie consisterait à se pencher, par-delà même la réaction sociale, sur les phénomènes préalables de « fabrication » de la différence entre criminels et non-criminels afin de « démystifier » le crime et de l'éliminer définitivement comme catégorie de la déviance[2].

Dans une troisième conception enfin proposée par M. Debuyst, qui tente de dominer le tout dans une approche épistémologique et non plus matérielle, la délinquance ne serait rien d'autre qu'un « *enjeu dans une relation sociale* ». Pour parvenir à cette conclusion, l'auteur, partant de l'étude de la valeur des connaissances scientifiques et de leur statut, est conduit tour à tour, à rejeter comme objet de la criminologie la notion traditionnelle de crime-transgression de la loi pénale et à dépasser la perspective partielle de la criminologie de la réaction sociale qui n'y voit qu'un objet construit par cette réaction, pour réaborder cet objet à partir de l'analyse du *regard que portent sur le crime et le délinquant ceux qui les observent*. C'est ainsi que ce criminologue en arrive à l'idée qu'il ne faut plus considérer la délinquance comme une violation de la loi pénale mais tout différemment comme « un enjeu dans une relation sociale », ce qui enlève évidemment à l'action criminelle une fois encore toute spécificité[3].

64 **3) *Le déplacement de l'attention criminologique de l'action criminelle vers le système pénal*** ◇ La déspécification des notions de crime et de délinquant par la dissolution de la délinquance dans la déviance d'abord, puis plus encore par la négation de la délinquance dans

1. F. Acosta, « De l'événement à l'infraction : le processus de mise en forme pénale », *Dév. et soc.* 1987, 1-40, spéc. 2-4. *Adde* P. Robert, « Au théâtre pénal : quelques hypothèses pour une lecture sociologique du crime », *Dév. et soc,.* 1985, p. 89-105 ; F. Ocqueteau, « Nouvelles approches diachroniques et synchroniques dans le champ d'étude de la déviance et de la criminalité », *Dév. et soc.,* 1986, p. 1-19.

2. J. Laplante, *Crime et traitement, introduction critique à la criminologie,* éd. Boréal express, Montréal, 1985. Antérieurement : E.-X. Ribordy, « De la démonopolisation du droit à une nouvelle définition du crime », *in Le progrès en questions,* 1975, vol. II, p. 113-135 et le Cours de doctorat de Montréal de A.-P. Pires en 1978 cité par J. Laplante. *Adde* M. Foucault, *Surveiller et punir. Naissance de la prison,* 1975 ; « Entrevue avec M. Foucault, « Alternatives » à la prison : diffusion ou décroissance du contrôle social », *Criminologio,* 1993, n° 1, p. 13-34.

3. C. Debuyst, *Modèle éthologique et criminologie,* éd. Mardaga Bruxelles, 1985. *Cf.* déjà antérieurement comme une première étape dans cette démarche : C. Debuyst, « Les nouveaux courants de la criminologie contemporaine. La mise en cause de la psychologie criminelle et de son objet », *RDPC,* 1974-1975, p. 845-870 et depuis C. Debuyst, « Le droit pénal et les différentes problématiques possibles en criminologie », *RICPT,* 1986, p. 256-294. V. la critique de l'ouvrage par J. Pinatel, « Connaissance scientifique et criminologie clinique », *RSC,* 1988, p. 140-146. Ultérieurement cette théorie a donné lieu à toute une série d'approfondissements dans un colloque qui s'est tenu à Louvain en sept. 1989 sur le thème « Acteur social et délinquance », dont la présentation et la justification ont été faites par C. Debuyst lui-même (*Acteur social et délinquance, une grille de lecture du système de justice pénale, Hommage à Christian Debuyst,* Mardaga éd. 1990, 475 p.) : Sur ce colloque v. R. Cario, « Le délinquant, acteur social, concept opérationnel en criminologie ? », *RSC,* 1991, p. 826-832 ; C. Debuyst, « Pour introduire une histoire de la criminologie : les problématiques de départ », *Dév. et soc.* 1990, p. 347-376 ; F. Digneffe, « La criminologie est son histoire. Réflexions à propos de quelques questions d'objet(s) et de méthode(s) », *RICPT,* 1991, p. 299-319 ; P. Robert (éd.), « La création de la loi et ses acteurs. L'exemple du droit pénal », publication de l'ONATI *International Institute for the Sociology of Law,* 1991, 240 p.

des concepts neutres, a eu pour conséquence d'entraîner un déplacement considérable du regard criminologique. Alors que jusque-là ce regard se portait essentiellement sur le délinquant et sur son acte, l'étude de la *transgression des interdits pénaux* et des *auteurs* de cette transgression est devenue une question secondaire[1], voire a été complètement éliminée par certains du champ des préoccupations de la criminologie. En revanche, ce qui est apparu fondamental, c'est l'étude de la *création de la loi pénale* et de son *application* par le système de justice pénale, la manière dont se créent cette loi et la façon dont elle est appliquée.

Comme par ailleurs ce sont surtout des sociologues partisans de la criminologie de la réaction sociale[2] qui se sont livrés à ce type de travaux, la criminologie s'est trouvée engagée dans la voie d'un *relativisme* qui consiste à expliquer le phénomène criminel par les seules définitions sociales des comportements considérés comme passibles de sanctions pénales par les systèmes pénaux, et ces définitions sociales elles-mêmes par des facteurs et des processus qui tiennent à la culture de la société considérée[3].

65 ***Une illustration récente de la « déspécification » de l'action criminelle*** ◇ L'ouvrage de sociologie pénale *La Sociologie du crime* de M. Philippe Robert publié en 2005[4] et qui paraît résumer l'essentiel de sa pensée, constitue une bonne illustration de cette dernière approche du phénomène criminel.

1) Présentation. L'auteur prépare le terrain en suggérant que l'on s'est peut-être trop hâté de chercher à expliquer le crime sans prendre le temps de réfléchir à cette définition. « On fait comme si tout le monde savait ce dont il s'agissait et comme si ce savoir de sens commun fournissait à l'entreprise scientifique un point de départ assez solide : l'étude du crime pâtit d'une négligence dans la construction de son objet » (p. 5).

Or, en quoi consiste pour lui l'objet « crime » ? En rien d'autre que dans un comportement incriminé, c'est-à-dire « saisi par le droit qui menace son auteur d'une peine » (p. 10). C'est « une variété spécifique de comportement dont le contenu varie, dans le temps et dans l'espace, au gré des prescriptions du droit » (p. 9). De la sorte le programme se trouve tout tracé : il faut commencer par étudier l'incrimination ou « criminalisation primaire », ensuite la transgression et enfin la répression pénale ou « criminalisation secondaire ».

Toutefois avant de développer ce programme, M. Robert consacre tout un chapitre à l'approfondissement de cette définition du « crime, un comportement incriminé » (p. 15 37) autour des deux notions-clés qui le caractérisent : la peine d'une part, et une peine prévue par le droit d'autre part. S'agissant de la *peine*, il

1. C'est ainsi que dans l'ouvrage *Acteur social et délinquance. Hommage à Christian Debuyst* précité, le chapitre sur « La transgression », repoussé dans les derniers développements du livre après les chapitres sur « La création de la loi » et « La mise en œuvre de la loi », ne fait l'objet que d'une centaine de pages sur 471 p.
2. *Cf. supra* n° 17.
3. À titre d'ex., *cf.* F. Tulkens, « Les coups et blessures volontaires : approche historique et critique », *in Acteur social et délinquance* précité, p. 165-190 qui conclut notamment (p. 190) : « L'incrimination – même lorsqu'il s'agit d'infractions dites traditionnelles – paraît un phénomène éminemment relatif et secoué par de nombreuses oscillations ».
4. Paris, La Découverte, 2005, 128 p.; CR J.-F. Cauchie, *Champ pénal*, archives, 16 septembre 2006.

développe l'histoire de celle-ci depuis la période de la vengeance et des « délits privés » sanctionnés par une compensation aux mutations les plus contemporaines de la peine qui a cessé d'être la seule « signature du pénal » (mesures de sûreté, indemnisation de la victime), en passant par l'essentiel : la consécration de la peine dans l'histoire par l'avènement et le développement de l'État moderne (p. 15-24). Quant à la *prévision de la peine par le droit* qui est le signe de l'incrimination (p. 24-37), l'auteur commence par situer le droit dans « l'univers normatif » dans lequel baigne toute société (mœurs, usages, coutumes...) afin de le caractériser : « institutionnalisation et hétéronomie spécifient le juridique au sein de l'univers normatif » (p. 32); ensuite, il s'emploie à montrer la place centrale du pénal dans le droit de l'État tout en insistant sur sa variabilité : « le crime n'a aucun contenu concret *ne varietur*, on ne peut en dresser un état objectif valable pour toute société et toute époque, ni même identifier un noyau dur qui se retrouverait toujours » (p. 33); enfin, il présente comme une interrogation la question de savoir si l'on n'assiste pas aujourd'hui à un découplage entre l'État et le pénal, notamment avec la création des tribunaux pénaux internationaux et les compétences des institutions de l'Union européenne.

2) Observations critiques. La caractérisation du crime en criminologie par la menace de la peine suscite des interrogations aux deux extrémités de la chaîne décrite par M. Robert : les délits privés et le jugement du tribunal de Nuremberg ainsi que nombre de décisions relatives au droit pénal humanitaire rendues depuis lors, soit par des juridictions nationales, soit par des juridictions internationales telle que la Cour européenne des droits de l'homme.

S'agissant des *délits privés* – comme d'ailleurs du recours à la vengeance – pourquoi ces délits se sont-ils focalisés sur les agressions et les prédations (homicides et vols) avant de devenir des délits publics par l'effet de la prise en charge par l'État de la répression de ces actes ? On ne peut l'expliquer que par la perception de la nocivité sociale de ces comportements en eux-mêmes avant même qu'ils ne soient assortis de sanctions pénales proprement dites à la suite de la monopolisation de la force par l'État. On oublie trop à cet égard que Durkheim lui-même a commencé par considérer « qu'un acte est criminel quand il offense les états forts et définis de la conscience collective »[1] et que, loin d'être déterminé par la peine, c'est lui-même qui détermine la peine et rend compte de tous ses caractères[2].

L'observation prend d'autant plus de poids qu'elle seule permet de justifier, dans tous ses éléments, *le jugement du tribunal militaire international de Nuremberg* institué par l'accord de Londres du 8 août 1945 et chargé de juger les criminels de guerre qui avaient présidé aux destinées de l'Allemagne hitlérienne. Nombre d'internationalistes considèrent aujourd'hui que le principe de la non-rétroactivité du droit pénal a bel et bien été méconnu par le tribunal faute de la moindre sanction pénale avant qu'il n'ait été créé par l'accord du 8 août 1945[3]. Seul le recours à la notion d'« atteinte à la conscience universelle » permet de justifier pleinement les condamnations prononcées par le tribunal. Ce dernier ne s'y est pas trompé d'ailleurs, car il n'a pas manqué d'affirmer dans l'un de ses motifs que si les oppresseurs n'étaient pas punis, « la conscience du monde, bien loin d'être offensée... serait choquée ». L'application du droit humanitaire à l'époque actuelle continue d'ailleurs de soulever le même type de difficultés, comme en témoigne la récente affaire Kononov c/ Lettonie, à propos de « crimes de guerre »

---

1. *De la division du travail social*, p. 47.
2. *Op. cit.*, p. 52.
3. A. Huet et R. Koering-Joulin, *Droit pénal international*, PUF Thémis, 2ᵉ éd. 2005, n° 24, p. 40.

commis par le commandant Kononov sur le territoire letton le 27 mai 1944. L'espèce est d'autant plus intéressante qu'elle concerne un officier de l'Armée Rouge et que le droit de Nuremberg ne lui était pas applicable puisqu'il appartenait au camp des vainqueurs de la Seconde Guerre mondiale. À la date des faits, seuls étaient en vigueur la Convention (IV) de La Haye de 1907 sur les lois et coutumes de la guerre sur terre et le règlement figurant en Annexe. Or, si ces textes contenaient bien des interdictions, aucune d'entre elles n'était frappée de sanctions pénales; seule l'application rétrospective d'un texte bien postérieur aux faits, en l'espèce une loi du 6 avril 1993 insérée dans le Code pénal letton, était de nature à fonder éventuellement une condamnation. Aussi l'opposition sur cette question au sein de la Cour européenne des droits de l'homme, entre l'arrêt de la Chambre du 24 juillet 2008[1] et celui de la Grande Chambre du 17 mai 2010[2] montre bien que, derrière les raisonnements formels construits autour du principe de la non-rétroactivité de la loi pénale, le véritable enjeu matériel de la question est celui de l'« atteinte à la conscience universelle ».

Dès lors, ces deux hypothèses ne remettent-elles pas en cause d'une manière générale la conception purement *formelle* qui voit dans la peine le critère de l'infraction pénale dans les sociétés étatisées ? N'est-il pas préférable de se référer à la notion durkheimienne matérielle des « états forts et définis de la conscience collective » comme critère du crime, la peine n'étant que la conséquence de la force de ces représentations collectives ?

La question mérite d'autant plus d'être posée que lorsque M. Robert en arrive au chapitre de la transgression, il retrouve quelques-uns des concepts et des théories explicatives de la criminologie de « l'action criminelle ». Si en effet la transgression consistait dans le seul fait de la violation de la loi pénale, on devrait s'attendre à des développements purement descriptifs du phénomène de la transgression sous ses aspects quantitatifs (statistiques) et qualitatifs (typologies).

Or, la démarche de l'auteur est tout autre. Il ne décrit pas la transgression mais il s'emploie à l'expliquer. Sans doute récuse-t-il toutes les théories criminologiques « à prétention universelle » (p. 57-78), mais il est contraint de sortir du seul registre de la violation formelle de la règle pénale pour chercher dans des données empiriques l'explication des variations de la transgression : plus ou moins grande divergence entre la norme juridique et les mœurs (p. 81-84) avec le passage graduel « d'une sociabilité vicinale à une sociabilité éclatée » (p. 84), pression du jeu de l'intérêt individuel (p. 84-85), multiplication des occasions de délits avec parallèlement un relâchement de la surveillance publique (p. 85-87). Il n'y a rien là au fond qui ne se retrouve dans les diverses théories modernes d'explication de l'action criminelle (conflits de cultures, théories économique et stratégique, théorie des opportunités...)[3].

2. La critique de la « déspécification » de l'action criminelle

66 *Les deux criminologies* ◇ Si l'on vient ainsi d'insister sur les divers aspects de la « déspécification » de l'action criminelle dans la criminologie contemporaine, c'est parce que cette opération constitue l'axe majeur

---

1. CEDH 24 juillet 2008, Kononov c/ Lettonie, req. n° 36376/04, *RSC*, 2009, p. 185 et s.
2. CEDH, Gde chambre 17 mai 2010, Kononov c/ Lettonie, req. n° 36376/04, *JCP*. 2010, Act. 637, obs. B. Belda.
3. *Cf. infra* n°ˢ 225 et s.

qui détermine l'orientation de toute la recherche criminologique et le contenu même de cette discipline. Selon, en effet, que l'on admet ou non ces conceptions nouvelles de l'objet de la criminologie, on obtient *deux criminologies entièrement différentes* qui n'ont ni les mêmes bases théoriques ni les mêmes objets d'observation, qui n'usent ni des mêmes concepts ni des mêmes méthodes, et qui n'aboutissent ni aux mêmes types de résultats ni aux mêmes sortes d'applications. Ce sont, en bref, deux planètes scientifiques entièrement différentes, quoique satellisées autour du même ensemble de faits. Comme l'écrit A. P. Pires, « Ce nouveau paradigme (de la réaction sociale) nous amène alors à *poser des questions d'un autre ordre... :* Comment on a constitué un tel comportement en comportement criminel ? Qui définit le comportement de qui comme criminel ou déviant ? Comment le système pénal et les savoirs scientifique et juridique créent et naturalisent le crime ? Quelles en sont les conséquences ? » etc. En bref, « on étudie le processus de criminalisation »[1].

Que penser dès lors de cette vaste entreprise de « déspécification » des notions de « crime » et de « délinquant » ? Si celle-ci comporte à coup sûr des *aspects positifs*, la *critique négative* l'emporte cependant nettement.

67 1) Les aspects positifs ◇ Ces aspects ne se trouvent pas tant là où on les voit habituellement que dans un point qui est généralement passé inaperçu.

On ne peut pas dire en effet que l'apport des conceptions modernes de l'objet de la recherche criminologique est d'avoir mis en évidence la *relativité des incriminations pénales dans le temps et dans l'espace,* car celle-ci a été relevée dès les débuts de la criminologie et a conduit précisément la criminologie classique à rechercher des définitions criminologiques autonomes du crime et du délinquant[2]. Il n'est pas davantage possible d'attribuer aux tendances nouvelles le mérite d'avoir découvert la *réaction sociale et son impact sur la délinquance;* les malfaçons du système pénal ont été dénoncées déjà par les « pères fondateurs » de la criminologie qui ont proposé de lui apporter des réformes souvent radicales.

En réalité, le grand intérêt de la réflexion contemporaine sur l'action criminelle a été de montrer que ce fait social peut être considéré à *d'autres points de vue que celui de la transgression de la loi pénale.* Encore fallait-il ne pas confondre les divers points de vue sur le même objet de connaissance et ne pas substituer un point de vue à un autre en utilisant le même vocable; or c'est précisément ce qui s'est passé avec les conceptions modernes de la sociologie pénale qui se sont livrées à un véritable *détournement de discipline* en continuant à employer le terme « criminologie » pour désigner des recherches d'une autre nature[3].

---

1. A. P. Pires, « La criminologie et ses objets paradoxaux », *Dév. et soc.,* 1993, p. 129 et s., spéc. p. 130. *Adde* Y. Cartuyvels, « La criminologie et ses objets paradoxaux : retour sur un débat plus actuel que jamais ? », *Dev. et soc.,* vol. 31, n° 4, 2007, p. 445-464.

2. *Cf. supra* n° 55.

3. Un criminologue partisan de la « criminologie de la réaction sociale » (G. Houchon, « Les acteurs du pénal, hiérarchies ou réseaux ? », in *Acteur social et délinquance, Hommage à Christian Debuyst,* Mardaga éd., 1990, p. 255) a cru pouvoir déclarer que l'expression « véritable détournement de discipline » employée au texte était une « erreur de qualification », en invoquant « l'énoncé classique depuis Sutherland de l'objet criminologique complexe à savoir l'élucidation

68 **2) La critique négative** ◇ Pour les tenants de ces conceptions, l'erreur de la criminologie traditionnelle aurait été de prendre *naïvement* le « crime » comme une *réalité d'évidence* sans se rendre compte qu'il s'agirait d'un objet purement imaginaire, alors que la criminologie nouvelle aurait « *construit* » *son objet d'étude* et mis ainsi à jour, par ses recherches empiriques, que le « crime » et le « délinquant » n'existeraient pas plus l'un que l'autre et ne seraient rien d'autre qu'une « *invention culturelle* » fabriquée par la société[1]. Or, cette analyse se heurte à *trois sortes d'objections*.

S'agissant en premier lieu de la *définition de l'objet d'étude de la criminologie*, il est faux d'opposer le « donné » et le « construit » dans la connaissance. Toute connaissance en effet, même la connaissance ordinaire, suppose toujours une certaine « *construction d'objet* »[2]; tout ce que l'on peut dire à cet égard c'est que la criminologie traditionnelle n'a pas construit son objet en se plaçant au même point de vue que la criminologie de la réaction sociale et non qu'elle aurait pris le crime naïvement comme une « donnée d'évidence ». En revanche, la « construction d'objet » s'effectue à partir d'un « *donné empirique* » et il y a donc

de la séquence des interactions potentielles sinon constantes des processus de criminalisation primaire, des processus de criminalisation secondaire et des processus criminogènes ». En réponse à cette critique, on fera deux séries de remarques. 1/ L'école américaine classique, dont Sutherland fut l'initiateur et le chef de file, est loin d'avoir été la seule école criminologique, *après* comme avant cet auteur (*cf. supra* n°s 4 et s.), si bien qu'il est abusif de considérer que, depuis Sutherland, l'« objet criminologique complexe » a été définitivement fixé en criminologie. 2/ Plus encore, la présentation qui est faite de la criminologie de cet auteur ne correspond pas véritablement au contenu des *Principes de criminologie* de Sutherland et Cressey (trad. française, Cujas éd., 1966) : a) Chez ces auteurs, « les processus de l'infraction aux lois » se situent *entre* ceux d'élaboration de la loi et les réactions provoquées par cette infraction (p. 11) et non, comme le suggère le texte de M. Houchon, *après* les processus dits de « criminalisation secondaire » (c'est-à-dire la réaction de la société à l'infraction), ce qui fait évidemment une grande différence; b) Une lecture attentive des « Principes de criminologie » montre que, s'il est vrai que Sutherland a assigné le triple objet que l'on sait à la criminologie (*cf. supra* n° 8), il est très bref sur « les processus de l'élaboration des lois » (p. 12 à 26), dont la présentation constitue d'ailleurs chez lui plus un résumé du *droit pénal* qu'une véritable introduction à la sociologie du droit pénal. Quant à la deuxième partie de son ouvrage intitulée « Le contrôle de la criminalité », quoiqu'elle occupe près des deux tiers du livre (p. 269 à 652), elle est principalement consacrée à une *description juridique et pénologique* des diverses institutions répressives depuis la police jusqu'à la libération conditionnelle. En définitive, les développements proprement criminologiques des « Principes » se trouvent dans les p. 33 à 266 consacrées à l'« étude de la criminalité », c'est-à-dire au domaine de la seule « infraction aux lois pénales » comme dans les conceptions les plus étroites de la criminologie (*cf. supra* n°s 9 et 10).

1. V. encore, F. Digneffe, « La criminologie et son histoire », *RICPT*, 1991, p. 299 et s., spéc. p. 310.
2. Sur la notion de « construction d'objet » dans la connaissance scientifique, *cf.* M. Gravitz, *Méthode des sciences sociales*, Dalloz, 11e éd. 2001, n°s 303-306. La criminologie de la réaction sociale fait une grande consommation de ce concept, comme par ex. P. Robert, *La question pénale*, Genève, 1984, spéc. p. 89-116; F. Brion, « De la criminalité des immigrés à la criminalisation de l'immigration. Pour une reconstruction d'objet », *RDPC*, 1997, p. 763-775. D'une manière générale, la théorie selon laquelle la « réalité » est le produit d'une « construction sociale » a été répandue dans les années 60 par deux sociologues, l'un américain, l'autre allemand, Peter Berger et Thomas Luckman qui ont publié en 1966 aux États-Unis *The social construction of reality. A treatise in the sociology of knowledge* traduit en français seulement en 1986 sous le titre *La construction sociale de la réalité* aux éd. Méridiens Klincksiek. On peut trouver une présentation utile de l'ouvrage dans Philippe Corcuff, *Les nouvelles sociologies*, (Nathan 1995, p. 55-61). Cette théorie sociologique, qui a d'abord connu un grand succès dans les milieux sociologiques, fait aujourd'hui l'objet de telles critiques de ce qu'elle est progressivement devenue au fil des années, qu'elle est pratiquement définitivement déconsidérée (*cf.* N. Heinich, V° Construction sociale, *in Revue Le Débat*, mai-août 2010, p. 276-278).

quelque chose de donné et non de construit dans tout objet de connaissance, à moins évidemment que celui-ci ne soit purement *fictif, imaginaire*. Peut-on dire qu'il en est ainsi de l'action criminelle de la criminologie traditionnelle ? Dans l'ouvrage *Le frisson de l'émeute. Violences urbaines et banlieues*[1], Sébastian Roché ironise ainsi sur l'attitude de certains sociologues à l'égard de l'émeute de novembre 2005 : « Il faut entendre ces sociologues militants que rien ne déstabilise... Les statistiques de police créeraient une illusion d'optique, les victimes d'agression seraient aux prises avec des « constructions sociales de la réalité » (il faut aller l'expliquer à ceux qui ont eu leur voiture brûlée, leur maternelle détruite), le sentiment d'insécurité serait purement irrationnel. Ceux-là, bien sûr, n'ont pas prévu les émeutes, puisqu'elles sont imaginaires ».

C'est ici qu'intervient la deuxième objection : le *défaut de pertinence de la preuve de la fictivité de l'action criminelle* dans l'argumentation de la criminologie dite « nouvelle ». Ce défaut de pertinence résulte en premier lieu de ce que cette argumentation se situe au niveau du seul phénomène collectif de la criminalité; *elle ignore le crime comme phénomène individuel*. Or nul ne peut nier que *les crimes considérés en tant qu'actes individuels* (assassinat, hold-up, prise d'otage etc.) sont des « donnés » très concrets, presque charnels peut-on dire[2]. En second lieu, même lorsqu'on se place *au niveau du phénomène de masse* qu'est la criminalité, l'analyse de l'ensemble des résultats des recherches empiriques montre qu'il existe bien un « donné » spécifique, comme on le montrera ultérieurement[3]. Il est d'ailleurs significatif que des auteurs comme MM. Frechette et Leblanc qui ont longuement étudié la délinquance juvénile n'hésitent pas à conclure, au terme de développements très fournis sur la conduite délinquante des adolescents, que « la thèse qui donne priorité à la réaction sociale n'est pas corroborée par (leurs) données » et qu'« il faut redonner aux déterminants individuels du passage à l'acte une place prépondérante dans l'explication du phénomène délinquant »[4].

En troisième lieu, la théorie du relativisme criminologique elle-même n'est pas tenable : par-delà son défaut de pertinence théorique[5], elle aboutit pratiquement à des *conséquences inacceptables*. Elle conduit en effet d'abord à l'*abandon indistinct du pénal*, non seulement pour les délits artificiels (ce qui est évidemment une bonne chose) mais aussi pour les délits véritables pour peu que l'idéologie dominante du moment y incite. Deuxièmement, elle autorise la *justification de la criminalisation dramatique dans les pays totalitaires* de certains comportements qui sont ailleurs parfaitement légitimes : puisque tout est relatif à la « culture » du moment et de l'endroit, ne serait-il pas justifié de prendre comme critères de la législation pénale les notions de « lutte des classes » ou de « pureté de la race » ? Le relativisme aboutit enfin, dans le cadre d'une même législation, à des *variations arbitraires de la politique criminelle* selon les tendances du pouvoir politique en place. « En bref, le relativisme est une théorie qui justifie tout, mais qui n'explique rien. »[6]

---

1. Seuil, 2006, p. 8.
2. Ainsi qu'on l'a écrit (J.-P. Brodeur, *Provocations, Criminologie*, 1986, n° 1, p. 148) : Il faudra redécouvrir la blessante réalité de la victimisation, avec l'indignation qu'elle soulève, pour s'éveiller du songe théoricien que la délinquance ne serait qu'un artefact produit par des nœuds dans l'enchevêtrement des processus de sélection et de filtrage exercés par les diverses bureaucraties composant le système pénal.
3. *Cf. infra* n°s 302 et s., 356.
4. *Délinquances et délinquants*, Éd. Gaëtan Morin, 1987, p. 85.
5. *Cf.* R. Gassin, « De la peau de chagrin au noyau dur », *RICPT*, 1998, p. 46 et s., spéc. n°s 22 à 26.
6. Sur la critique du relativisme en général, *cf.* R. Boudon, « Misère du relativisme », *Revue Commentaire*, n° 116, hiver 2006-2007, p. 877-891; D. Schnapper, « Le relativisme culturel : signification et limites », même *revue*, n° 188, hiver 2009-2010, p. 893-900.

C. Les tendances de la problématique actuelle

69 *Les deux orientations nouvelles* ◊ Depuis la fin des années 1980, la réflexion sur l'objet de la recherche criminologique, consciente de l'erreur ou, à tout le moins, des limites de la criminologie de la réaction sociale, s'est efforcée de renouveler la problématique de la notion de crime. Mais cette réflexion s'est faite dans deux directions différentes. Un premier courant a tenté de réintégrer l'acte délictueux dans le constructivisme de la criminologie de la réaction sociale (1), alors que le second courant s'inscrit dans le prolongement de la criminologie de l'action criminelle en procédant à l'approfondissement des valeurs essentielles qui manquait à cette dernière dans une théorie que l'on peut appeler la théorie du noyau dur de la délinquance (2).

1. Les théories de la réintégration de l'acte délictueux dans le constructivisme de la criminologie de la réaction sociale

70 1) *Le « retour du refoulé »* ◊ Prenant conscience sans doute de ce que la réduction de l'action criminelle à une simple construction de la réaction sociale avait d'excessif, certains auteurs ont soutenu récemment, comme par une sorte de « retour du refoulé », que la criminologie avait, en réalité, un double objet : un ensemble de *normes* pénales et d'applications de ces normes par le système de justice pénale certes, mais également un ensemble de *comportements* perçus comme délinquants. Dans cette perspective, le crime serait donc considéré à la fois comme une question de définition mais aussi comme un type de comportement et l'étude de ces comportements entrerait dans le champ de la criminologie tout autant que celui de la réaction sociale à leur égard.

Ce point de vue avait déjà été esquissé par J.-P. Brodeur dans un article publié en 1986[1]. Il constitue la trame de la 1re édition du Précis de criminologie de Martin Killias[2]. Il s'est imposé à Lode Walgrave à l'occasion de l'élaboration d'une théorie « intégrative » sur la délinquance systématisée des jeunes, où, pensant se situer dans une orientation de criminologie critique, donc de la réaction sociale, il s'est rendu compte en définitive qu'il s'agissait d'une démarche de criminologie étiologique, donc de criminologie de l'action criminelle[3]. Ses bases épistémologiques enfin ont été longuement développées par A.-P. Pires[4]. Ainsi a-t-on pu écrire que « les problématiques en termes de passage à l'acte que l'on croyait définitivement éliminées refont surface » et que constitue un point de cer-

---

1. J.-P. Brodeur, « Provocations », *Criminologie*, 1986, n° 1, p. 141 et s.
2. M. Killias, *Précis de criminologie*, Berne, 1re éd. 1991, 2e éd. 2001.
3. L. Walgrave, *Délinquance systématisée des jeunes et vulnérabilité sociétale*, éd. Médecine et Hygiène, 1992, pour la théorie intégrative; « À la recherche de la criminologie », *RICPT*, 1993, p. 9-22, pour la réflexion épistémologique.
4. A. P. Pires, « La criminologie et ses objets paradoxaux : réflexions épistémologiques sur un nouveau paradigme », *Dév. et soc.*, 1993, n° 2, p. 129-161.

titude « l'abandon des théories du contrôle social et de leur domination dans leur version la plus dure des années 1970 »[1].

Cet effort de renouvellement est certes méritoire; encore s'agit-il de savoir comment il est réalisé et s'il permet véritablement de surmonter l'opposition entre la criminologie de l'action criminelle et la pseudo-criminologie dite de la réaction sociale. C'est ce que l'on va s'efforcer de mettre à jour en analysant successivement les conceptions développées par les auteurs précités[2].

71 *M. Killias* ◇ Dans la 1re édition de son *Précis de criminologie* publiée en 1991, cet auteur présente successivement une partie sur « Les facteurs sociologiques du crime » et une partie dans laquelle le crime est présenté comme « *le produit de la réaction sociale* ». Dans les conclusions de ce dernier développement, il se félicite des apports de la « nouvelle » criminologie qui a « mis en lumière les conditions de production des lois, les inégalités dans l'application des lois et surtout les effets pervers de la réaction sociale qui renforcerait la carrière criminelle de l'individu sanctionné ». Mais il ajoute aussi que « l'ambition de vouloir se substituer à la criminologie traditionnelle, en comparant son avènement à une révolution scientifique, paraît cependant exagérée », les théories et les thèmes classiques de la criminologie gardant à côté des sujets nouveaux, beaucoup de leur intérêt[3]. La criminologie serait ainsi la *juxtaposition de deux parties :* la criminologie traditionnelle et la criminologie de la réaction sociale.

La raison qu'en donne M. Killias réside dans l'« approche résolument empirique » de son manuel et dans le fait que ce qui l'intéresse, c'est « la confrontation des différentes perspectives théoriques aux résultats des recherches empiriques », de sorte qu'il n'y a pas d'hypothèses *a priori* « inacceptables », mais seulement des hypothèses plus ou moins confirmées ou infirmées par les « données empiriques disponibles »[4].

Comment ne pas être d'accord avec de telles propositions, si on les considère du seul point de vue méthodologique ? Mais l'argumentation devient sans valeur dès le moment où elle est invoquée pour transcender l'opposition entre la « criminologie traditionnelle » et la « nouvelle criminologie ». Il ne s'agit plus, en effet, en ce cas, d'hypothèses à vérifier qui porteraient sur un *même objet*, mais de deux disciplines qui possèdent des *objets incompatibles;* dès lors, le caractère empirique de la démarche entreprise dans chacune d'elles, si justifié soit-il, est sans portée réelle pour la solution de la contradiction qui caractérise ces deux objets[5]. Il ne pourrait en être autrement que si l'on parvenait à surmonter cette contradiction en construisant la criminologie sur un nouveau paradigme qui transcende les actuels paradigmes, apparemment inconciliables, qui innervent les criminologies traditionnelle et de la réaction sociale. Ainsi s'explique sans doute que dans la

---

1. J.-M. Renouard, « La recherche française dans le champ pénal », *in Quest. pén.*, déc. 1993, VI, 4, p. 2.
2. Il va de soi que si l'on expose successivement les positions de ces quatre auteurs dans un même développement général, c'est seulement parce qu'on a cru pouvoir déceler chez ces auteurs des orientations voisines, mais non pour en faire une école criminologique commune.
3. *Op. cit.*, 1re éd., p. 387.
4. *Op. cit.*, 1re éd., p. 21, n° 109.
5. *Cf. supra* n° 44.

2ᵉ édition de son *Précis* en 2001, M. Killias ait abandonné l'idée du « crime comme *produit* de la réaction sociale » pour s'en tenir à la simple description des données empiriques relatives à la réaction sociale. C'est que, écrit-il, « Les thèses de la criminologie « nouvelle » ont *largement échoué* lors des tests empiriques. Les théories et les thèmes classiques de la criminologie gardent de ce fait tout leur intérêt »[1]. En revanche, A.-P. Pires et L. Walgrave se sont employés à tenter de trouver un nouveau paradigme transcendantal, après que le chemin leur ait été passablement déblayé par J.-P. Brodeur.

72 J.-P. Brodeur ◇ Pour J.-P. Brodeur, les termes qui désignent les diverses infractions pénales renfermeraient un double contenu : un contenu *descriptif* qui désignerait un comportement déterminé (exemple : un homicide volontaire) et un contenu *normatif* qui signifierait que ce comportement est condamné par la loi pénale (l'homicide volontaire est qualifié meurtre)[2]. De la sorte, le champ d'objets de la criminologie serait bien constitué par deux ordres de phénomènes : d'une part par un *ensemble de comportements* perçus comme délinquants, et d'autre part, par un *ensemble de normes* au regard desquelles ces comportements apparaissent délinquants et, dans le prolongement de ces lois pénales, par *les appareils qui appliquent les sanctions* qu'elles prévoient[3]. En conséquence, les recherches portant sur chacun de ces deux ordres de phénomènes seraient non seulement légitimes mais imposées par la nature même du champ composite d'objets qui donne son nom à la criminologie, et toute tentative de réduire la délinquance à une seule de ces dimensions ne pourrait aboutir qu'à des résultats stériles, ce qui condamnerait aussi bien les écoles qui constituent la postérité d'un certain interactionnisme que la criminologie traditionnelle de l'action criminelle[4]. Ainsi le débat sur la « vraie criminologie » serait-il un faux débat. Toutefois, ajoute l'auteur – et ceci est capital pour comprendre l'orientation de la synthèse – il ne faudrait pas se tromper sur *la portée* de la distinction entre contenu descriptif et contenu normatif. Des deux registres, c'est le normatif qui serait le plus caractéristique[5], si bien que, loin d'être une donnée originaire et d'être assimilable à un objet de la nature, *l'infraction serait une construction sociale* qui résulte, historiquement, d'un *processus étatique* de criminalisation mouvant et hétérogène[6].

1. 2ᵉ éd., p. 389.
2. Art. précité p. 143.
3. Art. précité p. 147.
4. Art. précité p. 147-148.
5. Art. précité p. 143.
6. Art. précité p. 146. Dans un texte antérieur de 1984 (« La criminologie marxiste : controverses récentes », *Dév. et soc.* 1984, p. 43-70), J.-P. Brodeur écrivait dans sa conclusion, p. 60 : « Le domaine des objets de la criminologie est constitué par des phénomènes souvent hétérogènes et leur seule communauté est artificiellement conférée par les vicissitudes de la vie sociale ». En revanche, on aurait pu croire, à la lecture d'un texte postérieur de 1993 (« La pensée postmoderne et la criminologie », *Criminologie* 1993, p. 73-122) destiné à dégager de la pensée postmoderne des « Jalons pour une criminologie », qu'il était revenu quelque peu sur ses positions antérieures. Proposant d'« élaborer des stratégies épistémologiques qui s'ajustent aux caractères des phénomènes visés en objet », il distinguait entre un « *noyau dur et récurrent* des codifications pénales en vigueur dans divers états (l'homicide, le viol, le vol) » et « un ensemble

73 *A. P. Pires* ◇ A. P. Pires, à son tour, développe une conception analogue[1] à celle de J.-P. Brodeur, mais plus approfondie et plus argumentée. Son but est de sortir la criminologie actuelle de l'impasse dans laquelle elle se trouverait aujourd'hui du fait de sa subordination à deux paradigmes contradictoires, le paradigme étiologique et du passage à l'acte ou *paradigme du fait social brut* (criminologie traditionnelle) et le paradigme de la réaction sociale et du contrôle social ou *paradigme de la définition sociale* (criminologie de la réaction sociale), pour les subsumer dans un nouveau paradigme. Voyons comment il développe son raisonnement.

L'auteur s'étant manifesté jusqu'à présent comme l'un des plus ardents partisans de la criminologie dite de la réaction sociale, il n'est pas surprenant que la question de départ de sa réflexion s'inscrive dans la perspective de celle-ci. Les tenants de cette criminologie, observe-t-il, affirment que le crime n'existe pas en soi et constitue une réalité socialement construite par le système pénal : que veut-on dire au juste quand on pose une telle affirmation[2] ? La réponse de l'auteur est nette. Cela ne veut nullement dire que les actions qui ont été criminalisées n'existent pas réellement; lorsqu'on tue quelqu'un, on le tue bien réellement. Bien plus, cela ne veut même pas dire que l'on ne porte pas de jugement de valeur sur ces actions et que l'on ne les juge pas comme immorales[3]. Cela veut dire seulement – mais c'est l'essentiel – qu'il n'y a crime et que l'auteur de ces actes n'est un criminel que s'il existe un *système pénal* qui *produit* cette forme d'objectivation sociale appelée crime (criminalisation primaire) et une *pratique sociétaire* qui s'applique éventuellement à son auteur pour le désigner comme criminel (criminalisation secondaire)[4]. Ainsi la délinquance serait une problématique qui renvoie à trois dimensions : 1/ un comportement ou une manière de faire; 2/ une qualification criminelle ou manière de définir et de réagir particulière introduite par notre système pénal, et 3/ le crime serait le rapport entre cette manière de faire et cette manière de définir et de réagir[5].

À l'appui de cette analyse, Pires appelle successivement à la barre M. Foucault vu par Paul Veyne, le philosophe du langage J.-R. Searle et, pour finir, le logicien Y. Barel.

1) De Foucault – *via* Veyne[6] – il retient que « *ce qui est fait*, l'objet, s'expliquerait par ce qu'a été le *faire* à chaque moment de l'histoire » et que « c'est à tort que nous nous imaginons que le *faire*, la pratique, s'explique à partir de ce qui est fait ».

Transposition de Pires au crime : Le crime (ce qui est fait) s'expliquerait par la mise sur pied du système pénal (le faire) et c'est à tort que nous nous imagine-

de dispositions variables d'un État à l'autre et où le caractère discrétionnaire de la volonté du législateur s'affiche davantage ». Mais ses écrits ultérieurs ont complètement balayé le « noyau dur et récurrent » (J.-P. Brodeur, « Le noyau dur et la peau de chagrin : une étude critique à propos de la 3ᵉ édition du Précis de criminologie de Raymond Gassin », *RICPT*, 1995, p. 332-349). *Adde* Jean-Paul Brodeur, d'hier à aujourd'hui, *Criminologie*, vol. 44, n° 1, 2011.

1. Analogue ne signifie pas semblable en tous points. J.-P. Brodeur se sépare notamment de A. P. Pires sur la distinction des règles constitutives et des règles normatives/régulatrices (*RICPT*, 1995, p. 335-338).

2. Art. précité p. 134.

3. Art. précité p. 138, 140, 143.

4. Art. précité p. 138.

5. Art. précité p. 139.

6. P. Veyne, « Foucault révolutionne l'histoire », *in* P. Veyne, *Comment on écrit l'histoire*, Seuil, éd. de 1978, p. 203-242.

rions que le faire, le système pénal, s'explique à partir de ce qui est fait, le crime; d'où ce serait bien le système pénal qui produit le crime, sans impliquer pour autant que l'action ainsi désignée n'existe pas réellement [1].

2) À Searle [2], Pires emprunte la distinction entre « règles normatives » et « règles constitutives ». Le philosophe du langage distingue en effet entre deux types de règles : 1/ les *règles normatives* qui sont celles qui gouvernent les formes de comportement préexistantes ou existantes de façon indépendante de ces règles (ex. les règles de la politesse); 2/ les *règles constitutives* qui sont celles qui créent ou définissent de nouvelles formes de comportement qui ne pouvaient pas être adoptées avant leur formulation, comme par exemple les règles du football ou du jeu d'échecs. Le critère de distinction entre les deux sortes de règles réside dans la possibilité ou non de répondre à la question : qu'a-t-il fait ? indépendamment de l'existence de la règle. Lorsque l'on peut donner du comportement qui obéit à une règle la même définition, que la règle ait existé ou non, il y a règle normative; dans le cas contraire, la règle serait constitutive.

Transposition de Pires au crime : les règles pénales sont du type *constitutif* car nous ne pouvons dire qu'il y a crime que par référence au système pénal qui le définit et donc le constitue [3]. Toutefois l'auteur apporte deux correctifs à ce que cette affirmation peut avoir de trop brutal.

En premier lieu cette fonction constitutive de la règle pénale serait moins nette que celle des règles du jeu d'échecs ou de football; il y aurait donc une sorte de particularisme de la fonction constitutive des règles pénales. Si les règles du football ou du jeu d'échecs n'existaient pas, dit-il, les comportements correspondants ne seraient pas concevables. En revanche, s'agissant des règles pénales, même si elles n'existaient pas, les comportements correspondants n'en existent pas moins; de plus ceux-ci sont souvent appréhendés parallèlement par d'autres règles constitutives non pénales, de nature civile ou administrative. Finalement, confesse cet auteur, « le problème n'est pas tant de savoir si, en l'absence de la règle pénale, toute forme de jeu disparaît, mais plutôt quelle forme de jeu une société particulière va choisir de jouer et comment elle va introduire ou non des modifications majeures dans les règles constitutives » [4], ce qui est évidemment déplacer le problème.

En second lieu, analysant les formes particulières que revêtent les règles pénales, il en arrive à conclure que le paradoxe auquel se heurtent depuis longtemps les juristes et suivant lequel les actes délictueux paraissent à la fois inscrits dans la nature des choses et dépendants de la volonté du législateur « ne peut se résoudre que si l'on reconnaît cette *double dimension normative et constitutive* de la règle pénale » [5].

En définitive, la criminologie devrait s'occuper de deux sortes de questions : les questions qui relèvent du « paradigme de la définition sociale » certes (pourquoi le législateur incrimine-t-il certains comportements et pas d'autres ?) mais aussi celles qui relèvent du « paradigme du fait social brut » (comment expliquer les comportements qui sont incriminés, par différenciation avec d'autres comportements ?). Encore convient-il de bien prendre garde, souligne-t-il, lorsqu'on étudie

---

1. Art. précité p. 138.
2. J.-R. Searle, *Les actes de langage. Essai de philosophie du langage*, Paris, Hermann, 1972.
3. Art. précité p. 142-143. On remarquera au passage l'imprécision du vocabulaire utilisé. L'adjectif « normatif » en effet est pris en des sens entièrement opposés chez Pires et chez Brodeur. Pour le premier il est synonyme de « descriptif » et pour le second de « constitutif ».
4. Art. précité p. 144.
5. Art. précité p. 147.

les comportements, de ne pas faire « une théorie du comportement *criminel* », mais seulement une théorie de « certains types de comportements problématiques dans des situations spécifiques »[1]. Aussi l'auteur invite-t-il à modifier le langage et à « éviter de parler de *crime* ou de *délinquant* pour désigner les comportements problématiques eux-mêmes », le langage pénal devant être réservé « à la description de la réaction sociale qui renvoie à l'idéologie pénale ou, à la limite, à un jugement moral »[2]. « Ce qui importe, écrit-il encore, c'est de rompre radicalement avec l'idéologie pénale en tant que pratique sociale d'objectivation d'une supposée réalité-crime dans la pratique même de la recherche »[3].

3) Mais Pires a bien conscience que ces paradigmes sont, en apparence, incompatibles[4]. Comment alors les concilier ou les combiner ? C'est ici qu'il fait appel à l'œuvre d'un logicien Y. Barel, auteur d'un ouvrage sur « Le paradoxe et le système » (1979) qui va lui permettre de montrer comment ces deux objets, le comportement et la définition des comportements, en apparence si différents, peuvent, en réalité, être conçus comme un *même objet* grâce à une « méta-analyse ». Pour dégager ce nouveau paradigme, Pires part de l'observation selon laquelle un même objet peut être vu avec deux regards différents qui se présentent chacun, à leur niveau, comme exclusif l'un de l'autre. Ainsi on peut voir dans l'objet de la criminologie, soit des comportements problématiques, soit au contraire des pratiques sociales de constitution de ces comportements en actions criminelles par le jeu du système pénal. La criminologie a donc un objet paradoxal en ce sens que, à première vue, les deux versions de l'objet sont incompatibles comme obéissant à deux paradigmes contradictoires : le paradigme « du fait brut » et celui de « la définition sociale »[5]. Mais, si l'on cherche à s'évader de ces paradigmes clos dans lesquels la criminologie contemporaine semble s'être laissée enfermer, on constate que l'on peut dépasser l'opposition grâce au recours à un nouveau paradigme, paradigme ouvert, qui fait écrire à l'auteur : « l'option épistémologique que je soutiens... consiste à dépasser radicalement la logique des deux paradigmes existants et à soutenir que les comportements (dans leur contexte propre) font partie de la démarche globale qui vise à saisir la construction sociale (du crime) et qu'inversement l'idée de la construction sociale (du crime) doit être gardée présente dans la démarche même qui veut expliquer la généalogie des comportements » (p. 154). Ce nouveau paradigme, Pires le désigne sous l'expression de *paradigme des inter-relations sociales*[6], formulation qui n'est pas sans rappeler la conception de Debuyst pour qui la délinquance se caractériserait comme « un enjeu dans une relation sociale »[7].

74 **L. Walgrave** ◇ L'entreprise de L. Walgrave sous le titre « À la recherche de la criminologie », quoique moins argumentée que celle de Pires, relève de la même préoccupation : dégager une notion commune aux « diverses criminologies » qui soit susceptible de donner à « la criminologie » toute

---

1. Art. précité p. 150.
2. Art. précité p. 150.
3. Art. précité p. 152.
4. Art. précité, v. not. p. 129 et 148.
5. Art. précité p. 152-153.
6. Sur la justification de cette appellation et le contenu de ce nouveau paradigme, *cf.* A.-P. Pires et F. Digneffe, « Vers un paradigme des interrelations sociales ? Pour une reconstruction du champ criminologique », *Criminologie*, 1992, 2, p. 13-47 et A.-P. Pires, art. précité, *Dév. et soc.*, 1993, spéc. p. 154-156.
7. *Cf. supra* n° 63.

son extension en lui conférant une unité d'objet. Ce tenant initial de la criminologie radicale à la recherche de la criminologie, part de la constatation que la criminologie apparaît aujourd'hui comme un « objet éclaté », si bien que l'on peut se demander « si la construction conventionnelle « criminologie » a un sens et si elle est utile d'un point de vue social et scientifique »[1]. Cherchant à expliquer cet éclatement par l'identification des « forces centrifuges dans la criminologie », il observe qu'il existe parallèlement des « éléments qui unifient la criminologie ». Ce sont ces éléments qui retiennent son attention et le conduisent à attribuer comme objet central à la discipline le paradigme de la *confrontation* entre les individus (éventuellement comme membres d'un sous-groupe spécifique) et les institutions sociales (éventuellement comme des expressions d'une certaine société imposant normes et valeurs)[2]. La criminologie devient ainsi une « confrontologie »[3].

Malgré la différence de formulation : confrontation individus/institutions sociales pour l'une, inter-relations sociales pour l'autre, le paradigme de Walgrave est voisin du nouveau paradigme de Pires. En bon partisan de la criminologie critique, il met l'accent sur l'idée de « conflit » empruntée à la sociologie du conflit, mais il tombe sous le sens que, s'agissant d'activités délictueuses, les inter-relations sociales de Pires ne sauraient non plus être paisibles et consensuelles. Ce qui importe surtout, pour la compréhension du sens et de la portée de cette nouvelle tentative de synthèse unificatrice, c'est de voir comment l'auteur entend la criminologie étiologique qu'il veut ainsi réconcilier avec celle dite de la réaction sociale. « La problématisation de la réaction sociale, écrit-il, n'empêche pas la prise au sérieux de la délinquance, même si ce n'est que de la « petite délinquance »... Si la criminologie ne s'intéresse pas à ces actes, elle perdra sa crédibilité et laissera le champ libre à des confrontations à un pouvoir irrité, intolérant et purement excluant. La criminologie étiologique prend sa place ici; mais ce sera une étiologie critique, qui intègre le message des points a) et b) dans l'examen des processus étiologiques »[4], c'est-à-dire : point a), le cadre social global dans lequel les confrontations sociales se produisent (message des criminologies du conflit et radicale) et point b) renforcement de la déviance par la réaction sociale aux comportements déviants (message des théories de l'étiquetage). Il s'agit donc d'une étiologie qui est tellement imbriquée dans la réaction sociale que l'on ne voit guère ce qui peut lui rester en propre, résiduellement, une fois épurée de toutes les incidences de la réaction sociale. Par là Walgrave rejoint Pires, sinon dans les mots, du moins dans les choses.

75   **2) Objet paradoxal de la criminologie ou criminologie paradoxale ?** ◇ L'appréciation critique du point de vue de M. Killias ayant déjà été formulée[5], il convient maintenant de centrer celle-ci sur les conceptions des trois auteurs qui viennent d'être analysées. Le point central de l'argumentation de Pires, comme celui de Brodeur, réside dans l'affirma-

---

1. Art. précité p. 9.
2. Art. précité p. 16.
3. L'auteur évoque lui-même le terme dans une note 1 p. 16.
4. Art. précité p. 16.
5. *Cf. supra* n° 71. On rappellera que, dans la 2ᵉ éd. de son *Précis de criminologie* publié en 2001, M. Killias a abandonné la théorie du « crime comme produit de la réaction sociale ».

tion que le crime serait essentiellement le produit d'une règle constitutive par opposition à la règle normative dans le vocabulaire de Pires, et, la résultante d'un contenu normatif par opposition au contenu descriptif dans celui de Brodeur[1]. Ils ont beau dire que la criminologie a un double objet, les comportements nus et la définition sociale des comportements criminalisés, le fait de soutenir que les premiers ne doivent en aucun cas être considérés comme des crimes mais seulement comme des comportements problématiques et que la qualification de crimes ne peut résulter que de la réaction sociale, renvoie à une conception semblable à celle de la situation-problème de Hulsman[2] et met l'accent essentiellement sur la nature de la définition sociale, c'est-à-dire des règles d'incrimination. Une remarque comparable peut être faite à propos de Walgrave : qu'est-ce que cette « étiologie critique » qui met essentiellement l'accent sur le cadre social global conflictuel et l'étiquetage et ne laisse à l'étiologie du crime proprement dite qu'un résidu inexistant ou en tout cas insaisissable ?

1) On ne peut ainsi considérer comme très pertinent, l'argument tiré par Pires de la transposition de la pensée de Foucault présentée par Paul Veyne. La proposition – au demeurant d'une grande banalité – selon laquelle ce qui est fait s'explique par ce qu'a été le faire et non l'inverse, trouverait en effet une transposition plus exacte dans l'affirmation que l'acte criminel s'explique par ses facteurs et processus et non les facteurs et processus par l'acte lui-même, plutôt que dans l'assertion de Pires d'après laquelle le crime s'expliquerait par la mise sur pied du système pénal et non le contraire. Il est en effet nécessaire, dans la distinction du « fait » et du « faire » de rechercher le maximum de cohérence et d'homogénéité entre les contenus de chacun des concepts; or ces caractères se retrouvent sans doute bien davantage dans la série étiologie et dynamique/acte criminel que dans la série système pénal/crime.

2) Quant au recours à un troisième paradigme – le paradigme des inter-relations sociales chez Pires – celui de la confrontation individus et institutions sociales chez Walgrave – qui transcenderait en quelque sorte les deux autres dans la constitution d'un objet paradoxal de la criminologie, ce recours n'aurait de pertinence que si les deux paradigmes à intégrer – le paradigme dit du fait brut et celui dit de la définition sociale pour Pires – celui de l'étiologie critique et de la réaction sociale des groupes dominants pour Walgrave – avaient l'un et l'autre une consistance véritable. Or, il est bien évident que pour Pires, comme pour Brodeur, c'est le système pénal qui fait le crime, la « matière à problème » (le fait brut) ne jouant en définitive qu'un rôle secondaire, dont, à la limite d'ailleurs, le système pénal peut fort bien se passer, du moins en ce qu'elle est « à problème » sinon en ce qu'elle est « matière »[3]. De même, pour Walgrave, c'est l'oppression pénale des

---

1. On notera au passage, que le même vocable « normatif » est employé par les deux auteurs dans deux sens opposés : pour l'un, il est synonyme de « constitutif » et pour l'autre de « descriptif ». Une telle variation de vocabulaire dans l'étude d'un même problème en dit long sur le manque de rigueur conceptuelle dans certains débats criminologiques. Mais il paraît que ce serait simplement l'effet d'un problème de traduction de l'anglais au français.

2. *Cf. supra* n° 63.

3. Il suffirait au système pénal de ne pas incriminer. Mais le fait, avec sa novicité sociale, n'en demeurerait pas moins. Sur les rapports du fait et de la valeur *cf.* N.-A. Poulantzas, *Nature des choses et droit. Essai sur la dialectique du fait et de la valeur*, Préface M. Villey, LGDJ, 1965.

groupes dominants qui joue l'essentiel de la pièce criminologique[1], l'étiologie a-critique, à côté de l'étiologie critique, étant dépourvue de toute consistance.

3) S'agissant particulièrement de M. Pires, son article a donné lieu, en 1995, à un débat dans la revue *Déviance et Société* auquel ont participé trois criminologues qui, selon des modalités différentes, sont tous les trois partisans de la criminologie de la réaction sociale[2] et à qui il a été invité à répondre[3]. Or, face aux critiques parfois très acerbes qui lui ont été adressées, ses réponses ne laissent aucun doute sur le fait qu'il se fait de la notion de crime une conception principalement constructiviste : « Lorsque j'emploie le terme paradigme, écrit-il... je n'emploie pas ce terme pour dire que le comportement que le droit pénal désigne comme crime correspond à un type spécifique de comportement qui existerait comme crime indépendamment de cette désignation. C'est le droit pénal qui opère une *spécification* du comportement, pour en tirer des conséquences, selon la formule qui nous aide à identifier les règles constitutives... »[4]. Il semble même avoir remis en question les atténuations qu'il avait apportées à l'affirmation selon laquelle les règles pénales sont du type constitutif en écrivant, en réponse à une observation : « Les règles pénales se présentent, en fait, sous une tournure *constitutive* et non normative comme je l'ai dit »[5].

76 En définitive, il apparaît bien que cette tentative récente de concilier la criminologie dite de la réaction sociale avec la criminologie dite de l'acte criminel se solde par un échec *pour avoir voulu*, en réalité *consolider le triomphe effectif de la première, en faisant semblant de reconnaître l'apparence de l'existence de la seconde*. Ce n'est pas l'objet paradoxal de la criminologie que cette tentative a mis en évidence, mais bien plutôt une *criminologie paradoxale* qui ne tient pas plus la route que la criminologie de la réaction sociale pure. Les psychanalystes disent que le « retour du refoulé » ne libère vraiment le sujet de ses fantasmes que lorsqu'il prend pleinement conscience de ceux-ci et qu'il a la volonté de s'en détacher; il n'est pas exclu que l'amorce de « catharsis » que représentent les travaux qui viennent d'être analysés n'ait pas abouti parce que les sujets qui en étaient les auteurs avaient moins la volonté de se libérer de la tyrannie de la criminologie de la réaction sociale que celle d'y annexer le domaine étiologique qui, malgré tous leurs efforts, n'a cessé de résister et de survivre à leurs attaques répétées, tout simplement parce qu'il exprime une réalité humaine et sociale inéluctable. Est-il dès lors opportun de relancer aujourd'hui le débat comme certains voudraient le faire ?[6]. Mieux vaut

---

1. *Cf. supra* n° 63.
2. C. Debuyst, « Qui récupère qui ? », *Dév. et soc.*, 1995, p. 257-266; P. Robert, « Paradigme ou stratégie : Pires et la conception du crime », même *revue*, 1995, p. 267-278; L. Van Outrive, « La criminologie et ses objets paradoxaux : la nouveauté doit se trouver ailleurs », même *revue*, 1995, p. 279-289.
3. A. P. Pires, « À propos des objets en criminologie : quelques réponses », même *revue*, 1995, 291-303.
4. A. P. Pires, art. précité p. 296. V. encore p. 299 où il reprend une série d'affirmations figurant dans le texte de son art. de 1993 qui convergent toutes vers cette idée que « Le crime est une réalité construite par le système pénal ».
5. Art. précité p. 301.
6. Y. Cartuyvels, « La criminologie et ses objets paradoxaux : retour sur un débat plus actuel que jamais », *Dev. et soc.*, 2007, p. 445.

sans doute rechercher une explication plus satisfaisante de l'objet de la criminologie grâce à la théorie qui va être exposée dans les numéros suivants.

2. La théorie du noyau dur de la délinquance : la permanence de la prohibition de la violence et de la ruse [1]

77 La théorie de la permanence de la prohibition de la violence et de la ruse part de la constatation d'un double phénomène : d'une part certes la *variation* de la liste et du contenu des incriminations pénales dans les droits positifs, dans le temps comme dans l'espace, mais aussi d'autre part la *récurrence* de quelques figures types très importantes d'incrimination à travers les diverses législations pénales. Il s'agit notamment – mais non exclusivement bien entendu – de l'homicide volontaire et du vol. Tout se passe ainsi comme s'il existait une sorte de *noyau dur* qui persiste à côté des *périphéries* instables du reste des droits pénaux. Cette idée de l'existence d'un noyau dur est partagée, non seulement par les partisans des thèses naturalistes de l'action criminelle, mais également par des auteurs cependant proches du courant constructiviste. Tel est le cas de C. Debuyst qui emploie l'expression même de « noyau dur » [2], comme d'ailleurs J.-P. Brodeur dans l'un de ses écrits [3]. D'autres parlent du « cœur de la criminalité » pour désigner la même chose [4].

L'existence de ce « noyau dur » ne peut pas trouver son explication dans les théories selon lesquelles l'action criminelle serait une construction politique de la réaction sociale. On comprendrait mal en effet pourquoi il y aurait un domaine particulier d'incriminations pour lesquelles les faiseurs de criminalisation (primaire et secondaire) produiraient toujours les mêmes solutions dans le temps et dans l'espace, alors que précisément les théories constructivistes fondent leur démonstration sur les variations de la délinquance. Sans doute a-t-on pu écrire qu'en pareil cas les faiseurs de criminalisation sont les acteurs du « maintien de la règle » [5] dans sa permanence et dans sa généralité; mais qui ne perçoit ce que peut

1. R. Gassin, « Le crime existe-t-il ? », *in Prob. act. Sc. crim.*, vol. XII, 1999, p. 9-32; « De la peau de chagrin au noyau dur : réponse à Jean-Paul Brodeur », *RICPT*, 1998, p. 46-83; « De Garofalo à la théorie du noyau dur de la délinquance et à ses éléments essentiels », *RPDP*, chron. criminologie, 2011, p. 481-502.
2. C. Debuyst, *in Acteur social et délinquance*, 1990, précité. Présentation et justification du thème : « Il existe... un... domaine que nous avons appelé "noyau dur" du droit pénal. Tout se passe en effet comme s'il existait à propos de certains actes un consensus tel que la règle qui les interdit paraît s'imposer et paraît en même temps conditionner toute vie sociale... » (p. 31).
3. J.-P. Brodeur, « La pensée post moderne et la criminologie », *Criminologie*, 1993, 1, p. 70-121, spéc. p. 99 : « Indépendamment de toute prise de position ontologique en faveur de l'existence du mal en soi, la doctrine du droit positif a accoutumé de distinguer entre les *mala in se* et les *mala prohibita* ». Les premières constituent *le noyau dur et récurrent* des codifications pénales en vigueur dans divers États (l'homicide, le viol, le vol). Les secondes constituent « un ensemble de dispositions variables d'un État à l'autre... ».
4. V. par ex. H. Lagrange, « Les délinquances des jeunes », *in* L. Mucchielli et P. Robert (dir.), *Crime et sécurité, l'état des savoirs*, 2002, La Découverte, 158 et s., spéc. p. 160.
5. C. Debuyst, même art., p. 31.

avoir d'artificiel cette idée de création de la loi pénale par le « maintien de la règle » ?

L'existence de ce « noyau dur » ne peut pas davantage puiser son intelligibilité dans les théories de la réintégration de l'acte délictueux dans le constructivisme de la réaction sociale qui viennent d'être exposées[1]. En effet, l'homicide volontaire, le vol, le viol, ne sont pas des faits sociaux bruts[2] ou des comportements déterminés[3] qui seraient en eux-mêmes de simples réalités objectives dépourvues de toute coloration axiologique et qui ne prendraient une telle signification qu'à la suite de leur criminalisation par la loi pénale et de l'application de celle-ci par les organes de la réaction sociale. Ces comportements doivent en effet être considérés dans leur totalité à la fois matérielle, mais aussi *psychologique* : c'est même cet *élément psychologique* qui est essentiel pour les caractériser dans leur nature profonde. C'est ainsi que ce qui distingue le meurtre pénalement punissable de l'homicide casuel indifférent à la loi pénale, ce n'est pas le fait brut de l'homicide, mais c'est la volonté de tuer. De même si l'on observe le fait matériel de la préhension d'un objet mobilier qui appartient à autrui, ce n'est pas le simple acte matériel de préhension qui caractérise le vol : la nouvelle détention de l'objet peut en effet résulter très licitement d'un contrat qui a transmis la propriété de cet objet ou en a remis la possession précaire; le vol résulte de la volonté de s'approprier l'objet à l'insu ou contre le gré de son propriétaire. La volonté de tuer dans un cas, la volonté de soustraire frauduleusement la chose d'autrui dans l'autre, renvoient ainsi au contenu de la volonté de l'agent et, par-delà celle-ci, au *monde des valeurs* en dehors et avant même toute pénalisation.

Aussi est-ce dans un *approfondissement de la théorie des valeurs* qu'il est préférable de chercher l'explication de la contradiction apparente entre la *variabilité* des droits pénaux positifs et la *permanence* d'un noyau dur et, plus largement, le critère méta-juridique de la pénalisation des principaux comportements réprimés par le droit pénal.

À cette fin on va d'abord procéder à cet approfondissement (a), puis on s'interrogera sur ce qu'est ce noyau dur (b) pour préciser enfin le rôle du droit pénal dans le phénomène de la criminalisation des comportements (c).

a. De la distinction des valeurs-fins et des valeurs-moyens

78 On entend par *valeur* « une manière d'agir qu'une personne ou une collectivité reconnaît comme idéale et qui rend désirables ou estimables les conduites auxquelles elle est attribuée »[4]. Parmi les diverses typologies qui peuvent être effectuées au sein de la notion de valeur, la *distinction des valeurs-fins et des valeurs-moyens* est particulièrement féconde pour comprendre comment les droits pénaux peuvent à la fois être variables dans le temps et dans l'espace et contenir simultanément un noyau dur récurrent.

---

1. *Cf. supra* n°s 70 et s.
2. A. P. Pires.
3. J.-P. Brodeur.
4. G. Rocher, *Introduction à la sociologie générale*, éd. Hurtubise, 1969, t. 1, p. 56. J. Pinatel (*Le phénomène criminel*, v° « Valeurs », p. 217) écrit : « Au sens criminologique, la valeur est une notion qui traduit l'importance attachée à une règle que l'on croit nécessaire. Une valeur est, en définitive, ce à quoi la société ou l'individu est capable de se subordonner ». Mais ce disant, il insiste plus sur l'effet de la valeur que sur la raison pour laquelle on croit la règle nécessaire. J. Farsedakis, « Crise des valeurs et criminologie », *RICPT*, 1998, p. 3-17, spéc. 3-5.

La distinction puise son intelligibilité dans l'analyse de l'action humaine volontaire. Cette analyse conduit précisément à la distinction, en même temps qu'elle permet de percevoir les relations étroites qui unissent les deux sortes de valeurs.

79 *1) L'action humaine volontaire et la distinction de la fin et des moyens* ◇ La praxéologie, ou science des actes (du grec πραξις, action), enseigne que l'acte volontaire est l'action d'un individu (acte individuel) ou d'une collectivité (action collective) qui consiste, dans l'un comme dans l'autre cas, à utiliser certains *moyens* pour atteindre une *fin* déterminée. « Agir, a-t-on dit, c'est employer des moyens pour atteindre des fins ». Pour illustrer cette distinction par un exemple courant dans les universités, on peut prendre celui de l'étudiant qui prépare un examen.

L'analyse de l'acte volontaire met en évidence trois sortes d'éléments : 1°/ un *but*, une *fin* à atteindre qui motive le sujet. Dans l'exemple, c'est le succès à l'examen qui constitue en effet la motivation de tout étudiant normalement constitué... 2°/ l'emploi de *moyens* déterminés qui caractérisent matériellement l'activité du sujet : en l'espèce le travail d'apprentissage des cours fourni par l'étudiant; 3°/ Une *corrélation*, plus ou moins efficace, entre les moyens employés et la fin recherchée. L'étude des cours par l'étudiant est en effet liée à la recherche du succès à l'examen, si bien qu'il laissera de côté les matières ou les questions qui ne figurent pas au programme ou encore celles qui ne doivent pas faire l'objet d'une interrogation à la suite d'un tirage au sort (ce qui ne se confond pas avec les « impasses » si fréquentes et si périlleuses !).

De cette analyse sommaire, *deux données* sont à retenir spécialement : 1/ la distinction des moyens et des fins : le *but* à atteindre donne sa motivation à l'action et les *moyens* caractérisent cette activité; 2/ la relation entre les deux. La fin et les moyens ne sont pas étrangers l'un à l'autre. Les moyens sont choisis en fonction du but à atteindre et la fin elle-même permet de déterminer quels sont les moyens qui sont susceptibles de l'atteindre. On peut dire que la fin explique les moyens (sans pour autant nécessairement les justifier bien entendu).

À partir de cette analyse, les actes volontaires peuvent alors être classés, toujours d'un point de vue praxéologique, en trois catégories d'après leur finalité : les actes techniques, les actes esthétiques et les actes moraux. 1/ Les *actes techniques* sont ceux qui recherchent l'*efficacité* matérielle ou intellectuelle. Exemple : la construction d'un objet quelconque, meuble ou immeuble; la rédaction d'un ouvrage de droit... 2/ Les *actes esthétiques* sont ceux qui recherchent la satisfaction du *beau* par opposition au laid. Exemple : la peinture d'un tableau ou la composition d'un morceau de musique. 3/ Les *actes moraux*, le terme étant entendu au sens le plus large, sont ceux qui ont pour fin le *bien* par opposition au mal. Leur opposé ce sont les *actes immoraux*, expression toujours entendue au sens large : les actes délictueux en font évidemment partie au premier chef.

80 *2) Valeurs-fins et valeurs-moyens* ◇ Si on laisse de côté les deux premières variétés qui n'intéressent pas le droit pénal – ou du moins pas directement – pour approfondir la catégorie des actes moraux/immoraux, on observe que cette catégorie est dominée par le concept de *valeur*.

Tel est le cas, par exemple, du respect de la liberté, du respect de la vie privée. Il y a là autant de « valeurs » qui bénéficient au demeurant d'une protection juridique.

Or quand on se souvient que toute action individuelle ou collective consiste dans l'emploi de *moyens* déterminés pour atteindre une *fin* également déterminée, l'analyse de cette action conduit à percevoir que la notion de « valeur » affecte tout autant les *moyens* que les *fins*. Ainsi apparaît la distinction essentielle entre *valeurs-fins* et *valeurs-moyens* et, par voie de conséquence, entre *anti-valeurs-fins* et *anti-valeurs-moyens*, lorsque la fin ou les moyens sont condamnables.

Toutes les *fins* en effet ne sont évidemment pas désirables. Certaines sont même éminemment condamnables : ce sont des *anti-valeurs-fins*. Tel est le cas notamment de la mort d'un homme ou de l'anéantissement d'un groupe ethnique. Mais tous les moyens ne sont pas non plus estimables, *même lorsque la fin recherchée est bonne*. Certains moyens sont même hautement condamnables. Tel est le cas du recours au génocide pour éliminer une ethnie, du pillage pour l'appropriation du bien d'autrui, etc. Dans les exemples qui viennent d'être donnés, la fin comme les moyens employés sont l'un et l'autre condamnables, ce qui fait que l'on peut avoir des difficultés à percevoir la distinction. Mais l'originalité du caractère condamnable de certains moyens apparaît avec la plus grande netteté lorsque le but recherché par leur emploi est légitime. C'est ainsi qu'en matière de chantage, la jurisprudence abandonnant l'exigence d'un but de cupidité illégitime, condamne le recours à la menace caractéristique de l'élément matériel du délit, même lorsque l'auteur de la menace est un authentique créancier impayé. Il existe ainsi aussi des *anti-valeurs* dans l'ordre des moyens, comme il y en a dans celui des fins.

81 **3) *Relations entre valeurs-fins et valeurs-moyens*** ◇ Mais si les valeurs-moyens doivent être soigneusement distinguées des valeurs-fins, elles n'en entretiennent pas moins des *relations étroites* qui résultent des rapports mêmes qui existent entre les moyens et les fins dans toute action humaine volontaire.

Pour le comprendre, il faut partir de l'analyse des *moyens* de l'action. À cet égard, la praxéologie nous enseigne que les moyens ne font pas partie de la Nature : dans la nature, il n'y a que des *choses*. Une chose ne devient un moyen que lorsque la raison de l'homme envisage de l'employer pour atteindre une certaine fin et que l'action de l'homme l'emploie effectivement pour ce dessein. Ce ne sont donc que l'intention et l'action de l'homme qui transforment les choses en moyens. Ainsi, une pierre n'est rien d'autre, d'abord, qu'une chose parmi d'autres qui composent la nature. Mais si, saisi d'un mobile agressif quelconque, un individu ramasse cette pierre et la lance sur un passant, cette chose devient un moyen, le moyen de blesser ou même de tuer la victime, ce qui est le but de son acte. Ce qui est vrai des objets qui sont dans la nature l'est *a fortiori* pour les objets artificiels, fabriqués par la main de l'homme. Certains sont même fabriqués intentionnellement pour commettre des actes délictueux. Tel est le cas par exemple d'un fusil. Pourtant si on démonte le fusil on n'a que des choses qui sont innocentes en elles-mêmes : la crosse, le canon, la gâchette...

Cette analyse de la notion de moyens montre qu'*une chose ou une conduite déterminée ne devient un moyen que par rapport à une fin déterminée*. Dès lors, tant qu'une telle fin demeure en dehors des objectifs de la protection du droit pénal, les moyens qui peuvent être utilisés pour l'atteindre sont eux-mêmes pénalement innocents. En revanche, dès le moment où le droit pénal inclut dans son champ de visée la protection d'une nouvelle valeur-fin, les moyens qui permettent de porter atteinte à cette valeur deviennent condamnables lorsque l'on retrouve chez eux le critère de leur pénalisation. Inversement, lorsqu'une valeur-fin cesse d'être considérée comme essentielle et donc comme n'entrant plus dans le champ du droit pénal, les moyens qui portaient atteinte à cette valeur cessent à leur tour d'être considérés comme tels et, par conséquent, comme devant être pénalement réprimés. Il y a alors décriminalisation.

Le phénomène des discriminations (raciales, sexuelles, etc.) illustre bien l'importance de la *relation entre valeurs-fins et valeurs-moyens*. Autrefois, cette *valeur-fin actuelle* qu'est la prohibition des discriminations était inconnue; il en résultait qu'il ne pouvait être question d'incriminer des actes tels qu'un refus de fourniture de bien ou de service, un refus d'embauche, etc. en raison de la race ou du sexe, etc. du demandeur. Ces actes considérés comme les *moyens* de procéder à cette *fin* qu'est la discrimination ne pouvaient être pénalement réprimés puisque la fin poursuivie par ces moyens – la discrimination – n'entrait pas alors dans le champ des valeurs-fins. Mais, à partir du jour où les discriminations ont été considérées comme des finalités condamnables, des anti-valeurs-fins, les moyens de refus de bien ou de service, de refus d'embauche, etc. destinés à les atteindre sont eux-mêmes devenus pénalement condamnables comme anti-valeurs-moyens. Le système pénal français des articles 225-1 et suivants du Code pénal est à cet égard très suggestif. L'article 225-1 définit la notion de discrimination : il énonce ainsi l'anti-valeur-fin, mais ne peut en lui-même servir de base à une poursuite pour discrimination. C'est l'article 225-2 qui énonce les moyens prohibés d'atteindre cette fin, les anti-valeurs-moyens.

Le domaine des infractions contre les mœurs illustre bien à son tour la relation entre valeur-fin et valeur-moyen en matière de décriminalisation. Dans le Code pénal de 1810, l'organisation de ces infractions faisait l'objet d'une section particulière intitulée « Attentats aux mœurs » (art. 330 et s.) dans le chapitre consacré aux « Crimes et délits contre les personnes ». La valeur-fin dont ces incriminations assuraient la protection était les « bonnes mœurs », notion qui allait jusqu'à intégrer « l'honneur et la paix des familles », puisque cette section qui commençait par l'outrage public à la pudeur, contenait, outre le viol et les divers attentats à la pudeur et aux mœurs, l'adultère de la femme, l'entretien de concubine au domicile conjugal et la bigamie. Aujourd'hui, la valeur-fin fondamentale s'est muée en protection du droit d'user librement de son corps pour la femme comme pour l'homme. Aussi, non seulement les incriminations d'adultère de la femme et d'entretien de concubine au domicile conjugal ont disparu du droit pénal, mais le nouveau Code pénal de 1992 a substitué l'expression suggestive d'« agressions sexuelles » à celle d'« attentats aux mœurs » et a fait de ces agressions simplement l'une des multiples sections du chapitre « Des atteintes à l'intégrité physique ou psychique de la personne ». Il y a eu décriminalisation à la suite de la transmutation de la valeur-fin [1].

Ainsi s'explique la *variabilité* des droits pénaux dans le cadre de la théorie des valeurs. Encore convient-il de rendre compte maintenant de ce qu'il y a de *récurrent* dans les droits pénaux, à savoir ce que l'on appelle leur *noyau dur*.

---

1. En même temps d'ailleurs que la criminalisation du harcèlement sexuel par une loi du 17 juin 1998 modifiée par la loi du 17 janv. 2002 (art. 222-33 C. pén.) considéré comme un moyen condamnable d'atteinte au droit d'user librement de son corps.

b. Le noyau dur du droit pénal

82 ***La nature du droit pénal*** ◊ De par sa nature, le droit pénal envisagé d'un point de vue praxéologique est un *droit des moyens* par opposition aux droits des fins, tel que par exemple le droit de la responsabilité civile. Cette caractéristique fondamentale se révèle à l'analyse structurelle des incriminations des droits positifs. Cette dernière conduit en effet à distinguer dans chaque incrimination deux sortes d'éléments :

1) un « bien protégé » disait-on autrefois, – une « valeur » protégée dit-on plus justement aujourd'hui –, qui sert de classement à l'étude du droit pénal spécial : infractions contre les personnes, contre les biens et contre la chose publique, comme à l'intérieur de chacune de ces trois grandes catégories. Ainsi pour les infractions contre les personnes dans le Code pénal français de 1992, les valeurs protégées sont l'humanité, l'espèce humaine, la vie, l'intégrité physique et psychique, les libertés, la dignité, la personnalité, la minorité et la famille. Ce sont les valeurs-fins;

2) *un ou plusieurs actes* qui portent atteinte à ces valeurs-fins : ce sont les moyens incriminés ou anti-valeurs-moyens. Ainsi, dans le meurtre, la valeur protégée est la vie humaine et l'acte incriminé le fait de donner volontairement la mort; dans le vol, la valeur protégée, c'est le droit de propriété ou ses prolongements que sont la possession et la détention et l'acte incriminé c'est la soustraction frauduleuse. On peut répéter l'exercice à propos de chaque infraction, on y trouve toujours cette même configuration : la prohibition de l'emploi de certains moyens pour atteindre une fin contraire à la valeur protégée.

Or, lorsque l'on s'interroge sur ce qui caractérise véritablement le droit pénal, on constate que les *valeurs* protégées et les *moyens* employés n'y ont pas la même importance. En effet, les *valeurs-fins* qui bénéficient de la protection pénale ne sont pas des valeurs *spécifiques* au droit pénal, en ce sens que leur protection peut être assurée effectivement par d'autres disciplines juridiques. Le droit de propriété bénéficie d'une protection civile ou commerciale; de même le droit civil assure la protection de la personne dans ses divers aspects par la responsabilité civile ou par des droits spécifiques comme le droit à la vie privée. En revanche, les *moyens* prohibés sont propres au droit pénal. C'est pour sanctionner leur emploi que les législateurs recourent aux peines, car ils considèrent que seules les *peines* peuvent être efficaces pour lutter contre ces actes particulièrement graves. On peut certes toujours octroyer des dommages-intérêts aux ayants droit de la victime d'un meurtre ou au propriétaire d'un objet volé – ce qui est d'ailleurs l'objet de l'action civile –, mais on perçoit aisément que cette sanction qui n'est pas spécifique du droit pénal n'est pas suffisamment efficace et ne peut être qu'un appoint, un accessoire. Seule la peine (réclusion criminelle, emprisonnement, etc.) est spécifique et présente des chances d'efficacité pour lutter contre l'emploi des moyens prohibés.

Reste alors à se demander quels sont ces *moyens prohibés* par le droit pénal. Or l'analyse de la plupart des incriminations d'une certaine importance montre que ceux-ci consistent précisément dans l'emploi de la *violence* ou de la *ruse*. Parfois, le texte d'incrimination énonce expressément la prohibition de la violence (ex. art. 222-7 et s. C. pén.; art. 412-1) ou de la fraude (ex. 311-1 pour le vol ou 313-1 pour l'escroquerie). Mais lorsqu'il n'emploie pas ces mots, c'est cependant la violence et la ruse que l'on peut lire *en filigrane* derrière les caractéristiques expresses de l'acte incriminé. La violence et la ruse ou fraude sont ainsi des sortes d'*invariants* qui composent le *noyau dur* des droits pénaux.

83 *Violence et ruse dans l'histoire des idées* ◊ Au demeurant, l'idée selon laquelle la violence et la ruse constituent le cœur de la délinquance, n'est pas une idée neuve; elle parcourt même, d'une manière ou d'une autre, la philosophie politique et ne manque pas d'affleurer dans divers écrits des criminologues contemporains. C'est ainsi que, lorsque Hobbes décrit l'état de nature, il le caractérise par le recours à la violence et à la fraude[1]. S'il est vrai que, dans cet état, il n'y aurait pas de place pour les notions de Bien et de Mal, de Justice et d'Injustice et que la force et la fraude sont en guerre les deux vertus cardinales, il reste que, l'état de nature étant insupportable à l'homme, la raison instruite par la peur de la mort, va confier au Léviathan le pouvoir de châtier quiconque recourt à la violence ou à la ruse[2]. Quelque trois siècles et demi plus tard un autre philosophe politique lui fait écho en écrivant : « Tous les intérêts particuliers sont politiquement légitimes, tant qu'ils respectent les règles du jeu, dont la première est de ne pas recourir à la violence ou à la ruse pour se réaliser »[3]. Dans son *Histoire de la violence* en 1981, J.-C. Chesnais écrit à son tour : « La violence est la seule loi des sociétés sans lois. Jusqu'au Moyen Âge, la vie quotidienne était extrêmement violente : au xivᵉ siècle... commence un lent mouvement de recul de la violence qui s'étendra peu à peu à toutes les couches de la société des plus aisées aux plus pauvres. Dans le *Contrat Social*, la ruse et l'habileté se substituent à la force »[4]. Dans les années 1980 encore le juriste-criminologue italien Pietro Nuvolone estimait aussi que le droit pénal se caractérisait essentiellement par l'interdiction du recours à la fraude et à la violence.

Encore faut-il préciser ces notions de violence et de ruse et rechercher les raisons de leur prohibition au cœur des systèmes pénaux, ainsi que s'expliquer sur le cas des délits dits « artificiels » qui ne comportent pas l'emploi de la violence et de la ruse.

84 *1) Les notions de violence*[5] *et de ruse*[6] ◊ 1) **Le sens des mots.** La *violence* consiste dans *l'abus de la force*. Ainsi définie, la violence doit être

---

1. *Léviathan, ou matière forme et puissance de l'État chrétien et civil*, trad. fr. G. Mairet, Gallimard, 2000, p. 228.
2. Ainsi au chapitre « Des crimes », lorsque Hobbes distingue entre la faute et le crime, il écrit : « éprouver du plaisir, en imagination seulement, à posséder les biens d'autrui, ses serviteurs, sa femme, *sans intention de les lui prendre par la force ou par la ruse* ce n'est pas une infraction à la loi qui dit tu ne convoiteras pas... », *op. cit.*, p. 438.
3. J. Baechler, *Le capitalisme*, t. 1 « Les origines », Gallimard, 1995, coll. « Folio histoire », p. 54-55.
4. P. 446.
5. J. Proulx, M. Cusson et M. Ouimet, *Violences criminelles*, Presses Univ. Laval, 1999; F. Prosper, vᵒ « Coups et blessures (de l'hostilité à la violence) », *Dict. sc. crim.*, p. 180-182; Y. Michaud, *La violence*, coll. « Que sais-je ? », PUF, 1998; *Changements dans la violence. Essai sur la bienveillance et la peur*, O. Jacob, 2002, 288 p.; J.-C. Chesnais, *Histoire de la violence en Occident de 1800 à nos jours*, Hachette, 1982; R. Muchembled, *Une histoire de la violence*, Seuil 2008; D. C. North et al., *Violence et ordres sociaux. Un cadre conceptuel pour interpréter l'histoire de l'humanité*, Gallimard, 2010.
6. R. Gassin, « Essai de théorie générale de la ruse en criminologie », *RPDP*, 2004, n° 4, p. 905-934; 2005, n° 2, p. 475-494; 2006, n° 1, p. 203-233 et n° 3, p. 635-654. Ces articles de revue ont été rassemblés dans une publication d'ensemble : *Essai de théorie générale de la ruse en criminologie*, PUAM, 2009, 121 p.

distinguée de la *force* elle-même, c'est-à-dire du pouvoir, de la puissance, de l'influence par opposition à la faiblesse et à l'impuissance. La force est un terme *neutre* dépourvu de signification morale ou juridique. La violence en revanche, qui consiste dans l'exercice illégitime de la force est un terme qui a une connotation éthique en même temps que juridique. Cela dit, la violence est susceptible de se manifester *partout où il y a du pouvoir*. Il y a ainsi non seulement une violence physique, mais aussi une violence psychologique, politique, économique, sociale ou culturelle. À ces divers registres correspondent seulement des modes d'exercice de la violence différents en relation avec le domaine dans lequel elle s'exerce.

La *ruse* est définie comme le moyen qui est employé pour abuser, pour tromper. Elle a pour synonyme les termes de *fraude*, de *machination*. De même que la violence doit être distinguée de la force, la ruse doit à son tour être distinguée de l'*habileté* qui est également un concept moralement et juridiquement *neutre :* être habile c'est exécuter ce que l'on entreprend avec autant d'adresse et de compétence que d'intelligence. Loin d'être répréhensible, l'habileté est une qualité technique; mais elle devient condamnable lorsqu'elle est utilisée pour tromper [1]. Il existe deux variétés de fraude. La première est celle qui consiste à *fausser la répartition des habiletés* entre les diverses parties à une même compétition : tel est l'effet du dopage des sportifs, mais aussi de l'intervention sur le marché boursier de détenteurs d'informations privilégiées (délit d'initiés), etc. La seconde fraude est celle qui consiste à *substituer au hasard un résultat déterminé à l'avance* en faveur d'une personne : tel est le cas des fraudes dans les jeux de hasard, mais aussi de la fraude électorale où l'on substitue au libre choix des électeurs un résultat qui est choisi à l'avance en faveur d'un candidat, de la corruption dans l'attribution de marchés publics, etc.

2) La nature des choses. Lorsqu'on analyse la nature de l'ensemble des comportements de violence et de ruse, on peut observer que, par-delà les figures différentes qu'ils prennent suivant les cas, ils se caractérisent tous par deux *traits essentiels*.

Le premier est l'existence entre l'auteur et la victime d'une *situation de déséquilibre caractérisé* qui conditionne l'exercice de la violence et de la ruse. Ce trait est essentiel pour caractériser la violence et la fraude; en l'absence d'un tel caractère, on ne peut plus parler de violence ou de ruse, mais seulement de différence de force ou d'habileté quoiqu'une personne subisse un dommage du fait de l'exercice de celles-ci. Qui dit déséquilibre implique une absence d'égalité; déséquilibre a pour synonyme inégalité, disparité, disproportion, distorsion... Mais toutes les situations d'inégalité ne conditionnent pas pour autant la violence ou la fraude; encore faut-il que les écarts soient suffisamment grands pour qu'il en soit ainsi : c'est ce qu'exprime le qualificatif de « *caractérisé* » accolé au substantif de déséquilibre. L'appréciation de l'existence de cette situation ne va pas toutefois sans difficulté. La ruse et la violence en effet ne sont pas des notions monolithiques : elles comportent des degrés divers. Il existe ainsi, à côté des types caractérisés de violence et de fraude, des manifestations moins accusées de ces phénomènes et même des *formes marginales* que le pouvoir pénal hésite parfois à incriminer. Ainsi s'expliquent certaines différences d'éléments constitutifs d'une législation à

---

1. Sur la distinction entre fraude et habileté licite, *cf.* A. Jeammaud, « *Fraus omnia corrumpit* », D. 1997, chron. p. 19-22.

une autre[1] ou encore certaines criminalisations/décriminalisations[2] dans l'histoire d'une même législation. Ces variations se situent *aux confins du pénal et du civil* que la distinction classique entre le dol civil et le dol criminel illustre bien; mais elles ne remettent nullement en cause la permanence de la violence et de la fraude au cœur du système pénal.

L'existence d'une telle situation ne suffit cependant pas à caractériser la violence et la fraude; elle ne fait que la conditionner. Encore faut-il – c'est le second trait essentiel – qu'il y ait une *exploitation abusive de cette situation* par l'auteur du passage à l'acte. En l'absence d'un tel abus, il n'y a ni violence ni fraude. Le droit pénal de la concurrence illustre bien le rôle de ce trait caractéristique. Il existe un certain nombre d'entreprises qui occupent une position dominante sur le marché des biens ou des services (ex. France Télécom, EDF, GDF, etc.). Lorsque ces entreprises se bornent à exploiter cette position dans des conditions normales, elles ne tombent pas sous le coup de la loi pénale. En revanche si elles opposent des refus de vente, imposent des ventes liées ou des conditions de vente discriminatoires, il y a exploitation abusive par ces entreprises d'une position dominante sur le marché (art. L. 420-2 C. com.) et toute personne physique qui prend frauduleusement une part personnelle et déterminante dans la conception, l'organisation ou la mise en œuvre de cette pratique encourt 4 ans d'emprisonnement et 75 000 euros d'amende (art. L. 420-6 du même code).

Pour l'analyse de cette seconde caractéristique de la violence et de la fraude, on peut distinguer entre deux hypothèses. La première qui est la plus simple est celle où l'exploitation abusive est pratiquement *concomitante* à la constitution de la situation de déséquilibre caractérisé : tel est le cas lorsqu'un escroc se pare d'un faux nom ou d'une fausse qualité pour se faire remettre sur le champ une somme d'argent. Dans d'autres cas l'exploitation abusive survient *postérieurement* à la constitution de la situation de déséquilibre caractéristique : le délit économique de l'article L. 420-6 du Code de Commerce illustre parfaitement cette hypothèse.

85 **2) *L'explication de la place de la violence et de la ruse au cœur des systèmes pénaux*** ◊ **1)** La violence et la ruse sont condamnées par les systèmes pénaux parce qu'il existe chez l'homme et dans la société une sorte de *sentiment élémentaire de justice* qui répugne particulièrement au recours à ces types de comportement. Qui dit justice en effet, dit *équilibre* comme le symbolise la balance de la Justice; il n'est dès lors pas surprenant que les comportements d'exploitation abusive d'une situation de déséquilibre caractérisé qui définissent la violence comme la fraude soient perçus et ressentis comme les plus injustes de tous et donc justiciables comme tels de sanctions pénales.

L'existence du sens de la justice chez l'homme est restée pendant longtemps à l'état d'*intuition*. Montesquieu l'a magnifiquement illustré en écrivant : « Dire qu'il n'y a rien de juste ni d'injuste que ce qu'ordonnent ou défendent les lois positives, c'est dire qu'avant qu'on eût tracé de cercle tous les rayons n'étaient pas

---

1. Ainsi le délit d'escroquerie suppose en droit français l'emploi de moyens frauduleux (faux nom, fausse qualité, abus de qualité vraie, manœuvres frauduleuses) alors qu'en droit allemand un mensonge simple peut suffire à le constituer.
2. Ainsi pour la décriminalisation de la faute ordinaire d'imprudence commise par une personne physique en cas de causalité indirecte avec le dommage par la loi du 10 juill. 2000 (art. 121-3, al. 4 C. pén.).

égaux. Il faut donc avouer des rapports d'équité antérieurs à la loi positive qui les établit »[1].

Mais aujourd'hui diverses *données empiriques* contribuent aussi à établir l'existence de ce sentiment élémentaire. Trois sortes de faits peuvent à cet égard être observées : les hommes comme les sociétés portent constamment des *jugements de valeur morale* sur les autres et sur les événements, de sorte que les catégories du bien et du mal sont une constante de la vie sociale; ces jugements font l'objet de *croyances collectives* partagées par une majorité de gens; ces croyances sont vécues par les individus comme des *certitudes objectives* et non comme de simples préférences individuelles[2]. Or, comme ces jugements moraux portent avant tout sur la condamnation de la violence et de la ruse, leur constance, leur généralité et leur objectivité constituent la *preuve empirique* de l'existence du sentiment élémentaire de justice.

S'agissant plus particulièrement de la *violence,* les recherches interdisciplinaires les plus récentes sur l'histoire de l'humanité, qui combinent données économiques, données politiques et données sociales, montrent à leur tour combien le problème du *contrôle de la violence* a dominé le développement de toutes les sociétés humaines[3]. Partant de la constatation que « la sociologie n'a pu établir de lien entre développement économique et développement politique à travers les âges ni dans le monde d'aujourd'hui »[4], les auteurs de la recherche observent qu'ainsi « l'absence d'une théorie politico-économique viable tient au manque de réflexion systématique sur ce *problème central*[5] qu'est la violence dans les sociétés humaines »[6]. Dès lors toute l'entreprise des auteurs consiste à montrer que l'histoire de l'humanité a été dominée par le *problème du contrôle de la violence*, à travers les diverses formes revêtues par ces sociétés, depuis les premiers groupements de « chasseurs-cueilleurs », jusqu'aux sociétés démocratiques actuelles dites « d'accès ouvert »[7], en passant par les sociétés d'« accès fermé » encore appelées « États naturels » par nos auteurs[8]. On voit ainsi que le recours à la violence est un comportement consubstantiel aux sociétés humaines et que toute l'histoire de l'humanité a été dominée par l'obsession de la recherche des moyens les plus efficaces permettant de limiter et de contrôler cette violence.

2) Comment alors expliquer la présence de cette réalité empirique chez l'homme et dans les relations sociales ? Nombre d'interprétations ont été avancées pour en rendre compte depuis la structure biologique de l'homme jusqu'à l'expérience multiséculaire des conditions essentielles qui rendent la vie possible en société, en passant par la spécificité de son système émotionnel et l'action de la raison humaine qui est, avant tout, ordre et organisation. Il est vraisemblable que ces divers facteurs s'entremêlent et interagissent les uns avec les autres. La *structure biologique* contient une virtualité qui est propre à l'homme. Mais cette virtualité ne peut s'actualiser et se développer que sous l'effet de l'ébranlement du *système émotionnel* et de la réflexion de la *raison* qui assimile *l'expérience sociale* transmise de génération en génération par *l'éducation*.

---

1. Montesquieu, *De l'esprit des lois*, éd. classiques Garnier, 1961, Livre 1ᵉʳ « Des lois en général », chap. 1ᵉʳ, p. 6.
2. Sur ces données empiriques, *cf.* James Q. Wilson, *Le sens moral*, Plon, 1995, 406 p.; R. Boudon, *Le juste et le vrai. Essai sur l'objectivité des valeurs et de la connaissance*, Fayard 1995, 575 p.; « Le sens moral », *Rev. Commentaire*, n° 73, printemps 1996, p. 23-36.
3. Douglas C. North et *al.*, Violence et ordres sociaux, précité, 2010.
4. P. 13.
5. C'est nous qui soulignons.
6. Même p.
7. P. 175-380.
8. P. 59-173.

86 *3) Le problème des délits dits artificiels et le noyau dur* ◊ Il existe dans la plupart des législations contemporaines des délits dits « artificiels » par opposition aux délits dits « naturels » pour faire écho à la distinction célèbre de Garofalo.

Or on ne trouve pas trace d'une violence ou d'une ruse quelconque dans les éléments constitutifs de ces infractions. Est-ce que leur existence ne ruine pas la conception qui fait de ces moyens le cœur des systèmes pénaux ?

L'objection, il faut le reconnaître, est impressionnante. Mais elle n'est pas sans réponse.

Tout d'abord, on remarquera que l'on a trop souvent tendance à qualifier d'artificielles des incriminations qui sont cependant de vrais délits. Tel est le cas en particulier de nombre de délits économiques. Quand on approfondit la finalité et la structure de ces infractions, on s'aperçoit assez vite que l'on y retrouve les deux critères de la violence et de la ruse : déséquilibre caractérisé et abus de cette situation. La chose est facile à démontrer pour l'abus de position dominante ou d'état de dépendance économique, les ententes illicites, les refus de vente ou de service, mais on peut l'établir pour bien d'autres infractions économiques. Ainsi l'incrimination de la violation des arrêtés de taxation, dans un contexte de pénurie qui place les consommateurs dans une position d'infériorité drastique en face des producteurs, n'est-elle pas exemplaire de la répression de la violence économique qui s'épanouit dans le « marché noir » ?

Mais là n'est pas l'essentiel de la réponse à l'objection. Cette réponse part de l'analyse de ces incriminations artificielles qui prospèrent, telles des parasites, sur les flancs des incriminations vraies. Les unes sont inspirées par les idéologies totalitaires (droit pénal nazi, droit pénal de l'URSS et des démocraties populaires, droit musulman fondamentaliste), les autres, qui affectent nos démocraties contemporaines, singent les délits véritables à qui elles trouvent paresseusement commode d'emprunter leurs sanctions considérées comme particulièrement énergiques. On a donc affaire, selon leur inspiration soit à des *incriminations par idéologie*, soit à des *incriminations par imitation*, c'est-à-dire à des sortes de *pathologies* des systèmes pénaux, comme il en existe pour tous les phénomènes sociaux. De même qu'il y a des perversions de la démocratie, des dérèglements de l'économie, des dysfonctionnements sociaux et des aberrations de la culture, il existe aussi des altérations du droit pénal : les délits artificiels. Or la maladie n'a jamais servi à décrire et à caractériser la santé; de ce point de vue, elle n'a d'autre utilité que de dessiner en creux ce dont elle est le contraire. C'est exactement ce qui se passe pour les délits artificiels; ils ne servent qu'à mieux faire apparaître, en contrepoint, la nature de ce qui est au cœur des systèmes pénaux : *la prohibition de la violence et de la ruse qui en constituent le noyau dur*. Leur variabilité historique et géographique contraste d'ailleurs de manière caractéristique avec l'universalité et la permanence de l'incrimination du meurtre et du vol qui peuvent être considérées comme les *figures matricielles* de la violence et de la ruse.

c. Le rôle du droit pénal dans le phénomène de la criminalisation des comportements

87 *Distinction du point de vue formel et du point de vue matériel* ◊ Si l'on fait abstraction des délits artificiels qui procèdent d'un dévoiement du droit pénal et relèvent plus du domaine de la science politique que de celui de la criminologie, quel est exactement le rôle joué par le droit dans le phénomène de la criminalisation (comme dans celui de la décriminalisation) ? Pour répondre à la question, il faut distinguer soigneusement entre le rôle joué d'un point de vue *formel* et celui qui est rempli d'un point de vue *matériel*.

D'un point de vue *formel*, il est certain que ce rôle est essentiel, du moins dans les droits pénaux modernes. Sans texte d'incrimination [1], il ne peut y avoir d'infraction pénale. C'est une conséquence du principe traditionnel de la légalité des délits et des peines [2]. Bien plus, l'affirmation des nouveaux principes de nécessité des incriminations et de proportionnalité des peines, consacrés par les droits constitutionnels actuels, ajoute leurs exigences à celle de la légalité.

Mais le point de vue formel ne concerne que le juriste. Ce qui intéresse le criminologue, c'est le *point de vue matériel*. Or à cet égard, il y a lieu de se référer à la distinction célèbre que faisait François Geny dans l'étude des sources du droit positif entre le « donné » et le « construit » [3]. Dans cette perspective le droit pénal, et tout particulièrement le droit des incriminations est une construction normative qui s'édifie sur un « donné ».

88 *Le « donné »* ◇ **1) En quoi consiste le « donné »** ? En un certain nombre de représentations de la conscience commune de nature intuitive qui portent sur ce qui est jugé comme particulièrement injuste et demande à être sanctionné de manière énergique. Ces croyances collectives consistent en des valeurs dont les unes sont des fins et les autres des moyens. Ainsi qu'on l'a dit précédemment [4], les valeurs-fins ne sont pas figées; elles évoluent avec le temps et la société : c'est à leur propos que les travaux préparatoires du Code pénal français de 1992 – et plus largement la doctrine juridique – parlent de la « fonction expressive » du droit pénal et de l'expression des « valeurs de notre temps » [5]. Les valeurs-moyens en revanche (la prohibition de la violence et de la ruse), qui prennent leur signification et leur coloration de violence et de ruse par rapport aux valeurs-fins visées et qui sont l'anse par laquelle le droit pénal saisit les

---

1. La loi dans les systèmes romano-germaniques, la jurisprudence formant la *common law* dans les pays de tradition anglo-saxonne où les « *statutes* » prennent d'ailleurs une importance de plus en plus grande à l'heure actuelle. *Cf.* sur ces points J. Pradel, *Droit pénal comparé*, 3ᵉ éd., 2008, nᵒˢ 611 et s.

2. Principe qui ne remonte pas au-delà de la fin du XVIIIᵉ siècle et qui de plus n'est pas retenu dans toutes les législations pénales (*cf.* J. Pradel, *Droit pénal comparé*, précité, nᵒˢ 661 à 666). Par ailleurs on remarquera que si le principe de légalité a pour corollaire la non-rétroactivité des lois nouvelles plus sévères, il a également pour effet la rétroactivité *in mitius* qui conduit à appliquer la loi nouvelle plus douce aux infractions commises avant l'entrée en vigueur de cette loi dès le moment où elles n'ont pas encore été définitivement jugées. Les lois pénales nouvelles contiennent ainsi, même du point de vue formel, certains aspects déclaratifs à côté de leurs aspects constitutifs.

3. F. Geny, *Science et technique en droit privé positif*, 4 vol., 1914-1924.

4. *Cf. supra*, nᵒ 81.

5. *Projet de nouveau Code pénal*, présentation par R. Badinter, Dalloz 1988, p. 9-10. Comp. Commission du droit du Canada (dir.), *What is a crime ? Defining criminal conduct in contemporary society*, Vancouver-Toronto UBC Press, 2004, 195 p., CR RSC, 2004, p. 999; Commission de réforme du droit du Canada, 2002, *Qu'est-ce qu'un crime ?* Mémoires de concours, Perspectives juridiques, 2005, 296 p.

auteurs d'atteintes à ces dernières, constituent les *invariants* du droit pénal.

2) Quelle est l'étendue du « donné » ? Le sens de la justice de la conscience commune se limite-t-il à une perception confuse et sommaire de l'action condamnable ou bien s'étend-il à des distinctions qui correspondent à des différences de gravité ? Certes les subtilités du droit pénal spécial lui échappent-elles. Mais il est certaines différences importantes qui, perçues par nombre d'individus, appartiennent au donné avant toute mise en forme juridique. Tel est par exemple le cas de la distinction de l'homicide volontaire et de l'homicide par imprudence; il en va de même de la différence entre le viol d'une femme commis par un homme quelconque et celui d'une petite fille commis par son père. Fait également partie du « donné » la condamnation de comportements en relation immédiate avec des actes délictueux, tels que la provocation à un acte criminel ou l'aide ou assistance apportée à un malfaiteur dans la préparation ou l'exécution du délit. Cela est si vrai que, dans tous ces cas le contenu du débat juridique ne porte jamais sur la question globale de savoir s'il y a lieu ou non d'incriminer; la criminalité du comportement n'est pas discutée. Ce qui fait discussion, c'est la délimitation de ces institutions juridiques, les conditions de leur application et les sanctions qui leur sont applicables, en bref ce qui appartient au « construit ».

89 *Le « construit »* ◊ Le « construit » est ce qui forme le *droit pénal* au sens strict du terme. Il réside dans l'ensemble des opérations de la raison juridique qui s'effectuent sur les intuitions premières de la conscience commune inévitablement vagues et imprécises, même lorsqu'elles vont jusqu'à opérer des distinctions essentielles, comme on l'a dit par exemple pour la distinction entre la faute intentionnelle et la simple faute d'imprudence ou de négligence. Le droit pénal est donc une construction intellectuelle faite de concepts, de définitions, de distinctions, de jugements, de raisonnements...

Par les termes qu'il emploie, il désigne les *éléments constitutifs des infractions pénales, leurs définitions* et *leurs limites*, conformément au principe de légalité. C'est lui par exemple qui, pour la distinction du viol et des autres agressions sexuelles moins sévèrement réprimées, dira si le viol se consomme exclusivement par l'introduction de l'organe génital de l'homme dans celui de la femme ou s'il inclut aussi d'autres pratiques sexuelles telles que la sodomie ou la fellation[1]; c'est lui encore par exemple qui précisera si le délit d'escroquerie nécessite l'emploi de moyens frauduleux (droit français) ou si un mensonge simple suffit dès le moment où il a été déterminant de la remise d'un bien, de la fourniture d'un service ou de la souscription d'un engagement (droit allemand).

---

1. Depuis une loi du 23 déc. 1980 (art. 332 ancien et 222-23 nouveau du C. pén.), le droit français définit le crime de viol comme « tout acte de pénétration sexuelle, de quelque nature qu'il soit, commis sur la personne d'autrui par violence, contrainte, menace ou surprise ». Il a ainsi abandonné la conception étroite du C. pén. de 1810 qui, selon la jurisprudence, exigeait, comme élément matériel, la conjonction charnelle d'un homme avec une femme, au profit d'une conception large que la jurisprudence est allée jusqu'à interpréter comme incluant tout acte de fellation imposé, non seulement à celui qui le subit, mais aussi à celui qui le pratique contre sa volonté (Crim. 16 déc. 1997, *JCP* 1998, II, 10074, note D. Mayer) avant de revenir à une position moins audacieuse selon laquelle le viol « n'est caractérisé que si l'auteur réalise l'acte de pénétration (la fellation) sur la personne de la victime » (Crim. 22 août 2001, D. 2002. p. 1803, obs. M.-H. Gozzi).

C'est encore par les termes employés que la construction du droit pénal va préciser les contours des qualifications accessoires, notamment de la complicité (option entre la théorie de la criminalité d'emprunt et celle de la complicité-délit distinct) ou de la tentative (distinction entre actes préparatoires et commencement d'exécution).

Des observations analogues peuvent être faites à propos du « construit » dans toutes les institutions du droit pénal général (culpabilité, imputabilité, peines...). Mais ce qu'il est essentiel de retenir, c'est qu'il ne s'agit nullement d'une *construction arbitraire* qui serait décidée par des intérêts et des pouvoirs dominants en dehors de tout sentiment de justice de la conscience commune (sauf évidemment pour les délits dits « artificiels »). L'orientation du « construit » est fournie par le « donné » de la conscience commune telle qu'elle trouve à s'exprimer de diverses manières et notamment dans les régimes démocratiques, par les hommes politiques dans leurs discours comme dans les débats parlementaires. C'est en ce sens que l'on peut dire que le droit pénal se borne à *préciser* les contours exacts de l'infraction et de la sanction encourue.

90 *Conclusion* ◇ Prise entre un *essentialisme* naïf traditionnel et un *constructivisme* pervers, la criminologie actuelle a le devoir de définir son objet de recherche, le crime, de la manière la plus conforme possible au réel délictueux. Les développements qui précèdent se sont efforcés d'expliquer pourquoi et comment il y a, à la fois, du *variable* et du *permanent* dans les systèmes pénaux et en quoi consistent précisément les *invariants* qui parcourent tous ces systèmes, à savoir la violence et la fraude. Cette interprétation de l'objet crime est certes rejetée expressément par certains[1]. Mais elle a aussi trouvé un écho favorable chez d'autres criminologues non moins importants[2]. On remarquera qu'il ne s'agit nullement d'une définition normative du crime, mais bien d'une *définition factuelle* puisqu'elle repose sur l'observation du droit pénal positif et de son évolution dans le cadre de celle de la modification du système des valeurs sociales. On soulignera d'autre part que, contrairement à une confusion faite par certains

1. J.-P. Brodeur, « Le noyau dur et la peau de chagrin : une étude critique à propos de la parution de la 3ᵉ édition du Précis de Criminologie de Raymond Gassin », *RICPT*, 1995, p. 332-339; « Le noyau dur et l'artifice : poursuite du débat avec Raymond Gassin », *RICPT*, 1998, p. 456-478. Depuis ce débat, J.-P. Brodeur a développé, à partir de l'analyse du C. criminel du Canada, une théorie factuelle du crime selon laquelle la criminalisation des comportements est un mode de communication entre l'État et la société civile : J.-P. Brodeur et G. Ouellet, « What is a Crime ? A Secular Answer » *in* Law Commission of Canada (éd.) *What is a Crime ? Defining Criminal Conduct in Contemporary Society*, Vancouver, University of British Colombia Press, p. 1-33. Cette théorie rappelle celle de « la fonction expressive » du droit pénal. *Cf.* également P. Robert, *Sociologie du crime*, 2005, p. 9-10, qui, quoique ne faisant aucune référence à nos travaux malgré une bibliographie très abondante pour un petit ouvrage de 110 p., ne manque pas de les viser en parlant de « production de formulations », plus ou moins originales, ambitionnant de sélectionner un noyau dur » (p. 10).

2. M. Cusson, *La criminologie*, PUF, 1998, p. 10-12. Cet auteur (p. 12-14) renforce même empiriquement la pertinence de la théorie développée au texte par les résultats des enquêtes américaines de Sellin et Wolfgang sur la mesure de la gravité des délits perçue par la population. Dans *La délinquance, une vie choisie. Entre plaisir et crime* (éd. Hurtubise, Montréal 2005), le même auteur écrit encore que sur ce point (l'action criminelle est le recours à la violence ou à la tromperie) sa position est proche de la mienne (p. 37). V. également avec quelques nuances, J.-Y. Lassalle (qui retrace le débat avec J.-P. Brodeur), « La notion criminologique de l'infraction pénale », *in* « Sciences pénales & Sciences criminologiques », *Mélanges offerts à Raymond Gassin*. PUAM, 2007, p. 421-433.

auteurs, *il ne s'agit pas d'une nouvelle version de la théorie de Garofalo*. Ce dernier voyait dans le crime une atteinte aux sentiments moraux élémentaires de pitié et de probité[1]; il situait donc le critère du crime dans les *conséquences* des actes délictueux. Dans la théorie exposée au texte ci-dessus[2], le critère du crime se trouve dans les *moyens* employés, la violence et la ruse, lesquels au demeurant ne prennent cette signification que par rapport aux fins poursuivies lorsqu'elles sont prises en considération par le droit pénal, à un moment de son évolution historique, comme étant des valeurs essentielles à protéger de manière particulièrement énergique par la menace de la peine.

§ 2. **Les modalités de l'action criminelle**

91 *Des modalités distinctes, mais liées* ◇ L'action criminelle se présente à l'observateur contemporain sous deux modalités très différentes : le *crime* considéré en tant que phénomène individuel et la *criminalité* conçue comme un phénomène collectif, encore dit « phénomène de masse ». Toutefois, s'il est très important de bien distinguer les deux niveaux[3], il ne faut pas s'en exagérer les conséquences, si bien qu'après avoir défini le contenu de la distinction (A), on en précisera la portée (B).

A. **Le contenu de la distinction**

92 *1) Le crime, phénomène individuel* ◇ C'est sous cette forme que l'action criminelle est généralement perçue par les observateurs ordinaires comme par ses acteurs. Ainsi considéré, le crime peut être *défini* comme tout acte contraire à la loi pénale accompli par une ou plusieurs personnes en un temps et un lieu déterminés, éventuellement au préjudice d'une ou plusieurs victimes. Il s'agit donc d'un phénomène essentiellement *qualitatif*.

Historiquement, le crime en tant que phénomène individuel a toujours été perçu comme tel depuis la plus haute antiquité, encore qu'il semble que, pendant très longtemps, on ait plutôt porté attention aux *espèces diverses* de crimes (assassinats, vols, etc.) et de délinquants (voleurs, larrons, vagabonds, etc.) qu'au *genre abstrait et général* du « crime »; ce n'est qu'à partir du XVIIIe siècle que cette notion s'est véritablement formée[4].

L'étude du crime comme phénomène individuel porte le nom de *micro-criminologie* (par analogie avec la micro-économie, la micro-sociologie, etc.).

---

1. *Cf. supra* n° 55.
2. Nos 77 et s.
3. La distinction n'est pas toujours respectée par les auteurs encore aujourd'hui, soit qu'on expose pêle-mêle les données relatives à la criminalité et aux crimes, soit que l'on réduise l'un à l'autre ou que l'on néglige l'un ou l'autre.
4. M.-N. Ramsay, « L'évolution du concept de crime », *Dév. et soc.*, 1979, p. 131-147, spéc. 132-133.

93 **2) *La criminalité, phénomène collectif*** ◇ L'action criminelle peut également être appréhendée par le chercheur comme un phénomène de masse que l'on désigne en général par le vocable « criminalité »[1] ou encore par le mot de « délinquance ». La criminalité peut être définie comme l'ensemble des infractions pénales qui ont été commises, au cours d'une période de temps déterminée (une année, une période quinquennale, etc.), soit dans un *État* et ses diverses circonscriptions judiciaires, policières ou administratives, soit dans un *groupe d'États* présentant une certaine homogénéité (pays du Conseil de l'Europe, pays ex-socialistes, etc.)[2]. Ainsi définie, la criminalité, à l'opposé du crime phénomène individuel, apparaît comme un phénomène essentiellement *quantitatif.*

À la différence de celui-ci également dont la notion a toujours existé, l'idée de « criminalité » est de *création récente :* elle ne remonte pas au-delà de la fin du XVIIIe, début du XIXe siècle. On explique l'apparition de cette notion à ce moment-là par la naissance de la *presse* elle-même puis des *statistiques criminelles* qui ont accoutumé les esprits à concevoir l'existence d'un phénomène social global qui mérite explication[3].

Depuis un certain nombre d'années, le terme d'« insécurité » tend à être pris comme synonyme de délinquance et est utilisé notamment dans diverses expressions telles que « sentiment d'insécurité », « lutte contre l'insécurité »…[4]. L'emploi de ce terme comme équivalent de celui de « délinquance » ou de « criminalité » est toutefois très critiqué par certains auteurs[5]. Il n'est pas douteux que ces critiques comportent une part non négligeable de vérité. On peut remarquer en effet en premier lieu que, pris en lui-même, le terme d'insécurité déborde très largement la délinquance : il désigne toutes les formes de risques (insécurité de l'emploi, risques d'inondations, pollution etc.)[6] et ce n'est pas sans raison que l'on a qualifié la société contemporaine de « société du risque »[7]. Par ailleurs, lorsqu'il est pris comme synonyme de délinquance, le terme d'insécurité stigmatise souvent la délinquance de violence, de trafic et de prédation concentrée dans certaines parties du territoire, notamment les banlieues dites « sensibles »; en cela il est aussi réducteur. Cela étant, il n'est pas interdit de penser que lorsque les contempteurs de l'utilisation du terme « insécurité », pour désigner cette délinquance, dénoncent ce que comporterait d'idéologie la lutte contre l'insécurité, ils ne sont pas à leur tour exempts de toute intention idéologique[8]. Au demeurant, la sécurité elle-même est devenue l'objet d'une discipline nouvelle, voisine de la criminologie, la « sécuritologie »[9].

---

1. En anglais au contraire, le terme « crime » désigne indifféremment la criminalité et le crime individuel.

2. Comp. J. Pinatel (1987), v° « Criminalité (et délinquance) », p. 40-42.

3. M.-N. Ramsay, art. précité; G. Leclerc, *L'observation de l'homme, Une histoire des enquêtes sociales,* éd. Seuil, Paris, 1979, chap. VII, p. 183-215.

4. V. par ex. les ouvrages de S. Roché, *Insécurité et libertés,* Seuil, 1994; (S. Roché dir.) *En quête de sécurité, Causes de la délinquance et nouvelles réponses,* A. Colin, 2003; J.-L. Mathieu, *L'insécurité,* coll. « Que sais-je ? », PUF.

5. D. Kaminski, « Une métonymie consensuelle : l'insécurité », *RSC,* 2005, p. 415-421.

6. Sur les formes d'insécurité autres que la délinquance, *cf.* J.-L. Mathieu, *op. cit.,* 2e et 3e partie.

7. U. Beck, *La société du risque. Sur la voie d'une autre modernité,* Paris Aubier, 2001.

8. Sur l'emploi de la notion de risque en criminologie, *cf.* la revue *Criminologie,* vol. 34, 2001, n° 1 qui s'ouvre sur la présentation de P. Landreville et G. Trottier, « La notion de risque dans la gestion pénale », p. 3-8; J.-F. Cauchie et G. Chantraine, « De l'usage du risque dans le gouvernement du crime », *Champ pénal,* vol. II, 2005, 11 p.

9. *Cf. supra* n°s 32-3 et 32-4.

L'étude de la criminalité est appelée la *macro-criminologie* par opposition à la micro-criminologie[1].

B. La portée de la distinction

94 **1) Les intérêts de la distinction** ◇ La distinction entre le crime phénomène individuel et la criminalité présente *deux sortes d'intérêts pratiques.*

Le premier concerne les *techniques de recherche.* Ces techniques sont différentes dans les deux cas. Le caractère qualitatif du crime, phénomène individuel, conduit à privilégier à son égard l'emploi des *techniques dites « cliniques »*, tandis que l'aspect quantitatif de la criminalité a pour conséquence que les techniques les plus utilisées pour son étude sont les *statistiques criminelles et leurs substituts* ou *compléments.* Il ne faut cependant pas s'exagérer cette opposition, l'étude du crime recourant en partie à des techniques quantitatives[2] et celle de la criminalité recourant à l'histoire sociale très à la mode aujourd'hui[3].

Le second intérêt concerne *la signification et la portée des résultats des recherches* obtenus par l'emploi de ces techniques. Ce qui est valable au niveau de la criminalité ne l'est pas nécessairement au niveau du phénomène individuel et réciproquement. C'est ce que l'on appelle « la règle des niveaux d'interprétation »[4].

95 **2) Les limites de la distinction** ◇ Si la criminalité et le crime doivent, en bonne méthode, être soigneusement distingués, il ne s'agit pas pour autant de deux phénomènes étrangers entre lesquels existerait une cloison étanche. Il y a au contraire entre eux des *relations étroites* et c'est une grave erreur d'opposer, comme on le fait trop souvent une *criminologie dite « clinique »* qui ne s'occuperait que du phénomène individuel et une *criminologie dite « sociologique »* qui ne s'intéresserait qu'au phénomène de masse. Il est donc nécessaire de les étudier de manière concurrente et de bien en marquer les rapports, toute la difficulté consistant à préciser la *nature exacte de ces relations.* Il serait inexact à cet égard de considérer la criminalité comme la simple sommation des crimes individuels (selon la formule $C = \sum_{1}^{n} c_i$, où C = criminalité et c = crime individuel), alors que l'analyse sociologique contemporaine montre que *la composition ou agrégation des actions individuelles en action collective* est un phénomène beaucoup plus complexe[5].

---

1. Lorsqu'il s'agit de l'étude de la criminalité à l'échelle d'une ville, d'un département ou d'une région à l'intérieur d'un État, on peut parler de *méso-criminologie.*
2. *Cf. infra* n°s 188 et s.
3. *Cf. infra* n° 173.
4. *Cf. infra* n° 118.
5. *Cf. infra* n°s 757 et 758. *Cf.* R. Boudon, *La place du désordre,* PUF, 1984, chap. II, p. 39-71 ; R. Boudon et F. Bourricaud, *Dictionnaire critique de la sociologie,* PUF, v[o] « Agrégation ». Certains criminologues contemporains paraissent cependant se représenter la « composition » du phénomène collectif à partir du phénomène individuel comme s'il s'agissait d'une simple addition : *cf.* A.-M. Favard, « Observatoire permanent et prévention situationnelle », *RSC,* 1989, spéc. p. 382 et 383.

SOUS-SECTION 2. Le deuxième objet : la valeur scientifique des moyens de lutte contre la délinquance

96 *Un objectif mal perçu* ◇ Si la notion d'action criminelle a donné lieu à des controverses importantes, il apparaît en revanche que les problèmes méthodologiques soulevés par cet autre objet de la recherche criminologique qu'est la *valeur scientifique des moyens de lutte contre la délinquance* ont été à peu près complètement négligés. Cela tient sans doute au fait que nombre de criminologues ne semblent pas avoir une vue suffisamment précise de ce second objectif de leur recherche. Aussi convient-il de préciser en quoi consiste exactement cet objet, en indiquant d'abord ce que recouvre la notion de « moyens de lutte contre la délinquance » (§ 1) pour mieux circonscrire celle de « valeur scientifique » de ces moyens (§ 2).

§ 1. La notion de moyens de lutte contre la délinquance

97 *a) Contenu* ◇ L'analyse montre que l'on peut classer les moyens de lutte contre la délinquance en *deux catégories :* les moyens juridiques (1) et les moyens empiriques (2), puis les *combiner d'après leur champ d'action* (3).

1) Les *moyens juridiques* sont l'ensemble des *règles de droit* qui ont pour objet direct la lutte contre la délinquance ou qui contribuent indirectement à cette lutte. Il s'agit évidemment en premier lieu du *droit pénal traditionnel* (droit pénal et procédure pénale), mais y entre également ce que l'on appelle parfois le « *droit pénal élargi* » (mesures de défense sociale, prise en considération de l'état dangereux, etc.). Bien plus, ces moyens juridiques comprennent aussi quantité de *dispositions législatives ou réglementaires qui relèvent d'autres branches du droit* (droit civil, droit administratif, droit de la santé, etc.) qui ont un objectif principal distinct du droit pénal, mais qui touchent, de manière indirecte, à la lutte contre la délinquance (ex. les dispositions du droit civil sur l'adoption ou la garde des enfants); certaines de ces solutions juridiques ont vocation à entrer dans un droit pénal encore plus élargi (ex. textes administratifs sur les Conseils de Prévention) qui forme le « *droit de la prévention de la délinquance* ».

2) Les *moyens empiriques* consistent à leur tour dans l'ensemble des *pratiques institutionnelles* (police, tribunaux, organes et instruments d'exécution des sanctions) ainsi que des *pratiques qui se situent en marge des institutions officielles* (ex. les associations d'aide aux victimes avant leur institutionnalisation) qui sont orientées vers la lutte contre la délinquance. Ces pratiques se développent généralement dans les *cadres légaux,* mais il arrive qu'elles se constituent en *marge de la loi* ou même *contre la loi,* ce qui ne manque pas de susciter de délicats problèmes.

3) Si l'on *combine* ces divers moyens d'après leur champ d'action, on peut en fin de compte dégager *trois domaines principaux* de la lutte contre la délinquance : 1°) Le champ du droit pénal et de ses applications concrètes; 2°)

Le champ du traitement des délinquants; 3°) Le champ de la prévention de la délinquance.

98 *b)* *Vocabulaire* ◇ Les divers moyens de lutte contre la délinquance ont d'abord été regroupés sous le vocable de *réaction sociale contre le crime*[1]. Depuis le début du XXᵉ siècle, au, moins en Europe, on parle volontiers de *politique criminelle*[2]. Aux États-Unis et dans les pays anglo-saxons, c'est l'expression *contrôle social* (social control) que l'on emploie[3]. Il paraîtrait qu'aujourd'hui ces notions seraient dépassées et que c'est de « *gestion pénale* » ou « gestion de la délinquance » qu'il faudrait parler[4]. Le terme de « gestion » qui est emprunté à la fois au vocabulaire de l'économie et à celui de la sociologie des organisations a cependant le grave inconvénient de *banaliser* totalement la réaction sociale contre la délinquance, même si on y ajoute le qualificatif « pénal »; on ne peut en effet « gérer » la justice criminelle, comme on « gère » une entreprise ou une administration quelconque.

Une autre dérive du vocabulaire qui mérite d'être signalée concerne l'emploi, très à la mode, du terme « Réponses » au phénomène de la délinquance pour désigner les mesures de répression et de prévention des actes délictueux et la manière dont elles sont appliquées. L'expression figure notamment, depuis une

---

1. *Cf.* J. Pinatel (1987), vᵒ « Réaction sociale », p. 185-187.
2. *Cf.* J. Pinatel (1987), vᵒ « Politique criminelle », 165-167; C. Lazerges, *La politique criminelle*, coll. « Que sais-je ? », PUF, 1987; *Introduction à la politique criminelle*, L'Harmattan, 2000. L'expression est critiquée parce qu'elle dit le contraire de ce qu'elle veut dire, d'où parfois l'emploi des termes « politique anti-criminelle » : *cf.* M.-L. Rassat, *Pour une politique anti-criminelle du bon sens*, éd. La Table-Ronde, 1983.
3. Lorsque le terme « contrôle social » a été importé par traduction littérale de l'anglo-saxon « social control », certains sociologues se sont élevés contre le contresens qu'il comportait. En particulier B.-P. Lecuyer (« Régulation sociale, contrainte sociale et social control », *Rev. fr de sociologie*, 1967, p. 78-85) a fait observer que le mot français de « contrôle » a le sens de vérification, alors que le terme anglais « *control* » renvoie à l'idée de « pouvoir », « puissance », « autorité » ou « influence »; aussi proposait-il de traduire *social control* par « régulation sociale ». Mais le terme « contrôle social » a finalement passé dans le vocabulaire sociologique et criminologique français. *Cf.* R. Boudon et F. Bourricaud, *Vocabulaire critique de la sociologie*, vᵒ « Contrôle social », p. 111-117; A. K. Cohen, *La déviance*, p. 82-87; M. Cusson, *L'effet structurant du contrôle social*, *Criminologie*, 1993, nᵒ 2, p. 37-62. L'expression « contrôle de la criminalité » est aujourd'hui passée dans le vocabulaire européen. V. par ex. l'intitulé du thème de la XVIIIᵉ Conférence de recherches criminologiques du Conseil de l'Europe (Strasbourg 21-24 nov. 1988) : « La privatisation du contrôle de la criminalité ». Dans *Les visages de la police, pratiques et perceptions* (Presses Univ. Montréal, 2003, p. 321-322), J.-P. Brodeur définit ainsi le contrôle social : « le produit d'un ensemble très diversifié de procédures de normalisation, dont certaines ont pour fin délibérée d'empêcher ou de contenir la déviance, alors que d'autres engendrent des effets de contrôle sans les viser de façon explicite ». Cette définition le conduit alors à une distinction au sein des organes du contrôle social : 1°/ les *agents* de contrôle social qui sont « des personnes ou des organisations qui, comme la police, poursuivent délibérément des objectifs de normalisation »; 2°/ les *instances* de régulation sociale qui sont des « institutions comme la famille, l'Église, l'école ou le travail, qui produisent indéniablement des effets de contrôle mais qui n'existent pas comme telles pour remplir cette fonction ».
4. *Cf.* F. Ocqueteau, « Nouvelles approches... », *Dév. et soc.* 1986, p. 1-19, spéc. p. 9; C. Debuyst, « Pour introduire une histoire de la criminologie », *Dév. et soc.* 1990, p. 347 et s., spéc. p. 365; F. Digneffe, « La criminologie et son histoire », *RICPT*, 1991, p. 299 et s., spéc. p. 301 et 310. Le terme de « gestion pénale » est passé parfois du vocabulaire doctrinal dans celui des pratiques institutionnelles : le ministère de la Justice a ainsi institué en mars 1990 un groupe de travail sur la « *gestion* des condamnés à de longues peines » (*Le Monde* du 15 mars 1994 qui résume les conclusions du rapport remis par ce groupe de travail en sept. 1992).

dizaine d'années, dans les annuaires statistiques du ministère de la Justice qui contiennent une rubrique intitulée « Taux de réponse pénale » qui fait suite à la rubrique « affaires poursuivables dont affaires poursuivies ou ayant donné lieu à procédure alternative ». De même, l'Observatoire national de la délinquance (OND) créé en 2004 est devenu en 2009 l'Observatoire national de la délinquance et des réponses pénales (ONDRP). Or toute « réponse » suppose une « question » antérieure. Peut-on considérer alors qu'un acte délictueux serait une « question » posée par son auteur en attente d'une « réponse » ? Il suffit de poser la question pour mesurer combien le terme « réponse » est peu approprié. S'il est vrai qu'une question se pose en effet, ce n'est pas du tout l'auteur de l'acte délictueux qui la pause, mais ce sont les autorités judiciaires qui se la posent : c'est la question de savoir quelle sanction il convient, en l'espèce, d'infliger au délinquant. Le terme de « réaction sociale » demeure sans doute bien plus exact, bien qu'il ne fasse pas « tendance »...

Le développement contemporain de la « sécuritologie »[1] à son tour a entraîné l'utilisation de deux concepts spécifiques destinés à caractériser les moyens de lutte contre la délinquance, les concepts de *sécurité* et d'*action de sécurité*. La notion de « sécurité » est certes une notion du vocabulaire classique que le petit Robert par exemple définit, soit comme « la situation, l'état tranquille qui résulte de l'absence réelle de danger » (sécurité objective), soit comme « l'état d'esprit confiant et tranquille d'une personne qui se croit à l'abri du danger » (sécurité subjective), soit, bien entendu, le cumul des deux sortes de situations. Mais pour les « sécuritologues », le concept de *sécurité* (intérieure) a une signification précise et limitée. Il s'agit de « l'activité déployée par des professionnels de première ligne (policiers, services privés de sécurité) en vue de protéger leurs concitoyens contre les dangers associés à la vie en société »[2]. Quant à la notion d'*action de sécurité* (*policing* en anglais), elle ajoute une précision essentielle par rapport à la précédente, à savoir que cette activité des professionnels de première ligne ne se déploie pas n'importe comment : « ces derniers s'efforcent d'agir *rationnellement*... ils cherchent la solution la plus efficace compte tenu des contraintes avec lesquelles ils doivent composer »[3]. Ces indications permettent alors de percevoir comment l'« action de sécurité » s'inscrit dans l'ensemble du système de *contrôle social*. C'est un type de contrôle externe, « organisé, médiatisé, institutionnalisé » « dont la singularité tient à la possibilité de recourir, si nécessaire, à la contrainte par l'usage de la force physique ou de la force matérielle »[4].

§ 2. La notion de valeur scientifique des moyens de lutte contre la délinquance

99 *L'importance du point de vue* ◇ Ce second objet de la recherche criminologique consiste à étudier les moyens de lutte contre la délinquance, non pas en eux-mêmes et pour eux-mêmes comme le font trop souvent les criminologues, mais du seul point de vue de leur *valeur scientifique*.

---

1. J.-L. Loubet del Bayle, « Sécurité et contrôle social », *in Traité* précité, p. 58 et s., spéc. p. 61 ; M. Cusson, « Questions de stratégies pour la police », *in* même *Traité*, p. 131-139, spéc. 135-137.
2. M. Cusson *et al.*, *Traité* précité, p. 43.
3. M. Cusson *et al.* (dir), *Traité de sécurité intérieure* précité, p. 29.
4. *Cf. supra* n°s 32-3 et 32-4.

Mais que faut-il entendre par là ? La réponse n'est pas commode car, s'il est relativement aisé de dire ce qu'elle n'est pas, il est plus difficile de préciser ce qu'elle est exactement.

Quant à ce qu'elle n'est pas, l'étude de la valeur scientifique des moyens de lutte contre la délinquance doit d'abord être distinguée de leur étude juridique. Cela peut paraître aller de soi mais cela n'en doit pas moins être souligné car la confusion a été faite dans le passé avec Ferri et il n'est pas sûr que tous les criminologues contemporains aient une vue très claire de la question[1]. L'étude de la valeur scientifique desdits moyens doit également être distinguée de leur étude sociologique qui relève de la sociologie pénale, laquelle décrit et explique les institutions pénales mais n'a pas pour objet de se prononcer sur la valeur scientifique de ces institutions au regard de la lutte contre la délinquance[2]. C'est d'ailleurs l'erreur de la « criminologie dite de la réaction sociale » d'avoir fait passer la sociologie pénale pour la criminologie.

Qu'est-ce alors *positivement* que cette valeur scientifique des moyens de lutte contre la délinquance ? *Deux critères* paraissent devoir être réunis pour caractériser celle-ci. Le premier, c'est *l'efficacité* de ces moyens, c'est-à-dire leur effet sur la réalité qu'ils entendent combattre, en l'espèce l'action criminelle. Mais l'efficacité ne suffit pas car elle peut être obtenue, au moins à court terme, par la contrainte illégitime (torture, lavage de cerveau...). Aussi faut-il introduire un second critère qui procède de l'examen de la manière dont le résultat positif a été obtenu : il doit s'agir de *l'application de connaissances scientifiques sur l'action criminelle*[3].

SECTION 2. **LA LOGIQUE DE LA RECHERCHE CRIMINOLOGIQUE**

100 *Généralités* ◇ On entend par *logique de la recherche scientifique* l'ensemble des *démarches spécifiques de l'esprit* utilisées par les chercheurs pour mener à bien les investigations sur leurs objets de recherche. C'est la spécificité de ces procédures intellectuelles qui distingue la *connaissance scientifique,* non seulement de la *connaissance ordinaire,* mais également de la *connaissance professionnelle* acquise par les praticiens au travers de leur travail et de leur expérience (pour la délinquance : juges, policiers, experts, etc.).

En matière de *sciences de l'homme,* la logique de la recherche a été progressivement élaborée depuis la deuxième moitié du XIXᵉ siècle, d'abord sur le modèle positiviste établi pour les sciences de la nature, puis suivant une codification particulière qui repose sur la spécificité et l'originalité de leur objet d'étude, l'homme et la société, par opposition à la nature[4]. La *criminologie* étant une science de

---

1. Sur la distinction entre la criminologie d'une part, et le droit pénal et la politique criminelle, d'autre part, *cf. supra* nᵒˢ 20 et s.
2. Sur la distinction de la criminologie et de la sociologie pénale, *cf. supra* nᵒˢ 30 et 32.
3. Comp. la distinction entre sanctions pénales *normales* et *terreur totalitaire* imposée par un État policier *in* L. W. Sherman. « Criminologie et criminalisation », *RICPT*, 1994, 1, p. 7-21, spéc. p. 13.
4. Pour la liste des ouvrages de méthodologie des sciences humaines, v. la bibliographie en fin de chap., nᵒ 201 *bis.*

l'homme, la logique de sa recherche s'est inscrite dans ce mouvement général[1] comme d'ailleurs dans l'évolution générale de la pensée logique contemporaine[2].

Toutefois, cette discipline étant de par sa nature même une science à la fois théorique et appliquée, la *logique de la recherche criminologique* comporte deux volets distincts, celui de la *recherche fondamentale* et celui de la *recherche appliquée*, et la *différence de but* entre les deux sortes de recherches a des *conséquences* telles sur les procédures intellectuelles utilisées qu'il convient de les examiner séparément. De là les deux paragraphes de cette section.

§ 1. La logique de la recherche fondamentale en criminologie

101 *La recherche fondamentale* ◇ On entend par recherche fondamentale celle qui a pour but la *connaissance* et la compréhension du monde qui nous entoure et tend à ouvrir des perspectives nouvelles et à élargir l'univers des explications de la réalité[3]. C'est évidemment celle que l'on utilise pour étudier le premier objet de la recherche criminologique : *l'action criminelle*. Mais le second objet de celle-ci, la valeur scientifique des moyens de lutte contre la criminalité, peut également faire l'objet de recherche fondamentale.

Les démarches intellectuelles que l'on utilise à cette fin obéissent à une sorte de *modèle général* qui est d'ailleurs commun à toutes les sciences de l'homme (A). Mais ce modèle général s'incarne aussi dans des *méthodes variées* qui tiennent particulièrement compte de la spécificité de l'action criminelle en tant qu'objet de recherche (B).

A. Le modèle général de la recherche criminologique fondamentale

102 *Du positivisme et du constructivisme* ◇ Pendant longtemps, le même modèle général de recherche scientifique fondamentale a été admis par toute la communauté des chercheurs : il s'agissait du modèle *positiviste*. Le *positivisme*, fondé par Auguste Comte (1798-1857) et adopté par toute une lignée de grands savants du XIXe siècle, reposait sur le rejet de toute métaphysique et fondait la connaissance sur les *faits*, d'où, non pas certes la primauté et encore moins l'exclusivité des faits, mais le *caractère premier* de leur observation et de leur établissement dans la démarche du chercheur. Ce n'est qu'ensuite que pouvait naître l'hypo-

---

1. C'est sans doute pourquoi il n'y a pas d'ouvrage particulier de méthode de la criminologie, du moins en langue française. V. cependant la traduction de T. Hirschi et H. C. Selvin, *Recherches en délinquance*, 1975, mais qui ne traite que d'un aspect de la question. *Adde* J. Pinatel. (1987), v° « Recherche scientifique », p. 187-189; M. Killias, *op. cit.*, n°ˢ 112 à 161.

2. *Cf.* M.-L. Mathieu-Izorche, « Esprit de géométrie et esprit de finesse : la pensée en "3D" », *in Sciences pénales & Sciences criminologiques Mélanges offerts à Raymond Gassin*, PUAM, 2007, p. 435-453.

3. M.-A. Tremblay. *Initiation à la recherche dans les sciences humaines*, Montréal, McGraw-Hill Éd, 1968 p. 57.

thèse explicative à vérifier elle-même par l'expérimentation, qui constituait une forme de retour aux faits, avant d'être établie comme théorie scientifique.

Cette belle unanimité a été rompue depuis près de ¾ de siècle, notamment sous l'influence de Gaston Bachelard, avec l'apparition d'une nouvelle épistémologie : le *constructivisme*[1], qui n'a pas tardé d'ailleurs à se diversifier lui-même en plusieurs conceptions pour donner *les constructivismes*[2]. À vrai dire, le terme « constructivisme » est employé dans des sens très différents selon les auteurs. Il est tout d'abord une signification qui est à écarter du champ du débat épistémologique : c'est celle qu'utilise un auteur comme l'économiste, juriste et philosophe F.A. Hayek[3]; pour lui en effet, « constructivisme » est synonyme de scientisme, d'empirisme, d'utilitarisme, de volontarisme et finalement de positivisme, par opposition à un évolutionnisme qui mêlerait à la fois la tradition et la spontanéité créatrice des individus dans la vie sociale; il est clair que cet emploi du terme « constructivisme » ne relève pas de la théorie de la connaissance, il appartient au domaine de l'action et désigne un certain type de gestion des sociétés par les dirigeants[4]. Cet emploi est toutefois assez exceptionnel; le plus souvent, le mot « constructivisme » est utilisé pour désigner un courant de pensée différent du positivisme et, même chez certains auteurs, une antithèse franche de ce dernier. Toutefois, même pris dans ce second sens, le « constructivisme » n'est pas encore toujours une simple conception épistémologique. Il existe en effet un « constructivisme radical » qui dépasse très largement le champ de l'épistémologie pour proposer une véritable doctrine métaphysique, c'est-à-dire un point de vue sur l'Être qui commande à la fois une conception de la connaissance générale et une véritable éthique[5]. Il reste toutefois que, malgré ces éliminations, le terme « constructivisme » est employé le plus souvent pour désigner une certaine épistémologie, et même plusieurs variétés d'épistémologie.

Si l'on fait masse en effet des multiples variétés de « constructivismes épistémologiques », on peut discerner en gros deux grandes orientations au sein de ce courant général : un constructivisme « *soft* » dont le représentant le plus caractéristique est le « constructivisme relationnel » ou « dialectique » de J. Piaget et un constructivisme « *hard* » auquel son théoricien, Jean-Louis Le Moigne, a donné le nom de « projectivisme ». Bachelard avait entendu démontrer contre le positivisme que la pensée scientifique, dans la physique moderne, ne fonctionne pas

1. On célèbre généralement Bachelard comme l'inventeur de l'épistémologie contemporaine. En réalité, ses conceptions épistémologiques étaient déjà depuis longtemps dans l'air du temps lors de la publication du *Nouvel esprit scientifique* en 1934. C'est ainsi, par ex., que ce génial touche-à-tout d'Élie Faure (médecin, embaumeur, historien, esthéticien, militant, conférencier, journaliste, ...) écrivait en 1914 dans *Les constructeurs* : « Le fait n'est rien, s'il ne sort de l'hypothèse et si, de sa mise en valeur, une nouvelle hypothèse ne sort. Il n'est qu'une pierre entre la base et le toit de la maison ».
2. R. Gassin, « Les constructivismes », *in Prob. act. Sc. crim.*, XII, PUAM, 1999, p. 32-55 et *in La pensée, la trace. En hommage à Simon Lantieri*, P. Signorile (dir.), Publication de l'université de Provence, 2000, p. 161-181.
3. F.-A. Hayek, *Droit, législation et liberté*, trad. française, 3 volumes, PUF, 1980-1983; *La présomption fatale, les erreurs du socialisme*, trad. française, PUF, 1993; *La constitution de la liberté*, trad. française, Litec, 1994.
4. C'est dans cette perspective que s'inscrit habituellement l'emploi de ce terme chez les économistes libéraux contemporains : *cf.* par ex. P. Salin, « Quelle langue pour l'Europe », *Rev. Commentaire*, n° 64, hiver 1993-1994, p. 761 et s., spéc. p. 763.
5. Ce « constructivisme radical » unit les noms de Ernst von Glazersfeld, Heinz von Foerster, Francisco Varela et Paul Watzlawick; *cf.* P. Watzlawick, *L'invention de la réalité. Contributions au constructivisme*, trad. française, Seuil, 1988.

selon le processus ternaire classique : observation, hypothèse et vérification, mais qu'elle est un échange constant entre la théorie et l'expérience, voire que cette pensée va toujours du rationnel au réel et non point, à l'inverse, de la réalité au général comme le soutenaient les philosophies d'Aristote à Bacon [1]; Piaget s'appuyant sur une telle conception mais l'étendant à toutes les sciences traditionnelles, les sciences de l'homme et de la société comme les sciences de la nature, voit, à son tour, dans la connaissance scientifique, un processus d'interaction constant entre un sujet connaissant et un objet à connaître et soutient que cette connaissance consiste dans la mise à jour progressive de l'ensemble des structures et des genèses qui composent les phénomènes, grâce au dévoilement des relations existant au sein de cette totalité mouvante que constitue l'interaction des structures et des genèses : ainsi, l'idée de *construction opératoire* de l'intelligence des phénomènes est-elle au cœur de cette conception, comme l'indique d'ailleurs le terme « *constructivisme* » qui la désigne [2]. Quant au *projectivisme*, il prend également sa source dans la pensée de Bachelard, dans la mesure où cet auteur emploie le mot « projet » pour le distinguer de l'objet à connaître [3]; mais J.-L. Le Moigne fait du « projet de connaissance » l'alpha et l'oméga de la connaissance scientifique : la science n'est pas pour lui l'étude d'un objet, mais elle est un projet d'étude commandé, non plus par le principe de causalité, mais par le principe de finalité et destiné à comprendre les phénomènes plutôt qu'à les expliquer; le « projectivisme » se présente ainsi comme un anti-positivisme radical qui permet de donner un statut de scientificité à ce que l'on appelle les « nouvelles sciences », ou « sciences de l'artificiel » (par opposition aux « sciences du naturel »), à savoir l'informatique, la communication, l'organisation, la cognition, la recherche opérationnelle, la « science » de la complexité (E. Morin), la « science » de l'autonomie etc. [4]

On a ainsi affaire aujourd'hui dans le champ épistémologique, face au positivisme classique et à ses variantes néo-positivistes et post-positivistes, à une conception de l'activité scientifique qui se présente comme entièrement différente, et même opposée à celui-ci, en ce qu'elle voit dans cette activité, non l'exploration et l'explication d'un objet, mais une *construction* de l'esprit qui va dans le « projectivisme » jusqu'au détachement complet de tout objet de recherche scientifique. Il n'est pas douteux qu'une telle controverse atteint aussi la criminologie et permet sans doute de comprendre bien des glissements de l'objet de celle-ci vers ces constructions doctrinales de plus en plus éloignées de l'objet initial de cette discipline que sont les diverses modalités de la criminologie dite de la réaction sociale [5].

1. G. Bachelard, *Le nouvel esprit scientifique*, 1re éd. 1934, 4e éd., PUF, 1968, spéc. l'introduction, p. 1 18.

2. J. Piaget (dir.), *Logique et connaissance scientifique, Encyclopédie de la Pléiade*, Gallimard, 1967, spéc. le dernier chapitre « Les courants de l'épistémologie scientifique contemporaine » par Piaget lui-même, p. 1225-1271.

3. G. Bachelard, *op. cit.*, spéc. p. 11 : « Au-dessus du *sujet*, au-delà de l'*objet* immédiat, la science moderne se fonde sur le *projet* ». Enstein lui-même disait que « l'information n'est pas le savoir » pour montrer que la connaissance ne se réduit pas à la présentation des faits observés.

4. *Cf.* not. J.-L. Le Moigne, *Les épistémologies constructivistes*, coll. « Que sais-je ? », PUF, 1995, n° 2969; *Le constructivisme*, t. 1, « Des fondements », t. 2; « Des épistémologies », éd. ESF, 1994 et 1995; P. Corcuff, *Les nouvelles sociologies, Constructions de la réalité sociale*, Paris, Nathan, 1995.

5. *Cf. supra* n°s 60 et s. *Adde* J.-P. Brodeur, « La pensée post-moderne et la Criminologie », *Criminologie*, 1993, n° 1, p. 73-114; J. Sauvageau, « Quelques réflexions sur la pertinence de « l'affaire Sokal » en criminologie, » *RDPC*, 1997, p. 1192-1212 (sur ce qu'il est convenu d'appeler l'affaire *Sokal*, professeur de physique quantique à l'université de New York, qui a dénoncé par

103 *Base et mise en œuvre* ◇ En réalité, il semble bien que cette querelle du constructivisme et du positivisme résulte d'un vaste malentendu qui n'a cessé d'agiter l'épistémologie depuis plus d'un demi-siècle. Si l'on veut bien réfléchir, en effet, à la *finalité* propre de chacune de ces conceptions, on s'aperçoit qu'elles ne portent pas sur le même objet. Le *positivisme* s'est essentiellement préoccupé de démonter la *logique* qui caractérise la recherche scientifique pour la distinguer de celle qui préside à la réflexion métaphysique; on ne peut nier à cet égard que *l'attention aux faits* joue un rôle déterminant dans la première, alors que la spéculation rationnelle anime la seconde. Le *constructivisme,* en revanche, a fait porter son attention, non plus sur les traits essentiels de la logique de la recherche scientifique, mais sur le *déroulement chronologique de l'activité scientifique;* ici, effectivement le travail de mise en œuvre de la recherche se caractérise bien par un va-et-vient incessant entre la réflexion et les faits et l'on peut même dire que généralement c'est bien *le rationnel* qui est premier dans la démarche du chercheur. Ainsi est-on conduit à distinguer dans le modèle général de la recherche criminologique entre les *bases* de celle-ci et leur *mise en œuvre*. Ce modèle général s'appuie en effet sur des *bases* précises (a) qui sont mises en œuvre selon des *processus* organisés (b).

a. Les bases de la recherche empirique fondamentale

104 *Étapes et niveaux* ◇ Les bases sur lesquelles s'appuie la recherche fondamentale peuvent être décrites à la fois de manière *horizontale* selon le schéma traditionnel des *étapes* de la méthode dite expérimentale (1) et de manière *verticale* suivant les *niveaux* en profondeur de la recherche (2).

1. Les étapes de la méthode empirique

105 *Idée générale* ◇ Il est bien connu que la méthode de recherche dans les sciences empiriques repose en gros sur le développement de *trois étapes :* observation, hypothèse et vérification. Elle commence avec les *faits,* mais elle progresse ensuite au moyen d'une construction intellectuelle, l'*hypothèse explicative,* puis elle revient à des faits nouveaux qui sont destinés à *vérifier* l'hypothèse. Induction, déduction, puis raisonnement complexe mêlant l'induction et la déduction sont successivement utilisés.

Toutefois si ce schéma général est bien acquis, encore convient-il de préciser ce que recouvre exactement chacune de ces étapes en *criminologie théorique.*

la dérision l'absurdité d'un certain courant relativiste, *cf.* A. Sokal et J. Bricmont, *Impostures intellectuelles*, éd. O. Jacob, 1997, 276 p.); M. Mugur-Schächter, « Les leçons de la mécanique quantique. Vers une épistémologie formelle », *Le Débat*, mars-avr. 1997, p. 169-191. Pour la critique du constructivisme et du relativisme qui lui est étroitement lié : E. Gellner, « La mascarade relativiste », *Commentaire*, 1996, n° 75, p. 543; P. de Lara, « Un mirage sociologique. La Construction sociale de la réalité », *Le Débat*, nov.-déc. 1997, p. 114-129; P. Corcuff, « Entre malentendus sociologiques et impensé politique, réponse à P. de Lara », *Le Débat*, janv.-févr. 1999, p. 112-120 et la réponse à la réponse : P. de Lara, « Nouvelle sociologie ou vieille philosophie », même *revue,* p. 121-129.

106 **1)** ***L'observation des faits*** ◇ Comme dans les sciences de la nature, la recherche empirique dans les sciences de l'homme et en criminologie en particulier, suppose d'abord l'observation des faits à expliquer. Mais la nature du fait observable dans ces sciences confère à l'observation des *particularités* remarquables qui commandent à leur tour les *formes de l'observation.*

Ces *particularités* tiennent en premier lieu à *l'objet observé.* Il ne s'agit pas comme dans les sciences de la nature de faits objectifs, simples et indéfiniment reproductibles la délinquance, comme les autres faits humains et sociaux, se caractérise au contraire par sa subjectivité, sa complexité et son historicité. Les particularités résultent en second lieu de *l'observateur* qui, loin d'être neutre, tend à s'associer à la réalité qu'il observe (tout criminologue est un délinquant ou une victime en puissance... s'il n'a pas déjà délinqué ou a été victime) et de plus est lui-même son propre instrument d'observation alors que les sciences de la nature recourent à des instruments de mesure objectifs. Enfin, ce particularisme résulte des *techniques d'observation* qui, à la différence de la physique par exemple, n'ont pas pour finalité d'atteindre des données inaccessibles aux organes des sens au moyen d'instruments particuliers (ex. le microscope), mais de découvrir la signification des comportements, délictueux en l'espèce (ex. les motivations du criminel).

Quant aux *formes de l'observation,* si l'on se place au point de vue du *degré d'organisation de l'observation,* on retiendra que des trois variétés généralement répertoriées : observation non systématisée, observation préparée et observation armée ou observation en laboratoire, seuls les deux premiers types sont utilisables en criminologie, car le crime ne peut être un objet de laboratoire[1]. Si l'on se situe d'autre part dans la perspective du *degré de quantification des données observables,* on remarquera que l'observation de l'action criminelle peut être soit qualitative, soit quantitative : *qualitative* si l'on s'attache à la singularité du crime, *quantitative* lorsqu'on recherche l'expression numérique des faits et donc leurs traits communs. On soulignera toutefois que si certaines données sont directement quantifiables et donnent ainsi prise au dénombrement statistique, d'autres sont qualitatives par leur nature et si l'on veut les soumettre à une analyse quantitative, il faut au préalable procéder à leur traduction quantitative.

107 **2)** ***L'hypothèse suggérée par les faits*** ◇ *L'hypothèse* est une construction hypothético-déductive élaborée à partir des faits observés et destinée à une vérification ultérieure[2]. Ainsi définie, elle doit être distinguée du *postulat* ou *paradigme* car, à la différence de ce dernier qui paraît s'imposer par son évidence intuitive[3], elle doit être démontrée pour être acceptée. De la même façon, elle doit être distinguée de la *théorie,* car,

---

1. Sur l'idée d'observation permanente, *cf.* A.-M. Favard, « Observatoire permanent et prévention situationnelle », *RSC,* 1989, p. 380-386.

2. Selon R. Blanche (*La méthode expérimentale et la philosophie de la physique,* 1969, p. 26), la méthode hypothético-déductive est « une idée entre deux faits, à partir des observations une hypothèse, puis de là une déduction qui ramène à l'expérience pour contrôler l'hypothèse ». *Cf.* J. Pinatel et A.-M. Favard, « La méthode hypothético-déductive en criminologie », *RSC,* 1979, p. 367-374.

3. C'est ainsi que la criminologie traditionnelle fonctionne sur le paradigme de la réalité de l'action criminelle alors que la criminologie de la réaction sociale érige en paradigme l'idée selon laquelle le crime est une création du système pénal.

alors que l'hypothèse est une anticipation explicative qui suppose le recours à une vérification, la théorie se présente comme une explication définitive, une hypothèse vérifiée [1].

Ainsi caractérisée, l'étude de l'hypothèse demande que l'on s'interroge d'abord sur sa *fonction*. Dans le schéma classique en trois temps des étapes de la méthode empirique, l'hypothèse constitue la deuxième étape entre l'observation des faits et la vérification. Mais dans la réalité les choses sont plus complexes. Il faut à cet égard distinguer entre *trois sortes de recherches :* 1°) *la recherche exploratoire pure* où le chercheur ne possède au départ aucune piste et collecte tous les faits relatifs à son sujet; 2°) *l'étude de vérification pure* où le chercheur se trouve en présence d'une hypothèse à valider[2]; 3°) *les recherches de type intermédiaire*. Ce n'est que dans la première que l'on retrouve le schéma classique; dans l'étude de vérification, on part de l'hypothèse et dans les recherches de type intermédiaire l'hypothèse intervient à trois moments : au début de la recherche, en cours de recherche et à l'issue de celle-ci.

Les hypothèses peuvent d'autre part être *classées* de diverses manières. D'après leur *objet*, elles peuvent porter sur des faits à expliquer (ex. l'augmentation de la criminalité depuis 40 à 50 ans), des concepts utilisés par la pratique ou la théorie (ex. le concept de crime passionnel), des généralisations empiriques (ex. la plus grande délinquance des étrangers), des régularités observées (ex. la corrélation entre le niveau de l'activité économique et le taux de délinquance) ou des contradictions entre des observations nouvelles et des théories antérieures. Selon *leur niveau de généralité*, on distingue entre les *hypothèses générales* qui portent sur un ensemble de phénomènes (ex. la « théorie » des associations différentielles de Sutherland[3]) et les *hypothèses particulières* qui se bornent à établir une liaison entre deux séries de phénomènes (ex. relation entre la délinquance juvénile et la dissociation familiale[4]).

Enfin, si l'on envisage ses *conditions de validité*, une hypothèse pour être admissible sur le plan méthodologique doit remplir quatre conditions : 1/ porter sur des phénomènes observables; 2/ utiliser des concepts précis; 3/ être spécifique; 4/ être vérifiable « falsifiable » dit K. Popper[5]).

108 *L'expérimentation ou vérification des hypothèses*[6] ◊ Si l'expérimentation est facile dans les sciences de la nature où l'on peut reproduire à volonté les phénomènes observés, elle est, en revanche, beaucoup plus difficile dans les sciences de l'homme et *a fortiori* en *criminologie* car on ne peut pas produire des crimes en laboratoire. Elle n'est cependant pas impossible à condition de recourir, non à l'expérimentation au sens étroit du terme, mais à des *quasi-expérimentations* ou équivalents de *l'expérimen-*

---

1. M.-A. Tremblay, préc., donne de la théorie scientifique la définition suivante (p. 48, note 1) : « Une théorie scientifique est l'*hypothèse disponible la plus satisfaisante* à un moment donné pour comprendre et expliquer les propriétés d'un certain nombre de phénomènes et des relations qui existent entre eux. » Sur une distinction quelque peu différente entre théorie et hypothèse, v. M. Killias, *op. cit.*, n°s 112 à 122.

2. Lorsqu'il s'agit d'une nouvelle vérification, on parle de l'étude de « réplication ».

3. *Cf. infra* n° 245.

4. *Cf. infra* n° 625.

5. *Cf.* K. Popper, *La logique de la découverte scientifique*, Paris, Payot, 1978. V. également, M. Killias, n°s 113 et s. ainsi que 154 et 155.

6. J. Pinatel (1987), v° « Expérimentation »; R. Boudon et F. Bourricaud, *op. cit.*, v° « Expérimentation », p. 230-237. *Adde* J. Pinatel, Traité, n°s 12 et 320 (à propos de la criminologie clinique).

tation, c'est-à-dire que des deux types de vérification que l'on distingue habituellement, la *provoquée* artificiellement en laboratoire et l'*invoquée* à partir de l'observation systématique du milieu naturel; seule la seconde est utilisable en criminologie[1].

Cette vérification se déroule en *trois étapes* : 1/ l'analyse des variables utilisées dans l'énoncé de l'hypothèse[2] et de leurs relations, 2/ la construction d'un modèle expérimental; 3/ l'application de ce modèle par la collecte de nouvelles données et leur analyse et interprétation en regard de l'hypothèse à vérifier[3].

Quant aux *méthodes* qui sont utilisées pour réaliser la vérification, elles varient selon les disciplines, mais *en criminologie* on recourt volontiers à la comparaison entre un groupe expérimental et un *groupe de contrôle* (entre délinquants et non-délinquants notamment). Cette manière de procéder a été érigée au rang de règle méthodologique fondamentale par J. Pinatel sous l'appellation de *règle de l'approche différentielle* et elle a donné lieu à une *systématisation* de ses conditions d'application[4]. Cela dit, de même qu'une hirondelle ne fait pas le printemps, il faut se méfier des résultats d'une seule vérification[5].

2. Les niveaux de la recherche empirique

109 *Les trois niveaux* ◇ Lorsque l'on considère non plus les étapes de la recherche empirique, mais les *niveaux de profondeur* de la réalité étudiée, on est conduit à distinguer *trois niveaux* du plus superficiel au plus profond : la description, la classification et l'explication, laquelle est le but ultime de la science. Ici encore, il convient de préciser comment se présentent ces trois niveaux en *criminologie*.

1. La description

110 *Une opération nécessaire et délicate* ◇ La description est le niveau le plus superficiel de la recherche, celui qui correspond à la phase de l'observation du phénomène étudié. Elle peut certes constituer l'objectif même d'une recherche (ex. la description de l'évolution de la criminalité) : on parle alors de *recherche descriptive* et c'est ce que l'on fait en général dans les recherches exploratoires pures[6]. Mais le plus souvent

---

1. Toutefois, s'agissant de « la politique de la ville », on considère que la politique dite de « développement social urbain » (DSU) s'est constituée en *situation de laboratoire* et a le caractère d'une *expérimentation, cf.* J. Donzelot et P. Estebe, rapport au comité d'évaluation de la politique de la ville, Programme I : « Méthode et stratégie, Le développement social urbain; constitution d'une politique (1982-1992) », doc. multigraphié (nov. 1992). Mais il s'agit de recherche appliquée.
2. Sur la notion de variable, *cf. infra* n° 120.
3. Sur le processus général de la recherche empirique, *cf. infra* n°s 124 et s.
4. J. Pinatel (1987), v° « Groupes de contrôle », p. 105-106; « Les groupes de contrôle en criminologie », *RSC*, 1958, p. 896-906; G. Houchon, « Contribution à la méthode différentielle en criminologie », *RICPT*, 1964, p. 19-22. *Adde* J. M. Van Bemmelem, « Valeur et validité scientifique de la criminologie », *RICPT*, 1953, p. 83-85; L. Manouvrier, « Questions préalables dans l'étude comparative des criminels et des honnêtes gens », *AAC*, 1882, reproduit *in Dév. et soc.* 1986, p. 209-222.
5. V. à titre d'ex. les recherches évaluatives sur l'effet de l'arrestation sur la récidive en matière de violences domestiques : L. Sherman, *RICPT*, 1994, p. 7-21, spéc. 15-17.
6. *Cf. supra* n° 107.

la description n'est considérée que comme le *premier stade de la recherche,* celui à partir duquel on classera, puis on expliquera.

Cela dit, la description n'en constitue pas moins une *phase essentielle de la recherche* dont la qualité commande la valeur de la suite. Ainsi J. Pinatel présente-t-il comme première règle méthodologique de la criminologie : *la primauté de la description*[1].

Aussi est-il nécessaire de présenter quelques remarques sur la mise en œuvre de la *description criminologique*. On observera tout d'abord que celle-ci peut être *plus* ou *moins détaillée :* c'est une question d'appréciation d'utilité. On remarquera en second lieu que toute description suppose le recours à une certaine *conceptualisation*, c'est-à-dire à des catégories abstraites qui permettent de regrouper la multitude des faits observés; ainsi existe-t-il, en criminologie des concepts dits « *descriptifs* », par opposition aux concepts « *explicatifs* ». Il convient toutefois de se garder, à ce premier niveau, des *conceptualisations inopportunes* qui engagent déjà l'explication (ex. les concepts de personnalité, de milieu, de terrain ou de situation) ainsi que des *découpages arbitraires* qui fausseraient la réalité observée[2]. C'est ainsi qu'à propos de l'étude des agresseurs sexuels d'enfant, on recommande d'utiliser le concept descriptif d'« agresseur sexuel d'enfant » plutôt que celui de « pédophile », parce que ce dernier concept est ambigu et engage déjà d'une certaine manière l'explication[3]. Par ailleurs, le souci d'éviter les découpages arbitraires conduit à distinguer entre les concepts purement descriptifs et les concepts de délimitation[4].

2. La classification

111 ***Intérêt et critère de la classification***[5] ◇ La *classification* ou *identification* constitue le deuxième niveau de la recherche empirique, elle se situe à la charnière de la description et de l'explication. Pour comprendre son utilité, il suffit de remarquer que tous les faits observés ne se situent pas de la même manière les uns par rapport aux autres; certains présentent des traits communs alors que d'autres leur sont étrangers. D'où la nécessité d'une classification.

Mais, en même temps, on doit relever que *toute distinction ne constitue pas nécessairement une classification au sens méthodologique du terme.* Le choix des catégories et des types implique déjà une certaine idée de l'explication vers laquelle on s'oriente. Les catégories que l'on utilise dans la description ne sont que des instruments commodes pour réaliser cette opération mais ce n'est qu'après la description que peut se dessiner la possibilité d'une classification intéressante. Ferri d'ailleurs faisait déjà la distinction entre les critères de classification simplement descriptifs et son propre critère qu'il qualifiait de « génétique et causal »[6].

1. J. Pinatel, *Traité*, n° 35.
2. Sur le « récit criminologique », v. C. Debuyst, « Pour introduire une histoire de la criminologie », *Dév. et soc.*, 1990, p. 347 et s., spéc. 368-373.
3. *Cf.* J. Proulx et *al.*, *Les violences criminelles*, Presses Univ. Laval, 1999, spéc. p. 187-188.
4. *Cf.* M. Le Blanc et M. Frechette, « L'analyse de l'activité délictueuse », *RICPT* 1989, p. 419 et s., spéc. 420-421.
5. *Cf.* R. Boudon et F. Bourricaud, *op. cit.*, v° « Typologies », p. 578-587.
6. E. Ferri, *Sociologie criminelle*, p. 181, p. 129 dans la traduction de la 3ᵉ éd. republiée par Dalloz en 2004.

112 **1) Les problèmes généraux de la classification en sciences de l'homme** ◇ Il existe deux façons de classer : la *catégorisation* ou classification au sens étroit du terme qui repose sur la notion de « catégorie » et la *typologie* qui utilise celle de « type ». Une *catégorie* est une classe d'objets ou d'individus qui présentent des caractéristiques communes permettant la comparaison avec une ou plusieurs autres classes qui ont leurs propres caractéristiques essentielles, de telle sorte que les diverses catégories d'une même classification s'excluent les unes les autres (ex. le sexe : on est homme *ou* femme, mais on ne peut pas être à la fois l'un *et* l'autre). Le *type* en revanche est un modèle qui sert de référence pour classer les données recueillies par l'observation; au lieu de rapporter à une moyenne, il évoque un « prototype » (ex. le type d'homme grand, beau, jeune et musclé incarné par tel acteur de cinéma). Ainsi définie, la notion de type est beaucoup *plus souple* que celle de catégorie et s'accorde mieux avec *la part d'imprécision* plus ou moins grande que comportent les sciences de l'homme en permettant de retenir des *types mixtes* ou des individus ou situations *atypiques* [1]. Aussi *ces sciences recourent-elles plus volontiers à des typologies* qu'à des classifications proprement dites [2]. Ainsi qu'on l'a écrit à l'occasion de l'étude des agresseurs sexuels de femmes : « Par prototypes, on entend généralement un certain nombre de variables ou de critères partagés par la majorité des sujets, mais pas nécessairement par tous... Certaines discordances peuvent, en effet, être relevées entre un cas spécifique et un profil prototypique établi à partir d'une analyse typologique. De telles discordances ne constituent pas des erreurs, mais des phénomènes fréquents lorsqu'on a recours à des classifications... En sciences sociales, l'hermétisme des classes est bien souvent un idéal inaccessible et il est préférable de rechercher des similarités entre les sujets et une cohésion intraclasse, soit des prototypes » [3].

Depuis son élaboration, la notion de type a connu des développements méthodologiques nombreux de sorte qu'aujourd'hui on peut puiser dans *divers « types » de types,* si l'on peut dire : type idéal ou type construit, type abstrait ou type concret, simple mise en ordre de caractéristiques essentielles ou typologie systématique pour l'essentiel [4]. On notera que les progrès de l'informatique permettent aujourd'hui le recours à des techniques d'élaboration des types encore plus perfectionnées. Il résulte en effet des travaux de J. Léauté qu'il serait possible de remplacer l'établissement de « typologies par regroupement de l'analyse » (typologie systématique de Lazarsfeld) par l'élaboration de « typologies par synthèse directe, sans regroupement des résultats de l'analyse », grâce au recours à l'informatique [5].

1. V. l'usage de ces classes dans la typologie de Seelig (*Traité de criminologie*, p. 133-138) et *infra* n° 655.
2. Sur la notion de la *catégorisation sociale* (dont les typologies de délinquants sont une variété) *cf.* « Le résumé de la conception de Desrosières et Thévenot » *in* P. Corcuff, *Les nouvelles sociologies*, Nathan, précité, p. 91-92.
3. J. Proulx, M. Cusson et M. Ouimet (dir), *Les violences criminelles*, Presses Univ. Laval, 1999, p. 179.
4. Sur le contenu de ces diverses notions de type que nous ne pouvons développer ici, *cf.* M. Grawitz, *Méthode des sciences sociales*, n°s 337 et s.
5. J. Léauté, *Criminologie et science pénitentiaire*, p. 51-65.

113 *2) Les problèmes typologiques propres à la criminologie* ◇ La criminologie est une discipline qui utilise abondamment les typologies, faisant ainsi une grande consommation de *concepts classificatoires* (ex. délinquant d'occasion, délinquant d'habitude, crime organisé, etc.). Or, l'établissement de ces typologies soulève divers problèmes.

Le premier concerne l'*utilisation des catégories du droit pénal*. On remarquera que celles-ci sont rarement utilisables en criminologie qui doit se forger ses propres catégories.

Un deuxième problème résulte de la constatation que les criminologues utilisent tantôt des *typologies spécifiques* (ex. la classification des délinquants par Ferri en cinq types[1]) tantôt des *typologies d'emprunt,* empruntées à la psychiatrie, à la psychologie, à la sociologie, voire à la biologie. Il nous paraît que l'*emploi des typologies spécifiques est préférable* car elles seules correspondent à l'autonomie de la criminologie et de sa méthode.

Un autre problème est posé à travers l'énoncé, par J. Pinatel, d'une règle méthodologique prétendue dite « *règle de l'élimination des types psychiatriquement définis* », qui consiste à décrire les délinquants malades et anormaux mentaux par référence à des types psychiatriques, tandis que les autres délinquants devraient être classés à l'aide de traits psychologiques[2]. « On voit donc, écrit l'auteur, que (cette) règle... a pour but de séparer le domaine médical du domaine criminologique proprement dit. Il en résulte que toute classification qui serait commune à ces deux groupes ne peut être qu'équivoque. » Ce point de vue nous paraît critiquable, car une bonne typologie suppose que l'on puisse répartir, sur la base d'un *critère général et unique de classification,* tous les individus étudiés (en l'espèce tous les délinquants) dans les divers types retenus, sous réserve des cas atypiques et des types mixtes. En réalité, la position de cet auteur paraît provenir d'une certaine confusion entre classification et explication, laquelle constitue le troisième niveau de la recherche empirique.

3. L'explication[3]

114 *Généralités* ◇ Niveau le plus profond de la recherche, l'explication est aussi le plus difficile à atteindre, car elle a pour tâche de rendre ce réel particulièrement obscur qu'est l'action criminelle *aussi intelligible que possible* à notre esprit.

Mais est-il seulement possible de donner une explication *scientifique* de l'action criminelle ? Celle-ci ne se heurte-t-elle pas à la *liberté humaine* ? Aussi convient-il de s'interroger sur la *possibilité et la valeur de l'explication* en criminologie avant de rechercher en quoi consiste la *méthodologie* de cette explication.

115 *1) La possibilité et la valeur de l'explication en criminologie* ◇ La question se pose parce que le crime est un acte humain et que la desti-

---

1. *Cf. infra* n° 219. Pour un ex. d'analyse typologique moderne (analyse typologique K. Means), *cf.* J. Proulx et *al., Les violences criminelles,* 1999, p. 166 et s. pour les agresseurs sexuels de femmes et 198 et s. pour les agresseurs sexuels d'enfants.
2. J. Pinatel, *Traité,* n° 36.
3. S. Toulmin, *L'explication scientifique,* 1973 ; G.-G. Granger, « L'explication dans les sciences sociales », *in Informations en sciences sociales,* vol. 10, n° 2, p. 36 et s.

née humaine se caractérise par la *liberté*. Or précisément la liberté humaine ne fait-elle pas *obstacle* à toute explication rationnelle des comportements humains et, en particulier, du phénomène criminel ?

À l'origine, la difficulté a *opposé* radicalement les pénalistes et les criminologues. Aux pénalistes traditionnels qui présentaient l'acte criminel comme le résultat du *libre arbitre* du délinquant qui est réputé choisir en vertu d'une décision souveraine de sa volonté, les premiers criminologues rétorquaient que, comme les phénomènes physiques, les comportements humains, et le crime en particulier, sont *déterminés par des causes rigoureuses*.

Mais assez vite, cette analyse « scientiste » suscita des critiques. Tandis que la théorie du libre arbitre était elle-même contestée par certains criminalistes, plusieurs criminologues ont fait remarquer qu'il était abusif d'assimiler les comportements humains aux phénomènes du monde physique. De Greeff notamment a particulièrement bien exprimé cette réalité : « Le criminel, écrit-il, est avant tout un être humain qui ressemble bien plus aux autres humains qu'il n'en diffère; *il n'est pas un objet passif, un automate inconscient* ballotté par l'hérédité, par l'endocrinologie, par les circonstances sociales et amené au crime à la manière du serpent mécanique de Vaucanson. Comme les autres hommes, le criminel construit sa vie, la dirige, se trompe, rectifie, s'exalte et souffre »[1].

Aujourd'hui nombre de savants s'accordent à admettre que *la liberté est une réalité*, mais que liberté ne signifie pas *imprévisibilité* et que par conséquent les comportements humains sont susceptibles d'explication scientifique. Comment cela est-il possible ?

Deux types de réponses sont proposés qui ne doivent pas être considérés comme antagonistes, mais au contraire comme *complémentaires*.

Selon une première analyse d'ordre *sociologique*[2], il n'y a pas un bloc de la liberté ou du déterminisme, mais de petits cercles de libre arbitre ou de détermination, de telle sorte que l'individu peut être libre dans son cercle à lui, alors que le groupe auquel il appartient demeure déterminé : cette détermination du groupe limite alors d'autant les possibilités d'expression de la liberté des individus qui le composent. Dans une perspective voisine, le sociologue allemand Norbert Elias a écrit que l'on ne peut plus aborder le débat de la liberté et du déterminisme en termes de « tout ou rien » et qu'« il y a un tissu d'interdépendances à l'intérieur duquel l'individu trouve une marge de choix individuel et qui en même temps impose des limites à sa liberté de choix »[3].

Pour une seconde interprétation, d'ordre *bio-psychologique* cette fois[4], il faut partir de la constatation que l'être humain se caractérise par une superposition de nombreux déterminismes élémentaires : physico-chimique de la matière, biologique des êtres vivants, psycho-organique des animaux doués d'une certaine organisation cérébrale, psycho-moral enfin caractéristique de l'homme. Ces diverses déterminations ne sont pas exclusives les unes des autres, elles se superposent au contraire, non pas en une simple additivité, mais en s'intégrant en de nouvelles structures réalisant à chaque niveau un équilibre particulier. Or, le poids de cha-

---

1. E. De Greeff, *Introduction à la criminologie*, 2ᵉ éd., 1948, p. 29.
2. Not. dans G. Gurvitch, *Déterminismes sociaux et liberté humaine*, 2ᵉ éd. PUF, 1963; R. Boudon et F. Bourricaud, *op. cit.*, vᵒ « Action », p. 1-5.
3. N. Elias, *La société de cour*, Flammarion, 1985, p. LXXI.
4. *Cf.* par ex. : J.-H. Proquitte, *Les frontières du déterminisme humain*, éd. Dunod, 1968; J. Baechler, « Liberté et rectitude », *Commentaire* 1995, n° 70, p. 249. Mais au XIXᵉ siècle déjà, le philosophe Émile Boutroux (1845-1921) avait esquissé une conception analogue, *cf.* J. Coenen-Huther, *Comprendre Durkheim*, A. Colin, 2010, p. 28.

que déterminisme peut être différent selon le niveau envisagé; ainsi l'influence des hormones sur le comportement sexuel est beaucoup plus déterminante chez le rat que chez l'homme où elle est combattue par l'éducation reçue. Dans cette perspective, on peut dire que *la liberté est la possibilité d'échapper à la pression des déterminismes inférieurs sous l'effet du contrepoids résultant des déterminismes supérieurs et en particulier de la « conscience socio-morale ».* De la sorte, la liberté ne s'oppose nullement à l'explication scientifique; elle exige seulement que l'on ne confonde pas les divers plans d'influence du déterminisme et que l'on attribue à chacun d'eux un « coefficient d'incidence » sur le comportement[1]. Ainsi, P. Karli a pu récemment déclarer : « Je me suis posé, en neurobiologiste, la question de savoir si, comme le dit Jean-Pierre Changeux, la liberté, le libre arbitre, la faculté d'autodétermination se laissent réduire à une illusion... Ma réponse est qu'il y a une marge de libre arbitre qui existe non pas, à mes yeux, comme un donné, mais comme le fruit de la quête constante et exigeante de cette liberté »[2]. On trouve une interprétation du même genre dans l'ouvrage du généticien Axel Kahn, *L'homme ce roseau pensant...*[3] qui explore à la suite de Pascal les deux infinis de l'homme, ce qui fait sa misère et sa grandeur, et notamment la liberté humaine à la lumière de la science moderne. D'autres encore, exploitant les résultats des travaux contemporains sur les neurosciences – et notamment sur la plasticité neuronale – en sont même arrivés à considérer la *liberté humaine*, non pas comme une simple conquête contre l'inertie physique et le déterminisme naturel, mais comme un phénomène directement inscrit dans le corps humain et immanent aux replis de la matière[4].

Au demeurant, pour tenir compte ainsi de l'incidence de la « liberté humaine » dans les comportements individuels comme dans les conduites collectives, la logique de la recherche dans les sciences de l'homme, et dans la criminologie en particulier, recourt généralement, pour expliquer les phénomènes, non pas à des *théories déterministes* comme le font les sciences de la nature (du moins dans leur version traditionnelle), mais à des *théories probabilistes (ou statistiques)*, c'est-à-dire des explications qui impliquent non une nécessité, mais seulement une *tendance* à une plus grande fréquence des relations existant entre le fait que l'on entend expliquer et certains facteurs ou processus que l'on a cru pouvoir identifier comme constituant sa « causalité »[5, 6].

---

1. Comp. la définition de G.-G. Granger (*La raison*, coll. « Que sais-je ? », PUF, 8ᵉ éd., 1984, p. 96) : « Il est permis d'appeler *liberté humaine cet intervalle impossible à combler* entre des prévisions établies sur le modèle des sciences physiques et le détail des actes humains. Mais cette liberté n'est pas la négation d'une certaine rationalité : elle ne s'oppose qu'à une forme très inadéquate de la raison, transposée directement des domaines de la pensée abstraite. »
2. P. Karli, « Le gène de l'agressivité n'existe pas », *Le Figaro* du 6 août 2002, citant son ouvrage, *Le cerveau et la liberté*, O. Jacob, 1995. Depuis *L'homme neuronal* publié en 1983, la pensée de Jean-Pierre Changeux paraît toutefois avoir quelque peu évolué comme conduit à le penser son dernier ouvrage *Du vrai, du beau, du bien. Une nouvelle approche neuronale* publié chez O. Jacob en 2008 et dans lequel il développe l'idée selon laquelle chaque cerveau se développe dans son environnement culturel avec une grande plasticité, ce qui explique la diversité des expériences personnelles et des cultures ainsi que la multiplicité des conceptions du monde.
3. Paris, NIL, 2007. V. également G. Charpak et R. Omnès, *Soyez savants, devenez prophètes*, O. Jacob, 2004, spéc. chapitre 7 « La question de la liberté », p. 139-147.
4. C. Malabou, *Que faire de notre cerveau ?*, Bayard éd., 2004; *La chambre du milieu. De Hegel aux neurosciences*, Hermann éd., 2009.
5. Sur la distinction entre les deux sortes de théories, *cf.* M. Killias, nᵒˢ 117-120. S'agissant des théories probabilistes elles-mêmes, les travaux sur la valeur douteuse des tables de prédiction de la récidive montrent leurs limites, du moins en criminologie clinique (*cf.* J. Pinatel, *Traité*, nᵒ 344. C).
6. Contrairement à ce que l'on pourrait croire, les vieilles lunes des conceptions purement déterministes de la délinquance sont loin d'avoir totalement disparu. C'est ainsi que, lors d'un

116 **2) *La méthodologie de l'explication*** ◇ Expliquer un phénomène (en l'espèce l'action criminelle), c'est à la fois répondre aux questions « Pourquoi ? » et « Comment ? » qui intéressent le passé et prédire l'avenir ou, tout au moins, parier sur celui-ci : l'explication renvoie donc aux notions de *causalité* et de *prévision*. Par ailleurs, si l'on se place sur le plan de la logique formelle, l'explication se moule dans des *théories* et *modèles*, notions qu'il convient aussi de préciser.

117 **a) *Explication et causalité***[1] ◇ La notion de *causalité dans les sciences de la nature* met en jeu des conceptions assez simples se ramenant à celle de *lois scientifiques*, les mêmes causes produisant les mêmes effets. En matière de sciences de l'homme en revanche et de *criminologie* en particulier, la causalité est une notion *beaucoup plus complexe* qui présente des traits *caractéristiques* originaux et qui use de concepts *explicatifs* particuliers. Au risque de cultiver le paradoxe, on peut dire qu'en criminologie, les mêmes causes ne produisent pas toujours les mêmes effets et que les mêmes effets ne résultent pas toujours des mêmes causes.

118 **Les traits essentiels de la causalité en criminologie** ◇ Trois traits caractérisent la causalité dans les sciences de l'homme et la criminologie plus spécialement par comparaison avec les sciences de la nature.

En premier lieu, la causalité n'y apparaît pas comme un fait générateur unique, mais comme un *ensemble de facteurs interdépendants*. On dit aussi que la causalité n'y est pas « linéaire », mais « en réseaux » et « circulaire ».

En second lieu, la causalité n'y figure pas comme un fait abstrait, intemporel et universel, mais *le phénomène à expliquer s'insère toujours dans un cadre spatio-temporel spécifique*. On est ainsi conduit à distinguer entre la causalité *externe,* ou environnement du phénomène, et la causalité *interne* qui, à l'intérieur de ce milieu, engendre directement le phénomène étudié.

Enfin, la causalité ne peut être évaluée de manière globale et indifférenciée, mais *elle doit toujours s'apprécier en fonction du niveau auquel on se place :* criminalité et crime comme phénomène individuel. J. Pinatel a formulé cette

colloque organisé en mai 2002 par le journal *Le Monde* et la revue *Esprit* sur le thème « Démocratie, éducation, sécurité : quelles valeurs ? Quelles pratiques ? », l'un des intervenants qui ne cessait d'incriminer le fonctionnement de la société de consommation, le chômage massif des jeunes etc., à propos de la délinquance des jeunes s'est entendu rétorquer : « La mise en avant permanente d'excuses sociologiques ou économiques revient à nier le comportement individuel » (*Le Monde* du 26 mai 2002, « Remettre l'insécurité à sa juste place »). Cette réponse ne faisait d'ailleurs que reprendre une déclaration de Lionel Jospin, alors premier ministre, dans un entretien donné au journal *Le Monde* du 7 janvier 1999 : « Tant que l'on admettra des excuses sociologiques et que l'on ne mettra pas en cause la responsabilité individuelle, on ne résoudra pas ces questions » (de la délinquance).

1. R. Boudon et F. Bourricaud, *op. cit.*, v[is] *Causalité*, 52-62 et *Déterminisme*, p. 157-164; J. Pinatel (1987), v° « Déterminisme direct », p. 63-67; R. Boudon, *La place du désordre*, PUF, 1984; M. Decoster, « Lois, modèles et déterminismes sociologiques », *Rev. Institut de sociologie* (Bruxelles), 1985, n°s 1-2, p. 191-206; S. Amsterdanski, H. Atlan et *al.*, *La querelle du déterminisme*, Gallimard, 1990, 287 p.; J. Vigh, *Causality, Determinism and Prognosis in criminology*, Budapest, 1986, 301 p.; D. C. Gibbons, « Problems of causal analysis in criminology : a case illustration », *The Journal of research in crime and delinquency*, janv. 1966, p. 47-52.

exigence sous la forme de la règle méthodologique dite des « niveaux d'interpré-tation[1] ».

119 *Les concepts explicatifs utilisés en criminologie* ◇ La complexité de la causalité dont on vient d'exposer les traits essentiels a conduit la cri-minologie moderne à recourir à des concepts explicatifs autrement plus riches et subtils que les vieilles notions de *causes* et de *lois*, aujourd'hui périmées, utilisées par les « pères fondateurs » de la criminologie (Lom-broso, Quetelet, Ferri...)[2]. Ces concepts peuvent être répartis en deux catégories : les concepts *analytiques* et les concepts *synthétiques*.

120 *Les concepts analytiques* ◇ À l'analyse, la criminologie contempo-raine use de deux variétés de concepts explicatifs : le concept de *facteur* et ses dérivés et le concept de *motivation*.

On entend par *facteur*[3] tout élément objectif qui entre dans la causalité d'un phénomène (ex. la guerre est un facteur de criminalité). Ainsi défini, le facteur doit être distingué de la *cause* laquelle absorbe toute la causalité du phénomène, alors que le facteur n'est qu'un élément qui influence le résultat. À l'opposé le fac-teur ne doit pas être confondu avec l'*indice* ou le *symptôme* qui n'ont pas de signi-fication causale, mais seulement une valeur de diagnostic, une portée clinique (comme la fièvre pour le malade)[4]. À l'intérieur même de la catégorie « facteur » la criminologie contemporaine effectue de multiples sous-distinctions qui ont révélé leur fécondité épistémologique : facteurs criminogènes et facteurs de résis-tance ou d'inhibition; facteurs-conditions et facteurs-causes; facteurs favorisant ou prédisposant et facteurs déclenchant; facteurs déterminants (encore appelés facteurs-clés ou facteurs-lourds) et facteurs secondaires; enfin facteurs crimino-gènes et causes de capture par la police en conséquence du procès pénal et de la prison pour les criminels[5]. Un auteur parle également de « cause prochaine » du délit pour désigner l'impunité, la facilité de l'accomplissement du délit et le profit qu'en retire le délinquant[6].

Liée à la notion de facteur, se trouve celle de *seuil,* c'est-à-dire le point à partir duquel un facteur ou un ensemble de facteurs influencent le comportement : on parle ainsi de « seuil délinquantiel », c'est-à-dire du seuil à partir duquel un sujet passe à l'acte délictueux.

---

1. J. Pinatel, *Traité,* n° 34; G. Houchon, « Le principe des niveaux d'interprétation en criminologie », *RDPC,* 1962-1963, p. 185-209; P. Delebecque, *La règle des niveaux d'interpréta-tion,* Mémoire DEA, Aix-en-Provence, 1977, ronéo.

2. On peut remarquer toutefois que, malgré l'évolution du langage scientifique, le législateur français de 1991 continue à parler des « causes du tabagisme, de l'alcoolisme et de la toxicoma-nie » (v. art. 2 de la loi n° 91-32 du 10 janv. 1991 relative à la lutte contre le tabagisme et l'alcoo-lisme complétant l'art. L. 192 du C. de la santé publique). Il en va de même dans le langage utilisé par la presse, comme en témoigne la lecture des articles publiés dans les divers quotidiens et hebdo-madaires au sujet de la « crise des banlieues » françaises de novembre 2005. Il faut dire que les sociologues et criminologues eux-mêmes ne sont pas toujours exempts de tout reproche...

3. *Cf.* J. Pinatel (1987), v[is] *Facteurs criminogènes,* 88-90 et *Classification des facteurs criminogè-nes, RSC,* 1957, p. 665-672.

4. Pour une application de la distinction des facteurs et des indices au pronostic de violence interpersonnelle, *cf.* M. Le Blanc, « Les comportements violents des adolescents. Un phénomène particulier » *in* J. Proulx *et al., Les violences criminelles,* 1999, p. 319 et s., spéc. 339 et s.

5. Sur cette dernière distinction, *cf.* Léauté, *Criminologie et science pénitentiaire,* p. 66-70.

6. M. Cusson, *Prévenir la délinquance, Les méthodes efficaces,* PUF, 2002, par ex. p. 68.

D'autre part le recours fréquent à la méthode quantitative conduit aujourd'hui certains auteurs à abandonner le terme même de facteur au profit de celui de *variable* qui est emprunté au langage des mathématiques et s'entend de toute propriété qui, quoique commune à un type d'unités données, a (ou peut avoir) une valeur différente d'une unité à l'autre (ex. l'âge, la taille). La principale distinction au sein de la notion de variable est entre *variable dépendante* (celle que l'on veut expliquer) et *variables indépendantes* (celles dont on essaie de déterminer l'influence sur la variable dépendante : ex. la crise économique sur la criminalité). Lorsque l'on veut affiner l'analyse de causalité en recherchant comment la variable indépendante influe sur la variable dépendante, on introduit une nouvelle variable dite *variable intermédiaire* (ou encore *variable test, variable intervenante*).

Quant à la notion de *motivation*[1] (ou de *mobile*), on entend par là l'impulsion qui pousse un individu à agir dans un but déterminé (la haine, l'amour, la passion politique...). Ainsi définie, la motivation se compose de deux éléments : un dynamisme, une force d'une part; une orientation du comportement dans un sens déterminé d'autre part. Cette notion est très importante dans l'explication criminologique : « Le mobile, disait Gide, est l'anse par laquelle on saisit le criminel. »

121 Les concepts synthétiques ◇ Au stade de la synthèse, la criminologie contemporaine procède à la reconstitution de la causalité en recourant aussi à plusieurs sortes de concepts explicatifs quelque peu complexes.

Le plus simple est celui de *constellation de facteurs* qui exprime l'idée de l'action d'une multiplicité de facteurs (on parle aussi *d'association de facteurs*[2]). Il a l'inconvénient d'évoquer l'idée d'une simple juxtaposition de facteurs et de ne pas tenir compte de leur interaction.

Avec la notion de *structure*[3], on marque l'abandon de l'idée de causalité linéaire au profit de celle de totalité complexe organisée. Une structure peut être définie, en effet, comme un ensemble composé d'éléments ordonnés suivant certaines lois (lois de composition de la structure) et qui interagissant les uns sur les autres également selon certaines lois (loi de transformation de la structure), aboutissent au terme de cette transformation à une nouvelle situation d'équilibre.

Non dénuée d'intérêt est à son tour la notion de *champ* empruntée à la physique par K. Lewin[4] pour expliquer les mécanismes dynamiques qui sont à l'origine des comportements individuels et des conduites de groupe. Le « champ psychologique » est la transcription spatiale de l'ensemble des facteurs qui interviennent dans les comportements humains, par analogie avec les « champs de force » de la physique. En criminologie, on parle de « champ criminologique ». La notion de « champ » a été reprise par Pierre Bourdieu qui en fait, avec l'« *habitus* » (système de dispositions durables et transposables) l'une des notions clés de la sociologie pour désigner l'histoire objectivée dans les choses sous forme d'institutions qu'il conçoit, non comme des substances, mais de manière relationnelle comme des configurations de relations entre des acteurs individuels et collectifs.

---

1. *Cf.* R.-S. Peters, *Le concept de motivation*, éd. ESF, 1973.
2. *Cf.* J. Léauté, *op. cit.*, p. 49-65, 81-87 et 613-652.
3. *Cf.* J. Piaget, *Le structuralisme*, coll. « Que sais-je ? », PUF, 1968.
4. *Cf.* Kurt Lewin, *Psychologie dynamique*, 3ᵉ éd. PUF, 1967.

Très importante en criminologie est la notion de *processus* qui, elle, évoque l'idée de temps. Un processus, c'est une succession d'événements qui se conditionnent successivement les uns les autres à partir d'un événement initial ou d'une série d'événements initiaux jusqu'à un résultat qui est l'acte que l'on veut expliquer. On parle ainsi du processus du passage à l'acte délictueux [1].

Vient enfin la notion de *système* [2]. L'idée du système évoque celle d'« un ensemble d'éléments interdépendants, c'est-à-dire liés entre eux par des relations telles que si l'une est modifiée, les autres le sont aussi et que, par conséquent, tout l'ensemble est transformé » [3]. La notion de système se révèle particulièrement utile en criminologie. Ainsi, à propos de l'explication de l'agressivité, H. Laborit écrit : « Dans les systèmes hyper-complexes, il ne s'agit plus de trouver des "causes" à une action car la causalité ne peut plus être conçue comme linéaire (cause-effet), suivant l'interprétation du déterminisme de la fin du XIXᵉ siècle. Il s'agit de "systèmes" dont il est indispensable de découvrir d'abord l'organisation, pour en comprendre ensuite les mécanismes d'action » [4]. Le processus lui-même du passage à l'acte criminel violent a été présenté comme un système [5].

On peut encore mentionner la notion de *configuration* que N. Elias préfère à celle de système parce que cette dernière accorde trop de cohérence et de stabilité à ce qui relie les éléments entre eux. La configuration qui caractérise les interrelations entre des actions sociales « n'évoque pas l'idée d'une entité complètement fermée sur elle-même ou douée d'une harmonie immanente » [6].

122 *b) Explication et prévision* [7] ◇ Si l'explication consiste d'abord dans la recherche de la causalité des phénomènes, l'intelligibilité de ceux-ci ne peut être complète que si l'étude de la causalité se prolonge par celle de la *prévision de l'avenir.*

Dans le domaine des *sciences de la nature,* la prévision est relativement facile à faire grâce à la formulation de lois conditionnelles, c'est-à-dire de lois du type : si A, alors B. En matière de sciences de l'homme, et en particulier de *criminologie,* en revanche, la complexité de la causalité est telle que la prévision en devient *encore plus incertaine.* Diverses tentatives de prévision d'évolution de la criminalité ont été tentées, y compris en France, mais elles ont donné des résultats décevants [8]. À vrai dire, l'étude de la prévision dans ces disciplines ne semble pas avoir fait l'objet de travaux méthodologiques particuliers parce que l'on ne paraît pas avoir distingué la *prévision* en tant que prolongement de l'explication par la causalité et donc comme méthode de connaissance et objet de recherche fondamentale, de la *prospective* et du *pronostic* qui sont orientées vers la décision et l'action et relèvent donc de la recherche appliquée. On ne possède donc pas de théorie générale de la *prévision-connaissance* comparable à celle de la causalité que l'on a examinée précédemment.

1. J. Pinatel (1987), vᵒ « Processus criminogène », p. 172-174.
2. R. Boudon et F. Bourricaud, *op. cit.,* vᵒ « Système », p. 550-556; R. Gassin, « Système et droit », *RRJ,* 1981, p. 356-360.
3. Définition du biologiste L. Von Bertalanffy qui est le pionnier de la théorie des systèmes et de l'analyse systémique.
4. H. Laborit, « Les mécanismes biologiques et sociologiques de l'agressivité », *RISS,* 1978, 768.
5. V. Moulin, *Les fonctionnalités du passage à l'acte violent : approches dynamique et processuelle,* thèse de psychologie, Genève. 2003, 2 tomes, t. 1, p. 22-27; *cf. infra* nᵒ 668-669.
6. N. Elias, *La société de cour,* précité, p. 149.
7. R. Boudon et F. Bourricaud, *op. cit.,* vᵒ « Prévision », p. 432-437.
8. *Cf. infra* nᵒ 576 et 577.

Une publication récente illustre bien la confusion entre *prévision* et *pronostic* [1]. Les auteurs commencent par énoncer que « l'étude des questions de sécurité n'a développé que deux de ses trois composantes naturelles (mesurer, expliquer, prévoir) : les mesures d'indicateurs sont plus nombreuses, plus précises et seront progressivement communiquées. Une connaissance de terrain solide nourrit de nombreuses explications théoriques... Reste que la troisième composante, les modèles d'anticipation, est inexistante et ignorée » (p. 825). On s'attend dès lors à ce que l'article développe la mise en œuvre de la prévision à partir des données de la description et des explications qui ont été fournies. Or, tel n'est pas le cas. Par *anticipation,* les auteurs entendent plutôt la solution prospective concrète des problèmes de gestion de sécurité qui se posent dans l'urgence aux responsables politiques et administratifs. Ainsi, écrivent-ils : « L'approche stratégique des thématiques de sécurité se mène de deux façons distinctes et complémentaires. D'abord une explication du phénomène... L'autre est l'anticipation des évolutions, orientées vers la gestion à court ou moyen terme : on cherche moins le "pourquoi" que le "comment" des phénomènes » [2].

123 *c) Théories et modèles* ◊ Jusqu'à présent, en étudiant les notions de causalité et de prévision, nous avons exploré le *contenu de l'explication scientifique.* Il reste à indiquer comment ce contenu se moule dans une *forme* destinée à rendre lisible ce que l'explication donne à comprendre dans la réalité criminelle.

Traditionnellement, cette lecture a été assurée au moyen de la notion de *théorie scientifique.* Envisagée d'un point de vue formel, une théorie est un ensemble de concepts et de jugements agencés d'une certaine manière et dont l'objet est de *rendre raison de la réalité;* c'est donc une explication synthétique du réel. Ainsi définie, elle doit être soigneusement distinguée de la *doctrine* (les doctrines pénales) qui est un instrument idéologique et ne se préoccupe pas d'expliquer, mais entend transformer le réel ou le justifier. D'un autre point de vue, la théorie doit aussi être distinguée de *l'hypothèse,* laquelle n'est qu'un système *provisoire* d'explication, alors que la théorie se veut *définitive* [3]. On distingue parmi les théories entre les *théories globales* et les *théories partielles.* Alors que les premières prétendent expliquer l'action criminelle dans son ensemble, les secondes limitent leur portée à l'explication d'un aspect seulement de celle-ci, par exemple les théories de la récidive [4]. Une autre distinction intéressante parmi les théories est la distinction entre *théories transitives* et *théories intransitives.* Une théorie transitive vise à expliquer son objet en le rapportant à autre chose qu'à lui-même; ainsi l'explica-

---

1. L. et S. Tournyol du Clos, « Pourquoi ne pas anticiper ? Criminalité et violences urbaines », *Revue Commentaire,* n° 123, automne 2008, p. 817-828.
2. Art. précité p. 821. V. encore p. 825 : « D'une façon concrète, dans la gestion quotidienne de la cité, les maires, les préfets, les politiques attendent... une réponse opérationnelle... Dans l'urgence peu importe les causes profondes de l'incendie, seule compte la manière de l'éteindre... ».
3. Sur l'hypothèse, *cf. supra* n° 107.
4. Certains auteurs contemporains estiment même qu'il convient de recourir à des micro-théories pour expliquer un même phénomène comme le viol ou l'agression sexuelle des enfants. Ainsi, J. Proulx et *al.* dans le chapitre sur « les agresseurs sexuels de femmes » (*in* J. Proulx et *al.,* *Les violences criminelles,* 1999, p. 179-181) écrivent : « la diversité des profils de *modus operandi* et des profils de personnalité décelés chez les agresseurs sexuels de femmes... semble peu compatible avec les modèles généraux proposés (par les auteurs). En conséquence, à notre avis, la démarche subséquente (à la recherche) serait l'élaboration de *micro-théories du viol* spécifiques à chaque type de profil de *modus operandi* ». L'ouvrage comporte des développements analogues dans le chapitre relatif aux agresseurs sexuels d'enfants (p. 211).

tion étiologique en criminologie constitue l'exemple d'une telle théorie : on présume en effet que le crime est causé par des facteurs qui lui sont extérieurs comme des traits de la personnalité du délinquant. En revanche, la théorie intransitive rend compte de la causalité de son objet à partir de ses propriétés intrinsèques : tel est le cas de la théorie qui soutient que le crime est le produit du système pénal[1]. Une autre notion mérite enfin d'être signalée : il s'agit de la « *middle range theory* »; on entend par là une théorie qui rend compte du phénomène que l'on veut expliquer pour les individus qui se situent en dehors des catégories extrêmes : ceux qui se rangent entre les deux (*middle range*). La théorie est impuissante à expliquer les cas extrêmes. Quoi qu'il en soit de l'extension de la théorie par rapport à l'objet qu'elle entend expliquer, celle-ci doit toujours obéir à une *double exigence méthodologique,* bien mise en évidence par Sutherland dans ses écrits sur la délinquance d'affaires. Pour être adéquate en effet une théorie doit expliquer *tout* le phénomène étudié, mais elle ne doit pas expliquer *plus* que ce phénomène. C'est ainsi que prétendre expliquer la délinquance d'affaires par l'appétit du gain des commerçants véreux serait inexact, car ce mode d'explication rend également compte du comportement des hommes d'affaires respectueux de la loi et qui s'efforcent de maximiser les profits de leur entreprise en utilisant des moyens légitimes[2].

La notion de théorie telle qu'elle vient d'être exposée renferme la prétention de donner une explication authentique du réel. Or, depuis un certain nombre d'années, les spécialistes de la philosophie des sciences soutenant qu'il n'est pas possible de connaître le réel dans sa nature intime, ont proposé de substituer au concept de théorie celui de *modèle* qui s'en distingue en ce qu'il substitue au projet d'une explication authentique du réel, des *représentations conventionnelles* de ce que peut être celui-ci. Un modèle est en effet un schéma simplifié et symbolique destiné à expliquer une réalité quelconque[3]; ce qui le caractérise c'est donc l'aspect *conventionnel* de la représentation de la réalité qu'il donne. Il permet notamment de recourir aux mathématiques dans la représentation de l'action criminelle[4].

b. La mise en œuvre de la recherche empirique fondamentale

124 *Les deux modèles* ◇ Jusqu'à présent, on s'est borné à présenter les *principes de base* de la recherche empirique fondamentale. Mais ces principes doivent, dans toute recherche concrète, être mis en œuvre pour mener cette recherche à bonne fin. Or cette mise en œuvre ne se fait pas n'importe comment; elle suit un *processus* dont les étapes ont été codifiées par les méthodologues. Deux sortes de modèles de processus sont

---

1. V. l'esquisse de la distinction, définitions, caractères et limites in J.-P. Brodeur, « La criminologie marxiste : controverses récentes », *Dév. et soc.* 1984, p. 43-70, spéc. p. 53.
2. Cité par J.-P. Brodeur, « Provocations », *Criminologie*, 1986, 1, spéc. p. 150-151. Dans un encart de l'ouvrage de S. Roché, *En quête de sécurité* (A. Colin, 2003), L. Bègue (p. 82-83) résumant R. Akers (*Criminological theories. Introduction and evaluation*, 1999), indique « Comment évaluer une théorie de la délinquance ? ». Il énonce quatre sortes de critères : 1/ cohérence logique, amplitude et parcimonie; 2/ testabilité; 3/ validité empirique; 4/ utilité et implications pratiques.
3. *Cf.* M. Grawitz, *Méthode des sciences sociales*, nos 414-415.
4. V. L. M. Raymondis et Y. Schektman, « Les méthodes objectives en criminologie : utilisation des modèles mathématiques », *AIC*, 1967, n° 1, p. 41-61.

ainsi à la disposition du chercheur : le *modèle chronologique* (1), de beaucoup le plus connu, et le *modèle topologique* (2), plus récent, qu'il vaut mieux considérer comme complémentaire du précédent plutôt que comme son antagoniste.

1. Le modèle chronologique

125 *Les cinq étapes* ◇ Comme l'indique son appellation, il s'agit d'un modèle qui décrit *les diverses opérations intellectuelles et matérielles* que le chercheur doit accomplir successivement pour réaliser concrètement sa recherche. Dans la systématisation qui en a été faite[1], ce processus comporte cinq étapes distinctes quoiqu'interdépendantes : la position du problème, l'élaboration du cadre de référence, la construction du modèle opératoire, la collecte des données essentielles et enfin l'analyse des données recueillies et l'interprétation des résultats de cette analyse.

1. La position du problème

126 *Sujet de recherche et position du problème* ◇ Les étudiants croient souvent qu'il suffit d'avoir un *sujet de recherche* pour se lancer directement dans la collecte des données empiriques. En réalité il n'en est rien, et notamment pas en criminologie. Lorsque l'on a choisi un sujet, il faut encore *poser correctement le problème* qu'il renferme, c'est-à-dire déterminer l'ensemble des questions que l'on entend poser à la réalité, en l'espèce la réalité criminelle, et auxquelles on se propose d'apporter des réponses.

Pour parvenir à déterminer ainsi les *bonnes questions,* il existe plusieurs moyens : 1/ l'inventaire soigneux des théories pertinentes et des recherches déjà réalisées sur le thème de la recherche; 2/ les échanges avec ceux qui ont déjà travaillé dans le même domaine; 3/ les observations directes; 4/ la réflexion sur ses propres expériences[2]. On insistera particulièrement sur le premier point, la nécessité de procéder à une *revue de la littérature antérieure* aussi complète que possible, en soulignant que celle-ci ne doit pas être faite dans un esprit de pure compilation, mais au contraire en portant une attention particulière aux aspects du sujet non résolus ou mal résolus afin de faire naître les questions pertinentes à soumettre à la recherche[3].

La position du problème, telle qu'on vient de la préciser, a pour conséquence que ce sur quoi va travailler le criminologue, ce ne sera pas un objet donné entièrement de l'extérieur et reçu en quelque sorte passivement par lui, mais un objet *construit* du point de vue méthodologique (et non ontologique). On a déjà eu l'occasion d'évoquer cette *notion de construction d'objet* et de dire d'ailleurs que toute connaissance, qu'elle soit ordinaire ou scientifique, comporte toujours une

---

1. M.-A. Tremblay, *Initiation à la recherche en sciences humaines,* 1968, p. 147 et s.; Selltiz et al., *Les méthodes de recherches en sciences sociales,* 1977, p. 13-14, *op. cit.;* A.-P. Contandriopoulo et al., *Savoir préparer une recherche,* Presses Univ. Montréal, 1990, p. 197.
2. *Cf.* C. Selltiz et al., *op. cit.,* 1977, p. 55-70.
3. Sur la documentation sur l'état des connaissances, v. les observations intéressantes de M. Killias, nos 150-153.

telle construction[1]. Mais à la différence de la connaissance du « sens commun » où la construction d'objet comporte une grande part d'affectivité, de préjugés et de confusions, notamment en matière de délinquance, dans la connaissance scientifique, cette opération se fait dans la perspective d'un point de vue rationnel qui se veut fécond pour la recherche.

2. L'élaboration du cadre de référence

127 *Les trois opérations* ◇ Cette deuxième phase de la recherche empirique fondamentale est aussi une phase très importante, car c'est à ce stade que le criminologue précise la *perspective* dans laquelle il entend réaliser son observation. La détermination du cadre de référence suppose l'accomplissement de trois opérations :

1) La *délimitation des frontières de l'étude,* toute recherche supposant une sélection.

2) L'*élaboration d'un cadre paradigmatique,* c'est-à-dire l'insertion de l'ensemble des questions posées dans une *perspective théorique générale* plus ou moins précise : par là la recherche se distingue dès le départ du reportage et de la description purement journalistique[2].

3) L'*identification des champs d'observation* pour chacune des questions posées, c'est-à-dire l'identification des *variables* et du genre de données à collecter. La pertinence de cette identification dépend à la fois du flair du chercheur, de ses connaissances, de son expérience et de la qualité de la revue de littérature à laquelle il a dû se livrer.

3. La construction du modèle opératoire

128 *La stratégie de l'observation* ◇ Une fois le problème posé et le cadre de référence élaboré, le criminologue doit concevoir la *stratégie de son observation,* c'est-à-dire construire l'organisation de sa recherche et fixer la chronologie des observations à entreprendre : c'est ce que l'on appelle dans le jargon méthodologique, la *construction du modèle opératoire.* Cette troisième phase du processus de la recherche comporte en gros trois séries d'opérations.

129 *1) La détermination des cas soumis à observation* ◇ La première démarche à accomplir par le chercheur consiste évidemment à déterminer ce qu'il va observer.

Cela signifie, en premier lieu, la *délimitation du domaine de l'observation par rapport à l'extérieur.* Cette opération de délimitation varie suivant le type de recherche criminologique que l'on fait. S'il s'agit d'une recherche sur la criminalité, la délimitation consistera à déterminer l'unité géographique sur laquelle porteront les observations (quartier, ville, région, pays, etc.) ainsi que la période de temps rete-

---

1. *Cf. supra* n° 68.
2. On emploie plus fréquemment l'expression « élaboration d'une problématique », mais celle de « cadre paradigmatique » correspond mieux au contenu de l'opération.

nue pour celles-ci (une année, une période quinquennale, etc.). Lorsque la recherche porte sur les délinquants ou les actes criminels, l'opération de délimitation visera tout différemment la catégorie de délinquants ou d'actes délictueux sur laquelle portera l'observation (ex. les délinquants tout-venant, les récidivistes, les mineurs délinquants, etc.).

À l'intérieur même du domaine ainsi délimité, il faut encore – c'est un second point – définir *les cas à observer*. Trois solutions peuvent en effet être retenues à cet égard. La première consiste à observer la totalité des cas connaissables à l'intérieur du domaine d'observation (c'est ce que l'on fait quand on dresse les statistiques de la criminalité). La deuxième réside dans l'étude d'un échantillon, c'est-à-dire un nombre restreint de cas (ex. les récidivistes détenus dans telle prison comme échantillon des récidivistes en général). La difficulté qui se présente alors est celle de la représentativité de l'échantillon retenu et la méthodologie des sciences sociales a construit à cet effet une théorie de l'échantillonnage[1]. Enfin, une autre solution se trouve dans l'étude d'un ou de quelques cas intéressants.

130 **2) La définition des outils intellectuels de saisie du réel** ◇ Pour opérer sur les cas ainsi définis, le criminologue a besoin d'utiliser tout un *outillage conceptuel,* car les choses s'expriment par des mots abstraits et généraux (criminalité, personnalité, situation précriminelle, etc.). Or, désignés ainsi, ces concepts sont des notions *théoriques,* c'est-à-dire des notions qui ne permettent pas d'opérer sur la réalité criminelle pour y appréhender les données observables. D'où la nécessité de procéder à ce que l'on appelle l'*opérationnalisation des concepts.*

Opérationnaliser un concept, c'est le transformer en plusieurs concepts *pratiques, opératoires.* Pour ce faire on va d'abord décomposer le concept théorique (ex. la criminalité) en un certain nombre de *dimensions* (ex. criminalité contre les biens, les personnes, la chose publique), puis décomposer à son tour chaque dimension en un certain nombre d'*indicateurs* (ex. vol, escroquerie, abus de confiance, etc. dans la criminalité contre les biens). Ce sont finalement ces indicateurs qui seront les outils intellectuels de la saisie de la réalité criminelle (dans notre exemple, qui permettront de dresser les statistiques de la criminalité)[2].

131 **3) La construction des instruments d'observation du réel** ◇ Une fois les cas à observer délimités et les outils intellectuels de l'observation définis, il reste, avant de « passer à l'acte d'observation », à choisir les *instruments concrets* que l'on va utiliser pour procéder à la collecte des données. Une *distinction* nécessaire doit être faite ici entre instruments d'observation et techniques d'approche. Une *technique d'approche* (ou de recherche) est un procédé général utilisé pour recueillir des informations sur un objet de recherche (ex. le dépouillement de dossiers judiciaires, l'établissement de statistiques de la criminalité...). Un *instrument d'observation* consiste dans l'adaptation d'une technique d'approche à l'observation particulière qui doit être faite dans le cadre de la recherche

1. *Cf.* par ex. C. Selltiz et *al.,* ouvrage précité, p. 501-531.
2. Sur l'opérationnalisation des concepts théoriques, *cf.* M. Killias, n°s 126 et 156.

entreprise : il s'agit donc de l'*outil concret* avec lequel les observations vont être effectuées.

Il va de soi que la construction de ces instruments suppose d'abord une *parfaite connaissance des diverses techniques de recherche* mises à la disposition du chercheur par la méthodologie pour effectuer les choix qui s'imposent et procéder à l'adaptation des techniques choisies à la recherche particulière entreprise [1].

D'autre part, comme la réalisation des objectifs de la recherche nécessite souvent le recours à *plusieurs* instruments, il faudra préciser le calendrier d'utilisation de ceux-ci, en d'autres termes, planifier l'emploi de ces instruments.

Il arrive souvent que pour faciliter la construction du modèle opératoire, on procède à une *pré-enquête,* c'est-à-dire à un essai sur un échantillon réduit des outils intellectuels et des instruments concrets d'observation élaborés.

4. La collecte des données essentielles

132 *Définition et problèmes* ◇ On entend par « *données* » (*data* en anglais), l'ensemble des faits, informations et observations que le criminologue doit récolter pour être en mesure de répondre adéquatement aux questions posées. C'est cette phase de *collecte des données* qui signe le *caractère empirique* de la recherche (par opposition à théorique).

La collecte des données soulève d'abord la question de savoir quelles doivent être *la nature et l'étendue des données à collecter.* La réponse se trouve dans la distinction faite entre étude de vérification et recherche exploratoire [2]. Dans la première, les données à collecter seront en nombre limité et définies par leur relation avec la vérification à effectuer; dans la seconde au contraire, où l'on travaille sur un aspect encore inconnu de la réalité, il est impossible de déterminer à l'avance quelles données seront essentielles et lesquelles ne le seront pas : il faudra donc accumuler le plus de matériaux possibles pour trier ensuite.

Deuxième question très importante, c'est celle de la *coopération des informateurs.* Sauf dans le cas de recherche sur documents dans une bibliothèque ou une salle d'archives publiques, la collecte des données suppose le recours à un ou plusieurs informateurs, soit parce qu'ils détiennent l'accès aux informations, soit parce qu'ils sont eux-mêmes la source de l'information (interview par exemple). Or, en matière de recherche criminologique, cette coopération est souvent très difficile à obtenir, non seulement auprès des délinquants ou des victimes, mais aussi auprès des magistrats, chefs d'établissements pénitentiaires, policiers.

Enfin, il ne faut pas négliger de procéder à la *notation systématique* des données collectées pour les rendre permanentes et à leur *classement méthodique* pour en rendre l'analyse ultérieure plus facile. Les techniques modernes (photocopie, enregistrement magnétique, caméra vidéo, informatique) facilitent à cet égard grandement le travail du chercheur [3, 4].

---

1. La 3ᵉ section du présent chapitre est consacrée à l'étude des techniques de recherche criminologique, *infra* nᵒˢ 148 et s.

2. *Cf. supra* nᵒ 107.

3. T. Lodge, « Les moyens de recueillir et de conserver les informations concernant la politique criminelle », *in Études relatives à la recherche criminologique,* 1971.

4. J. Selosse, « Chercheurs et ordinateurs », *IC,* nᵒ 9, 1970, p. 35-37 ; P. Robert, « Informatique et recherche pénale », *in Informatique et droit pénal,* Travaux Inst. Sc. crim. de Poitiers, 1981, p. 127-146.

5. L'analyse des données et l'interprétation des résultats

133 ***La phase la plus importante*** ◇ Dernière étape du processus chronologique de la recherche empirique, l'*analyse des données collectées* et l'*interprétation des résultats de cette analyse* en constituent le moment le plus important car c'est par elles que la recherche développe tout son intérêt[1]. C'est dire qu'il faut se garder des analyses insuffisantes qui ne tirent pas des données collectées tout ce qu'elles peuvent rendre, comme d'ailleurs on doit éviter les abus de généralisation qui leur font dire plus que ce qu'elles disent effectivement.

Analyse et interprétation posent d'abord le problème de leurs *objectifs*. On leur assigne pas moins de *cinq objectifs* : l'identification des facteurs pertinents du phénomène étudié, la recherche de l'interdépendance des facteurs, l'évaluation de leur importance relative dans la production du phénomène global, l'élaboration d'un schéma d'explication de celui-ci, enfin la construction, selon le cas, d'une hypothèse ou d'une théorie achevée (ou d'un modèle).

Pour atteindre ces objectifs, les méthodologues ont codifié les diverses *étapes* que doit parcourir le chercheur dans cette dernière phase de la recherche. Ils identifient *quatre étapes :* 1/ la critique des données, afin de vérifier leur pertinence, leur qualité et leur fiabilité; 2/ le regroupement des données, pour rassembler celles qui possèdent des éléments communs et des relations d'affinité et les distinguer des autres; 3/ la conceptualisation des données qui est en quelque sorte, l'opération inverse de l'opérationnalisation des concepts et permet d'aboutir à des concepts nouveaux que l'on appelle « concepts expérimentés »; 4/ la démonstration qui permet d'atteindre enfin les objectifs assignés à l'analyse et à l'interprétation.

Toutes les analyses n'obéissent cependant pas exactement aux mêmes démarches. On distingue à cet égard entre l'analyse des *données quantitatives* et celle des *données qualitatives,* distinction qui s'insère dans celle plus large de la recherche quantitative et de la recherche qualitative que l'on examinera dans un instant[2].

2. Le modèle topologique[3]

134 ***Les quatre pôles de la recherche*** ◇ Alors que le modèle chronologique que l'on vient d'examiner présente le processus de la recherche empirique fondamentale comme une succession d'étapes qui se succèdent *dans le temps,* le modèle topologique consiste à projeter en quelque sorte

---

1. Il est intéressant de distinguer à cet égard entre *analyse primaire* ou ordinaire et *analyse secondaire*. La première est celle qui porte sur les données qui ont été collectées pour la recherche elle-même et donc dans la perspective qui avait été tracée par la position du problème, la détermination du cadre de référence et la construction du modèle opératoire. La seconde, en revanche, est celle qui porte sur des données qui ont été rassemblées à d'autres fins (ex. les statistiques officielles de la criminalité utilisées dans une recherche). Les analyses secondaires sont appelées à se développer avec la constitution de *banques de données criminologiques* conservées grâce à l'informatique (ex. la banque de données dénommée Logi-violence qui réunit les informations sur tous les faits de violence politique dans le monde). V. en outre M. Grawitz, n° 542 qui donne cependant de ces notions des définitions différentes.
2. *Cf. infra* n°s 137 et s.; F. Vanhamme, « La rationalité des résultats empiriques », *RDPC,* 2005, p. 494.
3. *Cf.* P. De Bruyne, J. Herman et M. De Schoutteete, *Dynamique de la recherche en sciences sociales,* PUF, 1974.

dans l'espace, tout ce que le premier modèle décrivait comme se réalisant dans le temps et à regrouper ces projections autour de quatre pôles que les auteurs dudit modèle appellent respectivement : pôle épistémologique, pôle théorique, pôle morphologique et pôle technique.

1) Le *pôle épistémologique* est celui qui, nous dit-on, exerce « une fonction de vigilance critique ». C'est lui qui inspire et anime les *procédés discursifs* qui sont utilisés dans la recherche.

2) Le *pôle théorique* est celui qui guide l'élaboration des hypothèses et la construction des concepts. C'est lui qui fournit les cadres de référence de la recherche.

3) Le *pôle morphologique* est le lieu de regroupement des préoccupations de structuration et de classement du chercheur. C'est lui qui fournit les typologies, les systèmes, les modèles et les structures.

4) Le *pôle technique* enfin est celui où se regroupe tout ce qui concerne la collecte des données et les diverses techniques qui permettent d'appréhender la réalité observable.

B. Les différentes méthodes de recherche criminologique fondamentale

135 *Les deux grandes classifications* ◇ Si la logique de la recherche criminologique fondamentale se présente toujours suivant le modèle général que l'on vient d'étudier, il existe cependant plusieurs sortes de méthodes de recherche qui s'inscrivent dans ce cadre d'ensemble. On a pour habitude de faire, à cet égard, *deux sortes de distinctions :* distinction de la méthode expérimentale et de la méthode clinique (a), distinction de la méthode quantitative et de la méthode qualitative (b).

a. Méthode expérimentale et méthode clinique [1]

136 *Définitions et caractères* ◇ On entend par « *méthode expérimentale* » quand on l'oppose à « méthode clinique », la méthode qui procède à l'étude de son objet, en l'espèce l'action criminelle, *au moyen de son appréhension en termes généraux ou par catégories générales* [2]. On désigne au contraire par le terme de « *méthode clinique* » celle qui étudie l'action criminelle *à travers sa saisie en termes particuliers, dans son individualité spécifique* [3]. Le critère de distinction réside donc dans l'angle de saisie de l'objet de recherche : général dans le premier cas, particulier dans le second.

---

1. H. Ellenberger, « Recherche clinique et recherche expérimentale », n° spécial de la *Revue Sciences de l'homme,* 1965, p. 7-18 ; G. Canepa, « Criminologie et sciences humaines », *AIC,* 1989, p. 19-25, spéc. 20-21.
2. On l'appelle encore « méthode sociologique » ou « méthode statistique ».
3. R.-Y. Dufour, « Les défis actuels à la criminologie clinique et la violence des scientifiques », *RICPT,* 1989, p. 25-40 ; O. Bourguignon, « Recherche clinique et contraintes de la recherche », *Bulletin de psychologie,* 1988, n° 377, p. 751-754 ; M. Pages, « Pour une démarche dialectique dans les sciences humaines », *même revue,* p. 745-750 ; A.-M. Favard, « Observatoire permanent et prévention situationnelle », *RSC,* 1989, p. 380-386 ; R. Ottenhof et A.-M. Favard (dir.), *Nouvelles approches de criminologie clinique,* éd. Erès, 1991.

Ainsi définies, les deux méthodes se différencient de toute évidence par leurs *buts*. La méthode dite « expérimentale » a pour but de dégager des *connaissances d'ordre général* et de *grandes classifications :* elle *analyse* pour dégager les traits caractéristiques. La méthode clinique au contraire est l'application de « l'esprit de finesse » à l'étude de l'action criminelle. Elle vise à saisir son objet d'étude dans sa singularité vivante et dynamique : elle entend dégager des *profils* d'acte criminel, de délinquant, de criminalité, aussi proches que possible du film de la réalité criminelle [1]. On peut dire d'une certaine façon, en reprenant la distinction, classique depuis Dilthey, entre l'« explication » et la « compréhension » des phénomènes que la méthode expérimentale tend à l'« explication » de la délinquance tandis que la méthode clinique vise la « compréhension » de celle-ci.

À la différence de buts correspondent aussi des différences de *moyens*. La méthode expérimentale a plutôt tendance à recourir aux techniques quantitatives et la clinique aux techniques qualitatives. D'autre part, la première utilise plutôt l'approche transversale, c'est-à-dire l'étude de l'action criminelle à un moment du temps, tandis que la seconde préfère l'approche longitudinale ou observation dans la durée (ex. observation des délinquants pendant toute la durée de leur incarcération). Enfin, l'expérimentale a plus volontiers recours à la méthode différentielle, comparative, alors que la clinique s'attache à l'approfondissement de son objet en en recherchant les détails les plus significatifs. L'ensemble de ces différences de buts et de moyens fait que souvent les criminologues identifient la méthode expérimentale à la méthode sociologique et opposent ainsi une « criminologie sociologique » à une « criminologie clinique ».

Si les deux méthodes sont ainsi très différentes, il ne faut pas cependant s'exagérer la portée de ces différences. D'ailleurs si certains chercheurs privilégient l'observation directe sur le terrain plutôt que les élaborations abstraites du statisticien dans son laboratoire [2], nombre de criminologues estiment que les deux méthodes doivent être considérées comme complémentaires l'une de l'autre plutôt que comme opposées et plaident en faveur d'une « *approche pluridisciplinaire socio-clinique* » [3, 4].

b. Méthode quantitative et méthode qualitative

137 *Définition et historique* ◇ La *méthode quantitative* (1) est celle qui utilise la *mesure* comme moyen de connaissance [5], tandis que la *méthode qualitative* (2) emploie comme procédé de connaissance la recherche des *qualités* de son objet, c'est-à-dire les caractères de cet objet.

---

1. V. ce qu'écrit C. Debuyst sur le « récit criminologique », *in* « Pour introduire une histoire de la criminologie », *Dév. et soc.* 1990, p. 347 et s., spéc. p. 368-373.

2. Tel est le cas d'Howard S. Becker, *cf. Les ficelles du métier*, La Découverte, 2002.

3. On notera toutefois que la Société internationale de criminologie maintient la distinction entre « criminologie sociologique » et « criminologie clinique. », à travers deux des prix qu'elle décerne à chacun de ses congrès internationaux : le prix Émile Durkheim destiné à honorer l'œuvre scientifique d'un criminologue ayant consacré l'essentiel de ses travaux à la criminologie *sociologique* et le prix Étienne De Greeff qui est attribué à un auteur dont les œuvres essentielles ont trait à la criminologie *clinique*, v. les prix attribués lors de la séance de clôture du XVᵉ Congrès mondial de criminologie, Barcelone 20-25 juillet 2008 *in AIC*, 2008, p. 171 et s.

4. Sur la méthode comparative *cf. supra* n° 36 et s. Miyazawa, « The enigma of Japan as a testing ground for cross-cultural criminological studies », *AIC*, 1994, p. 81-104.

5. Sur la théorie générale de la mesure, *cf.* R. Boudon et F. Bourricaud, *op. cit., vᵒ* « Mesure », p. 335-342 ; J.-L. Besson et M. Comte (éd.), *Des mesures*, 1980, 180 p.

L'histoire du recours aux deux sortes de méthodes dans les sciences de l'homme, et notamment en criminologie, est quelque peu mouvementée. Dans la première période, fin xixᵉ-première moitié du xxᵉ siècle, on pensait généralement que seule la méthode quantitative permettait d'obtenir une véritable connaissance scientifique de l'homme et, en particulier, de l'action criminelle. Puis dans les années 1950 on vit se développer une critique virulente du recours à la méthode quantitative, notamment avec P. Sorokin qui dénonçait « l'âge de la quantophrénie et de la numérologie »[1]. Mais, très vite, on retourna à la méthode quantitative qui fût considérée comme étant celle qui donne les meilleurs résultats[2]. Depuis le début des années 1980 cependant on assiste à un retour offensif de la méthode qualitative[3].

1. La méthode quantitative[4]

138 *Domaine de la méthode quantitative* ◊ La méthode quantitative a un *domaine méthodologique d'application* beaucoup plus étendu qu'on ne le croit communément. Elle consiste en effet dans le recours aux mathématiques, non seulement au stade du traitement statistique des données collectées, mais encore souvent dès la formulation de la position de la question au début de la recherche et jusqu'à l'expression de la théorie avec l'utilisation de modèles mathématiques explicatifs. Les mathématiques sont donc partout en criminologie et la lecture de certains travaux exige un niveau de connaissances mathématiques et statistiques élevé, auquel se joint aujourd'hui la connaissance de l'informatique. On appelle parfois cette criminologie mathématique, la « criminométrie ».

Quant aux *secteurs de la criminologie* intéressés par cette méthode, il s'agit bien entendu de la *criminalité* qui est, par hypothèse, une quantité ou peut du moins être saisie comme telle, mais elle est aussi utilisée pour l'étude du *délinquant* et même du *passage à l'acte criminel* et de l'*acte criminel* lui-même.

139 *L'analyse quantitative* ◊ Face à cette ampleur du domaine de la méthode quantitative en criminologie, on a spécialement codifié en la matière l'*analyse quantitative des données* en vue de la recherche de la *cau-*

---

1. P. Sorokin, *Tendances et déboires de la sociologie américaine*, Aubier éd., 1959. La critique emploie aujourd'hui le terme de « mathémanie » (V.-A. Piettre, « Mathématiques ou mathémanie ? », *Le Monde* du 20 déc. 1988).
2. L'analyse quantitative en criminologie a donné lieu à l'ouvrage de T. Hirschi et H.-C. Selvin, *Recherches en délinquance. Principe de l'analyse quantitative*, préface R. Boudon, 1975.
3. *Cf.* le numéro 1 de la revue *Sociologies et sociétés* de 1982 avec les art. de G.-G. Granger, Pires et Laperrière; Pouparrains et Pires, « Les méthodes qualitatives et la sociologie américaine », *Dév. et soc.* 1983, p. 63-91; P. Cipriani, « Quantité et qualité dans l'analyse sociologique », *Rev. inst. de sociologie*, 1985, nᵒˢ 1-2, p. 181-190.
4. 1) Sur la méthode quantitative en général dans les sciences de l'homme : *cf.* les ouvrages de mathématiques pour les sciences sociales; *Calcul et formalisation dans les sciences de l'homme*, éd. CNRS, 1968; R. Boudon, *L'analyse mathématique des faits sociaux*, Paris, 1967, 2ᵉ éd. 1971; J. Parain-Vial, *Les difficultés de la quantification et de la mesure*, Maloine éd., 1981; 2) En criminologie spéc. : L. M. Raymondis et Y. Schektman, « Les méthodes objectives en criminologie : utilisation des modèles mathématiques », *AIC*, 1967, nᵒ 1, p. 41-61; J. Pinatel, « La criminologie peut-elle devenir une science exacte ? », *RSC*, 1969, p. 190-198; D. Ferrier, *Approche méthodologique d'un traitement mathématique appliqué au phénomène criminel*, Mémoire DEA, Aix-en-Provence, 1976, ronéo.; « *Journal of quantitative criminology*; Wolfgang et Smith, Mathématiques et criminologie » *RISS*, 1966, nᵒ 2, p. 219-245.

salité[1]. Hirschi et Selvin notamment[2] exposent que, pour que l'on puisse retenir *l'existence d'une relation causale* entre une variable *indépendante* et une variable *dépendante,* trois conditions doivent être remplies : 1/ l'existence d'une association statistique significative entre les deux variables[3]; 2/ le respect de l'ordre causal, à savoir que la variable indépendante ait précédé dans le temps la variable dépendante; 3/ la non-artificialité de la relation entre variable indépendante et variable dépendante, ce qui veut dire que si l'on introduit dans le schéma explicatif une variable *antécédente* (qui précède la variable indépendante dans l'ordre causal), cette dernière ne fait pas disparaître la relation antérieurement observée.

Les mêmes auteurs proposent également d'*affiner la causalité* ainsi établie par deux opérations complémentaires : 1/ l'introduction d'une ou plusieurs variables *intermédiaires* qui s'intercalent entre la variable indépendante et la variable dépendante et permettent ainsi d'*interpréter* la relation causale[4]; 2/ la recherche de l'interaction des variables ou *spécification,* étant précisé qu'il y a interaction de variables lorsque l'association entre deux variables réputées en relation causale, dépend de la valeur d'une troisième variable dite *intervenante.*

2. La méthode qualitative

140 *Fonctions et utilisation* ◇ La méthode qualitative qui, rappelons-le, consiste à appréhender son objet d'étude par le biais de son profil caractéristique est susceptible de remplir des *fonctions* importantes en recherche fondamentale : 1/ soulever de nouveaux problèmes; 2/ révéler des faits insoupçonnés; 3/ suggérer des corrélations ou des processus; 4/ suggérer une idée centrale ou même une théorie. Les partisans du retour de la méthode qualitative sur le devant de la scène de la recherche soutiennent d'ailleurs qu'elle peut remplir, non seulement les mêmes fonctions que la recherche quantitative, mais encore d'autres fonctions auxquelles cette dernière ne pourrait prétendre.

En pratique, la méthode qualitative est *utilisée* surtout pour l'étude de l'acte criminel et de la personnalité du délinquant, mais on l'emploie aussi aujourd'hui dans la recherche sur la criminalité elle-même.

À la différence de l'analyse quantitative, *l'analyse qualitative des données* n'a pas été suivie d'une codification méthodologique systématique et elle reste encore largement abandonnée au flair, à l'intelligence et à l'expérience personnelle des chercheurs. Mais des efforts ont été entrepris il y a une quinzaine d'années pour lui conférer un statut et une rationalité[5].

---

1. Sur l'analyse des données en général, *cf. supra* n° 133.
2. Ouvrage précité, p. 88, note 2. *Adde* M. Killias, nᵒˢ 134-148 et 157-161.
3. Sur les difficultés d'établissement des associations statistiques : R. Padieu, *CSI,* n° 4, févr.-avr. 1991, p. 233-241.
4. Pour une application de ce type d'affinement de la causalité, *cf.* R. Gassin, « Regards sur l'acmé dans les banlieues « sensibles » en octobre-novembre 2005 », *RPDP,* 2008, p. 153-187, spéc. p. 172-186, n° 63 à 85.
5. *Cf.* J. Poupart et *al., La recherche qualitative. Enjeux épistémologiques et méthodologiques,* Montréal, G. Morin éd. 1997. Pour un ex. d'analyse qualitative, *cf.* P. Ponsaers, « Modèles pour analyser le phénomène du « terrorisme », (illustration : l'affaire Baader-Meinhof) », *Dév. et soc.,* 1978, p. 1-34.

§ 2. La logique de la recherche criminologique appliquée

141 *Du trop plein au presque vide* ◇ On entend par *recherche appliquée* celle qui a pour but la solution d'un problème particulier ordinairement urgent et important. Elle tend soit à transformer une situation, soit tout au moins à énoncer des recommandations qui, mises en œuvre, changeront cette situation[1]. Elle a *donc* pour finalité l'*action* et non la connaissance.

Contrairement à ce qui se passe en recherche fondamentale, il n'existe, semble-t-il, que *peu de travaux* sur la *logique de la recherche appliquée* dans les sciences de l'homme[2] et *a fortiori* en criminologie. Cela est d'autant plus regrettable que la distinction entre *recherche appliquée en criminologie* et *applications de la criminologie* est souvent méconnue et que nombre de praticiens de la justice pénale ont tendance à penser qu'en exerçant leur profession, ils font en même temps de la recherche criminologique. Or, à la différence de M. Jourdain qui faisait de la prose sans le savoir, on ne fait pas de la recherche sans le vouloir et sans se soumettre aux conditions exigeantes de la recherche scientifique.

En *criminologie*, la recherche appliquée a pour objectif de se prononcer sur la *valeur scientifique des moyens de lutte contre la délinquance*[3] (système pénal, traitement des délinquants, prévention de la criminalité) qui sont actuellement employés (ex. la prison, le travail d'intérêt général) et de découvrir de nouveaux moyens anticriminels de valeur scientifique plus satisfaisante.

Quelles sont alors les *démarches de l'esprit* qui permettent de répondre à cet objectif ? On remarquera que celles-ci diffèrent de celles de la recherche fondamentale tant en ce qui concerne le modèle général de la recherche (A) que les divers types de recherche appliquée (B).

A. Le modèle général de la recherche criminologique appliquée

142 *Les trois étapes* ◇ La recherche criminologique appliquée, pour être menée à bien, suppose le franchissement successif de trois étapes : l'enquête préalable, le diagnostic et les conseils pour l'action.

1) L'enquête préalable. Du moment que la recherche appliquée a pour but d'apporter une solution à une situation qui n'est pas satisfaisante[4], la première démarche à effectuer consiste à *étudier cette situation* afin d'en avoir une connaissance suffisante en vue de diagnostiquer ultérieurement les raisons de l'insatisfaction et de proposer les changements opportuns. Cette enquête qui, bien que visant

---

1. *Cf.* M.-A. Tremblay, *Initiation à la recherche dans les sciences humaines,* précitée, p. 55-57.
2. V. quelques observations intéressantes dans C. Selltiz et *al., op. cit.,* p. 7-11.
3. Sur la notion de valeur scientifique des moyens de lutte contre la criminalité, *cf. supra* n° 99.
4. Encore s'agit-il de définir ce qu'il faut entendre par « satisfaisante ». Il nous est arrivé d'assister à une journée d'études destinée à redonner vie à un « Conseil communal de prévention » qui avait connu jusque-là une existence quasi embryonnaire. Or, lors de cette réunion, les autorités de police ont affirmé que la délinquance n'avait cessé de baisser dans la ville depuis 1983. On perçoit ainsi le décalage qui peut exister entre la réalité – si, toutefois, elle est effectivement ce qu'en disent les policiers – et le « décret » politique qui prétend la changer (*cf.* l'ouvrage bien connu de M. Crozier, *On ne change pas la société par décret,* Grasset, 1979).

l'action, doit être *objective,* doit porter essentiellement sur trois points : 1/ analyse du contenu théorique de la mesure de lutte contre la délinquance, objet de la recherche; 2/ raisons qui sont à l'origine de cette mesure et conditions dans lesquelles elle a été adoptée; 3/ mesure dans laquelle et manière dont ce moyen de lutte est effectivement appliqué.

2) Le diagnostic. Deuxième étape de la démarche, il a pour but de définir *pourquoi* la situation décrite dans l'enquête préalable n'est pas satisfaisante. Trois opérations doivent être accomplies à cette fin : 1/ isoler, parmi tous les aspects du contenu théorique et de l'application pratique de la mesure étudiée, celui ou ceux qui sont de nature à expliquer l'échec total ou partiel ou encore les insuffisances de cette mesure; 2/ rechercher pourquoi le ou les aspects critiquables de la mesure en cause ainsi isolés ont entraîné l'échec ou l'insatisfaction et à quelles conditions il en serait allé autrement; 3/ pronostiquer ce qui se passerait si rien n'était changé et si le cours des choses se continuait comme avant.

3) Les conseils pour l'action. Troisième et dernière phase de la démarche, ils supposent à leur tour *quatre réflexions :* 1/ indiquer s'il faut modifier la mesure ou au contraire maintenir le *statu quo,* car il arrive parfois qu'un changement aurait plus d'inconvénients que d'avantages; 2/ si l'on se rallie à la nécessité d'une modification, définir ce qui doit être changé et ce qu'au contraire il n'y a pas lieu de modifier; 3/ préciser en quoi doit consister le changement, comment il devra s'effectuer et quels sont les moyens nécessaires pour lui assurer toutes chances de succès; 4/ prévoir la nature et l'importance de l'incidence que ces changements vont avoir sur la situation qui fait difficulté que sur l'ensemble de son environnement et suggérer la création et l'organisation d'une instance d'évaluation de la nouvelle mesure.

Il n'est pas douteux que si de telles procédures avaient été suivies, nombre de projets de modifications législatives, pour ne parler que de ces sortes de mesures, n'auraient pas connu les avatars douloureux que l'on a pu observer (comme par ex. le projet Chalandon sur la toxicomanie). Cela étant, il ne faut pas se dissimuler la complexité de la politique publique de réforme [1].

B. **Les divers types de recherche criminologique appliquée**

143 *Deux classifications* ◇ Le modèle général qui vient d'être décrit encadre plusieurs sortes de recherche appliquée. Pour classer ces divers types, on peut se placer soit au point de vue du *but poursuivi* en distinguant entre recherche évaluative et recherche de changement (a), soit au point de vue du *rôle du chercheur* par rapport à l'action en opposant la recherche active à la recherche d'observation (b).

a. **Recherche évaluative et recherche de changement**

144 *1) La recherche évaluative* ◇ C'est celle qui s'interroge sur la *valeur scientifique* des mesures de lutte contre la délinquance. Elle peut *porter*

---

1. *Cf.* R. Delorme, « De l'emprise à l'en-prise. Agir en situation complexe » *in Mélanges J.-L. Le Moigne, Entre systémique et complexité,* PUF, 1999, p. 25-46, spéc. 40-44.

soit sur l'évaluation des traitements appliqués aux délinquants[1], soit sur l'évaluation des programmes de prévention de la criminalité[2], soit encore – et c'est pour elle un champ immense d'investigation – sur l'évaluation des institutions pénales (droit pénal et organes de la justice pénale)[3]. Elle peut être faite soit *avant* un changement pour savoir s'il y a lieu de faire des modifications, soit *après* un changement pour apprécier la pertinence du changement.

On distingue également souvent entre trois sortes de recherches évaluatives : la recherche *expérimentale,* la recherche *quasi-expérimentale* et *l'analyse de variation naturelle.* La première, qui suppose la constitution délibérée d'une situation d'expérimentation, est très rarement réalisée en raison des contraintes pratiques, scientifiques et éthiques qui s'y opposent[4]. La deuxième est plus fréquemment utilisable (ex. évaluation de l'effet intimidant de la peine de mort dans un pays qui, successivement, abolit puis rétablit la peine de mort)[5]. Mais le type de recherche évaluative le plus fréquemment employé demeure l'analyse de variation naturelle (ex. évaluation de l'effet intimidant des sanctions en comparant la variation naturelle des taux de criminalité et celle des niveaux des peines prévues et appliquées dans une unité d'observation).

Le problème essentiel que pose ce type de recherche est celui du *critère d'évaluation.* Il va de soi (mais la chose est loin d'être perçue par les praticiens) qu'il faut distinguer entre l'*évaluation administrative* des mesures anti-criminelles réalisée par l'institution elle-même et leur *évaluation scientifique.* Mais que faut-il entendre précisément par ce dernier terme ? Ainsi, s'agissant de l'évaluation des résultats des traitements, doit-on choisir comme critère la récidive (et laquelle), ou bien la modification de la personnalité du délinquant au cours du traitement, ou

---

1. *Cf.* L.-M. Raymondis, « Les méthodes d'évaluation des résultats des traitements », *RSC,* 1967, p. 689-701 ; A. K. Cohen, *La déviance,* p. 84-85 ; J. Pinatel, « Recherche évaluative et personnalité criminelle », *RSC,* 1971, p. 980-987 ; 1er Colloque européen de criminologie, *Les méthodes d'évaluation du traitement des délinquants,* Strasbourg, 1973, C.-R. J. Vérin, *RSC,* 1974, p. 136-140 ; CFRES, *Que deviennent-ils ?,* 1974 ; F. Le Poultier, *Recherches évaluatives en travail social,* Presses Université Grenoble, 1990, 280 p. ; A. Aliman, « Évaluation d'une institution éducative pour jeunes en Suisse Romande », *RICPT,* 1993, p. 65-86 ; R. Evans, « Evaluating young adult diversion schemes in the Metropolitan police district », *The criminal law review,* juill. 1993, p. 490.
2. J. Cornejo, *Le problème de l'efficacité et de l'évaluation des interventions de prévention de la délinquance,* Louvain, 1981, 243 p. ; P. Robert, « Évaluer la prévention », *APC,* 1995, p. 53-70 ; P. Robert (dir.), *Les politiques de prévention de la délinquance à l'aune de la recherche,* L'Harmattan, 1991, spéc. p. 270 et s.
3. D. Szabo, « L'évaluation des politiques criminelles : quelques réflexions préliminaires », *RSC,* 1981, p. 1-23 ; J. Caporaso et L. L. Ross Jr, *Quasi-experimental approaches : testing theory and evaluating policy,* 1973 ; UNSDRI, *Évaluation research in criminal justice,* 1976 ; Commissariat Général au Plan, *Évaluer les politiques publiques,* Rapport du groupe de travail : méthode d'évaluation des politiques publiques, 1987, 184 p. ; T.-M. Jares et R. Blackburn, « Evaluating criminal justice programs : establishing criteria », *Journal of Criminal justice,* 1990, l, 33-41 ; A.-M. Favard et R. Ottenhof, « Évaluation des politiques criminelles : questions de méthode », *APC,* 1994, p. 71-88 ; V. Gautron, « L'évaluation de la politique criminelle : des avancées en trompe-l'œil ? », *APC,* 2008, p. 201-219 ; Pour une application de la recherche évaluative *cf.* J. Ferret et F. Ocqueteau (dir.), *Évaluer la police de proximité ? Problèmes, concepts et méthodes,* Doc. fr., 1998. En ce qui concerne plus spéc. les contrats locaux de sécurité (CLS) : J. Faget, « Comment évaluer les contrats locaux de sécurité ? Réflexions à partir d'une expérience de recherche » *in* J. Ferret et F. Ocqueteau, p. 83-89 ; P. Duffe (dir.), *Rapport d'étape de la mission interministérielle d'évaluation des contrats locaux de sécurité,* 2001.
4. Toutefois cette méthode est utilisée aux États-Unis et en Grande-Bretagne pour tester l'efficacité des sanctions pénales. V. par ex. pour l'évaluation de l'effet intimidant de l'arrestation pour violences domestiques sur la prévention de la récidive : L. Sherman, *RICPT,* 1994, p. 7-21, spéc. 15-17.
5. M. Aebi, « Implications méthodologiques, épistémologiques et de politique criminelle d'une recherche quasi-expérimentale », *RICPT,* 2003, p. 131.

encore la comparaison des résultats du traitement effectivement appliqué avec ceux d'un traitement supposé obtenu par simulation[1] ?

D'une manière générale, *deux conceptions de l'évaluation de l'efficacité* des mesures anti-criminelles s'opposent en méthodologie. La première qui peut être dite traditionnelle, procède à l'évaluation en confrontant les objectifs assignés à ces mesures et les résultats de leur application : toute distorsion entre les deux est interprétée comme un échec. Mais une autre conception, développée par certains politologues anglo-américains, considère cette approche comme conceptuellement inadéquate. Partant de l'hypothèse que les réformes sociales (en l'espèce les réformes de politique criminelle) ne sont pas un point d'arrivée consacrant des solutions optimales, mais au contraire l'ouverture de processus sociaux complexes, contradictoires et conflictuels, ces auteurs situent le critère de l'efficacité dans une perspective tout à fait différente : la capacité à ne pas étouffer les problèmes, à ne pas figer les situations et à accroître la qualité et la richesse des attentes de la part des personnes à qui s'appliquent ces réformes[2].

145 **2) *La recherche de changement*** ◇ C'est celle qui a pour finalité directe les *conseils pour l'action*. Elle peut avoir deux sortes d'objectifs. Les *premiers* concernent la nature et le contenu des mesures de lutte contre la délinquance; il s'agit alors de rechercher quelles sont les modifications à apporter, quant au fond, à l'état de choses existant[3]. Les *seconds* portent différemment sur les techniques utilisées en criminologie appliquée, tels que les tests psychologiques ou les « tables de prédiction ». Il y a lieu de signaler à cet égard que ces techniques utilisées en criminologie appliquée sont souvent considérées comme des techniques de recherche criminologique et mentionnées comme telles dans les chapitres de manuels consacrés à la méthode de la criminologie. Il y a là une erreur. De même que la machine-outil qui sert à fabriquer un produit est un résultat technologique et non un instrument de recherche en technologie, de la même façon les tables de pronostic comme les tests ne sont que des outils de la criminologie appliquée; ce qui appartient à la recherche, c'est seulement la manière dont ces instruments ont été élaborés.

L'article récent précité « Pourquoi ne pas anticiper ? »[4] contient un inventaire fourni des diverses méthodes qui peuvent être utilisées pour mener à bien une *recherche de changement* en politique criminelle[5]. Son objet essentiel concerne les « conseils pour l'action » que le criminologue peut donner aux pouvoirs publics concernés pour « anticiper l'insécurité » dans un contexte historique ou géographique déterminé. À cette fin, ses auteurs énumèrent cinq types de procédés différents. 1°/ *L'analyse saisonnière* des données relatives à la délinquance dans le

---

1. *Cf.* P. Landreville, *Le critère de la récidive dans l'évaluation des mesures pénales*, Publication du SEPC du ministère de la Justice, n° 36, 1982, 151 p.; S. Hodgins, « L'évaluation des programmes de réhabilitation : comment la faire ? », *RICPT*, 1983, p. 43-60; P. Tournier, *Réflexion méthodologique sur l'évaluation de la récidive*, CESDIP, 1988, 59 p., ronéo.; J. Selosse, « Interner ou réinsérer ? Réflexions sur l'évaluation de la rééducation », *RICPT*, 1984, p. 12-20.

2. Sur la complexité de la politique publique de réforme, *cf.* art. R. Delorme précité.

3. *Cf.* pour les institutions pénales, M. Ancel, « La contribution de la recherche à la définition d'une politique criminelle », *RICPT*, 1975, p. 225-236; A. Tsitoura, « Recherche criminologique et politique criminelle », *RSC*, 1989, p. 406-407.

4. *Cf. supra* n° 122.

5. Spéc. p. 825-828.

cadre d'une évolution annuelle ou pluriannuelle. Elle consiste à mettre en évidence les rapports entre l'ampleur de tel ou tel type de délinquance d'une part et d'autre part les diverses saisons de l'année[1] ou encore des périodes particulières comme les fêtes de fin d'année ou du 14 juillet (pour les pics d'incendie de voitures). 2°/ *L'analyse de trajectoire.* Elle repose sur l'analyse différentielle de la délinquance ou d'un certain type de délinquance (mineurs, incendies de voitures etc.) en divers endroits du territoire (quartier, commune etc.) à partir de quelques indicateurs déterminants (structure des familles, scolarisation des enfants, précarité des ménages etc. pour la délinquance juvénile par exemple). À partir des catégories ainsi établies, il devient possible de pronostiquer, soit une aggravation ou une diminution du type de délinquance considérée, soit un changement de type de délinquance en fonction des caractéristiques de celui-ci. 3°/ *Le* « scoring » ou méthode qui mesure le risque lié au comportement des individus. Partant de diverses caractéristiques (démographiques, économiques, culturelles...) elle attribue un « score » déterminé à chaque quartier, commune, département etc. pour évaluer le risque de délinquance considéré. Ce score permet à son tour d'individualiser géographiquement l'action politique de prévention ou de répression. 4°/ *La théorie des jeux* qui consiste à représenter les stratégies qui s'offrent aux « joueurs » pour tenter de déterminer soit la meilleure intervention possible de la puissance publique, soit les diverses options possibles pour cette dernière (intervention policière, action sociale, rénovation de quartier etc.). 5°/ *Les modèles de diffusion* qui sont un ensemble de modèles mathématiques largement utilisés en médecine pour étudier la propagation d'une épidémie. En criminologie appliquée, ils pourraient permettre d'anticiper l'évolution de tel ou tel type de délinquance ou la vitesse de diffusion de celle-ci dans un lieu déterminé.

b. Recherche d'observation et recherche active

146 *Définitions et méthodologies respectives* ◊ Dans la *recherche d'observation,* le chercheur étudie la situation pour éventuellement la transformer, mais il n'est nullement impliqué dans l'action quotidienne. Dans la *recherche active*[2] en revanche, le chercheur est en même temps que chercheur un *agent de changement* qui est généralement intégré dans l'équipe active. On a écrit ainsi que la recherche active est une recherche « engagée dans l'action, par l'action et pour l'action »[3]. Entre les deux se situe ce que l'on appelle l'*observation participante.* L'étude du criminologue américain Chambliss sur le *crime organisé* dans la ville de Seattle (USA) en est un exemple intéressant. Pour cette étude il fréquenta pen-

---

1. On notera que la relation saisons / délinquance remonte au XIXe siècle avec la prétendue « loi thermique de la criminalité » de Guerry. *Cf. infra* n° 210 et 508.

2. On dit aussi « *action research* », intervention psycho-sociologique, observation participante.

3. BIBLIOGRAPHIE SUR LA RECHERCHE ACTIVE : T.-S. Lodge, Rapport à la 1re Conférence européenne des directeurs d'Institut de Recherches criminologiques du Conseil de l'Europe, 1963 ; H. Michard, « Problèmes posés par l'insertion de la recherche active dans un contexte institutionnel », *Ann. Vaucr.*, 1965, n° 3, p. 199-207 ; Colloque « Recherche active et prévention sociale (L'expérience du centre de Buzenval) », *AIC*, 1967, n° 2, 517-554 ; J. Vérin, « La recherche active en criminologie », *RSC*, 1969, p. 449-465 ; M. Sauvage, *Recherche active et prévention sociale,* 1971 ; J. Vérin et P. Strasburg, « International Cooperation in Action Research. A French-American example », *AIC*, 1978, p. 69-82 ; W.-E. Van Trier, « La recherche active », *Dév. et soc.*, 1980, p. 179-193 ; F. Diaz, « L'observation participante comme outil de compréhension du champ de la sécurité », *Champ pénal*, vol. II, 2005.

dant sept ans aussi bien les cabarets et les prisons que les bureaux des hommes d'affaires et des politiciens, interviewa des dizaines de personnes et participa personnellement à plusieurs actes illégaux[1].

Cette différence de position du chercheur par rapport à l'action, a des répercussions importantes sur la *méthodologie* étudiée. Alors que les méthodes utilisées dans la recherche d'observation ressemblent grandement à celles qui ont cours en recherche fondamentale[2], la participation du chercheur à l'action concrète dans la recherche active donne à la méthode de cette dernière un caractère original. Celle-ci n'est d'ailleurs pas sans danger, car le « chercheur actif » risque de perdre de vue qu'il est d'abord un chercheur et sa recherche est menacée de se dissoudre dans la simple application technologique.

147 *Remarques particulières sur la recherche active* ◊ Le *domaine* d'élection de la recherche active concerne le traitement des délinquants et les programmes de prévention de la criminalité, mais elle peut parfaitement se concevoir, en criminologie de la politique criminelle et des techniques pénales, tant pour la création de la loi pénale que pour l'application de celle-ci par les organes de justice pénale[3].

Cela étant, on a adressé à ce type de méthode de sévères critiques. Au *plan éthique,* on lui a reproché de faire d'une catégorie de délinquants ou pré-délinquants des sujets-cobayes. Sur le *plan scientifique,* on la condamne parfois en disant que « c'est comme si l'on essayait de découvrir les principes de la navigation en plein ouragan ». Au *plan pratique* enfin, elle est attaquée par les praticiens qui reprochent au chercheur de vouloir empiéter sur leur domaine.

SECTION 3. **LES TECHNIQUES DE RECHERCHE CRIMINOLOGIQUE**

148 *Définition et division* ◊ On entend par *techniques de recherche criminologique* l'ensemble des *procédés concrets* qui permettent de collecter, de manière organisée, les données relatives à l'action criminelle. On emploie encore le terme de « techniques d'approche » pour marquer que les données collectées permettent, non de saisir le phénomène étudié dans sa nature intime, mais seulement de l'approcher[4].

Les techniques d'approche de l'action criminelle varient selon l'objet de la recherche. Il convient de distinguer, à cet égard, entre trois grands groupes de techniques : les techniques d'approche de la criminalité (§ 1), les techniques

---

1. F. Acosta, « La corruption politico-administrative, émergence, constitution et éclatement d'un champ d'études », *Dév. et soc.* 1985, p. 333 et s., spéc. 340.
2. Il y a lieu de souligner, notamment, que les étapes de la mise en œuvre de la recherche fondamentale décrite *supra* n°s 123 et s. s'appliquent parfaitement à la recherche d'observation, qu'elle soit évaluative ou du changement.
3. V. par ex. R. Zauberman, « Le gendarme, un juge au bord de la route », *Quest. pén.,* sept. 1998, XI. p. 4.
4. On emploie aussi parfois l'expression « sources de la criminologie ». Si celle-ci a l'avantage d'être familière au juriste qui est accoutumé à entendre parler des « sources du droit », elle risque de l'induire en erreur car, à la différence de ces dernières, les « sources de la criminologie » n'ont pas de fonction créatrice et ne sont que des procédés commodes pour recueillir des données, par hypothèse, pré-existantes.

d'approche du phénomène individuel (§ 2) et les techniques utilisées en criminologie appliquée (§ 3).

§ 1. Les techniques d'approche de la criminalité[1]

149 *L'approche de la quantité* ◇ On sait que la criminalité, étant l'ensemble des infractions commises au cours d'une période de temps déterminée dans une aire géographique donnée, elle est un *phénomène essentiellement quantitatif*[2]. Aussi n'est-il pas surprenant que les techniques d'approche de la criminalité se ramènent principalement aux *procédés de mesure de la criminalité* et que leur étude comporte, d'une part, l'analyse de ces procédés (A) et, d'autre part, la détermination des informations que l'on peut tirer de leur emploi (B).

A. La mesure de la criminalité[3]

150 *Idée générale* ◇ La mesure de la criminalité n'est pas chose facile; elle est même particulièrement difficile. La raison en est qu'à la différence de variables telles que le sexe ou l'âge qui sont directement observables, la criminalité est une variable qui, en règle générale, ne peut être mesurée que d'*une manière indirecte*. Pour ce faire, on recourt à des *indicateurs* divers par l'intermédiaire desquels le « phénomène criminalité » est rendu mesurable, tels que le nombre de faits délictueux constatés par la police, le nombre de condamnations prononcées par les tribunaux répressifs etc. Mais pour que la mesure de la criminalité obtenue soit exacte, encore faut-il que le ou les indicateurs utilisés présentent deux qualités : ils doivent d'une part être *valides*, c'est-à-dire entretenir une relation certaine avec la variable criminalité à mesurer, et d'autre part être *fiables*, c'est-à-dire intersubjectifs et reproductibles[4].

---

1. **Biblio. gén.** : 31ᵉ Cours international de criminologie (Aix-en-Provence, déc. 1981) : *Connaître la criminalité. Le dernier état de la question*, PUAM, 1983, 621 p.; « La mesure de la délinquance », *CSI*, n° 4, févr.-avr. 1991. V. également *Autrement*, Série Sciences en Société, « La cité des chiffres ou l'illusion des statistiques », n° 5, sept. 1992, J.-L. Besson (dir.); Séminaire de Barcelone (15-16 oct. 1990) « Criminalité urbaine et approches statistiques » organisé par le « Forum des collectivités locales européennes pour la sécurité urbaine », CR *in CSI*, n° 3, nov. 1990-janv. 1991, p. 218-220; G. Kellens, p. 43-90; Hindelang, Hirsch et Weis, *Mesuring Delinquency*, Sage, 1981; A. W. Crosby, *La mesure de la réalité La quantification dans la société occidentale*, éd. Allia, 2003.
2. Le phénomène présente aussi, il est vrai, un aspect *qualitatif* qui peut être saisi par les articles de journaux, les commentaires de fonctionnaires spécialisés, les études de dossiers criminels et divers documents historiques.
3. *Cf.* A.-J. Reiss, « Les problèmes du développement d'indicateurs statistiques de la criminalité », *in* 31ᵉ Cours international précité, p. 63-104; R. Cario, p. 89-95; M. Killias, p. 37-85; M. Aebi, « Les indicateurs de la criminalité, leurs limitations, leur complémentarité et leur influence sur les théories criminologiques », *RICPT*, 2000, p. 131-156; F. Ocqueteau, J. Frenais et P. Varly, *Ordonner le désordre. Une contribution au débat sur les indicateurs du crime*, Paris, Doc. fr., 2002.
4. Sur les notions de validité et de fiabilité, *cf.* M. Killias, nᵒˢ 203 et s.

Traditionnellement, la mesure de la criminalité s'est faite – et continue à se faire – au moyen des *statistiques criminelles* ou *statistiques de criminalité* (a). Mais, comme précisément les indicateurs utilisés par ces statistiques sont de simples manifestations de réactions au crime (PV dressés par la police, poursuites engagées par les parquets, condamnations prononcées par les tribunaux, etc.), elles ont suscité de violentes critiques. Aussi s'est-on orienté depuis près d'une cinquantaine d'années, vers l'emploi de *nouvelles techniques d'évaluation de la criminalité* (b).

a. Les statistiques criminelles [1]

151 *Définition et problèmes* ◇ On entend par *statistiques criminelles* le *dénombrement,* pour un territoire donné et au cours d'une période déterminée, des divers *faits relatifs à la criminalité* : infractions connues, condamnations prononcées, nombre de personnes détenues, etc. Ces statistiques sont apparues dans la première moitié du xixe siècle [2] et en France d'abord dès 1826 [3]. Depuis lors, elles ont connu un développement incessant dans un nombre de pays de plus en plus grand.

Leur étude soulève *deux questions principales* : quelles sont ces statistiques ? Et que valent-elles ?

1. Les diverses statistiques criminelles

152 *Classifications* ◇ Pour décrire les nombreuses variétés de statistiques criminelles existantes, il est nécessaire de les classer, mais il existe plusieurs possibilités de classement [4]. Nous allons retenir trois classifications que nous allons exposer d'après leur ordre d'importance croissante.

---

1. Biblio. gén. : E. Yamarellos et G. Kellens, *v*[o] « Méthodologie statistique en criminologie », II, p. 24-33; G. Kellens p. 43-63; J. Pinatel (1987), *v*[o] « Statistiques criminelles », p. 198-200; A. Quetelet, « Sur la statistique morale et les principes qui doivent en former la base », reproduit *in Dév. et soc.,* 1984, p. 13-41; Yvernès, « Des éléments essentiels qui doivent figurer dans la statistique criminelle et des moyens de les rendre comparables », *AAC,* 1888, p. 398-406; J. Gillard, « Quelques mots au sujet de la statistique », *RDPC,* 1926, p. 329-341; A. Davidovitch, « Les statistiques criminelles descriptives », Actes du XIVe Cours international de criminologie, Lyon, 1964, p. 22-263; R. Boudon, « Analyse des statistiques criminelles françaises par ordinateur », *id.,* p. 289-305; A. Normandeau, « Bibliographie internationale sur la statistique criminelle (1945-1968) », *The Canadian Journal of Corrections,* 1969, 108-120. « Genèse et mise en œuvre des statistiques pénales », Séminaire du GERN, Bruxelles, Louvain, 1995; P. Bonfils, « L'outil statistique et son utilisation dans les sciences juridiques », *RRJ,* 1996, n° 4, p. 1129-1140; R. Bachman et R. Paternoster, *Statistical Methods for Criminology and Criminal Justice,* New York, Mac Graw Hill, 1997; *v*[o] « Statistiques pénales », *Répertoire Dalloz de droit pénal et de procédure pénale,* 2002; P. Bonfils, *v*[o] « Statistiques criminelles », *Dict. sc. crim.,* p. 884-886.
2. Sur leur origine, *cf.* G. Leclerc, *L'observation de l'homme,* p. 221 et s., et **sur l'histoire générale des statistiques :** A. Desrosières, *La politique des grands nombres, Histoire de la raison statistique,* La Découverte, 1993.
3. *Cf.* A.-M. Guerry, *Essai sur la statistique morale de la France,* 1833. Antérieurement cependant, en Angleterre, John Howard avait publié les tableaux des condamnations prononcées par les tribunaux britanniques et du nombre des individus détenus dans les prisons en annexe de son ouvrage : *State of the prisons in England and Wales,* publié en 1777.
4. *Cf.* les classements de : J. Pinatel (1975), n° 15-A; D. Kalogeropoulos, « La problématique des statistiques criminelles internationales », *in L'équipement en criminologie,* 1964, p. 275; A. Huss, « Réflexions sur le droit pénal comparé et sur ses applications particulières en statistiques internationales », *Mélanges Bekaert,* 1977, p. 172.

153 **1) *Statistiques publiques et statistiques privées*** ◇ Cette première classification repose sur la *qualité de la personne ou de l'organisme* qui dresse la statistique. Les statistiques *publiques* ou *officielles* sont celles qui sont dressées par des organismes officiels (ministères divers, INSEE...), tandis que les statistiques *privées* ou *scientifiques* sont celles qui sont établies par des chercheurs. Compte tenu des moyens qui sont nécessaires pour dresser les statistiques de la criminalité, la plupart d'entre elles sont des statistiques officielles.

154 **2) *Statistiques nationales et statistiques internationales*** ◇ Le critère de cette classification réside dans l'étendue géographique de la criminalité comptabilisée. Les statistiques *nationales* sont celles qui sont dressées dans le cadre d'une nation (France, États-Unis...); les statistiques *internationales* sont celles qui comptabilisent dans un même document des faits relatifs à la criminalité de plusieurs pays. Les premières existent depuis plus ou moins longtemps selon les pays, les plus anciennes remontant à la première moitié du XIXe. Les secondes sont beaucoup plus récentes; c'est l'ICPO (*International Police Criminal Organisation*)- Interpol[1] qui en a pris l'initiative à partir de 1952 et publie à cette fin un rapport devenu annuel en 1993[2]. Une démarche similaire a été entreprise à partir de 1976 par l'UNODC (Office des Nations unies contre la drogue et le crime)[3]. Depuis lors, le Comité européen pour les problèmes criminels (CDPC) du Conseil de l'Europe[4] a pris l'initiative d'établir un « recueil européen des statistiques relatives à la criminalité et à la justice pénale ». Le premier volume publié sous son égide en 1999 couvre la période 1990-1996. L'initiative a été pérennisée par la suite sous la forme du *European Sourcebook of Crime and Criminal Justice Statistics* dont la quatrième édition, couvrant les années 2003-2007 a été publiée en 2010[5].

155 ***L'Union européenne et les statistiques de la criminalité*** ◇ Agissant dans le cadre du troisième pilier du Traité sur l'Union européenne (Titre VI. Dispositions relatives à la coopération policière et judiciaire en matière pénale)[6] la Commission européenne a adopté le 7 août 2006, une communication sur le lancement d'un plan de

---

1. www.interpol.int
2. *Cf.* A. Bossard, *La criminalité internationale*, coll. « Que sais-je ? », PUF, 1988, spéc. 2; G. Picca, « Criminologie internationale et criminalité », *Prob. act Sc. crim.*, vol. VII, 1994, p. 47-62.
3. www.unodc.org
4. www.coe.int/CDPC
5. www.europeansourcebook.org
6. Depuis le traité de Lisbonne du 13 décembre 2007 entré en vigueur le 1er décembre 2009, les dispositions du Titre VI du Traité sur l'Union européenne (TUE) du 7 février 1992 (Traité de Maastricht) sont devenues les chapitres IV (Coopération judiciaire en matière pénale) et V (Coopération policière) du titre V du nouveau traité appelé Traité sur le fonctionnement de l'Union européenne (TFUE) qui a pour intitulé « L'espace de liberté, de sécurité et de justice » (ELSJ).

cinq ans (2006-2010) destiné à assurer l'harmonisation des statistiques des pays membres de l'Union en matière de criminalité et de justice pénale [1].

L'initiative de la Commission part de la constatation qu'à l'heure actuelle les experts qui compilent les statistiques nationales disponibles pour tenter de comparer les taux de criminalité et de déterminer les tendances d'évolution de celle-ci se heurtent à une impossibilité, tant les statistiques diffèrent d'un pays à un autre. Or l'existence de données statistiques fiables et comparables est une nécessité si l'on veut mettre en œuvre des politiques efficaces de lutte contre la délinquance : « Des informations quantitatives sur les tendances, les taux et la structure de la criminalité et du terrorisme, ainsi que sur les mesures déployées pour prévenir et combattre ces fléaux sont des éléments essentiels » à cette fin.

Aussi le plan d'action vise-t-il la définition d'un cadre visant à « la production au niveau communautaire de données statistiques comparables, fondé sur des définitions et des procédures de collecte harmonisées ». À cette fin, des groupes d'experts ont été constitués pour recenser les besoins et proposer des méthodologies communes.

Le plan d'action de la Commission comprend notamment plusieurs domaines spécifiques qui doivent faire l'objet d'une attention particulière de l'harmonisation de la collecte des données : évaluation du fonctionnement de la justice pénale dans les États membres; nationalité et résidence des personnes incarcérées; mesure de cinq formes graves de criminalité transfrontière : corruption, fraude, trafic illicite de biens culturels, contrefaçon et piratage, exploitation sexuelle des enfants et pornographie; examen des activités de blanchiment de capitaux et de financement du terrorisme; mesure de la traite des êtres humains, de la délinquance juvénile, de la criminalité liée à la drogue, des infractions au droit de l'environnement; évaluation de la violence domestique et de la violence à l'égard des femmes. Ce travail doit déboucher sur la soumission par la Commission au Conseil de l'Union d'un instrument législatif.

Dans cette attente, l'office statistique de l'Union européenne Eurostat a été mandaté afin de développer des statistiques comparables couvrant les domaines de la délinquance et la justice pénale [2]. À cette fin, une série de mesures ont été prises au cours du plan d'action 2006-2010. Le système sera amélioré et étendu lors de la mise en œuvre du Programme de Stockholm de 2010 « Une Europe ouverte et sûre qui sert et protège les citoyens ».

156 *Statistiques policières, judiciaires et pénitentiaires* ◇ Cette troisième classification, qui est la plus importante, repose sur le stade du processus de justice pénale auquel est saisie la criminalité, combinée avec l'identité de l'administration compétente pour agir à ce stade [3].

Les *statistiques policières* [4] sont celles qui sont dressées par les services de police et qui comptabilisent les *infractions connues* de la police ainsi que les *délinquants*

---

1. COM (2006) 437 final.
2. ec.europa.eu/eurostat. V. not. : Notes méthodologiques, *Crime statistics, Crime trends in detail, Statistics in Focus* Issue n° 58/2010 29 novembre 2010.
3. *Cf.* P. Robert, *Les comptes du crime. Les délinquances en France et leurs mesures*, éd. Le Sycomore, 1985, 220 p., 2ᵉ éd. L'Harmattan, 1994, p. 329.
4. Lalanne et Baubry, *RSC*, 1947, p. 630-633; J. Susini, « Les statistiques criminelles de la police comme prodromes de la police future », *RSC*, 1965, p. 173-181; J. Susini, « Trente ans de statistiques de police (aspects historiographiques et épistémologiques en latence dans la fonction

mis en état d'arrestation par ses services. Les premières statistiques policières qui ont été dressées sont celles du *Home Office* (Ministère de l'Intérieur) en Angleterre dont la publication régulière remonte à 1857. Aux États-Unis, le *FBI (Federal Bureau of Investigation)* publie, depuis 1933, des statistiques de police sous l'appellation « *Uniform Crime Report* » *(UCR)* [1] que l'on a remplacé à la fin des années 1990-2000 par un outil plus perfectionné, le *National Incident Based Reporting System (NIBRS)* [2]. Au Canada, les statistiques policières figurent dans le « Programme de déclaration uniforme de la criminalité » (DUC) introduit en 1962 et révisé au début des années 1990 à la suite de la création et des travaux du Centre canadien de la statistique juridique. En France, des statistiques policières sont tenues par les services de police depuis 1945, mais leur conception a profondément évolué au cours du demi-siècle suivant. Les statistiques actuelles, qui sont publiées annuellement par la Direction centrale de la police judiciaire sous le titre « Criminalité et délinquance constatées en France : année... » à la « Documentation française » dans la bibliothèque des rapports publics [3], résultent d'une réforme réalisée en 1972 [4] qui a fixé à la fois les concepts utilisés (faits constatés, enquêtes, gardes à vue et personnes mises en cause) et la nomenclature des crimes et délits correctionnels retenus (107 rubriques aujourd'hui, à l'exclusion, non seulement des contraventions de police, mais aussi des délits d'homicide et blessures par imprudence dus aux accidents de la circulation et des délits fiscaux et douaniers) [5]. Le système mis en place en 1972 dit état 4001 a été cependant modifié en 1988 pour corriger les effets d'un certain vieillissement, tel, entre autres, que le fait que la nomenclature de 1972 ne

de police) », *RSC*, 1979, p. 161-179 ; Y. Lucet, Les *statistiques policières*, 31ᵉ Cours int. de criminologie, précité, p. 191-194 ; P. Robert et R. Lévy, « Police, État, Insécurité », *Criminologie*, 1984, l, p. 43-58 ; M. Marcus, « Police, prévention, délinquance, statistiques, faits de police », *RSC*, 1986, p. 173-177 ; J.-M. Gratia et F. Martinat, « L'histoire des statistiques de police judiciaire depuis 1958 », *CSI*, nº 4, févr.-avr. 1991, p. 95-114 ; C. Chiaramonti, « Un solide instrument de mesure : la statistique des faits constatés établie par la direction centrale de la police judiciaire » même revue, p. 15-26 ; P. Fiacre, « Les infractions de masse : chiffres et tendances », *CSI*, 1996, nº 23, p. 14-22 ; F. Ocqueteau, « Statistiques officielles des crimes et des victimisations, objets de science et d'action », *in* M. Herzog-Evans (ed.), vol. 2, p. 499-516.

    1. Sur la conception d'ensemble de l'UCR, v. par ex. R. Hood et R. Sparks, *La délinquance*, p. 23 ; H.-J. Hindelang, « The uniform crime report revisited », *Journal of criminal justice* 1974, p. 1-17. Pour 2009, le rapport de l'UCR peut être consulté sur http://www.fbi.gov/ucr/cius 2009/index.html. L'UCR distingue les *infractions de type I* dont tous les faits constatés sont enregistrés (homicide volontaire et coups et blessures graves ; vols avec violences, vols sans violence et vols liés aux véhicules à moteur), des *infractions de type II* dont seules les données d'interpellation sont transmises (actes de vandalisme, violences légères, atteintes sexuelles autres que les viols, fraudes et faits de possession d'armes, etc.). En 2009, les unités de police participant à l'établissement de l'UCR couvraient 96,3 % de la population des États-Unis (Rapport ONDPR 2010, p. 894).

    2. R. Rantala, *Effects of NIBRS on Crime Statistics*, US Department of Justice, 2000.

    3. www.ladocumentationfrancaise.fr ; *Cf.* en dernier lieu : *Criminalité et délinquance constatées en France : année 2009*, août 2010, 426 p.

    4. Avant 1972, les statistiques de la police française ne pouvaient être connues que de manière épisodique et par des publications professionnelles : *Rev. de la Sûreté Nationale* devenue par la suite *Rev. pol. nat.*, et *Liaisons* (Bulletin de la Préfecture de Police de Paris). La conception du document annuel de la police judiciaire a fait récemment l'objet de modifications notables : *cf.* B. Aubusson de Cavarlay, « La modernisation des statistiques de police judiciaire », *RSC*, 1988, p. 621-624 ; C. Chiaramonti, « Les statistiques de police judiciaire », *Rev. pol. nat.*, avr. 1988, p. 25-28.

    5. De 1972 à 1983, les statistiques de la police judiciaire étaient intitulées « La criminalité en France ». Depuis 1984, le service concerné de la police judiciaire a pris soin d'intituler son document « Aspects de la criminalité et de la délinquance constatées en France en... », afin de tenir compte des limites des statistiques qu'il contient.

tenait pas compte de formes nouvelles ou préoccupantes de criminalité (développement de l'usage de stupéfiants, multiplicité de petits revendeurs, usage frauduleux de cartes de crédit, petite délinquance de voie publique...) [1]. Un « groupe interministériel de modernisation des statistiques de la criminalité » (ministères de l'Intérieur, de la Défense, de la Justice et INSEE) a d'ailleurs été constitué en 1989 pour améliorer encore la validité et la fiabilité des statistiques criminelles. Il est chargé de valider les actualisations successives de la nomenclature précédente.

L'établissement des statistiques policières, au demeurant, n'échappe pas, dans son dernier état, au mouvement actuel d'informatisation des administrations : la Gendarmerie nationale possède déjà le système JUDEX (système Judiciaire de Documentation et d'Exploitation) qui, conçu pour être la « mémoire judiciaire du gendarme », peut être aussi mis à profit pour une étude plus structurée de la criminalité constatée; la Police nationale a également mis en place un traitement STIC (Système de Traitement des Infractions Constatées) qui, outre l'aide à l'enquête et l'assistance bureaucratique aux membres de la police judiciaire, doit permettre de mieux analyser les aspects sous lesquels la criminalité se manifeste [2]. La légalisation de ce traitement a donné lieu à de fortes oppositions de la part des organisations de défense des droits de l'homme qui l'ont accusé d'instaurer une « surveillance généralisée » et d'établir un « fichier des suspects ». Mais après avoir franchi avec succès, sous quelques réserves, l'examen de la Commission Nationale Informatique et Libertés (CNIL, délibération du 24 nov. 1998) [3] et l'avis du Conseil d'État (19 janvier 1999), le STIC a été autorisé par un décret du 5 juillet 2001. Dans les faits, il fonctionnait déjà depuis 1997 et le décret précité lui a plus conféré une existence légale qu'il ne l'a créé [4]. De la même façon un décret du 20 novembre 2006 a porté « création » de JUDEX qui remonte à 1985-1986. La loi du 18 mars 2003 sur la sécurité intérieure est venue étendre le champ d'application de ce type de traitement. Elle précise que ces traitements ont aussi pour objet l'exploitation des informations recueillies à *des fins de recherches statistiques* (article 21). Cette finalité secondaire a été conservée par la loi du 14 mars 2011 dite LOPPSI 2 aux « fichiers d'antécédents » mis en œuvre par la police et la gendarmerie nationale qui a transféré les fichiers de police judiciaire dans le Code de procédure pénale [5].

Les *statistiques judiciaires et des parquets* sont celles qui comptabilisent principalement les *condamnations* prononcées par les cours et tribunaux. Comme elles sont dressées en France par les soins des parquets, elles indiquent aussi le nombre des *plaintes, dénonciations et procès-verbaux* portés à la connaissance des parquets et le sort qui leur est réservé. Ces statistiques ont fait l'objet d'une publication annuelle sous le titre « Compte Général d'Administration de la Justice Criminelle » jusqu'à

---

1. Sur la nouvelle nomenclature de 1988, v. les art. de C. Chiaramonti, *Rev. pol. nat.*, avr. 1988, n° 127; *Courrier des statistiques*, n° 46, avr. 1988; *Données sociales*, 1990.
2. A. Bauer et C. Soullez, *Fichiers de police et de gendarmerie : comment améliorer leur contrôle et leur gestion ?*, Doc. fr., 2007, 152 p.; *Les fichiers de police et de gendarmerie*, PUF, Que-sais-je ?, 2009, 128 p.
3. V. ensuite CNIL, Conclusions du contrôle du système de traitement des infractions constatées (STIC), Rapport remis au Premier ministre le 20 janvier 2009, 32 p.
4. C. Charbonneau et F.-J. Pansier, « Le système de traitement des infractions constatées ou les faits infractionnels à l'épreuve du "Memory STIC" », *LPA* 24 août 2001, p. 3-9. Pour l'Allemagne ex-fédérale, v. la bonne description du système des statistiques policières dans E. Chalumeau et R. Porcher, « Réflexions pour une comparaison entre les statistiques policières de la criminalité en Angleterre, Allemagne et France », *CSI*, n° 4, févr.-avr. 1991, p. 141-168, spéc. p. 156-159.
5. Art. 230-6 et s.

la fin des années 1970[1]. Ce compte figure aujourd'hui dans l'*Annuaire statistique de la Justice* dont le dernier volume paru est l'édition 2009-2010 (portant sur l'année 2008). Le ministère de la Justice publie également sur son site « Les chiffes clés de la Justice » et un bulletin thématique « Infostat Justice »[2].

Quant aux statistiques *pénitentiaires et de la réinsertion,* ce sont celles qui concernent tant le nombre et la répartition des détenus dans les établissements pénitentiaires et établissements pour mineurs délinquants que les données numériques relatives à l'application des mesures de traitement en milieu ouvert (sursis avec mise à l'épreuve, liberté surveillée des mineurs, travail d'intérêt général, etc.). En France, ces statistiques sont contenues dans le rapport annuel dressé par les Administrations compétentes du ministère de la Justice : Administration pénitentiaire (avec une interruption entre 2001 et 2007) et Protection judiciaire de la jeunesse (PJJ) qui a succédé depuis 1990 à l'Éducation surveillée[3]. Les statistiques annuelles de l'Administration pénitentiaire et de la Protection judiciaire de la jeunesse sont également présentées dans l'Annuaire statistique du Ministère de la justice précité. Il existe encore deux statistiques mensuelle (stocks) et trimestrielle (stocks et flux) de la population sous écrou.

157 *L'échelle d'évaluation des violences urbaines* ◇ En 1990, plusieurs explosions de violence éclatent dans des banlieues dites « sensibles » (Veaux-en-Velin, Les Ullis, Mantes-la-Jolie, Meaux, Garges-les-Gonesses...). Ce n'était pas la première fois que se produisaient des faits de ce genre qui remontaient au moins jusqu'au tout début des années 1980; mais jusque-là on ne paraissait pas s'être penché sur la *nature du phénomène.* À cette fin, la Direction des renseignements généraux de la Police nationale a créé en 1991 une cellule d'analyse intitulée « Section violences urbaines » et, pour mener à bien sa tâche, cette section a elle-même créé une *échelle d'évaluation des* « *violences urbaines* », appelée échelle de Bui-Trong du nom de la Commissaire de police qui en était l'auteur[4]. Par

---

1. Le compte général annuel a fait l'objet de trois volumes de résumés publiés respectivement en 1880, 1902 et 1912 qui constituent des synthèses remarquables. Pour la dernière période, v. P. Robert, 31ᵉ Cours inter., précité, p. 201-209. Le CESDIP a publié sous la plume de B. Aubusson de Cavarlay et *al.,* une synthèse des statistiques des parquets de 1831 à 1981 : *Les statistiques criminelles de 1831 à 1981. La base Davido, séries générales,* CESDIP, 1989, n° 51, 269 p.; les volumes des années 1825 à 1932 sont maintenant consultables sur la bibliothèque numérique gallica.bnf.fr

2. www.justice.gouv.fr. Le *répertoire de Droit Pénal et de Procédure pénale* (Dalloz) contient depuis 2002 une rubrique « Statistiques pénales (Infractions, mesures et sanctions) » rédigée par P.-V. Tournier et F.-L. Mary-Portas.

3. V. la synthèse critique : M.-D. Barre, « 130 ans de statistiques pénitentiaires en France », *Dév. et soc.,* 1986, p. 107-128. A. Kuhn, « Le nombre carcéral », *RICPT,* 1994, p. 310-321; P. V. Tournier, « Démographie carcérale en trois dimensions : le temps, l'espace et l'individu », *in* Séminaire du GERN, *Genèse et mise en œuvre des statistiques pénales,* Bruxelles, Louvain 1995. Les rapports sur l'administration des établissements pénitentiaires des années 1830 à 1930 peuvent être consultés sur le site de l'ENAP (École nationale de l'Administration pénitentiaire) www.enap.justice.fr et les rapports annuels de l'administration pénitentiaire des années 1950 à 1984 sur le Portail sur l'histoire de la Justice des crimes et des peines, www.criminocorpus.cnrs.fr

4. L. Bui-Trong, « L'insécurité des quartiers sensibles : une échelle d'évaluation », *CSI,* 1993, n° 14, p. 235-247; « Sur quelques secrets de fabrication... Entretien avec Lucienne Bui-Trong », *CSI,* 1998, n° 33, p. 225-233. Sur les résultats de l'expérience de la Section « Violences urbaines », du même auteur, *Violences urbaines. Des vérités qui dérangent,* éd. Bayard, 2000, 180 p.; *Violence : les racines du mal,* éd. Le Relié, 2002, 120 p.; « Résurgence de la violence en France », *Futuribles,* févr. 1996, n° 206, p. 5-20.

la suite, le ministère de l'Intérieur, souhaitant unifier ce système d'évaluation avec celui mis en place par une autre Direction de la Police nationale, la Direction de la Sécurité publique, a transféré l'échelle Bui-Trong en janvier 1999 dans un nouveau système, le SAIVU (Système d'Analyse Informatique des Violences Urbaines). Mais ce système d'évaluation est mort-né; il a été abandonné dès 2000 à la veille des élections municipales. Interrogée sur les raisons de cette disparition, Mme Bui-Trong a expliqué que le gouvernement de l'époque avait « cassé l'outil parce qu'il faisait peur ». En effet pour environ 3 000 incidents repérés en 1992, la section violences urbaines en avait recensé 29 000 en 1999 et pour 106 points chauds identifiés en 1991, on est passé à 818 quartiers sensibles en 1999 [1]. Toutefois, l'absence de connaissance statistique des violences urbaines à partir de l'année 2000 n'a pas manqué de se faire sentir dans les services de police qui avaient utilisé pendant 10 ans l'échelle de Bui-Trong, puis le SAIVU [2]. Aussi a-t-on réuni, à partir de mai 2004, un groupe de travail composé de policiers et de gendarmes à l'échelon national en vue de définir une nouvelle échelle d'évaluation encore plus performante. C'est ainsi qu'est né en 2005 le nouvel instrument de mesure appelé l'INVU (Indicateur National des Violences Urbaines) [3]. Dans ce nouvel outil d'évaluation, les actes de violence sont tous comptabilisés, ce qui n'était pas le cas dans les systèmes antérieurs. De la sorte, tandis que l'échelle de Bui-Trong avait recensé 28 500 actes de violences urbaines (VU) en 2000 et le SAIVU 50 000 en 2001 [4], le nouveau thermomètre s'est révélé encore plus sensible, puisque pour 2005, l'INVU a comptabilisé 110 206 faits de VU [5]. Quant au nombre de quartiers difficiles, de 106 en 1991, puis de 818 en 1999, il est passé à 900 en 2005. D'après la presse [6], la résurrection de ce travail d'analyse à la suite de l'arrivée de Nicolas Sarkozy place Beauvau n'aurait abouti qu'à une « querelle de criminologues ». Mais comme, pendant ce temps, la situation continuait à se dégrader sur le terrain, l'ancien ministre de l'intérieur devenu chef de l'État a décidé en 2009 que « pour renforcer les outils de connaissance des bandes, des groupes spécialisés seront créés dans les services de renseignement des directions départementales de la sécurité publique concernées ».

1. Entretien, *Le Figaro* du 1er févr. 2002.
2. *Le Figaro* du 3 janv. 2004 par J.-M. Leclerc : « Sécurité. L'intérieur veut rediriger ses « grandes orcilles » vers les quartiers sensibles ».
3. *Cf.* S. Roché, *Le frisson de l'émeute. Violences urbaines et banlieues*, Seuil, 2006, spéc. p. 148-157.
4. S. Roché, *op. cit.*, p. 33.
5. Cette statistique du SAIVU pour 2001 est sans doute restée quasi confidentielle. M. Roché qui la cite (*op. cit.* p. 152) indique, dans la même page à l'alinéa suivant, que le SAIVU a été suspendu au printemps 2000 par le directeur de la police nationale qui a décidé qu'aucun graphique ou tableau ne serait désormais édité. Mais « la machinerie nécessaire à la collecte reste intacte », ajoute-t-il. J.M.Stebe dans *La crise des banlieues* (PUF, 3e éd. 2007, p. 70-71) indique que pour la seule année 2005, les services de police et de gendarmerie ont enregistré sur la totalité du territoire national 82 624 incendies (45 588 incendies de véhicules, 6996 incendies de biens publics, 32 040 incendies de poubelle), soit 75 % du total des faits pris en compte dans le cadre de l'Indicateur national des violences urbaines (INVU).
6. *Le Monde* du 27 mars 2009, « Vingt ans d'atermoiements dans la lutte contre les violences urbaines ».

158 *La création de l'Observatoire national de la délinquance (OND), ses premières réalisations et sa transformation en Observatoire national de la délinquance et des réponses pénales (ONDRP)* ◊ L'abandon au moins momentané de l'échelle d'évaluation des violences urbaines s'inscrit en réalité plus largement à la suite d'une campagne animée principalement par une association créée en 1994 dénommée Pénombre, et destinée à dénoncer les manipulations de chiffres et les erreurs statistiques qui biaisent souvent les débats de société, et notamment les statistiques policières de la criminalité[1]. Sous l'influence de cette campagne, le gouvernement Jospin a créé, en juillet 2001, une mission parlementaire chargée de l'étude des statistiques de la délinquance et de la création d'un observatoire national de la délinquance. Cette mission confiée aux députés Caresche (PS) et Pandraud (RPR) a abouti à un *rapport* remis au Premier ministre en janvier 2002 : « Mission parlementaire relative à la création d'un observatoire de la délinquance »[2]. *Dans sa partie critique*, le rapport constate l'absence de coordination et l'éparpillement des diverses sources d'information, ainsi que le cloisonnement des systèmes d'information d'un ministère à l'autre et l'absence de croisement des divers instruments de mesure; il en tire la conclusion que cette situation ne permet qu'une vision partielle de la délinquance et focalise l'attention sur certains phénomènes, alors que d'autres font rarement l'objet d'une analyse de fond. *Dans ses recommandations*, le rapport préconise outre l'amélioration des outils existants, un enrichissement des sources, leur croisement et la mise en relation des systèmes d'information afin de parvenir à une approche plus fiable des phénomènes de délinquance. Pour réaliser un tel programme, il estime que seul un observatoire national indépendant, mais associant les administrations concernées, serait à même de produire des statistiques plus fiables et de procéder à l'analyse des différents champs de la délinquance par des études recourant non seulement aux statistiques administratives, mais aussi aux enquêtes de victimisation et de délinquance autoreportée. Le projet de création d'un observatoire national de la délinquance a été repris par le nouveau ministre de l'intérieur en 2003.

Un observatoire national de la délinquance a ainsi été mis en place au début du mois de novembre 2003[3] et consacré officiellement par le décret du 27 juillet 2004 portant création de l'Institut national des hautes études de la sécurité (INHES)[4] qui a remplacé l'Institut des hautes études de la sécurité intérieure (IHESI) créé en 1991. L'INHES est un établissement public à caractère administratif placé sous la tutelle du ministre de l'intérieur. L'OND est l'un des deux

---

1. Des spécialistes passent au crible les statistiques circulant dans les médias, *Le Monde* du 11 mai 1999; Association Pénombre, *Chiffres en folie, Petit abécédaire de l'usage des nombres dans le débat public et les médias*, Préface P. Meyer, Paris, éd. La Découverte, 1999. V. déjà antérieurement, *Rev. Autrement*, Série Sciences et Sociétés n° 5, 1992 : « La cité des chiffres ou l'illusion des statistiques ».
2. *JOAN* Doc. Parlementaires.
3. *Le Monde* du 5 nov. 2003.
4. *JO* du 29 juill. 2004.

départements de l'INHES, avec le département chargé de la formation, des études et de la recherche.

Les *missions* de l'OND sont fixées par l'article 4 du décret de création. Elles sont les suivantes :

1°/ recueillir les données statistiques relatives à la délinquance auprès de tous les départements ministériels et organismes publics ou privés ayant à connaître directement ou indirectement de faits ou de situations d'atteintes aux personnes ou aux biens;

2°/ exploiter les données recueillies en procédant notamment aux analyses globales ou spécifiques de la délinquance;

3°/ communiquer les conclusions qu'inspirent ces analyses aux ministres intéressés et aux partenaires de l'observatoire;

4°/ assurer la mise en cohérence des indicateurs, de la collecte et de l'analyse des données;

5°/ faciliter les échanges avec d'autres observatoires, en particulier l'Observatoire des zones urbaines sensibles;

6°/ animer un réseau de correspondants;

7°/ organiser la communication au public de ces données.

L'*administration* de l'OND est assurée par les organes de direction de l'INHES, mais son *indépendance scientifique* est garantie par un *Conseil d'orientation* qui « a pour mission de définir une stratégie garantissant la fiabilité et la pertinence des données statistiques en matière de sécurité » (art. 20 du décret). Le Conseil d'orientation de l'OND est composé de 27 membres qui sont, pour partie des personnalités issues de la représentation nationale (dont les auteurs du rapport parlementaire) et locale, de l'enseignement supérieur et de la recherche, ainsi que des secteurs relevant d'activités économiques, sociales et culturelles, et pour une autre partie des représentants des diverses administrations concernées (justice, éducation, économie etc.). Ses membres sont nommés par le ministre de l'intérieur pour une durée de trois ans renouvelable. Le Conseil a à sa tête un président également nommé par le ministre de l'intérieur pour une durée de trois ans renouvelable une fois. Le premier président était M. Alain Bauer, ancien grand maître du Grand Orient et ex-conseiller de l'ancien premier ministre Michel Rocard, dirigeant d'une société de conseil et d'audit en matière de sécurité[1].

L'observatoire a publié sur Internet ses deux premiers rapports annuels 2005 et 2006 pour les années 2004 et 2005[2]. Par la suite les rapports 2007 à 2010 ont été publiés en papier aux éditions du CNRS. Le même site publie aussi le « Bulletin mensuel » (des faits constatés par les services de police et de gendarmerie), le « Bulletin annuel » (de la criminalité et de la délinquance enregistrées dans l'année) et « Grand angle » centré sur un phénomène de délinquance, outre diverses autres publications. Si l'apparition de l'OND a eu pour effet le transfert à son profit à compter de 2004 de la statistique mensuelle de la police, elle n'a globalement pas fait disparaître depuis la statistique annuelle de direction centrale de la police judiciaire[3].

Un décret n° 2009-1321 du 28 octobre 2009[4] a apporté des modifications importantes à l'organisation et aux missions de l'INHES et de l'OND dans le sens d'une extension de leur importance.

---

1. *Le Figaro* du 5 novembre 2003. *Adde Le Monde* du 28 mars 2008, « Le petit négoce de la sécurité » d'Alain Bauer.
2. www.inhes.interieur.gouv.fr
3. *Cf. supra* n° 156.
4. *JO* du 30 octobre 2009.

Depuis le 1ᵉʳ janvier 2010, l'INHES est devenu un établissement public national à caractère administratif dénommé « Institut national des hautes études de la sécurité et de la justice » (INHESJ)[1] et placé, non plus sous la simple tutelle du ministre de l'Intérieur, mais directement sous celle du Premier ministre, lui conférant ainsi une vocation interministérielle. Parallèlement ses missions ont été étendues à la problématique des questions judiciaires et pénitentiaires, tant à travers un élargissement de ses champs d'étude et de formation que dans la prise en compte des réponses pénales dans ses statistiques.

Cette extension des compétences de l'INHESJ s'est naturellement répercutée sur sa structure interne particulière (département) qu'est l'OND qui est devenue l'ONDRP, c'est-à-dire l'« Observatoire national de la délinquance et des réponses pénales ». Depuis 2010 en effet sa compétence se trouve étendue aux statistiques pénales et pénitentiaires afin d'établir une continuité statistique tout au long de la « chaîne pénale » depuis la constatation des infractions jusqu'à l'exécution de la sanction pénale. D'une manière générale, la comparaison des 11 missions de l'ONDRP[2] avec les 7 missions de l'ex OND précédemment énumérées témoigne de l'importante montée en puissance du nouvel organisme.

Par ailleurs l'indépendance scientifique de l'Observatoire est toujours assurée par un Conseil d'administration, mais celui-ci compte 33 membres et leur nomination relève non plus du ministre de l'Intérieur, mais du Premier ministre, comme d'ailleurs celle du Président de ce Conseil qui est à nouveau M. Alain Bauer.

Les dispositions prises pour assurer l'indépendance et la scientificité des travaux de l'ONDRP, comme les diverses tribulations de l'indicateur des violences urbaines constituent ainsi autant d'épisodes qui, ajoutés à bien d'autres, expliquent que l'on doive s'interroger sur la valeur des statistiques criminelles en général.

2. La valeur des statistiques criminelles[3]

159 *L'objet du débat* ◇ Pendant longtemps, on a attribué un *grand crédit* aux statistiques criminelles, en particulier aux statistiques judiciaires.

1. www.inhesj.fr
2. Art. 8 du décret du 28 octobre 2009.
3. E. Cheysson, Rapport sur la statistique de la criminalité, *RPDP*, 1906, p. 1116; E. Yvernes, « La criminalité générale et la criminalité des mineurs en Europe », *RPDP*, 1914, p. 180; O. Kircheimer, « Remarques sur la statistique criminelle de la France d'après-guerre », *RSC*, 1936, p. 363; Travaux de la section de statistique du 2ᵉ Congrès international de criminologie, Paris, 1950, t. IV, p. 371 et s.; J. Pinatel, « L'approche scientifique du phénomène criminel », *RSC*, 1953, p. 700-702; T. Petroff, « Réflexions sur les statistiques criminelles. Le problème de la délinquance juvénile », *RSC*, 1964, p. 117-120; A. Davidovitch et D. Kalogeropoulos, « Les statistiques criminelles et l'évolution de la criminalité au cours des deux dernières décades », *AIC*, 1964, n° 2, p. 551-621; J. Pinatel, « La mesure de la délinquance juvénile », *RSC*, 1965, p. 689; M. Michard, « Quelques éléments d'interprétation de la statistique judiciaire relative à la délinquance des jeunes », *Ann. Vaucr.*, 1972, p. 11-53; G. Villars, *L'illusion statistique dans l'approche de la délinquance juvénile. Sauvegarde de l'enfance*, 1972, 390; V. A.-C. Gatrell et T.-B. Hadden, *Criminal statistics and their interpretation*, in E.-A. Wrigley (éd.), *Essays in the use of quantitative method for the study of social data*, Cambridge, Cambridge University Press, 1972, 336-431; Travaux du 2ᵉ Colloque criminologique du Conseil de l'Europe, Strasbourg, 1975 : « Les lacunes des statistiques criminelles »; F. H. Mc Clintock, *Facts and myths about the state of crime, Essais en l'honneur de Sir L. Radzinowicz*, 1975; A. Davidovitch, Conférence de sociologie criminelle à l'École Nationale Supérieure de Police, 1976, 141 p., doc. ronéo; P. Robert, « Ce que révèlent les statistiques criminelles », *in Science et Avenir*, n° spécial sur le crime, 1976, p. 74-85; P. Robert,

Aujourd'hui au contraire, sous l'influence de la criminologie dite de la réaction sociale, nombre de criminologues critiquent vivement ces statistiques en disant qu'elles ne permettent nullement de mesurer la criminalité, – mais ce qui est tout différent – *l'activité des services répressifs* (police, justice...) et *leur réaction à la délinquance*. Certains les accusent même d'être non seulement inutiles mais nuisibles, car elles entretiendraient dans la population un fort sentiment d'insécurité injustifié : les statistiques criminelles sont ainsi devenues un *enjeu politique important*[1].

Pour apprécier la pertinence de ces critiques, il faut s'interroger tour à tour sur ce que mesurent les statistiques criminelles et sur la manière dont elles le mesurent.

1. Ce que mesurent les statistiques criminelles

160 **1)** *Criminalité légale, criminalité apparente et criminalité réelle* ◇ Pour préciser ce que mesurent les statistiques criminelles, il est traditionnel de faire la distinction entre criminalités légale, apparente et réelle. La *criminalité légale* est l'ensemble des condamnations prononcées par les cours et tribunaux; la *criminalité apparente* s'entend de l'ensemble des faits de criminalité portés à la connaissance des autorités de police (criminalité apparente *policière*) ou des organes judiciaires de poursuite (criminalité apparente *judiciaire*); quant à la *criminalité réelle*, c'est l'ensemble des infractions effectivement commises. L'énoncé de ces défi-

« Les statistiques criminelles et la recherche. Réflexions conceptuelles », *Dév. et soc.* 1977, p. 3-27; P. Robert, B. Aubusson de Carvalay et T. Godefroy, « Statistiques criminelles et analyse du système pénal. Réflexions conceptuelles et hypothèses d'analyse », *in Le fonctionnement de la justice pénale*, 1979, p. 153-180; D. Kalogeropoulos, « La statistique criminelle. Pour une statistique la moins fictifiante possible », *in* même ouvrage, p. 181-208; P. Robert et C. Faugeron, *Les forces cachées de la justice, la crise de la justice pénale* Paris, Centurion, 1980, p. 29-56; Godet, « Réflexion sur la valeur probante du résultat statistique dans la Gendarmerie », *Rev. gend. nat.*, n° 121, avr. 1981, p. 21-22; J. Hackler et W. Paranjape, « Juvenile justice statistics : mythmaking or measure of system response ? », *Canadian Journal of Criminology*, 1983, 209-226; P. Robert, *Les comptes du crime*, 1985, p. 11-47, 2ᵉ éd. 1994, 11-51; I. Collis, « Connaître la criminalité et les indicateurs », *RICPT*, 1985, p. 337-341; B. Aubusson de Cavarlay, « Hommes, peines et infractions », *AS* 1985, p. 275-309, spéc. 275-278; F. Bailleau, « Incidences de la notion d'enfance en danger dans les statistiques pénales concernant les mineurs », *AS*, 1985, p. 311-325; Y. Brillon, « Quelques paradigmes fondamentaux de la criminologie africaine », *Ann. Vaucr.*, 1985, n° 1, p. 67-81; A. De Candolle, « Considérations sur la statistique des délits », *Dév. et soc.*, 1987, p. 352-355 et « De la statistique criminelle », *id*, 356-363, et G. Bomio et C.-N. Robert, « Alphonse de Candolle ou pourquoi lire un botaniste égaré dans la statistique judiciaire au début du XIXᵉ siècle », *id*, 337-363; T. Pfister, *La République des fonctionnaires*, J. Pradel, « Les pièges du droit comparé », *Mélanges en l'honneur de G. Cornu*, PUF 1994, n°ˢ 352-353; M. Ouimet et PP. Paret, « Modifier la performance : comment analyser les statistiques policières d'élucidation et d'accusation », *RICPT*, 2003, p. 23-42; J.-H. Matelly et C. Mouhanna, « Pratiques policières : le "travail" des chiffres », *AJ pénal*, mai 2007, p. 238-242; mêmes auteurs, *Police, des chiffres et des doutes*, Michalon éd., 2007; L. et S. Tournyol du Clos, « Pourquoi ne pas anticiper ? Criminalité et violences urbaines », *Rev. Commentaire* n° 123, automne 2008, p. 817-828.

1. *Cf.* J. Gatti-Domenach, « L'utilisation des statistiques policières dans le discours politique », *CSI*, n° 4, févr.-avr. 1991, p. 177-185, qui épingle essentiellement, mais non exclusivement, les « discours sécuritaires » de droite et d'extrême droite. En revanche, R. Boudon (« La "mesure statistique" : un contrepoids à l'idéologie », même *revue*, p. 7-9) invoque les évolutions statistiques de la criminalité dans le monde occidental pour dénoncer l'idéologie selon laquelle la répression est non seulement vaguement indigne d'une démocratie, mais de surcroît inefficace ». *Adde* n° 154 et les références mentionnées relatives à l'association Pénombre. V. encore D. Kaminsky, « une métonymie consensuelle, l'insécurité », *RSC*, 2005, p. 415-421.

nitions permet de comprendre que ce que mesurent les statistiques, ce n'est pas la criminalité réelle, mais seulement la criminalité légale ou apparente. La criminalité réelle demeure donc inconnue et il existe entre cette dernière et la criminalité connue un écart, plus ou moins important, que l'on appelle le *chiffre noir de la criminalité*[1] (« *darknumber* » en anglais, « *dunkelfeld* » en allemand) ou encore la *criminalité cachée*[2].

La question fondamentale, dès lors, est de savoir *à quoi correspond ce chiffre noir*[3]. Au XIXe siècle, le statisticien belge Quetelet avait formulé l'hypothèse que l'écart qui sépare la criminalité connue de la criminalité réelle était un écart *constant*. Mais aujourd'hui l'opinion quasi unanime des criminologues, appuyée sur des recherches empiriques, est que, loin d'être constant, le chiffre noir varie constamment d'une période à une autre, comme d'un pays à l'autre, sous l'influence de facteurs divers, notamment des variations de l'activité des services de police et de justice. C'est, par exemple, ce qui résulte de la comparaison faite en Angleterre et au Pays de Galles, pour la période récente, entre les tendances d'évolution de la criminalité telles qu'elles résultent des statistiques officielles de la police et les données fournies par diverses enquêtes de victimisation; les deux sources accusent des divergences significatives d'une période à une autre, comme d'une catégorie de délits à une autre, divergences que l'on explique par la combinaison des deux facteurs suivants : la propension du public à déclarer les délits et celle de la police à les enregistrer pendant la même période[4]. La criminalité réelle est donc

---

1. Du chiffre noir, on distingue le *chiffre gris* (« *dunkelziffer* » en allemand) ou « nombre des auteurs de crimes non identifiés par la police », bien que les crimes soient connus par cette dernière.

2. V. toutefois pour une critique de la notion classique de « chiffre noir » et l'invitation à ne plus en parler, C. Chiaramonti, « Un solide instrument de mesure : les statistiques des faits constatés établis par la DCPJ », art. précité, spéc. p. 17-19. On retrouve un point de vue critique analogue dans le rapport 2005 de l'OND (p. XI) : « Il n'existe pas de "chiffre noir" de la délinquance, y est-il dit. Aucune statistique ne peut prétendre à l'exhaustivité et le fait de mesurer des phénomènes très nombreux à partir d'un échantillon est commun à tout procédé statistique. De plus, la nature des faits de délinquance est si hétérogène que l'expression "chiffre noir" pour désigner les infractions inconnues devrait être utilisée au pluriel. Au singulier elle est d'autant plus trompeuse qu'elle donne le sentiment d'une volonté de dissimulation qui n'est en fait que l'impossibilité d'une connaissance totale et simplificatrice de réalités sociales complexes ».

3. E. Yamarellos et G. Kellens, I, v° « Chiffre noir », p. 76-78; A. Racine, « Quelques aspects psychosociologiques des phénomènes de la délinquance cachée », *Rev. de l'Institut de sociologie*, 1963, p. 161-176; I. Antila, *The criminological signifiance of unregistred criminality*, *Experta criminologica*, 1964, p. 411-414; « Le chiffre noir de la criminalité », 6e Conférence des directeurs d'Instituts de criminologie du Conseil de l'Europe, Strasbourg, 1968, Rapports F. H. Mc Clintock et N. Christie; G. Kellens, « Crime en col-blanc et stigmatisation », *RDPC*, 1970, p. 327-338; F. H. Mc Clintock, « Aspects criminologiques du chiffre noir », *RIPC*, 1971, p. 97-105 et 128-134; ouvrages allemands sur le chiffre noir de Schwind et Stephan, 1975 et 1976, CR *RDPC*, 1977, p. 673-674; A. Traore, *Le chiffre noir de la criminalité*, Mémoire DEA, Aix-en-Provence, 1976, ronéo; *Rapport Peyrefitte Réponses à la violence*, 1977, Annexe 8, p. 226-227; C.-N. Robert, « Statistiques de la délinquance et chiffre noir », *Bull. de criminologie suisse*, juin 1979, p. 31-41; M. Le Blanc, « La délinquance cachée », *in* 31e Cours international de criminologie, précité, 1981, p. 109-145. *Adde* pour l'homicide, B. Aubusson de Cavarlay, « De la pacification à l'insécurité : l'épreuve a-t-elle tant besoin de chiffres ? », *Dév. et soc.* 1993, p. 299-308; G. Kellens, p. 64-71; J. van Djik, « Revisiting the "dark number of crime" », *in* M. Herzog-Evans (ed.), vol. 2, p. 595-629.

4. A. Keith Bottomley, « L'interprétation des statistiques officielles de la criminalité », *CSI*, n° 4, févr.-avr. 1991, p. 75 et s., spéc. p. 77-84. Plus spéc. pour les cambriolages en Angleterre et au Pays de Galles, v. E. Chalumeau et R. Porcher, « Réflexions pour une comparaison entre les statistiques policières de la criminalité en Angleterre, Allemagne et France », *CSI*, n° 4, févr.-avr. 1991, p. 141 et s., spéc. p. 150-152.

« la grande inconnue » de la criminologie et ce que mesurent les statistiques offi-cielles n'est qu'*une part variable et irrégulière du phénomène.*

161 2) ***Valeur respective de la criminalité légale et de la crimina-lité apparente*** ◇ S'il est ainsi certain que les statistiques officielles ne permettent pas de connaître la criminalité réelle, du moins peut-on se demander lesquelles des statistiques de la criminalité légale ou de la cri-minalité apparente sont le plus susceptibles de *se rapprocher* de la crimi-nalité réelle.

Au XIXᵉ siècle, où l'on ne connaissait pratiquement que les statistiques judiciai-res, l'opinion prévalait que celles-ci constituaient la meilleure approche de la cri-minalité réelle [1]. Aujourd'hui au contraire l'opinion la plus répandue est en faveur de la *supériorité des statistiques de la police* sur celles des tribunaux [2]. Il faut savoir en effet que de la criminalité enregistrée par la police et les Parquets à celle qui est effectivement sanctionnée par les tribunaux, il se produit une *sélection progressive* qui aboutit à un double résultat : 1/M une perte considérable de « substance réprimable »; 2/ une transformation-déformation notable de cette substance [3]. D'autre part, l'extension considérable du champ de l'amnistie dans les lois contemporaines d'amnistie enlève à la statistique des condamnations pénales toute valeur indicative pour les années qui suivent la promulgation de la loi d'amnistie [4].

162 3) ***Le contenu de la criminalité apparente*** ◇ Puisque les statisti-ques de la criminalité apparente sont celles qui se rapprochent le plus de la criminalité réelle, il est alors intéressant de se demander ce que ces sta-tistiques enregistrent généralement comme criminalité.

Des recherches effectuées sur les statistiques policières, il résulte deux sortes de théories. La première, dite *théorie du renvoi* [5], a été proposée aux USA par Sellin et Wolfgang et reprise en France par M. Philippe Robert [6] et son équipe du SEPC (Service d'Études Pénales et Criminologiques) du ministère de la Justice, devenu par la suite le CESDIP (Centre de Recherche Sociologiques sur le Droit et les Insti-tutions Pénales) [7]. L'idée essentielle de cette théorie est que, parmi toutes les infractions qui sont effectivement commises, celles qui figurent dans les statisti-

---

1. *Cf.* cependant E. Ferri, *Sociologie criminelle*, p. 216 (p. 165 dans la réédition Dalloz en 2004 de la traduction de la 3ᵉ éd. de l'œuvre par E. Ferri).
2. *Cf.* par ex. A. Normandeau, *RSC*, 1968, p. 313 ; T. Sellin, « La criminalité et la délinquance aux États Unis », *in Le système pénal des États-Unis*, 1964, p. 23-24 ; C. Chiaramonti, « Un solide instrument de mesure : la statistique des faits constatés par la DCPJ », art. précité.
3. *Cf.* R. Gassin, « Contribution des recherches sur la criminalité dans la région d'Aix-en-Provence et dans les Bouches-du-Rhône à la connaissance du fonctionnement de la justice pénale », *in Le fonctionnement de la justice pénale*, éd. CNRS, 1979, p. 246-254. Sur la critique générale des statistiques judiciaires de la délinquance, *cf.* rapport Caresche-Pandraud précité, 3ᵉ partie, p. 28 et s.
4. *Cf.* J. Roche-Dahan, *L'amnistie en droit français*, thèse doct. droit, Aix-Marseille III, 1994, spéc. t. I, p. 243-266.
5. R. Zauberman, « Renvoyants et renvoyés », *Dév. et soc.* 1982, 23-52 ; M. Laurendeau, « La police et ses auxiliaires particuliers : informateurs, délateurs et agents provocateurs », *Criminolo-gie*, 1984, I, 117-125 ; A. Keith et al., « Criminal statistics : the police role in the discovery and detection of crime », *Int. Journ. of crimin. and pen.*, 1976, n° 1, p. 33-58.
6. www.phrobert.fr
7. www.cesdip.fr

ques de police sont celles qui répondent à l'un des deux critères suivants : 1/ la
« visibilité » (*offensiveness*) de l'infraction, c'est-à-dire la possibilité de la constater facilement; 2/ la « reportabilité » (*reportability*), à savoir la fréquence avec
laquelle une infraction est dénoncée à la police par la victime, ce qui conduit à
distinguer entre les *crimes avec victime* qui ont en principe un taux de reportabilité
élevé et les *crimes sans victime* à taux de reportabilité faible ou nul[1]. S'agissant des
crimes avec victimes eux-mêmes, deux grands facteurs influent sur leur
reportabilité : la gravité de l'acte posé, les cas les plus graves étant plus fréquemment rapportés à la police; la distance sociale entre l'agresseur et la victime, les
agressions entre étrangers étant plus fréquemment rapportées que les agressions
entre proches[2]. La seconde théorie, que l'on peut appeler *théorie de la détermination légale et réglementaire,* de Mme Barberger[3], soutient différemment que ce qui
est essentiel dans la détermination du contenu des statistiques policières, c'est le
régime légal de répression des infractions plutôt que leurs caractéristiques matérielles. De la sorte, il y a lieu d'opposer les infractions soumises au droit commun de
la répression qui sont le « pain quotidien » des statistiques, à ces nombreuses
infractions à statut répressif particulier (infractions économiques, fiscales, etc.)[4]
qui sont généralement réglées au stade des Administrations concernées et ne
viennent qu'exceptionnellement à la connaissance de la police et des Parquets et
donc dans les statistiques de la criminalité apparente. Sans doute la réalité se
trouve-t-elle dans une combinaison des deux analyses[5]. L'ONDRP, dans ses rapports successifs, s'est employé à combler les lacunes des statistiques de la police
judiciaire publiées jusque-là depuis 1972 et dénoncées par Mme Barberger. Les
rapports sus-indiqués contiennent en effet, outre la statistique des faits constatés par les services de police et de gendarmerie, les données quantitatives fournies par *d'autres sources*, à savoir les atteintes subies et déclarées par certaines
professions (personnel des établissements scolaires, pharmaciens, médecins,
grandes surfaces etc.) et les infractions constatées par d'autres administrations
(douanes, impôts, concurrence, travail). Par ailleurs les mêmes rapports rendent compte d'enquêtes de victimation qui permettent de corriger, au moins en
partie, l'insuffisance de « reportabilité » de certaines infractions, malgré l'existence de victimes réelles ou supposées. D'autre part, la « culture du résultat »
introduite dans l'activité policière par le ministre de l'intérieur au cours des dernières années est de nature à améliorer le taux de constatation d'initiative des
infractions par la police et la gendarmerie et d'améliorer ainsi la « visibilité » de
certaines d'entre elles[6].

1. C. Chiaramonti (art. précité au *CSI*, 1991, p. 16-17) se rapproche de cette conception
lorsqu'il soutient que la délinquance n'étant pas un réel « en soi », mais un « réel perçu », se
mesure par la *dénonciation des victimes.*
2. E. A. Fattah, *Understanding criminal victimization*, Scarborough, Ontario, Prentice Hall,
1991.
3. C. Barberger-Damamme, *De la criminalité apparente*, th. droit, Lyon, 1981, 683 p., ronéo;
« Justice pénale et Administration », *AS*, 1985, p. 167-177.
4. Infractions qui forment ce que l'on appelle le « droit pénal technique » (*cf.* C. d'Haillen-
court, *Droit pénal technique et droit pénal*, th. droit, Paris II, 1983, 782 p., ronéo.) ou encore le
« droit pénal accessoire » (*cf.* D. Chilstein, *Droit pénal international et lois de police. Essai sur
l'application dans l'espace du droit pénal accessoire*, Dalloz, 2003).
5. *Cf.* M. Marcus, « La plainte, miroir des appareils administratifs, image de la ville », *RSC*,
1984, p. 568-571; J. Susini, « L'image de la criminalité à travers les systèmes de police », *RSC*,
1975, p. 775-790.
6. Mais non sans être à la source de « stress » pour les personnels soumis à la « culture du
résultat » lorsque cette exigence est interprétée de façon radicale, selon P. Smolar, *Le Monde* du
17 mars 2007.

2. Comment mesurent les statistiques criminelles

163 ***Des poids et des volumes*** ◇ Si les statistiques ne mesurent que la criminalité légale et apparente, du moins pourrait-on s'attendre à ce qu'elles mesurent bien ce qu'elles mesurent. Or, deux critiques leur sont couramment faites à cet égard : *l'inexactitude* et la *déformation*.

164 ***1) De l'inexactitude des statistiques criminelles*** ◇ Il est d'observation fréquente que les statistiques criminelles contiennent des inexactitudes. Trois sortes de *facteurs* se trouvent à l'origine de ces dernières : 1/ les *erreurs involontaires,* intellectuelles au moment de la comptabilisation des infractions, matérielles lors de la publication[1]; 2/ les *choix d'opportunité* faits par les autorités quant à la suite donnée aux affaires, notamment pouvoir d'appréciation de l'opportunité des poursuites par les parquets et pouvoir discrétionnaire de la police, de droit ou de fait selon les pays[2]; le rapport de l'OND pour l'année 2005 constitue à cet égard un réel progrès car il comptabilise désormais les signalements des victimes à travers « la main courante » des commissariats de police et les procès verbaux de « renseignement judiciaire » de la gendarmerie nationale; 3/ les *falsifications délibérées* dues au fait que les statistiques criminelles sont devenues un enjeu politique important dans les pays occidentaux en raison du développement massif de la criminalité et du fort sentiment d'insécurité qui l'accompagne et qu'elles ont toujours été un instrument de propagande dans les pays communistes[3]. On a ainsi mis en évidence sur ce point les « Faits et méfaits de la pensée correcte » dans les démocraties occidentales et plus particulièrement aux États-Unis dans le numéro de septembre-octobre 1994 de la revue *Le Débat*[4].

165 ***2) De la déformation par les statistiques criminelles*** ◇ Les statistiques criminelles traditionnelles attribuent le même poids à toutes les

---

1. Sur l'imperfection du système du tableau 4001 de la police nationale et des bulletins d'analyse de procédure (BAP) de la gendarmerie nationale comme cause d'erreurs dans l'établissement des statistiques policières, *cf.* C. Chiaramonti, art. précité *CSI*, 1991, spéc. p. 21-23; rapport Caresche-Pandraud précité, p. 14 et s; L Tournyol du Clos, « Les statistiques incertaines de la délinquance », *Futuribles,* n° 274, avril 2002; rapport 2005 pour l'année 2004 de l'OND, p. 17-31. Sur une présentation humoristique (mais est-elle exacte ? ou en tout cas peut-on généraliser ?) de la manière dont seraient établis les états semestriels 4001 dans les commissariats de police, *cf.* Angèle D., « Julie fait des statistiques », *in Autrement,* La cité des chiffres ou l'illusion des statistiques, 1992, p. 66-69; L. Mucchielli « Le nouveau management de la sécurité à l'épreuve : délinquance et activité policière sous le ministère Sarkozy (2002-2007) », *Champ pénal,* vol. V, 2008, 31 p. et annexe.
2. *Cf.* H. Souchon, *De l'exercice du pouvoir discrétionnaire par les organes de police. Analyse comparative de la pratique policière de l'admonestation,* Paris, ENSP, 1981.
3. Le parti socialiste avait émis le vœu que les chiffres de la délinquance « soient présentés chaque année par une instance indépendante dont l'objectivité ne saurait être mise en doute » pour éviter l'utilisation « des statistiques de la délinquance à des fins purement politiciennes... » (*Le Monde* du 12 févr. 1994). Ce vœu qui avait retenu l'attention du rapport Caresche-Pandraud de janvier 2002 a été comblé, semble-t-il, par la création de l'observatoire national de la délinquance (OND), *cf. supra* n° 158.
4. M. Lilla, *Déviances en démocratie,* p. 151; D.-P. Moynihan *La déviance redéfinie à la baisse,* p. 154; C. Krauthamher, *La déviance redéfinie à la hausse, Réponse à D.-P. Moynihan,* p. 166. V. aussi M. Killias, n° 221; *Le Monde* du 6 décembre 2006, « Il existe des petits aménagements statistiques chez les policiers ».

infractions comptabilisées quelle que soit leur *gravité,* ce qui est très critiquable.

Pour remédier à cette déformation, certains auteurs ont proposé d'affecter les faits délictueux comptabilisés d'un indice de gravité appelé « *index de criminalité* ». Le système le plus connu est celui de Sellin et Wolfgang[1] qui prennent comme unité de mesure, non plus l'infraction-notion juridique, mais l'*événement-notion sociologique,* lequel est décomposé en divers sous-événements à chacun desquels est attribuée une valeur selon sa gravité : c'est la somme des valeurs de ces sous-événements qui donne la valeur de l'événement à faire figurer dans la statistique[2]. Les statistiques policières françaises, voulant s'inspirer du principe de pondération, ont utilisé de leur côté aussi un indice de gravité, mais celui-ci était extrêmement grossier (grande criminalité : 100; criminalité moyenne : 10; délinquance : 1)[3].

Il reste cependant que, malgré les correctifs et précautions d'usage, les statistiques criminelles demeurent impuissantes à mesurer la *criminalité réelle.* D'où diverses tentatives, à l'époque contemporaine, pour mettre au point de nouvelles techniques d'évaluation de la criminalité afin de mieux approcher la criminalité réelle.

b. Les nouvelles techniques d'évaluation de la criminalité

166 *Des substituts ou des compléments ?* ◇ La criminologie contemporaine a mis au point diverses techniques nouvelles destinées à remédier à l'insuffisance des statistiques criminelles traditionnelles. Leur développement a posé la question de savoir s'il s'agissait de simples *compléments* des statistiques traditionnelles ou si l'on pouvait les *substituer* purement et simplement à celles-ci. D'autre part, ces nouvelles techniques ont posé un *délicat problème aux tenants de la criminologie dite de la « réaction sociale ».* Ceux-ci en effet, après avoir tiré argument des résultats fournis par l'emploi de ces nouveaux procédés pour soutenir que les statistiques officielles ne mesurent rien d'autre que l'activité des services de police et de justice, se sont aperçus qu'il y avait une contradiction manifeste à soute-

1. T. Sellin et M. E. Wolfgang, *The measurement of delinquency,* New York, 1964, 423 p., 2ᵉ éd., 1978, précédé de *Constructing an index of delinquency, A manual,* Philadelphie, 1963.
2. À la suite de l'index de T. Sellin et Wolfgang : G. Tardif, « Tentative d'application d'un projet de l'indice de criminalité à Montréal », *Bull. Sté Crimin. du Québec,* sept. 1965, p. 23-40; J. Pinatel, « La mesure de la délinquance juvénile » *RSC,* 1965, p. 689-695; A. Normandeau, « Sur la statistique criminelle et son appréciation », *RICPT,* 1966, p. 107-116; D. Akman et A. Normandeau, « The measurement of crime and delinquency in Canada », *The British Journ of criminology,* 1967, p. 127-169; *id.* « Towards the measurement of criminality in Canada. A replication study », *Acta criminologica,* 1968, 135-254; A. Normandeau, « Étude comparative d'un indice pondéré de la criminalité dans huit pays », *RIPC,* janv. 1970, p. 15 et s.; « Comité européen pour les problèmes criminels. L'indice de criminalité », *rapport* Wolfgang, Chritstiansen et Rose, 1970; Péase et coll., « The development of a scale of offense seriousness », *Int. Journ. of crim. and pen.,* 1977, p. 17-29; M. A. Walker, *Measuring the seriousness of crime,* 1978; Symposium de Wiesbaden, févr. 1977, sur la statistique criminelle et évaluation de la gravité des délits et application pratique », *CR in RIPC,* 1983, p. 27-28; M. Wolfgang, R. M. Figlio, P. E. Tracy et S. I. Singer, *The national survey of crime severity,* US, Washington D.-C. : US Department of justice, 1985; G. Kellens, p. 71-76.
3. L'emploi de cet indice de gravité a été progressivement abandonné depuis 1981. D'abord noyé dans des développements de fin d'ouvrage, il n'apparaît plus dans les statistiques dressées à partir de l'année 1988.

nir que la criminalité n'existe pas en tant qu'objet de connaissance scientifique d'une part[1], et, d'autre part, à s'obstiner à essayer de mieux la mesurer. Aussi se sont-ils employés, à partir d'un certain moment, à orienter l'emploi de ces nouvelles techniques vers d'autres fins que la connaissance de la criminalité.

Les nouvelles techniques en question sont pour l'essentiel : 1/ les techniques d'approche du chiffre noir; 2/ les évaluations du coût du crime; 3/ les sondages sur le sentiment d'insécurité; 4/ les recherches qualitatives sur la criminalité.

1. Les techniques d'approche du chiffre noir

167 *Des délinquants et des victimes* ◇ Pour tenter de connaître la criminalité réelle, on peut penser à s'adresser soit aux délinquants par des *enquêtes d'autoconfession,* soit aux victimes par des *enquêtes de victimisation.*

168 *1) Les enquêtes d'autoconfession*[2] ◇ Ces enquêtes, encore appelées *autoportraits,* ou de délinquance autorapportée/reportée/déclarée, consistent à interroger un groupe de personnes pris dans l'ensemble de la population sur les délits commis par les membres de ce groupe, quelles qu'aient été les suites données à ces délits. Elles reposent donc sur les *aveux de leurs auteurs.*

Ces enquêtes, qui remontent aux lendemains de la dernière guerre, sont nées aux États-Unis[3] d'où elles ont essaimé dans les pays de langue anglaise, puis dans

---

1. Sur cette conception, *cf. supra* n°s 59 et s.
2. La majeure partie de la documentation est en anglais. J.-F. Short et F.-I. Nye, « Reported Behavior as a Criterium of Deviant Behavior », *Social Problems,* 1957, 5, p. 207-213; D.-P. Farrington, « Self Reports of Deviant Behavior : Predictive and Stable ? » *Journal of criminal law and criminology,* 1973, 99-110; R.-H. Hardt et *al.,* « On Determining the Quality of the Delinquency Self-Report Method », Journal of research on Crime and delinquency, 1977-2, p. 247-261; M.-J. Hindelang et *al.,* « Corelates of Delinquency : the Illusion of Discreapancy between Self-Report and Official Mesures », *American Sociological Review,* 1979, 6, p. 995-1014; D.-S. Elliot et *al.,* « Reconciling Race and Class Differences in Self-reported and Official Estimates of Delinquency », même *revue,* 1980, 1, p. 95-110; M.-W. Klein (éd.), *Cross-National Research in Self-Reported Crime and Delinquency,* Kluwer, 1989; J. Junger-Tas et *al.,* « Delinquent Behavior Among Young People » *in The Western World, First Results of the International Self-Report Delinquency Study,* Kluwer 1994; J. Junger-Tas et *al.,* « The Self-Report Methodology » *in Crime Research, Crime and Justice* 1999, p. 291-367. En langue française, v. E.-R. Morange, *La criminalité réelle à Aix-en-Provence,* th. doct., 3e cycle, 1979, p. 12-116; J. Pinatel, « La connaissance de la criminalité au moyen des enquêtes de victimisation et d'autoconfession », *in* 31e Cours international de criminologie, précité, p. 299-314; M. Le Blanc, « La délinquance cachée : une alternative aux statistiques criminelles », 31e cours international de criminologie, précité, 1983, p. 109-190; A. Algan, « Approche des représentations des comportements actuels des femmes », *in* D. Kalogeropoulos (dir.) *Cahiers sur la femme et la criminalité,* 1980; M. Killias n°s 231-242. Pour l'utilisation des enquêtes d'autoconfession, *cf.* M. Frechette et M. Le Blanc, *Délinquances et délinquants,* 1987; E. Gesseney et D. Maret, « La délinquance juvénile autoreportée en Suisse et la sphère des loisirs », *Bull. de criminologie suisse,* 1997, 1, p. 35-51; S. Roché et *al.,* « Enquête sur la délinquance autodéclarée des jeunes », Rapport final, Grenoble, CERAT, juin 2000.
3. La plus connue parmi les premières, sinon la toute première, est celle de J.-S. Wallerstein et C.-J. Wyle, « Our law-abiding lawbreakers », *Probation,* mars-avr. 1947, p. 107-112. La plus célèbre et qui a déclenché toute une suite de recherches de ce genre est celle de J.-F. Short et F.-I. Nye, « Reported behaviour as a criterion of deviant behavior », *Social Problems,* 1957, p. 207-213.

les pays scandinaves et en Allemagne Fédérale alors qu'elles sont restées pendant longtemps à peu près inconnues en France[1] et dans les pays de langue française, sauf au Québec. Après avoir connu un grand engouement, elles sont tombées en désuétude au profit des enquêtes de victimisation, mais semblent connaître depuis quelques années un certain renouveau[2] quoique ce soit souvent pour des finalités différentes de leur finalité originaire.

À l'origine, les enquêtes d'autoconfession étaient destinées à *mesurer la criminalité réelle* et, éventuellement, à renseigner sur sa *structure* et à *comparer* les délinquants demeurés inconnus avec ceux qui avaient été arrêtés et condamnés. Aujourd'hui, on leur assigne *d'autres finalités* : les partisans de la criminologie dite de la « réaction sociale » y voient un instrument d'étude de la manière dont se joue cette réaction et les criminologues cliniciens les utilisent sous la forme de questionnaires de délinquance cachée pour reconstituer les « carrières criminelles » ou pour affiner les diagnostics d'état dangereux et les pronostics de récidive.

Les enquêtes d'autoconfession se sont vu attribuer de *multiples utilités :* estimation du nombre des délinquants, comparaison entre délinquants officiels et délinquants non connus, étude des carrières criminelles[3], composition des « groupes de contrôle » formés de personnes supposées innocentes, approche indirecte de la façon dont la police décide d'arrêter et de poursuivre ou non les délinquants connus d'elle. Certains travaux récents fondés sur de telles enquêtes ont produit des résultats très intéressants et fort instructifs. C'est ainsi qu'en France une vaste recherche sur la délinquance des jeunes construite essentiellement sur les résultats d'enquêtes d'autodéclaration a jeté une lumière crue sur la délinquance actuelle des jeunes; 5 % des jeunes d'un quartier ou d'une ville commettent 50 % des petits délits, 86 % des délits graves et plus de 95 % des trafics (vente de cannabis et objets volés) et, parmi les auteurs ayant commis au moins un délit, 5 % particulièrement actifs cumulent 35 % des petits délits et 60 % des trafics[4]. En Suisse, une comparaison de sondages de délinquance autoreportée par des toxicomanes adultes avec les registres de police apporte également des informations très utiles : ce n'est pas tellement le nombre de délits commis qui détermine le risque de se faire prendre par la police, mais plutôt la diversité et la gravité de ces délits[5]. Toutefois, ces enquêtes présentent le *grave défaut* de ne donner qu'une *évaluation très imprécise du chiffre noir*, tant parce que les enquêtes faites jusqu'à présent n'ont jamais opéré sur des échantillons de population suffisamment représentatifs que parce que tout ce que les « autoportraits » enseignent, c'est le pourcentage de répondants qui ont admis leurs fautes, mais non le nombre de celles-ci qui ont été enregistrées dans les statistiques

---

1. À l'exception des deux travaux de Morange et Algan précités jusqu'à l'ouvrage de S. Roché, *La délinquance des jeunes*, Seuil, 2001.
2. *Cf.* en particulier D. S. Elliot et D. Huizinga, « Improving self-reported measures of delinquency », et J. Junger-Tas, « Self-report delinquancy research in Holland with a perspective on international comparison », tous deux contenus dans l'*ouvrage* de Klein, précité, p. 155-186 et 17-41.
3. M. Le Blanc, « La carrière criminelle : définition et prédiction », *Criminologie*, 1986, n° 2, p. 79-99. L'existence de carrières criminelles véritables est mise en doute par certains auteurs, notamment par M. Cusson, *Criminologie actuelle*, PUF, 1998, spéc. p. 74-75.
4. S. Roché, *La délinquance des jeunes. Les 13-19 ans racontent leurs délits*, Seuil, 2001, 300 p., spéc. p. 51-53.
5. M.-F. Aebi, « Comment mesurer la délinquance des toxicomanes adultes ? Une comparaison empirique de la validité des registres de police et des sondages de délinquance autoreportée », *Criminologie*, 2002, n° 1, 107.

officielles [1]. De là l'intérêt porté aux enquêtes de victimisation à partir du milieu des années 1960.

169 **2) Les enquêtes de victimisation** [2] ◇ Les enquêtes de victimisation – encore appelées plus souvent enquêtes de « victimation » – consistent à interroger un groupe de personnes sur les infractions dont elles ont été

---

1. M.-F. Aebi et V. Jacquier, « Les sondages de délinquance autoreportée. Origines, fiabilité et validité », *Dev. et soc.*, vol. 32, n° 2, 2008, p. 205-227. Toutefois, la distribution sociale de la délinquance telle qu'elle se présente à la lumière des sondages de délinquance autoreportée ne se distingue guère de celle qui résulte des données de la police (M. Killias, n°s 231 et 241). Par ailleurs une étude réalisée par l'Institut de criminologie de Cambridge sur la délinquance juvénile autoreportée indique une correspondance assez bonne entre la délinquance autoreportée et le casier judiciaire (M. Killias, n° 646).
2. J. Pinatel (1987), v° « Victimologie », p. 219-220; T. Sellin, « La *"National crime Commission"* et la recherche criminologique », *RSC*, 1968, p. 565-583; E. Stephan, « *Personality and attitude measurement in two studies of self-reported delinquency and victimization* », *Int. Journ. of Crimin. and penal.*, 1977, 275-287; I. Waller, *Les études de victimisation comme guide d'intervention : mises en garde et propositions*, Ottawa, 1980; W. Skogan et M. Maxfield, *Coping with crime, Individual and neighborhood reactions*, 1981, 280 p.; J. Pinatel, « La connaissance de la criminalité au moyen des enquêtes de victimisation et d'autoconfession », *in* 31e Cours international de criminologie, précité, p. 299-314; F. Dunkel et H. Arnold, *id*, p. 337-349; W. Skogan, « Les utilisations des sondages auprès des victimes », *id*, p. 255-295; M. Baril et Waller, *id*, p. 351-354; E. A. Fattah, « Les enquêtes de victimisation : leur contribution et leurs limites », *Dév. et soc.* 1981, p. 423-440; R. Zauberman, « Grandes enquêtes en recherche pénale et difficultés de réalisation : réflexions complémentaires à propos des enquêtes de victimisation », *Dév. et soc.* 1982, p. 281-309; J. Bernat de Celis, « Police et victimisation : réflexions autour d'une main-courante », *APC*, 1983, p. 147-168; 16e Conférence des directeurs d'Instituts de recherches criminologiques du Conseil de l'Europe (Strasbourg, nov. 1984) : « Les recherches sur la victimisation », Conseil de l'Europe, 1985; US Department of Justice (Lehnen et Skogan éd.), *The National Crime Surveys : working papers*, vol. II, methodological studies, 1984; R. Zauberman, « Les victimes : étude du crime ou sociologie du pénal », *AS* 1985, p. 31-59; R. Zauberman, *Profils sociaux des victimes d'infractions*, Paris, CESDIP, 1986. **Débat** : « Victimologie et victimisation. Discours de la méthode », *Dév. et soc.* 1987, p. 293-330 avec C.-N. Robert, « Introduction », p. 295, D. Cressey, « Les conceptions opposées de la victimologie et leur implication dans la recherche », p. 295-310 et M. Killias et coll., « Nouvelles perspectives méthodologiques en matière de sondage de victimisation (l'expérience des enquêtes suisses) », p. 311-330. R. Zauberman, P. Robert, C. Perez-Diaz et R. Levy, *Les victimes : comportements et attitudes. Enquête nationale de victimation*, CESDIP, 1990; J.-J.-M. Van Dijk, P. Mayhew et M. Killias, *Experiences of crime across the world : key findings of the 1989 international crime survey*, Kluwer, Deventer-Boston, 1990, 2e éd. 1991 (avec un large résumé en français); M. Killias, Précis, n°s 243-266; J.-J.-M. Van Dijk, « Les utilisations des études de criminalité au plan local, national et international », *CSI*, n° 4, févr.-avr. 1991, p. 39-62; W. Bilsky et P. Wetzels, « Victimization and crime : normative and individuel standards » *AIC*, 1994, p. 135-154; P. Mayhew et J. Van Dijk, « Le *sondage international* de victimisation : quelques résultats marquants obtenus dans vingt pays industrialisés », *RICPT*, 1995, p. 259-276; U. Zvekic, « Les attitudes des victimes envers la police et la punitivité : résultats des sondages internationaux de victimisation », *RICPT*, 1997, p. 3-16; P. Mayhew et J. Van Dijck, *Criminal Victimization in Eleven Industrialized Countries*, La Haye, 1997; P. Tremblay, « La demande pénale directe et indirecte : une analyse stratégique des taux de renvoi », *RICPT*, 1998, p. 18-33; P. Robert et *al.*, « Enquêtes de victimisation et statistiques policières », *Quest. pén. déc.* 1998; M. Killias et T. Berruex, « La dénonciation à la police : une décision qui n'est pas laissée au hasard », *Criminoscopie*, 1999, p. 3; C.-M. Rennisson, « Criminal Victimization 1999 : Changes 1998-99 with Trends 1993-1999 », *National Crime victimization Survey*, Washington, 2000; P. Peretti-Wattel, *L'enquête de victimisation IHESI-INSEE*, Paris IHESI févr. 2000; J.-P. Gremy, *Mesurer la délinquance à partir du témoignage des victimes*, Paris, IHESI, 2001; UNICRI, *Sondage international de victimisation dans les pays en développement et en transition;* P. Peretti-Watel, v° « Enquêtes de victimisation », *Dict. sc. crim.*, p. 350-353; E. Debarbieux, « Les enquêtes de victimisation en milieu scolaire : leçons critiques et innovations méthodologiques », *Dév. et soc.* 2004, p. 317; H. Lagrange et *al.*, « Enquêtes de victimation et statistiques de police : les difficultés d'une comparaison », *Dév. et soc.* 2004, p. 285; P. Robert et R. Zauberman, « Insécurité et traitement policier

victimes. Elles reposent donc sur les *témoignages* des victimes, à l'opposé des enquêtes d'autoconfession fondées sur les aveux des auteurs de crimes.

Plus tardives que ces dernières, elles ont également pris naissance aux États-Unis [1] d'où elles se sont étendues dans les autres pays anglo-saxons, les pays scandinaves, en Allemagne fédérale, aux Pays-Bas et en Suisse, alors qu'en France elles sont restées exceptionnelles [2]. Il faut attendre l'enquête de victimisation de l'IHESI-INSEE publiée en février 2000 pour avoir une grande enquête de victimisation. Depuis lors, l'observatoire national de la délinquance (OND) [3] devenu ONDRP, a inclus dans son activité la réalisation d'enquêtes de victimisation comme complément des statistiques administratives de la délinquance qu'il a vocation à mobiliser. Ces enquêtes sont couplées avec l'Enquête Permanente des Conditions de Vie des ménages (EPCV) réalisée par l'INSEE [4]. Le rapport 2006 de l'OND présente les résultats de l'enquête de victimisation 2005 [5]; il contient également en annexe une présentation de l'enquête nationale de victimisation des États-Unis ainsi que de l'enquête de victimisation en Angleterre et au Pays de Galles [6]. On trouve des enquêtes semblables dans les rapports ultérieurs 2007, 2008, 2009 et 2010.

Il est vrai que depuis 1982, le SEPC (aujourd'hui CESDIP) du ministère de la Justice a entrepris plusieurs recherches de victimisation, mais celles-ci sont moins orientées vers la connaissance de la criminalité réelle que vers des finalités de sociologie de la réaction sociale qui entraînent un véritable *changement de nature* de ces enquêtes. D'ailleurs, ses auteurs ne manquent pas d'insister sur le fait que ce ne serait que « par un abus de langage que l'on peut considérer l'enquête de victimation – aussi sophistiquée soit-elle – comme un dénombrement de la criminalité » et qu'elle permettrait « tout au plus... de recueillir des informations relatives à des incidents que des soi-disant victimes jugent utiles de présenter aux enquêteurs comme relevant de la délinquance » [7].

Initialement en effet, les enquêtes de victimisation avaient une *double finalité :* connaître le volume et la structure de la criminalité réelle; en cas de non-signalement à la police, savoir les motifs de l'abstention. Ces finalités demeurent les mêmes pour nombre d'enquêtes de victimisation réalisées à l'heure actuelle, comme l'enquête annuelle faite aux USA depuis 1973 dans un nombre important de villes du pays ainsi que la grande enquête multi-pays portant sur 15 pays occi-

des victimations », *in Mélanges G. Kellens*, Larcier, 2006, p. 147-169; P. Robert *et al.*, « L'évolution de la délinquance d'après enquêtes de victimation. France, 1984-2005 », *Dev. et soc.*, vol. 32, n° 4, 2008, p. 435-472; R. Zauberman (dir.), *Victimation et insécurité en Europe. Un bilan des enquêtes et de leurs usages*, L'Harmattan, 2008; F. Ocqueteau, « Statistiques officielles des crimes et des victimisations, objets de science et d'action », *in* M. Herzog-Evans (ed.), vol. 2, p. 499-516; J. van DjiK, « The International Crime Victimes Survey », même ouvrage, p. 631-650.

1. La première enquête est celle qui y a été entreprise en 1965 à l'initiative de la Commission présidentielle sur l'application des lois et l'administration de la justice (Commission Katzenbach), *cf. RSC*, 1968, art. de T. Sellin précité, note précédente.

2. En déc. 1981, au Cours international de criminologie d'Aix-en-Provence, J. Pinatel n'en comptait que deux réalisations : le sondage demandé par la Commission Peyrefitte à l'Office Central de Sondage et de Statistique (OCSS) sur un échantillon représentatif de la population française en 1977 et la thèse de doctorat de M. Morange précitée n° 168, note 2.

3. *Supra* n° 158.

4. Rapport 2005, p. XIV-XVI et 97 et s.

5. Rapport 2006, p. 137-188.

6. Rapport 2006, p. 503-526.

7. R. Levy et R. Zauberman, « Connaître la criminalité ou connaître les victimes : quelle place pour les enquêtes de victimation ? », *CSI*, n° 4, févr.-avr. 1991, p. 115 et s., spéc. p. 136; *Adde* R. Zauberman, *Dév. et soc.* 1992, p. 81-86.

dentaux réalisée en 1989 par une équipe internationale de criminologues[1]. Mais d'autres enquêtes *ont changé d'objectif* : les unes ont un objectif clinique car elles recherchent quels sont les mécanismes psycho-sociaux qui commandent le phénomène de victimisation; les autres ont un objectif de sociologie pénale et non de criminologie véritable, car elles s'intéressent aux plaignants en tant que catégorie sociologique et non aux victimes comme catégorie criminologique[2].

Les enquêtes de victimisation présentent principalement *trois sortes d'utilité* : 1/ elles conviennent mieux que les enquêtes d'autoconfession pour connaître le volume et la nature des actes criminels commis; 2/ elles contribuent à la connaissance du processus de renvoi des affaires pénales à la police ou à la justice par les victimes; ainsi, selon une étude, la décision d'aviser ou non la police de l'occurrence d'un délit, ou *demande pénale*, n'est pas une simple réaction ou réponse à un stimulus, mais une décision raisonnée, un choix réfléchi qui résulte d'une appréciation et qui requiert l'exercice d'un jugement raisonné portant sur la question de savoir, d'une part si la gravité relative des dommages subis justifie ou non un blâme moral, d'autre part si ce blâme mérite ou non une sanction prononcée par l'autorité publique[3]; 3/ elles permettent de savoir pourquoi certaines infractions, quoique signalées à la police ou aux parquets, ne sont cependant pas enregistrées dans les statistiques. Mais ces enquêtes souffrent aussi d'*importantes limites* : 1/ elles ne permettent de connaître que la criminalité avec victimes individualisables; 2/ elles amplifient la délinquance parce que, parmi tous les faits rapportés par les personnes interrogées, tous ne tombent pas nécessairement sous le coup de la loi pénale; 3/ elles sont inexactes, car tributaires des « erreurs de mémoire »; 4/ lorsque l'enquête a un objectif de localisation de la criminalité dans une ville, les personnes interrogées peuvent involontairement mentionner des faits dont elles ont été victimes ailleurs.

Cela étant, il est important de noter qu'il semble, d'après la synthèse qui en a été faite[4], que les enquêtes de victimisation effectuées au cours des vingt dernières années, avec une méthodologie sans cesse plus perfectionnée, tendent à infirmer la thèse selon laquelle il y aurait une différence majeure entre les résultats de victimation fournis par ces enquêtes et les statistiques officielles de la criminalité apparente. Tout au contraire, on relève, en général, une assez bonne concordance entre le « victimologiquement relaté » et le « statistiquement enregistré » tant en ce qui concerne le volume des crimes avec victime (du moins ceux dont le taux de reportabilité est élevé) que la structure de cette criminalité, ses tendances d'évolution dans le temps et même ses variations dans l'espace. Par ailleurs, il est intéres-

---

1. J. van Dijk, P. Mayhew et M. Killias précité. Il est intéressant de noter à cet égard que ces auteurs emploient le terme d'« études de criminalité » de préférence à celle d'« enquêtes de victimation » (*cf.* J. van Dijk, *CSI*, n° 4, févr.-avr. 1991, p. 39). Sur la critique sévère de cette recherche . G. J. N. Bruinsma, H. G. Van De Bunt et J. P. S. Fiselier, « Quelques réflexions théoriques et méthodologiques à propos d'une recherche internationale comparée de victimation », *Dév. et soc.* 1992, p. 49-68 et sur la réponse des auteurs : M. Killias et J. van Dijk, « Réflexions sur la critique de Bruinsma et *al.* », même *revue*, 1992, p. 69-79; G. Kellens, T. Peters et J. Van Kerckvoorde, « L'enquête internationale de victimisation vue de Belgique », *RDPC*, 1993, p. 825-839; P. Peretti-Watel, v° « Enquêtes de victimisation », *Dict. sc. crim.*, p. 350-353.
2. Tel est le cas des recherches effectuées par le CESDIP : *cf.* R. Zauberman, « Les victimes : étude du crime ou sociologie du pénal », art. précité. Il est même parlé, non plus de « sociologie du pénal » mais de « sociologie à propos du pénal » : *cf.* P. Robert et R. Zauberman, « Les victimes entre la délinquance et l'État », *Rev. de l'Institut de sociologie (Bruxelles)*, 1985, n°s 1-2, p. 9-45.
3. P. Tremblay, « La demande pénale directe ou indirecte : une analyse stratégique des taux de renvoi », *RICPT*, 1998, p. 13-33. Dans le même sens M. Killias et T. Berruex, « La dénonciation à la police : une décision qui n'est pas laissée au hasard », *Criminoscopie*, 1999, p. 3.
4. M. Killias, *Précis* précité, n°s 253-266. V. également P. Robert et *al.*, « Enquêtes de victimisation et statistiques policières », *Quest. pén.* 1998, précité.

sant de relever que les études de victimisation sont susceptibles de fournir des informations, non seulement sur le volume et la structure de la criminalité, mais aussi sur sa causalité : « elles apparaissent de nature, a-t-on écrit, à favoriser un regain d'intérêt pour les causes sociales de la criminalité à l'échelon macrocriminologique, dans la vénérable tradition de Quetelet, Ferri, Lacassagne, Durkheim et Bonger » [1].

2. Les évaluations du coût du crime [2]

170 *De la Commission Wickersam à l'époque actuelle* ◊ En 1931, aux États-Unis, la Commission nationale « *On law observance and enforcement* », dite Commission Wickersam, publiait un ouvrage intitulé *The cost of crime* qui fut la première tentative d'évaluation du coût de la criminalité [3]. Après la guerre, cette technique indirecte d'évaluation de la criminalité a refait surface dans les années 1960 avec l'avènement de la *criminologie dite « organisationnelle »* [4] et s'est depuis lors répandue [5], même en France où le ministère de la Justice a estimé fidèlement le coût du crime depuis les années 1970 jusqu'en 1996 [6]. Après une dizaine d'années, l'évaluation du coût du crime a plus récemment été reprise par quelques études individuelles [7], pour aboutir à des chiffres qui n'ont pas été parfois sans susciter une polémique méthodologique [8].

Cette technique consiste à évaluer la criminalité à partir du *coût économique qu'elle représente pour la collectivité;* à cette fin on totalise l'estimation monétaire des préjudices causés par les diverses formes de délinquance et le coût des organes de répression et de prévention.

1. J. Van Dijk, « Les occasions de commettre des infractions : un test du modèle rationnel-interactionniste » *in* 11e colloque criminologique du Conseil de l'Europe (1994), *Crime et Économie*, p. 105-157, spéc. p. 108.
2. E. Yamarellos et G. Kellens, I, ve « Coût du crime », p. 100-103; G. Kellens, p. 77-88.
3. « Washington, US Governement printing office », 1931. Cette recherche donna lieu à un certain nombre de commentaires, not. R. G. Hawkins et I. Walter, « Critical notes on the cost of crime », *Journ. of crim. law and pol. science*, 1936, p. 679-694.
4. *Cf. infra* n° 307.
5. *Cf.* J. P. Martin et J. Bradley, « Design of a study of the cost of crime », *The British Journ. of crimin.*, 1964, p. 591-603; J.-P. Martin, « Le coût du crime : quelques problèmes de recherche », *RIPC*, n° 23, 1965, p. 57-65.
6. P. Robert et J.-P. Bombet, « Le coût du crime en France », *AIC*, 1970, nos 2, p. 599-651; P. Robert et T. Godefroy, *Le coût du crime ou l'économie poursuivant le crime*, éd. Masson, 1978, p. 225; P. Robert, 31e cours international de criminologie précité, p. 355-356; T. Godefroy et B. Laffargue, « Éléments sur l'impact économique du phénomène criminel », *Gaz. Pal.*, 1984, l, p. 139 et la réponse J. Gratadour, *Gaz. Pal.*, 18 avr. 1984; T. Godefroy et B. Laffargue, *Les coûts du crime en France : données 1984, 1985, 1986 et 1987*, CESDIP, Paris, 1989; *Les coûts du crime en France estimation monétaire des criminalités, données pour 1988 à 1991*, CESDIP, 1995; F. Lombard, T. Godefroy et B. Laffargue, *Les coûts du crime. Prévention et répression, une approche locale*, 2 vol., CESDIP, 1993.
7. Sur l'estimation de J.-P. Arlaud, *Délinquance et insécurité : combien ça vous coûte ?*, Publibook, 2007, *cf. infra* n° 464.
8. V. ainsi suite à l'étude de J. Bichot (économiste), « Le coût du crime et de la délinquance », *Institut pour la justice*, études et analyses n° 8, avril 2010, 78 p., évaluant à 115 MM€ le coût total de la criminalité entre juillet 2008 et juin 2009 soit 5,6 % du PIB, la réaction de T. Godefroy (CESDIP), « Le coût du crime. Règles de prudence méthodologique et perspectives de recherche », mars 2011 et la mise au point de J. Bichot, *Institut pour la justice*, notes et synthèses, n° 22, mars 2011.

On attribue à cette méthode l'*intérêt* de donner une image du phénomène criminel différente de celle des statistiques officielles, en même temps que de tenir compte des divers modes de contrôle du phénomène. En revanche, *on lui reproche :* 1/ de ne pas pouvoir prendre en compte les actes criminels qui ne causent pas de préjudice à une victime susceptible d'évaluation économique (ex. infanticide); 2/ même pour les crimes avec préjudice, de ne tenir compte que de leur coût économique, alors que leur coût psychologique est parfois plus important[1].

3. Les sondages sur le sentiment d'insécurité[2]

171 *Attitudes du public et mesure de la criminalité* ◇ La criminalité engendre dans l'opinion publique un certain nombre d'attitudes réactives au premier rang desquelles figure un *sentiment plus ou moins vif d'insécu-*

---

1. Sur l'utilisation des statistiques dressées par les compagnies d'assurance pour mesurer le coût de certains actes délictueux, *cf.* P. Maurin, « Assurance et mesure de la délinquance », *CSI*, n° 4, févr.-avr. 1991, p. 27-37; A. Lemaitre, « Les assurances dans la littérature criminologique », *Dév. et soc.* 1994, p. 297-326.
2. G. Picca, *La criminologie*, p. 71-91; 9ᵉ Conférence des directeurs d'Instituts de recherches criminologiques, Conseil de l'Europe, Strasbourg, 1971 : « La perception de la déviance et de la criminalité »; H. L. Kerner, « Fear of crime and attitudes towards crime : comparative criminological reflexions », *AIC*, 1978, p. 83-102; H.-P. Jeudy, *La peur et les médias*, PUF, 1979; H. Coing et C. Meunier, *Insécurité urbaine : une arme pour le pouvoir*, éd. Anthropos, 1980; M. Delmas-Marty et J. Vérin, « Le sentiment d'insécurité », *in* 31ᵉ Cours international de criminologie, précité, p. 331-336; J. Combaz, *Les détenus de la peur*, 1982; « La peur du crime », Rapports Gilbert, Lamanda et Souchon, *AIC*, 1982, p. 113-157; « La peur du crime », n° spécial de la revue *Criminologie*, 1983, n° 1, art. Brillon, Baril, Normandeau, Guérin, Durand, Lecor et Mackay; L. Kegels, « Le crime, puisqu'il faut l'appeler par son nom... la peur du crime », *Dév. et soc.* 1982, p. 209-220; R. Zauberman, « La peur du crime et la recherche », *Année sociologique*, 1982, p. 415-438; Coudy, *Perception de la violence et sentiment d'insécurité*, th. doct. droit, Bordeaux, 1982, ronéo.; Y. Dewallef, « Criminalité et sentiment d'insécurité », *RDPC*, 1983, p. 755-764; C. Louis-Guérin, « Les réactions sociales au crime : peur et punitivité », *Rev. française de sociologie*, 1984, p. 623-635; « Insécurité et répression, efficacité ou imaginaire », Journées d'études du Centre Thomas More (3-4 mars 1984); H. Lagrange, « Opinion publique et violence », *Rev. française de sociologie*, 1984, p. 636-651; P. Robert, « Insécurité, opinion publique et politique criminelle », *Année sociologique*, 1985; E. Stemmelen, *Analyse rétrospective du sentiment d'insécurité en France de 1977 à 1985*, Paris, Tosca éd., 1986; H. Lagrange et S. Roché, *Baby alone in Babylone*, Cerat, IEP Grenoble, 1987-1988 (3 volumes); J. Delumeau, « Le sentiment de sécurité », *CSI*, janv. 1990, p. 19-26; P. Robert, « L'insécurité : représentations collectives et question pénale », *AS* 1990, p. 313-330; M. Killias, *Précis de criminologie*, p. 400-425; E. Stemmelen, « L'insécurité des sondages », *CSI*, n° 4, févr.-avr. 1991, p. 63-71; H. Lagrange, « Appréhension et préoccupation sécuritaire », *Dév. et soc.* 1992, p. 1-29; D. Duprez et M. Hedli, « Le mal des banlieues ? Sentiment d'insécurité et crise identitaire », Paris, L'Harmattan 1992; P. Tremblay, G. Cordeau et J. Kantorowski, « La peur du crime et ses paradoxes : cartes mentales, écologie criminelle et sentiment d'insécurité », *RCC*, janv. 1993, p. 1-18; H. Lagrange, « La peur à la recherche du crime », *Dév. et soc.* 1993, p. 385-417; S. Roche, *Le sentiment d'insécurité*, PUF, 1993; H. Lagrange, *La civilité à l'épreuve. Crime et sentiment d'insécurité*, PUF, coll. Sociologie d'aujourd'hui, 1995; A. Normandeau, « Le sentiment d'insécurité des femmes face à la normalité », *RSC*, 1994, p. 805-811; R. Screvens, « Le juge pénal et le sentiment d'insécurité », *RDPC*, 1995, p. 113-118; J.-P. Gremy, « La délinquance permet-elle d'expliquer le sentiment d'insécurité », *CSI*, 1996, n° 23, p. 54-67; J.-J. Gleizal, « Sur la sécurité », *RSC*, 1997, p. 909-911; S. Roché, *Sociologie politique de l'insécurité*, PUF, 1998; S. Roché, « Expliquer le sentiment d'insécurité : précision, exposition, vulnérabilité et acceptabilité », *RFSP*, 1998, 2, p. 274-305; J.-L. Mathieu, *L'insécurité*, coll. « Que sais-je ? », PUF, 1998, spéc. chap. 1 « Mesures de l'insécurité et du sentiment d'insécurité », p. 9-21; R. Zauberman, P. Robert et M.-L. Pottier, « Risque lié au style de vie. Enquêtes et évaluation de la sécurité urbaine », *CSI*, 2000, n° 42, p. 193-220; J.-L. Loubet Del Bayle « Une approche du sentiment d'insécurité en France », *RICPT*, 2002, 2, p. 213-321; S. Roché (dir.), *En quête*

rité selon l'évolution de la criminalité ou l'image que le public en a, notamment à travers les médias.

Ce sentiment d'insécurité fait l'objet de *sondages périodiques d'opinion* et l'on s'est demandé si ces sondages ne pouvaient pas constituer en eux-mêmes un indicateur de l'ampleur et des tendances d'évolution de la criminalité.

L'évaluation de la criminalité à travers le sentiment d'insécurité se heurte toutefois à une *objection d'importance :* c'est qu'il n'est nullement démontré que ce sentiment soit fonction du niveau et des tendances d'évolution de la criminalité elle-même, d'autres facteurs paraissant influer sur l'évolution et le contenu du sentiment, notamment les médias. On a même cru pouvoir montrer que les réponses aux sondages sur le sentiment d'insécurité variaient notablement selon la manière dont la question était posée : fort sentiment lorsque la question est fermée, faible, en revanche, lorsqu'elle est ouverte [1].

172 *À la recherche d'une rationalité du sentiment d'insécurité...* ◇

Est-ce à dire pour autant que le sentiment d'insécurité est dépourvu de rationalité en ce sens qu'il n'entretiendrait aucune relation significative avec la délinquance elle-même, considérée comme un fait objectif ? De multiples recherches se sont employées à trouver quel est le type de relations que peut entretenir le sentiment d'insécurité avec la délinquance malgré l'absence apparente de corrélation positive générale.

1) Une première piste a consisté à distinguer, au sein de cette notion *composite* qui est désignée sous le vocable général de « sentiment d'insécurité », entre la *peur du crime* proprement dite, qui est un comportement émotionnel, et la *préoccupation du crime*, qui participe au contraire des attitudes intellectuelles. Le premier auteur qui semble avoir posé le problème à travers cette distinction est F. Furstenberg [2], à partir des enquêtes réalisées en 1969 sur les réactions du public au développement de la criminalité à Baltimore. Ce chercheur a soutenu : 1/ que la préoccupation du crime entretient une corrélation négative avec le taux de criminalité; 2/ que la peur d'être victime, en revanche, est corrélée positivement avec celui-ci; 3/ et qu'en définitive la préoccupation du crime et la peur du crime sont indépendantes l'une de l'autre. La distinction a été depuis reprise et affinée notamment par H. Lagrange dans ses enquêtes sur la ville de Grenoble et sa région. Pour cet auteur, il n'est pas exact de considérer que le « discours sécuritaire » ambiant transforme en demande sécuritaire les peurs vécues et quasi-privées; pour comprendre le phénomène, il faudrait se reporter aux *formes différentes de sociabilité* vécues respectivement par les habitants des petites communes et les urbains de fraîche date (néo-urbains) d'une part, et les habitants installés dans les villes depuis longtemps d'autre part; alors que chez les premiers les idées sécuritaires sont largement indépendantes des appréhensions vécues,

de sécurité, A. Colin, chap. X, « Le sentiment d'insécurité », p. 157-171; H. Lagrange, *Demandes de sécurité, France, Europe, États-Unis*, Seuil, 2003, 109 p., spéc. chap. III, « Le sentiment d'insécurité », p. 53-62; E. Widmer et al., « Du sentiment d'insécurité aux représentations de la délinquance », *Dév. et soc.* 2004, n° 2, p. 141; J. Dittman, « Les causes de la peur. La mesure des sentiments d'insécurité et de peur du crime en Allemagne et en France », *Dév. et soc.* 2005, p. 299; R. Bisa, « Insécurité et processus de victimisation », *AIC*, 2005, p. 83-94; G. Vanderveen, *Interpreting fear crime. Risk and unsafety*, La Haye, 2006, 424 p.
    1. E. Stemmelen, « L'insécurité des sondages », art. précité.
    2. F. Furstenberg, « Public reactions to crime in the streets », *American scholar*, 1971, vol. 40, p. 601-610.

chez les seconds, au contraire, la préoccupation sécuritaire, en général plus rare, présenterait un lien étroit avec la peur ressentie [1]. M. Roché à son tour a repris la distinction en y ajoutant une troisième variété : le sentiment de peur pour autrui ou « peur altruiste » qui se distingue à la fois de la peur « égoïste » ou personnelle et de la simple préoccupation politique pour l'ordre et la sécurité. La peur altruiste « dévoile un volet généreux de la crainte qui est liée au sentiment de responsabilité sociale pour d'autres que soi » [2].

2) Un nouvel affinement de la question a été réalisé avec les recherches qui se sont, à leur tour, efforcées d'approfondir la notion de *peur du crime* elle-même. Trois orientations différentes peuvent être repérées dans l'ensemble des travaux de recherche, l'une d'ordre géographique, l'autre d'ordre sociologique.

La première consiste à distinguer dans la peur du crime entre l'*intensité* du sentiment de vulnérabilité d'une part et l'*étendue* de cette peur au regard des diverses zones urbaines connues ou fréquentées par les populations étudiées d'autre part [3]. Il résulte des premières données collectées en cette matière que, lorsque l'on compare deux quartiers d'une même ville, alors que l'intensité du sentiment subjectif de vulnérabilité varie peu de l'un à l'autre, il y a des différences notables entre les deux quartiers lorsqu'on demande aux répondants d'objectiver ce sentiment dans un cadre géographique concret et observable. Le plus surprenant dans le résultat de cette recherche sans doute, c'est que les zones urbaines considérées comme « sûres » par les répondants ne sont pas les moins criminelles d'après les statistiques officielles de la police, tandis qu'à l'inverse les zones perçues comme « dangereuses » ne sont pas elles-mêmes les plus criminelles. Ces paradoxes trouvent toutefois diverses explications plausibles qui permettent de penser que les craintes du crime ne sont pas aussi irrationnelles qu'on le dit généralement.

Une deuxième voie d'analyse a consisté à mettre en relation l'*intensité de la peur du crime* avec le *degré d'exposition au risque* de victimisation des répondants qui résulte de leur *style de vie* [4], [5]. L'hypothèse générale qui s'en dégage consiste à soutenir que la peur du crime n'est pas fonction du niveau de dangerosité défini par les taux de criminalité observés dans les quartiers des grandes villes, mais qu'elle dépend, pour chaque catégorie sociale – jeunes, vieux, hommes, femmes – du risque respectif de victimisation engendré par son style de vie particulier. Reste à se demander dans quel sens joue la relation peur du crime/degré d'exposition au risque de victimisation. Les paradoxes qui résultent des données de l'observation selon lesquelles l'intensité du sentiment de vulnérabilité varie en raison inverse du *degré d'exposition au risque,* ont amené à conclure que c'est la peur du

---

1. H. Lagrange, « Appréhension et préoccupation sécuritaire », précité, *Dév. et soc.* 1992, p. 1-29.
   2. S. Roché, *En quête de sécurité,* 2003, précité, p. 162 et s.
   3. La première étude semble être celle de P. J. Brantingham, P. L. Brantingham et T. Molumby, « Perceptions of crime in a dreadful enclosure », *Ohio Journal of Science,* 1977, p. 256-261. La recherche utilisée au texte est celle de P. Tremblay, G. Cordeau et J. Kaczorowski. « La peur du crime et ses paradoxes : Cartes mentales, écologie criminelle et sentiment d'insécurité », *RCC,* janv. 1993, p. 1-18.
   4. La première étude est celle de S. Balkin, « Victimisation rates, safety and fear of crime », *Social problems,* 1979, p. 343-347. Le modèle de Balkin a été repris et affiné par H. Lagrange, « La peur à la recherche du crime », *Dév. et soc.* 1993, p. 385-417. *Adde* W. G. Skogan, « The Impact of Victimization on Fear », *Crime and Delinquency* 1987, 1, p. 135-154.
   5. H. Lagrange (art. précité, p. 390) relève que « sur le plan de l'histoire des idées, il est remarquable que la théorie des différences de style de vie ait été sollicitée aux États-Unis, à peu d'années d'intervalle, pour rendre compte d'abord de la progression de la criminalité prédatrice – les atteintes intentionnelles et violentes aux biens – et, ensuite, de la progression de la peur du crime ». Sur la théorie du style de vie quotidienne des victimes, *cf. infra* n° 293.

crime qui conduit les catégories sociales les plus apeurées – notamment les personnes âgées – à se refermer sur elles-mêmes pour réduire leur degré d'exposition au risque en modifiant plus ou moins radicalement leur style de vie. S'il en était autrement, la plus grande exposition au risque devrait entraîner une peur du crime plus intense, ce qui est contredit par les données de l'observation.

Un troisième approfondissement proposé en 1980[1] a été repris en 2003 par J.-P. Brodeur dans son ouvrage sur la police[2]. Il distingue entre la *peur concrète* (*concrete fear*) et la *peur informe* (*formless fear*). La première consiste dans la peur d'être victime de crimes bien précis (agression sexuelle, agression physique). La seconde au contraire réside dans un sentiment diffus d'insécurité sans qu'il soit rattaché à un type de crime déterminé. Les intérêts de la distinction sont multiples; en particulier la variante « informe » de la peur est beaucoup plus répandue que sa variante « concrète ». Cela étant, les deux sortes de peur produisent un effet semblable de démoralisation chez ceux qui l'éprouvent. J.-P. Brodeur pense que l'on doit ajouter une troisième variante du sentiment d'insécurité qu'il appelle *la peur « ludique »*. Partant de l'observation qu'un certain type de film terrifiant suscite de l'engouement notamment chez le public jeune, il considère que cet engouement a souvent l'effet d'un piège, ceux qui cherchent à se faire peur par jeu finissant par éprouver une peur « informe » d'insécurité.

En définitive, s'il apparaît que la mesure du sentiment d'insécurité ne permet certes pas de mesurer la criminalité objective elle-même, elle n'en est pas moins riche d'enseignements sur les relations existant entre les sentiments et les attitudes des populations et cette criminalité elle-même.

4. Les recherches qualitatives sur la criminalité

173 *Qualitatif ou quantitatif ?* ◊ Devant les difficultés à saisir la criminalité par les techniques quantitatives et l'impossibilité pour certaines formes de celles-ci (notamment le crime organisé et la délinquance en col blanc) d'en avoir la moindre approche sérieuse par les statistiques, certains auteurs ont proposé de recourir à des recherches qualitatives. Celles-ci ont été qualifiées d'« approche descriptive-interprétative »[3]. On propose ainsi de substituer l'étude des *tendances comparées de la criminalité* à la comparaison internationale des statistiques des divers pays[4] et la *recherche historique*[5] à l'étude statistique de l'évolution de la criminalité dans le temps.

Il n'est pas certain cependant que le qualitatif ne fasse pas illusion, dans ces diverses recherches, car bien souvent elles se réfèrent, implicitement ou explicitement, à des données quantitatives.

174 *Conclusions sur la mesure de la criminalité* ◊ Au terme de cette délicate étude de la mesure de la criminalité, il apparaît certes qu'il n'est pas possible de mesurer directement et avec certitude la criminalité réelle;

---

1. Rapport Figgie : H. E. Figgie, « *The Figgie report on fear of crime* », 1980.
2. J.-P. Brodeur, *Les visages de la police. Pratiques et perceptions*, Presses Univ. Laval, 2003, spéc. p. 163 et le chapitre 4 « Policer l'apparence », p. 121-165.
3. D. Szabo, au 5ᵉ Colloque Criminologique du Conseil de l'Europe, Strasbourg, 1981, p. 30.
4. Thème du 5ᵉ colloque criminologique précité.
5. « La recherche historique sur la criminalité et la justice pénale », 6ᵉ colloque criminologique du Conseil de l'Europe, Strasbourg, 1983.

les statistiques officielles ne permettent de connaître que la criminalité légale et la criminalité apparente : quant aux substituts ou compléments de ces statistiques, ce ne sont que des procédés bien imparfaits d'approche de la réalité criminelle. *Il n'existe donc pas d'indicateur véritablement satisfaisant de la criminalité* [1].

Est-ce à dire pour autant, comme le soutiennent les partisans de *la criminologie dite de la réaction sociale,* que la criminalité n'existe pas comme objet d'étude, que les statistiques officielles ne mesurent que l'activité des services répressifs et que les techniques dites de substitution ou de complément ne servent qu'à l'approche de divers aspects de la réaction sociale et non à celle de la criminalité elle-même, au demeurant objet scientifique inexistant ?

On a déjà répondu d'une manière générale à la question en montrant que l'action criminelle est bien un objet de recherche scientifique et cela sous ses deux aspects de phénomène collectif comme de phénomène individuel [2]. Mais c'est ici le lieu de préciser la réponse relative à l'argumentation particulière sur la signification des statistiques officielles.

Dire que ces statistiques *mesurent l'activité des services répressifs et non la* criminalité *elle-même* (ne serait-ce que d'une manière imparfaite), c'est soit s'attacher à l'*aspect purement formel et apparent des choses,* soit plus gravement se référer implicitement à *une philosophie politique* bien ciblée. Les services de police et de justice ne sont pas en effet des institutions étatiques qui trouveraient leur raison d'être en elles-mêmes; ils n'ont d'autre justification que la finalité qui leur est assignée par l'organisation étatique, à savoir la lutte contre la délinquance. Dès lors les statistiques officielles qui mesurent *formellement* leur activité sont en même temps et plus profondément un indicateur du phénomène contre lequel ils ont pour objectif de lutter. À moins que derrière l'affirmation contraire, il n'y ait cette idée que la police et la justice seraient des sortes d'institutions complètement détachées de leur finalité et qui vivraient d'une vie propre entièrement orientée vers un autre objectif [3], dans un État qui lui-même ne serait au mieux qu'une juxtaposition anarchique de services administratifs et, plus probablement, qu'une sorte de champ clos où les puissances administratives ne cesseraient de se combattre, le tout inclus dans une Société civile qui ne serait elle-même que le théâtre de la lutte de tous contre tous : en bref, l'« état de nature » de Hobbes dans le *Léviathan.* Ainsi, s'il est vrai que les statistiques officielles de la criminalité apparente ne sont pas véritablement satisfaisantes, elles n'en sont pas moins un indicateur utile, voire irremplaçable; ce qui est vrai, c'est qu'il faut éviter d'en tirer des conclusions dans le *court terme,* comme les pouvoirs publics et les médias ont trop souvent tendance à le faire, car c'est pour celui-ci que les choix d'opportunité ou les manipulations délibérées sont le plus à craindre. En revanche, *s'agissant du long et du moyen terme,* elles permettent mieux que tout autre indicateur de déceler des tendances lourdes d'évolution de la criminalité.

D'ailleurs, est-il si sûr que les statistiques officielles soient elles-mêmes un bon indicateur de l'activité des services répressifs ? Rien n'est moins certain. Il suffit en effet d'avoir vécu quelque temps la vie d'un service de police ou d'une juridic-

---

1. J. Pradel, « L'exacte mesure de la délinquance : des progrès aujourd'hui, une maîtrise demain ? », *CSI,* n° 4, févr.-avr. 1991, p. 203-205.
2. *Cf. supra* n°s 66 à 68.
3. Telle est effectivement la représentation du « système pénal » que donne la théorie abolitionniste (*cf.* L. Hulsman et J. Bernat De Celis, « Fondements et enjeux de la théorie de l'abolition du système pénal », *in* F. Ringelheim, *Punir mon beau souci, op. cit.,* p. 297-317, p. 298-302).

tion pénale pour se rendre compte que ces statistiques ne saisissent que l'« écume » des choses et encore une écume bien appauvrie par rapport au donné quotidien concret. De sorte que l'on peut conclure finalement en disant que *les statistiques officielles mesurent peut-être moins bien l'activité des services répressifs qu'elles ne le font de la criminalité elle-même* [1].

Telles qu'elles sont en tout cas et avec les autres techniques de mesure de la criminalité, elles se révèlent indispensables à la connaissance de la criminalité dont on va parler maintenant [2].

B. Les divers types de connaissances sur la criminalité

175 *Idée générale* ◇ Les multiples techniques d'approche de la criminalité que l'on vient de décrire permettent d'acquérir des connaissances sur la criminalité dans trois directions différentes : a) sa *description*; b) la recherche de sa *causalité;* c) l'établissement de *prévisions* de son évolution.

a. La description de la criminalité

176 *Les trois aspects* ◇ L'exploitation des informations contenues dans les instruments de mesure de la criminalité permet de connaître cette dernière sous les trois aspects suivants : son *volume* et sa *structure* (1), son *évolution dans le temps* (2) et ses *variations dans l'espace* (3).

1. Le volume et la structure de la criminalité

177 *1) Le volume* ◇ La connaissance la plus élémentaire que permettent de fournir les statistiques de la criminalité, réside dans le *volume* de celle-ci à

---

1. Il ne faut pas confondre l'activité des services répressifs que les statistiques mesurent dans ses aspects les plus superficiels et généraux avec l'utilisation opérationnelle des statistiques de la délinquance par les services de police. L'exploitation systématique de celles-ci, surtout grâce à l'informatisation des services, permet aujourd'hui de dire que, sous certaines conditions, si « la statistique demeure un outil d'enregistrement quantitatif ou descriptif », elle « devient aussi un instrument de gestion et de stratégie policière » (Entretien avec J.-P. Sanguy, Directeur de la police judiciaire à la Préfecture de police de Paris, « De l'usage opérationnel des statistiques de la délinquance par les services de police », *CSI*, n° 4, févr.-avr. 1991, p. 171-176). Il s'agit là d'un aspect nouveau et différent de l'utilité des statistiques criminelles.

2. MM. Frechette et Le Blanc (*Délinquances et délinquants*, 1987, p. 333) et M. Cusson (*Croissance et décroissance du crime*, 1990, p. 32-33) concluent également que malgré leur imperfection, les statistiques permettent d'arriver à une représentation « approximative » de l'état de la délinquance. V. également R. Ottenhof, « La délinquance des mineurs : aspects criminologiques », *in Enfance et Délinquance*, éd. Économica, 1993, qui critique l'attitude des criminologues qui ont discrédité les statistiques (p. 116); M. Killias, n°s 274-276, qui relève pertinemment que la démolition de tous les indicateurs destinés à mesurer la criminalité aboutirait à rendre impossible toute vérification des hypothèses sur cette dernière et donnerait libre cours aux théories « les plus absurdes et les plus inacceptables » faute de pouvoir les infirmer. Le même auteur, n°s 646-647, tirant les leçons de la comparaison entre la délinquance autoreportée et la délinquance officielle, remarque de manière précise que « les critiques souvent adressées aux statistiques et données officielles (...) semblent donc peu fondées, en ce sens que ces dernières saisissent bien les délinquants persistants et qu'une analyse portant sur des données officielles ne sera pas aussi peu valide que certains ont bien voulu le faire croire ».

un moment déterminé du temps et en un lieu également déterminé (pays, région ou ville). Deux remarques à cet égard : 1/ il ne peut s'agir que de la criminalité apparente ou légale et non réelle, d'où la nécessité de les compléter par les résultats des techniques d'évaluation du « chiffre noir »; 2/ les statistiques fournissent des nombres en valeur absolue (ex. 2 millions et demi de crimes et délits connus de la police, 500 000 condamnations prononcées par les tribunaux...) ce qui n'a pas grande signification, d'où la nécessité de les rapporter au chiffre de la population et d'exprimer les résultats en *taux de criminalité* (5 pour mille habitants, etc.).

On remarquera toutefois que si le recours au nombre général d'habitants d'un pays ou d'une aire géographique quelconque pour exprimer le taux de criminalité de celle-ci constitue le moyen le plus pratique et donc le plus couramment utilisé, il n'est pas pour autant le *dénominateur le plus valide* pour mesurer le « risque naturel » de délinquance de cette population. On a montré, en effet, que ce « risque » est fonction de dénominateurs beaucoup plus fins et variés, et notamment du nombre d'habitants en mesure de commettre des infractions pénales (ce qui explique des distinctions tenant au sexe et à l'âge), l'existence de « groupes à risque » c'est-à-dire de groupes plus exposés que d'autres à commettre certains actes de délinquance (par exemple les femmes pour le vol à l'étalage parce qu'elles fréquentent les grandes surfaces proportionnellement plus que les hommes) ou à en être victimes (les femmes encore par exemple pour les infractions sexuelles), le nombre de « cibles » possibles de délinquance (ainsi le nombre de véhicules en circulation pour le vol de voitures), ou encore la durée de l'exposition à des situations à risque (telle que la durée de l'absence des occupants des résidences privées). Comme on l'a très justement observé, « on s'est, surtout les vingt dernières années, beaucoup préoccupé en criminologie de la validité du numérateur, c'est-à-dire des mesures du nombre de crimes, de victimisations ou d'autres incidents; ce que l'on a un peu trop oublié, c'est que le dénominateur (et sa validité) vaut tout autant que le numérateur lorsque l'on parle de taux... »[1].

178 **2) *La structure*** ◇ Les divers instruments de mesure de la criminalité permettent aussi de connaître, par-delà le volume global de celle-ci sa *structure* dans une aire géographique donnée et à un moment déterminé du temps.

C'est ainsi d'abord que les statistiques permettent de connaître la répartition des *infractions* tant d'après leur *gravité* (par ex. crimes, délits et contraventions) que d'après leur *nature* (par ex. infractions contre les personnes, les biens et la chose publique).

Les mêmes statistiques donnent également des informations précieuses sur la répartition des *délinquants* dans l'ensemble de la criminalité en fonction de caractéristiques individuelles générales : sexe, âge, profession, catégorie sociale, récidive pour l'essentiel, et de servir de point de départ à la recherche de l'explication des différences observées. Il convient de souligner toutefois qu'en France, à la différence de nombre de pays occidentaux étrangers, l'élaboration de statistiques

---

1. M. Killias, n°ˢ 267-273, la citation étant au numéro 273 *in fine* de la 1ʳᵉ éd. (1991).

ethniques est interdite de telle sorte qu'il n'est pas possible d'y rechercher l'existence de relations entre type ethnique et criminalité[1].

Enfin, les enquêtes de victimisation permettent aujourd'hui de connaître aussi diverses caractéristiques générales dominantes relatives aux *victimes* : sexe, âge, nationalité, catégorie socio-professionnelle...

2. L'évolution de la criminalité dans le temps[2]

179 **1)** ***La description de l'évolution au moyen des séries statistiques*** ◇ Les statistiques criminelles, éventuellement complétées par les autres techniques de mesure de la criminalité, permettent, grâce à un traitement approprié, de décrire l'évolution de la criminalité en la saisissant sous trois aspects différents : les tendances à long terme (« *trend* » en anglais), les variations saisonnières et les mouvements accidentels (dus aux guerres et révolutions par exemple).

La *description* du « *trend* », à vrai dire, n'est pas chose facile car on ne peut pas se contenter d'aligner les uns après les autres les chiffres de la criminalité, année après année, pour en dresser le tableau d'évolution. Il faut en effet corriger ces données « naïves » en tenant compte de deux sortes de *facteurs de perturbation :* les facteurs *intrinsèques* à la statistique qui consistent dans les changements ou variations du système d'enregistrement de la criminalité; les *facteurs extrinsèques* à la statistique qui résultent de divers phénomènes inhérents au fonctionnement du système de justice pénale : changements de législation pénale, modification dans le niveau d'activité des services de police comme dans les attitudes de plainte des victimes, variations dans le système de poursuite des parquets, la sévérité des condamnations et l'application des sanctions pénales.

180 **2)** ***L'utilisation de la méthode historique*** ◇ Le recours à l'histoire est indispensable pour rechercher l'évolution de la criminalité dans les périodes antérieures à la tenue des statistiques criminelles, donc avant le XIXᵉ siècle; l'histoire sert également de complément et de moyen de vérification pour la période contemporaine.

Mais certains auteurs ont prétendu qu'il faut substituer entièrement l'*emploi de l'histoire* aux statistiques et autres techniques de mesure de la criminalité[3]. Cette orientation méthodologique nouvelle n'est pas sans susciter quelques remarques : 1/ la proposition émane principalement des partisans de la criminologie dite de la réaction sociale qui, après avoir soutenu que les statistiques

---

1. *Cf. infra* nᵒˢ 495 et s. La possibilité de dresser des statistiques ethniques pour lutter contre les discriminations est toutefois actuellement en débat, *cf. Le Monde* du 27 janv. 2007. Il faut dire, comme l'écrit Michèle Tribalat (*Les yeux grands fermés. L'immigration en France*, Denoël, 2010) que l'« état d'esprit "secret-défense" » avec lequel ces statistiques sont envisagées est devenu ridicule par rapport aux pratiques européennes.

2. R. Gassin, « La connaissance des mouvements de la criminalité dans le temps », *in* 31ᵉ Cours international de criminologie précité, 461-502; I. Waller et H. Souchon (atelier animé par), « Les variations de la criminalité dans le temps », *idem*, p. 511-532; J.-L. Mestre (Atelier animé par), « Les mouvements de la criminalité dans le temps », *id.* p. 533-541; 6ᵉ colloque criminologique du Conseil de l'Europe, Strasbourg, 1983, Rapports N. Castan, Spierenburg, Roth et Bailey, Conseil de l'Europe, 1984, 150 p.; M.-D. Barre, « 130 années de statistiques pénitentiaires en France », *Dév. et soc.* 1986, p. 107-128.

3. *Cf.* 1ᵉʳ colloque du Conseil de l'Europe de 1983, précité, p. 123.

criminelles mesurent, non la criminalité, mais l'activité du système pénal, les récusent aujourd'hui globalement même comme moyen de connaître la réaction sociale; il y a là une certaine inconséquence en même *temps* que la marque du lien entre cette criminologie et l'orientation historique nouvelle; 2/ l'opposition entre histoire et statistiques est en grande partie inexacte, car il existe une histoire « quantitative » qui ne fait rien d'autre que de s'appuyer sur des données chiffrées, si bien que les statistiques apparaissent plus comme un aspect de l'histoire que comme une technique opposée à la méthode historique; 3/ l'histoire « qualitative » n'est pas à l'abri du soupçon de partialité, car elle est guettée par l'abus des généralisations hâtives et par ce que l'on peut appeler l'« histoire-idéologie » [1].

3. Les variations de la criminalité dans l'espace [2]

181 **1) *Les variations entre pays*** ◇ Le traitement des statistiques criminelles et autres instruments de mesure de la criminalité permet également de connaître les différences de criminalité selon les pays au moyen de *comparaisons internationales.*

L'idée de comparer la criminalité des divers pays remonte *au milieu du* XIX*e siècle.* Pendant longtemps l'attention a été retenue exclusivement par les problèmes posés par la comparaison internationale des statistiques *nationales.* Par la

---

1. *Cf.* R. Gassin, art. précité, note 162, p. 470-472. Le risque de « l'histoire-idéologie » est illustré de manière exemplaire par l'ouvrage célèbre de Michel Foucault, *Surveiller et punir*, Gallimard, 1975.
2. E. Yvernes, « Des éléments essentiels qui doivent figurer dans la statistique criminelle et des moyens de les rendre comparables », *AAC*, 1888, p. 398-406; A. Bosco, « Législation et statistiques comparées de quelques infractions à la loi pénale », *Bulletin de l'Institut international de statistique*, 1899, t. II, p. 52-266; *Committee on uniform crime records of the international association of chiefs of police, Uniform crime reporting*, 2e éd., New York, 1929; M. Ancel. « Observations d'ordre comparatif sur les statistiques criminelles », *RI. polit. crim.*, 1952, p. 43-51; T. Sellin, « The need for uniformity in criminal statistics », *Criminology* (reading), p. 121-129; D. Kalogeropoulos, « La problématique des statistiques criminelles internationales », *in* « L'équipement en criminologie », 14e Cours internat. de crim., Lyon, 1964, p. 264-288; M. A. Wolfgang, « International criminal statistics : a proposal », *Journ. of crim. law criminal. and pol. science*, 1967, p. 65-69; D. Akman et A. Normandeau, « Statistiques criminelles internationales et le cas d'un indice pondéré légal », *RSC*, 1968, 309-319; A. Normandeau, « Étude comparative d'un indice pondéré de la criminalité dans huit pays », *RIPC*, 1970, p. 15 et s.; A. Huss, « Réflexions sur le droit pénal comparé et sur ses applications, particulièrement en statistique internationale », *Mélanges Bekaert*, 1977, p. 165-176; E. Vetere et G. Newman, « International crime statistics : an overview from a comparative stand point », *Abstracts in Criminology and penology*, mai 1977, p. 251-273; J. Léauté, « La connaissance des variations de la criminalité dans l'espace », *in* 31e Cours international de criminologie précité, p. 401-411; G. Steinhilper et H.-D. Schwind, « L'atlas de criminalité de Bochum », *id.*, p. 377-396; R. Ottenhof (atelier animé par), « Variations de la criminalité dans l'espace », *id.*, p. 421-428; J. Helimer et coll., *Beiträge zur Kriminal geographie*, Berlin, 1981, 261 p.; 5e Colloque criminologique du Conseil de l'Europe, Strasbourg, 1981, « Tendances de la criminalité : études comparatives et problèmes techniques », Rapports Hall.-Williams, Hauge, Peyre, Haussling; K. Schumann, « Comparative research on legal sanctions : problems and proposals », *Int. Journal of sociology of law*, 1983, p. 267-276 : H. Malewska, « La recherche comparative internationale », *Ann. Vaucr.*, 1985, n° 1, p. 5-12 et H. Malewska et *al.*, « Les difficultés de la comparaison. Une expérience franco-polonaise à propos d'une recherche pilote sur la pensée morale des jeunes », *Ann. Vaucr.*, même numéro, p. 127-143; E.-R. Zaffaroni, « Perspectivas de las investigaciones internacionales sobre la delincuencia et la conducta delictiva », *AIC*, 1993, p. 61-76; D. Élie, « Analyse spatiale et criminologie », *Criminologie*, 1994, n° 1, p. 7-21; M. Ouimet et *al.* : « Dossier analyse spatiale du crime », *Criminologie*, 1994, n° 1, p. 3-116.

suite, dans les années 1950, on s'est préoccupé d'établir de véritables statistiques criminelles *internationales* obéissant à un modèle uniforme d'enregistrement des faits délictueux et des délinquants identifiés, avec notamment les statistiques de l'OIPC-Interpool[1]. Depuis 1990, le Conseil de l'Europe dresse à son tour des statistiques comparatives pour les pays qui en sont membres[2]. Aujourd'hui, les critiques dirigées contre les statistiques officielles ont conduit à rechercher une nouvelle méthode de comparaison reposant non plus sur des *taux de criminalité*, mais sur des *tendances de criminalité*.

Pourquoi *la comparaison des taux de criminalité* au moyen des statistiques criminelles internationales (encore appelées « statistiques coordonnées », « statistiques comparatives », ou « statistiques supranationales ») a-t-elle donné des résultats décevants ? Parce que le comparatiste ne peut pas se contenter d'une *confrontation purement mécanique* des diverses données nationales et doit tenir compte de multiples « *facteurs perturbateurs de la comparabilité* », à savoir : 1/ la diversité des législations nationales; 2/ l'hétérogénéité ou même l'absence de certaines statistiques nationales; 3/ la disparité dans la connaissance des infractions retenues par les statistiques selon les divers pays; 4/ la discordance des unités de compte utilisées dans les statistiques nationales; 5/ l'imperfection de l'organisation de la collecte et de la combinaison des données statistiques internationales. Cette énumération suffit à faire comprendre la maigreur des résultats obtenus par la méthode de comparaison des taux de criminalité[3].

La *comparaison des tendances de la criminalité*[4] est-elle susceptible de donner de meilleurs résultats ? Le concept de « tendance de la criminalité », qui est lié à l'orientation nouvelle donnée à la criminologie par la criminologie dite « de la réaction sociale » dans les années 1960-1970, apparaît comme *bien flou* dans sa délimitation et *bien maladroit* dans sa désignation. Suivant les partisans de la nouvelle méthode que l'on consulte, les « études comparatives sur les tendances de la criminalité » désignent soit une technique tout à fait distincte de la comparaison des taux de criminalité qui consiste à dégager des caractéristiques ou des orientations non chiffrées, soit une méthode plus générale qui englobe, comme une simple variété, les études qui comparent les taux de criminalité. Quant à l'expression elle-même, elle est bien mal choisie, car le terme « tendance » évoque l'idée d'évolution dans le temps alors qu'il s'agit de comparaisons dans l'espace[5]. Malgré ces difficultés théoriques, le concept de « tendances de criminalité » a servi de base à toute une série de recherches comparatives internationales pour le 6e congrès des Nations unies pour la prévention du crime et le traitement des délinquants (Caracas, 1980)[6].

Une comparaison précise des statistiques officielles internationales de la criminalité avec les données d'enquêtes de victimisation réalisées à la fin des années 1980 dans 15 pays européens et non-européens appartenant à la catégorie des

1. *Cf. supra* n° 154.
2. *Cf. supra* n° 154.
3. R. R. Bennett et J.-P. Lynch, « Does a difference make a difference ? Comparing cross-national crime indicators », *Criminology*, 1990, 1, p. 153-182; E. Chalumeau et R. Porcher, « Réflexions pour une comparaison entre les statistiques policières de criminalité en Angleterre, Allemagne et France », *CSI*, n° 4, févr.-avr. 1991, p. 141 et s., spéc. p. 142-144, qui, tout en soulignant les écueils importants qui rendent la comparaison très aléatoire, montrent cependant la possibilité de celle-ci sur trois pays voisins.
4. *Cf.* not. le 5e colloque criminologique du Conseil de l'Europe, Strasbourg, 1981, précité.
5. Aussi certains auteurs emploient-ils de préférence « recherches comparatives interculturelles ».
6. *Cf.* le numéro de la *RI. polit. crim.* de 1979.

pays occidentaux[1] a toutefois permis de vérifier, au niveau international, ce que des comparaisons du même ordre sur le plan national avaient déjà mis en évidence[2], à savoir que la représentation des taux comparés des victimes de délits indiquée dans les enquêtes ne correspond pas à celle qu'on peut tirer des chiffres officiels de criminalité (sauf pour les vols de véhicules), ce qui confirme l'importance de l'attitude du public vis-à-vis de la police comme facteur-clé pour comprendre et interpréter les statistiques officielles de la criminalité.

182 *2) Les variations à l'intérieur d'un même pays* ◊ Les statistiques de la criminalité permettent aussi de comparer la criminalité dans des portions déterminées du territoire national. Cette géographie criminelle nationale ne soulève pas les mêmes difficultés que les comparaisons internationales, car la législation est unique et le système des statistiques criminelles homogène à l'intérieur d'un même pays (du moins s'il ne s'agit pas d'un pays fédéral comme les États-Unis)[3].

Les travaux de géographie criminelle de l'école allemande contemporaine sont parmi les plus importants[4]. En France, le professeur Léauté a aussi réalisé des travaux importants dans ce domaine et la Documentation française a publié en 1992 un remarquable Atlas de la criminalité française[5]. Plus récemment la géographie criminelle française s'est enrichie d'un ouvrage sur les « cartes du crime »[6] et d'une « géographie de la France criminelle »[7].

b. La recherche de la causalité de la criminalité

183 *Idée générale* ◊ Par-delà la description de la criminalité, les techniques de mesure de la criminalité servent aussi de base à l'étude de la causalité de la criminalité et à l'établissement de types de société d'après les différences de criminalité. On sait en effet que la description n'a de sens que dans la mesure où elle prépare l'explication, laquelle passe souvent par l'intermédiaire de l'établissement de typologies.

Pour mener à bien la recherche de causalité, il est cependant indispensable de posséder d'autres données (*variables indépendantes*) que celles sur la criminalité (*variable dépendante*) et de confronter les deux séries de variables[8] en vue de dégager une interprétation[9].

---

1. J. van Dijk, P. Mayhew et M. Killias, *Experiences crime across the world : key findings from the 1989 international crime survey*, Deventer, Kluwer, 1990, 2ᵉ éd., 1991, avec un large résumé en français; Van Dijk, art. précité, CSI, n° 4, févr.-avr. 1991, spéc. p. 51-59; A.-K. Bottomley, art. précité, même *revue*, spéc. p. 84-86.
2. *Cf. supra* n° 160.
3. Pour le Canada, v. J. Hackler et K. Don, « Estimating system biases : crime indices that permit comparison across provinces », *RCC*, 1990, 2, p. 243-264.
4. *Cf.* Herold, « Géographie criminelle », *Rev. pol. nat.*, 1969, p. 56-65; Steinhilper et Schwind, « L'atlas de criminalité de Bochum », *in* 31ᵉ Cours international de criminologie précité, p. 377-396; D. J. Evans et D. T. Herbert, *The geography of crime*, Routledge éd., 1989, p. 360.
5. J. Léauté, Conférence au 31ᵉ Cours international précité, *cf.* p. 407-408 et *cf. infra* nᵒˢ 474 et s.; G. Camilleri et C. Lazerges, *Atlas de la criminalité française*, 1992, 159 p.
6. J.-L. Besson, *Les cartes du crime*, PUF, 2005.
7. A. Bauer, *Géographie de la France criminelle*, Paris, O. Jacob, 2006, 279 p.
8. Sur les notions de variable « dépendante » et « indépendante », *cf. supra* n° 120.
9. Sur les difficultés de l'établissement des corrélations statistiques : R. Padieu, « Intérêt et limites des corrélations statistiques », *CSI*, n° 4, févr.-avr. 1991, p. 233-241.

184 *Les variables indépendantes et leur connaissance* ◊ Les variables indépendantes qui sont les facteurs qui influent sur la variable dépendante, la criminalité, sont de nature très diverse : facteurs météorologiques, démographiques, politiques, économiques (croissance économique, crises, inégalités), d'organisation sociale (urbanisation, immigration, mobilité des populations...), culturels (religion, famille, enseignement, médias, idéologies, usages sociaux de substances toxiques, alcool, stupéfiants), sans oublier les facteurs de politique criminelle qui entretiennent un rapport direct avec la criminalité.

La *connaissance de ces différents facteurs* suppose des recherches dans les différentes disciplines dont ils relèvent. C'est l'une des raisons de la pluridisciplinarité de la criminologie qui suppose une vaste culture.

185 *La confrontation des données et l'interprétation des résultats* ◊ Le mode de confrontation des données sur les variables indépendantes avec la variable dépendante dépend de la possibilité dans laquelle on se trouve de quantifier les variables indépendantes au moyen d'indicateurs pertinents. Selon le cas, on procédera à une analyse *quantitative* ou au contraire, à une analyse *qualitative*[1]. Mais quoi qu'il en soit, c'est à la suite de cette analyse que l'on pourra déboucher sur une *théorie* ou un « modèle » interprétatif.

c. L'établissement de prévisions d'évolution de la criminalité[2]

186 *Méthodologie de la recherche prévisionnelle* ◊ Depuis quelques décennies, les criminologues ne se bornent plus à rechercher la causalité de la criminalité, mais ils utilisent les données fournies par les instruments de mesure de cette dernière pour faire de la *prospective criminologique*. D'un point de vue méthodologique, celle-ci suppose deux opérations fondamentales, comme toute prospective : « le *choix du passé*, la *projection dans l'avenir* ».

La valeur d'une prévision dépend d'abord de *ce que vaut le passé sur lequel elle s'appuie*. À cet égard deux choix essentiels s'imposent au chercheur. Le premier est celui des *variables de référence* sur lesquelles va s'appuyer la projection du passé dans l'avenir. Il n'est déjà pas indifférent de savoir quelle sorte de

---

1. Sur le contenu de ces méthodes d'analyse, *cf. supra* n°s 137 et s.
2. G. Picca et P. Robert, « Note sur une recherche prévisionnelle de l'évolution de la criminalité », *Rev. française de sociologie*, 1970, p. 390-405 ; M. Le Blanc, « La délinquance d'hier et de demain au Québec », *Criminologie*, 1975, p. 145-158 ; G. Sykes, *The future of crime*, 1980, 85 p. ; R. Gassin, « La connaissance des mouvements de la criminalité dans le temps », *in* 31ᵉ Cours internat. de criminologie précité, spéc. p. 490-502 ; A. Blumstein, « Time and criminality : looking forward », même cours, p. 433-458 ; Y. Chirol. « La prévision en matière de délinquance », *Ann. Vaucr.*, 1968, p. 113-140 ; IVᵉ Conférence des directeurs d'Instituts de Recherches Criminologiques (Strasbourg, 1965), « L'étude prospective de la criminalité », Rapports Henry, Jepsen et Pal, Tornudd, Pinatel, Rengby et Picca ; A.-F. Dalley « L'utilisation des modèles statistiques pour la prévision criminelle », *RIPC*, 1977, p. 278-279 ; G. Godin, « Pour une prévision statistique de la criminalité », *CSI*, n° 4, févr.-avr. 1991, p. 187-202 ; G. Kellens, p. 88-91.

variable dépendante on va choisir (criminalité légale, apparente, etc.), mais le choix des variables indépendantes est encore plus déterminant : à cet égard on distingue entre « l'hypothèse pauvre » où la seule variable prise en compte est le temps qui passe et les « hypothèses enrichies » où l'on prend en compte diverses variables démographiques, économiques, etc. [1]. Le second choix à faire sur le passé est celui des *types d'observation* sur les variables retenues. Deux sortes d'observations sont utilisables : les séries temporelles (« démarche à élasticité temporelle »), les distributions dans l'espace (« démarche à élasticité spatiale »).

La valeur d'une prévision est, en second lieu, fonction de la *qualité de la projection du passé dans l'avenir*. Or cette projection suscite des difficultés techniques importantes, car rien ne permet de penser, conformément à l'*hypothèse dite de « stabilité »*, que tout ce qui a évolué pendant la période passée prise en considération, évoluera de la même manière pendant la période prévisionnelle.

Cela étant, il convient de distinguer les prévisions d'évolution de la criminalité qui s'inscrivent dans le champ de la recherche fondamentale des *pronostics ou anticipations* à court terme qui sont orientés vers la décision et l'action des gestionnaires de sécurité et qui s'inscrivent dans le domaine de la recherche criminologique appliquée [2].

§ 2. Les techniques d'approche du phénomène individuel

187 *Notions générales* ◇ L'action criminelle envisagée comme phénomène individuel est de nature essentiellement *qualitative*. Elle met en jeu un complexe factoriel biologique, psychologique et microsociologique, implique l'existence de motivations et suppose des processus de passage à l'acte qui, de toute évidence, ne peuvent pas être saisis par les mêmes techniques que celles de l'étude de la criminalité. Aussi, les techniques d'approche du crime-phénomène individuel, sont-elles *profondément différentes* des précédentes, ce qui ne veut pas dire qu'elles ne recourent pas à la quantification lorsque cela est possible.

Quelles sont alors ces techniques ? Une confusion doit, à cet égard, être dénoncée dès l'abord, car nombre d'auteurs rangent dans leur inventaire de celles-ci, des instruments utilisés en criminologie appliquée et plus précisément en criminologie clinique (ex. l'examen individuel du délinquant, les « tables de pronostic ») [3]. Or il faut bien voir qu'il ne s'agit pas là de techniques de *recherche* criminologique mais d'outils *pratiques* utilisés par les praticiens de la criminologie. Ces outils ne deviennent des techniques de recherche fondamentale que dans la mesure où ils s'insèrent dans un projet de recherche qui prévoit, par exemple, le recours à un certain nombre d'examens individuels de délinquants pour collecter les données qui seront analysées et interprétées dans la perspective de la question

---

1. *Cf.* J. Léauté, *Criminologie et science pénitentiaire*, p. 655 et s.
2. *Cf. supra* n° 122.
3. Il en va de même de la « méthode des cas programmés » qui apparaît avant tout comme une méthode pédagogique d'apprentissage du pronostic des comportements individuels. *Cf.* J.-P. De Waele, *La méthode des cas programmés en psychologie de la personnalité et en criminologie*, 1971, 218 p. ; E. Yamarellos et G. Kellens, I, v° « Cas programmés », p. 66-67.

que se pose le chercheur[1]. Par ailleurs, on remarquera que ces techniques sont essentiellement orientées vers l'étude de la *personnalité du délinquant* et peu adaptées en revanche pour l'exploration des situations précriminelles et des actes délictueux eux-mêmes. Sous le bénéfice de ces observations générales, on va étudier successivement les diverses techniques utilisées (A) et les informations que l'on peut en tirer pour la connaissance du phénomène individuel (B).

A. Les techniques d'approche utilisées

188 *Classification* ◇ Les techniques d'étude du phénomène individuel peuvent être classées en fonction de la *nature des données recueillies* en techniques qualitatives et techniques quantitatives. Mais une perspective plus moderne distingue selon le *mode d'approche* entre techniques d'approche *transversale* (a) et techniques d'approche *longitudinale* (b)[2].

a. Les techniques d'approche transversale

189 *Définition et contenu* ◇ Les techniques d'approche transversale consistent à étudier des délinquants à un moment déterminé de leur existence par comparaison avec des non-délinquants ou à comparer des groupes différents de délinquants entre eux : elles recourent donc à la méthode comparative. On peut les répartir en trois catégories d'après l'objectif poursuivi et la nature des données collectées : l'observation systématique des délinquants (1), les enquêtes ou « statistiques relatives aux délinquants » (2) et les études de victimisation et d'autoconfession (3)[3].

190 *1) L'observation systématique des délinquants* ◇ Technique, essentiellement *qualitative,* elle tend à une connaissance très approfondie de la personnalité du délinquant et des motivations de son comportement : elle peut être dite *intensive.*

Elle revêt généralement la forme de *l'examen clinique des délinquants*[4] ou étude individuelle d'un cas particulier à partir de toutes les ressources des sciences

---

1. Il est certes possible d'utiliser *a posteriori* en *analyse secondaire* des examens faits par des praticiens dans le cadre de leur exercice professionnel, mais cette manière de procéder risque fort d'être décevante. Il arrive cependant assez souvent que des praticiens tentent de tirer *a posteriori* des enseignements scientifiques de leur pratique professionnelle. *Cf.* par ex. : H. Fiorentini, *Enseignements criminologiques d'une carrière expertale,* 3 vol., th. doct. droit 3ᵉ cycle, Aix-en-Provence, 1982, ronéo.
2. *Cf.* M. Killias, nᵒˢ 627-628.
3. *Cf.* M. Killias, nᵒˢ 638-644.
4. J. Pinatel, « L'approche scientifique du phénomène criminel », *RSC*, 1953, p. 700 et s., spéc. p. 702-706; C. Debuyst, « Approche clinique de l'étiologie du crime », *RISS*, 1966, nᵒ 2, p. 164-176; 1ᵉʳ Congrès français de criminologie (Lyon, 1960), Actes, 2 vol., 1961 : « Examen de personnalité et criminologie »; 1ᵉʳ Cours international de criminologie, *L'examen médico-psychologique et social des délinquants* (Paris, 1952), Imprimerie Administrative de Melun, 1953, 684 p.; C. Debuyst, « Criminologie clinique et inventaire de personnalité. Utilisation quantitative ou qualitative », *Dév. et soc.* 1989, p. 1-21; 1ᵉʳ Congrès international de psychiatrie et de psychologie légales (Paris, nov. 1988) : « Pour une approche éthico-juridique et clinique des faits de déviance et de victimologie », CR *RSC,* 1989, p. 198-200; M. Le Blanc, « La carrière criminelle : définition et prédiction », *Criminologie,* 1986. 2, p. 79-99.

modernes : examen médical, examen pathologique, enquête sociale, examen psychologique, psychiatrique, voire psychanalytique. Il ne peut guère être pratiqué que sur des détenus.

L'observation systématique peut encore être réalisée par l'*observation directe* qui complète l'examen clinique ou même se substitue à lui car elle peut être utilisée lorsque le délinquant est en liberté[1].

Quel est alors l'*élément de comparaison* utilisé par le chercheur pour identifier ce qui caractérise le délinquant observé et le distinguer des non-délinquants ou d'autres catégories de délinquants ? Habituellement, on se réfère aux descriptions antérieures qui se trouvent dans la littérature criminologique et qui servent de point de référence.

191 ## 2) Les enquêtes ou « statistiques relatives aux criminels » ◇

La méthode consiste à étudier un aspect particulier d'un phénomène sur un *groupe limité de délinquants* choisis en raison des renseignements *précis et suffisamment nombreux* qui peuvent être recueillis à leur sujet, soit directement, soit par exploitation de dossiers d'observation pénitentiaire ou de dossiers judiciaires[2]. Leur *but* est de dégager les données mises en évidence par la multiplicité des études individuelles et d'en extraire des pourcentages et des corrélations. Elles reposent donc sur l'utilisation des statistiques et ont un caractère extensif par opposition aux procédés d'observation systématique des délinquants. Le recours aux statistiques ne doit pas pour autant les faire confondre avec les statistiques de la criminalité : leur validité ne repose pas en effet, comme ces dernières, sur la loi des grands nombres, mais sur l'hypothèse que les sujets examinés ne se différencient pas des autres criminels du même type. Par ailleurs les chercheurs spécialisés dans le traitement des données qualitatives (tels que ceux de l'Institut national des sciences appliquées de Lyon, INSA) sont en train de travailler sur des traitements qui permettraient de prendre en compte directement les *données qualitatives* sans avoir à les transformer préalablement aux données numériques; il s'agit d'une véritable « révolution » statistique.

De la sorte, pour que le matériel d'interprétation recueilli soit satisfaisant, deux précautions doivent être observées : 1/ il faut que l'*échantillon* choisi soit suffisamment représentatif; 2/ il faut recourir à un « *groupe de contrôle* » formé soit de non-délinquants, soit de délinquants appartenant à d'autres catégories[3],

1. Comme ex. de ce type d'observation, *cf.* A. Vexijard, *Le clochard, étude de psychologie sociale*, 1957.
2. J. Pinatel, « Les analyses statistiques utilisées dans la recherche criminologique en matière d'inadaptation juvénile et de personnalité criminelle », *RSC*, 1972, p. 150-154; J. Pinatel et A.-M. Favard, « La recherche clinique en criminologie peut-elle se fonder sur la méthode documentaire ? », *RSC*, 1979, p. 143-153; C. Olivier, *Les statistiques relatives aux criminels*, Mémoire DEA, Aix-en-Provence, 1977, ronéo.; D.-P. Farrington, « Randomized experiments on crime and justice », *in* M. Tonry et N. Morris éd. *Crime and Justice*, vol. 4, 1983, Chicago; Colloque de l'INED 1995, « Les enquêtes sur les sujets sensibles », CR CSI, 1996, n° 24, p. 166-169.
3. J. Pinatel, « Les groupes de contrôle en criminologie », *RSC*, 1958, p. 896-906; J. Pinatel (1987), *v°* « Groupes de contrôle », p. 105-106; L. Manouvrier, « Questions préalables dans l'étude comparative des criminels et des honnêtes gens (1892) », *Dév. et soc.* 1986, p. 209-222, suivi de P. Robert et *al.*, « Une leçon de méthode : le mémoire de Manouvrier de 1892 », même *revue*, p. 223-246.

pour confronter les résultats de l'enquête sur l'échantillon avec ceux donnés par le groupe de contrôle. Malgré ces précautions, l'interprétation définitive de ces enquêtes n'en demeure pas moins délicate car elles portent généralement sur des délinquants détenus dans les établissements pénitentiaires qui ne sont pas nécessairement le reflet exact de l'ensemble des délinquants.

192 **3) *Les enquêtes d'autoconfession et de victimisation*** ◇ On a déjà étudié ces enquêtes à propos des techniques d'approche de la criminalité[1]. Mais on a signalé à cette occasion que certaines d'entre elles ont un *objectif clinique* et servent à la recherche sur la délinquance individuelle ou la victimisation individuelle. Il suffit de renvoyer à ce qui a été dit à cet égard.

b. Les techniques d'approche longitudinale

193 ***Définition et variétés*** ◇ Les techniques d'approche longitudinale consistent, non plus à comparer les délinquants avec des non-délinquants ou d'autres catégories de délinquants à un moment déterminé de leur existence, mais à suivre un délinquant ou un même groupe de délinquants à différentes époques de leur vie et donc à les comparer à eux-mêmes en quelque sorte. On peut y discerner trois catégories : les biographies de criminels (1), les « *follow-up studies* » ou études suivies de cas (2) et la dernière née de ces techniques : les études par cohortes (3).

194 ***1) Les biographies de criminels ou études de carrières criminelles***[2] ◇ Elles permettent d'examiner de manière exhaustive tous les aspects de l'histoire d'un criminel et de ses actes délictueux. Pour faire de telles analyses, le biographe s'entretient personnellement avec le délinquant, se réfère à ses écrits éventuels, questionne son entourage et consulte son dossier pénal. Certaines biographies sont célèbres dans la littérature criminologique[3]. Les analyses de carrières criminelles permettent d'atteindre le phénomène criminel dans sa profondeur et sa complexité, mais elles sont sujettes à caution parce qu'elles reposent sur des témoignages souvent discutables.

De ces biographies dressées par des criminologues, il convient de rapprocher les *productions autobiographiques spontanées* des délinquants[4] et les *études généalogiques* utilisées comme méthode de recherche dans l'étude des relations entre l'hérédité et la délinquance[5].

---

1. *Cf. supra* n°s 167 et s.
2. Gayrai, « La méthode autobiographique appliquée à l'étude de la mentalité des adolescents délinquants », *AMP*, 1968; C. et N. Leomant, « Récits de vie de jeunes délinquants et pratiques des chercheurs », *Ann. Vaucr.*, 1982, p. 13-26.
3. Not. E. H. Sutherland, *Le voleur professionnel*, trad. française, Paris, Spes, 1963. Pour un ouvrage ultérieur, *cf.* F. Lebelley, *Tête à tête*, Grasset éd., 1989, p. 275.
4. Certaines sont célèbres comme l'histoire de « Papillon ».
5. *Cf. infra* n°s 615 et s.

195 **2) Les « follow-up studies » ou études suivies de cas**[1] ◇ Ces études se proposent de vérifier ce que deviennent réellement les sujets qui ont été examinés. Elles complètent par là l'étude individuelle des cas en permettant de suivre la vie d'un condamné pendant une longue période après sa libération de prison ou l'achèvement de sa peine. Par ces « études suivies », on peut ainsi contrôler la carrière ultérieure des délinquants examinés, mais les observations sont délicates à utiliser car il est aléatoire d'établir une relation rigoureuse et exclusive entre le régime des institutions correctionnelles et le comportement ultérieur des délinquants, celui-ci pouvant être dû à des facteurs étrangers à celles-là[2].

196 **3) Les études par cohortes**[3] ◇ Le terme de « cohorte » est emprunté à la *démographie* où il désigne l'ensemble des individus qui ont vécu au cours de la même période un événement fondamental de leur histoire, tel que la naissance ou le mariage. Transposé à la *criminologie*, le terme de cohorte désigne un ensemble d'individus dans leur rapport à la délinquance en fonction d'un élément commun repérable dans le temps : naissance (on parle alors de *générations*), condamnation au cours d'une même année, libération dans la même période, etc. (*cohortes* proprement dites). De la sorte, les « études par cohortes » sont celles qui consistent à suivre les événements vécus au cours d'une période de temps plus ou moins longue, par une cohorte d'individus déterminée par un critère commun, tel que la condamnation au cours d'une même année. Elles ont pour *objectif* de caractériser la délinquance d'une cohorte déterminée par rapport à d'autres ou à la population générale, ainsi que de différencier les sujets à l'intérieur d'une même cohorte. Au point de vue *méthodologique*, elles se caractérisent par le fait qu'elles utilisent des données d'archives nominatives réunies par le chercheur.

Ces études se heurtent toutefois à deux difficultés : 1/ leur coût qui est très élevé; 2/ leur valeur scientifique discutable car, reposant sur des données d'archi-

---

1. S. et E. Glueck, « Follow-up studies : their nature and value », *Encyclopedia of criminology*, p. 167-173; J. Pinatel (1975), *Traité*, n° 18. Pour une excellente application de cette méthode dans les recherches contemporaines, v. M. Frechette et M. Le Blanc, *Délinquances et délinquants*, Gaëtan Morin éd., Québec, 1987 ainsi que la présentation comme modèle de l'étude de Cambridge de West et Farrington par M. Killias, n°s 629-634.

2. Les *follow-up* doivent ainsi être distingués de ce que l'on appelle les « études *ex post facto* » qui consistent dans la reconstruction *a posteriori* du devenir criminologique à partir de documents exploités en analyse secondaire avec les inconvénients que cela comporte : *cf. supra* n° 187.

3. J. Pinatel et A.-M. Favard, « Les études par cohortes en criminologie », *RSC*, 1979, p. 883-891; « Études par cohortes et dynamique du phénomène criminel », *AIC*, 1979-80, vol. 1, p. 11-27; J. Pinatel (1987), v° « Études par cohortes », p. 81-83; N.-D. Gleen, *Cohort analysis*, Londres, 1977, 72 p.; Von Hofer, Lenke et Thorsson, « R. Criminalité among 13 Swedish birth cohorts », *The British Journal of criminology*, 1983, 263-269; M. E. Wolfgang, R. M. Figlio et T. Sellin, *Delinquency in a birth cohort*, The University of Chicago Press, 1972; M.-L. Erickson, « Delinquency in a birth cohort, a new direction in criminological research ? », *Journ. of criminal law and criminology*, 1973, p. 362-367; E. Weitekamp *et al.*, « Multiple and habitual offending among young males : criminologic and criminal policy lessons from a re-analysis *of the Philadelphia birth control* », *AIC*, 1996, p. 9-53; P.V. Tournier, « Analyse de cohorte », *criminologie.com*, 2010.

ves, elles traitent des données de « seconde main » en analyse secondaire avec les inconvénients que cela suppose et, au surplus, elles ne sont pas toujours accessibles[1].

B. Les connaissances sur le crime-phénomène individuel acquises par ces techniques

197 *Idée générale* ◇ Les diverses techniques d'approche du crime-phénomène individuel que l'on vient de présenter ont permis surtout d'acquérir des connaissances sur les *délinquants* (a). Elles sont moins fécondes dans l'approche des *situations précriminelles* et des *actes délictueux* (b).

198 *a) La connaissance des délinquants* ◇ De même que les techniques d'approche de la criminalité ne permettent pas de connaître la criminalité réelle mais seulement les criminalités apparente et légale (sous réserve de ce que peuvent en apprendre les enquêtes d'autoconfession), de la même façon les techniques d'approche du phénomène individuel ne donnent à voir que les délinquants identifiés et arrêtés et le plus souvent seulement les détenus. Or rien ne permet d'affirmer que tous les délinquants ressemblent à ces derniers, pas plus d'ailleurs qu'on ne peut affirmer le contraire.

En revanche, comme les délinquants identifiés sont saisis par le système de justice pénale et qu'il sera pris une décision à leur égard, l'intérêt de la connaissance de ces délinquants est évident. Les connaissances que l'utilisation des techniques de recherche précédemment étudiées permettent d'acquérir sur ces délinquants sont nombreuses : 1/ recherche des *traits de personnalité* susceptibles de les distinguer des non-délinquants; 2/ analyse des *facteurs* divers qui ont influencé la formation de leur personnalité; 3/ investigation sur les *motivations* qui les animent à l'égard des actes délictueux; 4/ étude des *processus du passage à l'acte délictueux* et des *mécanismes psychologiques* qu'ils impliquent; 5/ distinctions entre délinquants par l'établissement de *typologies de délinquants*.

Par ailleurs le développement considérable de la victimologie a permis, grâce aux enquêtes de victimisation[2], de faire de grands progrès également dans la connaissance de la *victime individuelle*.

199 *b) La connaissance des situations pré-criminelles et des actes délictueux* ◇ Les techniques que l'on a inventoriées précédemment ne sont pas très performantes lorsqu'il s'agit d'explorer ces autres aspects du crime-phénomène individuel. En fait, la source principale de connais-

---

1. Malgré ces difficultés, plusieurs recherches de ce type ont déjà été réalisées. En France, Mme Favard et son équipe bayonnaise se sont illustrées dans l'utilisation de cette technique : J. Pinatel et A.-M. Favard, « Une recherche criminologique par cohortes au pays basque », *RSC* 1980, p. 189-198 et les implications pratiques des études par cohortes, *RSC*, 1980, p. 481-489. Pour les États-Unis, l'étude par cohortes type est celle de Pittsburg (Pennsylvanie) résumée par M. Killias, n°s 635-636, suivie d'une réflexion sur les perspectives d'avenir de ce type d'étude (n° 637).
2. *Cf. supra* n° 182.

sance de ces aspects de l'action criminelle se situe dans *l'analyse des dossiers criminels*. On peut y collecter des informations sur : 1/ les traits caractéristiques des situations pré-criminelles; 2/ les diverses situations pré-criminelles; 3/ la notion de l'acte délictueux; 4/ les diverses sortes d'actes délictueux, leurs modes de préparation et leurs procédés d'exécution (*modus operandi*); 5/ la personnalité des victimes et leurs rapports éventuels avec les auteurs[1].

§ 3. **Les techniques de recherche en criminologie appliquée**

200 *Une matière encore mal explorée* ◇ Alors que les techniques de collecte des données relatives à la criminalité et au crime, phénomène individuel, ont donné lieu à de nombreux travaux, il ne semble pas que l'on se soit beaucoup attaché à étudier les techniques d'approche en criminologie appliquée, entendue comme l'étude de la *valeur scientifique des moyens de lutte contre la criminalité*[2]. On a vu d'ailleurs que la logique de la recherche criminologique appliquée est elle-même encore embryonnaire et que les seules études un peu développées portent sur ces deux types de recherche appliquée que sont la recherche évaluative et la recherche active[3]. Il est significatif d'ailleurs que l'on confonde habituellement ces méthodes qui caractérisent l'ensemble d'une recherche avec les *simples techniques* de collecte des données qui n'interviennent que dans une phase déterminée de la recherche. Il se peut d'ailleurs que les techniques de la criminologie appliquée ne présentent pas de spécificité particulière par rapport aux techniques générales des sciences sociales, mais il existe quelques textes qui plaident pourtant en faveur d'un certain particularisme[4].

Il semble qu'il conviendrait de distinguer entre *deux catégories de techniques :*

1) Les techniques de collecte des données pour *la réalisation des recherches de criminologie appliquée proprement dites,* que ce soit dans le domaine de la criminologie de la politique criminelle et des techniques pénales, dans celui de la criminologie clinique ou encore dans la matière de la criminologie préventive.

2) Les techniques de collecte des données pour la mise au point des *instruments utilisés en criminologie appliquée.* C'est ici que prennent place l'étude des techniques qui permettent *d'élaborer et de valider les tests* utilisés pour l'observation de la personnalité des délinquants ainsi que celle des techniques qui ont été

---

1. M. Le Blanc et *al.*, « The prediction of males adolescent and adult offending from school experience », *RCC*, 1993, p. 459.
2. *Cf. supra* n°s 96 et s.
3. *Cf. supra* n°s 143 et s.
4. *Cf.* Rapport T.-S. Lodge à la 8e Conférence des Directeurs d'Instituts de recherches criminologiques (Strasbourg, 1970), sur l'application des résultats de la recherche criminologique à la politique criminelle. V. de même à propos des techniques en recherche active : S. Shoham et *al.*, « The measurement of movements on the conformity-deviance continuum as an auxiliary tool for action-research », *Acta criminologica*, 1970, p. 103-141; à propos de la recherche clinique : J. Pinatel, « De la recherche clinique à la clinique criminologique », *RICPT*, 1991, p. 320-327.

employées pour *réaliser et valider les tables de prédiction* pour le pronostic de la récidive en criminologie clinique[1].

Il est un domaine où l'on a fait récemment des propositions qui méritent l'attention en raison des progrès qu'elles permettraient de réaliser dans le domaine de la *recherche de changement* en politique criminelle : il s'agit des pronostics d'évolution à court terme de la délinquance au service des acteurs de la lutte contre celle-ci. Cinq sortes de techniques ont été proposées à cette fin par des chercheurs pour anticiper cette évolution. Ces techniques ont déjà été exposées précédemment[2].

201 *Les connaissances de criminologie appliquée acquises au moyen de l'utilisation de ces techniques* ◇ Bien que l'étude des techniques de recherche en criminologie appliquée demeure encore peu avancée, l'utilisation des procédés d'approche existants permet de formuler des diagnostics et de donner des conseils pour l'action dans les trois domaines qui se partagent la criminologie appliquée : la criminologie de la politique criminelle et des techniques pénales, la criminologie clinique et la criminologie préventive.

1) S'agissant de la première, ces techniques permettent de porter des jugements évaluatifs sur les politiques criminelles en cours et de proposer des solutions plus efficaces pour lutter contre la délinquance. Que valent les objectifs assignés à la politique criminelle et quelle est la pertinence des moyens de lutte mis à la disposition de ces objectifs ? Comment réajuster éventuellement ces objectifs pour les rendre plus adéquats au phénomène contre lequel on entend lutter et quels sont alors les moyens de lutte qu'il conviendrait de mettre en place pour mieux atteindre ces objectifs ? Tels sont dans leurs grandes lignes les éléments de cette criminologie que l'on peut rassembler grâce à l'emploi des techniques de criminologie appliquée.

On notera que, si celles-ci permettent de procéder à des évaluations globales et de proposer des orientations d'ensemble de politique criminelle, il n'est pas une seule institution particulière de politique criminelle – et en particulier de droit pénal – qui ne puisse aussi donner lieu à diagnostic d'évaluation et à proposition de réforme dans le cadre de la *perspective d'efficience* de cette branche de la criminologie appliquée. Elle permet ainsi de se prononcer sur des problèmes aussi divers que la structure des infractions, leur classification, l'imputabilité matérielle et morale de celles-ci, la détermination des sanctions applicables et les modalités de leur application par les juges et les administrations, comme sur les solutions les plus variées de procédure pénale (police judiciaire, ministère public, organisation et compétence des juridictions, déroulement du procès pénal, détention provisoire, médiation pénale, etc.).

2) En matière de *criminologie clinique* en deuxième lieu, l'emploi des techniques de recherche en criminologie appliquée permet de déterminer d'abord comment on peut organiser l'observation du délinquant afin d'avoir de sa per-

---

1. Il convient de rappeler qu'en revanche les tests utilisés et les tables de prédiction employées ne sont que des outils pratiques de criminologie appliquée et qu'ils ne peuvent être considérés comme des techniques de recherche que lorsqu'ils s'insèrent dans un projet global de recherche fondamentale (*cf. supra* n° 187) ou appliquée.

2. *Cf. supra* n° 145 avec l'art. de L. et S. Tournyol du Clos, « Pourquoi ne pas anticiper ? Criminalité et violences urbaines », *Revue Commentaire*, n° 123, automne 2008, p. 817-828.

sonnalité et de son environnement social immédiat une connaissance aussi complète et aussi exacte que possible. Ce sont encore ces techniques qui vont permettre de distinguer comment procéder à l'appréciation du cas du délinquant, en indiquant quels sont les éléments pertinents du diagnostic d'état dangereux et comment on peut pronostiquer l'évolution ultérieure de celui-ci afin de sélectionner de manière aussi exacte que possible les « mauvais risques » et les « bons risques » au regard de la récidive [1]. Enfin, c'est grâce aux recherches de criminologie clinique que l'on peut déterminer quels sont les effets produits par les diverses mesures de traitement des délinquants et comment on peut améliorer l'efficacité préventive de celles-ci en même temps que neutraliser leurs effets pervers.

3) Pour ce qui est enfin de la *criminologie préventive,* ce sont encore les techniques de recherche en criminologie appliquée qui vont permettre d'analyser les mesures et les actions de prévention de la délinquance qui ont été utilisées par le passé et qui sont en cours d'application, d'en évaluer d'efficacité et d'en proposer, le cas échéant, l'amélioration autour de la construction d'une théorie générale de la criminologie préventive qui manquait jusqu'à présent [2, 3].

201bis *Bibliographie du chapitre* ◇

1) Bibliographie générale du chapitre : J. Constant, p. 6-9; M. Laignel-Lavastine et V. V. Stanciu, p. 14-21; E. Seelig, p. 22-26 et 195-204; R. Vouin et J. Léauté, p. 31-34, 56-60, 149-153; G. Stefani et G. Levasseur, n°s 221-228, 249-255, 365-371, 380-381, 386-387, 388-398; D. Szabo, p. 27-30; E. H. Sutherland et D. R. Cressey, p. 33-59, 72-81, 85-90; D. Szabo et E. A. Fattah, A 10, p. 1-2 et 5-7; J. Léauté, *Criminologie et science pénitentiaire,* 1972, p. 26-87; J. Pinatel, *Traité III,* n°s 14-37 et *La Criminologie,* n°s 31-44 et 60-68; J. Larguier, p. 18-26; G. Stefani, G. Levasseur et R. Jambu-Merlin, n°s 29-50; J. Pinatel (1987), v° « Méthodologie », p. 144-146; L. Négrier-Dormont, p. 110-118; D. Farrington, L. Ohlin et J. Q. Wilson, *Understanding and controlling crime. Toward a new research strategy,* New York, 1986, 211 p.; R.-B. Taylor, *Research Methods in Criminal Justice,* New York, Mac Graw Hill, 1994; M. Killias, 6-31 et 37-85; M. Cusson, 1998 b, 14-16.

2) Ouvrages de méthodologie des sciences humaines : M. Grawitz, *Méthodes des sciences sociales,* Dalloz, 11ᵉ éd., 2000; A. Brimo, *Les méthodes des sciences sociales,* Domat-Montchestien, 1972; M.A. Tremblay, *Initiation à la recherche dans les sciences humaines,* Mac Graw Hill éd., Montréal, 1968; G. Boulanger-Balleyguier, *La recherche en sciences humaines,* Éditions universitaires, 1970; H. Blalock, *Introduction à la recherche en sciences sociales,* éd. J. Duculot, Gembloux, 1973; L. Festinger et D. Katz, *Les méthodes de recherche dans les sciences sociales,* 2 vol., PUF, 1974; P. de Bruyne, J. Herman et M. de Schoutheete, *Dynamique de la recherche en sciences sociales,* PUF, 1974; C. Selltiz, L. S. Wrightsman et W. Cooks, *Les méthodes de recherche en sciences sociales,* éd. HRW, Montréal, 1977; P. Rongère, *Méthode des sciences sociales,* Mémento Dalloz, 3ᵉ éd., 1979; P. Lazarsfeld, *Philosophie des sciences sociales,* Gallimard, 1970; R. Boudon et P. Lazarsfeld, *Méthodes de la sociologie,* Mouton éd., vol. 1 : *Le vocabulaire des sciences sociales,* 1965; vol. 2 :

---

1. M. Le Blanc et *al.,* « The prediction of males, adolescent and adult offending from school experience », *RCC,* 1993, p. 459.
2. Sur la criminologie *actuarielle, cf. infra* n° 269 et 908.
3. Comment le sentiment d'insécurité influe-t-il sur l'activité des professionnels du blindage des portes ? V. *Le Monde* du 26 juill. 2006, « Mode de vie, sécurité et assurances : installer une porte blindée ».

L'analyse empirique de la causalité, 1966; vol. 3 : *L'analyse des processus sociaux*, 1970; J. Bourdieu, J.-Ch. Chamboredon et J.-Cl. Passeron, *Le métier de sociologue*, Mouton éd., 2ᵉ éd., 1973; C. Wright Mills, *L'imagination sociologique*, Maspero, 1977; R. Boudon, *La logique du social, Introduction à l'analyse sociologique*, Hachette, 1979; Y. Lamontagne, *Initiation à la recherche en psychologie clinique et en psychiatrie*, Maloine, 1980; A.P. Contandriopoulos et *al, Savoir préparer une recherche (la définir, la structurer, la financer)*, Presses de l'Université de Montréal, 1990; R. Mayer et F. Quellet, *Méthodologie de recherche pour les intervenants Sociaux*, G. Morin éd. Québec, 1995; Howard S. Becker, *Les ficelles du métier : comment conduire sa recherche en sciences sociales*, traduit de l'anglais, La Découverte, 2002, 360 p.; M. Toure, *Introduction à la méthodologie des services sociaux et sanitaires*, L'Harmattan, 2007, 203 p.; F. de Singly, C. Girard et O. Martin, *Nouveau manuel de sociologie*, A. Colin, 2010, 252 p. (contrairement à son titre, cet ouvrage n'est pas un manuel de sociologie conforme à la tradition universitaire, mais « un manuel pour apprendre à faire de la sociologie ». C'est à ce titre qu'il trouve ici sa place).

CHAPITRE 3
LES GRANDES THÉORIES CRIMINOLOGIQUES

202 *Caractères généraux* ◇ Maintenant que l'on connaît l'objet et la méthode de la criminologie, il faut encore se demander quels sont les principaux résultats des recherches menées jusqu'à présent sur cet objet, autrement dit quelles sont *les grandes théories criminologiques*.

À cet égard, il convient d'observer que dès l'Antiquité, on a tenté d'expliquer l'action criminelle[1]; mais ces explications présentaient la caractéristique d'être des *spéculations philosophiques* et non des *théories scientifiques*. Ce n'est guère qu'à partir de la deuxième moitié du XIXe siècle que, grâce au mouvement positiviste, le phénomène criminel va commencer à donner lieu à des *explications de type scientifique* fondées sur une analyse empirique de la réalité criminelle[2].

Encore convient-il de souligner que ces explications sont loin d'être satisfaisantes et ceci pour *trois raisons essentielles*.

La première réside dans la situation générale caractéristique des *sciences de l'homme* par opposition aux *sciences de la nature*. Alors que dans ces dernières lorsque l'on a trouvé l'explication d'un phénomène, la théorie est définitivement acquise et le savoir y est cumulatif, en matière de sciences de l'homme, la situation est toute différente. Les théories y sont souvent contradictoires et elles ont plutôt tendance à se chasser les unes les autres, comme en philosophie, qu'à se cumuler. La criminologie, qui est une science humaine, n'échappe évidemment pas à ce phénomène[3].

Son cas se trouve même aggravé – et c'est une deuxième raison – par le fait que l'action criminelle est un *phénomène très complexe* dont l'explication requiert le recours à des sciences très diverses : biologie, psychiatrie, psychologie, sociologie, pour ne citer que les principales. Or, comme un seul homme ne peut pas posséder aujourd'hui une connaissance approfondie de chacune d'elles, la criminologie contemporaine s'est engagée comme on l'a déjà signalé[4], plus dans la voie de « criminologies spécialisées » (biologique, sociologique, psychologique) que dans

---

1. Sur les philosophies de la délinquance, *cf.* J. Pinatel, « Esquisse de la pensée criminologique de la Grèce antique », *RSC*, 1974, p. 645-654; « Trois moments de l'histoire de la pensée criminologique : Rome, le Christianisme et la Renaissance », *RSC*, 1978, p. 687-692; « La pensée criminologique aux XVIIe et XVIIIe siècle », *RSC*, 1978, p. 407-416 et de manière synthétique, J. Pinatel, *Histoire des sciences de l'homme et de la criminologie*, L'Harmattan 2001, 1re partie, « La période pré-scientifique », p. 17-74. Sur la conception des anciens criminalistes sur l'homme criminel et la dynamique du crime, v. A. Laingui, *Histoire du droit pénal*, coll. « Que sais-je ? », PUF, 1985, CR J. Pinatel, *RIDP*, 1987, I, p. 225 qui met bien en évidence cet aspect de l'ouvrage.

2. Il ne faut pas confondre les *théories criminologiques* : 1/ avec les *doctrines pénales* qui sont des constructions intellectuelles plus ou moins rationnelles qui exposent comment le droit pénal devrait être et non comment s'explique la réalité criminelle; 2/ avec les *idéologies politiques* qui n'ont rien à voir avec la criminologie et qui tendent cependant parfois à se faire passer pour telle. *Cf.* D.-J. West, « The politization of delinquency », dans Farrington et Gunn (éd.), *Reactions to Crime*, 1985.

3. F. Sack, « Conflicts and convergence in theoretical and methodological perspectives », *AIC*, 1994, p. 39-60.

4. *Cf. supra* n° 38.

des perspectives globales intégrant tous les facteurs qui s'enchevêtrent et s'interpénètrent dans le complexe causal de la délinquance.

Enfin, si l'on s'attache à *l'étendue et à la portée des explications* de l'action criminelle données par ces théories, on remarque qu'il est rare que l'on ait à la fois une théorie complète de la causalité criminelle et une politique criminelle découlant de cette théorie [1]. Nombre de théories ne développent qu'une analyse de la causalité criminelle, mais pas de déduction systématique d'une politique criminelle. Bien mieux, quantité de théories ne sont que des explorations partielles de la causalité de l'action criminelle en ce qu'elles ne se rapportent qu'au phénomène collectif ou au contraire qu'au phénomène individuel, quand elles ne se bornent pas simplement à tenter de rendre compte d'un aspect seulement de l'une ou de l'autre de ces modalités de l'action criminelle.

Il reste cependant que, malgré ses faiblesses, la théorisation est indispensable en criminologie, comme dans les autres sciences, car ainsi que l'écrivait Royer-Collard : « Je connais comme un autre l'orgueil et les dangers de la théorie; mais il y a aussi, à vouloir absolument s'en passer, la prétention, excessivement orgueilleuse, de n'être pas obligé de savoir ce qu'on dit quand on parle, et ce qu'on fait quand on agit ».

203 *Plan* ◇ Sous le bénéfice de ces observations générales [2], les diverses théories criminologiques peuvent être regroupées en deux grands moments de l'histoire de la criminologie [3] en fonction de la date à laquelle elles ont été avancées. La criminologie scientifique ne datant que de la deuxième moitié du XIXe siècle, on a vu à ce moment-là apparaître un premier type d'explications du phénomène criminel clôturé par la tentative de synthèse de Ferri (section 1). Après Ferri, s'ouvre l'ère des explications modernes dont on présentera les grandes lignes (section 2).

1. E. H. Sutherland et D. R. Cressey (p. 61), à propos de la définition de la notion d'« école de criminologie » (sur cette notion *cf.* R. Gassin, « Les écoles en criminologie », *RSC*, 1988, p. 201-221), dans laquelle ils voient à la fois un *système de pensée* et les *adeptes* de ce système, écrivent : « Le système de pensée comporte à la fois une *théorie de la causalité criminelle* et une *politique de contrôle* découlant de la théorie de la causalité. » Sur les relations complexes entre contrôle social et explications de la délinquance, *cf.* A. K. Cohen, *La théorie*, 1971, p. 82-84.
2. *Adde*, D. Szabo, « Tendances et déboires de la criminologie contemporaine », *in* R. Cario et A.-M. Favard (dir.), *La personnalité criminelle*, éd. Erès, 1991, p. 9-26; F. Digneffe, La criminologie et son histoire. Réflexions à propos de quelques questions d'objet(s) et de méthode(s), *RICPT*, 1991, p. 299-319.
3. Pour la criminologie française, v. L. Mucchielli (dir.), *Histoire de la criminologie française*, L'Harmattan, 1994, 531 p. Sur le compte rendu critique de l'ouvrage, R. Gassin, « À propos d'une première histoire de la criminologie française », *RSC*, 1997, p. 899-907. Pour la criminologie en général, C. Debuyst et *al.*, *Histoire des savoirs sur le crime et la peine*, t. 1, « Des savoirs diffus à la notion de criminel-né », De Boeck université, 1995, 366 p.; t. 2, « La rationalité pénale et la naissance de la criminologie », 1998, 518 p; t. 3, « Expliquer et comprendre la délinquance (1920-1960) », 2008, 493 p; J. Pinatel, *Histoire des sciences de l'homme et de la criminologie*, L'Harmattan 2001, 127 p. *Adde* L. Negrier-Dormont, *Regard posé sur le criminel et la victime depuis la nuit des temps jusqu'à nos jours*, 1997; *Néo-contes de crimes. De l'imaginaire à la réalité*, éd. e-dite, 2002, 279 p.; N. Carrier, « Les criminels des universitaires : Les formations discursives de la déviance criminalisée », *Champ pénal*, Vol. III, 2006, 29 p. Dans cet art., l'auteur présente les énoncés constitutifs de la délinquance produits au cours d'une histoire de la criminologie comme se répartissant en trois ensembles (trois « formations discursives » selon le vocabulaire emprunté à Michel Foucault) : le résultat d'une pathologie, un choix stratégique et le produit d'une construction sociale. Cela revient en somme, en l'exprimant avec des termes différents et l'appui de l'épistémologie foucaldienne, à réhabiliter dans un costume différent la distinction devenue classique entre la criminologie étiologique, la criminologie dynamique et la criminologie de la réaction sociale (*cf. infra* n°s 225 et s.).

SECTION 1. LES PREMIÈRES EXPLICATIONS SCIENTIFIQUES DU PHÉNOMÈNE CRIMINEL

204 *Idée générale* ◇ À partir du moment où l'on a prétendu considérer le crime comme un phénomène empirique susceptible d'observation, la démarche scientifique s'est naturellement orientée vers la recherche des facteurs du crime comme sur les moyens de remédier au phénomène [1]. Mais celle-ci s'est faite dès le départ dans des directions opposées : tandis que les uns attribuaient une importance décisive aux facteurs anthropologiques (§ 1); les autres s'attachaient principalement aux facteurs du milieu physique et social (§ 2). Ferri a eu cependant conscience de l'insuffisance de ces explications unilatérales et a proposé une synthèse des deux orientations (§ 3).

§ 1. Les explications anthropologiques

205 *Cesare Lombroso ou la théorie de l'homme criminel* ◇ Les explications anthropologiques ont trouvé leur expression la plus parfaite dans l'œuvre de l'italien Lombroso, médecin militaire et professeur de médecine légale, qui a construit la théorie du « type criminel » (*uomo délinquante*), baptisée ultérieurement théorie du « criminel-né » [2, 3].

---

1. *Cf.* C. Debuyst, « Pour introduire une histoire de la criminologie : les problématiques de départ », *Dév. et soc.* 1990, p. 347-376; C. Debuyst et *al.*, *Histoire des savoirs sur le crime et la peine*, précité.

2. Principales œuvres de Lombroso : *L'homme criminel*, trad. française de la 5ᵉ éd. italienne, 2 vol., Paris, Alcan, 1895; *Le crime, causes et remèdes*, Paris, Alcan, 1899; *L'homme de génie*, Paris, Carré, 1896; en coll. avec R. Laschi, *Le crime politique et les révolutions*, Paris, Alcan, 1892; en coll. avec G. Ferrero, *La femme criminelle et la prostituée*, Paris, Alcan, 1906.

3. Sur Lombroso et son œuvre : A. Lacassagne, « Cesare Lombroso », *AAC*, 1909, p. 881-894; L. Vervaeck, « La théorie lombrosienne et l'évolution de la criminologie », *AAC*, 1910, p. 561-583; J. Pinatel, *La vie et l'œuvre de César Lombroso*, 1959, 217; M. E. Wolfgang, « Lombroso », *in* H. Mannheim, *Pioneers in criminology*, 1960, p. 168 et s.; J. Pinatel, « La doctrine lombrosienne devant la criminologie scientifique contemporaine », *RSC*, 1960, p. 318-325; R. Merle, « De Zola à Lombroso », *RSC*, 1964, p. 109; P. Grapin, *in L'anthropologie criminelle*, coll. « Que sais-je ? », PUF, 1973, p. 23-42; « Centenaire de l'Uomo delinquante », Paris, 15-16 oct. 1976, Rapports, Ancel, Nuvolone, Schultz, Dupreel, Pinatel, Canepa et Léauté, *RSC*, 1977, p. 285 à 318 et 535 à 559, CR *in RSC*, 1977, p. 185 et s. et *RDPC*, 1978, p. 992 et s.; P. Nuvolone, « La criminalité de Lombroso à nos jours », *RSC*, 1979, p. 739 et s.; J. Pinatel, *in Le phénomène criminel*, 1987, v. « Lombroso César », p. 138 à 140; P. Darmon, *Médecins et assassins à la Belle Époque*, Seuil, 1989; M. Kaluszynski, « Aux origines de la criminologie : l'anthropologie criminelle », *in Frénésie, Histoire, psychiatrie, psychanalyse*, 1988, 5, p. 17; C. Debuyst et *al.*, *Histoire des savoirs sur le crime et la peine*, précité 1995; M. Renneville, « L'anthropologie du criminel en France », *Criminologie*, 1994, n° 2, p. 185-209; S. Chales-Courtine, *Le corps criminel. Approche socio-historique des représentations du corps des criminels*, Paris, éd. de l'EHESS, coll. Histoire, 2002; M. Renneville « Le criminel-né : imposture ou réalité ? », *Criminocorpus revue hypermédia*, janvier 2005. *Adde* le dossier thématique « Autour des archives de l'anthropologie criminelle », *Criminocorpus revue hypermédia, janvier 2006;* « L'homme criminel : Lombroso, cent ans après », Table ronde organisée par l'Institut de criminologie de Paris en 2009; C. Petit, « Lombroso et l'Amérique », *RSC*, 2010, p. 17 et s.

À vrai dire, Lombroso n'a pas inventé sa théorie de toutes pièces. Celle-ci avait été préparée par les œuvres de nombreux auteurs antérieurs[1] et on fait même remonter le point de départ de ses explications jusqu'au XVIIᵉ siècle avec le *Traité de physiognomonie* de Della-Porta publié en 1640. La théorie lombrosienne s'alimente ainsi à *trois sources distinctes*. En premier lieu, les études d'anthropologie au sens étroit du terme qui tendaient à rechercher des rapports entre la délinquance et certains traits anatomiques et physiologiques [outre Della-Porta, Lavater (1776), Gall (1759-1828), Voisin (1837), Lauvergne (1841)].

En deuxième lieu les travaux de psychiatrie de la fin du XVIIIᵉ et première moitié du XIXᵉ siècle avec Pinel, Cabanis, Esquirol et Georget. En troisième lieu, les conceptions mettant l'accent sur l'importance de l'hérédité et de l'atavisme dans la délinquance [Prosper Lucas (1805-1885), Morel (1857)][2]. C'est dans cette ambiance que s'est constituée la théorie de l'homme criminel de Lombroso dont l'ouvrage fondamental *Uomo délinquante* paraît en 1876.

D'après les explications de l'auteur lui-même, l'idée de sa théorie lui aurait été suggérée par la découverte accidentelle dans le crâne d'un brigand de toute une série d'anomalies atavistiques analogues à des traits caractéristiques que l'on trouve chez les vertébrés inférieurs[3].

A. Exposé de la théorie de Lombroso

206 *Des stigmates et de leurs causes* ◊ L'idée fondamentale de Lombroso est qu'il existerait un *type criminel* dont les *traits caractéristiques* seraient bien définis et qui s'expliquerait par des *causes anthropologiques*.

1) À l'origine les *traits caractéristiques* décrits par Lombroso étaient uniquement des *stigmates anatomiques, physiologiques et fonctionnels*. Il décrit ainsi *l'homme enclin au viol* comme caractérisé par la longueur des oreilles, l'écrasement du crâne, les yeux obliques et très rapprochés, le nez épaté et la longueur excessive du menton, le *meurtrier* comme se révélant par l'étroitesse du crâne, la longueur des maxillaires et les pommettes saillantes, etc.[4].

Par la suite, l'auteur a attribué des *traits psychologiques* à son type criminel. Le trait essentiel est *l'insensibilité psychique* qui entraîne l'atrophie des sentiments moraux de compassion et de pitié ainsi que l'absence de scrupules et de remords qui font du délinquant un « fou moral ». À côté de ce trait fondamental, on trouve aussi chez ce dernier diverses caractéristiques psychologiques importantes : violence, imprévoyance, vanité, intempérance, sensualité, religiosité artificielle, qui attestent de l'existence d'une « lésion éthique » parfaitement compatible avec divers degrés d'intelligence.

---

1. M. Bachet, « Les précurseurs de l'anthropologie criminelle », *RICPT*, 1956, p. 82-90; R. Belme, *Inventing criminology : essays on the rise of « homo criminalis »*, Albany, NY state, University of New York Press, 1993; C. Debuyst, *Histoire des savoirs sur le crime et la peine*, précité, t. 1, p. 213-345; L. Mucchielli, *Histoire de la criminologie française*, précité, p. 21-135; M. Reneville, *La médecine du crime. Essai sur l'émergence d'un regard médical sur la criminalité en France (1785-1885)*, Presses universitaires du Septentrion, 1998, CR *RDPC*, 1999, p. 894.

2. C. Debuyst, « Morel et la psychiatrie légale. La mise en place de la notion de dégénérescence (1830-1860) », *Dév. et soc.* 1994, p. 133-152; même auteur, *Histoire des savoirs sur le crime et la peine*, précité, t. II, 404-421.

3. Gina Lombroso, « Comment mon père est arrivé à la conception de l'"homme criminel" », *RDPC*, 1921, p. 907-925.

4. Un disciple de Lombroso, le Dr Laurent, prétendait même pouvoir repérer les assassins à la forme de leur verge : Dr Laurent, « La verge des assassins », *AAC*, 1892.

Enfin, toujours ultérieurement, Lombroso a ajouté à son type criminel des *traits sociologiques*, s'attachant à décrire ses modes d'existence et accumulant les observations sur l'argot des criminels et leur production littéraire et artistique[1].

2) Comment *expliquer* alors *la formation de ce type criminel ?* Dans un premier temps, Lombroso, très influencé par Darwin et la théorie de l'évolution, a invoqué une *anomalie atavique* en vertu de laquelle le criminel se conduirait comme on le faisait à l'origine de l'humanité, à une époque où l'on considérait des actes aujourd'hui réputés criminels comme des actes normaux. Mais, vers la fin de sa vie, Lombroso a recouru à une autre espèce d'explication : *l'anomalie pathologique.* L'idée lui est venue à la suite de l'examen du soldat Misdea dont les caractères atavistiques paraissaient se confondre avec ceux de l'épilepsie. Aussi a-t-il avancé que la délinquance serait une *variété d'épilepsie*, une épileptoïdie, dans laquelle les grandes convulsions caractéristiques de l'épilepsie pathologique se trouveraient remplacées par des impulsions violentes et irrésistibles à commettre l'infraction.

B. Critique de la théorie de Lombroso

207 *Aspects positifs* ◇ La théorie du type criminel de Lombroso a une très grande importance historique. Elle rompt en effet, pour la première fois d'une manière systématique avec la conception abstraite du criminel de l'école classique, et elle introduit la méthode positive et expérimentale dans l'étude du criminel.

Cette œuvre est fondée sur de longues et patientes recherches. En effet, Lombroso a durant sa vie examiné 383 crânes de criminels et 5 907 délinquants vivants. Il a complété ses recherches par des investigations sur les soldats et les enfants des écoles. On peut dire que c'est lui qui a fondé la criminologie scientifique.

D'autre part, la théorie de Lombroso présente le grand mérite d'avoir tenté de proposer une explication cohérente du phénomène criminel axée sur la personnalité du délinquant.

208 *Critique négative* ◇ Ces aspects positifs de la doctrine lombrosienne ne doivent cependant pas dissimuler que cette théorie se heurte à des critiques qui n'en laissent pratiquement rien aujourd'hui. On peut en retenir *quatre principales*. Premièrement, elle ne recouvre pas l'explication de la délinquance dans son ensemble : Lombroso, après avoir d'abord estimé que le pourcentage des délinquants présentant le type criminel était de 65 à 70 %, a par la suite abaissé ce taux à 30-35 %, ce qui laissait sans explication la délinquance de plus de la majorité des délinquants. Deuxièmement, il n'est pas exact que le criminel présente les traits caractéristiques décrits par Lombroso; en particulier, l'anglais Charles B. Goring a montré, en 1913, que le type criminel n'existe pas et, avec un humour bien britannique, que « l'examen du crâne permet de distinguer plus facilement un étudiant anglais d'un étudiant écossais, que de distinguer un délinquant d'un non-

---

1. Comp. avec Nietzsche : M. Stingelin, « Friedrich Nietzsche et l'image du criminel dégénéré », *Dév. et soc.* 1994, p. 189-198. *Adde* J. Linder, « Les images du crime entre littérature et justice : construction et traitement dans les recueils de cas allemands du XIXᵉ siècle », *Dév. et soc.* 1994, p. 171-187.

délinquant »[1]. Troisièmement, l'explication de la délinquance par Lombroso a donné lieu à de vives critiques : tandis que les sociologues, à la suite de Durkheim, niaient l'anormalité biologique du délinquant, ceux-là même qui retenaient la validité de l'hypothèse refusaient de voir cette anormalité tant dans l'atavisme que dans l'épilepsie pour s'orienter vers d'autres explications d'ailleurs diverses : dégénérescence, névrose, etc. Enfin, on a reproché à Lombroso d'avoir complètement négligé les facteurs sociaux de l'action criminelle, du moins au début, alors que d'autres écoles attribuaient en revanche à ces derniers le rôle causal essentiel[2].

§ 2. **Les premières explications de type sociologique**

209 *Idée générale* ◇ Les premières explications de type sociologique ont été de nature diverse. On peut distinguer successivement : l'école cartographique ou géographique (B), l'école du milieu social (C), l'école de l'inter-psychologie (D) et l'école sociologique de Durkheim (E). L'usage, s'est cependant établi de les regrouper sous l'appellation générale d'*école franco-belge du milieu social*[3].

A. L'école cartographique ou géographique

210 *Les premières « lois » de la criminalité* ◇ Les promoteurs de cette école furent le Belge Adolphe Quetelet (1796-1874)[4] et le français André-Michel Guerry (1802-1866)[5].

Travaillant sur les premières statistiques françaises de la criminalité établies pour les années 1826-1830, Quetelet et Guerry furent frappés par la remarquable *constance* de la criminalité et par le fait que les crimes contre les personnes prédominent dans les régions du Sud et pendant les saisons chaudes, tandis que les crimes contre les propriétés l'emportent dans les régions du Nord et pendant les saisons froides : c'est la *loi thermique de la criminalité*.

Les continuateurs des pionniers de l'école cartographique, Ducpetiaux en Belgique et Von Mayr en Allemagne, s'efforcèrent de leur côté d'étudier les fluctuations temporaires et les déviations continues de la criminalité sur des statistiques de plus longue durée.

---

1. Sur Goring, *cf.* E. D. Driver, « C. B. Goring (1870-1919), The Journal of criminal law », *Criminal. and pol. science*, 1957, p. 515-525 et du même auteur : « Goring », *in* H. Mannheim, *Pioneers in criminology*, p. 335 et s.
2. Parmi les critiques, *cf.* L. Manouvrier, « Questions préalables dans l'étude comparative des criminels et des honnêtes gens (1892) », dans *Dév. et soc.* 1986, p. 209-222, et P. Robert et *al*, « Une leçon de méthode : le mémoire de Manouvrier de 1892 », même *revue*, p. 223-246. Plus récemment : G. Bechtel, *Délires racistes et savants fous*, Plon, 2002, 250 p. (Lombroso est l'un des trois savants épinglés).
3. J. Constant, « À propos de l'École franco-belge du milieu social au xixᵉ siècle », *Annales Faculté de Droit de Liège*, 1959, p. 35-58.
4. Ouvrages de Quetelet : *Physique sociale ou Essai sur le développement des Facultés de l'homme*, 1835, 2ᵉ éd. remaniée 1869; *Du système social et des lois qui le régissent*, 1848; *Anthropométrie ou mesure des différentes facultés de l'homme*, 1870; *Sur la statistique morale et les principes qui doivent en former la base*, 1848, reproduit dans *Dév. et soc.* 1984, p. 13-41.
5. A.-M. Guerry, *Essai sur la statistique morale de la France comparée à celle de l'Angleterre*, 1833.

Florissante au XIXᵉ siècle, l'école géographique est pratiquement tombée dans l'oubli avec la criminologie lombrosienne [1].

B. L'école socialiste

211 *Marx criminologue* ◇ L'école socialiste, fondée sur les écrits de Marx et Engels, a ébauché l'examen des relations entre le crime et le milieu économique [2].

Pour la doctrine marxiste, la criminalité est un « sous-produit » du capitalisme comme les autres anomalies sociales. Elle apparaît ainsi comme une réaction contre les injustices sociales ce qui explique qu'on la trouve surtout dans le prolétariat. La criminalité est appelée à disparaître ou tout au moins à diminuer très fortement dans la société socialiste. Les actions qui, dans cette société, seraient entreprises contre le bonheur de celle-ci, ne seraient que l'effet de maladies mentales ou physiques.

Cette théorie économique de la criminalité a été poussée à son stade le plus extrême par le Hollandais W. Bonger, qui a publié en 1905 un ouvrage intitulé « Criminalité et conditions économiques » dans lequel il systématise la théorie marxiste de la délinquance à partir d'études positives très fournies [3].

De son côté, Enrico Ferri, après avoir critiqué la position des socialistes français utopistes qui, allant plus loin que Marx, soutenaient que le socialisme entraînerait la disparition totale de la criminalité, a adhéré au socialisme « scientifique »; mais cette « conversion » n'a eu aucune incidence sur le contenu de ses théories qui sont restées intactes dans leurs lignes générales après comme avant son adhésion officielle en 1894 [4].

C. L'école du milieu social

212 *Un médecin sociologue* ◇ L'école du milieu social dont le chef de file fut Alexandre Lacassagne [5], Professeur de médecine légale à Lyon, a mis

---

1. *Cf.* cependant Burky, « Géohumanisme et criminologie », *RICPT*, 1957, p. 241-246. Selon R. Ottenhof cependant (« La délinquance des mineurs en France, aspects criminologiques » *in Enfance et délinquance*, Économica, 1993, p. 116) l'école cartographique serait toujours vivace et il cite à l'appui de cette affirmation, G. Camillieri et C. Lazerges, *Atlas de la criminalité en France, Doc. fr.*, 1992. L'école géographique a retrouvé un intérêt d'actualité surtout avec l'*analyse spatiale* qui, grâce à l'informatique, permet le traitement en temps réel de la distribution spatiale de la délinquance dans les villes afin d'affiner la stratégie policière de lutte contre la délinquance. *Cf.* D. Élic, « Analyse spatiale et criminologie », *Criminologie*, 1994, n° 1, p. 7-21; M. Cusson, « La géocriminologie, ses applications par la police de New York », *RIPD*, 2000, p. 653-665. *Adde* plus récemment : J.-L. Besson, *Les cartes du crime*, PUF, 2005 et A. Bauer, *Géographie de la France criminelle*, O. Jacob, 2006.
2. J. Pinatel (1987), vᵉ « Marxisme », p. 143-144.
3. W.-A. Bonger, *Criminalité et conditions économiques*, Amsterdam, 1905. V. encore moins connu J. Van Kan, *Les causes économiques de la criminalité. Étude historique et critique d'étiologie criminelle*, Paris, 1903; et à peu près inconnu G. Rozengart, *Le crime comme produit social et économique*, th. doct. droit, Paris, 1929. Sur Bonger, *cf.* Van Bemmenlen, *in* Mannheim, *Pioneers*, p. 348 et s.
4. Date de la publication de *Socialisme e scienza positive : Darwin, Spencer, Marx*. Sur ce problème *cf.* R. Gassin, Présentation de la réédition en 2004 de la traduction française en 1893 de la 3ᵉ éd. italienne de 1891 de *La sociologie criminelle*, Dalloz, 2004, n° VI.
5. L. Vervaeck, « Le professeur Lacassagne », *RDPC*, 1924, p. 915-930; J. Pinatel, « De Lacassagne à la nouvelle École de Lyon », *RSC*, 1961, p. 151-158; H. Souchon, « Alexandre Lacassagne

l'accent sur l'influence prépondérante sinon exclusive du milieu social dans l'étiologie criminelle.

La théorie de Lacassagne se résume dans deux formules restées célèbres : « Les sociétés n'ont que les criminels qu'elles méritent » et « Le milieu social est le bouillon de culture de la criminalité, le microbe c'est le criminel, un élément qui n'a d'importance que le jour où il trouve le bouillon qui le fait fermenter »[1].

Cette théorie a attiré l'attention sur les aspects sociaux de la délinquance autres que les aspects économiques, mais elle néglige trop les aspects individuels de la délinquance et elle n'explique pas comment le milieu social peut agir sur la personnalité du délinquant. C'est à cette dernière question que Gabriel Tarde a essayé de répondre.

D. L'école de l'interpsychologie

213 *Imitation et délinquance* ◇ Créée par Gabriel Tarde (1843-1904)[2], cette école considère que les rapports sociaux ne sont que des rapports interindividuels[3] et que ceux-ci sont régis par ce fait social fondamental qu'est l'*imitation*. Chez l'individu, l'imitation explique des fonctions psy-

et l'École de Lyon. Réflexions sur les aphorismes et le concept de milieu social », *RSC*, 1974, 533-559 ; J. Pinatel (1987), *v*° « Lacassagne Alexandre », p. 134-135 ; C. Debuyst, *Histoire des savoirs sur le crime et la peine*, précité, t. II, 353-356 ; L. Mucchielli, *Histoire de la criminologie française*, précité, p. 189-214 ; P. Artières, « A. Lacassagne : de l'archive mineure aux Archives d'anthropologie criminelle », *Criminocorpus, revue hypermédia*, janvier 2005 ; M. Renneville, « La criminologie perdue d'Alexandre Lacassagne (1843-1924) », *Criminocorpus, revue hypermédia*, janvier 2005.

1. Sur une réactivation récente de l'école du milieu social : J. Vérin, « Le bouillon de culture de la criminalité », *RSC*, 1986, p. 911-913.

2. 1) Principaux ouvrages de Tarde : *La criminalité comparée*, 1886 ; *Les lois de l'imitation*, 1890 ; *La philosophie pénale*, 1890, réimpression de la 11ᵉ éd. chez Cujas, 1972, avec introduction J. Pinatel ; *Études pénales et sociales*, 1892. L'œuvre de Tarde a été rééditée récemment aux Éd. Les empêcheurs de penser en rond et not. la *Criminologie comparée* en 2004, avec une présentation de Marc Renneville, 280 p. V. également la médiathèque Gabriel Tarde sur le site de l'ENAP, www.enap.justice.fr. Sur Tarde : A. Lacassagne, « Gabriel Tarde », *AAC*, 1904, 501-534 ; M. Gillard, « Gabriel Tarde, Sa métaphysique, sa sociologie, sa criminologie », *RDPC*, 1921, p. 440 et 553 ; M. S. Wilson Vine, « Gabriel Tarde », *in* Mannheim (éd.), *Pioneers...*, p. 228-240 ; R. Boudon, « La statistique psychologique de Tarde », *AIC*, 1964, p. 342-357 ; J. Milet, *Gabriel Tarde et la philosophie de l'histoire*, Vrin éd., 1970 ; J. Milet, « Gabriel Tarde et la psychologie sociale », *Rev. française de sociologie*, 1972, p. 472-484 ; *Études internat. de psych. et sociol. crim.*, 1973, nᵒˢ 24 et 25, art. de J. Milet et F. Reiss, p. 90 et 87 ; J. Pinatel (1987), *v*° « Tarde Gabriel », p. 201-202 ; C. Debuyst, *Histoire des savoirs sur le crime et la peine*, précité, t. II, p. 304-342 ; L. Mucchielli, *Histoire de la criminologie française*, précité, p. 292-296 ; R. Gentzling, *Gabriel Tarde, Criminologie*, th. Paris II, 1976 ; « Gabriel Tarde et la criminologie au tournant du siècle », *Revue de l'histoire des sciences humaines*, art. Borlandi, Mucchielli, Blanckaert et Sibeud, Presses universitaires du Septentrion, 2000, 224 p. ; B. Latour, « Le retour de Gabriel Tarde », *in Le Monde des débats*, févr. 2000 ; P. Bolon, « Le Jules Verne de la sociologie », *Le Figaro littéraire*, 11 août 2005. À l'occasion du centenaire de la mort de Gabriel Tarde, le 34ᵉ Congrès français de criminologie (Agen, 8-10 septembre 2004) a consacré une journée à de multiples conférences sur la pensée de cet auteur important qui composent « Les criminologiques de Tarde », *Champ pénal*, 2005) ; F. Paramelle, *Histoire des idées en criminologie au XIXᵉ et au XXᵉ siècles : Gabriel Tarde*, Préface J.-H. Robert, L'Harmattan, 2005, 335 p. ; L. Salmon, « Gabriel Tarde (Sarlat 1843 – Paris 1904) », *Criminocorpus, revue hypermédia*, janvier 2005.

3. Sur sa controverse avec Durkheim à ce sujet, *cf.* J. Pinatel, La pensée criminologique d'Émile Durkheim et sa controverse avec Gabriel Tarde, *RSC*, 1959, p. 435-443.

chologiques telles que l'habitude et la mémoire. Sur le plan des rapports sociaux, c'est encore par le jeu de l'imitation que s'organise et se développe la vie sociale.

À partir de là, Tarde aborde le problème de la criminalité. Son idée essentielle est que *chacun se conduit selon les coutumes acceptées par son milieu;* si quelqu'un vole ou tue, il ne fait qu'imiter quelqu'un d'autre.

On comprend que dans une telle perspective, Tarde ait particulièrement étudié les criminels professionnels en relevant leurs traits sociologiques caractéristiques (argot, tatouage et associations de malfaiteurs).

E. L'école sociologique d'Émile Durkheim

214 ***Quelques propositions importantes*** ◇ L'école sociologique est représentée par Émile Durkheim (1858-1917)[1] qui peut être considéré comme le fondateur d'une théorie qui lie les conduites criminelles à la *structure socioculturelle.*

Le premier trait caractéristique de la pensée de Durkheim est que le crime est un *phénomène de sociologie normale* puisqu'il se manifeste dans toute société humaine, et qu'il est même un facteur de santé publique.

Cette conception le conduit à affirmer que la criminalité provient, non pas de causes exceptionnelles, mais de la structure même de la culture à laquelle elle appartient : d'autre part, la criminalité doit être comprise et analysée non pas en elle-même, mais toujours relativement à une culture déterminée dans le temps et dans l'espace.

La pensée de Durkheim se caractérise encore par un second trait essentiel : le rôle de l'*anomie* dans l'explication de la conduite délinquante. Cherchant les causes du suicide dans divers types de groupes et de sociétés, il en a noté une qui résulte de l'affaiblissement des normes sociales, des forces de contrainte qu'exerce la société sur ses membres en face de l'ambition effrénée, orientée tant vers l'acquisition des biens matériels que vers les symboles de prestige social, que fait naître chez tous les individus, la société industrielle capitaliste en plein développement. Cet affaiblissement du rôle des normes sociales est ce que Durkheim désigne par le concept d'anomie (du grec *a - nomos,* sans loi) qui sera repris et développé en 1957 par le sociologue américain R. K. Merton.

Au terme de ce survol de la théorie de Lombroso et des premières explications de type sociologique, il apparaît que ces premières écoles ne se sont intéressées qu'à des aspects partiels de la délinquance. Mais si leurs travaux semblent incomplets, ils n'en ont pas moins ouvert la voie à la première synthèse des divers facteurs de la délinquance par Enrico Ferri.

---

1. Principales œuvres de Durkheim touchant à la criminologie : *De la division du travail social,* Paris, 1893; *Les règles de la méthode sociologique,* Paris, 1895; *Le suicide,* Paris, 1897; « Deux lois de l'évolution pénale », *in Année sociologique,* 1900. Sur l'ensemble de l'œuvre sociologique de Durkheim, v. récemment B. Valade (dir.), Durkheim. *L'institution de la sociologie,* PUF, 2008, 171 p; A. Mahé, « Durkheim Émile », *in* O. Cayla et J.-L. Halpérin (dir.), *Dictionnaire des grandes œuvres juridiques,* Dalloz, 2009, p. 147-153; J. Coenen-Huther, *Comprendre Durkheim,* A. Colin 2010, 220 p.

§ 3. La théorie multifactorielle de Ferri

215 *Enrico Ferri* ◇ Ferri (1856-1929)[1] était professeur de droit pénal à Rome et à Turin et également sociologue. Il avait une culture très étendue et une puissance de travail considérable.

Pour comprendre l'œuvre de Ferri, il faut savoir que sa thèse de doctorat portait sur le déterminisme du phénomène criminel et qu'il y soutenait que le libre arbitre n'existe pas.

En 1881, il publie son premier ouvrage : *Les nouveaux horizons du droit pénal* repris par la suite sous le titre : *La sociologie criminelle*[2]. En 1928 son dernier ouvrage sera un *Traité de droit pénal* dans lequel il étudie les nouvelles dispositions insérées dans le projet du Code pénal italien qui sera adopté en 1930[3] ainsi que les principes du Code pénal soviétique de 1925.

A. Exposé de la théorie de Ferri

216 *Une criminologie complète* ◇ *La sociologie criminelle* d'E. Ferri est un véritable traité complet de criminologie, en ce sens que l'on y trouve à la fois une explication de l'action criminelle (criminologie théorique) et un ensemble de critiques des droits positifs de l'époque et de propositions de réforme fondées sur cette explication (criminologie appliquée). Les chapitres I et II de l'ouvrage, en effet, sont consacrés aux données fournies successivement par l'« anthropologie criminelle » et par la « statistique criminelle », tandis que le chapitre IV et dernier est consacré aux « réformes pratiques » tant en matière de droit pénal substantiel que de procédure pénale, le chapitre III sur la « théorie positive de la responsabilité pénale » constituant une sorte de pont entre la criminologie théorique et la criminologie appliquée car il participe à la fois de l'une et de l'autre. L'intitulé de la conclusion résume finalement de manière exemplaire l'ambition de l'auteur : « l'avenir de la *science* et de la *pratique* pénales ». Aussi bien va-t-on exposer successivement les aspects essentiels de la théorie de Ferri en présentant sa criminologie théorique (a), puis sa criminologie appliquée (b).

---

1. Sur Ferri : H. Donnedieu De Vabres, « Enrico Ferri », *Études criminologiques*, 1929 ; P. Bouzat, « Le centenaire d'Enrico Ferri. L'œuvre du maître. Son actualité », *RSC*, 1957, p. 118 ; T. Sellin, « Enrico Ferri », *in* Mannheim (éd.), *Pioneers...*, p. 277 et s. ; R. Romani, « Le souvenir d'Enrico Ferri », *RICPT*, 1971-1972, p. 99-106 ; J. Pinatel (1987), *Ferri Enrico*, 94-95 ; C. Debuyst, *Histoire des savoirs sur le crime et la peine*, précité, t. II, p. 233-298. ; J.-L. Halpérin, « Ferri Enrico », *in* O. Cayla et J.-L. Halpérin (dir), *Dictionnaire des grandes œuvres juridiques,* Dalloz, 2009, p. 181-185. – Adde S. Ranieri, « Les développements de l'École Positiviste en Italie », *RICPT*, 1969, p. 177-184.
2. Trad. fr. de la 3ᵉ éd. italienne en 1893 et de la 4ᵉ éd. italienne en 1905. La trad. fr. en 1893 de la 3ᵉ éd. italienne, qui avait été faite par Enrico Ferri lui-même et avait été révisée par Gabriel Tarde, a été rééditée en 2004 par les soins des éd. Dalloz avec une présentation de R. Gassin, 648 p.
3. *Cf.* F. Colin, *Enrico Ferri et l'avant-projet de Code pénal italien,* Bruxelles, 1925, 207 p. Les p. 29 à 41 de cet ouvrage présentent en outre une bonne synthèse de la théorie criminologique de Ferri.

a. La criminologie théorique de Ferri

217 *Un déterminisme rigoureux mais plurifactoriel* ◊ Pour Ferri, le délinquant est un être dont l'activité criminelle est déterminée par toute une série de facteurs criminogènes (1), mais qui se combinent différemment selon les délinquants, ce qui conduit à une classification des délinquants (2).

218 *1) L'inventaire des facteurs criminogènes* ◊ Pour Ferri, s'il est vrai que les conditions économiques et sociales constituent bien le « bouillon de culture » de la délinquance, il n'en demeure pas moins certain que la question criminologique fondamentale est de savoir pourquoi, parmi tous les sujets soumis aux mêmes conditions exogènes, c'est tel individu et non tel autre qui devient criminel. Ferri soutient que la réponse à cette question se trouve dans cette idée que le délit est un phénomène complexe ayant des origines multiples ce qui le conduit à inventorier *trois sortes de facteurs* :

1) Des *facteurs anthropologiques,* inhérents à la personne du criminel (d'où l'appellation d'« endogènes ») qu'il répartit en trois classes : ceux qui tiennent à la constitution organique du criminel, ceux qui sont attachés à sa constitution psychique et les caractéristiques personnelles du criminel (sexe, âge etc.).

2) Des *facteurs du milieu physique* (ou cosmo-telluriques) : climat, nature du sol, production agricole etc., qui sont une première variété de facteurs « exogènes ».

3) Des *facteurs du milieu social,* facteurs exogènes qui résultent du milieu dans lequel vit le délinquant : densité de la population, état de l'opinion publique et de la religion, constitution de la famille, système d'éducation, production industrielle, alcoolisme, organisation économique et politique.

219 *2) La classification des délinquants* ◊ Ferri classe les délinquants en *cinq catégories :* deux chez qui prédominent les facteurs anthropologiques, trois chez qui l'emportent les facteurs du milieu social.

Les *premiers* sont les *criminels-nés* et les *criminels aliénés.* Les *criminels-nés* sont ceux qui présentent les caractéristiques du type criminel de Lombroso à qui il a précisément réservé cette appellation restée célèbre. Toutefois pour Ferri, déterminisme n'est pas synonyme de fatalisme et le criminel-né n'est pas fatalement voué au crime, car des facteurs sociaux particulièrement favorables peuvent le prévenir. À la différence des criminels-nés qui ne sont pas atteints de troubles psychiatriques caractérisés, les *délinquants aliénés* sont délinquants en raison d'une anomalie mentale très grave; mais ici encore, Ferri expose que le contexte social dans lequel évolue l'individu n'est pas indifférent à sa délinquance, ce qui expliquerait que parmi tous les individus atteints de la même affection mentale, tous ne deviennent pas délinquants. À partir de la mise en évidence de ces deux catégories de criminels dominés par des facteurs anthropologiques, Ferri propose alors une *individualisation de la sanction pénale* axée sur la *neutralisation* de ce type de délinquants.

Les *délinquants chez qui prédominent les facteurs sociaux* sont les délinquants d'habitude, les délinquants d'occasion et les criminels passionnels. Les *délinquants*

d'habitude (ou par habitude acquise) constituent une catégorie d'individus devenus délinquants persistants en raison des conditions sociales particulièrement
défavorables dans lesquelles ils ont évolué en particulier au cours de leur enfance
et de leur adolescence; les facteurs anthropologiques ne sont cependant pas totalement absents car, pour Ferri, les conditions sociales aussi défavorables soient-
elles, ne mènent à la délinquance d'habitude que si le sujet présente une fragilité
constitutionnelle ou acquise. Les *délinquants d'occasion*, qui représentent la part la
plus importante des délinquants, sont des gens qui ont commis un acte délictueux en raison du poids très important de conditions sociales défavorables sur
une personnalité qui, du fait de sa constitution biologique, manque de solidité
devant l'épreuve de la tentation. Les *criminels passionnels* enfin sont ceux vers lesquels va toute sa tendresse; il en donne une description idyllique et explique leur
crime par l'action de facteurs occasionnels déterminants sur une nature hyper-
sensible. De ces analyses, Ferri tire également des *conclusions de politique
criminelle* : neutralisation des délinquants d'habitude, mesures de réadaptation
sociale pour les occasionnels, simple obligation de réparation du préjudice pour
les passionnels.

b. La criminologie appliquée de Ferri

220 *Un droit pénal entièrement remodelé* ◊ La conception du délinquant et de la délinquance de Ferri s'oppose entièrement aux représentations que s'en faisait l'école classique. À l'idée d'un délinquant libre de ses
actes et que la peine a pour but à la fois de dissuader de passer à l'acte et,
s'il l'a fait cependant, de rétribuer pour la faute commise et de décourager
de récidiver, Ferri oppose un sujet qui est entièrement déterminé par tout
un complexe factoriel dont la combinaison varie seulement selon les
délinquants. Aussi l'école criminelle positiviste, dont il est le représentant
le plus complet, propose-t-elle une véritable « révolution » du droit
pénal, tant en ce qui concerne les fondements de la responsabilité pénale
(1) que le contenu de la réaction sociale (2).

221 *1) Les nouveaux fondements de la responsabilité pénale* ◊ Pour
l'école classique, la responsabilité pénale reposait sur le concept de *responsabilité morale*, laquelle était elle-même fondée sur l'idée philosophique du *libre arbitre*. À partir du moment où l'on niait le libre arbitre des
actions humaines, c'était ailleurs qu'il convenait de rechercher le fondement du « droit de punir », sous peine d'enlever au droit pénal toute justification. C'est ce à quoi s'est employé Ferri dans le chapitre III de sa
Sociologie criminelle intitulé *Théorie positive de la responsabilité pénale*[1].
Pour lui l'homme n'a d'existence sociologique que comme membre d'une
société plus vaste[2]; or la société, en tant qu'organisme vivant, a droit à sa
propre conservation, comme tout être vivant, c'est-à-dire qu'elle est soumise à la « nécessité naturelle » de se défendre elle-même[3]; dès lors, le

---

1. P. 260 à 428 de la réédition de 2004. Les références aux pages de la *Sociologie criminelle* qui
suivent seront données à la réédition de 2004, sauf exception signalée spéc. dans la note.
2. P. 336.
3. Même p.

délinquant est responsable de ses actions criminelles tout simplement « parce que et en tant qu'il vit en société »[1] : c'est une *responsabilité sociale*. Tel est, selon Ferri, « la pierre angulaire du nouvel édifice scientifique »[2] qui comporte précisément un renouvellement complet de la réaction sociale par rapport au droit pénal classique.

222   *2) Le nouveau contenu de la réaction sociale* ◇ Comme la responsabilité pénale ne repose plus sur la responsabilité morale, la peine classique, avec ses fonctions de rétribution et d'intimidation générale et spéciale, perd toute signification pour E. Ferri. Mais comme, par ailleurs, la responsabilité pénale doit désormais être fondée sur l'idée de responsabilité sociale qui découle de la « nécessité naturelle » pour la société de se défendre, la réaction sociale consistera en *mesures de défense sociale*. En quoi consistent ces mesures inédites ? Il s'agit à la fois de mesures de défense *préventives* et de mesures de défense *répressives*, la prévention et la répression possédant à ses yeux une identité fondamentale qui procède de leur finalité commune : la lutte contre la délinquance[3].

Pour ce qui est des premières, Ferri part de la constatation, à travers les données fournies notamment par la statistique criminelle, que les peines n'ont nullement l'effet de prévention générale qu'on leur attribue habituellement : « Les délits augmentent et diminuent, écrit-il, en raison d'un ensemble de causes bien différentes de ces peines[4]. » Aussi suggère-t-il de mettre en place tout un ensemble de *mesures de prévention*, qu'il appelle des « substituts de la peine », et dont il donne de multiples exemples dans des ordres aussi différents que l'ordre économique, politique, scientifique, administratif, religieux, familial et éducatif[5].

Mais comme « la disparition absolue de toute condition criminogène est humainement impossible, même dans une organisation sociale capable d'éliminer les formes épidémiques de la criminalité..., on verra toujours subsister dans toute société, le besoin d'un système de défense contre les effets sporadiques et aigus de la névrose criminelle »[6]. Ce système de défense consiste en des *mesures de défense répressives* dont le contenu varie et est adapté aux divers types de criminels qu'il a cru pouvoir identifier[7], depuis la peine de mort pour les criminels nés jusqu'à la simple obligation de réparer les dommages causés aux victimes pour les criminels par passion[8].

223   *3) Les réformes de la procédure pénale* ◇ Pour mettre en œuvre ces mesures de défense répressives fondées sur le nouveau principe de responsabilité sociale et sur sa classification des délinquants, Ferri propose enfin une réforme profonde de la procédure pénale. Pour lui, en effet, la

---

1. P. 344.
2. P. 400 de la traduction de 1905.
3. P. 257-258.
4. P. 184. C'est à cette occasion qu'il formule la fameuse « loi de la saturation criminelle », *cf. infra* n° 467.
5. P. 215 et s.
6. P. 314 de la traduction de 1905.
7. *Cf. supra* n° 219.
8. Sur la description détaillée des sanctions à appliquer à chacun des cinq types de délinquants, *cf.* p. 517 et s.

procédure pénale n'est pas une simple technique juridique, mais elle est étroitement liée au fond du droit et doit donc être aménagée en fonction des principes et du contenu de celui-ci. Ainsi consacre-t-il de nombreuses pages aux réformes procédurales[1], mettant en cause notamment l'institution du jury[2], les abus de la grâce et de l'amnistie[3] ou encore la révision à sens unique des procès qui ne retient que la révision des condamnations et non celle des acquittements[4].

B. Critique de la théorie de Ferri

224 *Des détails et de l'ensemble* ◇ Pour porter un jugement sur la théorie criminologique de Ferri, il convient de distinguer entre les *analyses de détail* et la *perspective d'ensemble.*

Les *analyses de détail* ont donné lieu à deux séries de critiques. On a en premier lieu, fait observer que sa classification des facteurs criminogènes *manquait de rigueur* (pourquoi, par exemple, la production agricole serait-elle un facteur du milieu physique alors que la production industrielle relèverait du milieu social ?) et, plus encore, qu'elle situait au même niveau tous les facteurs criminogènes au mépris de la règle des niveaux d'interprétation[5]. D'autre part, la classification des délinquants a soulevé de *sévères objections* portant tout à la fois sur la réalité du criminel-né et sur l'opportunité de faire du passionnel et de l'occasionnel deux catégories distinctes. Aussi a-t-on proposé de regrouper tous les délinquants en trois catégories seulement : délinquants aliénés et anormaux mentaux, délinquants d'occasion et délinquants d'habitude.

Si l'on s'élève maintenant à la *perspective d'ensemble,* on doit savoir gré à Ferri d'avoir été le premier à montrer que l'action criminelle n'est pas un phénomène unilatéral mais un phénomène plus complexe dans lequel entrent en ligne de compte de multiples facteurs et d'avoir ainsi accrédité la thèse *multifactorielle* de la délinquance. Sur le plan de la *politique criminelle,* cette perspective d'ensemble a permis d'adapter la réaction sociale à la diversité des délinquants : l'individualisation de la sanction pénale est ainsi sortie de cette conception multifactorielle[6]. Outre la permanence du principe d'individualisation de la peine, l'œuvre de Ferri retrouve parfois un regain d'actualité, tant dans les droits internes, comme la loi française du 12 décembre 2005 relative au traitement de la récidive des infractions pénales et plus encore la loi du 25 février 2008 relative à la rétention de sûreté et à la déclaration d'irresponsabilité pénale pour cause de trouble mental[7], que – chose plus étonnante – dans la jurisprudence de la Cour européenne des droits de l'homme. C'est ainsi que l'arrêt de la Cour EDH, Grande Chambre, du

---

1. P. 431 à 465.
2. P. 464 et s.
3. P. 498 de la traduction de 1905.
4. P. 437.
5. Sur cette règle *cf. supra* n° 118.
6. C'est sous l'influence des idées de Ferri et de l'école positiviste que s'est constituée l'école de politique criminelle de la « première défense sociale » avec A. Prins, G. Van Hamel et F. Von Listz, fondateurs de l'Union internationale de droit pénal en 1889 (*cf.* B. Bouloc, *Droit pénal général*, Dalloz, 22ᵉ éd., 2011, n° 78). Les bases de la doctrine du belge Prins ont été réexposées il y a une vingtaine d'années (P. Mary, « Adolphe Prins ou la légitime défense sociale », *RDPC*, 1990, p. 15-37) ainsi que les textes d'origine du mouvement animé par cet auteur (F. Tulkens, *Généalogie de la défense sociale en Belgique 1890-1914*, Bruxelles, 1988).
7. J.-H. Robert, « La victoire posthume de Lombroso et de Ferri », *Dr. pénal*, février 2008, p. 2.

29 mars 2006, *Achour/France* (req. n° 67335/01), a admis la compatibilité avec l'article sept de la Convention EDH, qui prohibe la rétroactivité des lois pénales nouvelles plus sévères, de l'application des règles nouvelles plus sévères de la récidive à un condamné qui aurait été considéré comme délinquant primaire si l'aggravation législative nouvelle n'était pas intervenue; cette décision a été interprétée comme « une allégeance à la doctrine positiviste... : ce n'est pas l'acte qui est sanctionné mais l'*état dangereux* »[1].

Toutefois l'œuvre de Ferri ne constitue qu'un premier pas dans la voie d'une recherche véritablement satisfaisante de l'explication de l'action criminelle et des conséquences de criminologie appliquée à en tirer, car elle présente la délinquance d'une manière *beaucoup plus « mécanique » que vivante,* comme la résultante d'une série de facteurs juxtaposés qui viennent se combiner pour produire l'acte délictueux à la manière d'une réaction chimique. Or, dans la réalité, les choses sont beaucoup plus complexes. C'est précisément pour tenir compte de cette *complexité* que se sont développées par la suite les explications modernes du phénomène criminel.

SECTION 2. **LES EXPLICATIONS MODERNES DE L'ACTION CRIMINELLE**[2]

225 *Évolution des explications*[3] ◇ L'histoire des explications modernes de l'action criminelle qui se sont développées après la synthèse de Ferri, se

---

1. Note D. Zerouki-Cottin, D. 2006, Jur., p. 2513, spéc. p. 2514, colonne 2.

2. Lorsqu'ils en viennent à l'exposé de théories criminologiques contemporaines, les auteurs des manuels se trouvent devant un dilemme crucial : soit exposer la *multitude des théories* proposées par les criminologues, soit *sélectionner* parmi elles celles qui paraissent les plus significatives. La seconde solution a l'avantage d'éviter aux étudiants ce sentiment de confusion et de chaos qui résulte de l'accumulation de conceptions hétérogènes et souvent contradictoires. C'est cependant *le premier parti* qui a été retenu ici. Ceci pour deux raisons : 1/ *une raison pédagogique,* car on a voulu que ce manuel permette à ceux qui le consultent de retrouver dans cette section l'exposé de théories qu'ils ont souvent l'occasion de voir mentionnées au fil de leurs lectures criminologiques sans que les auteurs prennent pour autant la peine d'en exposer, même sommairement, le contenu ; 2/ *une raison scientifique,* car aucune preuve décisive n'autorise, en l'état actuel d'avancement de la criminologie, à privilégier définitivement telle ou telle théorie, les diverses théories criminologiques ne devant être considérées que comme des grilles de lecture possibles, plus ou moins efficaces, d'une réalité criminelle particulièrement opaque.

3. Textes présentant un certain degré de généralité : J. Pinatel, « Nouveaux horizons en criminologie », *RIPC,* 1950, p. 169-173 ; M. Lopez-Rey, « De quelques conceptions fausses dans la criminologie contemporaine », *RPDP,* 1960, p. 763-789 ; même auteur, « Considérations critiques sur la criminologie contemporaine », *Annales Fac. droit, Liège,* 1966, p. 342 ; J. Pinatel, *Synthèse criminologique in Criminologie in action,* Montréal, 1968, p. 134-171 ; M. Spector et G. Casadamont, « Profils épistémologiques en criminologie comparée », *Dév. et soc.,* 1978, p. 349-364 ; D. Szabo, « Tendances actuelles en criminologie », *RICPT,* 1979, p. 231-237 ; D. Szabo, « Au milieu de l'affrontement des doctrines criminologiques », *in La criminologie, Bilan et perspectives,* Paris, 1980, p. 23-33 ; J. Pinatel, « Perspective d'avenir de la criminologie », *même ouvrage,* p. 261-270 ; J. Pinatel, « Le mouvement des faits, des idées et de la réaction sociale en criminologie, *RDPC,* 1981, p. 219-235 ; G. Therriault, Le concept d'isotopie : un instrument sémantique pour l'analyse du discours criminologique », *Dév. et soc.,* 1983, p. 115-130 ; D. Szabo, « Orientations actuelles de la criminologie », *RICPT,* 1985, p. 405-419 ; G. Picca, « Où en est la criminologie ? », *RICPT,* 1985, p. 383-396 ; J. Pinatel, « Paradoxes et régressions en criminologie et en droit pénal », *RIDP,* 1987, 1, p. 223 ; 39e Congrès de la société américaine de criminologie (Montréal 1987) : « La criminologie d'aujourd'hui », CR *RSC,* 1988, p. 392-394 ; 10e Congrès international de criminologie (Hambourg 1988) : « Conceptions de la criminologie, défis de la criminalité et stratégies d'action », CR *RSC,* 1989, p. 190-192.

caractérise par une succession de glissements remarquables dans l'objet de l'explication.

Pendant longtemps, les travaux ont porté essentiellement sur l'*étiologie de la délinquance.* Mais à partir de la décennie 40-50, le regard criminologique s'est déplacé chez certains auteurs de la formation de la personnalité du délinquant vers l'*épisode du passage à l'acte.* Depuis 1960 environ, une nouvelle orientation s'est puissamment affirmée, dans la criminologie nord-américaine d'abord puis dans les autres pays occidentaux, avec la criminologie dite « de la réaction sociale » qui concentre toute son attention sur l'interprétation des *mécanismes de la réaction sociale.* De celle-ci, s'est détachée en dernier lieu une nouvelle forme d'attention criminologique qui fait de la victime le centre des préoccupations des spécialistes et a entraîné la création, vers la fin des années 1970, de la *criminologie victimologique.*

On va ainsi présenter dans quatre paragraphes successifs : les explications étiologiques contemporaines (§ 1), les théories de l'acte criminel (§ 2), les conceptions de la criminologie dite de la réaction sociale (§ 3) et les positions de la criminologie victimologique (§ 4).

§ 1. **Les explications étiologiques contemporaines**

226 *Idée générale* ◇ Les explications contemporaines de l'action criminelle de type étiologique présentent un certain nombre de *traits communs* (A) qui permettent de les distinguer des premières tentatives d'explication scientifique que l'on a examinées dans la première section. Toutefois ce qui frappe bien davantage, au-delà de ces similitudes, c'est leur *extrême variété et leur divergence,* souvent profonde, *d'orientation* (B).

A. **Les traits communs**

227 *Les trois grandes caractéristiques* ◇ Les multiples explications étiologiques contemporaines de l'action criminelle, si différentes soient-elles, semblent pouvoir être caractérisées en gros par trois traits essentiels.

1) Ces explications ont emprunté à Ferri cette acquisition essentielle que la délinquance est un phénomène *multifactoriel.* Elles se présentent donc toutes comme des *synthèses de type divers.*

2) Les criminologues modernes ont généralement compris que les actes délictueux, comme les autres conduites humaines, sont des *comportements psychologiques* et que par conséquent les divers stimuli de quelque nature qu'ils soient que l'on peut repérer à l'origine de la délinquance, s'impriment en quelque sorte dans le psychisme de l'individu avant de s'exprimer sous la forme du passage à l'acte criminel [1]. Aussi les grandes systématisations étiologiques contemporaines présentent-elles généralement un élément commun qui est le *facteur psychologique.*

---

[1]. Ce principe fondamental de la criminologie moderne est appelé le « principe du transformateur » par divers auteurs (*cf.* not. M. Frechette et M. Le Blanc, *Délinquances et délinquants,* 1987, p. 234).

3) Enfin, la plupart de ces systématisations se sont organisées autour d'une direction particulière qui leur donne le caractère de « criminologies spécialisées » selon l'expression de J. Pinatel[1] : direction bio-psychologique, direction psycho-sociale et direction psycho-morale. Seuls quelques criminologues ont adhéré à un *multifactorialisme polyvalent*; plus rares encore sont ceux qui ont tenté une véritable *intégration* des diverses orientations de la criminologie étiologique.

C'est précisément ce dernier point que l'on va maintenant développer en présentant les différentes orientations de la criminologie étiologique contemporaine.

B. Les orientations diverses[2]

a. La direction bio-psychologique

228 *Le sens de l'orientation* ◇ Si la théorie lombrosienne du type criminel a fait long feu, l'esprit qui avait présidé à son apparition est demeuré vivace dans certaines interprétations du phénomène criminel présentées par des criminologues contemporains. L'idée essentielle de ces interprétations consiste à assigner une base organique ou fonctionnelle à la délinquance, même si l'on ne néglige pas pour autant l'influence d'autres facteurs, notamment des facteurs du milieu social, mais qui font seulement figure de facteurs secondaires. Il s'agit donc d'une direction que l'on peut qualifier de bio-psychologique.

Les théories qui relèvent de cette orientation sont assez nombreuses. Certaines sont bien connues. D'autres, plus récentes, méritent aussi d'être mentionnées.

1. Les théories traditionnelles

229 *Ernest Dupré* ◇ Parmi celles-ci, l'une des plus célèbres est la théorie des perversions instinctives du psychiatre français Dupré[3]. Cet auteur attribue une importance fondamentale aux instincts dans l'activité humaine. Trois instincts domineraient cette activité : l'instinct de conservation, l'instinct de reproduction et l'instinct d'association. Or, ces instincts seraient susceptibles d'anomalies par excès, par atrophie ou par inversion et ces anomalies conduiraient à des « perversions » dont certaines déboucheraient sur des conduites interdites par la loi pénale (ex. : attentats aux mœurs).

230 *La bio-typologie* ◇ Cette école soutient l'existence d'une corrélation entre le type biologique (ou biotype) et l'activité criminelle. Pour certains

---

1. J. Pinatel, *Traité*, 1975, n° 11.

2. D. Szabo, « Nature et culture, l'inné et l'acquis. Quelques considérations sur la réactualisation du débat et ses incidences sur la criminologie », *AS*, 1985, p. 233-271.

3. E. Dupré, « Les perversions instinctives », *AAC*, 1912, 502-530; *cf.* J. Pinatel. (1987), v° « Perversions », p. 162-163 et *Traité*, n°s 144-148; C. Debuyst, *Histoire des savoirs sur le crime et la peine*, précité, II, p. 421-427.

(Kretschmer)[1], c'est avec la structure du corps qu'il y aurait correspondance (morpho-caractérologie); pour d'autres c'est avec le somatotype, c'est-à-dire le type corporel envisagé à partir de l'embryon (Sheldon)[2]; pour d'autres encore (Pende)[3], c'est avec le type endocrinien que l'on pourrait établir une corrélation.

231 *L'école de Graz*[4] ◇ Cette école, dont le représentant le plus important était A. Lenz, s'est efforcée de compléter et d'affiner l'anthropologie de Lombroso, tout en s'inspirant de ses conceptions. Pour elle ce n'est pas dans une hérédité spécifique qu'il faut chercher l'explication de l'activité criminelle, mais dans l'hérédité générale. Parmi les nombreuses dispositions transmises par l'hérédité, certaines d'entre elles pousseraient plus facilement que les autres les individus à violer le Code pénal.

232 *Olof Kinberg*[5] ◇ L'une des théories bio-psychologiques les plus remarquables est sans doute la théorie de l'inadaptation biologique du suédois Kinberg. Pour cet auteur, chaque individu réagit aux stimuli du milieu ambiant en fonction de sa structure biologique propre. Or si nombre de personnes s'adaptent harmonieusement à ces stimuli conformément aux évaluations morales en cours dans la société dont certaines sont pénalement sanctionnées, ce n'est pas le cas de tous les individus. Certains réagissent aux stimuli du monde extérieur en commettant des actes criminels en raison de la présence de divers traits biologiques dans la structure de leur personnalité.

233 *Benigno Di Tullio*[6] ◇ Cet auteur a élaboré la théorie de la constitution délinquantielle. Pour lui, tous les individus possèdent une « constitution » personnelle qui englobe à la fois des éléments héréditaires et des éléments acquis surtout dans la première enfance. Or, certains sujets auraient une constitution structurée de manière telle que le seuil au-delà duquel ils commettent des actes criminels, appelé « seuil délinquantiel » est inférieur à celui des autres individus. Cette théorie diffère à

---

1. R.-P. Verdun, « La doctrine crimino-biologique du psychiatre allemand Kretschmer », *Rééducation*, mai 1950, p. 3-12; J. Pinatel, *Traité*, n° 312 – A.

2. W.-H. Sheldon, *Les variétés de la constitution physique de l'homme*, Paris, PUF, 1950, et *Les variétés du tempérament*, Paris, PUF, 1951, *Adde* J. Pinatel, *Traité*, n° 312 – B.

3. N. Pende, « La biotypologie et la clinique de la personne humaine au service de la criminologie », Actes du 2ᵉ Congrès Inter. crimin., Paris, 1950, t. II, p. 195-203. J. Pinatel (1987), vᵒ « Endocrinologie », p. 76-78 et *Traité*, n° 172.

4. L. Rabinowicz, « L'école d'anthropologie criminelle de Graz », *RDPC*, 1933, p. 525-541. *Adde* J. Pinatel (1987), vᵒ « Biologie criminelle », p. 33-35.

5. O. Kinberg, *Problèmes fondamentaux de la criminologie*, p. 123-132. « La vie et l'œuvre d'Olof Kinberg », *in BSIC*, 1961, 1ᵉʳ semestre, p. 14-40; J. Pinatel, *Traité*, n° 163; J. Pinatel (1987), vᵒ « Kinberg Olof », p. 131-132.

6. B. Di Tullio, *Manuel d'anthropologie criminelle*, Paris, Payot, 1951, et *Principes de criminologie clinique*, Paris, PUF, 1967; « Le problème de la constitution délinquantielle par rapport à l'état dangereux », Conférence du 2ᵉ Cours international de criminologie, Melun, 1954, p. 73-94; G. Canepa, « Benigno Di Tullio », *RSC*, 1979, p. 669-671; J. Pinatel, *Traité*, n° 164; J. Pinatel (1987), *Tullio (Di) Benigno*, p. 213-214.

la fois de celle de Lombroso (pas d'hérédité criminelle spécifique), de l'école de Graz (le milieu contribue comme l'hérédité à la formation de la constitution délinquantielle) et de la théorie de Kinberg. Ainsi pour Di Tullio, l'homme doit être envisagé dans la totalité de son existence qui est liée à la fois à l'hérédité et au milieu, et l'on ne peut repérer chez lui que certaines tendances criminogènes, qui ne sont pas intrinsèquement criminelles et sont seulement susceptibles de lui faire commettre plus facilement un délit que ne le ferait un autre sujet.

2. Quelques théories récentes [1]

234 *Pierre Grapin* [2] ◇ Une première théorie qui s'inscrit dans le courant bio-psychique est la conception « naturaliste » de P. Grapin qui s'appuie sur les données de la biologie sociale. Selon cet auteur, le phénomène criminel se situerait à l'intersection de deux tendances opposées cœxistant chez l'homme et fondant sa spécificité parmi les êtres vivants : la composante « pulsionnelle » et la composante « normative ». Il y aurait délinquance lorsque la première domine le comportement en refoulant la seconde.

235 *Jacques Léauté* [3] ◇ De son côté, le professeur Léauté a élaboré une *théorie de la violence* qui prend également appui dans les données biologiques malgré la place qu'elle fait au social. L'idée de départ est que si l'agressivité, qui est un phénomène naturel dans les sociétés animales, y est cependant canalisée et ritualisée dans l'intérêt de la survie de l'espèce, il n'en va plus de même dans les sociétés humaines. Il s'y est produit un « déraillement » du système d'autorégulation qui explique les guerres, les meurtres et les assassinats, dérèglement qui se serait au surplus emballé dans nos sociétés contemporaines depuis les années 1950.

236 *Henri Laborit* [4] ◇ La *théorie de l'agressivité* d'H. Laborit fait naître l'agressivité humaine, et par voie de conséquence l'activité délictueuse, de l'angoisse suscitée par la contradiction entre l'individu biologique et

---

1. D. H. Fishbein, « Biological perspectives in criminology », *Criminology*, 1990, l, p. 27-72.
2. P. Grapin, *Anthropogénèse et criminalité*, Paris, Legrand, 1954 ; *L'anthropologie criminelle*, coll. « Que sais-je ? », PUF, 1973 ; « Esquisse d'une nouvelle perspective anthropologique », *RSC*, 1949, p. 37 ; « Biologie sociale et criminalité », *RSC*, 1971, p. 79-98.
3. J. Léauté, *Cours polycopié*, 1981, p. 40-44 ; *Notre violence*, Paris, 1977, 191 p. ; « Manifeste de la criminologie éthologique », *RSC*, 1977, p. 557-559 ; « Violence de guerre et violence de paix », *Rev. dr. pén. militaire*, 1978, p. 691-709.
4. H. Laborit, *L'homme et la ville*, Paris, Flammarion, 1971 ; *La nouvelle grille : pour décoder le message humain*, Paris, R. Laffont, 1974 ; *Éloge de la fuite*, Paris, R. Laffont 1976 ; *L'inhibition de l'action : biologie comportementale et physiopathologie*, Paris, Masson & Cie, 1979 ; *La colombe assassinée*, Paris, Grasset, 1983. Du même auteur : « Proposition d'un modèle intégré des comportements normaux et anormaux », *AMP*, 1974, n° l, p. 47-60 ; « Les mécanismes biologiques et sociologiques de l'agressivité », *RISS*, 1978, n° 4 et *in La violence et ses causes*, Unesco, 1980. V. également le film d'Alain Resnais, *Mon oncle d'Amérique*, où H. Laborit expose ses conceptions à la lumière de certaines expériences.

l'homme social. Le *premier* se caractérise par un équipement neuro-physiologique constitué de trois étages : le cerveau ancien, commun à toutes les espèces vivantes, qui commande les comportements instinctifs; la calotte corticale ou système limbique, caractéristique des mammifères supérieurs, qui domine l'affectivité; le néo-cortex qui, chez l'homme constitue la base fonctionnelle de l'imagination et de la créativité, en même temps qu'il assure la mémoire à long terme avec le système limbique. Quant à *l'homme social*, à la différence de l'animal qui peut donner libre cours à ses instincts, il est, dès sa naissance, pris dans un réseau socioculturel dont le but est de lui créer des automatismes de pensée et d'action indispensables au maintien de l'ordre social. D'où une insatisfaction qui fait naître une réaction émotionnelle d'angoisse, à laquelle l'homme peut échapper de plusieurs façons, mais dont la manière la plus directe et la plus grossière est l'agressivité [1].

237 *Sociobiologie et délinquance* ◇ La sociobiologie, créée en 1975 par le biologiste américain E.O. Wilson [2], consiste à expliquer l'apparition d'un certain nombre d'institutions sociales à partir des données de la théorie moderne de l'évolution, appelée néo-darwinisme, et en s'appuyant sur des acquisitions de la génétique moderne. Alors que le domaine essentiel de recherche des sociobiologistes est constitué par les sociétés animales, certains dont Wilson lui-même ont soutenu que la sociobiologie avait aussi la capacité d'expliquer nombre de phénomènes qui concernent les sociétés humaines [3] : guerres, déviations sexuelles, recherche du pouvoir, altruisme et égoïsme, et même la religion, la morale et la culture. L'« ultime ambition » des sociobiologistes est de « substituer leur domaine d'étude aux sciences humaines telles qu'on les pratique aujourd'hui » [4].

Quel impact la sociobiologie a-t-elle sur la théorie criminologique ? En France, il paraît avoir été à peu près nul, hormis un éditorial incantatoire des « *Cahiers de la société de criminologie moderne* » [5]. Aux États-Unis et dans quelques autres pays occidentaux en revanche, la sociobiologie paraît avoir réalisé une certaine percée dans les milieux criminologiques. Encore convient-il de distinguer entre les véritables interprétations sociobiologiques de l'action criminelle qui sont rares [6] et les théories plus conventionnelles qui cherchent à concilier et à intégrer les données étiologiques, biologiques et sociologiques dans une synthèse interdisciplinaire

---

1. Sur l'agressivité, *cf.* en outre D. Widlocher, « Le rôle des fantasmes d'agression dans la dynamique de l'agressivité », *in Les troubles du caractère,* IIe Congrès européen de pédopsychiatrie, Rome, p. 1193-1198; « Société internationale pour la recherche sur l'agression », VIe Conférence européenne, Jérusalem, 23-28 juin 1991.
2. E.-C. Wilson, *Sociobiology : a new synthesis,* 1975; traduction française abrégée, *Sociobiologie,* éd. du Rocher, 1987, 688 p. Du même auteur : *L'humaine nature. Essai de sociobiologie,* Paris, Stock, 1979.
3. M. Veuille, *La sociobiologie,* coll. « Que sais-je ? », PUF, 1986; R. Boudon et F. Bourricaud, *Dictionnaire critique de la sociologie,* v° « Sociobiologie », p. 548-555; J.-M. Domenach, *Enquête sur les idées contemporaines,* Seuil, 1987, p. 77-88 (Nouvelle droite et sociobiologie).
4. *Cf.* Y. Christen, *L'heure de la sociobiologie,* Paris, A. Michel, 1979.
5. Éditorial : « L'heure de la sociobiologie » dans le n° 10, juill. 1979, p. 1.
6. Pour un texte sociobiologique, *cf.* J. Macmillan et L. Kofoed, « Sociobiology and antisocial personality. An alternative perspective », *The Journal of nervous disease,* 1984, p. 701-706.

équilibrée sous l'appellation d'ailleurs inversées de « *biosocial approach* »[1] (C.R. Jeffery aux USA[2], W. Buikhuisen aux Pays-Bas)[3].

238 ***Empreintes génétiques et bio-psychologie du crime***[4] ◇ La découverte de la technique d'identification des criminels par *les empreintes génétiques* fait, à son tour, resurgir – au moins sous la forme d'une inquiétude – une nouvelle théorie bio-psychique de la délinquance. On lit ainsi dans le rapport de la Commission (française) Nationale de l'Informatique et de Libertés (CNIL) pour l'année 1999 les réflexions suivantes : « S'agissant... de l'identification génétique à des fins de recherche criminelle, le risque de voir se constituer la photographie ou la carte du patrimoine génétique de criminels, de pouvoir déduire de cette photographie par des calculs statistiques ou de probabilités, des prédispositions génétiques au crime, la tentation d'identifier de telles prédispositions avant que le crime ne soit commis, sont autant de questions de la nature de celles qui hantent, depuis au moins les travaux de Cesare Lombroso, au milieu du XIXᵉ siècle, le champ intellectuel de la criminologie »[5].

Le problème résulte moins de la possibilité de rapporter la preuve de l'identité d'une personne (parent naturel comme criminel) par le recours à la technique de l'empreinte génétique que de l'enregistrement et de la conservation dans un fichier automatisé des empreintes génétiques de délinquants et du traitement criminologique qu'il permettrait. Pour s'en tenir au droit français[6], le recours à la preuve par empreinte génétique a été légalisé et réglementé d'une manière générale par une loi bioéthique du 29 juillet 1994. Ce texte a ajouté un article 16-11 au Code civil précisant que « l'identification d'une personne par ses empreintes génétiques ne peut être recherchée que dans le cadre des mesures d'enquête ou d'instruction diligentées lors d'une procédure judiciaire ». Il s'agit là de la simple prévision d'un mode nouveau de preuve (civile et pénale) introduit à la suite de progrès scientifiques. En revanche, une loi du 17 juin 1998 a créé un Fichier National Automatisé destiné à centraliser les traces biologiques ainsi que les Empreintes Génétiques (FNAEG) des personnes condamnées pour infractions de nature sexuelle (article 706-54 C. pr. pén.). Par la suite, une loi du 15 novembre 2001 est venue étendre ce fichier aux condamnés pour meurtres et violences volontaires, vols, extorsions et destructions, ainsi que pour actes de terrorisme. Ces dispositions ont été remplacées par la loi du 18 mars 2003 qui a réécrit les

---

1 *Cf.* J, D Baldwin et J. I. Baldwin, « Sociobiology or balanced biosocial theory », *Pacific sociological review*, 1980, p. 3-27.

2. *Cf. infra* n° 272.

3. Dans le prolongement de la perspective sociobiologique, v. aussi la querelle sur la théorie de Rushton : J.-V. Roberts et T. Gabor, « Lombrosian wine in a new bottle. Research on crime and race », *RCC*, 1990, p. 291-313 et J. P Rushton, « Race et crime : a reply to Roberts and Gabor », *même revue*, p. 315-334.

4. A. Paléologue, vᵒ « Empreintes génétiques », *Dict. sc. crim.*, p. 332-336; D. Saint-Dizier, vᵒ « Empreintes génétiques (fichier national automatisé) », *Dict. sc. crim.*, p. 337-341; L. Lavergne, « Données scientifiques, méthodes d'évaluation et vision d'ensemble de l'utilisation du profil génétique », *in* C. Hennau-Hubert et B.-M. Knoppers (dir.), *L'analyse génétique à des fins de preuve et les droits de l'homme. Aspects médico-scientifique, éthique et juridique*, éd. Bruylant, Bruxelles, 1997, p. 21 et s.; C. Doutremepuich, *Les empreintes génétiques, Doc. fr.*, avr. 1998.

5. CNIL, *Rapport d'activité pour 1999*, Paris, *Doc. fr.*, 2000, p. 34.

6. Sur le droit anglais, *cf.* D. Dovaston, « La base de données génétiques du Royaume-Uni », *RIPC*, 1996, n° 47, p. 17 et s.

articles 706-54 à 706-56 du C. pr. pén., lesquels ont été successivement modifiés à leur tour par les lois du 9 mars 2004, 12 décembre 2005, 4 avril 2006, 10 mars 2010 et, en dernier lieu, par la loi du 14 mars 2011 dite LOPPSI 2. En l'état actuel des textes, le droit du fichier national informatisé des empreintes génétiques se caractérise par les traits suivants : l'extension des infractions concernées par l'inscription au fichier; l'inscription dans ce dernier non seulement des condamnations prononcées par les juridictions françaises mais aussi par les juridictions pénales étrangères (art. 706-56-1 créé par l'art. 17 de la loi du 4 avril 2006); la conservation dans le fichier des empreintes génétiques des personnes déclarées coupables ou ayant fait l'objet d'une décision d'irresponsabilité pénale (L. du 10 mars 2010) pour l'une des infractions concernées et plus largement à l'encontre desquelles il existe des indices graves et concordants rendant vraisemblable qu'elles aient commis une telle infraction, ou encore qui ont été recueillies à l'occasion des procédures de recherche des causes de la mort ou de la disparition d'une personne ou des recherches aux fins d'identification des personnes décédées dont l'identité n'a pu être établie; la possibilité de rapprochement de l'empreinte de toute personne à l'encontre de laquelle il existe seulement une ou plusieurs raisons plausibles de soupçonner qu'elle a commis l'une des infractions concernées avec les données incluses au fichier, sans toutefois que cette empreinte puisse y être conservée (art. 9 de la loi LOPPSI 2 du 14 mars 2011). Il est certain qu'un tel fichier destiné à faciliter l'identification et la recherche des auteurs de ces infractions pourrait un jour être détourné de sa finalité et être utilisé pour des recherches de biocriminologie[1].

239 *Biologie et explication de la mafia* ◇ Dans l'important ouvrage *Le monde des mafias, géopolitique du crime organisé* publié en 2005[2], Jean-François Gayraud consacre le chapitre X et dernier de son livre, intitulé « Du biologique au géopolitique »[3] à explorer les « *soubassements biologiques* » *des mafias*. S'inspirant de travaux divers ayant mis en lumière les racines biologiques des guerres, de l'histoire sociale et de la culture humaine elle-même, il développe une théorie selon laquelle, la mafia, pourtant « système "culturel" s'il en est »[4], a néanmoins des « soubassements profondément naturels »[5]. Cette théorie repose sur une conception de l'homme et de la société (1) qui éclaire tout à la fois le phénomène de l'existence des mafias (2), leur organisation et leur fonctionnement (3) et la nature et les caractéristiques de leur activité criminelle (4). On va exposer le *contenu* de cette théorie puis on en présentera la *critique*.

240 *Contenu de la théorie biologique de la mafia* ◇

1) La *conception de l'homme et de la société* de Jean-François Gayraud puise ses sources à la fois dans la pensée de Hobbes et dans le néo-darwinisme. Pour lui

---

1. Cf. J. D Vincent, « Génétique et violence », *in* A. Heymann-Doat (dir.), *Génétique et droits de l'homme*, L'Harmattan 1998, p. 133 et s., qui indique que l'examen des parties codantes de l'ADN peut permettre de mettre en évidence la présence de gènes délétères susceptibles d'expliquer le passage à l'acte ou d'établir des statistiques sur le phénomène criminel.
2. Éd. O. Jacob, 2005, 443 p.
3. P. 298-306.
4. P. 298.
5. Même p.

« les individus comme les groupes sociaux n'échappent pas à cette réalité première : la violence et l'organisation »[1]. *La violence* d'abord parce que c'est un fait de nature et non pas une invention historique, si bien que la violence qui est dans l'homme réside d'abord dans la nature avant d'être dans sa culture : c'est ce qu'il appelle « le principe de cruauté ». *L'organisation* ensuite car « la nature va du chaos à l'organisé, du simple au complexe, et non l'inverse », et c'est évidemment chez l'homme et la société qu'elle atteint son degré de perfection le plus élevé.

2) L'homme et sa société étant ainsi faits, *l'existence des mafias* n'a rien qui doive nous surprendre. Ces organisations criminelles ne sont pas une aberration sociale, mais tout au contraire une sorte d'*aboutissement normal* de la nature de l'homme et des sociétés. « Au sein d'un monde criminel, proche de l'état de nature, une mafia est un groupe social parvenu au faîte de la préséance criminelle dans un processus de sélection – compétition – domination des espèces criminelles »[2].

Par ailleurs « une mafia est au sens premier du terme un organisme social, c'est-à-dire *un être vivant et organisé* »[3]. Elle s'exprime par une violence brute certes, mais par une « violence efficacement structurée ».

3) *L'organisation et le fonctionnement des mafias* se trouvent à leur tour profondément marqués par leurs fondements biologiques. Nombre de traits importants de celles-ci y trouvent en effet leur explication.

C'est le cas tout d'abord pour le *recrutement* et le *renouvellement* des membres de la mafia. La *sélection* des candidats s'opère, non sur les diplômes ou la naissance, mais sur la capacité à recourir à ces caractéristiques de l'état de nature que sont le recours à la violence et l'emploi de la ruse. Ce sont les sujets les mieux adaptés à la violence et à la ruse qui l'emportent, ce qui suppose une intelligence concrète et adaptative. Le même phénomène de « vitalité biologique » rend compte de la *capacité de régénération* de la mafia. Le combat permanent, brutal et cruel pour la survie fait que les jeunes remplacent les vieux et les plus cruels éliminent les plus faibles. La « circulation des élites » y est intense. Les hiérarchies y sont très mobiles et le pouvoir incertain et fluctuant.

Les *principes de l'organisation* des mafias expriment également leur substrat biologique. Les mafias sont des *organisations fermées*, à la fois ethniques et/ou familiales que désigne bien l'expression « *Cosa Nostra* » (Notre Chose). Cette clôture ne s'explique pas par le simple souci de confidentialité; à l'exemple des sociétés animales où les animaux élevés ensemble pratiquent une classification spontanée entre eux et une hostilité à l'égard des autres groupes et des individus de groupes différents, les mafieux cultivent « l'entre nous » et rejettent les autres. Par ailleurs les mafias connaissent un *encadrement strict* des comportements de leurs membres, une véritable militarisation de leur fonctionnement, afin d'éviter la désagrégation de la Famille mafieuse. Face à cette rigidité, les membres de la Famille trouvent une *compensation* tout à la fois dans l'enchevêtrement des liens de parenté naturels et dans la perspective d'intérêts matériels bien compris : « les liens de fratrie et les affaires profitables sont de puissantes sources de consensus et de coopération »[4].

Le *système des valeurs et les modes d'action* des mafias trouvent également leur source dans leur substrat biologique. Leur univers mental est « étranger au monde

1. P. 299.
2. P. 300.
3. Même p.
4. P. 302.

des idées : il n'est que *matérialisme et pragmatisme* ». La « culture de survie, d'agressivité et de mort » qui le caractérise est une morale de la force brute et du pouvoir que l'on conquiert par tous moyens. Toutes les règles extérieures à la mafia sont méprisées et transgressées. L'État lui-même est considéré comme une simple cohorte d'hommes que la violence et la corruption peuvent faire plier comme n'importe quel autre groupe social. La répression pénale n'est qu'une sorte de chasse dont il ne faut pas être le gibier et les systèmes judiciaires humanistes et compatissants des démocraties n'attirent que leur mépris et le détournement de leur utilisation.

4) Quant à la biologisation *de la nature et des caractéristiques de l'activité criminelle des mafias*, elle repose sur la distinction de la *prédation* et du *parasitisme*. Le *prédateur* choisit sa proie et la dévore : il vit sur un capital qu'il dilapide. Le *parasite* au contraire est une espèce qui vit sur le territoire d'une autre et à ses dépens. Il est agressif, affaiblit sa proie, instaure une relation de dominant à dominé, mais se garde bien de la tuer ce qui reviendrait à signer son propre arrêt de mort. Il vise au contraire à maintenir son hôte en vie et se contente de prélever les intérêts sans toucher au capital et ne tue pas la poule aux œufs d'or[1].

Projetée dans le monde criminel, la distinction permet de différencier la *criminalité organisée banale* de celle *des mafias*. Les individus et les associations de criminels qui composent le « milieu criminel » sont de simples prédateurs qui vivent sur la « bête sociale » au risque de la faire disparaître; leur marginalité est en quelque sorte pathologique en ce qu'elle est extérieure au corps social. La mafia, au contraire, passe du pathologique au physiologique en transformant la prédation en véritable parasitisme intégré au système économique et social au point de former une véritable symbiose, lorsque la mafia est durablement installée au sein de la société. Les proies deviennent ainsi des consommateurs de biens illicites (drogues, jeu, prostitution, etc.) à la demande sociale desquelles répond la mafia. Les mafieux deviennent de véritables *businessmen* participant à la vie économique. Ils infiltrent aussi le milieu politique, par la corruption mais également par la participation à la direction de l'État. Aussi n'y a-t-il pas lieu de s'étonner de la fréquente impunité dont les mafias bénéficient. Comme l'écrit l'auteur, « cette porosité finale du monde légal au monde criminel consacre ainsi un processus historique de type biologique »[2], dimension biologique qui explique à la fois l'extraordinaire capacité d'adaptation des mafias aux changements politiques, économiques et sociaux et leur non moins remarquable potentiel de camouflage aux regards extérieurs.

241 *Appréciation critique* ◇ L'analyse des mafias de J.-F. Gayraud présente le grand intérêt de mettre en évidence avec profondeur nombre d'aspects parmi les plus caractéristiques de la mafia. C'est ainsi que la notion de *parasitisme symbiotique* de celle-ci correspond parfaitement à ce que l'on sait de l'activité de la *Camorra* napolitaine, de la *N'drangheta* calabraise pour ne pas parler de la *Cosa Nostra* sicilienne et de son prolongement nord-américain. De même, la *psychologie des mafieux*, à travers leur système de valeurs et leurs modes d'action, correspond à nombre de récits de mafieux eux-mêmes et de description de ces personnes telles qu'elles

---

1. Selon la description de Jean-Marie Pelt dans *La loi de la jungle. L'agressivité chez les plantes, les animaux, les humains,* cité par J.-F. Gayraud, p. 305.
2. *Op. cit.* p. 306.

résultent des procédures policières et judiciaires et des médias. La *capacité étonnante de régénération des mafias* mérite aussi d'être signalée.

Cela signifie-t-il pour autant que l'explication du phénomène des mafias relève essentiellement du *biologique* ? Il n'est pas douteux qu'entre Hobbes et Rousseau, c'est le premier qui a le mieux perçu le potentiel de violence et de ruse qui réside dans l'être humain; l'*agressivité* est un phénomène profondément naturel. Il est déjà plus contestable que l'*organisation sociale*, et donc l'organisation mafieuse, s'explique par le seul mécanisme de l'évolution. La nature va certes du simple au complexe et du chaos à l'organisé, mais on ne peut pas pour autant faire l'impasse sur tout ce que les sociétés humaines doivent à l'imagination créatrice de leurs membres; les sociétés, mafias ou autres, sont avant tout des constructions élaborées plus ou moins consciemment par l'intelligence et l'habileté humaine dans un environnement lui-même plus ou moins favorable. Comment expliquer d'ailleurs que les mafias soient des organisations criminelles mafieuses historiquement et géographiquement situées seulement à certaines époques et dans quelques régions géographiques ? Seule la sociologie criminelle est de nature à permettre d'expliquer pleinement le phénomène.

b. La direction psycho-sociale [1]

242 *Idée générale* ◇ À l'opposé des conceptions précédentes qui recherchent l'explication de la délinquance dans une particularité du *terrain biologique*, un nombre important de théories étiologiques croient pouvoir la trouver dans l'influence prédominante des *facteurs sociaux*, milieu de vie ou conditions de vie des délinquants.

Ces théories peuvent être classées de diverses manières [2], mais la distinction qui paraît la plus intéressante consiste à les répartir suivant la *nature de la question* à laquelle elles entendent répondre. La plupart, partant de l'hypothèse « rousseauiste » selon laquelle, dans l'« état de nature », l'homme est bon et c'est la société qui le corrompt, essaie de résoudre l'énigme : pourquoi la vie sociale détermine-t-elle certains individus à commettre des actes délictueux, alors que les autres ne deviennent pas délinquants ? Ce sont les *théories des facteurs sociaux de la délinquance* (1). Quelques théories plus récentes renversent en revanche la question en partant de la conception de Hobbes pour qui l'« état de nature » est celui de la guerre de tous contre tous et c'est la constitution du Souverain, le Léviathan, qui, par les lois qu'il édicte, empêche cette situation de se perpétuer, si bien que la question devient : pourquoi la majorité des individus obéit-elle aux lois et ne commet-elle pas d'actes criminels ? Ce sont les *théories des facteurs sociaux du respect de la loi pénale* (2).

---

1. M. Killias, *Précis de criminologie*, chap. 6 : « Le crime comme phénomène appris », p. 261-286 ; J.-M. Chapoulie, « Ernest W. Burgess et les débuts d'une approche sociologique de la délinquance aux États-Unis », *Dév. et soc.*, 2003, n° 2, p. 103.
2. On trouve dans la littérature socio-criminologique récente un effort important pour classer rationnellement les très nombreuses théories psychosociales. *Cf.* R. Fillieule, *Sociologie de la délinquance*, PUF 2001, p. 117-210 (Théories actionnistes et contrôle social, Théories multifactorielles et carrières délinquantes, Théories classiques : culturalisme et étiquetage) ; J. Faget, *Sociologie de la délinquance et de la justice pénale*, éd. Erès, 2002, p. 33-74 (Théories culturalistes, Théories de la tension, Théories rationalistes) ; L. Begue *in* S. Roché (dir.), *En quête de sécurité*, A. Colin, 2003, p. 81-99 et *in* N. Sillamy (dir.), *Jeunes - ville - violence*, L'Harmattan, 2004, p. 85-106 (Théories du contrôle, Théories de l'apprentissage social, Théories de la tension).

1. Les théories des facteurs sociaux de la délinquance

243 **1) *La théorie marxiste-léniniste***[1] ◇ On a vu qu'au XIXᵉ siècle, l'école socialiste, inspirée par les écrits de Marx et Engels, avait posé le problème de l'explication de la délinquance en termes de conditions économiques[2]. Or cette conception telle qu'elle a été interprétée par Lénine, a été reprise au XXᵉ siècle par toute la criminologie officielle de l'ex-URSS et des démocraties populaires ainsi que, dans les pays occidentaux, par les auteurs qui se situent dans le sillage de la pensée marxiste-léniniste.

Selon ses théoriciens, la délinquance serait avant tout un phénomène social dont les racines se trouvent dans l'inégalité des hommes, la concentration des richesses dans les mains de quelques-uns et la misère et la servitude des autres. De la sorte, le crime serait une expression particulière de la lutte des classes, une manifestation de la contradiction plus générale qui oppose au sein des sociétés industrielles la bourgeoisie et le prolétariat. À la violence institutionnelle des rapports sociaux répondent ces faits de violence que sont les crimes : « Contre le carcan que constitue la triple union Travail-Famille-Patrie, écrit M. Bessette, viennent porter les coups de boutoirs des crimes contre les Biens, les Personnes, la Chose Publique ». D'ailleurs, le droit lui-même revêt un caractère de classe. Le droit pénal notamment représenterait un moyen pour la bourgeoisie de lutter contre les actions du prolétariat qui portent atteinte aux rapports sociaux qu'elle aurait fait établir, par l'intermédiaire de l'État, pour la satisfaction de ses intérêts.

Cette explication marxiste de la délinquance – adaptée aux conditions actuelles des sociétés occidentales – trouve périodiquement à s'exprimer chez certains intellectuels lorsque l'occasion s'en présente. Tel est le cas pour le phénomène actuel du développement de la violence dans les banlieues dites « sensibles ». C'est ainsi que dans un ouvrage sur la violence en France, par ailleurs excellemment documenté, la thèse soutenue est la suivante : « La violence contemporaine (est) un ensemble de conduites dont certaines ébauchent ou annoncent des contestations qui seront demain plus pacifiques et qui marqueront non pas seulement la fin des rapports sociaux en cours de liquidation, mais aussi la naissance de nouveaux. La violence aujourd'hui est assurément une des variantes de la maladie sénile d'une société industrielle en déclin et d'institutions républicaines à bout de souffle, ce qui justifie qu'on l'aborde en termes de crise... »[3]. Mais ce point de vue ne manque pas d'être directement contesté par d'autres chercheurs pour qui « la délinquance (actuelle des jeunes) n'est pas une lutte sociale » et il faut « renoncer à confondre lutte des classes et délinquance »[4]. Les émeutes qui se sont produites dans les banlieues françaises en novembre 2005 et qui sont considérées comme les plus graves qu'ait connues le pays, ont vu resurgir ce type

---

1. J. Pinatel (1987), vᵒ « Marxisme », p. 143-144 ; J.-M. Bessette, *Sociologie du crime*, Paris, PUF, 1982, p. 56-76 ; J.-J. Karpets, « Étude et prévention de la criminalité en URSS », *RSC*, 1967, p. 127-138 ; I. Nenov, « Lénine et le droit pénal », *RSC*, 1970, p. 747-763 ; F. Pearce, *Crime of the powerful, Marxism, crime and deviance*, Pluto Press, 1976 ; Doubinine, Karpets et Koundriatsev, *Génétique, comportements, délinquance* (*De la nature des actes antisociaux et des moyens de les prévenir*), éd. du Progrès, Moscou, 1982-1985. 542 p. ; J.-P. Brodeur, « La criminologie marxiste : controverses récentes », *Dév. et soc.* 1984, p. 43-70 et dans le prolongement de la critique de cet auteur *Les visages de la police*, Presses Univ. Montréal, 2003, p. 313-314.

2. Cf. *supra* nᵒ 211.

3. M. Wieviorka, *Violence en France*, Seuil, 1999, 345 p., la thèse est énoncée p. 20.

4. S. Roché, *La délinquance des jeunes*, Seuil, 2000, 300 p. Le chapitre 10 (p. 259-275) est intitulé : « La délinquance n'est pas une lutte sociale ».

d'explication d'inspiration marxiste. Certains l'ont interprété comme un mouvement social de protestation et donc comme un acte politique [1].

244 **2) La théorie écologique de Clifford Shaw**[2] ◇ Pour cette théorie, ce sont les *circonstances sociales et économiques d'une zone géographique* déterminée (densité de la population, niveau économique notamment) plutôt que la nature du groupe intéressé qui exercent une influence décisive sur le taux de la délinquance. La structuration de la personnalité est donc liée, non pas à l'origine de la population, mais à l'installation dans une zone d'habitation défavorable.

Cette théorie repose notamment sur les travaux effectués à Chicago par Clifford Shaw et ses disciples à partir des années 1930 [3]. Elle a conduit à la formulation du concept de « *delinquency area* », c'est-à-dire de « zones urbaines de détérioration morale » caractérisées par des conditions sociales et économiques particulièrement défavorables et un taux élevé de criminalité.

Ce type de conception de l'étiologie de la délinquance a joué un grand rôle dans les travaux de recherche sur les rapports de la ville et de la délinquance [4]. Il semble trouver un prolongement direct, sur le plan théorique, avec les travaux allemands sur la géographie urbaine et la criminalité [5] et sert toujours de point d'appui à des recherches contemporaines [6].

245 **3) La théorie des associations différentielles d'Edwin H. Sutherland**[7] ◇ À la différence de Shaw, Sutherland ne se borne pas à constater

---

1. Sur les arguments de la thèse et leur critique, *cf.* S. Roché, *Le frisson de l'émeute. Violences urbaines et banlieues*, Seuil, 2006, spéc. p. 41-49. V. également R. Redeker, « Le nihilisme et l'assourdissant silence des émeutes banlieusardes » *in* R. Draï et J.-F. Mattéi, *La République brûle-t-elle ? Essai sur les violences urbaines françaises*, éd. Michalon, 2006, p. 27-36 : cet auteur a critiqué la « projection sur ces événements du romantisme révolutionnaire » (p. 35); R. Gassin, « Regards sur l'acmé de la violence dans les banlieues « sensibles » en octobre et novembre 2005 », *RPDP* 2007, n° 1, p. 229-248 et 2008, n° 1 p. 153-187 (*cf.* spéc. n° 34 et 40).

2. C. Shaw et H. Mc Kay, *Social factors in Juvenile delinquency*, 1931 et *Juvenile delinquency and urban areas*, 1942; Cohen, *La déviance*, p. 187-189; J. Pinatel, *Traité*, n° 160; J.-M. Byrne et R.-J. Sampson (éd.), *The social ecology of crime*, 1986, 221 p.; R. Fillieule, *Sociologie de la délinquance*, PUF, 2001, p. 180-184; J. Faget, *op. cit.*, p. 39-42.

3. Sur l'école de Chicago, Y. Grafmeyer et I. Joseph (présentation par), *L'école de Chicago, Naissance de l'écologie urbaine*, coll. « Champs », Flammarion, 2004; A. Coulon, *L'école de Chicago*, coll. « Que sais-je ? », PUF, 4ᵉ éd., 2002.

4. *Cf. infra* nᵒˢ 531 et s.

5. *Cf.* Herold, « Géographie de la criminalité », *Rev. pol. nat.* déc. 1969, p. 55-65 et mai-juin 1970, p. 37-46; H. D. Steinhilper et G. Schwind, « L'atlas de criminalité de Bochum », *in* 31ᵉ Cours international de criminologie : *Connaître la criminalité : le dernier état de la question*, Aix-en-Provence, 7-11 déc. 1981, PUAM, 1983, p. 375-396.

6. Ainsi M. Cusson, « Les zones urbaines criminelles », *Criminologie*, XXII, 2, 1989, p. 95-105; P. Brantingham, « La concentration spatiale relative de la criminalité et son analyse : vers un renouveau de la criminologie environnementale », *Criminologie*, 1994, n° 1, p. 81-98.

7. E. H. Sutherland et D. R. Cressey, *Principes de criminologie*, p. 85 à 108. E. Yamarellos et G. Kellens, I, vᵒ « Associations différentielles » 36-38 et II, vᵒ « Organisation sociale différentielle », p. 53; J. Pinatel, *Traité*, n° 159; J. Pinatel (1987), vⁱˢ *Sutherland*, 200-201 et *Associations différentielles*, 28-30; D. R. Cressey, *Why managers commit fraud, Australian and New Zealand Journal of criminology*, 1986, p. 195-209 (application à l'abus de confiance); R. Fillieule, *op. cit.*, p. 178-180; M. Killias, p. 237-242 et 602-606; M. Vacheret, vᵒ « Association différentielle », *Dict. sc. crim.*, p. 79-82; G. Kellens, p. 195-197; J. Faget, *op. cit.*, p. 42-45. Pour la critique, v. O. Kinberg, *Les problèmes fondamentaux de la criminologie*, Paris, Cujas, 1960, p. 283-289. Pour la vérification empirique : A.-J. Reiss et A.-L. Rhodes, « An empirical test of differential association theory », *Journal of research in crime and delinquency*, vol. l, n° 1, 1964; M. Killias, *Criminologie*, précitée, p. 237-242; G. Ollendorf et O. Ruthart, « Les infractions de masse; quelles interprétations ? », *CSI*, 1996, n° 23, p. 23-33.

une corrélation entre le milieu et la formation de la personnalité du délinquant. Il s'efforce aussi de préciser comment les individus sont devenus criminels et pourquoi les taux de criminalité varient suivant les nations.

1) Pour cet auteur, le *comportement criminel individuel* n'est pas héréditaire, mais *appris* au contact d'autres personnes par un processus de communication. Il s'apprend surtout à l'intérieur d'un groupe restreint de relations personnelles (famille, bande, rue) et il dépend alors du rapport qui existe dans ce groupe entre les interprétations défavorables au respect de la loi pénale et celles qui sont favorables à celui-ci. D'où l'appellation de théorie des « associations différentielles ».

2) *Sur le plan collectif,* Sutherland explique les différences de taux de criminalité entre les nations par les différences d'organisation sociale, un taux élevé de criminalité étant dû à la « *désorganisation sociale* ». C'est ainsi que le haut degré de criminalité des sociétés occidentales industrialisées, et en particulier des États-Unis, trouverait son origine dans le manque d'homogénéité et de cohésion des populations de ces pays, dus à l'individualisme, la mobilité et les conflits de culture. Il insiste à cette occasion sur l'importance du « *white collar crime* » (délinquance en col blanc) qui est la délinquance des milieux d'affaires et trouve dans l'individualisme un facteur décisif.

246 *Les prolongements de la théorie des associations différentielles* ◇ Depuis la formulation de la théorie des associations différentielles par Sutherland, certains criminologues, qui s'inscrivent dans une perspective explicative comparable, ont tenté soit de la perfectionner, soit de la généraliser. Il s'agit de la théorie de l'apprentissage social de Ronald Akers et de la théorie des groupes de référence de Robert Clark.

1) Comme Sutherland, Akers[1] pense que le comportement déviant est *appris* (comme d'ailleurs le comportement conformiste), mais il se fait du mécanisme de l'apprentissage de ce comportement une *conception plus complexe*.
Pour le comprendre, il est nécessaire d'exposer d'abord les grandes lignes de l'acquisition du comportement social en général selon la *théorie de l'apprentissage social (social learning theory)*[2]. À cet égard, l'idée fondamentale sur laquelle repose toute la construction d'Akers, c'est que l'apprentissage social se fait au moyen de cette variété de conditionnement[3] que la psychologie béhavioriste appelle *conditionnement instrumental* (ou *opérant*), c'est-à-dire un conditionnement qui implique l'intervention d'une récompense ou la suppression d'une punition. À partir de là, trois phénomènes revêtent une importance essentielle pour l'acquisition d'un comportement social déterminé : 1/ le renforcement différentiel, à savoir une balance favorable des punitions et des récompenses pour ledit comportement par rapport au

---

1. R. L. Akers, *Deviant behavior. A social learning approach,* Belmont éd. Wadsworth, 1re éd. 1973, 2e éd. 1977. Pour une application concrète de cette théorie à l'usage de drogue et d'alcool par les adolescents : R. L. Akers *et al.,* « Social learning and deviant behavior : a specific test of a general theory », *American sociological review,* 1979, p. 635-655 ; M. Killias, p. 242-249. Pour un nouvel examen au regard de la production scientifique qui a suivi l'œuvre de Sutherland de 1940 à nos jours, v. P. Tremblay, *Le délinquant idéal. Performance, discipline, solidarité,* Montréal, Liber, 2010, 267 p.
2. Cf. A. Bandura, *L'apprentissage social,* Liège-Bruxelles, Mardaga éd., 1980. Sur les théories comportementalistes (behaviorisme), *cf.* M. Killias, *op. cit.,* p. 242-246, nos 607-614 et sur l'approche cognitive dans la théorie de l'apprentissage, même auteur, p. 246-249, nos 615-619.
3. Sur la définition complexe de la notion de conditionnement en psychologie, voir H. Pieron, *Vocabulaire de la psychologie,* PUF, 6e éd., 1979, p. 88-89.

comportement contraire; 2/ les jugements moraux (en termes de « bien » ou de « mal ») en faveur de ce comportement; 3/ l'influence des groupes sociaux significatifs (famille, école, église, etc.) dans l'adoption du comportement en question.

Cette analyse générale des mécanismes d'acquisition du comportement permet alors à Akers de déterminer *à quelles conditions il y a comportement déviant*. Il en est ainsi lorsque les deux conditions suivantes sont réunies : 1/ un renforcement différentiel de ce comportement par rapport à un comportement alternatif de type conformiste (ou déviant d'une autre sorte); 2/ la définition, par les jugements moraux de l'entourage, du comportement déviant comme désirable ou tout au moins comme justifié. D'autre part, Akers analyse le *processus d'acquisition du comportement déviant* en une succession de quatre étapes : association différentielle avec certains groupes, acquisition des définitions favorables au comportement déviant, accomplissement de l'acte déviant, et conséquence dudit comportement en termes de récompenses et de punitions en sorte que, selon la balance de celles-ci, il y aura renforcement différentiel et récidive ou au contraire affaiblissement et non renouvellement de l'acte [1].

2) Avec la *théorie des groupes de référence* de Robert Clark [2], il ne s'agit plus d'une complexification de la théorie des associations différentielles, mais d'une généralisation de la conception qui est à la base de cette théorie, de sorte que celle-ci ne serait plus qu'un cas particulier de la théorie des groupes de référence.

Clark entend par *groupes de référence* l'ensemble des personnes réelles ou imaginaires auquel un sujet se réfère, soit pour se comparer et porter un jugement sur soi, soit pour en chercher l'acceptation parce qu'il voudrait en faire partie, soit encore pour en adopter la perspective pour définir les situations sociales. Ces groupes de référence peuvent tout aussi bien refléter la société conventionnelle qu'être porteurs de valeurs déviantes ou marginales.

La théorie de Clark explique précisément la genèse du comportement criminel par l'identification de « soi » avec des personnes réelles ou des personnages imaginaires qui considèrent que le comportement criminel est acceptable.

Ainsi résumée, cette explication de la délinquance se distingue de celle de Sutherland sur deux points importants. D'une part, elle retient aussi bien les modèles lointains que ceux fournis par les proches de celui qui va devenir délinquant. D'autre part et surtout, tandis que Sutherland adoptait un point de vue béhavioriste qui fait jouer au sujet un rôle passif, Clark attribue une place essentielle aux choix exercés par l'individu pour l'adoption des modèles de référence.

247 **4) *La théorie de l'anomie de Robert K. Merton*** [3] ◇ Alors que la théorie des associations différentielles et ses prolongements s'attachaient surtout à l'explication de la délinquance individuelle, la théorie de Merton se

---

1. Sur la critique de cette théorie, *cf.* K. Halbasch, « Differential reinforcement theory examined », *Criminology*, 1979, p. 217-229.
2. R. E. Clark, *Reference group theory and delinquency*, New York, 1972, 129 p.
3. R. K. Merton, « Social structure and anomie », *American sociological review*, 1938, p. 672-678; *Continuities in the theory of social structures and anomie in R. K. Merton, Social theory and social structure toward the codification of theory and research*, Glencoe, The free press, 1949, éd. augmentée 1957 et 1961, p. 161-194; M.-B. Clinard, *Anomie and deviant behavior : a discussion and critique*, New York, The free press, 1964; Robert Dubin, « Deviant behavior an social structure », *American sociological review*, 1959, p. 147-164; F. Chazel « Considérations sur la nature de l'anomie », *Rev. française de sociologie*, 1967, p. 151-168; J. Duvignaud, *L'anomie, hérésie et subversion*, éd. Anthropos, 1973; P. Besnard, « Merton à la recherche de l'anomie », *Rev. française de sociologie*, 1978, p. 3-38; même auteur : *L'anomie, destin d'un concept*, thèse doct.

rapporte principalement à l'élucidation de la criminalité en tant que phénomène de masse. Mais elle peut être utilement complétée, sur le plan du phénomène individuel par la notion de l'« *anomia* » développée par L. Srole[1].

1) Pour expliquer la délinquance, Merton se réfère au concept d'« *anomie* » dégagé par Durkheim cinquante ans auparavant[2] et qu'il a repris et développé. Comment peut-on *définir* l'« anomie » ? Elle consiste dans un état social caractérisé par l'absence de norme ou tout au moins par leur affaiblissement caractérisé; c'est donc le contraire de la cohésion sociale, de l'adhésion de tous les membres d'une même société aux normes sociales de comportement.

Comment alors concevoir qu'une situation « anomique » puisse *s'établir* dans une société malgré son système de contrainte pénale ? Il faut pour cela, répond Merton, distinguer entre deux sortes de données fondamentales : 1/ la *culture* ou ensemble des valeurs qui gouvernent la conduite des individus dans une même société et désignent le but vers lequel doivent tendre les membres du corps social (ex. l'argent, le confort matériel dans la société américaine); 2/ l'*organisation sociale* ou ensemble des normes et institutions qui règlent l'accès à la culture et indiquent donc les *moyens* autorisés pour atteindre les buts. L'anomie tend dès lors à s'installer lorsqu'il existe un trop grand décalage et une tension[3] trop forte entre les buts proposés et les moyens légitimement accessibles pour certaines catégories sociales. Ces catégories défavorisées (en raison du statut social, ethnique, etc.) recourront alors à des moyens illégitimes, la délinquance, pour satisfaire les buts que leur propose la culture ambiante. Ce modèle explicatif, inspiré par l'observation de la société nord-américaine, a été par la suite utilisé pour expliquer la délinquance dans d'autres sociétés et notamment appliqué au cas de la France[4]; sa fécondité est telle qu'elle est même invoquée pour expliquer le harcèlement moral[5].

---

sociologie Paris X Nanterre, 1985, dact.; S.-G. Shoham et A. Grahame (éd.), *Nouvelles perspectives sur l'aliénation et l'anomie (Alienation and anomie revisited)*, Tel Aviv, 1982, 280 p., CR *RSC*, 1987, p. 543-544; J. Duvignaud, *Hérésie et subversion, Essais sur l'anomie*, Paris, La Découverte, 1986; P. Besnard, *L'anomie, ses usages et ses fonctions dans la discipline sociologique depuis Durkheim*, PUF, 1987; E. Yamarellos et G. Kellens, I, v° « Anomie », p. 25-28A. K. Cohen, *La déviance*, p. 149-167; R. Boudon et F. Bourricaud, v° « Anomie », p. 27-31; R. Fillieule, *op. cit.*, p. 185-187; J. Faget, *op. cit.*, p. 52-55; D. Bodin et al., « Hooliganisme : la question de l'anomie sociale et du déterminisme », *Champ pénal*, vol. 1, 2004.

1. L. Srole, « Social integration and certain corollaries : an exploratory study », *American sociological review*, déc. 1956.

2. *Cf. supra* n° 214.

3. C'est en raison de ce phénomène que la théorie de l'anomie de Merton ainsi que les théories voisines sont souvent appelées « théories de la tension » (« Strain theories ») (*cf. supra* n° 242). Le premier auteur qui paraît avoir utilisé l'expression est S. Lottier, « A tension theory of criminal behavior », *Amer. Social review*, 1942, p. 840-848.

4. *Cf.* R. Benjamin, *Délinquance juvénile et société anomique (L'évolution de la criminalité des mineurs en France de 1954 à 1964 : données principales et essai d'explication)*, 1971, 124 p.; *Adde* J. Vérin, « Notre société anomique », *RSC*, 1971, p. 987-994; J. Susini, « Ébauche d'une analyse de la personnalité policière et des principaux styles de police », *RSC*, 1972, p. 159-179. La théorie de l'anomie paraît trouver une nouvelle jeunesse avec la théorie de la « société fractale » de Jean de Maillard, cf. *Rev. Le Débat* mars-avr. 1997 : J. de Maillard, « Le crime à venir. Vers une société fractale », p. 98-130; J.-M. Guehenno, « Société fractale, société politique ? », p. 131-138; X. Rauffer, *Le désordre mondial est-il irréversible ?*, p. 139-143; J. de Maillard, *Quelle est la question ?*, p. 144-150. V. ensuite J. de Maillard, *L'avenir du crime*, Flammarion, 1997, 223 p., qui développe une sorte de théorie néo-durkheimienne quelque peu confuse et abstraite; *adde L'avenir du crime : vers une société fractale*, Flammarion, 2003.

5. J.-P. Le Goff, « Que veut dire le harcèlement moral ? », *Revue Le Débat*, janv.-févr. 2003, p. 141-161 et mars-avril 2003, p. 99-116.

2) Mais comment rendre compte du fait que, parmi les personnes qui appartiennent aux mêmes catégories défavorisées, toutes ne commettent pas également des actes délictueux ? L. Srole a élaboré à cette fin en 1956 le concept d'« *anomia* » pour désigner l'état d'esprit des individus qui, dans une société anomique sont le plus susceptibles d'avoir une conduite délinquante et qu'il caractérise par un certain nombre de traits psycho-sociaux.

248 **5) *La théorie des conflits de culture et des sous-cultures délinquantes*** ◇ **1)** Dans une étude classique, Thorsten Sellin a souligné le rôle des conflits de culture dans la genèse de la criminalité[1]. Pour cet auteur, le *crime résulte du choc qui se produit dans une même société entre des normes de conduite différentes.* Ce choc est particulièrement apparent dans cette société à vagues successives d'immigrants qu'est la société américaine. Toutefois pour Sellin le concept de « conflit de culture » n'est pas à lui seul suffisant pour expliquer les variations de taux de criminalité, et il doit être situé dans le complexe plus global des *facteurs sociaux et économiques* de l'ensemble de la société[2].

2) Le concept du « conflit de culture » a par la suite donné naissance à la théorie des sous-cultures délinquantes de Cohen[3] qui a connu un grand succès dans la décade 1956-1965[4].

Pour Cohen, l'anomie et la désorganisation sociale ne caractérisent pas d'une manière égale toutes les couches de la société; les *couches ouvrières inférieures* y seraient plus sujettes, comme le montre le fait que la criminalité sévit surtout dans les milieux prolétariens des grandes villes. La persistance de la délinquance dans ces milieux s'expliquerait précisément parce que ceux-ci sécrètent des *sous-cultures délinquantes.* Partant de l'idée qu'une *culture* est à la fois un système de valeurs et de normes et un critère de valorisation et d'intégration dans le groupe social, Cohen caractérise les sous-cultures délinquantes par opposition à la culture dominante qui est celle des classes moyennes : c'est un système de valeur d'inspiration hédonistique, à court terme, favorisant les modèles de conduites non utilitaires, malveillantes et négatives en réaction contre une culture domi-

---

1. T. Sellin, *Culture conflict and crime*, New York, 1938, 116 p., trad. fran., *Conflits de culture et criminalité*, introduction M. Ancel, 1984, 111 p.; T. Sellin, « Conflits culturels et criminalité », *RDPC*, 1960, p. 815-833 et 879-896; M.-E. Wolfgang (éd.) *Crime and culture, Essays in honor of Thorsten Sellin*, New York, Londres, 1968. *Adde* J. Susini, « Conflits de culture, conflits sociaux et police du conflit », *RSC*, 1984, p. 148-154; E. Yamarellos et G. Kellens, I, $v°$ « Conflits de cultures », p. 94-97; J. Pinatel (1987) $v°$ « Conflits de cultures », p. 37-38; A. Normandeau, « Thorsten Sellin (1896-1994) », *RSC*, 1995, p. 659-660; E.-G.-M. Weitekamp et H.-J. Kerner, « *In memoriam :* Thorsten Sellin », *AIC*, 1995, p. 25-32; 6ᵉ Colloque de l'AICLF, Lac de Garde, mai 1998 : « Migrations et Conflits de culture : aspects criminologiques »; J. Faget, *op. cit.*, p. 45-50; M. Kabundi, $v°$ « Conflit de culture », *Dict. sc. crim*, p. 155-157.
2. Pour les conflits de culture liés aux différences ethniques P. Dubois et A. Normandeau, « Les autochtones et le système correctionnel en Amérique du Nord », *RICPT*, 1994, p. 45-62; J. Hagan, « Toward a Structural theory of crime, race and gender. The Canadian case », *Crime and delinquency*, vol. 31, 1985, n° l, p. 129-147.
3. A. K. Cohen, *Delinquent boys (the culture of the gang)*, The free press, Glencoe, 1955, 202 p.; A. K. Cohen et J.-H. Shortz, « Research in delinquent subcultures », *Journ. of social issues*, 1968, p. 20-37; D. M. Downes, *The delinquent solution*, Routledge and Kegan, Londres, 1966, 284 p.; R. Fillieule, *op. cit.*, p. 189-192; J. Faget, p. 56-57.
4. Sur une présentation générale de la théorie des sous-cultures délinquantes : D. Szabo, « Le point de vue socio-culturel dans l'étiologie de la conduite délinquante », *RISS*, 1966, 2, p. 193-211 et pour sa critique : M. Cusson, « Examen critique des théories sous culturelles de la délinquance juvénile », *Ann. Vaucr.*, 1981, p. 275-291; R. Fillieule, *op. cit.*, p. 189-194.

nante caractérisée par l'effort soutenu, la subordination de la satisfaction immédiate aux objectifs lointains, la responsabilité personnelle, la sociabilité, la politesse, etc. En bref il s'agit d'une *sous-culture de violence*.

Mais si tous les partisans de ce type d'explication s'accordent sur ces traits caractéristiques de la sous-culture délinquante, les opinions divergent en revanche quant à *l'origine et aux modalités de ces sous-cultures*. Alors que Cohen explique la constitution de ces sous-cultures par la présence dans un même milieu ouvrier défavorisé de toute une série d'individus en interaction constante connaissant les mêmes *problèmes d'adaptation sociale*, les analyses vont de l'idée selon laquelle il s'agirait de la *culture propre de la classe ouvrière* [1] à une conception qui situe l'origine de la sous-culture dans les *caractéristiques individuelles de certains jeunes* [2], en passant par la théorie intermédiaire du manque d'*opportunités d'accès légitime à la culture dominante* [3] ou encore celle qui considère les comportements criminels comme des réflexes d'autodéfense aboutissant à un *contrôle social sauvage* [4].

L'idée de « conflit de cultures » née dans la société américaine des années 1930 composée de couches successives d'émigrants écartelés entre *melting-pot* et communautarisme trouve un intérêt d'actualité dans la France d'aujourd'hui où la présence importante d'une population d'origine maghrébine et africaine qui peuple les quartiers dits « sensibles » des grandes villes oscille entre intégration et communautarisme. C'est ainsi que « Crimes et cultures » a été le thème très riche du 22e Congrès français de criminologie (Besançon, déc. 1998) [5].

C'est précisément cette notion de sous-culture délinquante qui a paru la plus appropriée pour rendre compte des émeutes survenues dans les banlieues françaises dites « sensibles » en octobre-novembre 2005 et, plus généralement, des poussées périodiques de fortes violences comme de la surcriminalité permanente qui caractérisent la délinquance dans ces banlieues depuis plusieurs décennies, qu'il s'agisse de la population concernée, des activités délictueuses pratiquées, ou des traits de personnalité communs aux membres de cette population (sentiments, attitudes et conduites caractéristiques) [6].

249   **6)** *La théorie de l'intégration culturelle différentielle de Denis Szabo* [7] ◇ Dernière théorie des facteurs sociaux que nous allons exposer, cette conception s'inscrit dans le double sillage de la théorie de l'anomie de Merton et des théories culturalistes de Sellin et autres auteurs. Il s'agit d'une théorie exclusivement *macrocriminologique*.

---

1. W. B. Miller, « Lower class culture as a generating milieu of gang delinquency », *Journal of social issues*, 1958, p. 5-19.
2. J. F. Short et F. L. Strodtbeck, *Group process and gang delinquency*, Chicago, The university of Chicago Press, 1965 ; J. F. Short, *Gang, delinquency and delinquent subcultures,* Harper and Row éd., New York, 1968.
3. R. A. Cloward et L. E. Ohlin, *Delinquency and opportunity : a theory of delinquent gangs*, The free press of Glencoe, 1re éd. 1960, 4e éd. 1964, 220 p. ; R. Fillieule, *op. cit.*, p. 192-194. Pour une application de la théorie : S. Datesman, F. Scarpitti et R. Stephenson, « Female delinquency : an application of self and opportunity theories », *Journ. of research in crime and delinqu.*, 1975, p. 107-123.
4. D. Black, « Crime as social control », *Amer. sociol. Review*, vol. 48, févr. 1983, p. 34-45.
5. J.-M. Bessette (dir.), *Crimes et cultures*, Éd. L'Harmattan 1999, 310 p.
6. R. Gassin, art. précité n° 243, spéc. RPDP 2008, p. 171-186, n° 61-85.
7. D. Szabo, « Agression, violence et systèmes socio-culturels : essai de typologie », *RSC*, 1976, p. 377-398 ; « Société, culture et criminalité : essai sur les limites de l'interprétation étiologique et praxéologique », *Criminologie*, 1981, vol. 1, p. 7-29 ; *Science et crime*, Éd. Vrin-Bellarmin, 1986, chap. 1 : « Société, culture et criminalité ». p. 9-32 ; M. Le Blanc, « Changement social et délinquance des adolescents, une analyse à la lumière des écrits de Denis Szabo », *Criminologie*, 1993, n° 2, p. 13-28.

Pour D. Szabo, qui s'inspire à cet égard des théories de Sorokin et de Parsons[1], chaque société présente une *combinaison particulière* entre *trois sortes d'éléments* : 1/ la structure sociale, c'est-à-dire la distribution de la population selon l'âge, le sexe, la division du travail social, la mobilité; 2/ la culture, ensemble des us et coutumes, valeurs et normes d'orientation de la conduite; 3/ la personnalité de base, à savoir le profil psychologique acquis par le jeu de la socialisation et de l'inculturation. Or cette combinaison ne s'effectue pas n'importe comment, mais elle s'organise autour de *valeurs culturelles* qui en constituent ainsi l'axe fondamental et donnent aux autres éléments leur signification à la fois morale et utilitaire.

L'observation sociologique montre alors que cette organisation est plus ou moins poussée selon les sociétés, si bien qu'il y a lieu de distinguer, d'après le *degré d'intégration* par rapport aux dites valeurs, entre trois grands types de sociétés : 1/ les sociétés intégrées (ex. URSS et Europe de l'Est)[2]; 2/ les sociétés partiellement intégrées (ex. la grande majorité des pays occidentaux); 3/ les sociétés non intégrées (ex. la France durant les événements de mai 1968 ou les USA dans la phase finale de la guerre du Vietnam).

Cette typologie fondée sur le critère du degré d'intégration culturelle des sociétés permet alors à M. Szabo de distinguer entre les pays tant au point de vue de leur criminalité, que de leur droit et de leur mode d'administration de la justice, et même du statut qu'y possède la criminologie. Pour nous en tenir à la *criminalité,* celle-ci est faible dans les pays intégrés, forte dans les pays partiellement intégrés et très élevée dans les sociétés non intégrées.

Il resterait évidemment à déterminer pourquoi, dans les sociétés partiellement intégrées notamment à forte criminalité, certains individus ne sont pas intégrés et commettent des actes délictueux alors que d'autres mieux intégrés respectent la loi pénale. L'analyse de M. Szabo, purement macro-sociologique, ne l'explique pas, mais peut-être pourrait-on y trouver une réponse dans un de ses textes antérieurs remontant à 1965 où il soutient que l'avènement de la société de masse et l'uniformisation des conditions sociales et culturelles qu'elle engendre tend à substituer aux inadaptations socio-culturelles par catégories sociales mises en exergue par les théories des sous-cultures délinquantes des inadaptations psycho-culturelles de caractère plus individuel[3].

250 *De l'intégration partielle à la désintégration* ◇ Dans l'une de ses dernières publications[4], Denis Szabo approfondit son analyse du problème de la criminalité dans ces « *sociétés partiellement intégrées* »[5] que sont la plupart des pays occidentaux à la suite de l'évolution que ces pays ont connue au cours des trente dernières années, notamment à partir de l'exemple du Royaume-Uni. Sa réflexion porte successivement sur la transformation de la structure de ces sociétés, l'incidence de celle-ci sur les grandes tendances d'évolution de la criminalité et sur la victimisation différentielle qui en résulte.

1. Comp. G. Rocher, *Talcott Parsons et la sociologie américaine*, PUF, 1972, p. 60-67.
2. Du moins jusqu'aux événements qui ont secoué le monde communiste avec la perestroïka, l'effondrement du mur de Berlin et la désintégration de l'Union soviétique et de ses satellites.
3. D. Szabo, « Société de masse et inadaptations psycho-culturelles », *Rev. française de sociologie*, 1965, p. 472-486.
4. D. Szabo, « Sociétés multiculturelles, criminalité et victimisation » *in Sciences pénales & Sciences criminologiques, Mélanges offerts à Raymond Gassin*, PUAM, 2007, p. 503-510.
5. Sur cette notion, *cf. supra* n° 249.

1°) S'agissant en premier lieu de la transformation des « sociétés partielle-ment intégrées », notre auteur oppose à la *société culturelle moderne* qui s'est cons-tituée, notamment aux États-Unis, avec la révolution industrielle aux XIXe et XXe siècles, la *société multiculturelle contemporaine*, telle qu'on peut l'observer, dans la société post-industrielle (ou post-moderne), tant en Europe ou dans les pays du Sud-Est asiatique qu'aux États-Unis. *La première* était une société relativement bien intégrée, grâce à une communauté de culture et à une socialisation gérée par l'État national; l'éducation familiale commune par les mère et père biologiques permettait l'acquisition d'une identification au groupe social par l'adhésion aux valeurs communes. *La seconde* au contraire, en proie au défi de la mondialisation depuis le dernier tiers du XXe siècle, est beaucoup moins intégrée que la première en raison de l'ampleur inédite des mouvements migratoires du Sud vers le Nord et de l'Est vers l'Ouest. De la sorte « la stabilité relative et l'intégration partielle des sociétés industrielles modernes développées au cours du XIXe et du XXe siècle sont sérieusement mises en cause par ces mouvements migratoires qui paraissent irrésistibles... La proportion croissante des immigrés originaires de cultures non judéo-chrétiennes, islamiste et bouddhiste entre autres, crée des problèmes d'assi-milation particulièrement difficiles pour les deuxièmes et troisièmes générations. L'immigration massive suscite, par conséquent, des tensions, voire des conflits au sein des sociétés d'accueil » (notamment déficit de scolarisation et de formation professionnelle chez les jeunes immigrés). Ainsi s'est constitué ce qu'après Mur-ray[1], D. Szabo appelle *l'under-class*, composée d'une grande partie de ces migrants et de leurs descendants. Cette *under-class* se caractérise pour notre auteur par trois traits principaux : 1/ un taux élevé de *chômage* des jeunes hommes qui empêche ou interrompt une socialisation intégrative orientée vers la vie productive et responsable[2]; 2/ une proportion très importante de *naissances hors mariage ou hors couple stable*[3], qui affecte profondément ce lieu de socialisation primaire idéal qu'est la famille composée d'une mère et d'un père biologique[4]; 3/ une propor-tion élevée de *délits de violence* dans l'ensemble de la criminalité.

2°) *L'incidence* de la formation de cette *under-class* sur la *criminalité* actuelle a été en effet déterminante. Non que la délinquance ait été négligeable dans la *société culturelle classique*. Mais le pays tout entier partageant largement l'idée de ce qu'est un comportement décent et civilisé, et l'efficacité de la prévention et de la répression faisant le reste, le taux de criminalité y est resté relativement stable et peu élevé[5]. Seuls les États-Unis faisaient exception à ce modèle, car considérés

---

1. C. Murray, « The British Under Class », *Public Interest*, hiver 1983, vol. 145, p. 22-48.
2. Ainsi, au Royaume-Uni, de 1989 à 1999 alors que l'emploi n'a pas diminué, le chômage des 20-24 ans s'est accru de moitié.
3. Le Royaume-Uni a connu à cet égard un accroissement considérable. Le taux de naissance chez les mères célibataires est passé progressivement de 1 enfant sur 12 en 1959 à 1 enfant sur trois en 1999.
4. D. Szabo écrit que « les recherches indiquent que les parents biologiques sont meilleurs « socialisateurs » que les parents divorcés et que ceux-ci réussissent mieux que les mères céliba-taires dans l'éducation des enfants » et « de plus, on relève que la majorité des abus sexuels au sein de la famille sont attribuables aux "pères de substitution" » (p. 508).
5. Il n'est pas sans intérêt de remarquer à cet égard, en prenant le cas de la France et si l'on en juge par le nombre des plaintes, dénonciations et procès-verbaux portés à la connaissance du Ministère Public, qu'après le quadruplement de celui-ci de 1831 à 1892-93 ce nombre est resté relativement stable jusqu'en 1938 et à nouveau dans la dizaine d'années qui a suivi la Libération du pays en 1944-1945 (*cf.* les statistiques criminelles de 1831 à 1981, *La base Davido*, séries géné-rales, CESDIP, 1989, n° 51, p. 164-165) avant de repartir à une hausse inédite de 600 % (*Cf.* R. Gassin, « L'explication des variations de la politique criminelle dans les démocraties occidentales : le cas de la France », *RPDP*, 2009, n° 1, p. 215-237.

comme « une société violente, troublée par l'insécurité et caractérisée par le manque de respect des lois ». En revanche, la constitution de l'« *under-class* » dans la *société multiculturelle contemporaine* est « la source majeure » d'un fort taux de criminalité endémique, tant contre les personnes que contre les biens, engendrant un sentiment croissant d'insécurité. Les comportements délictueux des membres de l'*under-class*, loin de procéder d'un calcul rationnel, sont motivés par des *impulsions subites* qui résultent d'un déficit de socialisation et sont imperméables à la prévention et à la répression traditionnelle comme d'ailleurs aux mesures de bien-être social largement dispensées par l'État-providence. Aussi, pour se défendre, les sociétés contemporaines recourent-elles plus facilement à la neutralisation par la privation de liberté.

3°) Parallèlement au développement de la criminalité de l'*under-class*, la *victimisation* affecte à son tour notablement les quartiers pauvres de la société urbaine post-industrielle. Mais à cela s'ajoute une victimisation spéciale de catégories sociales qui sont plus particulièrement exposées : « immigrés clandestins, femmes et enfants soumis à des conditions de travail et d'exploitation inhumaine et criminelle. C'est le trafic des êtres humains », mais aussi discrimination des « minorités visibles » et pratiques abusives résultant de préjugés.

Tel est le regard, à la fois perçant et désabusé, que vient de jeter Denis Szabo sur la société multiculturelle actuelle, sa criminalité et sa victimité. Cette analyse, qui repose essentiellement sur des données relatives au Royaume-Uni, peut être étendue, avec les adaptations nécessaires, aux autres sociétés occidentales dont la France. La crise des « banlieues sensibles » de novembre 2005 ne relève-t-elle pas d'un type d'explication proche de la théorisation de Denis Szabo dans la mesure où cette dernière permet d'expliquer comment a pu se constituer dans ces banlieues une véritable sous-culture délinquante ?[1].

251 **7) La théorie de l'explication victimaire** ◇ L'attention toute particulière apportée à l'époque récente sur les enfants victimes de sévices corporels et d'abus sexuels a conduit quelques auteurs à soutenir que l'augmentation actuelle de la délinquance des jeunes serait due à l'augmentation récente des enfants victimes de ces sévices et abus qui reproduiraient ainsi sur d'autres victimes les comportements dont ils auraient été eux-mêmes victimes dans le passé.

Cette théorie des victimes-bourreaux, très à la mode[2] notamment chez les avocats de la défense, est loin d'être pertinente. Elle suppose que le nombre des enfants victimes au cours des deux ou trois dernières décennies aurait augmenté de manière significative; or, si le nombre des dénonciations et des poursuites a été multiplié dans les dernières années sous l'effet de la pression notamment des associations de protection de l'enfance, on ne dispose pas de données statistiques suffisamment fiables pour dresser une courbe éventuelle d'accroissement notable des sévices et abus sexuels sur enfants au cours de la deuxième moitié du XXe siècle. La théorie suppose ensuite que les enfants victimes reproduiraient en quelque sorte mécaniquement sur d'autres les actes délictueux dont ils ont été victimes; or cette automaticité est loin d'être établie; les psychologues insistent au contraire sur le phénomène de la *résilience* qui consiste dans la capacité des indivi-

---

1. *Cf. supra* n° 248.
2. *Cf.* G. Erner, *La société des victimes*, La Découverte, 2006, 244 p., selon qui les victimes sont devenues une catégorie fondamentale dans nos sociétés modernes.

dus, comme des groupes humains, à surmonter les conditions les plus délétères[1]. En tout état de cause, une telle explication ne pourrait valoir que pour les actes de violence; elle ne permettrait pas de rendre compte des actes de prédation. Ainsi, si la plus grande attention doit être apportée au phénomène victimaire lorsqu'il s'agit de l'étude clinique du cas individuel du délinquant, il paraît bien excessif de voir dans ce phénomène une explication sociologique de la délinquance actuelle.

2. Les théories des facteurs sociaux du respect de la loi pénale

252 **1) La théorie de l'« engagement » (commitment) de Howard S. Becker**[2] ◇ Bien que cet auteur soit l'un des chefs de file de la criminologie dite de la réaction sociale[3], on trouve dans son œuvre une théorie étiologique lorsque, étudiant la notion de « carrière criminelle »[4], il cherche à expliquer le premier acte de cette carrière.

Becker observe, à cet égard, qu'il est faux de poser la question, comme le font le sens commun et la criminologie traditionnelle : « Pourquoi le délinquant a commis son acte délictueux ? », et de lui chercher des réponses spécifiques de type psychologique ou sociologique qui reposent sur le postulat, au moins implicite, selon lequel seuls ceux qui commettent des actes déviants ressentent une impulsion à agir ainsi, alors que la plupart des individus, sinon tous, ressentent de telles impulsions et sont déviants en imagination. La question qui se pose vraiment, selon cet auteur, est l'inverse de la question classique : il ne s'agit pas de se demander pourquoi les délinquants commettent des actes délictueux mais *pourquoi les non-délinquants n'en commettent pas*. La réponse à la question, Becker la voit dans la notion d'« engagement » (« *commitment* » en anglais), c'est-à-dire dans cet ensemble d'intérêts que possèdent les personnes « normales » à respecter la loi pénale pour ne pas perdre le bénéfice des avantages que leur apporte la vie sociale dans laquelle ils se trouvent « engagés ».

Toutefois, *certains individus commettent des actes délictueux*. Comment alors expliquer ces actes malgré le jeu du phénomène inhibiteur de l'« engagement » dans les structures et les comportements conventionnels ? Dans un petit nombre de cas certes, il s'agit d'individus qui n'ont pas noué de *relations suffisantes* avec la société conventionnelle et sont par conséquent libres de s'abandonner à leurs pulsions puisqu'ils n'ont ni réputation à maintenir, ni travail à conserver. Mais la plupart des individus demeurent sensibles au code de conduite conventionnel et on ne peut négliger ces sentiments favorables à la conformité des comportements dans l'analyse du passage à l'acte. Comment celui-ci est-il cependant possible ?

1. *Cf.* N. Sillamy, *Dictionnaire de psychologie*, Larousse, 2003, v° « Résilience »; K. Sadlier, v° « Résilience psychologique », *Dict. sc. crim.*, 823-824; B. Cyrulnik et C. Seron (dir.), *La résilience ou comment renaître de sa souffrance*, éd. Fabert, 2009.
2. H. S. Becker, *Outsiders* précité, 2ᵉ éd. 1973, p. 25-30 et dans la traduction française, 1985, p. 48-53; H. S. Becker, « Notes on the concept of commitment », *American Journal of sociology*, 1960, juill., p. 32-40.
3. *Cf. infra* nᵒˢ 302 et s.
4. **A)** SUR CETTE NOTION, *cf.* A. Blumstein et al. (éd.), *Criminal Careers and Careers Criminal*, vol. I, Washington DC, National Academy Press, 1986; M. Le Blanc, « La carrière criminelle : définition et prédiction », *Criminologie*, 1986. 2. p. 79-99; D. Farrington, « Human Development and Criminal Careers » in M. Maguire et al., *The Oxford Handbook of Criminology* (éd.), Oxford Clarendon Press, 1994, p. 511-584. **B)** SUR SA CRITIQUE : M. Cusson, *Criminologie actuelle*, PUF, 1998, p. 74 et s.

Pour en rendre compte, Becker recourt à une notion dégagée quelques années plus tôt par deux autres sociologues américains, Sykes et Matza, la notion de « *techniques de neutralisation* »[1]. Ils entendent par là les *justifications* à violer la loi pénale qui « neutralisent » l'effet des inhibitions ressentis du fait de l'« engagement » dans la vie sociale. Tel est le cas, par exemple, du fait de se définir comme n'étant pas responsable de ses actions délictueuses ou encore de se représenter le délit comme n'étant pas un mal véritable mais une forme de compensation ou de punition légitime pour une offense que l'on a antérieurement subie ou cru avoir subie.

253 **2) *La théorie du « lien social » (social bound) de Travis Hirschi***[2] ◊ À la question fondamentale posée par le *Léviathan* de Hobbes : « Pourquoi les hommes obéissent-ils aux lois ? », cet auteur américain répond, d'une manière analogue à H.S. Becker, que les hommes auraient tendance à ne pas respecter les lois s'ils n'y étaient pas contraints par un certain nombre de *liens sociaux*. Ainsi s'explique que la délinquance juvénile ne soit pas l'apanage exclusif des milieux les plus défavorisés ni des foyers désunis, car tout dépend du caractère plus ou moins fort des divers liens sociaux.

Quels sont alors ces liens sociaux ? Là où Becker se contentait du concept très général d'« engagement », Hirschi distingue et analyse *quatre formes de lien social* dont il étudie, au surplus, les relations réciproques : 1/ le degré d'attachement de l'adolescent à sa famille, à son milieu et aux institutions (*attachment*) ; 2/ l'acceptation des buts conventionnels de la société globale (*commitment*) ; 3/ la participation aux activités sociales (*involvement*) ; 4/ la croyance dans la validité des règles morales et sociales (*belief*)[3, 4, 5]. Cette théorie est, semble-t-il, devenue, en Amérique du Nord du moins, la *théorie dominante* de

1. G. M. Sykes et D. Matza, « Techniques de neutralisation : a theory of delinquency », *American sociological review*, 1957, 664-670, reproduit *in* S. H. Traub et C. B. Little, *Theories of deviance*, 1975, 141-151.
2. T. Hirschi, *Causes of delinquency*, University of California Press Berkeley, Los Angeles, 1969, 309 p. ; T. Hirschi, « On the compatibility of rational choice and social control theories of crime », *in* Cornish et Clarke (éd.), *The reasoning criminal, rational choice perspectives on offending*, New York, Springer-Verlag, 1986, p. 105-118 ; N. Queloz, « Lien social et conformation des individus, Examen critique », *Dév. et soc.* 1989, p. 199-208 ; W.-L. Marshall, « Pauvreté des liens d'attachement chez les agresseurs sexuels », *Criminologie*, 1994, n° 2, p. 55-70 ; I. Tantoka, « Social Control theory in Japanese Society », *AIC*, 1997, p. 35-58 ; R. Fillieule, *op. cit.*, p. 118-127 ; J. Faget, *op. cit.*, p. 66-68.
3. MM. Frechette et Le Blanc (*Délinquances et délinquants*, 1987), utilisent la théorie de la régulation sociale dans leur explication de la délinquance des adolescents (p. 174 et s.).
4. M. Cusson a aussi développé une théorie du contrôle social proche de celle de Hirschi (v. « La théorie du contrôle social et l'évolution de la criminalité », *in Prob. act. Sc. crim.*, t. II, PUAM, 1989, p. 39-63, et *Croissance et décroissance du crime*, PUF, 1990, p. 53 et s.).
5. Il n'est pas sans intérêt de relever que la théorie de Hirschi est utilisée parfois expressément par des praticiens, *cf.* L. Franzoni-Etcheverry, Procureur de la République en Uruguay, « Pour une prévention efficace de la délinquance chez l'enfant », *RICPT*, 1992, p. 377. Il n'est pas sans intérêt non plus de relever que le poète Charles Baudelaire avait, bien avant lui, apporté la même réponse à cette question. À la question « Pourquoi ne le faisons-nous pas ? », Hirschi répond : « Nous avons de bonnes raisons de penser que nous le ferions si nous l'osions ». En 1857, dans son adresse « Au lecteur » des *Fleurs du mal,* Baudelaire écrivait ce quatrain :
« Si le viol, le poison, le poignard, l'incendie,
N'ont pas encore brodé de leurs plaisants dessins,
Le canevas banal de nos piteux destins,
C'est que notre âme, hélas ! n'est pas assez hardie ».

la criminologie des *mineurs*. C'est sans doute ce succès qui a conduit Hirshi à étendre le champ de sa théorie du lien social et à faire du *self-control*, le contrôle de soi-même, le facteur déterminant de la délinquance juvénile[1]. Il existe pourtant une différence entre faible contrôle de soi et théorie du lien social[2]. De plus, ainsi qu'on l'a écrit[3], « une théorie qui érige une caractéristique aussi générale (que le faible contrôle de soi) en « facteur de risque » de la délinquance n'est... pas sans ambiguïtés ».

254 *Dans le sillage de la théorie du lien social* ◇ Faisant récemment le point sur les théories de la régulation de la déviance[4], l'auteur qui a le plus contribué à diffuser la théorie du lien social dans la criminologie de langue française, Marc Le Blanc, a conclu son exploration par la proposition suivante : « La régulation, qu'elle soit sociétale, individuelle ou du passage à l'acte, réfère à un processus de socialisation »[5].

Il appuie cette perspective sur les quatre postulats suivants : 1/ l'être humain est fondamentalement un non-conformiste; 2/ il existe un consensus social sur un certain nombre de valeurs et de normes de conduite; 3/ la socialisation n'est jamais parfaite; 4/ la personne a le choix de sa conduite.

Il donne alors à la théorie de la déviance la forme suivante : « Quel que soit le niveau d'interprétation du phénomène déviant (la criminalité, le criminel ou le crime), les mécanismes de régulation sont la formation d'un lien, le modelage, la contrainte et l'autonomie : ils sont opérants dans la mesure où le contexte est favorable »[6].

255 *3) La théorie du « défi » (defiance) de Lawrence W. Sherman*[7] ◇ Le but de l'auteur de cette théorie est de montrer que l'inflation des incriminations pénales dans les législations contemporaines a pour résultat de priver progressivement la sanction pénale de toute valeur dissuasive. Il s'agit donc d'un objectif de criminologie appliquée et plus précisément de criminologie de la politique criminelle[8]. Mais, pour démontrer le bien fondé de sa thèse, il avance toute une série de données dont l'élément le plus important est une théorie macrocriminologique, baptisée « théorie du défi », à laquelle il attribue une valeur permanente,

1. D.-M. Gottfredson et T. Hirshi, *A general theory of crime*, Stanford Univ. Press, 1990.
2. M. Le Blanc et J. Morizot, « La personnalité des délinquants de la latence à l'âge adulte : stabilité ou maturation ? », *RICPT*, 2001, p. 3 et s. spéc. 38-39.
3. M. Killias, *Précis de Criminologie*, 2ᵉ éd., 2001, n° 659.
4. M. Le Blanc, vᵒ « Déviance (théories de la régulation de) », *Dict. sc. crim.*, p. 246-250 et « Les théories de la régulation du phénomène de la délinquance (control theories) », *criminologie. com Dictionnaire de Criminologie en ligne*, 2010.
5. *Op. cit.*, p. 249.
6. *Idem.*
7. L. W. Sherman, « Criminology and criminalisation : Defiance and the Science of the Criminal Sanction », *AIC*, 1993, p. 79-93; « Criminologie et criminalisation : Défi de la sanction pénale », *RICPT*, 1994, p. 7-21; Sur la critique de cette théorie, M. Killias, « Comments on : Professor L.-W. Sherman : Defiance and the Science of Criminal Sanction », *AIC*, 1994, p. 105-112 et « Y a-t-il une inflation pénale ? Quelques commentaires suscités par la contribution du professeur Sherman sur la création de lois pénales et la prétendue érosion du contrôle », *RICPT*, 1994, p. 22-28. Sur le phénomène de la « honte » lui-même, *cf.* B. Cyrulnik, *Mourir de dire. La honte*, éd. O. Jacob, 2010.
8. *Cf. infra* nᵒˢ 765 et s.

et qui s'inscrit au moins autant dans le cadre des théories des facteurs du respect de la loi pénale que dans celui des théories de l'acte criminel proprement dites [1]. La théorie du défi, en effet, entend être la réponse à la question fondamentale suivante : dans quelle mesure exacte le *contrôle informel* des populations par les institutions sociales (famille, églises, écoles notamment) conditionne-t-il le respect des interdits posés par le droit pénal qui constitue le *contrôle formel* desdites populations ? Il s'agit donc de démêler les rapports entre contrôle informel et contrôle formel ou, plus précisément, de rechercher le lien de causalité qui peut exister entre le contrôle informel (variable indépendante) et le contrôle formel (variable dépendante).

256 **a)** Quant à ses *sources,* la théorie du défi s'appuie sur les travaux de trois auteurs qui sont de nature différente, mais que Sherman intègre pour forger sa propre théorie.

Le premier travail sur lequel il s'appuie est la théorie criminologique de la honte réintégrative de Braithwaite [2]. Cet auteur part de l'observation que les sanctions pénales peuvent être infligées soit de manière « réintégrative », soit de manière stigmatisante. Or, la réintégration fait porter la honte sociale sur l'acte délictueux, tandis que la stigmatisation rejette cette honte sur l'auteur de l'acte. Il en résulte que la honte réintégrative atténue le crime, alors que la honte stigmatisante en aggrave les conséquences.

Le deuxième travail consiste dans une théorie de science politique qui a pour but d'expliquer les raisons pour lesquelles les individus se soumettent à la loi : c'est la théorie de la « justice procédurale ». Elle distingue entre les sanctions que les citoyens ressentent comme justes et celles qu'ils perçoivent comme injustes. Les premières accroissent l'obéissance à la loi en affirmant la légitimité de leur application ; les sanctions qui sont ressenties comme injustes réduiraient l'obéissance en réduisant la légitimité de la loi.

Quant à la troisième source, elle se trouve dans une théorie sociologique : la théorie des « émotions maîtresses » d'orgueil et de honte. Pour cette théorie, l'orgueil et la honte sont les émotions maîtresses qui dominent les réactions humaines aux sanctions qui sont appliquées aux individus. S'agissant du sentiment de honte, il reposerait sur une forme de justice qui fonctionnerait de manière telle que l'existence et l'intensité de la honte ressentie à la suite d'une sanction dépendrait des liens sociaux qui existent entre le délinquant d'une part et l'agent de la sanction et la société d'autre part. Pour qu'un tel sentiment soit ressenti lors de l'application d'une peine, il faudrait qu'existe entre le délinquant et le corps social un lien social (*social bound*) véritable.

257 **b)** S'appuyant ainsi sur ces diverses sources, Sherman définit le *défi* comme étant l'augmentation des cas de délinquance causés par une réac-

---

1. *Cf. infra* n°s 283 et s.
2. T. Braithwaite, *Crime, shame and reintegration,* Cambridge university press, 1989 ; T. Braithwaite et S. Mugford, « Conditions of successful reintegration ceremonies : dealing with juvenile offenders », *BJC,* 1994, p. 139. Pour une application empirique de la théorie de la « honte réintégrative », *cf.* « Thaïlande : la police safran fait la loi chez les bonzes : les infractions commises par les moines bouddhistes ont provoqué la création d'une unité spécialisée », *Le Figaro* du 12 août 2005 : « Le moine commissaire a mis au point une méthode : il guérit par la honte ».

tion d'orgueil, de colère et d'absence de honte envers la sanction pénale. Ainsi défini, le défi peut être considéré comme l'inverse de la soumission à la loi pénale engendrée par la crainte de la honte et de l'humiliation résultant de l'application d'une sanction pénale.

Le défi se présente sous deux aspects : 1/ le défi *individuel ou spécifique* qui est la réaction d'une personne à sa propre punition; 2/ le défi *collectif ou général* qui est la réaction d'un groupe ou d'une collectivité à la punition de ses membres. Sherman retient le seul défi collectif dans son ensemble et non l'évolution personnelle du délinquant. C'est une théorie macrocriminologique, mais il est évident qu'elle pourrait aussi être complétée sur le terrain de la microcriminologie, comme la macrothéorie de l'anomie a été complétée par la microthéorie de l'« *anomia* »[1].

258 **c)** Sur la base de ces définitions, la théorie du défi *prédit* trois sortes de réaction à la sanction pénale et à la criminalisation des comportements.

Premièrement, les sanctions provoquent le défi envers la loi pénale lorsque les délinquants estiment qu'elles sont *illégitimes,* qu'ils sont moins étroitement intégrés à la société et qu'ils refusent d'éprouver la honte pour les infractions qu'ils ont commises.

Deuxièmement, à l'inverse, les sanctions dissuadent d'enfreindre la loi pénale lorsque les délinquants ressentent la punition comme *légitime,* qu'ils ont des liens étroits avec la collectivité et qu'ils acceptent l'idée d'en éprouver de la honte.

Enfin, entre les deux réactions extrêmes, les sanctions deviennent sans effet significatif sur le taux général de délinquance, comme de récidive, lorsque les facteurs qui encouragent le défi d'une part et la dissuasion d'autre part, *s'équilibrent* relativement bien.

259 **d)** Reste alors à préciser quelles sont les *conditions* requises pour que se produise une réaction de défi. Selon Sherman, il en est ainsi lorsque se trouvent réunies les quatre conditions suivantes qui s'ordonnent en fait autour de la première.

1) Les délinquants estiment *injustes* les sanctions. Les délinquants définissent les sanctions comme telles, soit parce que le représentant de l'État chargé d'infliger la sanction (juge, policier, fonctionnaire pénitentiaire...) fait preuve d'un manque de respect envers le délinquant ou le groupe social auquel il appartient, quel que soit le caractère objectivement équitable de la sanction (critère subjectif), soit parce que la sanction elle-même est arbitraire, discriminatoire, excessive ou imméritée (critère objectif).

2) Les délinquants ont de *faibles liens* avec la collectivité ou l'autorité chargée d'appliquer la loi pénale.

3) Les délinquants conçoivent la sanction comme une *stigmatisation* et comme étant la condamnation de leur propre personne et pas seulement de leurs actes.

4) Les délinquants *nient ou rejettent toute idée de honte* que la sanction devrait les obliger à éprouver.

---

1. *Cf. supra* n° 247.

Cette analyse des conditions de la réaction de défi est sans doute fort utile pour comprendre les mécanismes du passage à l'acte. Il reste qu'il faudrait encore expliquer pourquoi les délinquants estiment injustes les sanctions, les considèrent comme stigmatisantes et ne ressentent aucun sentiment de honte, pourquoi également ils n'ont que de faibles liens avec les autres acteurs sociaux. La théorie du « défi » ne semble pas en rechercher l'explication et c'est en cela qu'elle peut être considérée aussi plutôt comme une théorie de l'acte criminel [1].

c. La direction psycho-morale

260 *Idée générale* ◊ Il existe une autre direction étiologique principale qui s'attache essentiellement à l'étude de la « *mentalité* » *du délinquant*, de la formation de celle-ci et des traits qui la caractérisent et la distinguent de celle des non-délinquants. Sans nier pour autant l'existence d'un éventuel *substratum* anatomo-physiologique de la délinquance ou l'influence du milieu sur celle-ci, les partisans de cette orientation psycho-morale considèrent que le biologique ou le social n'a d'intérêt que dans la mesure où il permet de mieux comprendre comment se structure la mentalité criminelle et focalisent donc sur cette dernière l'explication de l'action criminelle.

Appartiennent à cette direction en premier lieu les diverses explications psychanalytiques de la délinquance issues des conceptions de Freud (1). Mais, à côté de ce courant psychanalytique direct, il existe diverses explications plus récentes (2) dont certaines entretiennent quelques points de contacts avec la psychanalyse, alors que d'autres lui sont complètement étrangères.

1. L'explication psychanalytique [2]

261 *Les multiples demeures dans la maison Freud* ◊ Pour la criminologie psychanalytique, la délinquance s'explique par une *structure antiso-*

1. *Cf.* sur ces théories *infra* n°s 283 et s.
2. J. Pinatel (1987), v° « Psychanalytique (criminologie) », p. 178-179; G. Genil-Perrin, *Psychanalyse et criminalité*, Paris, F. Alcan, 1934; C. Fontaine-Vincent, « La conception psychanalytique de la criminalité », *RDPC*, 1939, p. 874-891; D. Pidou, « Aperçu des idées contemporaines sur les rapports de la criminologie et de la psychologie des profondeurs », *RSC*, 1947, p. 634 et s.; Γ. E. Louwage, « Principes et domaine de l'interprétation psychanalytique », *RIPC*, déc. 1947 et janv. 1948; J. Pinatel « Criminologie et psychanalyse », *Rev. française de psychanalyse*, 1953; O. Kinberg, « Criminologie et psychanalyse », *BSIC*, 1952, t. 2, p. 26-27; Alby, « Conceptions psychanalytiques », *AIC*, 1963; G. Trombi, « Psychanalyse et criminalité » (en italien) *Quaderni de criminologia clinica*, 1977, 3, p. 299-382; J.-M. Labadie, « Limites et chances d'une réflexion psychanalytique en criminologie », *Dév. et soc.* 1979, p. 301-322; J. Goldberg, *La culpabilité, axiome de la psychanalyse*, PUF, 1985, 208 p.; M. Barbance, « Le rapport psychologique à la loi, au crime et à la peine dans la masse atomisée et la communauté émotionnelle, à partir de la théorie freudienne », *Dév. et soc.* 1993, p. 33-48 et 105-115; L. Mucchielli, *Histoire de la criminologie française*, précité, p. 351-409; F. Marty (dir.), *Le jeune délinquant*, Payot, 2002 (publication et commentaire d'une série de textes fondateurs pour l'approche psychanalytique de la délinquance, interrogeant la capacité de la théorie freudienne à penser la violence individuelle, ainsi que l'aptitude de la pratique analytique à intervenir dans le traitement de la délinquance). On a publié récemment la biographie d'un criminologue psychanaliste qui avait lui-même écrit une monumentale histoire de « la découverte de l'inconscient » en 1970 : A. Yanacopoulo, *Henri F. Ellenberger. Une vie*, éd. Liber, Montréal 2009, 392 p.

ciale plus ou moins spécifique et dont la *formation* résulte de troubles dans la personnalisation de l'individu.

Tous les psychanalystes sont cependant loin d'être d'accord sur les *traits caractéristiques* de la personnalité antisociale du délinquant. Alors que certains (Alexander et Staub[1], Burt et Cattell) assimilent le délinquant à un névrosé marqué par une très grande émotivité, d'autres (Lagache[2]) opposent de manière caractéristique le criminel et le névrosé en insistant sur l'égocentrisme et l'immaturité affective du délinquant.

L'accord ne règne pas davantage au niveau de la conception de la *formation de la personnalité antisociale*. Freud[3] l'explique par les complexes provenant de l'absence de liquidation de conflits infantiles liés au développement de la sexualité, mais Jung[4] insiste au contraire sur l'importance du conflit actuel qui ouvre la porte à une régression, tandis qu'Adler[5] a surtout insisté sur le rôle du sentiment d'infériorité.

2. Les explications psycho-morales contemporaines

262 **1)** *La théorie de la frustration-agression de John Dollard* ◇
Issue de l'œuvre de Freud, cette théorie a été élaborée systématiquement, peu avant la dernière guerre, par John Dollard de l'université de Yale et son équipe de collaborateurs[6].

1) Ces auteurs considèrent que *l'agression* est un comportement déviant de *réaction* à des situations ou à des expériences éprouvées par le sujet comme *frustrantes*. D'où l'énoncé qui suit : toute frustration engendre une agression et toute agression résulte d'une frustration. Mais l'agression ne peut-elle pas être contenue notamment par la *menace d'une punition* ? Oui et non, répond Dollard. Oui, en ce sens que si la menace de punition est suffisante, il y aura *inhibition* de la manifestation agressive. Mais l'inhibition ne signifie pas pour autant la disparition de la disposition à l'agression. Que va-t-il alors se passer ? Tout dépendra des *contrôles* qui agissent à ce moment-là sur le frustré. Quatre types de *réponses* sont en effet possibles : 1/ la libération directe de l'agression contre l'agent frustreur (homicide, blessures...) ; 2/ le déplacement de l'agression vers un substitut du frustreur ou vers une conduite agressive déguisée ou atténuée (calomnie au lieu de blessures) ; 3/ l'auto-agression où le sujet retourne celle-ci contre lui-même (suicide) ; 4/ la sublimation de l'agression grâce à laquelle cette dernière est ren-

---

1. F. Alexander et H. Staub, *Le criminel et ses juges*, Gallimard, 1938.
2. D. Lagache, *Psycho-criminogenèse*, Actes du IIe Congrès internat. de criminologie (Paris 1950), t. VI, PUF, 1955, 129-155 ; « Introduction psychologique et psychanalytique à la criminologie », Conférences du 1er Cours internat. de criminologie (Paris 1952), Imprim. adm. de Melun, 1953, p. 155-164 ; « L'examen psychanalytique en criminologie », *id.*, p. 488-501.
3. J. Pinatel (1987), v^o « Freud, Sigmund », p. 99-100.
4. J. Pinatel (1987), v^o « Jung, Carl, Gustav », p. 124-125 ; « L'œuvre de Jung devant la psychologie et la criminologie contemporaine », *RSC*, 1961, p. 623-630.
5. J. Pinatel (1987), v^o « Adler, Alfred », p. 18-20.
6. J. Dollard, L. W. Dood, N. E. Miller, O. H. Mowrer et R. Sears, *Frustration and agression*, New-Haven, Yale Université Press, 1939 ; E. B. McNeil, « Psychology and agression », *Journal of Conflict resolution*, 1939, 3, p. 195-294 ; O. H. Mowrer, « Frustration and agression », *in* Branham et Kutash (éd.), *Encyclopedia of criminology*, New York, Philosophical library, 1949, p. 176-186. V. une bonne présentation de la théorie, de sa mise à l'épreuve et de ses développements ultérieurs *in* Gabriel Moser, *L'agression*, coll. « Que sais-je ? », PUF, 1987, p. 73-82.

due inoffensive et l'énergie agressive est dépensée de manière constructive et socialement acceptée.

2) Cette théorie a été le point de départ de nombreuses recherches empiriques sur les relations entre frustration et agression. Mais ces recherches ont abouti à la double conclusion que : 1/ l'agression n'est pas nécessairement une conséquence de la frustration; 2/ la frustration n'est pas une source suffisante de l'agression. C'est ainsi que L. Berkovitz a tenté dans les années 1960 de reformuler la théorie en soutenant que la frustration ne serait qu'*une condition ou un facteur facilitant* de l'agression, mais que la réaction elle-même d'agression n'apparaîtrait que si interviennent deux sortes d'éléments intermédiaires : la colère du sujet, des indices évocateurs d'actualisation de l'agression (armes, films à contenu agressif, présence de personnes considérées comme agressives, etc.) [1].

263 ## *2) Une conception clinique criminologique : Étienne de Greeff* [2] ◇

Si le psychiatre belge de Greeff est l'un des pionniers de la *théorie du passage à l'acte criminel* [3], celle-ci s'appuie sur toute une conception de la *personnalité du délinquant* qui ressort de l'étiologie psycho-morale.

De Greeff part de cette constatation que lorsque nous agissons, nous avons l'impression de nous déterminer librement, de choisir nos actes parmi les divers possibles, alors que même les actes qui semblent avoir la plus haute signification morale se trouvent, en grande partie, déterminés par nos instincts. À cet égard, cet auteur considère que le psychisme humain est commandé par deux catégories d'instincts antagonistes : 1/ les instincts de défense qui contribuent à la conservation du moi et s'expriment par la peur, la fuite, mais aussi par l'agression; 2/ les instincts de sympathie qui président au contraire à la conservation de l'espèce et fonctionnent sous le signe de l'abandon de soi sans défense et de l'acceptation totale d'autrui. Dans la dialectique dynamique des deux catégories d'instincts, l'homme a tendance à *choisir la sécurité contre l'affectivité*, mais

---

1. L. Berkovitz, *Agression : a social psychological analysis,* New York, McGraw-Hill, 1962. *Cf.* G. Moser, *op. cit.,* p. 82-86.
2. Principaux ouvrages de E. De Greeff : *Notre destinée et nos instincts,* Paris, Plon, 1945, 241 p.; *Les instincts de défense et de sympathie,* Paris, PUF, 1947, 235 p.; *L'homme et son juge,* Desclée de Brouwer, 1962, 182 p.; *Introduction à la criminologie,* Louvain, éd. de l'Écrou, 1937, 362 p., réédité et complété, Paris, PUF, 1948, 414 p. – *Sur De Greeff en général :* J. Pinatel, *Étienne de Greeff,* Cujas, 1967; J. Pinatel (1987), v^o « Greeff, de... », 103-105; *Autour de l'œuvre du Dr E. de Greeff,* Paris-Louvain, éd. Nauwelaerts, 1950, 2 vol.; Mucchielli, *Histoire de la criminologie française,* p. 335-349, précité; C. Tange, *De Greeff et le problème du crime. L'attitude justicière chez l'homme criminel et son juge,* Bruylant, Bruxelles, 2001, 224 p. – Art. sur De Greeff : J. Pinatel, « L'apport d'Étienne de Greeff dans l'étude de la personnalité criminelle, » *in Autour de l'œuvre...,* 1956, t. I, p. 11-33; « La théorie des instincts d'Étienne de Greeff », *RSC,* 1961, p. 827-837 et v^o « Instincts » (1987), p. 120-122; « La théorie des fonctions incorruptibles d'Étienne de Greeff », *RSC,* 1963, p. 143-150 et v^o « Fonctions incorruptibles » (1987), 96-97; C. Debuyst, « Criminologie et éthique. Réflexion sur l'œuvre de De Greeff », *Ann. Fac. droit Poitiers,* 1965; « La psychothérapie individuelle dans le cadre pénitentiaire : l'expérience du Dr de Greeff à la prison centrale de Louvain », *RPDP,* 1971, p. 11 et s.; « Une criminologie de l'étiquetage ou une criminologie du passage à l'acte ? Un problème que nous pose l'attitude clinique du Dr E. de Greeff », *AIC,* 1973, p. 283-290; C. Tange, *De Greef et le problème du crime, L'attitude judiciaire chez l'homme criminel et son juge,* Bruylant, Bruxelles, 2001, 224 p., Préface C. Debuyst. Sur le continuateur de la pensée de De Greeff, Christian Debuyst : D. Szabo, « Éloge de C. Debuyst », *RICPT,* 1996, p. 214-216; J. Casselman, *Étienne de Greeff (1898-1961),* Anvers, 2010 et « Étienne de Greeff (1898-1961) and his contribution to current criminology », *AIC,* 2010, p. 109-130.
3. *Cf. infra* n°s 280, 282 et n°s 657 et s.

comme dans ce choix il se condamne à la solitude et qu'il en résulte une angoisse, un sentiment de culpabilité, il s'efforce de liquider ce dernier par un *retour vers autrui*. Les fonctions conscientes et volontaires, l'intelligence, ont ici leur part dans cette « conversion » des sentiments et des comportements mais il est alors certain que les *troubles du caractère et les insuffisances de l'intelligence* ne permettront pas ce redressement du comportement et favoriseront le passage à l'acte criminel. C'est ainsi finalement que, pour de Greeff s'analyse la personnalité du délinquant.

264 **3) Une contribution de la phénoménologie à l'explication de la délinquance : le docteur Angelo Hesnard**[1] ◊ La conception de l'action criminelle de cet auteur français s'appuie principalement sur cette méthode philosophique qu'est la phénoménologie. Rappelant que cette dernière part de l'idée que la *conscience* est « présence-au-monde » et orientation essentielle vers le monde, il en retient essentiellement deux thèmes pour son propos : 1/ le *Moi psychologique* n'est pas une entité transcendante mais un « être en situation » de sorte que tout comportement est l'effet d'une relation Moi-situation; 2/ la *conscience* ne se réduit pas à la conscience psychologique classique par opposition à l'Inconscient, mais elle englobe, outre la conscience réflexive, le « vécu » de la conscience implicite et inattentive (conscience pré-objective) qui fonde le sentiment immédiat de réalité et de vérité et par laquelle le monde est pour nous un système de « significations » existentielles.

Comment alors le crime s'inscrit-il dans un tel système ? Selon Hesnard, il est un *éclatement du lien interhumain,* la conséquence d'une *catastrophe de la relation à autrui.* Il exprime une régression au stade infantile et précivilisé caractérisé par un égocentrisme absolu.

265 **4) Une conception psychogénétique intégrale : le R.P. Noël Mailloux**[2] ◊ Pour cet auteur québécois, il existe une différence de *nature* entre le *délinquant d'habitude* et le non-délinquant : la délinquance d'habitude est un phénomène pathologique. Comment cela s'explique-t-il ? À partir d'une perspective psychanalytique, mais élargie aux dimensions d'une conception psychogénétique intégrale.

Pour le Père Mailloux, en effet, il existe chez tout homme, à côté de la sexualité freudienne, une tendance primordiale qui nous invite à la *conservation de notre être.* Sur le plan psycho-social, cette tendance s'exprime par la recherche d'une *identité authentique* qui nous distingue des autres et nous permet de nous autodéterminer dans le choix de nos conduites. Aussi existe-t-il deux moments cruciaux dans le développement de la personnalité : celui de l'émergence de cette

---

1. A. Hesnard, *Psychologie du crime,* Paris, Payot, 1963, 354 p. *Cf.* J. Pinatel, « Les orientations psychologiques récentes en criminologie », *RSC,* 1963, p. 377-387 (commentaire de l'ouvrage d'Hesnard).
2. N. Mailloux, *Jeunes sans dialogue : criminologie pédagogique,* éd. Fleurus, Paris, 1971, 400 p.; L. M. Raymondis, « La doctrine du Père Mailloux », *AIC,* 1966, 1, p. 41-46; J. Pinatel, « Les aspects psychopathologiques de la conduite criminelle », *RSC,* 1960, p. 688-696; « Les orientations récentes psychologiques en criminologie », art. précité; C. Debuyst, « *In memoriam :* Noël Mailloux », *AIC,* 1997, p. 9-12.

identité et celui de la répercussion qu'entraîne l'affirmation de celle-ci pour la motivation humaine. Ces deux moments se situent dans l'enfance et dans l'adolescence et sont généralement l'objet d'une crise à cette période-là. Le plus fréquemment cette crise n'est pas durable et se dénoue par l'acquisition d'une identité satisfaisante. Mais il arrive parfois que la crise débouche sur un échec de l'identification de la personnalité et par voie de conséquence sur un déséquilibre profond et durable. Ce désarroi profond s'exprime alors par la *délinquance habituelle*. Parmi les causes de cet échec de l'identification authentique, le Père Mailloux relève notamment l'attitude des parents anxieux qui infligent des remontrances ou des punitions à leurs enfants en s'exclamant qu'ils ne s'attendaient pas à autre chose de leur part.

266   **5) *La théorie de la personnalité criminelle de Jean Pinatel***[1] ◇ Pour J. Pinatel, il faut se garder de croire que le comportement criminel n'a aucune spécificité et n'est que l'une des formes que prend l'inadaptation sociale ou l'immaturité psychologique. Mais il faut également rejeter la tendance inverse qui considère qu'il existerait une différence de nature entre délinquants et non-délinquants. La différence est seulement une *différence de degré*, différence que l'on retrouve non seulement entre délinquants et non-délinquants, mais aussi entre délinquants eux-mêmes. Comment se caractérisent alors ces différences de degré ? Elles portent essentiellement sur des traits psychologiques qui forment ce que J. Pinatel appelle le « noyau central de la personnalité criminelle » : l'égocentrisme, la labilité, l'agressivité et l'indifférence affective. Ces traits se retrouvent peu ou prou chez tous les individus, mais ce qui fait la différence, c'est que chez les délinquants, tantôt l'un d'eux est particulièrement hypertrophié et domine tout le comportement, tantôt les quatre traits se cumulent et conduisent par leur action au passage à l'acte délictueux.

Conçue à l'origine comme une explication de la *délinquance individuelle*, cette théorie a été par la suite prolongée pour montrer qu'elle était susceptible de rendre compte de la criminalité en tant que *phénomène collectif*[2].

Au cours des années 1980, cette théorie a reçu de son auteur des perfectionnements et a fait l'objet d'études importantes de validation[3] qui ont grandement contribué à ce que l'on appelle le « renouveau » actuel de la criminologie clinique[4]. Elle a été aussi appliquée à l'explication de la délinquance juvénile par

---

1. *Traité de droit pénal et de criminologie* de P. Bouzat et J. Pinatel, éd. Dalloz, t. III. *La criminologie* par J. Pinatel, 3ᵉ éd., 1975, nᵒˢ 364-409. – Autres ouvrages généraux de criminologie de l'auteur : *La criminologie*, éd. spéc., 3ᵉ éd., 19/9; *La société criminogène*, éd. Calman-Lévy, 1972, 293 p.; *Le phénomène criminel*, MA éd., 1987, 255 p.; *Histoire des sciences de l'homme et de la criminologie*, L'Harmattan, 2001, 128 p.
2. Dans *La société criminogène*, précité, p. 87-113.
3. J. Pinatel, « Les nouveaux développements de la théorie de la personnalité criminelle », *RSC*, 1985, p. 775-781; R. Ottenhof et A.-M. Favard, *RSC*, 1989, p. 803-804; R. Cario et A.-M. Favard (dir.), *La personnalité criminelle*, éd. Érès; 1991; J. Pinatel, « De la recherche clinique à la clinique criminologique », *RICPT*, 1991, p. 320-327; M. Cusson, « Le délinquant chronique et la question de la personnalité criminelle », *Probl. act. Sc. crim.* 1996, p. 59-86; C. Manita Santos, « Y a-t-il une personnalité criminelle ? Une étude d'évaluation dans le domaine de la criminalité », *RICPT*, 1996, p. 105-116; S. Pons, *Probl. act. Sc. crim.* 1996, p. 153-196; nᵒ des *AIC* de 1999 consacré à J. Pinatel, art. de R. Gassin, J. Canepa, A. Beristain, C. Debuyst, G. Casadamont et J. Pinatel; G. Kellens, p. 81-185; E. Campos, vᵒ « Personnalité criminelle », *Dict. sc. crim.*, 2004, p. 699-703.
4. *Cf. infra* nᵒ 880.

MM. Frechette et Leblanc [1]. Mais elle a aussi fait l'objet de critiques appuyées sur des données empiriques [2]. En définitive il apparaît que si le modèle de la personnalité criminelle ne peut être conservé tel quel, il demeure une inspiration très générale de la criminologie clinique qui insuffle une orientation d'ensemble à une pratique clinique renouvelée [3]. Dans une contribution récente, son ancienne élève Mme Favard vient d'ailleurs de montrer que si les avatars de la pensée de J. Pinatel ont en partie entravé le développement scientifique de son œuvre et exposé la criminologie clinique française aux critiques de ses détracteurs, c'est dans le sillage de la pensée pinatélienne qu'elle a développé avec ses propres élèves toute une série de travaux de recherche de criminologie clinique à orientation psychodynamique [4].

267 *6) Une théorie de la dissocialité : Roger Mucchielli* [5] ◇ Selon M. Mucchielli, pour comprendre l'étiologie de la délinquance, il faut partir de l'analyse du *processus de socialisation*. Or la société se présente à l'individu comme une organisation inconnue, comportant une certaine articulation de rôles différents, secouée par des drames divers (guerres, chômage, etc.) et opposant une certaine résistance à l'intégration de la part de tout sujet cherchant à y entrer. De la sorte, pour *intégrer* cette société, il faut tout d'abord une acceptation active de celle-ci dans ses divers aspects, aussi bien défavorables que favorables; il faut en second lieu une perception de celle-ci aussi exacte que possible; il faut enfin une prise en charge de son rôle avec toutes ses nuances et tout son poids.

Partant de cette analyse, on aperçoit alors comment le processus de socialisation va échouer et donner naissance à ce que M. Mucchielli appelle la « *personnalité dissociale* ». Celle-ci se caractérise par *trois traits* : la non-acceptation de la société, la perception sociale fausse et sans profondeur d'avenir, le rejet du rôle. L'échec du processus de socialisation peut résulter, soit du fait que les *conditions sociales* sont difficiles à maîtriser (apprentissages sociaux pernicieux, défaillants, inefficaces ou inaccessibles), soit encore que la *personnalité du sujet* n'est pas armée pour répondre aux conditions dans lesquelles il est placé ou peu motivée pour les assumer (irritabilité du sujet, avidité devant le monde ou indifférence affective).

d. Les tentatives de synthèse globale

268 *Le multifactorialisme* ◇ Certains auteurs insatisfaits de ces orientations partielles de la criminologie contemporaine, ont essayé de promou-

---

1. *Délinquances et délinquants*, Montréal, 1987. *Adde* R. Ottenhof, « La délinquance des mineurs. Aspects criminologiques », *in* « Enfance et délinquance », 11e Journées de l'Association française de droit pénal, Rennes, nov. 1991, *Économica*, 1993, p. 113 et s., spéc. 119-120.
2. J.-C. Herault, *Le concept de personnalité criminelle à l'épreuve du Rorschach*, Th. Bordeaux 1989, 586 p. multigraphiée; « Existe-t-il une personnalité criminelle ? », Rapport aux journées de l'Association française de psychiatrie, Avignon, décembre 1998, 25 p.
3. R. Gassin, « La criminologie clinique de Jean Pinatel et la criminologie clinique actuelle », *AIC*, 1999 précités, p. 19-40.
4. A.-M. Favard, « Criminologie clinique : de la pensée pinatélienne aux nouvelles approches psychodynamiques » *in Sciences pénales & Sciences criminologiques. Mélanges offerts à Raymond Gassin*, PUAM, 2007, p. 399-414.
5. R. Mucchielli, *Comment ils deviennent délinquants*, *Genèse et développement de la socialisation et de la dissocialité*, éd. Sociales françaises, Paris, 1965.

voir un *multifactorialisme* qui refuse de privilégier *a priori* tel ou tel type d'explication à dominante biologique, sociologique ou psycho-morale. Toutefois, il convient de distinguer parmi ces tentatives entre les conceptions multifactorielles ordinaires qui se caractérisent par la simple *juxtaposition* de facteurs multiples, appelées encore « théories de la causalité multiple » (1) et les théories criminologiques *intégratives* qui, dépassant la simple juxtaposition, s'attachent à mettre au jour le nœud de relations selon lequel se combinent les facteurs multiples inventoriés (2).

1. Le multifactorialisme de juxtaposition

269 *Origine et développement*[1] ◇ Les théories de la « causalité multiple » trouvent leur origine dans la volonté de réagir au début du xxᵉ siècle contre l'unilatéralisme de la théorie lombrosienne du type criminel. L'initiateur de ce courant nouveau a été le psychiatre américain William Healy[2]. La théorie soutient que la délinquance est le produit d'un grand nombre et d'une grande variété de facteurs qui diffèrent au surplus selon les délinquants et elle ajoute que ces facteurs ne peuvent pas être classés en propositions générales et universelles. Utilisée surtout pour l'étude de la délinquance individuelle (Healy, Burt, Glueck), cette approche a également été employée pour l'analyse des différences de taux de criminalité sous l'appellation de « méthode » ou « criminologie actuarielle » (Ogbum, Reckless). Elle est très critiquée, notamment aujourd'hui par Bernard E. Harcourt[3].

270 *La théorie des Glueck*[4] ◇ Les auteurs les plus célèbres dans cette voie sont les époux Sheldon et Eleanor Glueck de l'université de Harvard qui ont procédé dans les années 1940 à une vaste recherche sur un groupe de 500 délinquants comparés à un groupe de contrôle de 500 jeunes non-délinquants résidant dans des banlieues défavorisées de la ville de Boston. L'objectif de l'enquête était de savoir pourquoi, dans ce même milieu, la majorité des enfants ne devenaient pas délinquants. La thèse qui se dégage de ces travaux est que la causalité de la délinquance n'est ni exclusivement biologique, ni exclusivement socio-culturelle, mais qu'elle dérive de l'interaction de certaines forces somatiques, intellectuelles, socio-culturelles ou tenant au caractère des sujets. De la sorte, selon les

---

1. *Cf.* E. H. Sutherland et D. R. Cressey, p. 68-72.
2. W. Healy, *The individual delinquent*, Boston, Little Brown, 1915; C. Debuyst, *Histoire*, précité, p. 454-455.
3. *Cf.* les entretiens sur France culture (Le bien commun) de Bernard E. Harcourt, Professeur à Chicago : avec Gilles Chantraine, sociologue sur la « méthode actuarielle » le 1ᵉʳ avril 2006, avec Antoine Garapon sur la « criminologie actuarielle » le 23 avril 2008.
4. S. et E. Glueck, *Unraveling juvenile delinquency*, 1950; *Delinquents in the making*, 1952, trad. française : « Délinquants en herbe », Paris, E. Vitte, 1956; *Physique and delinquency*, 1956; *Producting delinquency and crime*, 1959; *The problem of delinquency*, 1959 : *Delinquents and non-delinquents in perspective*, 1968. Pour un exposé récent v. B.E. Harcourt, « Surveiller et punir à l'âge actuariel. Généalogie et critique », *Dév. et soc.*, 2011, vol. 35, n° 1, p. 5-33, spec. p. 15-16.

Glueck, les délinquants en tant que groupe se distingueraient des non-délinquants à cinq points de vue : physique, caractère, attitude, psychologique et socioculturel[1].

271 ***Critiques et persistance*** ◇ La théorie de la causalité multiple a été *très critiquée* aux États-Unis, notamment par l'école socio-criminologique qui lui a reproché de ne pas être une véritable théorie, c'est-à-dire une explication de la délinquance, mais de constituer une méthode qui mène simplement à des constatations qu'il resterait encore à expliquer.

Ces critiques ne semblent pas cependant avoir éliminé l'intérêt pour cette « théorie ». On la retrouve reprise en France par J. Léauté en 1972[2]. L'hypothèse avancée par cet auteur est, en effet, que s'il n'existe pas de facteurs spécifiques aux délinquants, la délinquance résulterait de combinaisons particulières de facteurs communs aux honnêtes gens et aux délinquants et qu'il convient de rechercher la formule du « mélange explosif » de ces facteurs, c'est-à-dire les associations propres à ceux-ci. À cette fin, il est proposé d'utiliser les commodités de l'informatique pour réaliser une « synthèse directe » du plus grand nombre de variables observables. Le multifactorialisme de juxtaposition a connu également un engouement certain dans les trente dernières années aux États-Unis[3], en Angleterre[4] et au Canada[5]. Il a profité notamment du recours aux études par cohortes[6] et s'est élaboré autour des notions de « *carrière criminelle* »[7] et de « *facteurs de risque* ». Les nombreux facteurs identifiés sont des facteurs de risque individuels (démographiques, psychologiques, biologiques), des facteurs de risque familiaux (éducation parentale, taille de la famille, conflits parentaux et famille monoparentale, délinquance des parents) et des facteurs de risque collectif (chômage, violence exposée dans les médias). Les critiques dirigées contre ce multifactorisme contemporain demeurent les mêmes que celles qui visaient les travaux des Gluek. Il apporte une accumulation de faits, mais est impuissant à établir dans nombre de cas de véritables relations de causalité et, plus largement de constituer une authentique théorie explicative de la délinquance[8]. C'est donc bien plutôt au titre de leur confrontation avec les méthodes cliniques que les méthodes actuarielles doivent être envisagées[9].

2. Les théories criminologiques intégratives

272 **1) *La théorie de l'aliénation sociale de Clarence R. Jeffery***[10] ◇
Cette théorie part de l'insuffisance de la conception de Sutherland sur les

---

1. *Cf.* S. Glueck, « Les rapports entre les caractéristiques physiques et la délinquance », *RSC*, 1957, p. 73-83, spéc. 73-74.
2. J. Léauté, *Criminologie et science pénitentiaire*, PUF, 1972, p. 60-65 et 613-652.
3. M. E. Wolfgang et A. Blumstein.
4. D. Farrington.
5. M. Le Blanc et R. Loeber.
6. *Cf. supra* n° 196.
7. Comme analyse approfondie de « Carrière criminelle », *cf.* M. Cusson, *La délinquance, une vie choisie. Entre plaisir et crime*, éd. Hurtubise, Montréal 2005, 226 p.
8. V. les développements de R. Fillieule, *op. cit.* p. 133-174.
9. *Cf. infra* n° 908.
10. C. R. Jeffery, « An integrated theory of crime and criminal behavior », *Journ. of criminal law, crimin. and pol. science*, 1959, n° 6, p. 533-552.

associations différentielles qui néglige totalement l'influence de la structure bio-psychique de l'individu dans la genèse de la délinquance, afin d'*intégrer* les données de la biologie et de la psychologie dans l'explication sociologique. À partir de cette méthode, Jeffery explique l'étiologie du crime par le concept d'*aliénation sociale*. Qu'est-ce que l'aliénation sociale ? C'est, nous dit l'auteur, l'état dans lequel se trouve placé l'individu ou le groupe qui, à la suite de l'échec du processus de socialisation, n'a pas réussi son identification à des modèles sociaux valables (parents, notamment), ni l'intégration des valeurs de la culture globale du groupe. L'aliénation sociale place ainsi l'individu ou le groupe dans un état d'isolement mental par rapport à son milieu et ses relations sociales se caractérisent par leur inauthenticité. Quelles sont alors les *causes de cette aliénation* ? Elles sont de sources différentes : ce sont tantôt des causes organiques, telles que des troubles émotionnels, tantôt des causes d'origine sociale.

Cette théorie date de 1959. Depuis 1975, Jeffery semble avoir été quelque peu séduit par les sirènes de la sociobiologie et a écrit quelques articles qui lui ont valu de violents anathèmes de la part de la criminologie « critique ».

273 **2) *La théorie de la sous-culture de violence de Marvin E. Wolfgang et Franco Ferracuti***[1] ◇ Ces deux auteurs, l'un de formation sociologique, l'autre de formation médicale, se sont efforcés de réaliser concrètement *l'intégration* des approches sociologique et clinique afin d'individualiser, parmi les membres d'une sous-culture de violence, ceux d'entre eux pour qui la valeur « violence » devient une partie intégrante de la personnalité.

À l'opposé de Jeffery qui partait de la personnalité pour aller vers la société globale, Wolfgang et Ferracuti partent du milieu pour aboutir à la personnalité. Du côté de la *société globale,* leur théorie énonce un certain nombre de propositions relatives aux conditions d'existence et aux caractères de la sous-culture de violence : cette sous-culture n'est pas totalement différente ni en conflit avec la société dont elle fait partie; elle existe même si ses protagonistes ne manifestent pas de violence dans toutes les situations; le nombre et la variété des situations où elle se manifeste dépendent du caractère pénétrant et diffusif de ce thème de sous-culture. Du côté de *la personnalité des protagonistes,* la théorie énonce les propositions qui concernent les individus qui se livrent aux actes de violence et leur psychologie : il s'agit essentiellement de jeunes, qui ont appris le comportement de violence au terme d'un processus d'apprentissage, d'association ou d'identification différentiels et qui ne perçoivent pas la violence comme un comportement illicite et ne ressentent par conséquent pas de sentiment de culpabilité[2].

1. M. E. Wolfgang et F. Ferracuti, *The subculture of violence : towards an integrated theory of criminology,* Londres, 1967, 387 p.; F. Ferracuti et M. E. Wolfgang, « Clinical versus sociological criminology : separation or integration ? », *Excerpta criminologica,* 1964, p. 407-410; F. Ferracuti, *L'integrazione della criminologia, quaderni di criminologia clinica,* 1965, p. 155-192 et 275-306.
2. V. encore l'essai de théorie intégrative de M. Frechette et M. Le Blanc, *Délinquances et délinquants,* Montréal, Éd. G. Morin, 1987, spéc. p. 188 et s. et 221 et s.

274 *La théorie intégrative de la délinquance juvénile de Marc Le Blanc* [1] ◇ L'approche intégrative de M. Le Blanc réside dans la prise en considération des combinaisons des explications sociologiques et des explications psychologiques pour la compréhension de la conduite délinquante des adolescents. Elle est l'un des apports majeurs des travaux de recherche effectués à l'École de criminologie de l'Université de Montréal par cet auteur et ses collègues et collaborateurs à partir des années 1960-1970. Esquissée dans ses grandes lignes dès les années 1980, elle s'est enrichie et affinée au fil du développement des recherches sur la délinquance des mineurs et a atteint son expression la plus aboutie dans la conférence donnée à l'Université Pierre Mendès France à Grenoble en 2006 [2] et dans le chapitre de la 4ᵉ édition en 2010 du *Traité de criminologie empirique* [3].

La théorie a pour point de départ la *notion de régulation sociale et personnelle*, la notion générale de régulation elle-même étant un ensemble d'influences de diverse nature qui s'exercent sur un phénomène. Selon cette théorie, la régulation de la conduite délinquante est fonction de *mécanismes* interactifs qui se développent dans le cadre d'une série de *conditions* elles-mêmes évolutives qui permettent son apparition, sa continuité et son extinction.

S'agissant en premier lieu des *mécanismes de régulation*, la régulation de l'activité délinquante s'opère à travers les interactions réciproques entre quatre mécanismes psychosociaux : 1°/ les *liens* que l'individu noue avec la société et ses membres; 2°/ la *contrainte* exercée sur lui par les institutions sociales (contrainte externe et contraintes internes); 3°/ le niveau de développement de l'*allocentrisme* de l'individu, c'est-à-dire de la disposition à s'orienter vers les autres (par opposition à l'égocentrisme); 4°/ enfin le *degré d'exposition aux influences et aux opportunités* prosociales ou au contraire antisociales.

Quant aux *conditions affectant la régulation*, elles constituent le contexte dans le cadre desquels varient les composantes régulatrices et la nature des interactions qu'elles entretiennent entre elles. Il s'agit d'une part de diverses *conditions sociales* (sexe, âge, caractéristiques sociales du milieu de vie) et d'autre part de la *capacité biologique de l'individu* (traits biologiques dans leurs conditions environnementales).

De la sorte un adolescent de 13-14 ans, d'une intelligence normale, qui est attaché à ses parents, est ouvert aux autres, adhère solidement aux normes de conduite et évolue dans un milieu social favorable n'aura que peu de risque

---

1. Art. et participation de Marc Le Blanc à des ouvrages collectifs se rapportant à la théorie intégrative : M. Le Blanc, M. Ouimet et D. Szabo (dir.), *Traité de criminologie empirique*, Montréal, Presses Univ. Montréal, 1ʳᵉ éd. 1985, p. 129-132; 2ᵉ éd. 1994, p. 82-87; 3ᵉ éd. 2003, p. 410-417; 4ᵉ éd. 2010, p. 227-271; « Vers une théorie intégrative de la régulation de la conduite délinquante », *Ann. Vaucr.*, 1983, p. 1-34. « Pour une approche intégrative de la conduite délinquante des adolescents », *Criminologie*, 1986, nᵒ 1, p. 73-96; « Stabilité de la conduite délinquante des adolescents et constance des mécanismes de régulation personnelle et sociale », *RICPT*, 1993, p. 135-150; « Vers une criminologie appliquée de la conduite délinquante des adolescents », *in* C. Blatier (dir.), *Prévenir la délinquance dès la petite enfance*, L'Harmattan, 2006, spéc. p. 53-66; « Les théories de la régulation du phénomène de la délinquance (control théories », criminologie. com, 2010; « Un paradigme développemental pour la criminologie : développement et autorégulation de la conduite déviante », *Criminologie*, vol. 43, nᵒ 2, automne 2010, p. 401-428.
2. *In* C. Blatier, 2006, précité.
3. « La conduite déviante des adolescents : son développement et ses causes », *in Traité* précité, 2010, p. 227-272, spéc. p. 266-270.

d'adopter une conduite déviante ou délinquante. En revanche, celui qui est agité, revendicatif, allergique à toute contrainte et qui fréquente le milieu de la rue et des bars peut être considéré comme sujet à risque très élevé de conduite délinquante.

§ 2. Les théories de l'acte criminel [1]

275 *Idée générale* ◇ Ce paragraphe regroupe un ensemble de théories criminologiques qui, à la différence des conceptions étiologiques, ne considèrent pas l'*acte criminel* comme n'étant qu'un symptôme ou même un symbole d'une personnalité particulière, mais le traitent comme une *réalité effective,* bien individualisable dans la vie de son auteur et distincte des autres actes posés par celui-ci et, de ce fait, susceptible d'une *explication en soi* indépendante du passé de l'acteur. Il s'agit donc des *théories dynamiques de l'action criminelle* par opposition aux théories étiologiques. Cette attention particulière à l'acte criminel, totalement occultée par les positivistes, n'a commencé à se dessiner que dans les années 1930 pour atteindre son plein épanouissement dans la période 1940-1960. Après une désaffection à peu près complète due à l'avènement de la criminologie dite de la réaction sociale, on la voit à nouveau resurgir à l'époque la plus récente, mais avec des accents nouveaux.

Parmi ces théories on doit distinguer entre celles qui complètent les théories étiologiques de leurs auteurs (A) et les théories principales qui situent toute l'explication de l'action criminelle dans le passage à l'acte délictueux sans se préoccuper de ce qui a précédé dans la vie de son auteur (B).

A. Les théories dynamiques complémentaires

276 *Le modèle général et les modèles particuliers* ◇ Bien que l'on parle de théories, il s'agit le plus souvent de *simples modèles approximatifs.* Comme il n'existe, semble-t-il, aucun lien de filiation entre ces divers modèles et qu'ils présentent une complexité particulière, il est préférable de les exposer, non suivant leur ordre chronologique d'apparition dans la littérature criminologique, mais selon un *ordonnancement logique* qui part du modèle le plus général (a) pour aller vers des modèles plus particuliers (b).

a. Le modèle général d'Albert K. Cohen [2]

277 *Le modèle de l'arbre* ◇ A. K. Cohen, le théoricien des sous-cultures délinquantes [3], est également l'auteur d'un modèle du passage à l'acte criminel qui possède une capacité d'application générale.

---

1. J.-L. Bacher, v° « Criminologie de l'acte », *Dict. sc. crim.*, p. 210-213.
2. A. K. Cohen, *La déviance*, p. 94-96 et 204-210.
3. *Cf. supra* n° 248.

Cohen conçoit ainsi l'acte délictueux comme l'aboutissement d'une interaction entre l'acteur et la situation précriminelle au terme d'un processus dit de passage à l'acte. L'analyse de cette définition met en premier lieu en évidence les facteurs de l'acte criminel : la personne de l'agent, d'une part, la situation dans laquelle il se trouve placé, d'autre part. En deuxième lieu, cette définition montre que l'acte criminel n'est pas la résultante mécanique d'une sorte de combinaison, mais le point d'aboutissement d'un processus qui se développe dans le temps et par une série d'étapes au cours desquelles personne et situation sont en interaction constante. Enfin, autre idée essentielle, l'acte n'est jamais entièrement déterminé par le passé et le processus du passage à l'acte peut voir son cours se modifier lorsqu'il y a changement soit de la personnalité, soit de la situation, soit des deux. Pour figurer ce phénomène, l'auteur le représente au moyen d'un « arbre » d'où l'appellation de « modèle de l'arbre »[1].

b. Les modèles particuliers

278 **_Distinction_** ◇ Il s'agit de modèles qui mettent l'accent soit sur la personne (1), soit sur la situation (2), soit encore sur le processus lui-même du passage à l'acte (3).

1. Les modèles qui attribuent un rôle déterminant à la personnalité

279 **_1) Les modèles objectifs_** ◇ Ce sont des modèles qui décrivent le passage à l'acte délictueux tel que l'observateur peut analyser de l'extérieur la dynamique de la personnalité de l'agent. Deux d'entre eux sont particulièrement célèbres : celui de Kinberg et celui de Pinatel.

Pour Kinberg[2], le passage à l'acte criminel dépend de la relation qui s'établit entre deux groupes de _forces_ : les forces de pulsion (P) et les forces de résistance (R). De plus, l'auteur distingue chez chaque individu la « pulsion statique et habituelle » d'avec les _variations temporaires,_ positives ou négatives de la pulsion ($\pm\Delta P$) ; il en va de même pour les forces de résistance ($\pm\Delta R$). Finalement, il y a passage à l'acte selon Kinberg dans les quatre hypothèses suivantes :

$$1/\ P > R;\quad 2/\ +\Delta P > R;\quad 3/\ P > -\Delta R;\quad 4/\ +\Delta P > -\Delta R.\ (^3)$$

Quant au modèle de J. Pinatel, il convient de se rappeler que, pour cet auteur, il existerait une personnalité criminelle dont le _noyau central_ serait formé par quatre traits : égocentrisme, labilité, agressivité et indifférence affective[4]. Or cet auteur a complété ce tableau pour montrer _comment ces divers traits de personnalité interviennent dans le mécanisme du passage à l'acte_[5]. S'appuyant sur les travaux d'un auteur français de la fin du XIXᵉ siècle, L. Manouvrier, J. Pinatel expose que l'égocentrisme empêche que le sujet ne ressente l'opprobre social que l'acte projeté va jeter sur lui, la labilité a pour conséquence qu'il n'est pas davantage retenu

---

1. Pour le développement de ce modèle, _cf. infra_ nᵒˢ 609 et s.
2. O. Kinberg, _Problèmes fondamentaux de la criminologie,_ p. 138-139.
3. V. en France l'utilisation de ce modèle dans R. Vouin et J. Léauté, _Droit pénal et criminologie,_ PUF, 1956, p. 60-85.
4. _Cf. supra_ nᵒ 266.
5. _Cf._ not. le _Traité,_ de J. Pinatel, (1975), nᵒˢ 291-296.

par la menace de la peine, l'agressivité lui permet de vaincre les obstacles matériels pour passer à l'acte et l'indifférence affective fait qu'au moment même de l'exécution, il n'est pas arrêté par la pitié pour la victime.

280 *2) Les modèles subjectifs* ◇ Il s'agit de modèles qui décrivent le passage à l'acte tel qu'il est vécu, ou dit être vécu, par le sujet lui-même. Ici encore on va en retenir deux : celui de De Greeff et celui de Matza.

De Greeff est sans doute le premier à avoir recherché ce qui se passe dans la *subjectivité du délinquant et la manière dont il perçoit la situation précriminelle* lors du processus du passage à l'acte délictueux[1]. Pour cet auteur, il existe *deux grandes catégories de délinquants :* ceux chez qui existe une sorte d'état structuré d'indifférence affective dont l'explication doit être recherchée sur le plan génétique et ceux qui commettent des crimes au terme d'un processus évolutif et réactionnel. Ce sont principalement les seconds qu'il a étudiés pour tenter de mettre en évidence les mécanismes psychologiques qui conduisent au crime. Or ce qui l'a frappé dans ces mécanismes, c'est avant tout le *rôle du « Je »* qui choisit, qui décide et qui agit. Parfois le « Je » consent à devenir criminel de manière délibérée; d'autres fois, le « Je » se borne à tolérer l'engagement sur la voie criminelle; d'autre fois encore, le « Je » subit, s'aveugle, comme s'il glissait de manière de moins en moins consciente dans un état d'inhibition affective. Mais c'est finalement toujours le « Je » qui décide du passage à l'acte.

On trouve un modèle assez comparable au précédent dans l'œuvre du sociologue américain David Matza[2]. Pour cet auteur en effet, l'action criminelle des jeunes délinquants est le produit d'un *libre choix* plus ou moins intense selon les cas, au terme d'un processus d'interaction plus ou moins long de « *drift* », c'est-à-dire de flottement, de laisser-aller, d'abandon à la dérive, lequel est rendu possible par le jeu de deux sortes de mécanismes psychologiques : la négation de la culpabilité et le sentiment de l'injustice subie.

2. Les modèles qui attribuent un rôle important à la situation

281 *Des circonstances au rôle de la victime* ◇ À l'opposé des auteurs que l'on vient d'étudier pour qui la personnalité joue un rôle décisif dans le passage à l'acte, certains auteurs attribuent au contraire une place privilégiée à la *situation* dans le phénomène. Tel fut le cas notamment en France de Georges Heuyer pour qui les *facteurs circonstanciels et actualisants* possèdent une portée déterminante dans le passage à l'acte[3]. Tout récemment on a également soutenu que, sans avancer pour autant que l'on peut expliquer toute la délinquance des jeunes par des opportunités, il est cependant crucial de percevoir qu'il est impossible de comprendre

---

1. E. De Greeff, « Le devenir, élément du processus criminogène, la durée condition de son étude », *in Autour de l'œuvre de De Greeff* 1956, t. 1, p. 169-192.
2. D. Matza, *Delinquency and drift*, John Wiley and sons éd., 1964, 199 p.
3. G. Heuyer, « Vie instinctivo-affective et criminogenèse », *RICPT*, 1953, p. 246-247; « Le problème du pronostic en criminologie », Conférences du 1er Cours international de criminologie, 1953, 189-201; « Le rôle des circonstances dans les manifestations et la révélation de l'état dangereux », Actes du 3e Congrès français de criminologie, 1962, 12-21. Sur G. Heuyer en général, *cf.* J. Pinatel (1987), p. 106-108.

l'explosion du nombre de délits commis par des jeunes inexpérimentés si l'on oublie que nous avons construit une *société vulnérable* où les cibles, personnes et biens, sont à portée de mains et n'opposent guère de résistance. « Plus une cible est facilement accessible et vulnérable, plus elle appelle sur elle des comportements délinquants »[1]. Mais il faut surtout faire état des conceptions de la *victimologie*, du moins de ce que l'on peut appeler la *première victimologie*[2]. La victime constitue en effet un élément essentiel de la situation précriminelle et la première victimologie a entendu mettre en évidence le fait que le choix de la victime d'un acte criminel n'est pas toujours dû au jeu du hasard, mais qu'il existe nombre de cas où cette détermination résulte de certains types de rapports entre la victime et son criminel en sorte que, sans elle, le crime n'aurait sans doute pas eu lieu. À la limite, on en vient à se poser la question : « La victime est-elle coupable ? »[3].

3. Les modèles d'analyse du processus du passage à l'acte

282 *De De Greeff à Howard S. Becker* ◇ Le processus du passage à l'acte lui-même, c'est-à-dire la succession des séquences qui conduisent la personne de l'acteur en interaction avec la situation précriminelle jusqu'à la consommation de l'acte, a également donné lieu à quelques modèles descriptifs-interprétatifs.

C'est ainsi que De Greeff a décrit les diverses *étapes du passage à l'acte* dans le crime utilitaire et le crime passionnel[4]. Il distingue trois phases successives : la phase de l'acquiescement mitigé, celle de l'assentiment formulé et celle de la crise. Pour l'homicide passionnel, il a ajouté à ce cadre général deux processus complémentaires : un processus de réduction qui réduit l'être aimé à une abstraction responsable et un processus-suicide qui consiste dans le désengagement *post-delictum* du criminel allant de la livraison à la police jusqu'au suicide effectif.

De son côté, H. S. Becker, dont on a présenté antérieurement la théorie de l'engagement[5], a aussi élaboré un *modèle séquentiel de la déviance* qu'il oppose au modèle simultané (ou synchronique) de la recherche criminologique traditionnelle[6]. Le modèle de Becker repose sur *trois idées fondamentales* : 1/ tout comportement est l'aboutissement d'un processus formé d'étapes successives et ordonnées; 2/ tous les facteurs n'opèrent pas au même moment, chacune des étapes qui forment le processus ayant en effet sa propre explication qui diffère de

---

1. S. Roché, *La délinquance des jeunes*, Paris, Seuil, 2001, spéc. p. 73 et 77.
2. B. Mendelsohn, « La victimologie », *RICPT*, 1956, p. 95-110.
3. C'est le titre de l'ouvrage de Ezzat A. Fattah, Presses Univ. Montréal, 1971, 251 p. M. Fattah définit cette « première victimologie » comme « la branche de la criminologie qui s'occupe de la victime directe du crime et qui désigne l'ensemble des connaissances biologiques, psychologiques, sociologiques et criminologiques concernant cette victime » (*RICPT*, 1967, p. 113-124).
4. « Rapport sur la criminogenèse », Actes du 2e Congrès int. de criminologie, T. VI, p. 282 et s.
5. *Cf. supra* n° 252.
6. H. S. Becker, *Outsiders* précité, trad. fr., p. 45. Bien que Becker s'inscrive principalement dans la criminologie de la réaction sociale (*cf. infra* n°s 301 et s.), sa conception du « modèle séquentiel de déviance » convient parfaitement à l'analyse du processus de passage à l'acte délictueux.

celle de l'étape suivante et l'explication totale du comportement supposant la combinaison de toutes les explications partielles échelonnées dans le temps étape par étape; 3/ l'action de chaque facteur est subordonnée à la réalisation des étapes précédentes.

Becker a utilisé ce modèle séquentiel notamment pour expliquer « Comment on devient un fumeur de marijuana ». Pour cela il faut : 1/ être disposé à essayer le stupéfiant; 2/ parvenir à s'en procurer; 3/ apprendre la technique de son utilisation; 4/ percevoir les effets de celui-ci comme une source de plaisir; 5/ apprendre à aimer les effets que l'on est devenu capable d'éprouver. Si l'une de ces conditions vient à manquer en cours d'apprentissage, dit Becker, on ne peut pas devenir un fumeur de marijuana. Dans un ouvrage récent de méthodologie des sciences sociales traduit en français sous le titre *Les ficelles du métier*[1], Becker utilise la même méthode pour décrire les étapes du processus qui aboutit à la décision de changer de sexe chez un transsexuel[2] et généralise ensuite la démarche pour rendre compte des passages à l'acte les plus divers[3].

B. Les théories principales de l'acte criminel

283 *Idée générale* ◇ Ces théories sont des explications récentes de l'action criminelle qui présentent toutes ce point commun, de tenter de donner une *explication directe de l'acte criminel* en dehors de toute étiologie jugée irréalisable ou dépourvue d'intérêt. Il ne s'agit donc plus de *prolongements* d'hypothèses étiologiques mais *d'interprétations de l'action criminelle qui se suffisent à elles-mêmes* : d'où l'appellation de théories principales.

Six d'entre elles retiendront ici notre attention : la théorie du « containment » de Reckless (a), la théorie économique du crime (b), la théorie stratégique de la délinquance de M. Cusson (c), la théorie du style de vie quotidienne des victimes (d), la théorie de la « fenêtre brisée » et la politique criminelle de la tolérance zéro (e), et la théorie du choix rationnel (f).

a. La théorie du « *containment* » de Walter C. Reckless[4]

284 *La notion de containment* ◇ Le criminologue nord-américain Walter C. Reckless, partant de la constatation de ce qu'il estime être l'échec de toutes les théories qui ont tenté d'expliquer l'action criminelle en termes de « causes » ou de « facteurs » (théories causalistes), a proposé une théorie qui ne suppose pas le recours à la notion de cause ou de combinaison de facteurs : la théorie du « *containment* ». Ce terme anglo-saxon est assez difficile à traduire en français; on a utilisé l'expression « retenue-inhibition », on utilisera ici les mots de « barrières » et de « censure ».

---

1. H. S. Becker, *Les ficelles du métier. Comment conduire sa recherche en sciences sociales*. La Découverte, 2002, 354 p.
2. P. 59-62.
3. P. 66-73.
4. W. C. Reckless, « A non-causal explanation : containment theory », *Excerpta criminologica*, 1962, p. 131-134 et AIC, 1963, p. 220-225; *The crime problem*, Appleton century crafts, 1967.

La théorie des « barrières » de Reckless repose sur les *deux axes* suivants : 1/ il existe normalement des barrières qui font obstacle au comportement délictueux; 2/ il y a ou non passage à l'acte délictueux selon que ces barrières sont faibles ou inexistantes ou au contraire fortes ou suffisamment efficaces.

285 **1) *Des barrières*** ◇ Pour notre auteur, il existe normalement deux sortes de « barrières » qui empêchent les individus de tomber dans la délinquance : une barrière externe et une barrière interne. La *barrière externe* est la structure sociale de retenue qui tient les individus en respect et varie suivant les types de sociétés (famille, églises, écoles, etc. dans les sociétés modernes). La *barrière interne* est cette sorte de buttoir intérieur qui protège les individus contre les pulsions qui poussent à la violation des normes légales et que Reckless analyse comme étant « la force du moi » de la personne agissante. Il est essentiel de comprendre que ces diverses « barrières » remplissent leur rôle de prévention, non comme des « causes », mais comme des sortes de buttoirs de protection. De la sorte, s'il existe des « facteurs » qui incitent au comportement délictueux, ceux-ci sont en quelque sorte niés, neutralisés ou rendus inoffensifs ou détournés par ces buttoirs. Encore faut-il que ces derniers aient une puissance suffisante !

286 **2) *Du franchissement ou non-franchissement des barrières*** ◇ Celles-ci ne se présentent pas chez tous les individus, ni dans toutes les sociétés, avec la même *force*. Quand elles sont absentes ou faibles, l'individu est vulnérable et risque de commettre des actes délictueux; en revanche lorsque les deux systèmes de barrières fonctionnent de manière forte, il est peu probable qu'il y ait commission de crime et Reckless estime qu'il est possible à cet égard de quantifier la probabilité de délinquance des individus, comme des sociétés.

Un autre aspect a retenu l'attention de l'auteur : c'est l'*importance respective des deux « barrières »* dans la prévention de la délinquance. Sa réponse est que cela dépend des sociétés et il oppose, à cet égard, les sociétés occidentales où le rôle essentiel est joué par la force du moi, la barrière interne, aux sociétés traditionnelles ainsi qu'aux sociétés communistes où c'est la barrière externe qui est déterminante.

Enfin Reckless souligne que sa théorie est une « *middle range theory* » qui ne vaut que pour les cas de délinquance qui se situent entre deux extrêmes (les malades mentaux à une extrémité, les sociétés à mode de vie criminel dominant comme les tribus criminelles en Inde, les gitans en Europe, la maffia aux USA, à l'autre extrémité).

b. La théorie économique du crime

287 ***Le paradoxe de l'analyse économique en criminologie*** ◇ Considérer l'action criminelle comme une variété d'activité économique et la réaction sociale comme une forme de politique économique relève, à première vue, d'un singulier paradoxe, tant on est habitué à penser le crime

comme un acte irrationnel et la réaction sociale comme un complexe d'irritation et de pitié à l'égard du criminel.

Pourtant l'*approche utilitariste* de l'action criminelle se trouve déjà chez ces grands théoriciens de la politique criminelle de la seconde moitié du XVIIIe siècle que furent Beccaria et Bentham [1]. Mais leur analyse était purement spéculative, faute de données empiriques et de méthodes scientifiques de traitement de ces données. La science économique actuelle offre en revanche tout un ensemble de moyens scientifiques et techniques qui ont permis aux économistes contemporains d'élaborer une véritable théorie économique du crime qui repose sur l'idée d'*utilité des résultats de l'activité délictuelle pour le criminel*. L'initiative du recours à l'explication économique du crime revient à l'économiste Gary S. Becker (à ne pas confondre avec l'auteur d'« *Outsiders* », Howard S. Becker précité) qui publia en 1968 un article important intitulé : « *Crime and punishment : an economic approach* » [2]. Depuis lors de nombreux travaux ont été publiés, soit sur le problème de l'économie du crime en général, soit sur tel ou tel aspect particulier de cette théorie, notamment sur la question de la dissuasion par la peine qui a retrouvé, à travers l'analyse économique, un regain d'intérêt [3].

L'analyse économique du crime s'inscrit dans une perspective générale *micro-économique* qui conçoit l'activité économique comme étant avant tout celle des acteurs individuels (en l'espèce celle des criminels individuels dont l'agrégation formera la criminalité) et, à l'intérieur de cette conception générale, dans une

---

1. Sur ces auteurs, *cf.* B. Bouloc, *Droit pénal général*, Dalloz, 22e éd., 2011, n°s 71 à 73.

2. *Journal of political economy*, 1968, mars-avr., 169-217. Pour un résumé en langue française : J.-M. Cusset *in Chronique sociale de France*, 3 juill. 1969, p. 87-94.

3. *En langue française* : outre l'art. de J.-M. Cusset précité, H.-G. Amsel, « Argent et criminalité : pour une orientation rénovée de la recherche criminologique », *RICPT*, 1971-72, avr.-juin, p. 93-98 et *RIPC*, 1972, p. 54-61; R.-F. Sullivan, « Considérations économiques sur la politique criminelle », *RDPC*, oct. 1972, p. 43-53; B. Oudin, *Le crime et l'argent*, Éd Laffont Tchou, 1975; D. Lees et B. Chaplin, « Du vol considéré comme une activité économique rationnelle : une approche originale du phénomène de la délinquance », *Liaisons*, août-sept. 1976, p. 26-28 et nov.-déc., p. 23-26; J.-M. Plassard, « Éléments d'économie du crime », *Ann. Univ. Sc. Soc.*, Toulouse, 1977, p. 325-368; C. Granger, « Criminalité et science économique (évolution des recherches) », *in* Réponses à la La violence, Rapport Peyrefitte, annexe 8, Doc. fr., 1977, p. 199-208; P. Robert, « L'économie criminologique, état des recherches », rapport au 8e Congrès international de criminologie, Lisbonne 1978, ronéo., et « L'utilitarisme, les économistes et la délinquance », *Archives Phil. dr.*, t. 26, 1981, p. 199-222, reproduit dans l'ouvrage du même auteur, *La question pénale*, Librairie Droz, 1984, p. 117-137; H.-J. Albrecht, « L'économie du droit pénal et de l'exécution des peines. Évolution et tendances de l'aspect économique du droit pénal », *RICPT*, 1997, p. 17-37; N. Vaillant, « L'économétrie du crime. Un instrument au service de la prospective », *Rev. gend. nat.*, 2e trim. 2004, n° 211, p. 122-128.

En langue anglaise : Outre l'art. de Becker précité, G. Tullock, « An economic approach to crime », *Social science quaterly*, 1969, juin, p. 59-71; R.-G. Hann, « Crime and the cost of crime, an economic approach », *Journ. of research in Crime and delinquency*, 1972, p. 12-30; G. Skogh, « *Note on Gary Becker's crime and punishment :* an economic approach », *Swedish Journal of economics*, vol. 75, 1973; S. Rottenberg (éd.), *The economic of crime and punishment*, Washington, 1973; R.-F. Sullivan, « The economics of crime : an introduction to the litterature, *Crime and delinquency*, 1973, p. 138-144; I. Ehrijch, Participation in illegitimate activities : an economic analysis », *in Essays in the economics of crime and punishment*, 1974, p. 68-134; R.-W. Anderson, *The economics of crime*, 1976; E.-H. Warren Jr, « *The economic approach to crime* », *Canadian Journ. of crimin.*, 1978, 437-449; J.-M. Heineke, *Economic models of criminal behavior*, 1978; I. Ehrijch, « Participation in illegitimate activities : *a theoretical and empirical investigation* », *Journal of political economy*, 1978, p. 521-565; K. Wolpin, « An economic analysis of crime and punishment in England and Wales : 1894-1967 », *même revue*, 1978, p. 815-840; I. Ehrijch, « The economic approach to crime, A preliminary assessement », dans S.-L. Messinger et E. Bittner, *Criminology review yearbook*, vol. I, 1979, p. 25-60; D.-B. Cornish et R.-V. Clarke (éd.), *The reasoning criminal. Rational choice perspectives on offending*, New York, 1986, 246 p.

optique marginaliste[1] qui fonde la valeur des biens sur *leur utilité pour les sujets économiques* en fonction de leurs échelles de préférence et en tenant compte non seulement de la satisfaction qu'ils leur apportent mais aussi des coûts qu'ils représentent pour eux (en l'espèce avantages et coûts respectifs du crime pour le criminel). Ainsi les notions de coût, de profit, d'utilité, d'efficacité et d'*optimum* constituent les concepts fondamentaux de cette théorie qui comporte à la fois une approche économique du comportement criminel (1) et une approche économique de la réaction sociale contre le crime (2).

288 **1) *L'approche économique du comportement criminel*** ◇ Cette approche consiste à expliquer les actes criminels en appliquant la *théorie économique de la décision* à l'activité criminelle. Elle part de l'hypothèse que le criminel, dans son activité, est comme tout autre individu un *être rationnel* qui choisit et décide en fonction de l'*utilité* qu'il attend du résultat de son activité délictueuse. Dès lors on peut dire qu'une personne commet un crime au lieu de s'investir dans une activité licite, non pas en raison de la spécificité de sa personnalité ou de la particularité de ses motivations, mais parce que l'utilité qu'elle attend de cet acte est *supérieure* à celle qu'elle retirerait si elle employait son temps et ses ressources à poursuivre une activité licite. De ce fait toute l'attention se trouve reportée sur l'estimation des *avantages* et des *coûts* respectifs de l'activité criminelle. Parmi ces derniers, les économistes du crime insistent sur l'importance du coût indirect que constitue la *sanction pénale,* en mettant l'accent sur le fait que la certitude de la sanction comme sa sévérité, tendent à réduire l'« offre de crimes », c'est-à-dire le nombre de crimes susceptibles d'être commis. Tel est plus particulièrement le cas pour ce qui concerne le risque d'incarcération[2]. En France, en 1977, le rapport « Réponses à la violence » du Comité d'études sur la violence, la criminalité et la délinquance présidé par Alain Peyrefitte, sans doute inspiré par Gary S. Becker, a théorisé la violence conçue en termes de calcul économique et appelé cette délinquance la « délinquance de probabilité »[3].

289 **2) *L'approche économique de la réaction sociale*** ◇ On a écrit que l'essentiel des conséquences de politique criminelle de la théorie économique du crime aurait été d'alimenter le courant « néo-réaliste » qui, depuis 1975, réclame le retour à la *peine sanctionnatrice* contre la politique de traitement des délinquants en vue de leur réadaptation sociale[4]. Cela est sans doute vrai pour certains, mais ne correspond pas à l'approche de Becker et de nombre de ses continuateurs.

L'idée générale qui domine leurs propositions de politique criminelle est celle d'un *optimum* dans l'emploi des ressources consacrées à la justice pénale et qui

---

1. Sur le marginalisme, *cf.* H. Guitton et D. Vitry, *Economie politique, Introduction générale, Analyse économique,* Précis Dalloz, 14ᵉ éd., 1987.
2. *Cf.* N. Vaillant, art. précité.
3. Rapport du Comité présidé par Alain Peyrefitte, *Réponses à la violence,* Presses Pocket, 1977, tome 1, p. 131-136.
4. P. Robert, art. précité (note 2 p. 201-202), p. 218-221.

sont, de ce fait, distraites d'autres usages. Ils partent de la constatation que l'obéissance à la loi ne peut être tenue pour garantie et que d'autre part l'effectivité de la loi dépend de l'utilisation de ressources rares. *Tout compte fait*, Becker ne recommande ni la rétribution, ni la dissuasion, mais des choix ayant pour critère la « *fonction sociale du bien-être* » et insiste notamment sur l'utilité économique de l'amende.

c. La théorie stratégique de Maurice Cusson [1]

290 *Idée générale* ◇ Dans un premier ouvrage intitulé *Délinquants pourquoi ?* publié en 1981[2], M. Cusson présente une explication de l'acte criminel qu'il désigne sous l'appellation d'« *analyse stratégique* » *de la délinquance*. Cette analyse n'est pas sans parenté avec la théorie économique du crime que l'on vient d'exposer, mais elle s'en distingue notamment par la *méthode* : au lieu d'argumenter par le calcul économique, elle appuie sa démonstration sur les résultats de la recherche criminologique située dans une perspective psycho-sociologique. Cette explication de l'action criminelle a été par la suite enrichie par nombre d'articles et en dernier lieu par un ouvrage au titre on ne peut plus suggestif *La délinquance, une vie choisie. Entre plaisir et crime*. Cette explication théorique a été également complétée par des *propositions de politique criminelle* élaborées selon la même méthode et présentées dans plusieurs ouvrages qui ont couvert

---

1. M. Cusson, 1) Ouvrages : *Délinquants pourquoi ?*, éd. A. Colin, 1981, 275 p.; *Le contrôle social du crime*, PUF, 1983, 342 p., CR critique J. Vérin, « Contrôle social et réhabilitation », *RSC*, 1983, p. 513-519; *Pourquoi punir ?*, Dalloz, 1987, 203 p.; *Croissance et décroissance du crime*, PUF, 1990, 170 p.; *Criminologie actuelle*, PUF, 1998, 254 p.; *La criminologie*, Hachette 1ʳᵉ éd., 1998, 4ᵉ éd. 2007, 160 p., 5ᵉ éd. à par. 2011; *Prévenir la délinquance : les méthodes efficaces*, PUF, 2002, 2ᵉ éd. 2009, 234 p., CR R. Gassin, *RSC*, 2003, p. 225 et s.; *La délinquance, une vie choisie. Entre plaisir et crime*, Montréal, éd. Hurtubise, 2006, 226 p., CR R. Boudon, dans *Revue Commentaire*, automne 2006, n° 115, p. 841; *L'art de la sécurité. Les enseignements de l'histoire et de la criminologie*, Hurtubise, 2010, 339 p. 2) Articles : « L'analyse stratégique et quelques développements récents en criminologie », *Criminologie*, 1986, n° 1, p. 53-72; P. Tremblay, M. Cusson et Y. Clermont, « Contribution à une criminologie de l'acte : une analyse stratégique du vol de véhicules automobiles », *Dév. et soc.* 1992, p. 157-178; M. Cusson et G. Cordeau, « Le crime du point de vue de l'analyse stratégique », *in* M. Le Blanc et D. Szabo *Traité de criminologie empirique*, 2ᵉ éd., 1994, p. 91-112; M. Cusson, « L'effet structurant du contrôle social », *Criminologie*, 1993, n° 2, p. 37-62; « La criminologie de l'acte, le délinquant et le policier », *RIPC*, sept.-oct. 1994, p. 16-20; « Le virage stratégique en criminologie appliquée », *RICPT*, 1993, p. 295-308; « La criminologie développementale et la criminologie situationnelle : des theories complémentaires », *AIC*, 2003, p. 191; « De la rareté de l'homicide », *Prob. act. Sc. crim.*, vol. XXI, p. 13-29 et « Pourquoi les récivistes mettent-ils fin à laur carrière criminelle ? », *ibid.*, p. 31-43; M. Cusson, « L'effet intimidant des sanctions à la lumière des recherches récentes sur le calcul coûts-bénéfices des délinquants », « *Le droit pénal à l'aube du troisième millénaire », Mélanges offerts à Jean Pradel*, Cujas, 2006, p. 741-752; « Pourquoi punir ? », *RSC*, (chron. criminologie), 2006, p. 899-903; « La délinquance, une vie choisie », *RICPT*, 2006, p. 131-148; M. Cusson et J. Mazleau, « Les homicides familiaux : approche comparative et prévention », *RICPT*, 2006, p. 265-276; M. Cusson, « De la pensée stratégique en criminologie », *in Sciences pénales & Sciences criminologiques, Mélanges offerts à Raymond Gassin*, PUAM, 2007, p. 373-385; « La prévention de la délinquance : son efficacité et ses rapports à la répression », *Prob. act. Sc. crim.*, vol. XXI, 2008, p. 25-52; « Dissuasion, justice et communication pénale », *Institut pour la justice*, études et analyses, n° 9, mai 2010; « Prévention situationnelle », *in* M. Herzog-Evans (ed.), vol. 3, p. 193-202 et *Criminologie. com*, juin 2010.

2. Sa thèse de doctorat, *La resocialisation du jeune délinquant*, Montréal, Presses Univ. Montréal, remonte à 1974.

progressivement tous les secteurs de la criminologie appliquée *Le contrôle social du crime, Pourquoi punir ?* et *Prévenir la délinquance. Les méthodes efficaces.* Ajoutons que la plupart des propositions de l'auteur sont résumées dans deux ouvrages généraux *Criminologie actuelle* et *Criminologie* et qu'il a assuré la direction avec son collègue J. Proulx et autres collaborateurs d'ouvrages collectifs sur *Les violences criminelles*[1] et *Les meurtriers sexuels*[2], ainsi que du *Traité de criminologie empirique* (avec M. Le Blanc) dont la dernière édition est parue en 2010[3].

291 **1) *Délinquants pourquoi ?*** ◇ L'analyse de l'acte criminel de M. Cusson s'inspire notamment de deux sortes de travaux : ceux des économistes américains James G. March et Herbert A. Simon sur les décisions humaines[4] et ceux du sociologue français Michel Crozier sur le pouvoir dans les organisations[5]. Des premiers, il retient que les décisions humaines sont toujours d'une *rationalité limitée,* entre une raison intégrale et une passion exclusive. Au second, il emprunte l'idée de l'*importance de la notion de pouvoir* au sein d'une organisation qui fait que les acteurs visent à influencer autrui et, pour ce faire, sont amenés à négocier leur participation.

À partir de là, l'auteur expose, dans *Délinquants pourquoi ?*, que « l'analyse stratégique conçoit le délit comme un comportement orienté vers des résultats, ayant sa rationalité propre, compte tenu des opportunités qui s'offrent à l'auteur et de la conduite de son adversaire »[6]. L'énoncé de cette perspective met en évidence *quatre aspects fondamentaux :* 1/ le délit est avant tout un comportement et non un simple symptôme d'une personnalité; 2/ ce comportement est orienté vers des résultats, en sorte qu'au lieu de s'ingénier à rechercher les « facteurs » hypothétiques du crime, il faut simplement se demander ce qu'il rapporte à son auteur; 3/ ce comportement a sa rationalité propre, rationalité limitée certes, mais rationalité tout de même, en ce que le délinquant recherche la solution la plus efficace compte tenu à la fois de ce qui l'intéresse et des contraintes qui pèsent sur lui; 4/ ce comportement est marqué au coin par le conflit qui oppose le délinquant à la fois à la victime et aux « punisseurs » (police, tribunaux, etc.).

Le délit étant ainsi défini et caractérisé, *pourquoi certains adolescents* (mais cela vaut aussi pour tous les délinquants) *commettent-ils des actes délictueux ?* C'est, répond l'auteur, parce que l'activité délinquante leur apporte plus d'avantages qu'on ne se l'imagine habituellement[7]. Cela est vrai déjà pour de nombreux adolescents qui se laissent occasionnellement tenter par la délinquance. Mais cela

---

1. J. Proulx, M. Cusson et M. Ouimet (dir.), *Les violences criminelles*, Presses Univ. Laval, 1999, CR R. Gassin, *RSC*, 2004, p. 248-250.

2. J. Proulx, M. Cusson, E. Beauregard et A. Nicole (dir.), *Les meurtriers sexuels. Analyse comparative et nouvelles perspectives*, Presses Univ. Montréal, 2005, Préface R. Gassin, 341 p.

3. Presses Univ. Montréal, 4ᵉ éd. 2010, 451 p.

4. J. G. March et H. A. Simon, *Les organisations*, Paris, Dunod, 1964.

5. *Cf.* M. Crozier et E. Freidberg, *L'acteur et le système*, Seuil, 1977. V. un bon résumé de la théorie stratégique de Crozier *in* F. Digneffe, « Le concept d'acteur social et le sens de son utilisation dans les théories criminologiques », *in Acteur Social et Délinquance, Hommage à Christian Debuyst*, Mardaga éd., 1990, p. 351 et s., spéc. p. 359-362; J. Faget, *op. cit.*, p. 70-73.

6. *Op. cit.*, p. 64.

7. *Op. cit.*, p. 7-8.

l'est encore plus pour les « super-délinquants », minorité d'entre eux constituée surtout par des jeunes gens actifs et orientés vers le présent qui s'engagent profondément dans le crime et caractérisent le récidivisme des jeunes. Pourquoi aussi certains délinquants abandonnent-ils leur style de vie délinquant à un moment de leur existence ? C'est toujours en raison d'une décision personnelle. Pour les récidivistes c'est également l'effet de ce que M. Cusson appelle la « dissuasion différée » [1].

Finalement, l'auteur n'hésite pas à conclure que l'analyse stratégique prend le contre-pied du positivisme pour opérer un *retour au classicisme* : « C'est un rejet de Lombroso au profit de Beccaria » [2].

292 2) Le contrôle social du crime ◇ Il n'est pas surprenant dès lors que la politique criminelle préconisée par M. Cusson constitue, au moins pour partie, une forme de retour à Beccaria ou plutôt à Bentham. Le crime étant le résultat d'une décision influencée principalement par la balance des avantages et des inconvénients, il faut en conséquence organiser le contrôle social de telle façon que les inconvénients qui résultent de sa mise en œuvre soient tels qu'ils persuadent les délinquants « en puissance » qu'il est de leur intérêt de ne pas violer la loi. La peine et la responsabilité apparaissent ainsi comme des impératifs majeurs. Ainsi s'explique l'ouvrage suivant de l'auteur, *Pourquoi punir ?*, car il faut encore justifier la peine pour pouvoir en faire admettre l'application. Que faire alors de la prévention de la délinquance ? *Prévenir la délinquance : les méthodes efficaces* publié en 2002 y répond dans le droit-fil de la pensée stratégique, mais en utilisant toute une série de résultats de recherches empiriques. Distinguant entre les actions de prévention sur les situations précriminelles (prévention situationnelle) [3] et les actions de prévention en direction des individus et des groupes à risques (prévention sociale) [4], si les résultats de la prévention situationnelle sont encourageants, en revanche les actions de prévention sociale se sont révélées décevantes, du moins en ce qui concerne la « prévention communautaire », c'est-à-dire celle qui est axée sur la transformation des individus sur la communauté à laquelle ils appartiennent. La « prévention développementale » qui consiste à « intervenir sur les facteurs permettant d'anticiper un développement catastrophique si rien n'est fait » (enfants difficiles et/ou carencés familiales) est plus prometteuse mais la difficulté en la matière est de passer des programmes expérimentaux utilisés jusqu'à présent à des programmes qui s'appliquent à tous les enfants à risques [5]. Finalement dans un développement ultime de sa pensée sur le contrôle social du crime, M. Cusson a quelque peu délaissé la criminologie proprement dite pour

1. *Criminologie actuelle*, précitée, p. 79 et s.
2. *Op. cit.*, p. 64.
3. Sur ces notions, *cf. infra*, n° 967.
4. Idem.
5. Entre *Pourquoi punir ?* et *Prévenir la délinquance*, M. Cusson a publié en 1990 un nouvel ouvrage *Croissance et décroissance du crime* qui, pour rendre compte de l'évolution de la criminalité entre 1960 et 1986, adopte une conception de l'explication au niveau macro-criminologique (*cf. infra* n°s 566 et s.).

la « sécuritologie » avec le *Traité de la sécurité intérieure* qu'il a codirigé avec deux de ses collègues et publié en 2007[1].

d. La théorie du style de vie quotidien des victimes[2] ou théorie des opportunités

293 *La vulnérabilité des cibles* ◇ Avec cette théorie proposée par deux sociologues américains, il ne s'agit plus d'expliquer le passage à l'acte criminel du côté des *auteurs* (insuffisance des barrières, calcul d'utilité ou appréciation stratégique), mais en se tournant vers *les victimes et leur mode de vie quotidien*. Partant en effet de l'idée que les actes délinquants sont des activités de « routine » au même titre que les activités légales, Lawrence E. Cohen et Marcus Felson expliquent le nombre et la nature des actions délictueuses par *les possibilités de réalisation qui leur sont laissées par les victimes potentielles* du fait de leur mode de vie habituel. Comment cela ?

Dans un premier temps, il y a cette hypothèse élémentaire selon laquelle la réalisation des infractions suppose la rencontre, dans le temps et dans l'espace, de deux *facteurs* : des délinquants potentiels et des « cibles » non ou insuffisamment protégées. Mais, dans un second temps, les auteurs, faisant en quelque sorte l'impasse sur le premier facteur, braquent le projecteur sur les « cibles »; les agressions, disent-ils, qu'il s'agisse d'agressions contre les biens ou contre les personnes, sont plus ou moins faciles selon le degré de protection des cibles possibles. D'où toute une série de développements sur les facteurs contemporains qui rendent les cibles plus vulnérables et expliqueraient par conséquent l'augmentation du taux de criminalité (facteurs d'isolement des personnes et d'inoccupation des habitations, tels que nucléarisation de la famille, développement du travail féminin, etc.). De la sorte c'est bien *le mode de vie ordinaire des victimes*, potentielles ou réelles, qui, selon cette théorie, rend compte de l'activité criminelle[3]. Cette théorie est retenue en France comme contribuant à l'explication de l'accroissement de la délinquance des jeunes, à la suite de l'enquête d'auto-déclaration dans le cadre du CNRS dans les années 1990[4]. Mais, ce disant, du fait de la banalisation de

---

1. Cf. *supra* n° 32-3 et 32-4. *Adde* M. Cusson, *L'art de la sécurité*, Hurtubise, 2010, 339 p.

2. L. E. Cohen et M. Felson, « Social change and crime rate trends. A routine activity approach », *American sociological review*, 1979, p. 588-608; G. Riva, *Morphologie de l'espace urbain et délits contre le patrimoine à Lausanne en 1980*, 1988, 242 p.; M. Killias, *Précis de criminologie*, p. 299-309; M. Felson et J.-M. Van Dijk, « La théorie des opportunités et l'erreur de généralisation », *Criminologie*, 1993, n° 2, p. 29-36; M. Felson, *Crime and everyday life*, 1994, 169 p.; R. Fillieule, *op. cit.* p. 145-153.

3. La théorie des différences de style de vie a été également utilisée pour rendre compte, non seulement de la progression de la criminalité prédatrice, mais également de l'augmentation de la peur du crime (M. C. Stafford et O. R. Galle, « Victimization rates, exposure to risk and fear of crime », *Criminology*, 1984, p. 173-185), *cf. supra* n° 172. Sur son application à l'exploration des infractions de masse, *cf.* Gollendorf et O. Ruthart, « Les infractions de masse : quelles interprétations ? », *CSI*, 1996, n° 23, p. 23-33, spéc. p. 26, et aux infractions dont sont victimes les toxicomanes, S. Brochu et *al.*, « Victimisation et style de vie parmi un échantillon de toxicomanes incarcérés », *AIC*, 1997, 131-154 ainsi qu'aux voies de fait, M. Ouimet et F. Fortin *in* J. Proulx et *al.*, *Les violences criminelles*, Presses Univ. Laval, 1999, spéc. p. 246-249. Sur la structure méthodologique de la théorie des opportunités, *cf.* R. Boudon, *Le juste et le Vrai Études sur l'objectivité des valeurs et de la connaissance*, Paris, Fayard, 1995, p. 154 et s.

4. S. Roché, *La délinquance des jeunes. Les 13-19 ans racontent leurs délits*, Seuil 2001. Le chapitre III (p. 73-98) est intitulé significativement « Les opportunités : la porte ouverte aux délits ».

l'activité même des auteurs d'actes criminels, on se rapproche déjà quelque peu des théories de la criminologie dite de la réaction sociale.

e. La théorie de la « fenêtre brisée » et la politique criminelle de la tolérance zéro [1]

294 *Origine de la théorie* ◇ La théorie de la « fenêtre brisée » se présente sous le signe d'une image qui, comme la précédente théorie, renvoie à l'idée d'opportunité de commettre des actes de délinquance. Mais l'occasion criminelle qui est ici visée, ce n'est plus celle qui résulte de la multiplication des « cibles » offertes aux délinquants potentiels par le style de vie actuel des victimes, mais les *désordres* – les *incivilités* dit-on plus fréquemment en France – installés dans des lieux publics ou des lieux ouverts au public (véhicules abandonnés, dégradation de boîte à lettres, accumulation de détritus, odeurs d'urine dans les cages d'escalier, graffiti, carreaux cassés, etc.).

La théorie de la « fenêtre cassée » (ou « brisée ») a été présentée en 1982 par deux auteurs américains, James Q. Wilson, professeur de management et de science politique à l'Université de Californie (Los Angeles) et Georges L. Kelling, professeur à l'École de justice criminelle de l'Université Rutgers (New Jersey), dans un article resté célèbre publié dans la revue *Atlantic Monthly* « Broken windows. The police and the neighborhood safety ». À vrai dire, cet article qui s'ouvre sur le récit de l'expérience de la substitution de patrouilles de police à pied aux patrouilles motorisées dans la ville de Newark (New Jersey) dans les années 1970 et se termine par des développements proportionnellement longs sur les fonc-

---

1. J. Q. Wilson et G. Kelling, « Broken windows. The police and neighborhood safety », *Atlantic Monthly* mars 1982, p. 29-38 (traduit en français dans les CSI 1994, n° 15, p. 163-180 et version française in A. Normandeau (dir.) *Une police professionnelle de type communautaire*, t. I, Montréal, éd. du Méridien, p. 83-110) ; G.-W. Skogan, *Disorder and Decline : Crime and Spirale of Decay in American Neighborhoods*, N.-Y. The Free Press, 1990 ; G. L. Kelling et C. M. Coles, *Fixing broken windows. Restoring order and reducing crime in our communities*, NY Free Press, 1996 ; S. Roché, *La société incivile. Qu'est-ce que l'insécurité ?*, Seuil, 1996, spéc. p. 122-135, chapitre V, « Les désordres et la délinquance » ; J.-M. Hauch, « Les tendances récentes dans la criminalité, le droit pénal et la politique criminelle aux USA », *RSC*, 1993, p. 193-197 ; S. Roché, « La théorie de la « vitre cassée » en France. Incivilités et désordres en public », *RFSP*, 2000, n° 3, p. 387-412 ; même auteur, *Tolérance zéro ? Incivilités et insécurité*, éd. O. Jacob, 2002, spéc. le chap. 1er, p. 17-31 ; G. Fenech, *Tolérance zéro : en finir avec la criminalité et les violences urbaines*, Grasset 2001 ; R. Fillieule, op. cit., p. 231-233 ; M. Cusson, *Prévenir la délinquance. Les méthodes efficaces*, PUF 2002, p. 179-182 ; J.-P. Brodeur, *Les visages de la police*, Presses Univ. Laval, 2003, p. 148-150 ; F. Ocqueteau (dir.), *Community Policing et Zero Tolerance à New-York et Chicago En finir avec les mythes*, Doc. fr., 2003, 144 p. ; P. Ponsaers, « Criminalité, centres-villes et villes centrales. Une critique de la théorie de la "vitre brisée" », *RDPC*, 2004, p. 798 ; B.E. Harcourt, *L'illusion de l'ordre, Incivilités et violences urbaines : tolérance zéro ?*, Éd. Descartes, 2006, 144 p. (trad. fr. de *Illusion of Order : The False Promise of Broken-Windows Policing*, Harvard Univ. Press, 2001) ; même auteur, « Du désordre et de la délinquance : réflexions sur l'importation de la théorie de la vitre brisée en France », *Cahiers parisiens*, Univ. Chicago, 2006, n° 2, p. 287-314 ; F. Dieu, « Incivilités et théorie de la "vitre cassée" », *Rev. mil. suisse*, juillet-août 2007, p. 288 ; J. de Maillard et T. Le Goff, « La tolérance zéro en France. Succès d'un slogan, illusion d'un transfert », *RFSP*, 2009/4, vol. 59, p. 655-697 ; J. Piednoir, « Les incivilités. Anti-social behavior », *in* M. Herzog-Evans (ed.), vol. 1, p. 145-167 ; Colloque « Cultures of Control, Moral Panics and Broken Windows ? Towards a Crime and Criminal Justice History of the second Half of the 20th century », NIAS (Netherlands Institute for Advanced Studies in the Humanities and Social Sciences), Wassernaar, Netherlands, 18 juin 2011.

tions de la police dans les villes et leur mise en œuvre concrète, constitue plus un texte de criminologie appliquée sur le rôle de la police qu'une analyse centrée sur la théorie criminologique; mais les raisons avancées par les auteurs pour proposer une nouvelle conception du rôle de la police n'appartiennent pas au simple domaine de la police technique, mais relèvent de données criminologiques de fond. Il est vrai également que, malgré le caractère « grand public » de l'article, il présente une certaine complexité; il oscille en effet entre une interprétation du sentiment d'insécurité et une explication de la délinquance par le même phénomène des désordres, des incivilités, selon les passages du texte. Il reste cependant qu'il contient suffisamment de données empiriques et de raisonnements théoriques sur ces données pour fournir les éléments essentiels d'une théorie explicative de l'acte criminel.

L'article part d'une expérience réalisée en 1969 par un psychologue, Philip Zimbardo, de l'Université de Stanford, pour vérifier une proposition tirée de l'expérience des policiers et selon laquelle, si une vitre brisée n'est pas remplacée, toutes les autres vitres connaîtront bientôt le même sort.

L'expérience a consisté à placer dans la rue deux voitures démunies de plaques d'immatriculation et capot relevé, l'une dans une rue d'un quartier mal famé de New York, une rue du Bronx, l'autre dans le quartier calme et paisible de Palo Alto, zone résidentielle en Californie, afin de voir comment la population locale réagirait face à ces abandons. Le véhicule laissé dans le Bronx a été très rapidement dépecé : au bout de 10 minutes, une famille avait pris le radiateur et la batterie; dans les 24 heures suivantes toutes les pièces de valeur avaient disparu; par la suite, la destruction du véhicule a commencé, les vitres ont été brisées, les sièges et les moquettes ont été déchirés et arrachés, et finalement la carcasse est devenue un terrain de jeux pour les enfants. S'agissant du véhicule abandonné à Palo Alto, il est au contraire resté une semaine sans subir le moindre dommage. Mais à ce moment-là, Zimbardo, muni d'une masse a commencé à attaquer le véhicule; il fut alors vite rejoint par quelques passants qui habitaient le quartier et quelques heures plus tard la voiture avait été complètement détruite et retournée.

La leçon de l'expérience concerne les *rapports entre le désordre et le respect du droit de propriété*. Certes, dans un quartier où la notion de propriété privée n'a pas grande signification, le véhicule abandonné est considéré comme une *res nullius* et les délinquants n'hésitent pas à se l'approprier par morceaux et à le vandaliser. Mais, même dans un quartier paisible où la propriété est habituellement respectée scrupuleusement, le simple fait de laisser un véhicule endommagé incite les passants à commettre des actes de vandalisme.

295 *Contenu de la théorie* ◇ L'idée générale qui résume la théorie consiste dans l'affirmation selon laquelle les *désordres* de voisinage et de proximité – les *incivilités*[1] – constituent un facteur lourd de délinquance, et, plus particulièrement de la délinquance ordinaire de prédations et d'agressions sur la voie publique. Les occupations de rues ou d'espaces publics par des bandes de jeunes ou de mendiants, les regroupements de jeunes impolis et parfois agressifs aux entrées des immeubles et dans les parties communes, les actes de vandalisme, l'accumulation de détritus, les graffitis, les dégradations de boîtes à lettres, l'usage public d'alcool et de drogue, en bref les multiples *incivilités* qui empoisonnent la vie quotidienne des

---

1. J. Damon, *Les incivilités. Problèmes politiques et sociaux*, n° 836, Doc. fr., 2000.

habitants d'un quartier, engendrent une situation de désorganisation et de dégradation de la vie collective qui, non seulement accroît notablement le *sentiment d'insécurité* de la population, mais encore incite au passage à l'acte délictueux, en accréditant la croyance, chez les délinquants potentiels, que les contrôles sociaux ont disparu et qu'ils ne courent pas de risque d'être arrêtés par la police.

Selon cette théorie, ce sont donc de petits faits d'incivilités, *qu'ils soient ou non pénalement punissables*, qui, en s'accumulant, finissent par engendrer une délinquance plus nombreuse. « Le désordre et la délinquance sont intimement liés en une sorte d'enchaînement logique », écrivent les auteurs [1]. « Dans ses effets, le mendiant laissé à lui-même est comparable à la première vitre cassée : c'est ainsi que les agresseurs et autres voleurs, qu'ils soient occasionnels ou professionnels, sont persuadés qu'ils réduisent les chances d'être pris, ou simplement identifiés, en opérant dans des rues où les victimes potentielles sont d'avance intimidées par une ambiance préexistante », énoncent-ils encore plus concrètement [2]. Comme on l'a par ailleurs écrit [3], ils insistent ainsi « de façon emblématique sur les *effets criminologiques* de la perception par le public de l'effondrement de l'*environnement physique* des centres-villes, des ghettos, de certaines banlieues et autres quartiers chauds ».

Ainsi qu'on l'a justement remarqué [4], la démarche des auteurs est originale en ce qu'elle inverse l'ordre habituel de la causalité. On avait coutume de penser jusque-là que la délinquance entraînait un sentiment d'insécurité plus ou moins intense et finalement le désordre (à grandes causes, petits effets). La « théorie de la vitre cassée » enseigne au contraire que de petites causes peuvent produire de grands effets : le désordre entraîne tout à la fois l'augmentation du sentiment d'insécurité et celle de la délinquance. J.-P. Brodeur a, à cet égard, relevé l'ébranlement considérable provoqué par la théorie de la fenêtre brisée dans les milieux de la sociologie et de la criminologie nord-américaines selon lesquelles la criminalité serait le produit de causes sociales profondes (pauvreté, exclusion ou éclatement de la famille), alors que pour les réformateurs policiers, « c'est l'absence de contrôle qui provoque la délinquance et c'est le rétablissement du contrôle qui la fait reculer » [5]. L'idée se retrouve dans « le cahier de doléance des procureurs généraux » des cours d'appel françaises [6]; au Royaume-Uni, le premier ministre Tony Blair a fait de la lutte contre « la culture de l'incivilité », la priorité de sa politique intérieure pour la législature qui s'est ouverte en 2003 [7].

296 *Validation empirique de la théorie* ◇ La théorie de la vitre cassée a donné lieu aux *États-Unis* à des recherches de validation dont les résultats ont été publiés en 1990 [8]. La *délinquance* étant prise comme variable *dépendante* et les *facteurs économico-sociaux* habituellement dénoncés (chômage, pauvreté, famille monoparentale, etc.) comme variable *indépendante*, on a introduit dans le modèle comme variable *intervenante* le *degré de désordre*

---

1. Trad. française aux *CSI* de 1994 précités, p. 167.
2. *Id.*, p. 172.
3. J.-P. Brodeur, *Les visages de la police*, précité, p. 205.
4. R. Fillieule, *op. cit.*, p. 233.
5. *Les visages de la police*, précité, p. 218.
6. *Le Figaro* du 17 octobre 2003.
7. *Le Figaro* du 15 octobre 2003.
8. G. W. Skogan, *op. cit.*

régnant dans le quartier[1]. Les enquêtes réalisées ont révélé que dans les quartiers où le taux de délinquance est élevé, le *désordre* est plus fortement associé statistiquement à la délinquance que les caractéristiques économico-sociales du quartier. L'introduction de cette variable intervenante tend donc à détruire, ou en tout cas à réduire, la relation entre les variables indépendantes initiales et la délinquance et à confirmer la théorie selon laquelle la délinquance ordinaire serait principalement fonction du degré d'ordre/désordre du quartier, toutes choses égales d'ailleurs. Depuis, quelques auteurs, et notamment Bernard E. Harcourt[2], doutent néanmoins que la théorie puisse être à l'origine de la décrue de la criminalité[3] et du lien significatif entre désordre et criminalité.

En *France*, les travaux de S. Roché sur la « tolérance zéro »[4] contribuent également à valider la théorie dans ses deux branches (plus de sentiment d'insécurité et plus de délinquance) comme l'indique notamment l'intitulé du chapitre 5 de l'ouvrage « Plus d'incivilités, plus de délinquance »[5 et 6].

297 *Implications de politique criminelle de la théorie* ◇ L'hypothèse de l'existence d'une relation forte entre désordre et délinquance a conduit les auteurs de la théorie à en déduire que l'on réduirait la criminalité si on s'attaquait aux désordres apparemment mineurs, sans attendre que des actes délictueux véritables aient été commis et que soit amorcée la spirale de la décomposition sociale du quartier sous l'effet du « syndrome de la vitre brisée ».

Cette solution concrète constitue le thème essentiel de l'article princeps de Wilson et Kelling. Cet article est une méditation importante sur le rôle de la police dans la cité. À cet égard, ces auteurs opposent la conception américaine traditionnelle de la police comme *instrument du « maintien de l'ordre »*, l'ordre étant entendu au sens de l'ensemble des pratiques sociales consistant à respecter autrui dans un environnement anonyme[7], à sa conception moderne d'*instrument de lutte contre le crime* (*law enforcement*) par les enquêtes criminelles effectuées jadis aux États-Unis par les citoyens puis par les enquêteurs privés. L'antithèse patrouilles de police à pied/patrouilles motorisées illustre cette opposition. Le vœu des auteurs est que la police redevienne l'instrument de « maintien de l'ordre » qu'elle était (sans pour autant bien entendu abandonner sa fonction de lutte contre le crime) pour prévenir la délinquance en empêchant la formation de situations de désordre. Cela n'implique nullement des arrestations et des poursuites dans tous les cas, d'autant que nombre d'incivilités ne sont pas pénalement punissables. C'est cependant la conclusion que l'on a généralement tirée sous l'appellation de la « *tolérance zéro* ».

1. Sur la notion de variable, *cf. supra* n° 120.
2. Ouvrage et art. précités.
3. *Cf. infra* n° 298-299.
4. Ouvrage précité.
5. Plus d'incivilités, plus de sentiment d'insécurité fait l'objet du chapitre 4 sous le titre « Désordres et méfiance ».
6. V. cependant P. Ponsaers, « Criminalité, centres-villes et villes centrales. Une critique de la théorie de la "vitre brisée" », *RDPC*, 2004, p. 798.
7. Et non au sens français étroit que l'on entend quand on parle de « la police du maintien de l'ordre » (intervention des CRS pour disperser une manifestation illégale notamment).

298 *La politique de la tolérance zéro* ◇ La notion de politique de la tolérance zéro dans toute sa rigueur signifie, comme son nom l'indique, que lorsque les policiers constatent une infraction pénale – fût-ce une petite contravention – ou reçoivent une plainte pour infraction, ils doivent dresser procès-verbal et transmettre celui-ci à la justice qui elle-même devrait donner une suite à la constatation par une condamnation. Elle consiste donc dans l'application systématique de la loi pénale et devrait même comporter, pour certains, la célérité et la sévérité de la sanction pénale.

1) Cette théorie de politique criminelle a eu un impact considérable aux *États-Unis*.

Elle a d'abord inspiré la politique drastique de l'ancien maire de New York, Rudolf Giuliani, et celle de sa police. Elle a été mise en pratique pour la première fois en 1990 dans le métro de sa ville. Elle a consisté notamment à lutter contre les resquilleurs, la mendicité, l'alcoolisme et la drogue et les graffitis. Elle a abouti à des résultats spectaculaires. Le métro de New York qui était devenu très dangereux s'est transformé en un modèle de sécurité : de 1990 à 1996, la délinquance y a, dit-on, accusé une baisse de 80 %. Généralisée à l'ensemble de la ville de New York et importée dans d'autres villes, l'arrestation systématique des personnes sans billet dans le métro, graffitistes, ivrognes, voleurs à l'étalage et autres petits délinquants, en permettant de contrôler leur identité[1] et de fouiller les suspects a permis une diminution significative de la criminalité : plus de 44 % pour New York en 1997 par rapport à 1993, soit le niveau le plus bas depuis les années 1970. S'agissant en particulier du taux d'homicide, il a diminué de 72 % à New York et de 77 % à Boston dans les années 1990-1999[2].

Cette stratégie a été introduite en 1998 dans la lutte contre la délinquance juvénile par l'Office de protection de la délinquance et de la justice des mineurs (OJJPD). Elle consiste dans une intervention immédiate dès les premiers comportements délinquants. Les premiers résultats ont annoncé une baisse de 6 % de la délinquance des mineurs et de 14 % des meurtres par mineurs.

2) *En France*, on peut tout d'abord rattacher à la théorie de la fenêtre cassée, sinon à la tolérance zéro, l'action de la section des renseignements généraux « Violences urbaines » de 1991 à 2000. Comme l'expose très bien son chef, la Commissaire Lucienne Bui-Trong[3], cette action a consisté à collecter toute une série d'actes qualifiés de « violences urbaines » classés suivant une échelle de huit degrés. L'examen du seul premier degré montre que les faits considérés tombent déjà pour la plupart sous le coup de la loi pénale[4], mais l'originalité de l'initiative venait de ce que la police de sécurité publique s'en désintéressait comme insignifiants, alors qu'ils constituent des manifestations de désordre urbain. Cette différence de perception n'a d'ailleurs pas cessé d'opposer la section Violences urbaines à nombre de chefs de la police urbaine intéressés surtout par la solution des « belles affaires » et a entraîné sa suppression à partir de l'année 2000[5].

La loi pour la sécurité intérieure du 18 mars 2003 s'inspire aussi à bien des égards de la théorie de la vitre cassée et de la politique de tolérance zéro. Tel est notamment le sens du chapitre X, « Dispositions relatives à la tranquillité et à la

---

1. Le contrôle d'identité aux USA n'est autorisé que lorsqu'il existe un motif précis.
2. O. Patterson et C. Winship, « Boston's police solution », *The New York Times*, 3 mars 1999.
3. L. Bui-Trong, *Violences urbaines. Des vérités qui dérangent*, éd. Bayard, 2000.
4. *Cf. op. cit.*, p. 63-65. Il s'agit par ex. d'incendies de poubelles, de vols à l'étalage, d'affrontements entre bandes, etc.
5. *Cf. supra* n° 157.

sécurité publique », lorsqu'il incrimine successivement le racolage passif, l'occupation illégale de terrain, le squat, l'exploitation de la mendicité, la demande de fonds sous contrainte sur la voie publique, le regroupement dans les parties communes d'immeubles[1]. Ces incriminations nouvelles sont destinées à permettre à la police de verbaliser les auteurs de ces faits et de rendre possible leur poursuite dans l'esprit de la politique de la tolérance zéro[2]. On a également rattaché la loi du 9 mars 2004 portant adaptation de la justice aux évolutions de la criminalité, dite loi Perben II, à la théorie de la fenêtre brisée[3]. On peut avancer la même hypothèse pour expliquer certaines dispositions répressives insérées dans la loi du 5 mars 2007 relative à la prévention de la délinquance, ou encore en dernier lieu dans la loi du 14 mars 2011 d'orientation et de programmation pour la performance de la sécurité intérieure dite LOPPSI 2[4].

299 *Critique de « la politique de la tolérance zéro »* ◇ La notion de politique de la tolérance zéro a donné lieu à des critiques importantes ces dernières années. D'une manière générale, on a fait observer qu'il s'agissait plus d'un mot d'ordre avec tout ce que ce terme renferme de simplification voire de simplisme, et non le résultat d'une analyse sérieuse des relations entre les désordres et l'efficacité de la lutte contre la délinquance. On a d'ailleurs relevé que la théorie de la « vitre brisée », telle qu'elle est exposée par ses auteurs, ne conduisait pas nécessairement à la politique de la tolérance zéro[5]. D'ailleurs dans un entretien accordé en 1999 au journal *Law Enforcement News*, Georges L. Kelling s'est référé avec une certaine amertume à la répercussion répressive de l'approche qu'il a préconisée par les stratégies de « tolérance zéro », allant même jusqu'à qualifier la tolérance zéro d'« enfant bâtard » de la métaphore des vitres cassées[6].

D'une manière plus précise, deux catégories de critiques lui ont été adressées.

1) Les premières concernent les rapports entre l'efficacité de l'action policière et la notion de tolérance zéro[7]. On a ainsi fait remarquer en premier lieu que l'intransigeance policière risquait d'exaspérer à la longue les citoyens et de compromettre la qualité du lien pouvant exister entre la police et le public. En deuxième lieu, on a fait valoir que le zèle requis par la tolérance zéro, en multi-

---

1. C. Lienhard, « La loi n° 2003-239 du 18 mars 2003 pour la sécurité intérieure. Les nouvelles infractions », *JCP*, 2003, n° 14, Act. 185; *adde* sur le racolage passif : J. Vernier « La répression de la prostitution à la conquête de nouveaux espaces », *APC*, 2010, p. 75-92.
2. L'expression fait partie du langage courant des autorités politiques depuis quelques années, quelle que soit la majorité au pouvoir. Alors Ministre de l'intérieur, M. Nicolas Sarkozy avait même renchéri sur l'expression en réclamant une « politique de tolérance *double* zéro » pour les actes de racisme et d'antisémitisme (*Le Monde* du 12 avr. 2003).
3. J. Pradel, « Vers un « *aggiornamento* » des réponses de la procédure pénale à la criminalité. Apports de la loi du 9 mars 2004 », *JCP* 2004. I. 134.
4. Incrimination de la distribution d'argent à des fins publicitaires sur la voie publique (art. 431-29 du C pén.), correctionnalisation de la « vente à la sauvette » (art. 446-1) et création d'un délit pour son exploitation (art. 225-12-8 et s.). Dans sa décision n° 2011-625 DC du 10 mars 2011, le Conseil constitutionnel a toutefois déclaré contraire au principe de nécessité des délits et des peines la disposition qui incriminait la revente sur une réseau en ligne, sans accord préalable des organisateurs, de billets d'entrée dans une manifestation culturelle sportive ou commerciale.
5. *Cf. supra* n° 297.
6. Cité par J.-P. Brodeur, *Les visages de la police*, précité, p. 215.
7. M. Cusson, *op. cit.*, 2002, p. 180-182.

pliant les confrontations avec les fauteurs de désordre, exposait la police aux risques de « bavure ». On a également souligné que la tolérance zéro en privant les policiers de tout pouvoir d'appréciation de l'opportunité d'intervenir ou non était en contradiction avec un exercice intelligent de la fonction policière. Enfin on a mis en doute que la baisse importante de la criminalité à New York était due exclusivement à la tolérance zéro, car la criminalité a également baissé dans d'autres grandes villes américaines à la même période sans recours à la tolérance zéro et, à New York même, la baisse serait due à d'autres phénomènes [1]. Finalement, il apparaît que la tolérance zéro comme politique policière d'application générale est contre-indiquée; elle n'est défendable que comme un moyen de dissuader des transgresseurs polymorphes (métro de New York) et comme une stratégie locale pour reprendre le contrôle d'un secteur livré aux voyous. Apparaît ainsi la notion de *stratégie indirecte* : comme les braqueurs et les meurtriers se dérobent devant une attaque frontale, on les frappe par le biais de la lutte contre les incivilités et les délits mineurs.

2) Ces considérations propres à l'Amérique du Nord, peuvent être reprises également pour la France, d'autant que l'on voit mal comment la police pourrait appliquer une tolérance zéro dans un contexte où nombre d'infractions sont seulement inscrites « en main courante » dans les commissariats de police et où, pour le reste, les parquets classent sans suite plus de 80 % des affaires dont ils sont saisis [2]. Mais la politique de la tolérance zéro a fait l'objet de critiques plus fondamentales que les précédentes [3]. Qualifiée d'« imbécillité pénale », la tolérance zéro y est écartée au profit d'une politique de maîtrise des lieux collectifs par la construction de « règles d'hospitalité des lieux collectifs » et de l'attribution de leur application à des « garants de lieux collectifs » à inventer. Si la police n'est pas totalement évincée de la lutte contre les désordres, elle ne figure plus que comme l'un des « métiers de l'ordre public », parmi bien d'autres. L'idée est excellente. Elle pose toutefois la question de savoir s'il n'est pas nécessaire que la police conserve ce que l'on peut appeler une *réserve de contrainte* pour que les « garants » puissent vraiment garantir l'ordre dans l'espace public... Au demeurant, abstraction faite de l'intervention policière, la pratique de la politique de la « tolérance zéro » peut être aussi l'œuvre de personnes dotées d'un certain pouvoir disciplinaire. Tel est le cas des collèges. C'est ainsi que la principale du collège Romain Rolland, près d'Angoulême, expérimente avec succès la « tolérance zéro » sans portique ni caméra de surveillance : en effet « elle convoque tous les méfaits : l'insolence comme la bagarre, l'indiscipline comme le jet de pierre. La conviction de cette forte tête de 51 ans est simple : en ZEP (zone d'éducation prioritaire), plus qu'ailleurs, "il ne faut rien lâcher" » [4].

---

1. E. Stauffer, « Le zéro tolérance et la baisse de la criminalité dans la ville de New York », *RICPT*, 1999, p. 151-162; M. Cusson, « La géocriminologie, ses applications par la police de New York », *RPDP*, 2000, p. 653-665. B.E. Harcourt, *L'illusion de l'ordre. Incivilités et violences urbaines : tolérance zéro ?*, Paris, éd. Descartes, 2006. Dans une interview donnée au journal *Le Figaro* (26 août 2003), Jim Linch, professeur de criminologie et d'analyse des statistiques criminelles à l'American University de Washington considère que la baisse de la criminalité aux États-Unis au plus bas en 2002 depuis 30 ans (23 millions de crimes violents et vols en 2002 contre 44 millions en 1973) est « trop forte pour être seulement redevable à la police ».

2. *Cf. infra* n° 459. V. également les critiques de C. Mouhanna, « Négocier ou sanctionner : le travail policier au quotidien », *in* M. Cusson et al., *Traité de la sécurité intérieure*, 2007, p. 140-151 (La judiciarisation, stade ultime du travail prescrit).

3. S. Roché, *Tolérance zéro ? Incivilités et insécurité*, éd. O. Jacob, 2002; « La tolérance zéro est-elle applicable en France ? », *CSI*, 1998, n° 34, p. 263-282.

4. *Le Monde* du 11 juin 2009 (Le collège selon Mme Lambert).

f. La théorie du choix rationnel (*rational choice*)

300 *Une théorie de la liberté empirique*[1] ◇ Selon le résumé du bilan des recherches sur le sujet qui en a été fait[2], la perspective théorique des choix stratégiques et des décisions rationnelles trouve sa principale formulation dans les travaux de Clarke et Cornish publiés en 1985[3]. Dans le contexte actuel beaucoup de criminologues nord-américains recourent à la notion de « choix rationnel » pour comprendre comment les délinquants potentiels décident de commettre des crimes spécifiques, mais aussi pour tenter d'expliquer les raisons théoriques et pratiques qui font en sorte que les délinquants décident de commencer, de poursuivre, ou au contraire, de mettre un terme à leurs activités criminelles. L'abandon du style de vie délinquant, comme l'entrée dans la carrière criminelle, leur paraît procéder d'une décision personnelle du délinquant et pour les récidivistes c'est également l'effet de ce que l'on a appelé la « dissuasion différée »[4].

À travers une analyse des caractéristiques situationnelles des décisions criminelles des actes délictueux spécifiques (essentiellement la constellation des opportunités, les coûts et les bénéfices attachés à des types de crime particuliers) et des différentes étapes et processus par lesquels passe le délinquant potentiel avant de s'engager dans les activités illicites, cette théorie permet aux criminologues, comme aux praticiens (policiers, juges d'instruction) analystes du crime, d'apprécier le délinquant potentiel comme un acteur rationnel qui choisit de commettre le crime, même pour des actes qui peuvent paraître à première vue profondément irrationnels, tels que la pédophilie[5].

Cette perspective théorique est importante, car elle lie un délinquant particulier à une situation spécifique caractérisée par la commission ou non d'un événement criminel. Elle fournit l'élément de base à partir duquel les criminologues peuvent construire d'autres théories plus précises et établir des liens avec d'autres théories du comportement criminel, dont les buts sont davantage axés vers la recherche et les mesures de contrôle de la criminalité. Comme par ailleurs Clarke

---

1. Séminaire de criminologie appliquée de l'IHESI du 23 nov. 1995 : *Délinquants et rationalité* : Rapports M. Cusson, « La délinquance considérée comme une activité rationnelle »; M. Myrhe, « Les choix stratégiques et les décisions rationnelles »; J. Proulx, « Le pédophile, un délinquant rationnel : restitution de recherches de terrain »; R. Le Doussal, « Les principes de la prévention situationnelle à l'épreuve du terrain : le plan de lutte contre les vols dans les hôpitaux de Paris »; Conclusions du séminaire, R. Gassin. Colloque de l'Intercenter de Messine, 10-14 avr. 1996 : *Fondements théoriques et philosophiques de la prévention situationnelle et de la théorie du choix rationnel*, Rapports K. Pease, A. Bouloukos et G. Farrell, M.-A. Nigli, K.-O. Opp, R. Gassin, G. Gennaro, R. Seve, G. Newman et P. Marongiu, G. Russo, N. Tilley, S. Shoham, R. Clarke, G. Barletta. M. Cusson, *La délinquance, une vie choisie. Entre plaisir et crime*, Montréal, éd. Hurtubise, 2005, 226 p.; « L'effet intimidant des sanctions à la lumière des recherches récentes sur le calcul coûts-bénéfices du délinquant », *in Le droit pénal à l'aube du troisième millénaire. Mélanges offerts à Jean Pradel*, Cujas, 2006, p. 741-752; M.-A. Neuilly, « Theory and Practice of the Criminal Choice », *in* M. Herzog-Evans (ed.), vol. 1, p. 541-555.
2. Rapport de Melle Myrhe (« Les choix stratégiques et les décisions rationnelles ») au séminaire de l'IHESI précité dont nous reprenons l'essentiel de l'introduction.
3. R. V. Clarke et D. B. Cornish, « Modeling offenders decisions : a framework for research and policy », *in Crime and Justice : an annual review of research*, Vol. VI, M. Tonry et N. Morris (éditeurs), Chicago, 1985, p. 147-185; R. V. Clarke et G. R. Newman (éd.), *Designing out crime from products and systems*, Cullompton, William Publishing, 2005, 265 p.
4. Cf. *supra* n° 291.
5. V. J. Proulx, « Criminologie de l'acte et pédophilie », *RICPT*, 1995, p. 294-310; R. Fillieule, et C. Montiel, *La pédophilie*, IHESI, coll. Études et recherches, 1997, 79 p.

et Cornish, qui ont été les premiers à formuler la théorie du « choix rationnel » pour expliquer la délinquance, sont également les pionniers de cette forme de prévention de la délinquance que l'on appelle la prévention situationnelle[1], cette perspective théorique est intrinsèquement liée à la prévention situationnelle, ce qui explique notamment la formulation du thème du colloque de Messine précité.

En raison du traitement spécifique des actes criminels et de leur environnement, on lie souvent la perspective du « choix rationnel » à trois autres théories avec lesquelles elle est effectivement plus ou moins proche selon le cas : la théorie des activités de la vie quotidienne de Lawrence E. Cohen et Marcus Felson[2], l'analyse stratégique de Maurice Cusson[3] et l'analyse géographique de l'école de la criminologie environnementale de Patricia L. Brantingham dans le prolongement de la théorie écologique de Clifford R. Shaw[4].

La théorie du choix rationnel n'est pas propre à la criminologie[5]. Elle occupe même une place de choix dans la science politique actuelle depuis les travaux d'un ancien élève de Raymond Aron, le norvégien Jon Elster, professeur de science politique et de philosophie à l'Université de Chicago[6]. Mais c'est également par ce biais qu'elle fait l'objet de critiques sérieuses. Ainsi qu'on l'a écrit : « L'essor de l'approche dite du « choix rationnel » a probablement été l'évolution la plus significative des deux dernières décennies : elle a offert à la science politique un instrument d'analyse d'une grande force. Certains tenants de cette analyse voudraient assurer à cette approche une position hégémonique. Ce *serait regrettable compte tenu de sa tendance à exclure les facteurs culturels*. Le « choix rationnel » suppose que le comportement humain se laisse interpréter comme une réponse rationnelle à la situation immédiate... Mais le comportement humain est fortement influencé par ce qu'on apprend au début de la vie, et qui est lui-même façonné par le patrimoine historique de la société à laquelle on appartient... »[7].

Ce qui est vrai pour la science politique l'est aussi pour la criminologie[8]. MM. Le Blanc et Frechette ont bien marqué les limites de la théorie du choix rationnel pour les adolescents et les jeunes adultes. « Ils sont motivés, écrivent-ils, par un curieux mélange d'utilitarisme et d'hédonisme... Le mélange des motivations varie toutefois de façon importante d'une catégorie de délits à l'autre... La prédominance des motivations change aussi d'une période de la vie à l'autre, l'hédonisme régressant avec l'âge et l'utilitarisme progressant. Nos

---

1. R. V. Clarke, « Situationnal crime prevention : theory and practice », *Brit. Journ. Crim.* 1980, n° 2, p. 136-147; « Les technologies de la prévention situationnelle », *CSI*, 1995, n° 21, p. 101-113. Sur la prévention situationnelle, v. *infra* n° 967.

2. *Supra* n° 293.

3. *Supra* n°s 290 et s.

4. *Supra* n°s 17 et 61.

5. Sur la théorie du choix rationnel en général, *cf.* les multiples contributions du vol. 34, n° 1, de la revue *Sociologies et sociétés*, 2002, p. 3-174, parmi lesquelles J. Poupart, « Choix rationnel et criminologie : limites et enjeux », p. 133-145; R. Boudon, « Théorie du choix rationnel, théorie de la rationalité limitée ou individualisme méthodologique : que choisir ? », *Journal des économistes et des études humaines*, vol. XIV, n° 1, mars 2004, p. 45-62.

6. La thèse de doctorat de Jon Elster qui date de 1971 a été traduite en français : *Karl Marx, Une interprétation analytique*, Paris, PUF, 1989 (1re éd. 1985). *Adde* dans *Le Monde des Débats* de mai 2000 sous le titre « La science politique américaine, science "dure" », les art. J. Cohn, « Le choix rationnel, nouvel évangile », S. Hoffman (entretien avec), « Un signe d'isolement » et R.-M. Smith, « Politologue et fier de l'être ».

7. R. F. Inglehart, « Choc des civilisations ou modernisation culturelle du monde », *Revue Le Débat*, mai-août 1999, p. 23-54, spéc. 53-54.

8. Sur la compatibilité de la théorie du choix rationnel et de la théorie du contrôle social de T. Hirschi, *cf. supra* n° 253.

observations sur les motifs du passage à l'acte permettent d'atténuer la position de ceux qui, comme Cusson (1983) ou Clarke et Cornish (1985) croient que l'acte criminel est entièrement rationnel. La position de Benneth et Wright (1984) ou de Walsh (1986) apparaît plus raisonnable, l'acte délictueux apparaissant comme le résultat d'une rationalité limitée ou temporaire. Les délinquants ne calculent pas dans le style de Bentham, pesant et planifiant le pour et le contre d'un délit. Plutôt, ils tendent à considérer des éléments particuliers de la situation et à en oublier d'autres, prêtant surtout attention aux facteurs immédiats et critiques » [1].

Cela dit, la théorie du choix rationnel n'en correspond pas moins à une expérience réelle, depuis celle du praticien qui considère l'agir criminel comme le produit d'un choix de l'auteur de l'acte qui est animé par la recherche du plaisir et la certitude de l'impunité [2], jusqu'à ces confessions d'un baron de la « *French connection* » qui déclare « on ne naît pas voyou, on le devient par choix » [3]. Par ailleurs, contrairement à ce qui est souvent affirmé, il n'y a pas de contradiction réelle entre la théorie du choix rationnel et le fait que la grande majorité des délinquants appartiennent aux classes pauvres. En effet, dans la balance avantages/inconvénients qui détermine le choix de commettre un délit ou de s'en abstenir, le fait d'appartenir à la catégorie des pauvres minimise les coûts et inconvénients attachés à l'acte, tandis que l'appartenance aux classes aisées les amplifie : le « riche » a plus à perdre que le « pauvre ».

§ 3. Les théories de la criminologie dite de la réaction sociale [4]

301 *Une nouvelle orientation et plusieurs tendances* ◇ Depuis 1960 environ, une nouvelle orientation capitale s'est affirmée en criminologie, dans la criminologie nord-américaine d'abord, puis de proche en proche,

---

1. M. Le Blanc et M. Frechette, « Le passage à l'acte délictueux au cours de la jeunesse et de l'adolescence », *RICPT*, 1991, 145 et s., spéc. 167.
2. P. Bensimon, *Profession : criminologie. Analyse clinique et relation d'aide en milieu carcéral*, Montréal, 2009, CR : R. Gassin, *RSC*, 2010, p. 388 ; J. Pradel, *RPDP*, 2010, p. 951-952 ; P. Mbanzoulou, *CS*, avril-juin 2010, p. 251-253.
3. *Le Figaro* des 2-3 mai 2009.
4. J. Pinatel (1987), *v°* « Réaction sociale (criminologie de) », p. 184-185 ; P. Robert, « La sociologie entre une criminologie du passage à l'acte et une criminologie de la réaction sociale », *AS*, 1973, p. 441-504 ; G. Kellens, « La nouvelle sociologie de la déviance au Royaume-Uni », *AS*, 1975, p. 510-523 ; R. Gassin, « De quelques tendances récentes de la criminologie anglaise et nord-américaine », *RSC*, 1977, p. 249-268 ; P. Robert, « L'évolution récente de la sociologie criminelle », *AMLC*, 1977, p. 605-610 ; P. Robert, « Déviance, déviances, un champ en renouvellement », *AS*, 1978, p. 223-238 ; M. Spector et G. Casadamont, « Profils épistémologiques en criminologie comparée », *Dév. et soc.* 1978, p. 349-364 ; Y. Brillon, « La politique criminelle comme objet d'étude de la criminologie de la réaction sociale : quelques principaux paramètres », *RICPT*, 1978, p. 353-366 ; J. Pinatel, « Las nuevas tendencias de la criminologia », *Jornadas internacionales*, Caracas, 19-21 nov. 1979 ; « Le mouvement des faits, des idées et de la réaction sociale en criminologie », *RDPC*, mars 1981 ; P. Robert, « La criminologie de la réaction sociale », *Actes du 29ᵉ Cours internat de criminologie*, Pampelune, 1981 ; même auteur : « La criminologie de la réaction sociale à une sociologie pénale », *AS*, 1981, p. 252-283 ; P. Landreville, « Évolution théorique en criminologie : l'histoire d'un cheminement », *Criminologie*, 1986, p. 11-32 ; « Acteur social et délinquance, Hommage à C. Debuyst », *Colloque international*, Louvain, sept. 1989, Mardaga éd., 1990 ; M. Killias, *Précis de criminologie*, p. 349-398 ; P. Robert *in* L. Muchielli (dir.), *op. cit.*, p. 429-447 ; J. Faget, p. 75-99 ; J. Carbonnier, *v°* « Sociologie du droit pénal », *Dict. sc. crim.*, p. 877-879.

en Angleterre et sur le continent européen : il s'agit de la *criminologie dite de la réaction sociale.*

La première manifestation de ce courant puise son origine dans la distinction faite, dès 1951, par Edwin M. Lemert entre déviance primaire et déviance secondaire [1] et dans les résultats des premières enquêtes de « délinquance cachée » chez les jeunes [2]. Partant de l'idée qu'il n'y a pas de différence entre délinquants et non-délinquants, les partisans de cette tendance ont soutenu que la seule chose qui méritait examen, c'est l'étude de la manière dont certains individus sont « stigmatisés » comme délinquants et dont se constitue le « statut social de délinquant ». Il s'est ainsi développé depuis 1960 toute une littérature autour de ce type de questions connue sous l'appellation de « *perspective interactionniste* ». À peu près à la même période, on a vu aussi apparaître une autre variété, tout à fait différente, de la criminologie dite de la réaction sociale, connue sous le nom de « *criminologie organisationnelle* » qui puise sa source dans le développement technocratique contemporain appliqué à la justice pénale. Enfin, vers la fin des années 1960, un autre courant de la criminologie dite de la réaction sociale s'est encore affirmé, sous l'influence des diverses tendances de la pensée néo-marxiste, baptisé d'abord « anti-criminologie » puis *criminologie « critique »*, « *radicale* », ou encore « *nouvelle* » (ce qui n'est pas très original).

En définitive, on peut distinguer trois courants principaux dans cette criminologie dite de la réaction sociale : le courant *interactionniste* (A), le courant *organisationnel* (B) et le courant *critique ou radical* (C). Mais comme il s'agit de perspectives qui, de notre point de vue, n'entrent pas dans l'objet véritable de la criminologie mais dans celui de la *sociologie pénale* [3], on va simplement en donner une idée générale pour que les étudiants n'en ignorent pas l'existence et les notions essentielles, en insistant seulement sur les aspects qui peuvent servir à l'intelligence de l'action criminelle et des moyens scientifiques de lutte contre la délinquance, renvoyant pour le surplus à un manuel de sociologie pénale.

A. Le courant interactionniste [4]

302 *Idée générale* ◇ Les théories qui se rangent sous cette bannière sont désignées indifféremment sous les appellations générales de « *labeling*

---

1. *Cf. supra* n° 62.
2. Sur la méthodologie de ces enquêtes, *cf. supra* n° 168 et, sur leurs résultats, *cf. infra* n°s 450 et 460.
3. *Cf. supra* n°s 29 32 et 66-68.
4. J. Pinatel (1987), v° « Interactionniste (criminologie) », p. 122 123 ; F. M. Lemert, *Social pathology*, McGraw-Hill, 1951, et *Human deviance, Social problems and social control*, Englewood Cliffs (NJ), 1re éd. 1967, 2e éd. 1972 ; H. S. Becker, *Outsiders*, McMillan, New York, 1re éd. 1963, 2e éd. 1973, traduction française 1985, éd. A. Métailié et *Les ficelles du métier. Comment conduire sa recherche en sciences sociales*, La Découverte, 2002, spéc. p. 76-77 ; E. Goffman, *Stigma*, Prentice Hall, 1963, trad. française « Stigmate », éd. Minuit, 1975 ; S. Shoham, *The mark of Caïn, The stigma theory of crime and social deviation*, Jérusalem, 1970, Nouvelle éd., Londres, New York, 1982 ; P. Rock, *The making of symbolic interactionism*, 1979 ; N. Walker, *Punishment, danger and stigma*, 1980 ; H.-L. Ross, « Une conception nouvelle du comportement déviant dans la sociologie américaine », *RDPC*, 1970-71, p. 53-59 ; G. Kellens, « Crime en col blanc et stigmatisation », *RDPC*, 1970-71, p. 327-338 ; Marc Le Blanc, « La réaction sociale à la délinquance juvénile : une analyse stigmatique », *Acta criminologica*, 1971, p. 113-192 ; L. Van Outrive, « Stigmatisation : un prolongement de l'analyse criminologique ? », *RDPC*, 1973, p. 363-384 ; G. Kellens, « Interactionnisme *versus* personnalité criminelle », Actes du 7e Congrès international de criminologie, Belgrade, 1973 ; C. Debuyst, « Une criminologie de l'étiquetage ou une criminologie du passage à

LES GRANDES THÉORIES CRIMINOLOGIQUES 251

theory », « théorie de la stigmatisation », « théorie de l'étiquetage », « *social reaction approach* », « *interactionist theory* »... Elles correspondent avant tout à une certaine conception de la déviance (b). Mais pour comprendre celle-ci, il faut d'abord connaître son cadre de référence (a). D'autre part, pour en mesurer la portée, il est nécessaire d'en préciser les niveaux d'analyse (c), ce qui permettra finalement de délimiter plus aisément l'apport que la criminologie véritable peut en retirer (d).

303 *a) Le cadre de référence de la « labeling theory »* ◇ L'ensemble des conceptions que l'on désigne sous ce label forment une théorie qui s'appuie sur des *bases psycho-sociologiques* bien précises. Ces points d'appui sont de trois sortes : 1/ la *notion de rôle*, selon laquelle les comportements des individus dans la vie sociale ne procèdent pas du hasard et de la contingence pure, mais correspondent à quelque chose de cohérent, le rôle social[1] ; 2/ le *concept d'interaction*, qui implique dans les rapports individuels et de groupe, l'idée d'un processus dynamique, c'est-à-dire d'une succession dans le temps d'étapes distinctes fonctionnant de manière telle que tout acte d'un participant à la relation constitue à la fois une réponse à un stimulus émis par un autre et un nouveau stimulus pour ce dernier (action, réaction, pro-action...)[2] ; 3/ la *conception de la personnalité de G.H. Mead*, selon qui la personnalité de l'individu se construit lentement au cours de son histoire personnelle à partir d'une structure à trois instances (le « Je », le « Moi » et le « Soi ») et selon une succession d'étapes déterminées dans lesquelles l'*interaction* avec « Autrui » joue un rôle déterminant[3]. D'où l'appellation de courant « interactionniste ».

304 *b) La conception de la déviance pour les interactionnistes* ◇ Les interactionnistes parlent de *déviance*, notion beaucoup plus large que celle

---

l'acte ? », *AIC*, 1973, p. 283-290 ; J. Vérin, « Stéréotype des délinquants et stigmatisation », *RSC*, 1975, p. 229-232 ; F.-X. Ribordy, « De la démonopolisation du droit à une nouvelle définition du crime », *in Le progrès en question*, Actes du 9ᵉ Colloque de l'Association internationale des sociologues de langue française, 1975, vol. II, p. 113-135 ; R. Gassin, « De quelques tendances récentes... », précité, p. 251-258 et 265-267 ; L. Van Outrive, « Interactionnisme et néo-marxisme, une analyse critique », *Dév. et soc.* 1977, p. 253-289 ; 18ᵉ Congrès français de criminologie, Aix-en-Provence, 1979, « La théorie de la stigmatisation et la réalité criminologique », Rapports R. Gassin, H. Touzard, V. Peyre, J. Carbonnier, F. Boulan, H. Souchon, J.-Y. Lassalle, G. Di Marino, A.-M. Favard, S. Plawski et G. Levasseur, PUAM, 1980 ; L. Walgrave, « Considérations sur l'orientation de la psychologie dans la criminologie actuelle », *Dév. et soc.* 1980, p. 305-330 ; M. Addad et M. Benezech, « Nouvelle approche du processus de stigmatisation en criminologie », *RIPC*, mars 1982 ; S.-G. Shoham, « La marque de Caïn », *RDPC*, 1985, p. 451-459 ; R. Fillieule, *op. cit.*, p. 198-211 ; J. Faget, p. 76-93 ; M. Killias, nᵒˢ 838-846 ; F. Brion, « Le monde judiciaire selon Garfinkel », *Criminologie*, 2003, vol. 36, nᵒ 2, p. 9.

    1. *Cf.* A.-M. Rocheblave-Spenle, *La notion de rôle en psychologie sociale*, Paris, PUF, 2ᵉ éd. 1969.

    2. *Cf.* R. Daval, *Traité de psychologie sociale*, t. II, p. 117-118.

    3. G.-H. Mead, *Mind, Self and Society*, trad. française : « L'Esprit, le Soi et la Société », préf. G. Gurvitch, PUF, 1963. Pour un bon résumé de la théorie de la personnalité de G.-H. Head, *cf.* F. Digneffe, « Le concept d'acteur social et le sens de son utilisation dans les théories criminologiques », *in Acteur social et délinquance*, précité, p. 351 et s., spéc. p. 355-359.

de *délinquance* qu'ils ne veulent pas connaître comme catégorie spécifique[1]. Pour eux, ce qu'il y a d'intéressant et de significatif dans le phénomène de la déviance, ce n'est nullement *l'acte déviant* mais ce sont les *processus* par lesquels la société accole *l'étiquette* de « déviant » à certains individus et la manière dont ceux-ci réagissent à cette « *stigmatisation* ». Les actes déviants (déviance primaire) n'ont pas une étiologie différente de celle des actes non déviants. En revanche, l'*interaction* qui se noue entre les individus soupçonnés, à tort ou à raison, d'avoir commis un acte déviant et les personnes, groupes ou institutions officielles (police, tribunaux) qui réagissent à ces comportements vrais ou supposés, crée un « statut social de délinquant » et entraîne la réorganisation de la personnalité de ces individus en fonction de ce rôle nouveau de « déviant » qui vient de leur être assigné. C'est cette « redéfinition de soi » comme déviant que Lemert appelle la « déviance secondaire » et H. Becker la « carrière criminelle »[2] et qui est à la base de la typologie de Becker[3]. En bref, selon une formule célèbre de Lemert : « Ce n'est pas la déviance qui conduit au contrôle social, mais c'est le contrôle social lui-même qui conduit à la déviance. »

305 **c) Les niveaux d'analyse de la labeling theory** ◇ À partir du moment où l'on considère la déviance comme un statut social imposé par la société au terme d'un processus de stigmatisation, il est bien évident que l'acte criminel, sa dynamique, et la personnalité du déviant et son étiologie sont dépourvus de tout intérêt. Seuls comptent les processus d'interaction entre le « suspect » de déviance et les « autres » (institutions officielles et groupes sociaux non officiels) qui en constituent les « audiences », selon l'expression d'un sociologue nord-américain[4]. Quels sont alors les *niveaux* auxquels se situent ces processus d'interaction ?

La théorie interactionniste en distingue trois : 1/ le niveau de l'*application des règles* (entre autres des lois pénales) par les organes institutionnels de la réaction sociale (police, parquets, etc.) ; 2/ le niveau des *réactions interpersonnelles* de l'entourage immédiat (famille, employeur, amis...) et de l'environnement général (presse, radio, télévision...) ; 3/ le niveau même de l'*élaboration des règles sociales de conduite,* notamment de la loi pénale, qui sera d'ailleurs récupéré et amplifié ultérieurement par la criminologie radicale.

306 **d) L'intérêt criminologique de la perspective interactionniste** ◇ On peut reconnaître un double apport de ce courant à la connaissance criminologique véritable.

1) En mettant l'accent sur la notion de *processus d'interaction sociale,* il a indirectement attiré l'attention sur le *phénomène du passage à l'acte criminel proprement*

---

1. *Cf. supra* n° 61.
2. M. Le Blanc, « La carrière criminelle : définition et prédiction », *Criminologie*, 1986, 2. p. 79-99.
3. *Cf. supra* n° 62.
4. K. T. Erikson, « Notes on the sociology of deviance », *in* H. S. Becker (éd.), *The other side : perspectives on deviance*, New York, 1964, p. 9-21.

dit. À quelques exceptions notables près, la criminologie traditionnelle était essentiellement axée sur l'étude du délinquant. Depuis les interactionnistes, l'étude des processus du passage à l'acte criminel est devenue un chapitre fondamental de la criminologie. Mais il ne s'agit là que d'une influence indirecte, car l'idée de processus n'est utilisée par les interactionnistes que pour expliquer la « déviance secondaire » et non la « déviance primaire ».

2) Aussi bien est-ce surtout pour la compréhension du *phénomène de la récidive* que l'interactionnisme apporte quelque lumière à la criminologie, en montrant le rôle que les institutions répressives et les attitudes de l'entourage peuvent jouer dans la genèse de la réitération des infractions. Mais c'est aussi sa *limite*, car tous les « stigmatisés » ne récidivent pas et, mieux encore, les recherches empiriques les plus récentes montrent que l'application des peines a dans certains cas une *valeur dissuasive* certaine contrairement à ce que soutient la théorie de l'« étiquetage »[1,2].

3) Quant aux programmes d'intervention destinés à *prévenir la délinquance des jeunes*, les évaluations qui ont été faites de programmes nord-américains de soutien à la famille ont permis de constater qu'aucun effet de stigmatisation tel qu'il est postulé par la labeling théorie n'a été observé[3].

B. La criminologie dite organisationnelle[4]

307 *Sous la loupe des technocrates* ◇ Cette seconde variété de la criminologie dite de la réaction sociale regroupe tout le *courant technologique* qui s'est développé en Amérique du Nord[5], puis en Europe occidentale, autour de l'étude des phénomènes d'application de la loi pénale et d'administration de la justice pénale[6] et, en dernier lieu, de la création de la loi pénale elle-même.

Le recensement de son *domaine d'étude* montre qu'il est très étendu puisqu'il couvre l'étude des institutions qui participent à la création de la loi pénale (Parlement, Gouvernement), de la police, des organes de poursuites, des juridictions, des institutions pénitentiaires et de rééducation..., dont il analyse l'organisation, le fonctionnement, les méthodes d'action, le coût et l'efficacité.

Quant aux *techniques qui sont utilisées* pour mener à bien ces travaux, il s'agit des méthodes les plus sophistiquées parmi celles que peut offrir la technologie moderne et qui n'ont cessé de s'enrichir au cours des dernières années : modèle cybernétique, théorie de l'information de Claude Shannon, recherche opération-

1. *Cf.* J. McCord, « Detterence and the light touch of the law », *in* Farrington et Gunn (éd.), *Reaction to crime : the public, the police, Courts and Prisons,* John Willey and Sons, 1985, 189 p., CR *RSC,* 1987, p. 796.
2. Sur la criminologie *actionnaliste* comme prolongement et en même temps comme dépassement de la criminologie interactionniste, v. l'ouvrage de F. Dubet, *La galère : jeunes en survie,* Fayard, 1987, et le bref résumé de F. Digneffe, art. précité, p. 371-373.
3. M. Killias, *Précis de criminologie,* n° 667 et s.
4. J. Pinatel (1987), *v°* « Organisationnelle (criminologie) », p. 153-154; G. Kellens, « Recherches récentes sur l'administration de la justice pénale », *RDPC,* 1979, p. 203-214. *Adde* C. Balle, *Sociologie des organisations,* coll. « Que sais-je ? », PUF, 1990.
5. Un auteur, Jason Dillon, a forgé le terme de « contrologie » pour désigner cette perspective.
6. Pour une application, *cf.* C. Barberger et L. Gaymard, « La gestion des vols : trois traitements juridiques pour une infraction pénale », Rapport au ministère de la Justice, 1986, 284 p., CR *RSC,* 1987, p. 522-523.

nelle[1], théorie des jeux, théorie de la décision, analyse systémique, économétrie, sociologie des organisations, informatique[2], dont la dernière conquête est l'étude scientifique des processus de décision législative ou « légistique »[3].

On remarquera que le grand absent de ces divers travaux, c'est l'*action criminelle elle-même*, en sorte que l'on peut dire qu'il s'agit de *sociologie pénale* et non de criminologie proprement dite. Ce qui n'exclut pas leur utilité pour l'enrichissement de la criminologie[4], mais conduit à une impasse lorsqu'il s'agit de rendre compte de la *transgression de la loi pénale* entre criminalisation primaire par l'incrimination légale et criminalisation secondaire par le système de justice criminelle[5], car, ou bien la sociologie pénale est condamnée à se borner à *décrire le phénomène de la transgression* sous ses aspects quantitatifs (statistiques pénales) et qualitatifs (typologies pénales) si elle veut rester fidèle à la logique de son programme, ou bien, lorsqu'elle entend *l'expliquer en recherchant sa causalité*, elle est contrainte de trahir ce programme et de verser dans la sociologie criminelle traditionnelle de l'action criminelle[6].

C. La criminologie « critique » ou « radicale » ou « nouvelle »[7]

308 **1)** *Les origines* ◇ La criminologie dite « critique » est *née* en Angleterre et aux États-Unis à la fin des années 1960 (l'ouvrage de Denis Chapman,

---

1. P. Robert, « La recherche opérationnelle dans le système de justice criminelle », *in* 8ᵉ Conférence des directeurs d'Instituts de recherche criminologique du Conseil de l'Europe, 1971, p. 65 et s.
2. P. Robert, « Informatique et recherche pénale », *in Informatique et droit pénal*, 1981, p. 27-146.
3. J.-L. Bergel, *Informatique et légistique*, D. 1987, chron., p. 171-177. Cf. le *Guide pour l'élaboration des textes législatifs et réglementaires*, dit « Guide de légistique », 2ᵉ éd°., Doc. fr., 2007, en ligne sur Légifrance.
4. *Cf. supra* n° 32.
5. *Cf. supra* n° 31.
6. *Cf. supra* n° 64.
7. J. Pinatel (1987), *v°* « Radicale (criminologie) », p. 183-184; D. Chapman, *Sociology and the stereotype of the criminal*, Londres, 1968; W.-H. Nagel, « *Critical criminology* », *Abstracts on crim. and pen.*, 1971, n° 1, p. 1-5; I. Taylor, P. Walton et J. Young, *The new criminology*, Routledge, Londres, 1973, et *Critical criminology*, Londres et Boston, 1975; F.-X. Ribordy, « De la démonopolisation du droit à une nouvelle définition du crime », art. précité; J. Pinatel, « Les orientations de la criminologie critique », *RSC*, 1975, p. 189-192; R. Gassin, « De quelques tendances récentes... », art. précité; L. Van Outrive, « Interactionnisme et néo-marxisme », art. précité; Actes : Délinquances et ordre, Maspero (éd.), 1978; J. Inclardi, *Radical criminology. The coming crisis*, Londres, 1980; L. Walgrave, « Considérations sur l'orientation de la psychologie dans la criminologie actuelle », art. précité; A. Baratta, « Conflit social et criminalité », *Dév. et soc.* 1982, 1-22; P. Lascoumes et J. Commaille, « De la caution au dévoilement. La Justice, la recherche et leurs mythes », Ann. Vaucr., 1982, p. 81-107; J.-P. Brodeur, « La criminologie marxiste : controverses récentes », *Dév. et soc.* 1984, p. 43-70; J. Laplante, Crime et traitement. Introduction critique à la criminologie, Boréal Express éd., Montréal, 1985; S. Scheerer, « L'entrepreneur moral atypique », *Dév. et soc.* 1985, p. 267-289; T. Pitch, « Violence sexuelle, mouvement féministe et criminologie critique », *Dév. et soc.* 1985, p. 257-265; P. Hebberecht, « Les processus de criminalisation primaire », *Dév. et soc.* 1985, p. 59-77; R. Matthews et J. Young, Confronting crime, Sage publi., 1986; P. Robert, « La crise de l'économie répressive », *RSC*, 1986, p. 69-78; M.-A. Bertrand, « Perspectives traditionnelles et perspectives critiques en criminologie », *Criminologie*, 1986, p. 97-112; L. Anyar de Castro, *Criminologie de la libération*, Maracaïbo, 1987, 263 p., CR *RSC*, 1988, p. 634; M. Cusson, « De l'évolution pénale », *Dév. et soc.* 1990, p. 315-323; L. Hulsman, « Réponse à Maurice Cusson », *id.*, p. 325-334 et 337; M. Cusson, « Réponse à la réponse de L. Hulsman », *id.*, p. 335-336; L. Walgrave, *Délinquance systématisée des jeunes et vulnérabilité sociétale*, éd. Méridiens, 1992; R. Van Swaaningen, « Vingt ans de "Déviance et

Sociology and the stereotype of criminal, publié en 1968 semble avoir joué le rôle d'une sorte de déclic [1]), d'où elle a gagné certains esprits tant au Canada qu'en Europe occidentale. En France notamment, elle s'est inscrite dans le sillage de ce que l'on a appelé la « Pensée 68 », c'est-à-dire l'ensemble des idéologies véhiculées par les contestataires lors des événements de mai 1968, puis de la publication de l'ouvrage de Michel Foucault, *Surveiller et punir,* en 1975 qui a eu une audience considérable [2]. Les *racines* de l'élaboration de cette nouvelle orientation se situent dans la conjonction de deux phénomènes : 1/ les luttes politiques, souvent violentes, menées par divers mouvements de l'ultra-gauche aux USA puis en Europe; 2/ l'influence des courants néo-marxistes (école critique de Francfort, Gramsci, Althusser, Marcuse...) qui ont alimenté intellectuellement les mouvements extrémistes révolutionnaires situés à la gauche des partis communistes.

309 *2) Le contenu* ◇ La criminologie critique entend être à la fois une *explication* et une *action concrète* conformément à cette phrase de Mao Zedong que ses partisans aiment à citer : « La philosophie marxiste considère que le problème le plus important ne consiste pas dans la compréhension des lois du monde objectif et par conséquent de l'expliquer, mais dans l'application de la connaissance de ces lois pour changer le monde de manière active. »

En tant qu'*explication,* la criminologie radicale aboutit toujours, quoique par des détours divers, à cette conclusion que le crime est une *invention* des groupes dominants dans l'État pour encadrer les individus et les groupes qu'ils considèrent comme dangereux pour leur conservation du pouvoir et le système pénal n'est rien d'autre que l'un des instruments essentiels utilisés par la bourgeoisie pour maintenir sa suprématie sur les classes opprimées. Ainsi le problème de l'action criminelle n'est finalement qu'*un problème de pouvoir politique et économique dans la société capitaliste.*

En tant qu'*action* d'autre part, la criminologie nouvelle se veut un combat, c'est une criminologie *militante.* Elle estime que la tâche du criminologue consiste à démasquer le « vernis » moral et idéologique qui dissimule une société inégali-

société" sous l'angle de la criminologie critique », *Dév. et soc.* 1997, p. 57-76; K. Carrington et R. Hogg (dir.), *Critical crimonology. Issues, debates, Challenges,* Willan publishing, 2002, 286 p.; J. Faget, 98-101; R.-W. Shuy, *Creating language crimes. How law enforcement uses (and misuses) language,* Oxford Univ. Press, 2005, 194 p.; B. Hogeveen et A. Woolford, « Critical criminology and possibility in the neo-libéral ethos », *RCC.,* 2006, p. 681; W. Lint, « Governementality, critical criminology and the absent norm », *RCC,* 2006, p. 721; Martel et al. « The state of critical scholarship in criminology and socio-légal studies in Canada », *RCC,* 2006, p. 359; R.S. Ratner, « Pioneering critical criminology in Canada », *RCC,* 2006, p. 647; B. Quirion, « Criminologie critique », *criminologie. com Dictionnaire de Criminologie en ligne,* 2010.

1. V. l'analyse de l'ouvrage dans J. Vérin, « Le stéréotype du délinquant », *RSC,* 1970, p. 144-150.
2. Dans le monde francophone puis aux États-Unis, M. Foucault, *Surveiller et punir, Naissance de la prison,* NRF, 1975, p. 318; J.-P. Brodeur et al., Dossier : « Michel Foucault et la (post) modernité », *Criminologie,* 1993, vol. 26, n° 1, p. 3-131, avec notamment un entretien avec Foucault de 1976, p. 13-34; P. Napoli « Foucault Michel », *in* O. Cayla et J.-L. Halpérin (dir), *Dictionnaire des grandes œuvres jurdiques,* Dalloz, 2008, p. 186-194. Sur le cours de Michel Foucault « La société punitive » au Collège de France de 1973 *cf.* F. Gros, « Foucault et la société punitive », *Pouvoirs,* n° 130, 2009, p. 5-14.

taire et à lutter pour le changement social et l'établissement d'une société post-capitaliste conforme à son idéal d'égalité. Pour ce faire, il doit non seulement contribuer au changement de législation pour obtenir la « décriminalisation »[1] des infractions actuelles (vol, usage de stupéfiants, etc.) et l'incrimination d'acti-vités quasi inconnues du droit pénal (impérialisme, colonialisme, racisme, capita-lisme, sexisme, jeunisme)[2], mais il doit aussi participer concrètement aux actions d'opposition, même violentes, au système pénal (ex. assistance aux révoltes dans les prisons, destruction d'OGM...).

310 **3) La portée criminologique** ◇ On voit mal ce qu'une telle doctrine peut apporter à la connaissance de l'action criminelle et à la lutte contre celle-ci, si ce n'est faciliter la compréhension des mécanismes idéologi-ques qui animent les activités terroristes... et expliquer pourquoi quelques collègues criminologues italiens ont pu être poursuivis pour des actes de complicité de terrorisme des Brigades Rouges. Il reste que sa connaissance est indispensable pour comprendre un grand nombre d'écrits criminolo-giques contemporains, car la pensée critique a imbibé les générations de criminologues depuis 1970-1975.

Elle s'est en effet solidement implantée dans les milieux universitaires de cer-tains pays comme la Grande-Bretagne[3]. Toutefois, cette institutionnalisation s'est accompagnée d'un déclin de la critique et de la révolution à laquelle s'est substi-tuée, comme on l'a écrit[4], « une criminologie administrative de gauche... parta-geant un même vocabulaire utilitariste, populiste et victimologique, que leurs collègues d'autres orientations d'une science qui se normalise ». En France cepen-dant, la criminologie critique conserve encore une certaine audience. Dans « La délinquance des jeunes en France », S. Roché dénonce « quelques universitaires qui campent dans les fortifications intellectuelles des arrondissements les plus huppés des capitales ou passent la majeure partie de leur temps dans des avions au-dessus de l'Atlantique. Selon eux, on peut attendre... certains voudraient même voir, en France, le vol à l'arrachée et le cambriolage comme une forme nouvelle de la lutte sociale. Pourtant, depuis vingt ans déjà, les criminologues de gauche les plus réputés, comme Jock Young, ont montré l'absence de pertinence de cette conception des faits »[5]. En application de la criminologie critique par ailleurs, un disciple de Pierre Bourdieu, Loïc Wacquant, abreuve périodiquement *Le Monde diplomatique* d'articles à la résonance significative[6]. La crise des ban-

---

1. Sur la décriminalisation dans les droits positifs, *cf.* J. Pradel, *Droit pénal comparé*, Dalloz, 3e éd. 2008, nos 725-730.
2. L'« écologie radicale » contemporaine ajoute à cette liste le *spécisme*, c'est-à-dire le « crime » qui consiste à considérer l'homme comme seul sujet de droit, *cf.* P. Singer, *La libération animale*, Grasset, 1993, 145 p. *Adde* Luc Ferry, *Le nouvel ordre écologique*, Grasset, 1992.
3. *Cf.* P. Rock (éd.), *A history of British criminology*, Oxford, 1988, 183 p. D'autre part, le CICC de Montréal a attribué en 1988 son prix Hermann Mannheim à Madame L. Anyar De Cas-tro, « militante de la criminologie critique » (D. Szabo, *RSC*, 1988, p. 870), ce qui est un autre indice de cette pénétration.
4. G.-K., CR de l'ouvrage de P. Rock précité, *RDPC*, 1990, p. 55.
5. S. Roché, *La délinquance des jeunes. Les 13-19 ans racontent leurs délits*, Seuil 2001, p. 14. L'ouvrage de J. Young auquel il se réfère est *The exclusive society*, Londres, Sage. 1999.
6. L. Wacquant, « De l'État social à l'État carcéral », *Le Monde diplomatique*, juillet 1998; « Ce vent primitif qui nous vient d'Amérique », *id.*, avr. 1999; « Le noble art, ou la pute, l'esclave et l'étalon », *id.* juin 2001; « Sur quelques contes sécuritaires venus d'Amérique », mai 2002. *Adde* du même auteur, *Prisons de la misère, Raisons d'agir*, 1999; *Punir les pauvres. Le nouveau gou-vernement de l'insécurité sociale*, Marseille, éd. Agone, coll. Contre-feux, 2004, 347 p.

lieues françaises de novembre 2005[1] a été encore l'occasion d'une nouvelle manifestation de cette conception critique de la criminologie. Certains commentateurs, en effet, n'ont pas manqué d'y voir un *mouvement social*, voire une *mobilisation politique* et un *soulèvement populaire*. Mais comme l'a exposé S. Roché[2] « ces émeutes ne rassemblent aucun des traits qui permettent aux politologues d'identifier une lutte sociale ou politique » : ni les cibles visées, ni les modes d'action, ni l'organisation (ou plutôt l'absence d'organisation) des émeutiers. Ces derniers, écrit-il, « ont souvent des profils de délinquants de rue : d'un point de vue psychologique, ils valorisent ce qui se passe immédiatement, les comportements impulsifs d'affrontement physique, le vol comme moyen acceptable d'obtenir quelque chose... »[3]. Et de rappeler que, dès 1984, des partisans initiaux de la criminologie critique « se sont démarqués de l'utopie néo-marxiste qui idéalise le délinquant de rue et en fait un révolutionnaire », ce courant de pensée dit de « la gauche réaliste » ayant fait sien « le constat que les délinquants de rue prennent pour proie les pauvres les plus défavorisés, se transformant ainsi en doubles victimes, à la fois du système capitaliste et des membres de leur propre classe sociale »[4].

§ 4. La criminologie victimologique[5]

311 **1)** ***De la première à la seconde victimologie*** ◇ La criminologie dite « victimologique » est une sorte de rameau détaché de la « criminologie de la réaction sociale » qui, en raison de l'importance qu'elle a prise aux alentours de 1980, tend à former un courant de

---

1. Sur la description de cette crise, R. Gassin, « Regards sur l'acmé de la violence dans les banlieues "sensibles" en octobre-novembre 2005 », *RPDP*, 2007, p. 229-248 Et sur son interprétation, même *revue*, 2008, p. 153-187.

2. S. Roché, *Le frisson de l'émeute. Violences urbaines et banlieues*, Seuil, 2006, spéc. p. 31-56.

3. *Op. cit.*, p. 50.

4. *Op. cit.*, p. 55 citant John Lea et Jock Young, *What is to be done about law and order ?*, 1984 et F. Dubet, *La galère : jeunes en survie*, Fayard, 1987.

5. J. Pinatel (1987), v° « Victimologie », p. 219-220; M. Baril, « La criminologie et la justice pénale à l'heure de la victime », *RICPT*, 1981, p. 353-366; R. Zauberman, « Les victimes : étude du crime ou sociologie du pénal ? », *AS* 1985, p. 31-59; M. Baril, « Une nouvelle perspective : la victimologie », *in* D. Szabo et M. Le Blanc, *La criminologie empirique au Québec*, 1985, p. 161-184; E. A. Fattah (éd.), *From crime policy to victim policy. Reorienting the justice system*, 1986, 329 p.; D. Cressey, « Les conceptions opposées de la victimologie et leur implication dans la recherche », *Dév. et soc.* 1987, p. 295-310; M. Killias et *al.*, *Les Suisses face au crime*, 1989 (la conclusion : la victime, le crime et l'insécurité dans une nouvelle perspective); 1ᵉʳ Congrès international de psychiatrie et de psychologie légales (Paris, nov. 1988) : « Pour une autre approche éthico-juridique et clinique des faits de déviance et de victimologie », CR *RSC*, 1989, p. 198-200; A. d'Hauteville, « Victimes mieux aidées, mieux indemnisées : des perspectives nouvelles », *RSC*, 1989, p. 172-175; Symposium international sur la protection des victimes, Batna, mai 1989, CR *RSC*, 1989, p. 820; 5ᵉ Congrès mondial de victimologie, Acapulco, juill. 1989; 25ᵉ Congrès français de criminologie : « La victimologie », Grenoble, oct. 1989; R. Zauberman, P. Robert, C. Diaz et R. Levy, *Les victimes : comportements et attitudes, Enquête nationale de victimisation*, CESDIP, 2 vol., 1990; J.-A. Reyes Calderon, « La victimologie », *RIPC*, 1990, n° 423, p. 13; L. Daligand, La victimologie des enfants maltraités, *RIPC*, 1990, n° 428, p. 31; 7ᵉ Symposium international de victimologie : « Les enfants maltraités », Onati, Espagne, mai 1991, CR *RSC*, 1993, p. 157-163; R. Zauberman, « Victimes en France : des positions, intérêts et stratégies diverses », *Dév. et soc.* 1991, p. 27-49; G. Filizzola et G. Lopez, *Victimes et victimologie*, coll. « Que sais-je ? », PUF, 1995; E. A. Fattah, « La relativité culturelle de la victimisation. Quelques réflexions sur les problèmes et le potentiel de la victimologie comparée », *Criminologie*, 1993, n° 2, p. 121-136; « La victimologie au carrefour entre la science et l'idéologie », *RICPT*, 1995, p. 131-139; D. Szabo,

pensée doté d'une certaine autonomie. On a vu précédemment[1] que la *victimologie* a été créée pour attirer l'attention sur le rôle de la victime dans le passage à l'acte criminel. Mais à partir de la période 1975-1980, un glissement de conception s'est opéré et les victimes ont désormais été étudiées en elles-mêmes, indépendamment du passage à l'acte et de la personne du délinquant. C'est la *seconde victimologie*. L'idée a en effet été avancée que les victimes doivent être traitées pour elles-mêmes, quelle que soit l'origine du malheur qui les frappe et du préjudice qu'elles subissent. On a ainsi créé le concept de *victimité*[2] pour désigner la situation de toutes les victimes, dont les victimes d'actes délinquants ne forment plus qu'une variété, à côté des victimes de faits non fautifs, d'événements fortuits ou de catastrophes naturelles (tremblement de terre, raz-de-marée ou tsunami, etc.)[3]. Les victimes sont ainsi devenues une catégorie sociale fondamentale dans les sociétés modernes[4], ce qui ne manque d'ailleurs pas d'entraî-

« Victimologie comparée et services aux victimes au Québec, Canada », *AIC*, 1995, p. 139-153 ; G. Picca, « La justice et les victimes » (compte rendu du 50ᵉ Cours international de criminologie. Mexico avr. 1995), *AIC*, 1995, p. 33-37 ; R. Zauberman et P. Robert, *Du Côté des victimes : un autre regard sur la délinquance*, L'Harmattan 1996, 296 p. ; S. Brochu et al., « Victimisation et style de vie parmi un échantillon de toxicomanes incarcérés », *AIC*, 1997, p. 131-154 ; G. Lopez, *La victimologie*, Paris, *Dalloz*, 1997, 264 p. ; T. Albernhe (dir.), *in Criminologie et psychiatrie*, éd. Ellipses, 1997, 3ᵉ partie « Les victimes et la victimogénèse », p. 489-539 ; L. Negrier-Dormont, *La recherche fondamentale en victimologie*, 1997 ; même auteur, *Regards posés sur le criminel et la victime depuis la nuit des temps jusqu'à nos jours*, 1997 ; Audet et al., *Précis de victimologie générale*, 1999 ; R. Cario, *Victimologie. De l'effraction du lieu intersubjectif à la restauration sociale*, vol. I., 2ᵉ éd., L'Harmattan, 2001, 272 p. et vol. II (Les textes essentiels), *id.* 2001, 191 p. ; R. Cario et D. Salas (dir.), *Œuvres de justice et victimes*, L'Harmattan, 2001, 265 p., CR *RSC*, 2002, p. 948-949 ; O. Grosjean, *Victimisation et Soins de santé. Comprendre, prévenir, réparer*, Bruxelles, éd. Mardaga, 2002, 147 p., CR *RSC*, 2002, 950-951 ; G. Kellens, *Criminologie* précitée, p. 247-258 ; R. Fillieule, *op. cit.*, p. 79 et s. ; M. Baril, *L'envers du crime* (1984), L'Harmattan, 2002 ; J.-A. Wemmers, *Introduction à la victimologie*, Presses Univ. Montréal, 2003 ; R. Cario (dir.), *Victime : du traumatisme à la restauration*, L'Harmattan, 2002, 128 p. ; MM. Cousineau et al., « Des victimes et des victimisations : La recherche québécoise de la dernière décennie en criminologie », *in* M. Le Blanc, M. Ouimet et D. Szabo, *Traité de criminologie empirique*, 3ᵉ éd., 2003, Presses Univ. Montréal, p. 193-242 ; L. Négrier-Dormont et R. Nossintchouk, « La victime devant les interdits de sa vengeance. À propos de quelques hypothèses et coutumes », *in* R. Verdier (dir.), *Vengeance. Le face à face victime/agresseur*, éd. Autrement, 2004, p. 185-197 ; G. Lopez, vᵒ « Victimologie », *Dict. sc. crim.*, p. 963-966 ; R. Cario, vᵒ « Victime », *Dict. sc. crim.*, p. 957-960 ; R. Cario et P. Mbanzoulou (dir.), *La victime est-elle coupable ? Autour de l'œuvre d'Ezzat Abdel Fattah*, L'Harmattan, 2004, 122 p. ; E. Oliveira, « Nouvelle victimologie : le syndrome de Stockholm », *APC*, 2005, nᵒ 27, p. 167 ; R. Cario, *Victimologie. De l'effraction du lien intersubjectif à la restauration sociale*, L'Harmattan, 3ᵉ éd., 2006, 335 p. ; G. Lopez, S. Portelli et S. Clément, *Les droits des victimes. Droits auditions expertise clinique*, 2ᵉ éd. 2007, Dalloz, 424 p. ; J.-L. Senon, G. Lopez, R. Cario et al., *Psychocriminologie*, 2ᵉ partie Victimologie, Dunod, 2008 ; J.-A Wemmers et al., « Victimes et victimisations : les progrès récents en victimologie », *in* M. Le Blanc et M. Cusson, *Traité de criminologie empirique*, 4ᵉ éd., 2010, Presses Univ. Montréal, p. 199-224 ; R. Cario, « Les victimes et le crime », *in* M. Herzog-Evans (ed.), vol. 2, p. 337-354.

1. *Cf. supra* nᵒ 281.
2. B. Mendelsohn, « La victimologie et les besoins de la société actuelle », *RICPT*, 1973, p. 267-276.
3. Comme en témoigne le thème du 3ᵉ Congrès mondial de victimologie (San Francisco, juill. 1987) : « Les victimes de crime, accidents et désastres : perspectives multidisciplinaires sur la recherche, le traitement et l'intervention ». C. Lienhard et M.-F. Steinle-Feverbach, vᵒ « Catastrophes et accidents collectifs », *Dict. sc. crim.*, p. 125-129.
4. G. Erner, *La société des victimes*, La Découverte, 2006, 224 p.

ner des effets pervers [1] et même de poser la question de l'avenir du concept de victime en criminologie et en politique criminelle [2].

C'est à cette nouvelle approche que correspond ce que l'on appelle la *criminologie victimologique* ou encore « victimologie de l'action » [3], pour laquelle la victimisation par actes délictueux est considérée comme une sorte de « risque social », au même titre que celle qui résulte d'autres événements. On peut observer toutefois qu'est en train de s'esquisser, dans le cadre de la criminologie victimologique, un mouvement en faveur de l'application de l'*analyse stratégique* [4] aux victimes elles-mêmes, pour rendre compte notamment des taux de renvoi à la police des infractions pénales [5], ce qui redonne aux victimes d'actes délictueux une *place spécifique* dans l'ensemble du phénomène de la victimité. En outre, l'approfondissement de la clinique victimologique permet de mettre en évidence la spécificité caractéristique de la victimation d'infractions pénales [6].

312 2) *Des conséquences de politique criminelle* ◇ Cette seconde victimologie, qui est bien une branche de la criminologie dite de la réaction sociale puisque son objet essentiel est l'attitude et le sort des victimes, milite essentiellement pour deux sortes de réformes dans le domaine de la politique criminelle selon qu'elles entendent se développer à l'intérieur ou à l'exclusion du droit pénal.

1) L'affirmation des *droits des victimes* au premier rang desquels le *droit à l'indemnisation par l'État*, en dehors de toute action civile contre le délinquant. Cette perspective qui a influencé déjà plusieurs droits positifs en Europe [7], et notamment le droit français [8], est à rapprocher des textes qui visent l'indemnisation des victimes de catastrophes naturelles et de risques majeurs.

2) La substitution au modèle répressif traditionnel d'un *modèle transactionnel* de règlement des dommages causés à la victime. C'est ce que l'on appelle la *justice restaurative* (ou restauratrice/réparatrice) [9]. C'est une nouvelle justification de la

---

1. *Cf.* R. Boudon, « Les effets pervers de la compassion », *Revue Commentaire* n° 117, Printemps 2007, p. 287-289. À propos de l'incrimination du harcèlement moral, *cf.* J.-P. Le Goff, « Que veut dire le harcèlement moral ? », *Revue Le Débat*, janv-fév. et mars-avril 2003, p. 141-161 et 99-116.

2. G. Picca, « Victimes : un concept d'avenir ? », *in Sciences pénales & Sciences criminologiques, Mélanges offerts à Raymond Gassin*, PUAM, 2007, p. 483-488 et *supra* n° 32-1 et 32-2.

3. E. A. Fattah, « La victimologie entre les critiques épistémologiques et les attaques idéologiques », *Dév. et soc.* 1981, p. 71-92; même auteur, « Quand recherche et savoir scientifique cèdent le pas à l'activisme et au parti pris », *Criminologie*, vol. 43, n° 2, automne 2010, p. 49-88, spéc. 3ᵉ partie.

4. *Cf. supra* nᵒˢ 290 et s. *Adde* R. Cario, *Droits des victimes, Dict. sc. crim.*, p. 305-308.

5. P. Tremblay, « La demande pénale directe et indirecte, Une analyse stratégique des taux de renvoi », *RICPT*, 1998, p. 18-33.

6. *Cf. infra* n° 916.

7. *Cf.* G. Giudicelli-Delage et C. Lazerges, *La victime sur la scène pénale en Europe*, PUF, 2008.

8. *Cf.* l'excellente analyse de l'évolution du droit français en la matière, dans F. Altmaes, « Le concept de victime en droit civil et en droit pénal », *RSC*, 1994, p. 35-52. *Cf.* plus récemment, le n° 28 Regards pluridisplinaires sur les victimes des *APC*, 2006/1; C. Eliacheff et D. Soulez Larivière, *Le temps des victimes*, A. Michel, 2007; D. Soulez Larivière, « De la victimisation et de nombreuses autres causes », *Pouvoirs*, 2008, p. 27-41; J. Hoareau-Dodinau, G. Métairie et P. Texier (dir), *La victime I- Définitions et statut*, Presses Univ. Limoges, 2008; R. Cario, « De la victime oubliée... à la victime sacralisée ? », *AJ pénal* 2009, p. 491.

9. R. Cario, vᵒ « Justice restaurative », *Dict. sc. crim.*, p. 570-573; même auteur, « La justice restaurative : promesses et principes (à propos de l'œuvre d'Homard Zehr) », *LPA*, 12 oct. 2004, p. 5-10; I. Aerstein, T. Daems et L. Robert (ed.), *Institutionalising restorative justice*, Collompton,

« déjudiciarisation » qui par certains aspects rejoint le mouvement qui milite pour l'abolition du droit pénal[1].

313 **3) *Des raisons de cette orientation*** ◊ Il serait intéressant de rechercher comment et pourquoi a pu naître cette dernière tendance de la criminologie dite de la réaction sociale. Nous avons pour notre part émis l'hypothèse que le mouvement « victimophilique » actuel s'expliquerait par *l'impuissance de nos sociétés occidentales* à empêcher l'accroissement incessant de la délinquance au cours des trente à quarante dernières années, si bien que la seule ressource serait de reporter l'action sur l'atténuation des effets du phénomène en prenant en considération les victimes, à défaut de pouvoir agir efficacement sur les causes[2].

313-1 *La diversité des points de vue : de la victimocriminologie à la convict criminology* ◊ Ce report d'attention en direction des victimes n'a toutefois pas été exclusif. Dans la première décennie du XXIe siècle est en effet apparu un nouveau courant baptisé *convict criminology* suivant une expression difficilement traduisible en français[3]. La *convict criminology*[4] a été fondée sur la base de la publication, précédée d'un premier article en 2001[5], de l'ouvrage de Jeffrey I. Ross et Stephen C. Richards, préfacé par John Irwin, *Convict Criminology* (*Contemporary Issues in Crime and Justice Series*) en 2003. Se présentant comme une « nouvelle école » et une « nouvelle criminologie », elle revendique l'héritage de la criminologie radicale ou critique[6]. Mais sa spécificité réside dans le développement d'un point de vue interne (*inside perspective*) sur le crime et la justice pénale émanant essentiellement d'anciens *convicts* ayant fait l'expérience de la condamnation (*conviction*) et plus encore de la prison, par ailleurs universitaires – criminologues – ou l'étant devenus[7].

William Publishing, 2006, 313 p.; Dossier « Justice "restaurative" et victimes » des *Cahiers de la justice* (ENM, Dalloz), printemps 2006; R. Cario, « la justice restaurative : vers un nouveau modèle de justice pénale ? », *AJ pénal*, sept. 2007, p. 372-375; V. Strimelle, « La justice restaurative : une innovation du pénal ? », *Champ pénal*, Séminaire innovations pénales, 2007; M. Jaccoud, « Innovations pénales et justice réparatrice », *même revue*; R. Cario et P. Mbanzoulou, *La justice restaurative, une utopie qui marche ?*, L'Harmattan, 2010; R. Cario, « La justice restaurative et les victimes », in M. Herzog-Evans (ed.), vol. 2, p. 355-374; S. Gurwirth et P. De Hert, « Punir ou réparer ? Une fausse alternative », *in La peine dans tous ses états. Hommage à Michel van de Kerchove*, Larcier 2011, p. 93-114.

1. Sur la déjudiciarisation en droit pénal comparé, *cf.* J. Pradel, *Droit pénal comparé*, Dalloz, 3e éd. 2008, nos 707 et s.; H. Zehr et B. Toews (ed. by), *Critical issues in restaurative justice*, New York, Cullompton, Criminal justice Press, William publishing, 2004, 413 p.

2. R. Gassin, note sous Crim. 17 janv. 1984, *JCP*, 1985, II, 20451 (IBa). Dans le même sens, J.-F. Chassaing, *RSC*, 2002, p. 950 (dans le CR de l'ouvrage *Œuvre de justice et victimes*).

3. G. Salle, « Une sociologie des « taulards » : le *convict criminology* », *Genèses*, 2007/3, n° 68, p. 132-144.

4. www.convictcriminology.org

5. S.C. Richards et J.I. Ross, « Introducing the New School of Convict Criminology », *Social Justice*, 2001, 28, 1, p. 177-190.

6. *Supra* nos 308 et s.

7. S.C. Richards et al., Prison as seen by Convict Criminologists », in M. Herzog-Evans (ed.), vol. 3, p. 343-360.

Ce point de vue a reçu un certain écho en France avec l'organisation par P.V. Tournier à Paris depuis février 2011 d'ateliers de *convict crimino-logy*, ateliers « de recherche » consistant à inviter une personne qui a connu l'expérience de la détention, qui a une réflexion sur le sujet (conférences, ouvrage, etc.) et dont les connaissances acquises peuvent éclairer la recherche scientifique dans le champ.

314 *Conclusion du chapitre 3* ◇ Au terme de ce chapitre sur les théories criminologiques, l'étudiant aura certainement l'impression que l'explication de l'action criminelle éclate dans toutes les directions et qu'elle est, à première vue, impossible à maîtriser pour ne pas dire dépourvue d'utilité. On a en effet le sentiment, au premier examen, que, de même qu'il existe presque autant de définitions de la criminologie que de criminologues[1], il y a presque autant d'explications de l'action criminelle que d'auteurs qui se sont efforcés de l'élucider.

Cette première impression, si vivace soit-elle, doit cependant être dépassée pour prendre la mesure exacte de *la portée et de l'utilité* des théories qui précèdent. On peut faire à cet égard quatre sortes de remarques.

1) Il existe à coup sûr une *opposition irréductible* entre la « criminologie de l'action criminelle » et la « criminologie dite de la réaction sociale ». On ne peut pas en effet dire à la fois que l'action criminelle est une réalité en soi (criminolo-gie de l'action criminelle) et qu'elle est une création de la réaction sociale (crimi-nologie dite de la réaction sociale). Il serait ainsi absurde de consacrer une partie des développements à chacune de ces « criminologies ». Entre les deux il faut choisir, et nous avons opté pour la première en exposant précédemment, longue-ment parce que c'était indispensable, les raisons de ce choix[2].

2) Dans le cadre de la *criminologie de l'action criminelle* est-il fondé d'opposer une *criminologie étiologique* qui s'occupe de la causalité de la délinquance et une *criminologie dynamique* qui traite des processus du passage à l'acte ? Sans doute non ! On a en effet souligné que nombre de théories du passage à l'acte ne sont que des compléments des théories étiologiques[3] et on pourrait montrer tout aussi bien que les théories principales de l'acte criminel[4] ne sont pas, quoi qu'en disent leurs auteurs, sans prolongements étiologiques. Dès lors, s'agissant de la crimino-logie dynamique et de la criminologie étiologiques, on peut les considérer plus comme des *approches complémentaires* que comme des conceptions opposées.

3) Reste le cas de *la criminologie étiologique*. On a vu en effet qu'il existe dans ce domaine une très grande variété d'interprétations de l'action criminelle qui donne le sentiment d'une extrême dispersion[5]. Cela est dû à la fois à la com-plexité du phénomène criminel et au caractère souvent unilatéral de la formation initiale des criminologues : sociologues, biologistes, psychiatres, psychologues, psychanalystes.

---

1. *Cf. supra* n° 4.
2. *Cf. supra* n°ˢ 29-30 et spéc. 66 à 90. J.-L. Bacher « Criminologie de l'acte », *Dict. sc. crim.*, 2004, p. 210-213.
3. *Cf. supra* n°ˢ 276-282.
4. *Cf. supra* n°ˢ 283-300.
5. *Cf. supra* n°ˢ 226 et s.

Mais au-delà de l'éparpillement apparent des théories, il est possible d'opérer des regroupements de tendances mettant en évidence que certaines théories, loin de constituer l'expression d'interprétations opposées, ne sont que des analyses *complémentaires* reposant sur des bases communes. Au bout du compte, on s'aperçoit que les multiples théories d'explication de la délinquance se regroupent autour de *deux grands pôles d'interprétation :* les unes appréhendent l'essentiel de l'explication au niveau de *l'organisation et du fonctionnement de la société;* les autres attribuent à la *structure de la personnalité et à ses mécanismes de formation et d'expression* le rôle déterminant dans l'interprétation.

Encore faut-il ajouter que les *théories intégratives* récentes que l'on a exposées [1] montrent qu'il est aussi possible de réduire l'opposition entre ces deux pôles d'interprétation pour les unifier dans une perspective étiologique globale.

4) Cela dit, il ne faudrait pas pour autant verser dans une sorte d'*éclectisme* ou d'*œcuménisme* de mauvais aloi et croire qu'il est possible d'aboutir à une sorte d'explication passe-partout de la délinquance.

Les diverses théories exposées demeurent avec leur individualité et leur originalité propres et on ne doit pas les négliger. Mais au lieu d'y voir, comme on le fait trop souvent, de véritables « théories » au sens fort du terme, voire des « articles de foi » en dehors desquels il n'y aurait pas de compréhension possible de l'action criminelle, il faut les considérer avant tout comme des sortes de « *grilles de lecture* », d'« *outils d'interprétation* » *de la réalité criminelle* qui permettent d'opérer sur le réel et qui n'ont pas d'autre fonction que de mettre en mesure d'y voir un peu moins mal dans un phénomène criminel qui, il faut le reconnaître, apparaît, à première vue, comme étant de la plus grande opacité. Les théories criminologiques doivent ainsi finalement être considérées surtout comme des *instruments méthodologiques d'interprétation.*

314bis *Bibliographie du chapitre* ◇

E. De Greeff (1937), p. 3-15; E. De Greeff (1948); J. Marquiset, 43-48; J. Constant p. 9-16; B. Di Tullio (1951), p. 30-37; E. Seelig, p. 27-43; R. Vouin et J. Léauté, p. 24-31; O. Kinberg, p. 41-74; J. Pinatel (1960-1979), p. 28-47 et 68-99; J. Pinatel (1963-1975), nos 39-49, 136-167, 247-251 et 364-409; D. Szabo (1965), p. 1-24 et 30-48; E. H. Sutherland et D. R. Cressey, p. 61-72 et 85-92; J. Larguier, p. 12-17; G. Stefani G. Levasseur et R. Jambu-Merlin, n° 18-27 et 188-197; E. A. Fattah et D. Szabo, A 10, p. 8-11; D. Szabo (1970), 1-24 et 30-48; E. Yamarellos et G. Kellens, I, *v°* « Criminologie », (origine et traits d'évolution), p. 128-135; *v°* « Criminalité », p. 113-116; *v°* « Criminel », p. 116-120; *v°* « Crime », p. 103-108; A. K. Cohen, p. 89-225; J. Léauté (1972), p. 27-87; Leyrie, p. 27-44; D. Szabo (1978), p. 41-61 et 62-103; R. Merle et A. Vitu, I, n°s 20-38; V. V. Stanciu (1980), p. 47-62; J. Léauté (1981), p. 44-65 et 67-147; M. Benézech et *al.,* 2-4; R. Boudon et F. Bourricaud, *v^is Crime,* p. 126-132 et *Contrôle social,* p. 119-125; G. Picca, 280-234; M. Cusson, 1998 (b), p. 19-66; G. Kellens, p. 13-27; R. Fillieule, p. 117-211; R. Cario, p. 95-109; G. Heuyer, « Histoire des doctrines en criminologie », *RICPT,* 1950, p. 171-182; J. Pinatel, « Aperçu de l'histoire des doctrines criminologiques », *RSC,* 1953, p. 336-346; P. Spiteri, « Essai sur quelques aspects des grands courants criminologiques », *Annales Fac. Droit Toulouse,* 1970, p. 5-149; H. Mannheim (éd.), *Pionneers in Criminology,* Steven and sons, Londres, 1960; G. Kellens, « La longue marche des

---

1. *Cf. supra* n°s 272 et 273.

criminologues », *in* F. Ringelheim (dir.) *Punir mon beau souci,* Bruxelles, 1984, p. 318-329; J. Pinatel (1987), mots divers; R. Gassin, « Les écoles en criminologie », *RSC,* 1988, p. 201-221; L. Mucchielli (dir.), *Histoire de la criminologie française,* L'Harmattan 1994, 531 p.; C. Debuyst et al., *Histoire des savoirs sur le crime et la peine,* t. 1, *Des savoirs diffus à la notion de criminel-né,* De Boeck université éd. 1995, 366 p.; t. 2, *La rationalité pénale et la naissance de la criminologie,* 1988, 518 p., t. 3, Expliquer et comprendre la délinquance (1920-1960), 2008, 493 p.; J. Pinatel, *Histoire des sciences de l'homme et de la criminologie,* L'Harmattan, 2001, 127 p.; J.-C. Bernheim, *Criminologie, Idées et théories. De l'antiquité à la première moitié du* XXᵉ *siècle,* Éd. du Méridien, Montréal, 1998, 391 p.; M. Killias, *Précis de criminologie,* 2ᵉ éd. 2001; J. Faget, *Sociologie de la délinquance et de la justice pénale,* L'Harmattan, 2002; P. Becker et R.E. Wetzell (éd. by), *Criminals and their scientists. The history of criminology in international perspective,* New York, Cambridge University Press, 2006, 492 p. *Sur la sociologie des théories criminologiques :* D. M. Bloom et C. E. Reasons, « Ideology and crime : a study in the sociology of knowledge », *Int. Journ. of Criminology and penology,* 1978, 1, p. 19-30; R. Akers, *Criminological theories : introduction and evaluation,* Los Angeles, CA, Roxbury, 1994; M. Dantinne, « Doctrines. Les principaux courants de pensée en criminologie », *in* M. Herzog-Evans (ed), vol. 1, p. 53-74.

CHAPITRE 4
ENSEIGNEMENT, RECHERCHE ET PROFESSION EN CRIMINOLOGIE

315 *Position du problème* ◇ Une discipline scientifique n'est susceptible de se développer que si elle donne lieu à un *enseignement* alimenté et renouvelé par une *recherche* sérieuse qui tire elle-même profit des systématisations réalisées dans le cadre des enseignements. D'autre part, lorsqu'il s'agit d'une science à la fois théorique et *appliquée,* comme c'est le cas de la criminologie[1], celle-ci ne peut trouver son épanouissement véritable que si la formation qui est donnée débouche sur l'exercice d'une *profession spécifique* comportant un nombre d'emplois suffisamment important pour attirer assez d'étudiants en vue de justifier elle-même une formation particulière.

Qu'en est-il précisément en criminologie ?

316 *Développement historique* ◇ La question de l'enseignement, de la recherche et de la profession en criminologie n'est pas une question nouvelle. Elle semble s'être posée au moins dès le début du xxᵉ siècle. Mais, pour autant qu'on puisse suivre l'histoire de la criminologie, non plus du point de vue théorique des explications de l'action criminelle[2], mais sous l'angle pratique de son intégration et de son développement dans l'organisation universitaire et sociale[3], il semble que cette évolution historique se soit faite en trois périodes qui se superposent l'une sur l'autre et se combinent l'une avec l'autre au fur et à mesure de leur apparition et de leur déroulement.

Dans un premier temps, qui va de la veille de la Première Guerre mondiale jusqu'aux lendemains de la seconde, la préoccupation majeure a été celle de l'*enseignement de la criminologie.* C'est ainsi que F. Ferri, alors professeur de droit pénal et de procédure pénale à l'École de droit de l'Université de Rome, créa, en 1912, un Institut d'études de sciences criminelles auquel il donna le nom de « *Scuola d'applicazione giuridico-criminale* »[4]. La même année 1912, en Autriche, Hans Gross, professeur de droit pénal et procédure pénale à la Faculté de droit de Grau, vit aboutir ses efforts par l'introduction dans le programme de la Faculté de

---

1. *Cf. supra* nᵒˢ 41 et s. J. Poupart et A.-P. Pires, « La criminologie comme discipline scientifique », *Criminologie*, 2004, vol. 37, nᵒ 1, p. 3-11.
2. *Cf. supra* chapitre 3.
3. Livre exemplaire à cet égard de L. Radzinowicz, *Où en est la criminologie ?*, Introduction de Marc Ancel, éd. Cujas, 1965, 235 p.; J. Jean, « La criminologie française vue par les criminologues britanniques », *Champ pénal*, vol. I, 2004.
4. L. Radzinowicz, *op. cit.*, p. 5-8.

droit d'un groupe de disciplines criminologiques et la création d'un Institut de sciences criminelles [1]. Mais c'est surtout l'entre-deux-guerres qui vit se créer les enseignements de criminologie et les Instituts spécialisés de sciences criminelles. C'est ainsi notamment qu'en France l'Institut de criminologie de la Faculté de droit de l'Université de Paris vit le jour en 1922 [2] et qu'en Belgique Louis Braffort créa en 1929 l'École de sciences criminelles de l'Université de Louvain dont le nom a été modifié ultérieurement en celui d'École de criminologie [3]. Tandis que le mouvement en faveur du développement de l'enseignement de la criminologie se continuait et s'amplifiait, les lendemains de la Seconde Guerre mondiale, surtout à partir du 2ᵉ Congrès international de criminologie qui s'est tenu à Paris en 1950, ont vu se dessiner une action marquée en faveur de la mise en place et du développement de la *recherche criminologique*. Enfin, si celle-ci n'a cessé depuis de se développer, on peut dire que depuis la fin des années 1960 et le début des années 1970, c'est la *profession de criminologue* qui est devenue un objet majeur de préoccupation dans les cercles intéressés.

Les problèmes d'enseignement et de recherche criminologiques, sinon de profession, ont retenu l'attention de certains auteurs de manuels classiques [4] et fait l'objet d'une excellente synthèse au début des années 1960 [5]. Par la suite, ces questions ont resurgi périodiquement dans les congrès et colloques [6]. Toutefois, au cours des vingt dernières années, une attention toute particulière leur a été consacrée [7], ce qui justifie le présent chapitre qui développera successivement les problè-

---

1. L. Radzinowicz, *op. cit.,* p. 22-23.
2. *Cf.* L. Radzinowicz précité, p. 61.
3. *Cf.* L. Radzinowicz précité, p. 78. *Adde* : « Le bâtonnier Braffort – Président de l'École de Criminologie », *in Le Bâtonnier Braffort, défenseur et martyr des libertés individuelles*, Larcier éd., Bruxelles, 1947; Le cinquantenaire de l'École de Criminologie de l'Université Catholique de Louvain, *RSC*, 1979, p. 201 et s.
4. E. Seelig, *Traité de Criminologie,* 1956, chap. IV : « L'activité scientifique en criminologie », p. 44-48; Szabo, *Criminologie,* 1965, Introduction, chap. V : « La criminologie dans l'enseignement universitaire », p. 49-80. *Adde,* D. Szabo, « Criminologie, justice et société. Le rôle de la science dans la politique sociale », *RICPT,* 1971-1972, 87-92.
5. *Cf.* l'ouvrage de L. Radzinowicz précité.
6. Ainsi, Conférence internationale de l'Institut Supérieur International de Syracuse (déc. 1976); J. Pinatel, « Enseignement-Pénologie », *RIDP,* 1977, nᵒˢ 1 et 2, p. 275-286; XXIXᵉ Cours international de Criminologie (Pampelune, juin 1980), CR *RDPC,* févr. 1981, 163-167.
7. Colloque sur « l'Université et la recherche criminologique », Aix-en-Provence, oct. 1988; 40ᵉ Cours international de criminologie (Saint-Sébastien, oct. 1989) : « L'enseignement universitaire de la criminologie dans le monde d'aujourd'hui »; Colloque de Montpellier, nov. 1989 : « L'enseignement dans le champ de la matière pénale », éd. Erès, 1991; 2ᵉ Colloque de l'Association internationale des criminologues de langue française (AICLF), Bruxelles, avr. 1991 : thème « L'enseignement et la formation en criminologie : pour quoi faire ? »; 18ᵉ Congrès français de criminologie, Pau, févr. 1993 : « Profession criminologue : spécialisation ou professionnalisation ? », éd. Erès, 1994; 4ᵉ Congrès de l'AICLF, Porto, avr. 1994 : « La criminologie francophone : enseignement, formation, recherche, sa place dans la communauté scientifique internationale »; Cours international de criminologie, Louvain, mai 1994 : « Changement de société, crime et justice pénale en Europe : un défi pour l'enseignement et pour la recherche en criminologie »; D. Szabo, « La criminologie en Europe et en Amérique : le poids des cultures », *in Études en hommage à Alice Yotopoulos-Marangopoulos,* volume B, Bruylant, 2003, p. 1349-1358; A. Normandeau, « La criminologie au Canada », *RSC,* 2001, p. 901-909 et « La criminologie aux États-Unis et au Canada : une profession », *RSC,* 2003, p. 907-926; nᵒ spécial de la revue *Criminologie,* vol. 37, nᵒ 1, 2004, « Criminologie : discipline et institutionnalisation », art. de L. Mucchielli : « L'impossible constitution d'une discipline criminologique en France », F. Digneffe et C. Adam : « Le développement de la criminologie clinique à l'École de Louvain » et J. Poupart : « L'institutionnalisation de la criminologie au Québec : une lecture socio-historique »; C. Lazerges, « Pénalistes, droit pénal et sciences criminelles dans l'Université française », « *Sciences pénales & Sciences criminologiques* », *Mélanges offerts à Raymond Gassin,* PUAM, 2007, p. 27-39.

mes de l'*enseignement* (section 1), de la *recherche* (section 2) et de la *profession* (section 3) en criminologie.

SECTION 1. L'ENSEIGNEMENT DE LA CRIMINOLOGIE

317 *Le souhaitable et le réel* ◊ Pour avoir une vue satisfaisante de la question de l'enseignement de la criminologie, il est de bonne méthode de s'interroger d'abord sur ce que devrait être, en l'état actuel du développement de la discipline, la situation idéale de cet enseignement. Il sera alors intéressant de décrire, dans ses grandes lignes, comment est assuré aujourd'hui cet enseignement dans les principaux pays afin de porter une appréciation critique sur la valeur des systèmes actuels.

§ 1. Les données du problème de l'enseignement de la criminologie

318 *La nécessité de l'enseignement de la criminologie* ◊ Il y a tout lieu de penser qu'il n'est plus personne aujourd'hui – si ce n'est quelques esprits timorés étroitement enfermés dans leur petite spécialité – pour estimer que l'enseignement de la criminologie est dépourvu d'utilité. Les objections qui sont parfois formulées à cet égard dans les milieux qui sont parmi les plus concernés par cet enseignement – les milieux juridiques – ne tiennent manifestement pas[1]. Les obstacles auxquels se heurte cet enseignement relèvent plutôt de phénomènes tels que l'indifférence, le désintérêt, la paresse ou à tout le moins la nonchalance face à l'effort important que demande la maîtrise d'une science par essence multidisciplinaire, en même temps que la rigidité – voire la sclérose – de certaines structures universitaires ou la captation des nouveaux moyens disponibles par les disciplines « à la mode » dont la vanité n'a parfois d'égal que l'enthousiasme avec lequel s'y adonnent leurs aficionados.

Mais si l'on peut raisonnablement tenir pour acquise la nécessité de l'enseignement de la criminologie, encore faut-il résoudre, pour répondre concrètement à cette nécessité, un certain nombre de problèmes fondamentaux dont la solution demeure encore, au moins en partie, en suspens à l'heure actuelle. Ces problèmes peuvent être regroupés autour de deux thèmes essentiels : la nature et le contenu de cet enseignement, et sa mise en œuvre.

---

1. Sur l'exposé de ces objections et la réponse à celles-ci, *cf.* R. Gassin, « L'enseignement de la criminologie », rapport au Colloque de Montpellier (nov. 1989) *in* C. Lazerges (dir.), *L'enseignement des sciences criminelles aujourd'hui*, éd. Erès, 1991, p. 45-62, spéc. 46-57. L'auteur de la synthèse des travaux du Colloque (A. Wyvekens) a écrit à ce sujet (*op. cit.* p. 130) : « Paradoxalement, la partie critique de cet examen peut paraître à certains plus percutante que la réponse à la critique... ». C'est probablement que les « certains » auxquels il est fait référence ne voulaient entendre que les objections...

319 *A) La nature et le contenu de l'enseignement* ◊ Le premier problème que pose l'enseignement de la criminologie est celui de savoir si cette discipline doit faire l'objet d'un enseignement à titre principal ou seulement d'une formation complémentaire d'études principales de droit, de sociologie, de psychologie ou de psychiatrie et médecine légale, ce qui pose inévitablement dans son prolongement la question du contenu de cet enseignement. En d'autres termes, plus concrets, doit-on organiser un cursus universitaire complet de formation en criminologie depuis le premier cycle jusqu'au doctorat et à l'agrégation pour les pays qui connaissent ce mode de recrutement des professeurs ? Ou bien doit-on se limiter à prévoir dans les formations universitaires existantes traditionnelles (comme le droit ou la médecine psychiatrique) ou plus récentes (comme la psychologie et la sociologie) un enseignement de criminologie, soit sous la forme d'un simple cours intégré dans le cursus, soit tout au moins sous la forme d'un diplôme autonome complémentaire ?

La réponse à la question dépend de deux facteurs, l'un théorique et l'autre pratique. Il s'agit en effet de savoir, d'une part, si la criminologie est une discipline qui a une extension et une consistance telle qu'elle peut justifier un cursus universitaire complet et, d'autre part si, cette condition étant remplie, la formation principale en criminologie est susceptible de constituer une formation complète pour les diverses activités professionnelles en relation avec les problèmes de délinquance qui existent actuellement sur le marché du travail ou pourraient correspondre à des besoins réels dans un proche avenir.

1) Sur le premier point, la réponse est certainement positive, mais elle ne se présente pas exactement de la même manière selon la *conception que l'on se fait de la criminologie*. Si l'on adopte une *conception extensive* de la discipline, comme ce fut le cas dans le passé pour l'école positiviste, l'école encyclopédique autrichienne, et l'école américaine classique[1], ou comme c'est aujourd'hui le cas pour les écoles empiriques nord-américaines, telles que l'École de criminologie de Montréal[2], il est certain qu'une telle représentation de la criminologie comprend un nombre de matières suffisant pour alimenter un cursus universitaire complet. En revanche, si l'on retient une *conception plus étroite* de la criminologie[3], on a beau décomposer la discipline en ses diverses branches, la subdivision a ses limites et verse, à partir d'un certain degré, dans l'artifice, si bien qu'il serait illusoire de penser y retrouver la justification d'une formation universitaire complète. Toutefois, si, au lieu de se cantonner à l'objet spécifique de la criminologie[4], on prend comme axe l'étude du phénomène criminel dans toutes ses dimensions, on aboutit pratiquement à une situation analogue à la première, avec cette supériorité sur celle-ci que, grâce aux distinctions faites parmi toutes les disciplines qui s'occupent du phénomène criminel[5], on évite cette confusion peu scientifique qui est trop souvent entretenue autour du concept de la criminologie. Il y a ainsi amplement de quoi assurer un cursus universitaire complet sur l'étude du phénomène criminel avec la *criminologie* dans ses diverses branches (introduction générale à la criminologie, criminologie générale, criminologie appliquée, criminologie spé-

---

1. *Cf. supra* n°s 5 et s.
2. *Cf. infra* n° 323.
3. *Cf. supra* n°s 9 et 10.
4. *Cf. supra* n° 44.
5. Sur ces distinctions, *cf. supra* n°s 19 et s.

ciale et criminologie juvénile) et les diverses disciplines qui supportent son inter-disciplinarité (sociologie, psychologie, psychiatrie, ethnologie, méthodes des sciences sociales, statistiques, etc.), la *sociologie pénale* avec ses principales divisions (sociologie du droit pénal, sociologie de la justice pénale, sociologie des représentations et des réactions du public à la délinquance et aux déviances), la *pénologie* (depuis l'étude de la privation de liberté jusqu'à celle de toutes les autres sanctions pénales), la *criminalistique* avec ses principales parties (médecine légale, police scientifique, techniques policières, psychologie judiciaire), le *droit pénal* dans ses diverses dimensions (droit pénal général, procédure pénale, droit pénal spécial, droit pénal des mineurs, droit pénal international, droit pénal comparé, histoire du droit pénal), avec la formation juridique de base que suppose l'intelligence de ces diverses matières, et enfin la *politique criminelle* et les données élémentaires du support de celle-ci empruntées à la science politique.

2) Reste alors à se demander s'il existe une adéquation satisfaisante entre un tel cursus universitaire considéré comme autosuffisant et les diverses activités professionnelles qui gravitent autour de la connaissance de l'action criminelle et de la lutte contre celle-ci. Il n'est pas douteux que l'adéquation serait parfaite pour la formation des *enseignants* et des *chercheurs* en criminologie et dans les autres sciences criminelles. On relèvera d'ailleurs, à cet égard, que dès 1965, un auteur averti soutenait que le meilleur moyen de sortir la criminologie française de l'état de sous-développement dans lequel elle se trouvait alors, était de créer une agrégation spécialisée de sciences criminelles[1], ce qui impliquait, à terme, l'organisation d'un cursus universitaire complet, l'agrégation étant le couronnement de ce dernier. Depuis lors, non seulement la situation n'a pas évolué, mais elle s'est aggravée à cet égard. Il résulte en effet d'une enquête effectuée en 2005-2006 par Mme Lazerges, Professeur à l'Université de Paris I (Panthéon-Sorbonne), que c'est la situation de l'ensemble des sciences criminelles, droit pénal compris, qui est *sinistrée* et que, selon elle, la création d'une agrégation fortement spécialisée en sciences criminelles se révèle plus nécessaire que jamais pour « sortir de l'impasse »[2].

La réponse peut paraître en revanche plus délicate en ce qui concerne les multiples *professionnels proprement dits* qui sont appelés à utiliser des connaissances criminologiques à l'occasion de l'exercice de leur activité. Il n'est pas possible de donner ici une réponse uniforme, en raison de la grande diversité de ces professions et, partant, de celle des connaissances criminologiques qui sont requises par elles[3]. Un commissaire de police, un magistrat, un directeur d'établissement pénitentiaire, un éducateur spécialisé, un expert psychiatre... ne se servent pas des mêmes données pour résoudre les problèmes que soulève l'exercice de leur métier. En revanche, un cursus universitaire de sciences criminelles est tout aussi susceptible qu'un autre type de cursus de permettre l'accès à la formation spécialisée à ces diverses professions. C'est ainsi qu'en France, peuvent être candidats aux concours administratifs dits du cadre A les titulaires d'un diplôme universitaire de deuxième cycle de nature quelconque (droit, économie, philosophie, psychologie, sociologie, lettres classiques ou modernes, etc.). Si la possibilité d'être candidat au concours de commissaire de police ou

---

1. R. Legeais, « L'enseignement de la criminologie », Actes du VIe Congrès français de criminologie, Toulouse, 1965, *Le traitement des délinquants jeunes et adultes*, Paris, Dalloz, 1966, p. 359-367.
2. C. Lazerges, art. précité.
3. *Cf. infra* nos 347 et s.

de la magistrature, par exemple, est ouverte au titulaire d'une maîtrise de philosophie ou de lettres, pourquoi ne pourrait-elle pas l'être à celui qui posséderait une « maîtrise de sciences criminelles » ?

320 **B)** *La mise en œuvre de l'enseignement de la criminologie* ◇ À partir du moment où l'on s'accorde pour admettre l'utilité d'un cursus universitaire autonome de formation en criminologie, la question ne manque pas de se poser de savoir par qui les enseignements doivent être assurés, sous quelle forme et dans quel esprit. Mais on remarquera que le problème se pose également lorsqu'il s'agit seulement d'enseignements assurés dans le cadre d'un diplôme complémentaire ou même d'enseignements particuliers dans le cadre d'un cursus universitaire plus général.

1) S'agissant en premier lieu de la *détermination des enseignants compétents*, la constatation que l'on peut faire actuellement c'est que les professeurs de criminologie ont encore pour la plupart une formation disciplinaire dominante plus générale, même lorsqu'ils ont suivi un cursus universitaire complet de formation en criminologie dans les pays où cette possibilité est offerte aux étudiants. Les uns sont psychologues, d'autres sociologues, d'autres sont juristes, d'autres encore sont psychiatres... Il y a tout lieu de penser qu'il continuera à en être ainsi en raison de l'ampleur et de la complexité croissante de ces diverses disciplines de base de la criminologie, même si l'existence d'un cursus universitaire complet en criminologie venait à se généraliser.

La question se pose alors de savoir qui, parmi tous ces spécialistes, est le plus apte à enseigner la criminologie et à quelles conditions. Contrairement à l'opinion de certains, aucune formation de base n'est *a priori* supérieure aux autres pour assurer un enseignement criminologique de qualité. Ce qui est en revanche essentiel, c'est l'aptitude chez les divers spécialistes des sciences de l'homme et de la société à intégrer les connaissances essentielles des disciplines autres que sa spécialité originale et à synthétiser l'ensemble de celles-ci autour de l'objet de la criminologie, en raison du caractère fondamentalement interdisciplinaire de ce savoir[1]. Cela dit, compte tenu de la diversité des branches de la criminologie ainsi que des disciplines de base dominantes chez chacune d'elles, il est souhaitable que l'on prenne en considération cette donnée. Ainsi un sociologue de formation initiale sera plus apte à maîtriser l'étude de la criminalité, un psychologue celle du crime comme phénomène individuel, un psychiatre celle de la criminologie clinique, un juriste celle de la criminologie de la politique criminelle et des techniques pénales, un spécialiste en travail social celle de la criminologie préventive...

2) Quant au *mode d'enseignement* de la criminologie, compte tenu de la nature de la discipline, il postule une imbrication étroite entre l'enseignement théorique et l'application pratique. De même que l'on ne peut concevoir la formation d'un médecin sans hôpital, il n'est pas possible de donner une formation sérieuse en criminologie sans une synergie entre les enseignements de l'Université et ces lieux divers d'application que sont les services de police, les parquets, les juridictions répressives, les établissements pénitentiaires, les comités de probation, les conseils de prévention de la délinquance, etc. La difficulté en la matière est cependant

---

1. *Cf. supra* n°s 34 et s.

d'organisation, étant donné la grande diversité d'applications de la criminologie et le caractère particulièrement sensible de la plupart des administrations et organisations qui sont concernées.

321 **3)** Quant à la *perspective* générale dans laquelle l'enseignement de la criminologie est appelé à s'inscrire, Denis Szabo a soulevé la question dans son article précité sur « le poids des cultures » dans la criminologie en Europe et en Amérique. Consacrant une partie de cet article « aux programmes d'enseignement et à la formation professionnelle des criminologues »[1], il souligne combien programmes et formations sont tributaires de la position adoptée par l'enseignant à l'égard des systèmes de contrôle social et judiciaire appliqués ou préconisés par le pouvoir politique, « entre, écrit-il, le Scylla et le Charybde de la critique radicale et de la soumission servile à l'ordre établi »[2]. C'est ainsi, précise-t-il, que les criminologues, qu'ils soient orientés vers la pratique ou vers la théorie, ne peuvent pas se soustraire à des débats tels que la fonction des sanctions pénales, le rôle de la police ou la fonction des éducateurs de délinquants, de telle sorte que, quelle que soit l'option finalement adoptée (critique ou approbative), ajoute-t-il, l'engagement au service de la criminologie n'est jamais innocent.

Cette analyse est sans nul doute l'expression de l'expérience de son auteur au cœur de la criminologie internationale, comme à celui de l'École de criminologie de l'Université de Montréal qu'il a tant contribué à créer et animer[3]. Le criminologue, en effet, est par définition, quelqu'un qui ne cesse de se poser des *questions* sur la délinquance et les moyens qui sont employés pour la contrôler et dont les *réponses* ne manquent pas d'avoir des conséquences plus ou moins importantes et plus ou moins diffuses sur le bon fonctionnement de la société. Mais, des années 1950 jusqu'à la fin du xxe siècle[4], la mode de « l'intellectuel critique », imbibé de marxisme[5], puis de néo-marxismes divers, a attiré un grand nombre de criminologues vers des postures de condamnation sans appel des systèmes pénaux occidentaux, généralement appuyées sur les mêmes références à quelques grands noms de l'intelligentsia (Foucault, Bourdieu, etc.) fonctionnant à la manière du réflexe de Pavlov, et où la passion raisonnante paraissait l'emporter sur la raison « raisonnée ». C'est l'observation attentive de ce phénomène qui a suggéré à Denis Szabo les considérations contenues dans son article. En soulignant que l'engagement au service de la criminologie n'est jamais innocent, il incite les criminologues à assumer leur responsabilité intellectuelle dans le choix de la perspective générale de leur enseignement comme de leur pratique.

---

1. P. 1353-1356.
2. *Op. cit.*, p. 1350.
3. F. Fenchel, « Engendrer une pensée criminologique. Entretien avec Denis Szabo », *Criminologie*, vol. 43, n° 2, automne 2010, p. 11-29.
4. Depuis une dizaine d'années, les « *people* » ont progressivement remplacé les « intellectuels », comme « magistrature d'influence » politique, comme on a pu l'observer lors de la campagne pour l'élection présidentielle française de 2007. Bien que l'on ait cherché à « faire parler le cadavre » selon l'expression du philosophe directeur de la revue *Le Débat*, Marcel Gauchet (rapportée dans le *Nouvel Observateur* des 15-21 février 2007, p. 9), ses manifestations tant à droite qu'à gauche ne paraissent avoir eu qu'une influence marginale.
5. Jean-Paul Sartre considérait le marxisme comme « l'horizon indépassable » de l'humanité.

§ 2. L'état actuel de l'enseignement de la criminologie [1]

322 En l'état actuel des choses, on peut dire que la criminologie fait l'objet d'enseignements dans de nombreux pays du monde, dans les pays occidentaux bien entendu, mais également dans des pays ex-socialistes et dans certains pays du Tiers-Monde. Il convient à cet égard de souligner l'importance capitale prise dans la diffusion de cet enseignement par la Société internationale de criminologie (SIC) qui organise depuis 1952 des « Cours internationaux de criminologie », chaque année et même depuis quelque temps plusieurs fois par an, dans les pays les plus divers et obtient chaque fois un grand succès [2]. Cette société a d'ailleurs constaté récemment que l'enseignement de la criminologie de par le monde avait tendance aujourd'hui à changer son statut et ses relations avec les sciences qui ont été depuis son origine « des forces à la fois inspirateurs et colonisateurs » pour s'organiser en « structure indépendante ». Aussi devant ces nouveaux développements, la dite Société a élaboré le projet d'un observatoire mondial des programmes académiques en criminologie [3].

Il ne saurait être question de présenter ici en détail, en raison des limites de ce manuel, les divers centres d'enseignement de la criminologie, leurs programmes et le régime des études qui y sont faites, ne serait-ce que pour la seule France [4]. En

---

1. R. Ottenhof, « L'enseignement de la criminologie », *RSC*, 1990, p. 168-172; 41ᵉ *Cours international de criminologie (Saint-Sébastien, oct. 1989)* : « L'enseignement universitaire de la criminologie dans le monde d'aujourd'hui »; *Colloque de Montpellier (nov. 1989)* : « L'enseignement et la recherche dans le champ de la matière pénale », éd. Érès, 1991; 2ᵉ *Congrès de l'Association Internationale des Criminologues de Langue Française (AICLF)*, Bruxelles, avr. 1991, thème « L'enseignement et la formation en criminologie : pour quoi faire ? »; 4ᵉ *Congrès de l'AICLF* (Porto, avr. 1994), 1ᵉʳ sujet : « La criminologie francophone : enseignement, formation, recherche, sa place dans la communauté scientifique internationale ».
   2. *Cf.* J. Pinatel, « Les cours internationaux de criminologie, 1952-1982 », avec la liste en annexe, *AIC*, 1982, vol. 20, p. 159-165. Le cours donné à Aix-en-Provence en 1981 était le 31ᵉ. Depuis lors, on a dépassé la soixantaine, le 69ᵉ ayant eu lieu à Buenos Aires (Argentine) en septembre 2006 sur le thème « Une politique criminelle pour le Mercosul » (*cf.* l'art. de E. Oliveira aux *AIC* de 2006, p. 23-33).
   3. T. Peters (Pdt de la SIC), « La SIC face aux développements de la criminologie comme discipline académique. Le projet d'un observatoire des programmes académiques en criminologie », *AIC*, 2009, p. 117-121.
   4. Sur l'enseignement de la criminologie en France : R. Cario, « La formation en criminologie dans les universités françaises », *in* R. Cario, A.-M. Favard et R. Ottenhof, *Profession criminologue*, Érès éd., 1994, p. 75-109; J. Borricand, « La criminologie, enseignement et formation : pour quoi faire ? », *RICPT*, 1991, p. 409-417 (1ʳᵉ partie); R. Gassin, « L'enseignement de la criminologie », *in* C. Lazerges (dir.), *L'enseignement des sciences criminelles aujourd'hui*, éd. Érès, 1991, p. 45-62; J. Borricand, « L'enseignement du droit pénal dans les Instituts de sciences criminelles » (qui traite aussi des enseignements criminologiques), *id.* 63-73; J. Sacotte, « Recensement des unités de recherche, des travaux et de l'enseignement en criminologie », *RSC*, 1983, 335; Comité de coordination des recherches criminologiques, *La criminologie en France*, SEPC, 1978 et 1982; J. Vérin, « La criminologie aujourd'hui : l'exemple de la France », *RICPT*, 1980, p. 243-250; R. Legeais, « L'enseignement de la criminologie », Actes du VIᵉ Congrès français de criminologie (Toulouse, 1965) : *Le traitement des délinquants jeunes et adultes*, Paris, Dalloz, 1966, 359-367; P. Bouzat, « L'enseignement de la criminologie dans les Facultés de Droit en France », Actes du XIVᵉ Cours international de criminologie : *L'équipement en criminologie*, Lyon, 1964, Masson éd., 1965, 49-69; J.-M. Aussel, « L'enseignement de la criminologie en France dans les Facultés de droit », *RSC*, 1962, p. 649-667; C. Lazerges, « Pénalistes, droit pénal et sciences criminelles dans l'Université française », *Mélanges précités*, 2007, p. 27-39.

revanche, il est possible de dessiner les grands traits de l'état actuel de cet enseignement. Celui-ci peut être caractérisé par les deux traits suivants : une grande diversité de structure selon les pays (A) et une grande différence d'orientation et de niveau d'un pays à l'autre (B).

323 **A) La diversité des structures d'enseignement de la criminologie selon les pays** ◇ Dans ses développements sur « la criminologie dans l'enseignement », le professeur Killias oppose la *tradition des Universités continentales* qui fait de la criminologie un enseignement facultatif dans le cadre des Facultés de droit et/ou des Facultés de médecine, assuré par des professeurs de ces facultés ou par des spécialistes en sciences sociales intéressés par la criminologie et la *tradition nord-américaine* où la criminologie était une spécialité de la sociologie qui a permis l'éclosion aux États-Unis, à partir des années 1960, d'un grand nombre de départements ou écoles spécialisées en criminologie et en justice pénale[1].

On peut dire qu'il existe effectivement dans le monde, là où la criminologie est enseignée, deux grands modèles : 1/ le modèle d'Écoles de criminologie qui assurent une formation universitaire autonome complète, à l'égal de celle donnée dans les Facultés de droit, de médecine, de sociologie ou de psychologie...; 2/ le modèle d'unités d'enseignement (fussent-elles administrativement traitées à l'égal d'une Faculté, comme cela existe en France dans certaines universités) qui se bornent à délivrer un diplôme complémentaire d'une formation principale en droit, médecine, sociologie, psychologie... ou même simplement d'un cours de criminologie (souvent à option et repoussé en master) intégré dans l'une des formations principales énumérées ci-dessus.

Pour s'en tenir aux pays francophones, on peut tenir comme étant le modèle du « modèle de l'école de criminologie intégrale », l'École de criminologie de l'Université de Montréal (UQM) créée par le professeur Denis Szabo au début des années 1960[2]. Cette école dispense une formation complète depuis le « baccalauréat » en criminologie (2 années universitaires), auquel s'est ajouté en 1999 un « baccalauréat en Sécurité et Police », jusqu'au doctorat en criminolo-

---

1. M. Killias, *Précis de criminologie*, n°s 106-107.
2. A. Normandeau, « La petite histoire de la criminologie au Québec (1960-1985), 25e anniversaire de l'École de criminologie de l'UDM », *RICPT*, 1987, p. 67-71 : D. Szabo, « Quelques réflexions sur 25 ans de criminologie au Québec », *RSC*, 1987, p. 305-308; R. Ottenhof, « La criminologie au Québec. Les vertus du modèle empirique », *RSC*, 1987, 279-281; M. Dionne, « La relance des bacheliers en criminologie de 1970 à 1983 », *Criminologie*, 1986, n° 1, p. 261-279; « La criminologie au Québec », *Criminologie*, n° 2, 1977, art. de D. Szabo et al., « L'école de criminologie de Montréal », *RICPT*, 1976, p. 311-314; « Le département de criminologie de l'Université de Montréal », *Acta criminologica*, 1969, 169-191; D. Szabo, *Criminologie*, 1965 (chapitre « Criminologie : enseignement universitaire, contribution à la sociologie de l'innovation »), p. 49-80; A. Normandeau, « La criminologie au Canada », *RSC*, 2001, 901-909; « L'école de criminologie aux États-Unis et au Canada : une profession (certains passages concernent l'enseignement) et une criminologie de langue française en Amérique du Nord/Guide de lecture 1960-2003 », *RSC*, 2003, 907-926; « Un guide de lecture en criminologie francophone », *in* D. Szabo et M. Le Blanc, *Traité de criminologie empirique*, 2e éd. 1994, p. 385-395; « La criminologie québécoise depuis 1990. Guide de lecture », *in* M. Le Blanc, M. Ouimet et D. Szabo, *Traité de criminologie empirique*, 3e éd. 2003, p. 761-769; J. Poupart, « L'institutionnalisation de la criminologie au Québec », *Criminologie*, vol. 37, 1, 2004, p. 71-105; D. Szabo, « La criminologie en Europe et en Amérique : différences culturelles », *RICPT*, 2004, p. 397; M. Cusson et M. Le Blanc, « Hommage à Denis Szabo et aux professeurs de l'École de criminologie de l'Université de Montréal », *in Traité de criminologie empirique*, 4e éd. 2010, p. 13-17.

gie[1]. Elle puise, depuis longtemps déjà, dans ses anciens étudiants la plupart de ses propres professeurs et de ses chercheurs. Elle a créé plusieurs centres de recherche qui gravitent autour des enseignants et des enseignements dont le plus connu est le Centre International de Criminologie Comparée (CICC)[2]. Ses diplômés bénéficient d'une reconnaissance de la plupart des professions concernées par les connaissances criminologiques, ce qui leur assure des débouchés professionnels en principe satisfaisants compte tenu de l'état général du marché du travail au Québec[3].

Parallèlement au développement des cursus universitaires autonomes de criminologie aux États-Unis[4] et au Canada[5], le modèle complet a franchi l'Atlantique pour se développer sur le vieux continent, dans les pays nordiques, en Angleterre[6] et aux Pays-Bas, en Belgique[7], puis en Allemagne, en Suisse et en dernier lieu en Espagne. On peut donc dire qu'à l'heure présente, il existe une formation complète en criminologie dans un nombre important de pays occidentaux.

En France toutefois[8] comme dans certains autres pays, diverses raisons font que l'on en est encore généralement au système du modèle minimal qui fait de la criminologie une formation purement complémentaire d'une formation principale d'une autre nature (droit, psychologie, sociologie notamment), malgré des appels renouvelés depuis longtemps à la création d'une véritable formation complète en ce domaine[9]. Elle est, comme on l'a excellemment écrit, « reléguée à la périphérie des programmes »[10]. Sans doute existe-t-il des Instituts de sciences criminelles dans plusieurs Facultés de droit ou Universités; mais tous ne comportent pas de véritables enseignements de criminologie, là où ceux-ci sont les plus poussés, ils conservent toujours la qualité de diplômes de complément. La criminologie elle-même ne fait pas partout l'objet d'un enseignement dans les premier et deuxième cycles des études de droit et là où celui-ci a lieu, il constitue souvent une simple matière à option. Quant aux masters recherche en sciences criminelles, tous sont loin de comporter ne serait-ce qu'un enseignement de criminologie dans leurs programmes, les masters professionnalisant du type « Lutte contre la délinquance et les déviances » créé en 1991 et intitulé aujourd'hui « Lutte contre l'insécurité » (Aix-en-Provence) ne pouvant par ailleurs comporter, en raison de leur objectif, que des enseignements de criminologie appliquée (cours de prévention sociale, cours de préven-

---

1. M. Cusson, « La formation continue en criminologie à Montréal », *in* M. Herzog-Evans (ed.), vol. 1, p. 211-221.

2. *Cf. infra* n° 330.

3. *Cf. infra* n°ˢ 346 et s.

4. *Cf.* par ex. la *School of criminology* de l'Université de Californie à Berkeley, l'*Institute of Criminal Justice and Criminology* de l'Université du Maryland... Sur la situation aux USA jusqu'en 1965, v. L. Radzinowicz, ouvrage précité, p. 101-145. En 2003, les États-Unis comptaient 397 unités d'enseignement de la criminologie (A. Normandeau, 2003, art. précité).

5. À Ottawa et à Vancouver notamment. En 2003, le Canada comptait 10 unités d'enseignement de la criminologie (Normandeau, 2003, art. précité).

6. *Cf.* P. Rock, *A history of british criminology*, Oxford, 1988, 183 p.; *Adde* L. Radzinowicz, ouvrage précité, p. 151-159.

7. V. G. Kellens, Rapport au Congrès français de criminologie de Pau, *Profession criminologue*, éd. Erès, 1994, 15-27; T. Peters et J. Van Kerckvoorde, même ouvrage, 45-58. *Adde* antérieurement « Cahiers de criminologie et de pathologie sociale », 1976, n° 10 (3ᵉ Journées d'Étude sur les professions criminologiques, mai 1976).

8. *Cf. supra* les références n° 322.

9. *Cf.* par ex. J. Susini, « Tendances de la délinquance et stratégies de la prévention en Europe occidentale », *RIPC*, 1979, n° 35, p. 77-80.

10. A. J. Bullier, *RSC*, 1993, p. 868.

tion situationnelle par exemple). Aussi a-t-on perçu il y a encore quelques années la création d'un enseignement de « victimologie » à l'Institut universitaire de médecine légale et de droit médical de Paris comme une sorte d'événement médiatique [1], alors qu'ailleurs il se serait inscrit dans la routine des initiatives universitaires. Ainsi doit-on se réjouir lorsque de récents congrès ont mis à l'ordre du jour de leurs débats le rôle de la criminologie dans la formation des policiers et des personnels pénitentiaires [2]. Il semble également que l'on puisse nourrir de sérieux espoirs dans la mise en œuvre du programme Erasmus [3].

Par ailleurs, la situation est en train d'évoluer d'une manière qui peut être interprétée comme une sorte de « retour de la criminologie » [4]. Le premier acte en a été la mission Bauer « formation et recherche en matière stratégique » (défense, sécurité, questions pénales et criminologiques) dont les recommandations ont été approuvées par le Président de la République en mars 2008, et, en particulier, celle qui préconisait la création de filières universitaires de « criminologie ». Le deuxième acte a été le rapport du Premier président de la Cour de cassation sur la rétention de sûreté remis au garde des Sceaux le 4 juin 2008, dont les quatre premières recommandations concernent précisément la criminologie : 1/ promouvoir la recherche et l'enseignement de la criminologie; 2/ confier la définition des orientations et des priorités de la recherche criminologique, la coordination des différentes études et la valorisation de leurs résultats à un Conseil scientifique national; 3/ favoriser l'enseignement universitaire approprié à l'acquisition de la qualification de criminologue clinicien; 4/ compléter en criminologie clinique les formations initiale et continue de certains professionnels [5].

Par la suite, toute une succession d'événements s'est produite dans le sillage de ces prémices : octobre 2008, réunion de 25 enseignants-chercheurs pour débattre des moyens à mettre en œuvre afin de développer l'enseignement et la recherche en criminologie dans les universités; janvier 2009, deuxième réunion d'enseignants-chercheurs et chercheurs du CNRS au cours de laquelle a été proposée la création d'une Conférence nationale permanente de criminologie ayant pour vocation de rassembler celles et ceux qui consacrent une part significative de leur activité professionnelle à l'enseignement et à la recherche sur le phénomène criminel; 3 février 2009, tenue à Paris d'un colloque qualifié de « fondateur » sur le thème « La criminologie : formation et recherche. Sortir de l'exception française ? » dont il paraît être sorti une forte impulsion en faveur de la création

---

1. « La victimologie entre à l'Université », *Le quotidien du médecin*, n° 5309 du 9 déc. 1993.
2. 1er Colloque de l'AICLF (Genève, févr. 1989), 2e thème, CR *RSC*, 1989, p. 819; 2e Colloque de l'AICLF (Bruxelles, mai 1991), CR *RICPT*, 1991, p. 395. S'agissant de « la criminologie à l'École Nationale Supérieure de Police de Saint-Cyr-au-Mont-d'Or » (formation des commissaires de police), un rapport au Congrès de criminologie de Pau en 1993 (B. Pereira-Coutinho, *in Profession criminologue*, précité, 1994, p. 137-138), nous apprend que les élèves-commissaires suivent un DESS créé en 1991 « Politique et gestion de la sécurité » dont le programme ne comporte pas d'enseignement de criminologie, mais « qu'une réflexion est engagée sur la place qui pourrait revenir à un enseignement de criminologie »... pour donner satisfaction aux besoins spécifiques de formation des commissaires. Un tel enseignement avait cependant été introduit dans la scolarité de l'École il y a quelque trente ans puis avait disparu des programmes sans que la raison en ait été mise en évidence...
3. R. Ottenhof et R. Cario, « Le programme Erasmus et la criminologie », *RSC*, 1990, p. 404-409 et R. Ottenhof, Introduction à *Profession criminologue*, 1994, p. 9-12.
4. Sur les raisons de ce retour, cf. R. Gassin, « Du retour de la criminologie », *AJ pénal* juin 2009, p. 249-252.
5. V. Lamanda, *Amoindrir les risques de la récidive criminelle des condamnés dangereux*, Doc. fr., mai 2008, 70 p.

de cursus universitaires de criminologie[1]; création par un décret du Président de la République publié au JO du 29 mars 2009 d'une chaire de criminologie appliquée au Conservatoire national des Arts et Métiers (CNAM) attribuée à un proche du Président de la République, ce qui n'a pas manqué de soulever de violentes protestations avec pétitions souscrites par de nombreux chercheurs[2]; création par Mᵐᵉ Valérie Pécresse, Ministre de l'enseignement supérieur et de la recherche, en septembre 2009 d'une Conférence nationale de criminologie, dont la présidence est confiée à M. Loik Villerbu, professeur de psychologie à l'Université de Rennes II et qui a pour mission de « prendre position sur les modalités de création de cette discipline et sur les champs de compétence qu'elle requiert »; remise à Mme Pécresse du rapport des travaux de la conférence en octobre 2010.

Ces divers efforts et réunions de spécialistes ont amorcé la création de nouvelles formations de criminologie qui sont venues s'ajouter à celles des Instituts de criminologie qui existent déjà depuis longtemps dans certaines facultés de droit. C'est ainsi qu'une « École de criminologie de Paris I » a été créée en 2010. Son programme de formation pour 2011 comporte un cycle de formation en criminologie organisé autour de 16 questions diverses, deux journées de perfectionnement sur le thème « Maladies mentales, troubles de la personnalité et placement sous main de justice » et la possibilité d'assister à un séminaire de recherche sur « Enfermement : justice et libertés dans les sociétés contemporaines ».

Toutefois, l'examen d'un tel programme montre que l'on est encore loin d'un cursus complet de formation en criminologie à l'image de l'École de criminologie de Montréal.

Il n'est pas douteux, malgré ces innovations importantes, qu'une situation comme celle de la France demeure toutefois encore peu satisfaisante et que des progrès considérables devraient y être réalisés si elle veut échapper à cette sorte de « tiers-mondisation culturelle » rampante qui affectait jusqu'à présent son enseignement en criminologie[3]. Est-ce à dire pour autant que tout est parfait dans « le meilleur des mondes » criminologiques nord-américains et des pays qui ont suivi leur exemple ? Une première question ne manque pas de se poser à cet égard. Qu'est-ce que le développement de l'enseignement de la criminologie y a vraiment apporté dans l'efficacité de la lutte contre la délinquance ? C'est évidemment une question que l'on ne peut éviter quand on sait le haut niveau atteint par la délinquance aux États-Unis notamment. Il serait intéressant de connaître les résultats d'une évaluation qui n'a jamais été entreprise à notre connaissance en tentant de faire le départ entre les modifications de la politique criminelle qui sont attribuables à l'influence de la criminologie sur celle-ci et les changements de politique criminelle imputables à d'autres facteurs et notamment au « poids des cultures » ainsi que des idéologies. Un autre aspect a suscité quelques réserves à propos du modèle québécois de la part de l'un de ses analystes les plus attentifs; il a souligné : 1/ que l'on arrive à s'interroger, à son étude, sur les frontières réelles de la criminologie au regard des disciplines voisines, ce qui la prive de la spécificité de son objet et 2/ que la notion de « criminologie empirique » participe de l'ambiguïté dont souffre l'empirisme en général par rapport à une véritable

---

1. *Interview* de P.V. Tournier, Genèse d'un colloque fondateur, *AJ pénal* juin 2009, avec les libres propos de M. Herzog-Evans, p. 253-254; L. Villerbu, « Penser une formation en criminologie en France, résistances et perspectives », *même revue*, p. 255-258; P.V.Tournier (dir.), *La Babel criminologique*, L'Harmattan, 2009, 296 p.

2. V. pour la critique à l'origine du mouvement de protestation L. Mucchielli, « Une "nouvelle criminologie" française. Pouquoi et pour qui ? », *RSC*, 2008, p. 795-803 et sur les diverses pétitions, *Le Monde* du 24 janvier 2009.

3. *Cf. supra* n° 319.

démarche scientifique[1]. Pour neutraliser la première critique, il suffirait d'attribuer à chacune des disciplines qui sont enseignées sous le vocable général de criminologie, la désignation qui permet de les identifier véritablement et de substituer à l'emploi excessif du terme « criminologie » celui de « sciences criminelles », réservant le mot « criminologie » à la seule chose qu'il recouvre vraiment[2]. Quant à la seconde critique, elle s'évanouit si l'on prend soin de relever que « recherche empirique » ne s'oppose nullement à « recherche scientifique », mais tout différemment à « recherche spéculative ». La recherche empirique est, en effet, la forme que revêt le plus souvent la recherche dans les sciences d'observation, comme l'est la criminologie[3]. En tout état de cause, le projet d'un observatoire mondial des programmes académiques en criminologie formé par la Société internationale de criminologie se révèle plus utile que jamais.

324 ***B) Les différences de niveau et d'orientation d'un pays à l'autre*** ◊ Le second trait qui caractérise l'enseignement de la criminologie dans les différents pays réside dans les différences du niveau de l'enseignement (a) et, plus fondamentalement, dans les différences d'orientation (b).

a) S'agissant, en premier lieu, des différences de *niveaux,* celles-ci sont évidemment étroitement liées à la grande diversité des structures de l'enseignement de la discipline. On peut, à cet égard, distinguer, en gros, entre quatre niveaux : 1/ le niveau de l'*information* qui est celui qui est atteint par un enseignement de criminologie générale dans le cadre d'une formation principale[4]; 2/ le niveau de la *formation élémentaire* qui est celui que l'on acquiert grâce aux diplômes d'université (DU) auxquels préparent les Instituts de criminologie lorsque ceux-ci, tout en se bornant à donner une formation complémentaire, assurent de véritables enseignements de criminologie et autres sciences criminelles empiriques ; 3/ le niveau de la *formation supérieure* auquel correspondent les premier et deuxième cycles d'enseignement supérieur consacrés principalement aux sciences criminelles, comme c'est le cas à l'École de criminologie de Montréal ; 4/ le niveau de la *formation hautement spécialisée* enfin qui comporte le troisième cycle d'enseignement supérieur spécialisé en sciences criminelles avec la thèse de doctorat dans l'une des disciplines qui composent cet ensemble de sciences.

b) Le second aspect qui différencie l'enseignement concret de la criminologie dans les divers pays se rapporte à l'*orientation* elle-même de l'enseignement qui y est donné.

Ces différences sont le reflet des différentes conceptions en compréhension de la criminologie[5], et en particulier à l'époque contemporaine entre les criminologues qui admettent que l'action criminelle a sa spécificité propre parmi toutes les conduites humaines et ceux qui soutiennent qu'elle ne résulte que du label qui lui est imprimé par la réaction sociale. À l'intérieur même de ces grands courants

---

1. R. Ottenhof, « La criminologie au Québec. Les vertus du "modèle empirique" », *RSC,* 1987, p. 279-281.
2. *Cf. supra* nᵒˢ 19 et s. Pour une présentation des diverses sciences criminelles, *cf.* R. Cario, *Introduction aux sciences criminelles. Pour une approche globale et intégrée du phénomène criminel,* L'Harmattan, 4ᵉ éd. 2002.
3. *Cf. supra* nᵒ 46.
4. Dans un cours semestriel de 38 heures, ou même dans un cours annuel de 75 heures, on ne peut prétendre que donner une initiation à la matière.
5. *Cf. supra* nᵒˢ 11 et s.

antagonistes, les enseignements se trouvent tirés dans un sens ou dans l'autre selon la formation principale des enseignants, sans parler de leurs options idéologiques plus ou moins affirmées : un psychologue aura tendance à enseigner une criminologie d'inspiration psychologique, s'il est psychanalyste il se livrera à une interprétation psychanalytique du crime, le sociologue privilégiera les aspects sociaux de la délinquance et le médico-biologiste ne manquera pas de relever les aspects biologiques en relation avec celle-ci [1]... Rares sont ceux qui s'efforceront de réaliser une intégration de toutes ces perspectives, facilitée sans doute par le recours contemporain au systémisme et à la théorie de la complexité, mais peut-être aussi impossible à atteindre...

On peut sans doute penser que si ce danger est redoutable lorsque l'enseignement se situe au niveau de l'information, ou même de la formation élémentaire, en raison de l'unilatéralité du vecteur de l'enseignement, il en va différemment à partir du moment où l'on a affaire à une formation supérieure. La multiplicité des professeurs de tendances différentes qui, même lorsqu'ils n'assurent pas l'enseignement d'une même matière, sont à peu près inévitablement amenés à exprimer des points de vue différents sur des problèmes analogues ou voisins, n'est-elle pas une garantie de parfaite objectivité universitaire ?

Ce serait sans compter avec les passions, les modes, les pressions idéologiques dominantes, qui atteignent aussi les universitaires surtout dans le domaine des sciences de l'homme et de la société. Pour être universitaire, on n'en est pas moins homme... ou femme... Les écoles, les tendances dominantes qui jalonnent l'histoire de la criminologie sont là pour en témoigner. En particulier, on a assisté, au cours des quarante dernières années, à la montée en puissance de la criminologie dite de la réaction sociale qui, après une période de domination qui frisait quelquefois le terrorisme intellectuel, semble s'être, comme on l'a écrit, « normalisée » [2] et paraît même chercher, ces dernières années, une position transactionnelle [3], tandis que, de l'autre côté, certains discours sont considérés comme constituant un pas de la « criminologie de l'acte » vers la criminologie dite de la réaction sociale [4].

SECTION 2. **LA RECHERCHE CRIMINOLOGIQUE** [5]

325 ***Enseignement et recherche*** ◇ *L'enseignement* est une activité essentiellement *synthétique*. Il consiste, à partir de l'étude de l'ensemble des

---

1. *Cf. supra* n°s 34 et s. et l'excellente démonstration qu'en constitue l'égrenage des multiples explications modernes de l'action criminelle, *supra* n°s 225 et s.
2. *Cf. supra* n° 310. V. cependant pour la France la réserve au même n°.
3. *Cf. supra* n°s 70 et s.
4. Telle est l'interprétation que semble attribuer Mme Favard (*in Profession criminologue, op. cit.*, p. 112, note 7) à la conférence donnée par M. Cusson au XIe Congrès international de criminologie (Budapest, avr. 1993) sur « l'effet structurant du contrôle social » « The structuring effects of social control », *AIC*, 1993, vol. 31, n°s 1 et 2, p. 45-55, dans lequel on peut voir tout aussi bien, sous un intitulé renouvelé, une analyse supplémentaire du problème très classique des relations entre la politique criminelle et la criminalité (*cf. infra* n°s 553 et s.).
5. J.-M. Renouard, J. Pradel et N. Boucher, « La recherche française dans le champ pénal, Bilan et synthèse », CEDAS, 1992; « L'université et la recherche criminologique », Colloque Aix-en-Provence, oct. 1988; L. Radzinowicz, *Où en est la criminologie ?*, éd. Cujas, 1965; R. Gassin « La recherche en criminologie », VIe Congrès français de criminologie (Toulouse, 1965), Paris,

connaissances acquises dans une discipline au cours de son développement, à en faire une synthèse plus ou moins longue et à organiser celle-ci de façon aussi claire et assimilable que possible à l'intention d'un public d'étudiants qui, par hypothèse, ignorent encore tout de la matière. La *recherche*, en revanche, est un exercice principalement *analytique*. Qu'il s'agisse de recherche théorique ou de recherche empirique, le but du chercheur est de collecter le maximum de données pertinentes sur son sujet d'étude, puis d'en faire l'analyse et de tirer, des résultats de celle-ci, une interprétation du concept ou du phénomène examiné. De la sorte, s'il n'est pas d'enseignement supérieur digne de ce nom qui ne s'appuie sur la recherche et qui ne contribue également au progrès de celle-ci, les *qualités* qui sont requises d'un chercheur sont différentes de celles qui font un bon professeur. Aussi n'est-il pas surprenant qu'assez rares soient ceux qui réunissent simultanément sur leur tête les deux séries de qualités[1].

326 *Le développement de la recherche criminologique* ◇ On peut dire que les premières manifestations de la recherche criminologique sont contemporaines de l'apparition de la criminologie scientifique dans le dernier quart du XIXe siècle, puisque c'est précisément sur ses premiers résultats que se sont construites les théories de Lombroso, de Ferri, de Tarde et de tant d'autres « pères fondateurs » de la criminologie.

Depuis lors, la recherche criminologique n'a cessé de se *développer*, avec toutefois des différences d'intérêt et donc d'importance selon les périodes. C'est ainsi que l'on peut considérer qu'après la floraison des premières recherches jusque dans les années 1905-1910, on a assisté à un certain ralentissement de l'activité de recherche dans les quelques vingt années qui ont suivi, sans que pour autant celle-ci soit véritablement absente.

Parallèlement au développement de la recherche criminologique, on a assisté aussi à une *diversification* de celle-ci. La voie, il est vrai, avait été montrée dès les débuts de la criminologie scientifique avec la division entre les recherches à orientation anthropologique et celles qui avaient adopté une optique sociologique. Mais cette diversification s'est considérablement accrue par la suite, comme on peut le percevoir à travers l'extrême diversité des théories criminologiques contem-

---

Dalloz, 1966, p. 369-388 ; J. Pinatel, « Criminologie et recherche scientifique », *RICPT*, janv. 1963, p. 11 ; P. Mary, *Délinquant, délinquance et insécurité*, Bruylant, 1998 (décrit la recherche dans ces matières en Belgique dans les années 1944-1997) ; P. Mary et D. Kaminsky, « La recherche criminologique en Belgique entre savoir et pouvoir », *RSC*, 2002, p. 665-671 ; A. Selih, « L'influence (possible) de la recherche criminologique sur "la politique criminelle" », *AIC*, 2002, p. 73-84. *Cf.* également les références sur le n° 311.

1. Cette différence explique les difficultés qu'ont, en France, les chercheurs du CNRS à s'insérer dans les formations universitaires, depuis que la politique générale du Centre comporte l'incitation de ses chercheurs à participer aux activités d'enseignements universitaires. Le rapport Quenet sur la condition des personnels enseignants de l'enseignement supérieur remis au Ministre de l'Enseignement Supérieur et de la Recherche (mai 1994) relevait que si les chercheurs assurent volontiers des enseignements spécialisés du 3e cycle, il en va différemment pour les enseignements des 1er et 2e cycles (Rapport p. 64). Cette situation trouve, à notre avis, son explication dans le fait que si un enseignement de master permet à un chercheur d'exposer le résultat de ses propres recherches ou l'état de ses recherches en cours, les enseignements de 1er et 2e cycle, qui ne peuvent être que des cours de synthèse, impliqueraient un investissement intellectuel nouveau et un travail de composition tels que beaucoup hésitent à s'y engager.

poraines[1]. Toutefois, cette diversification, loin de se développer de manière linéaire, a connu des variations selon les périodes. C'est ainsi notamment que de 1970 à 1985-1990, la littérature inspirée par les diverses écoles qui se rattachent à la criminologie de la réaction sociale[2] a envahi les publications à un point tel que l'on aurait pu croire que les autres courants criminologiques se trouvaient limités à quelques manifestations isolées et quasi-confidentielles.

Enfin, la recherche criminologique doit surtout son développement à la création de *structures permanentes* (§ 1) de nature diverse qui ont permis de constituer des équipes de recherche et d'encadrer ainsi les *activités de recherche criminologiques* (§ 2). Ce sont précisément les deux aspects qui paraissent demander des précisions en la matière.

§ 1. **Les structures de la recherche criminologique**

327 *Inventaire* ◇ Les structures de la recherche criminologique sont d'une grande variété. On peut toutefois les regrouper en trois catégories. La première est constituée par les *instituts et centres de recherche* qui constituent le socle sur lequel repose la recherche (A). Mais on ne peut pas négliger pour autant les *sociétés et associations savantes* qui, par le regroupement des chercheurs qu'elles permettent et les activités qu'elles déploient, constituent également, à leur manière, des structures permanentes pour la recherche criminologique (B). Enfin, bien que les *congrès, colloques, réunions, séminaires et symposiums* ne durent que quelques jours, la répétition périodique de certains d'entre eux peut être également considérée comme formant *structure* de recherche pour ces derniers. La même observation peut être faite à propos des *revues* qui paraissent périodiquement (C).

A. **Les instituts et centres de recherche**

328 *Classification* ◇ Il est bien difficile de classer en catégories les instituts et centres de recherches criminologiques, tant ils sont divers et disparates, et tant sont nombreux les critères de classification à partir desquels on peut les regrouper. Mais parmi ceux-ci, il en est sans doute un qui émerge par son importance – sinon par sa pertinence – et qui consiste à répartir les Instituts et Centres en organismes mondiaux et internationaux (a), organismes régionaux (b) et organismes nationaux (c).

329 *a) Les organismes mondiaux ou internationaux* ◇ Le terme « international » possède une signification quelque peu différente selon l'organisme considéré. Tantôt en effet il désigne une institution qui émane des Nations unies ou qui lui est associée, tantôt l'adjectif s'applique à une organisation particulière qui, soit par les patronages qui lui ont été octroyés, soit tout simplement par ses ambitions personnelles, se

---

1. *Cf. supra* n°s 225 et s.
2. *Cf. supra* n°s 301 et s.

donne l'appellation de centre ou institut international. On ne parlera dans ce numéro que des premières, les autres étant énumérées ultérieurement.

1°) L'Organisation des Nations unies (ONU), dont le Secrétariat général comprend un Service de la prévention du crime et de la justice pénale implanté à Vienne (Autriche), a *suscité* un réseau d'instituts régionaux de formation et de recherche *affiliés*, établis en diverses parties du monde [1]. Ce réseau réunit actuellement dans l'ordre de leur création :

– l'Institut des Nations unies pour la prévention du crime et le traitement des délinquants en Asie et en Extrême-Orient (UNAFEI) créé en 1961 à Fuchu (Japon);

– l'Institut interrégional de recherche des Nations unies sur la criminalité et la justice (UNICRI) créé à Rome (Italie) en 1968 sous l'appellation d'Institut de recherche des Nations unies sur la défense sociale (UNSDRI) et qui a pris la dénomination d'UNICRI à la fin des années 1980;

– l'Institut latino-américain des Nations unies pour la prévention du crime et le traitement des délinquants (ILANUD) créé en 1975 à San José (Costa Rica);

– l'Institut d'Helsinki pour la prévention du crime contre la délinquance (HEUNI) créé en 1981 à Helsinki (Finlande);

– l'Institut africain des Nations unies pour la prévention et le traitement des délinquants (UNAFRI) créé en 1989 à Kampala (Ouganda).

Ces Instituts sont plus ou moins actifs et ont des activités de recherche plus ou moins importantes. L'UNICRI (ex-UNSDRI) de Rome est celui qui paraît avoir la production la plus importante [2].

2°) À ce réseau d'instituts affiliés aux Nations unies se trouvent *associés* plusieurs organismes de recherche :

– le Centre arabe d'études et de formation en matière de sécurité de Riyad (Arabie Saoudite);

– l'Institut australien de criminologie de Canberra (Australie);

– le Centre international pour la réforme du droit pénal et de la politique de justice criminelle de Vancouver, Colombie-Britannique (Canada);

– le Conseil consultatif scientifique et professionnel international (*Centro Nazionale di Prevenzione e Difesa Sociale*) de Milan (Italie);

– l'Institut international des hautes études en sciences pénales de Syracuse (Italie).

À l'activité principale de recherche criminologique de ces instituts et autres organismes de recherche affiliés ou associés aux Nations unies, il convient d'ajouter les recherches occasionnelles faites par des organismes internationaux dont la

---

1. Nations unies, « Prévention du crime et justice pénale », *Bulletin d'information*, nᵒˢ 20-21, juin 1993; « Les Instituts interrégionaux et régionaux dans le domaine de la prévention du crime et de la justice pénale », *RI. polit. crim.*, n° 34, 1978, p. 77-88; « L'organisation des Nations Unies et la justice criminelle, 1946-1996 : résolutions, rapports, documents et publications. Programme des Nations Unies en matière de prévention du crime et de justice pénale », *RI. polit. crim.*, nᵒˢ 47-48, 1996-1997; D. Flore, « Le programme des Nations Unies pour la prévention du crime et la justice pénale », *RDPC*, 1996, p. 54-91.
2. L'UNICRI (ex-UNSDRI) a édité jusqu'à présent une quarantaine de publications parmi lesquelles un « *World directory of criminological institutes* » périodiquement mis à jour. La revue internationale de criminologie et police technique (*RICPT*) publie régulièrement dans ses livraisons trimestrielles un bulletin d'informations de l'UNICRI qui résume, entre autres, ses activités de recherche.

finalité est étrangère à la délinquance, telles que l'Organisation mondiale de la santé (OMS)[1] ou le Centre sur les sociétés transnationales du Secrétariat de l'organisation des Nations unies[2].

330 *b) Les organismes régionaux* ◇ À l'échelon des diverses régions du globe, il existe dans certaines d'entre elles des organismes qui, soit possèdent leur propre institut de recherche, soit suscitent des rencontres officielles qui constituent de précieux moyens de recherche.

Pour s'en tenir au cas de l'Europe, le *Conseil de l'Europe* comprend dans son organisation un « Comité européen pour les problèmes criminels » dont les initiatives en matière de recherches criminologiques sont extrêmement importantes[3]. De 1963 à 1972, le Comité européen a organisé, chaque année au mois de novembre à Strasbourg, une Conférence européenne des directeurs d'Instituts de recherches criminologiques consacrée à un thème de recherche criminologique fondamental ou d'actualité (1963 : les problèmes d'administration et d'organisation en matière de recherche criminologique; 1964 : stratégie de la recherche criminologique; 1965 : la recherche sur les prisons; 1966 : aspects criminologiques des infractions routières et étude prospective de la criminalité; 1967 : la criminalité chez les travailleurs migrants et typologie des délinquants et typologie des traitements, etc.). Depuis 1973, le Comité européen organise par alternance un colloque criminologique (1er colloque : Les méthodes d'évaluation et de planification dans le domaine de la criminalité, etc.) et une Conférence des Directeurs d'Instituts qui a pris ultérieurement l'appellation plus simple de « Conférence de recherches criminologiques ». Les travaux des conférences et colloques donnent lieu chaque année à une publication intégrale multigraphiée puis à un volume imprimé des rapports sous le titre « Études relatives à la recherche criminologique ». Ajoutons que le Conseil de l'Europe publie également périodiquement un ouvrage d'« Échange international d'informations sur les projets de recherches criminologiques dans les États membres ».

À cette organisation officielle, viennent s'ajouter des organismes de recherche officieux qui regroupent des chercheurs ou centres de recherche de plusieurs pays européens. Tel est le cas notamment du Groupe européen sur les normativités (GERN)[4] et du Groupe de recherche scientifique européen (GERSE) sur le crime transnational[5].

331 *c) Les organismes nationaux de recherche* ◇ Malgré l'importance non négligeable des organismes mondiaux et régionaux de recherche en criminologie et disciplines voisines, la part de beaucoup la plus importante de cette recherche dans le monde revient aux organismes

---

1. *Cf.* M.-A. Bailey et T. W. Harding, « Examen des travaux de l'Organisation mondiale de la Santé (OMS) dans le domaine de la criminalité et de la délinquance pendant la période de 1949-1976 », *RI. polit. crim.*, n° 34, 1978, p. 57-65.
2. *Cf.* les travaux du Centre sur les sociétés transnationales relatifs à la question des pratiques de corruption, *RI. polit. crim.*, n° 34, 1978, p. 75-76.
3. Sur l'ensemble des activités du Comité qui débordent largement la recherche criminologique, *cf.* A. Tsitoura, « Un quart de siècle d'activités dans le domaine des problèmes criminels : Comité européen pour les problèmes criminels du Conseil de l'Europe (1956-1981) », *RICPT*, 1981, p. 253-268; *id.* pour 1985-1986, *RSC*, 1987, p. 303-305; *id.* pour 1986-1988, *RSC*, 1989, p. 403-407.
4. *Cf. RSC*, 1987, p. 308.
5. V. *CSI*, n° 3, nov. 1990-janv. 1991, p. 209-211.

nationaux. On doit d'ailleurs observer que les experts des organismes internationaux de recherche sont très souvent désignés par les États nationaux en fonction de quota de répartition par pays membres. Ces organismes nationaux sont soit des instituts ou centres de recherche gouvernementaux insérés dans l'organigramme de ministères (notamment, mais non exclusivement, ministère de la Justice et ministère de l'Intérieur), soit des centres et instituts créés par les universités et administrés par elles. Les statuts des chercheurs des unes et des autres sont évidemment très différents et on verra d'ailleurs les problèmes particuliers que posent les centres de recherche dépendant des gouvernements [1].

Parmi les organismes nationaux, il convient de faire une place particulière à quelques centres de recherche qui se sont donné une vocation internationale (1), avant de présenter les centres à caractère essentiellement national (2).

1) Parmi les *centres à vocation internationale,* il convient de citer en premier lieu le « *Centre international de criminologie comparée* » (CICC) [2] de l'Université de Montréal. Fondé le 1ᵉʳ juin 1969, en vertu d'accords passés entre la Société Internationale de criminologie (ONG ayant le statut de service consultatif de l'ONU et de l'Unesco) [3] et l'Université de Montréal, il a son siège à ladite université et collabore étroitement avec le département de criminologie de cette université, tout en étant autonome. Il a pour objectif d'institutionnaliser les recherches et les échanges sur le plan transculturel et international dans le domaine criminologique. Il publie tous les ans un rapport d'activités qui est diffusé de par le monde. À partir de 1994, il a établi une voie de communication additionnelle avec ses correspondants sous la forme d'un bulletin d'information semestriel, devenu aujourd'hui hebdomadaire (*CICC Info*). Il est par ailleurs le maître d'œuvre de la revue *Criminologie* qui paraît deux fois par an [4]. Sa mission internationale a été excellemment décrite [5].

Un deuxième centre à vocation internationale qui mérite d'être mentionné est le « *Centre international de recherches et d'études sociologiques pénales et pénitentiaires* ». Fondé en 1977 à Messine (Sicile) où il a son siège, ce centre jouit d'un statut consultatif auprès du Conseil économique et social des Nations unies, de l'OIPC-Interpol et du Conseil de l'Europe. Il a pour but premier de promouvoir les études scientifiques sur la criminalité, sa prévention et sa répression et deuxièmement d'approfondir les concepts et le contenu des droits de l'homme dans le cadre, notamment, de l'appareil pénal. Il contribue enfin au perfectionnement de la formation professionnelle d'experts nationaux et internationaux de diverses disciplines, en rapport avec le domaine pénal et la protection des droits de l'homme. Il a publié depuis 1978 une liste imposante de recherches dans divers domaines [6].

---

1. *Cf. infra* n° 332.
2. www.cicc.umontreal.fr
3. *Cf. infra* n° 335.
4. Anciennement *L'Année criminologique* et plus anciennement encore *Acta criminologica. Cf.* plus spéc. 40 ans de criminologie. Perspectives d'avenir, *Criminologie*, vol. 42, n° 2, 2008; Les 50 ans de l'École de criminologie. Aperçus de la recherche d'ici et d'ailleurs, *Criminologie*, vol. 43, n° 2, 2010.
5. D. Szabo, « La mission du CICC », *RICPT*, 1983, p. 1123 et *RIPC*, 1983, p. 270-278.
6. *Cf.* par ex. *RICPT*, 1991, p. 391.

Il convient aussi de signaler la création en 1989 de « l'*Institut international de sociologie juridique* » à l'initiative de l'Association Internationale de Sociologie et du Gouvernement régional du Pays Basque. Il est implanté à Onati (Espagne). Certaines de ses recherches intéressent les sciences criminelles [1].

Mentionnons enfin la Fondation Aquinas dirigée par D. Szabo.

2) Les *centres nationaux de recherche criminologique* sont extrêmement nombreux et d'importance diverse. Tout dépend des pays et il ne saurait évidemment être question d'en donner ici une liste, si sommaire soit-elle. On se bornera à citer, à titre d'illustration pour les pays occidentaux [2], le Max-Planck Institute de Fribourg-en-Brisgau (Allemagne) [3], le Centre d'études de la délinquance juvénile de Bruxelles et le Département de criminologie de, l'Université Catholique de Louvain (ULB, Belgique), les Groupes de recherche de l'École de criminologie de Montréal (Canada) [4], l'Institut basque de criminologie rattaché à l'Université de San Sebastian (Espagne) [5], le « *National Institute of law enforcement and criminal justice* » (États-Unis) [6], la « *Research Unit* » du *Home Office* (Royaume Uni) [7], les Centres et instituts de recherche des pays scandinaves et le Groupe suisse de travail de criminologie ainsi que l'Institut suisse de criminologie et pénologie fondé en 1983.

332 *Le cas de la France* ◇ S'agissant de la France, J. Pinatel avait jadis réclamé la création d'un Institut national de criminologie [8]. Celui-ci n'a jamais vu le jour. En revanche se sont constituées deux sortes de centres de recherches : ceux qui dépendent d'un ministère et ceux qui gravitent autour des universités et du CNRS [9].

Le ministère de la Justice possède deux laboratoires de recherche : le CESDIP (Centre d'études sociologiques sur le droit et les institutions pénales) antérieure-

---

1. *Cf. RICPT,* 1990, p. 382-383.
2. Pour l'Amérique latine : v. F. Canestri, « Le développement de la criminologie en Amérique Latine », *in Mélanges Pinatel,* 1980, p. 73-99. Pour l'URSS et les pays de l'Est de l'époque poststalinienne : v. les art. sur « Les recherches criminologiques dans les pays de l'Est » à la *RSC,* 1967, p. 127-170. *Adde.* B.-V. Korobeinikov, « La coordination des recherches criminologiques en URSS », *RICPT,* 1983, p. 62-69.
3. Max Planck Institute, *Research in criminal justice after a decade,* vol. 2, 1982, 508 p. ; G. Kaiser et I. Geissler (éd.), *Crime and criminology. Criminological research in the 2nd decade of the Max Planck Institute in Friburg,* 1988, 436 p.
4. V. not. les synthèses dans D. Szabo et M. Le Blanc (éd.) par J. Laplante et J. De Plaen, *in La criminologie empirique au Québec,* 1985, p. 66-95 et 396-404 et *Traité de criminologie empirique,* 2e éd., 1994, 381-384 et les observations critiques de R. Ottenhof, « La criminologie empirique au Québec, les vertus du modèle québécois », *RSC,* 1987, p. 279-281 ; du même auteur : « La criminologie au Québec : bilan et perspectives », *RSC,* 1996, p. 946-949. D. Szabo, M. Le Blanc et M. Ouimet, « Orientations de la recherche criminologique au cours des années 1990 », en Introduction à la 3e éd. du *Traité de criminologie empirique,* 2003, p. 5-12 et dans le *même ouvrage,* A. Normandeau, « La criminologie québécoise depuis 1990. Guide de lecture », p. 761-769.
5. G. Picca, « Le Centre international de recherche sur la délinquance, la marginalité et les relations sociales de Saint-Sebastien », *AIC,* 1995, p. 155-156.
6. G. Kellens, « Vingt-cinq ans de National Institute of justice », *RDPC,* 1996, p. 93-99.
7. *Cf.* J. Croft et R. Walmsley, « L'activité de la section recherche du ministère de l'Intérieur du Royaume Uni », *RICPT,* 1982, p. 9-26.
8. J. Pinatel, « Criminologie et recherche scientifique », *RIPC,* janv. 1963, p. 12.
9. J. Vérin, « La criminologie aujourd'hui : l'exemple de la France », *RICPT,* 1980, p. 243-250 ; J. Sacotte, « Recensement des unités de recherche, des travaux et de l'enseignement en criminologie », *RSC,* 1983, p. 335.

ment appelé SEPC (Service d'études pénales et criminologiques) [1]; le CRIV (Centre de recherche interdisciplinaire de Vaucresson) spécialisé dans l'analyse des interventions dans le domaine de la justice, de la jeunesse et de la famille [2]. Le premier est à la fois un laboratoire de recherches du CNRS, un service d'études du ministère de la Justice et, depuis le 1er janvier 2006, un laboratoire de l'Université Saint-Quentin-en-Yvelines. Son personnel scientifique comprend à la fois des chercheurs du CNRS et des chercheurs associés [3]. Il a publié de nombreuses études et édite depuis 1988 un bulletin trimestriel d'information – *Questions pénales* – pour faire connaître les résultats de ses recherches; il participe également à la direction de la revue francophone internationale *Déviance et Société*[4]. Quant au CRIV, il publiait une revue semestrielle, les « *Annales de Vaucresson* ».

En 1989, le ministère de l'Intérieur a créé, à son tour, un Institut des hautes études de la sécurité intérieure (IHESI) [5], devenu l'Institut national des hautes études de sécurité (INHES) en 2004, puis en 2010 l'Institut national des hautes études de la sécurité et de la justice (INHESJ) en raison de l'élargissement successif de ses missions [6] et qui, bien doté matériellement, déploie une grande activité qui, contraste avec celle, peu entreprenante semble-t-il, de l'Institut des hautes études sur la justice inauguré peu de temps après le 21 mars 1991 [7]; l'IHESI édite une revue aujourdhui trimestrielle « *Les Cahiers de la sécurité Intérieure* » devenue « *Les Cahiers de la sécurité* ». Par ailleurs, l'OND devenu lui-même en 2010 l'ONDRP (Observatoire national de la délinquance et des réponses pénales) contribue notablement à la recherche criminologique dans le cadre de ses propres compétences.

Outre ces institutions à vocation générale de recherche criminologique, il convient de mentionner également d'autres instituts ou centres de recherche qui sont moins connus parce que spécialisés dans un domaine de recherche particulier. Il existe ainsi depuis longtemps, auprès du ministère des Transports, un Institut de recherche sur la sécurité routière (INRETS). Plus récemment, les organismes ministériels ou interministériels chargés des problèmes de la ville ont recruté semble-t-il, ou à tout le moins eurent recours à des chercheurs, pour élaborer le modèle des « diagnostics locaux de sécurité » et surtout pour procéder à l'évaluation de la politique de la ville.

1. Le changement d'appellation de ce centre de recherches qui a fait disparaître les termes de « service » (du ministère de la Justice) et surtout « criminologiques » n'est pas dû à des raisons purement administratives. Il correspond en effet au rejet par ses dirigeants de la conception traditionnelle de la criminologie étiologique et dynamique au profit de ce que l'on a appelé la « criminologie de la réaction sociale » (*cf. supra* n° 30). Est-il souhaitable qu'un centre de recherches scientifiques soit construit sur une position idéologique de départ ?

2. J. Fauchere, « Le Centre de recherche interdisciplinaire de Vaucresson (CRIV) », *RSC*, 1984, p. 384-387. Le CRIV a été remplacé ultérieurement par le CNFE (Centre National de Formation et d'Études) de la PJJ (Protection judiciaire de la jeunesse) qui est une direction du ministère de la Justice.

3. La participation de chercheurs associés soulève parfois des difficultés déontologiques comme en témoigne l'affaire de cet officier supérieur de gendarmerie qui avait critiqué la politique du gouvernement dans le cadre d'une recherche du CESDIP (*Le Monde* du 16 octobre 2009).

4. Pour son vingtième anniversaire, la revue a consacré l'essentiel du n° 1 de 1997 à divers articles sous le titre commun « Vingtième anniversaire de Déviance et Société », p. 3-95.

5. *Cf. RICPT*, 1990, p. 224; J.-C. Karsenty, « L'institut des hautes études de la sécurité intérieure », *Gend. Nat.* 2000, juill.-sept., p. 65-67.

6. Décret du 27 juillet 2004 (*JO* 29 juill. 2004). L'art. 2 du décret énonce : « L'institut national des hautes études de sécurité comprend deux départements : 1°/ un département chargé de la formation, des études et de la recherche; 2°/ un département intitulé Observatoire national de la délinquance » (sur ce dernier *cf. supra* n° 158).

7. Avec un remarquable discours d'inauguration du philosophe Paul Ricœur sur « Le juste entre le légal et le bon », *Rev. Esprit*, sept. 1991, p. 5-21.

Il convient également de signaler occasionnellement le Centre d'analyse stratégique[1]. Créé par un décret du 6 mars 2006 pour succéder au Commissariat général au Plan, ce centre de recherches est un organisme directement rattaché au
Premier ministre. Il a pour mission d'éclairer le Gouvernement dans la définition
et la mise en œuvre de ses orientations stratégiques en matière économique,
sociale, environnementale et culturelle. Or, parmi les domaines de recherche
figurent, le cas échéant, la délinquance et la lutte contre celle-ci. C'est ainsi qu'au
lendemain des émeutes dans les banlieues « sensibles » de novembre 2005, ce
centre a fait procéder à une enquête sur le phénomène[2].

S'agissant, en second lieu, des centres de recherche qui font de la recherche criminologique *dans le cadre de l'université ou du CNRS*, leur inventaire n'est pas
facile à faire car ils sont dispersés dans des UFR très différentes, du moins pour les
centres universitaires. Certains d'entre eux forment en même temps des unités de
recherches associées au CNRS (URA), lequel d'ailleurs a donné également son
label aux deux centres du ministère de la justice, le CESDIP et le CRIV, ce qui ne
va pas sans une certaine ambiguïté. Parmi les centres universitaires, il convient de
citer en particulier des organismes aussi différents que le Centre de Recherches de
Politique Criminelle (CRPC) créé par Marc Ancel en 1973 qui publie chaque
année depuis 1975 un volume de travaux qui a pris l'appellation d'« *Archives de
politique criminelle* » (*APC*)[3], titre qui évoque les anciennes « *Archives d'anthropologie criminelle* » fondées à la fin du XIXᵉ siècle et disparues avec la Guerre de 14-18
et le SEPB de Bayonne spécialisé dans la recherche sur la délinquance et l'inadaptation juvénile[4]. La production de ces organismes universitaires ou para-universi-
taires consiste dans des travaux aussi divers que des thèses de doctorat, des
mémoires de DEA/master, la publication des colloques organisés par eux, des
monographies ou rapports de recherche et des articles de revues.

À partir de 1969, l'ensemble des centres français de recherches criminologiques furent regroupés dans un Comité de coordination des recherches criminologiques (CCRC) institué auprès du ministère de la Justice[5]. Ce comité a été dissous
en 1983 sans que l'on sache très bien pourquoi. En revanche, par le même décret
du 20 octobre 1983 relatif à l'organisation de la recherche au ministère de la Justice il a été institué à ce ministère un « Conseil de la recherche » chargé de promouvoir une politique de recherche dans les domaines d'intervention du
ministère de la Justice. Par ailleurs le même décret (art. 5) dispose qu'il est créé au
ministère de la Justice deux laboratoires de recherche : le CRSDIP et le CRIV précités (qui existaient déjà depuis longtemps sous une appellation différente : SEPC et
CEFRES de Vaucresson). Il est manifeste que cette réforme a eu pour objet de
rompre les contacts que le ministère de la Justice entretenait jusque-là, par l'intermédiaire du CCRC, avec les autres organismes de recherche, notamment universitaires, et de créer une sorte de *monopole officiel* de la recherche dans les
domaines d'intervention du ministère de la Justice au profit de ses deux laboratoi-

---

1. www.strategie.gouv.fr

2. V. Cicchelli et al., « Les jeunes émeutiers de novembre 2005. Retour sur le terrain » *Revue
Le Débat*, mai-août 2007, n° 145, p. 165-181. Il est précisé p. 166 que l'enquête effectuée auprès
de jeunes d'Aulnay-sous-Bois a été faite « à la demande » du Centre d'analyse stratégique.

3. *Cf.* « Le dixième anniversaire du centre de recherche de politique criminelle », *APC* 1984,
n° 7, p. 11-33.

4. *Cf.* A.-M. Favard, SEPB Bayonne, Résumé des travaux et analyse des principaux résultats,
oct. 1981, 72 p.

5. Ministère de la Justice : Le Comité de Coordination des recherches criminologiques, *Pourquoi un Comité ?*, 1976, 43 p. ; Comité de Coordination des recherches criminologiques, *Criminologie en France*, 1978 et 1982, Publications du SEPC, ministère de la Justice.

res de recherche[1]. Au cours des années 1990, le ministère de la Justice a créé un Groupement d'intérêt public (GIP), intitulé « Mission de recherche Droit et Justice »[2]. Cet organisme a élaboré un document de programmation de la recherche scientifique pour les années 2006-2010 (« Orientations scientifiques 2006-2010 » et communique une programmation scientifique annuelle); les recherches qu'il commandite sont attribuées à la suite d'« appels à projets » lancés auprès des centres de recherche et des enseignants-chercheurs des UFR concernés; il publie également, tous les trimestres, une « lettre de la mission de recherche Droit et Justice ». Mais la criminologie ne constitue qu'une part très limitée des intérêts scientifiques de la mission de recherche Droit et Justice qui concerne d'ailleurs, en matière juridique, outre le droit pénal, toutes les branches du droit.

Cette situation pose un problème très délicat. La recherche criminologique doit-elle être un monopole étatique avec tous les inconvénients que cela entraîne pour la liberté de la recherche ? Ou bien doit-elle échapper à l'État pour assurer son indépendance dans le cadre universitaire ? On ne peut évidemment pas contester aux Ministères concernés la faculté d'avoir leurs propres laboratoires de recherche criminologique, ce qui est le cas d'ailleurs, non seulement en France, mais dans d'autres pays, comme l'Angleterre avec la « *Research Unit* » du *Home Office*[3]. Mais à partir du moment où, comme en France, des laboratoires ministériels se trouvent investis d'un véritable monopole officiel, ils drainent inévitablement la quasi-totalité des postes et des crédits disponibles, ils sont les seuls à avoir accès aux données nécessairement sensibles que peuvent fournir les services de police et de justice, leurs programmes de recherche sont décidés par les ministères en fonction de leurs besoins propres mais aussi de leur politique pénale particulière (ce qui exclut inévitablement certains domaines de recherche pour en privilégier d'autres exagérément) et leurs résultats ne sont publiés que selon le bon plaisir du Prince. La situation atteint son maximum d'inconvénients lorsqu'un double label Ministère-CNRS vient entretenir l'équivoque sur l'indépendance du laboratoire ministériel, en même temps qu'elle lui permet de drainer des moyens CNRS qui devraient être orientés vers des unités de recherche indépendante.

D'une manière plus générale, on n'a pas manqué d'observer que la situation de la recherche criminologique en France n'était pas satisfaisante. Dressant le constat de celle-ci au 2ᵉ Colloque de l'AICLF (Bruxelles, avril 1991), un directeur d'équipe de recherche universitaire associé au CNRS la qualifiait par deux traits : son insuffisance et son inadéquation[4]. Mais on n'aperçoit guère, en l'état actuel des choses, les possibilités d'une modification substantielle.

B. Les sociétés et associations savantes

333 *Recherche et groupement de chercheurs* ◇ À la différence des instituts et centres de recherche, les associations et sociétés savantes ne font pas de recherche; elles regroupent seulement des chercheurs, enseignants

---

1. C'est ainsi qu'à notre connaissance du moins, aucune publication ou rapport n'ont été diffusés sur l'activité du « Conseil de la recherche » créé par le décret de 1983 dont l'art. 4 dispose qu'il se réunit au moins deux fois par an.
2. www.gip-recherche-justice.fr
3. Sur le rôle de l'administration dans la recherche criminologique, *cf.* J. Léauté, *Criminologie et science pénitentiaire*, 1973, p. 80-81; R.-L. Feierabend, « Le rôle des Gouvernements dans les recherches sur la violence », *RISS*, 1978, p. 818-849.
4. J. Borricand, « La criminologie, enseignement et formation : pour quoi faire ? », *RICPT*, 1991, p. 409 et s., spéc. la 2ᵉ partie : « La recherche en criminologie », 413-417.

ou non, (ainsi que pour certaines des praticiens). Mais ce ne sont pas pour autant des syndicats de chercheurs préoccupés par la défense de leurs intérêts professionnels. Grâce aux activités spécifiques qu'elles déploient et qui vont de la publication de revues et de bulletins d'information à l'organisation de colloques et congrès scientifiques qui permettent aux chercheurs de se rencontrer et d'exposer leurs travaux, on peut considérer ces groupements de chercheurs comme de véritables structures de recherche criminologique. Ces groupements peuvent à leur tour être répartis en organes internationaux (a) et en organes nationaux (b).

334 *a) Les sociétés et associations internationales* ◇

1) Parmi les groupements internationaux, il convient évidemment de mentionner au premier chef la *Société internationale de criminologie* (SIC). Son premier président a fait l'histoire de sa création, à Rome, en 1937[1]. L'idée fondamentale qui a animé ses promoteurs fut de permettre « une collaboration étroite et efficace entre la recherche en biologie et le droit », cela « dans le but d'éclairer et si possible de contribuer à la solution des problèmes que les juristes, notamment les législateurs, doivent apporter dans la rédaction des nouvelles lois pénales ». Ils avaient donc une conception très claire et très exacte de la double finalité de la criminologie, à la fois science théorique et science appliquée[2], sinon de la causalité de l'action criminelle, réduite, semble-t-il, à des déterminants biologiques. Parmi les projets de ses fondateurs, figurait la création à Rome d'un Centre international de criminologie[3]. Le projet tel qu'il était conçu initialement n'a pas eu de suite, mais on a vu qu'il a abouti finalement en 1969 avec la constitution du Centre International de Criminologie Comparée (CICC) à la suite d'accords passés entre la Société internationale et l'Université de Montréal. La Société Internationale de Criminologie qui est dotée du statut consultatif auprès de l'ONU et du Conseil de l'Europe a une grande activité. Outre les cours internationaux qu'elle organise dans le cadre de l'enseignement de la criminologie[4], elle tient un congrès tous les cinq ans. Le premier s'est tenu à Rome en octobre 1938[5]; retardé par la guerre, le deuxième congrès qui a eu une importance capitale a été organisé à Paris en 1950[6] et, depuis lors, la Société a réuni régulièrement ses congrès[7]. La

---

1. B. Di Tullio, « Naissance de la société internationale de criminologie », *Mélanges Pinatel*, 1980, p. 1-12.

2. *Cf. supra* n°s 38 et s.

3. B. Di Tullio, art. précité, p. 5.

4. *Cf. supra* n° 322.

5. C. Erra, Le Congrès de criminologie de Rome, *BSIC*, 1952, 2, p. 9-25.

6. Sous la présidence de Donnedieu de Vabres, professeur à la Faculté de droit de Paris, Jean Pinatel étant alors Secrétaire général de la Société. Les travaux du Congrès ont donné lieu à une publication en 6 volumes.

7. Les congrès ont lieu tous les 5 ans, mais pour des raisons d'harmonisation de l'organisation des congrès internationaux avec les autres grandes associations internationales, alors que le 6e Congrès s'était tenu à Madrid en 1970, le 7e Congrès s'est réuni à Belgrade en 1973, le rythme quinquennal étant à nouveau respecté depuis. Le 13e Congrès a eu lieu à Rio-de-Janeiro (Brésil) du 10 au 15 août 2003 avec pour thème : « Réduire le crime et promouvoir la justice : Défi pour la science, la politique et les pratiques », Rapports aux *AIC* de l'année 2003. Un 14e Congrès mondial de la Société internationale de Criminologie s'est tenu à Philadelphie du 7 au 11 août 2005 (*AIC* année 2005). Le XVe congrès a eu lieu à Barcelone les 20-25 juillet 2008 sur le thème « Crime et criminologie : recherche et action » (*AIC*, année 2008). Le XVIe congrès aura lieu à Kobé (Japon) du 5 au 9 août 2011 sur le thème suivant : Crise socio-économique mondiale et politiques de contrôle du crime : comparaisons régionales et nationales.

Société a pour organe officiel les « *Annales internationales de criminologie* » (antérieurement appelées *Bulletin de la Société internationale de criminologie*) fondées en 1962, qui paraissent chaque année sous la forme d'un ou deux fascicules selon les années, et dans lesquelles on trouve notamment les travaux des congrès internationaux. La Société qui a son siège à Paris édite trimestriellement une « *Newsletter* » à destination de ses adhérents. En 2005, lors du 14e congrès international de criminologie qui s'est tenu à Philadelphie, a été créé un « prix de Stockholm en criminologie » qui évoque quelque peu les prestigieux prix Nobel. Le prix a en effet été créé par le gouvernement suédois lui-même et doté de 150 000 $ américains. Il est attribué chaque année depuis 2006, à l'occasion d'un congrès annuel intitulé « *The Stockholm Criminology Symposium* », à un ou plusieurs lauréats pour leurs résultats exceptionnels en recherche criminologique ou pour l'application de ces résultats[1]. Quand on sait que les économistes ont obtenu la création du prix Nobel d'économie en 1969 dans les mêmes conditions d'attribution et de récompense que les autres prix Nobel créés en 1901[2], il n'est pas interdit de penser qu'un jour ou l'autre le « Prix de Stockholm en criminologie » deviendra le « Prix Nobel de Criminologie ».

2) Outre la Société internationale de criminologie, il convient de citer plusieurs *autres organes internationaux* qui, sans avoir pour objet principal la criminologie, touchent inévitablement aux problèmes criminologiques à l'occasion de leurs travaux. Il s'agit des trois autres grandes associations : la Fondation Internationale Pénale et Pénitentiaire, la Société Internationale de Défense Sociale et l'Association Internationale de Droit Pénal (AIDP)[3]. Les quatre grandes tiennent tous les cinq ans un colloque inter-associations. Une autre société internationale qui a eu une certaine activité lorsque son fondateur, Vasile Stanciu, était en vie, mérite d'être citée : il s'agit de la Société Internationale de Prophylaxie Criminelle qui tenait des congrès et éditait les « *Études internationales de psycho-sociologie criminelle* » auxquelles font suite les « *Cahiers Vasile Stanciu* ». Par ailleurs, le développement contemporain de la victimologie[4] s'est accompagné de la création d'une « *World Society of Victimology* » qui organise notamment des symposiums internationaux de victimologie dont le 12e s'est tenu en Floride à Orlando en août 2006.

3) Il est essentiel de citer l'*Association Internationale des Criminologues de Langue Française* (AICLF)[5] destinée à rassembler les criminologues francophones noyés jusque-là dans la vaste maison criminologique anglophone (d'où son affiliation à l'AUPELF, Association des Universités partiellement ou entièrement de langue française). Créée en décembre 1987, elle a tenu déjà dix colloques internationaux (Genève, février 1989[6]; Bruxelles, avril 1991[7]; Bucarest, juin 1992[8]; Porto, avril 1994, Athènes, mai 1996; Lac de Garde, mai 1998; Montréal, août 2000; Liège, mai 2002; Agen, mai 2004; Istanbul, mai 2006; Rabat, juin 2008; Fribourg, mai 2010). La *Revue internationale de criminologie et de police*

---

1. A. Normandeau, « Le Prix Nobel de Criminologie dit le Prix Stockholm en Criminologie », *RSC* 2008, p. 1007-1012. Le dernier prix décerné en juin 2011 a été attribué à deux criminologues américains, John Laub et Robert Sampson.
2. *Les Nobel de l'Économie*, éd. La Découverte, préface Marc Guillaume.
3. L'association Internationale de Droit Pénal a suscité récemment la création d'un « Mouvement des Jeunes Pénalistes ».
4. *Cf. supra* n°s 311 et s.
5. http://www3.unil.ch/wpmu/aiclf/
6. CR *RSC*, 1989, p. 818-820.
7. CR *RICPT*, 1991, p. 395.
8. CR *RICPT*, 1992, n° 4.

technique (*RICPT*) (publication trimestrielle fondée en 1947), depuis la reprise de sa rédaction par D. Szabo et P.H. Bolle, lui sert d'organe de publication officiel (*Revue internationale de criminologie et de police* technique et scientifique, *RICPTS*, depuis le n° 1 de 1998). Elle décerne à chaque congrès deux prix : Le prix Beaumont-Tocqueville qui couronne l'œuvre d'un criminologue confirmé et le prix Fernand Boulan décerné à un jeune criminologue pour la qualité de ses premiers travaux.

4) Enfin, il convient d'indiquer qu'a été créée en 2000 une *European Society of Criminology* (ESC) dont le siège est l'Institut de criminologie de l'Université de Cambridge. Elle a pour objet l'organisation de congrès de criminologie, le premier ayant eu lieu à Lausanne en septembre 2001 et le 6ᵉ à Tubingen en août 2006. Son but est de favoriser le développement de la criminologie dans toute l'Europe.

5) La multiplicité des sociétés nationales et internationales de criminologie a suscité le besoin de faire se rencontrer les dirigeants de ces sociétés. Aussi s'est-il tenu à Paris en mai 2004 une 1ʳᵉ *Conférence des Sociétés de Criminologie* sur le thème « *What works in reducing crime ?* ». La 2ᵉ conférence a eu lieu à Cracovie (Pologne) en septembre 2005 sur le thème « *Challenges of European integration, challenges for criminology* ».

335 *b)* **Les sociétés et associations nationales** ◇ Il existe dans nombre de pays des sociétés ou associations de criminologie qui regroupent les chercheurs, les enseignants et des praticiens, tels que des magistrats, des experts près les tribunaux, des éducateurs, des membres des comités de probation, etc. On peut ainsi citer à titre d'illustration la Société belge de criminologie, la Société canadienne de criminologie, la Société suisse de criminologie.

En France, il existe une *Association française de criminologie* (AFC) qui a été fondée à l'initiative de Jean Pinatel, au tournant des années 1950. Elle organise, chaque année en général, depuis 1961, un congrès français de criminologie dont les travaux de certains ont donné lieu à la publication des actes (derniers congrès : 28ᵉ, Pau, février 1993, Profession criminologue : spécialisation ou professionnalisation ?[1]; 29ᵉ, Beauvais, mai 1994, Délinquance et précocité; 30ᵉ Ajaccio-Corte, mars 1996, L'homicide; 31ᵉ Dijon, octobre 1996, santé et système pénitentiaire[2]; 32ᵉ, Besançon, déc. 1998, Crimes et cultures; 33ᵉ Lille, mai 2001, Les soins obligés ou l'utopie de la triple entente; novembre 2007, Poitiers, Les jeunes et la loi, transgressions nouvelles et nouvelles pratiques ? Le dernier congrès a eu lieu en novembre 2010 à la faculté de droit de Nantes sur le thème « Politiques publiques et criminologie »). L'association décerne aussi un « Prix Gabriel Tarde »[3] qui est attribué à l'auteur d'un ouvrage de recherche original en criminologie. Elle attribue encore tous les deux ans, depuis 2000, une bourse de soutien aux initiatives en faveur de la réinsertion des détenus et concernant les modalités de la détention, dénommée bourse Philippe Zoummeroff du nom de son créateur et financeur. Elle publiait aussi jadis un bulletin intitulé « Instantanés criminologiques »; celui-ci avait cessé de paraître depuis plusieurs années mais le n° 1 d'une nouvelle

---

1. R. Cario, A.-M. Favard et R. Ottenhof, *Profession criminologue,* éd. Erès, 1994.
2. Il convient également de mentionner le Congrès organisé, hors association, par l'université de Nice à Villefranche-sur-Mer en oct. 1997 sur le thème de « la castration ».
3. Jadis attribué par le défunt « Comité de coordination des recherches criminologiques » du ministère de la Justice, *cf. supra* n° 332.

série est sorti en avril 1998. Cette association paraît affectée depuis quelques années d'une certaine dérive idéologique qui ne correspond pas aux préoccupations purement scientifiques de ses créateurs et de ses dirigeants successifs jusqu'à ces dernières années. Toutefois la nomination récente d'Alain Blanc, Président de Chambre à la Cour d'appel de Douai, à la tête de l'Association française de criminologie paraît lui avoir redonné l'équilibre et la mesure qui la caractérisaient jadis.

Bien que l'*Association française de droit pénal* (AFDP) ne soit orientée comme son appellation l'indique que sur les problèmes de droit pénal, il n'est pas sans intérêt de la citer ici, car, à l'occasion des thèmes juridiques des congrès qu'elle organise chaque année, il est arrivé parfois qu'ait été produit un rapport criminologique, comme ce fut le cas, par exemple, à ses Journées de Rennes, en 1991, sur le thème « Enfance et délinquance » [1].

C. Congrès, colloques et revues

336 *a) Les congrès et colloques* ◇ Parmi les nombreux colloques, conférences, congrès, journées, rencontres, réunions, séminaires, sessions d'études, symposiums, tables rondes... concernant la criminologie ou touchant à la criminologie qui se tiennent chaque année, il est utile de faire une distinction entre *ceux qui se tiennent périodiquement* et sont repérables par leur numéro et ceux qui résultent d'une initiative ponctuelle et ont un *caractère occasionnel.* Non pas certes que les seconds soient moins intéressants que les premiers, mais seuls ceux-ci peuvent être considérés comme formant des *structures* stables de *recherche,* les autres relevant d'activités occasionnelles de recherche.

Parmi les congrès périodiques, nombre d'entre eux sont l'une des manifestations et souvent la manifestation la plus importante d'organismes de recherche ou de sociétés scientifiques, si l'on met à part les sept anciens congrès d'Anthropologie Criminelle (de 1885 à 1911) qui ont marqué les débuts de la criminologie scientifique. On peut citer, en premier lieu, les *congrès quinquennaux des Nations unies* pour la prévention du crime et le traitement des délinquants [2], organisés par les Nations unies, mais qui sont, en réalité, plus une tribune de politique internationale (pour ne pas dire de propagande) de la part des représentants des États qui y participent que de véritables congrès scientifiques. Ceux-ci sont principalement les *Congrès internationaux de criminologie,* les *Congrès internationaux de défense sociale,* les *Congrès internationaux de prophylaxie criminelle,* etc. Sur le plan national, il faut citer notamment, pour s'en tenir à la France, les *Congrès français de criminologie* et les *Journées régionales de criminologie,* organisés les uns et les autres sous l'égide de l'Association française de criminologie, ainsi que les journées de l'Institut de criminologie de l'Université de Paris II.

Plus que leur inventaire exhaustif qui n'a pas sa place dans ce manuel, les congrès internationaux, comme nationaux, posent un certain nombre de *problèmes importants.*

Le premier de ceux-ci concerne le *nombre* de congrès ou colloques divers de criminologie ou se rapportant en partie à celle-ci. On a assisté depuis près de 50 ans

---

1. *Cf.* Rapport R. Ottenhof, « Les aspects criminologiques de la délinquance juvénile », *in* Actes du Congrès, éd. *Économica,* 1993, p. 11-113 et s.
2. *Cf.* M. Lopez-Rey, « Les congrès quinquennaux des Nations Unies pour la prévention du crime et le traitement des délinquants », *RI. polit. crim.,* 1978, n° 34, p. 3-10.

à une prolifération incessante de ces rencontres. C'est ainsi qu'un inventaire, cependant non exhaustif établi pour l'année 1991 nous a conduit à constater que le « bon criminologue, conscient de ses devoirs scientifiques » aurait dû participer à quelque 40 congrès, colloques, séminaires ou réunions[1] ! Cela n'est d'ailleurs pas propre à la criminologie. C'est un phénomène général qui est à l'origine d'une « affection psycho-sociale » que l'on a appelé la « congressite aiguë »... et qui fut jadis excellemment caricaturée par un journaliste facétieux qui racontait l'épopée du parfait congressiste qui, sans ouvrir ses valises, n'avait que le temps de passer d'un aéroport à un autre pour ne pas manquer l'ouverture du congrès suivant. Les congrès et colloques présentent certes une utilité pour les chercheurs; ils leur permettent de se tenir au courant – en temps réel ou quasi-réel – des travaux de leurs collègues, de présenter leurs propres travaux rapidement, de discuter les idées des autres, et de nouer de précieuses relations qui donnent véritablement le sentiment que le terme de « communauté scientifique » n'est pas un vain mot. Mais est-il nécessaire qu'il y ait autant de rencontres scientifiques ? Quand on fait le bilan de ce qui est resté de la production des Congrès des années passées, on s'aperçoit qu'en définitive nombre de rapports ou de communications ne présentaient pas d'intérêt véritable et ont sombré dans un silence définitif. Ce qui mérite d'être lu et d'être retenu est généralement publié dans l'année qui suit... et peut-être vaut-il mieux laisser faire les filtres opérés par d'autres et attendre dans son cabinet de travail, malgré quelque retard, ce qui mérite vraiment d'être connu...

Un autre problème a trait à l'*organisation scientifique* des congrès. Autrefois ceux-ci avaient toujours un thème central, comme par exemple pour le 3ᵉ Congrès international de criminologie (Londres, septembre 1955) « Le récidivisme ». Certains congrès persistent dans cette pratique, mais d'autres ont pris l'allure de véritables « foires aux recherches ». C'est ainsi que, selon le compte-rendu du Secrétaire général de la Société internationale de criminologie, lors du 11ᵉ Congrès international de criminologie (Budapest, août 1993) « Si l'on prend en compte les sessions plénières du matin..., celles de l'après-midi... et les *workshops*... ce sont 174 thèmes différents qui ont été débattus dans ce congrès... »[2]. On comprend certes la préoccupation des organisateurs du congrès d'attirer le plus de monde possible dans ces manifestations internationales pour des raisons scientifiques... et financières. 174 thèmes, cela fait déjà 174 participants assurés plus tous ceux qui sont évidemment intéressés par chacun de ces thèmes. Mais est-ce bien raisonnable ? Et que reste-t-il de tout cela une fois les lampions éteints, sachant que, d'après ce qui nous a été rapporté, il n'aurait pas été distribué de documents aux congressistes ? Finalement, les 126 pages du numéro de 1993 des *Annales internationales de criminologie* (statistiquement moins d'une page par thème) et une centaine de pages de rapports dans les Annales de 1994[3].

Il y a là quelques-uns des problèmes majeurs qui, un jour ou l'autre, devront être mis à plat et faire l'objet de discussions sérieuses.

337 *b) Les revues* ◇ Reste enfin les revues périodiques comme structure permettant la diffusion des recherches criminologiques. Celles-ci sont

---

1. Depuis lors, leur nombre annuel a encore augmenté.
2. G. Picca, « Le XIᵉ Congrès Mondial de la Société Internationale de Criminologie », *AIC*, 1993, p. 9-12, spéc. 10.
3. Le programme du congrès international de Séoul en août 1998 comportait aussi une grande dispersion des thèmes traités. (Sur ce congrès v. les *AIC* de 1998, vol. 38). Une observation analogue peut être faite à la lecture des thèmes approuvés par la Commission scientifique de la SIC pour le congrès de Rio de Janeiro en août 2003.

aujourd'hui fort nombreuses, comme en témoigne la liste, cependant loin d'être exhaustive, qui figure en fin d'ouvrage.

Parmi ces revues, certaines sont l'organe officiel d'une société savante (ex. : les *Annales internationales de criminologie*) ou d'un centre de recherche (ex. : la revue *Criminologie* du CICC de Montréal), d'autres au contraire sont publiées par des directions autonomes. Un autre critère de classification consiste à distinguer entre les revues internationales ou à diffusion internationale et celles qui n'ont qu'un rayonnement national. Enfin, on peut distinguer entre les revues qui sont consacrées exclusivement à la publication d'articles de criminologie et celles, de beaucoup les plus nombreuses, qui, dans l'ensemble des articles et chroniques, ne comportent que quelques publications de criminologie (ex. : la *Revue de science criminelle et de droit pénal comparé, RSC,* [France], la *Revue pénitentiaire et de droit pénal, RPDP* [France], la *Revue de droit pénal et de criminologie* [Belgique]). Comme pour les autres domaines scientifiques, le Net a attiré la criminologie : c'est ainsi qu'a été créée une nouvelle revue internationale de criminologie en 2004 mise en ligne annuellement sous le titre « *Champ Pénal*/Penal Field » [1].

Les numéros de revues (semestrielles, trimestrielles, bimestrielles, mensuelles) se succèdent les uns après les autres sans autre jugement critique que celui de leurs lecteurs et des auteurs de comptes-rendus de revues publiés dans certaines d'entre elles (comme la *RDPC* ou la *RICPT*). Il convient toutefois de signaler une première évaluation, à notre connaissance, pour la *Revue de droit pénal et de criminologie* (Belgique) [2]. Par ailleurs, certains chercheurs insistent aujourd'hui sur la distinction entre les revues dites à « comité de lecture » et les autres. Selon eux, seuls les travaux publiés dans les premières présenteraient les garanties de scientificité requises et mériteraient donc d'être lus et utilisés. La distinction dans son principe est bonne. Encore faut-il tout d'abord que le « Comité de lecture » ne soit pas un organe fictif qui se borne à entériner le choix de la rédaction en chef. D'autre part l'existence même d'un « Comité de lecture » actif n'est pas nécessairement une garantie de qualité scientifique véritable. Les regroupements idéologiques dans des « Comités de lecture » de certaines revues ont pour effet que le filtrage se fait beaucoup plus au profit des articles qui s'inscrivent dans le droit fil de l'idéologie dominante du « Comité de lecture » que de la véritable valeur scientifique du texte qui lui a été soumis.

§ 2. **Les activités de recherche criminologique** [3]

338 ***Les problèmes essentiels*** ◇ Les structures de la recherche ne présentent d'utilité que dans la mesure où elles permettent aux chercheurs de déployer leur activité de recherche en créant des postes de chercheur, en finançant des recherches ou en attirant des financements venus d'ailleurs,

---

1. http://champpenal.revues.org
2. D. Kaminski, « Le titre du savoir. Étude titrologique de la revue de droit pénal et de criminologie », *RDPC*, 1993, p. 386-425. Il s'agit du moins de la première évaluation publiée à notre connaissance. Les premières années de la revue *Déviance et Société* (créée en 1977) avaient fait l'objet en 1981 d'une évaluation pour le CNRS, laquelle est restée confidentielle.
3. P. Robert et L. Van Outrive (dir.) *Crime et justice pénale en Europe. État des recherches, évaluations et recommandations*, L'Harmattan, 1993 ; H. J. Kerner, « Theoretical and research topics in international criminology », *AIC*, 1994, p. 11-38.

en mettant à leur disposition des locaux et des bibliothèques[1], en leur assurant des moyens de secrétariat, en payant leurs déplacements professionnels, en s'occupant de la publication de leurs travaux, etc. L'*activité de recherche* elle-même est le fait des chercheurs, et leur fait exclusif.

S'agissant des activités de recherche criminologique, il existe sans doute plusieurs façons de les présenter, depuis la synthèse de l'exploitation des rapports périodiques d'activité des Centres et Instituts de recherche jusqu'à la description phénoménologique de la vie quotidienne du chercheur type... On va cependant adopter ici une autre méthode afin de faire percevoir des aspects qui sont souvent négligés et, par ailleurs, de mettre l'accent sur un certain nombre de problèmes que soulève l'analyse de ces activités ou de certaines d'entre elles. Pour ce faire, on va parler successivement des champs de la recherche criminologique (A), de la mise en œuvre de cette recherche (B) et des résultats de celle-ci (C).

A. Les champs de la recherche criminologique

339 **a)** ***Les types de recherches en criminologie*** ◇ La criminologie comprend trois types de recherche : les recherches empiriques (1), les recherches théoriques (2) et les recherches méthodologiques (3).

1) Les recherches de beaucoup les plus importantes et les plus nombreuses sont les *recherches empiriques*, c'est-à-dire celles qui reposent sur l'observation des faits dans le domaine de la délinquance pour en fournir une explication et tirer de cette dernière, éventuellement, des propositions de politique criminelle. La criminologie est en effet une science empirique, science d'observation, au même titre que la psychologie, la sociologie, la démographie, etc. Au demeurant tous les développements du chapitre 2 de cette introduction, consacré à la méthode de la criminologie, concernaient la recherche criminologique empirique dans ses divers aspects[2]. Il suffit d'y renvoyer. On soulignera seulement ici que le développement d'un programme de recherche empirique comporte nécessairement deux séries de travaux qui ne peuvent être considérés en eux-mêmes comme entrant dans la définition précise du terme « empirique ». La première, qui se situe en tout début de la recherche, consiste dans la revue analytique et critique puis dans la synthèse de la littérature antérieure sur le sujet choisi comme thème de recherche[3]. Il s'agit d'une activité de synthèse critique que l'on emploie dans tous les types de recherche. La seconde tient dans les opérations intellectuelles à effectuer sur les concepts : dans la phase préalable à la collecte de données, l'*opérationnalisation* des concepts théoriques pour pouvoir appréhender les données lors de la collecte empirique[4]; dans la phase ultérieure d'analyse des données, la *conceptualisation* des données collectées qui est, en quelque sorte, l'opération inverse de l'opérationnalisation initiale des concepts et qui permet d'aboutir aux concepts synthétiques nouveaux que l'on appelle les « concepts expérimentés »[5]. Bien que ces

---

1. V. par ex., « Système de classification du Centre de documentation du département de criminologie de Montréal », *Acta criminologica*, vol. 1, 1968, p. 313-317.
2. *Cf. supra* n°s 45 et s.
3. *Cf. supra* n° 126.
4. *Cf. supra* n° 130.
5. *Cf. supra* n° 133.

opérations intellectuelles gravitent autour des données empiriques, à collecter ou déjà collectées, on peut dire qu'elles s'apparentent grandement à des recherches théoriques.

2) La deuxième catégorie de recherches utilisées en criminologie consiste dans des *recherches théoriques,* c'est-à-dire des recherches qui portent sur des *concepts,* que l'on appelle encore des *recherches de définition.* Les méthodologues distinguent, dans l'effort théorique, entre deux types d'opérations : la *spécification conceptuelle* et l'*intégration conceptuelle*[1].

La *spécification conceptuelle* consiste dans l'*analyse* d'un concept préexistant utilisé dans la discipline considérée, afin soit d'en élargir la signification antérieurement donnée, soit au contraire de la restreindre. À titre d'exemple, on peut indiquer l'analyse du concept de prévention de la délinquance[2].

L'*intégration conceptuelle* est au contraire une opération de *synthèse* qui consiste à formuler des concepts *nouveaux* à partir du rapprochement de concepts multiples préexistants mettant en évidence leur parenté. Tel est le cas par exemple du concept de récidivisme, qui a été forgé à partir du regroupement des récidives, légale, pénitentiaire, sociale, naturelle et persistante[3].

Peut-être doit-on distinguer une troisième variété de recherche théorique qui, quoique souvent négligée est cependant particulièrement féconde. Il s'agit de la *création de concepts nouveaux,* non plus par intégration de concepts partiels préexistants, mais par invention *ex nihilo.* Tel a été le cas du concept de criminologie lui-même, ou encore de celui de criminalité[4].

Cela étant, il est nécessaire de bien comprendre la portée de l'expression *recherche théorique* employée pour désigner ces trois sortes d'opérations intellectuelles relatives aux concepts. Contrairement à la recherche théorique dans les disciplines spéculatives comme la philosophie, ou normatives comme le droit ou l'éthique, il ne s'agit pas d'une recherche dépourvue de contact avec les données de l'observation. Tout au contraire, les concepts spécifiés, intégrants ou créatifs sont élaborés à partir d'un ensemble de données fournies par l'observation de la réalité criminelle. Mais ce qui confère à leur acquisition le statut de recherche théorique, c'est qu'elle s'appuie sur les résultats de tout un ensemble de recherches préexistantes, et non sur celles qui sont à collecter ou qui viennent d'être collectées dans le cadre d'une recherche particulière en cours. Par là, cette recherche se distingue des activités d'opérationnalisation des concepts théoriques et de construction des concepts expérimentés précédemment mentionnés, dont la proximité est telle, il est vrai, que même les meilleurs auteurs ont tendance à les confondre[5].

3) La recherche criminologique comprend encore une troisième catégorie de recherche que l'on peut appeler les *recherches méthodologiques.* Ce sont celles qui ont pour objet, soit de *perfectionner les méthodes existantes*[6], soit encore de porter des *jugements critiques* d'ordre méthodologique sur des recherches empiriques particulières. La littérature criminologique nous offre par exemple une application retentissante de ce second type de recherches méthodologiques. Il s'agit de la critique d'un ouvrage qui présente les résultats d'enquêtes de victimisation comparée,

---

1. M.-A. Tremblay, *Initiation à la recherche dans les sciences humaines,* p. 58-63.
2. *Cf. infra* n° 956.
3. *Cf. infra* n° 502.
4. *Cf. supra* n° 93.
5. *Sic.* M.-A. Tremblay, *op. cit., loc. cit.* à travers les ex. qu'il donne.
6. On peut citer à cet égard l'intérêt particulier que présente l'invention du modèle topologique de la recherche empirique par De Bruyne, Herman et De Schoultheete, *Dynamique de la recherche en sciences sociales,* PUF, 1974. *Cf. supra* n° 134.

réalisées dans 15 pays occidentaux en 1989[1]. Ces enquêtes ayant fait apparaître que les Pays-Bas auraient le taux de victimisation le plus élevé de ces 15 pays, l'ouvrage a provoqué une réaction critique très développée de la part de plusieurs criminologues néerlandais[2] auxquels ont fait écho plusieurs criminologues belges[3].

340 ***b) Les thèmes de recherche en criminologie*** ◇ Ces thèmes sont évidemment très nombreux et très variés, après quelques 140 années de recherches en criminologie scientifique. On peut en prendre la mesure notamment en consultant les index alphabétiques des inventaires bibliographiques de criminologie[4], comme les tables alphabétiques annuelles des revues ou encore les rapports périodiques d'activité des instituts et centres de recherche. Chacun de ces thèmes fait lui-même parfois l'objet d'un inventaire bibliographique développé et organisé[5]. On ne peut que renvoyer le lecteur à ces sources.

Mais ce qu'il est intéressant de rechercher ici, c'est si le choix des thèmes de recherche procède du *hasard* et se distribue donc dans le temps de manière aléatoire ou si, au contraire, il est possible de discerner des *thèmes dominants* dans le flux global des recherches. Des quelques travaux qui ont été faits à ce sujet, on peut tirer la conclusion que la recherche criminologique, comme d'ailleurs la recherche dans la plupart des autres sciences sociales, est affectée par des tendances privilégiées, voire des modes, aux divers moments de son histoire. C'est ainsi qu'en 1971, un criminologue suédois faisait le point de l'orientation de la recherche criminologique de la fin des années 1960 dans les termes suivants : « Beaucoup se demanderont maintenant ce qui reste du domaine traditionnel de la criminologie, à savoir les causes de la criminalité. Si l'on veut indiquer en quelques mots *dans quelles perspectives nous considérons aujourd'hui nos devoirs*, on peut peut-être dire que nous essayons d'étudier les processus individuels, sociaux et administratifs.[6] » Postérieurement, a été publié un ouvrage sur *La recherche française dans le champ pénal*[7] qui a fait l'objet d'un résumé dans *Questions pénales* de décembre 1993[8]. Après avoir relevé que les travaux français de recherche en psychologie dans le champ pénal sont peu nombreux bien qu'ils couvrent toutes les perspectives de la psychologie clinique, l'article décrit essentiellement « les orientations de la recherche en sciences sociales dans le champ pénal ». L'idée générale qui y est développée, c'est que l'intérêt scientifique « a

---

1. J.-J.-M. Van Dijk, P. Mayhew et M. Killias, *Experiences of crime across the world : key findings of the 1989 international crime survey*, 1990; 2ᵉ éd. 1991.

2. Bruinsma, Van De Bunt et Fiselier, « Quelques réflexions théoriques et méthodologiques à propos d'une recherche internationale comparée de victimisation », *Dév. et soc.*, 1992, p. 49-68 et la réponse de Killias et Van Dijk, même *revue*, p. 69-79.

3. G. Kellens, T. Peters et J. Van Kervkvoorde, « L'enquête internationale de victimisation vue de Belgique », *RDPC*, 1993, p. 825-839.

4. V. la liste dans la bibliographie générale à la fin de l'ouvrage (Bibliographies de criminologie).

5. V. par ex. sur le thème de « la production normative et du contrôle pénal dans la décennie 1980-1990 », aux Pays-Bas, en Grande-Bretagne, en France et en RFA, les nᵒ de la revue *Déviance et Société* des années 1991 et 1992.

6. K. Sveri, « La collaboration en matière criminologique dans le cadre du Conseil de l'Europe », *RIDP*, 1971, p. 57 et s., spéc. p. 63. C'est nous qui soulignons.

7. J.-M. Renouard, J. Pradel et N. Boucher, « La recherche française dans le champ pénal. Bilan et synthèse », CEDAS, 1992.

8. J.-M. Renouard, « La recherche française dans le champ pénal. Bilan et synthèse », *Quest. pén.*, déc. 1993.

glissé du criminel aux différentes façons dont la société réagit au crime ». Dans cette nouvelle perspective (qui est – on l'aura reconnue – celle de la criminologie dite de la réaction sociale[1]), deux axes de recherche ont d'abord retenu l'attention des chercheurs : le fonctionnement de la justice pénale et les représentations du crime et des réponses de la justice pénale. Ultérieurement deux autres axes de recherche se sont développés, l'un centré sur les « agences[2] » intervenant en amont et en aval du pénal, l'autre se mouvant dans trois directions : le rôle des administrations dans le traitement des délits techniques, les victimes comme plaignants et la création des lois pénales. Finalement l'auteur de cette description conclut que l'on a affaire, depuis une décennie environ, à un champ de recherche éclaté avec notamment cette double remarque que « les problématiques en terme de passage à l'acte que l'on croyait définitivement éliminées, refont surface » et que l'on assiste à « l'abandon des théories du contrôle social et de la domination dans leur version la plus dure des années 1970 ».

Les initiés auront sans doute perçu que cette représentation des orientations de la recherche criminologique[3] française ne décrit nullement l'ensemble des thèmes principaux traités par celle-ci, mais seulement les « productions » du CESDIP et du GERN. Mais ceci est sans importance, pour notre propos, car l'objectif était de faire comprendre au lecteur comment on peut appréhender les sujets dominants dans le flux global de la recherche. En tout état de cause, les thèmes de recherche criminologique se trouvent aujourd'hui de plus en plus déterminés par la *commande des administrations publiques*. L'une des illustrations les plus significatives de cet effet se trouve dans les enquêtes de victimisation. Les premières enquêtes furent effectuées à la demande de la Commission du Président des États-Unis sur la criminalité en 1967; et depuis lors cette sorte d'enquêtes n'a pas cessé de se développer[4].

Par ailleurs, on assiste aujourd'hui à un véritable « retour de la criminologie » entendue comme une criminologie de l'action criminelle (auteur et acte) par opposition au courant dominant des années 1970-80. Les raisons de ce « retour » sont multiples mais se ramènent finalement toutes au fait que la « criminologie dite de la réaction sociale » s'est révélée être une impasse face au développement de la délinquance contemporaine[5]. Aussi relève-t-on depuis deux ou trois ans un appel en faveur du développement de la criminologie clinique et plus généralement l'organisation de véritables cursus de formation en criminologie[6], ainsi qu'à des propositions de modifications dans l'organisation de la recherche qui n'ont pas manqué de susciter de fortes réactions chez les chercheurs actuellement en poste[7].

---

1. Sur ce courant théorique, *cf. supra* n°s 60 et s. et surtout n°s 301 et s.

2. Le petit Robert nous apprend que le terme « agence » au sens d'« Administration confiée à un ou plusieurs agents » est un sens de l'ancienne langue devenu incompréhensible ou peu compréhensible de nos jours. Pourquoi ne pas utiliser tout simplement les termes « Administration » ou « Institution » dont tout Français comprend la signification ? Le fait que le mot « agence » serait la francisation de l'anglo-américain « Agency » ne saurait suffire à justifier le recours à ce quasi-anglicisme.

3. Les termes « criminologie », « criminologique », y sont au demeurant soigneusement évités. On préfère l'expression « dans le champ du pénal ». Sur l'explication de ce vocabulaire, *cf. supra* n° 30.

4. *Cf. supra* n° 169.

5. R. Gassin, « Du retour de la criminologie », *AJ pénal*, juin 2009, p. 249-252.

6. *Cf. supra* n° 323.

7. L. Mucchielli, « Une "nouvelle criminologie" française. Pourquoi et pour qui ? », *RSC* 2008, p. 795-803 et les pétitions de chercheurs mentionnés dans *Le Monde* du 24 juin 2009.

B. La mise en œuvre de la recherche criminologique

341 *Les problèmes posés par la mise en œuvre de la recherche empirique* ◊ La mise en œuvre de la recherche dans les champs qui viennent d'être définis précédemment soulève un *grand nombre de problèmes* dont certains ne sont pas faciles à résoudre. À vrai dire, les questions se posent essentiellement à propos du type de recherches criminologiques le plus fréquemment employé, à savoir les *recherches empiriques*. Aussi est-ce sur celles-ci que l'on va centrer l'examen de ces problèmes qui peuvent être répartis en deux catégories : les *problèmes généraux* qui dominent l'ensemble de la recherche empirique (a) et les *problèmes particuliers* que l'on retrouve à chacune des étapes du processus de la recherche empirique ou du moins à certaines d'entre elles (b)[1].

342 *a) Problèmes dominant l'ensemble de la recherche empirique* ◊ Les problèmes que l'on peut considérer comme se retrouvant tout au long d'une recherche empirique en criminologie sont au moins de trois sortes : l'éthique des chercheurs (1), l'interdisciplinarité de la recherche (2) et la conception de l'équipe de recherche (3).

1) La criminologie, comme toutes les sciences, obéit à un certain nombre de valeurs et de règles qui caractérisent, de manière générale, *l'ordre savant*[2]. Mais, en outre, la criminologie étant une science à la fois théorique et appliquée[3], sa mise en œuvre pose inévitablement des *problèmes éthiques*. Toutefois, il convient de faire à cet égard une distinction essentielle entre deux questions différentes. La criminologie doit-elle se fonder sur une éthique ou, à tout le moins, intégrer une *éthique* dans ses constructions ? Le chercheur doit-il respecter une *déontologie* particulière dans la réalisation de ses recherches ?

La réponse à la première question ne relève pas des présents développements. Elle a un caractère beaucoup plus général qui touche à l'objet même de la criminologie et à la conception d'une *criminologie normative* dont le contenu a été renouvelé au cours des temps. Après les préoccupations des années 1950 qui se formulaient dans le cadre des conceptions classiques de la morale[4], on a vu se poser le problème dans le cadre d'une morale marxisante dans les années 1970[5], tandis que, aujourd'hui, il se développe sous le signe de l'idéologie des droits de l'homme qui a acquis une grande prégnance sociale[6]. En revanche, le chercheur en criminologie trouve tous les jours sur sa route au fil de ses recherches des problèmes de *déontologie* qui tiennent au caractère particulier de la matière qu'il a à traiter : personnalité de délinquants et de déviants, faits délictueux qui perturbent plus ou moins gravement l'ordre social fondamental, investigations policières et judiciaires qui sont soumises au secret de l'instruction, respect des droits de la personnalité des condamnés comme des autres citoyens, maintien de la discipline

---

1. Sur ces étapes, *cf. supra* n°s 125 et s.
2. R. Encinas de Munagorri, « La communauté scientifique est-elle un ordre juridique ? », *Rev. trim. de droit civil*, 1998, p. 247-283.
3. *Cf. supra* n°s 41-42.
4. *Cf.* H. Baruk, « Le problème des fondements de la criminologie », *EIPSC*, 1956, p. 3-5.
5. P. Lascoumes et J. Commaille, « De la caution au dévoilement. La justice, la recherche et leurs mythes », *Ann. Vaucr.*, 1982, p. 81-108.
6. *Cf. supra* n° 43.

dans les établissements pénitentiaires, discrétion au regard du devenir des condamnés[1], etc. Il n'est pas douteux que dans l'exercice de son activité quotidienne de recherche, le chercheur doive se soumettre à des règles de déontologie dont l'étude devrait figurer au programme des colloques organisés par les sociétés savantes.

2) La criminologie étant une science par nature *pluridisciplinaire* qui fait appel à des connaissances appartenant à des disciplines aussi diverses que la biologie, la psychologie, la sociologie, l'ethnographie, la démographie, l'histoire, la géographie, la statistique[2]..., la question ne manque pas de se poser au chercheur de savoir comment mettre en œuvre cette *interdisciplinarité*.

On observera tout d'abord que le degré de pluridisciplinarité varie grandement suivant la recherche qui est menée. Certaines recherches sont à peu près uniquement monodisciplinaires et nécessitent seulement le recours à une discipline (sociologie, psychologie...) et à sa méthodologie de recherche habituelle. D'autres recherches au contraire sont essentiellement pluridisciplinaires, et, plus précisément encore, interdisciplinaires, comme les recherches de criminologie « intégrative »[3].

S'agissant de recherche pluridisciplinaire, il nous paraît utile de distinguer entre ce que nous appellerions volontiers la *pluridisciplinarité interne* et la *pluridisciplinarité externe*. La première consiste dans la collecte et l'utilisation de données fournies par chacune des disciplines constitutives de la criminologie ou par certaines d'entre elles et qui se rapportent directement au thème de recherche exploré. La seconde, au contraire, réside dans l'emprunt à d'autres disciplines, telles que l'histoire ou la logique, de constructions intellectuelles qui sont étrangères à l'objet même de la criminologie et qui ont été édifiées tout à fait en dehors de ses préoccupations.

La pratique de la *pluridisciplinarité interne* n'est déjà pas chose aisée en raison de l'extension des disciplines qui composent la criminologie; du moins est-elle, non seulement justifiée mais encore facilitée, par le caractère unique et central de l'objet de recherche autour duquel elle s'organise. En revanche, il n'en va plus de même avec la *pluridisciplinarité externe*. Sans doute, cette incursion dans des domaines scientifiques différents est-elle tout à fait méritoire et témoigne-t-elle d'un souci de culture générale indispensable dans le domaine des sciences de l'homme et de la société. Toutefois cette médaille a aussi son revers. En effet, comme il n'est pas possible aujourd'hui de tout connaître dans tout – si tant est que cela ait été véritablement possible jadis – les emprunts qui sont faits à ces disciplines « externes » sont souvent unilatéraux. On utilisera un auteur, voire deux ou trois seulement, généralement célèbres notamment à la suite d'une forte médiatisation, et qui plus est un seul ouvrage de ceux-ci, ce qui enlève à la recherche une part de sa crédibilité[4]. Les choix sont-ils dus au hasard des lectures ou

---

1. *Cf.* D. R. Longmire, « Ethical dilemnas in the research setting. A survey of experiences and responses in the criminological community », *Criminology*, 1983, p. 333-348.
2. *Cf. supra* n°s 34 et s.
3. *Cf. supra* n° 272 et s.
4. Voici deux ex. pour illustrer ce danger : 1/ F. Digneffe (« La criminologie et son histoire. Réflexions à propos de quelques questions d'objet[s] et de méthode[s] », *RICPT*, 1991, 299-319) utilise principalement dans ce texte l'historien Paul Veyne (*Comment on écrit l'histoire* suivi de *Foucault révolutionne l'histoire*, Paris, Seuil, 1978) aux p. 303 à 308, le philosophe Jurgens Habermas (*La science et la technique, comme idéologie*, Paris, Gallimard, 1973) à la p. 313 et l'épistémologue Michel Serres (*Éléments d'histoire des sciences*, Paris, Bordas, 1989) aux p. 316-317. 2/ A.-P. Pires (« La criminologie et ses objets paradoxaux : réflexions épistémologiques sur un nouveau

sont-ils délibérés ? Il arrive qu'il en soit ainsi comme le révèlent d'ailleurs très honnêtement certains auteurs [1].

3) Un troisième problème général concerne l'*équipe de recherche*. Ici encore il nous paraît qu'il faille distinguer au départ entre l'équipe de recherche en tant que *structure administrative* et l'équipe de recherche en tant qu'*instrument de mise en œuvre d'une recherche particulière*. Malgré son appellation d'« équipe de recherche », une *structure administrative* peut parfaitement n'être composée que de chercheurs individuels qui publient de manière séparée et indépendante les résultats de leur propre recherche et ne cherchent dans la « structure d'équipe » que les moyens matériels qui facilitent leur travail, à l'exemple d'une sorte de société de moyens (local, secrétariat, téléphone, fax, ordinateur, bibliothèque...). L'« équipe de recherche » dont il est question ici est seulement l'*équipe qui travaille collectivement sur un sujet de recherche déterminé*.

On observera tout d'abord qu'aujourd'hui, une véritable recherche empirique en criminologie ne peut guère se passer d'un travail en équipe. Sans doute un chercheur isolé peut-il se livrer à la revue analytique et critique de la littérature antérieure et formuler, à partir de celles-ci, ses hypothèses de travail et les instruments propres à collecter les données permettant de les vérifier; sans doute encore, peut-il procéder isolément à l'analyse des données et à l'interprétation des résultats. Mais il reste la collecte des données qui demande beaucoup de temps et il est peu probable qu'il puisse mener seul à bien une telle tâche, sauf à travailler, en analyse secondaire, sur des données déjà collectées pour d'autres recherches empiriques. Cela étant, il faut bien voir qu'il y a équipe et équipe en matière de recherche.

Il convient en premier lieu de distinguer entre ce que l'on peut appeler une *équipe de juxtaposition* et une *équipe d'intégration*. Dans le premier cas, on a affaire à un travail d'apparence collective, mais qui en réalité n'est rien d'autre qu'une juxtaposition de recherches individuelles. C'est ce qui peut être observé à la lecture de divers ouvrages qui portent cependant la signature conjointe de plusieurs auteurs ou encore dans la publication des actes des colloques et congrès. Les organisateurs du Congrès, après avoir défini un thème général et l'avoir découpé en morceaux divers, s'adressent à autant de spécialistes, ou présumés tels, qu'il y a de morceaux dans le découpage, chacun travaille alors de son côté puis vient, le jour convenu, présenter son rapport à l'assistance. Il y a bien ensuite une discussion qui donne un certain aspect collectif à l'entreprise, mais l'expérience montre néanmoins que, la plupart du temps, ce qu'il y a de véritablement substantiel dans les actes des Congrès, ce sont les rapports des spécialistes. La mode qui s'est progressivement répandue depuis une trentaine d'années dans certains congrès, de substituer aux rapports individuels des tra-

---

paradigme », *Dév. et soc.* 1993, p. 129-161) s'appuie essentiellement sur l'étude de l'historien Paul Veyne sur Michel Foucault (« Foucault révolutionne l'histoire » in *Comment on écrit l'histoire*) aux p. 137 à 141, sur un essai du philosophe J.-R. Searle (*Les actes du langage. Essai de philosophie du langage*, Paris, Herman, 1972) aux p. 141 à 145, et sur un ouvrage de l'épistémologue Yves Barel (*Le paradoxe et le système : essai sur le fantastique social*, Grenoble, Presses Univ. Grenoble, 1979) aux p. 148 à 154.

1. Ainsi F. Digneffe écrit p. 303 : « Nous nous référons... aux thèses soutenues par P. Veyne... *qui nous paraissent susceptibles de correspondre à nos conceptions de la délinquance*. Nous avons donc trouvé là *une sorte d'affinité* au niveau des paradigmes fondamentaux de la recherche en sciences humaines. » (C'est nous qui avons souligné.) V. également A.-P. Pires (p. 140, note 26) qui s'excuse du « pillage » des vues de Veyne, mais avoue que « tout cela est cependant inévitable étant donné le but de cette étude ». On peut ainsi se faire une idée de la façon dont les auteurs « culturels » sont sélectionnés.

vaux en « atelier [1] », constitue une sorte de vérification de la validité de l'affirmation qui précède : que reste-t-il en effet des ateliers, sinon les petits rapports de présentation des « chefs d'atelier » ? Ainsi doit-on soigneusement distinguer parmi les équipes de recherche entre les équipes de juxtaposition et les *équipes d'intégration,* qui sont, à la vérité, les seules à mériter, ou pouvoir mériter l'appellation d'« équipes de recherche » parce qu'elles supposent une *collaboration* entre les membres de l'équipe.

Encore faut-il sous-distinguer parmi ces dernières, entre ce que l'on peut appeler les équipes *verticales* et les équipes *horizontales.* Dans les équipes *verticales,* un ou quelques chercheurs constituant un brain-trust pensent le projet de recherche, confient la collecte des données soit à des vacataires qui sont des sortes de tâcherons ou à des instituts de sondage, puis reprennent les données collectées pour les analyser et les interpréter (avec souvent une étape intermédiaire confiée à un statisticien pour le traitement statistique des données quantitatives collectées). La publication ne porte habituellement que leur(s) nom(s), tout au plus lit-on quelques remerciements et éventuellement quelques noms au bas de l'une des pages de l'ouvrage, page que personne ne lit. Pour fonctionner de manière satisfaisante, une telle équipe suppose que les personnes chargées de la collecte des données soient suffisamment informées du contenu du projet, de son objet, de ses hypothèses, des méthodes utilisées, de la manière dont les instruments d'observation ont été conçus et de ce que l'on attend de leur participation à la recherche. Or, il est loin d'en être toujours ainsi, si bien que quantité de fonds se trouvent investis en pure perte dans des recherches qui sont faussées par une mauvaise collecte des données. Seule en définitive une équipe *horizontale,* c'est-à-dire une équipe où, quels que soient leurs titres ou leurs compétences, tous les membres de l'équipe sont associés au programme de recherche de bout en bout sous la direction d'un animateur, quelle que soit par ailleurs leur participation directe personnelle, est de nature à répondre aux exigences de la méthodologie d'un véritable travail en équipe [2].

343 *b) Problèmes propres aux diverses étapes du processus de la recherche empirique* ◇ Tous les stades du processus de la recherche empirique sont de nature à poser des problèmes de mise en œuvre [3]. On en retiendra trois ici, en raison de leur importance et de leur actualité.

1) Le premier problème concerne le système des *appels d'offres* de recherche. L'usage s'est instauré, depuis un certain nombre d'années, pour les administrations ou les organismes publics intéressés par des recherches sur un sujet particulier, de lancer des appels d'offres. La *commande publique* actuelle auprès des centres de recherche autres que les laboratoires de recherche officiels des ministères fonctionne ainsi aujourd'hui conformément aux principes de l'*économie de marché.* C'est oublier que la recherche n'est pas un produit ou un service qui peut obéir au *principe de la libre concurrence.* Lorsqu'une entreprise soumissionne à un appel d'offres émanant de l'État ou d'une autre collectivité publique, le marché porte

---

1. Un psychanalyste dirait peut-être que l'emploi de ce terme, qui désigne avant tout le « lieu où des artisans et des ouvriers travaillent en commun » (Petit Robert), trahit, chez ceux qui l'emploient, la culpabilité (ou peut-être la nostalgie) de « l'intellectuel » à l'égard du « manuel », sous l'emprise de l'un des archétypes imprimés par le marxisme dans l'inconscient collectif.

2. *Adde* J. Croft, *Criminological research,* Home Office, 1981; M. Jacquey, « Questions à mon équipe de recherche », *Ann. Vaucr.,* 1982.

3. Sur ces diverses étapes, *cf. supra* n°s 125 et s.

sur un produit ou un service précis que l'entreprise fabrique ou exécute déjà pour d'autres clients, dont elle maîtrise la technologie et pour lequel la principale difficulté pour emporter le marché est de « tirer ses prix » d'une manière telle qu'elle soit moins chère que les entreprises concurrentes. En matière de recherche, et notamment de recherche criminologique, les choses sont totalement différentes.

L'élaboration d'un projet sérieux de recherche demande beaucoup de temps et de travail car elle suppose, avant tout, une revue analytique et critique de la littérature antérieure, parfois très abondante, afin de travailler à partir d'hypothèses valables. Tout se passe presque comme si le chef d'entreprise sollicité par un appel d'offres devait, pour y répondre, commencer par concevoir et inventer le produit pour pouvoir le fabriquer. Quelle équipe va prendre sérieusement le risque de travailler pendant des mois pour répondre à un appel d'offres, alors que son projet risque finalement de n'être pas retenu et qu'elle aura ainsi travaillé en pure perte[1] ? Il serait préférable de doter les équipes de recherche de moyens minima leur permettant d'examiner les travaux relatifs à un certain nombre de sujets d'actualité, de telle sorte que lorsqu'un organisme public a besoin d'une recherche empirique sur une question déterminée, il puisse s'adresser d'emblée à l'équipe ou éventuellement aux deux ou trois équipes qui maîtrisent déjà la littérature antérieure sur la question et donc sur la problématique de celle-ci.

En revanche, une véritable *évaluation* de la qualité des projets de recherche proposés est une nécessité dont les exigences ne sont que rarement perçues par les auteurs de la commande publique. Il faudrait à cet égard que celle-ci soit faite, non par ces derniers eux-mêmes, mais par des experts antérieurs et même, pour partie, étrangers, comme le pratique le Conseil de la recherche du Canada pour les projets qui sont soumis à son financement.

2) Un deuxième problème a trait à l'*accès aux sources d'information*. Les données empiriques relatives à la délinquance, à la justice pénale et à la prévention de la délinquance sont des données sensibles; aussi est-il normal qu'elles bénéficient d'une protection particulière. Mais, par ailleurs, il faut bien être conscient qu'aucun progrès ne peut être réalisé dans la connaissance de la criminalité, de la personne des délinquants, des mécanismes du passage à l'acte et des moyens les plus performants de lutte contre le phénomène, si l'on ne peut pas accéder à ces données. Elles sont la matière première avec laquelle on produit la connaissance criminologique. Or, il faut bien constater que l'accès aux données relatives à la délinquance est très difficile pour les chercheurs autres que ceux qui appartiennent aux laboratoires officiels des administrations, ce qui contribue encore à renforcer leur *monopole de fait* que l'on a dénoncé précédemment[2]. Les *magistrats*, qui étaient jadis très réticents, sont aujourd'hui beaucoup plus accueillants aux chercheurs : ils demandent en général seulement que l'on s'engage à respecter le secret des dossiers auxquels ils donnent accès en ne faisant pas apparaître les noms des intéressés. Il en va de plus en plus de même pour les *recherches pénitentiaires* et en matière de *protection de la jeunesse*. Mais la recherche à partir de documents de police, autre que ceux qui sont officiellement publiés, est encore aujourd'hui souvent très difficile d'accès en raison du refus opposé par les *autorités de police*; le seul moyen qui permet de tourner la difficulté est de saisir l'occa-

---

1. D'autant que généralement les délais qui sont donnés pour répondre à l'appel d'offres sont très brefs : ainsi par ex. un appel d'offres daté d'un 25 mai qui demandait pour le 22 juillet au plus tard la soumission d'un programme de recherche, la sélection des propositions devant se faire, entre autres critères, sur la pertinence de la problématique, à savoir l'information sur les travaux existant sur la question.

2. *Cf. supra* n° 332.

sion que présente le fait qu'un étudiant de 3ᵉ cycle est déjà commissaire ou inspecteur de police, ou encore officier de gendarmerie pour lui faire faire des recherches dans le secteur de la police. Que dire alors de l'*Administration de la Ville* aux échelons locaux comme à l'échelon national ? On pourrait penser qu'une administration nouvelle de ce genre serait pleinement ouverte à toute initiative de recherche sérieuse. Il ne semble pas que ce soit tout à fait le cas...

3) L'*élaboration du rapport de recherche* enfin appelle quelques observations.

Une première remarque concerne le *plan de présentation des recherches*. Nombre d'entre elles se présentent à peu près sous la forme stéréotypée suivante en 5 parties : objet de la recherche, méthodologie de la recherche, présentation des données collectées, discussion, conclusion. Il faut reconnaître qu'un tel plan, s'il a l'avantage de ne pas dérouter le lecteur en raison de son caractère indéfiniment répétitif, n'est pas de nature à stimuler la curiosité de celui-ci. Seule une lecture attentive du texte permet de dégager les idées essentielles qui devraient au contraire former les angles vifs du discours, perceptibles au premier regard.

Une deuxième remarque a trait au *style* des rapports de recherche. Pour certains articles qui sont présentés dans un style sobre, limpide et accessible à un lecteur normalement cultivé, combien d'autres cultivent, comme à plaisir, le galimatias et se composent d'un discours abscons dont l'intelligence nécessiterait presque que chacun des auteurs qui s'y livre publie au préalable, à l'intention de ses lecteurs, un dictionnaire de la langue ésotérique qu'il pratique...

Mais l'observation la plus importante concerne la *littérature utilisée pour la recherche* qui a été réalisée et, partant, le *degré d'objectivité de la recherche*. Le professeur Killias tient à cet égard des propos fort sévères : « Illégitime et regrettable, écrit-il, est l'omission consciente et délibérée de travaux accessibles qui portent sur des résultats pertinents. Ceci s'explique souvent par des animosités entre chercheurs; mais souvent aussi les citations servent avant tout à faire plaisir à quelques collègues... Ce manque d'objectivité dans le choix des références s'explique encore par le souci de nombreux auteurs de ne retenir, parmi les résultats empiriques publiés, que ceux qui soutiennent leurs propres positions et préjugés. La criminologie n'est ainsi plus une source objective de connaissance empirique sur des questions fondamentales de la politique criminelle, mais en devient la "continuation par d'autres moyens" – comme jadis Clausewitz l'avait dit à propos de la guerre par rapport à la politique en général [1] ». À vrai dire, ce vice n'est pas propre à la criminologie. Il affecte l'ensemble des sciences sociales qui souffrent d'une manière générale de ce que l'on appelle une « limite idéologique ». Ainsi qu'on l'a écrit : « Quiconque pratique les sciences sociales risque de faire dépendre ses recherches de ses préférences réfléchies ou inconscientes concernant l'avenir et d'en interpréter les résultats à la lumière de ces préférences, surtout quand il prend lui-même part dans le conflit qu'il étudie par ailleurs, ou quand il choisit comme objet de ses recherches ses adversaires ou ses alliés » [2].

---

1. M. Killias, *Précis de criminologie*, 1991, n° 150. La même critique est reprise en termes un peu différents dans la 2ᵉ éd. de 2001 au n° 153.

2. K. Pomian, « Sciences humaines, sciences sociales : crise ou déclin ? », *Le Débat*, nov.-déc. 2010, p. 19 et s., spéc. p. 32-33. La scission qui s'est produite en 2009 parmi les chercheurs du CEVIPOF (Centre de recherches politiques de Sciences Po Paris) illustre parfaitement la pertinence de ces propos comme ceux de M. Killias. La scission s'explique à la fois par des règlements de compte et des enjeux de pouvoir institutionnel, ainsi que par des divergences sur la conception de la recherche. Ainsi qu'on l'a écrit à ce sujet « certains chercheurs croient détenir « la vérité », parce que leurs choix personnels leur tiennent lieu de vérification expérimentale » (*Le Monde* des 12 et 19 mars 2009).

On ajoutera à ces jugements on ne peut plus pertinents seulement trois remarques. La première concerne l'habitude prise en sciences sociales en général et en criminologie en particulier, de citer la *bibliographie* en fin d'article ou de chapitre de livre, sans aucune indication de la page ou des pages du texte auquel il est fait référence [1]. On voit ainsi s'aligner des bibliographies interminables dont on peut douter qu'elles aient été lues intégralement pour rédiger un article parfois fort court et en tout cas que chacun des éléments ait un rapport véritable avec le sujet de l'article. Quant à ceux qui ont effectivement servi pour sa rédaction, il est impossible, faute de référence précise au passage sur lequel l'auteur est censé s'appuyer [2], de vérifier si leur pensée n'a pas été déformée ou même si on ne leur prête pas le contraire de ce qu'ils ont écrit. Il y a là sans doute une sorte d'« escroquerie intellectuelle » qui consiste à persuader le lecteur, par le grand nombre des références, que l'on a fait un travail imposant de préparation sans commune mesure avec celui qui a été réellement fourni et, par l'absence de référence précise aux passages des auteurs cités, rendant tout contrôle impossible, que l'on s'est appuyé sur des opinions ou des données qui, en fait, n'existent pas, sont différentes ou en tout cas n'ont pas la portée qu'on leur attribue.

La deuxième remarque concerne la *pratique des « citations circulaires »*. Le professeur Killias stigmatisait « les citations qui servent avant tout à faire plaisir à quelques collègues », mais il y a plus grave. Il existe un certain nombre de « chapelles criminologiques » où la pratique consiste, non seulement à faire abondamment de l'*auto-citation,* mais à limiter les autres citations *aux seuls fidèles* qui communient à l'église à laquelle on appartient; tous les autres auteurs en sont systématiquement exclus, sauf un ou deux de temps en temps, pour donner le change et créer l'illusion de l'objectivité. Ainsi se crée un phénomène de citations circulaires dont le cercle se grossit seulement des nouvelles publications des membres de la chapelle. Il n'est pas exclu qu'une telle pratique se soit instaurée à la suite de la diffusion de l'information selon laquelle, aux États-Unis, on évaluerait la valeur d'un chercheur au nombre de fois où il est cité dans les publications [3]. Mais il est plus vraisemblable que son origine est plus perverse et s'explique à la fois par des intolérances idéologiques et la recherche de la satisfaction d'ambitions de pouvoir dans la communauté scientifique. La malhonnêteté intellectuelle n'épargne pas le monde de la recherche...

Une troisième observation est suggérée par le passage d'un article dans lequel l'auteur décrit la manière dont les abolitionnistes ont torpillé toute réforme correctionnelle au Canada sous couvert de recherche scientifique [4]. L'activité de recherche, lorsqu'elle est manipulée par des idéologues, peut ainsi avoir des conséquences pratiques regrettables.

---

1. Bien rares sont les auteurs qui, dans le corps du texte, indiquent le passage précis sur lequel ils s'appuient.
2. Sauf à lire chaque fois la totalité de l'art. ou de l'ouvrage cité. Mais qui le fait ? Seul le hasard de la connaissance parfaite du texte auquel il est renvoyé permet un véritable contrôle.
3. Par application du fameux adage « *Publish or perish* ». Cet indicateur d'évaluation purement quantitatif n'est pas sans pertinence dans la mesure où, lorsque tous les chercheurs jouent le jeu, il permet à la fois de connaître commodément le nombre et la périodicité des publications faites par les chercheurs et l'utilité de leurs travaux comme point de départ, point d'appui ou au contraire, de discussion pour les travaux ultérieurs. Mais encore eût-il fallu que tout le monde joue le jeu et n'ait pas détourné le système au profit de quelques-uns par les pratiques décrites au texte.
4. M. Cusson, « Peines intermédiaires, surveillance électronique et abolitionnisme », *RICPT*, 1998, p. 34-45, spéc. p. 38-40.

C. Les résultats de la recherche criminologique

344   *a) La connaissance des résultats* ◇ Les résultats de la recherche criminologique sont connus normalement par les *publications* imprimées ou mises en ligne sur Internet, soit de monographies, soit d'articles de revues. Pour les congrès et colloques, leur connaissance résulte dans un premier temps de la distribution des rapports aux congressistes (lorsqu'il en est effectivement distribué) puis dans un second temps par la publication des actes du congrès ou colloque (lorsque ceux-ci sont effectivement publiés), ou du moins par la publication ultérieure de l'un ou l'autre de ces rapports dans une revue.

Mais, outre les travaux publiés, il existe tout un ensemble de travaux qui n'ont pas donné lieu à publication, pour des raisons diverses, et parmi lesquels figurent la majeure partie des recherches effectuées dans le troisième cycle des universités pour les mémoires de Master recherche et les thèses de doctorat, ainsi que les rapports établis à la demande des ministères et des administrations pour leur information propre. On appelle ces travaux la *littérature grise*, en raison de son caractère confidentiel. Parmi ceux-ci certains n'auraient pas mérité d'être publiés car ils n'apportent pas grand-chose à la connaissance criminologique, mais il est regrettable, pour d'autres, qu'ils ne l'aient pas été car ce sont des recherches de valeur.

D'une manière générale, qu'il s'agisse de littérature grise ou de littérature blanche, leur abondance, l'éparpillement de leurs lieux de production, et la diversité des langues de leur rédaction *rendent impossible leur connaissance exhaustive*. Il se produit ainsi une sélection involontaire des sources de la connaissance criminologique.

Pour la *littérature publiée*, l'accès à son existence se trouve toutefois facilité par des bibliographies périodiques et des petits résumés des recherches publiés sous forme de monographies et d'articles de revues importantes [1]. Mais l'accès à sa connaissance intégrale se heurte toujours aux difficultés de diffusion, d'équipement des bibliothèques universitaires et finalement à la diversité des langues de publication. À cet égard, l'existence de bibliothèques spécialisées en sciences criminelles constitue un instrument particulièrement précieux [2].

345   *b) L'appréciation des résultats* ◇ L'appréciation des résultats de la recherche criminologique relève avant tout du jugement personnel du lecteur. Toutefois, il n'est pas sans intérêt de présenter ici quelques observations destinées à faciliter cette appréciation.

On remarquera d'abord que, de même qu'une hirondelle ne fait pas le printemps, *une seule recherche* ne peut faire une théorie. Tout au plus peut-on tenir son résultat comme une hypothèse à valider, si possible d'abord par une étude de « réplication [3] », ensuite par de nouvelles recherches de validation.

---

1. *Cf.* la liste de ces bibliographies en fin d'ouvrage.
2. M. Renneville, « Pour la création d'un centre national de ressources historiques sur les crimes et les peines », *Champ pénal*, vol. I, 2004 ; M. Autesserre, « Sur la bibliothèque de l'Institut de Sciences Pénales et de Criminologie d'Aix-Marseille », *in Sciences pénales & Sciences criminologiques Mélanges offerts à Raymond Gassin*, PUAM, 2007, p. 513-522.
3. Sur cette notion, *cf. supra* n° 107.

Lorsque *plusieurs recherches empiriques* portent sur le même sujet, plusieurs cas de figure peuvent se présenter. Pour s'en tenir aux plus simples, on peut retenir les deux cas opposés : la convergence des résultats et l'opposition des résultats.

Si toutes les recherches effectuées sur la même question aboutissent *au même résultat*, il y a lieu de présumer que celui-ci correspond à la réalité observée. Mais il ne s'agit là que d'une vraisemblance, d'une présomption. L'objectivité scientifique exige qu'en pareil cas l'on soumette à un *examen critique* chacune des recherches en question, pour contrôler qu'elles ne présentent aucun défaut méthodologique majeur dans leur conception comme dans leur réalisation, et confirmer ainsi la validité de leurs résultats convergents.

Si les recherches effectuées ont abouti à des *résultats contradictoires*, il ne faut pas tenir nécessairement pour acquise cette contradiction. Il convient avant tout de rechercher les raisons de cette apparence par une critique méthodique de chaque recherche concernée. Assez souvent on sera amené à constater que la contradiction s'explique parce que l'on n'a pas opéré sur les mêmes populations ou avec la même méthodologie, ou encore parce que l'on ne s'est pas appuyé sur le même paradigme de départ. Il y a là autant de raisons qui imposent au lecteur de ne jamais « prendre pour argent comptant » ce qu'il lit[1] et d'avoir toujours son esprit critique en éveil. La connaissance scientifique est, avant tout, une *connaissance critique*.

SECTION 3. CRIMINOLOGIE ET PROFESSION(S)[2]

346 *La nature du problème de la profession* ◇ Le problème des « professions criminologiques », sinon celui de la « profession de criminologue », a fait l'objet de discussions importantes au moins depuis le début des années 1970, comme en témoignent les nombreuses journées qui lui ont été consacrées par l'École de criminologie de Louvain dans la décennie 1971-1980 et bien d'autres depuis. Il est venu ainsi s'ajouter à celui de

---

1. Y compris peut-être ce qu'il lit en ce moment...
2. XXVIIIe Congrès de l'Association française de criminologie (Pau, févr. 1993) : « Profession criminologie : spécialisation ou professionnalisation ? », Actes publiés par R. Cario, A.-M. Favard et R. Ottenhof, *Profession criminologue*, éd. Erès, 1994, 227 p.; Colloque du 50e anniversaire de l'École des Sciences criminologiques Léon Cornil de l'ULB (Bruxelles, nov. 1985) : « La criminologie au prétoire », Actes publiés dans la *RDPC* : de 1986; École de criminologie de la faculté de Droit de Louvain : plusieurs Journées d'Études sur les professions criminologiques à partir de 1974, publiées dans plusieurs livraisons des *Cahiers de criminologie et de pathologie sociale;* A. Beristain, « Aportaciones profesionales del criminologo a la sociedad postmoderna », *AIC,* 1996, p. 55-74; Colloque international du 50e anniversaire de l'École de criminologie de Liège : *Criminologie et société* (« Le criminologue dans la cité, hier, aujourd'hui, demain »), Bruxelles, Bruylant, 1998; G. Kellens, *Éléments de criminologie* précité, p. 10; A. Normandeau, « La criminologie aux États-Unis et au Canada : une profession », *RSC,* 2003, p. 907-912; D. Lafortune et R. Lusignan, « La criminologie québécoise à l'heure du rapport Bernier : vers une professionnalisation ? », *Criminologie,* 2004, n° 2, p. 178; J. Proulx, *Profession/Criminologue,* Montréal, Presses Univ. Montréal, 2006, 71 p., CR. *RSC,* 2007, p. 220; P. Bensimon, *Profession : criminologue. Analyse clinique et relation d'aide en milieu carcéral,* Montréal, Guérin éd., 2009, 555 p., CR. *RSC,* 2010, p. 338-341, *RPDP,* 2010, p. 951-952, *CS,* avril-juin 2010, p. 251-253; même auteur, « Working as a criminologist in prison : Preparing effective clinical assessment reports », *in* M. Herzog-Evans (ed.), vol. 1, p. 245-259; R. Lusignan, « le métier de criminologue : l'exemple de L'Institut Philippe Pinel de Montréal », même ouvrage, p. 261-269; J. Poupart et *al.* (dir.), *Questions de criminologie,* Presses Univ. Montréal, 2010, spéc. 2e partie « La criminologie comme profession ».

l'enseignement de la criminologie, à travers le problème de la *formation* des divers professionnels en contact avec les questions de délinquance. Il est d'ailleurs significatif de noter combien les problèmes de formation et de profession demeurent encore étroitement mêlés dans les esprits, puisque, au Congrès de criminologie de Pau, en février 1993, qui avait pour thème : « Profession criminologue », 8 des 21 rapports présentés avaient pour titre « La formation du criminologue » ou concernaient uniquement l'enseignement de la criminologie aux professionnels et la plupart des autres rapports traitaient en partie au moins de l'enseignement de la criminologie dans leur pays, sans parler de certaines communications libres. Au demeurant, le vœu qui clôturait le Congrès et qui a été adopté à l'unanimité, avait pour titre : « La formation en criminologie »...

S'il est vrai que l'exercice satisfaisant d'une profession suppose toujours une formation sérieuse, il ne faut pas confondre les deux pour autant. Qui pourrait raisonnablement penser que les problèmes posés par la profession d'avocat ou de magistrat se réduisent à leur formation ? En réalité, la question essentielle suscitée aujourd'hui par l'examen des rapports entre criminologie et profession(s) est celle de savoir si l'on peut se contenter de l'utilisation accessoire de connaissances criminologiques adaptées à chacune d'elles dans l'exercice des multiples professions qui s'occupent, à un titre ou à un autre, des problèmes de délinquance, ou si l'on doit d'ores et déjà militer en faveur de la création d'une profession de criminologue à titre principal. En d'autres termes, la question nous paraît se poser de la manière suivante : *des* professions « consommatrices » de criminologie (§ 1) ou *une* profession de criminologue (§ 2) ?

§ 1. **Des professions « consommatrices » de criminologie...**

347 *Des professions en rapport avec la délinquance* ◊ Les professions qui s'occupent d'une manière ou d'une autre de la délinquance sont aujourd'hui très nombreuses, si bien qu'il est difficile d'en faire un inventaire exhaustif.

On peut y discerner d'abord les *professions classiques :* magistrats, avocats, policiers, psychiatres, personnels pénitentiaires, aumôniers de prison, visiteurs de prison... Le terme « classique » ne doit pas être entendu au sens de « traditionnel » et encore moins de « traditionnaliste ». Il veut dire seulement que ce sont des professions qui existent depuis très longtemps, mais on sait combien l'évolution des faits et des idées les a conduites à se modifier et à se renouveler au fil des années, surtout depuis la fin de la dernière guerre.

En deuxième lieu, il y a ces professions qui sont nées pour l'essentiel *entre les années 1950 et 1980,* personnels de l'éducation surveillée (aujourd'hui protection judiciaire de la jeunesse), éducateurs de prison, éducateurs de prévention, travailleurs sociaux œuvrant dans les divers secteurs de déviance (prostitution, suicide, toxicomanie, etc.), enquêteurs de personnalité, experts médico-psychologiques, membres des comités de probation et d'assistance aux libérés...

On peut enfin inventorier ces professions qui sont *nées ou en tout cas se sont considérablement développées depuis la fin des années 1970-début des années 1980 :* sociétés de surveillance et de transport de fonds qui offrent leurs services aux entreprises, personnels de sécurité embauchés directement par des entreprises ou des collectivités publiques, urbanistes chargés de réexaminer le design urbain, permanents des conseils de prévention, chefs de projets DSQ (Développement Social des Quartiers), personnels employés dans les divers organismes qui déterminent ou mettent en application la politique de la ville, membres des commissions d'indemnisation de victimes, médiateurs, permanents appointés des multiples associations d'aide (aux victimes, drogués, prostitués), etc.

À ces professionnels, il convient d'ajouter tous les *bénévoles* qui militent dans le secteur associatif en relation avec les problèmes de délinquance et de déviance.

Bien que la liste ne soit pas exhaustive, on perçoit ainsi toute la richesse de l'inventaire des professions en relations avec la délinquance. On peut, en quelque sorte, y discerner *trois générations de professions.*

348 *Une délinquance qui conduit à « consommer » de la criminologie* ◇ On admet d'autre part que la délinquance est bien une réalité, que cette réalité fait l'objet d'une connaissance scientifique que l'on appelle la criminologie et qu'elle compromet à ce point la vie sociale qu'il entre dans la nature même de la criminologie de déterminer quelle est la politique la plus efficace de lutte contre ce « mal social ».

À partir de là, il tombe sous le sens que les multiples professions énumérées précédemment « consomment » nécessairement de la criminologie dans leur exercice, en même temps que d'autres connaissances indispensables (juridiques, etc.). On ne conçoit pas, par exemple, qu'un expert psychiatre n'utilise pas de connaissances criminologiques en même temps que ses connaissances médicales lorsqu'il répond aux questions que lui a posées le juge d'instruction dans l'ordonnance qui prescrit un examen mental de l'individu mis en examen et qui le désigne comme expert. La même démonstration pourrait être répétée à propos de toutes les professions en relation avec la délinquance. On peut dire, d'une manière générale, que toute profession de ce genre, dans l'exercice de son activité, est nécessairement amenée à utiliser des connaissances criminologiques appropriées à la nature de cette profession, pour mener sa tâche à bonne fin, même si elle n'en a pas conscience. De même que Monsieur Jourdain faisait de la prose sans le savoir, policiers, gendarmes, travailleurs sociaux, etc., sont des « criminologues sans le savoir »[1].

349 *De quelle sorte de criminologie s'agit-il ?* ◇ Mais, à ce niveau d'analyse, la question se pose de savoir quelles sont les connaissances criminologiques qui sont « consommées » par les professionnels concernés.

Or, l'observation des attitudes professionnelles montre que cela varie beaucoup selon les professions. Les différences sont dues d'abord à la finalité même de la profession considérée; ainsi un policier n'utilise pas le même type de connaissances criminologiques qu'un éducateur de jeune délinquant, lequel ne recourt pas non plus au même lot de connaissances que le juge qui condamne un adulte à l'emprisonnement. Ainsi, chaque profession implique l'emploi de connaissances criminologiques différentes en fonction de la finalité qui est la sienne.

Mais surtout, c'est *la nature même des connaissances utilisées* qui diffère, non seulement selon les professions, mais aussi selon les professionnels eux-mêmes.

---

1. Selon l'expression d'A.-M. Favard dans son rapport au Congrès de Pau, *précité,* p. 122.

En France notamment, assez peu nombreux sont ceux qui font application de données fournies par la criminologie « scientifique ». Beaucoup font usage de ce que J. Pinatel a appelé la « criminologie spontanée », c'est-à-dire cet ensemble de représentations rudimentaires, plus ou moins contradictoires, sur la délinquance, qui sont véhiculées tout à la fois par le « bon sens » et par les médias, et auxquelles vient s'ajouter ou se combiner le produit de ce que l'on appelle par ailleurs l'« expérience professionnelle ». Il n'est pas sûr du tout qu'une telle solution soit satisfaisante. Que dirait-on, lorsqu'une voiture est en panne, si le garagiste chargé de la réparer n'avait d'autre compétence que celle qui résulte de ce qu'il a entendu dire autour de lui sur la mécanique automobile joint à l'expérience provenant du bricolage plus ou moins heureux de quelques véhicules ?

350 *Où l'on rejoint le problème de la formation criminologique* ◇
Si l'on se demande alors pourquoi la plupart des professions en relation avec la délinquance se bornent à consommer de la « criminologie spontanée », la réponse est évidente : c'est qu'elles n'ont pas reçu de formation criminologique ou que leur formation a été insuffisante ou non appropriée. C'est pour remédier à cette situation qu'il convient d'insister sur la formation des personnels qui travaillent dans le domaine de la délinquance.

Cette formation devrait comporter deux éléments : 1/ une *formation générale* en criminologie plus ou moins poussée selon les cas depuis l'information jusqu'au niveau de la licence dans le cursus universitaire LMD[1] ; 2/ une *formation spécialisée* plus approfondie dont le contenu devrait être défini à partir d'une analyse aussi complète que possible des tâches que l'on demandera au professionnel concerné et de leur évolution prévisible. Ce n'est que si cette double condition est remplie que l'on pourra espérer un rendement « optimum » de ces professions.

Peut-on alors aller plus avant et envisager la création d'une profession de criminologue ?

§ 2. ... À la profession de criminologue

351 *Ne pas se bercer d'illusions* ◇ Les Ve journées d'études sur les professions criminologiques, qui s'étaient tenues à l'École de criminologie de la faculté de droit de Louvain, avaient pour thème « Le criminologue-consultant »[2]. L'interrogation du thème du congrès de Pau quelque 15 ans après faisait écho à ce problème : spécialisation criminologique ou profession de criminologue à part entière ?

Précisons que, si l'on veut parler de *profession de criminologue*, il faut entendre par là la situation de celui qui a une formation poussée principale, pour ne pas dire exclusive, en criminologie (4 années au moins d'enseignement supérieur) et qui fait de l'utilisation de cette compétence l'objet exclusif de son activité professionnelle, soit à titre de travailleur indépendant exerçant une profession libérale,

---

1. *Cf. supra* n° 324.
2. V. les travaux dans le n° 15 des *Cahiers de criminologie et pathologie sociale* avec notamment les rapports de J. Van Nuland sur « le criminologue-consultant dans le secteur des affaires » et de B. De Crayencourt sur « le criminologue-consultant dans le secteur psycho-social ».

soit à titre de salarié d'une entreprise ou d'une collectivité publique. Par là, la profession de criminologue se distingue de toutes celles qui ont été envisagées dans le paragraphe précédent, car celles-ci supposent toujours une *double formation* plus ou moins équilibrée[1] : juriste (magistrat, avocat, etc.), médecin (expert psychiatre, médecin pénitentiaire, etc.), psychologue, sociologue, etc. d'une part, criminologue d'autre part. Il convient également de la distinguer de celle d'*enseignant* et de *chercheur* en criminologie qui relève d'une autre problématique examinée dans les deux sections précédentes. Il n'est pas douteux qu'en France tout au moins, où la profession n'est pas réglementée (car elle n'existe pas vraiment), n'importe qui peut apposer sur sa porte la plaque « X..., criminologue-consultant ». Pourvu qu'il paie la taxe professionnelle et qu'il fasse sa déclaration d'impôt sur le revenu ainsi que les déclarations relatives à la TVA, personne ne lui trouvera à redire. Mais parviendra-t-il à en vivre ? Sans doute pas, si l'on en juge par comparaison avec ce qui se passe en Belgique, où selon le rapport belge au congrès de Pau : « de plus en plus de diplômés, *surtout parmi ceux qui n'ont que le diplôme de criminologie* sont employés *en dehors du secteur de la criminologie* »[2]. A fortiori est-il peu vraisemblable qu'il trouverait un emploi salarié « en qualité de criminologue ».

Aussi bien convenait-il, dans la décennie 1990-2000, de faire porter l'effort sur l'amélioration de la formation des professionnels qui s'occupent de délinquance, ou même tout simplement sur l'acquisition même de cette formation, si rudimentaire soit-elle. Ainsi qu'on l'a écrit : « La criminologie (savoir multidisciplinaire) devrait être une sur-spécialisation pour des professionnels aussi différents que psychiatres, psychologues, sociologues, éducateurs ou pénalistes »[3] Il convenait également – et il convient maintenant plus que jamais – de dénoncer hautement le recours fréquent, pour occuper certains emplois de la 3e génération, à des personnels qui n'ont aucune formation criminologique à quelque niveau de la hiérarchie que ce soit. La lecture de certains rapports établis par certains de ces personnels est, à cet égard, particulièrement consternante car elle montre qu'ils n'ont aucune connaissance des précédents de ce dont ils parlent, ni de la manière dont il conviendrait d'analyser les données des problèmes, souvent très difficiles à résoudre, qu'ils ont à dégager[4].

352 *Mais espérer* ◇ Dans l'article « La criminologie aux États-Unis et au Canada : une profession » précité[5], A. Normandeau écrit que « depuis le milieu du XXe siècle, la criminologie, aux États-Unis et au Canada, est *devenue une véritable « profession »*. Les secteurs dans lesquels travaillent les criminologues sont étonnamment diversifiés et nombreux ». Et de citer près d'une vingtaine de secteurs d'emploi de criminologues pour observer que « dans tous ces milieux, les criminologues déploient une activité aux facettes multiples : l'intervention clinique, la gestion des programmes, l'animation, la consultation, l'analyse, la recherche, l'ensei-

---

1. La criminologie étant généralement la formation secondaire ou même accessoire.
2. T. Peters et J. Van Kerckvoorde, « Profession criminologue : la situation en Belgique », Actes du Congrès, 45-58, spéc. p. 57 (c'est nous qui avons souligné dans le texte).
3. J.-L. Senon et C. Manzanera (psychiatres), « L'obligation de soins dans la loi renforçant la lutte contre la récidive, » *AJ pénal*, septembre 2007, p. 367, col. 1.
4. Sur la place que devrait occuper l'expertise criminologique dans la nouvelle politique de la ville, *cf.* l'excellent rapport d'A.-M. Favard, « Quelle place pour le criminologue dans la nouvelle politique de la ville ? », *in Profession criminologue, précitée*, p. 111-122.
5. *RSC*, 2003, p. 907 et s.

gnement... ». L'excellent ouvrage précité de Philippe Bensimon, *Profession criminologue*, en est une illustration remarquable, comme on l'a signalé dans son compte-rendu à la *RSC*.

Pourquoi ce qui existe aux États-Unis et au Canada, ne serait-il pas introduit dans un pays comme la France qui se targue de faire partie des pays les plus développés de la planète ? De véritables gisements d'emplois de criminologues existent dorénavant et ne cessent de se multiplier. Outre les *emplois d'État* les plus divers, les *collectivités locales* pourvoient de plus en plus à des emplois de véritables criminologues, comme en témoigne chaque semaine la publication dans les pages « Carrières publiques » des offres d'emploi du *Monde Économie* du mardi de postes tels que : conseiller en prévention, adjoint au directeur du pôle jeunesse et solidarités, moniteurs éducateurs, assistant à chef de projet politique de la ville, assistant territorial socio-éducatif, encadrant des médiateurs de rue, chef de service de la prévention spécialisée etc. Par ailleurs les *associations* d'aides, de réinsertion, de prévention aux appellations les plus diverses, qui ont connu un développement considérable au cours des vingt-cinq à trente dernières années [1], constituent aussi des gisements de nouveaux emplois très importants pour des criminologues. À cela s'ajoute le besoin de formation de criminologues cliniciens, afin de déterminer l'état dangereux et les mesures de sûreté appropriées, comme l'a demandé le Premier président de la Cour de cassation dans son rapport au garde des Sceaux de mai 2008 sur la récidive criminelle et la rétention de sûreté [2]. Tous ces emplois représentent une véritable clientèle pour des formations universitaires de *criminologues à cursus criminologique intégral*. Il importe tout à la fois aux universités et aux professions concernées d'en prendre conscience et d'en tirer les conséquences en création de postes et en financement. On ne peut pas objecter à cet égard qu'il n'existerait pas de débouchés pour une formation universitaire de criminologie en France au motif que « dans la tradition régalienne et centralisatrice française, les agents de la fonction publique qui constitueront les professionnels de la prise en charge du traitement » de la délinquance sont tous formés dans des écoles professionnelles spécifiques » [3]. L'existence de ces écoles est effectivement une réalité, mais il faut ajouter que l'accès à ces écoles professionnelles nécessite toujours le succès à un concours préalable dont les candidats doivent être titulaires d'un diplôme d'enseignement secondaire ou universitaire qui varie en fonction de l'importance du poste convoité. Pour s'en tenir à la formation universitaire et aux concours administratifs du cadre A, ceux-ci sont ouverts à tout titulaire d'une licence d'enseignement supérieur, quel que soit le concours et quel qu'en soit le contenu : licence de sociologie, de psychologie, d'histoire, de philosophie... On ne voit pas pourquoi un candidat qui aurait un cursus universitaire complet en sciences criminelles (criminologie et droit pénal combinés) ne pourrait pas être candidat aux concours administratifs au même titre qu'un licencié en philosophie ! Au demeurant, l'afflux de licenciés en sciences criminelles permettrait d'alléger grandement la scolarité de ces écoles professionnelles, car dans leur aménagement actuel nombre d'heures sont consacrées à enseigner des matières qui auraient été déjà acquises dans le cadre du cursus universitaire.

---

1. Comme par ex. cette association pour la réinsertion sociale qui a fêté son 25e anniversaire en 2005, fondée par quatre bénévoles seuls, et qui en 2007 employait 30 salariés à temps complet ou partiel.
2. *Adde* P. Mbanzoulou, « La dangerosité des détenus. Un concept flou aux conséquences bien visibles : le PSEM et la rétention de sûreté », *AJ pénal* avril 2008, p. 171-175.
3. L. Mucchielli, « Une "nouvelle criminologie" française ? Pourquoi et pour qui ? », *RSC* 2008, p. 795-803, spéc. 799.

Conclusion de l'introduction et plan général

353 Au début de cette introduction, nous posions la question fondamentale de savoir si la criminologie est une science véritable ou n'est, au contraire, qu'un ensemble de propositions dépourvues de statut scientifique, voire qu'un simple mythe pseudo-scientifique [1].

Les développements des chapitres qui précèdent nous mettent maintenant en mesure de répondre à cette interrogation.

Ce qui a été exposé tant sur l'objet que sur les méthodes de la criminologie, pour ne pas parler de la diversité de ses théories explicatives, montre que *la criminologie n'est pas une science, au sens où l'on entend ce mot dans les sciences exactes.* Une science, avec cette signification, postule un objet précis exploré avec une méthode sûre et aboutissant à une explication unique.

La criminologie ne peut pas non plus être considérée, au sein des *sciences de l'homme* [2], comme une discipline aussi avancée que nombre d'entre elles, telles que l'économie, la démographie, la linguistique, la psychologie ou même la sociologie. La distance est encore trop grande entre le degré actuel de développement de ces disciplines et le point où se trouve aujourd'hui la criminologie.

Est-ce à dire pour autant que la criminologie ne serait d'aucun secours dans la connaissance de l'action criminelle par rapport à la *connaissance du sens commun et à celle des professionnels de la justice pénale* (magistrats, policiers, avocats...) ? Certainement pas, comme on a pu le constater tout au long des développements qui précèdent. Grâce à une méthode qui est déjà suffisamment élaborée, la criminologie a permis d'acquérir des connaissances nombreuses qui, soit ajoutent au « sens commun » et au « sens professionnel », soit précisent et approfondissent leurs enseignements, soit encore en rectifient le contenu, ce qui justifie à la fois son *enseignement* et la *formation criminologique des praticiens* qui s'occupent à des titres divers des problèmes de délinquance, ainsi que le développement de la *recherche* en criminologie.

D'aucuns disent de la criminologie, comme d'autres disciplines de l'homme, que c'est un *savoir*, pour marquer l'existence d'un type de connaissances qui occuperait une position intermédiaire entre la connaissance ordinaire (de sens commun et professionnelle) et la connaissance scientifique véritable [3]. Il paraît préférable de dire que c'est *une science de l'homme en train de se faire* [4].

Cela devrait suffire à inciter le lecteur à aller plus avant dans la connaissance de la matière afin de savoir quel peut être le *bilan actuel des connaissances* accumulées par cette science « en train de se faire ».

À cette fin, on va étudier, comme la définition de la criminologie que nous avons donnée précédemment avait permis de le dégager [5], dans une 1re partie la *criminologie théorique* et dans une 2nde partie la *criminologie appliquée*.

---

1. *Cf. supra* n° 1.
2. Sur la question de la « scientificité » des sciences de l'homme, *cf.* R. Ottenhof et A.-M. Favard, *RSC*, 1989, p. 802.
3. *Cf.* le titre de l'ouvrage de C. Debuyst et *al.*, *Histoire des savoirs sur le crime et la peine*, t. 1 1995, t. 2 1998 et t. 3 2008; de même l'intitulé du livre de L. Mucchielli et P. Robert (dir.), *Crime et sécurité. L'état des savoirs*, éd. La Découverte, 2002.
4. J. Poupart et A.-P. Pires, « La criminologie comme discipline scientifique », *Criminologie*, 2004, n° 1, p. 71. Que sera-t-elle au xxie siècle ? *Cf.* M. Cusson, « La criminologie a-t-elle un avenir ? », *RICPT*, 1988, p. 428-436. En tout cas en ce début de siècle (2011), elle est plus active que jamais.
5. *Cf. supra* n° 44.

Première partie :
La criminologie théorique ou l'explication scientifique de l'action criminelle.

Seconde partie :
La criminologie appliquée ou l'étude de l'efficacité des moyens de lutte contre la délinquance.

LA CRIMINOLOGIE THÉORIQUE
ou l'explication scientifique de l'action criminelle

354 ***Définitions et sources*** ◇ La criminologie théorique est la branche de la criminologie qui a pour objet *l'explication de l'action criminelle,* ou, pour être plus précis, l'étude *des facteurs et des processus de l'action criminelle* [1]. Elle constitue donc la partie purement scientifique de la criminologie.

Pour faire le bilan des nombreuses connaissances relatives à cet objet d'étude, l'idéal serait de pouvoir utiliser les résultats de toutes les recherches empiriques sur l'action criminelle, et de ces recherches seulement, après en avoir fait une critique méthodologique rigoureuse. Malheureusement cet idéal n'est pas réalisable pour *trois raisons :* 1/ les recherches empiriques sont loin de couvrir toutes les questions que l'on peut se poser à propos de l'explication de cette action, ce qui contraint à recourir à des données résultant d'observations faites en dehors des garanties scientifiques habituelles, à des comptes-rendus d'expérience de praticiens et à des hypothèses ou des écrits théoriques qui reposent sur des intuitions mais n'ont jamais été vérifiés; 2/ l'accès aux recherches empiriques n'est pas toujours possible, soit qu'il s'agisse de recherches publiées

---

1. *Cf. supra* la définition de la criminologie que nous avons donnée, n° 45.

en langue étrangère[1], soit que les recherches n'aient pas été publiées[2], en sorte que l'on ne peut pas garantir au lecteur que les travaux dont il sera fait état sont les plus importants et les plus intéressants; 3/ les dimensions même de cet ouvrage qui est un manuel élémentaire interdisent d'utiliser toutes les sources accessibles pour s'en tenir aux plus significatives et contraignent au surplus à en exposer les résultats sans en faire la critique méthodologique préalable.

355 *Plan de la première partie* ◇ Pour exposer les connaissances sur l'action criminelle, il convient de se rappeler que celle-ci se présente comme un *phénomène à deux faces* liées entre elles par un *système complexe de relations*[3].

L'action criminelle peut, en effet, être saisie en premier lieu comme un *phénomène individuel,* l'acte infractionnel du droit pénal, dont l'étude constitue la *micro-criminologie.* Mais elle peut également être appréhendée à l'échelon de la collectivité, notamment de l'État, comme *phénomène collectif,* la criminalité, qui est étudiée par la *macro-criminologie.*

La logique voudrait que l'on commençât l'étude de l'explication de l'action criminelle par celle du phénomène individuel puisque le phénomène collectif, la criminalité, résulte de l'« agrégation » de tous les crimes individuels commis[4]. Mais la pédagogie invite à débuter par le second parce que son examen est moins complexe que celui du premier en ce qu'il ne fait appel qu'à la statistique, l'histoire, la géographie et la sociologie (ce qui n'est déjà pas si mal !), tandis que l'étude du crime nécessite le recours à la fois à des données biologiques, psychiatriques, psychologiques, psychanalytiques et sociologiques[5]. De toute manière, il ne faut jamais oublier que les deux faces de l'action criminelle sont étroitement liées l'une à l'autre et que, de ce fait, leur étude doit être complétée par celle des *relations* qu'elles entretiennent entre elles.

C'est la raison pour laquelle cette première partie sera divisée en trois titres :
Titre 1 : L'étude de la criminalité ou macro-criminologie,
Titre 2 : L'étude du crime ou micro-criminologie,
Titre 3 : Les relations entre le crime et la criminalité.

---

1. Bien qu'il n'y ait pas à notre connaissance d'études quantitatives sur la question, on peut dire que seul un dixième environ de la littérature criminologique est en langue française, l'anglo-américain se taillant la part du lion dans les 90 % restants.

2. Nombre de recherches demeurent sous la forme de documents ronéotés et à diffusion confidentielle. On parle de « littérature grise ».

3. *Cf. supra* n°s 93 et s.

4. Cette remarque renvoie au problème de *la nature des phénomènes sociaux* (réalité matérielle ou représentation fictive) et fait référence à la position dite de l'« individualisme méthodologique » en sociologie qui sera évoquée en temps opportun *infra* n° 757. Sur la notion d'« individualisme méthodologique » v. déjà R. Boudon avec R. Leroux, *Y a-t-il encore une sociologie ?,* Éd. O. Jacob, 2003, spéc. le chap. II « Aux fondements de l'individualisme méthodologique » (p. 47-88).

5. Encore que l'expérience de l'enseignement de la matière, qui nous a permis de commencer tantôt par la criminalité et tantôt par le crime, nous a donné l'occasion de constater que les étudiants accèdent aussi bien à l'un qu'à l'autre, car l'extrême complexité qui fait la plus grande difficulté de la compréhension du crime se trouve compensée par le caractère concret du phénomène, appuyé sur les faits « divers » qui sont quotidiennement relatés par la presse écrite et audiovisuelle, caractère concret que ne comporte pas la criminalité qui est perçue d'abord comme une abstraction statistique.

```
TITRE 1
L'ÉTUDE
DE LA CRIMINALITÉ
(Macrocriminologie)
```

356 *Les questions qui se posent* ◇ L'étude de la *criminalité,* ou ensemble des infractions pénales commises, au cours d'une période de temps déterminée, dans un *État,* ses *divisions régionales,* ou un *groupe d'États,* soulève un grand nombre de questions. La *première* de toutes est de savoir si elle existe dans toutes les sociétés ou seulement dans certaines d'entre elles. Là où elle existe, quel est alors son *volume* (phénomène marginal ou au contraire central) ? Varie-t-elle dans le *temps* ? Dans *l'espace* ? Comment est-elle structurée d'après les infractions, les délinquants, les victimes ? Ces diverses caractéristiques sont-elles alors le fait du hasard ou procèdent-elles d'une certaine *causalité* et, dans le second cas, quels sont les *facteurs* qui, à l'échelle de la société globale influencent le phénomène ? Enfin quelles sont les *prévisions d'évolution* de la criminalité que l'on peut faire pour l'avenir ? Voilà autant de questions qui attendent une réponse de la macrocriminologie.

357 *Des réponses souhaitables aux réponses possibles* ◇ La réponse idéale à ces questions serait de trouver dans les recherches empiriques sur la criminalité de quoi proposer, conformément à la tradition sociologique[1] et plus généralement à tout projet scientifique, à la fois une *explication générale de la criminalité* valable pour tous les pays et toutes les

---

1. Sur les deux grandes traditions de la sociologie : la tradition *classificatoire* et la tradition *analytique, cf.* Guy Rocher, *Introduction à la sociologie générale,* t. II, 2ᵉ éd., 1969, p. 244-246.

époques, et des *typologies* fondées sur des distinctions synchroniques ou diachroniques résultant de différences d'influence, à l'intérieur de la théorie générale, de telle ou telle catégorie de facteurs.

Les premiers criminologues (Ferri, Tarde...) ont effectivement cru pouvoir élaborer une *interprétation générale* de la criminalité à partir de données relatives à quelques pays européens en procédant à la *généralisation* de ces résultats, comme s'il existait une sorte de *nature sociale* universelle, à l'exemple de la nature humaine qui distingue l'homme de l'animal et que l'on trouve chez tout individu[1]. Mais les travaux effectués depuis lors par les ethnologues, sociologues et historiens, ont montré que les sociétés et les cultures sont d'une *diversité indéfinie* et que c'est par l'effet d'un ethnocentrisme injustifié que des Européens ont pu opérer une telle généralisation. On estime aujourd'hui que pour construire une théorie explicative générale, il faut utiliser les données empruntées à tous les pays, ou du moins, à des échantillons représentatifs des divers types de sociétés. Or cela n'est pas possible en l'état actuel des connaissances empiriques très limitées sur la criminalité.

Sans doute peut-on formuler à son sujet quelques propositions d'allure très générale (il existe une criminalité dans toutes les sociétés[2] : une société dont seraient absentes toute violence et toute justice est une utopie comme une uchronie; la criminalité varie selon les types de sociétés; il y a des accidents criminogènes – guerres, révolutions... – dans la vie des sociétés), avancer l'existence d'une certaine relation entre le milieu physique et la criminalité, invoquer des théories macrocriminologiques qui se veulent de portée très générale (Reckless[3], Szabo[4]). En réalité malgré le discours pléthorique sur la nécessité et les tâches de la *criminologie comparée*[5] après celui sur la *criminologie historique*[6], malgré l'existence d'un Centre International de Criminologie Comparée (CICC)[7] et de l'UNSDRI (Institut de Recherches des Nations unies sur la défense sociale)[8] devenu aujourd'hui, l'UNICRI (Institut interrégional de recherche des Nations unies sur la criminalité et la justice), les véritables recherches globales sur la criminalité dans le monde en sont encore à leur début[9]. En fait les seules données suffisamment développées que fournissent actuellement les recherches sur la criminalité ont été axées jusqu'à présent essentiellement autour des différences sui-

---

1. La « nature humaine » se caractérise par l'aptitude à la conscience réfléchie et à la symbolisation par le langage.

2. A. Normandeau et I. Waller, « Un pays sans peur et sans crime... ou presque » (À propos d'un rapport nord-américain sur la prévention de la criminalité), *RICPT*, 1994, p. 298-309.

3. Théorie du « *containment* », *cf. supra* n°s 294 et s.

4. Théorie de l'intégration culturelle différentielle, *cf. supra* n° 258.

5. V. entre autres, D. Szabo, *Criminologie et politique criminelle*, 1978, chap. IV : « Criminologie comparée. Signification et tâches », p. 62-103.

6. W. Middendorf, La criminologie historique, *in La criminologie, Mélanges Pinatel*, 1980, p. 47-59.

7. Implanté à Montréal (Canada).

8. Qui a son siège à Rome (Italie). *Cf. supra* n° 340.

9. V. G. R. Newman, « Causes et prévention de la violence : enquête comparative internationale », *RI. polit. crim.*, (Nations Unies), n° 37, 1981, p. 102-110. D'autre part, une étude portant sur les dix pays ayant le taux de criminalité le moins élevé dans le monde a été entreprise, il y a une vingtaine d'années, sous l'égide des Nations Unies par Freda Adler (*cf. Liaisons*) Canada, juin 1983, p. 21; I. Waller, « La délinquance et sa prévention : étude comparative », *RICPT*, 1992, p. 265-286 et 1993, 23-48; XIe Congrès international de criminologie (Budapest, août 1993) : « Changements socio-politiques et crime, un défi pour le XIXe siècle », *AIC* 1993, vol. 31, n°s 1-2; G. Picca, « Criminologie internationale et criminalité », *in Prob. act. Sc. crim.*, t. VII, 1994, p. 47-62; même auteur, « Aspects internationaux de l'évolution de la criminalité », *RICPT*, 1994, p. 145-152.

vant les types de sociétés[1]. On ne peut donc faire de présentation générale de la criminalité qu'*en distinguant selon les divers types de sociétés*, tout en tenant compte cependant de la tendance actuelle à *la mondialisation* du crime comme à celle de l'économie, en particulier depuis l'effondrement du système soviétique[2]. Comme, d'autre part, les recherches sur le phénomène sont beaucoup plus avancées dans *les pays occidentaux* que dans les autres groupes de pays et que la France fait partie de ces pays, des raisons à la fois théoriques et pratiques expliquent que l'on procédera également à un approfondissement de la criminalité dans les pays occidentaux.

Ce titre 1 sera donc subdivisé en deux sous-titres :
Sous-titre 1 : Criminalité et types de sociétés,
Sous-titre 2 : La criminalité dans les pays occidentaux.

---

1. Même lorsqu'elles portent sur des problèmes précis, les recherches sont plus souvent une juxtaposition qu'une comparaison véritable. V. ainsi M. Delmas-Marty et G. Mingxuan (dir) : *Criminalité économique et atteintes à la dignité de la personne*, 4 volumes 1996, t. 1 Europe; t. 2 Chine; t. 3 Asie; t. 4, Institutions internationales.

2. Cela ne signifie pas pour autant qu'il est *rationnellement* impossible de concevoir pour l'avenir une explication globale de la criminalité lorsque les recherches criminologiques comparatives et historiques auront suffisamment progressé. Cette position se différencie très nettement de celle de la criminologie de la réaction sociale pour laquelle les explications de la transgression criminelle tournent essentiellement autour du *rapport aux normes* (*cf.* P. Robert, *La sociologie du crime*, 2005, p. 80 et s.). En effet, dès lors que les normes pénales *varient* d'un pays à un autre et que la transgression ne peut-être comprise que *par rapport* à ces dernières, toute possibilité d'explication générale se trouve rationnellement exclue. Il est paradoxal à cet égard de se référer à des catégories explicatives générales telles que l'intérêt des délinquants et les occasions de délinquance comme le fait M. Robert (*op. cit.*, p. 84 et s.). *Cf.* au surplus *supra* n° 65.

Criminalité et types de sociétés

358 *À chaque société, sa criminalité* ◇ La criminalité est un phénomène que l'on retrouve dans toutes les sociétés présentes et passées qui nous sont connues. Mais cette permanence et cette généralité ne signifient pas pour autant son uniformité. Les statistiques criminelles, l'ethnographie, l'histoire, la sociologie et la géographie criminelle se rencontrent pour montrer au contraire sa grande diversité.

Déjà Durkheim, qui considérait que le crime est un phénomène social normal, insistait sur la nécessité de comprendre et d'analyser la criminalité non pas en elle-même, mais toujours relativement à une culture déterminée dans le temps et dans l'espace[1]. Dans son prolongement, Merton écrivait que « la fréquence du comportement (déviant) varie avec les structures sociales » et que « les déviations ne prennent pas la même forme dans toutes les sociétés »[2]. Il existe donc une relation entre d'une part le volume et la structure de la criminalité d'une société et d'autre part l'organisation et le fonctionnement de celle-ci[3], sans qu'il faille voir là l'expression d'un déterminisme rigoureux et, en tout cas, sans que l'on puisse mesurer le degré de détermination de ce phénomène[4]. Selon l'expression d'un auteur : « À chaque type de société correspond un type défini de criminalité »[5].

Sans doute insiste-t-on aujourd'hui sur *l'internationalisation* de la criminalité dans les sociétés contemporaines[6], mais cette tendance, qui est réelle, est loin d'avoir, pour l'instant, effacé les *différences* qui demeurent de beaucoup ce qu'il y a de plus significatif, tout en prenant une importance de plus en plus grande depuis les vingt dernières années et devant de ce fait être prise en compte.

Pour mettre en évidence les différences, on va opposer successivement les sociétés archaïques, les pays en voie de développement, les pays socialistes ou ex-socialistes et les pays occidentaux. On aboutit ainsi à trois séries d'oppositions qui feront l'objet d'autant de chapitres :

Chapitre 1 : La criminalité dans les sociétés archaïques,

1. *Cf. supra* n° 218.
2. Merton, « Éléments de théorie et de méthode sociologiques », Paris 1965, reproduit *in* D. Szabo, *Déviance et criminalité*, Textes, p. 133.
3. Sur les données géographiques, historiques, démographiques, politiques, économiques, sociales et culturelles des divers pays du monde : *cf. Annuaire statistique des Nations Unis; Ecorama; Atlaséco* (Atlas économique et politique mondial du *Nouvel Observateur*, publication annuelle); F. Geze, A. Villadao et Y. Lacoste, *L'état du monde*, Annuaire économique et géopolitique mondial, éd. Maspero.
4. Sur le déterminisme social, *cf.* Boudon-Bourricaud, Vocabulaire critique de la sociologie, *v°* « Déterminisme », p. 160-168 et *supra* n° 115.
5. J. Pinatel, *RSC*, 1970, p. 684.
6. Le XIe Congrès international de défense sociale qui s'est tenu à Buenos-Aires du 27 oct. au 1er nov. 1986 avait pour thème l'internationalisation des sociétés contemporaines dans le domaine de la criminalité.

Chapitre 2 : La criminalité dans les sociétés en développement,

Chapitre 3 : La criminalité dans les sociétés industrielles et post-industrielles : pays occidentaux et pays socialistes.

D'autre part, pour tenir compte du phénomène de la mondialisation du crime on traitera dans un chapitre 4 de « Mondialisation et Criminalité ».

358bis *Bibliographie générale* ◇

O. Kinberg, 188-190; J. Pinatel (1963-1975), n°s 52 et 53; J. Pinatel (1971), 21-61; D. Szabo (1978), 184-191; D. Szabo (1986), 9-32; J. Pinatel (1987), v^{is} *Criminalité* et *délinquance* 40-42; M. Killias, 95-146; F. Falletti et F. Debove, *Planète criminelle. Le crime phénomène social du siècle ?*, PUF, 1998 (1re partie : « Panorama du crime dans le monde », p. 34-220); J. Pinatel, « La criminalité dans le monde » (À propos du 2e Congrès international des sociétés d'aide à la santé mentale), *RSC*, 1971, 450-461; « Les tendances de la criminalité dans le monde », n° 35, 1979, de la *Revue internationale de politique criminelle,* 6e Congrès des Nations unies pour la prévention du crime et le traitement des délinquants, 1re partie (Caracas, août-sept. 1980); S. Dinitz, « La criminalité et la délinquance juvénile dans le monde », *RICPT*, 1982, p. 291-308; UNSDRI, « L'inadaptation sociale des jeunes et les droits de l'homme dans le contexte du développement urbain », 1984; J.-M. Bessette (dir.), Crimes et cultures, éd. L'Harmattan, 1999; Statistiques criminelles internationales publiées par l'OIPC-Interpol depuis 1950.

Pour les données démographiques de tous les pays du monde, *cf.* la *World Population Prospects*, Nations Unies, 2009 et estimation 2011 dont la revue *Population et sociétés* publie l'essentiel tous les deux ans *in* www.ined.fr

CHAPITRE 1
LA CRIMINALITÉ
DANS LES SOCIÉTÉS ARCHAÏQUES

359 ***Méthode et plan*** ◇ On entend par « société archaïques » (« *folk society* » selon l'appellation de l'américain Robert Redfield) les sociétés qui se caractérisent, d'une part, par des modes de subsistance rudimentaire tirés généralement de la chasse, de la pêche et de la cueillette qui ne nécessitent ni technologie véritable ni appropriation du sol, et d'autre part, par des formes d'existence isolées, enfermées sur elles-mêmes, avec leur propre gouvernement et leurs lois particulières, et ne connaissant de rapports qu'avec quelques rares sociétés voisines de la même espèce qu'elles. Elles doivent ainsi être distinguées des *sociétés paysannes*, si anciennes soient-elles, qui sont composées d'agriculteurs et/ou de pasteurs, recourent à la domestication des animaux et connaissent un droit régissant la propriété du sol, et qui, par ailleurs, se situent généralement dans l'orbite de centres urbains plus ou moins importants et participent ainsi d'une « grande civilisation »[1].

Il est impossible de comparer de manière *directe* le volume et la structure de la criminalité dans les sociétés archaïques et les sociétés contemporaines, faute de statistiques pour les premières. On peut cependant tenter d'approcher indirectement la criminalité des sociétés archaïques à travers ce que l'on peut savoir de leur droit criminel (section 1) et des caractéristiques générales de fonctionnement de ces sociétés (section 2).

SECTION 1. LE DROIT CRIMINEL DES SOCIÉTÉS ARCHAÏQUES

360 ***Importance du droit pénal*** ◇ Le droit pénal a une importance primordiale dans les sociétés primitives. Cela s'explique facilement si l'on se souvient que la mentalité primitive ignore les lois naturelles et les causes des phénomènes. Pour elle, les phénomènes sont dus aux forces supérieures qui peuplent et dominent son univers. De la sorte tout événement malheureux, qu'il soit volontaire ou accidentel, est attribué à une puissance maléfique qui agit par le truchement d'êtres vivants. Ainsi, au cas d'une perturbation quelconque de l'ordre normal, il se produit une *réaction affective de peur* et *de colère* qui ne peut se dissoudre que dans l'élimination de l'auteur du trouble hors de la communauté. L'idée de justice qui est un concept très abstrait, comme d'ailleurs celle de peine rétribu-

---

1. G. Rocher, *Introduction à la sociologie générale*, t. 2, 2ᵉ éd., 1969, p. 233-235.

tive, est donc ignorée des sociétés archaïques. Il s'agit plutôt pour elles de se débarrasser de quelqu'un qui cause un préjudice à la communauté, volontairement ou involontairement.

C'est dans ce cadre général que se développe la détermination des crimes (§ 1), des sanctions (§ 2) et des responsables (§ 3).

§ 1. Les crimes

361 *Les actes réprimés* ◇ La liste des actes réprimés par les peuples primitifs est très différente de celle qui figure dans les codes pénaux modernes.

Il faut noter d'abord que le crime ne s'étend *pas au-delà du petit groupe*, famille, clan ou tribu. Le meurtre ou le vol d'un étranger ne provoquent aucune réaction dans le groupe auquel appartient le coupable; ils sont même souvent considérés comme des exploits. Homère lui-même avait relevé que, dans la Grèce antique, des faits considérés comme délictueux lorsqu'ils s'étaient réalisés à l'intérieur du groupe social, n'avaient aucun caractère infamant et pouvaient même être méritoires s'ils étaient commis aux dépens d'un clan ennemi ou d'un pays étranger[1].

À *l'intérieur du groupe*, les actes qui blessent le plus profondément la conscience collective sont assez divers. Il y a d'abord la violation de certains tabous, notamment celui de *l'exogamie*[2], ce qui est d'autant plus remarquable que les peuples primitifs ne semblent pas attacher une grande importance à l'adultère, à l'homosexualité et à la prostitution. Un autre crime considéré comme particulièrement redoutable et odieux est la *sorcellerie ou magie noire*. L'homicide est considéré assez souvent comme un crime grave, encore qu'il faille faire des réserves pour l'infanticide des filles souvent toléré, la suppression des vieillards parfois regardés comme des bouches inutiles, les sacrifices humains pratiqués dans certaines tribus pour des motifs religieux[3]. Quant au vol (qui ne porte en général que sur les objets d'usage ou de consommation courante), il est traité de manière différente suivant les régions ou les tribus, parfois sévèrement puni, parfois regardé avec indulgence ou même considéré comme une preuve d'adresse (chez les Spartiates par ex.).

361-1 *De l'anthropophagie* ◇ Les sociétés modernes manifestent une aversion si grande pour l'anthropophagie que dans nombre de pays elle ne fait pas l'objet d'une incrimination spécifique tellement elle paraît impensable. Tel est le cas de la France[4] et de l'Allemagne. Pourtant l'his-

---

1. Odyssée, XVI, 424-429, cité par H. Donnedieu de Vabres, *Introduction à l'étude du droit pénal international*, Paris, 1922, p. 15.
2. V. cependant pour une communauté eskimo *endogame* : J. Robert-Lambin, *Les Ammassalimint au XXᵉ siècle*, 1986, 518 p.
3. Chez les Esquimaux, la collectivité ne se sent pas tellement menacée du fait qu'un individu en a tué un autre, dans la mesure où le premier est un « bon chasseur » en qui l'on peut avoir confiance. *Cf.* Van Den Steenhoven, « Troubles et maintien de l'ordre dans la vie traditionnelle des Esquimaux », *RIPC*, 1968, p. 14-17.
4. On ne voit pas en droit français d'autre qualification pénale que celles d'atteinte au respect dû aux morts lorsque l'anthropophage est étranger au décès de la victime (art. 225-17 du C. pén.) faiblement puni d'un an d'emprisonnement et de 15 000 € d'amende. Si l'anthropophage a tué sa victime avant de la consommer, on pourra retenir le meurtre aggravé de l'art. 221-2 al. 2 du C. pén. pour connexité du meurtre avec un délit correctionnel et si l'acte d'anthropophagie est commis alors que la victime est vivante, on pourra retenir le crime de torture et acte de barbarie de l'art. 222-1 du C. pén.

toire contemporaine de la criminalité connaît quelques cas isolés d'anthropophagie [1]. Mais cette aversion n'est pas pour autant un phénomène nouveau. Historiquement on constate en effet qu'un rejet irréversible de cette pratique s'est étendu en tache d'huile autour de monarchies ou de théocraties centralisant de vastes organisations sociales.

En revanche, les recherches anthropologiques établissent l'existence du phénomène dans les sociétés préhistoriques qui ne connaissent pas une disjonction entre la nature et la culture. L'anthropophagie est certes rare chez les *chasseurs-cueilleurs* et pratiquement absente chez les *éleveurs*. Sa fréquence augmente au contraire dans les *sociétés horticoles*, ainsi que dans les *forêts tropicales* et les *îles*. L'intensité de ses formes violentes atteint des pics stupéfiants dans des sociétés aux hiérarchies instables.

La découverte récente de milliers d'ossements humains porteurs de marque de boucherie, en Allemagne près de Spire (Rhénanie-Palatinat) témoigne de pratiques anthropophagiques au néolithique, il y a sept millénaires. C'était l'époque où les premiers agriculteurs-éleveurs prenant la place des chasseurs-cueilleurs, arrivaient en Europe. Ce charnier de près de 1 000 victimes est considéré comme un événement exceptionnel dans la Préhistoire. Il en existe certes d'autres vestiges en France notamment, mais jamais à une telle échelle [2].

L'explication que les anthropologues donnent de ce phénomène est celle d'une *pratique rituelle*. Il existe à cet égard deux grands types d'anthropophagie rituelle : l'exocannibalisme qui s'exerce à l'encontre de membres extérieurs au groupe; l'endocannibalisme au sein du même groupe social qui est le témoignage affectif de la reconnaissance d'un lien que l'on souhaite maintenir après la mort. En revanche, l'explication par le *cannibalisme alimentaire* (type radeau de la Méduse) est exclue car il aurait fallu une terrible famine pour qu'une centaine de paysans viennent à bout d'un millier de victimes.

§ 2. **Les sanctions**

362 *Une conception différente* ◇ La peine est toujours et partout la réaction du corps social contre un acte qui le blesse, mais cette réaction est très différente selon le niveau de culture. Tandis que dans nos *sociétés modernes* elle avait naguère pour fonction d'intimider et de rétribuer et aujourd'hui d'assurer principalement le reclassement social du délinquant, sa conception est toute différente dans les *sociétés archaïques :* il s'agit de rétablir l'équilibre rompu par le crime, de conjurer la puissance maléfique. Les moyens utilisés à cette fin sont très divers, mais toujours profondément marqués par un *élément passionnel,* non seulement lorsqu'il s'agit de la *peine de mort* qui est souvent accompagnée de supplices cruels, mais encore de l'exil qui équivaut souvent à une condamnation à mort indirecte, ou même de cette curieuse sanction qui consiste dans l'*intégra-*

---

1. En France, le fait récent le plus connu est l'oeuvre d'un étudiant japonais qui a dévoré une partie de son amie néerlandaise à Paris en 1981. Mais le plus récent est celui d'un français incarcéré à la prison de Rouen en 2007 qui a tué puis mangé un morceau de poumon d'un codétenu dans sa cellule.
2. *Le Monde* du 7 mars 2009.

tion du coupable dans le groupe de la victime, dont il prend la place en épousant par exemple sa veuve.

§ 3. La responsabilité

363 *Des principes différents* ◇ Dans nos sociétés modernes où le crime est un acte réputé perpétré par un être pleinement maître de lui-même, seuls sont en principe l'objet de la répression pénale les *adultes* en possession de leurs *facultés mentales* et animés du désir de nuire.

Dans les sociétés primitives, les *principes* de la responsabilité pénale sont *très différents*. On ne distingue ni entre l'homme sain d'esprit et le dément, ni selon l'âge du coupable. Bien plus, on punit parfois les animaux ou même des êtres inanimés. Cette originalité se trouve accentuée par les *règles de preuve* qui utilisent l'ordalie, c'est-à-dire le recours aux forces surnaturelles pour décider de la culpabilité.

SECTION 2. LES CARACTÉRISTIQUES GÉNÉRALES DE FONCTIONNEMENT DES SOCIÉTÉS ARCHAÏQUES

364 *Petitesse et intégration* ◇ Deux traits caractéristiques des sociétés primitives permettent de jeter quelque lumière sur *le volume de la criminalité* dans ces sociétés.

1) Ces sociétés sont tout d'abord de *dimension très réduite*. Elles ne dépassent pas quelques familles. Ainsi chez les Esquimaux, le « camp » ne compte pas plus de six à dix familles. D'une manière générale dans les sociétés de chasseurs-cueilleurs, les unités sociales élémentaires comptaient 25 à 50 individus.
De la sorte, chaque membre du groupe social se trouve soumis à un contrôle très étroit de la part des autres membres du groupe. Ce contrôle social spontané rend difficile la perpétration d'infractions contre le groupe[1].

2) Les sociétés archaïques sont généralement des *sociétés très intégrées*, c'est-à-dire des sociétés dans lesquelles les aspirations collectives l'emportent sur les appétits individuels. Ce haut degré d'intégration du groupe s'explique notamment par les difficultés de la survie de celui-ci au milieu d'une nature et d'un monde hostiles. Il conduit aussi à limiter considérablement la délinquance en raison de l'adhésion de tous les membres aux objectifs du groupe[2].

---

1. Toutefois ces hypothèses explicatives se trouvent aujourd'hui contredites par les données ostéoarchéologiques recueillies, il y a une dizaine d'années, sur des squelettes originaires de 65 régions différentes et qui sont représentatifs des populations ayant vécu entre 4500 ans avant notre ère et le début du XXe siècle. Selon D.C. North, J.J. Wallis et B.R. Weingast qui rapportent ces travaux dans un ouvrage très important *Violence et ordres sociaux* (Gallimard, 2010), chez les chasseurs-cueilleurs de l'ère précolombienne la violence est presque deux fois supérieure à celle des euro-américains. Les traumatismes sont moindres dans les tribus villageoises du début de l'ère post-colombienne, et plus rare encore dans les cités précolombiennes... Les données ostéologiques sont éloquentes. Le passage de sociétés de chasseurs-cueilleurs à des sociétés urbaines sédentaires s'accompagne d'une nette diminution du taux de violence humaine (p. 125-126).
2. *Idem* que note précédente.

Par là, la société archaïque s'oppose aux sociétés modernes caractérisées à la fois par leur dimension et par le bas niveau d'intégration de leurs membres qui confine parfois à une situation anomique. Mais au sein même de celles-ci, il convient encore de distinguer entre les sociétés en développement et les sociétés industrielles et post-industrielles.

364bis *Bibliographie du chapitre* ◇

H. Levy-Bruhl, « Le droit criminel » *in Ethnologie générale* (sous la direction de Jean Poirier), Bibl. La Pléiade, p. 1165-1174; même auteur, « Sociologie criminelle » *in Traité de sociologie* de G. Gurvitch, t. II, p. 207-226; même auteur, « Les rapports entre l'ethnologie et la criminologie » *in La responsabilité pénale*, Colloque de philosophie pénale de Strasbourg, 1959, Ann. Fac. droit Strasbourg; J. Pinatel, « L'apport de l'ethnographie à la criminalité et au droit pénal », *RSC*, 1966, p. 646-653; J. Sohier, « Criminologie et ethnologie », *RIPC*, 1970, p. 97-101; B. Malinowski, *Sexe et répression dans les sociétés primitives*, Paris, Payot, 1968; L. Morgan, *La société archaïque*, 1971, 650 p.; O. Kinberg, *Problèmes fondamentaux*, p. 95-98 et 124-125; P. Grapin, « Ethnologie et criminalité », *RSC*, 1955, p. 49-57; N. Rouland, *Anthropologie juridique*, PUF, 1988, 496 p.; G. Lucazeau, « Le temps en droit pénal. Recherche comparative sur l'influence du temps en droit pénal étatique et dans le système coutumier de Nouvelle-Calédonie », *RSC*, 1990, p. 521-537; J. Farsedakis, « La question criminelle à Athènes à l'époque classique, idées et réactions », *RICPT*, 1993, n° 1; P. Dubois et A. Normandeau, « Les autochtones et le système correctionnel en Amérique du Nord », *RICPT*, 1994, p. 45-62; M. Jaccoud, « La justice dans les sociétés primitives traditionnelles », *RICPT*, 1996, p. 131-146; M. Raynal, *Justice traditionnelle, Justice moderne, Le devin, le juge et le sorcier*, L'Harmattan, 1994, 336 p.

CHAPITRE 2
LA CRIMINALITÉ DANS LES PAYS EN DÉVELOPPEMENT

365 *Approche générale* ◊ Dans les années qui ont suivi la fin de la deuxième guerre mondiale (1939-1945) et qui furent celles du déclenchement de la guerre froide, l'ensemble des pays qui n'appartenaient ni au monde occidental capitaliste développé (ou premier monde), ni au bloc communiste (ou second monde), furent regroupés dans une troisième catégorie : les pays du Tiers-Monde[1] ou encore « pays non-alignés ». Généralement issus de la décolonisation et considérés comme les pays les plus défavorisés, la plupart de ces pays étaient africains, asiatiques, océaniens ou sud-américains.

Le terme de « Tiers-Monde » ayant été considéré comme dévalorisant, il fut remplacé ultérieurement par d'autres expressions considérées comme moins stigmatisantes : « pays sous-développés », puis « pays en voie de développement », puis « pays en développement » et en dernier lieu « pays du Sud » (bien que certains se trouvent dans l'hémisphère Nord) ou pour certains d'entre eux aujourd'hui « pays émergents ».

Pendant longtemps, la division des pays du monde en pays développés et pays en voie de développement a correspondu à de profondes différences de réalité socio-économique, politique et culturelle.

Cette grande opposition qui était jadis tout à fait exacte doit, aujourd'hui, faire l'objet de multiples *corrections*. Depuis 25 à 30 ans en effet, les pays en voie de développement (PVD) ont progressivement cessé de constituer un bloc homogène pour former un ensemble aux parties parfois contrastées dans lequel on peut distinguer *cinq catégories :* 1/ les *pays producteurs de pétrole* qui ont bénéficié depuis 1973 de la hausse considérable du prix du brut sur le marché international du moins jusqu'au début des années 1980, puis à nouveau depuis quelques années en raison de la conjonction de plusieurs facteurs : développement inédit d'anciens pays à économie pauvre et stagnante (Chine, Inde notamment), perspectives d'épuisement à terme prochain des réserves d'hydrocarbures, crises politiques pétrolières nationalistes en Amérique du sud, conflits africains autour de l'appropriation des recettes provenant de l'extraction du pétrole; 2/ les pays qui, bénéficiant des investissements massifs des multinationales attirées par une main-d'œuvre disponible et peu onéreuse, ont atteint un *niveau de développement* qui les situe presque à la lisière des pays industrialisés

---

[1]. L'inventeur du terme Tiers-Monde est le démographe et économiste français Alfred Sauvy qui l'a créé en 1952 par référence au « tiers-état » qui était l'un des ordres de la fin de l'Ancien Régime.

(Corée du Sud, Taïwan, etc. [1] auxquels il faut aujourd'hui ajouter le Brésil, la Russie, l'Inde et la Chine [2], appelés les BRIC puis BRICS depuis l'intégration en 2011 de l'Afrique du Sud *i.e. South Africa*); 3/ les *pays non-producteurs de pétrole* qui, victimes tout à la fois de la hausse du prix de l'énergie, de la mévente des matières premières due à la crise économique et de leur démographie galopante, se sont enfoncés encore davantage dans le sous-développement (Pays d'Afrique sub-saharienne) mais aujourd'hui l'Afrique devient une nouvelle zone de développement important; 4/ les pays qui, à la suite d'une révolution de type marxiste, se sont vu imposer une *dictature communiste* et cumulent ainsi les caractéristiques des PVD et des pays socialistes (Cuba, Corée du Nord, Erythrée); 5/ *les autres pays en voie de développement* qui ne forment d'ailleurs pas un ensemble vraiment homogène, allant de pays qui connaissent un certain degré d'industrialisation et d'urbanisation (Inde, Brésil du moins jusqu'à ces dernières années) à d'autres à peu près exclusivement agricoles, ruraux et très pauvres. Cette dernière classification elle-même n'a pas un caractère définitif. C'est ainsi que, pour la préparation de la conférence de Doha du 9 novembre 2001, on a réparti les pays du « Sud » en 4 catégories : 1/ les pays à *économie émergente* (Afrique du Sud, Brésil, Chili, Maroc, certains pays asiatiques, etc.); 2/ *les pays africains les moins pauvres* (Côte d'Ivoire, Kenya, etc.) qui sont économiquement proches des émergents, mais sentimentalement liés aux autres États africains; 3/ les 49 *pays les moins avancés* (PMA) qui ensemble ne représentent que 0,5 % du commerce mondial; 4/ l'*Inde*, géant de 1 milliard d'habitants. En revanche, il serait erroné de considérer la distinction entre PVD et pays industrialisés comme périmée au profit des divisions de civilisations théorisées par Samuel Huntington dans sa thèse sur le « Choc des civilisations ».

D'autre part, la liste des PVD a dû récemment être révisée par l'OCDE pour tenir compte de la naissance de nouveaux États à l'Est en même temps que de l'amélioration du niveau de vie de certains pays. C'est ainsi qu'en 1992, l'organisation internationale a décidé d'ajouter à la liste cinq Républiques d'Asie centrale (Kazakhstan, Khirgizistan, Tadjikistan, Turkménistan et Ouzbékistan). À l'inverse, plusieurs pétromonarchies (Brunei, Koweït, Katar et Émirats arabes unis), Singapour et les Bahamas ont perdu leur statut de PVD, à l'issue d'une période transitoire de 3 ans. L'OCDE s'est également prononcée en 1993 sur l'admission à ce statut de la Géorgie, de l'Azerbaïdjian, de la Moldavie et de la Roumanie qui en avaient formulé la demande.

Finalement, la Banque Mondiale a classé en décembre 2010 les quelque 215 pays et territoires d'après leur revenu national brut (RNB) par habitant en quatre catégories : 1/ pays à revenu élevé, RNP $\geq$ 11 196 \$ (ex. France, USA); 2/ pays à revenu moyen haut, RNB entre 3 946 et 12 195 \$ (ex. Algérie, Mexique); 3/ pays à revenu moyen bas, RNB compris entre 996 et 3 945 \$ (ex. Côte d'Ivoire, Égypte); 4/ pays à faible revenu, RNB $\leq$ 995 \$ (ex. Bangladesh, Rwanda).

Tout cela a pour conséquence que les travaux criminologiques régionaux qui ont été réalisés jusqu'à présent ne sont peut-être pas toujours très adaptés dans

---

1. Singapour, Taïwan, Hong-Kong et la Corée du Sud sont d'ailleurs appelés maintenant les « nouveaux pays industrialisés » (NPI). En 1988, à Taïwan par ex., le PNB par habitant atteignait 5 400 dollars. Cependant ces pays ont connu en 1998 une très grave crise économique qui a entraîné un effondrement du niveau de vie dans la plupart d'entre eux. D'autre part, Hong-Kong a été rattaché en 1998 à la Chine communiste.
2. En 2010, la Chine est devenue la deuxième puissance économique mondiale après les États-Unis mais avant le Japon.

leur conception à la réalité politique, économique et sociale, au demeurant fort mouvante, des pays du Tiers-Monde[1].

366 *Approche de la criminalité* ◇ Que représente la criminalité dans cet ensemble disparate ? Il n'est pas facile de le savoir car les *statistiques* cri-

---

1. **Pour l'Afrique en général :** Service d'information centralisé de l'OMD, « L'Afrique des trafics », *RIPC*, 1995, n°s 452-453, p. 29-31; Secrétariat général de l'OIPC-Interpol, « La criminalité en Afrique », *RIPC*, 1997, n°s 462-463, p. 15-17. **Pour l'Afrique du Nord :** F. Carrer, « Changements sociaux et criminalité : une expérience de formation en Tunisie », *RICPT*, 1991, n° 4; P. Brachet, *Corruption et sous-développement au Maroc*, éd. L'Harmattan, 1992, 197 p. **Pour l'Afrique Sub-Saharienne :** Y. Brillon, *Ethnocriminologie de l'Afrique Noire*, éd. Vrin, 1980, 368 p.; Hyacinthe Sarassoro, *La corruption des fonctionnaires en Afrique*, éd. Économica, 1980; W. Clifford, « Problèmes de recherche dans le domaine de la criminologie en Afrique au Sud du Sahara », *RI. polit. crim.*, 1965, p. 11-17; L.-M. Raymondis, « La criminalité dans les pays francophones d'Afrique », *AIC*, 1967, p. 19-38; G. Houchon, « Les mécanismes criminogènes dans une société urbaine africaine », *RICPT*, 1967, p. 271-292; S. Arcand et Y. Brillon, « *Comparative criminology : Africa* », *Acta criminologica*, 1973, p. 199-217; G. Mangin, « La délinquance juvénile en Afrique Noire francophone », *APC*, 1975, p. 225-240; Y. Brillon, « L'acculturation juridique en Afrique Noire et ses incidences sur l'administration de la justice criminelle », *AIC* 1977, p. 193-232; I. Thabard, « Quelles approches de la délinquance juvénile en Afrique ?, Environnement africain », *Études et Recherches*, mars 1979; E.-P. Kibuka, « La délinquance dans les pays africains », *RI. polit. crim.*, 1979, p. 15-26; Y. Brillon, « Étude du phénomène criminel et analyse de la réaction sociale au crime en Afrique Noire », *RICPT*, 1979, p. 119-132; Y. Brillon, « La délinquance juvénile en Afrique Noire : une augmentation réelle en voie de régression apparente », *RICPT*, 1980, p. 149-162; G. Houchon, « La délinquance africaine comme amplification sociale de la déviance », *RICPT*, 1982, p. 147-164; G. Jacquemin, « Afrique et Asie criminelles », *Promovere*, n° 42, juin 1985, p. 59-71; Y. Brillon, « Quelques paradigmes fondamentaux de la criminologie africaine », *Ann. Vaucr.*, 1985, n° 1, p. 67-81 et « Acculturation, déviance et criminalité en Afrique Noire », *RICPT*, 1987, p. 385-393; « Bilan d'une application du modèle occidental à la prison sénégalaise, *Recueil Pencurt*, 1987; F. Pié, *Les politiques pénales en Afrique Noire : le cas du Gabon*, 1989, 195 p.; O. Koudou, « Pratiques éducatives parentales et identité négative chez les adolescents inadaptés sociaux en Côte d'Ivoire », *RICPT*, 1993, n° 3; Tanner, *Crime in East Africa*, édité par The Scandinavian Institute of African Studies, Uppsala, 1970; O. Koudou, « La problématique d'une politique criminelle du besoin chez les adolescents ivoiriens inadaptés », *APC*, 1994, 141-153; « Familles dissociées secondaires en Côte d'Ivoire et comportement délinquant des adolescents », *RICPT*, 1994, p. 179-186; « Les événements de la vie familiale : leurs caractéristiques et effets sur le développement des comportements inadaptés sociaux chez l'enfant de 8 à 14 ans en Côte d'Ivoire », *même revue*, 1996, p. 94-104; « Politique extérieure migrations externes et trafic de stupéfiants en Côte d'Ivoire : pour une politique criminelle "intégrée" », *même revue*, 1996, p. 341-351; D. Soulas de Russel, « Le traitement de l'acte préjudiciable chez les Peulhs sédentarisés du Niger. Exemple de relevé et rappel des règles de l'ethnographie juridique », *RPDP*, 1996, p. 133-143; F. Digneffe, « Criminologie et droits humains en République démocratique du Congo. Une expérience de partenariat intellectuel stimulante », *RDPC*, 2006, p. 407. **Pour l'Asie :** « Évolution de la criminalité et stratégies pour la prévention du crime dans les pays asiatiques », *RI. polit. crim.*, 1979, p. 28-42; P. Boulanger, « La piraterie et le terrorisme maritime à l'aube du xxie siècle », *RICPT*, 1992, n° 4; P.-A. Toer, *Corruption*, 1991, 160 p. (roman traduit de l'indonésien, mais constitue un portrait classique saisissant des mécanismes de la corruption en Indonésie); F. Passos, « Macau... Quelle criminalité ? », *RICPT*, 1995, p. 405-413; P. Compagnon, « Le tourisme sexuel en Asie », *RIPC*, 1996, n° 456, p. 2-7; F. Haut, « Guerilla et narcotrafic : le parti des travailleurs du Kurdistan une entité hybride, terroriste et criminelle », *RICPT*, 1997, p. 233-240; P. Compagnon, « L'exploitation sexuelle des enfants ». Le Congrès de Stockholm, *RIPC*, 1997, n°s 462-463, p. 25-30. **Pour l'Amérique latine :** J. Rico, *Crime et justice pénale en Amérique latine*, éd. Vrin, 1978; J. Rico, « La violence en Amérique latine », *AIC*, 1977, p. 143-178; J.-A. Montero Castro, « Évolution de la criminalité et stratégies pour la prévention du crime dans les pays d'Amérique latine », *RI. polit. crim.*, 1979, p. 43-49; D. Szabo et J. Rico, « Criminologie et répression en Amérique latine », *RCC*, 1982, p. 83-86; Memorias, IVe encuentro latino-americano de criminologia critica, « Il seminar sobre control social en America Latina (La Havane, Cuba, sept. 1986) », La Havane, 1987, 212 p.; R. Bergalli, « La corruption comme problème social en Amérique latine », *Dév. et soc.* 1989, p. 219-221; E. Garcia-Mendez, « Les approches de la corruption : le centre et la périphérie », *Dév. et soc.* 1989, p. 223-229;

minelles y sont souvent absentes et lorsqu'elles existent[1], si elles ne sont pas fictives ou soigneusement gardées comme « secret d'État », elles sont souvent défectueuses[2]. Toutefois un certain nombre de *recherches d'envergure* sur cette criminalité ont été réalisées depuis une quarantaine d'années, soit pour l'ensemble des PVD[3], soit pour diverses régions[4], soit encore pour certains pays[5].

La *comparaison* des données fournies par ces divers travaux avec celles qui concernent la criminalité des pays industrialisés et post-industriels révèle l'existence de *différences profondes* entre les deux sortes de criminalité : différence de *volume* d'abord, car la criminalité dans les PVD paraît dans l'ensemble nettement inférieure à celle des sociétés les plus évoluées encore que cela puisse se discuter au moins pour certains PVD; différence de *structure* sans doute plus encore, notamment par rapport aux sociétés occidentales. En 1966, M. Szabo[6] caractérisait la structure de la criminalité dans les PVD en distinguant une criminalité liée à la *civilisation traditionnelle* (section 1) et une *criminalité nouvelle* engendrée par le début d'industrialisation et l'urbanisation (section 2). Mais à cette dichotomie, il faut ajouter un autre aspect important qui affecte aussi nombre d'États du Tiers-Monde : il s'agit de la *criminalité liée à la situation politique* (section 3).

SECTION 1. **LA CRIMINALITÉ TRADITIONNELLE DES PAYS EN DÉVELOPPEMENT**

367 *Idée générale* ◇ L'originalité de la criminalité traditionnelle des actuels PVD n'avait évidemment pas manqué d'être soulignée à l'époque coloniale. Mais elle n'en a pas moins persisté après l'indépendance de ces pays. On va illustrer cette forme de criminalité à travers trois séries d'exemples.

p. 223-229; E. Oliviera, « La criminalité en Amazonie brésilienne », *RSC*, 1988, p. 66-76; E. Oliviera, « La victimisation des Indiens en Amazonie », *RSC*, 1992, p. 553-564; E. Oliviera, « Statistiques pénitentiaires et conditions de vie au Brésil », *RSC*, 1993, p. 749-754. **Pour les Caraïbes** : R. et G. Brana-Shute (éd.), *Crime and punishment in the Carribean*, 1980, 134 p.; J. Rico, « Crime et justice pénale dans les Caraïbes », *RICPT*, 1979, p. 345-356 et 1980, 371-378; G.-O.-W. Muller et F. Adler, Piraterie : « Le "Jolly Roger" flotte à nouveau. Les Corsaires des Caraïbes », *RICPT*, 1992, n° 4. *Adde*, R. Bourhala, *Le trafic international de stupéfiants et l'économie des pays du Tiers-Monde*, th. doct. Aix-en-Provence, 1997.

1. Les statistiques internationales de l'OIPC-Interpol publient des statistiques de la criminalité apparente pour un grand nombre de pays du Tiers-Monde. Mais quel est leur degré de crédibilité ?

2. Y. Brillon dans l'art. précité : « La délinquance juvénile en Afrique Noire : une augmentation réelle en voie de régression apparente », a montré que la criminalité des statistiques et la criminalité réelle variaient en sens contraire !

3. *Cf.* la bibliographie générale du présent chapitre n° 384 *bis*.

4. *Cf.* la bibliographie donnée au n° précédent.

5. Il ne saurait être question de donner la liste des travaux par pays dans le présent ouvrage. Les études les plus significatives seront mentionnées à l'occasion des développements qui suivent.

6. Travaux du XVIe Cours international de Criminologie d'Abidjan, cités n° 384 *bis*, p. 688.

368 *1) La criminalité traditionnelle à l'époque coloniale* ◇ On possède peu d'informations criminologiques sur la criminalité traditionnelle à l'époque coloniale. Il existe toutefois un travail de recherche sur la délinquance de l'Algérie d'avant l'indépendance publié dans une revue à caractère à la fois scientifique et professionnel, l'*Algérie Médicale* en 1957[1]. Selon les auteurs de cet article, l'analyse de cette criminalité les aurait conduits à répartir la population d'alors en *quatre groupes* du point de vue criminologique : 1/ la population juive qui n'entrait qu'en très faible proportion dans la statistique criminelle et principalement pour des délits de fraude et de ruse; 2/ les immigrés italiens et espagnols qui, malgré le sang chaud des Méditerranéens, étaient assez paisibles car ils redoutaient l'expulsion du territoire; 3/ la population française dont la criminalité ne différait pas de celle de la métropole; 4/ la population indigène et musulmane qui donnait à la criminalité algérienne sa particularité : vols de bestiaux, coups de couteaux, égorgements, usage d'armes à feu, mutilations nasales et génitales, viols. Cette constatation avait conduit les auteurs à invoquer les *mœurs, les coutumes* et *certains aspects de la religion* pour expliquer le comportement des auteurs de ces crimes.

369 *2) La criminalité dans l'Afrique indépendante* ◇ Les travaux du cours international d'Abidjan de 1966 sur la criminalité dans les pays francophones d'Afrique ont montré que l'indépendance n'avait pas fait disparaître cette criminalité liée à la *culture traditionnelle* des habitants. Celle-ci est d'abord *indirectement* facteur de criminalité; la *magie* est à l'origine de nombre d'empoisonnements, délits sexuels et adultères; la *solidarité familiale* débouche sur le détournement de deniers publics et la corruption[2]; le *mode de vie pastoral* est lié au vol de bestiaux. La culture traditionnelle devient même *directement* un facteur de délinquance lorsque les législateurs de ces pays prétendent introduire des réformes inspirées des législations occidentales telles que la suppression de la polygamie et de l'usage de la dot[3].

Ces analyses faites en 1966 se trouvent confirmées par les observations de Y. Brillon dans son livre « Ethno-criminologie de l'Afrique Noire » publié en 1978 dont la lecture permet de constater que la criminalité liée à la culture traditionnelle demeure toujours un fait très caractéristique de l'Afrique Noire.

369-1 *Meurtres rituels d'albinos dans la région des Grands Lacs* ◇ De nombreuses légendes africaines ont trait aux albinos, dont on sait que

---

1. A. Fourrier, P. Michaud et J. Thiodet, « Aspects particuliers à la criminalité algérienne », *Algérie médicale*, vol. 61, n° 1, janv. 1957. *Adde* Burky, « Géohumanisme et criminologie », *RICPT*, 1957, p. 241-246.
2. Outre la thèse de Sarassoro précité, *cf.* Mobido Sidibe, *Sous-développement et délit de fonction : le cas du Mali,* th. doct. 3ᵉ cycle, Aix-en-Provence, 1983.
3. *Cf.* E.-X. Mbouyom, « Le droit pénal moderne face aux valeurs traditionnelles au Cameroun », *RICPT*, 1981, p. 143-152; F. Zucarelli, « La contrainte des croyances populaires sur le droit pénal : le cas du Sénégal », *Rev. pol. nat.,* août 1981, p. 9-10; M. De Maximy, T. Baranger et H. De Maximy, *L'enfant sorcier africain entre ses deux juges : approche ethnopsychologique de la justice*, Odin, éd. 2000, 180 p.

ce sont des individus atteints d'une maladie génétique se caractérisant par une absence de pigmentation de la peau, des poils, des cheveux et des yeux. C'est principalement sur les bords du lac Victoria que seraient nées ces légendes, mais elles se sont diffusées par la suite un peu partout dans l'Afrique subsaharienne. « Mi-hommes », « mi-dieux », selon les régions où se sont répandues les légendes, on attribue à leur « blancheur » toutes sortes de pouvoirs maléfiques ou bénéfiques selon le cas. Autrefois, on disait qu'un albinos qui naissait de parents noirs portait nécessairement malheur, car il était l'enfant d'une mère « volage »; aussi était-il rejeté de la société et condamné à vivre comme un paria. Depuis quelques années au contraire, dans la région des Grands Lacs tout au moins, on considère ces « enfants blancs » nés de parents noirs comme « les enfants du soleil et de la chance ». Aussi certains sorciers et autres charlatans racontent-ils que s'ils mélangent leurs os et leur sang à certaines potions magiques, ils sont capables de confectionner des talismans permettant d'obtenir de l'or sans creuser la terre, d'attirer la chance sur soi ou de gagner une éternelle jeunesse. Chez les pêcheurs, on croit aussi que le fait d'appâter les eaux des lacs avec un bras ou une jambe découpés sur un corps d'albinos permettrait d'attraper de gros poissons, le ventre gorgé d'or.

Aussi, a-t-on vu apparaître depuis quelques années, dans cette région, sous couvert de l'accomplissement de rites légendaires, de véritables massacres d'albinos accomplis par des individus, moyennant le paiement de sommes d'argent apparemment dérisoires, pour permettre la fabrication de ces talismans. Les premiers meurtres ont eu lieu en Tanzanie où l'on en a compté une trentaine en 2008. À la suite d'une réaction très forte du gouvernement tanzanien (arrestations de trafiquants et d'une cinquantaine de sorciers, application de la peine de mort) et d'une résolution du Parlement européen condamnant très fermement les assassinats d'albinos dans ce pays, la pratique du crime rituel s'est transportée dans le Burundi voisin avec les sorciers et les charlatans eux-mêmes. Plusieurs assassinats d'albinos ont alors été commis dans ce dernier pays qui ont entraîné à leur tour la mise en œuvre de mesures de protection des albinos dans la région, suscitées par les pouvoirs publics, les ONG et la communauté internationale, dont la France et l'Union européenne[1].

Le caractère rituel de ces meurtres s'inscrivant dans l'accomplissement de légendes ancestrales en fait à coup sûr une manifestation de la criminalité traditionnelle des PVD. Mais, en même temps, la nouveauté de ce type de meurtres liés aux séquelles psychologiques des tensions ethniques des années 1990-2000 et à la situation économique catastrophique de ces pays[2] montre que l'apparition, la réapparition ou le développement de certaines formes de criminalité traditionnelle ne sont pas toujours sans lien avec le contexte contemporain de ses manifestations.

370 *3) En Amérique latine et dans les Caraïbes* ◇ Quoique revêtant des formes différentes, le phénomène de la délinquance traditionnelle

---

1. *Le Monde* du 23 décembre 2008.
2. Ce qui explique sans doute les sommes dérisoires demandées par les assassins (de 10 000 à 1 million de francs burundais, soit de 6,50 € à 650 €).

n'en est pas moins réel aussi dans ces autres pays du Tiers-Monde. Ici, c'est le phénomène du banditisme de bandes armées de paysans chassés de leur terre ou en rupture de ban[1]. Parmi eux le plus célèbre chef de bande de « *cangaceiros* » fut Lampiao (1897-1938), éleveur de bétail devenu chef de bande pour laver l'honneur familial[2]. Là, ce sont les pratiques magiques qui traduisent une déviance qui paraît d'un autre âge[3]. Ailleurs encore, c'est la persistance de mentalités issues de l'époque de l'esclavage qui se traduit par une délinquance bien traditionnelle[4]. Au Mexique aussi, il aura fallu attendre un arrêt de la Cour suprême de Mexico du 16 novembre 2005 pour que le viol entre époux soit reconnu comme un acte criminel, et il y a tout lieu de penser que la pratique subsistera encore longtemps, 84 % des Mexicaines considérant que la violence conjugale est une affaire qui ne regarde que le couple[5]. Partout la corruption y sévit, à la fois liée à des pratiques traditionnelles et déjà comme manifestation d'une criminalité nouvelle[6].

371 **Divers** ◇ L'actualité des dernières années montre que la criminalité traditionnelle continue à sévir en raison de la persistance de coutumes et de règles anciennes. L'application de la charia au Nigeria a alimenté la chronique à propos de la lapidation d'une femme adultère. En Égypte et en Arabie Saoudite, c'est la condamnation d'homosexuels pour offenses à la religion. Les violences interreligieuses ou interculturelles se manifestent un peu partout au nom d'un exclusivisme intégriste. En Corée, la croyance ancestrale de l'année du Cheval, animal synonyme d'ambition et de puissance, est une catastrophe pour les filles en sorte que les couples sont prêts à tout, y compris à recourir aux avortements illégaux. La résistance des coutumes ancestrales aux réformes inspirées par les législations occidentales dans divers pays entraîne la persistance de l'excision des petites filles (au Sénégal et au Mali malgré l'interdiction légale) ou la pratique du mariage des fillettes parfois dès 3 ou 4 ans en Éthiopie cependant interdite par le droit. Au Bangladesh où les femmes sont encore lapidées à mort, flagellées en public, exhibées dans les rues le corps enduit de goudron ou condamnées à boire leur urine, une coutume répandue

---

1. P.-N. Rueda Uribe, « Le banditisme et la violence en Colombie », *RICPT,* 1966, p. 117-130 : R. Da Matta, *Ambiguïtés de la société brésilienne,* 1983.
2. E. Grunspan-Jasmin, *Lampiao, Vies et morts d'un bandit brésilien,* PUF, 2001, 292 p.
3. E. Douyon, « La transe vaudouesque : un syndrome de déviance », *Acta criminologica,* 1969, vol. 2, p. 11-70.
4. Dodd et Paris, « An urban plantation : socio-cultural aspect of crime and delinquency in Georgetown », Guyana, *Int. Journ. of. crim. and pén.,* 1977, p. 31-61. Au Brésil, une étude réalisée par le Bureau International du travail (BIT) en 2003 a révélé que pas moins de 40 000 personnes travaillaient encore dans des conditions d'esclavage en dépit de l'abolition officielle de l'esclavage en 1888 et que le problème avait pris un caractère « extrême ». Le fléau de l'esclavage persiste aussi en Afrique alors que l'on croyait l'abolition acquise (*cf.* J-C Bruneau *in* G. Courade (dir.), *L'Afrique des idées reçues,* Belin, 2006).
5. Dans ce pays, 1 meurtre sur 10 est commis par un mari sur son épouse et 25 % des suicides de femmes s'expliquent par la volonté de se soustraire aux brutalités du conjoint.
6. G. Cerqueira Filho, « Corruption et représentation sociale au Brésil », *Dév. et soc.* 1989, p. 231-240 et références sous le n° 268.

surtout dans les régions rurales consiste à asperger d'essence le visage des femmes en cas d'avances repoussées, de demande en mariage déclinée, de relations extraconjugales et de conception d'un enfant adultérin; la défiguration a pour but de ruiner la « valeur vénale » de la femme et de faire d'elle un paria. Cette pratique barbare des « défigureurs », loin de régresser, s'est développée au cours des dernières années; l'acide est devenu une arme à tout faire en dehors des conflits sexuels ou conjugaux et atteint les hommes comme les femmes.

372 *Crimes d'honneur*[1] ◇ Comment ne pas citer aussi les *crimes d'honneur* répandus notamment dans des pays de confession musulmane et dans l'Inde des castes sociales ? Ainsi, dans le Sud-est de la Turquie où vit une majorité de Kurdes et qui est une région économiquement peu développée, la pratique des « crimes d'honneur » héritée de traditions féodales continue à sévir de manière importante et souvent impunie. Elle permet aux hommes, en cas de viol, d'adultère, d'enfants conçus hors mariage, ou parfois même d'un regard de trop, de tuer leur mère ou leurs sœurs pour laver l'insulte faite à leur dignité prétendument bafouée. Sans aller jusqu'à l'exécution, les violences faites aux femmes au nom de cette coutume sont de nature diverse; elles consistent notamment à les séquestrer pour les punir ou même pour les « protéger », car il n'est pas rare que des jeunes filles soient retirées de l'école pour cette raison. La programmation de talk-shows à la télévision turque a été aussi l'occasion de « crimes d'honneur » avant d'être interdits : ainsi des parents qui étaient venus réclamer justice pour leur fille assassinée par son mari qui la soupçonnait d'infidélité, ont été assassinés par le père du meurtrier, devant le commissariat de police où ils allaient porter plainte, pour avoir sali la « réputation familiale »; c'est encore cette « réputation » qui est à l'origine de l'assassinat d'une mère de cinq enfants qui avait raconté à la télévision les misères de sa vie conjugale pendant 20 ans.

Dans le Sud-ouest de l'Iran, dans une province à majorité arabe les « crimes d'honneur » aussi y sont nombreux et tolérés, lorsqu'ils sont commis contre les femmes qui refusent un mariage arrangé, qui ne respectent pas le code vestimentaire islamique ou qui ont des contacts avec des hommes n'appartenant pas à leur famille. On peut encore citer l'exemple de la Jordanie où un frère a, sur l'ordre de sa famille, tué sa petite sœur violée par son beau-frère parce qu'elle n'est plus une « jeune fille ».

En Inde[2], les « crimes d'honneur », dit-on, ont toujours existé depuis la nuit des temps. Mais on assiste dans l'Inde contemporaine à une recrudescence de ce type de crimes qui est lié au conflit récent entre la modernisation des mœurs et le poids des traditions coutumières. Cette multiplication des « crimes d'honneur » s'inscrit dans deux sortes de conflits. Le premier concerne les *unions intercastes*. Traditionnellement, le mariage doit consolider la caste; c'est dire que les unions

---

1. F. Sokulu-Akinci, « Homicides commited for honour. The case of Turquey, Sweden and Germany », *AIC*, 2006, p. 81-101; même auteur, « La recherche de 2006 sur la violence domestique en Turquie », *RICPT* 2007, p. 327.
2. *Cf. Le Monde* du 3 août 2010.

intercastes sont considérées comme déshonorantes et que d'ailleurs la tradition des mariages arrangés demeure toujours vivace. Si à Bollywood et dans les classes aisées, les amours intercastes et même interconfessionnelles (hindous et musulmans) sont devenus fréquentes, il n'en va pas de même dans l'Inde rurale. Plus de 1 000 Indiens qui ont noué des unions intercastes sont assassinés chaque année victimes des « crimes d'honneur » perpétrés par leur famille. Selon une étude menée par une association indienne, 72 % des « crimes d'honneur » visent ce type d'union et dans la grande majorité des cas, les victimes sont des filles. Le second type de « crimes d'honneur » lié aux unions prohibées par la tradition concerne cette fois les *unions* qui, bien qu'à l'intérieur d'une même caste, se font *à l'intérieur d'une même lignée matrilinéaire ou patrilinéaire* appelée « *gotra* ». Il existe en effet dans plusieurs États du nord de l'Inde un tabou ancestral qui interdit l'amour au sein d'une même « *gotra* », quel que soit par ailleurs le degré de génération au nom de la « qualité génétique » de la communauté. Ces « *gotra* », quoique comptant parfois plusieurs centaines de milliers de personnes, sont considérées comme une seule et même famille dont les membres sont « frères et sœurs ». Au-delà même de la « *gotra* », l'impératif d'exogamie vise toute union au sein même du village qui aujourd'hui, avec l'urbanisation des campagnes, peut compter jusqu'à une trentaine de « *gotra* ». Les « Conseils de caste » sont chargés de veiller sur la « qualité génétique » des membres de la « *gotra* » et leur traditionalisme est accusé de provoquer et de justifier une vague de « crimes d'honneur » qui ensanglante le nord de l'Inde.

La pratique des crimes d'honneur déborde même *occasionnellement* dans les pays occidentaux d'immigration originaire de pays non européens. Ainsi en 2002, à Uppsala en Suède, une Suédoise de 26 ans d'origine kurde a été abattue par son père parce qu'elle était tombée amoureuse d'un Suédois alors que la famille voulait la marier en Turquie et qu'elle était donc devenue indigne. En Suède toujours, dans les années 2007-2008, plusieurs adolescentes sont mortes après être tombées d'un balcon; ces « accidents » survenus à des jeunes filles qui sont toutes originaires de Turquie ou du Moyen-Orient, ont été dénoncés comme des « crimes d'honneur » provoqués par la famille. En Allemagne, un kurde originaire de Syrie âgé de 25 ans a été condamné en novembre 2005 pour avoir tué sa sœur âgée de 21 ans de plusieurs coups de couteau au motif qu'elle voulait épouser un allemand. De même, en 2008 un allemand d'origine afghane de 24 ans a été condamné pour le meurtre de sa jeune sœur de 16 ans à qui il avait également porté de nombreux coups de couteau pour sauver « l'honneur de sa famille ». En France même – du moins d'après un article du journal *Le Monde*[1] – à Oullins dans le Rhône en 2009, une jeune femme de 21 ans a été trouvée morte dans une cave, étranglée, étouffée et brûlée, le principal suspect étant son propre frère, aîné des garçons d'une famille de 9 enfants, dont le mobile le plus souvent avancé dans le quartier, serait qu'il « aurait voulu punir une sœur à la vie trop légère à son goût ».

373 *Des paniques mortelles à la violence urbaine moderne*[2] ◇ Depuis une décennie, des rumeurs plus folles les unes que les autres, soulèvent les quartiers défavorisés des métropoles des pays du Sud et sont à l'origine de violences graves. Elles se rattachent à la criminalité traditionnelle des

---

1. *Le Monde* du 12 juillet 2009.
2. J.-J. Mandel, *Paniques : des rumeurs qui tuent*, Fayard 2005, 400 p.

pays en voie de développement en ce que lesdites rumeurs puisent contenus, symboles et maquillages dans des croyances locales et des archaïsmes
ethnographiques. Mais elles participent déjà de la criminalité nouvelle en
ce que les psychoses qu'elles engendrent seront amplifiées par la surenchère médiatique et les véritables crises d'hystéries collectives qu'elles suscitent laissent les États impuissants.

SECTION 2. **LA CRIMINALITÉ NOUVELLE DES PAYS EN DÉVELOPPEMENT**

374 *Une délinquance urbaine spécifique* ◇ Il existe dans les pays en
développement, depuis les années 1950-1960, des *formes nouvelles de criminalité* qui se développent dans les villes. C'est une délinquance qui est
liée au fait de l'urbanisation des pays en voie de développement[1], lui-
même en relation avec un début d'industrialisation[2]. Cette délinquance
revêt la forme d'une délinquance utilitaire caractérisée par des vols, cambriolages et agressions sur la voie publique; la prostitution y occupe aussi
une place de choix[3]. Elle affecte tout particulièrement les jeunes[4]. Outre
cette délinquance utilitaire, diverses formes de *violence* se développent
dans les villes du Tiers-Monde[5]. Ainsi les *townships* d'Afrique du Sud sont
contaminées par la violence au point que la police se déclare entièrement
dépassée[6]; cette violence quotidienne ne cesse d'augmenter dans l'indifférence du pouvoir politique actuel[7]. En Argentine, ce sont les « enlèvements express » destinés à obtenir en quelques heures des rançons d'un
montant modeste, conséquence de la crise économique très grave qui
affecte le pays[8]. Cette pratique de l'enlèvement contre rançon, répandue
dans nombre de pays d'Amérique latine comme la Colombie, le Brésil,
Panama et le Mexique est apparue récemment au Pérou. La police distingue à cet égard les séquestrations « typiques » des enlèvements « atypiques » : les premières consistent à prendre en otage une personne pendant
plus d'une journée et à réclamer une rançon tandis que les seconds visent
les personnes qui paraissent avoir de l'argent et consistent à les kidnapper

---

1. Sur l'urbanisation du Tiers-Monde : Milton Santos, *Dix essais sur les villes des pays sous-développés*, 1971, et *L'espace partagé. Les deux circuits de l'économie urbaine des pays sous-développés*, 1977;
A. Durand-Lasserve, *L'exclusion des pauvres dans les villes du tiers-monde; accès au sol et au logement*,
1986; A.-L. Didier et J.-L. Marret, *États échoués, mégalopoles anarchiques*, PUF, 2001, 173 p.
2. Sur l'industrialisation : *Tiers-Monde* n° 107, *La nouvelle industrialisation du Tiers-Monde*,
PUF, 1986, 240 p.; D. Sidiki, *Violence technologique et développement, La question africaine du développement*, 1986, 153 p.
3. P. Songue, *Prostitution en Afrique : l'exemple de Yaoundé*, 1986, 154 p.; G. Kouassi, *La prostitution en Afrique : un cas, Abidjan*, 1986, 325 p.
4. Y. Pedrazzini et al., *Jeunes en révolte et changement social*, éd. L'Harmattan, 1994.
5. M.-A. Pérouse de Montclos, « Violence urbaine et criminalité en Afrique subsaharienne :
un état des lieux », *Dév. et soc.* 2004, n° 1, p. 81.
6. *Le Monde* du 25 mai 1999.
7. *Cf.* André Brink, « L'Afrique du Sud ou le rêve trahi », *Le Monde* du 24 août 2006. *Adde*
B. Dixon et E. Van Der Spuy, *Justice gained ? Crime and crime control in south Africa's transition*,
Cullompton, William Publishing, 2004, 266 p.
8. C. Augé, « Rêves en morceaux à Buenos Aires », *Le Monde diplomatique*, sept. 2002.

le temps de vider leurs cartes bancaires ou de piller leur domicile. Souvent planifiés, les enlèvements faisaient d'abord l'objet d'une longue préparation et pouvaient être commandités de l'étranger; maintenant cette nouvelle technique est utilisée par de petits délinquants qui n'hésitent pas à enlever quiconque semble plus riche que la moyenne [1].

Malgré certaines analogies entre cette criminalité et celle des villes des pays industrialisés, il existe cependant des *différences profondes* entre les deux types de criminalité : 1/ différences d'abord quant aux *modes d'exécution* des actes délictueux qui demeurent généralement artisanaux et très sommaires comparés à la sophistication de l'exécution de certains crimes dans les pays occidentaux; 2/ différences surtout quant aux *mobiles* qui caractérisent une « criminalité de besoin » liée à la misère et à un chômage considérable, par opposition à la « criminalité de perversion » des sociétés industrialisées, selon un haut magistrat ivoirien, M. Boni. On parle encore de « déviances de subsistance » ou de « déviances nutritionnelles ».

375 *Affinement de l'analyse* ◇ Un auteur a particulièrement étudié les mécanismes criminogènes dans une société urbaine à propos de la délinquance juvénile à Kinshasa [2]. Pour expliquer comment l'urbanisation influence le développement de la délinquance des jeunes urbains, cet auteur retient *trois variables :* 1/ la « détribalisation » entraînant la dissociation familiale; 2/ l'inadaptation de l'enseignement produisant des déclassés sans débouchés; 3/ l'absence de loisirs organisés entraînant la formation de bandes. Quant aux *jeunes délinquants*, l'auteur y discerne *trois types :* 1/ le jeune désœuvré de 17 à 18 ans accomplissant des délits contre les biens; 2/ un type composé de jeunes occupant des emplois de service (boys) soumis à des pressions considérables par l'étalage d'un luxe qu'ils côtoient quotidiennement et qui commettent surtout des vols domestiques; 3/ un type de délinquant plus précoce, encore écolier, à l'étiologie incertaine. Cette analyse est à comparer avec celle de la délinquance au Congo belge d'avant l'indépendance [3].

Finalement, la tentation est grande, à partir de l'ensemble de ces données, de rapprocher la criminalité nouvelle des PVD de celle que l'Europe a connue lors de sa première industrialisation au XIXe siècle. Mais sans doute faut-il y apporter des réserves. C'est ainsi notamment que le phénomène de l'inadaptation de l'enseignement est un aspect nouveau que l'on ne trouvait pas du tout dans le tableau de l'Europe du XIXe siècle. D'une manière générale, on a critiqué, en sociologie du développement, la démarche néo-évolutionniste qui consiste à soutenir que les sociétés en développement répéteraient les processus ayant assuré le progrès des sociétés aujourd'hui « avancées »; le processus complexe du développement n'est pas un processus unilinéaire et peut faire naître des sociétés, comme des économies, inédites [4]. Dans les lignes qui suivent on va décrire sommairement les formes les plus caractéristiques de cette criminalité.

1. *Le Monde* du 26 avril 2006 : « Au Pérou, le kidnapping fait fureur ».
2. G. Houchon, « Les mécanismes criminogènes dans une société urbaine africaine », *RICPT*, 1967, p. 271-292.
3. J. Sohier, *La mémoire d'un policier belgo-congolais*, 1974.
4. G. Balandier, vo « Développement économique et social : Sociologie », Encyclopedia universalis.

376 *Morts violentes* ◇ Les données statistiques relatives aux morts violentes entendues comme la catégorie regroupant les homicides, les suicides et les morts par accident de la route, esquissent une saisissante géographie de la violence qui épouse en creux, bien souvent, celle du développement.

L'Amérique latine est sans doute la région du globe où le taux de criminalité létale est le plus élevé, mais le classement des pays de ce point de vue n'est pas fixe; il évolue avec le temps et l'histoire des pays. C'est ainsi que pour l'année 2000, il résultait des statistiques dressées par l'OMS que la Colombie et le Brésil figuraient dans le haut du classement des pays les plus violents [1]. Mais aujourd'hui, c'est le *Venezuela* qui arrive en tête pour le nombre et le taux par habitant de morts violentes [2]. On considère que cette aggravation est l'un des échecs les plus sérieux d'Hugo Chavez depuis son arrivée au pouvoir en 1999. Le problème a atteint un tel degré de gravité que, pour masquer cet échec, le gouvernement refusait depuis 2005 de publier la moindre statistique sur la criminalité du pays et commence à peine à lever le voile sur cette aggravation. D'après les statistiques établies notamment par l'Observatoire vénézuélien de la violence (OVV), une ONG qui recense les homicides, il y aurait eu 17 600 assassinats en 2010 [3], soit une hausse de 17 % par rapport à 2009. Cela correspond à un taux de 57 morts violentes pour 100 000 habitants, taux qui est près de cent fois supérieur à la moyenne mondiale (8/100 000, et 5/100 000 en Europe) [4]. La criminalité violente a finalement quadruplé depuis l'accession au pouvoir du « *Commandante* » en 1999 et, à la différence d'autres pays d'Amérique latine, elle n'est pas liée essentiellement au crime organisé et touche beaucoup plus la population. Aux assassinats s'ajoutent les *enlèvements* de courte durée qui ont pour but de rançonner les familles des victimes et peuvent se terminer par un homicide (5 enlèvements par jour) ainsi que les « séquestrations virtuelles » qui se traduisent par des harcèlements téléphoniques menaçants. Comme par ailleurs 92 % des homicides restent impunis, la peur des enlèvements et des homicides a engendré une florissante « industrie privée de la sécurité ».

Le *Brésil* qui avait en 2001 un taux d'homicide de 23,3 pour 100 000 habitants, avait atteint en 2005 un taux un peu supérieur avec 50 000 homicides en moyenne pour l'année, dont 36 000 par armes à feu. Depuis lors, il n'y a pas eu de diminution notable. Dans l'ensemble de cette criminalité de sang, il faut noter l'importance du crime organisé, en particulier de l'organisation criminelle dénommée « Premier commando de la capitale » (PCC) à Sao Paulo.

La *Colombie* occupait naguère la première place, notamment en raison de la guerre des gangs de narcotrafiquants et du conflit armé entre le pouvoir central et les rebelles des FARC avec un taux de 60,8 pour 100 000 habitants de meurtres et assassinats en 2000. Elle a vu son taux diminuer de près de moitié en 2010 avec 32 homicides pour 100 000 habitants.

Quant au *Mexique*, il a connu au contraire une augmentation notable du nombre des morts violentes au cours des dernières années. Sans doute le taux des

---

1. J.-C. Chesnais, Les morts violentes dans le monde, *Population et sociétés*, nov. 2003.
2. *Le Monde* du 18 février 2011. *Cf.* encore J.-P. Langeiller, *Le Monde* des 10 juillet 2008 et 6 janvier 2011.
3. D'après l'estimation du Ministère français des affaires étrangères dans les « conseils aux voyageurs », le nombre d'homicides enregistrés s'élèverait même à 20 000.
4. 0,7 pour 100 000 en France et 0,6 pour 100 000 au Japon.

homicides n'y était-il que de l'ordre de 14 pour 100 000 en 2010, soit quatre fois moins qu'au Venezuela, deux fois moins qu'en Colombie et un peu moins qu'au Brésil; mais la situation y est particulièrement dramatique, notamment dans le nord du pays du côté de l'axe Ciudad Juarez-El Paso situées de part et d'autre du Mexique et des États-Unis.

Une partie des morts violentes ainsi que des enlèvements et séquestrations sont sans doute imputables à la pauvreté qui sévit dans un pays qui a connu depuis les années 1930 une explosion démographique qui a fait passer la population de 20 millions d'habitants à 110 millions, sans pour autant avoir engendré un modèle économique de développement. Mais une part très importante de la criminalité de sang est liée au trafic de drogues et à la corruption et son corollaire l'impunité. C'est ainsi que de janvier à août 2008, près de 3 000 homicides avaient été commis par le crime organisé, près du tiers du total national étant commis à Ciudad Juarez par le crime organisé[1].

Des « faits divers incroyables » émergent ici ou là de ces données statistiques impersonnelles, notamment celui des femmes assassinées de Ciudad Juarez au Mexique dans l'État du Chihuahua, tout près de la frontière des États-Unis : 400 cadavres et des milliers de disparues. Toutes les hypothèses ont été évoquées pour tenter d'expliquer ce carnage : tueur en série, cartel de la drogue, mafia, violences conjugales, règlements de compte, satanisme, trafic d'armes... On a dit aussi que ce phénomène trouvait ses racines dans la nature même de Ciudad Juarez, ville sans âme où échouent travailleurs pauvres et trafiquants en tout genre. La police et la justice mexicaine ne paraissent pas avoir encore fourni d'explications convaincantes de ce que d'aucuns ont appelé un « féminicide sexuel en série »[2].

Face à cette situation, à l'initiative du président Calderon, un « accord national pour la sécurité publique, la justice et la légalité » a été souscrit en 2008 par les responsables politiques et les représentants de la sécurité publique. Il prévoit notamment l'épuration d'une police corrompue, de nouvelles stratégies de lutte contre les enlèvements et le trafic de drogue, un fichier des téléphones portables et un renforcement des mesures contre le blanchiment d'argent.

L'*Amérique centrale*[3], qui a connu une violence considérable pendant la guerre froide en raison des guerres civiles, n'a pas pour autant vu la situation de la délinquance violente s'améliorer, malgré les accords de paix signés en 1987 par les principaux pays de la région. Ainsi le Guatemala avec 5 885 homicides pour 13 millions d'habitants en 2006, atteignait un taux de 45,25 pour 100 000. Un grand nombre de ces assassinats est imputable aux « *maras* », gangs très violents qui comptent plus de 70 000 membres, âgés pour la plupart de 15 à 30 ans, et dont les liens avec le crime organisé et en particulier les narcotrafiquants n'ont cessé de se renforcer.

377 *Les gangs* ◇ Les gangs ou *bandes fondées sur une pratique de la délinquance violente*[4] existent dans les pays développés, ou du moins dans certains d'entre eux comme les États-Unis. Ainsi que l'a soutenu Trasher en 1927 à propos des gangs dans la ville de Chicago, leur formation et leur enraci-

---

1. *Cf. infra* n°s 377 et 378.
2. M. Fernandez et J.-C. Rampal, *La ville qui tue les femmes*, Hachette, 2005.
3. *Le Monde* du 8 septembre 2007.
4. *Lexique de sociologie*, Dalloz, 2007, v° « Gang ».

nement dans la ville s'expliqueraient par une forte désorganisation sociale due à la croissance des villes et à la ségrégation de l'espace urbain. Mais les gangs d'Amérique centrale et du Brésil présentent des traits caractéristiques étroitement liés à la situation économique et sociale particulière dans ces États, tandis que ceux du Mexique sont principalement liés au trafic de drogue.

Pour ce qui est des « *maras* » *salvadoriennes*[1], le Salvador (6 700 000 habitants en 2004) a été le théâtre dans les années 1980, d'une guerre civile meurtrière (80 000 morts et plus d'un million de réfugiés) opposant la rébellion marxiste du Front Farabundo Marti de libération nationale (FMLN) au régime de droite hostile à la réforme agraire et soutenu par les États-Unis, guerre civile qui s'est terminée par un accord de paix signé en 1992. Au cours de cette guerre civile, des bandes traditionnelles sévissaient dans les villages et dans les périphéries des villes salvadoriennes. Mais à partir de 1992, les États-Unis ont commencé à renvoyer au Salvador les réfugiés en situation irrégulière ou impliqués dans les violences urbaines (7 239 en 2005,13 530 en 2006 encore). Ainsi se sont constituées en quelques années des bandes de jeunes ultraviolents qui ont bouleversé le paysage politique et social du Salvador et plus largement de toute l'Amérique centrale (de 20 000 à 35 000 « *mareros* » au Salvador, entre 70 000 et 200 000 membres du Mexique au Panama). Les « *maras* » sont des bandes très hiérarchisées et très organisées. Composées d'adolescents et d'hommes jeunes à plus de 80 %, leurs membres se singularisent par des tatouages qui couvrent tout le corps. Assassinats, vols, braquages, kidnappings, rackets constituent l'essentiel de leur activité criminelle. Ils se caractérisent encore par une lutte sans merci (parfois ponctuée de trêve cependant[2]) entre les deux principales bandes rivales, la *Mara Salvatrucha* (MS) et la « 18 », pour le contrôle du territoire[3]. Depuis 2003, le gouvernement salvadorien a mis en place un plan de mesures anti-maras surnommé « *Mano dura* », également adopté au Honduras et au Guatemala. Mais d'après certaines informations[4], ce plan aurait eu pour effet de rapprocher les maras du *crime organisé*, le taux des homicides étant passé de 37,7 pour 100 000 habitants en 2003 à 57/100 000 en 2006 (dont la moitié liés directement à la violence des gangs) et les extorsions ayant progressé de 330 %. Parallèlement des mutineries de maras détenus ont éclaté dans les prisons (21 morts dans une mutinerie de 500 membres de la « 18 »)[5].

Au *Brésil*, les gangs occupent une place essentielle dans le développement du phénomène de la criminalité dans les grandes villes et notamment à Rio de Janeiro et São Paulo. À *Rio*, trois gangs rivaux s'affrontent pour le contrôle du marché de la cocaïne, laquelle, autrefois ne faisant que transiter par cette ville, est devenue un produit de consommation intérieure au Brésil, faisant de ce pays le deuxième consommateur de cocaïne du monde derrière les États-Unis : le Commando Vermelho (CV, le commando rouge), le Terceiro Commando (TC, troi-

---

1. F. Faux, *Les Maras, gangs d'enfants : violences urbaines en Amérique centrale*, éd. Autrement, 2006 ; Y. Le Bot, « Les maras transnationales », *Le Monde* du 6 octobre 2009.
2. F. Faux, « Les gangs du Salvador lâchent les armes », *Le Monde* du 28 févr. 2006.
3. Le cinéaste franco-espagnol Christian Poveda qui filmait depuis deux ans les gangs ultraviolents du Salvador, notamment la « 18 », a été assassiné le 2 septembre 2009, alors qu'il devait venir en France pour la sortie en salle de son film « *La viola loca* » qui raconte le quotidien sanglant des « *pandilleros* », les membres de la Mara 18 (*Le Point* du 10 septembre 2009).
4. *Le Monde* du 3 avr. 2007, « Le gang dans la peau » par N. Bourcier.
5. Sur les effets d'une politique de répression analogue contre les « *maras* » au Honduras, *cf. Le Monde* du 27 nov. 2005.

sième commando) et la bande des Amigos dos Amigos (ADA). Pour ses membres qui ont souvent moins de 20 ans, le gang représente la seule structure sociale qui fournit le statut, le travail, le salaire, les vêtements à la mode, l'alcool et les filles. La guerre des gangs est sanglante : ainsi dans la seule année 2003 elle a fait 3 470 tués au cours de règlements de compte. À São Paulo les gangs ont atteint une telle puissance qu'ils n'hésitent pas à s'attaquer directement à la police; c'est ainsi qu'en novembre 2003 un gang, selon les autorités le gang PCC (Premier Commandement de la Capitale), faction de détenus qui contrôle les prisons de l'État de São Paulo, a attaqué à l'arme lourde pendant cinq jours consécutifs plus de 25 commissariats, voitures de police et postes de proximité de São, tuant trois policiers et en blessant une dizaine [1].

Au *Mexique*, la plupart des gangs constituent les « bras armés » des *cartels* de la drogue. Il existe plusieurs cartels. L'un d'eux, le Cartel du golfe, a dominé dans les États du nord-est du Mexique avec pour « bras armés » les « *Zetas* », gangs qui ont souvent recruté des policiers d'élite formés à toutes les techniques de combat comme à celles de la contre-propagande [2], et en s'assurant l'appui de la population par des distributions de produits alimentaires provenant de cambriolages de magasins. C'est ce qu'on appelle le « narco-populisme ». Dans l'État du Michoacan, en bordure du Pacifique et à la latitude de Mexico, la *Familia*, également appelée « *Familia michoacana* », est aussi l'un des principaux cartels de la drogue. Il y a supplanté le Cartel du golfe par une méthode simple, la violence aveugle avec entre autres la décapitation des ennemis. Il compterait environ 4 000 membres qui recevraient une formation sanguinaire et terroriseraient aussi bien la police que la presse. Mais l'épicentre des cartels, « le royaume des cartels » se trouve à Ciudad Juarez à la frontière mexicaine [3], où rivalisent le Cartel de Sinaloa et le Cartel de Juarez. Chacun d'eux est composé de gangs, le premier utilise les gangs du « Double A » et du Mexicles, le second ceux de l'Astecas, du Carnales et du Secondo Barrio. Le gang du Double A par exemple, qui signifie « Artistes Associés », est formé de jeunes ultraviolents, les *Pandilleros*, qui n'hésitent pas à recourir à l'assassinat de leurs rivaux, y compris en prison.

Outre les gangs liés aux cartels de la drogue, il faut également signaler les bandes de délinquants qui se livrent, contre les migrants en provenance d'Amérique centrale et à destination finale des États-Unis, à des extorsions, des viols, des enlèvements, voire des exécutions extrajudiciaires, de même d'ailleurs que certains « agents de l'autorité » en jouant sur le caractère délictueux de l'immigration illégale [4]. Aussi le gouvernement mexicain a-t-il décriminalisé récemment l'immigration illégale sur son territoire, comme il le demande par ailleurs aux États-Unis pour ses propres nationaux immigrés illégaux dans ce dernier pays [5].

378 *Trafic de drogues* [6] ◇ Un autre aspect de la criminalité nouvelle dans les pays du Tiers-monde réside dans le *trafic de drogues* à destination des

---

1. *Le Monde* du 7 nov. 2003.
2. *Le Monde* du 20 février 2009.
3. « Ciudad Juarez, De guerre lasse », *Le Monde 2* du 25 juillet 2009.
4. « Les mafias mexicaines contre les migrants », *Le Monde* du 23 août 2008.
5. « Le Congrès mexicain décriminalise l'immigration illégale », *Le Monde* du 3 mai 2008.
6. R. Bourhala, *Trafic international de stupéfiants. Analyse et synthèse des documents de l'OIPC-Interpol*, Mémoire DEA, Aix-en-Provence, 1989, ronéo.; J.-C. Antoniassi, « L'ampleur de la lutte contre le trafic organisé des drogues : l'exemple colombien », *RICPT*, 1987, p. 23-27; J.-O. De Araujo, « La problématique de la drogue en Amérique latine », *RICPT*, 1991, n° 2; C. Renaudat et V. Taillefumier, *Les tribulations d'un gramme de coca*, éd. F. Massot, 2011, 286 p.

pays occidentaux (États-Unis, Canada et Europe occidentale) avec toute la criminalité qui gravite autour de ce trafic (notamment assassinats, attentats contre les hommes politiques et les forces de police et connivence avec certains mouvements de guérilla[1]). Sans doute, ce trafic ne date-t-il pas d'aujourd'hui. Mais il a pris une ampleur considérable avec le développement d'une consommation de masse de stupéfiants dans les pays occidentaux et la crise économique qui frappe durement certains pays producteurs, notamment en Amérique latine. On discute la question de savoir si c'est la demande occidentale qui est à l'origine du trafic ou si, à l'inverse, ce ne sont pas les trafiquants qui ont suscité la demande. Une thèse très répandue consiste à dire que la responsabilité de cette situation incombe aux consommateurs occidentaux; elle a l'avantage de correspondre à la fois au « culpabilisme » des pays occidentaux à l'égard des pays du Tiers-Monde et à l'intérêt qu'ont les dirigeants de ces derniers à rejeter la faute sur l'Occident pour en obtenir de précieux avantages économiques. La théorie reste cependant à prouver et divers indices conduisent à penser que les choses ne sont pas aussi simples que cela. Plusieurs aspects importants méritent d'être mentionnés à propos des pays producteurs de drogues, de l'acheminement des drogues vers les pays consommateurs et de l'effet des mesures de lutte contre la drogue entreprises par les gouvernements. Ainsi, la *Colombie* a été pendant longtemps le premier pays producteur de coca du globe. Mais la « guerre à la drogue » entreprise de concert par le président Uribe et les États-Unis a eu pour conséquence de rendre plus difficile sa culture et surtout son acheminement vers les lieux de consommation, notamment vers les États-Unis. Aussi le *Mexique,* qui était autrefois un modèle de stabilité, a supplanté, en l'espace d'une vingtaine d'années les narco-colombiens qui, jusqu'au milieu des années 1990 contrôlaient les principales routes de la drogue. De simple lieu de transit vers les USA, le Mexique est ainsi devenu un pays de producteurs et de consommateurs de drogues.

379 *Autres trafics* ◊ Au trafic de drogues s'ajoutent bien d'autres trafics qui, comme le trafic de drogues, s'accompagnent souvent de crimes violents qui peuvent aller jusqu'à atteindre la gravité de crimes internationaux contre l'humanité.

Il s'agit d'abord du trafic d'*animaux sauvages* ainsi que du trafic de l'*ivoire* dont le commerce est interdit par la Convention de Washington de 1989. Le braconnage de l'ivoire qui remonte à plusieurs décennies, mais qui s'était raréfié dans les années 1990, connaît aujourd'hui une forte reprise notamment en direction de l'Asie. Selon une estimation de chercheurs de l'Université George Washington de Seattle, 23 000 éléphants d'Afrique auraient été tués en 2006 pour leurs défenses, notamment en Zambie et dans les pays voisins. En Chine où l'ivoire est très recherché, son prix au marché noir qui était de 100 $ le kilo à la fin des années 1990 était passé en 2007 à 750 $[2].

---

1. H. Favre, « Le Sentier Lumineux et le coca business », *Rev. Esprit,* janv. 1990, p. 23-27.
2. *Le Figaro* du 27 févr. 2007.

Il s'agit encore du *trafic de diamants*. La richesse que représente le commerce des diamants excite la convoitise de « chefs de guerre » prêts à se livrer à toutes sortes d'exactions pour s'assurer le contrôle des mines de diamants et le commerce du produit de leur exploitation malgré l'embargo décrété par la communauté internationale. L'illustration sans doute la plus significative de la lutte pour le contrôle des « diamants du sang » est le soutien des rebelles libériens de Charles Taylor à la guérilla du Front Révolutionnaire Uni (RUF) de Sierra Leone aux pratiques violentes, pour exploiter des mines de diamants dont le sous-sol de ce pays est particulièrement riche. L'ampleur de la criminalité engendrée par la conquête de ce trafic est révélée par le fait que le 4 juin 2003, le Tribunal spécial pour la Sierra Leone chargé de juger les crimes commis au cours de la guerre civile dans ce pays a inculpé le président libérien Charles Taylor pour crimes de guerre et crimes contre l'humanité et a donné mandat d'arrêt contre lui, pour avoir soutenu la rébellion du RUF.

Le *trafic de bébés* contribue aussi à caractériser les trafics dans les pays en voie de développement, alors que les conventions internationales réglementent l'adoption internationale et consacrent les droits de l'enfant. Au Guatemala par exemple près de 400 associations privées gérées par des avocats y mènent l'entreprise du trafic des bébés et des « ventres ronds ». Ces associations y sont certes légales, mais la fraude se situe en amont par le conditionnement des futures mères, les faux certificats délivrés par des médecins et des avocats et les enlèvements d'enfants qui sont courants dans ce pays. Fruit de la pauvreté (avec un PNB par habitant de 1910 $ en 2003 et 70 % de la population vivant au-dessous du seuil de pauvreté), les enfants sont « acquis » par des couples habitant les États-Unis ou d'autres pays industrialisés pour des sommes qui selon l'Unicef peuvent atteindre 80 000 €.

On ne peut manquer non plus de mentionner le *trafic d'organes du corps humain* qui donne lieu à ce que l'on appelle par euphémisme le « tourisme de transplantation »[1]. De nombreux pays occidentaux notamment font face à une pénurie majeure d'organes transplantables due notamment à une diminution constante du nombre de donneurs en état de mort cérébrale du fait, notamment, de la réduction des accidents de la circulation. Selon l'OMS, 10 % de l'ensemble des quelque 93 000 transplantations pratiquées dans le monde proviendraient du trafic réalisé par le biais du « tourisme de transplantation ». Le phénomène s'est développé depuis le milieu des années 1990 en raison de la pénurie d'organes, du progrès de la technique, des facilités de communication de plus en plus grandes, de la pauvreté et de la vulnérabilité des donneurs d'organes, et de l'absence ou de l'insuffisance des législations relatives aux dons d'organes. Les pays en voie de développement sont à cet égard les plus concernés (Égypte, Afrique du Sud, Brésil, Philippines, Pakistan, Irak jusqu'en 2002) ainsi que quelques pays à revenus intermédiaires comme le Brésil, l'Inde et la Chine. Sait-on que jusqu'en 2006, l'essentiel des transplantations d'organes réalisées en Chine au profit de receveurs étrangers provenait d'organes prélevés sur les condamnés à mort ?[2]

Enfin le *trafic d'entrepôts de déchets* est aussi devenu l'une des caractéristiques des trafics divers qui s'effectuent dans les pays en développement. Les déchets, dont certains sont particulièrement toxiques (de l'amiante aux déchets nucléai-

---

1. Selon l'OMS on entend par « tourisme de transplantation » le déplacement géographique de différents acteurs (personne en quête d'un organe, chirurgien pratiquant les greffes, donneurs se déplaçant à l'étranger) dans le seul but d'effectuer une transplantation aux dépens d'une personne vulnérable.

2. *Le Monde* du 12 mai 2007.

res), sont transportés depuis les pays industrialisés vers les pays pauvres où ils sont entassés, le plus souvent à ciel ouvert et sans aucune mesure de protection. La Somalie est sans doute l'illustration la plus significative du phénomène. Ravagée par la guerre civile et en proie au fondamentalisme religieux, elle est devenue la décharge la moins chère du monde où les occidentaux déversent des tonnes de déchets toxiques, provoquant des dégâts sans doute irréparables.

380 *La corruption* ◇ Au chapitre de la criminalité nouvelle des pays en développement, on ne peut manquer de mentionner le développement de la corruption portant tout à la fois sur les fonds octroyés par l'aide internationale au titre de l'aide au développement et sur les marchés de biens et de services qui constituent des manifestations de développement[1]. Depuis 1995, l'ONG *Transparency international* (TI) dresse un indice de perception de la corruption (IPC). L'établissement de cet indice donne lieu à des critiques sérieuses parce qu'il est très difficile d'évaluer le niveau de corruption d'un pays et celui de son évolution de manière objective et scientifique[2]; il reste que, malgré ses imperfections, l'IPC projette quelques lueurs sur ce que peut-être la corruption dans les pays en voie de développement quand le classement situe par exemple le Bangladesh dernier de la liste en 2003-2004. S'agissant des fonds versés par la Banque Mondiale pour des projets de développement depuis 60 ans, on estime à 100 milliards de dollars le montant de ceux qui ont été détournés par des dirigeants corrompus.

Quant aux recettes de plus en plus élevées qui proviennent de l'exploitation pétrolière et minière (diamants, or, argent, caoutchouc, cuivre etc.) loin de faire reculer la pauvreté et le chômage des populations elles sont des facteurs de corruption et sont en grande partie détournées par l'oligarchie dirigeante à son profit ou pour financer les conflits africains (les diamants de la guerre), tandis que les militants qui luttent contre la corruption sont eux-mêmes persécutés[3].

381 *La surexploitation des ressources naturelles par les entreprises étrangères* ◇ L'exploitation des ressources naturelles (gaz, pétrole et produits alimentaires...) et des services publics par des entreprises étrangères, en particulier à la suite des privatisations réalisées dans la décennie 1990, est mal vécue par les populations, notamment en Amérique latine et en Afrique subsaharienne où cette exploitation n'a fait qu'accroître les inégalités. Mais il y a plus grave : la surexploitation des richesses qui entraîne des dommages irrémédiables pour l'écologie et pour la santé des populations. Témoin exemplaire de cette surexploitation en Équateur, le

---

1. *Cf.* J.-F. Médart, « France Afrique : des affaires de famille » *in* Della Porta et Y. Meny (dir.), *Démocratie et corruption en Europe*, La Découverte, 1995, p. 29-41; Mushtaq Khan « A typology of corrupt transactions in developing countries », *IDS Bulletin*, 1996, n° 2, p. 12-21; J.-F. Bayard, St. Ellis et B. Hibou, *La criminalisation de l'État en Afrique*, éd. Complexe, Bruxelles, 1997; pour un ex. précis d'accaparement des richesses d'un pays africain, *cf. Le Monde*, 27-28 nov. 2005.

2. P.-C. Soccoja, *Un palmarès de la corruption, Le Monde* du 6 nov. 2005.

3. Selon l'ONG britannique Global Witness, *Le Monde* du 25 mars 2004. L'économiste Philippe Chalmin a dénoncé « les méfaits des matières premières » pour les pays qui les produisent (*cf. L'Express* du 17 nov. 2005, « L'argent caché de l'or noir » et *Le Monde* du 23 déc. 2005).

procès qui a opposé 30 000 Indiens et agriculteurs au pétrolier américain Chevron Texaco devant la justice équatorienne : cette société est accusée d'avoir utilisé des méthodes d'excavation abandonnées ou interdites en raison de leurs effets nocifs pour l'environnement et la santé et d'avoir ainsi causé de nombreux dégâts écologiques, détérioré la santé des habitants et détruit une partie du patrimoine[1]. Des accusations graves analogues sont formulées pour l'Afrique subsaharienne, notamment pour la République démocratique du Congo, le Rwanda et l'Ouganda[2].

381-1 *La piraterie maritime moderne*[3] ◇ La piraterie maritime est née avec la navigation maritime dans l'Antiquité. Mais après avoir connu une sorte d'« âge d'or » avec leur pavillon à tête de mort et os croisés sur fond noir aux XVIIᵉ et XVIIIᵉ siècles, les forbans, boucaniers, flibustiers ou autres avaient pratiquement disparu au cours du XIXᵉ siècle avec l'avènement de la navigation à vapeur. Or, le phénomène a réapparu depuis près de 25 ans[4] dans des conditions tout à fait différentes qui caractérisent la piraterie maritime moderne.

Selon l'article 101 de la Convention des Nations Unies sur le droit de la mer (CNUDM) de 1982 dite Convention de Montego Bay, on entend par piraterie maritime « tout acte illicite de violence ou de détention ou toute dégradation commis par l'équipage ou des passagers d'un navire... et dirigé contre un autre navire, ou contre des personnes ou des biens à leur bord... » ainsi que « tout acte de participation volontaire à l'utilisation d'un navire... pirate ».

L'ampleur et la gravité prises par le phénomène depuis une bonne dizaine d'années expliquent qu'après la présentation de cette criminalité, on présentera les moyens de lutte mis en place pour le neutraliser.

381-2 *La criminalité de la piraterie maritime moderne* ◇

a) Les actes de piraterie

1) La piraterie maritime se déploie dans des *lieux géographiques* nombreux et divers. On les désigne par le terme de « *zones à risques* ». Il s'agit des régions d'Asie du Sud et d'Asie du Sud-Est (en particulier la mer de Chine méridionale), du golfe d'Aden, de la mer Rouge et des côtes de la Somalie jusqu'à l'archipel des Seychelles, du golfe de Guinée, de la mer des Caraïbes et du long des côtes de l'Amérique du Sud. Dans l'océan Indien, du golfe d'Aden jusqu'aux approches de l'archipel des Seychelles, les prises d'otages des équipages de navires de commerce et de plaisance sont devenues systématiques.

2) Les *cibles* sont indifféremment des navires de commerce ou de pêche et des bateaux de plaisance, dont les voiliers sont particulièrement lents et vulnérables.

---

1. *Le Monde* du 5 novembre 2003.
2. J.-P. Kobanda Mopo, *Les crimes économiques dans les grands lacs africains*, Paris, éd. Menaibuc, 2006, 318 p. (cet ouvrage est issu d'un mémoire de DEA).
3. Antérieurement, dans les années 70 cependant, le phénomène avait déjà frappé, en Mer de Chine et dans le détroit de Malacca, les « *boat-people* » qui fuyaient le Vietnam.
4. E. Frécon, *Pavillon noir sur l'Asie du Sud-Est, Histoire d'une résurgence de la piraterie maritime*, L'Harmattan, 2008, 278 p.; J-M Barrault, *Pirate des mers d'aujourd'hui*, Gallimard, 2007, 174 p.; M. Bettati, « Droit international et piraterie maritime », *Revue Mondes*, Les cahiers du Quai d'Orsay, n° 1, automne 2009, p. 14 -20, G. Poissonnier, « Les pirates de la Corne de l'Afrique et le droit français », D. 2008, chron. p. 2097.

Aucune distinction n'est faite d'après le pavillon (la nationalité) du navire attaqué : les navires battant pavillon américain, chinois ou japonais, sont visés comme ceux des autres nationalités. Les plates-formes fixes d'exploitation pétrolière situées sur le plateau continental sont également devenues des cibles de piratage.

En 2004, les tankers (transport de pétrole et de gaz) et les cargos transportant des matières premières ont été des cibles de prédilection avec 67 attaques sur des tankers et 52 sur les cargos, sur un total de 329 attaques.

3) Les *attaques* des pirates ont lieu aussi bien dans les ports et les points de mouillage qu'en pleine mer. Elles se produisent généralement de nuit entre 1h et 3h du matin en haute mer ou dans les zones de mouillage. Alors que pendant longtemps, les pirates ont opéré relativement près des côtes, ils profitent des bâtiments piratés qui leur servent de base logistique, leurs « navires amiraux » ou « navires mères », pour lancer des attaques à plus de 1 000 kms du littoral.

Pour mener à bien leur action, les pirates utilisent les embarcations plutôt petites et rapides telles que les « skiffs » (petites embarcations en fibre de verre) et profitent du nombre restreint des membres d'équipage sur les cargos. La plupart du temps, ces attaques sont violentes avec usage de fusils d'assaut ou de lance-roquettes. Certains pirates sont particulièrement bien équipés : outre l'emploi de la téléphonie mobile, on suppose qu'ils écoutent clandestinement les communications des satellites pour obtenir des informations sur les mouvements des navires et déterminer le risque qu'ils présentent en cas d'attaque.

Les pirates savent également maquiller leur embarcation en bateau de pêche ou de transport, afin d'éviter ou de déjouer les inspections.

b) Les auteurs des actes

1) Le *but des pirates* est de prendre le contrôle du navire afin, soit de s'approprier tout ou partie de la cargaison, soit surtout de négocier une rançon pour le navire et son équipage.

La plupart du temps d'ailleurs ils s'intéressent moins à la marchandise transportée qu'aux affaires personnelles de l'équipage et au contenu du coffre-fort.

Lorsqu'il y a prise d'otages avec demande de rançon, les périodes de captivité durent plusieurs semaines, voire plusieurs mois et sont souvent très éprouvantes. Naguère cependant la plupart des otages revenaient sains et saufs; mais depuis peu le comportement des pirates semble se durcir avec passages à tabac, pendaisons par les pieds, voire participation forcée, sous la menace d'une arme, à des raids. Jusqu'en 2010, il était rare qu'ils tuent délibérément un otage, mais le pas a été franchi le 22 février 2011 avec l'assassinat de quatre Américains.

Les rançons exigées pour la restitution d'un navire capturé tournent aujourd'hui autour de 5 millions de dollars (3,6 d'euros), mais lorsqu'il y a échange de prisonniers vivants le montant est encore plus élevé[1]. Ainsi en quelques années, les pirates ont engrangé plus de 100 millions de dollars (73 millions d'euros).

Il arrive aussi que les pirates se débarrassent de l'équipage et conduisent le navire dans un port afin de vendre la cargaison. Dans de très rares cas, ils transforment l'identité du navire et le revendent.

2) S'agissant des *auteurs des actes de piratage*, on distingue entre trois catégories.

1/ Souvent, le piratage est l'œuvre de petits délinquants qui agissent en groupe peu nombreux et relativement improvisé.

---

1. Dans l'affaire du voilier français « Le Ponant » en 2008, l'armateur a payé une rançon de 2 millions de dollars pour la libération de l'équipage du navire.

2/ Il existe aussi quelques gangs internationaux dépendant de puissantes mafias et triades asiatiques dirigées par des hommes d'affaires importants.

3/ Certaines attaques peuvent être l'œuvre de groupes terroristes, comme ce fut le cas en octobre 2000 de l'attaque du bâtiment de la US Navy, USS Cole, dans le port yéménite d'Aden.

c) L'explication du phénomène et son amplification

1) On explique le développement du piratage maritime contemporain par *deux séries de facteurs*.

Les *premiers*, étrangers aux conditions de la circulation maritime, tiennent au *contexte économique et politique*. Au point de vue *économique*, on souligne la pauvreté importante des régions du globe qui servent de base de départ aux pirates. Au point de vue *politique*, on remarque que ces bases sont situées dans des États faibles, défaillants, qui sont incapables de contrôler la sûreté de leurs eaux territoriales. Les attaques des petits pirates délinquants s'expliquent surtout par leur pauvreté, alors que celles des gangs internationaux profitent essentiellement de la faiblesse des États qui servent de base d'action puis de repli.

En Somalie, la piraterie qui se prolonge aussi à terre est devenue un « marché » qui fournit du travail à des milliers de Somaliens pour qui elle est une « bouée de sauvetage » qui peut fonctionner en raison de la faillite de l'État somalien depuis plus de 20 ans.

Une *seconde série de facteurs* tient aux *conditions actuelles de la circulation maritime* qui créent une situation favorable à l'action criminelle. Les équipages des navires cargos sont peu nombreux et non armés; les navires marchands se déplacent à des vitesses faibles, sont peu manœuvrables et, chargés, ils peuvent être assez bas sur l'eau pour permettre un abordage facile; les équipages proviennent en grande partie des PVD, sont embarqués pour une durée moyenne de neuf mois et reçoivent la majeure partie de leur salaire à bord en espèces, ce qui fait du coffre-fort du navire une cible de choix.

2) Le développement du piratage maritime depuis 20 à 25 années a donné lieu à *l'établissement de statistiques* qui émanent de deux sources : le Bureau Maritime International (BMI) basé à Londres qui est un organe de l'Organisation Maritime Internationale (OMI), institution spécialisée des Nations Unies; la *Rand Corporation*, organisation américaine de recherche, indépendante et à but non lucratif.

Ces statistiques portent d'abord sur le *nombre d'actes de piraterie* enregistrés par les organismes de statistiques précités. Encore faut-il savoir que de très nombreux actes ne leur ont pas été déclarés. Globalement, au cours des 20 dernières années, on a comptabilisé plus de 4 000 actes de piraterie. Mais ce qui est le plus significatif, c'est qu'au cours de cette période, leur nombre annuel n'a pratiquement pas cessé d'augmenter. Ainsi si l'on prend la période de 10 ans de 1993 à 2003, il a triplé; une comparaison entre les périodes de 1994-1999 et 2000-2006 donne 209 actes pour la première et 2 463 pour la seconde; pour la période 2001 à 2009, on est passé de 252 attaques par an à 406 incidents, soit une augmentation de 60 %. L'année où il y a eu le plus d'attaques est l'année 2003 avec 445 attaques, mais l'ensemble des statistiques montre une augmentation exponentielle depuis le début du XXIe siècle.

Les statistiques renseignent également sur les *victimes des actes de piraterie*. De 1998 à 2007, en 10 ans, il y aurait eu 3 200 marins enlevés, 500 blessés et 160 tués. Au cours du seul premier semestre de 2003, 234 attaques ont entraîné la prise en otage de 193 membres d'équipage, 92 blessés et 16 morts. En 2009 avec 406 incidents, 153 navires ont été abordés, 120 ont essuyé des tirs, 49 ont été détournés, 1 052 membres d'équipage ont été pris en otage, 68 ont été blessés et 8 tués.

381-3 *La lutte contre la piraterie maritime* ◇ L'importance et la gravité du phénomène qui compromet la liberté et la sécurité de la navigation sur de nombreuses routes maritimes ont conduit les autorités nationales et internationales à prendre ou à envisager des mesures destinées à lutter contre cette délinquance. Ces mesures sont des *mesures de prévention*, des *possibilités d'intervention* et des moyens de *répression*.

1) Au chapitre de la *prévention*, de multiples conseils sont prodigués aux navigateurs, tels que s'assurer avant le départ que leurs moyens de communication et leurs moyens électroniques de bord fonctionnent de façon optimale, informer une personne à terre de la route à suivre et la tenir régulièrement informée de la progression du navire, maintenir une veille permanente anti-piraterie 24 heures sur 24 etc. Parmi ces mesures, la plus efficace est une veille attentive ainsi qu'une réaction rapide de l'officier de quart par une manœuvre du bateau et le déclenchement de l'alarme pour dissuader les pirates de poursuivre leur action.

Depuis les attentats du 11 septembre 2001, l'OMI a mis en place un « Code international pour la sûreté des navires et des installations portuaires » qui oblige notamment les navires à se doter de systèmes d'alerte satellitaire et à créer à l'intérieur du bateau des zones de refuge fermées. Il semble que depuis 2006 les navires cargos possèdent effectivement tous un système d'alarme silencieux.

Parallèlement à cette réglementation internationale officielle, des *sociétés privées de protection* proposent depuis une dizaine d'années un service de protection anti-pirates qui permet, en cas de piratage, de pister le bateau, de le retrouver et de le récupérer par la négociation et en dernier recours par « des méthodes plus intensives ». Mais de la prévention on passe ainsi à l'intervention.

2) Pour ce qui est de l'*intervention*, les Conventions des Nations Unies de 1982 sur le droit de la mer et de 1988 pour la répression d'actes illicites contre la sécurité de la navigation maritime, dite Convention de Rome, permettent à tout navire de guerre ou aéronef militaire d'intervenir contre les pirates sans autorisation de l'État du pavillon du navire pirate, mais seulement lorsque l'acte de piraterie est intervenu en pleine mer ou, sous certaines conditions dans les eaux territoriales. En revanche, ces textes ne permettent pas une intervention sur le territoire d'un État sans son consentement dans le cadre d'une sorte de « droit de poursuite ».

La mise en œuvre de ces textes n'est cependant pas toujours facile soit que l'immensité des zones de haute mer dans lesquelles sont accomplis les actes de piraterie rend l'intervention aléatoire, soit que les pirates se réfugient à terre après avoir réalisé leur coup.

Dans les faits, on notera d'abord que certaines attaques ont conduit à l'intervention de marines militaires, y compris à terre de manière discutable dans l'affaire du voilier Le Ponant en 2008 [1]. Mais surtout, l'Union européenne a lancé en décembre 2010 sous mandat de l'ONU, une opération militaire de lutte contre les pirates au large de la Somalie dans le golfe d'Aden, dénommée « mission Atalante ». Cette opération regroupe plusieurs navires de guerre européens ainsi que des avions de patrouille maritime, et a pour but d'assurer la protection des

---

1. *Cf.* art. de G. Poissonnier précité.

bateaux du Programme alimentaire mondial (PAM), des navires marchands les plus sensibles et de dissuader les pirates d'attaquer.

3) S'agissant enfin de la *répression*, elle pose des problèmes de qualification lorsque les conventions internationales précitées n'ont pas été intégrées dans le droit national, ainsi que des problèmes d'application du droit dans l'espace.

La France qui a ratifié et publié les deux Conventions internationales a intégré spécialement dans l'article 224-6 du Code pénal « le fait de s'emparer ou de prendre le contrôle par violence ou menace de violence... d'un navire ou de tout autre moyen de transport à bord desquels des personnes ont pris place, ainsi que d'une plate-forme fixe située sur le plateau continental » pour le punir de 20 ans de réclusion criminelle. Par ailleurs, les articles 689-1 et 689-5 du Code de procédure pénale donnent aux juridictions pénales françaises une compétence quasi universelle dès le moment où la personne qui s'est rendue coupable de piraterie maritime hors du territoire français se trouve en France[1]. Restent les difficultés juridiques soulevées par l'arrestation des pirates sur un sol étranger par des militaires français et leur transfèrement vers la France[2].

SECTION 3. **LA CRIMINALITÉ LIÉE À LA SITUATION POLITIQUE**

382 *Importance de la criminalité liée à la situation politique* ◇ Les caractéristiques de la situation politique dans nombre de PVD sont à l'origine d'une criminalité importante liée à cette situation qui n'a pas son équivalent dans les sociétés industrialisées. Ces États sont appelés depuis une dizaine d'années des « États défaillants » (*failed States*), notion qui recouvre aussi bien les « États faibles » (*weak States*) que ceux qui sont déchirés par des conflits internes entre communautés ou encore les « États voyous » (*rogue States*)[3].

L'ampleur du phénomène est telle que les auteurs qui ont étudié la criminalité dans certains de ces pays ont surtout retenu cet aspect de celle-ci et plus particulièrement la répression exercée par les dictatures en place[4]. En réalité, cette forme de criminalité présente deux aspects, assez souvent mais non nécessairement liés l'un à l'autre : une *criminalité de terrorisme* et *de guérilla* d'une part, une *criminalité d'État* résultant de la manière dont est menée la répression d'autre part.

383 **1)** *Terrorisme et guérilla* ◇ La guerre, extérieure ou intérieure, lorsqu'elle est conduite selon les règles du droit de la guerre, est un phénomène de violence dont l'analyse ne relève pas de la criminologie. En

---

1. *Adde* loi n° 2011-13 du 5 janvier 2011 relative à la lutte contre la piraterie et à l'exercice des pouvoirs de police de l'État en mer.
2. C'est le problème que posait la poursuite des pirates du Ponant.
3. S. Sur, « Sur les "États défaillants" », *Rev. Commentaire*, n° 112, hiver 2005-2006, p. 891-899.
4. J. Rico, *Crime et justice pénale en Amérique latine*, Vrin éd., 1978; « La violence en Amérique latine », *AIC*, 1977, p. 143-178; Rico et D. Szabo, « Criminologie et répression en Amérique latine », *RCC*, 1982, p. 83-86; B. Dupont *et al.* « La gouvernance de la sécurité dans les États faibles et défaillants », *Champ pénal*, vol. IV, 2007.

revanche, de même qu'il existe pour la guerre extérieure une façon de la mener qui est criminelle (crimes de guerre, crimes contre la paix, crimes contre l'humanité), de même la conduite de la guerre révolutionnaire (ou contre-révolutionnaire) peut constituer une *forme de criminalité,* soit en raison des cibles visées, personnes ou biens (ex. des civils innocents), soit en raison des *moyens employés* (tortures, exécutions sommaires, terrorisme urbain, prises d'otages, détournements d'avion, etc.). Les otages sont devenus en Amérique latine l'objet d'un véritable « *business* » : ainsi en Colombie, plus de 3 000 personnes sont enlevées chaque année par les diverses guérillas et troquées contre rançon. Cette activité révolutionnaire interne se trouve parfois aidée par un pays voisin, comme c'est par exemple, semble-t-il, le cas de la guérilla des FARC de Colombie qui trouvent un abri au Venezuela dans la bande frontalière d'où ils préparent attaques et enlèvements [1].

Or l'une des caractéristiques des PVD est l'ampleur des *activités révolutionnaires* qui n'ont cessé de s'y développer depuis la fin des années 1950 et des *actes criminels* qui les ont accompagnées ou même simplement représentées (« Tupamaros » en Uruguay et en Argentine, « Sentier lumineux » au Pérou, « Maos » au Népal, etc.) [2].

Un autre aspect non négligeable de cette criminalité liée à la situation politique est celui que constituent les *massacres entraînés par les rivalités tribales* (Sikhs en Inde, Tamouls au Sri-Lanka, Kurdes dans les pays d'Asie Mineure, etc.) et par l'intégrisme islamiste (en Égypte par exemple).

Que dire alors de la *situation anarchique* qui a sévi au Liban pendant plus de quinze ans et où la criminalité est devenue en quelque sorte un *mode d'existence quotidien* de la population, ainsi que de la seconde Intifada dans le conflit Palestine-Israël qui s'est traduit par de nombreux attentats suicides de « bombes humaines » palestiniennes !

384 *2) Criminalité d'État* ◇ La répression par l'État des actions criminelles est légitime lorsqu'elle s'inscrit dans le moule de *règles de droit,* qui obéissent elles-mêmes à l'exigence du respect d'un minimum d'*humanité* et de *garanties des droits de la défense* que l'on peut considérer comme la base de la civilisation actuelle (ex. exclusion de la torture, droit à l'assistance d'un avocat...).

Or, on observe, dans certains pays du Tiers-Monde, l'exercice d'une *répression* qui ne répond pas à ce minimum de civilisation, soit qu'elle se fasse en marge ou contre les règles de droit applicables (règne de l'arbitraire), soit même qu'elle se fonde sur des législations d'exception (état de siège etc.) qui, en raison de leur contenu particulier, se trouvent en dessous du seuil minimum de civilisation. Cette répression est tantôt l'œuvre d'organismes étatiques officiels, tantôt celle de groupes para-étatiques qui sont protégés par le pouvoir en place (ex. l'Escadron de la Mort au Brésil pendant la dictature). Dans tous ces cas, on peut parler de « *criminalité d'État* », concept qui a acquis récemment droit de cité en criminologie [3].

---

1. Selon *Le Point* du 29 juillet 2010.
2. A. Bossard, *La criminalité internationale*, 1988, p. 13-23.
3. *Cf.* Amnesty International, *Les assassinats politiques. Rapports sur la responsabilité des États*, Seuil, coll. Points, 1983, 186 p.; A. Bossard, *La criminalité internationale*, 1988, p. 8 et s.

Assez souvent, cette criminalité d'État s'est développée en réponse au terrorisme et à la guérilla[1]. Mais ce n'est pas toujours le cas, les dictatures tendant inévitablement à recourir à de tels moyens pour se maintenir en place[2]. On peut citer comme illustration récente (2001-2003) la « chasse aux fermiers blancs » du président du Zimbabwe, Mugabé, en mal de réélection. Cette criminalité d'État semble avoir eu parfois une influence notable sur la pensée criminologique dans des PVD où il existait une certaine tradition criminologique, comme l'Amérique du Sud, en faisant basculer cette pensée dans la criminologie critique[3].

On peut également rattacher à la criminalité d'État certaines exterminations physiques de populations appartenant à une ethnie différente pouvant atteindre la dimension d'un génocide, comme ce fut le cas en 1994 au Rwanda où plus de 500 000 Tutsis ont été massacrés par des Hutus. Sans doute, les conflits interethniques sont-ils fréquents en Afrique et datent de longtemps, sinon de toujours. Mais, dans le cas du Rwanda les Hutus détenaient le pouvoir et le massacre a été déclenché à la suite de l'attentat qui a abattu l'avion du président rwandais de l'époque. Ce génocide a donné lieu à plusieurs décisions du Tribunal pénal international d'Arusha[4]. Certains pays ont choisi de solder sinon toutes les exactions étatiques, du moins certaines d'entre elles, en instituant à la place d'un tribunal pénal spécial une *Commission* dite « *Vérité et réconciliation* », ou encore « *Équité et réconciliation* ». La première Commission a été créée en Afrique du Sud en 1994 à la suite de la fin du régime de l'apartheid, institutionnalisé pendant 40 ans, afin d'enrayer la spirale de la violence et le bain de sang entraîné par l'esprit de vengeance des populations victimes de l'apartheid. L'activité de la Commission consiste dans l'audition des récits des victimes, des confessions des bourreaux et des tortionnaires du régime de l'apartheid, auxquels l'amnistie et le pardon sont accordés s'ils révèlent leurs crimes et prouvent qu'ils les avaient perpétrés pour des motifs politiques. Par la suite, une Commission analogue a été créée au Pérou et au Panama[5].

384-1 *Persécutions de chrétiens*[6] ◇ Quelques auteurs ont attiré récemment l'attention sur un phénomène jusqu'à présent pratiquement passé sous silence dans les pays occidentaux, bien qu'on puisse en trouver des manifestations déjà il y a plus de 30 ans[7]. Ainsi que le résume l'un des auteurs au début de son livre[8] : « Les chrétiens du Maghreb, d'Afrique subsaha-

---

1. Cf. P. Faucher, *Le « Brésil » des militaires. Pouvoir économique et répression dans le Brésil contemporain*, Presses Univ., Montréal, 1981, 386 p.

2. Pour s'en tenir à deux témoignages : BA Ardo ousmane, *Camp Boiro, sinistre geôle de Sékou Touré*, 1986 ; Collectif contre la répression en Algérie, *Au nom du peuple, vous êtes accusés d'atteinte à l'autorité de l'État, qu'avez-vous à dire ?*, 1987, 252 p. (procès des membres de la ligue des Droits de l'Homme).

3. Garcia Mendez, *Criminologia critica e sociale in America, Dei delitti e delle pene*, 1983, p. 471-496.

4. J.-P. Fofé Djofia Malewa, *La Cour pénale internationale : institution nécessaire aux pays des grands lacs africains*, L'Harmattan, 2006, 232 p. ; même auteur, *La question de la preuve devant le tribunal pénal international pour le Rwanda*, L'Harmattan, 2006, 292 p.

5. Pour un autre type d'expérience, cf. F. Digneffe, « Criminologie et droits humains en République démocratique du Congo. Une expérience de partenariat intellectuel stimulante », *RPDC*, 2006, p. 407.

6. R. Guitton, *Ces chrétiens qu'on assassine*, Flammarion, 2009, 330 p. ; A. del Valle, *Pourquoi on tue des chrétiens dans le monde aujourd'hui ?*, éd. Maxima, 2011.

7. Massacre de Damour au Liban en 1976 où 500 chrétiens hommes, femmes et enfants furent massacrés par des milices.

8. R. Guitton précité.

rienne, du Moyen-Orient et de l'Extrême-Orient subissent des persécutions, se meurent ou disparaissent en une lente hémorragie, victimes d'un antichristianisme croissant ». Et de dresser systématiquement la carte de l'antichristianisme sur la planète, depuis les crimes perpétrés par les islamistes à des violences plus méconnues, comme celles des hindouistes nationalistes ou de bouddhistes au Sri Lanka. Comment expliquer que le christianisme soit ainsi une religion systématiquement et violemment persécutée dans certaines parties du globe ? D'après l'un des auteurs, « la caractéristique de la nouvelle christianophobie est sa quasi-impunité et l'indifférence qui l'entoure »[1]. Par là ces persécutions s'inscrivent bien dans la criminalité liée à la situation politique.

384bis *Bibliographie du chapitre* ◇

Outre la bibliographie générale du Sous-titre 1 qui figure au n° 346 *bis* : XIIe Cours International de criminologie (Jérusalem, 1962), *Les causes et la prévention du crime dans les pays en voie de développement*, Imprimerie admve de Melun, 1963; XVIe Cours international de criminologie (Abidjan, 12-24 sept. 1966), *La délinquance dans les pays en voie de développement*, Actes LGDJ, 1968, 802 p.; M.B. Clinard et O.J. Abbott, *Crime in developing countries : a comparative perspective*, New York, Wiley and sons, 1973, 319 p.; Conférence internationale sur la criminalité et son contrôle dans les pays en voie de développement, Ibadan (Nigeria), 9-12 juillet 1980; 7e Congrès des Nations unies pour la prévention du crime et le traitement des délinquants, Thème n° 1 : Dimensions nouvelles de la criminalité et de la prévention du crime dans le contexte du développement : problèmes d'avenir, Maroc, 1985; 1er Colloque de l'Association internationale des criminologues de langue française : Marginalité ou délinquance, la situation dans le Tiers-Monde, CR *RSC*, 1989, 819; A.-M. Khalifa, Prévention des formes de criminalité résultant des changements sociaux et accompagnant les progrès économiques dans les pays peu développés, rapport au 2e Congrès des Nations unies, Londres, 1960, 47 p.; Secrétariat des Nations unies, « Quelques considérations sur la prévention de la délinquance juvénile subissant des changements sociaux rapides », *RI Polit. crim.*, 1960, p. 33-42; A. Boni, « La mise en pratique des lois dans les nations en voie de développement », *AIC*, 1963, p. 88-100; Lopez-Rey, « Economic conditions and crime with special reference to, less developed countries », *AIC*, 1964, p. 33-40; A. Normandeau, « Étude comparative d'un indice pondéré de la criminalité dans huit pays », *RIPC*, 1970, p. 15-18; P. Wolf, « Crime and development : an international comparison of crime rates », *Scandinavian studies in criminology,* 1971, vol. 38, p. 501 et s.; G. Goudet, « Les données d'une politique criminelle dans les pays en voie de développement », *APC*, 1975, p. 119-142; A.G. Karabi-Whyte, « Le pluralisme culturel et la formulation de la politique criminelle », *RICPT*, 1982, p. 339-352; R.R. Bennett et L. Shelley, « Criminalité et développement économique : une analyse internationale longitudinale », *Ann. Vaucr.*, 1985, n° 1, p. 13-22; U. Leone et U. Zvoric, « Développement et criminalité », *RICPT*, 1987, p. 271-285; P. Péan, *L'argent noir, Corruption et sous-développement,* Fayard, 1988; A. Bossard, *La criminalité internationale*, coll. « Que sais-je ? », PUF, 1988, p. 79 et s.; Marginalité ou délinquance : la situation dans le tiers-monde, 3e thème du 1er Colloque de l'AICLF, Genève, février 1989, CR *RSC*, 1989, p. 819. *Sur le contexte politique, éco-*

---

[1]. A. del Valle précité.

nomique, social et culturel : Annuaire du Tiers-Monde; J.-Y. Calvez, « Aspects politiques et sociaux des pays en voie de développement », 1970, 299 p.; M. Hardiman, « Structures sociales et politique sociale dans les pays en voie de développement », *Carnets de l'Enfance,* juill.-sept. 1972; R. Strahm, *Pourquoi sont-ils si pauvres ?* Sur le sous-développement, 1978; T. Szentes, « Économie politique du sous-développement », 1986, 432 p.; N. Pless et J.-F. Couvrat, *La face cachée de l'économie mondiale,* Hatier, 1989, 358 p.; 13ᵉ Cours international de criminologie (Le Caire 1963), « Le développement économique et les problèmes du comportement social », *AIC,* 1964, p. 13-132; 51ᵉ Cours international de criminologie, (Varsovie 1995), Impact of political, economic and social change on crime and its image in society, CRB Szamota-Saeki, *AIC,* 1996, p. 127-141; 12ᵉ Congrès international de criminologie (Séoul 1998), Crime and justice in a changing world : Asian and global perspectives; A.-L. Didier et J.-L. Marret, *États échoués, mégapoles anarchiques,* PUF, 2001, 173 p.; P.H. Bolle, « Criminologie, droit pénal et terrorisme », *in Sciences pénales & Sciences criminologiques Mélanges offerts à Raymond Gassin,* PUAM, 2007, p. 351-361.

CHAPITRE 3

LA CRIMINALITÉ DANS LES SOCIÉTÉS INDUSTRIELLES ET POST-INDUSTRIELLES : PAYS OCCIDENTAUX ET PAYS SOCIALISTES

385 *Présentation générale* ◇ Jusqu'à une époque récente (1989-1991) on divisait généralement les *pays développés*, encore appelés *pays industrialisés*, en deux grands groupes : les *pays occidentaux* et les *pays socialistes* (URSS et Europe de l'Est).

À vrai dire, le *degré de développement* était quelque peu différent entre les premiers et les seconds. C'est ainsi qu'en 1988, l'année qui a précédé le début de l'effondrement de l'empire soviétique, le PNB par habitant était en Suisse (1er pays occidental) de 27 540 dollars et en RDA (1er pays socialiste) de 8 400, soit moins du tiers; les États-Unis atteignaient 19 495 dollars alors que l'URSS n'avait que 6 270 dollars, soit un peu moins du tiers, la France comptant pour sa part 16 900. Il n'en restait pas moins que les uns et les autres étaient classés parmi les pays *riches* ou *moyennement riches* à une ou deux exceptions près (Pologne, Turquie), par opposition à la grande masse des PVD qui composent les pays pauvres et très pauvres [1, 2, 3].

Tous les *pays occidentaux* d'autre part, il est vrai, sont loin d'avoir le même PNB par habitant ou même des PNB voisins : en 1988, 27 540 dollars pour la Suisse contre 1 240 dollars pour la Turquie, lanterne rouge de l'OCDE, et 3 975 pour le Portugal avant dernier. Ces différences socio-économiques profondes ne doivent pas être négligées et elles ont d'ailleurs une incidence importante notamment sur le régime politique de ces pays [4]. Il n'empêche qu'il existe entre tous ces pays un minimum d'éléments communs qui justifient leur rangement dans la même catégorie.

Pour les *pays socialistes*, c'était au contraire le régime politique qui constituait l'élément unificateur du point de vue criminologique qui nous occupe, malgré les

---

1. À l'exception des pays pétroliers à faible population (Koweit, Émirats arabes unis, etc.) et des PNI du sud-est asiatique relativement industrialisés (Taiwan, Corée du Sud, etc.).
2. La situation de nombre de pays ex-communistes a empiré par la suite, puisque certains d'entre eux ont été admis au rang de PVD par l'OCDE en 1992 et que certains autres ont demandé à être classés dans cette catégorie en 1993 : *cf. supra* n° 365.
3. Les chiffres du PNB par habitant sont intentionnellement donnés pour l'année 1988 parce que c'est l'année qui précède la destruction du mur de Berlin et qui est donc la plus significative pour la comparaison.
4. Alors que la Suisse est la vitrine de la démocratie occidentale, le Portugal n'est sorti de la dictature que depuis 1974 avec une gestation démocratique bien douloureuse et la Turquie connaît périodiquement la dictature militaire. En 2003 le PNB par habitant pour la Suisse était de 39 880 dollars, pour la Turquie de 2 800 et pour le Portugal de 12 300.

différences notables existant entre l'URSS et les pays socialistes d'Europe de l'Est, et *a fortiori* avec les pays communistes du Tiers-Monde (273 dollars par habitant en Chine populaire en 1987). L'identité d'inspiration du régime politique avec toutes les conséquences économiques, sociales et culturelles qu'elle entraînait faisait que l'aspect « pays communiste » l'emportait même sur le caractère de PVD Tel était le cas du moins jusqu'au « séisme politique » qui a ébranlé l'univers communiste en Europe de l'Est en 1989-1990. Il serait cependant erroné de croire que l'effondrement de l'empire soviétique a aligné la criminalité des ex-pays communistes sur celle des pays occidentaux. La criminalité des anciens pays du bloc soviétique possède des caractéristiques encore particulières qui ne sont pas sans relation avec leur passé communiste.

386 *Tendances de la criminalité* ◇ Un auteur[1] a pu, non sans raison, soutenir que tous les pays développés, occidentaux et socialistes, connaissaient certaines *données communes* qui influençaient leur criminalité dans une orientation semblable : angoisse devant la hantise d'une guerre totale, cadence fiévreuse du rythme de vie et souci de l'amélioration du niveau de vie. Toutefois, malgré ces analogies, c'était surtout les *différences de criminalité* qui apparaissaient à l'observation en raison des différences mêmes des systèmes politiques, économiques, sociaux et culturels qui caractérisaient les deux catégories de pays. Aussi après avoir présenté les caractéristiques générales de la criminalité dans les pays occidentaux (section 1), on marquera par *comparaison* les traits caractéristiques de la criminalité pour les pays socialistes qui, outre son intérêt historique, conserve l'utilité de permettre de mieux comprendre la singularité de la criminalité actuelle de ces pays (section 2).

SECTION 1. CARACTÉRISTIQUES GÉNÉRALES DE LA CRIMINALITÉ DANS LES PAYS OCCIDENTAUX

387 *De l'Amérique et de l'Europe* ◇ Pendant longtemps, il a existé une *différence profonde* entre la criminalité des États-Unis et celle des pays du vieux continent. La criminalité américaine était beaucoup plus élevée que l'européenne et sa structure accusait une plus grande gravité, notamment en raison de l'importance de la criminalité de violence et du crime organisé. Pour *expliquer* ces différences, certains auteurs ont invoqué le caractère traditionnel de l'*opposition à la loi* aux États-Unis[2]. D'une manière sans doute plus pénétrante, O. Kinberg a opposé les effets respectifs de l'*ancienneté de la société européenne* à l'évolution lente et relativement harmonieuse, à la *jeunesse de la société américaine,* toujours dans un état d'ébullition dont il analyse soigneusement les causes multiples, pour

---

1. J. Pinatel, *Traité,* n° 53.
2. E. H. Sutherland et D. R. Cressey, p. 47-55.

conclure qu'« il est possible que les délinquants américains ne soient pas le même genre de personnes que les délinquants européens »[1]. De Greeff, reprenant à son compte cette interprétation, va même plus loin que Kinberg en écrivant que « là où la criminalité est très répandue, il est compréhensible qu'elle soit plus le fait de normaux que chez nous » et que le délinquant américain est « un type d'homme bien plus proche du normal » qu'en Europe[2].

Ce tableau très contrasté est aujourd'hui *en grande partie révolu*. Depuis la fin des années 1950 en effet, le développement socio-économique de l'Europe occidentale sur le modèle américain, a façonné, peu à peu et sans que l'on y prenne suffisamment garde, une criminalité des pays du vieux continent qui est aujourd'hui beaucoup plus proche de la criminalité américaine que de la criminalité européenne d'avant-guerre. J. Pinatel a qualifié ainsi cette criminalité nouvelle : « Une criminalité liée à la civilisation du bien-être et des loisirs, une criminalité ludique dont l'explication doit être recherchée dans le fossé qui se creuse entre la nature de l'homme et les formes de vie de la société contemporaine »[3]. D'autres ont parlé de criminalité de « perversion », par opposition à la criminalité de « besoin »[4], encore que les difficultés économiques, la hausse du taux de chômage et la multiplication des SDF et des errants depuis la fin des années 1980 aient fait réapparaître une « criminalité de besoin », dans certains pays occidentaux.

Cette criminalité se caractérise en effet à la fois par son *volume* (§ 1) et ses *traits structurels* (§ 2).

§ 1. **Le volume de la criminalité occidentale**

388 *Caractère généraux* ◇ Le volume de la criminalité dans les pays occidentaux est *relativement bien connu* grâce, d'une part aux statistiques officielles de la criminalité, et d'autre part à l'emploi des techniques de complément ou de substitution. Il se caractérise essentiellement par deux traits : il est *élevé* et il est, ou a été jusqu'à une époque toute récente, en *augmentation* constante et importante.

1) *Volume élevé* : il atteint en effet, à peu près partout, un niveau élevé, tant par rapport à ce que l'on sait de la criminalité européenne du xixe et de la première moitié du xxe siècle qu'à ce que l'on peut connaître de la criminalité dans les PVD et, probablement, dans les pays socialistes d'avant la dislocation de l'URSS. Toutefois, quelques pays font exception à cette caractéristique : le Japon, Israël et à un moindre titre la Suisse. D'autre part, tous les pays occidentaux n'ont pas un niveau élevé de criminalité d'égale importance et les variations d'un pays à l'autre ont une ampleur non négligeable, les USA arrivant en tête et la France occupant une position médiane.

---

1. O. Kinberg, *Problèmes fondamentaux de la criminologie*, p. 188-190.
2. E. De Greeff, *Introduction à la criminologie*, 2ᵉ éd., p. 90 et 164.
3. J. Pinatel, « La criminalité dans les différents cercles sociaux », *RSC*, 1970, p. 677-685, spéc. 683. Cet auteur ne nie pas pour autant la persistance d'une criminalité d'inadaptation économique et culturelle (*cf. Traité*, n° 53). *Adde* J. Vérin, « Notre société anomique », *RSC*, 1971, p. 987-994.
4. L'expression est d'un haut magistrat ivoirien, M. Boni, *cf. supra* n° 343.

2) Volume en augmentation constante et importante[1] : l'observation vaut pour tous les pays occidentaux, sauf le Japon et Israël qui ont connu des tendances d'évolution différentes et la Suisse dont la courbe est restée à peu près étale. Toutefois, ici encore des distinctions doivent être faites selon les pays, l'augmentation ayant été plus précoce et nettement plus importante dans les pays anglo-saxons et scandinaves que dans les pays latins et germaniques, où elle est déjà très importante (multiplication, par exemple, en France de la criminalité apparente par 6 environ de 1955 à 1984)[2]. On a assisté, il est vrai au cours des années 1980 pendant deux ou trois ans à une certaine stabilisation, voire à une légère régression de la criminalité aux USA et en France notamment, mais on s'est demandé s'il s'agissait d'un renversement de tendance ou d'un phénomène sans lendemain, voire peut-être d'une illusion statistique. En France d'ailleurs, la criminalité a recommencé à augmenter à partir de 1989, du moins jusqu'en 1994. Par la suite en effet, la courbe de la criminalité française s'est à nouveau infléchie dans le sens de la baisse, de même d'ailleurs qu'aux États-Unis. Mais depuis 1997, la criminalité en France a recommencé à monter, au point d'atteindre en 2002 le chiffre le plus élevé des toutes dernières années : plus de 4 100 000 faits constatés, pour redescendre à 3 725 588 en 2006 puis à 3 426 552 en 2009 (ONDRP, rapport 2010). La tendance assez générale, au cours des dix dernières années, à la *stabilité,* voire parfois à une certaine décroissance de l'ensemble de la criminalité des pays occidentaux conduit d'ailleurs à se demander si l'on ne se trouve pas à la fin d'un cycle amorcé au lendemain de la guerre de 1939-1945 qui, après avoir connu une croissance très importante, aurait atteint une sorte de rythme de croisière rappelant celui qu'un pays comme la France avait connu de la fin du xixᵉ siècle à 1939.

§ 2. **Les traits structurels de la criminalité occidentale**[3]

A. Les catégories principales

389 *Dix catégories fondamentales* ◇ Une observation attentive de la réalité criminelle des pays occidentaux fait émerger, de la masse des infractions qui la composent, *dix types principaux de comportements délictueux :* une délinquance banale en forte expansion, une inadaptation juvénile développée, une délinquance d'imprudence élevée, une criminalité organisée aux visages multiples, une délinquance d'affaires très variée, une criminalité sociale et contestataire endémique et un terrorisme de plus en plus dramatique auxquelles s'ajoutent le développement des violences urbaines, une importante criminalité informatique liée à la généralisation de l'emploi de la téléinformatique et en dernier lieu une criminalité d'entreprise.

---

1. L. Radzinowicz et J. King, *The growth of crime : the international expérience,* New York, Basic books, 1977 ; M. Cusson, *Croissance et décroissance du crime,* PUF, 1990, spéc. 26-32.
2. Pour les détails, *cf. infra* nᵒˢ 433 et s.
3. *Cf.* J. Susini, « Tendances de la délinquance et stratégies de la prévention en Europe occidentale », RI. polit. crim., 1979, p. 77-80 ; P. Nuvolone, « La criminalité de Lombroso à nos jours », RSC, 1979, 739-750 ; H.-J. Schneider, « Les crimes et délits et les principes de l'action contre la délinquance dans divers pays d'Europe occidentale et d'Amérique du Nord », RI. crim., 1979, 62-75 ; P. Cornil, « Criminalité et déviance », RSC, 1970, p. 289-308.

390 **1) *La délinquance banale et les incivilités*** ◇ Le vol, les dépréda-tions matérielles, le meurtre et les blessures volontaires, le viol et les attentats à la pudeur, comme l'injure et la diffamation, sont des actes délictueux de toutes les époques. Mais l'une des caractéristiques de la criminalité occidentale contemporaine est *l'accroissement important* de la plupart de ces types d'actes prohibés par la loi pénale. On notera en parti-culier, outre la massification du vol, les atteintes sexuelles et sévices sur les enfants[1] et la généralisation de l'usage des drogues, notamment du cannabis. Cette expansion significative est due non seulement à un *accroissement* certain du récidivisme, mais aussi à une *augmentation massive de la délinquance occasionnelle.* On est passé à la criminalité de *masse* en même temps qu'à la société de masse. Les « nouveaux délinquants »[2], ce sont d'abord ces individus, de plus en plus « normaux » selon la remarque de De Greeff pour la criminalité américaine[3], qui viennent grossir massivement le poste de la délinquance banale dans le bilan géné-ral de la criminalité[4].

Le développement de cette délinquance de masse s'est accompagné, sinon de l'apparition, du moins de la généralisation des incivilités au point que l'on a pu parler d'une « culture des incivilités ». Cette notion[5] recouvre toute une série de comportements antisociaux mineurs, dont certains étaient déjà classiquement incriminés par le droit pénal et qui présentent la caractéristique de « pourrir » la vie quotidienne des personnes dans les villes et de « gâcher » leur environnement (mendicité agressive, tags, etc.). Cette nouvelle « culture » a atteint un degré tel qu'elle a entraîné une réaction des pouvoirs publics. C'est ainsi qu'au Royaume-Uni, le premier ministre Tony Blair avait fait de la lutte contre « la culture de l'incivilité » la priorité de sa politique intérieure pour sa dernière législature (2003-2007)[6]. En France, divers textes récents sont venus incriminer spéciale-ment certaines incivilités qui jusque-là échappaient à la loi pénale afin de permet-tre aux services de police de les faire cesser (ex. : incrimination des attroupements portant atteinte à la libre circulation dans les parties communes d'immeubles par la loi du 18 mars 2003 sur la sécurité intérieure).

391 **2) *L'inadaptation juvénile*** ◇ La délinquance des jeunes et son pro-longement déviant, l'inadaptation juvénile, connaît dans les pays occi-dentaux une *ampleur* sans cesse croissante et des *formes* de plus en plus diversifiées dont le recours à la violence[7].

---

1. X. Lameyre, *La criminalité sexuelle*, Flammarion, 2000, 128 p.
2. *Cf.* G. Picca, *La criminologie*, coll. « Que sais-je ? », PUF, 2009, p. 100-102.
3. *Cf. supra* n° 387.
4. P. Fiacre, G. Ollendorf et O. Ruthard, P. Guillermin, « Les infractions de masse », *in CSI*, n° 23, p. 14-47.
5. *Cf. supra* n° 61.
6. *Cf. Le Monde* du 15 octobre 2003 : Tony Blair déclare la guerre à l'incivilité.
7. C. Samet (dir.), « Violence et délinquance des jeunes, Notes et études », *Doc. fr.*, n° 5125, 31 déc. 2000, 190 p.; S. Roché, *La délinquance des jeunes*, Seuil, 2001, 323 p.; L. Buy-Trong, « Résurgence de la violence en France », *Futuribles*, févr. 1996, p. 5-20; Zarafinotou, « La vio-lence en milieu urbain », *RICPT*, 1994, p. 29-44; Dossier violence, *revue urbanisme*, janv.-févr. 1996, n° 286; M. Cusson, « Violences en banlieue », *Commentaire*, 1997, n° 80, p. 917-922; Sur la violence à l'école : C. Gorgeon et J.-C. Emin, « Violences à l'école : premiers résultats de la recherche », *CSI*, 1996, n° 24, p. 105-113; J.-H. Syr, « L'image administrative des violences

On a vu d'abord apparaître *dans les années 1950* des *bandes* de jeunes délinquants aux attitudes agressives et destructrices (« blousons noirs »[1], « *teddy boys* », « *habbstanck* », « *vitelloni* ») dont les appellations ont changé au cours des années mais dont le phénomène n'a cessé de se perpétuer. *Dans les années 1960*, on a constaté la formation d'une autre variété d'inadaptation juvénile de groupe marquée surtout par le vagabondage collectif et l'usage de drogues (« provos », « beatniks », « hippies »). Les *années 1970* ont vu à leur tour la *violence politique* s'emparer de la jeunesse dans la plupart des pays occidentaux pour contester la « société de consommation », phénomène qui s'est toutefois atténué au fur et à mesure que la crise économique a accolé à une société qui reste toujours de « consommation », une sorte de « société de chômage endémique » qui frappe précisément les jeunes d'abord[2].

Aujourd'hui, délinquance et inadaptation juvéniles revêtent des *formes multiples,* depuis le vol et la violence scolaire jusqu'à la violence politique à l'occasion, en passant par la drogue, la prostitution hétéro et homosexuelle, les agressions, les bandes, le vandalisme, le vagabondage et le suicide[3] ! La violence qui s'est développée dans les stades depuis près de 25 ans à l'occasion des matches de football mérite une mention particulière, bien que le phénomène ne soit pas propre aux pays occidentaux. La manifestation la plus spectaculaire s'est produite au stade du Heysel à Bruxelles en mai 1985 où des hooligans britanniques ont attaqué des supporters italiens lors de la finale de la Coupe d'Europe des clubs champions, faisant 39 morts et 600 blessés[4]. On parle de « polydéviance ». D'autre part, le nombre moyen de délits commis par les jeunes délinquants des générations les plus récentes est significativement beaucoup plus élevé que celui des générations nées à la fin de la dernière guerre. Il semble également que la délinquance des jeunes soit de plus en plus précoce[5].

concernant les personnels des établissements scolaires », *Prob. act. Sc. crim.*, 1996, t. IX, p. 95-143 ; H.-J. Schneider, « La violence en milieu scolaire », *RIPC*, 1996, n° 456, p. 26-35 ; Dans le sport : J.-Y. Lassalle, *La violence le sport. Approche criminologique*, coll. « Que sais-je ? », PUF, n° 3222, 1997 et *Prob. act. Sc. crim.*, 1995, t. VIII, p. 55-76 : « Football, ombres au spectacle », n° 26, 1996 des *CSI* ; G. Kellens, « Quels supporters pour l'an 2000 », *RDPC*, 1996, p. 306-312 ; M. Comeron, « Hooliganisme : approches descriptives et explicatives avec une attention particulière aux faits observés en Belgique », *RICPT*, 1994, p. 196-216 ; même auteur, « Hooliganisme : La délinquance des stades de football », *Dév. et soc.* 1997, p. 97-113 ; C. Poulin et G. Rondeau (éd.) Violences familiales, *Criminologie*, 1997, n° 2 ; « Violences en famille », n° 28, 1997 des *CSI* ; J. P. Koopmansch, « Problème de la ville, problème de l'entreprise : le cas de la violence à l'égard des contrôleurs et chauffeurs d'autobus », *RDPC*, 1997, p. 5-36. ; *cf.* également D. Salas, « La délinquance d'exclusion », *CSI*, n° 29, 1997, p. 61 ; X. Raufer, « Des bandes délinquantes juvéniles au crime organisé violent », *CS*, n° I, n° spéc. La violence des mineurs, juill-sept 2003, p. 33 et s. ; L. Mucchielli et M. Mohammed (dir.), *Les bandes de jeunes, des « blousons noirs » à nos jours*, La Découverte, 2007, 404 p. ; J.-P. Guay et C. Fredette, « Le phénomène des gangs de rue et sa mesure » in *Traité de criminologie empirique*, 4ᵉ éd, précité, 2010, p. 167-197.

    1. A. Racine et *al.*, *Les Blousons noirs, un phénomène socio-culturel de notre temps*, éd. Cujas, 1966, 233 p.

    2. V. Rapport du groupe de réflexion Justice/Ville, propositions de travail, nov. 1993, document dactylographié.

    3. P. Louis et L. Prinaz, *Skinheads, taggers, Zulus and Co*, éd. La Table Ronde, 1990 ; T. Ben Yakhlef et S. Doriath, *Paris toukas*, éd. Massot, 1991, 144 p. ; G. Pelissier, *Les événements de Vaux-en-Velin*, *phénomène des casseurs, délinquance des bandes de jeunes, au travers des articles de presse*, Mémoire DEA Sciences criminelles, Aix-en-Provence, 1991 ; D. Fontanaud, « La question du tag en droit pénal », *Droit pénal*, juill. 1992 ; P. George, « Évolution de quelques formes de marginalité en Europe », *RICPT*, 1992, p. 93-97 ; Y. Pedrazzini et *al.*, *Jeunes en révolte et changement social*, 1994.

    4. P. Yonnet, *Une main en trop. Mesures et démesure : un état du football*, éd. De Fallois, 2010.

    5. Bien que la chose ait été contestée. *Cf. Délinquance et précocité*, Actes du 29ᵉ Congrès français de criminologie, Beauvais, mai 1994.

392   **3) *La délinquance d'imprudence*** ◊ L'homicide et les blessures par imprudence sont de tous les temps, mais l'époque contemporaine a vu ces délits se multiplier dans une proportion considérable dans les pays occidentaux.

Trois postes sont à pointer tout particulièrement : 1/ Les homicides et blessures entraînés par les *accidents de la circulation* auxquels s'ajoute, évidemment, l'innombrable cortège des contraventions au Code de la route; 2/ les *accidents* du *travail* engendrant la mort ou des blessures d'une certaine gravité auxquels il convient de joindre les nombreuses violations des règles d'hygiène et de sécurité dans l'entreprise par l'employeur[1]; 3/ les *négligences professionnelles* portant atteinte à la vie ou à l'intégrité physique qui sont, semble-t-il, en pleine expansion (chirurgiens, médecins, dentistes...).

393   **4) *La criminalité organisée*** ◊ Le *crime organisé* s'entend du crime dont la préparation et l'exécution se caractérisent par une organisation méthodique et qui, le plus souvent, procure à ses auteurs leurs moyens d'existence. Il en existe *plusieurs variétés :* 1/ gangstérisme aux méthodes violentes (racket, pris d'otages, hold-up...); 2/ délinquance astucieuse (escroquerie, chantage, fraude informatique, contrefaçons, vols de voitures organisés...); 3/ exploitation des vices d'autrui (prostitution, drogue, jeu); 4/ « crime en col blanc » (*white collar crime*) ou criminalité d'affaires. On constate en Occident une *multiplication de la délinquance organisée* sous toutes ses formes, violentes comme rusées. Le crime organisé est ainsi devenu un thème majeur de la criminologie occidentale et a conduit à se poser la question de savoir s'il ne constituait pas une menace majeure pour l'ordre dans la société[2]. L'effondrement de l'Union soviétique au tournant des années 1980-1990 a entraîné l'invasion en Occident d'une criminalité organisée particulièrement féroce venue de Russie et d'autres pays de l'Est ex-communistes.

394   **5) *La délinquance d'affaires*** ◊ Le développement de la vie des affaires dans les sociétés occidentales s'accompagne d'une *délinquance d'affaires spécifique,* distincte de la criminalité en col blanc organisée. Il s'agit d'actes délictueux commis *à l'occasion* de l'exercice de l'activité professionnelle, mais dont les auteurs ne retirent pas l'essentiel de leurs moyens d'existence.

On peut répartir cette criminalité en *trois types* d'activités pénalement répréhensibles : 1/ les atteintes à la *loyauté* dans les relations d'affaires (escroqueries, abus de confiance, publicité mensongère, tromperies dans les ventes, délits en matière de sociétés, etc.); 2/ les violations des règles de la *libre concurrence* qui

---

1. V. J.-M. Combette, « L'état des lieux : le domaine de l'hygiène et de la sécurité du travail », *RSC*, 1992, p. 502-512.
2. *Criminalité organisée et ordre dans la société*, Colloque Aix-en-Provence, mai 1996, PUAM, 1997, 284 p. *cf. infra* n° 732; F. Haut et S. Queret, *Les bandes criminelles*, PUF 2001, 280 p.; J. De Maillard, Mafia : « La nouvelle dynamique des crimes », *Revue Le Débat*, nov.-déc. 2000, p. 94-99; X. Raufer, *Les nouveaux dangers planétaires, chaos mondial, décèlement précoce*, éd. CNRS, 2009, 254 p.

mettent en cause l'égalité des concurrents sur le marché (refus de vente, ententes, etc.); 3/ la violation des *réglementations dirigistes* économiques (prix, changes...), sociales (durée du travail, salaires, comités d'entreprise, travail clandestin et autres formes irrégulières de travail et d'emploi...[1]) et fiscales (fraude fiscale, ventes sans facture, etc.). La crise boursière qui a sévi depuis 2001 a mis en lumière l'importance des fraudes commises dans l'établissement des résultats des entreprises (ex. affaire Enron[2]). Quant à la crise économique des années 2008-2011, elle a aussi été marquée par toute une série de délits boursiers, dont les affaires Maddoff (États-Unis) et Kerviel (France) ne sont que des illustrations médiatiques.

En contrepoint de cette délinquance d'affaires proprement dite, on relèvera l'important aspect de la *corruption,* privée, mais aussi de fonctionnaires et d'hommes politiques[3]. L'un des scandales les plus notables a consisté dans les dérives du programme de l'ONU « Pétrole contre nourriture », destiné à atténuer à titre humanitaire l'embargo international qui a frappé l'Irak de 1996 à 2003 : 2 220 des 3 600 entreprises ayant participé au programme auraient payé des « dessous-de-table » à Saddam Hussein pour une valeur de 11 milliards de dollars, dont 180 entreprises françaises[4].

395 **6)** ***La criminalité sociale et contestataire***[5] ◇ Cet aspect non négligeable de la criminalité occidentale est principalement l'œuvre de *groupes professionnels* : paysans qui bloquent les routes, déversent sur la chaussée des camions de marchandises appartenant à des tiers, saccagent des locaux publics, etc.; salariés en grève qui entravent la circulation des trains, empêchent l'accès des non-grévistes aux lieux de travail, séquestrent leurs employeurs, détruisent le matériel de l'entreprise, etc.; transporteurs routiers qui entravent la circulation routière, paralysent les postes de péage sur les autoroutes, etc. Avec la décennie 1990, la délin-

---

1. V. G. Hue, « Droit pénal et formes irrégulières de travail et d'emploi », *RSC*, 1992, p. 513-520.

2. A.-S. Chassagny et J.-P. Lacour, *Enron, la faillite qui ébranle l'Amérique*, éd. Nicolas Philippe, 2003, 280 p.

3. V. Watrin, *Corruption et politique*, Mémoire de DEA Sciences criminelles, Aix, 1993; J.-F. Spitz, « Corruption, obligation et liberté civile », *Le Débat*, mars-avr., 1993, n° 74, 184-190; n° de nov.-déc. 1993, n° 77 de la revue *Le Débat*, « L'ère de la corruption », p. 4-44, art. de P. Moscovici, Y. Meny, Jean Cartier-Bresson et E. Luttwak; D. Donmel, « Les défis de la corruption », *Commentaire*, 1997, n° 80, p. 863-872; M. Bon, « Face à la corruption », *Commentaire*, 1994, n° 65, p. 15-26; J. Borricand, « Corruption et politique », *in Prob. act. Sc. crim.*, t. IX, 1996, PUAM, 65-94; M. Delmas-Marty, « La corruption, un défi pour l'État de droit et la société démocratique », *RSC*, 1997, p. 696-706; 5ᵉ Conférence internationale contre la corruption, Amsterdam, 1996, CR *RSC*, 1997, p. 919-921; D. Spinellis, « Crimes de politiciens en fonction (ou « Crimes des gros bonnets ») », *RICPT*, 1995, p. 3-20; P. Lascoumes, *Élites irrégulières, Essai sur la délinquance d'affaires*, Gallimard, 1998, 304 p.; R. Gassin, « Délinquance et milieu politique dans les sociétés démocratiques : le cas de la France », *RICPT*, 2002, p. 387-402; I. Augburger-Bucheli et J.-L. Bacher (dir.), *La criminalité économique : ses manifestations, sa prévention et sa répression*, L'Harmattan, 2005, 332 p.; P. Lascoumes, *Favoritisme et corruption à la française. Petits arrangements avec la probité*, Presses Sciences Po, 2010, 283 p.; même auteur, *Une démocratie corruptible*, Seuil, 2011.

4. *Le Monde* du 6 nov. 2005 : 180 sociétés françaises accusées d'avoir enrichi Saddam Hussein.

5. P. Favre (dir.), *La manifestation*, Paris, Presses de la Fondation nationale des Sciences politiques, 1990, 391 p.; « Nature et statut de la violence dans les manifestations contemporaines », *CSI*, 1990, n° 1, p. 149. *Adde Le Monde* du 2 mars 1994 : « La peur des jacqueries »; I.-O. Francescon, « Le maintien de l'ordre public face à l'évolution des formes de contestation sociale », *RICPT*, 1997, p. 453-459.

quance sociale s'est gonflée d'actes délictueux commis non plus par des groupes professionnels, mais par des catégories de personnes qui sont victimes des difficultés économiques et sociales actuelles : sans abris qui « squattent » des logements avec l'aide d'associations telles que « Droit au logement » ou « Droits devant »; chômeurs qui occupent des locaux de l'ANPE (aujourd'hui Pôle Emploi suite à la fusion avec l'Unedic au 1er janvier 2009).

À côté de cette criminalité sociale, il y a aussi la délinquance *contestataire* de groupements et de rassemblements, tels que les écologistes qui occupent les lieux de centrales nucléaires en construction, s'emparent de locaux de radio ou de télévision pour diffuser leurs opinions, etc. Cette délinquance, qui n'est pas à proprement parler politique (sauf à considérer que tout est politique) tourne assez facilement à l'affrontement avec les forces de l'ordre et prend l'allure de la *violence politique*[1] ou se dégrade en *attentats terroristes* contre les installations récusées au nom de l'écologie. Depuis la prise en compte des préoccupations écologiques par les parties politiques et par le pouvoir, cette violence écologiste s'est, semble-t-il, apaisée, sinon les revendications écologiques. Mais on voit surgir périodiquement de nouvelles manifestations de délinquance contestataire. L'une des dernières en date paraît être l'occupation d'Églises par des sans-papiers et l'opposition à l'embarquement dans les aéroports d'étrangers en situation irrégulière renvoyés dans leur pays. Cette criminalité contestataire possède dans certains cas des leaders charismatiques : tel est le cas en France de José Bové qui s'est rendu célèbre par le « démontage » (en réalité le délit de destruction) d'un MacDo et par la destruction de cultures expérimentales d'OGM. Les pouvoirs publics adoptent généralement le profil bas face à ce type de criminalité pour des raisons politiques; mais lorsqu'une répression est engagée, les contestataires dénoncent la « pénalisation de l'action militante ».

396 *7) Le terrorisme*[2] ◇ Il consiste dans des actes de violence contre les biens ou les personnes inspirés par des mobiles politiques, le plus souvent anticapitalistes ou anti-occidentaux ou les deux amalgamés (il existe aussi un terrorisme d'extrême droite). C'est l'un des *aspects majeurs* de la criminalité occidentale contemporaine, non sans doute par le nombre des actes commis comparé à celui des vols et de bien d'autres actes délictueux, mais par ses incidences politiques nationales et internationales.

On peut classer les activités terroristes en trois *groupes :* 1/ le *terrorisme à mobile indépendantiste ou autonomiste* (FLNC corse, FLB breton, ETA basque qui a suscité le contre terrorisme du GAL); 2/ le *terrorisme d'extrême-gauche à mobile anti-capitaliste* (Fraction Armée Rouge en RFA, Brigades Rouges en Italie qui ont fait un sanglant retour en 2002 et persistent dans leurs activités criminelles[3],

---

1. *Cf. supra* n° 391.
2. M. Wierworka, *Sociétés et terrorisme,* Fayard, 1988. *Adde* V. Podevin, *La personnalité des terroristes,* Mémoire DEA Sciences criminelles, Aix-en-Provence, 1992; A.-R. Pereira, *International terrorism,* 1996, 234 p.; G. Chaliand (dir.), *Histoire du terrorisme,* 2004; F. Helsbourg et J.-L. Marret, *Le terrorisme en France aujourd'hui,* éd. des Équateurs, 2006, 126 p.; P. Peretti-Watel, « L'expert, le profane et le terrorisme : quelques éléments de réflexion sociologique », *Rev. canad. crim.,* juin 2006, p. 383; P.-H. Bolle, « Criminologie, droit pénal et terrorisme : quelques réflexions », *in Sciences pénales & Sciences criminologiques Mélanges offerts à Raymond Gassin,* PUAM, 2007, p. 351-362.
3. *Cf. Le Figaro* du 14 févr. 2007 : « Le retour des Brigades rouges ».

Action Directe en France[1], Cellules communistes combattantes en Belgique) parfois singé par un terrorisme d'extrême-droite (attentat de la gare de Bologne en Italie); 3/ le *terrorisme international à mobile anti-occidental* (Palestiniens d'origine diverse, Arméniens de l'ASALA, terrorisme d'inspiration chiite intégriste avec les Hezbollahs, terrorisme fondamentaliste du GIA[2]). La manifestation la plus récente et la plus redoutable est celle du réseau Ben Laden[3] qui sévit depuis 1993 et est entre autres l'auteur de la destruction des tours jumelles du World Trade Center à New York, le 11 septembre 2001, qui a fait en quelques minutes près de 3 000 morts.

On a pu observer qu'il s'est forgé au cours des années des liens souvent étroits entre le terrorisme international et le terrorisme national, entre terrorismes nationaux divers (accord de février 1985 entre FAR, BR, CCC et AD), ou même entre terrorisme autonomiste et terrorisme d'extrême-gauche, sans parler des liens avec le « milieu criminel »[4].

397 8) *Les violences urbaines*[5] ◊ On assiste depuis un certain nombre d'années qui diffèrent selon les pays, au développement dans les quartiers ou cités populaires à forte concentration de Noirs ou de Latino-Américains aux États-Unis et d'immigrés dans les pays européens, tels que la Grande Bretagne ou la France, à des actions violentes spécifiques que l'on a baptisées « violences urbaines ». En France, une section des renseignements généraux, la section « Violences urbaines » a établi une typologie en huit catégories de ce type de violences allant des feux de poubelles, de portes palières ou de voitures (1er degré) jusqu'aux émeutes proprement dites (8e degré) en passant par le caillassage des voitures de police ou de pompiers, etc. Cette échelle d'évaluation est établie à partir d'un critère fondé sur le degré d'opposition aux forces de police et aux représentants de l'ordre public. Ces événements qui étaient rares jadis sont devenus de plus en plus fréquents et sont souvent déclenchés au moindre prétexte, avec des poussées de fièvre forte à certaines périodes ou dans certains lieux (ex. les incendies de voitures les nuits de la Saint Sylvestre à Strasbourg l'émeute du quartier du Mirail à Toulouse en décembre 1998). En France, l'acmé des violences urbaines a été atteint en 2005 avec la crise des banlieues du mois de novembre qui a secoué de très nombreuses banlieues pendant près de 15 jours à la suite du décès par électrocution

---

1. Faut-il y ajouter les jeunes de Tarnac ?
2. *Cf.* Bossard, *La criminalité internationale,* coll. « Que sais-je ? », PUF, 1988, p. 13-23.
3. Ben Laden est mort le 2 mai 2011.
4. V. par ex. F. Haut, « Guerilla et narcotrafic : le Parti des travailleurs du Kurdistan, une entité hybride, terroriste et criminelle », *RICPT,* 1997, p. 233-240.
5. S. Body-Gendrot et N. Le Guennec, Rapport sur les violences urbaines, IHESI, 1998, 155 p.; R. Bousquet (Syndicat des commissaires de police), *Nouveaux risques, nouveaux enjeux,* L'Harmattan, 1999, 500 p.; L. Bui-Trong, *Violences urbaines. Des vérités qui dérangent,* Bayard, 2000, 180 p.; F. Simon, *La fracture toulousaine,* Éd. Garonne, 2000; D. Duprez et L. Mucchielli, « Des discours sur la violence à l'analyse des désordres urbains », *EJCPR,* 2000, p. 327; F. Khosrikhavar, « La violence et ses avatars dans les quartiers sensibles », *EJCPR,* 2000, p. 403; M. Kokoreff, « Faire du business dans les quartiers », *EJCPR,* 2000, p. 403 et *Dév. et soc.* 2000, p. 403-424; L. Mucchielli, « L'expertise policière de la violence urbaine », *EJCPR,* 2000, p. 351 et *Informations sociales,* n° 92, 2001, p. 14-20 et 22-23; J. M. Bessette (dir.), *Crimes et culture,* L'Harmattan, 1999; P. Mary, « À propos des similitudes entre "guerre anti-terroriste" et "lutte contre la délinquance urbaine" », *RSC,* 2006, p. 476-484; S. Imloul avec C. Azouli, *Enfants bandits ? La violence des 3-13 ans dans les banlieues,* éd. Panama, 2008.

dans un transformateur électrique de deux adolescents à Clichy sous Bois et n'a pris fin qu'à la suite de la proclamation de l'« état d'urgence » par le gouvernement par décrets du 8 novembre 2005[1].

398 **9) *La criminalité informatique***[2] ◇ L'avènement de la micro-informatique depuis la fin des années 1980 s'est accompagné d'un développement considérable d'une forme de délinquance d'astuce et parfois violente : la délinquance informatique ou « cyber-crime ». Cette délinquance porte atteinte aux biens, mais aussi aux personnes et parfois à la chose publique elle-même. L'informatique est tantôt l'objet du délit (intrusion sans droit dans un système informatique, etc.) et tantôt le moyen de commettre un délit (ex. atteinte à la vie privée au moyen du piratage de données informatiques confidentielles, atteintes à la propriété intellectuelle). Les préjudices causés par cette forme de délinquance sont considérables et se chiffrent chaque année en France par plusieurs milliards d'euros. Les cartes de paiement, dont l'usage s'est généralisé non seulement avec les DAB et chez les commerçants mais aussi avec les paiements par Internet, sont particulièrement visées par les pirates informatiques; aussi a-t-il été créé en 2002 un « Observatoire de la sécurité des cartes de paiement ».

399 **10) *La criminalité d'entreprise*** ◇ L'attention a été récemment attirée sur l'ampleur d'une forme de délinquance qui gravite autour de la vie professionnelle des travailleurs. Cette délinquance est de deux sortes. Il y a en premier lieu les *actes délictueux dirigés contre les travailleurs sur les lieux de leur travail par des tiers*. C'est ainsi que les conducteurs de bus, les contrôleurs de métro ou de trains, les agents d'accueil, les commerçants et d'une manière générale de nombreux salariés sont victimes d'agressions verbales et parfois physiques sur les lieux de leur travail. Mais une seconde forme de cette délinquance consiste dans la *violence organisationnelle dans l'entreprise*[3]. Une enquête réalisée par la fondation européenne

---

1. Une littérature très abondante sur cette crise a donné lieu à publication au cours de l'année 2006. *Cf.* R. Gassin, « Regards sur l'acmé de la violence dans les banlieues « sensibles » en octobre-novembre 2005 », *RPDP*, 2007, p. 229-248 (où se trouvent cités, à la note 10, une dizaine d'ouvrages) et 2008, p. 153-187. *Adde*, D. Lapeyronie, « Révolte primitive dans les banlieues françaises. Essai sur les émeutes de l'automne 2005 », *Dev. et soc.*, 2006, p. 431; M. Kokoreff, « Sociologie de l'émeute, Les dimensions de l'action en question », *Dev. et soc.*, 2006, p. 521; Centre d'analyse stratégique, *Enquêtes sur les violences urbaines : comprendre les émeutes de novembre 2005 : les exemples d'Aulnay-sous-Bois et de Saint-Denis*, Avant propos de S. Boissard, La Doc. fr., 2007, 139 p.; Cicchelli et al. « Les jeunes émeutiers de novembre 2005. Retour sur le terrain », *Revue Le Débat*, n° 145, mai-août 2007, p. 165-181; H. Lagrange, *Le déni des cultures*, Seuil, 2010, 349 p.
2. P. Rose, *La criminalité informatique*, coll. « Que sais-je ? », PUF; D. Martin, *La criminalité informatique*, PUF, 1997, 196 p.; F.-B. Huyghe, « Violence dans la société de l'information », *Gend. Nat.* 2000, juill.-sept. 2000, p. 5-8; M. Ouimet, « Réflexions sur Internet et les tendances de la criminalité », *Criminologie*, 2006, p. 7; E.C. Viano, « Cyber crime : a new frontier for criminology ? », *AIC*, 2006, p. 11-22; X. Guimard, « Cybercriminalité, identifier la menace », *Rev. Gend. nat.*, 2010, p. 29.
3. *Le Monde Économie* du 11 février 2003 : « La violence, maladie infantile de l'entreprise »; C. Larose et M. Debout, *Violences au travail : agressions, harcèlement, plans sociaux*, éd. de L'atelier, 2003, 196 p.

pour l'amélioration des conditions de vie et de travail de Dublin (Irlande) réalisée en décembre 2000 a donné les résultats suivants : 2 % des salariés de l'Union européenne (3 millions) subissent une violence physique sur leur lieu de travail, 4 % la subissent à l'extérieur, 2 % disent avoir été harcelés sexuellement et 9 % (13 millions) disent faire l'objet d'intimidation ou de harcèlement moral. Cette violence organisationnelle dans l'entreprise intoxique toutes les relations sociales. En nourrissant des ressentiments, en développant l'idée d'une impuissance face à l'action, elle peut être socialement recyclée dans des vengeances imaginaires : conjoints, enfants, voisins, inconnus, se transforment alors en exutoire. Parfois le désespoir provoqué par les fermetures d'entreprises entraîne des attitudes désespérées débouchant sur des sabotages divers. Dans certaines grandes entreprises, la violence engendrée par la réorganisation de l'affectation ou/et des tâches du personnel a entraîné des suicides de salariés au cours des dernières années.

B. Les caractéristiques générales

400 *Aspects divers* ◇ Les nombreuses catégories qui singularisent la criminalité dans les pays occidentaux, ou du moins certaines d'entre elles, ont donné lieu à des tentatives de caractérisation générale notamment dans une perspective pratique.

On peut citer ainsi en premier lieu l'effort de caractérisation réalisé par J.-P. Brodeur dans son ouvrage *Les visages de la police*[1]. Examinant la question sous l'angle de l'avenir des services de renseignement et de sécurité, il attribue trois caractéristiques à la criminalité occidentale contemporaine : 1/ elle a un *caractère hybride* en ce que ces activités criminelles « tendent à brouiller la distinction conventionnelle entre le crime de droit commun et la menace contre la sécurité » (ex. le narcoterrorisme) 2/ elle présente « un caractère de plus en plus *complexe et sophistiqué* » (ex. le cybercrime qui consiste à utiliser les réseaux informatiques pour commettre des crimes divers : le blanchiment de capitaux, etc.); 3/ elle possède de plus en plus souvent un *caractère transnational* qui accentue encore sa complexité[2].

On mentionnera en second lieu la caractérisation qui résulte des dispositions relatives au mandat d'arrêt européen contenues dans la décision-cadre du Conseil de l'Union européenne du 13 juin 2002 et transposées dans les législations internes des pays de l'Union, en France dans les articles 695-11 et suivants du Code de procédure pénale. Il résulte de l'article 695-23 dudit Code que, si l'exécution du mandat d'arrêt européen est en principe refusée si le fait faisant l'objet dudit mandat ne constitue pas une infraction au regard de la loi française, il en va autrement lorsque les agissements considérés sont punis par la loi de l'État membre d'émission d'une sanction privative de liberté égale ou supérieure à trois ans et qu'ils entrent dans l'une des très nombreuses catégories d'infractions énumérées par le texte (32 catégories). Le fait que le mandat d'arrêt puisse ainsi être exé-

---

1. J.-P. Brodeur, *Les visages de la police. Pratiques et perceptions*, Presses Univ. Montréal, 2003, 393 p.
2. *Op. cit.* spéc. p. 270-272.

cuté sans qu'il y ait lieu à contrôle de la double incrimination, contribue à donner aux actes délictueux visés le caractère d'une sorte de *délits naturels*, du moins dans le cadre de l'Union européenne.

SECTION 2. CARACTÉRISTIQUES GÉNÉRALES DE LA CRIMINALITÉ DANS LES PAYS SOCIALISTES

401 *Approche générale* ◇ On se souvient que, selon la thèse marxiste traditionnelle, la criminalité est liée au système capitaliste et est appelée, dans la société socialiste, sinon à disparaître complètement, du moins à devenir un phénomène tout à fait marginal[1]. Qu'en est-il exactement ? Ou, plus justement, qu'en était-il avant l'effondrement du système communiste[2] ? Et qu'est-ce qui caractérise à l'heure actuelle la criminalité dans les anciens pays socialistes ainsi que dans la Chine contemporaine ?

1) Il existait en URSS et dans les pays socialistes d'Europe de l'Est *une littérature criminologique officielle* assez abondante qui était l'œuvre de juristes et de criminologues et dont la substance nous était connue par divers canaux (compte-rendus d'ouvrages, publications à destination de l'Occident, articles, conférences et rapports de spécialistes officiels publiés dans les revues occidentales[3]). Dans ces

---

1. *Cf. supra* n°[os] 211 et 243.
2. Pour une compréhension de la situation générale dans les pays socialistes avant qu'ils ne soient touchés par le souffle libéral, *cf.* G. Frelastre, *De Berlin-Est à Moscou : le socialisme quotidien avant le dégel*, éd. L'Harmattan, 1990, 190 p.
3. Pour l'URSS : Karpets, « Étude et prévention de la criminalité en URSS ? », *RSC*, 1967, p. 127-138 ; Kudriatsev, « La structure de la délinquance et l'évolution sociale », *in L'État et le droit soviétique*, 1971 ; Struchkov, « Étude des circonstances favorisant la délinquance en URSS », *même revue*, 1971 ; Yakovlev, « La récidive comme objet de la politique criminelle en URSS », *APC* 1977, 233-244. Pour l'une des dernières manifestations de la criminologie soviétique orthodoxe : VIIe Congrès international des criminologues des pays socialistes et 1re Journée cubaine de criminologie (La Havane, nov. 1989), « Les problèmes de la délinquance dans les pays socialistes et d'orientation socialiste ». Pour la RDA : Harrland, « Extrait de la statistique criminelle de la RDA en 1964 », *Rev. dr. pén. et lég.* de la RDA, 1965, n° 2, p. 37-43 ; Bucholz, « Le rôle du droit pénal dans la lutte contre la délinquance en RDA », *RI. polit. crim.*, 1979, 56-61. Pour la Hongrie : Kiraly, « L'état de la criminalité en Hongrie », *RDPC*, 1985, p. 443-450. Pour la Pologne : W. Swida, « La criminalité en Pologne. L'influence des changements de la structure sociale et démocratique », *RDPC*, 1964, 249-257 ; Michalsky, « La prévention de la criminalité en Pologne et dans d'autres états socialistes d'Europe de l'Est », *RI. polit. crim.*, 1979, p. 50-55. Pour la Chine populaire : Tsien Tche-Hao, « Les orientations fondamentales de la politique criminelle de la Chine populaire », *APC*, 1977, p. 219-240 ; Wang Zhougfang, « Le traitement global de la sécurité générale », *RSC*, 1989, p. 286-291 ; J.-L. Rocca, « La loi et la citadelle : modèles et mouvements de la politique criminelle en République populaire de Chine », *RSC*, 1989, p. 292-309 ; J.-L. Rocca, « Criminalité et crise en Chine », *RSC*, 1991, p. 170-172 ; Yianan Guo, « Le crime et son contrôle en République populaire de Chine », *RICPT*, 1992, p. 150 ; J.-L. Rocca, *L'empire et son milieu, la criminalité en Chine populaire*, Plon, 1991 ; M.-R. Dutton, *Policing and punishment in China*, Cambridge University 1992, 359 p. ; J.-P. Cabestan, « Droit pénal et libertés publiques en République populaire de Chine », *RSC*, 1992, 674-677 ; « Mission de juristes français. Les réformes de détention en République populaire de Chine », *RSC*, 1993, p. 849-855. X. Zhang, « Analyse de la criminalité organisée en Chine », *RICPT*, 1996, p. 321-329 et dans *Criminalité organisée et ordre dans la société* (Colloque Aix-en-Provence 5-7 juin 1996), PUAM, 1997, p. 167-175 ; Guo Jianan, « Situation and countermeasures against laundering crime in China », *AIC*, 2002, p. 93-127 ; X. Zang, « Conflits culturels et criminalité en Chine », *RICPT*, 1998, p. 403-410.

divers textes, on trouvait généralement, outre quelques statistiques qui n'ont jamais fait l'objet de publications officielles[1], des développements *déductifs* qui constituaient des paraphrases plus ou moins complexes de la doctrine marxiste-léniniste sur la criminalité.

2) En regard de cette version de la réalité, *plusieurs sources* permettaient, sinon de connaître de manière directe la criminalité des pays socialistes, du moins de s'en faire *indirectement* une idée assez précise : 1/ *les témoignages* et *les écrits* des *dissidents* passés en Occident[2] ou ayant fait passer leurs écrits de l'autre côté du rideau de fer; 2/ la *presse soviétique*, rapportée par la presse occidentale, et qui avait pris l'habitude de publier depuis une vingtaine d'années des faits de criminalité et leur sanction à titre exemplaire et moralisateur; 3/ *certains discours officiels* des plus hauts dignitaires du PCUS (rapport Khrouchtchev en 1956 dénonçant les « crimes de Staline »; discours de Gorbatchev annonçant une offensive contre l'alcoolisme, la corruption et l'incurie des cadres du Parti); 4/ quelques *études comparatives* menées conjointement et dans un esprit scientifique par des chercheurs des deux côtés du rideau de fer, dont la plus suggestive est consignée dans un ouvrage datant de 1975 comparant la délinquance juvénile dans quatre pays : France, Hongrie, Pologne et Yougoslavie[3]; 5/ les *travaux des chercheurs occidentaux* ou les *publications de journalistes occidentaux* sur les questions de criminalité dans les pays socialistes[4]. Il résultait de ces diverses sources un ensemble d'informations qui éclairaient non seulement sur le volume (§ 1), mais surtout sur les traits structurels de cette criminalité (§ 2). Ces données concernaient la situation traditionnelle de la criminalité dans les pays socialistes, mais les bouleversements politiques considérables qui s'y sont produits à partir du milieu des années 1980 posent à leur tour la question de savoir quelles modifications ils ont pu entraîner sur cette criminalité « traditionnelle » dans la grande majorité de ces pays qui ont abandonné le communisme (§ 3). En outre, la Chine pose un cas tout à fait particulier (§ 4).

§ 1. Le volume de la criminalité dans les pays socialistes

402 *Des informations contradictoires* ◇ Il n'était pas possible de se faire une opinion précise du *volume* de la criminalité dans les pays socialistes, de ses *tendances d'évolution* et de sa *répartition géographique*, en raison de

---

1. Sauf pour la Yougoslavie.
2. *L'Archipel du Goulag* de Soljenitsyne est le modèle du genre, éd. du Seuil, 1974.
3. Y. Chiroi, Z. Jasovic, D. Lazarevic, B. Maroszek, V. Peyre et A. Szabo, *Délinquance juvénile et développement socio-économique*, Mouton éd. La Haye, Paris, 1975, 317 p. *Adde,* moins intéressante, la recherche comparative conduite en Belgique, en France et en Pologne, sur les attitudes envers les délits des jeunes (*Délits des jeunes et jugement social*, 1983) qui ressort de la sociologie pénale et non de la criminologie proprement dite.
4. Sur les pays socialistes en général : J. Pinatel, « La criminalité dans le monde », *RSC*, 1971, p. 455; *La société criminologène* (1971), p. 33-38; *Traité de Criminologie*, (1975), n° 53. Pour l'URSS : V. Chalidze, *Le crime en Union Soviétique*, 1978; Grand, *Enfance déficiente mentale et délinquance juvénile en URSS*, Impr. réunies, Valence, 1962, 102 p.; Zemston, *La corruption en Union Soviétique*, Hachette, 1978; L. Shelley, *Internal migration and crime in the Soviet Union*, Canadian Slavonic papers (Toronto), 1981, p. 77-87; P. Meney, *La kleptocratie (la délinquance en URSS)*, éd. La Table Ronde, 1982. Pour la Hongrie : D. Szabo, « La délinquance juvénile en Hongrie », *Rééducation*, 1966, p. 1-9. Pour la Pologne : Maria Los, « Les femmes, le pouvoir et le crime en Pologne », *Criminologie*, 1983, n° 2; H. Kolecki, « Meurtres avec dépeçage de cadavres en Pologne dans les années 1961-1980 », *RICPT*, 1987, p. 84-94. Pour Cuba : J.-P. Brady, « Crime, justice and community in socialist Cuba », *AIC*, 1982, p. 5-31; L. Sala et W. Wilbanks, « Homicide in Cuba », *AIC*, 1979-1980, p. 29-45.

la discrétion qui entourait leurs statistiques criminelles, lesquelles étaient considérées comme relevant du secret d'État[1].

D'après les informations données par les *organismes officiels* de l'URSS et des démocraties populaires, le taux de leur criminalité aurait été nettement inférieur à celui des pays occidentaux et il aurait été en baisse quasi continuelle. Ainsi pour l'URSS, M. Karpets, analysant le volume de la criminalité de son pays, faisait état d'une tendance à la diminution[2]; pour la RDA, la statistique aurait enregistré une baisse spectaculaire de 1946 à 1965 (de 500 446 à 128 661, soit en taux pour 100 000 habitants de 2 771 à 756)[3]; pour la Pologne, on nous disait que de 1971 à 1977, il y aurait eu une diminution constante de la criminalité dans son ensemble[4].

Les *autres sources d'information* donnaient cependant de la situation un tableau moins idyllique. Ainsi l'étude comparative précitée sur la délinquance juvénile aboutissait à la conclusion que la délinquance des 14-24 ans était plus élevée en Pologne qu'en France pour les garçons et les filles et en Hongrie pour les filles[5]. Pour l'URSS, Chalidze et P. Meney faisaient état dans leurs ouvrages d'une criminalité importante[6]. Quant aux organes de presse des pays de l'Est, ils donnaient parfois des informations qui contredisaient la version officielle, allant même dans quelques cas à dresser un tableau particulièrement sombre de la situation[7]. Ainsi qu'on l'a écrit[8], « dans l'art de diminuer artificiellement la criminalité, les statisticiens des anciens pays de l'Est avaient acquis une maîtrise probablement inégalée ».

403 *Une interprétation probable* ◇ En présence de ces informations contradictoires, on peut finalement penser qu'il n'est pas impossible que la criminalité ait été moins élevée dans les pays socialistes que dans les pays occidentaux, mais il faut bien voir que s'il en était ainsi, cela ne résultait probablement pas de la qualité du système socio-économique, mais de *la nature du régime politique*. Dans un système totalitaire où la police est omniprésente et où la population est constamment encadrée et surveillée par le Parti Communiste et les nombreuses organisations qui en sont l'émanation, est-il tellement surprenant que la possibilité de commettre des délits y soit plus limitée que dans les pays occidentaux ? L'observation vaut toujours pour les quelques pays qui demeurent soumis à une dictature communiste (Chine, Vietnam, Cuba, Corée du Nord).

§ 2. Les traits structurels de la criminalité dans les pays socialistes

404 *L'ancienne et la nouvelle criminalité* ◇ Parlant du cas de la Pologne, le professeur Walczak de l'université de Varsovie écrivait, en 1970,

---

1. Sauf en ce qui concerne, semble-t-il, la Yougoslavie. Les autorités soviétiques ont rendu publiques, pour la première fois seulement, en 1988, leurs statistiques annuelles sur la criminalité.
2. Karpets, art. précité, *RSC*, 1967, p. 128-129.
3. Chiffres rapportés *in BSIDS* 1967, n° 10.
4. Brunon Holyst, *La criminalité en Pologne. Étude criminologique*, 1977 (en polonais), d'après le CR de la *RIPC*, 1978, p. 188.
5. *Cf.* l'ouvrage de Chirol et *al.* cité *supra*, n° 401.
6. *Cf.* les ouvrages cités *supra*, n° 401.
7. Suivant la relation qui en est faite dans la *Rev. pol. nat.*, oct.-nov. 1970, p. 66.
8. M. Killias, *Précis de criminologie*, 2ᵉ éd. 2001, p. 49-50.

que la confrontation de l'état actuel de la criminalité avec les mesures de lutte contre celle-ci, montrait qu'il y avait un décalage entre une législation pénale qui remontait en grande partie à la période antérieure à la guerre de 1939 et la société née de l'avènement du socialisme à partir de 1945 pour conclure : « Des formes de délinquance ont disparu; d'autres sont nées »[1].

Ce qui est vrai pour la Pologne, l'était, d'une manière générale, pour l'URSS et les autres pays socialistes, encore qu'il faille être quelque peu circonspect au sujet des *formes de délinquance qui ont disparu*[2]. L'aspect le plus significatif résidait cependant dans ces *nouvelles formes de délinquance* mentionnées par M. Walczak. L'observation attentive de la réalité criminelle conduisait, à cet égard, à mettre en évidence, outre cet aspect commun à tous les pays industrialisés qu'est le développement de la *délinquance d'imprudence*, cinq traits caractéristiques : l'ampleur des délits de fonction, une importante délinquance économique spécifique, une ample délinquance politique liée aux principes du régime communiste, une forte délinquance de jeunes appelée « *hooliganisme* » et une sanglante criminalité d'État qui était le reflet du totalitarisme du système.

405 **1) *Les délits de fonctions***[3] ◇ L'État socialiste organise non seulement toute la vie économique, mais aussi la vie politique, sociale et culturelle de sorte que toutes les possibilités d'action dans ces divers domaines sont dans les mains des dirigeants du Parti et des fonctionnaires d'État.

Cette emprise de la bureaucratie sur les divers aspects de la vie des Soviétiques engendrait inévitablement des *abus* de *pouvoir* nombreux qui se traduisaient par ce que l'on appelle les délits de *fonction* : corruption, détournements, falsifications, etc. Le phénomène affectait aussi bien le haut (Ministres, Premiers secrétaires des Républiques fédérées) que le bas de l'échelle et les échelons intermédiaires, malgré une répression sévère allant jusqu'à l'application de la peine capitale. On a très justement noté que le délit de fonction est à l'État socialiste ce que le « *white collar crime* » est à la société capitaliste[4].

406 **2) *La délinquance économique*** ◇ Pour comprendre ce que peut représenter la délinquance économique dans un pays socialiste, il est nécessaire de savoir comment fonctionnait en gros *l'économie soviétique*.

---

1. St. Walczak, « Les traits caractéristiques de la nouvelle codification du droit pénal en Pologne », *RDPC*, 1970, p. 405.
2. Ainsi, lorsque M. Karpets écrit (art. précité) : « Il n'existe pas en URSS de criminalité professionnelle en tant que telle, sous forme de bandes de gangsters, groupes de délinquants organisés », il y a lieu de marquer quelque réserve car divers indices permettent de penser que la criminalité professionnelle existait bien en URSS et que le « crime organisé » n'y était pas une hypothèse d'école. Depuis 1990 d'ailleurs une littérature importante a mis au jour le phénomène du crime organisé et de la mafia dans l'ex-URSS de l'époque Brejnev notamment : *cf.* M. Heller, *Le 7ᵉ Secrétaire, Splendeur et misère de Mikhail Gorbatchev*, éd. Olivier Orban, 1990, chap. XV : « La mafia : le lion a bondi », p. 214-232; V. Coulloudon, *La mafia en Union Soviétique*, éd. Jean-Claude Lattès, 1991, 280 p.; A. S. Nikiforov, « Organized crime in the West and in the former USSR : an attempted comparison », *International Journal of offender therapy and comparative criminology*, 1993, vol. 37, nᵒ 1, p. 5.
3. *Cf.* l'ouvrage précité de P. Meney : *La kleptocratie*.
4. M. Ancel, « Le point de vue des doctrines de la défense sociale nouvelle », *Rev. de l'Institut de sociologie* (Bruxelles), 1963, nᵒ 1, p. 23-25.

En URSS, on peut dire que le système de production, de répartition et de consommation des richesses comportait *quatre étages* distincts : 1/ au sommet, *l'Armée et la Police* qui bénéficiaient d'une part importante du produit national[1]; 2/ à l'étage au-dessous, la « *Nomenklatura* »[2] qui bénéficiait d'avantages en nature importants, variant selon le rang occupé dans la hiérarchie (accès à des magasins spéciaux bien achalandés, possibilité d'avoir un compte en banque en dollars notamment); 3/ à l'étage inférieur, *l'économie quotidienne* des citoyens ordinaires, caractérisée par la pénurie, les queues devant les magasins et le rationnement autoritaire pour certains produits; 4/ enfin, *l'économie souterraine,* règne du marché noir qui affecte non seulement la distribution, mais aussi la production.

On devine aisément que dans un tel système, une *forte délinquance économique* engendrée par la pénurie et le rationnement était inévitable. Celle-ci était due non seulement aux fonctionnaires qui abusent de leur pouvoir économique, mais aussi à tous les non-privilégiés qui sont contraints d'acheter des biens de consommation au marché noir[3]. Bien mieux la production elle-même, comporte des unités clandestines souvent implantées d'ailleurs à l'intérieur même des usines d'État[4] !

407 **3) La délinquance politique** ◇ Le droit pénal soviétique et, à sa suite, les droits pénaux des démocraties populaires ne connaissaient pas la distinction occidentale, d'origine libérale, entre délits politiques et délits de droit commun : pour eux, il n'existait que des infractions de droit commun. La chose n'en a pas moins une *consistance très réelle,* car tous les Codes pénaux de ces pays s'ouvraient sur un chapitre consacré aux « crimes contre l'État » aux incriminations multiples et rédigées en termes si larges qu'elles condamnaient par avance toute manifestation quelconque d'opposition au régime[5].

L'application de cette législation à caractère politique a donné lieu à un très grand nombre de condamnations, pour la plupart à des *camps de travail forcé* connus aujourd'hui sous l'appellation de « Goulag ». La population de ces camps,

---

1. Ainsi en 1984, pour un PNB qui égalait à peu près le double de celui de la France, l'URSS dépensait plus de 5 fois plus que la France en dépenses *directes* d'armement (13, 50 % du PNB contre 5, 20 %) (Source : Institut d'Études Stratégiques de Londres). Dans l'ouvrage *Le 7ᵉ Secrétaire*, précité, M. Heller, citant des déclarations d'économistes soviétiques à une conférence organisée en avr. 1990 par un institut de recherches américain, indique que l'Union Soviétique aurait consacré aux dépenses militaires 20 à 25 % de son revenu national, alors que la production soviétique aurait été égale seulement au quart de la production américaine (p. 318). L'historien T. Judd (*Après guerre. Une histoire de l'Europe depuis 1945*, A. Colin, 2007) écrit, à son tour, qu'au sommet de la puissance de l'URSS « entre 30 et 40 % des ressources soviétiques étaient affectées aux dépenses militaires, soit quatre à cinq fois la part américaine » (p. 693). Sur l'Armée rouge, cf. V. Souvarov, *Les libérateurs*, éd. Mazarine, 1982.
2. Environ 2 millions et demi de personnes.
3. Suivant une information de l'agence soviétique de lutte contre les « crimes économiques », plus de 50 % des pertes de l'économie soviétique proviendraient de vols commis dans le secteur agro-industriel par des employés et par certains responsables. La même agence a également déclaré que 260 000 personnes auraient été arrêtées pour ces faits et que 2,5 millions de dollars de marchandises auraient été récupérés.
4. Constantin Simis, *La société corrompue, Le monde secret du capitalisme soviétique*, éd. R. Laffont, 1983.
5. *Cf.* I. Adrejew, *Le droit pénal comparé des pays socialistes*, 1981, p. 80-86.

composée non seulement de « détenus politiques », mais aussi de « condamnés de droit commun », a considérablement varié au cours de l'histoire de l'Union Soviétique. Elle a, semble-t-il, atteint son maximum en 1941 avec 13 millions et demi de détenus[1]. En 1985 (Colloque de Paris, juin 1985 « Le Goulag aujourd'hui »), il y aurait eu quelque 4 millions de détenus répartis dans 2 000 camps, soit un Soviétique sur 68,5 (population de l'URSS en 1985 : 274 millions)[2]. Cette masse considérable de détenus constituait une main-d'œuvre pénale à très bon marché qui formait le *cinquième étage,* le plus bas, de l'économie soviétique.

Une autre forme de sanction contre les opposants utilisée en Union Soviétique était *l'internement psychiatrique*[3]. Selon Amnesty International, il y aurait eu 200 internements psychiatriques « politiques » de 1975 à 1983. Ce détournement de la psychiatrie à des fins répressives avait entraîné l'exclusion des psychiatres soviétiques de l'Association mondiale des psychiatres. Les changements intervenus en Union Soviétique ont conduit cette Association, lors de son congrès tenu à Athènes en 1989, à réaccepter en son sein lesdits psychiatres. Toutefois, selon l'Association internationale contre l'utilisation de la psychiatrie à des fins politiques (IAPUP), il y aurait encore eu à cette date au moins trente à quarante cas de prisonniers politiques internés dans des hôpitaux psychiatriques[4].

408 **4) Le « *hooliganisme* » et la délinquance des jeunes** ◇ Un autre aspect important de la délinquance dans les pays socialistes réside dans *l'agressivité des jeunes* qui est réprimée sous l'appellation de « *hooliganisme* ».* Ce délit est défini de manière très large par les textes : violation de l'ordre public démontrant un manque de respect à l'égard de la société (URSS), comportement antisocial susceptible de provoquer l'indignation ou la crainte chez les autres (Hongrie), aventurisme (Tchécoslovaquie), etc.[5]

Ce phénomène du « hooliganisme » n'est pas sans analogie avec celui des « loubards » occidentaux. Cependant, pour les criminologues des pays socialistes, il y aurait de notables différences entre les deux sortes de comportements, car les jeunes générations communistes auraient chez elles toutes les possibilités d'accès à l'enseignement et au travail si bien que leur agressivité n'aurait pas de caractère « instrumental », leurs délits ne seraient pas perpétrés dans un but défini et, souvent commis par des groupes de camarades, seraient issus d'une « subculture » de hooliganisme. Mais y a-t-il tellement de différences entre cette « subculture » et la sous-culture délinquante analysée par Cohen aux USA[6] ?

1. Il a été écrit que selon un mémorandum secret alors adressé à Staline par son ministre de la Sécurité d'État de l'époque, il se trouvait encore une douzaine de millions de personnes dans les camps de travail en 1953 : *cf.* T. Sherlock et V. Tolz, « Controverses sur le nombre des victimes de Staline », *in Rev. Commentaire*, n° 49, printemps 1990, p. 165-170, spéc. p. 170. Sur la terreur des années trente, *cf.* N. Werth, « Repenser la « Grande terreur ». L'URSS des années trente », *Revue Le Débat*, nov.-déc. 2002, p. 118-139.
2. Sur le goulag, v. l'intéressant art. de J.-C. Chesnais, « Le goulag a-t-il disparu ? » *in Politique internationale*, n° 33, avr. 1986. De même, l'ouvrage de P. Meney, *Les mains coupées de la Taïga* (Document), 1984.
3. *Cf.* V. Boukovsky, *Une nouvelle maladie mentale en URSS : l'opposition*, 1971.
4. *Le Monde* du 4 avr. 1990.
5. *Cf.* Andrejew, *op. cit.,* p. 100-101.
6. *Cf. supra* n° 248. Sur la délinquance juvénile en URSS et dans les démocraties populaires, *cf.* en outre les divers *ouvrages* précités de Grand (1962) et Chirol *et al.* (1975).

Du hooliganisme, il y a lieu de rapprocher le « *parasitisme* » souvent dénoncé par les autorités soviétiques. Le délit, différent des classiques vagabondage et mendicité, consiste à se dérober systématiquement au travail ou à accepter en apparence un travail et à ne pas vivre en réalité des revenus de son travail [1]. C'est en quelque sorte l'envers de la délinquance d'affaires.

409 **5) *La criminalité d'État*** ◇ On a déjà rencontré cette notion à propos de la criminalité dans le Tiers-Monde [2] : les *crimes d'État* sont des actes criminels commis sur ordre ou avec la complicité ou l'accord des autorités étatiques. Ils n'entrent évidemment pas dans les statistiques officielles, mais ils n'en constituent pas moins une réalité historique particulièrement tragique. Ils sont engendrés, par le totalitarisme et l'on peut dire que, dans les cas extrêmes, c'est l'État tout entier qui devient une gigantesque organisation criminelle.

C'est un des aspects que l'histoire a retenu de la Russie stalinienne, comme elle l'a fait de l'Allemagne hitlérienne. En 1956, lors du 20e Congrès du PCUS, le premier secrétaire de l'époque, Khrouchtchev, a dénoncé dans un rapport fameux les « crimes de Staline » [3]. D'après les estimations les plus sérieuses, celui-ci aurait fait périr, laissé délibérément périr ou déporté, en quelque trente-cinq années de dictature, quelque 40 millions de personnes [4]. Cette criminalité massive d'État, on la retrouve en Chine dans les années 1960 avec la « révolution culturelle » dont on estime le nombre de victimes à plusieurs dizaines de millions (65 millions d'après le *Livre noir du Communisme* précité), ainsi sacrifiées à la reconquête du pouvoir absolu par Mao Ze Dong. Plus près de nous encore, le régime des Khmers Rouges de Pol Pot qui a dominé le Cambodge de 1975 à 1978, aurait délibérément fait périr, selon les estimations les plus récentes, entre 1 million 600 000 et 1 million 700 000 personnes sur une population totale de 8 millions environ [5].

Au total, d'après le *Livre noir du Communisme* précité, le nombre de victimes du communisme dans le monde depuis la Révolution russe d'octobre-novembre 1917 s'élevait à 85 millions de morts dans l'estimation « basse » et cent millions selon l'estimation « haute ».

En dehors de ces périodes extrêmes, cette criminalité d'État fonctionnait en quelque sorte *comme au ralenti* avec, de temps en temps, quelques accélérations, des institutions comme le Goulag ne répondant pas au *minimum de garanties*

---

1. *Cf.* Andrejew, *op. cit.*, p. 101-103.
2. *Cf. supra* n° 384.
3. B. Lazitch, *Le rapport Khroutchev et son histoire*, 1976. Sur les premières années du Communisme, *cf.* S. Melgounov, *La terreur rouge en Russie, 1918-1924*, éd. des Syrtes, 2004, 362 p.
4. M. Heller et A. Nekrich, *L'utopie au pouvoir, Histoire de l'URSS de 1917 à nos jours*, éd. Calmann-Lévy, 1982. *Adde* P. Meney, *Les mains coupées de la Taïga* précité ; Margarete Buber-Neumann, *Déportée en Sibérie*, Seuil, 1985 ; B. Martchenko et Woropaj, *La famine-génocide en Ukraine, 1932-1933*, Préface G. Malaurie, Publications de l'Est européen, 1983 ; H. Carrère D'Encausse, *Le malheur russe : essai sur le meurtre politique*, Fayard, 1989. Les estimations, inévitablement imprécises en l'absence de documents connus suffisamment crédibles, varient en réalité entre le chiffre minimum de 17 à 20 millions et le chiffre maximum de 66 millions. Mais l'estimation de 40 millions de victimes de la répression stalinienne, donnée notamment par l'historien soviétique Roy Medvedev, est, semble-t-il, la plus fiable. *Cf.* T. Sherlock et V. Tolz, art. précité, spéc. p. 166. S'agissant plus précisément des seuls morts, *Le Livre noir du Communisme*, S. Courtois (dir.), R. Laffont éd. 1997, donne le chiffre de 20 millions. Pour le Vietnam, *cf.* M. Tauriac, *Vietnam : Le dossier noir du communisme*, Plon, 2001, 252 p.
5. B. Kiernan, *Le génocide au Cambodge 1975-1979*, Gallimard, 1998, 720 p. ; P. Short, *Pol Pot, anatomie d'un cauchemar*, Denoël, 2007, 604 p.

dont doivent bénéficier les détenus, tel que celui-ci a été défini par les Nations unies[1].

D'autre part, certaines accusations ont conduit à se demander si cette criminalité d'État ne possédait pas, à côté de son versant intérieur, un versant dirigé vers l'*extérieur*, notamment vers les pays occidentaux (soutien au terrorisme international, diffusion de la drogue par la « filière bulgare »...). La disparition du mur de Berlin et l'arrestation en 1993 de plusieurs terroristes de la Fraction Armée Rouge en Allemagne de l'Est sont venues confirmer que les pays de l'Est constituaient bien une « base de repli » pour le terrorisme anti-occidental avec la complicité des anciens gouvernements communistes. Il est ainsi acquis, aujourd'hui, que l'Allemagne de l'Est constituait un pays refuge pour des terroristes internationaux de la taille d'Abou Daoud, l'un des participants à la tuerie des Jeux olympiques de Munich en 1972, et de « Carlos », connu notamment comme l'organisateur de l'attentat contre le sommet de l'OPEP à Vienne, le 21 décembre 1975.

§ 3. **La criminalité dans les sociétés post-soviétiques**[2]

410 Les développements qui précèdent caractérisaient le volume et la structure de la criminalité dans les pays socialistes avant que ne se soit produit sur le régime soviétique ce que l'on a appelé « l'effet Gorbatchev » et que ne s'effondrent les régimes communistes dans les pays de l'Est de l'Europe. L'ensemble des pays du bloc communiste se trouve ainsi dans

1. J. Rossi, *Manuel du Goulag*, éd. Le Cherche-Midi, 1997.
2. SUR L'ENSEMBLE DES PAYS DE L'EST : Z.-M. Malia, Au mausolée du communisme, *Rev. Commentaire*, n° 51 (automne 1990) et 52 (hiver 90-91), p. 437-457; Colloque international de Syracuse (nov.-déc. 1991), CR *RSC*, 1992, p. 823-831; Séminaire pan-européen de formation (Aix-en-Provence, mai 1993), *Les pays de l'Est à l'épreuve de la criminalité en milieu urbain*, PUAM, 1994, 193 p.; The *EJCPR* de 1995, n° spécial sur « La délinquance dans les pays de l'Est »; 5ᵉ Colloque criminologique européen, BLED (Slovénie), 25-28 sept. 1996 : « Problèmes de la criminalité en Europe orientale et occidentale », CR *RSC*, 1997, p. 712-714. Comité européen pour les problèmes criminels du Conseil de l'Europe, « Politique criminelle et droit pénal dans une Europe en transformation », nov. 1996 : « Évolution récente de la criminalité en Europe centrale et orientale », p. 68-86; Séminaire de l'IHESI sur « La transformation des polices dans l'espace post-communiste », 2000; M. Galeotti, « Crime in Post-Soviet Societies, *in* M. Herzog-Evans (ed.), vol. 1, p. 583-595. POUR LA RUSSIE : D. de Kochko et A. Datskevitch, *L'Empire de la drogue, la Russie et ses marchés*, éd. Hachette, 1994. I.-B. Mikhailovskaya : « La criminalité dans la Russie post-totalitaire », *RICPT*, 1995, p. 277-293, L.-I. Shelley, « Post-Soviet organized crime and the Soviet successor states », *AIC*, 1995, 169-190; E. Viano, « La mafia russe : Son impact sur la privatisation du marché », *RICPT*, 1995, p. 395-404; T. Cretin, « Qu'est-ce qu'une mafia ? Essai de définition des mafias », *RSC*, 1995, p. 281-289, spéc. 297-299; même auteur, *Mafias du monde*, PUF, 1997, spéc. p. 23-38. N. Marie-Schwartzenberg, *La Russie du crime*, PUF 1997, 198 p.; F. Sclafani, *Teorie e attualità in Criminologia. Il caso Russia*, Bologne, 1998, 246 p.; G. Favarel-Garrigues, *La corruption en Russie*, Doc. fr., 2000. SUR LES PAYS DE L'ANCIEN BLOC COMMUNISTE AUTRES QUE L'EX-URSS : pour la Hongrie, G. Racz, « La politique criminelle et la situation de la criminalité en Hongrie », *RSC*, 1991, 746-748; K. Gonczoi, Anxiety over Crime, *AIC*, 1993, 19-33; pour la Roumanie : R. Stanciu, « L'heure de la criminologie roumaine », *RICPT*, 1991, n° 1 et G. Nistoreanu, « La criminalité économique, financière et des affaires dans le contexte de période de transition que connaît la Roumanie », *in* 3ᵉ Colloque de l'AICLF, « Criminologie et droits de l'homme », Bucarest, janv. 1992, *RICPT*, 1992, p. 492 et s., spéc. 495-496; pour la Tchécoslovaquie : A. Mares, « Pavane pour une Tchécoslovaquie défunte », *Rev. Commentaire*, hiver 1993-1994, p. 739 et s.; pour l'Albanie : H. Shkembi, « La vendetta en Albanie. Recrudescence actuelle des actes de vengeance sanglante », *RICPT*, 1993, n° 3.

une *période transitoire tout à fait originale,* car jusqu'à présent il n'y avait pas eu d'exemple de pays soumis à la domination communiste qui ait librement abandonné un tel régime. En présence de ces faits historiques essentiels, la criminologie ne peut manquer de se poser la question de savoir quel est l'impact de ces bouleversements sur la criminalité des pays socialistes.

1) En ce qui concerne le *volume global* de la criminalité, pour s'en tenir à l'URSS, on note un développement spectaculaire de la criminalité sous toutes ses formes au cours des dernières années. Le phénomène est présenté comme une conséquence du naufrage économique de ce pays. Mais on doit aussi y voir un effet de la libéralisation du régime politique. Le même phénomène avait ainsi été observé en Espagne après la mort de Franco et au moment du passage de ce pays de la dictature à la démocratie.

2) Quant à la *structure de la criminalité,* pour ne prendre ici encore que le cas de l'URSS, de la chute du mur de Berlin en 1989 jusqu'à la chute de Gorbatchev, la *corruption* généralisée sévit toujours. Sur le plan économique, l'aggravation de la pénurie alimentaire et des produits de consommation courante (tels les vêtements et les chaussures) entretient un « *marché noir* » plus florissant que jamais. *L'alcoolisme* y est plus développé également. La *drogue* y a fait son apparition et son utilisation s'accompagne du tableau bien connu des crimes qui y sont liés. La *délinquance juvénile* y atteint des proportions, semble-t-il, jusque-là inégalées. Mais c'est peut-être le développement de la *criminalité organisée* qui caractérise le plus cet aspect de la « perestroïka », criminalité organisée devant laquelle les autorités soviétiques manifestent la plus grande inquiétude.

Depuis la chute de Gorbatchev en 1991 et l'accession au pouvoir en Russie de Boris Eltsine, la situation dans ce pays paraît encore s'être aggravée si l'on en croit les informations diffusées par les médias et les données qui résultent des recherches scientifiques qui ont été entreprises sur cette criminalité. Le trafic de drogue, la criminalité organisée, la constitution de véritables organisations mafieuses, le racket, l'assassinat, l'enlèvement de personnes, les attentats dans les lieux publics (ex. l'attentat du métro de Moscou le 7 juin 1996) constituent autant d'activités criminelles qui contribuent à entretenir un climat d'anarchie[1], tandis que d'anciennes républiques soviétiques qui ont acquis leur indépendance, comme l'Arménie, l'Azerbaïdjan, la Géorgie et la Tchéchénie sont ravagées par des guerres intestines et des rivalités sanglantes.

Dans l'ancienne Yougoslavie l'éclatement de l'ancienne fédération des Républiques yougoslaves a donné lieu à des guerres atroces entre Serbes et Croates d'abord, puis entre Serbes orthodoxes et musulmans bosniaques, enfin avec la guerre du Kosovo qui se sont caractérisées par un *génocide* qui est actuellement jugé par le Tribunal pénal international de La Haye pour la Yougoslavie.

Sous le régime de Vladimir Poutine[2], la situation de la criminalité ne paraît guère s'être améliorée. Selon un article publié dans *Le Monde* du 25 avril 2003, « l'ère du crime n'est pas finie », au point qu'un député communiste s'est demandé qui dirige le pays : la mafia, les bandits ou le président ? ». « La "dicta-ture de la loi" dont le président Poutine a fait son slogan, après les années Els-

---

1. La criminalité est devenue une préoccupation majeure dans la plupart des pays de l'Est, V. *Le Monde* du 9 févr. 1996, « La criminalité est devenue la hantise des Bulgares ».
2. T. Wolton, *Le KGB au pouvoir,* Buchet-Chastel, 2008, 240 p.

tine, marquées par le chaos, a certes mené à un renforcement des services de sécurité... Mais la « dictature de la loi » a surtout conduit à une restriction des libertés. Les crimes eux-mêmes perdurent... Surtout l'impunité reste de mise... » : mafias, corruption, détournements, prostitutions, trafic d'armes, trafic de voitures volées, braquages, règlements de compte, toxicomanies, fraudes fiscales, crimes de guerre en Tchétchénie... et en regard un mauvais fonctionnement de la justice...[1]. La Russie occupe ainsi l'une des premières places dans le monde pour les morts violentes (homicides, suicides, accidents de transport) avec un taux de 95,9 pour 100 000 habitants pour l'année 2000[2]. Elle a aussi un taux d'incarcération extrêmement élevé : on compte aujourd'hui près de 900 000 détenus pour une population d'environ 141 millions habitants (ce qui correspond à un taux d'incarcération de 550 détenus pour 100 000 habitants, contre un taux de 91 pour 100 000 habitants en France; en proportion, il y a donc plus de 6 fois plus de détenus en Russie qu'en France; il est à noter que ce chiffre place la Russie du point de vue du taux de détention en 2ᵉ position dans le monde, derrière les États-Unis). Dans la vision pessimiste de la situation actuelle de la Russie de Poutine, on n'hésite pas à parler du « caractère criminalisé du pouvoir russe »[3].

§ 4. **Le cas particulier de la Chine**

411 *La Chine entre totalitarisme politique et libéralisme économique* ◇ Si la Russie de Medvedev et Poutine tend de plus en plus à devenir un État autoritaire, dominé par les anciens du KGB, qui pratique une économie libérale, elle a abandonné le marxisme comme doctrine politique. La Chine présente au contraire l'originalité de demeurer *politiquement* un *État totalitaire* sous la domination du parti communiste qui détient tous les pouvoirs, y compris la justice, et en même temps, *économiquement*, d'avoir adopté une *économie de marché* qui lui permet d'aligner depuis près de 15 ans des taux de croissance inégalés (plus de 10 % par an). Il en résulte que du point de vue criminologique la Chine contemporaine paraît cumuler les traits caractéristiques de la criminalité propre aux pays socialistes vieillissants et ceux des pays libéraux de la société industrielle du xixᵉ et du début du xxᵉ siècle.

En ce qui concerne la *première*, la concentration du pouvoir dans les mains des dirigeants du parti est à l'origine d'une corruption et d'abus de pouvoir considérables : décollectivisation forcée et crapuleuse de la terre dans les campagnes, gaspillage des investissements publics, corruption passive et détournement de fonds à l'occasion du développement économique du pays. Comme par ailleurs le nombre de bureaucrates par rapport à l'ensemble de la population a considérablement augmenté (de 1 pour 40 administrés en 1995 à 1 pour 26 en 2005), on devine que cette explosion du nombre d'apparatchiks n'a fait qu'aggraver un problème que les campagnes contre la corruption (création en dernier lieu

---

1. N. Eberstadt, « La Russie, homme malade de l'Europe », *Revue Commentaire*, n° 112, hiver 2005-2006, p. 901-910.
2. J.-C. Chesnais, « Les morts violentes dans le monde », *Population et sociétés*, n° 395, nov. 2003.
3. T. Wolton, précité.

d'un bureau de prévention de la corruption) n'ont pas pu endiguer jusqu'à présent, pas plus que la sévérité de la répression[1].

Quant à la *criminalité induite par l'entrée dans le système de l'économie libérale*, elle se traduit aussi principalement par la corruption active, les détournements de fonds et les dommages causés par un développement économique sauvage, tels que la pollution. On explique la corruption et les détournements de fonds par le fait que nombre d'entreprises privées, n'ayant pas accès aux financements bancaires et à une protection juridique appropriée, utilisent les failles du système économique et recourent à des méthodes illégales pour obtenir des prêts et des licences d'activité. Ajoutons que lors du retour de Hong-Kong à la Chine populaire en 1997, les dirigeants du PC chinois ont négocié non seulement avec les Britanniques, puissance occupante, mais aussi avec les Triades implantées sur l'île, ce qui a eu pour effet d'introduire ou du moins d'officialiser la présence de ces mafias sur le continent chinois[2].

---

1. En Chine, la peine de mort est applicable à 68 types de crimes et délits, dont certains sont sans violence, comme la fraude fiscale et le détournement de fonds. La peine de mort y est effectivement appliquée à grande échelle. Ainsi en 2005, le pays a procédé à 1 770 exécutions capitales, soit 80 % du total mondial et près de 30 fois plus qu'aux États-Unis (60). Une nouvelle loi pénale entrée en application le 1er janvier 2007 prévoit que désormais toute condamnation à la peine capitale devra être examinée et validée par la Cour suprême, mais on doute que cette garantie entraîne une modification notable des pratiques.

2. *Cf.* J.-F. Gayraud, *Le monde des mafias*, O. Jacob, 2005, spéc. p. 171-173.

CHAPITRE 4

MONDIALISATION ET CRIMINALITÉ

412 ***Une criminalité de superposition*** ◇ Si, dans le monde actuel, chaque type de sociétés continue à avoir sa criminalité caractéristique malgré les évolutions survenues depuis la fin de la Seconde Guerre mondiale, les années 1990 ont vu *se superposer* rapidement à ces criminalités propres, une nouvelle délinquance commune qui couvre l'ensemble de la planète ou à peu près. Cette nouvelle criminalité est l'un des effets négatifs de la mondialisation moderne, l'un des aspects de sa « face obscure ». Pour bien, comprendre en quoi consiste cette nouvelle criminalité, il n'est pas inutile de dire quelques mots du phénomène de la mondialisation lui-même (section 1) avant de présenter celui de la mondialisation du crime (section 2).

SECTION 1. LE PHÉNOMÈNE DE LA MONDIALISATION [1]

413 ***Définition*** ◇ Le terme de *mondialisation* est un terme de formation récente. Composé à partir de l'adjectif « mondial », il est attesté en 1953 selon le petit Robert. Il désigne « le fait de devenir mondial, de se répandre dans le monde entier ». En anglo-américain, on emploie le terme de « *globalization* » avec la même signification. Le mot est d'ailleurs passé dans la langue française au milieu des années 1990, avec l'orthographe « globalisation », comme synonyme de mondialisation, mais il est assez peu utilisé dans le discours et les médias français.

Globalisation ou mondialisation, il s'agit dans les deux cas d'un terme vague car il ne donne aucune indication sur ce qui devient mondial, alors que c'est précisément l'essentiel. À cette fin, on va indiquer successivement le domaine de la mondialisation (§ 1), ses limites (§ 2) et ses critiques (§ 3).

§ 1. Le domaine de la mondialisation

414 ***Les divers aspects du domaine*** ◇ Quand on parle de mondialisation, on évoque essentiellement, sinon exclusivement, la mondialisation de

---

1. P. Moreau-Defarges, *La mondialisation*, coll. « Que sais-je ? », PUF, 2005 ; P. de Senarclens, *La mondialisation : théorie, enjeux et débats*, A. Colin 2002, 224 p. ; D. Cohen, *La mondialisation et ses ennemis*, Grasset, 2004 ; même auteur, *Trois leçons sur la société industrielle*, Seuil, 2006, chap. 2, « La nouvelle économie-monde », p. 41-61 ; A. Sasot Mateus, « Le processus de mondialisation » *in Histoire universelle*, Hachette, 2006, t. XX, p. 172-222 ; S. Berger, *Made in monde. Les nouvelles frontières de l'économie mondiale*, Seuil, 2006.

l'*économie*. De fait, c'est véritablement le domaine d'élection de la mondialisation, celui qui en constitue le fondement originaire et les principaux effets. Mais il faut y ajouter aussi une mondialisation *culturelle* et même une certaine tendance plus récente à la mondialisation *socio-politique*.

415 *a) La mondialisation économique* [1] ◇ Ce que l'on appelle la mondialisation correspond à la conjugaison de quatre phénomènes distincts, mais qui cumulent leurs effets. 1/ *La globalisation financière* qui résulte de la libéralisation des échanges de capitaux par le démantèlement du contrôle des changes. 2/ *L'internationalisation des entreprises* liée à la libéralisation des échanges de biens et de services, qui conduit de plus en plus d'entreprises à adopter une stratégie mondiale. 3/ *L'affirmation de la concurrence des pays émergents*, tels que les « dragons » d'Asie de l'Est, et aujourd'hui des BRICS (Chine, Inde, Brésil, Russie, Afrique du Sud) qui profitent de la libéralisation des échanges et du bas coût de leur main-d'œuvre. 4/ *L'extension du champ de la concurrence internationale* à des domaines et à des secteurs qui étaient antérieurement protégés, comme les services financiers, les transports, l'audiovisuel et les télécommunications, due tout à la fois au démantèlement des barrières réglementaires protégeant les opérateurs nationaux et aux mutations techniques.

Ainsi la mondialisation économique résulte d'un double phénomène : des *décisions politiques* telles que la libéralisation des échanges et des *facteurs techniques* comme les satellites de communication [2], dont la portée a été amplifiée à la suite de l'effondrement du système soviétique à la fin des années 1980.

416 *b) La mondialisation culturelle* [3] ◇ On entend par mondialisation culturelle la diffusion à travers le monde des *produits culturels* élaborés dans divers pays, et notamment la musique, le cinéma, la télévision et la littérature. La mondialisation culturelle accompagne la mondialisation économique par l'effet de ce que l'on a appelé la « marchandisation » de la culture, c'est-à-dire l'assimilation des produits culturels à des biens ordinaires soumis à ce titre au principe de la libéralisation des échanges commerciaux.

417 *c) La mondialisation politique* ◇ C'est la forme la plus récente de la mondialisation. En l'état actuel des choses, elle se traduit plus par une simple tendance que par un phénomène installé.

Elle a commencé paradoxalement par le regroupement violent de militants anti-mondialisation lors de sommets de chefs des États les plus riches du globe (Seattle, etc.) pour prendre la forme de contre-sommets en faveur de l'« alter-mondialisation » réunis à Rio de Janeiro.

---

1. J. Pisani-Ferry, « Mondialisation : vrais et faux débats », *Rev. Commentaire*, n° 77, printemps 1997, p. 27-35.
2. A. Mattelart, *La mondialisation de la communication*, coll. « Que sais-je ? », PUF, 2002.
3. J.-P. Warnier, *La mondialisation de la culture*, La Découverte, 2003, 118 p.; R.-F. Inglehart, Choc des civilisations ou modernisation culturelle du monde, *Rev. Le Débat*, mai-août 1999, 23-54.

Mais les forces politiques traditionnelles commencent elles-mêmes à envisager leur regroupement mondialisé qu'il s'agisse de partis de gauche[1] ou de partis de droite[2]. Dans son dernier ouvrage, *Qu'est-ce que le cosmopolitisme ?*[3], le sociologue allemand Ulrich Beck (l'auteur célèbre de *La société du risque*) observe que notre réalité tout entière est devenue cosmopolitique et il cite pour illustrer cette proposition la menace terroriste actuelle qui ignore les frontières. De la sorte il n'y a pas d'échappatoire au processus de mondialisation spirituelle. La résistance à la mondialisation entraîne elle-même une mondialisation politique.

§ 2. Les limites de la mondialisation

418 *Un phénomène récurrent, incomplet et variable* ◇ Il est courant d'entendre présenter la mondialisation actuelle, dans les médias notamment, comme un phénomène non seulement *inédit* mais encore *absolu*. On parle ainsi de *société-monde*, sinon de civilisation mondiale. Or, cette représentation des choses est largement simpliste et inexacte.

On observera en premier lieu que notre mondialisation *n'est pas sans précédent* : le monde libéral du XIXᵉ siècle jusqu'à la guerre de 14-18 a également connu une mondialisation[4]. Mais cette première mondialisation présentait un visage assez différent de l'actuelle, d'une part en raison de la différence de nature des produits figurant dans le circuit économique, d'autre part à cause de la différence de rapidité des moyens de communication. À la mondialisation de la société industrielle a succédé une mondialisation de la société post-industrielle, où la circulation des services compte autant sinon plus que celle des produits agricoles et industriels.

En deuxième lieu, la mondialisation actuelle *n'est pas complète*. Pour s'en rendre compte, il suffit de comparer le degré d'ouverture de l'économie internationale avec l'économie interne de pays tels que la France, l'Allemagne ou les États-Unis. Les économies à l'intérieur de chacun de ces pays sont souvent significativement plus intégrées que leurs relations économiques avec les autres pays du monde en raison de la persistance de certaines barrières douanières et de certaines restrictions quantitatives de leur commerce extérieur. De même, les différences de fiscalité entre les divers pays constituent souvent un frein à la globalisation que seule une harmonisation fiscale permet de débloquer[5].

Enfin, *le degré de mondialisation varie* notablement selon les pays et les ensembles régionaux; la mondialisation actuelle est un *phénomène à géo-économie variable*. Les pays de l'Union européenne constituent un marché unique, mais qui est lui-même relativement protégé contre la concurrence extérieure. D'autres ensembles régionaux (Alena, Mercosur par exemple) forment de simples zones de libre-échange, elles-mêmes protégées à l'égard de l'extérieur. Certains pays sont seulement partis à des accords économiques de portée plus limitée, sans parler de ceux

---

1. Z. Laïdi, « Le social-mondialisme », *Rev. Le Débat*, mars-avril 2003, p. 22-32.
2. H. Portelli, La droite s'internationalise, *Le Figaro* du 22 avril 2003.
3. Aubier-Alto, 2006, 378 p.
4. S. Berger, *Notre première mondialisation*, Seuil, 2003, 96 p. En fait, on peut même faire remonter la première mondialisation au XVIᵉ siècle lorsque l'Empire espagnol s'étendait d'Anvers à Manille. *Cf.* S. Gruzinski, *Les quatre parties du Monde. Histoire d'une mondialisation*, éd. La Martinière, 2004, 468 p.
5. M. Leroy (dir.), *Mondialisation et fiscalité. La globalisation fiscale*, L'Harmattan, 2006 et notamment « Réflexion sociologique sur la globalisation fiscale », p. 263-283.

qui demeurent délibérément fermés comme la Corée du Nord ou Cuba. Il y a là autant de données qui doivent être prises en compte dans l'appréciation de la mondialisation *économique*. La mondialisation *culturelle* (avec par exemple « l'exception française ») et plus encore la mondialisation *politique* sont bien plus limitées encore. Le monde ne connaît notamment pas d'organisation politique et juridique suffisamment capable d'assurer des réglementations semblables à celles que l'on observe à l'intérieur des États.

§ 3. Critique de la mondialisation [1]

419 ***Des critiques de sens opposé*** ◊ La mondialisation actuelle, dans son étendue comme dans ses limites, fait l'objet de deux séries de critiques de sens opposé.

1) Certains auteurs, attentifs aux évolutions favorables de l'économie mondiale au cours des trente dernières années et à l'amélioration de la condition matérielle des hommes qui en a résulté, reprochent à la mondialisation actuelle d'être insuffisante et trop disparate. Ils plaident en faveur d'une accentuation et d'une accélération du phénomène.

2) Nombreux sont ceux, en revanche, qui accusent la mondialisation contemporaine de tous les maux qui accablent la planète : réchauffement catastrophique, pollutions de toute sorte, accroissement de la pauvreté et des inégalités, etc. Certaines de ces critiques sont pertinentes mais d'autres reposent sur des données fausses ou à tout le moins incomplètes quand elles ne sont pas imaginaires. C'est ainsi, par exemple, que l'on a pu démontrer que *ce qui est scientifiquement admis* en matière d'inégalités et de pauvreté est très différent de ce que raconte le discours dominant. L'inégalité mondiale des revenus, qui avait augmenté dans des proportions considérables au XIXᵉ siècle, n'a guère varié depuis 1950 et il est même possible qu'elle ait légèrement diminué depuis une dizaine d'années. Quant à la pauvreté, elle a reculé dans des proportions importantes depuis deux siècles et le nombre des « très pauvres » a baissé en vingt ans : ainsi le nombre des individus qui vivent avec moins d'1 \$ par jour ou moins a chuté de 40 % de la population mondiale en 1981 à 18 % en 2004 et on estime qu'elle baissera encore à 12 % d'ici 2015 malgré l'accroissement de la population au cours de la même période. À elle seule la croissance de la Chine a hissé plus de 400 millions de chinois hors de la pauvreté. La pauvreté baisse d'une manière générale dans les pays qui abritent 80 % de la population mondiale [2]; elle ne continue à monter qu'en Afrique subsaharienne. Comme la première mondialisation au XIXᵉ siècle, la mondialisation actuelle a permis, depuis une vingtaine d'années, un certain rattrapage des pays développés par les pays qui ont choisi l'ouverture (soit 3 milliards

---

1. J. Mathiex, *Mondialisation : les nouveaux défis d'une histoire ancienne*, Paris, Félin 2003, 256 p. La littérature sur la critique de la mondialisation est très abondante. Elle est essentiellement dirigée contre le phénomène. Parmi les publications récentes : en faveur de la mondialisation, J. Norberg, *Plaidoyer pour la mondialisation capitaliste*, Plon, 2003; sur l'antimondialisation, M. Wieviorka, *Un autre monde... : contestations, désirs et surprises dans l'antimondialisation*, Balland, 2003, ainsi que S. Champeau, « L'idéologie altermondialiste », *Rev. Commentaire*, n° 107, automne 2004, p. 699-707, et H. Bourguignat, « L'altermondialisation. Essai d'évaluation », même revue, même n°, p. 691-697; sur une position intermédiaire, M. Wolf, *Why globalization works ?*, Yale university Press, 2005, 416 p., CR P. Tabatoni (« Une globalisation bien tempérée »), *Rev. Commentaire*, n° 113, Printemps 2006, 232-236. Sur un aspect particulier du problème, M. Delmas-Marty, *Globalisation économique et universalisme des droits de l'homme*, éd. Thémis, Montréal, 2004, 22 p.

2. F. Zakaria, *L'empire américain. L'heure du partage*, éd. Saint Simon, 2009, spéc. p. 33.

d'hommes) ; ce n'est que pour ceux qui n'y participent pas que le fossé s'est creusé avec les acteurs de la mondialisation (2 milliards d'hommes). Enfin cette seconde mondialisation a accru les inégalités internes de revenus plutôt dans les pays développés que dans les pays en développement, ce qui est considéré comme humainement préférable en raison de l'existence dans ces pays de systèmes redistributifs de compensation efficaces[1]. S'agissant de la France, selon l'INSEE, de 1996 à 2004, à la faveur de l'augmentation générale du niveau de vie qui s'est accrue de 12 % en moyenne la proportion de pauvres dans la population totale (moins de 788 € par mois) a diminué, passant de 13,5 % à 11,7 % (6,9 millions de personnes)[2]. Une statistique différente portant sur une période plus longue établie par l'Observatoire National de la pauvreté publiée en avril 2004 avait antérieurement indiqué que la proportion des *ménages* (et non des personnes) vivant en dessous du « seuil de pauvreté » avait été divisée par deux et demi en 30 ans, passant de 15 % en 1970 à 6,1 % en 2001[3].

La critique la plus pertinente que l'on puisse adresser à la mondialisation économique est que, paradoxalement, en constituant l'achèvement du libéralisme, elle en est en réalité la plus grande menace. En effet les grands agents économiques trouvent dans la mondialisation la possibilité de s'affranchir de la régulation libérale étatique et risquent ainsi d'engager le système économique dans une licence destructrice[4]. C'est précisément ce qui a failli se produire avec la dernière crise de 2008-2011.

419-1 *Crise économique de 2008-2011 et mondialisation* ◊ L'économie internationale a connu en 2008-2011 une crise grave que l'on considère généralement comme la crise économique la plus générale et la plus sérieuse depuis celle de 1929. Il s'agit sans doute aussi d'une crise mondiale[5], mais sa profondeur et sa portée varient considérablement selon le type de pays. Il faut distinguer à cet égard entre les *pays avancés* et les *pays émergents*.

S'agissant des *pays avancés*, on peut véritablement parler de crise grave. La crise des « *subprimes* » est essentiellement américaine. L'effondrement des cours des marchés boursiers a concerné les bourses américaines, européennes et japonaises. La récession de l'économie réelle n'a frappé que les pays occidentaux et les pays en développement dont l'économie dépend principalement des pays occidentaux. La crise de la dette enfin n'affecte que des pays européens (Grèce, Irlande, Portugal...)[6].

En revanche, si les *pays émergents* n'ont pas été entièrement à l'écart de la crise, celle-ci n'a eu comme effet chez eux qu'un simple ralentissement temporaire de leur croissance qui est par ailleurs considérable. Tel est le cas notamment de la Chine, de l'Inde et du Brésil. Leur taux de croissance s'est à peine infléchi avec la crise : Chine en 2007 11,4 %, en 2008 9,6 %, en 2009 8,7 % et en 2010 10,3 % ;

---

1. C. Morrisson, « Inégalités, pauvreté et mondialisation », *Revue Commentaire*, n° 100, hiver 2002-2003, 819-829. *Adde* : A. Jeancour-Galignani et P. Trainar, « La mondialisation et la lutte contre la pauvreté », même revue, n° 103, Automne 2003, p. 563-577.
2. INSEE, *Les revenus et le patrimoine des ménages*, 2006.
3. *Le Monde* du 10 avr. 2004.
4. *Cf.* M. Guenaire, *Les deux libéralismes*, Perrin, 2011, 480 p.
5. La crise de 1929 avait affecté tous les pays du monde à partir des États-Unis, à l'exception de l'URSS collectiviste.
6. *Cf.* les développements sur la crise dans les pays avancés, *infra* n° 529-1.

Inde de 9,4 % en 2007 à 8,6 % en 2010 en passant par 7,4 % en 2008 et 2009 ;
Brésil de 6,9 % en 2008 à 7,5 % en 2010 avec 4,5 % en 2009.

Si, à la différence de ce qui s'était passé dans les années 1930, les pays avancés
sont parvenus à endiguer la crise par diverses mesures de gouvernance économique et à amorcer une certaine reprise de l'économie, cette crise a considérablement accentué le déplacement du centre de l'activité économique mondiale, déjà
bien amorcé quelques années avant la crise, depuis l'ensemble Europe/États-Unis
vers l'Asie du Sud-Est (Chine, Inde). Le symbole le plus significatif de ce phénomène est l'accession de la Chine en 2010 au rang de deuxième puissance économique mondiale, après les États-Unis mais devant le Japon.

SECTION 2. **LA MONDIALISATION DU CRIME**[1]

420 *Généralités* ◇ Le phénomène de la mondialisation économique, culturelle et socio-politique comporte, dans ce qu'il est convenu d'appeler « la
face obscure de la mondialisation »[2], une *mondialisation du crime*. Aussi
convient-il de préciser ce que l'on doit entendre par là (§ 1), afin de pouvoir en inventorier les manifestations (§ 2), de tenter d'en scruter la
structure (§ 3) et d'en analyser les facteurs et les processus (§ 4).

§ 1. **La notion de mondialisation du crime**

421 *Position du problème* ◇ L'existence d'actes délictueux dont les éléments constitutifs contiennent *un ou plusieurs éléments d'extranéité* par
rapport à un État déterminé (France, Canada, Grande-Bretagne, etc.),
n'est pas un phénomène nouveau. Il s'agit là tout au contraire d'un phénomène connu depuis longtemps et appréhendé par les droits pénaux
étatiques, sous l'appellation de *droit pénal international*, depuis la constitution des grandes unités politiques d'États souverains, jaloux de leur
autonomie et de leur indépendance réciproque, soit depuis les xvie-
xviie siècles. Depuis lors, l'intérêt pratique de cette discipline n'a pas cessé

---

1. 12e Congrès international de criminologie (Séoul, 24-29 août 1998) : « Crime et justice
dans un monde en évolution : perspectives en Asie et dans la communauté internationale » ;
56e Cours international de criminologie (Miami, 6-8 septembre 1999) : « Les conséquences de la
globalisation sur l'évolution de la criminalité » ; G. Picca, « Globalization and criminality », *AIC*,
2000, p. 93-95 ; F. Falletti et F. Debove, *Planète criminelle*, PUF, 1998, 405 p. ; G. Picca, « Tendances actuelles de la criminalité à l'heure de la mondialisation », *AIC*, 2004, p. 21-27 ; M. Bietlot,
« Délocalisation des frontières », RDPC, 2004, p. 691 ; G. Picca, *La criminologie*, coll. « Que sais-
je ? » PUF, 7e éd. 2005, p. 95-101 ; T. Von Trotha, « Mondialisation violente, violence mondialisée et marché de la violence. Jalons d'une sociologie criminologique de la guerre », *Dév. et soc.*,
2005, p. 349 ; E. Viano, « Globalization and transnational crime : new links, new perspectives »,
AIC, 2008, p. 81-106 ; la diplomatie contre les mafias, trois articles dans la revue *Mondes (Les cahiers
du Quai d'Orsay)*, n° 1, automne 2009 : O. Weber, « Les États contre les réseaux criminels », p. 5-13 ;
M. Bettati, « Droit international et piraterie maritime, p. 14-20 ; J.S. Conty et N. de Labrusse, La
lutte contre les flux financiers illicites », p. 21-29 ; « Mondialisation et criminalité », *in Questions internationales*, n° 40, nov-déc. 2009, p. 1-84 ; UNODC (Office des Nations Unies contre
les drogues et le crime), « The globalization of crime. A transnational organised crime threat
assessment », Vienne, juin 2010, rapport synthétisé *in ONRDP*, 2010, p. 916-925.
2. N. Pless et J.-F. Couvrat, *La face cachée de l'économie mondiale*, Hatier, 1989, 358 p.

de croître, en proportion de la fréquence des relations internationales[1]. Dès lors, en quoi le phénomène qu'il est convenu d'appeler la mondialisation du crime fait-il figure de phénomène nouveau ? N'est-il pas simplement le résultat d'une augmentation de la criminalité internationale traditionnelle due au développement de la mondialisation économique, culturelle et socio-politique elle-même ?

422 *Originalité de la criminalité mondialisée* ◇ Il serait erroné de croire que la mondialisation du crime ne se distingue de la criminalité internationale courante que par des différences quantitatives, ou même seulement qualitatives. Il y a entre les deux sortes de criminalité une *différence de nature essentielle*. Cette différence tient au fait que, dans la criminalité internationale classique, le ou les éléments d'extranéité ont un caractère *occasionnel*, sinon parfois accidentel, alors qu'en matière de criminalité *mondialisée*, les éléments d'extranéité sont *de nature structurelle*. Ils sont *consubstantiels* à ce type de délinquance. On retrouve cette conception de l'originalité de la criminalité mondialisée dans l'approche contemporaine qu'en fait le pouvoir politique lui-même. On lit ainsi dans l'annexe I, Principes généraux, de la loi française d'orientation et de programmation pour la sécurité intérieure du 29 août 2002 : « Le terrorisme, le crime organisé et le blanchiment, les filières criminelles et les réseaux de proxénétisme qui exploitent les candidats à l'immigration clandestine sont *par nature* des phénomènes transnationaux contre lesquels on ne peut lutter efficacement que grâce à la coopération entre des États »[2].

423 *Question de vocabulaire* ◇ Comme chaque fois que l'on distingue entre deux phénomènes, il convient de recourir à des termes différents pour les désigner.

Le terme de *crime international* convient assez bien pour désigner les actions délictueuses de la criminalité internationale ordinaire. En revanche le vocabulaire français est trop pauvre pour qualifier adéquatement les actes de délinquance mondialisée. On songe soit aux termes de *crime mondial ou global* (global crime), soit encore à l'expression de *crime transnational*. La première désignation a l'inconvénient de laisser croire à une personne non avertie que les éléments d'extranéité doivent se répartir dans le monde entier pour qu'un tel crime puisse exister. L'expression de crime transnational est sans doute moins mauvaise, à la condition de percevoir que le préfixe *trans* renvoie à la notion *verticale* de *transcendance* par rapport aux États concernés alors que le préfixe *inter* dans crime international évoque seulement, de manière *horizontale*, la juxtaposition d'éléments constitutifs d'un acte délictueux qui chevauchent une ou plusieurs frontières. Le terme « transnational » est au demeurant celui qui est utilisé en droit pénal international conventionnel[3].

1. *Cf.* H. Donnedieu de Vabres, *Traité de droit criminel*, 3e éd. 1947, nos 1610 et 1611.
2. *JORF* 30 août 2002, p. 14403, col. 1.
3. Convention des Nations Unies contre la criminalité transnationale organisée du 15 novembre 2000, publiée en France par le D. n° 2003-875 du 8 septembre 2003 (*JO* 13 sept. 2003, p. 15705).

§ 2. Les manifestations de la mondialisation du crime

424 *Traits caractéristiques* ◇ La mondialisation du crime se caractérise par les traits suivants : la grande diversité des types de crimes transnationaux, le rôle fondamental des organisations criminelles dans leur perpétration et leur importance quantitative.

425 *a) Diversité des types de crimes transnationaux* ◇ Un inventaire aussi exhaustif que possible des divers types de crimes transnationaux conduit à les regrouper autour de *trois pôles* essentiels : le profit, la violence terroriste et la violence contestataire.

1) La criminalité *inspirée par le profit* est la manifestation la plus ancienne de la mondialisation du crime. Elle remonte au début des années 1970 et a connu, à la suite de l'effondrement de l'union Soviétique au tournant des années 1980-1990, un développement considérable. On peut sous-distinguer au sein même de cette criminalité entre *deux variétés d'actes criminels :* ceux qui ont pour but de procurer des profits illicites et ceux qui ont pour objet de faire passer ces profits de l'illicéité dans le circuit financier légal.

Les *premiers* sont très variés. il s'agit de la corruption et du trafic d'influence[1], de la fraude fiscale internationale, du trafic de drogues, du proxénétisme transnational, du trafic d'armes ainsi que de voitures volées, de la vente de faux médicaments sur le Net, de la piraterie maritime[2], de la cyber-criminalité à but lucratif, mais également de l'organisation de passages clandestins (tel le passage d'immigrants asiatiques en Grande Bretagne, par la France et la Belgique), de la mendicité par enfants sur la voie publique, du trafic d'enfants à adopter, du trafic d'organes, ou encore du trafic d'animaux protégés ou de produits de ces animaux (ex. l'ivoire). Bien que ces activités soient dictées par la réalisation de profits financiers, leurs auteurs n'hésitent pas le cas échéant à recourir à la violence : assassinats, tortures, mutilations et enlèvements sont parfois commis à l'occasion des diverses activités de trafic énoncées précédemment, lorsqu'il s'agit de protéger leur réalisation et d'en assurer l'impunité.

Quant aux actes criminels qui ont pour objet *le passage des profits* réalisés par les actes qui précèdent *du circuit clandestin dans le circuit légal*, il s'agit essentiellement des diverses variétés du crime de blanchiment d'argent, entouré d'actes accessoires tels que la corruption des personnes habilitées à empêcher le blanchiment ou les menaces qui leur sont adressées[3].

2) *La violence terroriste transnationale*, d'origine plus récente (elle remonte au début des années 1990) constitue une manifestation très différente de la mondialisation du crime. Dirigée contre les pays occidentaux, et plus particulièrement contre les États-Unis, par des organisations musulmanes fondamentalistes dont la plus célèbre est Al Qaïda avec son chef Ben Laden, elle a trouvé jusqu'à présent son point culminant avec les attentats du 11 septembre 2001 contre les tours du

---

1. D. Szabo, « La corruption : aspects socio-culturels », *AIC*, 2001, p. 31-46.
2. *Cf. supra* n° 381-1 et s.
3. T. Godefroy et P. Lascoumes, *Le capitalisme clandestin. L'illusoire régulation des places off shore*, La Découverte, 2004, 263 p.; B. Manin, « Le blanchiment d'argent. La criminalité à l'échelle mondiale », *Rev. gend. nat.*, Sept. 2004, p. 49-58; R. Baker et E. Joly, « La question des flux financiers illicites », *Revue Commentaire*, 2008, n° 124, p. 1015-1025.

World Trade Center. Perpétrés par des individus généralement occidentalisés et d'un niveau de formation technique et social relativement élevé mais qui n'hésitent pas à sacrifier leur vie en se constituant en « bombes humaines », ils illustrent dramatiquement ce que Samuel Huntington a appelé le « choc des civilisations ». Les moyens financiers et les aides logistiques leur sont fournis par des sources variées dont certaines proviennent directement ou indirectement d'États du Moyen-Orient[1].

3) *Quant à la violence contestataire*[2], de formation toute récente (elle remonte à 1999 avec les affrontements de Seattle), elle est l'œuvre de groupes violents (les « black blocs ») en relation par Internet, qui s'insinuent dans les manifestations internationales anti-mondialisation et provoquent des affrontements graves avec les forces de sécurité, entraînant parfois mort d'homme.

Outre la violence contestataire proprement dite, on ne peut manquer de relever cette nouvelle forme de contestation dissimulée, mais particulièrement inquiétante non seulement pour les États, mais aussi pour la communauté internationale, que constituent les réseaux de piratage informatique des documents secrets du type « *Wiki Leaks* ».

426 *b) Rôle fondamental des organisations criminelles*[3] ◇ À la différence des crimes internationaux ordinaires qui peuvent être commis par un seul agent éventuellement aidé d'un complice, les crimes transnationaux sont très généralement l'œuvre de véritables *organisations criminelles*. En la matière l'association de malfaiteurs plus ou moins nombreux est indispensable à la préparation et à la réalisation de ces crimes. Ces associations sont des organisations très structurées où les rôles de chacun sont définis de manière précise et où les acteurs sont cloisonnés d'une manière telle que, lorsque l'un des membres ou une partie des membres du réseau vient à tomber dans les mailles du filet de la police, cette dernière ne puisse pas remonter jusqu'à l'échelon supérieur.

1. R.-D. Masters, « Les ressorts du terrorisme, un essai d'étiologie appliquée à la recherche d'une juste riposte », *Revue Futuribles*, déc. 2001, n° 270, p. 5-18; SOS Attentats, *Terrorisme, victimes et responsabilité pénale internationale*, Calmann-Lévy, 2003, 545 p.; A. Wazir, « Globalisation et lutte contre le terrorisme et la violence », *AIC*, 2003, p. 79-91; F. Helsbourg et J.-L. Marret, *Le terrorisme en France aujourd'hui*, éd. des Équateurs, 2006, 126 p.; A. Taseer, « Un djihadiste anglais », *Rev. Le Débat*, nov.-déc. 2005, n° 137, p. 106-117; T. Von Trotha, « Mondialisation violente, violence mondialisée et marché de la violence. Jalon d'une sociologie criminologique de la guerre », *Dév. et soc.*, 2005, 349; A. Normandeau, « Le terrorisme international et la peine de mort », *RSC*, 2006, p. 895-898; C. Cutajar, *Blanchiment des profits illicites et financement du terrorisme*, éd. F. Lefebvre, 2006; G. Kepel, *Terreur et martyre. Relever le défi de la civilisation*, Flammarion, 2008, 366 p.; F. Heisbourg, *Après Al Quaida, la nouvelle génération du terrorisme*, Stock, 2009, 192 p.
2. Forum mondial des alternatives, *Mondialisation des résistances : l'état des luttes 2002*, L'Harmattan 2002, 386 p.
3. A. Schmid, « Transnational organised crime and its threat to democracy and the economy », in C. Fijnaut et al., *Changes in society, crime and criminal justice in Europe*, Anvers, Kluwier, 1995, II, 85-121; 60ᵉ et 61ᵉ Cours international de criminologie (Neuchâtel et Brasilia octobre 2001), rapports L. Sherman, G. Picca, D. Szabo et J. Pradel, *AIC*, 2001; G. Picca, « Transnational organized crime », *AIC*, 2001, p. 19-24; L. I. Shelley, « The nexus of organized international criminals and terrorism », *AIC*, 2002, p. 85-92; O. Foll, *L'insécurité en France*, Flammarion 2002, chapitre sur « La mondialisation mafieuse », p. 129-144; J.-F. Gayraud, *Le monde des mafias. Géopolitique du crime organisé*, O. Jacob, 2005, 443 p (à propos des mafias internationales, spéc. p. 161-173); X. Rauffer, *La criminalité organisée dans le chaos mondial : mafias, triades, cartels, clans*, Paris, éd. des Réaux, 2006, 78 p.

L'existence de ces organisations criminelles transnationales a été progressivement mise en évidence à la suite d'actes délictueux commis par leurs membres et du résultat des investigations policières. C'est ainsi que les années 1990 ont vu se déployer de *véritables mafias internationales* spécialisées dans le trafic de drogues, d'armes, de prostituées et d'immigrants clandestins. De leur côté, les attentats du 11 septembre 2001 ont révélé l'existence d'un réseau terroriste mondial, le réseau Al Qaïda, qui, en voulant désintégrer les symboles de la mondialisation, « contribue, à sa façon à l'émergence de la société-monde » [1]. Sur un mode différent, c'est encore un réseau qui s'est manifesté à l'occasion des manifestations antimondialisation (anti-G7, anti-Davos, Seattle, etc.); mobilisés grâce à Internet, des groupes de jeunes violents de divers pays en communication internationale, se retrouvent sur les lieux de ces manifestations afin de s'affronter aux forces de police et de subvertir des protestations pacifiques en instruments de révolte urbaine. La même observation peut être faite pour le réseau « *Wiki Leaks* ».

427 *c) L'ampleur de la mondialisation du crime* ◇ Loin d'être un phénomène marginal, la criminalité trans-nationale revêt une ampleur considérable qui entraîne des effets perturbateurs inédits sur l'économie mondiale, la politique internationale et finalement la paix dans le monde. Il suffit de se référer aux conséquences entraînées par les attentats du 11 septembre 2001 (près de 3 000 victimes, 2 832 exactement) qui ont provoqué au titre de la légitime défense, l'engagement de l'armée américaine en Afghanistan pour y liquider le régime des Talibans qui abritait Ben Laden et ses lieutenants et y entretenait des camps d'entraînement terroristes.

S'agissant du secteur de l'*économie*, les sommes gagnées par les divers trafics, notamment le trafic de drogues, dépassent le PIB d'un pays développé comme la France qui était de 8 842 milliards de francs en 1999. Ainsi en 1997, selon le rapport mondial de l'ONU, les recettes globales de l'industrie illicite de la drogue s'élevaient à environ 400 milliards de dollars, soit 8 % du commerce mondial et quatre fois le revenu national brut des 53 pays les moins avancés, tandis que le montant du blanchiment par les organisations criminelles, tel qu'évalué par le FMI pour la même année, était de l'ordre de 300 à 500 milliards de dollars, soit environ 2 % du PIB mondial. Pour l'année 2002, les estimations varient, mais sont plutôt orientées vers l'augmentation. Le « Bureau pour le Contrôle des drogues et de la prévention du crime » des Nations unies estimait le chiffre d'affaires annuel du narcotrafic mondial à 300 à 500 milliards de dollars, tandis que d'autres lui attribuaient un chiffre d'affaires de mille milliards de dollars et 8 % du commerce mondial [2]. D'après une dernière estimation qui date de 2009, le FMI évalue à 2 000 milliards de dollars par an le blanchiment d'argent sale pour l'ensemble du crime organisé.

§ 3. **La structure de la criminalité transnationale**

428 *Modèle et réalité* ◇ La géographie politique du monde, les systèmes et les pratiques socio-économiques des divers pays ou des diverses régions

---

1. E. Morin, « Une mondialisation plurielle », *Le Monde* du 20 mars 2002. *Adde* M. Chesney, « La privatisation du terrorisme », *Le Monde de l'Économie* 6 mai 2003.
2. F. Ploquin et E. Merlin, *Trafic de drogues... trafic d'États*, Fayard, 2002.

du monde, les réglementations juridiques des États et des groupes d'États, la variété et la rapidité des moyens physiques de communication et des télécommunications, tous ces facteurs et d'autres sans doute tels que la variabilité de l'activité de la police et de l'efficacité de la justice, contribuent à structurer d'une certaine manière l'activité criminelle mondiale exercée par les organisations criminelles internationales.

Un auteur[1] a tenté de *modéliser* cette structure et ses mécanismes de fonctionnement en distinguant entre *trois sortes de zones géopolitiques* spécialisées dans l'ensemble mondial. 1° La première est celle de la *production* de ce qui constitue la « matière première », si l'on peut dire, de l'activité criminelle : production de stupéfiants (opium, coca, cannabis...), fourniture de femmes en vue de la prostitution, d'enfants en vue de l'adoption, prélèvement illicite d'organes humains destinés à être greffés, etc. Il s'agit généralement de pays secoués par de graves troubles politiques, à l'économie ravagée et victimes d'une instabilité qui facilite à la fois la violence et la corruption. 2° La deuxième zone est celle des pays développés où sont *consommés* « les produits » illicites éventuellement après transformation en cours de circuit économique comme c'est le cas pour l'opium. Il s'agit de pays économiquement riches, politiquement stables et dont les populations bénéficient d'une marge de liberté et de moyens financiers tels qu'elles peuvent s'adonner à peu près librement et massivement à cette consommation ou du moins à certaines d'entre elles (cannabis, prostitution). 3° Reste une troisième zone géopolitique dont la fonction est essentielle : c'est celle des « paradis bancaires et fiscaux » qui permet de *recycler* l'argent « sale » provenant des divers trafics illicites, en le *blanchissant* par des procédés divers afin de permettre son investissement dans des activités apparemment licites généralement dans les pays riches.

Ce modèle qui a été élaboré en contemplation de la criminalité de profit ne convient pas pour représenter toutes les formes de délinquance transnationale, qu'il s'agisse du *terrorisme* ou de la *délinquance de contestation* de la mondialisation. S'agissant de la *criminalité de profit* elle-même, certaines variétés échappent au modèle; ainsi le trafic d'armes se fait souvent dans le sens de la production des pays développés vers l'utilisation dans les pays du Tiers-Monde; de même le tourisme sexuel se « consomme » dans ces derniers pays. Par ailleurs, certains trafics empruntent des circuits plus complexes, d'autres au contraire blanchissent l'argent illicite directement dans les pays consommateurs avec la complicité d'officines de change ou d'employés de banque.

Le modèle est donc loin d'être général mais il a le mérite d'exister et de servir de base de réflexion et d'analyse pour décrire la structure de la criminalité transnationale.

§ 4. Les facteurs et les processus de la mondialisation du crime

429 *De l'expansion mondiale des mafias* ◇ On a vu précédemment que les organisations criminelles jouent un rôle fondamental dans la préparation et la perpétration des crimes transnationaux[2]. Jean-François Gay-

---

1. J. de Maillard, *L'avenir du crime*, Flammarion, 1997, 223 p.
2. *Cf. supra* n° 426.

raud s'est récemment employé à rechercher et analyser les « voies et moyens » de l'expansion mondiale des mafias[1].

Cet auteur a cru pouvoir identifier *six facteurs* : 1/ les *poussées migratoires*, telles que la poussée italienne vers les États-Unis (facteur démographique) ; 2/ les *alliances dangereuses*, telles que la diffusion de l'idéologie terroriste d'Al Qaïda à travers les organisations terroristes de divers pays, comme l'Irak, la Somalie, l'Algérie ou le Maroc ; 3/ le *vide répressif*, résultant par exemple de la corruption avancée de l'appareil d'État comme de la myopie de ce dernier face aux menaces qui le visent ; 4/ l'*exil des perdants et des fuyards*, tel que la dispersion de Cosa Nostra hors de la Sicile ; 5/ la *libéralisation de l'économie mondiale* qui a favorisé l'éclosion de mafias entrepreneuriales comme la contamination mafieuse des entreprises régulières ; 6/ l'*ancrage politique* par la corruption des élites dirigeantes, comme la mainmise de Cosa Nostra sur la Démocratie chrétienne en Italie.

Pour atteindre l'objectif d'infiltration de l'économie et de la finance mondiales, les mafias entrepreneuriales usent quotidiennement des trois armes tactiques particulièrement efficaces : l'intimidation, la corruption et l'assassinat[2].

430 *Conclusion du sous-titre 1* ◇ Au terme de ces développements, il apparaît bien qu'il existe une *relation étroite entre la criminalité* et *le type de sociétés* dans lequel elle se développe. La criminalité dans les sociétés archaïques était sans doute très étrangère à ce qu'elle peut être dans les sociétés modernes. Parmi celles-ci, il n'est pas douteux que les pays en voie de développement se différencient nettement des pays industrialisés. Quant à ceux-ci, on vient de voir que les pays occidentaux et les pays socialistes ne se ressemblent ni par le volume, ni par les traits structurels généraux de leur criminalité. Il demeure donc vrai de rappeler avec Merton que la fréquence du comportement délinquant varie avec les structures sociales et que les déviations ne prennent pas la même forme dans toutes les sociétés[3].

Toutefois, la *configuration générale de la criminalité* dans le monde a beaucoup évolué au cours des vingt à vingt-cinq dernières années en raison de l'incidence du phénomène de la *mondialisation*. Jusque vers la fin des années 1980, on pouvait dire que si l'internationalisation de la criminalité qui s'observait de plus en plus au fil des années était un facteur certain d'homogénéisation de cette dernière, elle jouait surtout *à l'intérieur* des grands groupes de pays (PVD, pays socialistes, pays occidentaux). Mais avec la disparition du rideau de fer, l'effondrement du bloc communiste et le développement de la seconde mondialisation, une nouvelle criminalité transnationale est venue *se superposer* (et non se substituer) aux criminalités spécifiques des divers ensembles géopolitiques.

Les développements qui précèdent ne constituent cependant qu'une ébauche très générale de la situation. Il convient maintenant de l'approfondir, sinon pour tous les types de sociétés, du moins pour les sociétés occidentales dont la France fait partie intégrante. C'est ce que nous allons voir dans un sous-titre 2.

---

1. *Op. cit.*, p. 127.
2. *Op. cit.*, p. 194-206.
3. *Cf. supra* n° 358.

La criminalité
dans les pays occidentaux

431 ***L'importance de la criminalité occidentale*** ◇ Les quelques indications qui ont été données précédemment sur la criminalité dans les pays occidentaux pour la distinguer de celle des pays socialistes ont déjà certainement permis de pressentir que cette criminalité a une très grande importance[1]. Effectivement, aujourd'hui on peut considérer que la criminalité de la plupart des pays occidentaux est devenue un *phénomène central* pour ces sociétés, à l'exemple de ce qu'elle tendait déjà à être aux États-Unis depuis longtemps[2].

Dès 1971, J. Pinatel écrivait qu'« un peu partout dans le monde, la criminalité a franchi le seuil à partir duquel elle cesse d'être un phénomène résiduel pour devenir un phénomène politique... un *phénomène caractéristique de notre société* en mutation qui doit désormais faire l'objet d'une attention égale à celle qui est apportée aux autres phénomènes sociaux »[3]. Ce jugement, s'il peut se discuter pour d'autres types de sociétés contemporaines, est parfaitement justifié pour les sociétés occidentales[4] et sa pertinence n'a cessé de se renforcer depuis 1971. Si l'on peut tenir le point de vue de l'opinion publique pour un signe de l'importance des sujets, on remarquera ainsi qu'en France par exemple, les sondages périodiques d'opinion donnent depuis nombre d'années la « *sécurité* » (c'est-à-dire l'envers de la criminalité) comme étant, certains mois, la deuxième ou la troisième préoccupation des citoyens, voire parfois la première. Aussi convient-il d'attacher la plus grande importance à l'étude de la criminalité dans les pays occidentaux.

Pour mener à bien cette entreprise, on va, conformément aux ambitions de l'explication en criminologie[5], présenter dans un *premier chapitre* les caractéristiques de la criminalité occidentale, puis dans un *deuxième chapitre* rechercher la causalité du phénomène, enfin dans un *troisième chapitre* indiquer les prévisions d'évolution de cette criminalité.

---

1. *Cf. supra* n°s 387 et s.
2. *Cf. supra* n° 387.
3. J. Pinatel, *La société criminogène*, 1971, p. 10-11.
4. À deux ou trois pays près. *Cf. infra* n° 472.
5. *Supra* n°s 116 et s.

CHAPITRE 1
LES CARACTÉRISTIQUES DE LA CRIMINALITÉ DANS LES PAYS OCCIDENTAUX

432 *État des études et plan* ◇ Une criminalité se caractérise essentiellement par son *volume* et sa *structure*.

Pour connaître le volume et la structure de la criminalité dans les pays occidentaux, on dispose de travaux nombreux. Malheureusement, il s'agit, le plus souvent, d'études qui portent sur la criminalité dans un pays déterminé ou qui comparent la criminalité dans deux ou quelques pays seulement[1]. Malgré les efforts faits sur le plan international et européen pour dresser des statistiques criminelles comparatives utilisables scientifiquement[2], rares sont encore les travaux qui s'attachent à dégager les *caractères communs*, en même temps que les *différences*, de la criminalité dans tous *les pays occidentaux*, ou du moins dans un nombre suffisamment représentatif de ces pays; ce sont cependant ceux que l'on va principalement utiliser dans le présent chapitre.

Parmi ces travaux, la plupart exploitent les *données des statistiques de la criminalité*, mais quelques-uns donnent de la criminalité occidentale une représentation essentiellement *qualitative*. Ces derniers ont déjà été exploités pour décrire les traits structurels généraux de cette criminalité afin de la comparer à la criminalité des pays socialistes; nous n'y reviendrons pas[3]. En revanche, on va utiliser les premiers pour présenter successivement le *volume* (Section 1) et la *structure* de cette criminalité (Section 2).

SECTION 1. LE VOLUME DE LA CRIMINALITÉ DANS LES PAYS OCCIDENTAUX

433 *Un flash de criminalité* ◇ Il est toujours possible, pour peu que l'on possède des statistiques criminelles fiables, de se faire une certaine idée du volume de la criminalité dans un pays à un moment déterminé. Ainsi, pour la France en 2009, le nombre des crimes et délits connus de la police (criminalité apparente policière) s'élevait à 3 521 256, soit pour une population de 64 323 000 habitants (chiffre provisoire pour 2009), un

---

1. *Cf.* par ex., I. Waller, « La criminalité au Canada et aux États-Unis : tendances et explications comparatives », *in Criminologie*, 1981, n° 1, p. 51-84.
2. *Cf. supra* n°s 154 et 155.
3. *Cf. supra* n°s 389 et s.

taux de 54,74 ‰[1]. De même, en 2009, le nombre des condamnations inscrites au casier judiciaire atteignait 631 963[2].

Mais ces nombres en valeur absolue ou même ces taux pour un pays et pour une année déterminée ne nous apprennent pas grand-chose. Pour caractériser véritablement le volume de la criminalité dans un pays ou un ensemble de pays, il faut situer celle-ci à la fois dans le *temps* et dans l'*espace*. Aussi va-t-on étudier successivement l'évolution de la criminalité occidentale dans le temps (§ 1) et sa répartition dans l'espace (§ 2).

§ 1. L'évolution de la criminalité dans le temps en Occident

434 *De multiples questions ; des réponses imparfaites* ◇ Évoquer *l'évolution dans le temps* d'une criminalité conduit à se poser *toute une série de questions* de plus en plus précises. Cette criminalité est-elle restée constante ou a-t-elle varié ? S'il y a eu variations, dans quel sens celles-ci se sont-elles faites (accroissement, diminution, alternance) ? Ces variations correspondent-elles à des mouvements systématiques (obéissant à un certain ordre) ou aléatoires (dus au pur hasard) ? Si les mouvements présentent une certaine « systématicité », quelle est leur forme exacte ? À sens unique et, en ce cas, uniforme ou accéléré ? Alterné, sinusoïdal, et, dans ce cas, périodique, cyclique ou par vagues ? Ces diverses questions sont suggérées par cette branche des mathématiques que l'on appelle la *cinématique* c'est-à-dire l'étude des différentes formes pensables de mouvements.

À vrai dire, l'état actuel des travaux criminologiques, même pour les pays occidentaux, ne permet le plus souvent de fournir que *quelques ébauches de réponses* à *certaines de ces questions.* Pour ce faire, on va d'abord exposer les principales données disponibles (A), puis on tentera d'en dégager l'interprétation (B).

A. Les principales données disponibles

435 *Les sources* ◇ On possède, grâce aux historiens[3] des données assez nombreuses sur la criminalité en Europe depuis le XIVe jusqu'au XIXe siècle (a). À partir du XIXe siècle, la mise en place progressive des statistiques criminelles dans les divers pays européens a permis de se faire une idée plus précise de cette criminalité et de ses tendances d'évolution jusqu'au milieu du XXe siècle (b). Depuis les lendemains de la dernière guerre, sa connaissance tend encore à s'affiner grâce à l'utilisation des techniques de complément des statistiques de la criminalité en sus de celles-ci (c).

---

1. *Aspects de la criminalité et de la délinquance en France en 2009*, Doc. fr.
2. Ministère de la Justice et des Libertés, *Annuaire statistique de la justice, édition 2009-2010*, Doc. fr.
3. M. Sbriccoli, « Le droit pénal, le crime et la justice criminelle ont une histoire », *Dév. et soc.*, 1991, p. 377-380.

a. La criminalité en Occident jusqu'au xixe siècle [1,2]

436 ## 1) *La criminalité à l'aube des temps modernes (xive-xvie siècles)*
◇ Deux sortes de constatations peuvent être faites à propos de celle-ci.

1. Il existe une littérature historique abondante sur la criminalité, formée d'ouvrages spécialisés, de thèses et de mémoires de doctorat, et d'articles publiés dans des revues historiques nationales ou locales. Nous bornons à indiquer quelques titres d'ouvrages et d'articles. **Pour l'ensemble de l'histoire des societes humaines** : *cf.* l'interprétation de D.C. North, J.J. Wallis et B.R.Weingast, *Violence et ordres sociaux. Un cadre conceptuel pour interpréter l'histoire de l'humanité*, Gallimard, 2010, 458 p. **Pour le Moyen Âge** : G. Allard et *al.*, *Aspects de la marginalité au Moyen Âge*, 1976; J. Chiffoleau, *Les justices du pape*, *Délinquance et criminalité dans la région d'Avignon au xive siècle*, 1984; C. Gauvard, *De grace especial. Crime, État et Société en France à la fin du Moyen Âge*, Paris, 1991 réédité dans les publications de la Sorbonne, 2010; A. Zorzi, « Aspects de la justice criminelle dans les villes italiennes à la fin du Moyen Âge », *Dév. et soc.* 1991, p. 439-453. **Pour la période ultérieure** : R. Boyer, *Les crimes et chatiments au Canada français du xviie au xxe siècle*, Montréal, Le Cercle du Livre de France, 1966; Abbiatecci et *al.*, *Crimes et criminalité sous l'Ancien Régime, xviie-xviiie siècles*, 1971; B. Schnapper, « La répression pénale au xvie siècle, l'exemple du Parlement de Bordeaux, 1510-1565 », *in Droit pénal et société méridionale*, 1971, 1-54; B. Schnapper, « La justice criminelle rendue par le Parlement de Paris sous le règne de François Ier », *Rev. historique droit français*, 1974, 252-284; A. Farge, *Le vol d'aliments à Paris au xviiie siècle*, 1974; E. Hobsbawn, *Les bandits*, La Découverte, 1979, 148 p.; P. Deyon, *Le temps des prisons* (chap. III et IV), 1980; N. Castan, *Les criminels de Languedoc*, 1980; N. Castan, « Délinquance traditionnelle et répression critique à la fin de l'Ancien Régime dans les pays de langue d'oc », *in* M. Perrot (éd.), *L'impossible prison*, 1980, 147-164; M. Lemiere, « Morts violentes, morts subites dans le baillage d'Orbec au xviiie siècle », *in Cahiers des Annales de Normandie*, 1981, p. 81-115; B. Garnot, « Délits et châtiments en Anjou au xviiie siècle », *Annales de Bretagne*, 1981, 283-303; M. Murraciole, « Quelques aperçus de la criminalité en Haute-Bretagne », *id*, 305-326; P. Lemaison et E. Claverie, *L'impossible mariage*, *Violence et parenté en Gévaudan*, *xviie, xviiie et xixe siècles*, 1982; H.-A. Bizier, *Crimes et châtiments (au Québec)*, 1983, 2 vol.; J.-L. McMullan, *The cauting crew. London's criminal underworld 1550-1700*, USA, 1984, 226 p.; F. Martineau, *Fripons, gueux et loubards, Une histoire de la délinquance de 1750 à nos jours*, 1986; J.-L. Rousseaux, « Violence, criminalité et répression dans une ville brabançonne », *RDPC*, 1986, p. 649 et s.; J.-M. Beattle, *The crime and the courts in England, 1660-1800*, Oxford, Clarendon Press, 1986; K.-M. Browne, *Bloodfend in Scotland, 1573-1625, violence, justice and politics in Early modem society*, Edimbourg, 1986; R. Muchembled, « Anthropologie de la violence dans la France moderne (xve-xviiie siècles) », *Rev. de synthèse*, 1987, 31-55; N. Dyonet, « Les paroles et les écritures. Fonctionnement et bénéfices de la procédure inquisitoire en France au xviiie siècle », *Dév. et soc.* 1987, p. 225-249; C. Plessis-Buisset, *Le criminel devant les juges en Bretagne, aux xvie et xviie siècles*, 1988, 576 p.; N.-Z. Davis, *Pour sauver sa vie. Les récits de Pardon au xvie siècle*, Paris, Seuil, 1988; R. Muchembled, *La violence au village. Sociabilité et comportements populaires en Artois du xve au xviie siècles*, Turnhout Bripnols, 1989 : M.-S. Dupont-Bouchat et X. Rousseaux, « Le prix du sang. Sang et justice à l'époque moderne (1400-1800) », *Mentalités*, 1989, 1, 43-72; M. Porret, « Mourir sur l'échafaud à Genève au xviiie siècle », *Dév. et soc.* 1991, p. 381-406; N. Gonthier, *Cris de haine et rites d'unité. La violence dans les villes (xiiie-xvie siècles)*, Turnhout Bripnols, 1992; H. Lagrange, « La pacification des mœurs à l'épreuve : l'insécurité et les atteintes prédatrices », *Dév. et soc.* 1993, p. 279-289; X. Rousseaux, « Civilisation des mœurs et/ou déplacement de l'insécurité ? La violence à l'épreuve du temps », *id.* 291-297; Aubusson de Cavarlay, « De la pacification à l'insécurité : l'épreuve a-t-elle tant besoin de chiffres ? », *id.* 299-318; R. Nossintchouk, *L'extase et la blessure. Crimes et violences sexuelles de l'Antiquité à nos jours*, Plon éd. 1995, 291 p.; B. Garnot (dir.), *De la déviance à la délinquance (xve-xixe s.)*, Éd. EUD, 1999, 146 p.; M. Cusson, « Les homicides d'hier et d'aujourd'hui », *in L'acteur et ses raisons*, *Mélanges Bourdon*, PUF, 2000, p. 43-58; « Histoire de la violence », n° spécial de la *Revue historique*, PUF, 1998, 256 p.; Colloque « Histoire et criminalité de l'Antiquité au xxe siècle » (Dijon-Chenovre 3-5 oct. 1991, Éd. univ. de Dijon, 1992); R. Muchembled, *Une histoire de la violence. De la fin du Moyen-Âge à nos jours*, Seuil, 2008, 502 p.

2. Le développement, à l'époque la plus récente, de la notion de crimes contre l'humanité et de son application par les tribunaux pénaux internationaux (notamment TPI pour la Yougoslavie, le Rwanda, Cour pénale internationale) a provoqué un regard rétrospectif criminalisateur et revendicatif sur ce que l'on a appelé les « crimes historiques » et l'*esclavage* pratiqué entre autres pays par certains pays occidentaux entre le xvie et le xixe siècle : *cf.* L. Boisson de Chazournes et *al.* (dir.), *Crimes de l'histoire et réparations : les réponses du droit et de la justice*, Bruylant éd., 2004, 401 p.

En premier lieu, l'étude de la criminalité dans quelques *villes* européennes du Bas Moyen Âge (Paris, Gand, Anvers, etc.) conduit aux trois remarques suivantes : 1/ la criminalité s'y caractérisait par la *violence* (meurtres, blessures, bagarres) et le *vol* (67 % des affaires); 2/ dans la plupart des cas les délinquants étaient des *salariés* et *des domestiques,* donc des immigrés de fraîche date de la campagne; 3/ la criminalité *urbaine* est proportionnellement plus élevée que la criminalité rurale.

En second lieu, il y a multiplication des *vagabonds* et des *mendiants* en raison de la paupérisation consécutive à la crise du système féodal, aggravée par les crises de subsistance (5 à 8 % de la population en période normale et jusqu'à 15-20 % en période de crise) ce qui conduit le pouvoir royal à incriminer le *vagabondage* pour le punir des travaux forcés (galères notamment).

437 *2) La criminalité aux* XVIIe *et* XVIIIe *siècles* ◇ Les historiens ont étudié les tendances d'évolution à la fois dans le long terme et dans le court et moyen terme [1].

Dans le *long terme,* plusieurs faits méritent d'être retenus : 1/ le déclin de la *violence paysanne,* du XVIe à la fin du XVIIIe siècle, surtout chez les paysans les plus éduqués qui se détournent des crimes de sang; 2/ le *transfert* de cette violence rurale vers une délinquance moins agressive : délits sexuels, ivresse et surtout vols qui ne diminuent pas, ou même augmentent parfois de 1700 à 1789; 3/ la moindre délinquance des *campagnes* par rapport aux villes (3/4 des faits pour 5/6 de la population), avec localisation principale, au sein du monde agraire, le long des grandes routes, des côtes et des vallées passagères, autour des ports, relais de poste, marchés aux bestiaux, carrefours routiers et centres administratifs, dans les tavernes enfin; 4/ la *violence urbaine* persiste à Paris du fait de l'inefficacité de la police. Dès avant les guerres de religion, a-t-on écrit [2], Henri II constatait que « par la faute et négligence des officiers [3], la police de Paris est totalement abandonnée; les ordonnances et règlements ne sont plus exécutés; la ville est remplie de vagabonds; il s'y commet journellement des meurtres, vols et autres crimes... à notre grand regret et préjudice du public ». Un siècle après, rien n'avait changé : pour la seule année 1643, on a dénombré à Paris 372 meurtres connus; pour la seule journée du 6 juin 1644, 14 morts violentes ! En 1660, Boileau pouvait écrire : « le bois le plus funeste et le moins fréquenté est, au prix de Paris, un lieu de sûreté ». Ce n'est qu'avec la création du lieutenant de police de Paris [4] par Louis XIV en 1667 que la police parisienne fut utilisée de manière efficace. Pour le XVIIIe siècle, les travaux de l'historienne Arlette Farge, spécialiste de cette période, sont particulièrement intéressants à consulter [5].

---

1. Cf. E. Le Roy Ladurie, « La décroissance du crime au XVIIIe siècle : bilan d'historiens », *Contrepoint,* 1973, n° 9, p. 227-233. *Adde* sur un aspect particulier : M.-J. Cesarini-Dasso, *L'univers criminel féminin en Corse à la fin du* XVIIIe *siècle,* éd. Albiana, 1996, 217 p.

2. J.-M. Carbasse, *Histoire du droit pénal et de la justice criminelle,* PUF, 2000, p. 140.

3. Les commissaires du Châtelet.

4. Devenu à partir de 1674 le lieutenant général de police et dont le premier titulaire fut le célèbre La Reynie.

5. A. Farge, *Délinquance et criminalité : le vol d'aliments à Paris au* XVIIIe *siècle,* Plon, 1974; avec A. Zysberg : « Les théâtres de la violence à Paris au XVIIIe siècle », *in Annales, économies, sociétés, civilisations,* n° 5, 1979, p. 984-1015; L'espace parisien au XVIIIe siècle d'après les ordonnances de police, *in Ethnologie française,* vol. XII, n° 2 avril-juin 1982, p. 119-126; *La vie fragile : violence, pouvoirs et solidarité à Paris au* XVIIIe *siècle,* Hachette, 1986; avec J. Revel : *Logiques de la foule, l'affaire des enlèvements d'enfants, Paris 1750,* Hachette 1988; avec L. Turcot : *Flagrants délits sur les Champs Élysées : les dossiers de police du gardien Fédérici (1771-1791),* Mercure de France, 2008; *Condamnés au* XVIIIe *siècle,* éd. T. Magnier, 2008, 134 p.

Dans le court et *moyen* terme, deux observations principales ont été faites par les historiens : 1/ Au XVIIIᵉ siècle, le vol atteint son maximum dans les périodes de pauvreté, de chômage hivernal, des semaines d'été avant la soudure de la moisson et au cours des années de blé cher; 2/ le style du vol et de la *délinquance anti-propriété* se modifie pendant la première moitié du XVIIIᵉ siècle, où l'on assiste à la liquidation physique ou à la dislocation des grandes bandes qui sillonnaient les campagnes et à la substitution d'une délinquance individuelle ou de tous petits groupes.

b. La criminalité occidentale au XIXᵉ et dans la première moitié du XXᵉ siècle

438 *Criminalité légale, criminalité apparente et criminalité réelle*[1]
◊ Les données relatives à l'évolution de la criminalité en Occident au cours de ce siècle et demi sont bien connues pour la *criminalité légale,* du moins à partir du moment où les pays ont commencé à tenir des statistiques criminelles (1826 pour la France[2]). En revanche, les informations sont beaucoup plus sommaires en ce qui concerne la *criminalité apparente* et purement conjecturales pour ce qui est de la *criminalité réelle.*

1. L'évolution de la criminalité légale

439 *Les travaux de synthèse* ◊ Les statistiques de la criminalité légale des divers pays d'Europe, puis des États-Unis ont donné lieu à quelques synthèses, soit pour l'ensemble[3], soit surtout pour chacun d'eux séparément[4]. On va présenter l'évolution de cette criminalité à travers deux de

---

1. Sur ces trois notions, *cf. supra* nᵒˢ 160-162.
2. Pour la période antérieure à 1826, il faut se référer aux travaux historiques, *cf.* par ex., M. Bouloiseau, *Délinquance et répression : le tribunal correctionnel de Nice (1800-1814)*, 1981. D'autres travaux d'historiens viennent compléter et approfondir les données de la statistique criminelle pour certaines régions au XIXᵉ siècle : C. Chatelard, *Crime et criminalité dans l'arrondissement de Saint-Étienne au XIXᵉ siècle*, 1981; M.-R. Santucci, *Délinquance et répression au XIXᵉ siècle : l'exemple de l'Hérault*, 1986; Y. Lemoine, *Crimes à Paris. Archives de la Cour d'assises de la Seine*, 2004, 240 p.; C. Regnard-Drouot, *Marseille la violente. Criminalité, industrialisation et société (1851-1914)*, Préface J.-C. Farcy, Presses univ. Reims, 2009, 361 p.; ou pour certains crimes : S. Lapalus, *La mort du vieux. Une histoire du parricide au XIXᵉ siècle*, éd. Tailandier, 2005, 634 p.
3. J.-C. Chesnais, *Histoire de la violence en occident de 1800 à nos jours*, 1981, 1ʳᵉ partie : « La violence privée »; R. Muchembled, *Une histoire de la violence*, précité, chap. VII et VIII, p. 309-422; E. Ferri, *Sociologie criminelle*, p. 214-229; M. Le Clère, « Indices criminels comparés », *RSC*, 1959, p. 97-105; T.-R. Gurr, P.-N. Grabousky et R.-C. Hula, *The politics of crime and conflict : a comparative history of four cities*, 1977.
4. Il ne saurait être question, vu les dimensions de cet ouvrage, de donner les références aux études de synthèse faites pour les divers pays occidentaux. On va se borner à indiquer principalement celles qui concernent la France : J. Léauté, *Criminologie et science pénitentiaire*, 209-214; M.-D. Barre, « 130 ans de statistique pénitentiaire en France », *Dév. et soc.* 1986, p. 107-128; M. Perrot, « Délinquance et système pénitentiaire en France au XIXᵉ siècle », *Annales ESC*, 1975, nᵒ 1, 67-91; H. Zehr, *Crime and the development of modern society (1830-1914)*, 1976; Rapport sur l'administration de la justice criminelle en France de 1826 à 1880, présenté en 1882 au Président de la République; G. Tarde, *La criminalité comparée*, p. 63-71; H. Joly, *La France criminelle*, 1888; Guerry de Champneuf, *Essai sur la statistique morale de la France*, 1833; O. Kircheimer, « Remarques sur les statistiques criminelles de la France d'après-guerre », *RSC*, 1936, 363-393; M. Le Clère, « L'indice criminel de la France (1851-1951) », *RSC*, 1957, p. 65-72; Y.-Y. Chen, *Études statistiques sur la criminalité en France de 1895 à 1930*, Paris 1937, Éd. Locard; « L'évolu-

ces études, celle de Ferri pour le XIXᵉ siècle et celle de M. Le Clère pour la première moitié du XXᵉ siècle.

1. La criminalité légale au XIXᵉ siècle d'après Ferri [1]

440 *Les deux dimensions* ◊ Ferri a dressé le tableau de l'évolution de la criminalité légale pour 10 pays européens (Italie, France, Belgique, Angleterre et Pays de Galles, Irlande, Prusse, Allemagne, Autriche, Russie et Espagne) en distinguant entre les tendances à court et moyen terme d'une part et la tendance à long terme.

1) Pour le *court et le moyen terme,* il a relevé une évolution sous forme d'*oscillations particulières* plus ou moins prolongées d'augmentation et de diminution. C'est ainsi que pour l'Italie, il a noté, de 1873 à 1890, une disposition symétrique d'oscillations quinquennales autour d'un maximum en 1880, avec hausse des attentats contre la propriété dans les années montantes et hausse des attentats contre les personnes dans les années descendantes [2].

2) En ce qui concerne le *long terme* (le « *trend* »), Ferri retient un *mouvement général à la hausse,* avec augmentation importante des *délits et contraventions de police,* tandis que les crimes sont restés relativement stationnaires. Ainsi, pour la France, de 1826-1828 à 1893-1895, soit en 70 ans, l'indice des affaires jugées est passé : pour les contraventions de police de 100 à 398, pour les délits correctionnels de 100 à 418, pour les crimes contre les personnes de 100 à 93 et pour les crimes contre les propriétés de 100 à 32.

S'agissant de la *grande criminalité,* Ferri estime que ce qui est significatif, ce sont les crimes *contre* les personnes qui sont restés *stables* [3], car s'agissant des crimes *contre* les propriétés, la baisse n'est qu'apparente et est due au développement de la pratique de la correctionnalisation.

Pour les *délits* et *contraventions* en revanche, l'augmentation est fort importante puisque les chiffres indiquent un quadruplement. Ferri remarque cependant que pour apprécier correctement cette augmentation, il faut tenir compte de trois

tion actuelle de la criminalité » (art. écrit en 1947), *RICPT,* 1971-72, p. 85-86 ; M. Perrot, « Délinquance et système pénitentiaire en France au XIXᵉ siècle », *Annales ESC,* janv.-févr. 1975 ; S.-L. Harris, *Policing a class sodety. The experience of american cities,* 1815-1915, New-Brunswick, 1983, 301 p. ; P. Delafosse, « Répression, ordre social et développement de la société belge (1848-1914) », *Dév. et soc.* 1986, p. 39-55 ; B. Aubusson de Cavarlay et *al., Les statistiques criminelles de 1831 à 1981. La base Davido, séries générales,* CESDIP, 1989, nº 51, 269 p. ; I. Rosoni, « Paysans le jour, brigands la nuit. Société de pénurie et criminalité collective dans l'Italie du XIXᵉ siècle », *Dév. et soc.* 1989, p. 113-124 ; B. Weinberger, « L'anatomie de l'antagonisme racial et de la violence urbaine : les bandes à Brimingham dans les années 1870 », *Dév. et soc.* 1991, p. 407-418. *Adde,* bien qu'il ne concerne que Paris, en raison de son importance : Louis Chevalier, *Classes laborieuses et classes dangereuses à Paris, pendant la première moitié du XIXᵉ siècle,* Paris 1958, éd. Plon, rééd. Libr. gén. fr., 1978 ; N. Bourgoin, *Les chiffres du crime : statistiques criminelles et contrôle social (France 1825-2006),* L'Hamattan, 2008, 124 p.

1. *Sociologie criminelle,* p. 214-229 (trad. de 1905) et p. 163-178 dans la traduction de 1893 rééditée chez Dalloz en 2004.

2. J. Léauté a également relevé, pour la France, des oscillations dans le moyen terme pour la période 1826-1914, mais il les attribue moins à des variations réelles de la criminalité qu'à ce qu'il appelle des événements « parasites » (modification de la répression, lois d'amnistie, etc.) : *cf. op. cit.,* p. 209-212.

3. G. Tarde (*La criminalité comparée,* p. 63-70) n'est pas d'accord avec Ferri sur ce point. Il soutient, à partir d'une argumentation très élaborée, que les crimes graves contre les personnes ont aussi augmenté au cours du XIXᵉ siècle.

correctifs : 1/ l'accroissement de la population des pays européens (20 % pour la France de 1826 à 1894); 2/ la création par la loi de nouveaux délits et de nouvelles contraventions qui gonflent artificiellement la statistique; 3/ l'amélioration de la police judiciaire et l'augmentation des effectifs de la police de sorte qu'une partie de l'accroissement de la criminalité légale est due aux meilleurs résultats de la police et non à une hausse réelle [1]. Il reste cependant, malgré ces divers correctifs, dit Ferri, une *augmentation réelle,* dans la plupart des pays d'Europe [2], des coups et blessures, des attentats aux mœurs et surtout des vols, ce qui lui a permis d'affirmer que l'on a assisté au cours du xixe siècle à une transformation de l'activité criminelle « par substitution des formes de la criminalité frauduleuse à celles de la criminalité violente ». Seule l'Angleterre a fait exception à cette évolution et a même connu une diminution générale de sa délinquance si l'on exclut les nouveaux délits créés et si l'on considère que de 1831 à 1894, sa population a augmenté de 117 % [3].

En septembre 1859 toutefois, Marx écrivit dans le *New York Daily Tribune* un article intitulé « Population, crime and pauperism » qui semblait répondre à certains statisticiens officiels : « La diminution apparente de la criminalité depuis 1854 doit être attribuée uniquement à des changements techniques dans la législation britannique. » Ainsi, alors que les statistiques officielles indiquaient une amélioration de la situation criminelle, il y aurait eu, selon Marx, une détérioration [4].

2. La criminalité légale de 1901 à 1950 d'après M. Le Clère [5]

441 *Long terme et court et moyen terme* [6] ◇ Comparant les statistiques de la criminalité légale de six pays (Allemagne, Angleterre, États-Unis, France, Italie, Suède), M. Le Clère s'est essayé à esquisser les lignes de force et tendances d'évolution de la criminalité légale dans chacun de ces pays dans la première moitié du xxe siècle. *L'analyse secondaire* des données qu'il rassemble permet un commentaire global qui distingue entre le long terme et les oscillations à court et moyen terme.

1) Sur le *long terme,* on est conduit aux deux sortes de conclusions qui suivent. En *premier lieu,* quatre des six pays (Allemagne, France, Italie et Suède) ont connu sur 50 ans une *relative stabilité* du taux de leur criminalité légale, tandis que l'Angleterre subissait une *augmentation très importante* à partir de 1931 (de 2,3 ‰, en 1921 à 6,2 ‰ en 1931, puis jusqu'à 10,3 ‰, soit 5 fois plus environ)

1. G. Tarde (*op. cit.,* p. 68-70) fait aussi des réserves sur ce point et pense même que les délits ont vu leur taux de poursuite diminuer au cours du xixe siècle.
2. J. Léauté pense toutefois que, pour la France, la criminalité légale de 1826 à 1914 a été plus constante encore que les statistiques ne le laissent paraître (*op. cit.,* p. 209 et le graphique p. 206-207), mais le graphique qu'il utilise pour sa démonstration ne part que de l'année 1865, à la fin du Second Empire, c'est-à-dire à un moment où l'essentiel de l'accroissement de la délinquance correctionnelle se trouvait acquis.
3. Dans le même sens que Ferri, Gurr et collaborateurs (cités *supra* n° 439 en note) ont observé, dans une étude historique de la criminalité et des affrontements sociaux à Londres, Stockholm et Sydney, une diminution massive des infractions contre les personnes et contre les biens dans ces trois villes de 1830 à 1930.
4. D'après G. Leclerc, *L'observation de l'homme. Une histoire des enquêtes sociales,* Seuil, 1979, p. 195. La diminution de la délinquance en Angleterre malgré le développement du capitalisme était évidemment trop contraire à la théorie de Marx pour qu'il puisse l'accepter, cf. *supra,* n° 211.
5. M. Le Clère, « Indices criminels comparés », *RSC,* 1959, p. 97-105.
6. P. Peretti-Watel, vo « Enquêtes de victimisation », *Dict. sc. crim.,* 2004, p. 350-353.

et les États-Unis (dont on ne donne les chiffres qu'à partir de 1936) une *progression continue* de 1936 à 1951 (de 8,3 à 12,7 ‰). En *second lieu*, s'agissant spécialement des *vols, coups et blessures et attentats aux mœurs*, des distinctions sont également à faire entre les deux catégories de pays. En Angleterre et aux États-Unis, les trois catégories d'infractions ont été affectées par la hausse, tandis que dans les pays à stabilité relative, seul le vol a augmenté de façon plus ou moins importante dans les quatre pays; les condamnations pour coups et blessures ont augmenté en Allemagne et en Suède, mais baissé en France et en Italie, et les condamnations pour attentats aux mœurs ont baissé partout, sauf en Suède où il y a eu augmentation.

2) Quant au *court et moyen terme,* on constate l'existence *d'effets de pic* provoqués par les deux guerres mondiales en Allemagne (13,5 ‰ en 1921 contre 10,6 en 1911 et 10,8 en 1931; 12,2 ‰ en 1946 contre 4,1 en 1941 et 9,69 en 1951), en Italie (17,2 ‰ en 1921 et 23,2 ‰ en 1946) et en France (6,4 ‰ en 1921 et surtout 9,9 en 1941 et 8,7 en 1946). En revanche, la Suède, *pays neutre,* ne présente pas, de phénomène comparable. Plus singuliers sont les cas de l'Angleterre et des États-Unis où les deux guerres mondiales ne semblent pas avoir eu d'incidence temporaire notable sur leur criminalité légale, celle-ci évoluant de manière indépendante.

2. L'évolution de la criminalité apparente

442 *Une amorce avec Ferri* ◇ Dans sa *Sociologie criminelle* [1], Ferri écrit que pour « déterminer la physionomie de la marche de la criminalité, la donnée initiale et *caractéristique* se trouve dans les lignes des délits dénoncés » et non dans celles des individus condamnés. Malheureusement, il n'a pu disposer de données que pour l'Italie et seulement pour la période 1875-1896. Or, en vingt ans, on est passé dans ce pays de 243 987 à 350 916 affaires dénoncées suivant une évolution sinusoïdale, ce qui confirme, en l'amplifiant, le mouvement de la criminalité légale pour la même période.

443 *Une étude de M. Davidovitch* ◇ Une étude importante a été réalisée pour la France sur l'évolution de sa criminalité apparente *judiciaire* de 1851 à 1952, fondée sur l'analyse des plaintes, dénonciations et procès-verbaux comptabilisés par les Parquets dans le Compte général d'administration de la Justice Criminelle (CGAJC) [2].

L'auteur y met en évidence *trois évolutions essentielles : 1/ l'augmentation constante* du total des *affaires dénoncées à la justice* au cours de ce siècle, la *moyenne annuelle,* passant par étapes de 333 050 pour la période 1851-1855 à 582 566 pour la période 1936-1940 et s'élevant au chiffre exceptionnellement élevé de 941 038 en 1941-1945 pour redescendre à 718 442 affaires en 1952; 2/ *l'accroissement continu du volume des affaires classées sans suite* pendant le même temps (de 106 794, soit un pourcentage de 32,07 % pour la période 1851-1855 à

---

1. P. 216 et p. 165 dans la réédition Dalloz de 2004.
2. A. Davidovitch, « Criminalité et répression en France depuis un siècle (1851-1952) », *Rev. française de sociologie,* 1961, p. 30 et s. Sur les conditions de l'élaboration de cette recherche, *cf.* R. Boudon, *Y a-t-il encore une sociologie ?,* O. Jacob, 2003, spéc. p. 47 et s.

628 317 affaires classées, soit un taux de 66,77 % en moyenne annuelle pour la période 1941-1945, ce qui représente plus qu'un doublement des classements sans suite); 3/ la *diminution* en pourcentage des *ordonnances* et *arrêts de non-lieu* rendus par les juridictions d'instruction qui descendent, par paliers réguliers, de 7,85 % en 1851-1855 à 3,19 % seulement en 1946-1950.

Comparant alors ces tendances d'évolution de la *criminalité apparente* avec la courbe des affaires jugées, c'est-à-dire la *criminalité légale*, il observe l'existence d'un *contraste spectaculaire* entre une criminalité légale stable et même en légère diminution après conversion en taux pour 100 000 habitants (462,3 en 1952 pour 494,6 en 1851) et une criminalité apparente en forte augmentation (1 696 pour 100 000 habitants en 1952 contre 841,1 un siècle plus tôt). Quant à *l'explication de cette distorsion*, il la voit dans le fonctionnement du système de justice pénale : tout s'est passé comme si la capacité d'absorption des tribunaux était limitée par un plafond impossible à crever. En tout état de cause, il apparaît bien que l'étude de la criminalité apparente sur un siècle révèle un profil très différent de celui de l'évolution de la criminalité légale : c'est une leçon importante à retenir pour la période ultérieure.

3. La criminalité réelle

444 *L'imagination de Proudhon* ◇ On ne possède évidemment aucune étude empirique sur l'état de la criminalité réelle au XIXe siècle ou même la première moitié du XXe siècle. Ce n'est qu'après la Deuxième Guerre mondiale que l'on a imaginé de mesurer celle-ci au moyen des enquêtes d'autoconfession et, plus tard encore, avec les enquêtes de victimisation[1]. Cela ne veut pas dire pour autant que l'idée de criminalité réelle était totalement ignorée au XIXe siècle et que l'on ne faisait pas de supputations à son égard. C'est ainsi notamment que Proudhon tirait de l'idée du chiffre noir de la criminalité la conviction que la criminalité non enregistrée était énorme et allait en augmentant. Selon ses calculs, tous les habitants commettaient trois à quatre infractions par an qui demeuraient inconnues des autorités policières et judiciaires[2]. Cette opinion de Proudhon contraste nettement avec l'hypothèse de la constance de la criminalité formulée par Quételet[3].

c. La criminalité dans les pays occidentaux depuis la fin de la dernière guerre

445 *Les sources; plan* ◇ Depuis la fin de la guerre de 1939-1945, les sources de la connaissance de la criminalité occidentale se sont progressivement diversifiées car, face aux critiques dirigées contre les statistiques criminelles, on a utilisé de plus en plus des techniques nouvelles destinées à tenter de connaître la *criminalité réelle*[4], et pas seulement les criminali-

---

1. *Cf. supra* n°s 167 et s.
2. D'après G. Leclerc, *L'observation de l'homme. Une histoire des enquêtes sociales*, Seuil, 1979, p. 195.
3. *Cf. supra* n° 210.
4. *Cf.* sur ces techniques, *supra* n°s 167 et s.

tés légale et apparente, et l'on ne manquera pas d'en tenir compte. C'est à travers des données d'origine diverse que l'on va donc présenter de manière très générale les tendances d'évolution de la criminalité pour l'ensemble des pays occidentaux (1), puis approfondir quelque peu celles qui se rapportent à la France en particulier (2).

1. Les tendances d'évolution dans l'ensemble des pays occidentaux

1. À travers l'étude des statistiques criminelles

446 *Rareté des études comparatives* ◇ S'il existe de nombreuses études sur les tendances d'évolution de la criminalité dans un pays déterminé à travers ses statistiques criminelles, il n'y en a que très peu qui traitent du problème pour l'ensemble des pays occidentaux simultanément ou, du moins, pour un échantillon suffisamment représentatif[1]. Nous allons retenir l'enquête qui nous paraît la plus complète et la plus intéressante, celle de Ted Gurr[2].

---

1. Outre les travaux de T. Gurr mentionnés à la note suivante : J. Pinatel, « Les données sociologiques et statistiques récentes en criminologie de la langue française », *RSC*, 1963, p. 831-842 ; K.-O. Christtiansen, « Report on the post-war trends of crime in selected European countries », Document soumis à la Commission présidentielle des États-Unis sur l'application de la loi et l'administration de la justice, 1967 ; Jean Pinatel, « La criminalité dans le monde, III. Pays à économie capitaliste », *RSC*, 1971, p. 456-459 et *La société criminogène* (1971), p. 39-45 ; H. Bianchi, M. Sismondi et I. Taylor (éd.). *Deviance and control in Europe*, Londres, 1975, 209 p. ; « Criminalité et réalités sociales : Québec, Canada, États-Unis, Japon », n° spécial de la revue *Criminologie*, 1981, vol. 14, n° 1, 121 p. ; S. Dinitz, « La criminalité et la délinquance juvénile dans le monde », *RICPT*, 1982, p. 291-308. Adde : X. Rauffer, *Le cimetière des utopies*, éd. Suger, 1985, 249 p. ; M. Cusson, *Croissance et décroissance du crime*, 1990, p. 26-32 ; 4e Conférence de politique criminelle (Strasbourg, mai 1990) : « La criminalité dans les pays membres du Conseil de l'Europe », CR *RICPT*, 1990, 251 ; I. Waller, « La délinquance et sa prévention : étude comparative », *RICPT*, 1992, p. 265-286 et 1993, 23-48 ; G. Picca, « Aspects internationaux de l'évolution de la criminalité », *RICPT*, 1994, p. 145-162 ; A. Kuhn, « L'évolution des taux de détention en Europe », *RICPT*, 1995, p. 427-452 ; M. Killias, 2e éd., n°s 306-329 ; R. Fillieule, *Sociologie de la délinquance*, PUF, 1998, p. 19-28 ; F. Falletti et F. Debove, *Planète criminelle*, PUF, 1998, p. 37 et s. ; J. Junger-Tas, « Le "moyennement répressif" des Pays-Bas », *Le Monde diplomatique*, avril 1999 ; L. Wacquant, « L'idéologie de l'insécurité : ce vent primitif qui vient d'Amérique », *idem* ; E. Stauffer, « Le zéro tolérance et la baisse de la criminalité dans la ville de New York », *RICPT*, 1999, p. 151-162 ; D. Gordon et S. Body-Gendrot, « Les États-Unis, État policier ? » *Le Monde des débats*, juill-août 1999 ; A. Karmen, « Le crime à New York dans les années 1990 », *RICPT*, 2001, n° 486, p. 5-7 ; D. Szabo, « Sociétés multiculturelles et victimisation », *in Sciences pénales & Sciences criminologiques Mélanges offerts à Raymond Gassin*, PUAM, 2007, p. 503-510.

2. T.R. Gurr, « *Crime trends in modem democracies since 1945* », AIC, 1977, p. 41-85, reproduit *in The Cranfield papers, The proceeding of the 1978 Cranfield conference on the prevention of crime in Europe*, Peel Press, 1979, p. 59-93 ; T.-R. et E. Gurr, *Crime in western societies, 1945-1975 : Code index*, Evanston, Ill., Northwestern University, 1976, roneo. Adde pour la Grande-Bretagne : S. Field, « Trends in crime and their interpretation : a study of recorded crime in post-war England and Wales », *Home office research study*, n° 119, 1990 ; A.-K. Bottomley, « L'interprétation des statistiques officielles de la criminalité », *CSI*, n° 4, févr.-avr. 1991, 75-93. Pour le Québec : A. Normandeau et J. Rico, « La criminalité au Québec : 1960-1985. Tendances et configurations », *in* D. Szabo et M. Le Blanc, *La criminologie empirique au Québec*, 1985, p. 25-65 ; M. Ouimet, « Les tendances de la criminalité apparente et de la réaction judiciaire au Québec de 1962 à 1990 », *in* D. Szabo et M. Le Blanc, *Traité de criminologie empirique*, 2e éd. 1994, p. 15-47.

447 *L'étude de Ted Gurr* ◇ M. Gurr a étudié les tendances d'évolution de la criminalité dans les démocraties occidentales de 1945 à 1974. À cette fin, il a compilé les statistiques de la criminalité apparente et légale, selon les données disponibles de dix-huit pays qu'il a répartis en *cinq catégories* : 1/ pays anglo-saxons; 2/ pays scandinaves; 3/ pays germaniques; 4/ autres pays européens (France, Irlande, Italie, Pays-Bas); 5/ cas « aberrants » (Israël, Japon). Quant aux *infractions* retenues pour l'étude, elles étaient les suivantes : 1/ infractions contre les personnes : homicides et coups et blessures volontaires; 2/ vols graves : vols à main armée ou avec violence et cambriolages; 3/ vols ordinaires; 4/ délinquance d'affaires notamment escroqueries, abus de confiance et faux en écriture; 5/ infractions sexuelles et contre la famille. Pour les besoins de l'analyse, l'auteur a regroupé ces infractions en *trois catégories* : 1/ infractions traditionnelles (« *common crime* ») : infractions contre les personnes et vols; 2/ délinquance d'affaires (« *white collar crime* »); 3/ infractions sexuelles et contre la famille.

L'analyse des données collectées a alors conduit Gurr aux *cinq résultats* suivants : 1/ Si l'on met à part Israël et le Japon, la criminalité occidentale a augmenté dans des proportions importantes dans les trente années 1945-1974[1]; 2/ Pour les pays anglo-saxons le mouvement de hausse a commencé dès les années 1950-55, pour les autres un peu plus tard mais à partir de là il y a eu accroissement continu; 3/ L'ampleur de l'augmentation du taux de criminalité a varié suivant les pays, mais, même chez les moins affectés, elle a été importante, la plupart des indicateurs de crimes traditionnels ayant au moins doublé, beaucoup ayant augmenté de 500 à 800 % et quelques-uns même de plus de 1 000 %; 4/ L'accroissement de la population des pays concernés, et notamment de sa jeunesse, est très en deçà de l'augmentation de leur criminalité : 5/ L'augmentation massive de la criminalité occidentale au cours de cette période de trente années est bel et bien une réalité et non une illusion statistique, et on ferait mieux de chercher à l'expliquer plutôt que de la nier comme le font certains[2].

448 *Depuis 1975*[3] ◇ L'enquête de Gurr s'arrête à l'année 1974, mais la consultation des statistiques criminelles des principaux pays concernés montre que, dans les 8 à 10 ans qui ont suivi, le mouvement à la hausse, loin de s'atténuer, s'est encore *amplifié*. Toutefois l'année 1983 avait paru marquer le point de départ d'un *changement possible* de la tendance générale. Cette année-là en effet, pour la première fois depuis bien longtemps aux États-Unis, les statistiques du FBI (UCR) accusaient une légère baisse

---

1. Comp. H. Lagrange, « La pacification des mœurs à l'épreuve : l'insécurité et les atteintes prédatrices », *Dév. et soc.* 1993, p. 279-289.
2. Sur ce point v. R. Boudon, « La mesure statistique : un contrepoids à l'idéologie », *CSI*, n° 4, févr.-avr. 1991, p. 7-9.
3. « Aspects de la criminalité et de la délinquance en France en 1988 » (Doc. fr., 1989), contient un court chapitre : « Les tendances de la criminalité et de la délinquance dans les pays de la CEE (1983-1987) d'après les chiffres d'Interpol », p. 38-43; depuis lors on trouve chaque année une brève analyse de ces tendances dans le volume des aspects de la criminalité et de la délinquance en France. 4ᵉ *Conférence de politique criminelle* (Strasbourg, mai 1990), CR *RICPT*, 1990, p. 251; E. Chalumeau et R. Porcher, « Réflexions pour une comparaison entre les statistiques policières de la criminalité en Angleterre, Allemagne et France », *CSI*, n° 4, févr.-avr. 1991,

de la criminalité et le phénomène s'est poursuivi en 1984-1985. En France, c'est en 1985 que les statistiques de la police judiciaire relevaient une diminution de la criminalité globale et le mouvement s'est poursuivi en 1986 et 1987. Mais ce phénomène, à supposer qu'il ait correspondu à la réalité[1], ne paraît avoir été qu'un accident dans la tendance générale qui se développait depuis la fin des années 1950. Aux *États-Unis,* en effet, on observait dès 1987 une augmentation des crimes graves commis par les jeunes[2]; en 1993, la lutte contre la criminalité est devenue la priorité des priorités dans l'opinion publique américaine et a entraîné l'adoption par le Sénat d'une législation anti-crime particulièrement sévère : on a assisté, notamment dans ces années-là, à une hausse continue des meurtres par armes à feu qui atteignent 37 000 victimes par an et, par ailleurs, les prisons américaines comptaient près de deux millions de détenus, au point que, dès 1990, on avait pu parler à leur égard de « Vietnam intérieur[3] » et même en 2003 de « Goulag de l'Ouest », sous la plume d'un criminologue norvégien qui n'a pas pour habitude de faire dans la litote[4]. Mais le raidissement de la politique criminelle dans les années 1990 a entraîné une diminution de la criminalité dans les villes où elle s'est appliquée, comme la ville de New York et d'une manière générale dans l'ensemble des États-Unis. On a assisté en effet dans la décennie 1990-2000 à une décroissance de la criminalité américaine, d'abord pour les délits contre les biens dès la deuxième moitié des années 1980, puis à partir de 1995 pour les crimes et délits de violence contre les personnes[5]. Depuis lors ce phénomène s'est poursuivi avec quelques exceptions d'une année à l'autre selon les infractions, mais globalement toujours dans le même sens de la diminution. Ainsi, en 2009, s'agissant des atteintes volontaires à l'intégrité physique, leur nombre était de 1 318 398, leur plus bas niveau depuis 1996 (1 688 540 faits), et un taux pour 1 000 habitants qui est passé de 6,4 ‰ cette année-là à 4,3 ‰ en 2009. Quant aux atteintes aux biens, on a compté 9 729 188 faits de

---

p. 141-168; 2ᵉ Conférence internationale sur « La sécurité, les drogues et la prévention de la délinquance en milieu urbain », (Paris, nov. 1991); « Délinquance et insécurité urbaine », 48ᵉ Cours international de criminologie (Louvain, mai 1994); C. Fijnaut et *al.* (éd.), *Changes in society, crime and criminal justice in Europa,* Antwerpen, Kluwer éd. 1995; G. Picca, « Tendances actuelles de la criminalité à l'heure de la mondialisation », *AIC,* 2004, p. 21-27; M. Ouimet, « La baisse de la criminalité au Canada et aux États-Unis entre 1991 et 2002 », *Champ pénal,* vol. 1, 2004; M. Aebi, « Crime trends in western Europe from 1990 to 2000 », *EJCPR,* 2004, vol. 10, n° 2-3; M. Ouimet, « Oh Canada ! La baisse de la criminalité au Canada et aux États-Unis entre1991 et 2002 », *Champ pénal,* vol. I, 2004, 16 p.; J. Van Dijk, *The word of crime,* Sage ed., 2008; M. Cusson, « Le recul de la criminalité au Canada et aux États-Unis entre 1990 et 2000 : le rôle de la sécurité privée », Rapport ONDRP, 2009, p. 622-627.

1. D.-J. Steffensmeier et M.-D. Harrer, « Is the crime rate realling falling ? », *Journal of research on crime and delinquency,* 1987, vol. 24, p. 23-48. On a pu constater pour la France, en ce qui concerne l'année 1985 que la criminalité apparente policière n'avait pas réellement commencé à baisser dès cette année-là : *cf. infra,* n° 457 en note.

2. Selon le *Herald Tribune* du 5 févr. 1987.

3. D'après *Le Monde* des 1ᵉʳ-3 août 1990.

4. N. Christie, *L'industrie carcérale. Prison et politique pénale en Occident,* Paris, éd. Autrement, 2003.

5. M. Cusson, art. précit.

violence et sans violence en 2009, ce qui représente un taux pour 1 000 habitants de 31,7 ‰ contre 46,6 ‰ en 1996[1]. Le même phénomène de décroissance s'est observé au Canada[2] et, en particulier au Québec où, d'après les statistiques officielles, la plupart des crimes et des délits ont diminué de 30 à 50 % depuis le début des années 1990[3].

En France, la criminalité apparente policière (c'est-à-dire les crimes et délits constatés par les services de police et de gendarmerie) a recommencé à augmenter en 1989 (+ 4,27 %) et n'a cessé de progresser jusqu'en 1994 (1990 : + 6,93 %; 1991 : + 7,20 %; 1992 : + 2,32 %; 1993 : + 1,69 %; 1994 : + 0,96 %[4]).

Toutefois, dans la période 1995-1997, on a assisté à une décrue d'une ampleur certaine (1995 : – 6,47 %; 1996 : – 2,88 %). Mais la courbe de la criminalité française a recommencé à augmenter progressivement à partir de l'année 1998 jusqu'en 2002. En revanche de 2003 à 2009, elle n'a cessé de baisser (de 4 113 882 faits constatés en 2002 à 3 521 256 en 2009, soit 56,36 ‰ habitants)[5].

S'agissant des pays de l'Union européenne, le volume annuel « Aspects de la criminalité et de la délinquance constatées en France par les services de police et de gendarmerie » qui présentait antérieurement quelques comparaisons internationales peu significatives donne depuis le volume de l'année 1988 les tendances de la criminalité et de la délinquance dans les pays de la CEE (aujourd'hui UE) d'après les éléments fournis par les pays concernés à Interpol (criminalité apparente). Pour la période 1983-1987, l'analyse des données, qui s'inscrit dans une même tendance à moyen terme d'augmentation de la criminalité, note toutefois un certain nombre de pays où la tendance à la hausse a pu être contenue (Angleterre et Irlande à partir de 1983, RFA, Italie et Grèce en 1984, Belgique, Pays-Bas, Portugal et France en 1985-1986). Pour la période 1987-1991, la croissance de la délinquance a repris, forte en Italie, Belgique et Royaume-Uni, moins forte dans les autres pays, sauf l'Espagne et le Danemark où l'on note une diminution sensible. Pour la période 1991-1995, la tendance est partagée : hausse pour l'Allemagne, la Belgique, le Danemark, l'Irlande, le Luxembourg, les Pays-Bas et l'Autriche; baisse pour les autres pays dont la France depuis 1995. Mais on estime dans le document de 1996 que la tendance à moyen terme serait à la diminution

---

1. Rapport de l'ONDRP 2010, La criminalité en France, p. 894-897. Pour le détail, v. la succession des rapports : 2007, p. 514-515; 2008, p. 724-725; 2009, p. 628-631 et 2010, p. précitées.

2. M. Cusson, art. précit.

3. M. Ouimet, « Analyse de l'évolution des données sur la criminalité, les tribunaux criminels et les services correctionnels au Québec de 1962 à 2008 », in Traité de criminologie empirique, 4ᵉ éd., 2010 (M. Le Blanc et M. Cusson dir.), p. 21-48. La délinquance officielle des adolescents québécois au cours des 40 dernières années a connu les mêmes tendances évolutives : hausse jusqu'au milieu des années 80, stabilisation jusqu'au milieu des années 1990 et décroissance par la suite, avec paradoxalement, une place croissante des infractions avec violence dans l'ensemble des actes criminels à partir de la fin des années 1980 (M. Le Blanc, « La délinquance officielle et autoreportée chez les adolescents québécois de 1930 à 2007 », in même Traité de criminologie empirique, p. 49-73. Sur les études antérieures publiées dans les trois premières éd. du Traité de criminologie empirique cf. 1ʳᵉ éd., 1985 : A. Normandeau et J. Rico, « La criminalité au Québec : 1960-1985. Tendances et configurations », p. 25-65; 2ᵉ éd., 1994, M. Ouimet, « Les tendances de la criminalité apparente et de la réaction judiciaire au Québec de 1962 à 1991 », p. 15-47; 3ᵉ éd., 2003, M. Ouimet, « Les tendances de la criminalité au Québec : 1962-2001 », p. 15-37 et même auteur, La criminalité au Québec pendant le xxᵉ siècle, Presses Univ. Laval, Québec, 2005, 425 p.

4. D'après les publications annuelles Aspects de la criminalité et de la délinquance en France jusqu'en 1996.

5. Cf. infra n° 457.

(p. 33). Depuis 1999, on dispose d'un document statistique très important établi par la Direction des affaires juridiques du Conseil de l'Europe sous le titre « Recueil européen de statistiques relatives à la criminalité et à la justice pénale ». Pour les 15 dernières années, les statistiques de la criminalité enregistrée par les services de police d'un échantillon de pays membres de l'*Union européenne* donnent les résultats suivants [1]. En *Allemagne,* on observe une évolution contrastée selon la nature des infractions : les atteintes aux biens pour 1 000 habitants sont passées d'un taux de 53,3 ‰ en 1996 à 38,7 ‰ en 2009 (soit 3 169 810 infractions); en revanche, au cours de la même période, les atteintes à l'intégrité physique ont augmenté de 4,8 ‰ en 1996 à 7,1 ‰ en 2009, avec toutefois au cours des trois dernières années une très légère décrue (2007 : 586 357 faits, 2008 : 578 176 faits, 2009 : 578 155 faits). En *Angleterre et au Pays de Galles,* les données statistiques relatives à l'évolution de la délinquance pour les années 2003-2004 [2] à 2009-2010, conduisent également à distinguer entre les atteintes aux biens et les atteintes à l'intégrité physique : les premières ont baissé très significativement, passant par une diminution progressive quasi continue de 4 455 163 faits en 2003-2004 à 2 954 935 (soit un taux de 53,8 ‰) en 2009-2010; pour les atteintes à l'intégrité physique, il n'y a certes pas eu d'augmentation à la différence de l'Allemagne, mais le nombre des infractions s'est borné à osciller d'une année à l'autre entre 1 220 158 et 936 729, la dernière année comptant 1 035 008 faits avec un taux pour 1 000 habitants de 18,2 ‰. Pour l'*Espagne,* de 1998 à 2006, les atteintes aux biens comme les atteintes à l'intégrité physique des personnes ont augmenté : s'agissant des premières, on est passé de 1 489 292 faits constatés en 1998 à 1 534 359 en 2006, soit une augmentation de 3 % et un taux pour 1 000 habitants de 34 ‰; quant aux atteintes à l'intégrité physique, avec 352 205 faits constatés et un taux pour 1 000 habitants de 7,8 ‰, elles ont connu une augmentation nettement plus importante de 1998 à 2006, soit + 16,1 %. La *Suède* quant à elle présente un schéma d'évolution voisin de celui de l'Allemagne : baisse des atteintes aux biens de 1996 à 2006 de 3,8 % avec un taux pour 1 000 de 72 ‰ en 2006 (662 302 faits enregistrés par la police); augmentation des atteintes à l'intégrité physique au cours de la même période de 100 809 à 149 220 faits enregistrés, soit un taux pour 1 000 qui est passé de 11,4 ‰ en 1996 à 16,4 ‰ en 2006. En 2007 toutefois le nombre d'atteintes aux biens a dépassé le chiffre de 2006 (755 000, ce qui représente une hausse de 3,4 %, tandis que les atteintes à l'intégrité physique continuaient à augmenter sur la même trajectoire avec 157 664 faits et un taux de 17,2 ‰).

La *Suisse,* bien que ne faisant pas partie de l'Union européenne, est liée à celle-ci par plusieurs traités bilatéraux et notamment par une convention d'adhésion aux accords de Schengen, de sorte qu'il est intéressant de comparer le volume de sa criminalité avec celui des divers pays de l'Union. Son système de statistiques criminelles ayant été modernisé récemment, on ne possède comme données utilisables aujourd'hui que celles de l'année 2009 [3]. Le nombre des infractions enregistrées dans la « Statistique policière de la criminalité » (SPC) de ce pays s'élevait en 2009 à un total de 676 309 faits, soit un taux pour 1 000 habitants de 86,90 ‰, ce qui apparente la Suisse à la plupart des pays européens à cet égard.

---

1. Les données qui suivent sont extraites des rapports annuels de l'OND 2007, 2008 et 2009 et de l'ONDRP 2010.
2. Pour les années antérieures, *cf.* M. Hough et P. Mayhew, « L'évolution de la criminalité à travers deux décennies des British crime Survey », *Dev. et soc.* 2004, vol. 28, n° 3, p. 267.
3. *Cf.* rapport ONDRP pour 2010 précité, p. 912-914.

En présentant l'étude de Ted Gurr ci-dessus[1], on a vu que le *Japon* était le seul pays occidental (avec Israël) dont la criminalité n'avait pas connu l'augmentation massive des années 1945-1974. Comment a évolué la délinquance japonaise enregistrée depuis cette période ?[2]. En augmentation progressive après la fin des années 1970, la criminalité japonaise a connu une diminution au cours des années 2003-2007 de sorte qu'elle a retrouvé son niveau des années 1990. En 2007, le nombre de faits constatés était de 2 700 000 environ, soit un taux approximatif pour 1 000 habitants de 21,25 %. Le taux de la délinquance japonaise est ainsi très inférieur à celui des autres pays occidentaux, mais ce qui caractérise spécialement son évolution des 20 dernières années, c'est l'augmentation très importante des crimes et délits commis par les personnes âgées dont le nombre a quintuplé, alors que dans la même période cette population a seulement doublé[3].

2. À travers les techniques de substitution et de complément des statistiques criminelles[4]

449 *Portée des résultats obtenus* ◇ Les recherches faites au moyen des techniques de complément ou de substitution des statistiques criminelles ne se rapportent pas à tous les pays occidentaux. D'autre part, là où elles ont été faites, elles n'ont pas toutes la même portée; il faut distinguer selon les techniques utilisées.

450 *Les enquêtes d'autoconfession* ◇ Ces enquêtes ne fournissent en général que des *instantanés* et non des informations sur les tendances d'évolution[5]. D'autre part, la plupart de celles qui ont été réalisées concernent les États-Unis et les jeunes délinquants[6]. Ces enquêtes concordent

---

1. *Cf. supra* n° 447.
2. P. Pons, *Misère et crime au Japon*, Gallimard, 1999; Ministry of Justice Research and Training Institute, *White Paper on Crime*, 2008; *Le Monde* du 9 décembre 2008.
3. *Le Monde* du 9 décembre 2008 précit. : « Ils volent pour retourner en prison ». Sur le phénomène aux Pays-Bas *cf.* Elderly people. The increase of over-60 crime in The Netherlands : an exploration », *in* M. Herzog-Evans (ed.), vol. 2, p. 491-496.
4. E. Yamarellos et G. Kellens, I, *v*° « Chiffre noir », 76-78; M. Le Blanc, « La délinquance cachée : une alternative aux statistiques criminelles », *in* 31e Cours international de criminologie, Aix, 1981, 109-145.
5. V. cependant M. Le Blanc précité qui fait état d'enquêtes portant sur la période 1970-2009.
6. Pour les États-Unis : E. Schwarz, *A community experiment in measurement of delinquency*, National probation and parole association yearbook, 1945, p. 157-181; A. Porterfield, *Youth in trouble*, 1946; F. Murphy et *al.*, « The incidence of hidden delinquency », *American Journ. of orthopsychiatry*, 1946, 686-696; J. Wallerstein et Wyle, « Our lawabiding lawbreaker », *Probation*, mars-avr. 1947, p. 102-112; J. Short Jr, « A report on the incidence of criminal behavior, arrests and conviction in selected group », *Research Study of the State College of Washington*, juin 1954, 110-118; M. Erickson et L.-T. Empey, « Court records, undetected delinquency and decision making », *Journ. of crim. law. crimin. and pol. science*, 1963, p. 456-469; Dentler et *al.*, *Five scales of juvenile misconduct*, New York, 1966; M. Gold, « Undetected delinquent behaviour », *Journ. of research on crime and delinquency*, 1966, 27-46; L. Empey et M. Erickson, *Hidden delinquency and social status*, *Social forces*, 1966, p. 546-554; T. Hirshi, *Causes of delinquency*, 1969; F. Mann et *al.*, « Characteristics of self-reported violent offenders versus court identified violent offenders », *Int. Journ. of criminology and penology*, 1976, p. 69-87; E. Stephan, « Personality and attitude mesurement in two studies of self-reported delinquency and victimization », *Int. Journ. of crim. and pen.*, 1977, p. 275-287. Pour le Canada : M. Le Blanc, « La délinquance officielle et autorapportée chez les adolescents québécois de 1930 à 2007 », *in Traité de criminologie empirique*, 4e éd. 2010 (M. Le Blanc et M. Cusson dir.) p. 49-73. Pour les pays scandinaves : K. Elmhorn, « Study on self-reported delinquency among school children in Stockholm », *in Scandinavian Studies in criminology*, vol. 1, 1965,

pour indiquer que la délinquance des jeunes est beaucoup plus répandue que les statistiques officielles ne le laissent penser. Ainsi s'agissant du Québec, pour lequel on a l'avantage de connaître la délinquance autoreportée sur la série temporelle 1976-2007, les enquêtes d'autoconfession donnent une représentation de la délinquance des adolescents qui est très différente de celle de la délinquance officielle : 72 % des adolescents auraient commis au moins une infraction pénale dans une année contre 2,5 % seulement de jeunes ayant eu affaire aux services de police dans la même période de temps; mieux encore elle se singularise par une tendance générale à la stabilité, alors que la délinquance officielle se caractérise par des fluctuations importantes à la hausse puis à la baisse, après une période intermédiaire de stabilisation [1].

Peut-on dire pour autant qu'il n'existe aucune différence entre les délinquants « cachés » et les délinquants « connus » ? Tel n'est pas l'avis d'A.K. Cohen. « Au contraire, écrit-il, il est vraisemblable que ceux qui se retrouvent devant les tribunaux ont commis plus d'infractions différentes, plus d'infractions graves et plus fréquemment les mêmes infractions. » [2].

Ce point de vue n'est pas partagé par l'auteur de l'étude française sur la délinquance des jeunes autodéclarée. Les résultats de cette enquête indiquent que la délinquance est très concentrée, environ 5 % des jeunes étant à l'origine de 50 % au moins des délits et qu'il y a bien un « rajeunissement » des mineurs en matière délinquante. Or, l'enquête ne donne aucune indication que les 5 % de « suractifs » sont particulièrement détectés par la police [3].

451 *Les enquêtes de victimisation* ◇ Ces enquêtes révèlent aussi, d'une manière générale, que la délinquance saisie par le biais de ce type d'enquêtes est plus importante que celle qui est enregistrée par les statistiques [4].

p. 117-146; N. Christie et al., « A study of self-reported crime », id. p. 86-116. D'une manière générale, sur les résultats des enquêtes de délinquance autoreportée, V. M. Killias, *Précis de criminologie*, 2ᵉ éd., nᵒˢ 231-242; S. Roché, *La délinquance des jeunes, Les 13-19 ans racontent leurs délits*, Seuil, 2001; R. zauberman (dir.), *Les enquêtes de délinquance et de déviance autoreportée en Europe. État des savoirs et bilan des usages*, L'Harmattan, 2009.

1. M. Le Blanc, art. précité in *Traité de criminologie empirique*, 4ᵉ éd. précité, p. 62 et s.
2. A. K. Cohen, *La déviance*, p. 58.
3. S. Roché, *La délinquance des jeunes. Les 13-19 ans racontent leurs délits*, Seuil, 2001, p. 51-53. Adde, R. Gassin, « Les "noyaux suractifs" de mineurs délinquants », *RPDP*, 2003, p. 805 et s.
4. J. Pinatel (1987), vᵒ « Victimologie », 219-220; T. Sellin, *La « national crime Commission » et la recherche criminologique;* Skogan et Maxfield, *Coping with crime*, 1981, 280 p.; 16ᵉ Conférence des directeurs d'Instituts de recherches criminologiques, Conseil de l'Europe, Strasbourg, 1984, Rapports Van Dick, Zauberman, Mayhew et Villmow; R.-M. O'Brien, *Crime and victimization data*, 1985, 127 p.; T. Jones et al., *The Islington crime survey. Crime victimization and policing in Inner-city London*, 1986, 265 p.; M.-P. De Liège, « Victimes, victimologie, la situation française », *RSC*, 1987, p. 757-762; J.-P. Milienne, *La victimisation des personnes âgées en France contemporaine*, th. Paris II, 1987, ronéo.; M. Killias et al., *Les Suisses face au crime*, 1989, chap. 3 et s.; R. Zauberman, « Les victimes d'infractions », *Questions pénales*, févr. 1990; J.-J.-M. Van Dijk, P. Mayhew et M. Killias, *Experiences of crime across the world : key findings of the 1989 internation crime survey*, Kluwer, Deventer-Boston, 1990, 2ᵉ éd. 1990 (avec un long résumé en français); M. Killias, *Précis de criminologie*, nᵒˢ 254-259 et 261; J.-J.-M. Van Dijk, « Les utilisations des études de criminalité », *CSI*, nᵒ 4, févr.-avr. 1991, p. 39-62; W. Bilsky et P. Wetzels : « Victimization and crime : normative and individuals standards », *AIC*, 1994, p. 135-154; P. Mayhew et J.J. Van Dijk, « Le sondage international de victimisation », *RICPT*, 1995, p. 259-276.; U. Zveric, « Les attitudes victimes envers la police et la punitivité », *RICPT*, 1997, p. 3-16; P. Lamon « Crime trends in 13 industrialized countries », in P. Nieuwbeerta (ed), *Crime victimization in comparative perspective : Results from the international crime victims survey 1989-2000*, The Hague, 2002, p. 29-52.

Toutefois écrire dramatiquement, comme l'on fait certains abolitionnistes [1], que « d'une façon générale, on peut admettre que moins de 1 % des faits « criminalisables » sont dénoncés à la police » et que « contrairement à ce qu'on pourrait croire, ce ne sont pas des faits légers qui sont omis, mais bien plutôt des faits sérieux, voire très sérieux », ne correspond pas aux données fournies par les enquêtes de victimisation effectuées jusqu'à ce jour. On a montré depuis en effet que la « demande pénale », c'est-à-dire la décision d'aviser ou non la police de l'occurrence d'un acte délictueux, est fonction de la gravité de l'infraction commise, corrigée par l'effet de la proximité relationnelle des protagonistes (victime et auteur) ainsi que par la crainte éventuelle de représailles, la dénonciation par des tiers venant elle-même dans certains cas déjouer ces effets de neutralisation [2]. Cela dit, comme depuis 1973, aux *USA*, une enquête est faite chaque année dans un nombre important de villes et qu'il est ainsi possible de suivre aussi les tendances d'évolution de la criminalité à travers cet indicateur [3], on peut remarquer que la courbe des victimisations suit exactement les mêmes orientations que celle des statistiques du FBI (UCR) : augmentation jusqu'en 1983, diminution à partir de cette année-là, et les dernières enquêtes montrent également que le taux des plaintes pour faits de délinquance déposées auprès des services de police par rapport au nombre des infractions déclarées dans les enquêtes du NCVS demeure globalement stable d'une enquête à l'autre, soit aux alentours de 40-42 % [4]. En *Angleterre et au Pays de Galles,* le *British Crime Survey* (BCS), qui est l'enquête nationale de victimisation menée chaque année depuis 1981, montre aussi que le pourcentage du taux de plaintes pour faits de délinquance est globalement stable, de l'ordre de 40 à 44 % selon les années [5]. Pour le *Canada,* les résultats des enquêtes de victimisation menées tous les cinq ans dans le cadre de l'« Enquête sociale générale » (ESG) de statistique Canada depuis 1988 montrent que la victimisation qui est trois à quatre fois plus élevée que le taux de la criminalité enregistrée par la police, suit les tendances globales d'évolution de celle-ci ; toutefois, pour le *Québec* spécialement, la victimisation aurait connu des fluctuations qui ne correspondent pas aux tendances qui ressortent des données officielles sur la criminalité [6]. S'agissant de la *France,* l'OND devenu ONDRP en 2010 publie dans ses rapports depuis 2005 des données relatives aux victimisations obtenues dans le cadre des

---

1. Hulsman et Bernat de Celis, « Fondements et enjeux de la théorie de l'abolition du droit pénal », *in* F. Ringelheim (dir.), *Punir mon beau souci,* 1984, p. 297-317, spéc. p. 303, note 2; W. Bilsky et P. Wetzels, « Victimization and crime : normative and individual standards », *AIC,* 1994, p. 135-154; P. Hayhew et J. Van Dijk, « Le sondage international de victimisation », *RICPT,* 1995, p. 259-276.

2. P. Tremblay, « La demande pénale directe et indirecte : une analyse stratégique des taux de renvoi », *RICPT,* 1998, p. 18-33.

3. Lehnen et Skogan, *The national crime survey : working papers,* vol. 1, 1983.

4. Pour les résultats les plus récents du *National Crime Survey* (NCVS), cf. Rapports de l'OND 2007 (p. 216), 2008 (p. 726-727) et 2009 (p. 632-633) et de l'ONDRP 2010 (p. 518-519).

5. Sur les données comparées des enquêtes du BCS de 1995 à 2009/2010, *cf.* Rapports de l'OND pour 2008 (p. 730-731) et 2009 (p. 638-640) et de l'ONDRP de 2010 (p. 906-909).

6. M. Ouimet *in Traité de criminologie empirique,* 4ᵉ éd. 2010 précité, p. 21 et s., spec. 23-26. *Adde* Rapport ONDRP pour 2010, p. 898-901.

enquêtes annuelles « cadre de vie et sécurité » (CVS) diligentées par l'INSEE[1]. Le nombre de faits de délinquance déclarés chaque année aux enquêteurs par les personnes se disant victimes est certes très supérieur à celui qui figure dans les statistiques de la police et de la gendarmerie, avec des écarts au demeurant eux-mêmes très différents selon qu'il s'agit d'atteintes aux biens ou d'atteintes subies par les personnes. Mais cela étant, ce qu'il est essentiel de relever ici c'est que les évolutions sur six années de la courbe des victimations et de celle des plaintes enregistrées par les services de police suivent dans leurs grandes lignes la même tendance : diminution pour les atteintes aux biens; augmentation des violences physiques subies par les personnes.

452 *Autres techniques* ◇ S'agissant des *recherches sur le coût du crime*[2], la mise en séries statistiques des estimations faites dans certains pays année après année, converties en unités de monnaie constante, donne des indications de tendance d'évolution comparables à celles des statistiques officielles. Quant aux *sondages sur la peur du crime,* on a vu antérieurement[3] qu'ils ne correspondaient pas, semble-t-il, à l'état de la criminalité et qu'ils n'évoluaient pas non plus corrélativement à celui-ci, ce qui n'exclut pas pour autant une certaine rationalité complexe qui justifie que l'on ne néglige pas les résultats des sondages opérés à son égard pour avoir une meilleure connaissance de la criminalité[4].

2. Les tendances d'évolution de la criminalité française depuis la fin de la dernière guerre[5]

453 *Orientation générale* ◇ L'évolution de la criminalité française depuis la fin de la Seconde Guerre mondiale s'inscrit tout à fait dans le modèle géné-

---

1. *Cf.* les rapports de 2007 à 2010, les principaux résultats publiés au début de chaque rapport annuel.
2. E. Yamarellos et G. Kellens, I., *v°* « Coût du crime », 100-103; Wickersam Commission, *The cost of crime*, 1931; K.-O. Christiansen, *Comparative dollar cost of law enforcement in the scandinavian countries*, Copenhague, 1968; *President commission on law enforcement and administration of justice, crime and its impact, An Assessment*, 1967; D. Szabo et J. Rico, *Séminaire sur le coût du crime*, CICC, 1969, ronéo; Symposium sur le coût du crime, Ste-Marguerite (Québec) 1970, CR *in RSC,* 1970, p. 722-724; Zeegers, « Analyse des dépenses publiques belges en matière répressive de 1950 à 1967 », UCL Louvain, 1970; Gary S. Becker, *Aspects économiques de la délinquance,* Inst. crim., 1970, p. 31-40; Trousse et Bernard, « Le coût de la lutte contre la délinquance », *RDPC,* 1971, p. 841-851; US Departement of commerce, *Expenditure and employment data for the criminal justice systems,* 1975; P. Robert et T. Godefroy, *Le coût du crime ou l'économie poursuivant le crime,* 1978, 225 p.; D. Hogdson, *Profits of crime and their recovery,* Londres, 1984, 165 p.; Van Duk, art. précité au *CSI,* n° 4, 1991, p. 43.
3. *Cf. supra,* n°s 171 et s.
4. L. Guerin, « Les réactions sociales au crime : peur et punitivité », *Rev. française de sociologie,* 1984, p. 623-635; Actes du colloque de l'IHESI (nov. 1989), *CSI,* janv. 1990, avec notamment le rapport J. Delumeau, « Le sentiment de sécurité », p. 19-26; Van Dijk, *CSI,* n° 4, 1991, p. 43-45; H. Lagrange, « Appréhension et préoccupation sécuritaire », *Dév. et soc.* 1992, p. 1-29; P. Tremblay *et al.,* « La peur du crime et ses paradoxes : cartes mentales, écologie criminelle et sentiment d'insécurité », *RCC,* 1993, n° 1, p. 1 et s.; H. Lagrange, « La peur à la recherche du crime », *Dév. et soc.* 1993, p. 385-417; V. Ruggiero, « Perception des problèmes de drogue dans un quartier déshérité de Londres », *Dév. et soc.* 1993, p. 357-384; R. Screvens, « Le juge pénal et le sentiment d'insécurité », *RDPC,* 1995, p. 113-118.
5. **OUVRAGES :** P. Chaulot et J. Susini, *Le crime en France,* Hachette, 1959, 209 p.; P. Robert et C. Faugeron, *Les forces cachées de la justice,* éd. Le Centurion, 1980, 204 p.; P. Robert, *Les comptes*

ral décrit par Gurr pour la plupart des pays occidentaux, exception faite des cas « atypiques » du Japon et d'Israël. Après avoir baissé de manière importante de 1946 jusqu'en 1955, la criminalité française a augmenté progressivement dans les trente années qui ont suivi pour atteindre des proportions considérables par rapport à l'année de référence de basse criminalité de 1955. On avait pu croire, à partir de 1985, qu'une modification de la tendance générale s'était amorcée à la suite d'une légère baisse pendant quelques années, comme cela s'était produit dans d'autres pays occidentaux[1]. Mais à l'exemple de ceux-ci, la courbe française de la criminalité apparente a recommencé à monter. Il ne s'agit là toutefois que d'indications très générales qui demandent à être détaillées à travers la présentation des données sur la criminalité légale, la criminalité apparente et la criminalité résultant des techniques de complément des statistiques officielles.

1. L'évolution de la criminalité légale[2]

454 *Les statistiques de la justice des adultes* ◊ Les données sommaires qui suivent concernent les condamnations prononcées par les Cours

du crime, les délinquances en France et leurs mesures, 2ᵉ éd. 1995, p. 113-118.; H. Algalarrondo, *Sécurité : la gauche contre le peuple*, R. Laffont éd., 2002, 152 p.; L. Bui-Trong, *Violences urbaines*, Bayard, 2000, 180 p. et *Violences : Les racines du mal*, Le Relié, 2002, 120 p.; F. Falletti et F. Debove, *Planète criminelle*, PUF, 1998, 402 p.; O. Foll', *L'insécurité en France*, Flammarion, 2002, 280 p.; L. Mucchielli et P. Robert (dir.), *Crime et sécurité : l'état des savoirs*, éd. La Découverte, 2002, 439 p.; S. Roché, *La délinquance des jeunes*, Seuil, 2001, 302 p.; L. Rudolph et C. Soullez, *Insécurité, La vérité*, préf. X. Raufer, J.-C. Lattès, 2002, 360 p.; C. Samet (dir.) « Violence et délinquance des jeunes », *Doc. fr.*, 2001, 175 p.; M. Wieviorka, *Violence en France*, Seuil 1999, 345 p.; *Répertoire Dalloz de droit pénal et procédure pénale*, vᵒ « Statistiques pénales », octobre 2002; R. Lévy, L. Mucchielli et R. Zaubermann (dir.), « Crime et insécurité : un demi-siècle de bouleversements », *Mélanges pour et avec Philippe Robert*, L'Harmattan, 2006, 461 p. CONGRÈS ET COLLOQUES : « Le fonctionnement de la justice pénale » (Montpellier, 1968), éd. Fac. droit Montpellier, 1971, 366 p.; *Le fonctionnement de la justice pénale : perspectives sociologiques et criminologiques* (Lyon-Villeurbanne 1977), éd. CNRS, 1979, 562 p. TRAVAUX DE COMMISSION : Réponses à la violence, rapport du Comité d'Études présidé par A. Peyrefitte, 1977, 2 vol. + 8 annexes, *Doc. fr.* Conseil économique et social, *La sécurité des personnes et des biens en France*, 1981. Commission des maires sur la sécurité : « Face à la délinquance : prévention répression, solidarité », rapport au premier Ministre, *Doc. fr.*, 1982, 22 p. ARTICLES : J. Pinatel, « L'évolution de la criminalité en France depuis la Libération », *RSC*, 1954, p. 157-167; même auteur, « Les données sociologiques et statistiques récentes en criminologie de langue française », *RSC*, 1963, p. 831-842; P. Vernet, « Alerte à la délinquance », études, juin 1964, p. 754-765; J. Pinatel, « L'évolution de la criminalité en France depuis 1946 », *RSC*, 1965, p. 916-924; P. de Richemont, « L'augmentation de la délinquance », *Messages du secours catholique*, avr. 1967, p. 8; J. Poumarede, « Le phénomène criminel » *in* R. Merle, *Les mondes du crime*, 1968, p. 9-34; Combaldieu, « L'inquiétante évolution de la criminalité contemporaine et la sécurité publique », *DS*, 1971, chron. p. 89; Toulemon, « L'augmentation des délits et des crimes », *Gaz. Pal.*, 5-7 nov., 1972; T. Desjardins, « Prisons, police et criminalité », *Promovere*, juin-sept. 1978; V. V. Stanciu, *Gaz. Pal.*, 27 juill. 1983; P. Robert, « La petite délinquance », *Rev. Après-Demain*, mai-juin 1983; « Les tendances de la criminalité en France sur longue période (1949-1988) », *Aspects de la criminalité et de la délinquance en France en 1988*, p. 35-37; P. Robert, « Criminalité et délinquance : évolution et tendances récentes », *CSI*, nᵒ 1, 1990, p. 71 et s; J. Pinatel, « Les évolutions de la criminalité », *in Histoire des sciences de l'homme et de la criminologie*, 2001, p. 92-98.

1. *Cf. supra*, nᵒ 448.
2. Compte général d'administration de la justice criminelle, publication annuelle jusqu'en 1978. Depuis 1979, *Annuaire statistique de la justice. Les statistiques criminelles de 1831 à 1981, La base Davido*, séries générales, CESDIP, 1989, nᵒ 51. Répertoire Dalloz de dr. pén. et pr. pén., vᵒ « Statistiques pénales », novembre 2002. *Actualité juridique pénale Dalloz, Données chiffrées*, octobre 2003, p. 32-35.

d'Assises, tribunaux correctionnels et tribunaux de police pour les contraventions de la 5ᵉ classe en 1960, qui est l'année où commence vraiment à se faire sentir la montée de la délinquance dans la criminalité légale et en 2008, dernière année dont les statistiques pénales ont été publiées, ainsi que dans les années intermédiaires depuis 1985 pour tenir compte de la modification de l'allure de la courbe de la criminalité à partir de cette date. Il ne s'agit donc que des condamnations prononcées contre les majeurs de 18 ans au moment des faits.

Affaires jugées				
Années	Cours d'Assises	Tribunaux correctionnels	Tribunaux de police (5ᵉ classe)	Total
1960	914	212 295	31 376	244 885
1985	2 363	526 558	110 919	639 840
1986	2 566	523 224	97 421	623 211
1987	2 410	413 884	90 702	506 996
1988	2 648	277 379	33 299	313 326
1989	2 626	389 952	89 848	482 426
1990	2 582	414 165	100 428	517 175
1993	2 661	448 840	96 931	548 432
1994	2 609	410 077	74 293	486 979
1995	2 703	342 945	28 495	374 143
1996	2 745	410 899	85 773	499 417
2000	3 202	443 615	133 222	580 039
2002	3 177	384 624	90 194	477 995
2003	3 174	411 373	110 506	525 053
2004	3 264	485 847	109 693	598 804
2005	3 232	521 118	68 148	692 498
2006	3 224	575 202	42 383	620 809
2007	3 076	561 685	47 760	612 521
2008	2 730	532 161	49 883	584 774

On constate ainsi qu'au cours de *la période 1960-1985*, la criminalité légale des majeurs a augmenté de plus de deux fois et demi, l'accroissement affectant massivement les condamnations pour contraventions de la 5ᵉ classe (+ 253,50 %), mais n'épargnant ni les délits correctionnels (+ 147,68 %), ni les crimes dont le pourcentage d'augmentation dépasse même ces derniers (+ 158,53 %). Sans doute remarque-t-on qu'en 1988 les condamnations pour contraventions de la 5ᵉ classe et pour délits correctionnels ont brutalement chuté, mais ce phénomène est dû à l'effet pervers de la loi d'amnistie du 20 juillet 1988[1] dont l'incidence s'est progressivement atténuée les années ultérieures, le bilan 1960-1990 s'établissant finalement à un accroissement de 220 % pour les contraventions de la 5ᵉ classe et à 95 % pour les délits correctionnels. Mais les crimes qui n'ont pas été affectés par la loi d'amnistie ont connu leur nombre de condamnations le plus élevé en 1988 même, et sur la période 1960-1990 le nombre aura finalement presque triplé (+ 182,50 %). *La période 1990-2000* voit également augmenter dans des proportions importantes le nombre de condamnations prononcées par les cours d'assises (+ 24 %), plus légèrement celui des tribunaux correctionnels (+ 7,1 %) et à nouveau de manière substantielle celui des condamnations par les tribunaux de police (+ 32,6 %), les faibles nombres de l'année 1995 pour les délits et contraventions étant à nouveau l'effet de la loi d'amnistie consécutive à l'élection présidentielle. Pour *la période 2002-2005* qui atteint le total de condamnations le plus élevé du demi-siècle en 2005 (692 498), les trois postes du tableau contiennent des évolutions très différentes : stabilité des affaires jugées par les Cours d'assises autour des 3 200 (depuis 2000); augmentation notable des affaires jugées par les tribunaux correctionnels, si l'on excepte l'année 2002 bénéficiaire de l'amnistie présidentielle, l'année 2005 rivalisant avec les chiffres de 1985 et 1986; évolutions erratiques des condamnations correctionnelles dont le faible chiffre de 2002 est lié à l'amnistie et celui encore plus faible de 2005 ne peut s'expliquer que par un recours massif aux procédures alternatives à la poursuite de la « justice négociée »[2]. Enfin, pour la période la plus récente, de 2005 à 208, on assiste à une baisse notable du nombre de condamnations pour les crimes, les délits et les contraventions de 1ʳᵉ classe. Cette diminution tient, sans doute, aux faveurs des modes alternatifs de règlement des conflits en matière correctionnelle ou contraventionnelle. Quant au nombre de détenus au 1ᵉʳ janvier, il est passé de 26 032 en 1975 à 45 319 en 2002, puis a atteint le chiffre de 66 089 en 2009. Plus précisément, parmi les 66 089 détenus en 2009, on trouve 50 694 condamnés et 15 395 prévenus. Aux détenus incarcérés s'ajoutent les personnes placées sous surveillance électronique[3].

455 ***Les statistiques de la justice des mineurs***[4] ◇ Le nombre des mineurs jugés par les juridictions pour enfants (juge des enfants, tribunal pour enfants) dans le cadre de l'ordonnance du 2 février 1945 relative à l'enfance délinquante a connu à son tour une progression fort importante

---

1. L'impact quantitatif des lois d'amnistie est considérable. On a calculé que de 1960 à 1988, celles-ci ont permis d'effacer régulièrement 90 % des condamnations correctionnelles : J. Roche-Dahan. *L'amnistie en droit français*, Thèse, Aix-en-Provence, 1994, p. 243 à 265.
2. *Cf.* R. Gassin, « Considérations sur le but de la justice pénale », *in Le droit pénal à l'aube du troisième millénaire Mélanges offerts à Jean Pradel*, Cujas éd., 2006, p. 109 et s., spéc. p. 119.
3. 13 994 mesures de placement sous surveillance électronique ont été accordées en 2009 (*cf.* Annuaire statistique de la justice, 2010, p. 223).
4. H. Michard, *La délinquance des jeunes en France*, Doc. fr., 1978; F. Baileau, « La délinquance des mineurs en France (1972-2002) », *in* R. Lévy et al., *Crime et insécurité*, L'Harmattan, 2006, p. 63-89; Ministère de la Justice, *Les chiffres clés*.

depuis 1955, année des plus basses eaux de la délinquance d'après la Seconde Guerre mondiale. De 13 975 mineurs jugés en 1955, on est passé 20 ans après à 58 625 (en 1975) pour atteindre 40 ans après encore 76 778 (en 2008), soit une multiplication par près de 6. En 2008, le nombre de mineurs mis en cause pour crime ou délit était de 207 821, et la part des mineurs au sein de l'ensemble des personnes mises en cause était de 17,7 %. Ce faisant, le volume de la criminalité des mineurs a plus que doublé en 30 ans, et, surtout, la part des mineurs dans la criminalité globale est passée de 9 % en 1972 à 17,7 % en 2008. En 2009, la Protection judiciaire de la jeunesse (PJJ) s'est vue confier le placement de 13 334 mineurs et jeunes majeurs, dont 10 943 mineurs au titre de l'enfance délinquante. La même année, 108 28 mineurs en danger ont été placés auprès de l'Aide sociale à l'enfance (ASE gérée par les départements) ou auprès du secteur associatif habilité[1].

2. L'évolution de la criminalité apparente

456 ***Les deux sources de la criminalité apparente*** ◇ Deux séries de sources statistiques sont disponibles à cet égard : celle de la police judiciaire (criminalité apparente policière) et celle des parquets (criminalité apparente judiciaire).

457 ***1) L'évolution de la criminalité apparente policière***[2] ◇ Les statistiques de la police judiciaire portent sur les crimes et les délits, à l'exclusion des contraventions de police ainsi que de certains délits (homicides et blessures par imprudence résultant d'accidents de la circulation et délits relevant du droit pénal technique tels que les délits fiscaux).

---

1. Les chiffres clés de la justice, 2010.
2. C. Barberger-Damamme, *De la criminalité apparente. Théorie et observation à partir de trois années de rapports journaliers des polices urbaines du Rhône*, th. Lyon III, 1981. **ARTICLES :** J. Pinatel, « L'évolution de la criminalité en France depuis la libération », *RSC*, 1954, p. 157-167; J. Susini, « Douze ans de statistiques de police (1950-1961) », *RSC*, 1963, p. 151-154; Jean Pinatel, « L'évolution de la criminalité en France depuis 1946 », *RSC*, 1965, p. 916-924; J. Susini, « Y a-t-il des formes nouvelles de criminalité ? », *RSC*, 1969, p. 199-214; « Le "contrôle social" : formes futures de la police », *RSC*, 1969, p. 713-919; « L'image de la criminalité à travers les systèmes de police », *RSC*, 1975, p. 775-790; P. Robert et R. Lévy, Police, « État, Insécurité », *Criminologie*, 1984, n° 1, p. 43-58. La *Rev. de la Sûreté Nationale*, puis *Rev. de la Police Nationale*, a publié chaque année de 1962 à 1973 un numéro spécial comportant le bilan des activités de la Sûreté nationale, puis de la Police nationale pour l'année écoulée. Depuis 1974, il est publié chaque année par les soins de la Direction centrale de la police judiciaire un ouvrage : *La criminalité en France en* (suit le millésime); dernière année parue : 2001. En outre la *Rev. pol. nat.* a publié une synthèse de la criminalité en France de 1964 à 1968 (*Rev. pol. nat.*, oct-nov. 1970, 49-63) et plusieurs synthèses annuelles soit anonymes, soit sous la signature de MM. Dupiellet et Aprea (*Rev. pol. nat.*, oct. 1974, p. 11-17; 1976, n° 102, p. 3-9; 1977, n° 104, p. 31-40; 1979, n° 109, p. 26-32; févr. 1981, n° 115, 18-23; mars 1982, 26-29). Adde C. Chiaramonti, *Rev. pol. nat.*, avr. 1988, p. 25-28 et J. Susini, *RSC*, 1989, p. 806-812; *Aspects de la criminalité... en 1992 : Les tendances de la criminalité et de la délinquance en France de 1950 à 1992*, p. 31-33 : M.-J. Rodo-Bodin, *Les aspects de la criminalité apparente en France de 1974 à 1988*, Mémoire DEA Sciences criminelles, Aix-en-Provence, 1990; N. Marty, *Les tendances d'évolution des homicides volontaires en France de 1974 à 1990, d'après les statistiques de la police judiciaire*, Mémoire DEA Sciences criminelles, Aix-en-Provence, 1992; R. Zauberman, « Le traitement des vols et cambriolages par la gendarmerie nationale en France », *Dév. et soc.*, 1997, n° 4, p. 323-363.

Année	Crimes et délits	soit	‰	Habitants (en milliers) France métropolitaine
1946	745 555	soit	18,05 ‰	–
1955	604 852	soit	14,06 ‰	–
1984	3 681 453	soit	67,14 ‰	–
1985	3 579 194	soit	65,00 ‰	–
1988	3 132 694	soit	56,00 ‰	–
1989	3 266 442	soit	58,31 ‰	–
1992	3 830 996	soit	66,63 ‰	57 369
1994	3 918 008	soit	67,83 ‰	57 753
1995	3 665 320	soit	63,17 ‰	57 936
1996	3 559 617	soit	61,25 ‰	58 116
1997	3 493 445	soit	59,92 ‰	58 299
1998	3 565 526	soit	60,95 ‰	58 497
1999	3 567 864	soit	60,73 ‰	58 749
2000	3 771 849	soit	63,88 ‰	59 037
2001	4 061 792	soit	68,44 ‰	59 344
2002	4 113 882	soit	68,48 ‰	60 067
2003	3 970 000	soit	65,66 ‰	60 462
2004	3 825 442	soit	63,86 ‰	59 900
2005	3 775 838	soit	62, 35 ‰	60 561
2006	3 725 588	soit	61,03 ‰	61 044
2007	3 589 293	soit	58, 33 ‰	61 538
2008	3 558 329	soit	57,51 ‰	61 875
2009	3 521 256	soit	56,39 ‰	62 450

Ainsi de 1955 à 1984, soit en 30 ans, la criminalité apparente policière a augmenté de plus de 500 % (508 %). De 1985 à 1988, il s'est produit un renversement apparent de tendance, le nombre en valeur absolue étant tombé de 3 681 453 faits à 3 132 694 faits et le pourcentage pour 1 000 habitants de 67,14 ‰ à 56 ‰[1]. Mais en 1989, la criminalité apparente policière a recommencé à monter (+ 4,27 %) pour atteindre en 1994 un taux pour 1 000 habitants supérieur à celui de 1984 (67,83 ‰ contre 67,14 ‰) et un chiffre en valeur absolue très supérieur à celle-ci (3 918 008 contre 3 681 453). Mais en 1995 et 1996, la courbe de la criminalité apparente s'est à nouveau infléchie vers le bas avec une diminution de – 6,47 % en 1995 et – 2,88 % en 1996 pour tomber à 3 493 445 en 1997. De 1997 à 2001, la criminalité apparente policière a recommencé à augmenter dans des proportions importantes au point de dépasser les 4 millions de faits constatés pour la première fois en 2001 (soit 568 353 faits de plus de 1997 à 2001 et une augmentation en pourcentage de 16,27 %). et même atteindre plus de 4 100 000 faits criminels et correctionnels en 2002. Par la suite en revanche, le chiffre redescendu au-dessous de 4 millions, n'a cessé de baisser pour retrouver approximativement la criminalité apparente policière de l'année 2000. Au total, en négligeant les variations intermédiaires, la délinquance constatée par les forces de police a été multipliée par plus de 6 en 50 ans, entre 1955 et 2009, et son taux pour 1 000 habitants a lui-même été multiplié par 3.

Cette augmentation a-t-elle affecté toutes les formes de criminalité ? Il a été possible de répondre à la question jusqu'en 1987, les statistiques policières répartissant les crimes et les délits en *trois catégories* d'après leur gravité estimée : grande criminalité, moyenne criminalité, délinquance. Voici les taux respectifs pour 1 000 habitants des trois sortes de criminalité depuis 1973 (année à partir de laquelle on dispose d'une série homogène pour ce calcul) jusqu'en 1987 :

Années	Catégories		
	Grande criminalité	Moyenne criminalité	Délinquance
1973	0,34	4,46	28,88
1984	1,16	10,62	55,36
1985	1,20	10,55	53,25
1986	1,12	10,04	48,39
1987	1,07	9,43	46,63

Ainsi la grande criminalité a proportionnellement même plus augmenté (241 %) que la moyenne criminalité (138 %) et la délinquance (91 %) de 1973 à 1984. Quant au changement d'orientation qui semble s'être amorcé en 1985, il n'a affecté cette année-là que la délinquance et la moyenne criminalité, la grande criminalité continuant à augmenter légèrement (de 1,16 à 1,20 % habitants). Ce

---

1. P. Bonfils, « Pourquoi la criminalité a-t-elle baissé au cours des années 80 ? Le cas français », *RICPT*, 1996, p. 192-213.

n'est qu'à partir de 1986 que le reflux a affecté aussi la grande criminalité[1]. Encore doit-on remarquer que l'abandon depuis 1988 de la typologie en question ne permet pas de savoir comment la criminalité se répartit entre les trois catégories depuis que la criminalité globale a recommencé à augmenter, c'est-à-dire depuis 1989[2].

Qu'en est-il d'autre part de l'*efficacité des services de police* ? Au cours de la période 1973-1984, le taux d'efficacité de la police a baissé, le pourcentage des affaires élucidées par rapport aux faits constatés passant de 49,27 % en 1973 à 40,40 % en 1984. En 1985, il est encore tombé à 40,14 % pour remonter légèrement à 40,79 % en 1988. Mais en 1992, il était tombé au taux le plus bas jamais observé : 32,91 % et plus bas encore en 1996 : 30,22 %[3]. L'année 2000 donne un taux d'élucidation encore inférieur : 26,7 %. Depuis lors ce taux a recommencé à monter progressivement pour atteindre 31,82 % en 2004, 33,20 % en 2005 et 34,32 % en 2006. Cela étant, on demeure encore loin des taux d'élucidation des années 1970-1980.

458 *Main courante informatisée (MCI) et statistiques policières*[4] ◇
Les services de police tiennent depuis longtemps un document appelé « main courante » sur lequel les personnels inscrivent au jour le jour les divers faits constatés par eux et qui reste dans les archives des commissariats. Le dépouillement de certaines de ces mains courantes a donné lieu parfois à des recherches criminologiques ou historiques. Mais depuis 2005, la main courante a été informatisée et son contenu remonte à Paris, via les directions départementales de la sécurité publique. Il devient ainsi possible de savoir quelle est l'ampleur des faits susceptibles de qualification pénale portés à la connaissance de la police et qui ne donnent cependant pas lieu à signalement aux procureurs de la République et forment ainsi le « chiffre gris » de la délinquance. La

---

1. Un examen attentif du détail des chiffres de l'année 1985 montre que la criminalité n'a pas véritablement commencé à baisser cette année là et qu'elle s'y est tout au plus stabilisée. En effet, les 102 259 faits constatés en moins en 1985 se trouvaient absorbés, et au-delà, par deux postes seulement appartenant à la catégorie « délinquance », les « infractions à la législation sur les chèques », 92 296 faits en moins, et les « vols de véhicules à moteurs à 2 roues », 20 003 faits en moins, soit au total 112 299 faits en moins. Or quand on sait que l'accroissement considérable du nombre d'émissions de chèques sans provision, malgré la dépénalisation partielle de 1975, a conduit les pouvoirs publics à s'en remettre le plus possible aux banques du soin d'assurer la police des chèques, et, d'autre part, combien il est facile pour les services de police de décourager le dépôt de plainte pour un simple vol de 2 roues, on peut légitimement se demander si la prétendue diminution de 1985 ne résultait pas d'une simple forme de manipulation statistique.
2. La statistique pour 1988 ne donne plus aucune indication sur cette typologie de la criminalité apparente française. La distinction entre grande, moyenne criminalité et délinquance était, il est vrai, fortement critiquée par certains : v.E. Plenel, « Statistiques et criminalité », *Le Monde* du 4 févr. 1984; P. Robert, *Les comptes du crime, les délinquances en France et leur mesure*, éd. Le Sycomore, 1985.
3. *Aspects de la criminalité et de la délinquance constatées en France*, en 1992, p. 97, en 1996, p. 93. Sur les précautions à prendre pour interpréter la notion d'élucidation des affaires et le pourcentage des affaires résolues, avec notamment la distinction entre « élucidations primaires » et « élucidations secondaires », v. A.-K. Bottomley, « L'interprétation des statistiques officielles de la criminalité », *CSI*, n° 4, févr.-avr. 1991, spéc. 87-93; Chalumeau et Porcher, même *revue*, p. 152-154 et 168; M. Ouimet et PP. Paret, « Modifier la performance : comment analyser les statistiques policières d'élucidation et d'accusation, *RICPT*, 2003, p. 23-42.
4. Rapport 2006 pour l'année 2005 de l'Observatoire national de la délinquance (OND), p. 119 et s.

réponse est cependant quelque peu incertaine. D'une part le texte qui organise concrètement la main courante à la Direction Centrale de la Sécurité Publique (DCSP) indique aux personnels de ne pas utiliser la main courante pour des faits qui doivent figurer dans la statistique policière comme constituant des crimes ou des délits. Mais d'autre part, la MCI contient une rubrique « crimes et délits » qui, pour l'année 2005, mentionne 193 942 faits (parmi lesquels figurent des vols à main armée, des vols avec violence ou avec effraction), soit environ 2,25 ‰ habitants. Faut-il ajouter ce chiffre à celui des statistiques policières annuelles ? Certains organes de presse n'ont pas manqué de le faire[1]. L'OND a formulé des observations critiques sur cette rubrique[2]. Dans son dernier rapport, l'ONDRP note une augmentation des signalements dans la MCI en 2009[3].

459 *2) L'évolution de la criminalité apparente judiciaire*[4] ◇ L'analyse de la statistique des Parquets des lendemains de la dernière guerre jusqu'en 1990, donne une image comparable à la précédente, aggravée encore du fait de l'ampleur de l'augmentation du pourcentage des classements sans suite, du moins jusqu'en 1983.

Le nombre total des plaintes, dénonciations et procès-verbaux pour affaires criminelles et correctionnelles[5] de 1948 à 1983 s'établit ainsi : 1948 : 1 021 661; 1952 : 896 144; 1983 : 6 061 000. Pour les trois années suivantes, les données de l'annuaire statistique du ministère de la Justice donnent respectivement : 1984 : 5 831 000; 1985 : 5 635 000; 1986 : 4 965 000. Cela représente curieusement une déflation notable à partir de 1984, alors que cette année-là la statistique policière continuait à augmenter. Le système d'établissement des statistiques n'étant pas exactement le même d'un annuaire statistique à un autre, l'annuaire de 1989-1990 (p. 107) donne les chiffres suivants pour les plaintes, dénonciations et procès-verbaux orientés dans l'année, déduction faite des affaires renvoyées devant le tribunal de police ou transmises à un officier du ministère public près le tribunal de police pour attributions : 1984 : 6 625 000; 1985 : 6 369 000; 1986 : 5 533 000; 1987 : 4 755 000; 1988 : 4 545 000; 1989 : 4 576 000; 1990 : 4 644 000; 1995 : 5 095 000; 2000 : 4 611 383; 2002 : 5 083 759; 2003 : 4 996 642; 2004 : 5 004 678; 2005 : 4 844 985; 2006 : 4 953 100; 2007 : 4 903 537; 2008 : 4 726 539.

---

1. *Le Figaro* du 11 octobre 2005 : « Police, la main courante livre ses secrets », écrit que « 180 000 délits dont la police a connaissance échappent chaque année à la statistique officielle, faute de plainte, soit près de 500 par jour. Rapporté aux quelques 7 500 affaires signalées quotidiennement par la police aux procureurs, ce « chiffre gris » représente plus de 6 % du total ».

2. Rapport précité, p. 128 et qui, à la même p., écrit que « le taux annuel des délits traités en MCI s'établit en 2005, aux environs de 6 pour 1 000 habitants » et que « l'ensemble des services des circonscriptions de sécurité publique a été informé qu'il s'agissait là d'un maximum qu'il convenait de ne pas dépasser ».

3. *La criminalité en France*, Rapport 2010, p. 27.

4. A. Davidovitch et R. Boudon, Les mécanismes sociaux des abandons de poursuites, *Année sociologique*, 1964, p. 111-244 (sur l'élaboration de ce modèle mathématique, *cf.* R. Boudon, Y a-t-il encore une sociologie ?, O. Jacob, 2003, spéc. p. 47-51); A. Davidovitch, « Le fonctionnement des Parquets en France », in Colloque du CNRS, 1977, précité, p. 65-100; Du même auteur : *Conférences de sociologie criminelle à l'École Nationale Supérieure de police*, 1976, doc. ronéo.

5. Les contraventions de police ont été exclues, car leur augmentation a été telle qu'elle enlèverait à la statistique toute signification.

L'augmentation de 1952 à 1983 a ainsi été de 576 %, ce qui correspond en gros au pourcentage d'accroissement de la criminalité apparente policière. Les chiffres de 1985 à 1988 expriment la baisse de la criminalité apparente aux cours de cette période en l'amplifiant notablement par rapport aux statistiques de la police. Quant aux données de 1989 et 1990, elles expriment la reprise de l'augmentation de la criminalité, à l'exemple des statistiques de police. Mais finalement depuis près de 20 ans, la criminalité apparente judiciaire oscille autour de 5 millions d'affaires criminelles et correctionnelles traitées par an.

Qu'en est-il des *classements sans suite* ? *Traditionnellement* l'usage s'était instauré depuis le XIXᵉ siècle de calculer le pourcentage des classements sans suite en faisant le rapport entre le nombre des affaires portées chaque année à la connaissance des parquets et celui des affaires effectivement poursuivies. C'est cette méthode qui avait permis de constater que le pourcentage des classements sans suite avait doublé en près de cent ans, passant de 32,07 % pour la période 1851-1855 à 66,77 % pour la période 1941-1945[1]. Dans la même perspective, on a pu constater que de 1952 à 1983, ce taux avait encore augmenté, passant de 69,85 % en 1952 à 89 % en 1983. Depuis lors, ce pourcentage a légèrement diminué pour osciller en gros entre 85 et 75 % (82 % en 2002; 80,30 % en 2003; 78,25 % en 2004; 76,50 % en 2005).

Mais depuis quelques années, pour répondre à la critique du taux considérable des classements sans suite, l'Annuaire statistique du ministère de la Justice distingue, parmi l'ensemble des plaintes, dénonciations et procès-verbaux portés à la connaissance des parquets, entre les *affaires poursuivables* et les *affaires non poursuivables*. Ces dernières sont essentiellement celles dont les faits ne sont pas susceptibles d'une qualification pénale et surtout ceux dont les auteurs sont demeurés inconnus[2]. Seules sont prises en compte pour le calcul du taux des classements sans suite les affaires poursuivables : de plus ce taux ne contient que des classements sans suite « secs », c'est-à-dire pour lesquels il n'y a pas eu de « réponse pénale », à savoir, soit une poursuite, soit une procédure alternative (médiation, rappel à la loi, etc.). Pour s'en tenir aux années 2002 à 2005, le tableau de la situation s'établit ainsi[3] :

Années	Affaires traitées par les parquets	Affaires poursuivables	Affaires ayant reçu une réponse pénale	Taux de réponse pénale	Taux de classement sans suite
2002	5 083 759	1 350 393	914 133	68,2 %	32,8 %
2003	4 996 642	1 386 500	984 699	72,1 %	27,9 %
2004	5 004 678	1 455 597	1 089 215	74,8 %	25,2 %
2005	4 844 985	1 462 429	1 138 835	77,9 %	22,1 %

1. *Cf. supra* nº 440.
2. Le pourcentage des faits non élucidés est parfois très élevé. Ainsi en 2006 pour l'ensemble des faits qualifiés vols, soit 2 040 335 sur un total de faits constatés par les services de police et de gendarmerie de 3 725 588, le taux d'élucidation n'a été que de 12 % (244 570).
3. D'après ministère de la Justice : Les chiffres clefs 2003 à 2009. Il faut préciser que la réponse pénale intègre les poursuites les procédures alternatives et les compositions pénales.

Depuis 2004, le ministère de la Justice n'a pas manqué de souligner que le taux de réponse pénale n'a pas cessé d'augmenter. Néanmoins, l'analyse des statistiques de la Chancellerie et spécialement le décalage entre les faits constatés et à l'autre bout de la chaîne pénale le nombre de condamnations exécutoires, fait dire à certains que la justice souffre d'un manque cruel d'efficacité[1]. Ainsi, le député Éric Ciotti déplore une répression en baisse, alors que dans le même temps, le taux de réponse pénale est en augmentation. Indépendamment du bien fondé de cette analyse, il est exact que sur 5 millions d'affaires pénales en 2009, 1,5 million sont punissables (notamment car l'auteur est identifié), 1,3 million font l'objet d'une réponse pénale, 673 000 donnent lieu à une poursuite devant les tribunaux ce qui donne lieu à 126 000 condamnations dont 82 000 sont exécutoires.

3. La criminalité résultant des techniques de complément

460 **1) *Enquêtes d'autoconfession*** ◇ Jusqu'à une époque récente, il n'existait pour la France, à notre connaissance, que deux recherches, l'une portant sur les grands adolescents de classes terminales de lycée[2], l'autre faite auprès de jeunes filles et jeunes gens de 14 à 23 ans assistant à un festival de théâtre[3].

La première enquête aboutit à la conclusion que la délinquance est plus répandue parmi les jeunes que ne l'indiquent les statistiques officielles, mais que cette délinquance est peu grave dans son ensemble, alors que les délits les plus graves sont commis par une frange étroite de jeunes qui n'excède pas 5 % de la classe d'âge correspondante. La seconde recherche présente des résultats comparables à la précédente : peccadilles très répandues, affaires graves limitées à une minorité de sujets (10 garçons sur 228 filles et garçons interrogés).

Cela étant, abstraction faite de toute recherche systématique, les services de police se risquent parfois à faire des estimations de la *population potentiellement criminogène*. C'est ainsi qu'en 1988, elle estimait que cette population s'élevait à *quatre millions* de personnes, ce qui représenterait environ 1 personne sur 14[4].

Mais depuis 2001, S. Roché[5] a publié les résultats d'une vaste enquête de délinquance autorévélée réalisée auprès des jeunes de 13 à 19 ans. Parmi ceux-ci on notera que quelque chose a changé fondamentalement entre les années 1960 et les années 1990 dans la délinquance des jeunes, un seuil ayant été franchi au milieu des années 1990, que l'âge d'entrée dans la délinquance est aujourd'hui plus précoce, que la part des jeunes qui commettent des délits autour de 13 ans a substantiellement augmenté de 1993 à 2001 et que 5 % de délinquants « suractifs » commettent près de 50 % des délits.

Il est intéressant de comparer les résultats obtenus par M. Roché avec ceux des recherches de délinquance autoreportée des adolescents au Québec collectés par le professeur Marc Le Blanc et son équipe de l'École de criminologie de l'Université de Montréal depuis 1967 déjà[6]. Il s'en dégage trois conclusions principales :

---

1. Cf. *Le Figaro* des 4-5 déc. 2010.
2. Morange, *La criminalité réelle à Aix-en-Provence*, th. droit Aix, 3ᵉ cycle, 1979.
3. A. Algan, « Approche des représentations des comportements actuels des femmes » *in* O. Kalogeropoulos (éd.), *Cahiers sur la femme et la criminalité*, 1981.
4. Dans l'art. du *Monde* du 21 déc. 1988 : « Trente-deux millions de doigts dans un ordinateur ».
5. *La délinquance des jeunes. Les 13-19 ans racontent leurs délits*, Seuil, 2001.
6. M. Le Blanc, « La délinquance de l'adolescence », chapitre du *Traité de criminologie empirique*, D. Szabo et M. Le Blanc (dir.), Presses Univ. Montréal dans ses trois éd. de 1985, 1994 et 2003.

1/ près de 90 % des adolescents admettent avoir commis au moins une infraction; 2/ seule une très faible minorité d'adolescents commet beaucoup d'infractions (5 à 10 %); 3/ les actes de délinquance commis sont pour la plupart des actes de peu de gravité.

461   2) Enquêtes de victimisation [1] ◇ Alors que les États-Unis et l'Angleterre et le pays de Galles sont dotés depuis longtemps d'un système annuel d'enquête de victimisation (*National Crime victimization Survey* [NCVS] pour les États-Unis et *British Crime Survey* [BCS] pour la Grande-Bretagne[2]), pendant longtemps les recherches utilisables sur la victimisation en France ont été peu nombreuses : il s'agissait d'une part de l'enquête de l'Office central de sondages et de statistiques (OCSS) faite pour le compte de la Commission Peyrefitte en 1976[3] et d'autre part de celle faite par M. Morange dans le cadre de sa thèse de doctorat. Le sondage de l'OCSS qui portait sur un échantillon de 2000 personnes âgées de plus de 18 ans, a donné un taux de victimisation de 28,7 %. M. Morange qui a procédé sur un échantillon de 500 personnes de plus de 17 ans a obtenu un résultat analogue : 38,8 % de taux de victimisation, ce qui est supérieur à celui dégagé par l'OCSS mais correspond à la différence de criminalité apparente aixoise plus élevée que la moyenne nationale (18 % en 1974-1976 contre 10,5 % pour l'ensemble de la France).

Par la suite, une recherche portant sur la décennie 1985-1995 a permis d'avoir une connaissance approfondie des convergences/divergences entre les crimes et délits enregistrés par les services de police et les réponses à des enquêtes de victimisation[4]. Pour ce qui est du pourcentage des infractions dénoncées à la police par les victimes, il était de 41,8 %, soit moins de la moitié des infractions subies. S'agissant de l'étude comparative des enquêtes de victimisation et des statistiques policières sur la période 1985-1995, elle montre qu'en matière d'actes de violence on observe des évolutions très convergentes, pour les cambriolages des résultats assez convergentes mais pour les vols autres que de véhicules automobiles un grand écart.

À son tour, l'IHESI[5], en collaboration avec l'INSEE, a réalisé à la fin des années 1990 une enquête de victimisation sur un échantillon de grande taille, en distinguant les grands types de délits et en posant des questions nombreuses et précises[6]. Elle a abouti aux principaux résultats suivants : la comparaison avec les chiffres des statistiques officielles montre que la victimisation déclarée varie grandement selon le type de délits (décalage très faible pour les vols de voitures de l'ordre de 10 %, doublement pour les cambriolages et six fois plus pour les dégra-

---

1. Sur la bibliographie générale et la méthodologie des enquêtes de victimisation, *cf. supra* n° 165.

2. Le Canada procède à une enquête quinquennale de victimisation depuis 1988 (dernière parue : 2004).

3. Rapport Peyrefitte précité, Annexe 6, p. 183-202.

4. P. Robert et al., « Enquête de victimisations et statistiques policières (1985-1995) », *Quest. Pén.*, déc. 1998; « Mesurer le crime : entre statistiques de police et enquête de victimisation », *Rev. fr de sociologie*, 1999, 2. p. 255-294.

5. Institut des Hautes Études de la sécurité intérieure (IHESI) devenu en 2004 l'Institut National des Hautes Études de Sécurité (INHES), *cf. supra* n° 332.

6. *L'enquête de victimisation IHESI-INSEE*, Paris, IHESI, fév. 2000; J.-P. Gremy, P. Peretti-Wattel, *Mesurer la délinquance à partir du témoignage des victimes*, Paris, IHESI, 2001.

dations de véhicules et vols à la tire); s'agissant des agressions, les agressions verbales (menaces et injures) décroissent moins rapidement que les agressions physiques, elles touchent presque autant les femmes que les hommes et plus souvent les cadres supérieurs et les professions intermédiaires; quant aux lieux des délits, plus de la moitié des atteintes aux personnes se déroule dans les lieux publics ou semi-publics, les agressions physiques étant aussi nombreuses au domicile de la victime que dans les transports en commun et les menaces et injures ayant plus souvent lieu dans le quartier où réside la victime; quant au taux de plainte enfin, les femmes portent plainte plus souvent que les hommes et ce taux est de façon générale plus élevé pour les cadres et professions intellectuelles supérieurs que pour les ouvriers.

Mais aujourd'hui, la France tend à rattraper son retard en la matière. Les travaux proviennent de deux séries de sources qui ne paraissent pas travailler en coordination, ce qui s'explique sans doute parce que leurs auteurs s'inscrivent dans des conceptions très différentes de la criminologie.

462 *Les rapports de l'Observatoire national de la délinquance* ◇ La première série de sources réside dans *les rapports* de l'Observatoire national de la délinquance (OND) puis de l'Office national de la délinquance et des réponses pénales (ONDRP) publiés depuis 2005[1].

a) Le *rapport de 2005* contient l'exploitation de données relatives à la victimisation contenues dans les Enquêtes Permanentes « Conditions de vie des ménages » (PCV) de l'INSEE sur la qualité du cadre de vie pour la période 1998-2003 (dernière enquête exploitée janvier 2004). Il distingue entre d'une part les *victimisations individuelles* (agressions et vols personnels ou vols sur la personne) et d'autre part les *cambriolages de résidences principales et vols liés à l'automobile* (vols de voiture et vols dans et sur les voitures). S'agissant des *victimisations individuelles*, on y apprend notamment que le pourcentage moyen des personnes de 15 ans et plus ayant déclaré au moins une agression gravite autour de 70 ‰ et au moins un vol personnel autour de 54 ‰, que ces pourcentages ont atteint leur maximum en 2002 (respectivement 76 ‰ et 57 ‰), que les taux de plaintes pour agression subie ont été de 40 % pour les faits graves et de 20 % pour les faits de moindre gravité ainsi que de plus de 55 % pour les vols personnels subis, enfin que les populations les plus exposées aux agressions sont les jeunes de 15 à 25 ans, les chômeurs et les personnes qui sortent le plus souvent le soir tandis que les moins exposées sont les 65 ans et plus ainsi que les habitants des communes rurales[2]. Quant aux *cambriolages* de résidences principales, la proportion des ménages en ayant déclaré s'établissait à 25 ‰ en 2002-2003, toujours avec une tendance à la hausse jusqu'en 2001 puis à la baisse en 2002 et 2003, et leur taux de plainte avait varié de 1998 à 2004 entre 73 % et 80 %.

Enfin pour les *vols liés à l'automobile*, leur *taux de victimisation* aurait été de 111 ‰ en 2002-2003 et leur taux de plainte aux autorités de l'ordre de 65 %[3].

b) Le *rapport de 2006* a ajouté à l'exploitation des données relatives aux victimations dans les enquêtes PCV de l'INSEE de janvier et février 2005 sur les agressions, les résultats d'une enquête « Cadre de vie et sécurité » demandée à l'INSEE par l'Institut national des hautes études de sécurité (INHES). S'agissant tout

---

1. *Cf.* site Internet de l'ONDRP.
2. Rapport 2005, p. 219-297.
3. Rapport 2005, p. 299-328.

d'abord des enquêtes sur les personnes de 14 ans et plus ayant déclaré avoir été *victimes de violences physiques, de menaces ou d'insultes en 2003 et 2004*, elles apprennent que 7,1 % de ces personnes aurait subi au moins une agression en 2003-2004 dont 4 % des injures ou menaces et 2 % des violences physiques hors vols et 3,8 % une seule agression seulement, que le taux d'agression est semblable pour les hommes et les femmes, mais que les hommes sont plus victimes de violence que ces dernières, que la fréquence de l'agression dépend principalement de l'âge des personnes, le taux diminuant avec l'âge de 12 % pour les 14/19 ans à 3 % pour les 65 ans et plus, et que les autres catégories sociales les plus exposées sont les personnes vivant seules ou dans des familles monoparentales ainsi que les habitants des ZUS, des cités et les locataires d'HLM[1]. Pour ce qui est des *atteintes aux biens* (cambriolages, vols liés aux véhicules et – adjonction de l'enquête « Cadre de vie et sécurité » – actes de vandalisme), le profil différentiel de victimation des ménages en 2003 et 2004 s'établirait de la manière suivante. Si plus de 26 % des ménages ont déclaré avoir subi au moins une atteinte aux biens en 2003-2004, ce taux de victimisation global varie très fortement selon le niveau d'équipement du ménage, son lieu d'habitation et ses caractéristiques démographiques : taux nettement plus élevé pour les ménages possédant une voiture (près de 30 %) et *a fortiori* plusieurs (+ de 30 %) que pour ceux qui n'en possèdent pas (10 %) ; fréquence des victimations nettement plus élevée pour les ménages qui habitent un espace très urbanisé ou certains types de quartiers urbains (ZUS, cités et grands ensembles) (de 34 à 37 %) que ceux qui habitent en milieu rural ou en zone à habitat dispersé (de 15 à 18 %) ; plus grande exposition aux atteintes aux biens des ménages avec enfants, personnes de moins de 30 ans, personnes au chômage, cadre, profession libérale, intellectuelle ou artistique (+ de 32 %) que les personnes âgées de 65 ans et plus, retraités ou agriculteurs (– de 19 %). Enfin les atteintes aux biens les plus fréquentes dans les ZUS et les cités sont les actes de vandalisme et les vols liés aux véhicules[2].

c) En dernier lieu, le rapport 2010 présente les résultats d'une enquête « Cadre de vie et sécurité » réalisée de 2007 à 2010. Selon cette étude, portant sur près de 17 000 ménages interrogés, environ 8 % des ménages ont déclaré avoir subi au moins un vol ou une tentative de vol contre leurs biens : 8,9 % en 2006 ; 8,3 % en 2007 ; 7, 8 % en 2008 ; 7, 8 % en 2009. Dans le même ordre d'idées, 8, 5 % des personnes interrogées ont déclaré en 2009 avoir été victimes de vandalisme, et 2,7 % du « panel » ont déclaré avoir été victimes d'un acte de violence physique ou sexuelle[3].

463 *Les enquêtes du CESDIP* ◇ La seconde série de sources récentes d'information sur la victimation en France résulte des enquêtes menées par le Centre d'études sociologiques sur le droit et les institutions pénales (CESDIP)[4]. Ce centre de recherches travaille sur les victimations depuis le début des années 1980, ce qui a donné lieu à de nombreuses publications théoriques[5]. En 1985, le CESDIP avait déjà mené une enquête nationale

---

1. Rapport 2006, p. 169-185.
2. Rapport 2006, p. 141-168.
3. *Cf.* Rapport ONDRP, 2010, p. 7 et s.
4. Sur cet organisme français de recherche, *cf. supra* n° 332.
5. R. Zauberman, « Grandes enquêtes en recherche pénale et difficultés de réalisation : réflexions complémentaires à propos des enquêtes de victimisation », *Dev. et soc.*, 1982, 281-309 ; J. Bernat de Célis, « Police et victimisation : réflexions autour d'une main courante », *APC,* 1983, p. 147-168 ;

de victimations avec l'IFOP publiée en 1990[1], puis procédé à des tests d'enquêtes locales de victimation en milieu urbain[2].

Depuis le début des années 2000, il procède à des enquêtes locales dans la région Ile-de-France pour le compte de l'Institut d'aménagement et d'urbanisme de la région Ile-de-France. Après une première enquête portant sur l'ensemble de la région[3], il a publié en 2006 trois enquêtes locales sur Aubervilliers, Aulnay-sous-Bois et Saint-Denis[4]. Dans le même temps il a étendu ses recherches à la Communauté urbaine du Grand Lyon[5]. Ces enquêtes sont fort intéressantes du point de vue sociologique car elles contiennent de précieux renseignements sur les comportements et les attitudes des victimes d'infractions ou du moins des personnes qui déclarent avoir été victimes. Mais elles reposent sur la considération selon laquelle la victimation est moins le point d'impact essentiel de l'action criminelle (sous réserve de l'existence de crimes sans victimes[6]) que comme l'une des catégories du « système » que l'on appelle le « système pénal » et plus précisément du « sous-système » que l'on appelle le « système de justice pénale »[7].

464 3) *Autres techniques* ◇ *Les études sur le coût du crime en France*[8], qui sont effectuées régulièrement par le ministère de la Justice depuis 1968, confirment par la progression régulière de ce coût, la tendance générale à la hausse qui se dégage des statistiques criminelles. Dans une des études publiées sur ce point[9], les auteurs de la recherche ont constaté que les Français dépensent de plus en plus d'argent pour se protéger de la délinquance. Un ouvrage récent publié par un expert de l'Institut National des

---

R. Zauberman, « Les victimes : étude du crime ou sociologie du pénal », *AS*, 1985, p. 31; R. Zauberman, *Profils sociaux des victimes d'infractions*, Paris, CESDIP; R. Lévy et R. Zauberman, « Connaître la criminalité ou connaître les victimes : quelle place pour les enquêtes de victimation ? », *CSI*, n° 4, fév.-avr. 1991, p. 115 et s.; R. Zauberman, « Victimes en France : des positions, intérêts et stratégies divers », *Dév. et soc.* 1991, p. 27-50 et 1992, 81-111; R. Zauberman, *Du côté des victimes : un autre regard sur la délinquance*, L'Harmattan, 1995, 296 p.; P. Robert, « Enquêtes de victimisation et statistiques policières », *Quest. Pén.*, déc. 1998; R. Zauberman, P. Robert et M.-L. Pottier, « Profils des victimes, profils de victimisation », *Dév. et soc.* 2004.3, p. 369-384.

1. R. Zauberman, P. Robert, C. Perez-Diaz et R. Lévy, *Les victimes : comportements et attitudes. Enquête nationale de victimation*, Paris, CESDIP, 1990.

2. P. Robert et R. Zauberman, *Enquêtes locales de victimation : deux tests en milieu urbain*, Paris, CESDIP, 1991.

3. M.-L. Pottier, P. Robert et R. Zauberman, *Les victimes et le sentiment d'insécurité en Île-de-France : première enquête (2001) pour un observatoire de la sécurité*, Guyancourt, CESDIP, 2002.

4. P. Robert, R. Zauberman, E. Didier et S. Nevanen, *Enquêtes locales 2005 sur la victimation et l'insécurité (Aubervilliers)*, Guyancourt, CESDIP, mars 2006; mêmes auteurs, *Enquêtes locales 2005 sur la victimation et l'insécurité (Aulnay-sous-Bois)*, Guyancourt, CESDIP, mars 2006; mêmes auteurs, *Enquêtes locales 2005 sur la victimation et l'insécurité (Saint-Denis)*, Guyancourt, CESDIP, mars 2006.

5. R. Zauberman, S. Nevanen et P. Robert, *Enquêtes locales sur la victimation et l'insécurité (Communauté urbaine du Grand Lyon)*, Guyancourt, CESDIP, mars 2006.

6. *Cf. infra* n° 620.

7. *Cf. supra* n° 64.

8. P. Robert et J.-P. Bombet, « Le coût du crime en France », *AIC*, 1970, p. 599-655; J. Léauté et Boisot, « Ce que coûtent à la Nation les crimes et les délits », *RICPT*, 1970, p. 315 et s.; Godefroy et Robert, *Le coût du crime en France en 1972 et 1973*, SEPC, 1976, n° 20; *Le coût du crime en France en 1974 et 1975, id*, 1977, n° 24; Godefroy et Laffargue, *Les coûts du crime en France en 1978 et 1979*, SEPC, 1982, n° 37 : *mêmes auteurs* : « Éléments sur l'impact économique du phénomène criminel », *Gaz. Pal.*, 23 mars 1984; F. Lombard et al., *Les coûts du crime*, 2 vol. CESDIP, 1993; T. Godefroy et B. Laffargue, *Les coûts du crime en France, données pour 1988 à 1991*, CESDIP, 1995.

9. T. Godefroy et B. Laffargue, « Les coûts du crime en France. Les dépenses de sécurité », *Études et données pénales*, n° 66, ministère de la Justice, 1993.

Hautes Études de la Sécurité (INHES) évalue le coût actuel de la délinquance à 20 milliards d'euros par an, dont 10 milliards pour les délits financiers, 6 milliards pour les vols, un milliard et demi pour le vandalisme, autant pour la fraude dans les transports et un demi-milliard pour les homicides[1]. Un autre mode d'appréciation indirecte de la délinquance réside dans les statistiques des sociétés d'assurance[2]. Enfin, les estimations de l'INSEE sur l'économie souterraine ne sont pas sans intérêt, car cette économie est généralement liée à diverses formes de délinquance, ne serait-ce que la fraude fiscale et sociale; en 1989, par exemple, elle représentait 4 % du produit intérieur brut, soit environ 250 milliards[3].

S'agissant du *sentiment d'insécurité*, on sait que s'il entretient quelques rapports avec le niveau de la délinquance, ceux-ci sont cependant si complexes, qu'il ne peut être utilisé pour mesurer indirectement son volume et ses tendances d'évolution. Il n'est cependant pas inutile de connaître ici les résultats des recherches effectuées sur le cas de la France[4]. Les enquêtes de victimisation des années 1980-1990 en mettant en relations les victimisations rapportées avec le sentiment d'insécurité ont mis évidence que ce sentiment semblait *indépendant* des victimisations, les individus les moins exposés aux agressions ou aux cambriolages déclarant plus souvent ressentir un fort sentiment d'insécurité; on sait que ce paradoxe s'explique par la distinction devenue classique entre la *peur du crime* qui est un comportement émotionnel et la *préoccupation relative à la délinquance* qui est une attitude plus intellectuelle[5]. Quant à la *peur du crime* elle-même, on a soutenu que la discordance entre son intensité et le risque réel d'insécurité était fonction du *degré d'exposition au risque de victimisation qui résulte du style de vie* : paradoxalement encore l'intensité du sentiment de vulnérabilité varierait en raison inverse du degré d'exposition au risque.

465 *Le sentiment d'insécurité d'après les rapports de l'OND/ ONDRP* ◇ *Les enquêtes récentes PCV* exploitées dans les rapports de

---

1. J.-P. Arlaud, *Délinquance et insécurité : combien ça vous coûte ?*, Publibook, 2007.

2. P. Maurin, « Assurance et mesure de la délinquance », *CSI*, n° 4, févr.-avr. 1991, p. 27-37.

3. *Économie et statistiques*, n° 206, nov. 1989. En 1991, 138 milliards, *Le Monde* du 15 janv. 1996.

4. *Cf.* H. Lagrange, « Opinion publique et violence », *Rev. fr de sociologie*, 1984, p. 633-657; *Informations sociales*, n° 6 (plusieurs art.), 1986; E. Stemmelen, *Analyse rétrospective du sentiment d'insécurité en France de 1977 à 1985*, Paris, Tosca. 1986; A. Percheron et P. Perrineau, « Attitude des Français à l'égard des problèmes de sécurité », *CSI*, n° 1, 1990, p. 17 et s.; P. Robert, « L'insécurité : représentations collectives et questions pénales », *L'Année sociologique*, 1990, p. 313-330; C. Faugeron. « La production de l'ordre et le contrôle pénal, Bilan de la recherche en France depuis 1980 », *Dév. et soc.* 1991, p. 51-91; n° spécial de *Dév. et soc.* 1991, v° 3 : « L'insécurité urbaine et les politiques locales », 233-360; S. Roché, *Le sentiment d'insécurité*, PUF, 1993 et *Insécurité et libertés*, Seuil 1994; H. Lagrange, *La civilité à l'épreuve. Crime et sentiment d'insécurité*, PUF, 1995, 310 p.; J.-P. Gremy, « La délinquance permet-elle d'expliquer le sentiment d'insécurité ? », *CSI*, n° 23, p. 54-67; A. Chemin, « Les actes d'« incivilités » accroissent le sentiment d'insécurité », *Le Monde* du 6 déc. 1995; P. Robert et M.-L. Pottier, « On ne se sent plus en sécurité. Une enquête sur deux décennies », *RFSP*, 1997. 6, p. 707-740; J.-L. Loubet Del Bayle, « Une approche du sentiment d'insécurité en France : le cas de l'agglomération toulousaine », *RICPT*, 2002, p. 213; P. Robert et M.-L. Pottier, « Les préoccupations sécuritaire : une mutation ? », *Rev. fr de sociologie*, 2004.2, p. 211-242; S. Roché, v° « Insécurité », *Dict. sc. crim*, 2004, p. 549-552; A. Valloton, « L'initiative populaire pour une vraie perpétuité. Les méfaits du sentiment d'insécurité en démocratie directe », *Champ pénal*, vol. I, 2004; Rapports L. Mucchielli et *al.*, in *Mélanges pour et avec P. Robert*, L'Harmattan, 2006, p. 193-255.

5. Sur tous ces points, *cf. supra* n° 172.

l'Observatoire national de la délinquance [1] du point de vue des relations entre déclarations de victimisation et sentiment d'insécurité fournissent à leur tour un certain nombre de résultats intéressants. Le rapport de 2005 précise ainsi que, s'agissant en premier lieu de la *préoccupation par le manque de sécurité dans le quartier*, en 2004, 13 % des personnes âgées de 15 ans ou plus ont déclaré être préoccupées par l'insécurité de leur quartier, le pourcentage montant à 27 % pour les habitants des cités et à 35 % pour ceux des zones urbaines sensibles (ZUS). On a par ailleurs constaté une forte corrélation entre cette préoccupation et le fait d'avoir été victime d'une agression ou témoin d'actes de délinquance. Ces données se retrouvent en gros dans les enquêtes PCV des années antérieures, sauf dans celle de janvier 2002 : dans cette dernière enquête le taux de préoccupation est monté à plus de 18 % et ce sont toutes les catégories de population qui étaient marquées par un fort sentiment d'insécurité, ce que l'on a expliqué par l'effet 11 septembre 2001 de l'attentat des tours jumelles de New York. Les enquêtes PCV renseignent également sur le *sentiment d'insécurité des personnes à leur domicile*. En 2004, leur nombre est d'un peu moins de 7 % des personnes interrogées, les plus nombreux étant les femmes et les retraités et ici encore on a observé une forte corrélation entre l'intensité de ce sentiment et le fait d'avoir été victime d'une agression ou témoin d'actes de délinquance. Le 11 septembre 2001 a entraîné le même effet sur le sentiment d'insécurité à domicile : il a atteint plus de 9 % des personnes de 15 ans et plus interrogées. En revanche les émeutes de novembre 2005 dans de nombreuses banlieues n'ont pas eu de conséquences sur l'importance du sentiment d'insécurité; celui-ci a même globalement diminué d'après l'enquête de victimation menée par l'OND en janvier et février 2006 et révélée à la presse en décembre 2006 [2]. Néanmoins, la dernière enquête en date de l'ONDRP, réalisée en 2010, montre une nette augmentation du sentiment d'insécurité dans le quartier ou le domicile : 20, 5 % des personnes de 14 ans ou plus déclarent ainsi qu'il leur arrive de se sentir en insécurité dans leur quartier ou leur village, et ce taux est de 15,8 % pour le sentiment d'insécurité au domicile [3].

B. L'interprétation des données

466 ***Long terme, moyen terme et court terme*** ◇ En présence des données qui viennent d'être décrites, la question se pose de savoir si les tendances d'évolution que l'on a avancées sont susceptibles d'une *interprétation cinématique* [4] et, dans l'affirmative, *laquelle*. Pour mettre de la clarté dans cette question, il paraît souhaitable de distinguer entre le *long terme* d'une part, et le *court* et *moyen terme* d'autre part.

---

1. *Cf. supra* n° 462.
2. *Le Monde* du 21 décembre 2006 : « Le sentiment d'insécurité baisse malgré les émeutes de 2005 ».
3. *La criminalité en France*, Rapport ONDRP, 2010, p. 10 et s.
4. *Cf. supra* n° 434.

a. L'interprétation du long terme

467 *Les interprétations classiques* ◇ Au XIXᵉ siècle, trois interprétations ont été successivement avancées. Selon Quételet en premier lieu qui raisonnait sur les seules statistiques de la série 1826-1830, la criminalité obéirait à une loi rigoureuse de *constance*[1]. À la fin du XIXᵉ siècle, Ferri, s'inspirant de Quételet, formula à son tour l'idée de constance, mais en lui donnant un contenu différent à la lumière des données statistiques de la période beaucoup plus longue qui va de 1826 à 1880[2]. Il admit l'existence de deux lois complémentaires : 1/ la loi de *saturation criminelle* selon laquelle « dans un milieu social donné, avec des conditions individuelles et physiques données, il se commet un nombre déterminé de délits, pas un de plus, pas un de moins »; 2/ la loi de *sursaturation criminelle,* applicable en cas de changement social important, selon laquelle « quand la société s'agite, la quantité de crimes qui peuvent se commettre augmente ». À peu près dans le même temps enfin, Durkheim, à son tour, a formulé une hypothèse plus souple écrivant que « ce qui est normal, c'est simplement qu'il y ait une criminalité pourvu que celle-ci atteigne et ne dépasse pas pour chaque type social, un certain niveau qu'il n'est peut-être pas impossible de fixer... ».

468 *Appréciation critique* ◇ Il n'est pas nécessaire d'insister sur la prétendue *loi de constance* de la criminalité de Quételet qui a été démentie par toutes les données produites.

La *loi de saturation criminelle* de Ferri ne se trouve pas davantage vérifiée que la précédente. S'il est vrai que l'on constate des périodes de sursaturation, en cas de guerre par exemple[3], on ne constate pas en revanche de « saturation criminelle » en période normale. Les données sur l'évolution de la criminalité apparente de 1851 à 1950 et *a fortiori* toutes celles qui concernent la période d'après la dernière guerre ne vont nullement dans ce sens, à moins d'argumenter en invoquant le changement des conditions de milieu. Mais, comme le milieu change inévitablement d'une période à une autre, la loi de Ferri perd toute signification car elle n'aura jamais l'occasion de s'appliquer.

Reste alors *l'hypothèse de Durkheim* qui est la plus intéressante à la fois par sa souplesse et par le plafond de criminalité qu'elle pose pour chaque type social. Mais peut-on dire que cette hypothèse elle-même se trouve vérifiée par les faits ? En réalité toute la question est de savoir où se situe le *niveau maximum* de criminalité auquel l'auteur fait référence. Compte tenu de l'évolution que connaît la criminalité occidentale depuis les années 1950 qui, d'un phénomène relativement marginal est devenue un problème *central* de nos sociétés, on inclinerait plutôt à penser que ce niveau maximum n'existe pas ou, ce qui revient au même, qu'il ne peut pas être fixé. Sans doute l'évolution de la criminalité est-elle l'un des aspects du changement social à propos duquel il faut tenir compte de « la place

---

1. Van Bemmelem, « The constancy of crime », *The British Journal of Criminology,* janv. 1952, 208-228.
2. E. Ferri, *Sociologie criminelle,* p. 230 et s. (trad. de 1905); p. 178-215 de la réédition de la traduction de 1893 par Dalloz en 2004.
3. Encore que l'hypothèse ne se vérifie pas toujours, *cf. supra* nº 441.

du désordre » et renoncer au « préjugé nomologique »[1]. Toutefois lorsque l'on observe qu'une criminalité comme la criminalité française d'après 1945, après avoir fait un bond considérable jusqu'en 1984, a stagné relativement par la suite dans les eaux des 3 à 4 millions de faits, on peut se demander si lorsqu'un palier est ainsi atteint après une très forte augmentation, il ne se produit pas une sorte de phénomène de stabilisation temporaire due sans doute au raidissement de la réaction sociale contre le crime. On peut aussi envisager une interprétation du long terme par la référence à la théorie des cycles[2].

469 *La théorie formelle de M. Cusson* ◇ Dans le chapitre 5 « Pour comprendre les mouvements de la criminalité » de l'ouvrage de M. Cusson *Croissance et décroissance du crime*[3], on trouve cependant une nouvelle tentative de rationalisation des « mouvements de la criminalité » qui, curieusement d'ailleurs, s'inspire de la notion de théorie *formelle* de M. Boudon. Après avoir décrit l'échec des premières tentatives d'interprétation de ces mouvements par Quételet et Ferri, l'auteur s'emploie à construire une matrice *destinée à* recevoir des observations *historiquement situées*. C'est le recours à la notion de théorie formelle qui « ne prétend pas être une représentation de la réalité », mais entend seulement « aider le chercheur à mettre de l'ordre dans ses idées et à produire une représentation cohérente des faits qu'il observe »[4]. Toutefois quand on examine les variables que M. Cusson fait entrer dans sa matrice (contrôle et intégration sociale, opportunités, saturation du système pénal, certitude de la peine, autoprotection), on acquiert le sentiment qu'il s'agit moins d'une véritable théorie formelle (qui supposerait un modèle formel pertinent quelles que soient les variables endogènes et exogènes que l'on prend en considération) que d'une théorie matérielle bien agencée où l'interrelation des variables explicatives est mise en évidence et graphiquement représentée[5].

b. L'interprétation du court et moyen terme

470 *Cycles et vagues* ◇ S'il n'est pas possible de trouver une rationalité véritable dans l'évolution à long terme, ne peut-on du moins en découvrir une dans les mouvements à court et moyen terme (période de 3 à 10 ans environ) ?

Ferri avait cru pouvoir repérer des *cycles* dans ces mouvements[6]. Quelques auteurs modernes avancent également cette idée. C'est ainsi que, pour S. Roché, « il y a des cycles délinquants comme il existe des cycles en matière de prix et de fécondité »[7]. La chose est intéressante, mais quand on examine les cycles invo-

---

1. *Cf.* R. Boudon, *La place du désordre. Critique des théories du changement social*, PUF, 1984.
2. *Cf.* R. Gassin, « L'explication des variations de la politique criminelle dans les démocraties occidentales : le cas de la France », *RPDP*, 2009-1 p. 215-237.
3. P. 125 à 143.
4. V. le schéma de la p. 143.
5. *Cf.* l'exposé de cette théorie, *infra* n° 574.
6. *Cf. supra* n° 440.
7. S. Roché, *La délinquance des jeunes*, précitée, p. 18.

qués, on constate qu'ils sont de durée si variable que la notion perd toute valeur explicative. L'intérêt qui s'attache à la notion de cycles[1] précisément, c'est que, par la régularité de leur retour, ils permettent à la fois de rendre compte du passé et de prévoir l'avenir.

Certains auteurs contemporains ont aussi avancé l'idée de *vagues* de criminalité[2]. Mais ici encore pour que cette notion ait un intérêt explicatif, il faudrait qu'elle obéisse à une régularité que l'on n'observe pas davantage.

§ 2. La répartition de la criminalité dans l'espace dans les pays occidentaux

471 *Encore de multiples questions* ◇ À l'exemple de l'étude de l'évolution de la criminalité dans le temps, celle de sa répartition dans l'espace soulève à son tour de multiples questions. Existe-t-il des *différences de répartition* de criminalité entre les divers pays et les diverses régions d'un même pays ? Dans l'affirmative quelle est leur *ampleur ?* Ces différences se traduisent-elles par des *différences de structure* de leur criminalité respective ? Leurs évolutions respectives se font-elles dans le *même sens* ou dans des *sens différents* et, dans le second cas, quelle est l'allure de ces directions variées ?

La réponse à ces questions n'est pas facile en raison des difficultés méthodologiques considérables soulevées par l'étude de la répartition de la criminalité dans l'espace[3] et il existe d'ailleurs encore moins de travaux comparatifs significatifs pour l'ensemble des pays occidentaux que de recherches sur l'évolution de leur criminalité dans le temps. L'étude précitée de Gurr[4] permet cependant de faire quelques constatations intéressantes (A) et, d'autre part, en l'absence de travaux d'ensemble sur la répartition géographique de la criminalité à l'intérieur des divers pays occidentaux, on verra ce qu'il en est en France où quelques études ont été faites (B).

A. La répartition de la criminalité dans les divers pays occidentaux[5]

472 *Quatre constatations...* ◇ La lecture de l'article de Gurr suggère quatre remarques : 1/ si la plupart des pays occidentaux ont connu une *aug-*

---

1. Sur cette notion, *cf.* Boudon-Bourricaud, *Dictionnaire critique de la sociologie*, vº « Cycles », p. 141-145.
2. J. V. Noble, « Feedback, instability and crime waves », *Journ. of research in crime and delinquency*, 1977, p. 107-128.
3. *Cf. supra* nº 181.
4. *Cf. supra* nº 446.
5. M. Killias, *Précis de criminologie*, nᵒˢ 114-126. V. en outre les comparaisons internationales dans les volumes annuels *Aspects de la criminalité et de la délinquance en France...* qui depuis l'ouvrage sur l'année 1988 portent sur les pays de la CEE; M. Ouimet, « L'aigle et le castor : étude de la distribution spatiale de la criminalité aux États-Unis et au Canada », *Criminologie*, 1993, nº 2, p. 85-102; P. Brantingham, « La concentration spatiale relative de la criminalité et son analyse : vers un renouveau de la criminologie environnementale », *Criminologie*, 1994, nº 1, p. 81-98; C. Zarafonitou, « La violence en milieu urbain (Athènes : un cas concret) », *RICPT*, 1994, p. 29-44.

mentation de leur criminalité depuis le début des années 1950, deux d'entre eux ont suivi une évolution *inverse,* le Japon[1] et Israël, et un autre, la Suisse[2], a eu une criminalité à peu près *stable,* ce qui montre que la tendance à la hausse n'est pas inéluctable; en particulier, l'image du Japon comme le pays le plus sûr au monde reste aujourd'hui encore largement conforme à la réalité observée dans les enquêtes de victimisation, bien que dans l'esprit de la population japonaise cette image s'étiole pour faire face à un sentiment d'insécurité grandissant. Pour la Suisse en revanche, l'évolution contemporaine est moins encourageante, en particulier pour les cambriolages. 2/ dans les pays qui ont connu une hausse de criminalité, le point de départ du mouvement tendanciel n'a pas été le même : le début des années 1950 pour les pays anglo-saxons, le cours des années 1960 pour les autres[3]; 3/ l'ampleur du phénomène d'accroissement a été *inégale* suivant les pays : 25 % environ d'augmentation annuelle dans les pays anglo-saxons, contre 10 à 12 % dans la plupart des autres pays; 4/ l'évolution comparée traduit une certaine *différenciation* de la criminalité selon les pays : augmentation similaire certes des *crimes traditionnels* dans les divers pays, mais évolution différente pour les *crimes en col blanc* (augmentation comparable à celle des crimes ordinaires en Angleterre, Danemark, France et Irlande, mais évolution divergente en Finlande, Suède, RFA et Pays-Bas) et les *infractions sexuelles* et *contre la famille* (déclin en Europe continentale et dans les pays scandinaves, hausse dans les pays anglo-saxons). Le Recueil européen des données de la criminalité et de la justice pour la période 1990-1996, publié en 1999 par le Conseil de l'Europe permet aujourd'hui de comparer la criminalité de 32 pays européens sur cette période de 7 années.

473 *Mais pas de conclusion* ◇ On a vu que s'agissant de l'interprétation des tendances générales d'évolution de la criminalité, les criminologues ont proposé, dès la fin du XIXᵉ siècle, des interprétations d'ordre technique de ces mouvements (loi de constance, loi de saturation criminelle, etc.). Or, rien de tel ne semble avoir été tenté jusqu'à présent en matière de répartition dans l'espace, alors que l'on aurait pu tenter de vérifier des

1. « Livre blanc de la criminalité au Japon (1988) », *RSC,* 1989, p. 843-844; T. Morishita, « Le taux de condamnation au Japon », *RSC,* 1989, p. 841-843; « La sécurité au Japon », *CSI,* n° 1, 1990, p. 195; A. Delcamp, « La justice au Japon », *Gaz. Pal.,* 7 janv. 1990; E. Seizelet, « La détention palliative en droit japonais », *RSC,* 1992, p. 671-674; T. Morishita, « Loi contre les groupes de crime organisé au Japon », *RSC,* 1993, p. 399-401; S. Miyazawa, « The enigma of Japan as a testing ground for cross-cultural criminological studies », *AIC,* 1994, p. 81-104; Won-Kyu Park, « Explaining japanese low crime rates : a review of litterature », *AIC,* 1997, p. 59-87; P. Pons, *Misère et crime au Japon du XVIIᵉ siècle à nos jours,* Gallimard, 1999; Koichi Hamaï, « *Is Japan still the safest country in the world ?* », *AIC,* 2002, p. 129-137.
2. M. Killias et al., *Les Suisses face au crime,* 1989; F. Balvig, *The snow-white image. The hidden reality of crime in Switzerland,* 1988, 123 p.; G. Riva, *Morphologie de l'espace urbain et délits contre le patrimoine à Lausanne en 1980,* 1988, 242 p.; A. Kuhn, « Les origines du surpeuplement carcéral en Suisse », *Dév. et soc.* 1987, p. 365-379; C. Grandjean, *Les effets des mesures de sécurité : l'exemple des attaques à main armée contre les établissements bancaires en Suisse,* 1988, 210 p.
3. Cette constatation de Gurr se fonde, pour la France, sur l'analyse de l'évolution de sa *criminalité légale.* L'étude de la tendance d'évolution de la *criminalité apparente* de la France montre que le mouvement à la hausse a commencé, en fait, dès 1956-1957.

hypothèses géographiques, telles que celle de la proximité des pays ou de la séparation par la mer. Il est vrai que les données sont très insuffisantes et qu'au surplus la tendance à l'internationalisation de la criminalité dans l'aire occidentale enlève dès le départ à de telles hypothèses leurs chances de crédibilité.

B. Les variations géographiques de la criminalité en France

474 ***L'état des études*** ◇ L'examen des variations géographiques de la criminalité dans un même pays a intéressé les premiers criminologues, mais leurs investigations ne sont guère allées au-delà de la formulation de cet aspect de la « loi thermique de la criminalité » de Guerry suivant lequel les crimes de sang prévaudraient dans les régions chaudes, tandis que les vols l'emporteraient dans les régions froides [1], loi reprise par Garofalo et discutée par Tarde [2]. Il n'y a guère que Joly qui dans « La France criminelle » a poussé plus loin la recherche de géographie interne [3].

Aujourd'hui, les connaissances sur la question en France ont certainement avancé depuis le XIXe siècle. On a publié notamment un précieux « Atlas de la criminalité en France [4] » qui, grâce à un jeu de cartes fort bien faites, permet de visualiser les taux respectifs de la criminalité apparente globale, de la criminalité apparente par type d'infraction et de la criminalité globale, selon le type de circonscription administrative ou judiciaire (département, circonscription de police urbaine, ressort de Cour d'appel, etc.) pour lequel on dispose de données statistiques. Il ne faut pas manquer non plus de citer les volumes annuels de la criminalité et la délinquance constatées par les services de police et de gendarmerie qui consacrent à la géographie criminelle de la France plus des deux tiers de leurs pages. Ainsi, pour l'année 2001 où le total des faits constatés dépasse les 4 millions de crimes et de délits, une carte de France, répartit les départements en 5 catégories en fonction du nombre de faits constatés pour 1 000 habitants : plus de 100 (Paris, Seine-Saint-Denis, Val-d'Oise, Bouches-du-Rhône, Alpes-Maritimes) de 80 à 100 (Hauts-de-Seine et Val-de-Marne, la ceinture sud-est (Pyrénées orientales, Hérault, Gard, Vaucluse, Var) et la Savoie); de 60 à 80 (La ceinture sud de Paris (Yvelines, Essonne, Seine-et-Marne), la Gironde et la Charente-Maritime, etc.); de 40 à 60 (ex. Les départements du Centre); moins de 40 (les départements du sud du Massif Central, une partie de la Normandie et le Gers) [5]. Enfin a été publié en 2006 un ouvrage intitulé *Géographie de la France criminelle,* sous la signature du président de l'Observatoire national de la délinquance [6]. Ce livre contient certes un très grand nombre de cartes de géographie

---

1. *Cf. infra* n° 508.
2. G. Tarde, *La criminalité comparée,* p. 151-165.
3. H. Joly, *La France criminelle,* Paris, 1889. Pour une étude de géographie criminelle historique particulière : D. Beliveau, « Les grains de la colère. Géographie de l'émotion populaire en France au sujet de la cherté des céréales (1816-1817) », *Criminologie,* 1994, n° 1, p. 99-116.
4. G. Camilleri et C. Lazerges, *Atlas de la criminalité en France,* éd. Reclus et *Doc. fr.,* 1992, 159 p.
5. V. le *Figaro* du 29 janvier 2002.
6. A. Bauer, en collaboration avec S. Quéré et J.-L. Besson, *Géographie de la France criminelle,* O. Jacob, 2006, 279 p.

dont les diverses couleurs représentent des différences géographiques de taux de criminalité par département essentiellement pour la délinquance de l'année 2003 comparée à l'année 2002. Mais ces cartes ne donnent lieu à aucun commentaire spécifique, si bien que malgré la masse très importante des informations contenues dans l'ouvrage, on n'apprend guère, sur la répartition de la criminalité dans l'espace en France, que les indications générales suivantes qui avaient déjà été esquissées en 1992 dans l'*Atlas de la criminalité en France* précité[1] : 1/ 70 à 75 % de la criminalité constatée par les services de police et de gendarmerie sont commis dans les villes, les zones rurales et périurbaines ne comptant en 2003 que 28,68 % (qui sont constatées par la gendarmerie); 2/ quatre régions concentrent à elles seules plus de la moitié (53,26 %) des crimes et délits constatés en France métropolitaine alors qu'elles ne représentent que les 2/5e de la population : Ile-de-France, Provence Alpes Côte d'Azur, Rhône-Alpes et Nord-Pas-de-Calais[2] 3/ l'Ile-de-France est la région qui comptabilise le plus de crimes et de délits (25,71 %); 4/ au sein de la région Ile-de-France, la grande couronne concentre 37,80 % de la criminalité régionale, la petite couronne 34,76 % et Paris intra-muros 27,45 %[3].

Toutefois, il convient d'observer que la plupart des études réalisées dans ce domaine sont des monographies ou des articles qui portent sur une région, une ville ou une circonscription judiciaire[4], mais non des recherches comparatives véritables. Seules quelques rares études répondent à cet objectif[5]; on va retenir, à titre d'illustration de ce qu'il est possible de faire en la matière, l'étude de J. Léauté qui est la plus générale et la plus complète.

Cette recherche a utilisé les statistiques de la criminalité légale des années 1962 et 1967 et, prenant le département comme unité géographique d'analyse, s'est assignée deux objectifs : l'établissement du profil départemental de chaque infraction (a), celui du profil criminel de chaque département (b).

a. Le profil départemental de chaque catégorie d'infractions

475 *Deux constatations importantes* ◇ L'étude comparée des diverses catégories d'infractions par département a mis en évidence que le total de chacune des catégories infractionnelles se *répartit différemment* suivant les départements.

---

1. P. 50-51.

2. G. Camilleri et C. Lazerges (p. 50) dans l'*Atlas* précités font observer que pour apprécier pleinement l'importance des différences de taux de criminalité entre Paris, Lyon, Marseille et Nice d'une part et le reste de la France d'autre part, il ne faut pas seulement tenir compte de la population recensée par l'INSEE, mais aussi du fait que l'axe Paris-Méditerranée est un lieu de *passage* très important de population. Il convient aussi de signaler que les déplacements de population à l'occasion des vacances d'hiver comme d'été s'accompagnent également d'un déplacement important de la délinquance (*cf. Le Figaro* du 6 févr. 2006 : « En février, la délinquance aussi part à la montagne »).

3. A. Bauer et *al.*, précité, p. 61-62.

4. Il ne saurait être question, en raison des dimensions de cet ouvrage, de donner la liste de ces travaux assez nombreux. On citera simplement à titre d'illustration : V. V. Stanciu, *La criminalité à Paris*, éd. CNRS, 1968; F. Pizzini, *La géographie criminelle de la ville de Marseille*, Mémoire DEA Sciences criminelles, Aix-en-Provence, 1992.

5. R. Benjamin, « Aperçu géographique sur la criminalité et la délinquance en France », *Rev. pol. nat.*, août-sept. 1962, n° 44, p. 20 et s.; P. Spiteri, « Criminologie et région », *Rev. des sciences politiques*, n° 21, 2e trim. 1970, p. 133-138; J. Léauté, *Criminalité et science pénitentiaire*, 1973, p. 214-221.; C. Aaron et J.-M. Lucas, *Criminalité et délinquance apparente : une approche territoriale*, Paris, *Doc. fr.*, 2000, 212 p.

Mais cette étude a surtout permis de faire deux séries de constatations plus inédites : 1/ le *contraste* entre la distribution géographique des variations du vol et de celle de la délinquance d'astuce (escroqueries, abus de confiance...); 2/ la *différence de proximité* des catégories d'infractions dans leur distribution géographique : proximité des crimes et délits contre les mœurs (sauf de proxénétisme), des infractions contre la fonction publique et du vol; grand éloignement géographique des infractions d'astuce, de la conduite en imprégnation alcoolique et des contraventions à la coordination des transports; position médiane des atteintes volontaires à la vie ou à l'intégrité physique, des délits contre la famille et des émissions de chèques sans provision.

b. Le profil de chaque département

476 **Des ressemblances et des différences** ◇ Ici encore, la première constatation qui s'est imposée, c'est l'existence de variations de « profil criminel » d'un département à un autre, exprimées par le pourcentage de chaque infraction ou catégorie d'infractions par rapport à la criminalité totale du département.

Mais l'objet de la recherche était plus précisément d'essayer de déceler les ressemblances et les différences de profil entre les 89 départements de l'époque. Elle a abouti à la conclusion que la distribution des profils criminels départementaux ne se fait pas *au hasard,* mais obéit à un certain *ordre géographique* que traduit l'existence de groupes de départements *parents par leur profil criminel.* En gros, on peut faire trois constatations : 1/ une distribution différente de profils criminels entre les départements du Nord et ceux du Sud de la Loire; 2/ l'existence, au Nord, d'une division entre le Nord-Ouest et le Nord-Est; 3/ une différence d'orientation du classement des profils départementaux entre le Nord et le Sud de la Loire, le classement s'opérant d'Ouest en Est au Nord, et du Nord au Sud au Sud de la Loire.

Il serait évidemment fort intéressant de savoir comment on peut interpréter ces diverses constatations. Une nouvelle recherche en ce sens était annoncée, mais il ne semble pas qu'elle ait été menée à son terme.

SECTION 2. **LA STRUCTURE DE LA CRIMINALITÉ DANS LES PAYS OCCIDENTAUX**

477 **Division** ◇ Les données quantitatives étudiées jusqu'à présent portaient sur *l'ensemble* de la criminalité des divers pays occidentaux et de la France en particulier. Mais ces nombres globaux peuvent être décomposés en nombres partiels qui permettent de dégager les *grands traits de la structure de la criminalité* des pays occidentaux. On s'était en effet borné, jusqu'à présent, à décrire cette structure d'un point de vue purement *qualitatif*[1] et il convient maintenant d'aller plus en profondeur.

---

1. *Cf. supra* n°s 389 et s.

Cette *structure* peut être décrite à quatre points de vue qui feront l'objet d'autant de paragraphes : points de vue des *infractions* (§ 1), des caractéristiques générales des *délinquants* (§ 2), des caractéristiques générales des *victimes* (§ 3) et de la part de la *récidive* dans la criminalité générale (§ 4).

§ 1. La structure de la criminalité au point de vue des infractions

478 *Les trois directions* ◇ L'analyse des infractions permet d'appréhender la structure de la criminalité occidentale dans *trois directions différentes :* la gravité (A), la nature (B) et le lieu de commission (C).

A. La répartition de la criminalité selon son degré de gravité

479 *Un ordre constant* ◇ L'étude comparative de la répartition de la délinquance d'après son degré de gravité n'est pas chose facile en raison de la *diversité des classifications juridiques* des infractions selon leur gravité. Certaines législations adoptent des classifications bipartites (Angleterre, USA, Hollande, Italie, etc.), d'autres des classifications tripartites (France, Belgique, Allemagne, etc.) et le contenu des catégories varie d'autre part d'un pays à l'autre. La difficulté se trouve encore aggravée par le fait que la pratique judiciaire altère souvent le jeu des distinctions légales (correctionnalisation en France, « plea bargaining » aux États-Unis...).

Un ordre général de rangement des infractions d'après leur gravité se dégage cependant *toujours* de l'examen des statistiques : c'est que *plus les catégories d'infractions sont graves et moins elles sont nombreuses.* Ainsi s'agissant de la *France,* en 1990 la criminalité *légale* se répartissait de la manière suivante : cours d'assises : 2 582 condamnations; tribunaux correctionnels et cours d'appel : 414 165; tribunaux de police : 11 041 615 (dont 464 237 jugements, 1 124 645 ordonnances pénales et 9 452 733 amendes forfaitaires majorées) [1]. Quant à la *criminalité apparente policière* elle se répartissait ainsi en 1985 (en taux pour 1 000 habitants) : grande criminalité : 1,20; moyenne criminalité : 10,55; délinquance : 53,25. On peut se référer aussi bien aux données statistiques postérieures comme aux données des années antérieures, on observe toujours le même phénomène avec seulement des variations des taux respectifs des diverses catégories. Il ne s'agit là que de l'illustration d'un phénomène qui ne connaît pas d'exception en Occident [2].

---

1. Auxquels il faut ajouter plusieurs millions de contraventions réglées par le paiement d'une amende forfaitaire simple.
2. Sur la petite délinquance : *Le sujet et la loi. La petite délinquance,* (Colloque juin 1987), éd. Érès, 1988, 166 p.

B. La répartition de la criminalité suivant sa nature

a. La répartition classique en infractions contre les personnes, les biens et la chose publique

480 *Prédominance des infractions contre les biens* ◇ Les codes pénaux classent généralement les infractions d'après les catégories de « *valeurs* » que les interdits pénaux ont pour fonction de protéger et les juristes ont pour habitude de synthétiser les énumérations légales en *trois grandes catégories* : infractions contre les biens, infractions contre les personnes (y compris les infractions d'ordre sexuel), infractions contre la chose publique.

Quelle est la part respective de ces catégories dans la statistique globale ? Si l'on prend par exemple le cas de la France pour la période 1944-1951[1], la répartition s'opérait ainsi : contre les biens, 64,7 %; contre les personnes, 29,3 %; contre la chose publique, 6 %. Ce sont donc les infractions contre les biens qui l'emportent très *largement* et l'observation vaut pour toutes les statistiques. En 1990, d'après les statistiques des condamnations pour crimes et délits correctionnels, la proportion était la suivante : infractions contre les biens : 62,19 %; infractions contre les personnes (hors condamnations pour infractions à la circulation routière) : 17 %; infractions contre la chose publique : 20,80 %. En prenant en compte les condamnations pour délits en matière de circulation routière, on aboutit aux résultats suivants : infractions contre les personnes : 37,13 %; contre les biens : 46,13 %; contre la chose publique : 15,43 %.

À l'intérieur de la catégorie des infractions contre les biens, la répartition donnait : vols, 67,4 %; actes de ruse (escroqueries, détournements, etc.), 26,4 %. Quant aux infractions contre les personnes, elles se subdivisaient ainsi : atteintes à l'intégrité corporelle, 63,7 %; délits sexuels : 18,75 %; divers, 17,55 %. En 1990, les vols condamnés représentaient 54,88 % du total des infractions contre les biens, les atteintes à la vie et à l'intégrité corporelle, 67,16 % et les crimes et délits sexuels : 11,58 % de l'ensemble des infractions contre les personnes. On notera toutefois une augmentation considérable du nombre des condamnations pour crime de viol dans la dernière période : en 2000, 1 747 condamnations sur un total de 3 202, soit plus de la moitié, alors qu'en 1984, le nombre était de 563 sur un total de 2 284; en 2003, sur les 3 174 condamnations prononcées par les Cours d'assises, 1 687 l'ont été pour viols, soit également plus de la moitié[2].

Il s'agit là cependant de la physionomie de la seule *criminalité légale*. La *criminalité apparente policière* présente un tout autre aspect. C'est ainsi qu'en 1992, les vols et recels représentaient 68,3 % de l'ensemble des faits constatés, les infrac-

---

1. D'après R. Vouin et J. Léauté, *Droit pénal et criminologie*, 1956, p. 51-52.
2. Au début de l'an 2000, les médias et le mouvement des filles des cités « Ni putes, ni soumises » ont dénoncé la multiplication des « tournantes », c'est-à-dire des viols collectifs commis par des jeunes de banlieue. Cette dénonciation a provoqué une réaction de la part d'un chercheur du CESDIP qui a dénoncé « l'incendie médiatique », montré que les séries de données statistiques indiquent une stabilité des condamnations pour viols collectifs depuis 20 ans au moins et soutenu que la référence constante faite à l'origine maghrébine ou africaine des auteurs de tournantes a débouché sur un amalgame entre viols collectifs et islam. *Cf.* L. Mucchielli, *Le scandale des « tournantes »*, La Découverte, 2005, 124 p. et l'interview en réponse de Fadela Amara, présidente de « Ni putes, ni soumises », *Le Monde* du 26 avr. 2005.

tions en matière de stupéfiants 17,1 %, les infractions économiques et financières 10,8 %, et les crimes et délits contre les personnes 3,8 % seulement[1]. En 2000, le pourcentage des vols et recels demeure nettement dominant (61,9 %) comme dans les années postérieures. Depuis, le référencement de la structure de la criminalité a été sensiblement modifié par l'ONDRP de sorte qu'une comparaison précise avec des chiffres plus récents est devenue impossible. On notera néanmoins qu'en 2009, sur une criminalité d'un volume de 3 521 556 faits, on constate 2 227 649 atteintes aux biens (dont 1 816 508 vols), 455 911 atteintes volontaires à l'intégrité physique, 370 728 escroqueries et infractions économiques, et 372 264 infractions « relevées par l'action des services » (sic).

b. Criminalité de profit et criminalité de comportement

481 *Prédominance de la criminalité de profit* ◇ Les statistiques de la police judiciaire française avaient pris pour habitude de distinguer, parmi les crimes et délits qu'elles comptabilisent, entre la *criminalité de profit* et la *criminalité de comportement*. La première est « celle qui vise à l'acquisition de biens ou de richesses » et « se caractérise par l'appropriation illégitime d'un bien ou d'une valeur au préjudice du propriétaire » (vols, extorsions, appropriations astucieuses, trafics illicites); la seconde est « celle qui est inspirée par d'autres comportements que la recherche du profit » et est « le fait des impulsions et des passions inhérentes à l'homme : amour, haine, sexualité, manies, violence, ardeur politique »[2].

Les statistiques montrent que la criminalité de profit l'emporte très nettement et que de plus le rapport entre les deux criminalités est d'une constance assez remarquable, avec toutefois un léger glissement du profit vers le comportement[3].

Années	Criminalité	
	Profit (en %)	Comportement (en %)
1974	88,18	11,82
1980	86,95	13,05
1985	83,75	16,25
1987[a]	82,58	17,42

a. Depuis 1988, cette répartition ne figure plus dans les statistiques de la police judiciaire.

---

1. *Aspects de la criminalité et de la délinquance constatées en France en 1992*, p. 43.
2. Définitions données par *Aspects de la criminalité et de la délinquance en France en 1985*, Doc. fr., 1987, p. 12.
3. V. G. Ollendorf et O. Ruthart, « Les infractions de masse : quelles interprétations ? », *CSI*, 1996, n° 23, p. 23-33; C. Ducouloux-Favard et C. Lopez (dir.), « La criminalité d'argent : quelles réponses ? », *Actes du colloque de Paris de novembre 2003*, Montchrestien, 2005, 252 p. Selon le rapport annuel 2006 du Conseil des prélèvements obligatoires, le montant de la fraude fiscale et sociale se situe dans une fourchette entre 29 et 40 milliards d'euros et constitue le délit qui, en termes financiers, fait le plus de victimes, *Le Monde* du 21 févr. 2007.

c. Criminalité de violence et criminalité d'astuce

482 *Le développement contemporain de la violence*[1] ◇ La *violence* est l'un des thèmes majeurs de la criminologie contemporaine, comme de la politique criminelle (*cf.* par exemple la loi « Sécurité et Liberté » du 2 février 1981 qui avait créé une catégorie juridique nouvelle : les infractions de violence). De leur côté, les infractions *d'astuce* ne sont pas en reste dans ladite criminologie sous leur variété de « *délinquance d'affaires* » ou « crimes en *col blanc* » (*white collar crime*). On a vu ainsi renaître, à l'époque contemporaine, sous des termes différents, la vieille distinction de Ferri entre « criminalité musculaire » et « criminalité rusée ».

Comparant l'évolution des infractions contre les personnes et des infractions contre les biens au XIXᵉ siècle, cet auteur avait cru pouvoir dégager une *loi de passage de la criminalité violente et musculaire à la criminalité rusée et intellectuelle*. Cette pseudo-loi est aujourd'hui bien obsolète. Sans doute assiste-t-on depuis un siècle et demi à un développement considérable des infractions d'astuce dont les modes d'exécution expriment de plus en plus une ingéniosité jusque-là ignorée. Il ne s'ensuit pas pour autant que la criminalité violente a diminué, bien au contraire. L'augmentation résulte en premier lieu de cette forme de violence que constituent les *homicides* et *blessures par imprudence* dus aux accidents de la circulation, aux accidents du travail et aux négligences professionnelles[2]. Mais elle résulte aussi du développement considérable de la *violence volontaire, délibérée,* et il est à remarquer que l'augmentation n'affecte pas seulement la petite et moyenne criminalité, mais aussi la grande criminalité qui est essentiellement composée d'actes de violence[3,4]. S'agissant de la dernière période, les violences volontaires contre les personnes en France ont augmenté de 13,9 % de 2002 à 2006, alors que, dans le même temps, l'ensemble des crimes et délits enregistrés par la police et la gendarmerie a reculé de 9,44 %. Plus récemment encore, les atteintes volontaires à l'intégrité physique ont connu une nette augmentation passant de 391 857 faits en 2004 à 455 911 faits en 2009 et, dans cet ensemble, ce sont surtout les violences physiques non crapuleuses qui ont connu l'augmentation la plus marquée (de

---

1. M. Le Blanc, « Le cycle de la violence physique », *Criminologie*, 1990, n° 1, 41-74 ; H.-J. Schneider, « La criminalité violente dans les débats criminologiques en Allemagne et sur le plan international », *RICPT*, 1992, n° 3 ; « La violence dans les stades : un phénomène de société inéluctable ? », n° spécial de la *Rev. interdisciplinaire d'études juridiques*, 1987, 160 p. Colloques et congrès : Journées d'études de l'AFSEA (Paris, févr. 1992) : « La violence au quotidien » ; 2ᵉ Congrès mondial sur la violence et la coexistence humaine (Montréal, juill. 1992) ; Haut Comité de la Santé publique (France), *Violences et santé*, Rennes, éd. ENSP, 2005 ; S. Karsted, « Individualisme et violence : modernisation extrême ou re-traditionnalisation de la société ? Une comparaison interculturelle », *Dév. et soc.* 2005, p. 273.

2. *Cf. supra* n° 392.

3. *Cf. supra* n° 457. D'après les statistiques de la police française, de 1972 à 1984, les *homicides volontaires* ont augmenté de 95,53 % et les *coups et blessures volontaires* de 45,69 %. De 1985 à 1988, ces infractions après avoir diminué assez nettement ont remonté en 1988 (+ 12,29 % pour les premières et + 18,21 % pour les secondes).

4. Sur la violence intentionnelle actuelle et ses principales manifestations (école, sport etc.), *cf. supra* n° 391 et les références. *Adde* J. Proulx, M. Cusson et Ouimet (dir.), *Violences criminelles*, Presses. Univ. Laval, 2000, 353 p. ; F. Haut et St. Queret, *Les bandes criminelles*, PUF, 2001, 280 p. ; Y. Michaud, *Changements dans la violence*, Éd. O. Jacob, 2002, 288 p. ; L. Bui-Trong, *Violence : les racines du mal*, éd. Le relié, 2002, 120 p. ; P. Karli, *Les racines de la violence*, éd. O. Jacob, 2002, 236 p. ; M. Redon, « Violences sexuelles et pédophilie : il est urgent de déclarer l'état de guerre ! », *D.* 2002, Point de vue, n° 27 ; J. Proulx, M. Cusson, E. Beauregard et A. Nicole, *Les meurtriers sexuels*, Presses Univ. Montréal, 2005, 344 p.

174 851 en 2004 à 239 876 en 2009)[1]. Les violences volontaires contemporaines revêtent des aspects de plus en plus variés : violences conjugales[2], violences faites à enfant, violences dans les transports en commun, violences à l'école, violences anti-police et autres personnes représentant l'autorité (pompiers, médecins), violences à l'hôpital (+ 60 % en 2006 pour les seuls établissements de l'Assistance Publique-Hôpitaux de Paris), violences même dans les palais de justice. Parmi les violences contemporaines, il convient de faire une place particulière à ce qu'il est convenu d'appeler les violences urbaines[3] et au terrorisme[4].

On note ainsi une tendance à l'*inversion* du mouvement de pacification des mœurs décrit par Norbert Elias dans son ouvrage *La civilisation des mœurs*[5]. C'est d'« ensauvagement » de la société contemporaine qu'il faudrait plutôt parler pour caractériser la situation actuelle[6].

C. Criminalité nationale et criminalité internationale[7]

483 *Une criminalité en expansion* ◇ Autrefois la criminalité avait un caractère essentiellement national et même, en remontant davantage dans le temps, un caractère principalement local. La criminalité internationale était très exceptionnelle.

Aujourd'hui les criminalités *internationale* et *transnationale* sont devenues importantes et tendent à se développer toujours davantage[8]. Plusieurs *facteurs*

1. *La criminalité en France*, Rapport ONDRP, 2010, p. 16.
2. M.-F. Casalis, vº « Violences conjugales », *Dict. sc. crim.*, Dalloz, 2004, p. 976-979; A. Khoury, vº « Féminisme et violence », *idem*, 439-442.
3. *Cf.* spéc. *supra* nº 397 et les références bibliographiques. Sur la notion de violences urbaines, *cf.* spéc. F. Ocqueteau, « Peut-on vraiment définir les "violences urbaines" ? » et A. Bauer et C. Soulliez, « Peut-on mesurer les violences urbaines ? », *in* Rapport de l'OND 2006, p. 461-465 et 453-460. Sur la crise des banlieues de novembre 2005 : très nombreuses publications inventoriées dans l'art. de R. Gassin, « Regards sur l'acmé de la violence dans les banlieues "sensibles" en octobre-novembre 2005 », *RPDP*, 2007. 1, p. 229-248. Sur un point de vue relatif aux problèmes posés par la lutte contre les violences urbaines : P. Mary, « À propos des similitudes entre "guerre antiterroriste" et "lutte contre la délinquance urbaine" », *RSC*, 2006, p. 476-484.
4. Pour la France spéc., F. Helsbourg et J.-L. Marret, *Le terrorisme en France d'aujourd'hui*, éd. des Équateurs, 2006, 126 p.
5. Calmann-Lévy, 1973.
6. *Cf.* T. Delpech, *L'ensauvagement. Le retour de la barbarie au xxiᵉ siècle*, Grasset, 2005, 366 p.
7. *Cf.* le nº 32, année 1976, de la *RI. polit. crim.* en grande partie consacré à la criminalité internationale; A. Bossard, « Les grandes lignes de la criminalité internationale », *RIPC*, mars 1976, p. 58-68; XXXᵉ Cours international de criminologie (New York, juin 1981) : « La criminalité transnationale, leçons de criminologie comparée », CR par D. Szabo, *in RSC*, 1981, p. 937-939; J. McGrath, « Chèques de voyage et délinquance, un problème mondial », *RIPC*, oct. 1983, p. 234-238; « L'internationalisation des sociétés contemporaines dans le domaine de la criminalité » (IXᵉ Congrès international de défense sociale, Buenos Aires, oct. 1986), rapport introductif M. Delmas-Marty, *RSC*, 1987, 511-517 et considérations finales S. Rozes, *RSC*, 1987, 289-292; A. Bossard, *La criminalité internationale*, coll. « Que sais-je ? », PUF, 1988 et « La criminalité transfrontière multidisciplinaire », *RSC*, 1988, p. 756-765; B. Babovic, « Terrorisme international et Interpol », *RSC*, 1989, 261-268; Groupe de recherche scientifique européen (GRSE) sur le « crime transnational » : 2ᵉ Rencontre, Wiesbaden (sept. 1990) et Colloque sur « La recherche et la politique à mener dans la lutte contre le crime transnational en Europe », CR *CSI*, nº 3, nov. 1990-janv. 1991, p. 209-211; C. Lommel, « L'Europe de 1993 et une criminalité sans frontières ? », *RICPT*, 1992, nº 3, p. 3; A. Reiss Jr, « Crime and Justice in a changing World », *AIC*, 1993, p. 35-43; Bernasconi, « Les infractions transfrontières : terrorisme, trafic de stupéfiants, délits financiers » *in Quelle politique pénale pour l'Europe*, Économica 1993, p. 75.
8. Pour la criminalité transnationale, *cf. supra* nº 412 et s., le chapitre sur « Mondialisation et criminalité ».

expliquent ce phénomène, parmi lesquels les facilités administratives de déplacement d'un pays à un autre dans le monde occidental et la rapidité et la commodité des moyens modernes de transport. La criminalité internationale s'est développée surtout dans les pays occidentaux, soit que les crimes soient commis exclusivement à l'intérieur de cette aire géographique, soit qu'ils prennent leur origine dans un pays du Tiers-Monde ou dans un pays de l'Est pour être perpétrés dans un pays occidental (ex. : trafic de stupéfiants en provenance d'Amérique du Sud). Mais depuis la chute du mur de Berlin en 1989 et la libéralisation de l'économie des pays de l'ancienne URSS et de ses satellites ainsi que de la Chine, la criminalité internationale a amplement aussi gangrené ces pays[1].

Par ailleurs, la création de la Communauté économique européenne, devenue l'Union européenne, groupement actuellement de 27 États (dont la France) doté de ressources propres, s'est accompagnée de l'apparition d'une variété particulière de criminalité internationale, *la fraude communautaire*; ou « atteinte aux intérêts financiers de l'Union européenne ». En 1996, le montant de cette fraude était évalué par la Commission européenne à 8 milliards 450 millions de francs, l'essentiel des détournements étant le fait d'organisations criminelles[2].

Il n'existe pas, à notre connaissance, d'étude statistique destinée à ventiler dans la criminalité des pays occidentaux la part de la criminalité internationale. Les statistiques de la criminalité *traitée* par Interpol ne peuvent pas servir d'indicateur suffisamment précis, car la liste des pays affiliés à cet organisme déborde très largement la sphère des pays occidentaux[3].

§ 2. La structure de la criminalité au point de vue des caractéristiques générales des délinquants

484 *Les caractéristiques générales connaissables* ◊ L'exploitation des diverses mesures de la criminalité, et en particulier des statistiques officielles, donne la possibilité de savoir comment se répartit la criminalité d'après plusieurs caractéristiques générales de la personne des délinquants : leur genre, leur âge, leur nationalité ou leur type ethnique, et la classe sociale à laquelle ils appartiennent.

---

1. *Cf. supra* n°s 410 et 411.
2. Séminaire sur la lutte contre la fraude aux intérêts financiers de la Communauté, Bruxelles 27-29 nov. 1989, CR *RSC*, 1990, p. 423 et publication par la Commission en 1994; J. Vervaele, « La CEE face à la fraude communautaire », *RSC*, 1990, p. 29-41; Séminaire sur la fraude communautaire, Bruges, 19-20 sept. 1991, CR *RSC*, 1992, p. 411; Table ronde de l'ARPE, Paris déc. 1991, « La lutte contre la fraude communautaire, Expérience française », CR *RSC* 1992, p. 420; M. Delmas-Marty, « La répression des fraudes contre le budget de la CE dans un contexte démocratique », *RSC*, 1993, p. 585-592; Colloque « Le crime organisé et les instruments d'une intervention », Rome 22-22 avril 1993, CR *RSC*, 1993, 845; J. Vervaele, « Fraudes communautaires et sauvegarde du droit communautaire », *Dév. et soc.* 1994, n° 2, p. 201-205; B. Knudsen, « La fraude au détriment de la Communauté », *RSC*, 1995, p. 65-74; M. Delmas-Marty (dir.), *Corpus juris portant dispositions pénales pour la protection des intérêts financiers de l'Union européenne*, éd. Économica, 1997; Colloque international de Trèves, 4-6 mars 1999, « Le corpus juris comme base d'un droit pénal européen », CR *RSC*, 1993, p. 657.
3. Sur la criminalité traitée par Interpol en 1982-1983 par ex., *cf.* « Rapport du Secrétaire général d'Interpol », *RIPC*, janv. 1984, p. 7-9.

A. Les relations entre le genre et la criminalité [1]

485 *État des études* ◇ L'étude des rapports du genre (qui comme chacun sait n'est plus seulement une catégorie grammaticale, mais désigne aujourd'hui ce qu'autrefois on appelait « le sexe ») [2] et de la délinquance est l'une de ces *questions classiques* de la criminologie qui a donné lieu au début du XXe siècle et dans les années qui suivirent à toute une série de travaux [3]. L'intérêt pour le sujet a trouvé un second souffle à partir de la fin des années 1960 avec le *mouvement de libération de la femme* [4] dont les thèmes essentiels ne pouvaient rester sans incidence sur le problème de la criminalité féminine [5]. Parallèlement, le développement de la *criminologie*

---

1. Outre les ouvrages cités en bibliographie générale du chapitre, E. Yamarellos et G. Kellens, I, v° « Femmes délinquantes », p. 184-190; J. Léauté (1972), p. 412-422; J. Léauté (1981), p. 294-302; J. Pradel, n°[s] 21-22; R. Baudry, « Survol bibliographique de la littérature criminologique féminine », *Rev. Criminologie*, 1983, n° 2, p. 121-125; J. Pinatel (1987), v° « Femmes (criminalité et prostitution des) », 90-92; N. Lanctôt, v° « Délinquance au féminin », *Dict. sc. crim.*, 2004, p. 229-233; J. Borricand, « La femme et le droit pénal français » *in Sciences pénales & Sciences criminologiques Mélanges offerts à Raymond Gassin*, PUAM, 2007, p. 109-119.

2. *Lexique de sociologie*, Dalloz, 3e éd., 2011, v° Genre : « terme utilisé en sociologie pour désigner le masculin et le féminin. La généralisation de l'usage de ce terme manifeste la volonté de distinguer le sexe (caractère biologique) et le genre, qui est une construction sociale... ». Sur la critique de l'emploi de ce terme à la place de « sexe », *cf.* N. Heinich, v° Genre, *Revue Le Débat*, n° 160 mai-août 2010, p. 284-285.

3. OUVRAGES : C. Granier, *La femme criminelle*, Paris, 1906; C. Lombroso et G. Ferrero, *La femme criminelle et la prostituée*, Paris, 1906; V. Koppenfe, *Die kriminalität der Frau im kriege*, Liepzig, 1926; E. et S. Glueck, *Five hundred delinquent women*, New York, 1934; O. Pollak, *The criminality of women*, Philadelphie, 1950; Grosser, *Juvenile delinquency and contemporary american sex roles*, 1952 – ARTICLES : R. de Ryckere, « La criminalité ancillaire », *AAC*, 1906, p. 507-568, 677-696 et 881-901; Dr H. Leale, « De la criminalité des sexes », *AAC*, 1910, p. 401-430; Dr Lacaze, « De la criminalité féminine en France », *AAC*, 1911, p. 449-456; Dr Galet, « Introduction à l'étude de la femme criminelle en Belgique », *RDPC*, 1923, p. 1-7 et 97-126; L. Radzinovicz, « Variability of the sex ratio of criminology », *American sociological review*, 1937, 1-27; S. Schafer, « *On the proportions of the criminality of women* », *Journ. of criminal law and crimin.*, 1948, p. 77 et s.; J. Pinatel, « Motifs et buts de l'incarcération féminine », *Échanges*, n° 40, 1959, p. 8-12; P. Cannat, « La récidive des femmes libérées de Haguenau », *RSC*, 1960, p. 103 et s.; G. Heuyer, « Criminologie féminine », *in Actes du XIVe Cours international de criminologie* (Lyon 1964), p. 440-463; H. Fiorentini et Y. Poinso, « Enquête statistique et psychiatrique sur les crimes et délits commis par les femmes », communication au Congrès de psychiatrie et de neurologie de langue française, 1964; S. Clarke, « Similarities in components of female and male delinquency : implications for sex-role theory », *in* Reckless et Newmann (éd.), *Interdisciplinary problems in criminology*, 1964; J.-J. Cockburn et I. Maclay, « Sex differentials in juvenile delinquency », *The British Journal of criminology*, 1965, p. 289-308. ADDE, C. Debuyst et *al.*, *Histoire des savoirs sur le crime et la peine*, t. 2, Presses Univ. Montréal, Laval et De Boeck, 2008, p. 261-265.

4. Sur la femme et le féminisme en général : S. de Beauvoir, *Le deuxième sexe*, 1949; E. Sullerot, *La femme dans le monde moderne*, 1971; K. Millett, *La politique du mâle*, 1971; G. Greer, *La femme eunuque*, 1971; A.-M. Rocheblave-Spenle, *Les rôles masculins et féminins*, 1971; K. Newland, *Femmes et sociétés*, 1981; A. Davis, *Femmes, race et classe*, 1981; Commission Reberioux, « Les femmes en France dans une société d'inégalités », Rapport au Ministre des Droits de la Femme, 1982; F. Héritier, *Masculin/Féminin. La pensée de la différence*, O. Jacob, 1996, 329 p.; C. Froidevaux-Metterie, « Naissance de la femme contemporaine », *Revue Le Débat*, n° 157, nov-déc 2009, p. 158-173; S. Schweitzer, *Femmes de pouvoir. Une histoire de l'égalité professionnelle en Europe*, éd. Payot, 2010; M. Fize, *Les nouvelles adolescentes*, A. Colin, 2010.

5. OUVRAGES : Bregeon, *Approche criminologique et traitement de la criminalité féminine*, 1967; M.-A. Bertrand, *Self-image and social representation of female offenders*, thèse Berkeley, 1967; C.-T. Duffy, *Le sexe et le crime*, 1967; Cowie et Slater, *Delinquency in girls*, 1968; D. Ward, *Female offenders*, 1969; A. Brodsky, *The female offenders*, 1974; F. Adler, *Sisters in crime. The rise of the new female criminal*, 1975; R.-J. Simon, *Women and crime*, 1975; C. Smart, *Women, crime and crimino-*

logy. A feminist critique, 1976; M.-A. Bertrand, *La femme et le crime*, 1979; A. Jones, *Women who kill*, 1981; A. Campbell, *Girl delinquents*, 1981; SEDS-CNERP, *Le point sur les femmes en prison*, 1983; R. Cario, *La criminalité Approche différentielle*, thèse doct. droit Pau, 2 vol., 1985, multigraphiée; F. Heidensohn, *Women and crime*, Mac Millan éd., 1986, 216 p.; A. Morris, *Women, crime and criminal justice*, Oxford, 1987, 270 p.; P. Carlen, *Women, crime and poverty*, 1988, 189 p.; R. Weisheit et S. Nahan, *Women, crime and criminal justice*, Cincinnati (Ohio), 1988, 190 p.; *La criminalité des femmes* (ouvrage collectif), éd. Erès, 1989; R. Cario, *Femmes et criminelles*, éd. Erès, 1992; M. Killias, *Précis de criminologie*, n°s 503-526; R. Cario, *Les femmes résistent au crime*, L'Harmattan, 1996, 192 p.; M.-J. Cesarini-Dasso, *L'univers criminel féminin en Corse à la fin du XVIIIᵉ siècle*, éd. Albiana, 1996, 217 p.; G. Kellens, *Éléments de criminologie*, p. 135-144; R. Fillieule, *Sociologie de la délinquance*, p. 59-61; M.-A. Bertrand, *Les femmes et la criminalité*, 2003, éd. Athéna, CR. *RSC*, 2004, p. 757-759; S. Rubi, *Les « crapuleuses », ces adolescentes déviantes*, PUF, 2005, 207 p.; L. et S. Tournyol Duclos, *La délinquance des jeunes : les profils, les causes, les évolutions*, préf. M. Cusson, L'Harmattan, 2007, 255 p. – **Articles :** H. Manseau et J. Proulx, « Dossier : sexe et criminalité », *Criminologie*, 1994, n° 2, 3-164; A. Algan, « Étude comparative de la délinquance juvénile des garçons et des filles », *Ann. Vaucr.*, 1967, p. 195 et s.; A. Algan et M. Nerry, « L'image de soi chez l'adolescente délinquante (étude bibliographique) », *Ann. Vaucr.*, 1968, p. 141 et s.; A.-M. Bertrand, « Self-image and delinquency : a contribution to the study of female criminality and woman's image », *Acta criminologica*, vol. II, 1969, p. 71-144; J. Bourquin, « Étude sur 55 adolescentes incarcérées au quartier des mineures de la prison de Fresnes », *Rééducation*, 1969, 209-211; S. Versele, « Observations sur les voleuses de grands magasins », *RIPC*, 1969, p. 66 et s.; F. de la Gorce, « L'adolescent du quart-monde écrasée entre son passé et son avenir », *IC*, 1971, p. 25-31; Dʳ Landry, « Les jeunes filles sont-elles agressives ? », *in L'école des parents*, sept.-oct. 1972; S. Datesman et al., « Female delinquency : an application of self and opportunity theories », *Journ. of research in crime and delinquency*, 1975, p. 107-123; S. Troisier, « La criminalité féminine », *RICPT*, 1975, p. 377-382; C. Faugeron et D. Poggi, « Les femmes, les infractions, la justice pénale », *Rev. institut de sociologie*, 1975, p. 3 et s.; P. Chemithe, « Étude sur les femmes condamnées écrouées à la maison d'arrêt de Fleury-Mérogis (janv. 1975-avr. 1976) », *APC*, 1977, p. 143-172; J. Scutt, « *Toward the liberation of female law breaker* », *Int. journ. of crim. and pen.*, 1978, p. 5-18; D. Groman et C. Faugeron, « La criminalité féminine libérée : de quoi ? », *Dév. et soc.*, 1979, p. 363-376; W.-S. Bainbridge et R.-D. Crutchfield, « Sex role ideology and delinquency », *Sociological perspectives*, 1983, p. 253-274; J.-T. Gibbs, « Personality patterns of delinquent females : ethnic and sociocultural variations », *Journal of clinical psychology*, 1982, p. 198-206 : R. Ottenhof, « La criminalité des femmes. Mythes et réalités », *RSC*, 1985, p. 633 et s.; C. Parent, « La protection chevaleresque ou les représentations masculines du traitement des femmes dans la justice pénale », *Dév. et soc.*, 1986, p. 147-175; R. Cario, « Contribution à la connaissance et à l'explication de la criminalité des femmes », *RICPT*, 1987, p. 306-330; X..., « Les femmes et la délinquance », *Rev. pol. nat.*, déc. 1987, p. 20-21; S. Frigon, « Femmes et héroïne : bilan des connaissances, limites et perspectives nouvelles » *Criminologie*, 1989, n° 1; R. Cario, « Filles et femmes prisonnières », *in Eguzkilore*, Cuaderno del Instituto Vasco de Criminologia, San Sebastian, 1990, n° 4; T. Hattem, « L'expérience des femmes condamnées à l'emprisonnement à perpétuité », *Dév. et soc.*, 1991, p. 137-156; R.-V., « Quelques aspects de la criminalité féminine », *Vie judiciaire*, 4-10 mai 1992, p. 5; « Femme et droit pénal », art. C. Faugeron et al., *Dév. et soc.*, 1992, n° 3; R. Cario, « Les femmes et le crime : de la résistance positive des femmes à la criminalité », *Prob. act. Sc. crim.*, PUAM, t. IV, 1993, p. 25-46.; v. Lévy, « Femmes et délinquance : La situation aux États-Unis », *Dév. et soc.* 2000, p. 69-90; S. Harrati et al., « La criminalité des femmes : données théoriques », *RICPT*, 2001, p. 334. – *Cahiers sur la femme et la criminalité*, 1979; A. Khoury, « Féminisme et violence », *Dict. sc. crim.*, 2004, p. 439-442.; S. Cernovitch et al., « Les types de délinquantes : une étude longitudinale des causes et conséquences », *Criminologie*, 2005, n°s 1 et s.; L. Bronner, « Délinquance : le problème c'est l'homme », *Le Monde* du 3 mai 2008; *AJ pénal* janvier 2010, « Dossier : Les femmes criminelles », avec V. Vanneau, « Sociétés et criminalité féminine, XIXᵉ-XXᵉ siècle », p. 10-13; C. Cardi, « Les ambivalences du traitement carcéral des femmes criminalisées », p. 17-20; M. Herzog-Evans, « Les gender studies », p. 20-22; R. Cario, « Les résistances des femmes au crime. Aspects criminologiques », p. 13-16; N. Lanctot, « La délinquance féminine : un caractère spécifique à nuancer », *in Traité de criminologie empirique*, 4ᵉ éd. 2010, p. 273-303. – **Congrès et colloques :** Milan 1968, « La criminalité féminine », CR in *RSC*, 1968, p. 944-945; Toulouse 1979, « La femme délinquante », *in Annales de l'université des sciences sociales de Toulouse*, t. XXVII, 1979, p. 229-304; Paris 1979, Journée d'étude du CNRS sur la femme et la criminalité, Bayonne févr. 1986, *Journées sur la criminalité des femmes*, éd. Erès, 1989, 135 p.; Séminaire international 2007-2008 de l'Institut de criminologie de Paris : « Distinction ou division des sexes ? Masculin, Féminin : perspectives anthropologiques et pédagogiques ».

dite de la réaction sociale a conduit à son tour à examiner le problème non plus sous l'angle de la criminalité féminine, mais sous celui de la réaction sociale à l'égard des femmes [1].

Quelle est la part respective de chaque genre dans la criminalité et ce rapport est-il fixe ou évolutif ? Existe-t-il d'autre part des différences de structure entre criminalité féminine et criminalité masculine ? Telles sont les questions que se pose la macrocriminologie (a) et dont les réponses appellent interprétation (b).

a. Les données différentielles

486 *Idée générale* ◇ L'étude différentielle des criminalités féminine et masculine révèle l'existence de différences caractéristiques entre les deux sortes de criminalité non seulement en ce qui concerne leur *volume* respectif, mais encore au regard de leur *structure*.

487 *1) Le volume* ◇ Deux sortes de constatations peuvent être faites à cet égard : **1/** Il a toujours existé une *disproportion très importante* entre la criminalité féminine et la criminalité masculine, la première étant beaucoup plus faible que la seconde et se situant, en gros, entre le $1/7^e$ et le $1/10^e$ de celle-ci. **2/** Les *variations du taux de la délinquance féminine* obéissent à une spécificité les distinguant de celles du taux de la délinquance masculine : variations avec *l'âge des femmes,* la part de la délinquance féminine dans la criminalité globale n'étant pas la même que celle des hommes pour les mêmes tranches d'âge; variations *géographiques,* la proportion des femmes condamnées étant, selon les pays, plus faible (France, Angleterre, USA...) ou plus élevée (Belgique, Portugal) et le taux de la délinquance féminine étant proportionnellement plus élevé en ville qu'à la campagne par rapport aux hommes; variations *historiques* enfin, la criminalité féminine étant proportionnellement plus élevée en période de guerre et moins importante lors des révolutions que la criminalité masculine. On a également prétendu que, sur une longue période, il y aurait aussi une tendance au rapprochement des taux de criminalité féminine et masculine, concurremment au mouvement d'émancipation de la femme. Cela est vrai par exemple pour le Canada [2], mais cette orientation ne se vérifie cependant pas pour tous les pays et notamment pas pour la France (1826-1830) : 19 % de femmes parmi les condamnées; 1875-

---

1. Dr Leman, « La délinquance féminine et l'approche institutionnelle », *Sauvegarde de l'enfance,* sept.-oct. 1975; M.-A. Bertrand, « Le caractère discriminatoire et inique de la Justice pour mineurs : les filles dites « délinquantes » au Canada », *Dév. et soc.* 1977, p. 187-202; n° spécial de *Criminologie,* 1983, n° 2, sur « Les femmes et la justice pénale », art. de R. Collette-Carriere et Langelier-Biron, C. Vanasse et M.-A. Bertrand, VIIe Journées d'études de l'Institut de criminologie de Paris (juin 1979), « La femme et la justice pénale »; D. Laberge, « Les recherches sur les femmes criminalisées, questions actuelles et nouvelles questions de recherche », *AIC,* 1991, p. 21-41; n° 3 de *Dév. et soc.* 1992, sur « Les femmes et le droit pénal », *précité.*
2. *Cf.* M-A Bertrand, *Les femmes et la criminalité,* 2003, *précité.*

1880 : 15 %; 1910 : 14 %; pour la période 1958-1978 : 12 à 13 % du total avec légère croissance jusqu'en 1976 puis décroissance [1]).

En 1990, le nombre des femmes condamnées par les juridictions françaises était, pour les cours d'assises, de 204 pour 2 404 hommes et pour les tribunaux correctionnels de 58 406 pour 413 675 hommes. En 2008, elles étaient 60 216 pour 577 449 hommes, soit un taux de 9,4 %. Quant aux statistiques policières, elles donnent pour 1992, par exemple, un pourcentage de femmes mises en cause de 14,97 % pour 85,03 % d'hommes et pour 2006, 17,76 % de femmes majeures et mineures confondues mises en cause (165 972) pour 82,24 % d'hommes majeurs et mineurs (934 426). Pour l'année 2009, le pourcentage des femmes mises en cause par rapport aux hommes est d'un peu plus de 15 %[2].

488 **2) La structure** ◇ Quant à la structure respective des criminalités féminine et masculine, deux types de constatations peuvent également être retenus. 1/ Il existe certaines *spécialités criminelles féminines* : infanticides évidemment, mais aussi faux témoignages et faux serment, avortement, abandon d'enfant, calomnies et injures, vol à l'étalage, recel, prostitution lorsqu'elle est incriminée comme telle[3]. 2/ Le *taux de la récidive* est différent chez les femmes et chez les hommes, les femmes ayant un taux de récidive plus élevé (Lombroso soutenait au contraire qu'il y avait moins de « criminels-nés » chez les femmes). Cela étant, le rapport 2010 de l'ONDRP montre une hausse préoccupante du nombre de filles mises en cause pour violences et menaces (hors vols), et cette augmentation paraît même, en dehors du cas des violences sexuelles, plus importante que celle des hommes.

b. L'interprétation des données

489 **Théorie de la négation** ◇ En présence de ces données statistiques, certains auteurs pensent que les statistiques des condamnations et des incarcérations des femmes masquent la réalité criminologique. Pour eux, la criminalité féminine ne serait *pas moindre* que celle des hommes, elle serait seulement *moins apparente*. Divers phénomènes expliqueraient l'apparence : la prostitution, rarement incriminée en elle-même, qui serait un équivalent délinquantiel; le caractère astucieux habilement prémédité de la délinquance féminine qui se dissimule aisément; le fait que la femme, tout en étant l'instigatrice du crime, reste dans la coulisse et échappe aux poursuites; ou encore la circonstance que la société étant dominée par les hommes, la femme en retirerait avantage sur le plan des institutions pénales, celui-ci la faisant paraître moins délinquante.

---

1. B. Aubusson de Cavarlay, « Hommes, peines et infractions : la légalité de l'inégalité », *AS*, 1985, p. 275 et s., spéc. p. 283.
2. Rapport 2010 de l'ONDRP, p. 29 : 182 884 femmes contre 1 174 837 hommes.
3. B. Aubusson de Cavarlay, art. précité, p. 284, donne les détails pour la France de 1978. Pour l'emprisonnement v. M. Fehrenbach, *Empoisonnement criminel et spécificité de son incrimination*, th. Nice, 1999, n°s 180 et s.

490 *Théorie de la réalité* ◇ La majorité des auteurs estime cependant que les différences qui apparaissent dans les statistiques correspondent à des *différences réelles*[1]. Mais les opinions diffèrent sur l'origine de ces différences. Pour certains, la moindre criminalité de la femme s'expliquerait par sa *structure bio-psychique* qui la détournerait de la violence, d'une part, et favoriserait son adaptation aux difficultés de l'existence, d'autre part. Pour d'autres au contraire, comme Sutherland, l'explication serait de type *sociologique* et la différence des taux des criminalités féminine et masculine s'expliquerait par les différences de *rôle social* et de traditions des deux sexes[2].

Les *explications d'ordre sociologique* comportent certainement une part d'exactitude, car elles seules permettent de rendre compte des variations géographiques et historiques de la criminalité des femmes par rapport à celles des hommes. Mais deux réserves doivent être apportées : 1/ Il n'est pas sûr que l'explication par les *différences des rôles sociaux féminin et masculin* généralement avancée par les partisans de la thèse sociologique soit véritablement pertinente, car elle est en contradiction avec le fait que l'avènement de la libération de la femme et de l'égalisation des conditions sociales féminine et masculine ne s'est pas accompagnée d'une augmentation corrélative de la délinquance féminine et d'une homogénéisation de sa structure avec la criminalité masculine[3]. 2/ Il n'est pas possible de gommer purement et simplement l'influence des *différences bio-psychiques* entre la femme et l'homme. On a pu constater que des événements physiologiques propres à la femme (menstrues, grossesse, ménopause) constituent un facteur de surdétermination de la délinquance féminine[4]. De manière plus générale, tout paraît se passer comme si les différences sociologiques entre la femme et l'homme venaient broder leurs modèles différentiels sur un canevas de base différent chez l'une et chez l'autre et qui tient précisément à la différence de structure bio-psychologique. Cette interprétation s'appuie au demeurant sur les connaissances anthropologiques les plus récentes. On a ainsi montré que si la « femme contemporaine » des pays développés a acquis sa pleine autonomie professionnelle, financière, sociale, politique et biologique (par la désexualisation de la procréation), la personnalité contemporaine de la femme n'en possède pas moins toujours une *nature duale* enracinée dans un substrat psycho biologique : être de sujet humain et être féminin[5]. Il est vrai que la montée actuelle de la violence chez les adolescentes conduit à se demander si le poids du sociologique ne tend pas à l'emporter chez ces jeunes filles. Toutefois, si l'on se réfère aux mineures mises en cause par la police et la gendarmerie en 2006, leur taux de mise en cause est inférieur au taux global des mises en cause de femmes : 16,19 % contre 17,76 %. En 2009 cependant le rapport

---

1. M. Cario dans sa thèse précitée, p. 305, note 2, parle de « particularisme résiduel ».
2. C'est également l'explication retenue par M. Cario et reprise chez celui-ci par J. Pradel, *Droit pénal général*, 18ᵉ éd. 2010, nᵒˢ 22-24. *Cf.* également M.-A. Bertrand, *Les femmes et la criminalité*, 2003, précité.; R. Cario, art. précité. *AJ pénal*, janvier 2010, p. 1316.
3. *Cf. supra* nᵒˢ 487 et 488.
4. *Cf. infra* nᵒ 591.
5. « Naissance de la femme contemporaine », *Revue Le Débat*, 2009, précité. Dans un sens analogue, la philosophe Catherine Malabou (*Changer de différences. Le féminin et la question philosophique*, 2009, éd. Galilée) pour qui « il existe quelque chose comme une spécificité du féminin ».

s'est inversé : 18,3 % de mineures pour un peu plus de 15 % de femmes [1]. Un autre aspect paraît aussi émerger, c'est le nouveau rôle des femmes dans la criminalité organisée [2].

B. Les relations entre l'âge et la criminalité [3]

491 *Idée générale* ◊ Outre le genre, l'âge est également une variable qui permet de constater des *différences très importantes* dans la structure de la criminalité qu'il s'agit d'expliquer (b) après les avoir décrites (a).

1. Rapport 2010 ONDRP, p. 29-30.

2. « Mafia : quand les femmes prennent le pouvoir », *L'Express* du 13 août 2009.

3. E. Yamarellos et G. Kellens, I, v^{is} *Âge*, 13-15, *Jeunes délinquants*, 247-254, *Jeune adulte délinquant*, 244-247, et II, v^o « Troisième âge », 217-218 ; J. Pinatel (1987), v^{is} *Âge*, 20-22 et *Délinquance juvénile*, 60-62 ; J. Léauté (1972), 423-438 ; J. Léauté (1981), 303-319 ; J. Pradel, n° 20 ; Comité européen pour les problèmes criminels, *La délinquance juvénile dans l'Europe d'après guerre*, Conseil de l'Europe, Strasbourg, 1960 ; A. Racine et al., *Les Blousons noirs, un phénomène socio-culturel de notre temps*, Cujas, 1966, 233 p. ; G. Heuyer, *La délinquance juvénile*, PUF, 1969 ; C. Debuyst et J. Joos, *L'enfant et l'adolescent voleurs*, Bruxelles, 1971 ; D. Szabo, D. Gagné et A. Parizeau, *L'adolescent et la société*, Dessart, Bruxelles, 1972 ; R. Perron, *Les enfants inadaptés*, coll. « Que sais-je ? », PUF, 1972 ; *Criminologie*, vol. VIII, n° 1-2, 1975 : « Délinquance juvénile au Québec » ; M. Levade et J. Costa-Lascoux, *La délinquance des jeunes en France, 1825-1968*, éd. Cujas, 1979 ; R. Ottenhof, « La délinquance juvénile. Bilan de recherches », *RSC*, 1986, p. 167-171 ; M. Frechette et M. Le Blanc, *Délinquances et délinquants*, 1987 ; M. Cusson, *Croissance et décroissance du crime*, PUF, 1990, p. 45-50 ; Ottenhof, « La délinquance des mineurs. Aspects criminologiques », *in Enfance et délinquance* (XIᵉ Journées de l'AFDP, Rennes, nov. 1991), éd. Économica, 1993, p. 113 et s., spéc. 116-119 ; XIXᵉ Congrès français de criminologie (Beauvais, mai 1994) : « Délinquance et précocité », M. Killias, *Précis de criminologie*, nᵒˢ 503-513 et 529-537 ; M. Le Blanc « Stabilité de la conduite délinquante des adolescents et constance du mécanisme de régulation personnelle et sociale », *RICPT*, 1993, p. 135-151 ; P. King et J. Noël, « Les origines du problème de la délinquance juvénile : La multiplication des poursuites contre des mineurs à Londres à la fin du XVIIIᵉ siècle et au début du XIXᵉ siècle », *Dév. et soc.*, 1994, p. 3-29 ; R. Ottenhof, « Le concept de précocité en criminologie », *RSC*, 1994, p. 863-867 ; P.-J. Carrington et S. Moyer, « Trends in youth crime and police response pre-and post-YOA », *RCC*, 1994, p. 1. ; S. Étienne, « Bilan de la délinquance juvénile en Suisse à travers les statistiques fédérales de 1985 à 1992 », *RICPT*, 1995, p. 63-86 ; J. Castagneide, « Image de la délinquance chez les jeunes : résultats d'une recherche transfrontière », *RICPT*, 1996, p. 80-93 ; S. Paulin et al., « Le criminel âgé existe-t-il ? » *in* T. Alberne (dir.), *Criminologie et psychiatrie*, 1997, 353-361 ; M. Rufin, *Protection de la jeunesse et délinquance juvénile, Rapport au 1ᵉʳ ministre*, *Doc. fr.*, 1996, 113 p. ; *Cahiers de l'IHESI*, 1997, n° 29 : « Un péril jeunes ? » ; C. Lazerges et M. Balduyck, *Réponses à la délinquance des mineurs, rapport au 1ᵉʳ ministre, Doc. fr.*, 1998 et *RSC*, 1998, p. 610-620 ; B. Aubusson de Cavarlay, « Mesurer la délinquance juvénile », *Regards sur l'actualité*, févr. 1998, 41-54 ; D. Salas (éd.), *La délinquance des jeunes, Doc. fr.*, 1998 ; C. Samet (dir.), *Violence et délinquance des jeunes, Doc. fr.*, n° 5125, 31 déc. 2000 ; M. Le Blanc et J. Morizot, « La personnalité des délinquants de la latence à l'âge adulte : stabilité ou maturation », *RICPT*, 2001, p. 35-68 ; M. Killias, *Criminologie*, 2ᵉ éd, p. 263-266 ; J.-L. Loubet del Bayle, « Délinquance des jeunes. Police et évolution du contrôle social », *RICPT*, 2001, p. 271-276 ; « La justice pénale des mineurs en Europe », n° 3, 2002 *de Dév. et soc.* ; M. Cusson (dir.), « L'âge et la question criminelle », Travaux du 7ᵉ Colloque de l'AICLF, Montréal août 2000, *Revue criminologie*, 2002, n° 1 ; C. Blatier, *La délinquance des mineurs*, Presses Univ. Grenoble, 2002, 2ᵉ éd., 290 p. ; K.-E. Yao, « Quelques observations sur la délinquance des mineurs en France », *RICPT*, 2002, p. 446-455 ; D. Le Breton (dir.), *L'adolescence du risque : corps à corps avec le monde*, éd. Autrement, 2002, 170 p. ; F. Marty (dir.), *L'adolescent délinquant*, Payot, 2002 ; K. Varga, *L'adolescent violent et sa famille*, Payot, 2002, 189 p. ; P. Huerre, *Ni anges, ni sauvages. Les jeunes et la violence*, éd. Carrière, 2002 ; S. Roché, *La délinquance des jeunes*, Seuil, 2002 ; Rapport du Sénat, juin 2002 : « La délinquance des mineurs » ; M. Ouimet, v^o « Âge et crime », *Dict. sc. crim.*, 2004, p. 23-25 ; N. Lanctot, v^o « Délinquance juvénile », *id.*, p. 233-238.

a. Les données de la description

492 **1)** *Le volume* ◇ Les statistiques criminelles donnent de la distribution par âge de la criminalité, l'image d'un taux de criminalité qui s'élève durant toute une période de l'existence humaine puis diminue progressivement pour devenir presque négligeable à la fin de la vie. Il est bien difficile de connaître l'âge du commencement de la délinquance parce que l'on évite de saisir la justice des infractions commises par les jeunes enfants, mais certaines études révèlent que les premiers signes graves de comportement anti-social ne sont pas rares entre 5 et 7 ans chez ceux qui sont devenus des jeunes délinquants persistants. Si l'on prend cependant pour base le groupe des 10-12 ans, on constate que la criminalité s'accroît progressivement au fur et à mesure que l'on s'élève vers l'âge de la majorité pénale de 18 ans. Relativement modeste jusque-là, l'activité criminelle est très développée de 18 à 25 ans où elle atteint son point culminant[1]. Encore très élevée de 25 à 30 ans, elle décline à partir de cet âge pour accuser une baisse massive à partir de 40 ans et revenir entre 40 et 60 ans au niveau des 14-16 ans.

En 1990, les condamnations pour délits correctionnels se distribuaient de la manière suivante selon l'âge des condamnés : moins de 18 ans : 35 269; de 18 ans à moins de 25 ans : 154 796; de 25 ans à moins de 40 ans : 193 679; de 40 ans à moins de 60 ans : 80 417; 60 ans et plus : 7 920. Quant à la répartition des mis en cause par la police en 1992, elle se présentait ainsi : mineurs (98 864, soit 13,88 %); majeurs (613 543, soit 86,12 %). Les statistiques policières ne détaillent pas la distribution des majeurs, ce qui est regrettable. En 2000, le nombre des mineurs mis en cause était de 170 000 pour un effectif total de 834 549, soit 20,3 %, ce qui traduit une augmentation substantielle, non seulement en nombre, mais en pourcentage par rapport à 1992. En 2006, le nombre des mineurs mis en cause s'élevait à 201 662 pour un nombre total de 1 100 395, soit un pourcentage de 21,58 %, ce qui exprime une part encore accrue des mineurs dans l'ensemble des mises en cause par rapport à l'année 2000. Néanmoins, pour l'année 2009, 214 612 mineurs ont été mis en cause sur un total de 1 174 837, soit 18,26 %.

Ce mouvement n'est cependant rigoureusement valable que pour les hommes. Pour les femmes, le maximum se trouve décalé vers 25-30 ans et la décroissance jusqu'à la 50ᵉ année est beaucoup moins rapide.

493 **2)** *Structure* ◇ Quant à la répartition des diverses catégories d'infractions par tranche d'âge, on constate qu'à chaque âge correspond la *prédominance* d'un type ou de quelques types de délits. La *délinquance juvénile* est dominée par le vol (70 à 80 %) tout en comportant pour les 16-18 ans une assez forte concentration sur les attentats aux mœurs. L'homicide a son maximum à 20-25 ans, pour chuter spectaculairement à partir de 30 ans, tandis que le vol simple et les délits apparentés qui ont également leur maximum à 20-25 ans, ne baissent ensuite que lentement. Le vol

---

1. E.-M. Fontaine a trouvé le maximum à 30 ans pour la délinquance d'occasion, *cf. RIPC*, 1978, p. 139-140.

qualifié a son maximum à 25-30 ans, puis descend brutalement. Les délits sexuels ont leur maximum à 40-45 ans. La criminalité des vieillards enfin prend des formes plutôt passives, sauf chez certains où l'on constate le maximum de viols d'enfants.

Pour les *femmes* spécialement, on a noté deux maxima dans l'infanticide (20-24 ans et 35-39 ans) et une recrudescence des diffamations et excitations à la débauche chez les 40-45 ans.

b. L'interprétation des données

494 *Le biologique et le sociologique* ◇ On explique généralement ces diverses variations dans le volume et la structure de la criminalité par âge, à partir de *données biologiques,* en faisant valoir que l'homme atteint le maximum de sa vitalité physique vers 25 ans, tandis que la pleine maturité intellectuelle et morale qui freine l'activité criminelle n'est atteinte que plus tardivement.

Il est certain que cette explication biologique est essentielle[1]. Il convient toutefois de faire une place non négligeable aux *variables de l'évolution sociale,* car elles seules peuvent expliquer par exemple pourquoi l'âge minimum de la délinquance juvénile tend à s'abaisser depuis un certain nombre d'années et les formes nouvelles liées à l'évolution socio-culturelle prises par cette délinquance (vols de véhicules à moteur, usage de drogues, etc.)[2].

C. Les relations entre le type ethnique et la criminalité[3]

495 *Une question traditionnelle et délicate* ◇ L'examen des relations entre le type ethnique et la criminalité est l'une des questions *traditionnelles* de la criminologie, en même temps que l'une des plus *délicates* en rai-

---

1. C'est le lieu de rappeler ici ces vers de Victor Hugo : Toutes les passions s'éteignent avec l'âge. L'une emportant son luth et l'autre son couteau.
2. M. Michard, *La délinquance des jeunes en France,* 1978 ; M. Lopez-Rey, « Les jeunes et la criminalité dans la société contemporaine et la société future », *RSC,* 1980, p. 897-909. Toutefois, lors du 29e Congrès français de criminologie (Beauvais, mai 1994) sur le thème « Délinquance et précocité », il avait été soutenu que la délinquance des jeunes ne serait pas aujourd'hui plus précoce que jadis. Mais la recherche postérieure de S. Roché montre qu'il y a bien eu « rajeunissement » des délinquants (*La délinquance des jeunes,* précité, p. 57-61).
3. E. Yamarellos et G. Kellens, II, *v*e « Race et crime », p. 136-141 ; J. Léauté (1972), p. 347-353 ; J. Pradel, n° 32 ; M.-E. Wolfgang, *Crime and race, Conceptions and misconceptions,* New York, 1964, 72 p. ; Lynn Curtis, *Violence, race and culture,* 1975 ; J.-V. Roberts et T. Gabor, « Lombrosian wine in a new bottle. Reasarch on crime and race », *Canadian Journal of Criminology,* 1990, 291-313 ; J.-P. Rushton, « Race and crime : a reply to Roberts and Gabor », *Canadian Journal of Criminology,* 1990, 315-334 ; A. Normandeau, « Le système de justice est-il raciste ? », *RDPC,* 1990, p. 3-13 ; M. Killias, *Précis de criminologie,* 1991, n°s 401-460 ; J. Hagan, *Toward a structural theory of crime, race and gender : the canadian case, crime and delinquency,* vol. 31, 1985, n° 1, p. 129-147 ; P. Dubois et A. Normandeau, « Les autochtones et le système correctionnel en Amérique du Nord », *RICPT,* 1994, p. 45-52 ; A. Normandeau et E. Douyon, *Justice et communautés culturelles,* 1995 ; M. Jaccoud, « Le construit de l'ethnicité en criminologie », Criminologie, 2003, n° 2, p. 3 ; L. Tichit, « Gangs juvéniles et construits ethniques dans le contexte américain », *Criminologie,* 2003, n° 2, p. 57 ; D. Szabo, « Sociétés multiculturelles, criminalité et victimisation », *in Sciences pénales & Sciences criminologiques Mélanges offerts à Raymond Gassin,* PUAM, 2007, p. 503-510.

son de l'ambiguïté et de la charge émotive considérable que véhicule ce problème. Autrefois celui-ci était posé en termes de *races*. Aujourd'hui, on le pose dans les termes bien différents d'*ethnies*.

a. L'approche traditionnelle

496 *Des résultats ambigus* ◊ Jusqu'à la dernière guerre, une conception assez fréquente de la géographie humaine soutenait que l'humanité était divisée en trois races : blancs, noirs et jaunes, à l'intérieur desquelles il fallait sous-distinguer, chez les blancs par exemple, entre les blancs hamites et les blancs sémites (descendants de Sem, fils de Noé) qui comprenaient notamment les arabes et les hébreux, et parmi lesquels encore il fallait sous-distinguer : arabes, juifs, etc.

C'est dans cette perspective qu'ont été menées diverses recherches criminologiques afin de savoir s'il existait des différences de criminalité entre les diverses races. Les études ont porté notamment, sur la criminalité différentielle des noirs et d'autres groupes minoritaires aux États-Unis, des juifs dans divers pays et des nord-africains en France. Au point de vue *quantitatif*, diverses statistiques ont mis en évidence des différences importantes; c'est ainsi qu'aux USA le taux des arrestations par groupe racial montrait que les noirs, les indiens et les chinois étaient *arrêtés* en moyenne 3 fois plus souvent que les blancs, tandis que les japonais avaient un taux d'arrestation légèrement inférieur à celui des blancs. Sur le plan *qualitatif*, on notait que, par exemple, les noirs ou afro-américains se caractérisaient surtout par les agressions, cambriolages et viols, les juifs par une criminalité intellectuelle et d'astuce (détournements, escroqueries, faux, injures et diffamations), les nord-africains en France par les homicides et coups et blessures volontaires, les détentions d'armes, les rébellions et outrages à agents de la force publique, le proxénétisme, etc.

Mais ce type de données statistiques exprimait-il vraiment des différences imputables à ce que l'on définissait alors comme une « race » ? En fait, pour apprécier exactement l'incidence du facteur « racial », il aurait fallu pouvoir comparer des individus de « races » *différentes* vivant dans des conditions politiques, économiques et sociales rigoureusement identiques, circonstances qui ne semblent jamais avoir été réunies dans les études criminologiques réalisées, en raison de facteurs multiples de perturbation de l'observation.

b. L'approche contemporaine

497 *Nouvelles perspectives et criminologie* ◊ Les déformations caricaturales du concept de « race » et de sa portée, ainsi que les massacres et déportations systématiques de population par les nazis au nom de l'infériorité de la race (Juifs et Tziganes notamment) ont profondément discrédité l'idée biologique de race et conduit à l'*affirmation de l'unité de l'espèce humaine,* affirmation renforcée avec l'avènement des anciens peuples colonisés à l'indépendance et à la vie internationale. D'autre part les découvertes de la biométrie moderne et de la génétique moléculaire ont montré que la notion de race était dépourvue de fondements et de réalité scientifique[1]. Dès lors, on *a substitué* le *concept d'ethnie à celui de race,* les différences physiques étant gommées au profit des variations *d'entités* possédant des structures familiales, économiques et sociales *homogènes* et dont *l'unité* repose sur une langue, une culture et une conscience de groupe communes. C'est la définition de *l'ethnie*[2].

Existe-t-il alors des différences de *comportement criminologique* entre les diverses ethnies ? Les recherches en cette matière sont bien difficiles à réaliser pour deux sortes de raisons : 1/ parce qu'on retombe toujours devant la même difficulté comparative qu'autrefois, en raison des différences de condition socio-économique entre ethnies différentes; 2/ parce que l'exploitation politique et idéologique de l'antiracisme est telle que toute entreprise de ce genre est aussitôt stigmatisée comme une entreprise raciste[3]. Le débat sur l'opportunité de la tenue de « statistiques ethniques » a récemment resurgi en France en 2006, mais l'objectif concernait la lutte contre « les discriminations basées sur les apparences » et non les relations entre types ethniques et délinquance. Au demeurant le président de l'Observatoire national de la délinquance (OND), comme celui de la Haute Autorité de lutte contre les discriminations (HALDE), s'est dit hostile à tout comptage ethnique[4].

On signalera toutefois que la criminalité des *gitans* et *tziganes* a fait l'objet de recherches particulières depuis une quarantaine d'années[5].

D. Les relations entre les catégories sociales et la criminalité[6]

498 *Position du problème* ◊ L'idée selon laquelle la criminalité est l'apanage du prolétariat est un thème traditionnel qui a trouvé son expression dans la formule : « Classes laborieuses, classes dangereuses »[7]. Les mesures de la criminalité permettent de se faire une certaine idée de la répartition de la criminalité selon les classes sociales, mais celle-ci est tributaire

---

1. A. Langaney, *Les hommes, passé, présent, conditionnel,* A. Colin, 1988, spéc. p. 197 et s. On comprend mal, dans ces conditions, l'inquiétude manifestée par la Commission Nationale de l'Informatique et des Libertés (CNIL) à propos de la création du fichier d'empreintes génétiques à des fins d'identification criminelle. On lit, en effet, dans son rapport pour 1999 (Paris, *Doc. fr.,* 2000, p. 33) : « Il est d'ores et déjà possible de déterminer à partir de trois ou quatre marqueurs l'origine géo-ethnique d'un individu. Est-il admissible ou ne le serait-il pas de demander à un laboratoire à partir d'une trace découverte sur les lieux du crime (un cheveu, du sang, du sperme) l'origine ethnique supposée de l'auteur de l'infraction ? ».
2. Sur la notion d'ethnie, *cf.* R. Breton, *Les ethnies,* coll. « Que sais-je ? », PUF, 1992.
3. Les recherches sont plus faciles en Amérique du Nord : *cf.* E. Douyon, « Identité, ethnicité et délinquance dans le Québec d'aujourd'hui », *RICPT,* 1987, p. 461-465.
4. *Le Monde* du 27 janvier 2007.
5. Landousy-Charlemagne, « Étude de la criminalité des gitans en Berry », *AIC,* 1970, vol. 1, 31-56 et *Criminalité et inadaptation chez les Tziganes,* th. doct. droit Paris-II, 1972. Sur les tziganes en général, il y a de nombreux ouvrages : v. en dernier lieu N. Martinez, *Les Tziganes,* coll. « Que sais-je ? », PUF, 1986 et B. Boudet, *Tziganes parmi nous, Informations sociales,* 1987, n° 1, 105-109; P. Williams (dir.), *Tziganes : identité et évolution,* Syros éd., 1989; « Tziganes et voyageurs : un travail social communautaire en Europe », Colloque de Marcinelle (Belgique), oct. 1990; H. Moutou, *Les Tziganes,* Flammarion, 2000, 128 p.; P. Pichon, *Voyage en Tziganie, royaume des incertitudes, Doc. fr.,* 2001.
6. M. Killias, *Précis de criminologie,* n°^s 538-546; Fillieule, *Sociologie de la délinquance,* p. 62-66.
7. L. Chevalier, *Classes laborieuses et classes dangereuses à Paris pendant la première moitié du* XIXe *siècle,* Plon, 1958.

des systèmes nationaux de classification des catégories socio-professionnelles, en France la nomenclature de l'INSEE[1]. Toutefois, les études d'autoconfession ont permis de s'évader de ce que peuvent avoir d'artificiel de telles classifications élaborées à d'autres fins que criminologiques.

499 **1) Les relations à travers la criminalité légale** ◇ La criminalité phénomène prolétarien ? C'est la conclusion à laquelle a abouti un auteur dans une étude portant sur 10 600 condamnations prononcées par les Cours d'Assises françaises de 1963 à 1970[2]. « À l'évidence, écrit cet auteur, le crime est un phénomène prolétarien. Seule la présence des « artistes » vient faire tache, si l'on peut dire, dans ce tableau de la criminalité. » Mais une autre étude qui porte non seulement sur les condamnations pour crimes, mais aussi pour délits et contraventions de la 5e classe pour l'année 1976 aboutit à des *résultats plus nuancés*[3]. Si les exploitants agricoles sont très peu condamnés, les cadres et même les employés assez peu, en revanche sont beaucoup plus condamnés les ouvriers, mais aussi les industriels et commerçants. D'autre part, l'analyse de l'évolution des taux de condamnation de 1968 à 1976, montre que l'éventail a plutôt tendance à se refermer légèrement, la catégorie « cadres supérieurs et professions libérales » ayant connu une croissance de son taux de condamnation plus que proportionnelle.

500 **2) Les relations à travers la criminalité réelle** ◇ Les enquêtes d'autoconfession qui se sont intéressées à la question aboutissent à des *conclusions contradictoires*. La plupart des études montrent l'absence de corrélation entre classe sociale et répondants admettant leur faute, mais quelques-unes ont cependant fait ressortir des corrélations positives[4].

Plusieurs explications ont été avancées pour rendre compte de ces contradictions, notamment les différences dans la manière dont les enquêtes ont été faites. Cependant, il semble bien, lorsqu'on s'intéresse à la *gravité de la délinquance* elle-même, que les autoportraits confirment la proposition selon laquelle la criminalité grave affecte surtout les individus de condition sociale inférieure ou moyenne[5].

§ 3. La structure de la criminalité au point de vue des caractères généraux des victimes[6]

501 **La « victimité » en France** ◇ Les statistiques officielles traditionnelles ne contenant aucune indication sur les victimes, ce sont les enquêtes

---

1. Sur cette nomenclature, A. Desrosières et L. Thévenot, *Les catégories socioprofessionnelles*, Paris, La Découverte, 1988.
2. M. Bessette, *Sociologie du crime*, 1982, p. 36 et s.
3. P. Robert et C. Faugeron, *Les forces cachées de la justice*, 1980, p. 94-100.
4. R. Hood et R. Sparks, *La délinquance*, 55-62.
5. Hood-Sparks, précité, p. 60. V. la discussion de l'exploration dans J.-P. Brodeur, « La criminologie marxiste : controverses récentes », *Dév. et soc.* 1984, p. 43-70, spéc. 57-58.
6. E.-R. Morange, *La criminalité réelle à Aix-en-Provence*, thèse droit Aix, 3e cycle, 1979, p. 327-414. *Adde* M.-P. de Liège, « Victimes, victimologie, la situation française », *RSC*, 1987,

de victimisation qui permettent de connaître la structure de la délinquance au regard des victimes. Aussi n'est-ce que depuis qu'il est procédé à ces enquêtes que l'on commence à avoir des renseignements sur celle-ci [1].

D'après les résultats d'une enquête sur une *ville française* qui remonte à 1979 [2], on peut avancer les propositions suivantes : 1/ il n'existe pas d'association statistique significative entre le risque d'être victime et les variables nationalité, situation de famille, taille de la famille et type d'habitation; 2/ il existe en revanche des relations significatives entre la victimisation et l'âge (les jeunes sont plus exposés que les adultes et les personnes âgées), le fait de posséder un niveau d'instruction élevé, ainsi que l'appartenance à certaines catégories socioprofessionnelles (commerçants, artisans, patrons d'industrie, professions libérales et cadres supérieurs); 3/ quant au sexe, les femmes et les hommes se partagent à peu près également, mais les hommes sont victimes d'un plus grand nombre de faits délictueux que les femmes [3]; 4/ quant aux infractions, les infractions contre les personnes atteignent plus souvent les jeunes (17-24 ans) et les célibataires, et les infractions contre les biens, les personnes dotées d'un niveau d'instruction élevé et appartenant à l'une des professions précédemment indiquées.

L'exploitation générale des enquêtes de victimisation réalisées au cours des dernières années confirme dans l'ensemble l'observation aixoise. On a trouvé qu'en général, la *probabilité d'être victime* d'une infraction est plus grande pour les hommes que pour les femmes, et pour les jeunes que pour les personnes âgées [4], ce que l'on explique par les différences de modes de vie des diverses catégories concernées. De même, on a trouvé que plus on a atteint un niveau de scolarité élevé et plus on a un statut social élevé, plus on subit des infractions notamment contre la propriété, et que l'on explique encore par le fait que les personnes aisées portent plus souvent des objets de valeur sur elles ou en gardent dans leur appartement [5].

Les rapports de l'OND de 2005 et 2006 confirment dans l'ensemble les données qui précèdent et les complètent; les populations les plus exposées aux *agressions* physiques ou verbales sont les jeunes de 15 à 25 ans, les personnes vivant seules ou dans des familles monoparentales, les habitants des ZUS, des cités et les

p. 757-762; J.-P. Milienne, *La victimisation des personnes âgées en France contemporaine*, th. Paris II, 1987, ronéo.; R. Zauberman, « Les victimes d'infractions », *Questions pénales*, févr. 1990; M. Killias, *Précis de criminologie*, n° 260; T. Cretin, « La preuve impossible ? De la difficulté d'administrer la preuve des infractions dont sont victimes les mineurs », *RSC*, 1992, p. 53-58. Pour la Suisse, M. Killias et *al.*, *Les Suisses face au crime*, 1989. Filliule, 79-114; Rapport du Sénat, « La délinquance des mineurs », juin 2002, p. 38-39; E. Debarbieux, « Les enquêtes de victimisation en milieu scolaire : leçons critiques et innovations méthodologiques », *Dév. et soc.* 2004, p. 317; T. Hope et A. Trickett, « La distribution de la victimisation dans la population, *Dév. et soc.* 2004, vol. 28, n° 3, p. 385; Ouimet, v° « Âge et délinquance », *Dict. sc. crim.*, 2004, p. 23-25, spéc. 24-25; D. Szabo, « Sociétés multiculturelles, criminalité et victimisation », *in Sciences pénales & Sciences criminologiques Mélanges offerts à Raymond Gassin*, PUAM, 2007, p. 503-511.

1. *Cf.* R. Zauberman, « Les victimes : étude du crime ou sociologie du pénal ? », *AS*, 1985, p. 31 et s., spéc. 35-40.
2. E.-R. Morange, *La criminalité réelle à Aix-en-Provence*, précitée.
3. En 1988, dans sa déclaration de politique générale au Parlement, le Premier Ministre d'alors, Michel Rocard, déclarait : « La femme, plus que l'homme, est victime de la délinquance. Et qu'on ne s'y trompe pas, je parle ici de toutes les femmes et pas seulement de celles qui sont privées d'emploi », mais l'auteur de la déclaration ne citait pas ses sources.
4. E. A. Fattah, « Violence against the elderly, types, patterns and explanations », *AIC*, 1994, p. 113-134; 17e Assises nationales de l'INAVEM, Pau 6-8 juin 2001 : « La victimisation des aîné(e)s, négligences et maltraitances à l'égard des personnes âgées ».
5. Sur tous ces points, v. M. Killias, *Précis de criminologie*, n°s 550-560.

locataires d'HLM, les chômeurs et les noctambules alors que les moins exposées sont les 65 ans et plus et les ruraux; quant aux *atteintes aux biens*, la victimisation est étroitement liée au niveau d'équipement des ménages, au lieu d'habitation et aux caractéristiques démographiques[1]. Un dernier aspect mérite d'être relevé, c'est celui de la *forte correspondance* entre l'âge des victimes et l'âge des délinquants. De manière générale, les personnes victimisées sont celles qui ressemblent aux auteurs de leur victimisation en termes sociodémographiques; les adolescents s'attaquent le plus souvent à des adolescents, les jeunes adultes aux jeunes adultes etc., ce qui explique que le taux de victimisation soit le plus élevé chez les jeunes, car ce sont aussi les plus délinquants[2]. Il existe toutefois deux exceptions à cette constante : 1/ les enfants sont souvent victimisés par des adultes, parents ou personnes de l'entourage; 2/ les personnes de plus de 50 ans sont souvent victimisées par des adolescents ou jeunes adultes.

§ 4. La structure de la criminalité au point de vue du rapport entre la récidive et la criminalité générale[3]

502 *La notion de « récidivisme »* ◇ La part de la récidive dans la criminalité générale est difficile à déterminer parce que le terme de récidive est susceptible d'acceptions diverses en criminologie[4]. Alors que pour le

---

1. Pour le détail *cf. supra* n° 462.
2. *Cf.* Ouimet, « Âge et délinquance », *Dict. sc. crim.*, 2004, p. 23-25, spéc. 24, 2ᵉ colonne.
3. **Ouvrages et articles :** E. Yamarellos et G. Kellens, II, vᵒ « Récidivisme », 144-149; J. Pinatel (1987), vᵒ « Récidivisme », p. 189-191; J. Pinatel, « Les aspects statistiques du récidivisme », *RSC*, 1955, p. 110-121; Sannie, « Étude statistique sur 10 000 récidivistes », *RIDP*, 1955, p. 109-130; R.-P. Vernet, *id.*, p. 131-152; G. Heuyer, « Le récidivisme », *in Études en l'honneur de J. Lebret*, 1968, p. 111-124; Hourticq, « Essai de synthèse des aspects criminologiques et juridiques du récidivisme », *RPDP*, 1969, p. 249-273; P. Landreville, « Taux de récidive et taux de reprise », *RCC*, 1982, p. 439-452; G. Picca, « La récidive en prison : à propos d'une nouvelle recherche », *RICPT*, 1982, p. 30-32; P. Landreville, « La récidive dans l'évaluation des mesures pénales », *Dév. et soc.* 1982, p. 375-388; C. Besozzi, « La récidive pénitentiaire et l'efficacité des sanctions pénales », dans M. Gottraux (éd.), *Prisons, droit pénal : le tournant ?*, éd. d'En Bas, Lausanne, 1987, 35-43; B. Stemmer et M. Killias, « Récidive après une peine ferme et après une peine non ferme : la fin d'une légende ? », *RICPT*, 1990, p. 41-58 : A. Kensey et P. Tournier, « Le retour en prison. Analyse diachronique », *RSC*, 1992, p. 134-142; L.-W. Sherman, « Criminologie et criminalisation », *RICPT*, 1994, p. 7-21; A. Kensey et P. Tournier, « L'éternel retour ? », *APC*, 1995, p. 83-102; G. Kellens, *Éléments de criminologie*, 1996, 212-217; M. Killias, *Précis de criminologie*, 2ᵉ éd. 2001, p. 481-490; R. Gassin, « Les "noyaux suractifs" de mineurs délinquants », *RPDP*, 2003, p. 805-821; P. Lussier, vᵒ « Récidive (carrière criminelle et) », *Dict. sc. crim.*, 2004, p. 801-805. **Congrès, colloques et cours :** IIIᵉ congrès international de criminologie (Londres, 1955); XVIIIᵉ Cours international de criminologie (Belgrade, 1968); XXIᵉ congrès français de criminologie (Poitiers, 1982), *Le récidivisme*, PUF, 1983. **Rapports :** Rapport de la Commission d'étude pour la prévention de la récidive des criminels (rapport Cartier), oct. 1994, 120 p. et M.-E. Cartier, *RSC*, 1995, p. 159-165; Rapport d'information de l'Assemblée nationale, 2004, *Doc. A.N.*, n° 1-718 sur le traitement de la récidive des infractions pénales. **Infostat Justice :** n° 68, juillet 2003, « Les condamnés de 2001 en état de récidive » ; n° 88, juin 2004, « Les condamnés de 2004 en état de récidive ». **Cahiers de démographie pénitentiaire :** n° 14, février 2004, « Longues peines : 15 ans après » ; n° 15, mars 2004, « La récidive des sortants de prison ».
4. Rapports N. Morris et R. Grassberger sur les définitions de la récidive au IIIᵉ Congrès international de criminologie, Londres, 1955; Versele, « De la récidive juridique au récidivisme criminologique », *RIPC*, 1961, p. 194-204; P. Couvrat, « Le récidivisme : ses diverses dimensions », rapport introductif au congrès de Poitiers (1982), précité, *Actes*, p. 13-24.

juriste c'est la récidive définie par le Code pénal, pour le criminologue le terme désigne aussi d'autres variétés de réitération d'infractions : la récidive *naturelle* ou *générique* qui désigne toute réitération d'une infraction, la récidive *sociale* qui existe dès qu'il y a condamnation antérieure même si les conditions de la récidive légale ne sont pas réunies, la récidive *pénitentiaire* qui suppose un séjour antérieur en prison, et la récidive *persistante* ou multi-récidive. Toutes ces définitions sont englobées dans le concept de « récidivisme » que certains criminologues réservent toutefois aux délinquants d'habitude.

Malgré l'ambiguïté du concept, il est toutefois possible de donner quelques aperçus sur l'ampleur (A) et les caractères du phénomène (B).

A. L'ampleur du récidivisme

503 *Le taux de la récidive* ◊ L'étude des statistiques criminelles conduit à constater que l'évolution du récidivisme dans les sociétés occidentales est largement *indépendante* de celle de la criminalité générale. Tarde l'avait montré dès la fin du XIXe siècle et depuis lors plusieurs études ont confirmé le fait.

Mais s'il en est ainsi, quel peut être le taux de la récidive en période normale ? Ferri avait estimé que ce taux oscillait entre 50 et 60 % de la criminalité générale. Des estimations ultérieures ont donné, selon les auteurs, 30 à 35 %, 42 % et 48 %. Au Congrès de criminologie de Poitiers en 1982, on a trouvé 49 % de non primaires (réitérateurs et récidivistes légaux) et 30 % de récidivistes proprement dits parmi les individus jugés par le tribunal correctionnel de Poitiers en 1980[1]. Les dernières études statistiques sur les condamnations prononcées par les tribunaux français à l'encontre des délinquants en état de récidive confirment globalement ces pourcentages : en 2001, parmi les 326 053 condamnés pour délits correctionnels, 102 127 avaient déjà été condamnés au moins une fois sur la période 1997-2001 à une date antérieure aux faits sanctionnés en 2001, ce qui situe le taux de récidive à *31,3 %*[2]; en 2004, sur 357 440 condamnés pour délits correctionnels, 111 156 avaient déjà été condamnés au moins une fois depuis l'année 2000, soit *31 %*[3]. Et ce chiffre est passé, en 2007, à *34,7 %* (sur 544 845 condamnés, 189 300 l'avaient déjà été au cours des cinq années précédentes)[4]. Quant à la récidive des sortants de prison, on a trouvé 52 % de personnes condamnées et sorties de prison en 1996-1997 qui ont commis une nouvelle infraction dans un délai de cinq ans après leur libération sanctionnée par une condamnation de nature quelconque faisant l'objet d'une inscription au casier judiciaire[5].

Il apparaît ainsi que, loin d'être un aspect marginal de la criminalité, le récidivisme est un phénomène majeur et constitue sans doute le problème le plus délicat à résoudre en criminologie.

---

1. M. Guidicelli-Delage, « Le récidivisme dans le département de la Vienne », rapport au congrès de criminologie de Poitiers, 1982, précité, *Actes*, p. 91-108.
2. Infostat Justice, n° 68 précité.
3. Infostat Justice, n° 88 précité.
4. Infostat Justice, n° 108.
5. *Cahiers de démographie pénitentiaire*, n° 15 précité.

B. Les caractères du récidivisme

504 *Les « super-criminels »* ◇ Le récidivisme peut être caractérisé à deux points de vue.

1) D'après le *pourcentage des récidives par infraction,* certaines infractions sont plus souvent que d'autres « récidivantes » (coups et blessures volontaires, vols simples, escroqueries, détournements et désertions notamment) et les multi-récidivistes sont surtout des petits voleurs, des escrocs et des vagabonds. Les statistiques françaises pour 2001 et 2004 font apparaître que le vol est l'infraction la plus récidivante (respectivement 42,2 % et 26 %). Pour le reste, les chiffres sont irréguliers et on ne peut pas en tirer de conclusions précises car les taux de récidive par infraction d'une année à l'autre sont trop hétérogènes : ainsi la conduite en état alcoolique avec un taux de récidive de 23 % en 2001 figure parmi les moins élevés, alors qu'avec 16 % en 2004 elle est considérée comme l'un des taux les plus élevés.

2) D'après le *nombre des infractions commises par les récidivistes,* il apparaît que la multirécidive n'a rien d'exceptionnel tout au contraire. Des recherches récentes ont montré qu'il existe une catégorie de délinquants que l'on appelle « super-criminels » ou « prédateurs violents » qui sont à l'origine d'un nombre important d'actes criminels. 10 à 15 % de délinquants seraient ainsi les auteurs de près de 50 % des crimes et délits commis[1]. Dans son ouvrage sur « La délinquance des jeunes », S. Roché a trouvé que 5 % des auteurs (qu'il appelle « suractifs ») commettent près de 50 % des délits[2]. En présence de ces données, l'hypothèse a été avancée selon laquelle l'accroissement de la criminalité contemporaine était du essentiellement à l'augmentation, sinon des récidivistes (30 000 en activité environ en France d'une année sur l'autre), du moins du nombre des délits commis par eux[3]. Dans le débat de politique criminelle sur le renforcement de la lutte contre la récidive qui fait rage en France depuis près de dix ans, un auteur a contesté la pertinence de ce que l'on a appelé la « théorie des 5 % ». L'argument consiste à dire que la police n'élucidant que le tiers environ des faits constatés[4], il n'est pas possible d'affirmer que 50 infractions sur 100 sont commises par des récidivistes[5]. L'argument postule implicitement que les 2/3 des faits constatés qui n'ont pas été élucidés ont été commis par *d'autres individus que les « 5 % »* de délinquants visés, ces individus pouvant être d'ailleurs soit des délinquants pri-

---

1. Xuereb, Discours à l'audience de rentrée du TGI de Paris en 1981, *Gaz. Pal.*, 6 mars 1981, p. 3, faisait état de 17 % de mineurs de 18 ans pour 50 % des délits traités par les juridictions pour enfants. Farrington, « Les signaux précoces de l'âge délinquant fréquent », *Criminologie*, 1986, XIX, 2, p. 9-31, a trouvé un rapport comparable dans une cohorte de garçons de Londres (49 % de condamnations prononcées contre 17 % de délinquants). Même type de proportions trouvées antérieurement par Wolfgang et al., (*Delinquency in a birth cohort*, 1972) et Greenwood (« Controling the crime rate through imprisonment », *in* J.-Q. Wilson, *Crime and public policy*, 1983) ; M. Cusson, « Violences en banlieue », *Commentaire* 1997, n° 80, p. 919. Une statistique dressée en Californie a trouvé 7 % de criminels ayant commis entre 50 et 70 % des crimes et délits (*RSC*, 1998, p. 196).
2. *Op. cit.*, p. 51 et s.
3. M.-E. Fontaine, « Une théorie générale de la délinquance, de la récidive et des peines », *RIPC*, mai 1978, p. 138-144.
4. En 2006, le nombre de faits constatés par la police et la gendarmerie s'est élevé à 3 725 588 et celui des faits élucidés n'était que de 1 278 980, soit un taux d'élucidation de 34,32 %.
5. S. Portelli, *Nicolas Sarkozy : une République sous haute surveillance*, L'Harmattan, mai 2007, 195 p.

maires, soit eux-mêmes des récidivistes ou même des multirécidivistes non identi-fiés. Effectivement en pareil cas, l'équation « 5 % de délinquants = 50 % de délits » deviendrait « 5 % n'égale que 17 % environ ». Mais hypothèse gratuite pour hypothèse gratuite, on peut aussi formuler l'hypothèse inverse selon laquelle les deux tiers des faits constatés mais qui n'ont pas été élucidés ont pu être com-mis, sinon en totalité, du moins dans une proportion importante, par les indivi-dus qui composent le « noyau dur des 5 % »; il arrive en effet qu'à l'occasion de l'élucidation d'une affaire, la police finisse par découvrir que le mis en cause a commis antérieurement des dizaines, voire une centaine de faits jusque-là non élucidés. De toute façon, quelle que soit l'hypothèse retenue, le problème de poli-tique criminelle demeure : comment lutter plus efficacement contre la multiréci-dive des 5 % effectivement identifiés, par-delà la simple menace traditionnelle d'une aggravation de la peine normalement encourue ?

504bis *Bibliographie du chapitre* ◇

E. De Greeff (1948), 39-82 : J. Marquiset, 118-123; J. Constant, 27-34 : E. Seelig, 195-235 : R. Vouin et J. Léauté, 45-60; J. Pinatel (1963-1975), n°s 51-62, 83-112 et 113-135 : E. H. Sutherland et D. R. Cressey, 33-59; Stefani-Levas-seur et Jambu-Merlin, n°s 51-67; R. Hood et R. Sparks, 11-80; E. Yamarellos et G. Kellens, v^o « Méthodologie statistique », 24-33; J. Pinatel (1971), 170-178; J. Léauté (1972), 195-253; D. Szabo (1978), 24-40; A. Davidovitch (1978); R. Merle et A. Vitu, n°s 12-18 : J. Léauté (1981), 3-39; G. Picca, 40-69; J. Pradel, n°s 11-18; J. Pinatel (1987), v^o « Criminalité (et délinquance) », 40-42; M. Killias, p. 115-149 et 399-431; J.-L. Mathieu, *L'insécurité*, coll. « Que sais-je ? », PUF, 1995; G. Kellens, 43-92; R. Fillieule, 11-115; L. Mucchielli et P. Robert (dir.), *Crime et sécurité, L'état des savoirs*, La Découverte, 2002.

CHAPITRE 2

LA CAUSALITÉ DE LA CRIMINALITÉ DANS LES PAYS OCCIDENTAUX

505 ***Des variables propres aux sociétés occidentales*** ◇ On a vu dans le chapitre précédent que les sociétés occidentales présentent, au-delà de différences de détail certes non négligeables, des tendances communes quant au volume et à la structure de leur criminalité qui les distinguent des autres types de sociétés. Ces caractéristiques ne sont sans doute pas le fait du hasard; elles correspondent à certaines variables[1] propres à ces sociétés, soit qu'il s'agisse de variables que l'on ne retrouve nulle part ailleurs, soit que l'on ait affaire à des traits particulièrement accusés dans ces sociétés, ce qui tend à être de plus en plus fréquent. Ce sont ces variables qui constituent la *causalité*[2] *de la criminalité occidentale et permettent ainsi d'en rendre compte*[3]. Cela dit, à l'intérieur même de ce cercle de causalité, les facteurs pris en considération sont eux-mêmes *variables*, non seulement selon les pays et les régions, mais pour un même pays ou une même région suivant la période de temps observée; les facteurs de la criminalité sont en effet un phénomène *mouvant* et leur *versatilité* contribue à rendre instable et incertaine son explication.

506 ***Du mode d'action de ces variables*** ◇ En tout état de cause, lorsque ces facteurs macrocriminologiques influent sur la criminalité, ils ne le font jamais que de *manière indirecte* : ils représentent une *tendance*, une *orientation* de l'action criminelle dans son ampleur et ses caractéristiques mais ils n'en constituent pas pour autant une *détermination directe* stricte et rigoureuse. L'action criminelle en effet étant d'abord une *action individuelle* commise par un individu ou un petit groupe d'individus[4], l'incidence sur cette dernière des facteurs macrocriminologiques passe toujours nécessairement par l'intermédiaire de ces variables intervenantes[5] des facteurs du crime – phénomène individuel, à savoir la *personnalité des délinquants* et sa formation et/ou la *situation précriminelle*[6], selon des modes d'articulation déterminées[7]. L'une des erreurs d'interprétation les plus

---

1. Sur la notion de variable, *cf. supra* n° 120.
2. Sur la notion de causalité, *cf. supra* n°s 117 et s.
3. Cette causalité ne correspond évidemment pas nécessairement à la représentation que s'en fait l'opinion publique. *Cf.* W. Doise et Papastamou, « Représentations sociales des causes de la délinquance : croyances générales et cas concrets », *Dév. et soc.,* 1987, p. 153-162.
4. *Cf. supra* n°s 91 et s.
5. Sur cette notion encore appelée variable test ou variable intermédiaire, *cf. supra* n° 120.
6. *Cf. infra* n°s 583 et s.
7. *Cf. infra* n°s 745 et s.

fréquentes en criminologie vient de ce que, trop souvent, les criminologues ne distinguent pas (ou pas suffisamment) entre le niveau macrocriminologique de la criminalité – phénomène collectif – et le niveau microcriminologique du crime – phénomène individuel; ils aboutissent finalement à une confusion des facteurs qui, loin d'éclairer l'explication, contribue grandement à l'obscurcir. Ainsi si l'on croit voir dans les errements du système des valeurs socio-morales d'une société le facteur lourd qui rend compte de l'essentiel du volume et de la structure de la délinquance dans cette société, cela ne veut nullement dire que ce facteur pèse directement sur les auteurs des actes délictueux qui sont commis; ce poids passe nécessairement par l'*intermédiaire* de l'influence qu'il exerce sur les facteurs qui contribuent à la formation de la personnalité des auteurs individuels de ces délits (famille, écoles, pairs, milieu social) [1].

Pour exposer cette causalité, on va d'abord procéder à *l'analyse* des facteurs criminogènes qui ont été inventoriés par les auteurs (section 1) puis on présentera les *synthèses* qui ont été avancées par certains (section 2).

SECTION 1. **L'ANALYSE DES FACTEURS DE LA CRIMINALITÉ DANS LES PAYS OCCIDENTAUX**

507 *Une longue liste de traits caractéristiques* ◇ Si l'on essaie de dresser le tableau des traits caractéristiques des sociétés occidentales par comparaison avec les autres types de sociétés, on peut relever 7 traits essentiels dont la signification est évidemment empreinte d'une relativité plus ou moins grande selon les cas. Il s'agit en effet : 1/ de pays qui vivent sous un climat froid ou tempéré froid, dans l'hémisphère Nord et autour de l'océan Atlantique pour la plupart; 2/ d'une *démographie* caractérisée par une réduction importante du taux de natalité, un vieillissement notable de la population et une transformation de la structure de la famille par la modification du taux de fécondité; 3/ un régime politique de *démocratie libérale,* caractérisé par la pluralité des partis politiques et par des élections libres; 4/ un *mode de production capitaliste,* caractérisé par le marché et la libre entreprise, plus ou moins atténués, selon les cas, par l'intervention de l'État; 5/ un *type d'organisation sociale* privilégiant notamment l'urbanisation et la mobilité, et recourant à la main-d'œuvre étrangère; 6/ une *culture spécifique* caractérisée par le développement de l'instruction, l'abandon des valeurs traditionnelles (religion, famille...), au profit du culte de l'argent et d'un mode de vie individualiste, le développement des moyens de communication de masse et l'usage massif de toxiques (alcool, drogues); 7/ une *politique criminelle* se caractérisant par la combinaison de divers traits contradictoires, mais s'orientant à terme vers la liberté et l'indulgence.

---

1. *Cf. infra* n°s 621 et s.

Dans quelle mesure ces divers traits caractéristiques peuvent-ils être considérés comme des *facteurs de la criminalité occidentale* ? La réponse n'est pas simple car on peut observer que certaines de ces variables au moins ont une *signification ambiguë,* en ce sens qu'elles peuvent jouer tantôt le rôle d'occasions ou de stimuli de criminalité et tantôt celui de mécanisme inhibiteur ou limitatif de celle-ci. C'est un *point essentiel* qu'il ne faudra pas perdre de vue tout au long des développements qui suivent. Cela dit, on va examiner dans sept paragraphes successifs les *relations entre la criminalité* et *chacune des variables* identifiées comme caractéristiques des sociétés occidentales.

§ 1. **Milieu physique et criminalité**[1]

508 *Une relation très indirecte* ◇ La situation géographique et le climat des pays occidentaux ont-ils une influence sur leur criminalité ?

Au XIXᵉ siècle, Guerry avait cru pouvoir formuler « *la loi thermique de la criminalité* » suivant laquelle les crimes contre les personnes prédomineraient dans les régions du Sud et pendant la saison chaude, et les crimes contre les propriétés dans les régions du Nord et pendant la saison froide. En dehors de la température, on a cru pouvoir aussi retenir la pression barométrique, le degré d'hygrométrie, la douceur des vents et l'effet de la pluie. D'autres encore ont fait état de la périodicité intérieure qui existe chez l'homme qui est en relation avec le milieu physico-chimique ambiant (rythme de la température du corps, périodicité du sommeil et de l'état de veille, périodicité sexuelle chez la femme, etc.). On a ainsi relevé le plus grand nombre de viols et d'attentats à la pudeur au printemps et au début de l'été qui sont les périodes de l'année où se produisent le rut chez les animaux et la fécondation chez les plantes[2].

Ces constatations ont cependant laissé sceptiques la plupart des criminologues pour qui, s'il peut exister une certaine corrélation entre le milieu physique et la délinquance, la relation est *très indirecte* et passe par l'intermédiaire de l'influence des conditions géographiques sur *l'organisation* et *le fonctionnement* de la société. Ainsi le climat d'un pays détermine dans une certaine mesure son organisation sociale, la longueur des jours d'été qui prolonge la vie sociale extérieure suffit à multiplier les risques de délinquance contre les personnes, tandis que l'obscurité des longues nuits d'hiver favorise les atteintes à la propriété.

La distinction du jour et de la nuit dans les villes n'en continue pas moins à intéresser la criminologie contemporaine comme en témoigne une étude récente sur les relations entre les mouvements diurnes de population et l'ambiance qu'ils créent dans les villes avec les taux de criminalité enregistrés par les services de police[3].

1. E. Yamarellos et G. Kellens, I, *vᵒ* « Climat et criminalité », 84 et II, *vᵒ* « Météorologie criminelle », 23-24; G. Kellens, *Éléments de criminologie,* p. 93-94; M. Ouimet et F. Fortin, « Les voies de fait au fil des jours et des saisons », *in* J. Proulx et *al., Les violences criminelles,* 1999, p. 243-264; E. Blais et M. Ouimet, « Météo, criminalité et conduites associées », *RICPT*, 2003, p. 397; F. Lemieux et P. Tremblay, « L'impact d'un désastre sur les comportements d'entraide et les niveaux de criminalité », *RICPT*, 2006, p. 3; H. Ikéggaya et H. Suganami, « Corrélation between Climate and Crime in Eastern Tokyo », *RCC*, 2008, vol. 50, nᵒ 2, p. 225.

2. Le mythe des « tueurs de la pleine lune » demeure toujours vivace dans une certaine opinion publique et réapparaît dans les médias chaque fois qu'il existe une coïncidence entre des meurtres répétés et le phénomène astronomique.

3. M.A. Andresen, « Diurnal movements and the ambiant population. An application to municipal-level crime rate calculations », *RCC*, 2010, p. 97.

§ 2. **Démographie**[1] **et criminalité**

509 *Des résultats parfois inattendus* ◇ L'étude des relations entre le facteur démographique et la criminalité est récente et ne date guère que d'une quarantaine d'années[2].

Le résultat *le plus connu* de ces travaux est que l'augmentation de la criminalité dans les pays occidentaux dans la période 1950-1975-80 s'explique *en partie par l'accroissement massif du nombre des jeunes* dû au baby-boom de la période de l'immédiat après guerre. On sait en effet que la période de la plus grande activité criminelle chez l'homme se situe entre 18 et 30 ans avec un maximum à 25 ans[3]. On a même cru pouvoir expliquer le doublement des cambriolages aux USA et au Canada de 1965 à 1975 par l'augmentation de la population masculine de 14 à 24 ans dans ces pays de plus de 60 % entre 1960 et 1975[4]. Toutefois ce facteur démographique ne joue pas nécessairement comme le montrent les cas du Japon et de la Suisse; de plus le mode d'action de ce facteur est plus complexe qu'on ne le croit généralement[5].

Dans la même perspective que l'explication qui précède, certains criminologues pensent pouvoir expliquer, non plus l'augmentation, mais la *diminution* elle-même de la criminalité par le facteur démographique. Tel est le cas pour la décroissance de la criminalité constatée par la police aux États-Unis et au Canada depuis le début des années 1990[6]. On a assisté en effet dans les deux pays entre 1990 et 2000 à une diminution significative du pourcentage des 15-25 ans dans l'ensemble de la population alors que c'est le groupe d'âge le plus porté à la délinquance[7]. Toutefois, on a aussi remarqué que le pourcentage des 15-25 ans était en régression entre 1980 et 1990 sans que pour autant la criminalité violente ait également diminué au cours de cette décennie. Aussi en a-t-on finalement conclu que le nombre des individus en âge de forte délinquance n'a pas eu une incidence aussi importante qu'on ne l'avait d'abord supposé sur la diminution de la criminalité nord-américaine des années 1990-2000. On a calculé que cette variable expliquerait tout au plus 15 % de la décroissance du crime observé[8].

D'autres résultats, moins connus, n'en sont pas moins intéressants. 1/ Ainsi, on a émis l'hypothèse que la montée de la violence pourrait être le début des effets des *nombres excessifs* (5 fois plus d'hommes sur la terre en moins d'un siè-

---

1. Sur la démographie en général, consulter, G. Tapinos, *Éléments de démographie*, A. Colin, 1984. Sur la population de la France en 2002, *cf. Population et sociétés*, n° 388, mars 2003 et aux États-Unis depuis 1945, même publication, juin 1998.
2. T.-N. Ferdinand, « Demographic shifts and criminality : an inquiry », *British Journal of Criminology*, 1970, 169-175; J.-D. Lecaillon, « Violence et développement économique (Éléments pour une analyse statistique incluant la démographie, 1977) », *in Réponses à la violence*, Annexe au rapport du Comité d'Étude A. Peyrefitte, t. 4, 303-340, suivi d'observations de J.-P. Courtheoux, 341-345; sur la théorie démographique v. M. Ouimet, *in Violences criminelles* précité, p. 44-47 et 53-54; M. Ouimet et E. Blais, « L'impact de la démographie sur les tendances de la criminalité au Québec de 1962 à 1999 », *Criminologie*, 2002, vol. 35, n° 1, p. 5-23.
3. *Cf. supra* n° 492.
4. I. Waller, « Les moyens pour réduire le cambriolage : les solutions face aux faits », *RICPT*, 1980, p. 179.
5. M. Cusson, *Croissance et décroissance du crime*, p. 50-52; K. Hamaï, « Is Japan still the safest country in the world ? », *AIC*, 2002, p. 129-137.
6. *Cf. supra* n° 448.
7. A. Blumstein et J. Wallman, *The crime drop in America*, Cambridge, Cambridge Univ. Press, 2000, revised ed. 2006; F. E. Zimring, *The great american crime decline*, Oxford, Oxford Univ. Press, 2007.
8. F. E. Zimring, *op. cit.* p. 129-130.

cle). 2/ Il existerait des *générations* plus *délinquantes* que d'autres, *ou* du moins qui privilégieraient certains types de délinquance par rapport à d'autres[1]. 3/ L'étude Lecaillon de 1977 précitée soutient qu'il existerait une corrélation négative significative entre la natalité et la *fécondité*, d'une part, et la *violence*, d'autre part, l'évolution de la structure familiale qui en résulte permettant ainsi d'expliquer en partie le développement de la violence : quand le taux de natalité ou de fécondité baisse, la violence augmente. Mais cette hypothèse a été contestée par Courtheoux dans les observations précitées[2].

Par ailleurs en 1999, deux chercheurs américains ont avancé une théorie suivant laquelle la baisse spectaculaire de la criminalité aux États-Unis pendant les années 1990 s'expliquerait par la pratique légale et répandue de l'interruption volontaire de grossesse depuis la légalisation de l'avortement par la Cour suprême en 1973 par l'arrêt *Roe c/ Wade*[3]. Cette explication originale qualifiée parfois de « sulfureuse » est très critiquée et demeure isolée. En tout cas, elle ne saurait valoir pour un pays comme la France, où malgré la loi Veil de 1975, la délinquance constatée par les services de police et de gendarmerie, malgré des oscillations de 1984 à 1997, a atteint un maximum en 2001[4].

§ 3. Système politique et criminalité

510 *Position du problème* ◇ On assiste depuis le début du XIXᵉ siècle à une implantation progressive de la *démocratie libérale* dans les pays occidentaux, si bien qu'aujourd'hui tous ces pays connaissent ce type de système politique à l'exception encore de la Turquie qui se trouve d'ailleurs « à la marge » des sociétés occidentales industrialisées. Mais parallèlement à ce développement politique, ces pays ont été secoués par *des guerres et des révolutions multiples* qui sont venues perturber la paix extérieure ou intérieure. On doit ainsi rechercher non seulement les relations existant entre démocratie libérale et criminalité (A), mais aussi l'influence des guerres et des révolutions sur cette dernière (B).

A. Démocratie libérale et criminalité[5]

511 *Idée générale* ◇ Avant la guerre, les dictatures nazie et fasciste se flattaient d'avoir une criminalité bien moindre que les démocraties libérales

---

1. J. Pinatel et A.-M. Favard, « Étude par cohortes et dynamique du phénomène criminel », *AIC*, 1979-80, p. 11-27.

2. *Cf. supra* n° 509 en note.

3. J. Donohue et S. Levitt, art. *in Quaterly Journal of Economics*, rapporté et critiqué par A. Bauer et E. Perez, *L'Amérique, la violence et le crime*, PUF, 2000, p. 4-5. *Adde Le Figaro* du 31 août 1999 et *Le Monde* du 8 mai 2001.

4. *Cf. supra* n° 457.

5. E. Yamarellos et G. Kellens, II, vᵒ « Politique et crime », 81-83; D. Szabo (1978), 192-235; D. Szabo (1986), 203-233; J. Pinatel (1987), *Politique (criminalité)*, 164-165; A. Beristain, *El delincuente en la democracia*, Buenos Aires, 1985, 236 p.; S. Roché, « Insécurité, État en déclin, Société dépendante », *Le Débat* mai-août 1995, p. 165-178; I.-O. Francesson, « Le maintien de l'ordre public face à l'évolution des formes de contestation sociale », *RICPT*, 1997, p. 453-459; M. Verdussen, « La répression pénale des ministres et des parlementaires en Belgique », *RSC*, 2001, p. 771-779; R. Gassin, « Délinquance et milieu politique dans les sociétés démocratiques : le cas de la France », *RICPT*, 2002, p. 387-402.

d'alors. Par la suite, le même avantage a été revendiqué par les pays socialistes. En réalité, la démocratie libérale favorise certes dans une certaine mesure la criminalité, mais à l'inverse elle évite aussi certaines formes de criminalité particulièrement graves.

a. La démocratie libérale, facteur de criminalité

512 *Deux remarques* ◇ 1) L'étude de la *structure* de la délinquance dans les démocraties libérales met en évidence qu'il existe certaines infractions dont la nature paraît liée d'une manière plus ou moins nette avec la structure politique de celles-ci; tel est le cas notamment des *fraudes électorales* et, dans certains pays plus particulièrement (USA, Canada), de la *corruption* des leaders politiques, chefs syndicaux ou responsables de la police. Il semble également que *certaines formes de criminalité* florissantes dans les démocraties occidentales (racket, jeux, proxénétisme, hold-up) étaient plus exceptionnelles dans les pays socialistes [1]. On doit aussi signaler qu'une certaine *criminalité politique* s'inscrivant dans le cadre de la guerre révolutionnaire ou subversive paraît propre aux démocraties libérales (Action Directe, Brigades Rouges, Fraction Armée Rouge, etc.). 2) Sur le *plan quantitatif* d'autre part, il est probable que le taux de délinquance est en règle générale plus élevé dans les démocraties libérales que dans les ex-pays socialistes pour les raisons d'ordre politique que l'on a dites [2].

Il faut ajouter que le déclin de l'État et le développement de la contestation sociale dans les démocraties actuelles sont aussi des facteurs de criminalité qui ne trouvent plus précisément dans l'autorité de l'État le contrepoids nécessaire.

b. La démocratie libérale est-elle criminogène ?

513 *La paille et la poutre...* ◇ Cela signifie-t-il pour autant que le régime politique libéral est nécessairement plus criminogène que les dictatures politiques ? *Trois séries d'observations* sont de nature à répondre à cette question. 1/ Il faut distinguer entre la criminalité qui est *inhérente* au système démocratique (fraudes électorales, corruption), et celle qui était *suscitée* dans les pays occidentaux par la propagande et les moyens matériels en provenance de pays ou de groupements hostiles (criminalité de subversion notamment). 2/ Il faut observer qu'il est tout à fait normal que les démocraties libérales connaissent plus de *délinquance ordinaire* que les pays à régime autoritaire, car le contrôle très strict exercé dans ces derniers sur les populations par les institutions officielles (parti, syndicat, police, etc.) laisse moins d'occasions de se manifester aux comportements déviants. 3/ On doit se rappeler enfin que, dans certains cas, les régimes autoritaires ont connu une sorte de *transfert* des activités délictueuses du champ habituel de l'exercice de celles-ci (la criminalité enre-

---

1. Sur cette question, *cf. supra* n° 404 en note.
2. *Cf. supra* n° 403.

gistrée par les statistiques) au champ d'action de l'*État lui-même* et de *ses organes*. C'est ainsi que l'Allemagne nazie, malgré ses statistiques criminelles flatteuses, a sans doute été l'État le plus criminel que l'histoire n'ait jamais connu et sanctionné (jugement de Nuremberg et condamnation par les tribunaux ordinaires des criminels de guerre nazis de second rang). De même l'État stalinien, bien qu'il n'ait jamais fait l'objet d'un jugement officiel, rivalise dans l'horreur criminelle avec l'État hitlérien. Et l'on pourrait donner bien d'autres exemples dans le Tiers-Monde[1], comme dans le monde socialiste[2].

B. L'influence des guerres et des révolutions sur la criminalité

a. Guerres et criminalité[3]

514 *Effet général* ◇ La guerre, entendue comme la guerre totale menée par une nation contre d'autres nations, à l'exclusion des guerres civiles, a donné lieu à des observations généralement concordantes. Elle constitue en *effet* un *phénomène de désorganisation sociale* qui favorise l'augmentation de la criminalité et entraîne une transformation temporaire de sa structure.

515 *1) L'augmentation de la criminalité* ◇ En période de guerre, la criminalité atteint, selon l'expression de Ferri, un *taux* de « sursaturation ». Le phénomène cependant se réalise par *étapes* qu'il convient de distinguer.

Au début des *hostilités*, il n'y a pas immédiatement augmentation; on constate même à ce moment-là un abaissement du taux de criminalité au-dessous du niveau atteint avant le déclenchement de la guerre. On discute toutefois sur la réalité de cette diminution; si certains soutiennent qu'il s'agit bien d'un phéno-

---

1. *Cf. supra* n° 382.
2. *Cf. supra* n° 409.
3. E. Yamarellos et G. Kellens, I, v° « Guerre et criminalité », p. 207-211; J. Léauté (1972), p. 254-270; G. Roheim, *War, crime and the Governant*, 160 p.; J. Brunschwig, « Étude statistique des effets de la guerre sur la criminalité », *Rééducation*, déc. 1950, p. 9-28; S. Rengby, « The influence of the latest world war in Sweden », nov. 1954; W.-A. Lunden, « Violent crimes in Japan in war and peace », 1933-1974, *Int. Journal of crime and pénology*, 1976, p. 349-363; DD. Archer et R. Gartner, « Violent acts and violent times : a comparative approach to postwar homicide rates », *American sociological review*, déc. 1976, p. 937-963; Institut des Hautes Études de la Défense Nationale (IHEDN) : « Guerre et paix au xxiᵉ siècle », Colloque international Paris sept. 1995, CR *CSI*, 1996, n° 24, p. 161; S. Audouin-Rouzéau, *L'enfant de l'ennemi (1914-1918) : viol, avortement, infanticide pendant la Grande Guerre*, Aubin éd. 1995, 222 p.; A.-L. Boustany, « Génocides et crimes de guerre », dans T. Albernhe (dir.), *Criminologie et psychiatrie*, 1997, p. 131-135; G. Kellens, *Éléments de criminologie*, p. 114-126; M. Killias, 2ᵉ éd. 2001, n° 625; P. Thys, « La criminologie de guerre : un objet perdu ou un objet (re)trouvé ? », *RDPC*, 2003, p. 1008; P. Thys, « Contribution à l'étude des violences extrêmes : le criminel de guerre actuel », *RICPT*, 2004, p. 480; T. Von Trotha, « Mondialisation violente, violence mondialisée et marché de la violence. Jalon d'une sociologie criminologique de la guerre », *Dév. et soc.* 2005, p. 349; V. Ruggiero, « Criminology and war » *in Mélanges pour et avec Philippe Robert*, L'Harmattan, 2006, p. 363-379.

mène véritable, d'autres, au contraire, estiment que les statistiques du moment ne reflètent pas la réalité, tant en raison de la désorganisation des services de police judiciaire et des tribunaux consécutive à la mobilisation générale qui laisse impoursuivi un nombre plus grand d'infractions, que de la mobilisation d'une partie des délinquants dont les activités antisociales s'exercent aux armées et ne relèvent donc plus des statistiques civiles. En tout cas, peu *après* le début des *hostilités*, on commence à constater une hausse de la criminalité dont le *sommet* se situe soit avant la fin de la guerre, soit au moment de celle-ci, soit encore dans les mois qui suivent. Après la fin des hostilités, le déclin de l'influence de la guerre s'opère plus ou moins lentement, plus rapidement en général chez les vainqueurs que chez les vaincus[1]. Certains auteurs ont même relevé que la guerre pouvait avoir un « effet à retardement » sur la criminalité, les générations nées pendant la guerre de 39-45 en Angleterre ayant eu par la suite un taux de criminalité plus élevé que les autres (Wilkins). Quant à la *guerre atomique,* J. Pinatel, se fondant sur ce qui s'est passé à Hiroshima après le bombardement atomique de 1945, a cru pouvoir affirmer qu'elle aurait un effet démoralisateur plus grand que la guerre conventionnelle. Faisant le bilan de la situation lors du soixantenaire d'Hiroshima, un historien du Japon a noté que « jusqu'en 1957, les atomisés ne bénéficièrent d'aucune assistance spéciale. La misère et la désagrégation du tissu social firent d'Hiroshima des années 1950-1960 une « ville sans loi » : les bandes criminelles formées par certains des milliers d'orphelins du bombardement y étaient si célèbres qu'elles ont inspiré l'un des classiques des films de yakuzas (gangsters), « Batailles sans bonheur », une série de Kinji Fukasaku qui brosse avec un réalisme cru un portrait de la pègre d'après-guerre »[2].

516 *2) La modification de la structure de la criminalité* ◇ La guerre n'entraîne pas seulement une augmentation du volume de la criminalité, elle en modifie également *temporairement* la structure, et ceci de trois façons : 1/ modification de la répartition des infractions entre *les grandes catégories de crime* du fait de l'apparition ou de l'accroissement considérable de la délinquance militaire (insoumission, désertion, abandon de poste, mutilation volontaire...) d'une part, et de l'accroissement des infractions contre la propriété et notamment du vol, d'autre part; 2/ modification de la répartition des *délinquants* en raison de l'accroissement de la part des jeunes et des femmes, d'une part, et du nombre des délinquants primaires, d'autre part; 3/ modification de la répartition *géographique de la délinquance* en raison du déplacement des occasions de crime qui, selon les circonstances, entraîne un accroissement de la délinquance urbaine ou au contraire de la délinquance rurale.

b. Révolutions, révoltes et criminalité[3]

517 *Distinction* ◇ Comme les guerres, les révolutions et les révoltes provoquent une « *sursaturation criminelle* » en raison de la désorganisation

---

1. Toutefois, l'Angleterre et les États-Unis semblent avoir échappé à ce phénomène de sursaturation, tant au cours de la Seconde Guerre mondiale que de la Première, *cf. supra* n° 441.
2. P. Pons, *Le Monde* du 6 août 2005.
3. E. Yamarellos et G. Kellens, II, v° « Crimes politiques », 87-96; J. Pinatel (1987), *Politique (criminalité)*, 164-165; J. Léauté (1972), 270-291; J. Baechler, *Les phénomènes révolutionnaires,*

sociale qu'elles entraînent. Mais il est intéressant à cet égard de distinguer aujourd'hui entre les *révolutions sociales traditionnelles* et la *guerre* subversive *contemporaine.*

518 **1)** *Les révolutions sociales traditionnelles* ◇ Ce sont celles qui ont été faites au xixe siècle en Europe, au nom de la liberté et de la démocratie, contre les régimes monarchiques et dont la Révolution russe de 1917 marque à la fois une limite et une rupture. Ces révolutions ont entraîné des *modifications de la criminalité,* mais celles-ci *ne présentent pas les mêmes aspects* que celles qui résultent des guerres.

Ainsi au *plan quantitatif,* il y a bien augmentation de la criminalité générale, mais : 1/ on ne constate plus la diminution initiale du début des guerres; 2/ les statistiques n'enregistrent l'augmentation qu'avec un certain retard car il faut organiser les tribunaux destinés à sanctionner la délinquance nouvelle, ce qui demande un certain temps; 3/ la courbe atteint son maximum après le succès ou l'échec de l'entreprise révolutionnaire, car c'est à ce moment-là que s'opère le règlement de comptes final.

Au plan structurel, les délits en augmentation ne sont pas les mêmes qu'en cas de guerre; il s'agit d'abord des délits politiques et des délits de presse, ensuite des actes de rébellion et de violence envers les fonctionnaires et les agents de la force publique, et aussi des atteintes à l'intégrité corporelle des simples particuliers. Quant à la *répartition des délinquants,* la part des jeunes s'accroît aussi, alors qu'au contraire celle des femmes baisse, ce que l'on explique par l'attitude généralement plus conservatrice de ces dernières.

À quoi il convient d'ajouter les *victimes* du totalitarisme révolutionnaire. Ainsi « au 9 Thermidor, plus de 300 000 Français s'entassaient horriblement dans des couvents, des hôpitaux, des palais hâtivement transformés en prison, et étaient voués à mourir dans les prochaines semaines. Des villes, des provinces entières étaient décrétées d'extermination »[1].

519 **2)** *Les guerres révolutionnaires ou subversives*[2] ◇ De nos jours, la guerre subversive s'est substituée à la révolution sociale comme procédé de conquête du pouvoir dans les pays occidentaux. Dirigée contre la démocratie libérale, elle est généralement réalisée au nom de « marxismes » divers ou placée sous le signe de ceux-ci ou encore au nom de l'islamisme radical.

Cette forme de guerre intègre *divers types d'entreprises criminelles* dans les processus révolutionnaires modernes : 1/ recours au *terrorisme* (assassinats, attentats à la bombe, etc.) pour éliminer les adversaires et intimider la

---

PUF, 1970; M. Perrot, « 1848 : Révolution et prisons » *in* M. Perrot (dir.), *L'impossible prison,* 1980, p. 277-312; P.-Y. Verkindt, « Pauvreté et misère dans le discours des parlementaires au début de la période révolutionnaire », *Dév. et soc.,* 1986, p. 323-339; G. Carrot, *Révolution et maintien de l'ordre (1789-1799),* 1995, 525 p.; J.-P. Derrienic, *Les guerres civiles,* Presses Sc. Po 2001; F. Lemieux, « L'impact d'une perturbation sociale majeure sur les occasions criminelles et la frustration relative : une étude de cas », *Rev. canad. crim. just. pén.,* 2004, n° 1, p. 45.

1. A. Besançon, *Commentaire,* automne 2004, p. 827.

2. Sur le cas particulier du Liban, *cf.* Monnif Hamdam, *Délinquance juvénile et guerre civile au Liban de 1975 à 1981,* th. doc. droit Nanterre, 1984.

population[1]; 2/ utilisation du *gangstérisme* et du *racket*, éventuellement en alliance avec le « milieu » criminel, pour se procurer les fonds nécessaires à l'achat des armes, à la propagande et à la survie des terroristes (ex. : Action Directe, FLNC...); 3/ exécution *d'actes spectaculaires*, tels que rapts de personnalité (ex. : Aldo Moro en Italie), ou détournements d'avions ou de navires (ex. : terrorisme palestinien), pour tenir en haleine l'opinion publique; 4/ *internationalisation* des activités criminelles par recours à des tueurs professionnels internationaux (ex. : Carlos), installation de camps d'entraînement dans des « sanctuaires » (Liban, Libye, Afghanistan notamment), intervention de services secrets étrangers (ex. : rôle de la « filière bulgare » dans la tentative d'assassinat du pape Jean-Paul II) et regroupement d'organisations terroristes nationales en une organisation internationale[2].

§ 4. **Système économique et criminalité**[3]

520 *Position du problème* ◇ On sait que les pays occidentaux se signalent, au point de vue économique, par le système du capitalisme libéral caractérisé, d'une part par la *propriété privée des moyens de production* et la séparation du capital et du travail, et, d'autre part, par la négociation sur un *marché* des biens et des services, dont les prix résultent du jeu de l'offre et de la demande.

Ce système a été marqué sur le long terme par la *croissance de l'économie* et donc de la richesse consommable, mais il s'est singularisé aussi sur le court terme, par des *fluctuations cycliques* de périodes de prospérité et de périodes de crise entraînant le chômage et la misère dans de nombreux foyers. Aussi *l'État* est-il *intervenu* dans la vie économique et sociale au point que les structures actuelles du système n'ont plus grand-chose à voir avec ce qu'elles étaient au XIXᵉ siècle. C'est pourquoi on préfère parler aujourd'hui de *type d'organisation* de l'activité économique que de système économique. Le *capitalisme contemporain* se présente ainsi comme un type d'organisation économique caractérisé par la liberté d'entreprendre et le marché, mais dans lequel l'État joue un rôle essentiel, tant par les réglementations qu'il impose que par ses activités d'entrepreneur et de dispensateur de crédits et de subventions. Cette intervention de l'État a ainsi profondément modifié les mouvements conjoncturels depuis la fin de la Seconde Guerre

---

1. M.-E. Cartier, « Europe horizon 2000; Nouvelles menaces, nouveaux terrorismes », *RICPT*, 1997, p. 208-212; X. Raufer, « Nouvelles menaces, nouveaux terrorismes », même *revue* 1997, p. 213-220; R. Wack, « Argent et terrorisme », même *revue* 1997, p. 241-244; F. Haut, « Guerilla et narcotrafic : Le Parti des travailleurs du Kurdistan, une entité hybride, terroriste et criminelle », *RICPT*, 1997, p. 233-240; F. Helsbourg et J.-L. Marret, *Le terrorisme en France aujourd'hui*, éd. des Équateurs, 2006, 126 p.

2. *Cf. supra* nº 396.

3. E. Yamarellos et G. Kellens, I, *vᵒ* « Facteur économique », p. 175-180; J. Léauté (1981), p. 182-239; S. Field, *Les tendances de la criminalité et leur interprétation*, trad. et publication ronéotypée par les soins de L'IHESI, nov. 1993, 66 p. + annexes, avec résumé par Fr. Martinat, *Les liaisons entre criminalité et facteurs économiques*, doc. ronéo., 6 p., nov. 1993; « Crime et économie », 11ᵉ Colloque criminologique du Conseil de l'Europe, Strasbourg, 1994, Acte, vol. 32 de *Recherches criminologiques*, Strasbourg, 1995; « Criminalité organisée. Argent et instabilité mondiale », Colloque de l'Institut de relations internationales et stratégiques, Paris 1995; L.-W. Sherman, « Criminologie et criminalisation », *RCPT*, 1994, p. 7-21, spéc. p. 16; *Criminologie*, 1997, nº 1 : dossier « criminalités économiques », art. L. Snider, M. Levi, M. Alain et L. Vallée et S. Dupuis; M. Killias, *Précis de criminologie*, p. 126-146; G. Kellens, *Éléments de criminologie*, p. 101-113.

mondiale, si bien que l'économie occidentale a pu bénéficier de ce que l'on a appelé les « Trente Glorieuses » et éviter les crises cycliques. La crise qui a perduré à partir de 1973 jusqu'en 2007 était d'une nature très différente de ces dernières, mais la crise mondiale actuelle depuis 2007-2008, la plus grave depuis la fin de la guerre de 1939-1945, rappelle à bien des égards la grande crise de 1930.

Le type d'organisation capitaliste de l'économie a-t-il alors une *influence* sur la criminalité ? La possibilité de relations entre les deux phénomènes a été envisagée dès les débuts de la criminologie, mais la façon de les étudier a évolué de manière notable. Les premières études avaient pris comme axe de réflexion les rapports entre la misère et la criminalité[1]. Mais, dès le début du xxᵉ siècle, l'examen de ces relations s'est inséré dans la problématique beaucoup plus large de la critique du capitalisme par les partisans des écoles socialistes, et notamment par les marxistes[2]. La criminologie critique, d'inspiration néo-marxiste, a repris cette thèse à sa manière. Mais, dans le même temps, l'évolution profonde de l'économie des pays à système capitaliste et les progrès considérables de la science économique ont conduit à approcher le problème par d'autres biais. C'est dans cette perspective contemporaine que l'on va analyser successivement les rapports de la croissance économique et de la criminalité (A) et ceux des crises économiques et de la criminalité (B).

A. Croissance économique et criminalité[3]

521 ***Le débit et le crédit*** ◇ Analyser les relations entre la croissance économique et la criminalité implique que l'on s'interroge, non seulement sur ce que l'on peut mettre au *débit* du système (a), mais aussi ce que l'on peut attribuer à son *crédit* (b) par rapport aux autres types d'organisation de l'économie.

a. Le débit du système

522 ***Un ou deux postes ?*** ◇ Il n'est pas douteux que la croissance économique engendre une criminalité *spécifique* (1). Mais contribue-t-elle aussi à l'aggravation de la criminalité banale (2) ?

523 ***1) La criminalité spécifique*** ◇ Il s'agit, d'une part, de la criminalité *d'affaires* et, d'autre part, de la criminalité *des travailleurs.*

---

1. *Cf.* J. Van Kan, *Les causes économiques de la criminalité*, Paris, 1903 ; E. Hobsbawn, *Les bandits*, La Découverte 1979, 198 p.
2. *Cf.* W.-A. Bonger, *Criminalité et conditions économiques*, Amsterdam, 1905.
3. Y. Chiroi, et *al.*, *Délinquance juvénile et développement socio-économique,* 1975 ; Crime and industrialisation, crime in industrialized countries, Scandinavian research council for criminology, 1975 : *Rapport Peyrefitte*, vol. 2, p. 246-270 et 283-303 ; Grassberger, La criminalité d'aisance, *RIPC*, 1963, p. 261 et s. ; Mergen, Les incidences du développement économique sur la criminalité, *AIC*, 1964, p. 41-55 ; M. Fooner, La criminalité accidentelle, aspects de la criminalité dans une économie d'abondance, *RIPC*, 1967, p. 246-250 ; G. Lambotte, Structures économiques et criminalité, *AS*, 1968, p. 89-131 ; Amsel, Argent et criminalité, *RICPT*, 1971-1972, p. 93-98 ; S. Field, art. précité ; P. Lascoumes, Élites irrégulières. *Essai sur la délinquance d'affaires*, Gallimard, 1997 ; Congrès du groupe suisse de travail en criminologie, *La délinquance économique*, Interlaken, mars 1999, CR *RSC*, 1999, p. 660.

La criminalité d'affaires (délinquance en col blanc, « *white collar crime* ») consiste d'abord dans la *criminalité ordinaire d'astuce* : escroquerie, abus de confiance et délits qui en sont dérivés comme l'abus de biens sociaux, l'émission de chèques sans provision, etc. Il n'est pas douteux que nombre de ces délits sont liés au fait même de la croissance économique. Le progrès scientifique et technique est d'ailleurs à l'origine de formes nouvelles de délinquance, comme les fraudes informatiques qui représentent un préjudice considérable pour les victimes. La délinquance d'affaires revêt aussi une autre forme avec la *criminalité économique* et *sociale* : criminalité *économique* qui recouvre à la fois les infractions à la réglementation de la libre concurrence (ententes, abus de position dominante, etc.) et la violation des réglementations dirigistes qui assurent l'intervention de l'État; criminalité *sociale* au sein de laquelle on peut distinguer entre la violation des règles qui visent à assurer la liberté et la dignité des travailleurs (SMIC, repos hebdomadaire, etc.) et les infractions au dirigisme social qui a entraîné le transfert d'une partie du pouvoir dans l'entreprise aux représentants des travailleurs (délits d'entrave au Comité d'entreprise, etc.). Il convient de signaler aussi l'importance de ce que l'on appelle la « violence organisationnelle » dans l'entreprise qui intoxique les relations sociales, nourrit des ressentiments et développe l'idée d'une impuissance face à l'action. Cette forme de violence née dans l'entreprise du fait de son mode d'organisation peut être recyclée dans des vengeances imaginaires dirigées contre des subordonnés, des collègues de travail et, en dehors de l'entreprise des conjoints, enfants, voisins, inconnus qui sont transformés en exutoires. Elle peut déboucher aussi sur des suicides à répétition, comme on a pu le constater au cours des toutes dernières années, dans telle ou telle grande entreprise.

La croissance économique engendre également des conflits du travail pour le partage du produit de la croissance qui sont assez souvent l'occasion de délits *commis par les travailleurs* en raison du dépassement des droits qui leur sont reconnus dans ces conflits (entrave à la liberté du travail, séquestration des dirigeants, etc.).

524 **2) *Criminalité banale et croissance économique*** ◊ Selon la doctrine marxiste, la criminalité contemporaine est déterminée par le système capitaliste qui, en condamnant le prolétariat à la pauvreté et parfois à la misère, contraint les travailleurs à commettre des crimes pour échapper à cette condition. Cette conception peut invoquer en sa faveur deux sortes d'arguments empiriques : 1/ *l'accroissement* très important de la criminalité dans les pays occidentaux depuis le premier tiers du XIXe siècle [1]; 2/ le fait que la criminalité banale affecte proportionnellement plus la *classe ouvrière* que les autres classes sociales [2].

Cette thèse se heurte cependant à des *objections* telles que l'on est conduit à penser que c'est ailleurs que dans le *système* économique qu'il convient de rechercher l'explication des faits que l'on vient de rappeler. En premier lieu, on peut remarquer que la criminalité banale (indépendamment de la délin-

---

1. *Cf. supra* n°s 438 à 464.
2. *Cf. supra* n°s 498 à 500.

quance d'affaires) se retrouve dans *toutes les classes sociales;* si elle est proportionnellement moindre dans la plupart des classes aisées, encore faut-il donner l'explication de cette criminalité que le marxisme ne peut fournir. Mais surtout, l'évolution économique des pays occidentaux depuis le début de l'industrialisation contredit directement la thèse marxiste qui est fondée sur l'idée de l'exploitation du prolétariat par la bourgeoisie et de la paupérisation croissante (même relative) de celui-ci. D'une part, en effet, on a assisté à une *hausse du niveau de vie moyen* tout au long du XIXᵉ et du XXᵉ siècle, la période 1945-1975 des « trente glorieuses » étant la plus spectaculaire (triplement du niveau de vie national et quadruplement des salaires horaires les plus faibles) [1]. Au demeurant, la période suivante, 1975-2006, que l'on qualifie souvent de « trente piteuses » n'a en réalité pas grand-chose à envier à la précédente : c'est ainsi que le produit intérieur brut (PIB) par tête d'habitant évalué en dollars constants est passé en France de 5 270 $ en 1950 à 13 123 $ en 1973, soit une hausse de 7 853 $, et, entre 1973 et 2001, le même PIB par habitant a progressé de 13 123 $ en 1973 à 21 000 $ en 2001, soit une hausse de 7 963 $, supérieure en valeur absolue à celle de 1950 à 1973. L'évolution du salaire net annuel moyen évalué en francs constants a connu une tendance analogue : il est passé de 92 000 F (14 000 €) en 1970 à près de 140 000 F (21 400 €) en 2003. Aussi a-t-on pu qualifier parfois, non sans ironie, la période 1975-2007 de « nouvelles trente glorieuses » [2]. D'autre part, on peut constater, sur longue période, une *réduction considérable des inégalités des revenus des ménages,* comme le montre le graphique ci-après qui couvre la période 1829-1975 [3]. Depuis les années 1970 cependant, la tendance s'est modifiée. Si les revenus les plus modestes continuent à progresser légèrement, la croissance des revenus élevés est spectaculaire [4]. Toutefois selon un économiste [5] : « En 2005, l'échelle des revenus (en France) est l'une des plus fermées au monde. Les 10 % plus riches ne gagnent que quatre fois ce que gagnent les 10 % plus pauvres contre un multiple de 10 aux États-Unis et de 5 dans la plupart des autres pays occidentaux. Les 200 patrons les mieux payés, certains ayant même oublié toute décence, cachent les 300 000 autres patrons d'entreprises moyennes qui gagnent, en moyenne, moins de 4 000 € par mois ». Cette opinion se trouve confirmée par le tableau ci-dessous qui présente la comparaison internationale des inégalités de revenus évaluées au moyen du coefficient de Gini [6]. Ce tableau montre que la France n'est pas si mal placée dans la série des grands pays puisqu'elle vient juste après la Suède qui est le pays dont le coefficient est le plus bas.

---

    1. J. Fourastié, *Les trente glorieuses ou la révolution invisible de 1946 à 1975,* éd. Fayard, 1979, p. 50.

    2. Ces données figurent dans l'ouvrage de l'historien de l'économie Jacques Marseille, *La guerre des deux France,* Plon, 2004, spéc. p. 46.

    3. Ce graphique est extrait de l'art. de G. Thoris, « Les limites de la redistribution des revenus », *Rev. d'économie politique,* 1983, n° 5, p. 682-692, spéc. p. 684.

    4. Toutefois selon l'économiste Christian Saint-Étienne (*Le Monde* du 11 janvier 2007) : « En 2005, l'échelle des revenus (en France) est l'une des plus fermées au monde. Les 10 % plus riches ne gagnent que quatre fois ce que gagnent les 10 % plus pauvres contre un multiple de 10 aux États-Unis et de 5 dans la plupart des autres pays occidentaux. Les 200 patrons les mieux payés, certains ayant même oublié toute décence, cachent les 300 000 autres patrons d'entreprises moyennes qui gagnent, en moyenne, moins de 4 000 € par mois ».

    5. C. Saint-Étienne, *Le Monde* du 11 janvier 2007.

    6. Le coefficient de Gini est une mesure du degré d'inégalité de la distribution des revenus. Variant de zéro à 1, zéro signifie que tout le monde a le même revenu et 1 signifie l'inégalité totale.

Graphique de répartition des ménages
en fonction de leur revenu
en pourcentage du revenu moyen (France : 1829-1975)

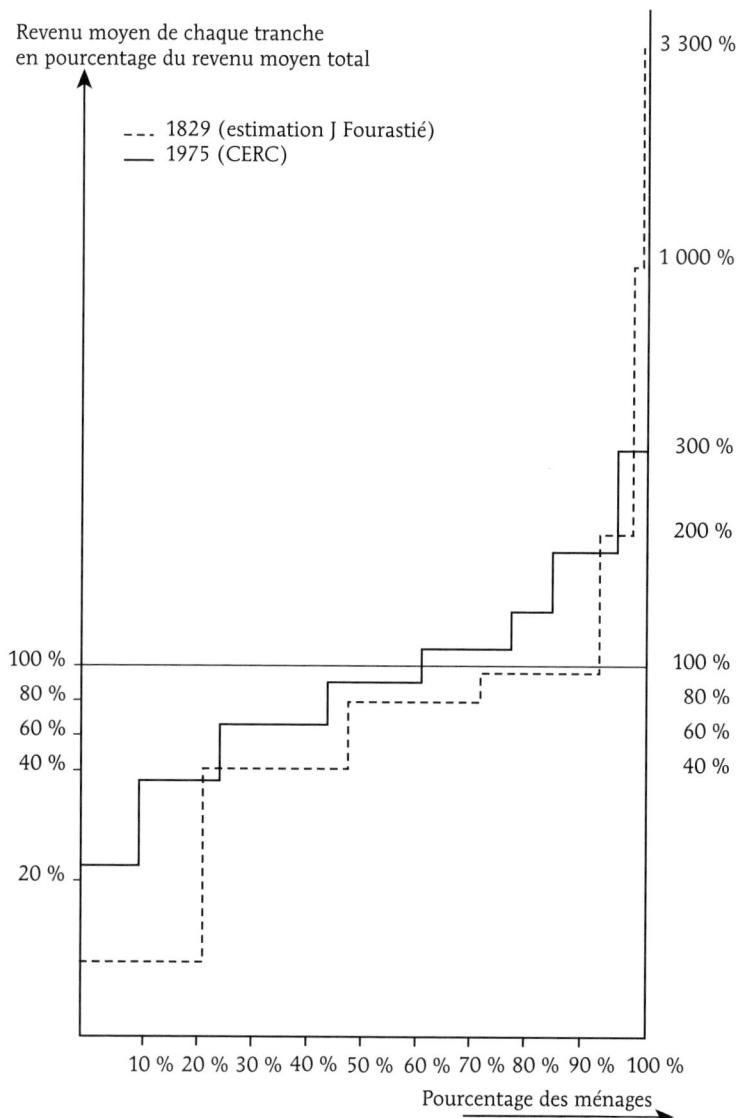

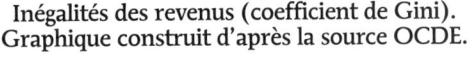

Inégalités des revenus (coefficient de Gini).
Graphique construit d'après la source OCDE.

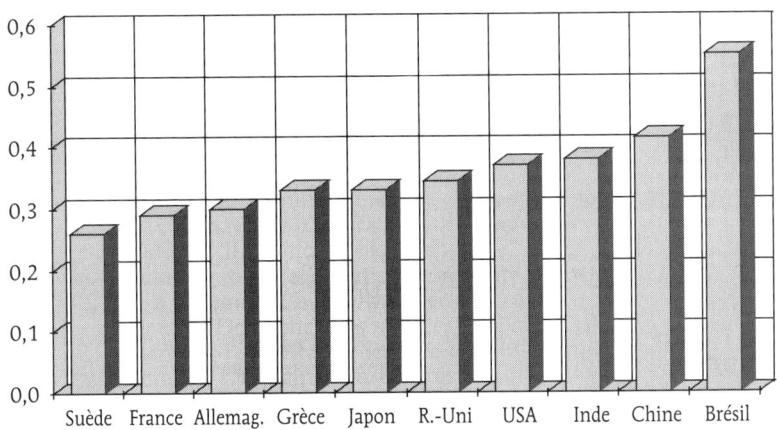

En revanche le développement du niveau de vie et la modification corrélative des habitudes de vie (appartements inoccupés pendant la journée, résidences secondaires, accroissement du parc automobile en stationnement dans les rues, etc.) ont considérablement multiplié les *occasions de délinquance* que les mesures d'autoprotection des victimes potentielles ne parviennent pas à neutraliser véritablement[1]. C'est là un effet pervers de la croissance économique qui n'est pas suffisamment pris en compte dans l'analyse.

Par ailleurs, le « modèle américain » contemporain qui se caractérise par deux traits essentiels de la société américaine : l'intolérance à l'égard du chômage et l'acceptation politique et sociale d'un haut degré d'inégalités, est considéré par certains comme sapant les fondements de la société et expliquant en partie le taux élevé de la criminalité aux États-Unis[2].

La conception selon laquelle il existerait une relation significative entre la croissance économique et la criminalité banale a resurgi à propos du slogan de politique économique du président de la République, Nicolas Sarkozy : « Travailler plus pour gagner plus ». Se référant à la théorie de l'anomie de Merton[3], un sociologue conjecture que « faire de l'enrichissement un nouveau Graal pourrait augmenter le niveau de la délinquance dans toutes les couches de la société »[4].

b. Le crédit du système

525 ***Plusieurs postes au crédit*** ◇ On peut de toute façon mettre au *crédit* du type d'organisation économique décentralisé des pays occidentaux au

---

1. *Cf.* M. Cusson, *Croissance et décroissance du crime*, p. 73-94. Sur les liens entre consommation de masse et prédation de masse, *cf.* les rapports T. Hope et F. Baileau, *in Mélanges pour et avec Philippe Robert*, 2006, p. 43-113.
2. J.-P. Fitoussi, « La gauche et la tentation du "modèle américain" », *Le Monde* du 25-26 avril 1999.
3. *Cf. supra* n° 247.
4. M. Villette, *in Le Monde de l'Économie* du 13 juin 2007.

moins trois avantages : 1/ Il n'existe pas dans ces pays, à la différence des ex-pays socialistes, de criminalité de *fonction économique* massive car sans être totalement absente du moment où il y a intervention de l'État[1], cette criminalité possède un caractère relativement marginal; 2/ les pays occidentaux ne connaissent pas de « criminalité de *pénurie* » (marché noir, etc.), hormis les périodes de guerre qui ont imposé un rationnement des produits; 3/ l'augmentation massive du niveau de vie accompagnée d'une égalisation à long terme des revenus des ménages tend à faire disparaître la « criminalité de *besoin* », sous réserve de ce qui va être dit à propos des rapports entre crises économiques et criminalité.

B. Crises économiques et criminalité

526 *Des relations plus plausibles* ◇ S'il n'existe pas, semble-t-il, de relation significative entre le modèle capitaliste de croissance économique et la criminalité ordinaire, du moins peut-on penser que les *crises économiques* sont de nature à déterminer une « sursaturation » criminelle. L'examen des faits conduit à des réponses plus nuancées et impose en tout cas que l'on distingue entre les *crises traditionnelles* du capitalisme (a) et ses *crises contemporaines* (b).

a. Crises traditionnelles et criminalité[2]

527 *Des effets variés* ◇ Les crises économiques traditionnelles se caractérisent par une triple chute de la production, des prix et de l'emploi.

Comme il n'existe aucun mécanisme compensateur, elles entraînent la misère chez les chômeurs et l'appauvrissement chez les autres. Il s'agit des crises cycliques du XIXᵉ siècle et de la grande crise de 1929.

Les recherches faites sur leurs effets criminogènes ont mis en évidence une *corrélation très nette* entre ces crises et la criminalité jusqu'aux alentours de 1870. À partir de cette date, la corrélation tend à s'estomper. Quant à la *crise de 1929*, plusieurs études américaines ont montré qu'il n'y avait pas eu d'augmentation sensible du taux général de la criminalité aux États-Unis pendant la grande dépression; pour l'Angleterre, il semble que son taux de criminalité ait évolué d'une manière indépendante de la crise elle-même[3].

---

1. V. par ex. P. Lascoumes (dir.), *Favoritisme et corruption à la française. Petits arrangements avec la probité*, Paris, Presses de Sc. Po. 2010, 283 p.

2. J. Léauté (1972), 290-307; E. Yamarellos et G. Kellens, I, vᵒ « Chômage », p. 79-81; T. Sellin, *Memorandum on crime in the depression*, New York, 1937 avec la présentation de l'ouvrage par N. Abrandabadi, *RPDP*, 1986, p. 129-134; Schultz, « L'évolution de la criminalité en Suisse de 1929 à 1965 », *RSC*, 1965, spéc. 387-388; UNSDRI, *Economic crisis and crime*, publication nᵒ 9, 1974 et nᵒ 15, 1976; M. Killias et Grandjean, « Chômage et taux d'incarcération : l'exemple de la Suisse de 1890 à 1941 », *Dév. et soc.*, 1986, p. 309-322; P.-Y. Verkindt, « Pauvreté et misère dans le discours des parlementaires au début de la période révolutionnaire », *Dév. et soc.* 1986, 323-339; P. Sassier, *Du bon usage des pauvres : Histoire d'un thème politique (XVIᵉ-XXᵉ siècles)*, Fayard, 1990; L. Wacquant, « The penalisation of poverty and the rise of neoliberalism », *EJCPR*, 2001, p. 401.

3. *Cf. supra* nᵒ 441.

b. Les crises contemporaines et la criminalité

528 *1) Les récessions entre 1945 et 1973* ◊ Le monde occidental n'a pas connu de crise économique grave de 1945 à 1973, mais il a subi au cours de ces quelques trente années des *récessions de faible amplitude* qui ont affecté surtout l'économie américaine.

Ces récessions épisodiques n'ont pas été, semble-t-il, sans influence sur la criminalité dans un contexte général d'économie d'abondance. L'anticipation psychologique par les consommateurs des effets possibles d'une récession plus grave a suffi à déclencher des mécanismes criminogènes. C'est ainsi que Vance Packard a signalé dans « L'Art du Gaspillage » que l'impulsion à acheter est telle que certains Américains éprouvent un véritable sentiment de détresse lorsque le processus s'arrête, si bien que lors de la récession de 1958, les clients se sont mis brusquement à voler dans les supermarchés au rythme de 250 millions de dollars de marchandises par an.

529 *2) Les dysfonctionnements économiques de 1973 à 2007* ◊ Les dysfonctionnements que connaît le monde occidental depuis 1973 ont une telle spécificité que nombre d'économistes ont récusé le terme de « crise » pour les désigner.

Il s'agit d'une *mutation technologique profonde* qui a fait entrer l'Occident dans l'ère de la robotisation et de l'informatisation, doublée par l'accès au marché international de productions industrielles de pays du Tiers-Monde à coût de main-d'œuvre peu élevé, qui étaient jusque-là inexistantes et qui sont devenus des « pays émergents » (Corée du Sud, Taïwan, Chine, Inde, Brésil, etc.). À la différence de la crise de 1929 : 1/ il y a maintien de la production, avec même un léger taux de croissance, au lieu d'un effondrement; 2/ la crise s'accompagne d'une inflation importante, au lieu d'une chute des prix; 3/ il y a bien chômage important mais pas d'effondrement de l'emploi et de plus nombre de chômeurs bénéficient d'une indemnisation au moins partielle.

L'influence de cette « crise » sur la criminalité[1] a été explorée à deux niveaux : celui de l'examen général des relations entre la crise et la criminalité et celui de l'analyse particulière des rapports entre tel ou tel aspect de la « crise », le chômage notamment, et la délinquance. 1/ Sur le premier point, on a montré qu'il n'y avait pas de corrélation entre les données relatives à l'évolution de la criminalité de 1966 à 1975 dont on sait que l'augmentation a été considérable[2] et les tendances d'évolution de trois indicateurs économiques pour la même période : taux d'expansion, taux d'inflation et nombre de chômeurs[3] la question demeure

---

1. UNSDRI, *Economic crisis and crime*, précité. B. Corboz, « Récession économique et criminalité », *RICPT*, 1975, p. 115-116; K.-N. Wright, *Crime and criminal justice in a declining economy*, 1981; 13ᵉ Conférence des ministres européens de la justice, « Influence de la crise économique sur la délinquance », CR *RDPC*, 1982, p. 423-424; Godefroy et Laffargue, « Crise économique et criminalité », *Dév. et soc.* 1984, p. 73-100; A. H. Nadjafi Abrandabadi, « Criminalité et environnement économique dépressionnaire », *RPDP*; P. Reuter, *Disorganized crime. The economics of the visible hand*, MIT Press, 1984, 233 p.; Conseil de l'Europe, *Crise économique et criminalité*, Strasbourg, 1985, 155 p.; P. Boitte, « À propos des débats récents sur la notion de pauvreté », *Dév. et soc.*, 1989, p. 89-111. – Sur l'incidence des crises sur la délinquance d'affaires : G. Kellens, « Crise économique et criminalité économique », *AS*, 1978, p. 191-211; T. Godefroy et B. Laffargue, *Changements économiques et répression pénale. Plus de chômage, plus d'emprisonnement ?*, CESDIP, nᵒ 55, 1991.
2. *Cf. supra* nᵒ 447.
3. Rapport Peyrefitte, Annexe 8, p. 209.

cependant posée car, selon certains économistes, c'est dès 1965 que les premiers dysfonctionnements sont apparus (chômage, inflation et décélération de la productivité du capital fixe brut)[1], si bien que le choix de la date de 1966 comme point de départ de la série statistique ne pouvait être plus mauvais. 2/ Quant au second point, les relations entre le chômage actuel et la criminalité au plan macro-criminologique sont très discutées[2]. C'est ainsi que Gottfriedson et Hirschi[3], après avoir examiné les diverses hypothèses relatives au lien causal entre emploi et délinquance, concluent en affirmant que les données provenant des recherches sur le sujet n'ont réussi qu'à montrer un lien très ténu entre les deux phénomènes. De même pour Ouimet et Blais[4], le taux de chômage n'entretient pas de relations claires avec la délinquance; il n'est pas significatif trois fois sur quatre et il arrive que l'on trouve un renversement de l'effet et de la cause, la délinquance expliquant le chômage dans certains cas au lieu de l'inverse. De même encore, la comparaison de l'évolution des taux respectifs de chômage américain et canadien et de son incidence éventuelle sur la diminution de la criminalité a abouti à une absence de relation significative; sans doute en effet la criminalité américaine a-t-elle baissé alors que les Américains profitaient d'une baisse régulière du chômage après 1992, mais au Canada, alors que le chômage s'y maintenait à un niveau élevé durant les années 1990, la délinquance y a cependant baissé de manière très importante[5]. On a également travaillé sur les relations entre la crise actuelle et le recel ainsi que le « racket » (extorsion violente pour le juriste).

529-1 ## 3) *La grande crise économique mondiale de 2008-2010/2011*[6] ◇

1) Présentation sommaire de la crise

Le monde vient de connaître au cours de la période 2008-2010 la plus grande crise économique depuis celle de 1929. Elle ressemble par nombre d'aspects à

---

1. G. Pavy, « Le retournement de l'année 1965 », in Henri Mendras (dir.), *La sagesse et le désordre,* France 1980, Gallimard, 1980, p. 64.
2. *Le chômage et la criminalité : examen critique des méthodes de recherche,* publication du Solliciteur général du Canada, 1980; G. Steinhilper et M. Wilhelm-Reiss, « Lutte contre la criminalité par réduction du chômage », *RIPC,* oct. 1981, p. 214-228; L. Crow et al., *Unemployment, crime and offenders,* Routledge éd., 1989, 162 p.; Cusson, *Croissance et décroissance du crime,* p. 64-65; N. Vaillant, « L'économétrie du crime », *Rev. Gendarmerie,* 2e trim. 2004, n° 211, p. 122-128, spéc. p. 126. Sur les rapports entre l'exclusion et la délinquance, cf. J. Hassin, v° « Exclusion et délinquance », *Dict. sc. crim.,* Dalloz, 2004, p. 389-391; P. Pons, *Misère et crime au Japon,* Gallimard, 1999. Sur les rapports entre précarité et violence, cf. Rapports H. Lagrange et A. Groenemeyer, in *Mélanges pour et avec Philippe Robert,* 2006, p. 115-191.
3. Gottfriedson et Hirschi, *A general theory of crime,* Stanford, CA. Stanford Univ. Press, 1990.
4. Ouimet et Blais, « L'impact de la démographie sur les tendances de la criminalité au Québec de 1962 à 1999 », *Criminologie,* vol. 35, 2002, n° 1, p. 5-23, spéc. p. 19.
5. *Cf.* M. Cusson, « Le recul de la criminalité au Canada et aux États-Unis entre 1990 et 2000 », in Rapport de l'OND 2009, p. 622 et s., spéc. p. 624. V. également M. Ouimet « Analyse de l'évolution des données sur la criminalité, les tribunaux criminels et les services correctionnels au Québec de 1962 à 2008 », in *Traité de criminologie empirique* (M. Le Blanc et M. Cusson dir.), 2010, spéc. p. 45-46 qui résume la situation en énonçant que si la hausse du chômage « est liée à des forces criminogènes », elle l'est également à des « forces anticrimes », et que les deux forces ont tendance à se neutraliser.
6. Il existe un très grand nombre d'ouvrages sur la crise actuelle. On ne peut citer ici que quelques livres à titre d'ex. : F. Lenglet, *La crise des années 30 est devant nous,* éd. Perrin, mai 2008, 157 p.; M. Aglietta, *La crise. Pourquoi en est-on arrivé là ? Comment en sortir ?,* éd. Michalon, novembre 2008, 126 p.; J. Attali, *La crise, et après ?,* éd. Fayard, novembre 2008, 210 p.

cette dernière, tout en combinant à ceux-ci nombre de conséquences négatives de certaines mutations technologiques intervenues depuis les années 1970. Par ailleurs, tandis que la crise de 1929 avait été suivie de la « Grande Dépression » et de l'avènement d'un nationalisme économique et politique qui a conduit à la guerre mondiale de 1939-1945, les responsables politiques actuels des grandes nations ont adopté des mesures qui ont permis de limiter les effets récessifs de la crise et de remettre en marche l'économie mondiale.

L'analyse de la crise met en évidence la *succession de trois étapes* déterminantes : 1°/ une *crise financière* déclenchée par l'insolvabilité des emprunteurs de crédits immobiliers aux États-Unis ou crise dite des « *subprimes* » et suivie par la dévalorisation des actifs des entreprises sur les marchés boursiers[1]; 2°/ *l'envolée des prix des matières premières*, notamment des produits énergétiques et alimentaires, à la suite de la spéculation sur les marchés internationaux de matières premières; 3°/ *l'extension de la crise à l'« économie réelle »* par l'assèchement du crédit ou « *credit crunch* », par la baisse de la consommation et de la production corrélative, et par le développement du chômage et la stagnation des salaires. Ce phénomène s'est diffusé rapidement au cours de l'année 2008 de pays à pays à partir des États-Unis, entraînant ainsi une *récession* dans les pays développés et un *ralentissement de la croissance* dans les « pays émergents », notamment en Chine et au Brésil.

Face à cette situation, le spectre de la catastrophe de la « Grande Dépression » des années 1930 a conduit les États et leurs groupements internationaux (G 20 notamment) à décider et mettre en place des mécanismes de régulation plus ou moins poussés qui ont permis à l'économie mondiale d'amorcer une reprise en fin 2010 début 2011[2]. Mais c'est une reprise à plusieurs vitesses, notamment en Europe où les dépenses publiques considérables faites pour éviter l'aggravation de la « récession » et sa transformation en « dépression », ont provoqué une *crise de la dette* qui entrave l'ampleur de la reprise et a contraint certains pays (Grèce, Irlande, Portugal) à recourir à une aide combinée du Fonds Monétaire International (FMI) et de l'Union européenne en échange de mesures d'austérité et de réduction des dépenses publiques peu appréciées par les opinions publiques[3].

2) L'incidence de la crise sur la criminalité

Il est très difficile encore, au premier semestre 2011, ne serait-ce que d'esquisser l'incidence vraisemblable de la crise sur l'évolution éventuelle du taux et des caractéristiques spécifiques de la criminalité engendrée par la crise, les dernières statistiques générales disponibles à ce jour ne dépassant pas l'année 2009.

Deux aspects peuvent cependant être relevés. Le premier concerne la révélation, à l'occasion de la crise, de la malhonnêteté très importante commise par certains acteurs de la crise. Tel est le cas notamment des nombreuses escroqueries réalisées par Bernard Madoff aux États-Unis évaluées à près de 50 milliards de dollars, ou encore en France des abus de confiance et délits annexes reprochés au trader de la Société Générale, Jérôme Kerviel, pour un montant de 4,9 milliards d'euros, sans oublier la plainte de l'autorité des marchés boursiers américains (SEC) contre la banque d'affaires internationale Goldman Sachs pour avoir

---

1. Sur l'explication de l'échec des modèles mathématiques très sophistiqués utilisés pour la spéculation sur les marchés financiers, *cf.* B. Mandelbrot et R.L.Hudson, *Une approche fractale des marchés. Risquer, perdre et gagner*, éd. O. Jacob, 2009, 361 p.
2. CEPII, *L'économie mondiale 2011*, coll. Repères, éd. La Découverte, septembre 2010, 127 p., spéc. p. 50-73.
3. Même *ouvrage*, p. 5-20; P. Artus et O. Pastré, *Sorties de crise. Ce qu'on ne nous dit pas. Ce qui nous attend*, éd. Perrin, octobre 2009, 330 p.

trompé ses clients à l'occasion de la commercialisation d'un portefeuille de titres de créances variées dénommées Abacus.

En dehors de ces cas spécifiques certainement beaucoup plus nombreux que ces quelques affaires-phares, il ne semble pas que le déclenchement de la crise en 2008 ait eu une incidence significative sur les taux généraux de criminalité en 2008 et 2009. Ceux qui s'inscrivaient dans la tendance à la diminution ne se sont pas infléchis. De même ceux qui connaissaient une tendance à la hausse, notamment pour les atteintes physiques violentes, ne paraissent pas avoir été spécialement affectés par les effets de la crise. Mais il ne s'agit là que d'une observation superficielle. Des analyses approfondies ne manqueront pas de s'imposer quand toutes les données statistiques seront disponibles. Il sera intéressant notamment de rechercher les incidences de l'aggravation des inégalités provoquées par la crise[1], en même temps que les effets de l'atténuation des conséquences de ce phénomène par le jeu des « amortisseurs sociaux ». Il est toutefois un aspect déjà connu : c'est celui de la surdélinquance significative des personnes âgées au Japon – qui est le pays où la durée moyenne de vie est la plus longue du monde – que l'on attribue à la fois à la baisse des retraites et des pensions, à la solitude et à l'absence de prise en charge[2]. Mais il est vrai que le Japon connaissait une crise de stagnation – voire certaines années de récession – depuis près de 20 ans au moment de l'éclatement de la crise mondiale en 2008.

§ 5. **Organisation sociale et criminalité**[3]

530 *La notion d'organisation sociale* ◊ La notion *d'organisation de la société civile* est une notion complexe qui met en jeu de multiples aspects. Trois d'entre eux ont retenu spécialement l'attention des criminologues en raison des rapports significatifs qu'ils semblent entretenir avec la criminalité dans les sociétés occidentales : l'urbanisation (A), l'immigration (B) et la mobilité des individus (C).

A. **Urbanisation et criminalité**[4]

531 *Idée générale* ◊ C'est une idée généralement reçue en criminologie que le taux de la criminalité est *plus élevé* dans les villes (a) et que la crimina-

---

1. Selon F. Bourguignon, Directeur de l'École d'économie de Paris, en France, le salaire minimum aurait empêché les inégalités d'augmenter sous l'effet de la crise : interview au journal *Le Figaro* du 3 mai 2011.
2. Le nombre des personnes âgées reconnues coupables de crimes et de délits a été multiplié par cinq en 20 ans, alors que cette population a seulement doublé au cours de la même période. *Cf. supra* n° 448.
3. A. Fremont, *France, géographie d'une société*, Flammarion, 1988.
4. E. Yamarellos et G. Kellens, I, v° Écologie criminelle, 141-147; J. Pinatel (1987), v° « Urbanisation », 214-215; J. Léauté (1972), 308-333; J. Léauté (1981), 151-181; J. Pradel, n°s 28-30; D. Szabo, *Crimes et villes*, 1960; J. Constant, « La criminalité dans les grands ensembles », *RSC*, 1967, p. 91-100; H. Tarniquet, « La criminalité en milieu urbain à industrialisation rapide », *Rev. Sur. Nat.*, 1967, nov.-déc., p. 15-22 et *RICPT*, 1968, p. 49-58; O. Chrittsiansen, « L'industrialisation et l'urbanisation en relation avec le crime et la délinquance juvénile », *RI. polit. crim.*, 1969, n° 16, p. 3-12; *Chronique sociale de France*, « Urbanisation et criminalité », 1969; Harold, « Géographie de la criminalité », *Rev. pol. nat.*, mai-juin 1970, p. 37-46; L. Dupiellet, « La criminalité urbaine », *Rev. pol. nat.*, juin-août 1971, 8-18 et oct.-nov. 1971, 11-21; J. Susini, « Police et société criminogène », *RSC*, 1974, p. 141-147; P. Virilio, *L'insécurité du territoire*, 1976; Bald-

lité urbaine a une *orientation différente* de celle de la criminalité rurale (b). Encore s'agit-il de savoir *pourquoi et comment*. C'est ce que l'on va voir en examinant successivement ces deux aspects.

a. Taux comparés de la criminalité de la ville et de la campagne

532 *Une constatation constante* ◇ La plus grande criminalité de la ville par rapport à la campagne a été constatée depuis bien longtemps. C'est en effet déjà l'un des traits essentiels qui résulte de l'étude de la criminalité en Occident de la fin du Moyen Âge au XVIIIe siècle [1]; pour le XIXe siècle et la première moitié du XXe siècle, toutes les données statistiques conver-

---

win et Bottoms, *The urban criminal*, 1976; J. Léauté, « Criminalité urbaine et sécurité », *Rev. pol. nat.*, 1977, n° 105, p. 13-18; G. Levasseur, Pettiti et V. V. Stanciu, « Au sujet des Réponses à la violence », *D.* 1978, chron. 205; C. Dinnat, *Les adolescents du béton*, 1980; R. Screvens, « La criminalité dans les grands centres », *RSC*, 1981, p. 43-56; G. Bauer, « La délinquance dans les tours d'habitation », *RIPC*, 1981, p. 201-204; Swanson et Territo, « La délinquance en milieu rural : ampleur, prévention, contrôle », *RIPC*, 1983, p. 184-188; J.-C. Lagree « Les jeunes en quartier urbain nouveau ou les avatars du brassage social », *RPDP*, 1982, p. 207-219; Fauconnet et al., « Insécurités dans la ville », *Rev. Projet*, 1982, n° 164; N. Lahaye et al., « La ville et la criminalité », *RDPC*, 1982, p. 201-224 et *RIPC*, 1983, p. 170-183; B. Poyner, *Design against space. Beyond defensible space*, Londres, 1983, 118 p.; M. Killias et Riva, « Crime et insécurité : un phénomène urbain », *RICPT*, 1984, p. 165-180; R. Ottenhof, « Le concept de ville moyenne en criminologie », *RSC*, 1984, p. 369-372; D. Szabo, *RSC*, 1984, p. 686-690; J.-C. Lagree et P. Lew-Fai, *La galère, Marginalisation juvéniles et collectivités locales*, 1985; M. Granger, « Le grand carnage : les morts inexplicables de bétail en Amérique du Nord », 1986; J. Weiss, *Ces loubards de banlieue qui sèment la terreur*, éd. Garancière, 1986; A. Vant (dir.), *Marginalité sociale, marginalité spatiale*, éd. CNRS, 1986; J. Vérin, « Le bouillon de culture de la criminalité », *RSC*, 1986, p. 911-913; G. Riva, *Morphologie de l'espace urbain et délits contre le patrimoine à Lausanne en 1980*, 1988, 242 p.; M. Cusson, « Les zones urbaines criminelles », *Criminologie*, 1989, 2, p. 95-106; P. Burton et al., *Logement et cohésion sociale dans l'environnement urbain : implication pour les jeunes*, 1990, 72 p.; B. Weinberger, « L'anatomie de l'antagonisme social et de la violence urbaine », *Dév. et soc.* 1991, p. 407-418; Commissariat général au Plan : *Exclus et exclusions. Connaître les populations, comprendre les processus*, *Doc. fr.*, 1992; C. Zarafonitu, *Criminalité violente en contexte urbain à Athènes, produit d'urbanisation rapide*, th. doct. Paris II, 1989 et « La violence en milieu urbain (Athènes, un cas concret) », *RICPT*, 1994, p. 29-44; n° de juin 1994 de la *Rev. Esprit* « Dans la jungle des villes »; N. Veron, « La ville oubliée », *Commentaire*, 1995 n° 71, p. 583-590 et « Que faire pour les quartiers ? Le problème de l'intégration urbaine », même *revue* 1995, n° 72, p. 823-827; J.-P. Gremy, *Les violences urbaines*, Études et recherches de l'IHESI, 1996; M. Cusson, Violences en banlieue, *Commentaire*, 1997, n° 80, p. 917-992; S. Body-Gendrot, *Les villes face à l'insécurité. Des ghettos américains aux banlieues françaises*, Bayard, 1988, 368 p.; même auteur, *Les villes : La fin de la violence ?*, Presses de Sc. Po., 2001, 145 p.; J.-M. Stebe, *La crise des banlieues*, coll. « Que sais-je ? », PUF, 2002; Killias, *Précis de criminologie*, p. 121-126; G. Kellens, *Éléments de criminologie*, p. 95-101.

Congrès et Colloques : VIIIe Congrès français de criminologie (Bordeaux 1967) : « La criminalité en milieu urbain à industrialisation rapide »; XIe Congrès français de criminologie (Rouen 1970) : « Urbanisme et délinquance »; IIIe Symposium international de criminologie comparée (Versailles 1971) : « La criminalité urbaine et la crise de l'administration de la justice pénale »; Xe Congrès international de défense sociale (Thessalonique 1981) : « La ville et la criminalité »; Journées régionales de criminologie (Bayonne 1983) : « La criminalité dans les villes moyennes »; 4e Conférence internationale de recherche sur le logement (Paris, juill. 1990), CR *CSI*, n° 2, juill.-sept. 1990, p. 217-220; Colloque de l'Institut des droits de l'homme de l'Université catholique de Louvain (nov. 1993) : « Les droits de l'homme dans la ville »; Colloque de l'ADAPES, Paris nov. 1995 : « Les banlieues, Europe, quartiers et migrants (le malaise des banlieues, ses causes et les processus d'intégration) » CR *CSI*, 1996, n° 24, p. 164.

1. Cf. *supra* n°s 436 et s.

gent dans le même sens; la même observation peut être faite depuis la fin de la Seconde Guerre mondiale.

533 ***Des explications variées*** ◇ Plusieurs explications ont été avancées pour rendre compte de ce phénomène.

1) *L'explication traditionnelle* met en avant les *différences* de *condition de vie* entre la ville et la campagne. À une famille rurale unie, contrôlant étroitement ses enfants dans un village où de plus chacun surveille chacun, on a opposé une famille urbaine éclatée, où les enfants sont moins surveillés dans une ville corruptrice et où règne l'anonymat. Ces observations qui avaient leur valeur au xixe siècle sont aujourd'hui dépassées. M. Szabo en particulier, a soutenu dans sa thèse de doctorat « Crimes et villes », publiée en 1960, qu'à l'heure actuelle l'urbanisation n'a plus qu'une influence relative sur le niveau de la délinquance tant en raison de l'intégration plus poussée de la société contemporaine que de l'atténuation de l'antinomie ville-campagne. Et cet auteur de pronostiquer qu'à l'avenir les niveaux des criminalités se rapprocheront de plus en plus. Cette thèse a cependant été démentie par les faits ultérieurs, l'écart entre criminalité urbaine et rurale demeurant important; en revanche ce que l'on constate, c'est une répartition inégale de la criminalité à l'intérieur des villes, et plus précisément des *lieux de résidence des délinquants,* ce qui a donné lieu à un deuxième type d'explication, l'explication par le *mode d'urbanisation.*

2) Selon la théorie des aires de délinquance, la plus grande criminalité des villes s'explique plus par les modes d'urbanisme que par le fait même de l'urbanisation. Il existerait ainsi des « aires de délinquance » (*delinquency area* de Shaw et Mc Kay[1]), zones de détérioration matérielle et socio-morale qui constitueraient des sortes de réservoirs constamment remplis de délinquants. Des recherches contemporaines ont montré qu'effectivement si la délinquance urbaine se répartit géographiquement à peu près également dans les différents quartiers des grandes villes, les domiciles des délinquants se trouvent concentrés dans certains quartiers sensibles. Un auteur a même montré que certaines rues ou immeubles présentent une densité particulièrement élevée de délinquants (ex. : la rue du Château-des-Rentiers à Paris XVIIIe, selon Stanciu)[2].

3) Cette dernière remarque a orienté vers un troisième type d'explication. Elle repose sur cette idée que lorsque la densité d'une population dépasse un certain seuil, les individus deviennent hyper-agressifs parce qu'ils ne disposent pas du « territoire » minimum nécessaire à leur épanouissement personnel. Cette hypothèse pourrait sans doute contribuer à rendre compte de la plus grande délinquance dans les grands ensembles des banlieues des grandes villes.

b. Orientations comparées des criminalités urbaine et rurale

534 ***De l'analyse traditionnelle à l'analyse actuelle*** ◇ L'analyse de la structure des criminalités urbaine et rurale comparées selon les infractions avait conduit à dessiner une sorte de *modèle de la criminalité rurale*

---

1. *Cf. supra* n° 244.
2. *La criminalité à Paris. Adde* M. Van Sam, « Des quartiers de mauvaise réputation. L'image de la criminalité dans deux quartiers en Belgique », *Dév. et soc.*, 2004, n° 2, p. 211.

liée aux conditions particulières de la *vie à la campagne* : prédominance des délits sexuels et notamment des incestes, des infanticides, des empoisonnements et des incendies volontaires en particulier. De là à dire que la criminalité musculaire prédominait dans les campagnes, tandis que la criminalité acquisitive l'emportait dans les villes, il n'y avait qu'un pas qui fut souvent franchi.

La transformation des conditions de la vie à la campagne et l'homogénéisation des cultures rurale et urbaine, notamment sous l'influence des médias, rendent cette opposition de plus en plus inexacte. On constate en revanche aujourd'hui dans les campagnes, et plus largement dans les zones d'habitat rural, une *criminalité nouvelle* due surtout à *la mobilité matérielle* des malfaiteurs, en même temps qu'à des *occasions nouvelles* de délinquance. Cela va du cambriolage des résidences secondaires au vol massif de récoltes et au racket des exploitants agricoles sous la menace de l'abattage du bétail (aux USA notamment) [1].

B. Immigration et criminalité [2]

535 *Position du problème* ◇ L'immigration, telle que la connaissent les pays occidentaux, est un phénomène propre à l'organisation sociale de

---

1. C. Marshall, *Preventing rural crime*, Texas Police Journal, 1987.
2. E. Yamarellos et G. Kellens, II, v^o « Migrants (criminalité du) », 35-38 ; J. Pinatel (1987), *Migrants (criminalité des)*, 147-149 ; J. Léauté (1972), 333-347 ; V. V. Stanciu (1980), p. 126-154 ; Cantini, « Les délits sexuels dans leurs rapports avec l'immigration », RICPT, 1968, 129 et s. ; C. Debuyst, « Quelques observations sur la délinquance des étrangers en Belgique », *Annales Fac. Droit de Louvain*, 1970, p. 557-568 ; F.-X. Ribordy, « Mutation culturelle et criminalité des migrants », RICPT, 1971-1972, p. 2-8, et « Conflits de culture chez les Italiens immigrés à Montréal », RCC, 1971 ; A. Burniat-Herscovici, « La délinquance des étrangers résidant à Bruxelles », RDPC, 1972, 3-42 ; De Carvalho, « La déviance chez les mineurs fils d'immigrants », *Rééducation*, 1976 ; H. Malewska-Peyre et al., *Crise d'identité et déviance des jeunes immigrés*, Paris, *Doc. fr.*, 1982 ; B. Chouktab-Khachaire, *Aspects criminologiques de la délinquance des Nords-Africains en France*, th. doct. droit Toulouse, 1981, multigraphiée ; M.-C. Desdevises, *La délinquance étrangère, analyse statistique*, th. doct. droit Rennes, 1976 ; G. Thanou, « Les enfants des travailleurs migrants. Facteurs de déviance ou d'insertion des jeunes immigrés », RICPT, déc. 1982, 391-4 ; Guerrieri et al, « Infractions à la législation sur les stupéfiants : analyse des interpellations des étrangers en France », *Dév. et soc.* 1982, p. 259-279 ; F. Ocqueteau, *La délinquance étrangère et l'ordre public*, 1982 ; N. Abrandabadi, « L'évolution de la criminalité des étrangers en France (1973-1980) », RPDP, 1983, p. 147-155 ; C. Camilleri, *Stratégies identitaires*, 1990, 240 p. ; Haut Conseil à l'intégration, *Les conditions juridiques et culturelles de l'intégration*, Rapport au Premier Ministre, mars 1992, *Doc. fr.* ; P. V. Tournier et P. Robert, *Étrangers et délinquances : les chiffres du débat*, éd. L'Harmattan, 1991, 264 p. ; M. Killias, *Précis de criminologie*, 1991, n°s 401-468 ; P. V. Tournier et P. Robert, *Étrangers : police, justice, prison. Approche statistique*, étude annexée au rapport du Haut Conseil de l'intégration, déc. 1992 ; R. Cario, « Migrations et contrôle social de la criminalité des étrangers. Regards sur la situation française », RDPC, 1995, p. 587-604 ; J. L. de la Cuesta, « Movimientos de poblacion, integracion cultural y paz », AIC, 1995, p. 157-168 ; L. Slimane, *L'immigration clandestine de main d'œuvre dans la région bruxelloise*, éd., 1995 ; F. Brion, « De la criminalité des immigrés à la criminalisation de l'immigration. Pour une reconstruction d'objet », RDPC, 1997, p. 763-775 ; M. Yokoyama, « Analysis of the Crimes by Foreigners in Japan », *Internat. Journal of Comparative and applierd criminal justice*, 1999, n° 2, p. 181-213 ; M. Killias, *Précis de criminologie*, p. 147-183 ; G. Kellens, *Éléments de criminologie*, p. 157-166 ; L. Mucchielli, « Délinquance et immigration en France : un regard sociologique », Criminologie, 2003, n° 2, p. 27 ; S. Roché, « Ethnicité et délinquance en France : une question politique à la lumière des résultats d'une enquête autodéclarée », RICPT, 2004. 1, p. 3-28 ; D. Szabo, « Sociétés multiculturelles, criminalité et victimisation », *in Sciences pénales & Sciences criminologiques Mélanges offerts à Raymond Gassin*, PUAM, 2007, p. 503-510.

ces pays qui tient avant tout à l'attrait qu'exercent leur haut niveau de vie et leur développement économique sur les populations vouées à la misère et au chômage, et en second lieu au « droit d'asile » offert par les démocraties occidentales aux réfugiés politiques persécutés dans leur pays. Dans les pays *d'Amérique du Nord,* pays neufs dont le peuplement s'est fait par l'apport de populations venues d'ailleurs, l'immigration a été généralement définitive jusqu'à une époque toute récente. Dans les pays *d'Europe occidentale,* la situation a varié selon les périodes. Le plus souvent définitive avant la Seconde Guerre mondiale, l'immigration a été longtemps *temporaire* après la guerre, surtout pour les Maghrébins et les Africains. Mais depuis la « crise » de 1973 qui affecte plus encore le Tiers-Monde que les pays industrialisés et la ratification de la Convention européenne des droits de l'Homme dont l'article 8 a souvent été interprété comme imposant le droit au regroupement familial, cette immigration elle-même a pris l'allure d'une immigration *définitive.* C'est une tendance analogue que l'on observe pour les nationaux des pays de l'Est depuis l'effondrement du régime communiste en 1989 et les difficultés économiques redoutables dans lesquelles se débattent les pays ex-communistes depuis lors. Un autre phénomène important à noter est l'existence d'une importante immigration *clandestine,* à côté de l'immigration régulière, les clandestins étant particulièrement vulnérables aux occasions de délinquance, en dehors même de leur situation irrégulière qui tombe elle-même sous le coup de la loi pénale.

La criminalité des migrants est-elle *différente* de celles des autochtones et, dans l'affirmative, comment expliquer les différences ? Il y a lieu de souligner que cette question ne se confond pas avec celle des relations entre types ethniques et criminalité [1], car les migrants n'appartiennent pas nécessairement à un type ethnique différent de celui des autochtones (ex. : les Italiens en France) et, à l'inverse, plusieurs types ethniques, peuvent cohabiter de longue date sur un même territoire (ex. : les noirs aux États-Unis) ; mais dans certains cas, le problème de l'immigration se complique aussi de la différence de type ethnique (ex. : le cas de l'immigration maghrébine en France). En tout état de cause, pour répondre à la question, il convient de distinguer entre le cas des travailleurs migrants temporaires (a) et celui des migrants définitifs (b).

CONGRÈS ET COLLOQUES : Vᵉ Conférence des directeurs d'instituts de recherches criminologiques (Strasbourg 1967) : « La criminalité chez les travailleurs migrants » ; Colloque de Syracuse (1981) : « Socialisation et déviance des jeunes immigrés », Actes publiés par le CRIV en 1982 ; XIᵉ Journées d'études de l'Institut de Criminologie de Paris (1983) : « Immigration et insécurité » ; Colloque de l'Agence pour le développement des relations inter-culturelles (ADRI) (Paris, oct. 1990) : « L'intégration locale des populations d'origine immigrée en Europe », CR *CSI,* n° 3, nov. 1990-janv. 1991, 211-217 ; 3ᵉ Colloque de l'AICLF (Bucarest, juin 1992) : U. Gatti, « La délinquance des jeunes immigrés », *RICPT,* 1992, p. 494 ; Colloque de l'ADAPES, précité n° 448 ; 6ᵉ Colloque de l'AICLF, Lac de Garde mai 1998 : « Migrations et conflits de culture : aspects criminologiques » ; 32ᵉ Congrès de l'Association française de criminologie, « *Crimes et cultures* », L'Harmattan 1999 ; 15ᵉ Congrès de l'Association internationale de recherche en criminologie juvénile (Fribourg, septembre 2003), « Migrations et minorités ethniques : impact sur la délinquance des jeunes et défis pour la justice des mineurs », CR. *RSC,* 2004, p. 210-212 par N. Queloz.

1. *Cf. supra* n°ˢ 495 et s.

a. Migrants temporaires et criminalité

536 *Surcriminalité des migrants temporaires* ◇ Les statistiques de la police et celles des condamnations donnent en général un taux de criminalité nettement plus élevé que celui de la population générale, entre 2 et 3 fois plus, encore qu'il faille faire des différences non négligeables selon la nationalité d'origine[1].

Ces données ont été critiquées par certains auteurs qui estiment qu'en réalité la criminalité des migrants n'est *pas plus élevée* que celle des autochtones parce que : 1/ ce sont en grande partie des *hommes* et l'on sait que la criminalité masculine est très supérieure à la féminine; 2/ ce sont des *adultes* entre 18 et 40-45 ans et l'on sait que la période d'âge de plus grande activité criminelle se situe dans cette fourchette; 3/ les étrangers retiennent davantage l'attention de la police et les tribunaux manifestent à leur égard une plus grande sévérité, ce qui engendre une *surreprésentation artificielle*[2].

Ces observations, très pertinentes pour la plupart, nécessitent la correction des données brutes précitées. Il semble cependant que, malgré les corrections, il demeure un *écart réel* entre la criminalité des migrants temporaires et celle des autochtones. On l'explique généralement par *le déracinement sans contrepartie autre qu'économique* qui caractérise la condition difficile de ces migrants (même la famille ne suit pas habituellement)[3].

En France, en 1990 le nombre total des étrangers, apatrides et non déclarés condamnés pour crimes et délits (sans qu'on puisse savoir s'il s'agissait d'immigrés temporaires ou définitifs) s'élevait à 91 276 pour un total de 474 795 condamnations, soit un pourcentage de 19,22 % (17,38 % pour les condamnés par les Cours d'assises : 471 pour un total de 2 714), alors que la même année le pourcentage des étrangers dans la population totale n'était que de 6,32 % (3 582 000 sur 56 625 000), et dans la population active que de 6,46 % (1 624 000 sur 25 112 000), ces pourcentages devant être toutefois corrigés par les différences notables du rapport hommes/femmes dont on sait que les secondes sont beaucoup moins délinquantes que les premiers (population totale ensemble : hommes : 27 568 000, femmes : 29 057 000/étrangers : hommes : 1 975 000, femmes : 1 607 000 : population active : hommes : 14 008 000, femmes : 11 104 000/étrangers : hommes : 1 126 000, femmes : 498 000). Quant aux statistiques de la criminalité apparente policière pour 1992, elles donnent un pourcentage d'étrangers mis en cause de 20,34 % (144 885 sur un total de 712 407) sans indiquer non plus s'il s'agit d'immigrants temporaires ou définitifs. Pour les dernières années les chiffres sont les suivants : 1993, 136 779 soit 19,81 % du total de mis en cause; 1994, 151 625 soit 19,55 %; 1995, 151 625 soit 19,28 %; 1996 : 142 124 soit 17,66 %; quant au pourcentage de détenus étrangers, il était de 22 % au 1er janvier 2002[4]. En 2006, le nombre d'étrangers mis en cause était de 228 120 pour 872 278 Français, et en 2009, le nombre

---

1. P. Robert, « La criminalité des migrants en France », *in Compte général d'administration de la justice criminelle (CGJC)*, 1968; P. Robert et *al.*, « La criminalité des migrants en France », *AIC*, 1970, n° 2, p. 567 et s.

2. J. Pinatel, « Délinquance étrangère et réactions judiciaires », *RSC*, 1976, p. 473-483.

3. Le retour au pays d'origine pose à son tour des problèmes. *Cf.* L. Yahyaoui, *Le retour des enfants de migrants au pays : politique de réinsertion et de prévention, l'exemple de la Tunisie*, th. Bordeaux, 1987, ronéo.

4. Le rapport du Sénat « Délinquance des mineurs » de juin 2002 souligne également la sur-délinquance des jeunes issus de l'immigration, p. 46-49.

d'étrangers mis en cause était de 234 235 contre 940 603 Français, soit un pourcentage d'environ 20 % par rapport à l'ensemble des mis en cause et un rapport
étranger/français d'environ 1 à 4. Il convient de souligner toutefois que pour chacune des années précitées, la criminalité apparente des étrangers déterminée
d'après le nombre des individus mis en cause comporte environ un tiers de personnes mises en cause pour infractions à la police des étrangers[1]. Ainsi en 2006
89 380 étrangers ont été mis en cause pour infractions aux conditions d'entrée et
de séjour en France, soit 39,18 % de l'ensemble des étrangers mis en cause. Néanmoins, comme l'a justement relevé le rapport de l'ONDRP en 2010 (rapport p. 22)
ces deux valeurs ne peuvent être comparées directement, car il existe un type
d'infractions, appelées infractions à la législation sur les étrangers, qui par définition doivent impliquer au moins une personne de nationalité étrangère. Ainsi, il
faut certainement exclure cette catégorie d'infractions pour procéder à une comparaison plus significative. À cet égard, en 2009, sur 1 071 020 personnes mises
en cause pour crimes et délits non routiers hors infractions à la législation sur les
étrangers, 133 569 étaient étrangers, soit 12,5 %. Enfin, la même étude relève que
la hausse du nombre de mis en cause étrangers pour crimes et délits non routiers
hors infractions à la législation sur les étrangers entre 2004 et 2009 a été inférieure à celle des Français mis en cause (+ 1,9 % soit + 2 467 mis en cause; s'agissant des Français, la hausse est de + 14,8 %, soit + 121 141 mis en cause).

b. Immigration définitive et criminalité

537 ***Caractéristiques*** ◇ L'immigrant définitif se distingue du migrant temporaire par deux traits essentiels : il vient vivre dans le pays d'accueil avec
sa famille qui suit quelque temps après si elle n'arrive pas en même temps;
il a la volonté de s'installer dans ce pays et de s'y faire accepter. Il en
résulte qu'il s'agit d'une population plus proche, dans sa structure, de
celle des autochtones et animée d'un état d'esprit différent de celle des
migrants temporaires. S'ensuit-il que leur criminalité n'est pas différente
de celle du reste de la population ?

Les États-Unis ont constitué à cet égard un champ privilégié d'observation qui
est de nature à éclairer le problème pour la France actuelle.

538 ***1) Le cas des États-Unis*** ◇ Pendant longtemps, on a cru que le taux
de la délinquance des immigrants y était beaucoup plus élevé que celui
des autochtones. Mais un examen plus attentif des données a permis de
conclure finalement que l'émigrant en général ne contribue pas plus à la
délinquance que le natif de son pays, et même que le taux de criminalité
des émigrants est *globalement inférieur* à celui des autochtones. On a
expliqué ce phénomène (Donald Taft) par les habitudes du genre de vie
rurale qui a préservé la plupart des immigrants des effets déplorables de la
désorganisation des grandes villes et par la ségrégation des quartiers
d'immigrants de même nationalité.

En revanche, la délinquance des immigrants présente une *structure très diffé-*
rente de celle des nationaux, ce que Sellin a expliqué par la théorie des *conflits de*

---

1. D'après les volumes annuels publiés par le Ministère de l'Intérieur : *Aspects de la crimina-*
lité et de la délinquance constatées en France en..., *Doc. fr.*

culture[1] ; plus encore, le taux de criminalité des enfants d'immigrants (la deuxième génération) est *nettement plus élevé* que celui de leurs parents et s'accroît en fonction de l'intensité du contact avec la culture environnante, tandis qu'ils tendent à passer des types d'infractions caractéristiques de leurs parents à celles qui caractérisent les autochtones.

539 **2) *La France est-elle l'Amérique ?*** ◇ L'expérience américaine présente un grand intérêt pour la France parce que celle-ci se heurte actuellement au problème très grave et très délicat de l'immigration définitive. L'aspect le plus important de celui-ci est sans doute la délinquance des *immigrés de la deuxième génération* qui est pour une bonne partie masquée dans les statistiques criminelles officielles parce que ceux-ci sont, dans nombre de cas, considérés comme étant de nationalité française[2] ; c'est ainsi qu'il arrive parfois que dans les prisons des grandes villes, près de la moitié de la population pénitentiaire soit composée d'étrangers et d'immigrés de la seconde génération[3], les étrangers détenus eux-mêmes représentant environ un détenu sur trois[4].

L'idée de *conflit de cultures* est certes intéressante pour expliquer le phénomène et conduire à penser qu'à la troisième génération il n'y aura pratiquement plus de différence de criminalité avec les autochtones. Mais est-il sûr que le conflit de cultures va se résoudre aussi heureusement ? Il y a en effet, deux différences essentielles entre le cas de la France et celui des États-Unis. 1/ Il existe aux USA une tradition du « *melting-pot* » par laquelle les nouveaux venus se fondent dans la civilisation américaine, notamment, mais pas seulement, par un apprentissage de la langue américaine aussi satisfaisant que possible, tout en conservant vivants certains éléments de la culture de leur pays d'origine. En revanche la *tradition française* est *assimilatrice*[5] et par conséquent opposée à l'idée de « société pluri-ethnique » et « multiculturelle ». 2/ Les études faites sur les États-Unis concernaient essentiellement des immigrants européens de religion chrétienne, protestants ou catholiques, et, dans une moindre proportion, d'individus venus d'Extrême-Orient ; ils ont, en revanche, aujourd'hui des difficultés beaucoup plus sérieuses avec les immigrants indo-hispaniques (Mexicains, etc.) et afro-américains (Jamaïcains, etc.)[6]. Or pour la France le problème ne se pose pas vraiment avec les immigrants venus d'autres pays européens (espagnols, portugais), mais avec les

---

1. *Cf. supra* n° 248.
2. C'est ainsi que, selon l'Institut National des Études Démographiques (INED), en 1990, la population issue de l'immigration, enfants français compris, s'élevait à 6,1 millions de personnes, alors que celle des étrangers ne comptait que 3 582 000 personnes : « Les immigrés français et les populations liées à leur installation en France au recensement de 1990 », *Rev. Population*, 1993, n° 6.
3. M. Killias, « *Criminality among second-generation immigrants in Western Europe : a review of evidence* », *Criminal justice review*, 1989, n° 1, p. 13-42.
4. *Cf.* P. Tournier et P. Robert, *Étrangers et délinquances : les chiffres du débat*, éd. L'Harmattan, 1991.
5. *L'assimilation* est différente de *l'intégration*, notion intermédiaire, qui est la politique officielle actuelle du gouvernement de la France. Le manque de perception de cette différence entre une tradition ancrée dans les esprits et une politique prospective explique sans doute bien des difficultés.
6. Toutefois après une période d'incertitude sur l'avenir du « *melting pot* » fortement influencée par des intellectuels qui prêchaient le multiculturalisme et revendiquaient le droit de chaque communauté éthnique à son identité, le « *melting pot* » a recommencé à fonctionner. *Cf.* M. Barone, *The new americans, how the melting pot can work again*, Washington, Regnery Publishing inc., 2001.

Maghrébins et les Africains de type ethnique et culturel différents. Il n'est dès lors pas certain que le cas américain classique soit transposable au cas français actuel.

La recherche de S. Roché[1] faite à partir d'une enquête de délinquance autodéclarée, l'a conduit à la conclusion suivante : « La prise en compte des origines ethniques montre qu'il existe une surdélinquance chez les jeunes d'origine maghrébine par rapport à ceux d'origine française, et également, mais dans une bien moindre mesure, par rapport aux adolescents ayant une autre origine étrangère. L'écart avec les jeunes d'origine française est plus net pour les actes graves que pour ceux qui sont peu graves. L'existence d'un frère ou d'une sœur ayant eu affaire à la police est également plus fréquente chez les jeunes d'origine maghrébine. Enfin, plus les bandes de copains sont composées de ces derniers, plus le trafic est la norme »[2]. Par ailleurs, s'agissant des rapports entre les « noyaux suractifs »[3] et l'origine ethnique, le même auteur observe que « les jeunes d'origine maghrébine sont deux fois plus présents dans les noyaux » que les jeunes d'origine française[4].

C. Mobilité et criminalité

540 *La notion de mobilité* ◊ On entend par *mobilité*, en sociologie, le passage d'une position à une autre à l'intérieur d'un système quelconque. La mobilité peut ainsi être *géographique, professionnelle* ou *sociale* (changement de classe ou catégorie sociale).

Or, outre l'urbanisation et l'immigration, l'organisation sociale des pays occidentaux se caractérise également par une mobilité sans cesse croissante. C'est ainsi qu'en France près de la moitié des 58 millions d'habitants ont changé d'adresse entre les deux recensements de 1982 à 1990[5].

541 *La mobilité est-elle criminogène ?* ◊ Partant de l'hypothèse de l'effet favorable au regard de la délinquance de la fixation permanente et de longue date de l'individu sur une portion du sol national, on s'est demandé s'il n'existait pas une corrélation entre la mobilité et le taux élevé de criminalité dans les sociétés industrielles de l'Occident. La question a été posée entre autres par Lipset et Bendix dans *Social mobility in industrial society* publié en 1959.

La réponse à la question est délicate en raison de la pluralité de sens du terme « mobilité ». Si l'on se réfère à l'influence du dépaysement ressenti par des individus qui n'ont pris racine nulle part, il est certain que la mobilité est criminogène. Si l'on entend par là le fait d'avoir quitté la campagne depuis peu pour s'installer dans une ville, le problème se confond alors avec celui des effets de l'urbanisation sur la criminalité examiné précédemment. En prenant le terme « mobilité » au sens actuel où l'entend la sociologie, peu de recherches ont été faites sur le sujet. On doit signaler toutefois qu'il résulte d'une étude faite en France, au Centre de

---

1. S. Roché, *La délinquance des jeunes. Les 13-19 ans racontent leurs délits*, Seuil, 2001 ; *cf.* également H. Lagrange, *Le déni des cultures*, Seuil, 2010.
2. *Op. cit.*, p. 219-220.
3. Sur cette notion, *cf. supra* n° 504 ; R. Gassin, « Les "noyaux suractifs" de mineurs délinquants », *RPDP*, 2003, p. 805-821.
4. *Op. cit.*, p. 218.
5. D'après C. de Brie, *Le Monde diplomatique*, nov. 1997, p. 18.

Vaucresson, sur 500 jeunes délinquants qu'il existerait une nette corrélation entre les divers aspects de la mobilité (géographique, professionnelle et sociale, surtout descendante) et la délinquance juvénile. Il est un nouvel aspect de la mobilité géographique qui résulte du développement du tourisme. Le tourisme est à la fois un facteur de délinquance pour certains touristes (tourisme sexuel) mais également une occasion particulière de victimisation[1].

§ 6. **Culture occidentale et criminalité**

542 *Position du problème* ◇ On entend par *culture,* en sociologie, l'ensemble des manières de penser, de sentir et d'agir qui caractérisent une collectivité particulière[2]. On dit encore que la culture est « un système de croyances et de valeurs »[3]. Or les sociétés occidentales possèdent une culture propre qui les distingue profondément des autres types de société. Parmi les nombreux éléments, qui constituent cette culture, il en existe certains dont on s'est demandé s'ils n'entretenaient pas une corrélation significative avec tel ou tel aspect de la criminalité des pays occidentaux. Il s'agit d'éléments aussi divers que la déchristianisation (A), l'affaiblissement de la famille (B), les progrès de l'instruction (C), le développement et l'orientation des moyens de communication de masse (D), l'idéologie dominante (E) et l'influence de l'usage des toxiques (alcool, drogues) (F). On va examiner la relation de chacun de ces éléments avec la criminalité.

A. Déchristianisation et criminalité[4]

543 *Une relation controversée* ◇ Selon un évêque chargé du dossier de la catéchèse en France : « désormais l'enfant, le jeune ou même l'adulte, naît et vit dans un monde païen ». Ces propos illustrent l'évolution du nombre des enfants de 8 à 12 ans catéchisés : ils étaient 90 % en 1945, 45 % encore en 1993, et 30 % seulement en 2006. Par ailleurs 55 % des Français disaient croire en Dieu contre 66 % en 1947, dont 51 % se déclaraient catholiques. Mais parmi ces derniers, 67 % ignoraient le sens de la fête de la Pentecôte et 57 % ne croyaient pas au dogme de la Trinité. Selon un sondage réalisé en 2011, 64 % se disent certes encore catholiques, mais parmi eux seuls 4,5 % se rendent à la messe chaque dimanche et 15,2 % assistent régulièrement à la messe une fois par mois environ, tandis que la moyenne d'âge du clergé est au bas mot de 65 ans. Ces quelques données empiriques permettent de se faire une idée du parachèvement de la déchristianisation

---

1. M. Aebi, « Tourisme et sécurité en Andalousie : résultats d'une enquête de victimation auprès des touristes », *Dév. et soc.* 2004, vol. 28, n° 3, p. 353.
2. *Cf.* G. Rocher, *Introduction à la sociologie générale,* t. 1, p. 87-92.
3. R. Aron, *Les étapes de la pensée sociologique,* 1967, p. 517.
4. E. Yamarellos et G. Kellens, II, v° « Religion », p. 155-157; J. Léauté (1972), 370-378; R. Benjamin, « Religion et criminalité », *Année sociologique,* 1963, p. 153-202; R. Stoquart, « Magie et pratiques criminelles », *RDPC,* 1966, p. 304-329; R. Linden et R. Currie, « Relation entre religiosité et usage illicite de drogue », *RCC,* 1977, n° 4; Corboz, « Le regain de la spiritualité et le crime », *RICPT,* 1979, p. 227-230; C. Froidevaux, « Dieu et les Américains : la fin d'une exception », *Revue Le Débat,* janv.-févr. 2000, p. 116-132.

dans le dernier demi-siècle après l'amorce du phénomène et sa continuation au xixᵉ siècle et dans la première moitié du xxᵉ siècle.

D'après certains auteurs, comme l'Église a été l'instrument du développement et de la propagation de la morale dans l'humanité et que le crime consiste souvent dans la violation de certaines normes morales, la *déchristianisation* et *l'absence d'éducation religieuse* qui en résulte, constituent un *facteur lourd* de la criminalité occidentale. On a ainsi mis en relation l'accroissement de la criminalité dans les classes inférieures depuis le xixᵉ siècle avec le mouvement de désaffection des classes ouvrières, puis d'une partie des classes rurales, à l'égard du catholicisme comme du protestantisme (Tarde).

Mais d'autres auteurs ont adopté des positions bien différentes qui doivent conduire à penser que le problème n'est peut-être pas aussi simple qu'il y paraît à première vue. C'est ainsi que Ferri appelait de ses vœux le recul de la pratique religieuse dans l'intérêt même de la lutte contre le crime, demandant la suppression des couvents « foyers redoutables d'attentats à la pudeur et de mendicité », l'abolition des pèlerinages qui « préviendrait beaucoup de délits contre les bonnes mœurs, les personnes et les propriétés » et le mariage des ecclésiastiques lequel « éviterait beaucoup d'infanticides, d'avortements, d'adultères et d'attentats à la pudeur ».

Que nous enseignent les recherches empiriques sur cette question ? Les quelques travaux faits jusqu'à présent sont peu concluants. On a essayé de comparer les taux et les formes de criminalité entre individus de confessions différentes, mais on s'est demandé si les différences observées ne résultaient pas plutôt des différences de statut socio-économique que des différences de religion. On s'est aussi attaché à rechercher s'il y avait un rapport entre les manifestations extérieures de l'esprit religieux et la criminalité, mais celui-ci s'est révélé assez ténu. Finalement les études les plus utilisables sont celles qui concernent les rapports de la religion catholique et de la criminalité par le biais des relations de cette dernière avec la natalité et le divorce. Mais il s'agit là en même temps de la question des relations entre criminalité et affaiblissement de la famille traditionnelle.

On observera toutefois que, dans une société très largement laïcisée, comme l'est la société française, certaines manifestations de l'intégrisme catholique exposent leurs participants à entrer en conflit avec la loi, notamment certaines formes de manifestations anti-avortement.

B. Affaiblissement de la famille et criminalité [1]

544 *Une relation certaine* ◇ Trait particulièrement significatif des sociétés occidentales contemporaines, l'affaiblissement de la famille s'est réalisé en *plusieurs étapes :* 1/ désintégration de la famille au sens large et de

---

1. Malewska et Peyre, *Délinquance juvénile, famille et société*, 1974; E. Douyon, « La famille et la délinquance dans trois sphères culturelles », *Criminologie*, 1975, 85-99; L. Dormont, « L'indolence et l'indifférence face à une jeunesse en danger moral », *RICPT*, 1976, p. 161-164; J. Louvet, « Violence, délinquance et législation antifamiliale », *Gaz. Pal.*, 11 nov. 1977; G. Anssloss et P. Segond, *Marginalité, système et famille*, 1983; E.S. de la Marnière, « Hérédité et filiation juridique », *D.* 1988. Chron. 1, n° 1 et note 2; M. Cusson, *Croissance et décroissance du crime*, p. 58-61; O. Mongin, « La grande famille ou l'auberge espagnole », *Rev. Esprit*, janv. 1991, p. 73-82; F. Dekeuwer-Defossez, « Réflexions sur les mythes fondateurs du droit contemporain de la famille », *Rev. trim. dr. civil*, 1995, p. 249-270; E. Sullerot, *La crise de la famille*, Hachette, 2000, 304 p.; D. Szabo, « Sociétés multiculturelles, criminalité et victimisation », *in Sciences pénales & Sciences criminologiques Mélanges offerts à Raymond Gassin*, PUAM, 2007, p. 503-510.

l'homogénéité du voisinage; 2/ déstabilisation de la famille au sens étroit (le conjoint et les enfants) par le divorce, le concubinage et la séparation précoce enfants-parents (apprentissage, travail à l'extérieur); 3/ mariage tendant à devenir l'exception et multiplication des divorces parmi les gens mariés; 4/ enfants échappant de plus en plus au contrôle et à l'autorité des parents sous l'influence conjuguée des médias et de l'environnement et éducation parentale tendant à devenir « contractuelle »[1].

Ces divers aspects de l'affaiblissement de la famille présentent-ils une *corrélation significative avec la criminalité* ? Les recherches sur ce sujet portent essentiellement sur les relations entre criminalité d'une part, et *taux de natalité* et *nombre des divorces* d'autre part. S'agissant du divorce, il est établi depuis longtemps qu'il existe une corrélation significative entre le divorce et la criminalité, lorsque l'on prend en considération non pas le nombre de divorces en valeur absolue, mais leur proportion par rapport aux nouveaux mariages. S'agissant de l'époque la plus récente, on ne peut manquer de mettre en relation en France l'accroissement de la criminalité avec la courbe de la « montée du divorce » qui est passé progressivement depuis les années 1970-75 de 1 divorce pour 10 nouveaux mariages à 1 pour 2 à 3 mariages nouveaux[2]. Le nombre de vols commis par les jeunes de 13 à 19 ans est mieux corrélé au nombre des divorces qu'au taux de chômage. Quant au *taux de natalité*, les études anciennes semblaient établir qu'il n'y a pas de relation entre la courbe de la natalité et celle de la criminalité, les deux phénomènes évoluant indépendamment l'un de l'autre, mais une étude faite en 1977 en France a abouti à la conclusion inverse[3], venant ainsi confirmer les conclusions tirées du développement du divorce.

C. Progrès de l'instruction et criminalité[4]

545 *Écoles et prisons* ◇ Phénomène également caractéristique des sociétés occidentales contemporaines, le développement de l'instruction de masse

1. Il a été relevé, lors de journées qui se sont tenues à Rouen, que la Convention internationale des droits de l'enfant du 20 nov. 1989 qui a été ratifiée par la France en 1990 et fait partie de son droit positif, quels que soient par ailleurs ses mérites, comportait l'effet pervers d'autonomiser l'enfant et de détruire l'autorité parentale : C. Neirinck, *RSC*, 1992, p. 179-180.

2. En France, le nombre des *divorces* est passé de 44 000 en 1972 à 109 000 en 1984, tandis que celui des *mariages* est tombé de 417 000 en 1972 à 266 000 en 1984. Le phénomène de la désaffection envers le mariage et de l'augmentation du nombre des divorces n'a depuis jamais cessé; c'est ainsi qu'en 1990, si 287 100 mariages ont été célébrés, 105 800 unions se sont conclues par un divorce, tandis que le nombre de couples *non mariés* recensés par l'INED, qui était de 446 000 en 1975, puis de 810 000 en 1982 a atteint le chiffre de 1,7 million. Toutefois depuis 1996, on assiste à une certaine remontée de la propension au mariage (plus de 300 000 contre 253 000 en 1993), mais on est entré dans un nouveau régime du mariage où 9 couples sur 10 commencent à vivre ensemble avant de se marier et 53 % des premières naissances ont lieu hors mariage. D'autre part, le nombre des *enfants naturels* reconnus par leur père à leur naissance est passé de 22 % en 1971 à 50 % en 1987 et même 70 % dans l'année qui suit la naissance (C. Malhuret, Discours au Sénat, *JO* Déb. Sénat, 17 juin 1987, p. 1958). En 1990, sur 3,1 millions d'enfants âgés de moins de quatre ans, près de 450 000 vivaient avec deux parents non mariés et 210 000 avec une mère seule; en 2005, le nombre des naissances hors mariage a dépassé les 40 % (T. Garé, « La réforme de la filiation », *JCP* 2005, Act. 444).

3. *Cf. supra* n° 509.

4. E. Yamarellos et G. Kellens, I, v° « Instruction », 239-240; J. Léauté (1972), 378-384; Pondrelli et al., *Scuola e devianza, Rassegna di criminologia*, 1978, p. 359 et s.; H. Fiorentini, *Analphabétisme, niveaux d'instruction et criminalité,* (Enquête portant sur une population de prévenus), Mémoire, Université de Provence, 1980, ronéo.; M. Cusson, *Croissance et décroissance du crime*, p. 61-65.

a fait passer la *connaissance* du statut de privilège d'une petite élite à celui de « l'une des choses du monde les mieux partagées » grâce à la démocratisation de l'enseignement.

Au XIXᵉ siècle, on croyait volontiers que l'analphabétisme était un facteur important de criminalité et Victor Hugo avait résumé cette opinion dans une phrase célèbre : « Ouvrez une école, vous fermerez une prison ». Ce point de vue optimiste ne s'est malheureusement *pas vérifié*. Alors que pendant 80 ans en France le nombre de conscrits « illettrés » a diminué de 90 % environ, la criminalité, loin de diminuer, a nettement augmenté. Il est vrai que la majorité des délinquants se recrutent parmi les classes les moins instruites, mais, outre que l'observation ne tient pas compte de la place du « *white collar crime* » dans l'ensemble de la délinquance, les « moins instruits » d'aujourd'hui auraient déjà figuré aux franges de la petite élite des « instruits » d'il y a 100 à 150 ans. En revanche, le développement de l'instruction a eu des répercussions certaines sur la *nature des délits commis* et peut-être plus encore sur leur *mode d'exécution*. Non seulement le niveau d'instruction est statistiquement plus élevé chez les auteurs de *délits d'astuce* que chez ceux qui se livrent à des atteintes à l'intégrité physique ou à des crimes sexuels, mais encore l'imagination criminelle met toujours davantage à profit les ressources de la technologie moderne pour réaliser ses activités coupables, comme le montre par exemple la fraude informatique.

Il apparaît finalement qu'il faut faire une distinction soigneuse entre le *développement intellectuel* d'une population et son *développement socio-moral*. Les deux ne vont pas nécessairement de pair et peuvent même varier en sens contraire.

Au demeurant, le milieu scolaire lui-même est devenu un facteur de violence. Depuis une trentaine d'années en effet, on a vu progressivement se développer une *violence scolaire* qui est devenue l'un des problèmes majeurs de l'École d'aujourd'hui. Cette violence s'exerce soit entre élèves, soit contre les enseignants et personnels de service de l'Éducation nationale de la part des élèves[1].

---

1. V. Zanel, « La violence à l'école », *La revue des échanges*, 1986, n° 3 ; B. Defrance, *La violence à l'école*, Paris, Syros, 1988 et *Cahiers pédagogiques*, 1990, n° 287 ; E. Debardieux, *La violence dans la classe*, Paris ESF, 1990 ; M. Cusson, « La violence à l'école : le problème et les solutions », *in Apprentissage et socialisation*, sept. 1990, p. 213-221 ; Ministère de l'Intérieur/Ministère de l'Éducation nationale, *La violence à l'école et dans la cité*, Actes de l'université d'été de Marseille, 1992 ; M. Rancurel, *La violence à l'école*, Ministère de l'Éducation nationale 1992 ; J. Pain, *Écoles : violence ou pédagogie*, 1992, 245 p. et « Violence en milieu scolaire et gestion pédagogique des conflits » *in* J. Houssaye (dir.) *La pédagogie : une encyclopédie pour aujourd'hui*, Paris BSF 1993 ; M.-J. Boulton, « Aggressive fighting in British Middle School children », *Educational studies*, 1993, n° 1 ; N° 15 des *Cahiers de la sécurité intérieure (CSI)*, 1ᵉʳ trimestre 1994, « La violence à l'école » (nombreux art.) ; G. Le Gall, *La politique de la ville : les quartiers en difficulté et la violence dans les établissements scolaires*, Conseil éco. et soc. de la Région Île-de-France, 1994 ; G. Fotinos et M. Poupelin, *La violence à l'école. État de la situation en 1994*, Ministère de l'Éducation nationale 1995 ; L. Hougardy et P. This, « Écoles et violences », *RDPC*, 2000, p. 809 et s. ; E. Debarbieux, *Violence à l'école et politiques publiques*, Préface Jack Lang, éd. ESF, 2001 ; Rapport du Sénat, « La délinquance des jeunes », juin 2002, p. 71-81 ; Enquête de victimation remise au Ministère de l'Éducation nationale en janvier 2004, résumée dans *Le Monde* du 31 janv. 2004 ; Rapport de l'INSERM sur les conduites violentes à l'école, résumé dans *La Croix* du 23 mars 2005 et *Le Monde* du 27 mars 2005 ; Rapport de l'OND 2005, p. 333-340 (« La violence contre le personnel des établissements secondaires du second degré »), p. 411-434 « Les violences en milieu scolaire à travers l'enquête SIGNA ») ; Rapport de l'OND 2006, p. 223-226 (Les personnels victimes d'actes de violence graves dans les collèges et lycées publics en 2004-2005 d'après le recensement SIGNA), p. 435-440 (« Les actes de violence à l'école recensés dans SIGNA en 2004-2005), p. 443-452 (Libres opinions : E. Debarbieux, « La violence à l'école entre exagération et méconnaissance ») ; E. Debarbieux, *Violence à l'école : un défi mondial ?*, A. Colin, 2006, 315 p. V. aussi *infra* la bibliographie citée en note sous le n° 628-3.

D. Moyens de communication de masse et criminalité[1]

546 *Une influence discutée et cependant certaine* ◊ On sait que l'on entend par moyens de communication de masse ou « *mass media* » l'ensemble des techniques qui permettent la diffusion à grande échelle d'informations, d'opinions et de messages. Il s'agit de la presse, des « bandes dessinées » et de la « littérature » policière ou autre, du cinéma, de la radio et de la télévision; auxquels il convient d'ajouter les cassettes et les jeux vidéo ainsi qu'Internet et la nouvelle génération de téléphones portables qui permet notamment de prendre des photographies sur le vif. L'usage de ces moyens de communication de masse est devenu considérable. Ainsi, en 2010, les Français regardaient la télévision en moyenne 3 h 32 par jour (par comparaison, ce chiffre est de 4 h 49 aux États-Unis) et écoutaient la radio 3 heures par jour. Ces chiffres sont relativement stables puisqu'en 2003, les Français regardaient la télévision 3 h 44 par

1. Sur les médias en général : E. Yamarellos et G. Kellens, II, vᵒ « Moyen de communication de masse », 49; *Presse et criminalité*, 101-105; *Crime et délinquance*, 81-83 et *Télévision et criminalité*, 201-202; Léauté (1972), 384-407; J.-M. Rouvier, *Les techniques de diffusion de la pensée et l'inadaptation juvénile*, thèse doctorat d'État en droit, Montpellier, 1963; XVIᵉ Congrès français de criminologie (Caen, 1976), « Criminalité et mass média », Actes; G. Jauch, « Les mass media sont-ils créateurs de criminalité ? », *RIPC*, 1979, 109-117; H.-P. Jeudy, *La peur et les media*, PUF, 1980; J. Garofalo, « Crime and the mass media », *Journal of research in crime and delinquency*, 1981, 319-350; G. Smans, « Mass media et criminalité », *Dév. et soc.* 1983, p. 249-268; Goffaud, « Quand les médias poussent au crime », *RIPC*, 1985, 220-222; XIVᵉ Journées de l'Institut de criminologie de Paris (1986) : « Le crime et les médias »; Julien Severy, « Media et criminalité », *RICPT*, 1994, p. 102-104 et 226-228; H.-J. Schneider, « La criminalité et sa représentation dans les médias », *RICPT*, 1995, p. 148-158; L. Negrier-Dormont et R. Nossintchouk, « Victimes et relations médiatiques », *RIPC*, 1997, nᵒˢ 462-463, p. 54-58; Y. Lamontagne, « Mass media, violence, suicides et homicides », *in* T. Albernhe (dir.), *Criminologie et psychiatrie*, 1997, p. 469-473; Rapport du Sénat sur « La délinquance des jeunes », juin 2002, p. 57-58; R. Cario, « Médias et insécurité : entre droit d'informer et illusions sécuritaires », *D.* 2004, chron. 75. Sur la presse en particulier : Davidovitch et Benjamin, « La presse et la criminalité », *Cahiers internationaux de sociologie*, janv.-juin 1963, 137-150; T. Roumy, *La violence dans la bande dessinée*, th. Bordeaux, 1987, ronéo.; 45ᵉ Cours international de criminologie (Rio de Janeiro, août 1991) : « L'opinion publique, les médias d'information et la criminalité », CR, D. Szabo, *RSC*, 1992, p. 817-823. Sur le cinéma en particulier : A. Potier et F. Gorphe, « Cinéma et criminalité », *RSC*, 1957, p. 583 et 599 et s.; J. Graven, « Le cinéma, la justice et la peine », *RSC*, 1961, p. 47 et s.; IVᵉ Conférence des directeurs d'Institut de recherches criminologiques (Strasbourg, 1966) : « L'influence du cinéma sur la délinquance juvénile »; M.-S. Modjaz, *Cinéma et déviance juvénile*, th. doct. État, Lyon 1978, ronéo.; M. Masse et M. Roger, « Cinéma et sciences criminelles : éléments de filmographie », *Dév. et soc.* 1982, p. 417-437. Sur la radio et la télévision en particulier : Koenig et Dixon, *Attention les enfants regardent... la télévision ou le vrai crime ?*, 1972; W.-A. Benson, *Télévision violence and the adolescent boy*, 1978; M. Baril, « La télévision et la violence ou : le crime paie », *RIPC*, 1983, p. 230-233; B. Gunter, *Dimensions of television violence*, 1985, 282 p., CR *RSC*, 1986, p. 228-229; P. Ericson et *al.*, *Vizualising deviance : a study of news organisation*, 1987, 390 p.; P. Cannat, « L'agressivité des jeunes et la télévision », *RIPC*, 1991, nᵒ 430, p. 34; J. Lazar, « La violence contagieuse ? Représentation symbolique et réalité », *Le Débat*, mars-avr. 1997, p. 152-161 et G. Gerbner (entretiens avec). « La télévision et la violence », *même revue*, p. 162-168; M. Killias, *Précis de criminologie*, 2ᵉ éd. 2001, nᵒˢ 622-624; M. Ouimet, « La violence à la télévision et les tendances de la criminalité au Canada », *RICPT*, 2002, p. 358; S. Tisseron, « Le stress des images violentes sur les jeunes de 11-13 ans », *Rev. gend. nat.*, 2003, sept., p. 13-17. Sur les jeux sur ordinateur en particulier : M. Hagelsteens et *al.*, « Les jeux sur ordinateur : approche des contenus et de l'impact possible sur les adolescents », *RDPC*, 2000, p. 791 et s.; Rapport de la Commission Blandine Kriegel, *Violence et télévision*, Doc. fr., nov. 2002; M. Ouimet, « La violence à la télévision et les tendances de la criminalité au Canada », *RICPT*, 2002, p. 358-373.

jour (ils sont néanmoins en baisse chez les jeunes). Mais il faut tenir compte de l'augmentation considérable du temps passé devant un ordinateur, l'écran d'ordinateur remplaçant partiellement celui de la télévision. À cet égard, les Français passent en moyenne 31 heures par semaine devant leur ordinateur, qui s'ajoutent aux heures passées devant la télévision. La « cyberaddiction » est devenue par ailleurs un problème auquel les psychiatres sont de plus en plus souvent confrontés, certains adolescents étant dépendants des jeux vidéo au point de mettre leur vie en danger et de nécessiter un internement[1].

Depuis Lombroso qui avait stigmatisé l'influence néfaste de la presse sur la criminalité, il existe un courant d'idées important en faveur de *l'imputation* à la presse, et plus encore aux moyens audiovisuels, d'une *responsabilité importante* dans le développement contemporain de la criminalité. Un certain nombre d'auteurs en revanche, en dehors des professionnels des médias dont l'intérêt à la défense de ces modes de communication est évident, soutiennent que ces techniques ne font que refléter l'état moral d'ensemble du milieu et seraient *sans portée criminogène.* Certains psychanalystes vont même jusqu'à soutenir qu'à l'exemple de la tragédie antique, les mass media remplissent une fonction « cathartique » salutaire en permettant au lecteur ou au spectateur d'investir symboliquement ses tendances agressives et érotiques dans le livre ou le spectacle sans risque pour eux ni pour la société; tandis que des sociologues prétendent que le seul intérêt à l'étude des rapports des médias et de la criminalité, réside dans la recherche de la représentation que les premiers donnent de la seconde en la déformant et en l'amplifiant dans l'opinion publique au point de susciter des « peurs collectives » injustifiées.

Il paraît cependant difficile d'admettre, à la fois que les médias puissent *façonner* à ce point la culture de base du jeune occidental que la fonction traditionnelle de l'éducation scolaire se trouve remise en cause, et *influencer* les choix politiques, de consommation et culturels du grand public au point que les partis politiques et les entreprises dépensent des sommes énormes dans la propagande et la publicité commerciale et se disputent le contrôle des grands médian, et d'autre part que le contenu des messages véhiculés par eux serait sans *aucune incidence* sur la formation de la personnalité des jeunes délinquants et la stimulation des comportements de tous dans un sens criminogène. La véritable difficulté réside plutôt dans *la mesure exacte de cet impact,* compte tenu d'une part du poids des autres facteurs criminogènes propres à la civilisation de masse actuelle et des éléments de contrepoids qui peuvent intervenir pour neutraliser la portée de cet impact, comme l'effet de saturation.

De nombreuses études ont été faites jusqu'à présent pour rechercher l'influence directe ou indirecte des mass media sur le développement de la violence et de l'érotisme chez les adultes et chez les jeunes et des infractions qui en résultent. Les relations observées entre ces techniques de diffusion et la criminalité varient considérablement selon les recherches et il faudrait pouvoir en faire une analyse critique serrée pour dégager des conclusions aussi sûres que possible. L'opinion de J. Pinatel nous paraît en l'état sans doute la plus plausible : l'effet des médias sur le plan des *motivations criminelles* paraît assez neutre, mais ceux-ci forment aussi la source de *stimuli criminogènes supplémentaires* qui jouent le rôle de

---

1. J.-C. Matysiak et O. de Sauverzac, *Accrocs à l'écran ? Du Tamagotchi au cybersexe et pourquoi pas !,* éd. Pascal, 2006.

catalyseurs auprès de certains sujets fragiles et notamment des mineurs[1]. Cette question s'est clairement posée suite au meurtre à Nantes en 2002 d'une jeune fille de 15 ans par un de ses camarades âgé de 17 ans, qui avait expliqué avoir eu l'envie de tuer après avoir visionné la trilogie *Scream*, films d'horreur américain dont il avait reproduit certains éléments du scénario. On ajoutera aussi le rôle des médias dans l'apprentissage des modes d'exécution de certains crimes.

La publicité retentissante donnée en 1993 par les médias à la profanation odieuse de tombes du cimetière juif de la ville de Carpentras a d'autre part mis en lumière, ou tout au moins rappelé, un phénomène caractéristique de l'effet des médias, leur *effet, de contagion* que l'on peut désigner concrètement : « l'effet Carpentras ». À la suite de cette publicité, il s'est produit une véritable *épidémie de profanations* de sépultures dans toute sorte de cimetières. D'autre part, le contexte raciste de la profanation de Carpentras amplement évoqué par les médias a suscité chez certaines personnes une « *victimisation imaginative* » de type raciste. *Internet* à son tour est à la fois une occasion de délinquance et un facteur incitatif à la commission de toutes sortes d'infractions pénales, qu'il s'agisse d'atteintes aux personnes (mœurs, vie privée etc.) ou d'atteintes aux biens (escroqueries, contrefaçons etc.). *L'abus des téléphones portables* donne lui-même lieu à diverses conséquences délinquantes ou déviantes qui vont de la pratique du « happy slapping » (ou photographie d'une scène de violence diffusée ensuite par Internet)[2] au suicide d'adolescents qui, à la suite de consommations excessivement élevées sur leur portable, ne trouvent que dans ce geste le moyen d'échapper à leur détresse financière[3].

E. Idéologie dominante et criminalité[4]

547 ***Position du problème*** ◇ Chaque société possède son *idéologie*, c'est-à-dire un *système de valeurs* et de *principes d'action* plus ou moins inconscients qui inspirent les individus qui composent cette société dans leurs attitudes et leur comportement[5]. Les sociétés occidentales ont ainsi une idéologie particulière caractérisée par *l'individualisme* issu des Lumières et de la Révolution de 1789 et divers criminologues se sont demandé s'il

---

1. J. Pinatel, *Traité de criminologie* (1975), p. 140-141. Il y a lieu de signaler à cet égard qu'un décret du 23 févr. 1990 (D., 1990, L. 163) a supprimé la « Commission de contrôle des films » qui résultait d'un décret du 18 janv. 1961, pour la remplacer par une « Commission de classification des œuvres cinématographiques ». Le nouveau texte ne comporte pas un simple changement de dénomination, mais traduit une nouvelle philosophie de l'institution qui s'inscrit dans une libéralisation du cinéma. Il supprime notamment l'avis préalable du président de la Commission à l'octroi de la décision d'agrément ou de l'autorisation de tournage et, plus encore, ramène les catégories de mineurs pour lesquels le visa d'exploitation peut comporter l'interdiction de la représentation de 13 à 12 ans pour la première, et de 18 à 16 ans pour la seconde. On peut lire dans cette réforme un certain scepticisme des pouvoirs publics à l'égard de l'effet nocif de la violence et de la pornographie sur le comportement ultérieur des mineurs. La nouvelle signalétique introduite fin 2002 par le CSA qui classe les émissions de télévision par type de contenus, avec notamment la mention « Déconseillé au moins de 10 ans », ne semble pas avoir amélioré la protection des mineurs à la vue de certains contenus.
2. Incriminé spécialement par l'art. 44 de la loi du 5 mars 2007 relative à la prévention de la délinquance (art. 222. 33-3 du C. pén.). Il se commettrait actuellement un « *happy slapping* » par semaine.
3. *Le Monde* du 18 janv. 2007 : « Obliger les ados à raccrocher ».
4. R. Benjamin, *Délinquance juvénile et société anomique*, 1970; P. de Neve-Bout et H. Van Bostraeten, « Marginalité et marginalisation », *RDPC*, 1975, p. 900 et s.
5. Boudon-Bourricaud, *Dictionnaire critique de la sociologie*, v° « Idéologies », p. 275-281.

n'existait pas une relation significative entre cette idéologie et la criminalité occidentale.

Le problème a été analysé essentiellement dans le cadre de *l'idéologie dominante traditionnelle* caractérisée par la recherche de l'argent et du prestige (a), mais il faut aussi se demander si *l'anarchisme idéologique* actuel n'a pas eu pour effet d'aggraver le processus d'accroissement de la criminalité (b).

a. Idéologie dominante traditionnelle et criminalité

548 *Des divers types d'adaptation* ◇ S'il est vrai que l'individualisme politique et économique caractéristique du monde occidental conduit les individus à se fixer comme objectifs fondamentaux *l'argent et le prestige social*, l'organisation de nos sociétés impose cependant des *normes d'action* pour atteindre ces objectifs : tous les *moyens* ne sont pas bons pour atteindre ces *fins*. Or tous les individus ne se trouvent pas placés dans une situation d'égalité au départ de la compétition pour des raisons diverses (condition socio-économique, situation familiale, degré d'instruction, aptitudes intellectuelles différentes...); aussi leur *mode d'adaptation* à la situation peut varier de manière telle que certains vont devenir délinquants.

Merton a classé les modes d'adaptation individuelle à la société moderne en *cinq types* qui illustrent bien comment l'idéologie dominante peut conduire parfois à la délinquance : 1/ le *conformisme* où il y a acceptation à la fois des buts et des moyens légitimes pour les atteindre; 2/ *l'innovation* où il y a acceptation des buts mais rejet des moyens légitimes, si bien que tous les moyens sont bons du moment qu'ils permettent d'atteindre le succès : c'est le type même du *white collar crime*; 3/ le *ritualisme* qui refuse les buts mais se plie aux moyens légitimes dont il ne se servira d'ailleurs pas beaucoup puisque les buts de succès et de prestige social n'intéressent pas le ritualiste : la grande masse des pauvres et des médiocres compose le camp des ritualistes; 4/ *l'évasion* où il y a refus des buts et des moyens pour se réfugier dans une attitude marginale : c'est là que se recrutent les bataillons des clochards et vagabonds modernes, des alcooliques chroniques et des drogués [1]; 5/ la *rébellion* où, à la différence du cas précédent, le rejet de l'idéologie dominante s'accompagne de la volonté de changer la société notamment par le recours à la violence (militants révolutionnaires, terroristes). Ainsi l'idéologie dominante est-elle susceptible de susciter indirectement *trois types de délinquance ou de déviance bien différents* : la délinquance d'innovation, celle d'évasion et celle de rébellion.

b. Anarchisme idéologique actuel et criminalité

549 *De l'individualisme socio-économique à l'individualisme moral* ◇ L'individualisme traditionnel a fini par engendrer une *contre-culture* [2]

---

1. B. Axel, *H*, éd. Flammarion, 1970; M. Lancelot, *Le phénomène hippie*, 1970; J.-P. Cartier et M. Naslednikov, *L'univers des hippies*, 1970; S. Labin, *Hippies, drogue et sexe*, 1970; E. Grogan, *Ringolevio*, 1973; « L'errance », *Informations sociales*, 1985, n° 5.
2. T. Rosnak, *Vers une contre-culture*, 1970, rééd. 1980.

dans les années 1960, d'où l'on est passé à une sorte d'*anarchisme idéologique* caractéristique de la pensée des années 1970[1]. Au système des valeurs majoritaires ont ainsi succédé une multiplicité de *morales minoritaires* et, à la limite, autant de morales propres que d'individus, qui exigent non seulement d'être tolérées par les autres mais aussi d'être officiellement consacrées. Ainsi l'avortement, l'homosexualité, la pornographie, la violence, etc. ne sont pas seulement présentés comme des conduites acceptables, mais sont exaltés par certains comme les nouvelles valeurs de l'époque actuelle dont on réclame la reconnaissance juridique (droit à l'avortement, à l'homosexualité, etc.)[2] et qui suscitent un militantisme parfois fort agressif. Il va de soi que la quasi-totalité de ces « morales » comportent un décalage majeur par rapport aux interdits du droit pénal et on peut dès lors avancer l'hypothèse selon laquelle cet anarchisme socio-moral n'est pas sans lien avec l'accroissement massif de la criminalité contemporaine[3]. En particulier, l'hypersexualisation de la société, qui fait que le sexe est partout, des affiches publicitaires à la télévision en passant par le discours de certains adultes, a pour conséquence que, dès leur plus jeune âge, les enfants sont immergés dans un bain d'érotisme. Ainsi confrontés en permanence à des images et à des propos à connotation sexuelle, les enfants sont exposés à développer des troubles du comportement qui peuvent être générateurs de délinquance[4].

Mais, parallèlement à ce phénomène d'anarchisme idéologique, se sont créés de nouveaux mythes collectifs. Le *sport* en est sans doute l'un des plus significatifs. Mais ces nouveaux mythes ont aussi leurs effets pervers. Le sport est ainsi au

---

1. C. Debuyst, « La mise en cause des règles sociales dans la littérature », *Annales de droit de Louvain*, 1969, n° 2, p. 113-140; M. Joyeux, *L'anarchie et la révolte de la jeunesse*, 1970; V. Cros, *Le temps de la violence*, 1971; G. Paloczi-Horvath, *Le soulèvement mondial de la jeunesse*, 1972; S.-G. Shoham et A. Grahame (éditeurs), *Aliénation and anomia revisited*, 1982, 280 p.; A. Beria Di Argentine, « La crise de la culture de la légalité en Italie : les causes », *RSC*, 1993, p. 150-156; N. Queloz, « Effilochage des liens sociaux, Comportements déviants des jeunes et interventions sociales », *RICPT*, 1994, p. 448-462; même auteur, « Crise des valeurs et processus de corruption : au-delà de la stratégie pénale », *RICPT*, 1996, p. 330-340; G. Kellens, « Été noir et marches blanches : quels lendemains ?, Interrogations d'un criminologue belge », *Probl. ad. sc. crim.*, 1998, vol. XI, PUAM, p. 9-32. Vᵉ Congrès de l'AICLF (Athènes mai 1996) : « La criminologie face à la crise des valeurs et des droits de l'homme », CR *RSC*, 1996, p. 959; « Ruptures et crises », Colloques Paris févr. 1995 et Lyon nov. 1996, CR *RSC*, 1997, p. 500; L. Bui-Trong, *Violence : les racines du mal*, Éd. Le relié, 2002, 120 p.
2. R. Roni, *L'étendue du droit des individus à la divergence*, th. doct. État, Toulouse 1981, multigraphiée. V. par ex. S. Divay, « L'avortement : une déviance légale », *Dév. et soc.*, 2004, vol. 28, n° 2, p. 195.
3. Sur les valeurs du temps présent, v. J. Stoetzei, *Les valeurs du temps présent : une enquête européenne*, PUF, 1983; A. Percheron, « L'endroit et l'envers : permis et interdits sociaux », dans SOFRES, *Clefs pour 1987*, éd. Seuil, 1987, p. 87-104. R. Boudon, dans *Déclin de la morale ? Déclin des valeurs*, PUF, 2002, 114 p., soutient, sur la base des données d'enquêtes sur les valeurs, qu'il est inexact de parler d'un affaissement des valeurs et de la morale (p. 73), mais il résume le tableau des conclusions que l'on peut tirer des données qui concernent les pays occidentaux en disant qu'« il traduit une affirmation de l'individualisme, de la recherche de l'autonomie individuelle et aussi du sens de l'autonomie » (p. 72). V. également du même auteur, l'art. du n° 97, printemps 2002 de la *Revue Commentaire*, p. 89-97.
4. D. Lauru et L. Delpierre, *La sexualité des enfants n'est pas l'affaire des grands*, Hachette Littératures, 2008, 128 p.

cœur des corruptions physiques (avec le dopage) et financières (avec le rôle des mafias et la corruption), ainsi qu'avec les occasions d'affrontements physiques violents (avec le hooliganisme des supporters).

F. Usage des toxiques et criminalité[1]

550 *Le problème* ◇ Les explications qui viennent d'être données permettent de comprendre pourquoi certains individus s'adonnent à l'alcoolisme et à la drogue : ce sont ceux qui réagissent à l'idéologie dominante par des *conduites d'évasion* auxquels se joint une frange de *ritualistes*. Il convient alors de se demander si ces sous-cultures d'alcoolisme (a) et de toxicomanie (b) ne sont pas elles-mêmes des *facteurs de criminalité* et *de quelle façon*. Y a-t-il en effet une relation significative entre les sous-cultures d'alcoolisme et de toxicomanie qui existent dans les pays occidentaux d'une part, et d'autre part le volume et les traits caractéristiques de la délinquance dans ces mêmes pays ?

a. Alcoolisme et criminalité[2]

551 *L'alcool, une sous-culture prégnante* ◇ Les législations des pays occidentaux relatives au commerce et à l'usage de l'alcool se partagent – ou du moins se sont partagées dans le passé – entre la liberté et la prohibition (États-Unis entre 1919 et 1933, Québec en 1918 avec atténuation progressive par la suite) et aujourd'hui comportent généralement des réglementations diverses pour le commerce et parfois pour la consommation dans les lieux publics.

Au cours de la dernière décennie on a assisté à une augmentation importante de la consommation d'alcool chez les jeunes. S'ils fument moins[3], ils boivent plus

---

1. « L'incidence de l'alcoolisme et de la toxicomanie sur la délinquance des militaires », plusieurs art., *Rev. dr. pén. militaire et de la guerre*, 1978, p. 213-324; XXXVe Cours international de Criminologie (Quito, Équateur, 1984) : « Alcool, drogues et criminalité »; V. Nahoum-Grappe, « Alcoolisme et toxicomanie : deux figures de l'excès », *Rev. Esprit*, janv. 1990, p. 74-83; F. Caballero, *Droit de la drogue*, Dalloz, 2e éd. 2000; S. Brochu, « La consommation de produits stupéfiants et le passage à l'acte », *in* M. Herzog-Evans (ed.), vol. 1, p. 525-540.
2. E. Yamarellos et G. Kellens, I, *v°* « Alcool et criminalité », 15-21; J. Pinatel (1987), *v°* « Alcoolisme », 24-26; J. Léauté (1972), 353-364; M. Jay, « Délinquance et alcoolisme à la Réunion », *RPDP.*, 1968, 463 et s.; S. Chapman, « Alcoolisme, criminalité et jurisprudence », *RIPC*, 1969, p. 252 et s.; J. Lereboullet, *L'alcoolisme*, 1972; J. Tinkelberg, « La criminalité liée à l'alcool : les problèmes de la réaction sociale », *RI. polit. crim.*, 1976, n° 32, p. 21-26; P. Curty, « Réflexions sur la proportion d'alcooliques dans une population pénitentiaire », *Instantanés criminologiques*, n° 29, 1976, p. 27-35; Institut de criminologie de Lyon, *Alcoolisme et violence*, 1979; P. Braun, *Quand les enfants boivent*, 1983; XXIIe Congrès français de criminologie (Brest, 1985) : « Alcoolisme : rite et déviance », éd. Les cahiers du droit, 1987, 207 p.; Colloque du GAPERP (avr. 1986), « Les approches de l'alcoolisme », 1988, 265 p.; R. Taylor, « Alcool et délinquance », *RIPC*, 1991, n° 431, p. 14; C. Got, « La mort évitable : tabac, alcool et accidents de la route », *Population et sociétés*, n° 393, sept. 2003; H. Chabalier, *Alcoolisme : le parler vrai, le parler simple* (Rapport au Ministre de la Santé), R. Laffont, 2005, 158 p.
3. L'usage quotidien du tabac chez les adolescents est passé de 31 % à 17 % entre 1999 et 2007, cette baisse étant plus marquée chez les filles que chez les garçons.

d'alcool[1], quelle que soit leur origine socioculturelle, au point d'avoir atteint un niveau inédit d'alcoolisation. L'aspect le plus préoccupant est le développement du « *binge drinking* », la « course à la cuite », inspiré des Anglo-Saxons, qui désigne des beuveries dont l'objectif n'est pas le plaisir de boire, mais d'atteindre le plus vite possible un état d'ivresse devant témoin[2]. En outre, la précocité des comportements d'alcoolisation aiguë est un sujet de préoccupation supplémentaire. Si l'on ajoute que nombre de ces jeunes gens déclarent avoir pris ensemble de l'alcool et du cannabis ou des médicaments[3], voire de la cocaïne, on aura pris la mesure de l'ampleur d'un phénomène qui s'inscrit dans la culture dominante actuelle des pays occidentaux.

Ces comportements de prise de risque[4] sont une source de dommages importants pour la santé actuelle (comas éthyliques[5]) et à venir (alcoolisme chronique) des jeunes buveurs. Ils altèrent d'autre part par désinhibion les relations filles-garçons : 30 % des jeunes auraient ainsi leur première expérience sexuelle sous l'emprise de l'alcool. Mais c'est en outre un facteur lourd de criminalité.

551-1 *L'alcool*[6], *un facteur lourd de criminalité* ◇ Les rapports de l'alcoolisme et de la criminalité ont été soulignés depuis longtemps. Il est à peu près unanimement admis que l'alcoolisme est un facteur de criminalité. Mais le problème est de savoir si celui-ci est seulement générateur d'une *criminalité spécifique* ou s'il a aussi une incidence sur la *criminalité générale*.

Les *rapports de l'alcoolisme avec certaines infractions* sont indiscutables. Selon des statistiques classiques, il s'agit principalement des homicides et coups et blessures volontaires (entre la moitié et les trois quarts), des mauvais traitements à enfants qui sont en majorité le fait de parents alcooliques, des violences conjuga-

---

1. Selon l'enquête ESPAD menée tous les quatre ans auprès des élèves européens âgés de 16 ans, en 2007 13 % des jeunes français ont bu de l'alcool au moins 10 fois au cours du mois écoulé, alors qu'ils n'étaient que 7 % dans ce cas en 2003. Près d'un élève sur deux déclare par ailleurs avoir déjà été ivre au cours de sa vie – un pourcentage qui reste stable – et ils sont 4/10 à avoir consommé plus de cinq verres en une seule occasion au cours du mois passé. Bière, champagne et alcools forts sont leurs boissons préférées. L'enquête ESCAPAD de 2005 (Enquête sur la santé et les comportements lors de l'appel de la préparation à la défense) donne des résultats voisins : à 17 ans, 18 % des garçons et 6 % des filles boivent de l'alcool régulièrement et 46 % de ces mêmes jeunes ont déclaré en avoir consommé de manière excessive (plus de quatre verres standard selon l'OMS) au moins une fois au cours des 30 derniers jours. Un baromètre santé réalisé par le laboratoire Santé de l'Université de médecine de Tours entre novembre 2006 et mars 2007 a montré qu'un étudiant sur trois s'enivrait régulièrement.
2. Selon l'enquête ESCAPAD précitée, 2,3 % des jeunes de 17 ans ont déclaré avoir eu recours au « binge drinking » au moins 10 fois au cours des 30 derniers jours, soit un jour sur trois. Les jeunes français sont cependant encore loin des britanniques chez lesquels ces modalités d'alcoolisation concernent trois fois par mois 23 % des adolescents de 16 ans et les filles plus que les garçons.
3. Respectivement 35 % et 10 % des jeunes de 17 ans selon l'enquête ESCAPAD précitée.
4. Sur cette notion, *cf. infra* n° 676.
5. L'intoxication alcoolique aiguë peut entraîner des conséquences redoutables, notamment un coma éthylique parfois mortel et signalé dès l'âge de 12 ans.
6. La France est le pays dont la consommation annuelle d'alcool pur par habitant âgé de plus de 14 ans est la plus élevée : 13,3 litres contre 11,6 en Italie et 8,0 aux États-Unis (*Le Monde* du 17 janv. 1990). En 2010, la France fait toujours partie des pays de l'Union européenne les plus consommateurs d'alcool. Si les quantités d'alcool consommées sur le territoire français ont baissé d'un peu plus de 10 % entre 1999 et 2008, ce fléchissement prolonge une tendance plus ancienne et provient essentiellement de la diminution de la consommation de vin (source INSEE).

les (50 %), des délits sexuels où l'on retrouve l'alcool dans plus de la moitié des cas, des incendies volontaires (40 à 45 %) et des homicides et blessures par imprudence à l'occasion d'accidents de la circulation (45 à 50 %). Une première enquête épidémiologique française consacrée au lien alcool-violence et réalisée en 2007-2008 par la Direction générale de la santé montre à son tour que la boisson est impliquée dans : 40 % des bagarres dans les lieux publics; 35 % des agressions familiales (en général violences contre les femmes); 32 % des actes d'atteintes matérielles aux biens (vandalisme, destructions); 20 % des vols[1].

Mais est-ce que la *criminalité générale* varie à son tour avec la consommation d'alcool, abstraction faite de l'incidence de la criminalité où l'alcool se retrouve de manière expresse ? La réponse n'est pas très sûre car les données sont contradictoires. L'alcoolisme serait à l'origine d'un tiers des incarcérations pour crime. S'agissant des récidivistes, les statistiques montrent que près de la moitié de ceux-ci sont alcooliques. Mais pour la *statistique générale,* toutes catégories confondues, on peut opposer les études sur les variations comparées de la délinquance et de la quantité d'alcool consommée dans le temps et dans l'espace qui ne permettent pas de constater une corrélation entre les deux phénomènes et le rapport que l'on a pu au contraire établir entre la baisse de la criminalité et la prohibition dans les pays nordiques et aux USA.

b. Drogues et criminalité[2]

552 *Un facteur de plus en plus lourd* ◊ À la différence de l'alcool dont la vente et la consommation ne sont pas prohibées aujourd'hui dans le

---

1. L'enquête épidémiologique de la Direction générale de la santé a été pilotée par Laurent Begue, Professeur de psychologie à l'Université de Grenoble. Elle a porté sur un échantillon de 2 039 personnes de 18 à 65 ans vivant en Ile de France et dans le Nord qui ont répondu à un questionnaire sur ordinateur. Elle visait à mieux connaître les habitudes de consommation et les représentations de l'alcool chez les auteurs et les victimes d'agression.

2. E. Yamarellos et G. Kellens, II, *v°* « Toxicomanies », 208-212; J. Pinatel (1987), *v°* « Toxicomanie », 206-209; J. Léauté (1972), 365-370; V. V. Stanciu (1980), 217-219; Blum et *al.,* « Les éléments d'une politique des substances dangereuses : les conséquences internationales pour la criminalité et la justice », *RI. polit. crim.,* n° 32, 1976, 36-47; J.-M. Mato Reboredo, « Drogue et délinquance », *RIPC,* 1980, p. 156-178; D. Szabo, « Drogues, criminalité et culture. Essai de criminologie comparée », *RDPC,* 1985, p. 87 et s.; Colloque « Jeunesse, Toxicomanie et délinquance », Paris, avr. 1987, organisé par le CFRES de Vaucresson et le Centre de Perfectionnement des Journalistes; R. Bourahla, *Trafic international de stupéfiants, Analyse et synthèse des documents de l'OIPC-Interpol,* Mémoire DEA Sciences criminelles, Aix-en-Provence, 1988; H. Favre, « Le sentier lumineux et le coca business », *Rev. Esprit,* 1990, p. 23-27; R. Ottenhof et R. Cario (dir.), *Délinquance et toxicomanie,* éd. Erès, 1991, 112 p.; Colloque international Eurotox (Bruxelles, juin 1991 : « Drogues, valeurs et politiques »); Conférence sur le Blanchiment des capitaux (Conseil de l'Europe, Strasbourg, sept. 1992), *RICPT,* 1993, n° 3; S. Brochu, « Consommation de psychotrope et questions criminelles », *in* D. Szabo et M. Le Blanc, *Traité de criminologie empirique,* 1994, p. 113-134, S. Brochu, « Implication criminelle des consommateurs d'héroïne », *Probl. act. sc. crim.,* 1994, vol VII, p. 9-30; A. Ogien et P. Mignon, *La demande sociale de drogues, Doc. fr.,* 1994, 244 p.; D. Weisburg et *al.,* « Analyse spatiale des crimes commis sur la rue à l'intérieur des marchés de drogues », *Criminologie,* 1994, n° 1, p. 49-68; G. Rengert, « Drogue et crime : l'impact du commerce de drogues sur le tissu urbain », même *revue,* p. 69-80; J.-M. Oterolopez et *al.,* « An empirical study of the relations between drug abuse and delinquency among adolescents », *The Brit Journ. Crim.* 1994, p. 459; R. Gassin, « Séduction idéologique ou réalisme scientifique ? », *Revue Pouvoirs,* 1994, n° 19, p. 137-151; S. Brochu, *La relation crime-drogue dans un pays en guerre, RICPT,* 1995, p. 159-166; M.-D. Barre, « Toxicomanie et délinquance, quelle mesure pour quel débat ? » *Bull. inform. du CESDIP,* juin 1995; R. Clutterbuck, *Drugs, crime and corruption,* 1996, Macmillan Press Ltd, 1996, 213 p.; A. Boissonat et *al., Les comportements à risque des toxicomanes,* 1996, 96 p.; S. Brochu, « Drogues et criminalité : point de vue critique sur les idées véhiculées », *Dév. et soc.* 1997, p. 303-314; M.-F. Aebi et *al.,* « Prescription médicale de stupéfiants et délinquance Résultats des essais suisses », *Criminologie,* vol. 32, n° 2, 1999, p. 127-148; S. de

monde occidental, le *commerce des stupéfiants* (trafic de stupéfiants) y est partout interdit sous peine de sanctions sévères (sauf pour les besoins de la médecine) qu'il s'agisse de drogues dites « douces » (marijuana, haschisch, cannabis...) ou de drogues « dures » (héroïne, cocaïne, opium, morphine). Il en résulte que toutes les formes de commerce de la fabrication à la revente au détail tombent sous le coup de la loi pénale. Quant à l'*usage* de drogues, les législations ont évolué depuis un demi-siècle, l'idée générale étant plutôt d'imposer des sanctions modérées quand il ne s'agit que de consommation personnelle. Certains pays ont « décriminalisé » l'usage simple qui ne fait plus l'objet que de sanctions administratives (Italie, Espagne, République tchèque, Portugal, Irlande pour le cannabis seulement). D'autres pays persistent à incriminer l'usage simple mais l'ont « dépénalisé » en ce sens qu'il ne peut faire l'objet d'une peine privative de liberté (Allemagne, Autriche, Hongrie). D'autres encore tolèrent la consommation, l'achat et la vente de cannabis, mais sa possession reste pénalisée (Pays-Bas avec leurs *coffee-shop*, Suisse).

Loin de s'inscrire dans ce mouvement, la France a au contraire pénalisé l'usage simple de drogue en 1970 avec toutefois la possibilité d'échapper à l'emprisonnement si l'on se soumet à une cure de désintoxication conformément à la doctrine de la Défense Sociale Nouvelle qui l'a en partie inspirée. Cette législation a persisté depuis malgré de multiples tentatives de « dépénaliser », voire de « légaliser » l'usage de cannabis notamment[1]. On a vu même un pays comme le Danemark

Ketele et D. Kaminski, « Prohibition des drogues : de quelques résistances au changement », *RDPC*, 2000, p. 505 et s.; S. Deltenre et V. Lebrun, « La nouvelle directive à l'égard des usagers de drogue : changement de politiques ? Entre privatisation de l'usage et usages de la pénalisation », *RDPC*, 2000, p. 534 et s.; M.-D. Barré et *al.*, « Le consommateur de produits illicites saisi par la police », *Quest. pén.* janv. 2000; F. Anglada et *al.*, « Les dérivés amphétaminiques en Suisse et dans le monde », *RICPT*, 2002, p. 465-490; C. Faugeron et M. Kokoreff (dir.), *Société avec drogue*, éd. Éres, 2002, 264 p.; M. Cusson, *Criminologie actuelle*, p. 49-71; D. Kaminsky (éd.), *L'usage pénal des drogues*, éd. De Boeck, Bruxelles, 2003, 358 p.; Rapport de la Commission d'enquête du Sénat sur la politique de lutte contre les drogues illicites, « Drogue : l'autre cancer », juin 2003, 500 p.; I. Hallio et *al.*, v° « Drogues », *Dict. sc. crim.*, 2004, p. 277-286; S. Brochu, v° « Drogues et crimes », *Dict. sc. crim.*, 2004, p. 286-290; M. Jauffret-Roustide (dir.), *Les drogues, approche sociologique, économique et politique*, Doc. fr., 2004, 156 p.; F. Sun et *al.*, « Consommation de substances psychoactives et degré de gravité du crime », *RCC*, 2004, n° 1, p. 1; M. Kokoreff, « Trafics de drogues et criminalité organisée : une relation complexe », *Criminologie*, 2004, n° 2, p. 9; L. Guyon et al. (dir.), *Les jeunes et les drogues : usages et dépendances*, Presses Univ. Laval, 2005; F. Anglada et *al*, « Apport scientifique à la lutte contre le phénomène transfrontalier des stupéfiants. Mise en réseau de l'information », *RICPT*, 2005, p. 83; S. Brochu et J. Parent, *Les flambeurs, trajectoires d'usagers de cocaïne*, Presses Univ. Laval, 2005; M. Joubert et *al.* (dir.), *Villes et toxicomanies. De la connaissance à la prévention*, Univ. Paris 8, 2005, 415 p.; H. Chabrol et *al.*, *Le cannabis et ses risques à l'adolescence*, éd. Ellipses, 2006, 160 p.; B. Gallizia, *Cannabis : les jeunes ont droit à la vérité*, éd. de l'Emmanuel, 2006, 62 p.; G. Casile-Hugues, « La politique criminelle française en matière d'usage de cannabis au regard des législations européennes : le débat », in *Sciences pénales & Sciences criminologiques Mélanges offerts à Raymond Gassin*, PUAM, 2007, p. 363-371; E. Beauregard, « La culture du cannabis au Québec : un état de la situation », *RICPT*, 2010, p. 86.

1. En dernier lieu la campagne « de légalisation contrôlée » lancée par des députés PS dont l'ancien ministre de l'Intérieur Daniel Vaillant, *cf. Le Monde* du 16 juin 2011. Entre prohibition et tolérance générale, se sont aussi ouvertes récemment dans de grandes villes françaises, comme Paris et Marseille, des « salles de consommation » de drogues appelées plus familièrement « salles de *shoot* » au nom de l'objectif de réduction des risques, bien que le gouvernement n'y soit pas favorable. En revanche, les autorités médicales de la province du Québec (Canada) ont fait savoir en août 2010 qu'elles refusaient l'ouverture d'un site d'« injection supervisée » au motif qu'il n'existe pas assez de preuves concluantes que de tels sites réduisent l'incidence des surdoses ou la propagation de maladies.

durcir sa législation antidrogue à la suite de la constatation de la marée montante de la toxicomanie amorcée il y a une cinquantaine d'années et qui n'a pratiquement pas cessé depuis lors. L'Espagne et la Suisse elle-même sont revenues à moins de libéralisme[1].

Il en résulte que *l'usage des drogues* entraîne par lui-même une augmentation de la criminalité consistant d'une part dans le fait de la consommation de drogue elle-même lorsqu'elle est prohibée et d'autre part dans toutes les activités qui gravitent autour de l'approvisionnement des consommateurs que l'on résume sous le terme de « trafic de drogues ».

La drogue est par ailleurs l'occasion d'une *délinquance particulière liée aux moyens nécessaires pour se la procurer :* fabrication de fausses ordonnances médicales, cambriolages de pharmacies, vols pour se procurer les fonds nécessaires à l'achat d'un produit relativement coûteux.

Enfin, il arrive que l'état hallucinatoire ou d'excitation particulier consécutif à la prise de certaines drogues entraîne la *perpétration de certains crimes :* meurtres, coups et blessures, attentats sexuels... Par ailleurs conduire sous l'effet du cannabis multiplierait par 1,8 le risque d'être responsable d'un accident mortel de la circulation.

552-1 *Développement de la toxicomanie en Europe* ◇ Pendant longtemps, le problème de l'usage de drogues est resté un problème essentiellement américain. On comptait en France peu de toxicomanes : 600 environ dans les années 1950. Mais depuis les années 1960, l'Europe tout entière, et la France en particulier, se trouve atteinte par ce fléau important.

L'année 1970 paraît être la période où le phénomène a atteint en France le *seuil* à partir duquel il a cessé d'être marginal pour devenir central : 1 871 personnes interpellées par la police pour affaires de stupéfiants contre 903 en 1969 et 283 en 1968. Depuis lors les chiffres ont accusé une montée vertigineuse du phénomène : en 1985, 25 704 interpellations pour usage et 4 046 pour trafic de stupéfiants[2]; en 1988 : 22 316 interpellations pour usage simple, 4 653 pour usage-revente et 4 244 pour trafic[3]. En 1996, les chiffres étaient respectivement de 25 673, 10 304 et 10 361. En 2006, les chiffres des mis en cause ont été respectivement de 112 224 individus pour usage de stupéfiants, 16 800 pour usage-revente et 10 627 pour trafic et revente sans usage et en 2009, 141 603 pour usage simple, 18 087 pour usage et revente sans usage et 6 007 pour trafic revente sans usage[4]. Ainsi en 15 ans, le nombre d'usagers simples interpellés par la police a été multiplié par 550 %, selon les statistiques du ministère de l'Intérieur. Par ailleurs, selon l'Observatoire français des drogues et de la toxicomanie (OFDT), le nombre de consommateurs de cannabis de 12 à 75 ans en France métropolitaine serait estimé à 12,4 millions dont usagers dans l'année 3,9 millions, réguliers 1,2 million et quotidiens 0,55 million; l'expérimentation en 2008 chez les jeunes de 17 ans atteindrait 42,2 % de la classe d'âge et l'usage régulier 7,3 %. Enfin, 200 000 usagers environ ont recours à l'auto-culture au moins occasionnellement.

Le même OFDT estimait encore que 250 000 personnes consommaient occasionnellement de la cocaïne et 200 000 de l'ecstasy. De plus un rapport TREND

---

1. Remise en cause de la dépénalisation du cannabis par une loi espagnole de 1992; fermeture des parcs qui s'étaient transformés en « toxicos-Land » en Suisse.
2. *Cf. Aspects de la criminalité et de la délinquance en France en 1985*, p. 47-48.
3. *Aspects de la criminalité... en 1996*, p. 99.
4. *La criminalité en France,* Rapport de l'ONDRP, 2010, p. 693.

(Tendances récentes et nouvelles drogues), publié en 2007, indiquait que l'on assiste à un retour en force des drogues dures, les pratiques d'injections et la consommation d'héroïne qui avaient diminué depuis 2000 étant en hausse surtout dans la population masculine, jeune, fortement marginalisée et évoluant autour du milieu techno alternatif.

§ 7. Politique criminelle et criminalité [1]

553 *La position du problème* ◊ Les rapports de la politique criminelle et de la criminalité intéressent au plus haut point l'étude des facteurs de la criminalité puisque cette politique a précisément pour but de *lutter directement contre elle*. En théorie par conséquent, la politique criminelle doit jouer un *rôle d'inhibition* et de *refoulement* à l'égard de la criminalité. Mais à l'examen empirique, les choses se révèlent être *plus complexes*. Il n'est pas sûr en effet que la politique criminelle contemporaine soit un instrument véritablement *efficace* d'évitement de la criminalité; à la limite, on peut même se demander si, dans certains cas elle n'est pas elle-même indirectement un facteur de criminalité. Il est bien connu, par exemple, que la procédure pénale de type accusatoire adoptée par la Révolution française a été l'un des facteurs importants de l'accroissement considérable de la criminalité à l'époque révolutionnaire, et notamment sous le Directoire [2]. En revanche lorsque la politique criminelle connaît un regain d'efficacité, on assiste à une diminution ponctuelle de la délinquance et notamment des vols qui représentent près des trois quarts de la criminalité dans les sociétés développées [3]. Pour en juger, dans le contexte de l'époque actuelle, on va envisager successivement le système des incriminations (A), les mécanismes de la justice pénale (B) et l'ensemble des mesures de réaction sociale (C).

A. Système des incriminations et criminalité

554 *Définition* ◊ On sait que les *incriminations* s'entendent de l'ensemble des *faits* qui tombent sous le coup de la loi pénale et de la nature et de la gravité des *peines* encourues pour chacun de ces faits. Pour analyser les rapports que le système actuel des incriminations est susceptible d'entretenir avec la criminalité, il convient d'en exposer les caractères (a) pour mieux en percevoir les conséquences (b).

---

1. J. Pinatel, *Traité de criminologie*, (1963-1975), n°ˢ 79-82. Adde H.-N. Pontell, *A capacity to punish. The ecology of crime and punishment*, 1984, 140 p.; J.-P. Brodeur, « Provocations », Criminologie, 1986, n° 1, p. 141 et s., spéc. 151-157; Jescheck, « La crise de la politique criminelle », APC, 1978, p. 15-38; J. Pinatel, « Doctrine et pratique en matière de délinquance juvénile », RICPT, 1983, p. 50-61; D. Szabo, « L'évaluation des politiques criminelles », RSC, 1981, p. 1 et s.; R. Gassin, « La crise des politiques criminelles occidentales », in Prob. act. Sc. crim., PUAM, 1985, p. 21-56; G. Lemire et al., *Le pénal en action. Le point de vue des acteurs*, Presses Univ. Laval, 2004, 162 p.
2. B. Bouloc, *Procédure pénale*, coll. « Précis », Dalloz, 22ᵉ éd., 2010, n° 76; R. Merle et A. Vitu, 1, n° 114.
3. P. Bonfils, « Pourquoi la criminalité a-t-elle baissé au cours des années 1980 ?, Le cas français », RICPT, 1996, p. 192-213.

a. Les caractéristiques du système actuel

555 *Criminalisation et décriminalisation*[1] ◇ Dans l'organisation *traditionnelle* du droit pénal (Code pénal de 1810), le système des incriminations équivalait à peu près aux interdits des *dix commandements* de Moïse (le Décalogue) après « toilettage » pour cause de la laïcisation du droit pénal. À l'époque *contemporaine*, ce schéma de base a été affecté d'un *double mouvement contradictoire* : criminalisation et décriminalisation.

Commencé dès le milieu du XIXe siècle, le *mouvement de criminalisation* s'est considérablement accentué et accéléré à partir des années 1930 pour atteindre son maximum d'amplitude dans les cinquante dernières années. *Trois facteurs principaux expliquent le phénomène :* 1/ *la nécessité de satisfaire des besoins nouveaux de répression* nés du développement technologique, économique et social (ex. l'informatique) 2/ l'apparition de *nouvelles valeurs collectives* à, protéger (ex. l'antiracisme); 3/ le *développement technobureaucratique de l'État* qui a entraîné la multiplication des réglementations étatiques (ex. l'urbanisme). Le résultat de cette tendance lourde de la politique criminelle a été une *augmentation considérable du nombre des infractions pénales* (« inflation pénale ») dont beaucoup sont des délits purement matériels[2].

Depuis une trentaine d'années cependant, on assiste parallèlement à la continuation du mouvement de criminalisation, à un mouvement en sens contraire de *décriminalisation*, cependant beaucoup plus limité dans ses effets. Deux raisons sont de nature à l'expliquer : 1/ l'affaiblissement ou la disparition de certaines valeurs socio-morales traditionnelles, notamment dans le domaine des mœurs (ex. la condamnation de l'avortement), 2/ la volonté de désencombrer les tribunaux des « contentieux de masse » (ex. les émissions de chèques sans provision). Mais à ces décriminalisations expresses, il faut ajouter celles qui résultent implicitement des jurisprudences de la Cour européenne des droits de l'homme (CEDH) et de la Cour de justice de l'Union européenne (CJUE)[3].

---

1. Pour les références à l'importante littérature sur ce problème, *cf. infra* n°s 783 et s.; IVe Conférence de politique criminelle du Conseil de l'Europe (Strasbourg, mai 1990). *Adde :* L.-W. Sherman, « Criminologie et criminalisation : défi et science de la sanction pénale », *RICPL*, 1994, p. 7-21; M. Killias, « Y a-t-il une inflation pénale ? (quelques commentaires suscités par la contribution du Pr L. Sherman sur la création des lois pénales et la prétendue érosion du contrôle social) » *RICPT*, 1994, p. 22-28; P. Poncela et P. Lascoumes, *Réformer le Code pénal, où est passé l'architecte ?*, PUF, 1998, 309 p.
2. Ainsi au Canada, la Commission de Réforme du Droit a calculé que dans ce pays un particulier était assujetti à quelques 37 967 infractions de responsabilité stricte, c'est-à-dire d'infractions purement matérielles : Commission de réforme du droit du Canada, Études sur la responsabilité stricte, 1974, p. 45-65, J.-J. de Bresson, « Inflation des lois pénales et législations ou réglementations "techniques" », *RSC*, 1985, p. 241-258. Depuis le nouveau C. pén., il n'existe plus d'infractions matérielles en matière de délits correctionnels, comme de crimes : ceux-ci supposent une intention criminelle ou à tout le moins une faute d'imprudence. En revanche, les contraventions de police peuvent toujours ne comporter comme élément moral qu'une « faute contraventionnelle ».
3. V. par ex. encore récemment l'arrêt de la CJUE du 28 avril 2011 (aff. C-61/11 PPU) rendu sur question préjudicielle italienne selon lequel la « directive retour » des ressortissants de pays tiers en séjour irrégulier entrée en vigueur dans l'UE le 13 janvier 2009 doit être interprétée en ce sens qu'elle s'oppose à une réglementation d'un État membre, qui prévoit l'infliction d'une peine d'emprisonnement à un ressortissant d'un pays tiers en séjour irrégulier pour le seul motif que celui-ci demeure, en violation d'un ordre de quitter le territoire de cet État dans un délai déterminé, sur ledit territoire sans motif justifié, et qui devrait donc aboutir en France à l'abrogation implicite des art. L. 621-1 et L. 621-2 du C. de l'entrée et du séjour des étrangers et du droit d'asile (CESEDA). *Cf Le Monde* du 3 mai 2011 : « L'incrimination des sans-papiers est désormais illégale ». La dernière loi relative à l'immigration du 16 juin 2011 a pourtant maintenu la pénalisation en la matière (art. 94).

b. Les conséquences sur la criminalité

556 *L'effet criminogène*[1] ◇ Ce double mouvement de criminalisation massive et de décriminalisation sélective paraît avoir eu sur la criminalité un double *effet criminogène, quantitatif* et *qualitatif*. 1/ Sur le plan *quantitatif*, on a assisté à un *accroissement considérable du nombre des actes infractionnels commis* dû, moins sans doute à l'effet purement mathématique produit par la multiplication incessante des interdictions pénales, qu'au *rôle multiplicateur du désordre moral* engendré dans l'esprit des citoyens par ce réseau énorme et inextricable d'interdits pénalement sanctionnés. Si paradoxal que cela soit, l'avènement de la « société de réglementation » s'est accompagné, dans les faits, du développement de l'anomie. 2/ Sur le plan *qualitatif*, c'est *l'effet* de *démoralisation publique* des tendances actuelles du système des incriminations qui doit être noté. Les criminalisations injustes et les décriminalisations injustifiées ont engendré, dans l'esprit public, une *perte* du *sens de la gravité morale des comportements*. Le cas de l'émission de chèque sans provision en France est exemplaire à cet égard. Pour désencombrer les tribunaux correctionnels dont près du tiers de l'activité était absorbée par le jugement de ce type de délits, on l'a décriminalisé en 1975, ne laissant subsister dans le champ du droit pénal que l'émission faite avec « l'intention de porter atteinte aux droits d'autrui »; or, dès 1981, le nombre de faits comptabilisés par la police comme entrant dans cette catégorie restreinte avait dépassé celui de l'ensemble des émissions de chèques sans provision dénoncées à la police à la veille de l'entrée en application du texte de décriminalisation[2] et atteint plus de 6 millions en 1991 et 1992 sur un total, au cours de cette dernière année de 4,8 milliards de chèques émis. Cet échec explique la refonte du système par la loi du 30 décembre 1991 et son décret d'application du 22 mai 1992 qui ont dépénalisé l'émission de chèque sans provision, sauf exception, et confié au banquier « seigneur-justicier » et au réseau d'information de la Banque de France le soin d'assurer la police des chèques[3].

B. Système de justice pénale et criminalité

557 *Définition* ◇ On entend par système de justice pénale, *l'ensemble* formé par la police, les parquets, les juridictions d'instruction, les juridictions de

1. J. Leclercq, « De la décadence de la loi à l'insécurité à la violence », *RDPC*, 1981, p. 111-161; Y. Guyon, « De l'inefficacité du droit pénal des affaires », *Rev. Pouvoirs*, 1990, n° 55, p. 51-52; H. Perinet-Marquet, « L'inefficacité des sanctions du droit pénal de l'urbanisme », *D.* 1991, chron. p. 37-46.

2. R. Gassin, « La crise des politiques criminelles occidentales », *Rev. de l'Institut de sociologie* (Bruxelles), 1985, n°s 1-2, p. 47 et s., spéc. p. 77 et in *Prob. act. Sc. crim.*, PUAM, 1985, p. 21 et s., spéc. p. 54. Pour une analyse très différente de la crise, *cf.* P. Robert, « Réflexions sur la crise du système pénal » dans F. Ringelheim (dir.), *Punir mon beau souci*, Bruxelles, 1984, p. 256-296.

3. *Cf.* W. Jeandidier, *Droit pénal des affaires*, 6e éd. 2005, Précis Dalloz, n°s 90 et s. V. également pour le droit pénal dans l'entreprise, H.-K. Gaba, « Ignorance, mépris ou respect circonstanciel du droit applicable dans l'entreprise ? », *D.* 2003, Point de vue, p. 915-917.

jugement, les juges de l'application des peines (JAP) et les administrations d'exécution des peines et des mesures de sûreté (Administration pénitentiaire et Protection judiciaire de la jeunesse (PJJ) principalement), ainsi que les *règles de procédure pénale* qui régissent l'activité de ces diverses institutions répressives. Ici encore il convient de mettre en évidence les *caractères* du système actuel (a) pour en comprendre les *effets* (b).

a. Les caractères du système actuel

558 ***De l'organisation traditionnelle aux traits contemporains*** ◇
L'organisation traditionnelle du système de justice criminelle (celle du Code d'instruction criminelle de 1808) se caractérisait principalement par *trois traits* : 1/ une *procédure pénale* rigoureuse; 2/des *moyens* en personnel et en matériel qui étaient à peu près à la mesure de la criminalité de l'époque; 3/ une assez grande *unité* et *cohérence* du système dues à l'esprit qui animait la magistrature et la police.

Mais une évolution qui a commencé dès le milieu du XIXᵉ siècle pour s'accélérer surtout depuis la fin de la dernière guerre, a abouti à dessiner des traits caractéristiques pour le *système actuel* très différents des précédents. On peut en relever *quatre* particulièrement notables : 1/ une *libéralisation* considérable de la procédure pénale en faveur des *droits de la défense* qui a accru les difficultés dans la recherche des preuves des infractions et dans l'identification des coupables, augmenté les lenteurs de la justice et les causes de nullité de la procédure, entraînant ainsi l'incertitude et l'insécurité dans les poursuites; 2/ un *décalage* incessant entre les moyens disponibles et la croissance des contentieux du pénal, engendrant une inefficacité croissante; 3/ une *dispersion* et une *incohérence* des organes de lutte contre la criminalité, non seulement entre la police et la justice, mais aussi à l'intérieur de chacun de ces corps (ex. la « guerre des polices »); 4/ une *politisation* croissante des personnels liée à leur syndicalisation.

b. Les conséquences du système actuel

559 ***La limitation de l'efficacité*** ◇ Contrairement à l'organisation traditionnelle de la justice pénale qui avait une efficacité certaine, le système actuel a une *efficacité de plus en plus limitée* qui, dans certaines situations, confine à une véritable impuissance. Comment se traduit ce phénomène ? En premier lieu, par le fait que le système ne semble saisir que l'« *écume de la criminalité* », avec un taux d'affaires élucidées par la police française par exemple qui est passé de 61 % en 1955 à 37,7 % en 2009[1] et un taux de classements sans suite par les Parquets qui est monté de 62,5 % en 1901 à 89,5 % en 1981 et un taux de non-poursuite qui demeure en 2009 de

---

1. Dès 1966, la Cour de cassation française faisait la distinction entre la carence des services de police et les causes habituelles de la criminalité. *Cf.* Civ., 1ʳᵉ sect. civile, 23 févr. 1966, 13 arrêts, *JCP*, 1966, IV, 49. On doit cependant noter que l'enrichissement croissant des fichiers d'empreintes ADN et digitales provoque depuis quelques années une explosion du nombre des affaires élucidées, même longtemps après les faits.

74 %[1]. En second lieu, lorsque, malgré tout, le système parvient à pénétrer dans *les eaux profondes de la criminalité*, deux sortes d'effets peuvent être notés : 1/ s'agissant de la *délinquance organisée* (ex. le trafic de drogues), l'action du système pénal a l'effet d'un coup de pied dans une fourmilière, entraînant certes un effet de panique chez les professionnels, mais le plus souvent à court terme; 2/ s'agissant d'une *criminalité susceptible d'avoir ou de prendre une coloration politique*, on assiste à des réactions ambiguës dans l'opinion publique et les médias qui mettent la police et la justice dans l'embarras et paralysent ou entravent leur action.

On ajoutera que l'attitude, dans certains cas, des autorités n'est guère de nature à assurer l'efficacité de la répression. Deux exemples relatifs au *vol* sont de nature à illustrer la manière dont se fait l'affaiblissement de la répression. Le premier consiste dans une circulaire du ministère de la Justice du 10 juillet 1985 qui invite les procureurs de la République à s'abstenir de poursuivre l'auteur d'un vol dans un magasin à libre-service surpris en flagrant délit dès lors que celui-ci a reconnu les faits, restitué la marchandise, accepté de décliner son identité et ne s'est pas auparavant, à la connaissance du Parquet, rendu coupable d'une infraction analogue, le reste de la circulaire appelant l'attention des procureurs sur la nécessité de préciser avec netteté aux responsables des magasins à libre-service les limites étroites de leur intervention et les poursuites pénales auxquelles ils s'exposeraient, le cas échéant, dans l'hypothèse où ils dépasseraient ces limites; il n'est guère douteux qu'une telle circulaire est interprétée, à tort ou à raison, par les jeunes délinquants en puissance comme la possibilité de voler dans les libres-services sans autre risque que de rendre ce que l'on a volé si l'on est pris et, de plus, comme leur permettant même de narguer la direction du magasin en exerçant une sorte de chantage à la plainte pour violences à l'occasion de leur appréhension et de leur fouille par les services de sécurité du magasin. L'autre exemple concerne une jurisprudence relative à l'application de la loi du 5 juillet 1985 sur les accidents de la circulation qui illustre parfaitement comment on peut *banaliser le vol* : lorsque deux personnes ont volé une automobile et que l'une d'elle ayant pris le volant, perd le contrôle du véhicule et blesse l'autre qui avait pris place à ses côtés, cette dernière, bien qu'étant coauteur du vol, a droit à réparation contre le conducteur sur le fondement de l'article 3 de la loi de 1985 et, qui plus est, possède une

---

1. Cf. *supra* n° 459. La limitation du taux des classements sans suite ou de non-poursuite entre 1981 et 2009 s'explique par une modification importante de la politique pénale depuis une dizaine d'années consistant dans la volonté d'apporter une « réponse pénale » à chaque fois que cela est possible afin d'éviter ce que l'on appelle un classement sans suite « sec ». Cette possibilité a été ouverte aux parquets grâce à la création de procédures dites « alternatives à la poursuite » (médiation pénale, médiation-réparation des mineurs, rappel à la loi etc.). La réforme aurait été efficace, si le recours à ces procédures dites de « troisième voie » avait été limité aux seuls cas où antérieurement il n'y aurait de toute façon pas eu de poursuite. Mais les « alternatives à la poursuite » tendent à devenir aujourd'hui une sorte de « droit commun judiciaire » par le biais duquel les parquets se dispensent d'engager des poursuites pénales là où il l'auraient fait autrefois (cf. R. Gassin, « Considérations sur le but de la criminalité » *in* « *Le droit pénal à l'aube du troisième millénaire* », *Mélanges offerts à Jean Pradel*, Cujas, 2006, p. 109 et s., spéc. p. 119). Finalement on peut se demander si la « troisième voie » n'est pas une voie de garage qui affaiblit la répression pénale plus qu'elle ne la renforce. Du moins a-t-elle l'intérêt de donner de l'action des parquets une image beaucoup plus flatteuse que dans les années 1980, puisqu'en 2009 par ex. le taux de réponse pénale à l'égard des « affaires poursuivables » a été de 87,7 % tandis que le taux des classements sans suite « secs » n'était que de 12,3 %. Il reste que le nombre des « affaires poursuivables » elles-mêmes par rapport à l'ensemble des « affaires pénales traitées » par les parquets n'a été que de 31,9 %, cf. Rapport ONDRP 2010, p. 359-361.

action en garantie contre l'assureur du véhicule qui doit « couvrir la responsabilité de tout conducteur, *même non autorisé du véhicule*, eût-il volé celui-ci »[1].

C. Système des mesures de réaction sociale et criminalité[2]

560 ***Idée générale*** ◇ On entend par « *mesures de réaction sociale* » l'ensemble des moyens utilisés par la société pour lutter contre la criminalité. *Traditionnellement*, ces moyens consistaient dans des peines et dans des peines seulement; de plus, la *privation de liberté ferme* était la peine de beaucoup la plus employée en matière de crimes et de délits, à une époque où il n'existait ni sursis à l'emprisonnement, ni probation, ni *a fortiori* de substituts aux peines privatives de liberté. L'*évolution contemporaine* a non seulement affecté les *peines* (a), mais elle se caractérise également par l'apparition de *mesures de prévention* (b), si bien qu'il convient de s'interroger tour à tour sur les rapports de ces diverses formes de réaction sociale avec la criminalité.

a. Sanctions pénales et criminalité[3]

561 ***Des peines et des mesures de sûreté*** ◇ Aujourd'hui les *peines* traditionnelles ont changé de finalité et de contenu et se sont de plus vues doublées par des mesures de sûreté. Les *peines traditionnelles* visaient en effet à l'*intimidation* et à la *rétribution*. Les *mesures de sûreté*, créées sur la suggestion des positivistes pour remédier à l'état dangereux des délinquants et non plus pour sanctionner leur responsabilité morale, avaient pour finalité, selon les cas, l'élimination, la neutralisation ou le reclassement social du condamné. Cet ensemble s'est progressivement *transformé* depuis les années 1950 de telle manière que, sans abandonner totalement les finalités traditionnelles des peines et des mesures de sûreté, le système des sanctions pénales tend aujourd'hui avant tout à la *réinsertion sociale du délinquant*. Quelle a été l'incidence de cette évolution sur la criminalité ?

562 ***1) L'évolution des fonctions classiques des sanctions pénales***[4] ◇ Les effets de cette évolution doivent être considérés plus sur le *long terme*

---

1. Civ., 17 nov. 1993, *JCP* 1994, IV, n° 175.
2. M. Cusson, « De l'évolution pénale », *Dév. et soc.* 1990, p. 315-323 avec la réponse de L. Hulsman, p. 325-334 et la réponse à la réponse de M. Cusson, p. 335-336; M. Cusson, « L'effet structurant du contrôle social », *Criminologie*, 1993, n° 2, p. 37-62.
3. Dʳ Mathe, « L'évolution psycho-sociologique des notions de sanctions et de peine », *RPDP*, 1986, p. 187-190.
4. **Sᴜʀ ʟᴀ ᴘᴇɪɴᴇ ᴅᴇ ᴍᴏʀᴛ :** « Table ronde sur la peine de mort », *Criminologie*, 1987, n° 2, p. 103-113; R. Cario (dir.), *La peine de mort au seuil du troisième millénaire*, éd. Erès, 1993, 194 p., et d'une manière générale, *cf. infra* nᵒˢ 807 à 809 et les nombreuses références citées en note. **Sᴜʀ ʟᴀ ᴘʀɪsᴏɴ :** G. Lemire, *Anatomie de la prison*, Presses Univ. Montréal, 1990; J.-P. Delmas Saint-Hilaire, « La prison pour quoi faire ? », *Prob. act. Sc. crim.*, t. VII, 1994, p. 31-46; M.-D. Barre et P. V. Tournier, *La mesure du temps carcéral. Observation d'une cohorte*, CESDIP, 1988, n° 48; P. V. Tournier, « La détention des mineurs en France. Observation suivie d'une cohorte d'entrants », *Bull. de criminologie suisse*, 1993, n° 2, p. 9-25; M. Vacheret, vᵒ « Prison », *Dict. sc. crim.*, 2004, p. 750-753.

que sur le *court terme*. Sur le *long terme*, il n'est pas douteux que l'on a assisté à un *affaiblissement considérable* des peines et mesures de sûreté dans leur utilité *classique*. Plusieurs indicateurs significatifs en témoignent : 1/ *peine de mort* : plus de cent condamnations à mort prononcées par les Cours d'Assises en 1825-1830, alors que par la suite elle s'est progressivement raréfiée, puis n'a pratiquement plus été suivie d'exécution et a finalement été abolie en France et dans la quasi-totalité des pays occidentaux (sauf les États-Unis); 2/ *emprisonnement* : plus de 40 000 détenus au milieu du XIXe siècle pour une criminalité infiniment moindre que de nos jours, alors qu'aujourd'hui le nombre des détenus gravite autour de 50 000 à 65 000 (en France tout au moins[1]) et d'aucuns estiment que c'est beaucoup trop et militent même en faveur de l'abolition des prisons et à tout le moins pour le développement des peines de substitution à l'emprisonnement; 3/ *relégation et interdiction de séjour* : mesure de sûreté créée en 1885 pour assurer la neutralisation des multirécidivistes, la relégation a été remplacée en 1970 par la tutelle pénale, laquelle a été elle-même abrogée en 1981; quant à l'interdiction de séjour, aménagée en 1885 pour neutraliser les délinquants sérieux, elle a perdu l'essentiel de ses effets dans la pratique actuelle[2].

Il est vrai que, depuis une vingtaine d'années, on constate une tendance au retour à une *plus grande sévérité* des cours et tribunaux, mais il s'agit du *court terme* et, de plus, cette sévérité est sans commune mesure avec celle qui était pratiquée il y a seulement une quarantaine d'années, si bien que l'accusation de « laxisme » conserve sa pertinence quand on juge par rapport au moyen terme et *a fortiori* au long terme.

D'autre part, une recherche sur le ressort de Paris, a révélé que, lorsque l'emprisonnement ferme est prononcé, celui-ci n'est véritablement ramené à exécution que pour les individus qui sont détenus au moment de la condamnation, soit moins du quart des condamnés. Pour les 76 % restant qui sont en liberté lors de la condamnation, 9 sur 10 n'exécutent pas leur peine[3]. Cet état des choses constaté à la fin des années 1980, loin de s'être amélioré, n'a pas cessé de perdurer. Ainsi un rapport de l'Inspection générale des services judiciaires (IGSJ) de 2009 constatait qu'au mois de février 2009, plus de 82 000 condamnations exécutoires à l'emprisonnement ferme n'avaient pas encore été ramenées à exécution[4].

Il convient aussi de relever l'effet des lois d'amnistie qui de 1960 à 2002 ont permis d'effacer régulièrement 90 % des condamnations correctionnelles[5], ainsi

---

1. Au 1er juin 2011, 64 971 détenus dont 16 960 prévenus, soit un taux de détention de 100 pour 100 000 habitants.
2. Dans le même sens, M. Cusson *Croissance et décroissance du crime*, 1990, p. 95 et s. (chap. 4), « Les peines et l'évolution pénale; même auteur, Les régulateurs de la criminalité », *RICPT*, 1994, p. 135 et s., spéc. 137; même auteur, « L'effet intimidant des sanctions à la lumière des recherches récentes sur le calcul coût-bénéfices des délinquants », *in Le droit pénal à l'aube du troisième millénaire Mélanges offerts à Jean Pradel*, Cujas, 2006, p. 741-752.
3. J. Bernat de Celis, *Peines prononcées, peines subies (la mise à exécution des peines d'emprisonnement correctionnel : pratiques du parquet de Paris)*, CESDIP, 1988, 232 p. et « La difficulté de faire exécuter les peines d'emprisonnement correctionnel à Paris », *RSC*, 1988, p. 469-473.
4. *Adde* E. Ciotti, *Rapport pour renforcer l'efficacité de l'exécution des peines*, remis au Président de la République le 7 juin 2011, Doc. fr., 2011, 128 p.
5. J. Roche-Dahan, *L'amnistie en droit français*, th. droit Aix-en Provence, 1994, p. 243 à 265.

que des *grâces présidentielles collectives* qui, bénéficiant à plusieurs milliers de condamnés lors de certaines occasions (4 000 détenus en 1993, 3 500 en 2004 par exemple), affaiblissent d'autant la crédibilité de la sanction pénale. La grâce présidentielle du 14 juillet est ainsi devenue un mode de gestion de la surpopulation carcérale; on parle à son sujet de « grâce placebo ».

L'expérience américaine des quarante dernières années pose cependant la question de savoir si le *recours massif à la privation de liberté* n'a pas un effet déterminant sur le taux de la criminalité. Aux États-Unis en effet, après avoir connu un taux d'incarcération remarquablement stable de 110 détenus environ pour 100 000 habitants des années 1920 aux années 1970, le chiffre de la population carcérale est passé de 200 000 prisonniers en 1972 à plus de 2 300 000 en 2008, soit une multiplication par plus de 10 et un taux d'incarcération, au regard d'une population adulte de 230 millions de personnes, de près de 1 000 pour 100 000 habitants. C'est ce que l'on a appelé le « boum carcéral » consécutif à ce que l'on a appelé aussi le « virage punitif »[1]. Nombre de criminologues américains ont estimé que cette augmentation drastique des taux d'incarcération avait produit des effets certains de neutralisation en prévenant la récidive ainsi que de dissuasion à l'égard de la primo délinquance. On a même calculé que le facteur « incarcération » aurait fait baisser la criminalité violente américaine de 25 %[2].

Cette analyse a toutefois fait l'objet de deux sortes d'objections[3]. La première résulte de la comparaison entre les États-Unis et son pays voisin, le Canada; selon les statistiques officielles, ce dernier pays a connu une baisse substantielle de la plupart des formes de crimes et de délits, sans augmentation corrélative significative du taux de « prisonnisation », malgré le passage d'une politique de réhabilitation à une pénologie de la protection de la collectivité. La seconde objection procède de la comparaison des dates respectives de début de l'augmentation du nombre de prisonniers et de la diminution de la criminalité : alors que l'accroissement du taux d'incarcération a débuté dès 1972, ce n'est qu'à partir de 1990 que le taux de criminalité a commencé à baisser aux États-Unis. Ce décalage de date très important entre les deux variables rend ainsi discutable le caractère causal de l'association statistique : augmentation massive du taux d'incarcération / réduction drastique du taux de criminalité.

Si les objections qui précèdent paraissent à première vue déterminantes, la relation causale taux d'incarcération / diminution de la délinquance violente contre les personnes mériterait une étude plus approfondie. Il est frappant en effet qu'aux États-Unis la baisse de la délinquance enregistrée dans l'*Uniform Crime Report* (UCR) a affecté non seulement les atteintes aux biens, mais aussi les atteintes violentes contre les personnes[4]. Or les données de la statistique des infractions enregistrées par les services de police dans nombre de pays occidentaux où le taux d'incarcération est resté stable ou en tout cas n'a pas connu une augmentation massive à l'américaine, accusent, parallèlement à la diminution éventuelle des atteintes aux biens, une augmentation des atteintes violentes aux personnes dans les deux dernières décennies. C'est le cas notamment de l'Allema-

---

1. Sur l'analyse sociologique du virage punitif aux États-Unis, *cf.* N. Carrier, « Sociologies anglo-saxonnes du virage punitif », *Champ pénal*, vol. VII, 2010, 21 p.
2. R. Rosenfeld et W. Spelman *in* A. Blumstein et J. Wallman (éd.), *The crime drop in America*, Cambridge, Cambridge University Press, 2006.
3. M. Cusson, « Le recul de la criminalité au Canada et aux États-Unis entre 1990 et 2000 : le rôle de la sécurité privée », *in* Rapport OND 2009, p. 622 et s., spéc. 624.
4. *Cf. supra* n° 449.

gne, de l'Espagne et de la Suède[1]. Pour le Canada lui-même, l'étude de la délinquance officielle des adolescents québécois relève une place croissante des infractions avec violence dans l'ensemble des actes criminels à partir de la fin des années 1980[2]. C'est dire que le débat n'est pas clos.

563 *2) La portée des fonctions de réinsertion sociale de la sanction pénale*[3] ◇ Est-ce que du moins cet affaiblissement notable des fonctions classiques de la sanction s'est trouvé au minimum compensé par la nouvelle *fonction de réinsertion sociale* assignée à la sanction pénale ? On l'a imaginé pendant longtemps, jusqu'au jour où l'on a procédé à des *recherches évaluatives* sérieuses sur ces nouvelles sanctions. Un article publié en 1974[4] a, à cet égard, fait l'effet d'un coup de tonnerre lorsque son auteur a soutenu que les mesures de réadaptation sociale n'avaient pas plus d'effet que les peines traditionnelles; on a ainsi parlé de l'« effet zéro » du traitement[5].

En définitive, il apparaît que, globalement, les sanctions pénales actuelles sont de *peu d'efficacité* et ne remplissent pas vraiment cette fonction d'évitement de la criminalité assignée à la politique criminelle.

Est-ce que les réformes résultant du nouveau Code pénal et de ses modifications ultérieures sont de nature à rendre aux sanctions pénales une certaine efficacité ? La population carcérale de la métropole a doublé entre le 1er janvier 1975 et le 1er janvier 1995, passant d'environ 26 000 détenus à 51 600, alors que, sur la même période la population générale n'augmentait que de 10 %. Au 1er janvier 2002, le nombre de détenus était de 45 319[6]. Cette surpopulation carcérale n'a cessé d'être l'axe des préoccupations de la chancellerie : il s'agit de désengorger les prisons. Aussi le législateur a-t-il multiplié les substituts aux courtes peines d'emprisonnement, le bracelet électronique étant le dernier projet à la mode. Bien plus, une loi du 23 juin 1999 a institué la procédure de la médiation pénale qui permet de faire l'économie de l'exercice de l'action publique (art. 4-1 à 41-3 du C. pr. pén.); la « transaction pénale » est ainsi devenue une sorte de droit commun de « la gestion de la délinquance » dans un grand nombre de cas. Bien qu'il soit sans doute trop tôt pour porter un jugement suffisamment pertinent sur cette politique des sanctions pénales, on ne peut cependant pas passer sous silence que de 1997 à 2002, le nombre de faits constatés par les services de police et de gendarmerie est passé d'environ 3 millions 500 000 à un peu plus de 4 millions[7]. Par ailleurs, on ne peut manquer de relever qu'un tel adoucissement global de la répression pénale est pratiqué en France au moment où de son côté, aux États-Unis, nombre d'États imposent la prison à 25 ans à certains criminels récidivistes dans le cadre de la législation anti-crime, en d'autres termes instituent l'équivalent de la relégation d'autrefois. Toutefois de 2002 à 2006, le nombre des

1. *Cf. supra* même n° 449.
2. M. Le Blanc, « La délinquance officielle et auto rapportée chez les adolescents québécois de 1930 à 2007 » *in Traité de criminologie empirique*, 4e éd. 2010 précité, p. 49 et s., spéc. p. 52 et s.
3. J. Pinatel, « Peine de substitutions et criminologie », *RICPT*, 1984, p. 464; « De la peine de substitution à la peine de réparation », Actes du forum du 7 juin 1990 (Paris), *Droit pénal*, 1990, nos 8-9.
4. Martinson, « What works ? Questions and answers about prison reform », *The public interest*, 1974.
5. M. Cusson, *Le contrôle social du crime*, PUF, 1983, p. 31 et s. *Adde infra* nos 827 et s.
6. Rép. Dalloz de droit pénal et proc. pén. v° « Statistiques pénales », n° 15 et tableau 2.
7. *Cf. supra*, n° 457.

faits constatés par les services de police et de gendarmerie a diminué, passant progressivement de 4 113 882 en 2002 à 3 725 588. Par ailleurs, le taux d'élucidation des affaires a sensiblement remonté passant aussi progressivement de 26,7 % en 2000 à 34,32 % en 2006 [1]. Diverses réformes législatives ont également tenté de rendre la justice pénale elle-même plus efficace, les dernières consistant dans l'établissement de « peines-plancher » d'abord pour les récidivistes (2007), puis les primo-délinquants du moins majeurs (2011); l'institution de la rétention de sûreté et de la surveillance de sûreté pour les grands criminels particulièrement dangereux (2008); ainsi que, sinon la suppression, du moins la limitation importante de la portée du principe de la diminution légale de la peine encourue pour les mineurs âgés de plus de 16 ans (2007). Il sera essentiel de suivre les effets de ces mesures qui rappellent quelque peu celles prises aux USA dans les années 1990 pour lutter contre le récidivisme. Une étude réalisée en 2000 de la situation américaine a conclu que la hausse du nombre des condamnations à l'incarcération dans ce pays avait contribué à expliquer environ le quart de la baisse de la criminalité américaine dans les années 1990 [2].

b. Mesures de prévention et criminalité

564 *De la croyance commune à la réalité* ◇ Les mesures de prévention sont souvent présentées comme la panacée sous le signe de l'adage « Mieux vaut prévenir que guérir (punir) ». Que vaut cette croyance tant à l'égard des *mesures de prévention indirectes* (prévention primaire) que des *mesures directes de prévention* (prévention secondaire) ?

On entend par *mesures de prévention primaire* les mesures sociales générales en faveur de la famille, des loisirs, etc., qui, soit par leur but, soit par leur effet, sont considérées comme étant de nature à prévenir indirectement la criminalité : ex. l'adoption. Ces mesures n'ont jamais donné lieu à évaluation, à notre connaissance il n'est donc pas possible de savoir ce qu'elles peuvent valoir comme moyen préventif de criminalité. De plus, si elles possèdent effectivement un effet, on peut avancer l'hypothèse que celui-ci se trouve en fait amplement neutralisé par d'autres réformes sociales d'effet contraire comme la politique sociale qui facilite le divorce [3].

Les *mesures de prévention secondaire* sont des actions de prévention qui portent sur une population à risque déterminée et qui visent directement à la prévention de la délinquance. Ces actions sont de nature diverse [4]. Les recherches évaluatives faites sur certaines d'entre elles montrent que, contrairement aux idées généralement reçues, il y a lieu d'être sceptique sur leur efficacité [5]; il n'y a guère que les mesures destinées à réduire les occasions de crime qui semblent avoir porté des fruits jusqu'à présent [6] et peut-être « la prévention développementale » [7].

---

1. *Cf. supra* n° 457.
2. Spelman, rapporté par M. Ouimet et E. Blais, « L'impact de la démographie sur les tendances de la criminalité au Québec de 1962 à 1999 », *Criminologie*, 2002, n° 1, p. 5-23, spéc. p. 19. V. cependant la discussion au n° 562.
3. *Cf. supra* n° 544.
4. *Cf. infra* n°s 922 et s.
5. *Cf. infra* n°s 925 et 937.
6. *Cf. infra* n°s 938 et 988.
7. *Cf.* M. Cusson, *Prévenir la délinquance. Les méthodes efficaces*, PUF, 2002, p. 86 et s.

S'agissant plus particulièrement de cette variété de plus en plus importante de mesures destinées à réduire les occasions de crimes que sont les nouvelles technologies (systèmes d'alarme, vidéosurveillance, contrôle d'accès, contrôle de sortie des marchandises prohibées etc.), il est soutenu que c'est précisément l'expansion de ce secteur qui rend le mieux compte de la diminution des atteintes aux biens dans la plupart des pays occidentaux, au premier chef les États-Unis depuis le début des années 1990[1]. Cette amélioration notable de la prévention des occasions et des passages à l'acte en matière d'atteintes aux biens a évidemment pour contrepartie une augmentation de plus en plus grande de la sécurité privée comme de la sécurité publique[2].

565 Conclusion du paragraphe ◇ Ainsi, la politique criminelle moderne semble avoir en définitive un *impact très limité* sur la criminalité contemporaine. Tout se passe comme si elle ne parvenait plus à maîtriser un phénomène en expansion quasi continue[3]. Aussi peut-on parler de la crise des politiques criminelles occidentales[4].

Toutefois, il ne faut pas attendre de la politique criminelle la solution de tous les problèmes de criminalité. Mieux vaut bien entendu une bonne politique criminelle qu'une mauvaise. Mais ainsi qu'on l'a écrit : « Ce n'est pas parce que la délinquance a augmenté pendant des dizaines d'années que mettre les dangereux criminels en prison n'était pas une mesure efficace. Et ce n'est pas parce que la délinquance diminue que la politique annoncée en est responsable : nombre d'autres facteurs peuvent en être à l'origine. *Évaluer une politique* suppose de construire un protocole rigoureux d'évaluation, comme lorsqu'on veut connaître l'efficacité d'un médicament sur une pathologie »[5].

SECTION 2. **LA SYNTHÈSE DES FACTEURS DE LA CRIMINALITÉ DANS LES PAYS OCCIDENTAUX**

566 De l'analyse à la synthèse ◇ Jusqu'à présent nous avons procédé isolément à la recherche de l'existence de relations entre la criminalité et toute une série de facteurs du milieu, physique ou social général. Mais il est bien évident que cet exercice de recherche de corrélations significatives de *variables prises deux à deux* ne peut satisfaire véritablement l'esprit. Aussi certains auteurs ont-ils tenté de dépasser l'analyse pour réaliser une synthèse.

À vrai dire, le terme de synthèse est sans doute excessif car, au-delà des affirmations banales sur « la société criminogène » qui ne vont pas très loin dans

---

1. M. Cusson, « Le recul de la criminalité au Canada et aux États-Unis entre 1990 et 2002 : le rôle de la sécurité privée », Rapport de l'OND, 2009, p. 622-627.
2. Ainsi M. Cusson (p. 624) fait référence à un ouvrage américain indiquant que les revenus/dépenses brutes annuelles de tout le secteur de la sécurité privée, technologies incluses, aux États-Unis étaient passés de 19 milliards de dollars en 1980 à 51 milliards en 1990, soit 2,7 fois plus.
3. *Cf. supra* n°s 445 et s.
4. *Cf.* R. Gassin, « La crise des politiques criminelles occidentales », art. précité.
5. S. Roché, *Le frisson de l'émeute*, Seuil, 2006, p. 154.

l'explication, on ne possède pas de théorie ordonnée qui hiérarchise les divers facteurs criminogènes retenus, en estime les poids respectifs et en montre les interrelations. Les théorisations entreprises jusqu'à présent s'attachent essentiellement à mettre en évidence un *facteur lourd*[1] qui entraîne les autres facteurs autour de lui comme autour d'une sorte de noyau. On peut en discerner trois principales : la théorie criminaliste, la théorie socio-économique, et la théorie culturaliste (§ 1). Toutefois, il y a quelques années, un auteur, M. Cusson, a tenté de réaliser une synthèse empirique plurifactorielle que l'on présentera également (§ 2).

§ 1. Les synthèses autour d'un facteur lourd

A. La théorie criminaliste

567 **Exposé** ◇ La théorie criminaliste (ou politiste) est celle qui explique la criminalité occidentale contemporaine essentiellement par la *faiblesse des politiques criminelles pratiquées*, et notamment par celle des *sanctions pénales*. Les autres facteurs, s'ils ne sont pas nécessairement négligés, sont considérés comme *secondaires*.

Cette « théorie » est d'abord celle de ce que l'on a appelé la « criminologie spontanée », c'est-à-dire le jugement du « *sens commun* » ou « *bon sens* »[2]; c'est elle qui alimente ce que l'on appelle l'« idéologie sécuritaire ». On la retrouve également chez nombre de *professionnels* de la justice et de la police[3]. Mais elle est également adoptée par un certain nombre de *théories criminologiques contemporaines*, en particulier par la théorie stratégique de M. Cusson[4] et par la théorie économique du crime[5], en même temps que par nombre de pénalistes[6].

568 **Appréciation critique** ◇ Cette explication de la criminalité peut se prévaloir de *plusieurs arguments* d'importance : 1/ *l'effet dissuasif très limité de la politique criminelle contemporaine*, quand elle ne constitue pas elle-même un véritable facteur criminogène[7]; 2/ les travaux montrant qu'une part importante de la criminalité est due, moins à l'entrée en activité de « nouveaux délinquants », qu'à la *multiplication des délits commis par les « super-délinquants » multirécidivistes*, que les peines prononcées n'effraient pas et qui ne peuvent plus être éliminés par la relégation; 3/ le cas du *Japon* qui échappe aux tendances générales

---

1. Sur cette notion, *cf. supra* n° 120.
2. Lequel est plutôt une « non-criminologie », car on sait que l'on doit distinguer la connaissance *scientifique* de la connaissance *ordinaire* qui est celle du « sens commun ». *Cf. supra* n° 45.
3. La connaissance *professionnelle*, qui repose à la fois sur la *formation* professionnelle et sur l'*expérience* professionnelle, occupe une position intermédiaire entre le « sens commun » et la « connaissance scientifique », mais ne doit pas être confondue avec cette dernière, comme le croient trop souvent les professionnels. *Cf. supra* n° 100.
4. *Cf. supra* n°s 290 et s. *Adde* M. Cusson, « La théorie du contrôle social et l'évolution de la criminalité », *Prob. act. Sc. crim.*, t. II, p. 39-63; même auteur, « The structuring effects of social control », *AIC*, 1993, p. 45-58; « Les régulateurs de la criminalité », *RICPT*, 1994, p. 135-144.
5. *Cf. supra* n°s 287 et s.
6. *Cf.* J.-C. Soyer, *Justice en perdition*, Plon, 1982; M.-I. Rassat, *Pour une politique anticriminelle de bon sens*, La Table Ronde, 1983.
7. *Cf. supra* n°s 553 et s.

d'évolution de la criminalité occidentale contemporaine et où précisément ce fait peut être mis en relation avec l'efficacité tout à fait particulière de la police, dont le *taux des affaires élucidées* pour la période 1969-1978 et pour les crimes graves (assassinats, vols avec violence, incendies volontaires, viols, coups et blessures) a été de 86 %[1], contre seulement 50,38 % en France[2].

La théorie criminaliste se heurte cependant à *trois objections* essentielles.

1) C'est une erreur de croire que le contrôle de la criminalité dans une société est assuré par *sa seule politique criminelle*. Sans doute *l'absence* de politique criminelle entraînerait l'anarchie et le triomphe de la force brute[3]; sans doute aussi la *qualité* des institutions de politique criminelle a-t-elle une influence certaine sur la criminalité. Mais la politique criminelle n'est pas le seul facteur de contrôle de la criminalité dans une société. À côté d'elle et par-delà, il existe divers *systèmes de contrôle extra-pénaux* qui jouent un rôle variable mais certain dans la prévention de la criminalité et de la récidive : famille, église, école, milieu professionnel, organisation des loisirs... qui diffèrent évidemment suivant le type d'organisation sociale. On peut même dire que plus on a de systèmes de contrôle extra-pénaux efficaces et moins on a besoin d'une politique criminelle énergique. C'était la thèse de Durkheim qui observait que « l'on pourrait même dire que la société ne recourt à des sanctions légales que quand les autres sont insuffisantes ». Cette opinion se retrouve chez plusieurs auteurs contemporains. L'un d'eux cite une vaste gamme d'indices ethnographiques qui soutiennent l'hypothèse selon laquelle « le droit varie en proportion inverse des autres contrôles sociaux »[4]. Un autre suggère dans un ouvrage sur la honte réintégrative que les sociétés individualistes telles que la société américaine « n'ont guère le choix que de s'appuyer sur une sanction pénale, puisque les contrôles informels échouent[5, 6] ».

C'est vraisemblablement ce qui explique que la criminalité était très peu répandue dans les sociétés primitives[7] et qu'elle l'était sans doute beaucoup moins dans les sociétés traditionnelles que dans nos sociétés contemporaines[8]. S'agissant d'ailleurs du Japon contemporain, l'explication de la faible crimina-

---

1. *Cf.* H.-H. Kohne, « Criminalité et répression de la criminalité au Japon, Analyse socio-culturelle et criminologique », *Criminologie*, 1981, n° 1, p. 31-50, spéc. 45-49 ; K. Hamaï, « *Is Japan still the safest country in the world ?* », *AIC*, 2002, p. 129-137.
2. Pour des catégories de crimes et délits comparables d'après nos propres calculs, *cf.* R. Gassin, « La crise des politiques criminelles », précitée, p. 32.
3. L'absence totale de politique criminelle est une hypothèse d'école, mais il y a eu des cas de carence momentanée, comme par ex. la grève totale des policiers dans certaines villes d'Amérique du Nord, qui ont permis de constater que l'anarchie s'installe très rapidement (*cf. Rev. pol. nat.*, oct.-nov. 1970, p. 65).
4. D. Black, *The behavior of law*, New York Academic Press, 1976.
5. J. Braithwate, *Crime, Shame and reintegration*, Cambridge University Press, 1989. Sur la baisse de la criminalité américaine dans les années 1990 grâce à la politique de tolérance zéro, *cf.* E. Stauffer, « Le zéro tolérance et la baisse de la criminalité dans la ville de New York », *RICPT*, 1999, p. 151-162. Sur la politique de tolérance zéro en général, *cf. supra* n°s 298 et s.
6. Il existe, il est vrai, une théorie radicalement opposée selon laquelle l'efficacité des sanctions pénales dépend des fondements du contrôle social informel, de telle sorte que lorsque ces fondements sont sapés, les sanctions pénales normales risquent d'échouer, voire d'avoir un effet boomerang (théorie soutenue par L. Sherman), « Criminologie et criminalisation : défi et science de la sanction pénale », *RICPT*, 1994, p. 7-21, spéc. 13 et s.
7. *Cf. supra* n°s 359 et s.
8. *Cf.* L'évolution de la criminalité en Occident depuis le début du XIXe siècle, *supra* n°s 438 et s.

lité dans ce pays retient d'abord la *priorité donnée au groupe* et la *structure particulièrement efficace de ce groupe* dans la forme de vie japonaise, avant de se référer
à l'efficacité du système de justice pénale [1]. Certains auteurs ont également mis
au compte du « giri » la relative faiblesse de la criminalité japonaise. Le « giri »
est l'une des expressions de ce caractère particulier de la culture nippone, héritée de Confucius, selon lequel la vertu essentielle est *la soumission aux autorités
établies.* Il s'entend de l'ensemble des règles de conduite qu'il convient de respecter en toute hypothèse et qui veut que chacun agisse en fonction de son rang
dans la société; il existe un giri de l'enfant à l'égard de ses parents, du commer-
çant à l'égard de ses clients, des sujets à l'égard de l'empereur. Dès lors, la sanction ne doit pas être recherchée dans l'expiation, contrepartie traditionnelle de
la faute dans les sociétés occidentales nées de la civilisation du péché, mais dans
la *réparation spontanée,* mode de comportement naturel dans une société bâtie
sur la *honte* [2]. Même les dix années de récession de l'économie japonaise dont le
pays est sorti récemment et qui ont fragilisé la société japonaise, n'ont pas pour
autant entraîné une hausse massive de sa délinquance et le Japon demeure
encore « l'un des pays les plus sûrs du monde » malgré une augmentation des
disparités régionales et sociales, de la petite criminalité et du nombre des sans-
abri [3]. Il y a là une nouvelle raison de mettre en doute la valeur explicative de la
théorie criminaliste.

2) Les relations entre la politique criminelle et la criminalité sont des *relations
ambiguës.* Il est erroné de croire qu'il existerait une sorte de relation linéaire uni-
voque de cause à effet entre la politique criminelle (cause d'inhibition) et la criminalité (effet évité par la cause). D'une part, il existe un effet de « feed-back »
de la criminalité sur la politique criminelle, de sorte que les crises de politique criminelle sont à la fois *effet* et *cause* de l'accroissement de la criminalité. D'autre
part, l'accroissement de la criminalité et son aggravation (comme sa diminution
et son atténuation) s'expliquant, comme on l'a vu, par de nombreux autres facteurs [4], ce qui apparaît avec le plus de netteté dans l'étude des crises de politique
criminelle, c'est plus ce qui appartient à *l'effet* de l'augmentation et de l'aggravation de la criminalité qu'à la *cause* de celle-ci.

3) Même si l'on admet que l'affaiblissement des politiques criminelles est un
facteur important de l'explication de la criminalité, ce facteur, loin d'être un phénomène en soi, n'est qu'une *variable intermédiaire* [5] qu'il faut encore expliquer
elle-même par une ou plusieurs *variables antécédentes.* C'est ainsi par exemple que
l'idéologie contemporaine humanitariste n'est pas sans lien avec l'affaiblissement
des politiques criminelles. Aussi retombe-t-on inévitablement vers la recherche
d'un autre facteur lourd.

1. Art. H.-H. Kohne, précité, spéc. p. 35-45. Sur le concept d'« Amae » qui joue un grand
rôle au Japon : Takko Doi, *Étude de psychologie fondée sur le concept japonais d'« Amae »,* Co-éd. Le
Sycomore/Asiathèque, 1982.
2. A. Delcamp, « La justice au Japon », *Gaz. Pal.,* 7 janv. 1990. *Adde* Won-Kyu Park, « Explaining Japanese low crimes rates : a review of litterature », *AIC,* 1997, p. 59-87; P. Pons (*Misère et
crime au Japon du XVIIᵉ siècle à nos jours,* Gallimard, 1999) explique que le Japon ait été l'une des
sociétés les moins criminelles du monde développé en partie par la tolérance implicite du yakusa,
du moins jusqu'à ce qu'une loi de 1992 déclare les organisations de yakusa « antisociales ». On
retrouve la même explication de la faible criminalité japonaise par l'influence des yakuzas dans
J.-F. Gayraud, *Le monde des mafias,* O. Jacob, 2005, p. 231.
3. P. Pons, *Le Monde* du 10 novembre 2005 résumant le Livre blanc publié par le ministère de
la justice du Japon sur la criminalité.
4. *Cf. supra* nᵒˢ 508 à 549.
5. Sur cette notion *cf. supra* nᵒ 120.

B. La théorie socio-économique

569 *Exposé* ◇ La théorie « *socio-économique* » est celle qui privilégie l'influence du facteur économique dans l'explication de la criminalité[1], il ne faut donc pas la confondre avec la *théorie économique du crime* qui, en expliquant l'acte criminel par la supériorité des bénéfices de l'action criminelle sur ses coûts, parmi lesquels figure, au premier chef, la sanction pénale, s'inscrit au contraire dans la mouvance de la théorie criminaliste que l'on vient d'exposer.

L'idée selon laquelle la pauvreté et la misère expliqueraient la criminalité remonte au moins jusqu'à Homère qui est l'auteur du dicton fameux : « Ventre affamé n'a point d'oreilles ». Mais elle a trouvé la possibilité de sa *systématisation scientifique* avec Marx et Engels. En faisant des rapports de production l'*infrastructure* de la vie sociale, dont tout le reste (politique, droit, culture...) ne serait que des superstructures, le marxisme était naturellement conduit à faire du facteur économique le *facteur lourd* dans l'explication de la criminalité, au-dessus duquel fonctionnent comme des superstructures les autres facteurs analysés précédemment.

Cette théorie « économiste » de la criminalité est, à l'heure actuelle, non seulement retenue par les théoriciens marxistes[2], mais elle domine généralement la pensée de politique criminelle de la gauche socialiste, en France jusque dans les années 1997[3] tout au moins, ainsi que ce que l'on peut appeler « la criminologie médiatique ».

D'autre part, elle a trouvé plus récemment un regain d'actualité avec la publication d'une importante recherche réalisée par le Home Office anglais sur la criminalité enregistrée en Angleterre et au Pays-de-Galles depuis la Seconde Guerre mondiale. La conclusion principale à laquelle a abouti cette étude réside dans l'idée selon laquelle les facteurs économiques, et en particulier la consommation par tête des ménages, ont une influence majeure à la fois sur les tendances d'évolution des infractions contre les personnes et sur celles des infractions contre les biens[4].

On peut également inclure dans ce courant de synthèse l'interprétation des violences urbaines contemporaines par Jacques Donzelot[5]. Récusant la filiation historique de ces violences avec les émeutes urbaines du XIXe siècle pour les comparer au contraire avec la situation des villes américaines, l'auteur développe la thèse suivante : « Les violences actuelles s'inscrivent dans le cadre d'une logique de séparation entre une majorité aisée, définie par la capacité de valoriser son travail, et une minorité pauvre composée en bonne partie de la population « issue de

---

1. Sur l'analyse de ce facteur, *cf. supra* n°s 520 et s.
2. *Cf. supra* n° 243.
3. On ne compte plus les discours des hommes de gauche qui rapportent l'accroissement de la criminalité aux conditions économiques défavorables des « travailleurs », et notamment au développement du chômage, et qui corrélativement promettent une diminution de la criminalité grâce au succès estimé de leurs recettes économiques. On l'a vu entre autres lors des débats au Parlement sur « les prisons privées ». *Cf.* R. Gassin, Rapport de synthèse, *in Les prisons dites privées*, Coédition éd. Économica, PUAM, 1987, spéc. p. 185. Sur le changement d'approche du problème par la gauche socialiste à partir de 1997, *cf. infra* n° 791.
4. S. Field, *Les tendances de la criminalité et leur interprétation*, trad. française par les soins de l'IHESI, nov. 1993, 66 p. plus annexes avec l'analyse des résultats par F. Martinat, *id.*, 6 p.
5. J. Donzelot avec C. Mével et A. Wyvekens, *Faire société. La politique de la ville aux États-Unis et en France*, Seuil, 2003, 366 p.

l'immigration récente »... portée, elle, à puiser une bonne part de ses revenus dans les ressources de l'assistance et des trafics illégaux »[1]. Cette interprétation générale des violences urbaines contemporaines a été reprise de manière particulière par certains auteurs pour rendre compte des graves émeutes qui se sont produites en France dans les banlieues sensibles en novembre 2005[2] : ces émeutes s'expliqueraient tout à la fois par un taux de chômage « pathologiquement » élevé chez les jeunes de banlieues (40 % contre 20 % pour l'ensemble des jeunes et 10 % pour l'ensemble de la population active) et par l'absence de prise en charge des jeunes des cités qui ne bénéficient pas notamment du jeu des solidarités intrafamiliales[3].

On peut encore faire état pour l'époque actuelle de la surcriminalité significative des Japonais âgés[4].

570 Critique ◇ La théorie « socio-économique » peut se prévaloir pour le moins de *deux arguments* importants : 1) *l'accroissement* quasi incessant de la *criminalité* dans les pays occidentaux avec le développement du capitalisme et l'avènement de la société de consommation; 2) le fait que la criminalité y est proportionnellement plus répandue dans les *classes pauvres* que dans les classes moyennes ou aisées[5].

Toutefois la théorie « économiste » se heurte à toute une série d'objections fondamentales. 1/ Si la théorie est susceptible de rendre compte, du moins en apparence, de la *délinquance acquisitive d'occasion,* elle est impuissante à expliquer la criminalité dite « de *comportement* »[6] ainsi que le *récidivisme*[7], alors que l'un et l'autre affectent aussi le « prolétariat »[8]. 2/ Si les statistiques officielles accusent un taux de criminalité plus élevé dans les classes pauvres, il reste que la criminalité de la « bourgeoisie » a son importance tant en ce qui concerne la délinquance banale que la délinquance d'affaires et la théorie « économiste » est mal outillée pour rendre compte de la délinquance « bourgeoise ». 3/ Rien ne permet d'imputer au seul mode de production capitaliste la criminalité occidentale, l'analyse ayant montré l'intervention de nombreux autres facteurs (démographiques, politiques, sociaux, culturels, etc.) et il n'est nullement établi que ces facteurs ne soient que de simples superstructures de l'« infrastructure » économique. 4/ Pour que la thèse « économiste » soit véritablement démonstrative, il faudrait que l'observation des sociétés à régime communiste permette de conclure à la diminution massive de la criminalité dans ces pays; or on a vu que la réalité de la criminalité dans les pays de l'Est était tout autre et que, s'il est probable que la criminalité

---

1. *Op. cit.* p. 26.
2. R. Gassin, « Regards sur l'acmé de la violence dans les banlieues « sensibles » en octobre-novembre 2005 », *RPDP*, 2007, p. 229-248 et 2008, p. 153-187.
3. *Cf.* D. Cohen, *Trois leçons sur la société post-industrielle,* Seuil, 2006, spéc. p. 80-81; P. Manent, « Grand entretien » au journal *Le Monde* des 4-5 déc. 2005.
4. *Cf. supra* n° 448.
5. *Cf. supra* n°ˢ 498 et s.
6. *Cf. supra* n° 481.
7. *Cf. supra* n° 502.
8. La théorie « économiste » ne permet même plus de rendre compte des variations de la délinquance acquisitive d'occasion, depuis qu'il a été montré que la corrélation entre délinquance et crises économiques tend à s'estomper à partir de la fin du XIXᵉ siècle (*cf. supra* n° 527). Sur la critique particulière de l'explication socio-économique des émeutes banlieusardes de novembre 2005, *cf.* R. Gassin, art. précité, *RPDP*, 2008, spéc. n° 41.

y était moindre en général que dans les pays capitalistes, cela était dû sans doute, non à la qualité du système socio-économique, mais à la nature du régime politique [1].

C. La théorie culturaliste

571 *Point de départ* ◇ La théorie culturaliste part de l'hypothèse selon laquelle les conduites des individus sont orientées essentiellement par un *système de valeurs socio-morales,* que la criminalité est la projection d'une *défaillance* dans ce système et que c'est autour de cette dernière que s'ordonnent l'ensemble des facteurs explicatifs de la criminalité.

Cette conception correspond à une tradition criminologique solide depuis la théorie de *l'anomie* de *Durkheim* revue par Merton jusqu'à la théorie de *l'intégration culturelle différentielle* de D. Szabo, en passant par la théorie des *conflits de culture* de Sellin et par celle des *sous-cultures délinquantes* de Cohen et autres [2].

Mais la question fondamentale est alors de savoir en quoi consiste la défaillance du système des valeurs socio-morales.

572 *1) La théorie de l'inadaptation du droit pénal* ◇ Certains auteurs ont cru pouvoir répondre à cette question en invoquant le *décalage* qui existerait entre d'une part le *droit pénal* et les *institutions qui en assurent l'application* et d'autre part les *exigences morales des populations* qu'ils régissent [3].

Leur hypothèse se résume en trois points : 1/ le droit pénal et les institutions pénales doivent correspondre aux exigences morales de la population, sans quoi le besoin de justice de la majorité des citoyens n'est pas satisfait et les comportements délictueux se développent; 2/ il s'est produit dans les sociétés industrialisées contemporaines, une transformation rapide des valeurs sociales se traduisant par de nouvelles aspirations et de nouvelles exigences morales; 3/ le droit pénal et les institutions répressives ne se sont pas suffisamment adaptés à l'évolution de la société, si bien que les valeurs actuellement protégées par la loi pénale ne sont plus reconnues par l'unanimité du groupe social, ni même souvent par sa majorité.

Cette théorie a l'intérêt d'attirer l'attention sur l'existence d'un décalage plus ou moins important entre l'état actuel des droits pénaux occidentaux et les aspirations nouvelles de certaines couches de l'opinion publique. Mais elle se heurte à deux sortes d'objections qui nous paraissent lui enlever l'essentiel de sa pertinence. 1/ En premier lieu, on peut observer qu'il s'est produit depuis une quarantaine d'années un certain nombre d'évolutions remarquables dans les droits pénaux occidentaux destinées à rapprocher le droit des aspirations nouvelles. Or

---

1. *Cf. supra* n°s 401 et s.
2. Sur ces diverses théories, *cf. supra* n°s 244 et s. Pour Durkheim, n° 210.
3. J. Léauté, « Droit pénal et démocratie », *in Mélanges Ancel*, 1975, t. II, p. 151; « Le rôle du droit pénal dans le contexte social », Conférence sur la politique criminelle, Comité européen sur les problèmes criminels, 1975, p. 9; Rapport Peyrefitte, *Réponses à la violence*, 1977; G. Picca, *La criminologie*, coll. « Que sais-je ? », PUF, 1983, p. 102-106 (cette analyse paraît avoir été abandonnée dans les dernières éditions).

il ne semble pas que ces modifications aient changé quoi que ce soit dans l'orientation de l'évolution de la criminalité. 2/ D'autre part, et plus encore, la théorie de l'inadaptation des droits pénaux supposerait, pour être exacte, qu'à l'ancienne éthique sociale monolithique ait succédé une nouvelle éthique sociale également partagée par le plus grand nombre. Or ce n'est pas ainsi que les choses se sont passées. À l'ancienne éthique sociale uniforme a fait place non pas une éthique nouvelle unique, mais une multiplicité de systèmes de valeurs différents, souvent contradictoires, assumés par de multiples minorités [1]. Ce dernier phénomène est d'ailleurs si important que c'est lui qui nous paraît être la réponse la moins mauvaise à la question de savoir en quoi réside la défaillance actuelle du système des valeurs socio-morales.

573   *2) L'hypothèse de l'éclatement des valeurs éthiques* ◇ Cette hypothèse se ramène à deux propositions essentielles [2].

1) Jusqu'à une époque relativement récente, il existait dans les diverses sociétés occidentales un accord sur l'essentiel des règles de conduite à observer de la part de la très grande majorité de la population et le droit pénal qui reflétait la morale sociale, faisait ainsi l'objet d'un consensus très étendu. Il existait sans doute des individus qui ne respectaient pas la loi pénale, mais d'une part il s'agissait d'une assez faible minorité, d'autre part la plupart des délinquants admettaient au moins le principe de la valeur des interdits pénaux bien qu'ils ne les respectent pas en fait.

2) Aujourd'hui la situation socio-morale de la plupart des pays occidentaux a profondément changé. À des sociétés dans lesquelles il existait un consensus très général sur les valeurs essentielles et les normes de conduite les plus importantes à observer, ont succédé des sociétés où règne une diversité toujours croissante et de plus en plus contradictoire des valeurs et des normes pratiques de conduite. À la majorité socio-morale d'autrefois, a succédé une mosaïque de minorités socio-morales [3].

Cette tendance lourde des sociétés occidentales contemporaines trouve d'ailleurs son expression dans les systèmes politico-juridiques actuels; c'est ainsi notamment que la France, État-nation de tradition juridique universaliste et égalitariste est devenue une sorte d'État « communautariste », marqué par des législations « groupusculaires » (parité homme-femme, PACS, etc.) et par le développement des « discriminations positives » [4]. Par ailleurs, l'ordre rationnel moderne dominé par la raison instrumentale en vue de la promotion d'une

---

1. Sur tous ces points, *cf.* R. Gassin, « La crise des politiques criminelles occidentales », précité, p. 45-46.
2. *Cf.* l'art. cité à la note précédente, p. 46-48. *Adde* J. Freymond, *La paix dangereuse*, éd. de la Baconnière, 1987, 175 p.; J. Ellui, *Déviances et déviants dans notre société intolérante*, éd. Érès, 1992, 172 p.; R. W. Winslow et P. T. Gay, « *The moral minorities : a self report of study of low-consensus deviance* », *Internat. Journ. of offender therapy and comparative criminology*, 1993, n° 1, p. 17 et s.
3. Nous raisonnons ici sur le cas de l'évolution la plus récente, c'est-à-dire celle qui s'est produite depuis la fin de la dernière guerre. Mais on peut remarquer qu'une première fracture socio-morale s'était produite, au cours du XIXe siècle, avec la première industrialisation et le premier exode rural, ce qui est de nature à expliquer l'accroissement de la criminalité au XIXe siècle. *Cf supra* n°s 438 et s.
4. P. Fraisseix, « De l'État-nation à l'État "groupusculaire" », D. 2000, chron. p. 61-67; G. Mathieu, « L'ordre social en forme de mosaïque », *in Sciences pénales & Sciences criminologiques Mélanges offerts à Raymond Gassin*, PUAM, 2007, p. 455-461.

société gérée par l'idéal démocratique, le contrat librement consenti et la néga-tion du « mal », a tout bonnement oublié *les autres dimensions de l'homme* que sont l'onirique, le ludique, les imaginaires collectifs, le désir de vibrer ensemble; de la sorte au moment où s'achève la modernité et où les sociétés occidentales versent dans la post-modernité, on assiste à ce que l'on a appelé le « retour du barbare »[1].

Cet éclatement des valeurs éthiques à aussi pour conséquence d'affaiblir les contrôles familiaux, scolaires et pénaux, de favoriser la formation de sous-cul-tures délinquantes[2] et d'influencer ainsi lourdement la criminalité envisagée comme phénomène collectif. Ainsi qu'on l'a écrit : « La multiplication des valeurs plus ou moins contradictoires et le relativisme qu'elle engendre conduit parents, éducateurs et magistrats à hésiter et à s'interroger : de quel droit fai-sons-nous prévaloir nos valeurs ? Avons-nous le droit de sévir ? Si cette hésita-tion conduit à la passivité, celle-ci sera perçue par certains comme une autorisation à ignorer la loi »[3].

Ainsi s'expliquent les tendances générales à l'accroissement et à l'aggravation structurelle de la criminalité que l'on a observées. Là où, par exception, cela ne s'est pas produit, c'est parce que des *facteurs d'inhibition* importants ont neutra-lisé l'éclatement des valeurs éthiques (notamment au Japon le *rôle du groupe* déjà signalé[4]) ou encore des *substituts puissants* sont venus compenser le jeu des facteurs criminogènes. C'est ainsi qu'au Japon encore, l'évolution contempo-raine a entraîné, comme ailleurs, un affaiblissement certain de la famille comme groupe; mais celle-ci a été remplacée, dans sa fonction stabilisatrice par l'entreprise[5]. Par ailleurs, dans les pays occidentaux où la criminalité, après avoir connu une période de croissance importante dans les années 1960, s'est stabilisée dans les années 1980, puis a accusé une diminution importante à par-tir des années 1990, comme c'est le cas du Canada et des États-Unis[6], les crimi-nologues expliquent volontiers le phénomène en recourant à une argumentation qui constitue une *vérification indirecte* de l'hypothèse de l'éclate-ment des valeurs éthiques. S'agissant du Canada par exemple, on relève que « l'éthos » dominant des années 1960 et 1970 a consisté dans la libre expres-sion, la suppression des contraintes et l'affirmation de soi, alors que l'éthos des années 1990 et 2000 est lié au respect de l'autre et à la modération[7]. De même pour ce qui concerne les États-Unis, après avoir attribué l'augmentation de la délinquance au cours des années 1960 « au remplacement de l'éthos de contrôle personnel par celui de la libération des mœurs et des valeurs », on

---

1. M. Maffesoli, « L'avènement du tragique », *Le Figaro* du 28 déc. 2001 et l'ensemble de l'œuvre de ce sociologue, directeur du Centre d'études sur l'actuel et le quotidien dont *Le temps des tribus*, éd. La table ronde.
2. *Cf. infra* n° 666.
3. M. Cusson, *RSC*, 2004, p. 245.
4. *Cf. supra* n° 568.
5. *Cf.* notre art. précité, p. 51. Toutefois une évolution s'est amorcée dans les rapports des salariés avec leur entreprise. En effet Toyota, qui est le premier groupe industriel japonais, a brisé, au mois de janv. 1994, un véritable tabou en annonçant qu'il abandonnait le système de l'emploi à vie et qu'il allait désormais recruter des employés pour des contrats à durée déterminée. Depuis lors, le phénomène s'est développé. Toutefois ce changement majeur des rapports employeur/tra-vailleur, pas plus que la longue crise de récession des années 1995-2005, n'a pas eu d'incidence véritablement forte sur le taux de criminalité japonais : *cf. supra* n° 568.
6. *Cf. supra* n° 448.
7. M. Ouimet, « Analyse de l'évolution des données sur la criminalité, les tribunaux crimi-nels et les services correctionnels au Québec de 1962 à 2008 », *in Traité de criminologie empirique*, M. Le Blanc et M. Cusson (dir.), 4ᵉ éd. 2010, p. 21 et s., spéc. 44.

avance que « la stabilisation de la délinquance en général au cours des années 1980 et sa diminution depuis la fin des années 1990 s'expliqueraient par un retour au conservatisme »[1].

On trouve une approche voisine de celle-ci dans la récente théorie de la « société fractale »[2].

§ 2. L'amorce de synthèses plurifactorielles

574 *Une modélisation de M. Cusson* ◇ Dans l'ouvrage *Croissance et décroissance du crime* publié en 1990, M. Cusson a entendu donner une théorie explicative de l'évolution de la criminalité dans les pays occidentaux de 1960 à 1986. C'est dire les limites de l'entreprise de théorisation. Toutefois, l'auteur entend présenter une théorie formelle qui permettrait de proposer un modèle explicatif, quelles que soient les valeurs des variables considérées. Bien que ce formalisme ne soit que partiel, puisqu'il implique le choix définitif des variables matérielles et que sa pertinence se trouve limitée à ce choix, il présente le grand intérêt d'être une véritable amorce d'une synthèse plurifactorielle modélisée.

M. Cusson retient trois variables explicatives : 1/ l'importance de la *classe d'âge des 14-25 ans* et son *degré d'intégration sociale* à travers les conjonctures familiale, scolaire et d'entrée sur le marché du travail; 2/ l'ampleur des occasions de délinquance ou *opportunités* définies comme « la réunion », en un lieu et à un moment donnés, des circonstances matérielles favorables à la réussite du délit, ainsi que des *mesures d'autoprotection* destinées à réduire lesdites opportunités; 3/ le sens de *l'évolution du système répressif* au regard de son efficacité de principe.

De la sorte, la *haute conjoncture criminelle* qui s'est développée au cours des trente dernières années s'expliquerait par la conjonction : 1/ de classes de jeunes nombreuses et mal intégrées socialement; 2/ d'une multiplication des opportunités de délinquance dans les sociétés occidentales d'abondance; 3/ de l'inefficacité croissante du système de répression pénale. Mais l'intérêt particulier de l'interprétation de M. Cusson qui doit plus particulièrement être retenu, c'est qu'il *modélise l'interaction de ces facteurs* et la représente par un *graphique :* « La croissance des opportunités, écrit-il, stimule celle du crime cependant que le contrôle social et la sanction pénale agissent comme des freins. Les progrès du crime encouragent l'autoprotection, laquelle, en réduisant les opportunités, fait reculer la criminalité. Sous la pression du nombre des affaires à traiter, un système pénal stagnant doit en évacuer le surplus, ce qui par la baisse de la certitude de la peine qui s'ensuit, favorise une nouvelle croissance du crime. Si, par contre, la probabilité qu'un crime soit sanctionné augmente, la criminalité baissera, ce qui décongestionnera l'appareil pénal et rendra possible un mouvement de croissance de la certitude de la peine, etc. »[3].

---

1. *Cf.* M. Le Blanc citant Wilson et Herrnstein dans le *Traité* précité, p. 60.
2. J. de Maillard, « Le crime à repenser », *Le Débat*, sept.-oct 1996, p. 84-99 et « Le crime à venir : vers une société fractale », *Le Débat*, mars-avr. 1997, p. 99-130, idées développées dans *L'avenir du crime*, Flammarion, 1997, 233 p.
3. Ouvrage précité, p. 142 et 143 pour le graphique.

Graphique de représentation

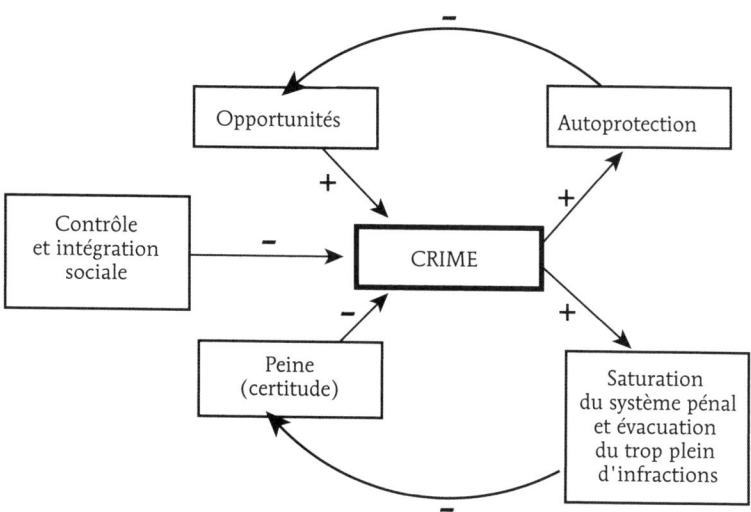

S'agissant de modélisation, il existe aujourd'hui dans la littérature de langue française toute une théorisation dont on pourrait appliquer utilement les principes à l'analyse de la causalité de la délinquance[1].

574bis **Bibliographie du chapitre** ◇

E. De Greeff (1948), 39-82; J. Marquiset, 118-123; J. Constant, 64-101; E. Seelig, 195-235; O. Kinberg, 191-198; J. Pinatel (1963-1975), n°s 63-82; D. Szabo (1965), 89-317; E. H. Sutherland et D. R. Cressey, 93-108, 149-183 et 205-230; J. Larguier, 19-50; Stefani-Levasseur et Jambu-Merlin, n°s 68-106; D. Szabo (1970), 55-197; J. Pinatel (1971), 87-124; J. Léauté (1972), 254-407; D. Szabo (1978), 24-40 et 172-184; J. Léauté (1981), 149-239; G. Picca, 41-70; G. Kellens, 93-166, M. Killias, p. 126-136 et 147-190.

---

1. J.-L. Le Moigne, *La théorie du système général. Théorie de la modélisation*, PUF, 4ᵉ éd. 1994, 338 p.; *La modélisation des systèmes complexes*, Dunod, 1990, 178 p.; « Entre systémique et complexité, chemin faisant... », *Mélanges en l'honneur de J.-L. Le Moigne*, PUF, 1999, 328 p.

CHAPITRE 3

LES PRÉVISIONS D'ÉVOLUTION DE LA CRIMINALITÉ DANS LES PAYS OCCIDENTAUX

575 ***Explication et prévision*** ◇ L'explication d'un phénomène, pour être complète, ne suppose pas seulement la recherche de sa causalité, mais elle implique également la prévision de ce qu'il sera dans le futur[1]. Les premiers criminologues l'ont si bien compris qu'ils se sont essayés à pronostiquer l'« avenir du crime ». On trouve ainsi chez Tarde un paragraphe sur l'« avenir du crime » dans sa *Criminalité comparée* publiée à la fin du XIXe siècle[2]. Mais ces auteurs ne possédaient pas à l'époque les techniques nécessaires pour tenter des prévisions scientifiques; ils se bornaient à user de leur intuition. Le genre n'a pas véritablement disparu, en ce sens que certains auteurs n'hésitent pas à formuler des prévisions d'évolution d'ordre *qualitatif* en se fondant sur les forces qui façonnent le temps présent et les hypothèses que l'on pouvait formuler sur la société de l'an 2000[3], aujourd'hui dépassée. Il est des auteurs qui vont même jusqu'à avancer des *prévisions quantitatives globales,* comme cet économiste qui, prévoyant le déclin des grandes agglomérations créées par la révolution industrielle en Europe, en Amérique et au Japon, et le déplacement des populations vers les campagnes, pronostique une diminution de la criminalité aux États-Unis notamment parce que la criminalité rurale est plus faible que la criminalité urbaine[4].

Toutefois, aujourd'hui, où l'on possède une méthodologie de la prévision[5], diverses recherches prévisionnelles sur l'évolution de la criminalité dans les pays occidentaux ont été réalisées. Ces prévisions remontent déjà à de nombreuses années, ce qui avait permis de distinguer, dès la première édition du présent manuel en 1988, entre les *prévisions révolues* et les *prévisions en cours.* Les résultats décevants de ces diverses prévisions semblent avoir par la suite découragé les prévisionnistes; on n'a pas relevé, en effet, de recherche prévisionnelle quantitative sérieuse dans la littérature criminologique depuis nombre d'années. D'ailleurs selon Jim Lynch, professeur de criminologie et d'analyse des statistiques criminelles à l'American University de Washington, l'exercice est devenu vain[6]. À la question : « Arrive-t-on à faire des prédictions en matière d'évolution de la

---

1. *Cf. supra* n° 122.
2. P. 180-194 dans la 5e éd., 1902. *Adde* De Greeff, « La criminalité de demain », *Rev. catholique des idées et des faits*, 14 oct. 1932.
3. *Cf.* D. Szabo, « Crime et justice en l'an 2000 », *RICPT*, 1991, p. 279-298; *cf.* encore J. de Maillard, *L'avenir du crime*, Flammarion, 1997.
4. Naisbitt, *Mégatrends, horizon 2000*, 1989.
5. *Cf. supra* n° 186.
6. Entretien publié par *Le Figaro* du 26 août 2003.

criminalité ? », il a répondu de la manière suivante : « Jusqu'en 1996 on arrivait à faire des prévisions sur l'évolution à venir de la criminalité en s'appuyant sur des données démographiques. Depuis, on n'y arrive plus. Cela fait plusieurs années que des analystes annoncent avec certitude une augmentation du crime, et qu'elle ne se matérialise pas »[1]. Aussi va-t-on se borner à reproduire, *à des fins pédagogiques*, les développements de 1988 (section 1), en actualisant simplement les prévisions qui étaient en cours à l'époque ou formulées ultérieurement (section 2).

SECTION 1. **LES PRÉVISIONS RÉVOLUES EN 1988**

576 *Un bilan décevant* ◇ Plusieurs prévisions d'évolution ont été faites dans un passé relativement récent (c'est-à-dire dans les années antérieures à 1988). Ainsi, pour la France, on peut citer la recherche du Service d'études pénales et criminologiques (SEPC) du ministère de la Justice réalisée en 1968 et portant sur l'évolution de la criminalité légale jusqu'en 1975[2]. Pour le Canada, on peut mentionner l'étude de Dalley portant sur la période 1972-1975[3].

L'étude critique de ces prévisions d'évolution confrontées à la réalité de l'évolution effectivement consommée conduit aux conclusions suivantes.

1) Aucune recherche n'a donné une prévision exacte de l'évolution de la criminalité envisagée; le degré d'approximation s'est toujours révélé insuffisant. Il est vrai que, pour tourner la difficulté, on a parfois fait état de plusieurs hypothèses d'évolution (méthode des « scénarios »). C'est ainsi que l'étude du SEPC prévoyait pour 1975 trois possibilités de condamnations : 346 000, 415 000 et 512 817 condamnations pour crimes, délits et contraventions de la 5e classe. Or le nombre réel a été de 523 770. La dernière prévision (512 817) est certes bien proche du nombre réel des condamnations, mais cette méthode n'avance pas beaucoup, car tant que la prévision n'a pas été révolue, on n'a pas su si ce serait le 1er, le 2e ou le 3e scénario qui se réaliserait.

2) Il existe des différences importantes d'approximation de la criminalité qui a été ultérieurement observée, entre les différentes recherches prévisionnelles effectuées.

3) Le degré d'approximation dans une même recherche prévisionnelle n'est pas le même selon les années prévues; c'est ainsi que dans la prévision de Dalley pour le Canada de 1972 à 1975, l'écart par rapport à la réalité de l'évolution a été le suivant : 1972 : + 1,67 %; 1973 : – 5,9 % 1974 : – 8,26; 1975 : – 13,08.

On peut remarquer que plus on s'éloigne dans le temps du moment où la prévision est faite et plus celle-ci devient inexacte.

4) Les écarts entre les nombres prévisionnels et les nombres réels traduisent aussi bien des sous-estimations que des surestimations.

---

1. L'augmentation du crime visée par la réponse concerne la délinquance américaine.
2. P. Robert et Y. Chirol, « Essai de prévision de la criminalité légale », *in Compte Général d'Administration de la Justice pour 1967*, p. R. 57 à R. 86.
3. Pour un bilan plus complet de ces recherches, *cf.* R. Gassin, « La connaissance des mouvements de la criminalité dans le temps », *in* XXXIe Cours international de criminologie, « Connaître la criminalité : le dernier état de la question », 1983, p. 490-491.

5) L'emploi de méthodes utilisant un grand nombre de variables ne donne pas nécessairement de meilleurs résultats que celles qui ne retiennent que le temps et l'évolution démographique générale[1].

6) La méthode qui repose sur les distributions spatiales ne donne pas de meilleurs résultats que celle qui est fondée sur les séries temporelles[2]. Ainsi, la recherche du SEPC fondée sur la méthode de distribution spatiale des variables prévoyait pour 1975, 499 180 condamnations, alors que l'une des hypothèses retenues dans le cadre de la méthode fondée sur les séries temporelles de variables avançait 512 817 condamnations. Or le nombre réel des condamnations a été de 523 770 en 1975.

SECTION 2. **LES PRÉVISIONS EN COURS EN 1988 ET LES PRÉVISIONS POSTÉRIEURES**

577 *La tendance générale* ◇ Les prévisions en cours en 1988 et les prévisions ultérieures, à notre connaissance, concernent essentiellement les États-Unis et le Canada. D'une manière générale, ces prévisions envisagent la continuation du phénomène d'accroissement de la criminalité. Toutefois, on a vu une première prévision à la baisse fondée sur le vieillissement de la population; on sait en effet que la criminalité se distribue de manière très différente suivant les âges et qu'elle accuse une baisse massive à partir de 40 ans[3]. Comme de plus l'espérance de vie est plus longue pour les femmes que pour les hommes et que les femmes sont beaucoup moins délinquantes que les hommes[4], une telle prévision à la baisse comporte un pari raisonnable.

En revanche, il ne semble pas qu'une prévision quelconque ait pronostiqué la baisse du niveau général de la criminalité observée aux États-Unis en 1983, 1984 et 1985[5], puis d'une manière continue à partir de 1990[6], et en France de 1985 à 1988, ainsi qu'à nouveau de 1994 à 1997[7] et finalement au cours de la dernière période 2003-2009[8].

En 1996, l'Institut suisse de police a organisé à l'occasion de son jubilé avec l'Institut de criminologie de Paris et la Faculté de droit de Neuchâtel une journée d'étude sur le thème « Europe horizon 2000 : nouvelles menaces, nouveaux terrorismes et grande délinquance organisée ». Ces prévisions *d'ordre purement qualitatif* au demeurant font état de situations nouvelles et de pratiques criminelles inédites qui nécessitent le recours à de nouveaux moyens de lutte contre cette grande criminalité[9].

1. Sur ces méthodes, *cf. supra* n° 186.
2. Sur ces méthodes, *cf.* également n° 186.
3. *Cf. supra* n° 492.
4. *Cf. supra* n° 488.
5. *Cf. supra* n° 448.
6. *Cf. supra* n° 448.
7. *Cf. supra* n° 457.
8. *Cf. supra* n° 448.
9. V. les rapports M.-E. Cartier, X. Raufer, F. Marruzor, F. Haut, R. Wack, F. Falletti et les conclusions J. Fourvel à la *RICPT*, 1997, p. 207-252.

D'une manière générale, aujourd'hui les criminologues spécialistes des statistiques de la criminalité se montrent très sceptiques sur la possibilité de formuler des prévisions d'évolution de la criminalité satisfaisantes. « Somme toute, écrit l'un de leurs collègues canadien, la prévision des tendances de la criminalité nous paraît un exercice futile. Plusieurs formes de crimes montrent une certaine stabilité depuis le début des années 2000, mais celle-ci n'est sans doute que provisoire. Il est possible aussi qu'on observe de nouvelles hausses quoique des hausses importantes soient improbables étant donné que le nombre d'adolescents et de jeunes adultes demeure stable »[1]. Pour expliquer son scepticisme, cet auteur se fonde sur deux ordres de considérations. 1°/ Ce que l'on appelle les « tendances de la criminalité » n'est que la somme des tendances particulières de chaque catégorie d'infractions pénales. Or l'observation montre que ces tendances particulières ne jouent pas d'une manière semblable. Les variations du volume des violences et voies de fait obéissent à un ensemble de facteurs criminogènes, très différents de ceux des vols de véhicules automobiles. De la sorte, la « tendance générale de la criminalité » ne peut être que l'addition purement formelle de phénomènes si disparates que leur combinaison statistique ne peut être qu'illusoire. 2°/ On a pu repérer certes, à travers l'histoire de la criminalité des cycles réguliers d'évolution[2], mais la récurrence de ces cycles demeure problématique pour l'avenir en raison de la brièveté relative des séries statistiques officielles utilisables (depuis 1826 pour la France certes, mais 1933 seulement pour les États-Unis), et de plus nombre de pays n'en tiennent pas encore ou commencent à peine à en tenir.

Mais, malgré ce scepticisme général, certains auteurs demeurent encore persuadés de l'intérêt des prévisions en posant la question : « Pourquoi ne pas anticiper ? Criminalité et violences urbaines »[3]. Mais ainsi qu'on a déjà eu l'occasion de le montrer[4], le contenu de la réponse à la question trahit une confusion entre *pronostic* et *prévision*. Par « anticipation », cette réponse entend une simple « prédiction » d'évolution destinée à la gestion quotidienne du phénomène à court et moyen terme par les responsables politiques et administratifs et non une véritable prévision d'évolution scientifiquement élaborée.

577bis *Bibliographie du chapitre* ◇

J. Léauté (1972), p. 653-661 et bibliographie citée p. 132, note 2; « Prospective de la demande de sécurité : menaces actuelles, risques futurs », *CSI*, janvier 1991, p. 27-74; D. Szabo, « Crime et justice en l'an 2000 », *RICPT*, 1991, p. 279-298; G. Kellens, p. 88-91.

Sur les prévisions en général : P. Papon, *Les logiques du futur*, 1990, 320 p.; J. Naisbitt, *Megatrends, horizon 2000*, éd. First, 1989.

1. M. Ouimet, *in Traité de criminologie empirique* précité, 4ᵉ éd. 2010, spéc. p. 48.
2. *Cf.* M. Cusson, *Croissance et décroissance du crime*, PUF, 1990, spéc. p. 125-143; R. Gassin, « L'explication des variations de la politique criminelle dans les démocraties occidentales : le cas de la France », *RPDP*, 2009, p. 215-237.
3. L. et S. Tournyol du Clos, *in Commentaire*, n° 123, automne 2008, p. 817-828.
4. *Cf. supra* n° 122.

L'ÉTUDE DU CRIME
(Microcriminologie)

578 ***Les questions posées par l'étude du crime*** ◇ L'action criminelle n'est pas seulement un phénomène de masse lié à l'organisation et au fonctionnement des sociétés, elle est aussi un *phénomène individuel*. En un certain sens même, on peut dire qu'elle est *avant tout* un phénomène individuel car elle est *d'abord* un acte contraire à la loi pénale accompli par un individu ou un petit groupe d'individus[1], et il est significatif qu'elle n'a été pendant longtemps perçue par les membres de la société que comme une *action concrète individuelle*; ce n'est que depuis le début du XIXe siècle qu'elle est également appréhendée comme un phénomène collectif[2].

L'étude du *crime en tant que phénomène individuel* soulève toute une série de questions que l'on peut regrouper autour de *deux thèmes* essentiels.

1) Pourquoi parmi tous les individus qui composent une même société et sont donc exposés aux mêmes influences criminogènes, *seuls certains d'entre eux deviennent-ils délinquants* alors que les autres observent généralement une conduite conforme aux prescriptions de la loi pénale ? Existe-t-il donc des *facteurs spécifiques* de l'action criminelle ? Et dans l'affirmative, où se situent ces facteurs : dans la *personnalité de l'agent,* dans la *situation précriminelle,* ou dans la *combinaison des deux* ? Et si combinaison il y a, comment s'effectue le *passage à l'acte délictueux* : par une sorte de *réaction instantanée* ou suivant un *processus complexe* qui met en jeu le *vouloir* de l'agent ? Enfin, *l'acte délictueux* lui-même n'est-il qu'un acte humain comme un autre ou bien se distingue-t-il au contraire des actes non délictueux ?

2) Si l'on peut définir ainsi une sorte de profil général de l'explication de l'action criminelle par différenciation d'avec les actions non criminelles, *pourquoi*

---

1. *Cf. supra* n° 92.
2. *Cf. supra* n° 93.

d'autre part tous les délinquants ne commettent-ils pas le même type d'actes délictueux ? Peut-on opérer des distinctions parmi les délinquants et établir ainsi des *typologies de délinquants* ? Peut-on aussi distinguer parmi les actes délictueux et dresser à leur tour des *typologies de crimes* ?

Telles sont pour l'essentiel les questions que suscite l'examen du phénomène criminel individuel.

579 **Plan de l'étude** ◇ Le plan du présent titre se trouve inclus dans la sériation des questions qui viennent d'être posées. L'*explication du crime* suppose en effet à la fois qu'on rende compte du phénomène dans sa généralité et qu'on l'analyse dans sa diversité. Aussi allons-nous consacrer un sous-titre 1 à l'étude du *crime en général* et un sous-titre 2 à l'examen des *typologies de délinquants et de délits*.

L'explication du crime en général

580 La position de la question ◇ Il existe aujourd'hui *deux manières de poser la question* de l'explication générale du crime. La première, qui est l'*approche traditionnelle*, consiste à se demander pourquoi un certain nombre d'individus deviennent des délinquants. *La seconde, d'origine récente*, inverse en quelque sorte la question classique en interrogeant : pourquoi la majorité des gens ne deviennent-ils pas délinquants[1] ? En fait, lorsqu'on y réfléchit, on est amené à constater que même lorsque l'on pose la question de cette manière aussi stimulante qu'originale, on est contraint à un moment ou à un autre de répondre à une autre question qui est de savoir pourquoi ceux qui sont délinquants le sont effectivement. En définitive, *les théories du respect de la loi pénale* ne sont que de simples détours et on revient inévitablement à l'approche traditionnelle du problème qui demeure la bonne question.

581 La science des actions ou praxéologie[2] ◇ Pour répondre à cette question, la façon la plus satisfaisante consiste à partir de l'analyse de l'action, telle qu'elle résulte de la science des actions humaines ou praxéologie[3]. Selon la conception généralement retenue, une action est la *réponse* d'une *personnalité* à la *situation* dans laquelle elle se trouve impliquée, réponse qui intervient à la suite d'un *processus d'interaction* d'une durée plus ou moins longue[4]. Le psycho-sociologue Kurt Lewin a ainsi posé l'équation : B = f(PE) soit : *Behavior*[5] = *fonction de (la Personnalité et l'Environnement)*[6].

Il convient donc de distinguer entre trois séries d'éléments dans l'explication de l'action : d'une part des *facteurs*, la personnalité et la situation qui rendent compte de l'*étiologie* de l'action; d'autre part des *processus*, les processus d'interaction qui conduisent au passage à l'acte et forment la *dynamique* de l'action; enfin l'*acte lui-même*, c'est-à-dire la modification du monde extérieur réalisée par l'auteur de l'acte.

---

1. Sur les théories du respect de la loi pénale, *cf. supra* nos 252 et s.
2. « Praxéologie » vient de deux mots grecs « *praxis* » qui signifie *action* et « *logos* », *discours*.
3. *Cf.* A. Moles et E. Rohmer, *Théorie des actes, Vers une écologie des actions*, éd. Casterman, 1977, p. 8; R. Daval, *Logique de l'action individuelle*, PUF, 1981, p. 31 et s.; L. von Mises, *L'action humaine*, PUF, 1985, p. 1 à 4.
4. Pour une analyse détaillée, *cf.* Moles et Rohmer précité, p. 34 et s.
5. *Behavior* signifie comportement en anglais.
6. Lewin distingue en effet l'environnement de la « situation », en définissant celle-ci comme « le rapport dynamique entre la personnalité et l'environnement » ce que nous appelons, pour notre part, conformément à un usage courant, le « processus d'interaction ».

582 *Action criminelle et actions non criminelles – Plan* ◇ L'action criminelle est ainsi, comme les actions non criminelles, la réponse d'une personnalité à une situation au terme d'un processus d'interaction entre personnalité et situation.

Mais la question fondamentale qui se pose alors est de savoir si l'action criminelle se distingue des diverses actions non criminelles par quelque trait (ou plusieurs traits) qui affecte(nt) l'un ou l'autre (ou plusieurs) des éléments qui *composent le complexe étiologico-dynamique qu'est l'action humaine* : personnalité, situation, processus d'interaction et acte délictueux.

La réponse générale apportée par la microcriminologie est qu'il existe des *différences*. Encore convient-il de préciser lesquelles. C'est ce que l'on va rechercher en examinant successivement *Les facteurs du crime* ou l'étiologie criminelle (chapitre 1), *Les processus d'interaction du passage à l'acte criminel* ou la dynamique criminelle (chapitre 2) et *La théorie de l'acte délictueux* ou *la praxéologie criminelle* (chapitre 3).

582bis *Bibliographie générale* ◇

R. Vouin et J. Léauté, 60-85; G. Stefani et G. Levasseur, n°s 220-254; E. Mira y Lopez, 104-109; D. Szabo (1965), 89-317; D. Szabo (1970), 55-97; J. Léauté (1972), 411-652; J. Leyrie, 247-262; D. Szabo (1978), 12-13; R. Merle et A. Vitu, I, n°s 40 et s.; S. Rizkalla, 2-18; L. Négrier-Dormont, 143-163; J.-L. Bacher, « Criminologie de l'acte », *Dict. sc. crim.*, 2004, 210-213; B. Bouloc, n° 2-20 (phénomène criminel), 242-264 (*iter criminis*).

CHAPITRE 1

LES FACTEURS DU CRIME
(L'étiologie criminelle)

583 *Personnalité ou situation ?* ◇ L'action criminelle étant la réponse d'une personnalité à une situation déterminée, on peut situer l'étiologie du crime, soit dans la *personnalité du délinquant,* soit dans la situation précriminelle, soit encore dans la *conjonction des deux éléments* de l'action.

De fait, lorsque l'on interroge les théories *criminologiques,* on y repère aisément une opposition entre d'une part une masse de théories qui mettent l'accent sur la *personnalité de l'auteur de l'infraction*[1] et pour qui la situation entourant l'acte délictueux, pour autant qu'elle est prise en considération, n'est conçue que « comme une circonstance qui déclenche ou précipite l'acte et qui réalise ainsi une tendance déjà pleinement formée, qui se serait exprimée tôt ou tard »[2], et d'autre part quelques *théories circonstancielles* qui insistent au contraire sur le rôle de la *situation précriminelle*[3] et pour qui il n'existe pas d'autre différence entre les délinquants et les non-délinquants que le fait que les premiers se sont trouvés dans une situation précriminelle que les seconds n'ont pas connue (provocation, tentation, mauvais exemple, stress extrême, occasion) et qui est d'une nature telle que tout individu placé dans les mêmes circonstances aurait agi de même.

Pour savoir quelles sont les réponses qui résultent des *recherches empiriques* sur l'étiologie du crime, on va examiner tour à tour chacun des deux facteurs possibles de celui-ci : la personnalité du délinquant (section 1) et la situation précriminelle (section 2).

SECTION 1. **LA PERSONNALITÉ DU DÉLINQUANT**[4]

584 *Le concept de personnalité en psychologie*[5] ◇ La notion de personnalité est un concept fondamental de la psychologie et cependant sa défi-

---

1. *Cf. supra* nᵒˢ 226 et s., et 279 et s.
2. A.-K. Cohen, La *déviance,* p. 90.
3. *Cf. supra* nᵒ 281.
4. Outre la bibliographie générale donnée nᵒˢ 574 *bis* et 656 *bis,* E. De Greeff (1937), 16-163; E. De Greeff (1948), 83-289; J. Constant, 42-104; M. Laignel-Lavastine et V. V. Stanciu, 24-124; B. Di Tullio (1951), 24-29; O. Kinberg, 123-132; E. Mira y Lopez, 1-93; J. Pinatel (1963-1975), nᵒˢ 241-246 et 168-207; B. Di Tullio (1967), 3-56; Stefani-Levasseur et Jambu-Merlin, nᵒˢ 109-114, 119-145 et 161-186; E. Yamarellos et G. Kellens, II, vᵒ « Personnalité criminelle », 70-74; Leyrie, 250-253; R. Merle et A. Vitu, l, nᵒˢ 19-38; Y. Roumajon, *Ils ne sont pas nés délinquants,* R. Laffont, 1977; H. Fiorentini, *Enseignements criminologiques d'une carrière expertale,* th. doct. droit 3ᵉ cycle, Aix, 1982, 3 vol. multigraph.; D. Szabo, « Comment devient-on criminel ? », *RICPT,* 1977, p. 11-16; G. Canepa, « La personnalité criminelle. Orientation traditionnelle de la recherche, intérêt actuel et perspectives d'avenir », *RICPT,* 1987, p. 28-36; M. Le Blanc et P. Frechette, « Le syndrome de personnalité délinquante », *RICPT,* 1987, p. 133-146; D.-J. West et D.-P. Farrington, *Who becomes delinquent ?,* 2ᵉ éd., 1975; Yochelson et Samenov, *The criminal personality,*

nition demeure obscure parce qu'il a donné lieu aux interprétations les plus différentes. On peut cependant y trouver de quoi asseoir une recherche solide sur la personnalité du délinquant.

a) En ce qui concerne les diverses interprétations du concept de personnalité, un auteur a pu discerner quatre courants [1] : 1/ le courant *typologique* (Sheldon notamment) pour qui la personnalité dépend de la constitution physique, du tempérament et du caractère; 2/ le courant *psychanalytique* (Freud) qui distingue trois instances [2] dans l'« appareil psychique » : le Ça (ou Soi), le Moi et le Surmoi et place le développement de la personnalité sous le signe du conflit entre ces trois instances; 3/ le courant *factoriel* (Cattell notamment) qui, analysant la personnalité au moyen de la méthode dite factorielle, a isolé les traits profonds de la personnalité par couples antagonistes (ex. : force du Moi – tendances névrotiques, intelligence générale – déficience mentale, etc.); 4/ le courant *culturaliste* (Kardiner notamment) selon qui les membres d'une même société ont en commun des éléments semblables de personnalité qui forment « la personnalité de base ».

b) Au-delà de cet inventaire des grandes orientations en matière de théories de la personnalité, on peut relever deux grandes tendances dans la conception de la personnalité. Pour la première, la personnalité est la *somme* des qualités de la personne et elle se définit comme la synthèse globale de celles-ci (conception *statique*). Pour la seconde, la personnalité est la faculté de *se comporter de telle ou telle manière*, de *choisir telle ou telle conduite* dans les situations les plus diverses dans lesquelles un individu se trouve placé. C'est là une conception *dynamique* de la personnalité qui s'adapte beaucoup mieux que la précédente à l'objet de la criminologie et c'est celle que nous retiendrons désormais.

585 **La personnalité du délinquant en criminologie** ◇ La criminologie s'est toujours interrogée sur la *personnalité du délinquant* comme facteur de l'action criminelle et l'on peut même dire que l'essentiel, pour ne pas dire la totalité, des travaux de la criminologie traditionnelle ont porté sur l'étude de cette personnalité.

Toutefois pendant longtemps, on ne distingua guère entre les traits de personnalité comme facteur de l'acte criminel et les caractéristiques héréditaires ou acquises ayant influencé la formation de la personnalité du délinquant. Aujourd'hui en revanche, on distingue de plus en plus nettement entre la *personnalité au moment du passage à l'acte* comme facteur de ce dernier (facteurs

vol. 1, « A profile for change », 1976; H. Eysenck, *Crime and personality,* nouvelle éd., 1977; G. Nettler, *Explaining criminals,* 1982, 220 p.; D.-S. Elliot et *al., Explaining delinquency and drug use,* 1985, 176 p.; P. Stepniak, « Des recherches polonaises relatives à la criminogenèse », *RDPC,* 1994, p. 734-744. Sur les théories étiologiques contemporaines, *cf. supra* n°s 225 et s.; M. Le Blanc et J. Morizot, « La personnalité du délinquant de la latence à l'âge adulte : stabilité ou maturation », *RICPT,* 2001, p. 35-68; M.-A. Neuilly, « Personnalité criminelle », *in* M. Herzog-Evans (ed.), vol. 1, p. 453-468.
5. S. Clapier-Valladon, *Les théories de la personnalité,* coll. « Que sais-je ? », PUF, 1986; W. Huber, *Introduction à la psychologie de la personnalité,* Liège-Bruxelles, Dessart et Mardaga éd., 1977.
1. Y. Castellan, *Initiation à la psychologie moderne,* éd. Sedes, 1969, p. 245-289.
2. Freud, selon l'image de Charles Taylor (*Sources of the Self. The making of modern identity,* Cambridge University Press, 1989, 601 p.) fait du Moi un navigateur qui cherche sa route entre les pressions du Soi, du Surmoi et de l'organisation sociale.

« déclenchants » ou de « déchaînement de l'acte ») [1] et les facteurs qui ont antérieurement influencé la *formation de la personnalité du délinquant* (facteurs « favorisant » ou « prédisposant » encore appelés « facteurs de développement de la personnalité ») [2]. Sur le fond en revanche, les criminologues sont très divisés à la fois sur les uns et sur les *autres*. Bien que cela puisse paraître paradoxal au premier abord, on va s'interroger dans un premier temps sur *la personnalité du délinquant au moment de l'acte* (sous-section 1) et dans un deuxième temps sur *la formation de la personnalité du délinquant* (sous-section 2). Concrètement en effet, le criminologue se trouve en présence d'un délinquant dont il essaie de cerner la personnalité actuelle en se plaçant autant que faire se peut au moment du début du processus du passage à l'acte, puis il tente de remonter dans son passé jusqu'à la constitution de son patrimoine héréditaire. Il n'est pas sans intérêt non plus, pour la connaissance de la personnalité du délinquant, de s'interroger sur ses *attitudes après l'accomplissement de l'acte délictueux* bien que les connaissances en la matière soient encore rudimentaires (sous-section 3).

SOUS-SECTION 1. La personnalité du délinquant au moment de l'acte [3]

586 *Du « type criminel » à l'abaissement du « seuil délinquantiel »* ◇
Dans la conception de Lombroso, il existerait un *type criminel* présentant un certain nombre de traits anatomiques qui le distingueraient des non-délinquants et seraient à l'origine de ses actes criminels. Si cette orientation essentiellement anatomique est aujourd'hui rejetée, l'idée même du « type criminel » s'est perpétuée à travers le concept de « *personnalité criminelle* ». Pour nombre de criminologues en effet, il existerait une personnalité particulière au délinquant, caractérisée selon les auteurs, par des traits d'ordre biologique, psycho-pathologique, psychologique ou social, qui distingueraient le délinquant du non-délinquant, soit par une différence de *nature*, soit tout au moins par une différence de *degré*. D'autres auteurs cependant, pensent qu'il n'y a pas de « personnalité criminelle » proprement dite, mais seulement des *traits de personnalité* qui soit isolément, soit plus fréquemment en association, font que lorsque l'individu qui les possède se trouve dans une situation précriminelle, son « *seuil délinquantiel* » [4] se trouve abaissé par rapport à d'autres qui ne présentent pas la même organisation de personnalité et qu'il commettra un ou plusieurs délits alors que les autres n'auraient pas délinqué.

Quelle que soit toutefois la conception retenue, la quête des traits de *personnalité* du délinquant constitue l'objectif essentiel. Or à cet égard, les descriptions qu'en donnent les criminologues sont tantôt des *descriptions objectives* (§ 1) et tantôt des *descriptions subjectives* (§ 2).

---

1. Frechette et M. Le Blanc (*Délinquances et Délinquants,* 1987) parlent de « facteurs criminogènes actifs » (p. 140).
2. *Cf. supra* n° 119 et Seelig, *Traité de criminologie,* 191-193. Sur les relations entre les deux séries de facteurs de personnalité, *cf.* Frechette et Le Blanc, *op. cit.,* p. 139-140.
3. J. Pinatel (1963-1975), n°s 168-184; E. H. Sutherland et D. R. Cressey, 109-128; R. Merle et A. Vitu, I, n°s 42-43; Rizkaija, 3-7.
4. Sur la notion de « seuil délinquantiel », *cf. supra* n° 120.

§ 1. Les descriptions objectives
de la personnalité du délinquant

587 Notion ◊ On entend par descriptions *objectives* l'exposé de traits de personnalité, traits de caractère, tendances réactionnelles, aptitudes intellectuelles, attitudes sociales, qui présentent cette particularité d'être *observables de l'extérieur,* et non des sentiments ou des motivations *vécus seulement de l'intérieur.*

Nombre de criminologues se sont bornés à mettre l'accent sur *un* ou *quelques traits* fréquemment rencontrés chez les délinquants (A), mais quelques-uns, allant plus loin, ont présenté certaines associations de traits en *ensembles structurés de comportement* (B).

A. Les descriptions analytiques [1]

588 Des directions multiples ◊ Les traits caractéristiques de la personnalité du délinquant au moment de l'acte ont été recherchés dans des *directions multiples :* anatomo-physiologique (a), psycho-pathologique (b), psychologique (c) et psycho-sociale (d). Il importe de rechercher à propos de ces multiples données quel est *l'état actuel des connaissances* afin de discriminer, dans la masse considérable des hypothèses formulées jusqu'à présent, quelles sont celles qui méritent quelque considération et celles qui, au contraire, doivent être écartées.

a. Les descriptions biologiques [2]

589 Utilité ◊ Malgré l'échec de la tentative lombrosienne, les recherches de biologie criminelle n'ont jamais été complètement abandonnées. Elles retrouvent même de temps à autre un regain d'actualité dès que la biolo-

---

1. E. De Greeff (1937), 96-163; E. De Greeff (1948), 134-289; J. Pinatel (1963-1975), nᵒˢ 168-184; J. Léauté (1972), 460-531; J. Pradel, nᵒˢ 23-26; P. Karli, *L'homme agressif,* 1987, 385 p.; même auteur, *Les racines de la violence, Réflexions d'un neurobiologiste,* O. Jacob, 2002, 235 p.; L. Mucchielli (dir.), *Histoire de la criminologie française,* L'Harmattan, 1994, p. 411-428; G. Kellens, *Éléments de criminologie,* 171-175.
2. E. De Greeff (1937), 73-75; E. De Greeff (1948), 134-163; Mira y Lopez, 292-297; Sutherland-Cressey, 109-128; E. A. Fattah et D. Szabo, A10, p. 12-18; E. Yamarellos et G. Kellens, I, 30-34; J. Léauté (1972), 460-481; J. Léauté (1981), 242-266; Bessette, 198-142; J. Pinatel (1987), vᵒ « Biologie criminelle », 33-35; O. Kinberg, « La connaissance de l'infrastructure biologique de l'acte délictueux comme base d'une criminogenèse objective », *in Autour de l'œuvre de De Greeff,* t. I, « L'homme criminel », p. 35 et s.; H. Ellenberger, *Aspects biologiques de la criminalité,* 1973; G. Canepa, « Les perspectives biologiques et psychologiques dans le domaine des études cliniques sur le comportement criminel », *in Mélanges Jean Pinatel* (1980), 183-201; S. et E. Glueck, *Physique and delinquency,* 1966; Gabriel Moser, *L'agression,* PUF, 1987; D.-H. Fishbein, « Biological perspectives in criminology », *Criminology,* 1990, 28, nᵒ 1, p. 27-72; Société internationale pour la recherche sur l'agression, VIᵉ Conférence européenne (Jérusalem, juin 1991); S. Strum, *Presque humain, voyage chez les babouins,* éd. Eshel, 1990. *Adde,* J.-P. Changeux, *L'homme neuronal,* 1983, 380 p.; *Matière à pensée,* 1989, 256 p.; J.-P. Changeux, « Point de vue d'un neurobiologiste sur les fondements de l'éthique », *Commentaire* 1995, nᵒ 71, p. 539-549; T. Albernhe (dir.), *Criminologie et psychiatrie* 1997, p. 376-417; J.-P. Changeux et P. Ricoeur, *La nature et la règle,* 1998, éd. O. Jacob, 348 p.; J.-P. Changeux, *L'homme de vérité,* O. Jacob, 2002, 442 p.

gie a fait une découverte qui est susceptible d'avoir une relation quelconque avec la conduite criminelle. De la sorte les recherches se sont étendues de l'anatomie, à la physiologie, à l'endocrinologie, à la biotypologie, à l'organisation cérébrale, à la cytogénétique et même à la biologie sociale.

Ces nouvelles recherches n'ont pas donné jusqu'à présent de résultats très convaincants en ce sens qu'elles n'ont pas permis de ressusciter le « type criminel » biologique de Lombroso. Mais la connaissance de ces travaux n'en est pas moins utile car, comme l'a écrit De Greeff [1], les caractères biologiques d'un individu « le classent dans l'échelle des êtres » et, « plus il s'éloigne du type moyen parfait, plus il laisse supposer qu'il est la proie de forces anarchiques ou mal équilibrées et que ses difficultés d'adaptation dépassent celles des individus moyens ». C'est sous le bénéfice de ces observations générales que l'on va dire quelques mots des diverses données biologiques relatives à la personnalité des délinquants, à savoir les aspects morpho-anthropométriques (1), physiologiques (2), biotypologiques (3), cérébropathiques (4) et cytogénétiques (5).

590   1) *Aspects morpho-anthropométriques* [2] ◇ Dans cette perspective traditionnelle, divers aspects *anthropométriques* ont donné lieu à des recherches : taille, poids, envergure, etc. La conclusion qui s'en dégage est que l'anthropométrie comparée ne permet, ni de distinguer les criminels des non-criminels, ni de distinguer les criminels entre eux. La même conclusion se dégage des multiples recherches *morphologiques* destinées à traquer les anomalies dans ce domaine : crâne, face, oreille, yeux, nez, bouche, tronc, membres, organes génitaux, peau, cheveux et système pileux. Tout ce que l'on peut dire c'est que certaines de ces anomalies morpho-antropométriques peuvent être un signe clinique d'affections méningo-encéphalitiques qui ont retenti non seulement sur la personnalité intellectuelle du sujet, mais sur son affectivité et sa personnalité morale, laissant ainsi des perversions durables qui retentissent sur le comportement. Dans cette mesure, il n'est pas sans intérêt de se rapporter à ces « signes » pour remonter à la source de l'affection qui a engendré des troubles de la personnalité susceptibles d'expliquer le comportement délictueux du sujet. Ajoutons que la morpho-psychologie est revenue aujourd'hui à la mode.

591   2) *Aspects physiologiques* ◇ Au point de vue physiologique, divers aspects ont retenu l'attention des criminologues parce que, comme l'écrit De Greeff, s'il n'y a pas de physiologie propre au délinquant, « certains troubles physiologiques n'en ont pas moins leur importance, en tant que

---

1. *Introduction à la criminologie*, 2ᵉ éd., 1948, p. 134.
2. Pour la littérature postérieure à la dernière guerre : J. Pinatel, « Les aspects anatomiques et physiologiques de la personne du criminel », *RSC*, 1956, p. 149-158; P. Grapin, « Dysmorphisme et criminalité », *RSC*, 1954, p. 65-81; « Remarques sur quelques documents céphalométriques concernant les forçats de l'ancien bagne de Brest », *RSC,* 1957, p. 453 et s.; « Otologie et criminalité, étude comparative de l'oreille externe chez 2 000 assassins », *RSC*, 1958, p. 587-593; Verdun et *al.*, « Étude anthropologique de 33 criminels délinquants adultes et de 41 jeunes délinquants », *in Laval médical*, juin 1957, p. 791-814; Morel et Bouvery, *Aspects anthropologiques et sociopathiques de dix assassins guillotinés au* xıxᵉ *siècle dans la région lyonnaise*, 1964, 85 p.

venant constituer le climat, le fond particulier où se déroulent l'action et l'élaboration criminelle, et même en tant que venant ajouter des éléments nouveaux et spécifiques à une situation en soi banale et moyenne ».

Dans cette perspective, l'attention s'est portée en premier lieu sur *l'aspect évolutif du fonctionnement physiologique* et les relations pouvant exister entre la délinquance et les grandes périodes de la vie physiologique : puberté, ménopause, troubles menstruels [1] et grossesse chez la femme, sénilité. D'autre part, les *troubles du fonctionnement physiologique* ont également retenu l'attention quant à leurs rapports possibles avec certains actes criminels : troubles du fonctionnement du système nerveux, troubles physiologiques dus aux maladies générales et troubles endocriniens [2 et 3].

592 **3) *Aspects biotypologiques* [4]** ◊ La biotypologie a pour objet la recherche de corrélations entre divers aspects du corps humain et les traits dominants de la personnalité des individus. Les systèmes biotypologiques sont très nombreux; certains d'entre eux comportent l'établissement de *corrélations criminologiques*. Tel est le cas tout d'abord de la bio-typologie du psychiatre autrichien Kretschmer [5]. Pour cet auteur il existerait trois types de constitution *physique* : le *leptosome* ou longiligne, mince, long, fluet, grand, au corps étroit et aux membres assez longs; l'*athlétique*, à la charpente solide, la stature harmonieuse et l'aspect sportif; le *pycnique* ou compact, de taille petite ou moyenne, augmenté en largeur, à la corpulence avantageuse, à la tête large et au visage arrondi. À ces types physiques, correspondraient des *tendances caractérielles* différentes définies à partir des grandes maladies mentales évolutives, mais aussi des *différences criminologiques* : les leptosomes fourniraient le plus gros contingent de délinquants et commettraient surtout des vols, faux, escroqueries et abus de confiance; les athlétiques viendraient ensuite, mais leur délinquance serait surtout faite d'actes de violence [6]; quant aux pycniques, ils seraient proportionnellement moins nombreux dans la population délinquante et leur délinquance serait essentiellement tardive et rusée.

1. En 1981, plusieurs jugements rendus par des tribunaux britanniques ont pris en compte l'existence de ce phénomène particulier, spécifique à la femme, connu sous le nom de « syndrome prémenstruel » pour faire bénéficier des prévenues de circonstances atténuantes.
2. P. Abely, « Troubles endocriniens et criminologie », *RPDP*, p. 1949, p. 397-399; J. Pinatel, « Endocrinologie et criminologie », *RSC*, 1962, p. 551-561; X... « Testostérone et agressivité chez l'homme », *Instantanés médicaux*, 1979, n° 5, p. 17; J. Pinatel (1987), v° « Endocrinologie », p. 76-78.
3. En 1988, l'agence « Chine nouvelle » a diffusé les résultats d'une enquête réalisée sur 756 jeunes délinquants par l'Université médicale du Shaanxi (nord de la Chine) de laquelle il résulterait que les « gauchers » sont plus souvent portés au crime que les « droitiers » et commettraient proportionnellement davantage de crimes graves que ces derniers. Ces résultats retrouvent en fait des observations faites depuis longtemps en France, notamment par P. Grapin, *cf.* Stefani, Levasseur et Jambu-Merlin, n° 174. *Adde* « Les gauchers sinistrés », *Le Figaro* du 11 avr. 1991.
4. J. Dublineau, « La typologie générale, mode d'approche du problème criminologique », Actes du IIᵉ Congrès internat. de criminologie (Paris 1950), t. II, 279-283; G. Mazileff, « La science de l'homme (biotypologie) appliquée à la criminologie », *op. cit.*, p. 171-174; E. Glueck, « La conformation somatique dans la prévision de la délinquance », *RSC*, 1958, p. 81 et s.
5. R.-P. Verdun, « La doctrine crimino-biologique du psychiatre allemand Kretschmer », *Rééducation*, mai 1950, p. 3-12.
6. M. Killias, *Précis de criminologie*, 2ᵉ éd., 2001, n° 600.

Plus récente la typologie de l'américain Sheldon[1] se fonde sur la prédominance dans le développement de l'individu de l'appareil viscéral digestif (*endomorphes*), des muscles et de l'ossature (*mésomorphes*) et des tissus cutanés et nerveux (*ectomorphes*). Comme Kretschmer, Sheldon a recherché les corrélations entre somatotypes et traits de personnalité, mais aussi avec la *délinquance* et des travaux analogues ont été faits par la suite sur les mêmes bases, notamment par les époux Glueck publiés en 1956 sous le titre *Physique and delinquency*[2]. Leurs conclusions ne concordent pas avec celles de Kretschmer, car ils trouvent le plus grand nombre de délinquants chez les mésomorphes qui correspondent plutôt au type « athlétique » du psychiatre autrichien.

Une autre biotypologie criminelle mérite d'être mentionnée car, à la différence des précédentes, elle ne repose pas sur la constitution corporelle, mais sur le *fonctionnement endocrinien*. Il s'agit de la biotypologie de l'italien Pende[3], au contenu très complexe, qui aboutit à l'affirmation de *rapports entre la forme du crime et le biotype*. Ainsi le tempérament hyperthyroïdien prévaudrait chez les voleurs et les criminels passionnels. Des recherches réalisées au cours des dernières années ont porté spécialement sur l'importance des déterminants hormonaux dans le comportement délictueux. On a ainsi cru pouvoir établir une relation entre le taux circulant de testostérone et les actes de violence, ou encore entre menstruation et délinquance féminine. Mais ces relations demeurent encore discutées[4]. Des études auraient encore suggéré qu'il y aurait une relation entre le diabète et les violences criminelles à partir de la constatation de la corrélation existant entre les deux courbes dans un même État.

593 4) *Aspects cérébropathiques* ◇ Il existe en criminologie une longue tradition neurocérébraliste qui rattache la délinquance à des anomalies du cerveau des délinquants, mais il s'agissait d'hypothèses non vérifiables. Or, les progrès de l'étude du cerveau fondés en grande partie sur les progrès des moyens d'investigation (radiographie cérébrale, électroencéphalographie[5], neurochirurgie, etc.) ont permis de multiplier les constatations faites en ce sens et ont donné naissance à des hypothèses nouvelles dans ce domaine.

Une première série de travaux fondés sur la radiographie et l'électroencéphalographie, ont relevé la fréquence *d'anomalies anatomiques du cerveau* constitutionnelles ou acquises : lésions cérébrales, notamment du « diencéphale » ou cerveau ancien; anomalies des sillons cérébraux[6]. Des recherches plus récentes ont mis l'accent sur les troubles de la *biochimie du cerveau*, comme ceux de la

---

1. W.-H. Sheldon, *Les variétés de la constitution physique de l'homme*, PUF, Paris 1950, et *Les variétés du tempérament*, PUF, Paris 1951.

2. S. et E. Glueck, « Les rapports entre les caractéristiques physiques et la délinquance, Exposé de l'ouvrage *Physique and delinquency* », *RSC*, 1957, p. 73-83.

3. N. Pende, « La biotypologie et la clinique de la personne humaine au service de la criminologie », Actes du IIe Congrès International de Criminologie, Paris 1950, t. II, 195-203.

4. C. Blatier, *Introduction à la psychocriminologie*, Dunod, 2000, p. 46-47.

5. *Cf.* Rolland et Bernard, « Étude du comportement à partir de la réaction au conditionnement électroencéphalographique », *Ann. Vaucr.*, n° 6, 1968, 75-111; J. Pinatel, « Électroencéphalographie et criminologie », *RSC*, 1975, p. 1055-1061.

6. F. Petersohn, « Les lésions cérébrales criminogènes », *AIC*, 1964, p. 373-389; Benoiston et *al.*, « Recherches sur les antécédents cérébropathiques de 800 délinquants », *AIC*, 1964, p. 322-395; H. Ellenberger, *Aspects biologiques de la criminalité*, Libr. de l'Univ. de Montréal, 1973, p. 26-27; O. Kinberg, *Problèmes fondamentaux*, p. 221 et s.; C. Blatier, *Introduction*, précité, 2010, p. 42-43.

régulation des monoamines cérébrales [1]. Dans le *dernier état des connaissances* sur le cerveau et l'agressivité, les relations entre le cerveau et le comportement apparaissent d'une extrême complexité. Même les partisans du matérialisme biologique, qui considèrent que le cerveau est une *machine* de sorte que « l'homme n'a plus rien à faire de l'Esprit », admettent que la complexité de l'architecture du cerveau est telle que la machine est obligée de se construire *toute seule* [2]. Or, cette construction ne se réalise pas n'importe comment. Pierre Karli [3] étudiant les comportements d'agression, a soutenu que si les structures du cerveau et leur agencement fonctionnel « produisent » la pensée et l'action, leur finalité est d'adapter ces dernières au monde environnant. *Organe médiateur* entre le monde et ce que l'homme y fait, le cerveau donne ainsi signification aux situations et prend en considération l'histoire de l'individu. De sorte que, loin d'être l'expression d'un programme inné, l'agressivité a plutôt une valeur instrumentale au service de programmes comportementaux divers. Ainsi, loin d'être le produit d'une mécanique nerveuse, la violence est une manière dont le cerveau « interprète » le monde, ce qui attribue la plus grande importance et la plus grande responsabilité dans la violence aux diverses « interprétations » du monde que la société propose ou suggère à l'individu et à son cerveau [4]. Sur le plan *neuroanatomique*, les études actuelles, à l'aide des nouvelles techniques (imagerie cérébrale par exemple), associent les comportements violents à des lésions de certaines structures cérébrales, en particulier les structures limbiques, les lobes frontaux et temporaux [5]. Pour les *facteurs neurochimiques*, les chercheurs ont pris comme concept clé l'*impulsivité*. Les comportements violents sont vus comme une déficience du contrôle des impulsions [6]. Plusieurs neurotransmetteurs ont fait l'objet de recherches : acide glutamique, GABA, noradrénaline, dopamine, mais on retiendra principalement deux marqueurs biologiques :

1/ la sérotonine. Linnoila et Virkunnen [7] parlent du « syndrome de basse sérotonine » pour décrire des épisodes de changement d'humeur, de comportements impulsifs ou les deux;

2/ la monoamine oxydase (MAO). Une faible activité de monoamine oxydase dans les plaquettes sanguines peut être indirectement reliée au système sérotoninénergique central [8].

Cependant les marqueurs semblent valides pour l'impulsivité en elle-même, plutôt que pour les comportements agressifs ou violents. Ainsi on peut

---

1. *Apport de la biochimie du cerveau à la connaissance du criminel*, Journées d'études de l'Institut de criminologie de Paris de juin 1972, Neret éd., 1975 ; P. Conrad, « The discovery of hyperkinesis : notes on the medicalization of deviant behavior », *Social problems*, 1975, p. 12-21 ; C. Blatier, *Introduction*, précité, 2010, p. 49-51.

2. V. not., J.-P. Changeux, *L'homme neuronal*, éd. Fayard, 1983 ; *L'homme de vérité*, 2002, précité.

3. P. Karli, *Neurobiologie des comportements d'agression*, PUF, 1982 ; *L'homme agressif*, éd. O. Jacob, 1987 ; *Les racines de la violence*, O. Jacob, 2002, 235 p.

4. *Cf.* encore Addad, Benezech, Bioulac et Bourgeois, « Approche intégrative du comportement violent », *RICPT*, P. 1982, 57-76 ; D. Szabo, « Nature et culture, L'inné et l'acquis », *Année sociologique*, 1985, p. 233-271.

5. Garza-Travino, 1994, « Neurobiological factors in agressive behavior », *Hospital and Community psychiatry*, 45 (7), p. 690-699.

6. Shalling, 1993, « Neurochimical correlates of personnality, impulsivity and desinhibitory, suicidality », p. 208-266 dans S. Hodgins (dir.), *Mental disorder and crime*, Newbury Park, Sage publications.

7. « Agression, Suicidality and Serotonin », *Journal of clinical psychiatry*, 53, 1992, p. 46-51.

8. Shalling, 1993, précité.

dire que ces facteurs contribuent à une facilitation de l'expression de la violence [1].

594 **5)** *Aspects cytogénétiques* [2] ◇ Certains hommes possèdent un ou plusieurs chromosomes sexuels (gonosomes) supplémentaires dans leur cariotype dont la formule normale est XY. Ces aberrations gonosomiques peuvent en premier lieu consister dans la présence *d'un ou plusieurs X supplémentaires* (syndrome de Klinefelter) qui se caractérise par une morphologie eunuchoïdique assez typique et de la débilité mentale. Nombre de recherches effectuées sur la question ont mis en évidence la fréquence du comportement antisocial chez les individus qui présentent ce syndrome; ainsi le tueur en série Francis Heaulme serait atteint du syndrome de Klinefelter [3]. Mais comme celui-ci est un phénomène relativement rare, les délinquants qui en sont atteints, principalement des auteurs de délits sexuels, mais aussi des homicides et des voleurs, ne représentent eux-mêmes qu'une faible proportion de la population délinquante. Les aberrations gonosomiques peuvent en second lieu résulter *d'un ou plusieurs Y supplémentaires* qui donnent des sujets de grande taille et des personnalités dont la description rejoint celle des psychopathes. Ici encore, les premières études auraient établi que ces sujets à cariotype XYY sont proportionnellement beaucoup plus nombreux parmi les délinquants que dans la population normale, mais comme ce syndrome est également relativement rare, on estime que ces sujets ne représenteraient pas plus de 1 à 2 % de la population des délinquants de sexe masculin. L'étude sur le phénotype XYY suggérant la possibilité de comportements plus agressifs chez ces sujets n'a cependant pas été confirmée

1. *In* J. Proulx, M. Cusson et M. Ouimet, *Violences criminelles*, Presses Univ. Laval, 1999, p. 278-279.

2. E. Yamarellos et G. Kellens, I, v° « Génétique criminelle », 196-200. **Ouvrages :** P. Roubertoux et M. Carlin, *Génétique et comportements*, 1976; M. Benezech, *Aberration du chromosome Y en pathologie médico-légale*, Masson éd., 1976. Congrès : Symposium sur les anomalies chromosomiques et la responsabilité pénale (Jérusalem, mai 1969), CR RSC, 1971, p. 1032-1033; Conférence-table ronde de Cambridge (déc. 1969), travaux publiés par D.-J. West, *Criminological implications of chromosome abnormalities*, Université de Cambridge, 1970; Colloque de l'institut de Criminologie de Paris (mai 1972); *Aberrations chromosomiques, biochimie du cerveau et criminalité*, Publications de l'Institut, 1975. **Articles :** J. Ley, « Apports possibles de la cytogénétique humaine à l'étude de la délinquance », *RDPC*, 1967-1968, p. 392-395; D' L. Moor, « Aberrations chromosomiques portant sur les gonosomes et comportement antisocial : état actuel de nos connaissances », *AIC*, 1967, n° 2, p. 459-478; J. Graven, « Existe-t-il un chromosome du crime ? », *RICPT*, 1968, p. 277-296 et 1969, p. 21-36; P. Hivert et J. Breton, « Cytogénétique et criminologie », *RPDP.*, 1969, p. 493-498; J. Pinatel, « Biologie et responsabilité », *RSC*, 1968, p. 672-678; J. Vernet, « Chromosomes et criminalité », *Rev. Études*, 1968, juin-déc., p. 207-217; L. Silance, « Génétique et droit », *RDPC*, 1969, p. 871-883; R. Lautte, « Criminalité et chromosomes », *Rev. pol. nat.*, août-sept. 1970, p. 43-48; D' Mendlewicz et al., « Les déterminants génétiques de la délinquance », *RDPC*, 1970, p. 439-469; Lazarini et al., « Criminologie et aberrations gonosomiques », *Médecine légale et dommage corporel*, 1972, p. 128-138; L. Moor, « Un gène de la délinquance : mythe ou réalité ? », *AMP*, 1972, t. 2, p. 520-526; R. Van Durme, « Avatars du syndrome XYY, L'agressivité génétique est-elle un mythe ? », *RDPC*, 1974, p. 3-24; M. Benezech, « Responsabilité pénale et chromosome », *RICPT*, 1975, p. 177-180. *Adde*, G. Charles, « Gène de violence », *L'Express* du 15 juill. 1993 et D' M. Perez, « Des gènes de la colère », *Le Figaro* du 25 oct. 1993 citant la revue *Science* du 22 oct. 1993, vol. 262, p. 578; G. Kellens, *Éléments de criminologie*, p. 192-195; C. Blatier, *Introduction*, précité, 2010, p. 44-45.

3. *Cf.* L. Montet, *Tueurs en série*, PUF, 2000, p. 29.

par la suite. Di Lalla et Gotesman[1] après une revue de littérature concluent qu'il n'y a pas encore de preuve d'éléments génétiques à l'origine de la violence[2].

Plus généralement, la découverte récente de l'identification des criminels par *l'empreinte génétique* pose la question de savoir s'il n'est pas possible d'identifier chez certains individus des prédispositions génétiques au crime. La question a du moins été posée sous la forme d'une crainte pour les libertés individuelles par la Commission Nationale de l'Informatique et des Libertés (CNIL)[3].

b. Les descriptions psycho-pathologiques[4]

595 *Historique* ◇ De même qu'il existe une tradition criminologique qui rattache la délinquance à des anomalies organiques, de la même façon, il existe aussi en criminologie une tradition psychiatrique dans l'interprétation de la personnalité des délinquants, notamment avec les vieux concepts de « folie morale » (Abercromby, Pritchard) et de « monomanie instinctive ». Au XXᵉ siècle, grâce aux progrès de la psychiatrie et au développement de la psychanalyse, l'interprétation psycho-pathologique de la délinquance a connu de nouveaux développements à travers la théorie des perversions instinctives et ses multiples prolongements (1) et dans certaines analyses psychanalytiques des conduites criminelles (2). Mais il faut dire que ce type d'analyse est aujourd'hui très controversé, nombre d'auteurs niant l'existence de relations entre la maladie mentale et la délinquance, en dehors de cas bien particuliers[5].

---

1. « *Biological and genetic contributors to violence-widow's untold trail* », *Psychology bulletin*, 109, 1991, p. 125-129.
2. *In* J. Proulx *et al.*, précité, p. 278.
3. *Cf. supra*, nᵒ 238.
4. E. H. Sutherland et D. R. Cressey, 129-147; B. Di Tullio (1967), 57-81; D. Szabo et E. A. Fattah A 20, 1-6; Yamarellos et G. Kellens, II, 129-135; N. Mailloux, 21-77; J. Léauté (1972), 482-508; J. Pinatel (1987), vᵒ « Psychiatrie criminelle », 179-181. P. Marchais, *Psychiatrie et délinquance*, 1953; G. Heuyer, *Les troubles mentaux, étude criminologique*, 1968; J. Ley, « La psychiatrie en question : évolution et perspectives », *RDPC*, 1979, p. 619-634; C. Olivenstein, *L'homme parano*, éd. O. Jacob, 1992; P. Moutin et M. Scheitzer, « À propos des bourreaux : criminels de guerre et criminels contre l'humanité », *RSC*, 1993, p. 831-837. R. Taylor, H. Gérard et F. Grégoire, « Une approche de la personnalité violente », *RIPC*, nᵒ 431, p. 20; A. Buquet, *Les écritures de personnalités pathologiques ou criminelles. Étude clinique*, Masson 1994, 130 p.; J. Proulx *et al.*, « Troubles de la personnalité et viol : implications théoriques et cliniques », *Criminologie*, 1994, nᵒ 2, p. 33-54; M. Cusson, « La question du normal et du pathologique en criminologie » *in Questions contemporaines de science criminelle*, Travaux de l'Institut de Sciences criminelles de Poitiers, 1996, vol. 16; M. Korn, « Meurtriers d'aujourd'hui : un regard du psychiatre-expert », *RDPC*, 1997, p. 909-920; R. Ouedrago, « Quels sont les liens entre l'hétéro-agressivité et l'auto-agressivité ? » *in* T. Albernhe (dir.) *Criminologie et psychiatrie*, 1997, p. 73-81; D. Wildlöcher, « Le fait criminel est-il un fait psychopathologique », même *ouvrage*, 29-31; T. Albernhe et Y. Perisse, « Pourquoi la loi est-elle fondatrice du sujet », même *ouvrage*, 81-89; P. Bensimon, « Caractéristiques des armes de poing et traits de personnalité chez les meurtriers », *RIPC*, 1997, nᵒ 462-463, p. 59-70; B. Brusset, « Diagnostic psychiatrique et différence du normal et du pathologique », *Encycl. médico-chirurgicale Psychiatrie*, janv.-mars 1999 E. 20; G. Kellens, *Éléments* précité, p. 176-180; M. Killias, *Précis de criminologie*, 2ᵉ éd., nᵒ 658; F. Marty (dir.) *Le jeune délinquant*, Payot, 2002, 364 p.; C. De Beaurepaire, M. Bénélech et C. Kottler, *Les dangerosités*, éd. John Libbey Eurotext, 2004, 424 p.; M. Bubec et C. De Rudder, *Le plaisir de tuer*, Seuil, 2007.
5. V. C. Montandon, « La dangerosité, revue de la littérature anglo-saxonne », *Dév. et soc.* 1979, p. 89 et s., spéc. 92 à 94.

596 **1)** *Du pervers constitutionnel au sociopathe* ◇ On a vu, en exposant les théories criminologiques, que pour le français Dupré, la délinquance s'expliquerait par des anomalies des tendances instinctives fondamentales que cet auteur a appelé des *perversions instinctives*[1]. Or si cette théorie est aujourd'hui abandonnée[2], l'idée que le délinquant serait une sorte d'« anormal mental » se caractérisant par la perversité est demeurée vivace jusqu'à aujourd'hui à travers diverses transformations du type du « pervers constitutionnel » de Dupré. On a ainsi forgé notamment le concept de *personnalité psychopathique* que Cattell caractérise comme étant « malhonnête, impulsif, égoïste, inconstant, partiel, en qui on ne peut se fier » et qu'il rapproche du type du « fou moral » décrit depuis longtemps par les psychiatres[3]. En 1952, les Américains, insatisfaits des services rendus par la notion de personnalité psychopathique, ont remplacé ce concept par celui de *personnalité sociopathique,* c'est-à-dire « des individus qui sont malades essentiellement en termes de la société et de la conformité avec le milieu culturel, et non seulement en termes d'inconfort personnel des relations avec autrui. »[4]

Ces notions sont, comme on peut le voir, extrêmement vagues et donc peu utiles pour analyser la personnalité du délinquant. Mais de plus, on peut se demander si l'approche de la délinquance en termes d'anomalie mentale n'est pas le produit d'une illusion créée par la prison, lorsque l'on sait que près des 3/4 des détenus présenteraient des déséquilibres psychiques et que l'hypothèse a été émise de l'existence d'une « pathologie mentale » spécifique des prisons[5].

On observera toutefois que le concept de « sociopathie » a retrouvé un important crédit à travers les travaux de MM. Frechette et Leblanc sur la délinquance des jeunes. Concluant un chapitre central sur la personnalité des jeunes délinquants « judiciarisés », ces auteurs n'hésitent pas à écrire : « Nous croyons qu'il est tout à fait justifié de conclure à la présence d'une véritable *sociopathie* déjà caractérisée à l'adolescence. »[6]. En France, lors de la préparation de la Conférence de la famille qui s'est tenue à Paris le 29 juin 2004, trois groupes d'experts se sont

---

1. *Cf. supra* n° 229.
2. E. De Greeff, « Réponse à l'enquête portant sur la notion de perversité », *Rev. Rééducation,* juin-juill. 1950, p. 54-55. Selon une étude réalisée en 2001 par les ministères de la Santé et des Affaires sociales et publiée en 2004, 55 % des détenus souffriraient de troubles psychiatriques plus ou moins sévères. Sur 2 300 personnes entrant en prison, rencontrées lors de leur entretien d'accueil, 55 % sont affectées par l'anxiété, 54 % par des troubles addictifs comme l'alcool ou la drogue et 42 % par des troubles psychosomatiques; 48 % de ces troubles sont considérés comme des cas importants. L'étude, menée avec le Groupe français d'épidémiologie psychiatrique relève également qu'un entrant sur cinq a déjà été suivi en psychiatrie, un sur dix a déjà été hospitalisé et un sur dix a déjà fait l'objet d'une cure de désintoxication.
3. G. Côté et *al.*, « Psychopathie, comportement antisocial et violence », *in* J. Proulx, M. Cusson et M. Ouimet (dir.), *Les violences criminelles,* Presses Univ. Laval, 1999, p. 289-317; R. Meloy, *Le psychopathe,* éd. Frison-Roche, 1998. Ce dernier auteur a publié en 2009 un article dans le *New York Times* dans lequel, comparant Madoff, l'escroc en série, aux *serial killers,* il explique que « le psychopathe croit fermement qu'il est unique, au dessus des lois. Son talon d'Achille est son sentiment d'impunité. Et c'est ce qui finalement le perd ».
4. Sur les tentatives de validation de l'hypothèse de la « sociopathie », *cf.* E. Yamarellos et G. Kellens, II, vᵒ « Tests », p. 203-204.
5. P. Hivert, « Le psychopathe et la prison », *RPDP,* 1972, p. 295-300.
6. *Délinquances et délinquants,* 1987, p. 235. *Adde* C. Messier, « Les troubles du comportement à l'adolescence et leur traitement », *Rev. Criminologie,* 1990, p. 7-40; G. Giret, *Violence et meurtre à l'adolescence,* éd. Universitaires, 1991; H. Kende, « Le diable et son hologramme. L'enfant

penchés sur le malaise actuel de l'adolescence. Ils ont fini par aboutir à la conclusion que « l'adolescence n'est pas une maladie », mais que pour autant 15 % des adolescents ne vont pas bien : quand ils ne s'abandonnent pas la délinquance, ils s'abîment dans la déprime, s'abattent sur leurs deux-roues ou se suicident.

Il existe toutefois un domaine, celui de la délinquance sexuelle, où la théorie dominante consiste à présenter cette délinquance comme une délinquance spécifique caractérisée par le sadisme qui associe directement la violence à la jouissance sexuelle. Dans cette perspective, les meurtriers sexuels, comme les violeurs, sont considérés comme une catégorie à part dont l'agir criminel est animé par la prégnance de fantaisies associant la cruauté au plaisir sexuel. Cette représentation du meurtre sexuel tire son origine de l'association de tous les crimes sexuels à des crimes sadiques qui seraient répétés au point de faire de leurs auteurs des tueurs en série si ceux-ci ne sont pas arrêtés avant. Or une importante recherche québécoise récente montre que les sadiques ne sont qu'une minorité parmi les meurtriers sexuels et que les sériels parmi eux sont particulièrement rares. En revanche, cette recherche établit que la plupart des meurtriers sexuels étudiés, comme d'ailleurs les violeurs du groupe de contrôle, ont un passé délictueux fait de délits contre la propriété ainsi que de voies de fait ou de coups et blessures sans rapport avec une agression sexuelle et que le meurtre sexuel (ou le viol) n'est que le passage au stade supérieur dans le cours de leur carrière criminelle. Ainsi les meurtriers sexuels (comme les violeurs) ne seraient en majorité que des criminels comme les autres, polymorphes et récidivistes qu'aucun frein n'arrête dans la poursuite du plaisir immédiat et qui réagissent de manière explosive aux frustrations[1].

597 ***2) Les analyses psychanalytiques des conduites criminelles***[2] ◇
Un courant différent, du moins dans son inspiration originaire, a également présenté la personnalité du délinquant en termes psychopathologiques en utilisant les données de la psychanalyse. Il s'agit notamment des théories qui ont assimilé le délinquant à un névrosé marqué par une très grande émotivité[3] et de la conception du P. Mailloux[4] qui considère la *délinquance d'habitude* comme un phénomène psychopathologique qui, selon les cas, se présente comme un *équivalent de la névrose* ou au contraire comme un *équivalent de la psychose*.

difficile tel qu'en lui-même », *RICPT*, 1992, n° 3 ; M. Le Blanc et J. Morizot, « La personnalité du délinquant de la latence à l'âge adulte : stabilité ou maturation », *RICPT*, 2001, p. 35-68.

1. J. Proulx, M. Cusson, E. Beauregard et A. Nicole (dir.), *Les meurtriers sexuels. Analyse comparative et nouvelles perspectives*, Préface de R. Gassin, Presses Univ. Montréal, 2005, 344 p.

2. J. Goldberg, *La culpabilité, axiome de la psychanalyse*, PUF, 1985, 208 p. ; *Le sujet et la loi*, *La petite délinquance, Approche juridique et psychanalytique*, éd. Erès, 1988, 168 p. ; M. Barbance, « Le rapport psychologique à la loi, au crime et à la peine dans la masse atomisée et la communauté émotionnelle, à partir de la théorie freudienne », *Dév. et soc.* 1993, p. 33-42 et 105-115 ; F. Marty (dir.), *Le jeune délinquant*, Payot, 2002, 364 p. ; G. Bonnet, *Le remords : psychanalyse d'un meurtrier*, PUF 2000, 114 p. ; Psychanalyse et criminologie : recherches antérieures et actuelles, Journée scientifique organisée avec le concours de l'Institut de criminologie de Paris, juillet 2008. Sur l'approche psychanalytique de la personnalité des terroristes à propos du terrorisme islamiste de Ben Laden et Al Qaeda, *cf.* Dossier du *Nouvel Observateur* du 20 déc. 2001, mais pour une analyse différente *cf.* R.-D. Masters, « Les ressorts du terrorisme », *Futuribles*, déc. 2001, p. 5-18.

3. *Cf. supra* n° 261. *Adde* M. Frechette, « Délinquance, socialisation et névrosisme », *Criminologie*, 1975, p. 53-84.

4. *Cf. supra* n° 265. *Adde* Jacques Mesrine, *L'instinct de mort*, 1984.

c. Les descriptions psychologiques [1]

598 *Position de la question* ◇ On se souvient que Lombroso, après avoir décrit les traits anatomiques et physiologiques de son type criminel, présentait la description de *traits psychologiques* qu'il considérait aussi comme caractéristiques de celui-ci. Par la suite, certains criminologues ont pensé que le délinquant se distinguait du non-délinquant par ces seuls traits. Existe-t-il effectivement des traits psychologiques qui permettent de caractériser la personnalité du délinquant ? La question se pose tour à tour pour le niveau intellectuel (1) et pour les traits de caractère et tendances réactionnelles (2).

599 *1) Le niveau intellectuel* [2] ◇ Le niveau intellectuel moyen des délinquants est-il inférieur à celui de la population ordinaire ? Il résulte de diverses recherches statistiques qu'il n'existe pas de différence vraiment significative entre les deux, de sorte que l'on peut affirmer que le *niveau intellectuel général* ne paraît pas avoir de relation avec la délinquance. En revanche il paraît exister un rapport assez étroit entre certains types de délits (vols, coups et blessures et attentats à la pudeur) et cet aspect de l'intelligence que sont le *jugement* et la *compréhension*. On constate en effet que chez les auteurs des délits précités, il existe une forte chute dans les épreuves de niveau intellectuel qui mettent particulièrement en jeu les fonctions de jugement et de compréhension.

D'autre part une synthèse récente des travaux portant sur le lien intelligence-crime, réalisée en 2002, aboutit à la conclusion que les délinquants diffèrent des non-délinquants en matière de performance aux *tests d'intelligence psychométriques*. Ces écarts sont surtout attribuables aux délinquants violents et aux délinquants chroniques.

---

1. E. A Fattah et D. Szabo, A 20, 1-16 ; J. Léauté (1972), 508-519 ; J. Pinatel (1987), v° « Psychologie criminelle », 181-182, J.-C. Bali, *Social deviancy and adolescent personality*, Lexington book, 1962, 119 p. ; Dʳ Kern, *Psychologie du criminel*, 1965 ; Dʳ Puyelo, *La psychologie du criminel ;* R. Merle, *Les mondes du crime*, 1968, 35-46 ; Ferracuti et Newman, « Approche psychologique et clinique de la déviance », rapport à la IXᵉ Conférence des Directeurs d'Institut de Recherches criminologiques (Strasbourg, 1971), Public. du Conseil de l'Europe ; P. Feldman, *Criminal behavior : a psychological analysis*, 1977 ; M.-T. Mazeroi, *Évolution et devenir du criminel*, 1977 : J.-C. Heraut, « Psychologie d'un jeune délinquant », *RICPT*, 1981, p. 65-74 ; M. Novak, *Force de caractère et crime*, Paris, 1989, 124 p. ; « Images, imagos, imageries », *Ann. Vaucr.*, 1986, 2, n° 25 ; M. Le Blanc, « Stabilité de la conduite délinquante des adolescents et constance des mécanismes de régulations personnelle et sociale », *RICPT*, 1993, n° 2 ; J.-Q. Wilson, *Le sens moral*, Plon 1995 avec CR critique de R. Boudon, *Commentaire*, 1996, n° 73, p. 23-36 ; M.-H. Leca, « Carences cognitives et délinquance juvénile », *RICPT*, 1996, p. 288-299 ; T. Albernhe (dir.), *Criminologie et psychiatrie*, 1997, p. 422-449 ; Changeux et P. Ricœur, *La nature et la règle*, éd. O. Jacob, 1998 ; M. Masse, « La psychologie du délinquant », *RPDP*, 1996, juill.-déc. p. 247-263.
2. E. Yamarellos et G. Kellens, I, v° « Intelligence des délinquants », 240-241 ; E. De Greeff, « Le niveau intellectuel et la criminalité », *Journal de neurologie et de psychiatrie*, 1933, n° 1, p. 114-123 ; « Délinquance et intelligence », *Liaisons* (Canada), janv. 1979, p. 2-5 ; Addad et Benezech, « Les déficients intellectuels. Définition et étude de leur rapport avec la délinquance », *RDPC*, 1980, p. 434-442 ; T. Moffitt et *al.*, « Socio-économie status, IQ, and delinquency », *Journal of abnormal psychology*, 1981, 152-156 ; F. Ferracuti, *Intelligence et criminalité*, Bibliographie précédée d'une introduction, 1966, 61 p. ; M.-H. Leca, « Carences cognitives et délinquance juvénile », *RICPT*, 1996, p. 288-299 ; J.-P. Guay, J. Proulx et M. Ouimet, « Le lien-intelligence-crime », *RICPT*, 2002, p. 131 ; C. Blatier, *Introduction*, précité, 2010, p. 46-48.

600 **2)** *Traits de caractère et tendances réactionnelles*[1] ◇ Nombre d'auteurs ont particulièrement insisté sur cet aspect de la psychologie des délinquants pour caractériser leur personnalité. Ainsi d'après Kinberg, les délinquants se singularisent par « l'incapacité à se juger correctement et à juger leurs rapports avec la société, le manque de prévoyance, l'insouciance et l'impétuosité, la tendance à des réactions de tête chaude qui font que souvent ils ne reculent même pas devant une peine prévue et attendue ». De même pour le psychologue américain Cattell, il existe des composantes psychologiques précises le plus souvent associées avec la délinquance : pauvreté intellectuelle, instabilité affective, dominance et autoritarisme, mauvaise intégration du caractère. De leur côté, les époux Glueck ont cru pouvoir identifier les 5 traits suivants comme accusant les différences les plus grandes entre délinquants et non-délinquants : l'affirmation sociale, le défi, la suspicion, la tendance destructive et l'impulsivité.

Tous ces traits de personnalité, qui se recoupent d'ailleurs le plus souvent dans les descriptions mentionnées ci-dessus malgré la différence du vocabulaire employé, dessinent une image de la personnalité du délinquant assez caractéristique, mais ils ont rarement fait l'objet de recherches approfondies destinées à vérifier la validité de chacun d'entre eux et leur association chez les délinquants par opposition aux non-délinquants.

Dans un ouvrage récent en revanche, MM. Frechette et Leblanc ont donné une description psychologique de la personnalité du jeune délinquant qui est le résultat de nombreuses années de recherche. Les mesures de personnalité sur les jeunes qui se sont véritablement compromis dans la délinquance conduisent ces auteurs aux quatre constatations suivantes : 1/ la subnormalité psychologique générale à laquelle tous se trouvent réduits; 2/ un égocentrisme excessif; 3/ une configuration extrêmement cohérente de traits de personnalité négatifs; 4/ l'enlisement dramatique dans la conduite antisociale persistante et, de là, le basculement dans la criminalité adulte[2].

On peut illustrer le rôle de l'*absence de force de caractère* dans le passage à la délinquance par l'analyse qui a été faite de la personnalité du président Bill Clinton à l'occasion de l'affaire Lewinsky : « homme aux principes incertains, à l'ambition obsessionnelle, qui a très tôt placé sa carrière politique sous le signe du charme et de la séduction et qui, parvenu à la Maison Blanche, n'a pas su maîtriser ses démons ni résister aux facilités du pouvoir »[3].

---

1. J. Favez-Boutonnier, « Engagement et désengagement affectif du délinquant » *in Autour de l'œuvre de De Greef*, 1956, t. 1, p. 57 et s.; R. Resten, *Caractérologie du criminel*, 1959; Kourlisky, Soulairac et Grapin, *Adaptation et agressivité*, Paris, PUF, 1965; J. Vernet, « Esquisse de la mentalité criminelle », *Rev. La Table Ronde*, oct. 1966, p. 72-92 : P. Mailloux, « Un symptôme de désocialisation, l'incapacité de communiquer avec autrui », *AIC*, 1966, vol. 1, p. 23-32; Dr Lebovici, *Le sentiment de culpabilité chez l'enfant et l'adulte*, 1972; T. Marchandise, « L'agressivité et la protection de la jeunesse », *RDPC*, 1973, p. 957-971; B. Zeiler, « Services physiques et conduites agressives chez l'adolescent délinquant », *Santé mentale*, 1979, nos 3 et 4, p. 27-32; M. Novak, *Force de caractère et crime*, Vrin, 1989, 125 p.; M. Killias, *Précis*, 2e éd., nos 659 et 536; C. Blatier, *Introduction*, précité, 2010, p. 48-49.
2. *Délinquances et délinquants*, précité, p. 194-235; M. Le Blanc et J. Morizot, art. précité.
3. *Le Monde* des 20-21 déc. 1998 : « Bill Clinton, Homme d'appétits », par Jan Krauze.

d. Les descriptions psycho-sociales [1]

601 **1) *Attitudes, aptitudes et croyances*** ◊ Le dernier type de descriptions utilisées pour tenter de caractériser la personnalité des délinquants a consisté à la définir en termes de *psychologie sociale* et non plus de psychologie individuelle, et d'abord par leurs attitudes, leurs aptitudes et leurs croyances.

On entend par *attitude, l'état d'esprit* de l'individu à l'égard d'une *valeur* [2]. Dans cette perspective on a étudié notamment les attitudes des délinquants à l'égard des valeurs *familiales* et *sociales*. Quant aux premières on a observé que leurs attitudes à l'égard du mariage sont tout à fait négatives et qu'ils répugnent à avoir des enfants dans le mariage. Pour ce qui est des valeurs *sociales*, on observe aussi chez les délinquants une attitude négative et critique à l'égard des *valeurs socio-morales* généralement admises [3] et, à l'inverse une adhésion aux principes antagonistes du « milieu » (argot, tatouage, loi du milieu) [4].

Les *aptitudes* se rapportent à l'exécution des actions et les traits d'aptitude sont dégagés en se demandant dans quelle mesure une personne fait bien ce qu'elle fait. Or pour les *aptitudes scolaires*, on observe que la proportion des non-diplômés et illettrés est plus élevée chez les délinquants que chez les non-délinquants [5]

---

1. M. Frechette, « Le criminel et l'autre : analyse de relations interpersonnelles de l'homme criminel », *Acta criminologica*, 1970, p. 11-102; E. A. Fattah et D. Szabo, A, 1-5; Hood-Sparks, 81-109; F. Digneffe, *Éthique et délinquance*, 1989; W.-L. Marshall, « Pauvreté des liens d'attachement et déficience dans les rapports intimes chez les agresseurs sexuels », *Criminologie*, 1994, n° 2, p. 55-70; P. Bensimon, « Caractéristiques des crimes de poing et traits de personnalité chez les meurtriers », *RIPC*, 1997, n° 462-463, p. 59-70; R. Boudon, *Le juste et le vrai, Essai sur l'objectivité des valeurs et de la connaissance*, Fayard éd. 1995, 475 p., CR critique par J. Lautman, « De la rationalité des sentiments moraux et d'une science des mœurs », *Commentaire*, 1995, n° 72, p. 894-898; T. Albernhe (dir.), *Criminologie et psychiatrie*, 1997, p. 449-473; G. Kellens, *Éléments* précité, 186-188.
2. Sur les attitudes en général, v. Thomas et Alaphilippe, *Les attitudes*, coll. « Que sais-je ? », PUF, 1983.
3. C. Debuyst, *Criminels et valeurs vécues*, 1960, 331 p.; P. Goslin et *al*, « Analyse différentielle du jugement moral et de la conduite sur un échantillon de jeunes travailleurs et un échantillon de délinquants juvéniles », *Ann. Vaucr.*, 1972, p. 227-245; F. Goyer-Michaud et C. Debuyst, « Vers une nouvelle conception des valeurs : apport de la psychologie à la criminologie des valeurs », *Acta criminologica*, 1973, p. 67-146 : C. Debuyst, « Jugement moral et délinquance », *Dév. et soc.* 1985, p. 119-132; F. Digneffe, « Morale de justice ou morale de responsabilité : un débat entre L. Kohlberg et C. Gilligan à propos du développement du jugement moral », *Dév. et soc.* 1986, 21-37; F. Digneffe, « Conduites déviantes, identité et valeurs : la perspective d'E. De Greeff », *Dév. et soc.* 1989, p. 181-198; Frechette et Le Blanc, *Délinquances et délinquants*, 1987, p. 172-186 et « Les mécanismes du développement de l'activité délictueuse », *RICPT*, 1988, p. 143-166; J. Kellerhals, J. Coenen-Huther et M. Modak, *Figures de l'équité : la construction des normes de justice dans les groupes*, PUF, Le sociologue, 1988; M. Novak, *Force de caractère et crime*, Vrin, 1989, 125 p.; F. Digneffe, *Ethnique et délinquance, La délinquance comme gestion de sa vie*, éd. Méridiens-Klinksieck, 1989, 212 p.; « Le rapport de l'adolescent à la loi », Congrès de l'ADNSEA (Lille, mai 1988), CR *RSC*, 1989, p. 187-190; S.-J. Jenkins et *al.*, « Factor analysis of the substance abuse attitude », *Psychological reports*, 1990, 1, 331-336; C. Cherki-Nickles et M. Dubec, *Crimes et sentiments*, Seuil, 1992, 280 p.
4. E. Yamarellos et G. Kellens, I, v° « Argot », p. 34-35 et II, v° « Tatouage », p. 200-201; R. Giraud, *Le royaume secret du milieu, L'argot, L'univers voyou*, 1969, 352 p.; J. Graven, *L'argot et le tatouage des criminels, Étude de criminologie sociale*, 1962; W. Caruchet, *Bas-fonds du crime et tatouage*, 1981. Sur le tatouage et le détatouage, *cf.* en outre : *Bulletin de médecine légale*, 1979, n°s 3 et 4; C. Grognard et E.-C. Froge, *Le tatouage : illustration, réparation*, éd. Armette, 107 p., 1991.
5. W.-H. Coons, « Learning disabilities and criminality », *Can. Journ. of crimin.*, 1982, p. 251-265.

et pour les *aptitudes professionnelles* que les délinquants répugnent au travail régulier et soutenu.

Quant aux *croyances*, tout le monde s'accorde à noter chez les délinquants une certaine tradition superstitieuse.

602 **2)** **Le style de vie du délinquant**[1] ◇ Pour certains auteurs, la personnalité du délinquant, c'est aussi un certain « style de vie » qui le distingue du non-délinquant. Résumant les caractéristiques de ce style de vie à partir d'une étude empirique anglo-saxonne[2], un auteur retient les aspects suivants : « Par rapport à leurs amis et relations, les délinquants manifestent moins de retenue dans leur comportement social... Ils fument, boivent et jouent de l'argent à un niveau supérieur. Ils vivent à un rythme plus rapide, sortent plus... ont plus de propension au vagabondage sexuel. Par rapport à leurs pairs, ils vont moins régulièrement à l'école, au cours du soir, et lisent peu. Ils gagneront plus d'argent, mais en exerçant des travaux sans qualification ni avenir. Cet argent, ils le dépensent plus vite, et font peu d'économies. Ils sont plus fréquemment au chômage et endettés »[3,4].

De telles observations ne sont pertinentes que pour certains délinquants. Il en est d'autres dont le style de vie ne diffère pas de celui des non-délinquants. C'est ainsi qu'à propos d'un procès médiatisé pour « recel de cassettes pornographiques mettant en scène des mineurs » (voyeurs pédophiles en d'autres termes), on a pu déclarer que les prévenus formaient « une panoplie parfaitement représentative de la société française » et « qui pouvait imaginer que ces gens, inspirant le respect, ayant de bonnes situations, des familles, se livrent à de telles extrémités ? » (films montrant des enfants de 3 à 8 ans et même un bébé de 8 mois)[5].

B. Les structures délinquantielles

603 **Notion** ◇ Jusqu'à présent, on s'est borné à inventorier *les divers traits de la personnalité des délinquants* identifiés par les criminologues et à rechercher si ces traits caractérisent bien cette personnalité dans la mesure des informations collectées par la recherche criminologique. Mais certains auteurs ne se sont pas bornés à présenter ce genre de descriptions. Partant en effet du postulat que la personnalité d'un individu constitue un « *ensemble structuré* »[6], ils se sont efforcés d'identifier des « *structures*

---

1. Sur les styles de vie en général : B. Cathelat, *Socio-styles-systèmes : les styles de vie, théorie, méthodes, application*, 560 p., 1990.
2. West et Farrington, *The delinquent way of life*, New York, 1977. *Adde* sur le style de vie des délinquants récidivistes, J. Proulx, M. Cusson et M. Ouimet, *Les violences criminelles*, 1999, précité, p. 32-33.
3. X. Raufer, *Le cimetière des utopies*, 1985, p. 132.
4. *Adde* H. Goppinger et al., *Life style and criminality. Basic research and its applications criminological diagnosis and prognosis*, Berlin, 1987, 303 p. On peut méditer en contrepoint ce propos d'Alain : « On se demande souvent quelle peut-être la vie *intérieure* d'un voleur ou d'un bandit. Je crois qu'il n'en a point. Toute sa puissance de prévoir est en éclaireur, devant ses pieds et ses mains. C'est pourquoi l'idée de la punition ne lui vient point, ni aucune autre » (Alain, *Propos*, 21 févr. 1910, La Pléiade, t. 2, p. 164.).
5. *Le Monde* du 9 déc. 1999.
6. Sur la notion de « structure », *cf. supra* n° 121.

délinquantielles ». Il ne saurait être question d'examiner ici toutes les représentations de structures délinquantes proposées par les auteurs, en raison des dimensions réduites de cet ouvrage. On va seulement présenter, à titre *d'exemple,* deux d'entre elles qui sont très *connues* et dotées d'une *capacité* explicative certaine. Il s'agit de la conception de Kinberg (a) et de celle de J. Pinatel (b).

a. La structure de la personnalité du délinquant selon Kinberg [1]

604 *Place de la personnalité dans l'explication de la délinquance* ◇ On a vu, lors de l'exposé des théories criminologiques, que pour Kinberg la *structure bio-psychique* de l'individu est au cœur de son comportement : chaque individu, soutient-il, réagit aux stimuli du milieu ambiant en fonction de sa structure propre de personnalité [2]. D'où l'importance capitale qui s'attache à la connaissance de cette structure pour expliquer le comportement délinquant.

605 *Une structure à trois composantes* ◇ Pour Kinberg, la personnalité d'un individu est formée de *trois composantes :* le noyau constitutionnel, les variantes pathologiques éventuelles et la fonction morale.

1) Le *noyau constitutionnel,* ou alliage constitutionnel, désigne l'ensemble des tendances réactionnelles du sujet, la façon dont il réagit aux « stimuli » externes. Il s'agit donc de variables normales et en même temps évolutives. Comme ces tendances varient selon les individus, il importe de les analyser afin d'en dégager les variables caractéristiques. Pour ce faire, Kinberg s'appuie sur les travaux du psychologue suédois Sjöbring qui distingue *quatre facteurs* fondamentaux de la constitution psychique : 1) La *capacité* ou maximum que peut atteindre l'intelligence d'un individu; 2) la *validité* ou quantité d'énergie cérébrale dont dispose l'individu; 3) la *stabilité* ou degré d'aisance avec lequel se trouve rétabli l'équilibre émotionnel; 4) la *solidité* ou degré d'unité fonctionnelle de l'activité du sujet. Le caractère de ces facteurs, ou *radicaux constitutionnels,* est désigné par les préfixes « super », « méso » ou « sub », selon qu'ils se trouvent en quantité excédante, moyenne ou faible [3]. On discerne dès lors, par exemple, qu'un sujet subcapable, supervalide, superstable et subsolide sera porté à des réactions peu adaptées et deviendra plus facilement délinquant qu'un individu dont l'alliage constitutionnel est composé différemment.

2) Les *variantes pathologiques* qui, à la différence des précédentes, sont accidentelles, sont formées des *maladies mentales éventuelles,* troubles graves de l'intelligence ou déséquilibres profonds du caractère. Ces états *pathologiques* peuvent entraîner une déficience de la *fonction morale* qui constitue normalement un facteur de résistance à la délinquance et c'est de cette façon qu'ils entrent en ligne de compte dans la causalité de la délinquance.

3) La *fonction morale* précisément consiste dans le degré d'éveillibilité morale, c'est-à-dire dans la plus ou moins grande promptitude à réagir aux stimuli

---

1. O. Kinberg, *Problèmes fondamentaux de la criminologie,* 1960, p. 123 et s.
2. *Cf. supra* n° 232.
3. H. Sjöbring, *La personnalité,* Douin éd., 1963, 208 p.

moraux en provenance du monde extérieur. Kinberg classe à ce point de vue, les individus en *quatre catégories* qui combinent à la fois les jugements de moralité et la sensibilité à l'égard des actes immoraux. On comprend ainsi que lorsque manquent l'un ou l'autre de l'élément *intellectuel* et de l'élément *affectif* de la fonction morale, et *a fortiori* les deux, le sujet deviendra plus aisément délinquant qu'un autre.

b. Le noyau central de la personnalité criminelle de Jean Pinatel [1]

606 *Conception générale* ◇ Comme Kinberg, J. Pinatel pense que la personnalité du délinquant joue le rôle essentiel dans le passage à l'acte délictueux et qu'il existe une *personnalité criminelle*. Non certes qu'il existerait une différence de *nature* entre délinquants et non-délinquants, les mêmes traits de personnalité se retrouvant chez les uns et chez les autres, mais du moins une différence de *degré*, la personnalité des délinquants se trouvant, à la différence des non-délinquants, dominée par certains traits qui engagent leur comportement criminel [2]. En quoi consistent alors ces traits fondamentaux ? J. Pinatel distingue à cet égard entre le *noyau central de la personnalité criminelle* qui fait le délinquant et les *variantes secondaires* qui ne sont pas associées au principe même du passage à l'acte, mais seulement aux modalités d'exécution des crimes.

607 *Les traits du noyau central* ◇ Quelle est alors la *structure du noyau central* de la personnalité criminelle ? J. Pinatel y discerne quatre composantes : 1/ *l'égocentrisme* ou tendance à tout rapporter à soi-même qui a à la fois une expression intellectuelle et des expressions affectives et sociales; 2/ la *labilité* ou instabilité du comportement; 3/ *l'agressivité* qui permet de vaincre et d'éliminer les difficultés qui barrent la route et mettent obstacle aux actes humains; 4/ *l'indifférence affective* qui est l'absence d'émotions et d'inclinations altruistes et sympathiques.

Comment ces divers traits du noyau central de la personnalité criminelle assurent-ils alors le *passage à l'acte* ? Pour J. Pinatel, chacun de ces traits remplit une *fonction bien précise* dans le processus du passage à l'acte. L'égocentrisme neutralise le jugement défavorable de la société sur l'acte criminel projeté, la labilité écarte l'inhibition recherchée par la menace de la peine, l'agressivité permet de

---

1. J. Pinatel, *Traité de criminologie* (1975) n°s 364 à 409; « Les nouveaux développements de la théorie de la personnalité criminelle », *RSC*, 1985, p. 775-781; R. Cario et A.-M. Favard (dir.), *La personnalité criminelle*, éd. Erès, 1991, *Actes des journées* Pinatel, 208 p.; J. Pinatel, « De la recherche clinique à la clinique criminologique », *RICPT*, 1991, p. 320-327; M. Cusson, « Le délinquant chronique et la question de la personnalité criminelle », *Probl. act. sc. crim.* 1996, p. 59-86; C. Manita Santos, « Y a-t-il une personnalité criminelle, Une étude d'évaluation dans le domaine de la criminalité », *RICPT*, 1996, p. 105-116; S. Pons, *Probl. act. Sc. crim.* 1996, p. 153-196; J.-C. Héraut, *Le concept de personnalité criminelle à l'épreuve du Rorschach*, th. Bordeaux, 586 p.; même auteur, « Existe-t-il une personnalité criminelle ? », Rapport aux journées de l'Association française de psychiatrie, Avignon déc. 1998; R. Gassin, « La criminologie clinique de Jean Pinatel et la criminologie clinique actuelle », *AIC*, 1999, p. 19-40; Kellens, *Éléments* précité, p. 181-185; E. Campos, v° « Personnalité criminelle », *Dict. sc. crim.*, 2004, p. 699-703.
2. *Cf. supra* n° 266.

résoudre les difficultés d'exécution du crime et l'indifférence affective suspend, au moment même de la perpétration de l'acte, la répugnance émotionnelle que pourrait susciter l'accomplissement de celui-ci.

§ 2. Les descriptions subjectives de la personnalité du délinquant

608 *Approche causaliste et approche motivationnelle* ◇ À côté de l'approche objectiviste de la personnalité du délinquant, d'inspiration causaliste, que l'on a utilisée dans le paragraphe précédent, il existe en criminologie une autre approche toute différente, sinon opposée à la première. Elle consiste dans l'explication des conduites humaines, et donc des conduites délinquantes, à partir des *motivations* de l'individu [1].

Ici encore, il ne saurait être question d'étudier tous les systèmes d'explication de la délinquance par les motivations. On va se borner à présenter, à titre d'*illustration,* deux schémas d'interprétation motivationnelle de l'action criminelle très différents l'un de l'autre : celui de Mira y Lopez et celui de De Greeff [2].

A. La motivation des délits selon Mira y Lopez [3]

609 *Motivations endogènes et exogènes* ◇ Pour Mira y Lopez, l'individu possède dès sa naissance toutes les *tendances délictueuses,* car il essaie de satisfaire ses besoins vitaux sans se soucier du préjudice qui peut retomber sur le milieu qui l'entoure. S'il ne commet *pas de délit,* c'est parce qu'il a appris sous l'effet de l'action coercitive de l'*éducation* que son comportement doit être le fait « d'une *transaction* entre la satisfaction de ses besoins et celle des besoins d'autrui », apprentissage qui dépend de divers facteurs : le milieu dans lequel il se réalise, la capacité discriminative du sujet, la force ou l'intensité de ses instincts et la technique pédagogique employée notamment.

Or, il arrive que chez certains sujets cet apprentissage soit insuffisant. Ces sujets deviendront alors des *délinquants* « dans la mesure où l'énergie de la tendance à l'action dépassera les limites entre lesquelles la satisfaction sera socialement acceptable ». Les motivations qui animent ainsi ces sujets sont appelées par l'auteur *motivations endogènes* du délit. Il les définit à partir des différentes *tendances réactionnelles instinctives,* elles-mêmes issues des grandes séries de *besoins biologiques* (besoin de conservation de la vie individuelle qui suscite deux sortes de tendances, la tendance possessive ou acquisitive et la tendance défensive ou destructrice; besoin de conservation de l'espèce qui suscite la tendance sexuelle qui fait convoiter un objet sexuel et la tendance à détruire ce qui s'oppose à la réa-

---

1. Sur le concept de la motivation, *cf. supra* n° 120.
2. Pour d'autres analyses en termes de motivations générales ou partielles : S. Guenen, « Le désir de la violence », *RPDP,* 1994, p. 125-134; J. Severy, « La jalousie : une perturbation mentale grave ? », *RICPT,* 1995, 486-487; même auteur, « Centaure enragé ou la frénésie du volant », *RICPT,* 1995, 487-488; G. Ollendorf et O. Ruthart, « Les infractions de masse : Quelles interprétations ? », *CSI,* 1996, n° 23, p. 23-33, spéc. 27 et s.
3. Mira y Lopez, *Manuel de psychologie juridique,* 1959, p. 110-122.

lisation de ce but), et montre la correspondance entre chacune de ces tendances réactionnelles et les divers actes délictueux qui sont commis.

Mais à ces motivations endogènes, peuvent s'ajouter des *motivations exogènes* qui sont liées à *l'organisation sociale* de notre monde civilisé. Mira y Lopez en discerne *deux catégories :* la diversité des incriminations selon les époques et les pays par laquelle il explique la délinquance politique; l'influence de l'opinion publique lorsque celle-ci pousse à la délinquance (ex. : la vendetta).

B. Les modes élémentaires de réaction psychique selon De Greeff[1]

610 ***Notion*** ◇ Pour De Greeff, si complexes et si variés que soient les processus en jeu, il apparaît cependant qu'il existe chez les délinquants des *modes élémentaires de réaction psychique* peu nombreux et relativement simples : le sentiment d'injustice subie (a) et l'altération du mode de rattachement à l'ambiance (b). À vrai dire, ces réactions psychiques élémentaires ne constituent pas à proprement parler des « motivations », mais sont plutôt des « structures affectives de signification » qui sous-tendent les motivations criminelles proprement dites. Elles n'en constituent pas moins une approche *subjective* caractéristique de la personnalité du délinquant, parce qu'elles ne peuvent être saisies qu'à travers le discours du sujet lui-même.

611 ***a) Le sentiment d'injustice subie*** ◇ Un grand nombre de délinquants selon De Greeff, commettent leurs actes délictueux en réaction à un fort sentiment d'injustice subie. C'est une constatation.

Pour comprendre ce phénomène, cet auteur part de l'analyse de la notion même de *justice* et du type de réaction appelé *réaction à l'injustice subie,* c'est-à-dire réponse à une offense ou à un mal jugé immérité. Ce que l'on appelle habituellement la *justice,* dit-il, ce n'est pas du tout cette valeur hautement morale que l'on imagine, mais un phénomène psycho-social complexe dans lequel la part de l'affectivité est prépondérante. Aussi la *réaction à l'injustice* n'est elle-même que très rarement une réaction véritablement morale qui ne peut consister que dans le pardon des offenses; dans la plupart des cas, il s'agit d'une réponse quasi organique et instinctive, une réaction affective brute que les hommes acceptent ou compensent de manière différente, selon les individus[2].

Chez *l'homme normal,* il se produit une *inhibition* de cette réaction d'agression ou un *désengagement* devant le mal subi parce qu'il se subordonne à d'autres valeurs qui l'emportent sur la réaction instinctive à l'injustice subie, comme par

---

1. E. De Greeff, « Rapport général sur la criminogenèse », Actes du IIe Congrès international de criminologie (Paris, 1950), PUF, 1955, t. VI, p. 267-306. *Adde* C. Cherki-Nickles et M. Dubec, *Crimes et sentiments,* Seuil, 1992.
2. E. De Greeff, « Le sentiment d'injustice subie en pathologie criminelle », *AMP* 1935, n° 3; De Greeff, « La structure affective de la notion de justice », *in Tijdschrift voor philosophie,* août-nov. 1943, p. 515 et s. *Adde,* R. Volcher, « Propos sur le sentiment d'injustice subie chez le délinquant », *in Rev. La Table Ronde,* oct. 1966, 93-108; C. Tange, *De Greeff et le problème du crime. L'attitude justicière chez l'homme criminel et son juge,* Préface de C. Debuyst, Bruylant, Bruxelles, 2001, 224 p.

exemple le souci de sécurité. Chez un *petit nombre de personnes,* non seulement il y a suspension de toute agressivité, mais encore il y a *pardon.* En revanche, ce qui caractérise nombre de *délinquants,* c'est que cette réaction à l'injustice subie, réelle ou considérée comme telle, se donne libre cours et débouche sur une *agression délictueuse* contre les personnes ou contre les biens [1].

Toutefois dans l'analyse de ce processus, De Greeff distingue entre *deux catégories* de délinquants. 1/ Certains délinquants vivent *en permanence* sous le signe du sentiment d'injustice subie. Il s'agit d'une partie des récidivistes, instables et inadaptés sociaux. Ils se caractérisent par l'absence de comportement moral, l'absence d'engagement dans la durée et l'absence de toute subordination à une valeur affective. La délinquance est leur activité normale et il est le plus souvent impossible de les amener à réviser leur réaction spontanée ce qui rend le pronostic de réadaptation sociale peu encourageant. 2/ La plupart des délinquants connaissent seulement des *réactions paroxystiques accidentelles* à l'injustice subie. Arrivés à des moments dangereux de leur existence, ils s'abandonnent à une « attitude criminogène » [2] au lieu d'adopter une réaction adaptée d'inhibition ou de désengagement devant le mal subi, comme les sujets normaux.

612   *b) L'altération du mode de rattachement à l'ambiance* ◊ L'identification de ce second mode de réaction psychique élémentaire chez les délinquants par De Greeff résulte, selon ses propres indications, d'une interprétation des données cliniques suggérée par les travaux de certains psychanalystes pour qui bien des évolutions vers le meurtre sont soustendues par une sorte de vague appel vers la mort, ainsi que de l'étude des rapports du suicide et du crime.

Cette interprétation du passage à l'acte est évidente dans la *pathologie criminelle* pour les délinquants qui agissent en état dépressif. Mais on la retrouve aussi en *psychologie normale* et ceci sous deux formes : le désengagement et l'inhibition affective.

Pour comprendre le processus de *désengagement,* il est nécessaire de partir du suicide qui constitue un désengagement total vis-à-vis de l'ensemble du milieu social, êtres et choses. Or il arrive que, sans qu'il y ait réalisation du suicide, une partie des liaisons affectives avec le milieu soit atténuée et que le sujet cesse de veiller sur lui-même et de s'intéresser à son propre sort; il se libère ainsi de l'adaptation à son avenir et, n'ayant plus à répondre de celui-ci, se trouve infiniment libre de ses actions. C'est alors que se produisent des *réactions criminelles.* Ce désengagement équivalent du suicide se rencontre notamment dans un grand nombre de crimes passionnels.

Quant à l'autre variété d'altération du mode de rattachement à l'ambiance, le processus *d'inhibition affective,* on le comprend en l'opposant cette fois au processus de désengagement. Cette dernière réaction présente en effet deux traits caractéristiques : elle est rapide et elle est consciente. Dans l'inhibition affective, on assiste au contraire à une inhibition des pulsions affectives sans participation

---

1. S'agissant de l'injustice « putative », l'auteur d'un récent *Guide des super-combines* prétend expliquer l'attitude de nombre de fraudeurs en matière d'utilisation des transports en commun, en soutenant qu'ils considèrent la fraude comme « un acte de légitime défense » devant le coût des services publics qui leur paraît injustifié (sentiment d'injustice subie) parce qu'ils paient des impôts.
2. Sur cette notion *cf. infra* n° 659.

du sujet, lequel ne s'aperçoit que rarement de ce qui se passe en lui. Par ailleurs, il s'agit d'un état qui a généralement mis des années à s'installer et ne se manifeste pas comme une perturbation des fonctions psychiques, mais se présente comme une caractéristique stable de la personnalité. C'est ce processus que l'on trouve bien souvent dans les cas de meurtre dirigé contre un parent ou un familier paranoïaque, ivrogne, tyran familial ou simplement égoïste.

SOUS-SECTION 2. **La formation de la personnalité du délinquant**[1]

613 *Idée générale* ◇ Les diverses données relatives à la personnalité des délinquants qui ont été examinées jusqu'à présent concernaient leur personnalité au moment du passage à l'acte délictueux. Il s'agissait en quelque sorte d'une photographie, d'un instantané de cette personnalité lors du passage à l'acte. Or la personnalité d'un individu n'est pas une « structure statique » donnée dès la conception du sujet; c'est au contraire une « structuration dynamique » qui s'opère progressivement au cours de la période de formation de la personnalité (jusqu'à 25 ans environ) et qui continue ensuite à évoluer sous l'influence de facteurs divers[2]. Aussi convient-il de se demander maintenant *comment s'opère la « structuration » de la personnalité dans un sens délinquant.*

Jadis, deux grandes séries de théories de la formation de la personnalité du délinquant s'opposaient : les *théories constitutionnelles* selon lesquelles la délinquance était un phénomène inné, et les *théories du milieu* qui attribuaient au contraire à l'influence exclusive du milieu de vie la formation de cette personnalité. Aujourd'hui, il n'est plus personne pour penser que certains individus naissent délinquants[3], mais un débat persiste toujours autour de la question de savoir s'il ne convient pas de réserver une certaine place aux *dispositions personnelles* à côté des *influences du milieu* dans la formation de la personnalité des délinquants. Aussi va-t-on s'interroger successivement sur l'influence des *facteurs individuels* (§ 1) et sur celle des *facteurs du milieu* (§ 2).

En tout état de cause, on ne saurait trop répéter que l'influence de ces facteurs, quels qu'ils soient, ne s'exerce jamais directement sur le passage à l'acte délictueux, mais se trouve toujours « médiatisée » par l'intermédiaire des facteurs de la

---

1. B. Di Tullio (1951), 38-95; J. Pinatel (1963-1975), n°s 185-207; B. Di Tullio (1967), 126-173 et 262-307; J. Larguier, 20-51; Stefani, Levasseur et Jambu-Merlin, n°s 188-209; J. Léauté (1972), 532-612; G.-H. Wiedeman (éd.), *Personality development and deviation*, 1975; D. Bochereau et *al.*, « Délinquance infanto-juvénile », *Encyclopédie médico-chirurgicale-Psychiatrie*, 1998, G 10; Le Blanc et Morizot, « La personnalité du délinquant de la latence à l'âge adulte : stabilité ou maturation ? », *RICPT*, 2001, p. 35-68; M. Ouimet, v° « Facteurs explicatifs de la délinquance et du crime », *Dict. sc. crim.*, Dalloz, 2004, p. 421-428.
2. *Cf.* H. Bee et S. Mitchell, *Le développement humain*, 1986, 552 p.
3. *Cf.* D. Szabo, « Nature et culture. L'inné et l'acquis, Quelques considérations sur la réactualisation du débat et ses incidences sur la criminologie », *Année sociologique*, 1985, p. 233-271; M. Addad, Benezech, Bioulac et Bourgeois, « Approche intégrative du comportement violent », *RICPT*, 1982, p. 57-76; J. Ruffie, « L'inné et l'acquis », *Commentaire*, 1996, n° 74, p. 408; P. Delteil, *Les racines criminelles : naît-on ou devient-on délinquant ?*, L'Harmattan, 1995; G. Michel et D. Purper-Ouakil, *Personnalité et développement. Du normal au pathologique*, Dunod, 2006.

personnalité du délinquant au moment de l'acte que l'on vient d'étudier, conformément au principe dit du « transformateur »[1].

§ 1. L'influence des facteurs individuels ou endogènes[2]

614 *De l'innéisme à la fragilité du terrain* ◇ S'il est vrai qu'il n'y a plus aujourd'hui de criminologues qui considèrent que la délinquance est un phénomène inné, certains pensent toutefois que divers facteurs ont pour conséquence de rendre le terrain plus fragile et d'*abaisser ainsi le seuil délinquantiel* de manière directe ou de rendre le sujet *plus sensible aux influences criminogènes du milieu* lui-même dans la formation et l'évolution de sa personnalité[3]. De là l'importance du concept de terrain en criminologie.

Cette notion de terrain résume les conditions bio-psychiques de l'activité du délinquant. Elle recouvre notamment les caractères *héréditaires* et *innés* de l'individu, ainsi que les *modifications* subies tout au long de l'existence par *l'organisme* sous des influences physiques ou psychiques. De la sorte l'expression de *facteurs individuels* ou *endogènes* recouvre à la fois les dispositions *héréditaires* (A) et les dispositions *personnelles* (B), question classique qui vient de prendre en France une tournure polémique véhémente avec la « découverte » du courant de la *criminologie développementale* connu cependant depuis plus de dix ans déjà outre-Atlantique (C).

A. L'influence des dispositions héréditaires[4]

615 *Position du problème* ◇ On sait que parmi les divers traits de la personnalité des individus en général, il en est certains qui proviennent de la transmission par le jeu de *l'hérédité*. Les supports de cette transmission sont les *gènes*, éléments du chromosome disposés en série linéaire sur toute la longueur de celui-ci. Le problème qui se pose alors en criminologie est de savoir si les conduites criminelles ont un *rapport quelconque* avec

---

1. *Cf. supra* n° 227.
2. J. Pinatel (1987), v° « *Antécédents héréditaires et personnels* », 26-28.
3. Pour montrer l'intérêt pour cette orientation, on signalera que l'organisation du Traité de l'Atlantique Nord a créé en 1986 un « *Advanced Study Institute on The* Biological Bases of Antisocial Behavior ». Une première session d'étude a eu lieu à Tuscany en Italie en sept. 1986.
4. E. De Greeff (1937), 16-41; E. Yamarellos et G. Kellens, I, v° « Génétique criminelle », p. 196-200; J. Léauté (1972), 439-460; J. Léauté (1981), 267-293; R. Grassberger, « Que penser de la prédisposition au crime », *RICPT*, 1950, p. 242-254; J. Pinatel, « Criminalité et hérédité », *RSC*, 1954, p. 574 et s.; Q. Debray, « L'importance du facteur génétique en criminologie », *Cahiers de défense sociale*, 1973, p. 49-54; J. Pinatel, « Criminologie critique et recherche sociologique en criminologie biologique », *RSC*, 1975, spéc. p. 193-194; K.-O. Christiansen, *Seriousness of criminality and concordance among Danish twins, Essais en l'honneur de Sir L. Radzinowicz*, 1975; D.-H. Fishbein, « Biological perspectives in criminology », *Criminology*, 1990, 1, p. 27-72; J.-V. Roberts et T. Gabor, « Lombrosian wine in a new bottle. Reasarch on crime and race », *Canadian Journal of criminology*, 1990, p. 291-313 et J.-P. Rushton, « Race and crime : a reply to Roberts and Gabor », *même revue*, p. 315-334. T. Albernhe (dir.), *Criminologie et psychiatrie*, 1997, p. 375-417.

l'hérédité. On connaît à cet égard l'hypothèse lombrosienne de la régression atavique aujourd'hui abandonnée. Mais depuis, d'assez nombreuses recherches ont été faites dans ce domaine et il s'agit ici de faire le point de l'état actuel des connaissances. Le problème en réalité se dédouble. Il convient d'abord de se demander s'il y a transmission (a), puis, en cas de réponse affirmative, ce qui est transmis (b).

a. Y a-t-il transmission par l'hérédité ?

616 *Diversité des méthodes d'approche* ◇ L'existence d'une influence de l'hérédité sur la formation de la personnalité du délinquant a été étudiée par diverses méthodes.

1) La plus ancienne est la *méthode généalogique* qui consiste à reconstituer la généalogie d'une famille et à calculer combien de cas de délinquance et quels types de délits se reproduisent de génération en génération. L'inconvénient de cette méthode est de ne pas permettre d'isoler l'influence de l'hérédité de celle du milieu.[1]

2) La même critique est adressée à la *méthode statistique* qui repose sur l'observation d'un groupe de criminels en recherchant à propos de chacun d'eux combien de fois les ascendants ont été eux-mêmes des criminels. Diverses enquêtes réalisées en France ont donné des résultats qui, quoique différents, mettent en évidence une proportion importante d'antécédents héréditaires (40 %, 3/4 et 4/5 selon les auteurs). Mais est-ce bien l'effet de l'hérédité ?

3) Une troisième méthode, dite *méthode des jumeaux,* consiste à comparer les comportements respectifs de jumeaux monozygotes (univitellins) ou « vrais jumeaux » et de dizygotes (bivitellins) ou « faux jumeaux ». Elle repose sur l'idée que les monozygotes ayant exactement le même patrimoine génétique, si l'hérédité de l'un le prédispose au crime, celle de l'autre doit également l'y inciter. Les comparaisons effectuées ont permis de constater qu'il y avait concordance de comportements chez les monozygotes dans près des 2/3 des cas, tandis que cette concordance n'existait que dans 1/3 des cas chez les dizygotes. On en a conclu cette fois à l'existence d'une influence de l'hérédité sur la délinquance[2]. Ce type de recherche a été étendu à la comparaison d'*enfants adoptés psychopathes et non psychopathes* au regard de leurs familles biologiques respectives. Ainsi selon une étude menée à Copenhague en 1977-1988, la comparaison entre 57 psychopathes et 57 non psychopathes dans une population de 4 853 enfants adoptés a montré que, toutes choses étant égales par ailleurs (à savoir le milieu, la catégorie socioprofessionnelle, l'âge de l'adoption et l'âge actuel), c'est dans les familles biologiques des adoptés psychopathes que l'on trouvait le plus de traits psychopathiques,

---

1. *Cf.* G. Kellens précité, p. 190.
2. G. Kellens, précité, 190-191. Il arrive que pour réaliser des recherches sur la part de l'« inné » par rapport à l'« acquis », ainsi que sur le caractère héréditaire éventuel d'une maladie mentale, des jumeaux monozygotes abandonnés par leur mère soient confiés par l'organisme qui les a recueillis à des familles adoptives différentes. Tel a été le cas aux États-Unis de sœurs jumelles nées d'une mère célibataire atteinte de psychose maniaco-dépressive hospitalisée dans un établissement psychiatrique à la suite d'une tentative de suicide. La découverte de leur filiation commune et les retrouvailles des deux sœurs 35 ans après n'a pas manqué de susciter un jugement sévère sur l'institution philanthropique qui s'était fourvoyée en procédant à la séparation de cette fratrie ainsi que de plusieurs autres dans un but de recherche scientifique. *Cf.* E. Schein et P. Bernstein, *Jumelles séparées*, éd. Michel Lafon, 2008.

bien que ces enfants eux, par hypothèse, n'avaient jamais connu leur famille d'origine. Par ailleurs, les *études d'adoption* qui ont eu pour but de rechercher qu'elle peut être la part respective de l'influence génétique et celle de l'environnement, ont montré que les facteurs génétiques paraissent avoir un rôle plus déterminant que les facteurs environnementaux[1].

4) L'*électroencéphalographie* a été à son tour utilisée pour éclairer au moins indirectement sur le rôle de l'hérédité dans l'étiologie criminelle. Des travaux publiés dès 1953 ont montré l'importance des facteurs génétiques dans la *psychopathie* par rapport à ceux de l'influence psychologique de la famille[2]. Or, quand on connaît le rôle que peuvent jouer certains déséquilibres caractériels dans le passage à l'acte délictueux, on peut penser que l'hérédité joue un certain rôle dans l'étiologie de la délinquance de certains sujets. Encore s'agit-il de savoir ce qui peut être transmis.

b. Nature de la transmission héréditaire

617 *La fragilité du terrain* ◇ Lombroso et ses disciples avaient affirmé l'existence d'une disposition héréditaire à la criminalité consistant « en *quelque chose de spécifique* qui n'a pas encore été déterminé » et Garofalo avait pensé que cette disposition résidait dans l'absence, l'éclipse ou la faiblesse du *sens moral*. L'école biologique de Graz[3] a présenté ultérieurement une analyse moins simpliste : pour elle, ce ne sont pas les actes criminels des ancêtres qui sont transmis par hérédité, mais seulement les *tendances* qui se trouvent à leur base et qui peuvent être considérées comme criminogènes : excitabilité, agressivité, etc. Aujourd'hui on parle de manière encore plus vague de « *fragilité* du *terrain* » pour marquer qu'il s'agit seulement d'une conjonction malheureuse d'éléments héréditaires non liés à un chromosome unique, mais héréditairement distincts dans leur origine. Le « chromosome du crime », cela n'existe pas. Il reste qu'un criminologue contemporain important, après avoir constaté que des études empiriques avaient conclu à l'existence de la transmission de certains comportements délictueux d'une génération à l'autre, a déclaré laisser « ouverte la question de savoir dans quelle mesure il y a des facteurs génétiques derrière ces constantes intergénérationnelles », même s'il pense « que l'influence de la famille a peut-être été surestimée »[4].

B. L'influence des dispositions personnelles

618 *Diversité des facteurs de fragilisation du terrain* ◇ En plus des antécédents héréditaires, la fragilité du terrain peut résulter aussi *d'antécé-*

---

1. Sur ces divers points, C. Blatier, *Introduction à la psycho-criminologie*, Dunod, 2010, p. 43-44.

2. *Cf.* H. Ellenberger, *Aspects biologiques de la criminalité*, précité, p. 27-28 ; G. Côté et *al.*, « Psychopathie, comportement social et violence » *in* J. Proulx et *al. Les violences criminelles*, 1999, précité, p. 289-317.

3. *Cf. supra* n° 231.

4. M. Killias, *Précis de criminologie*, 2ᵉ éd., 2001, n° 648.

dents personnels, innés ou acquis, qui contribuent à façonner la personnalité du délinquant. Ainsi qu'on l'a relevé, les facteurs congénitaux sont à considérer : « les problèmes prénataux et périnataux peuvent jouer un certain rôle dans les dommages cérébraux associés aux sujets violents »[1].

Il peut s'agir tout d'abord *d'antécédents antérieurs à la naissance.* Diverses influences congénitales peuvent en effet expliquer des troubles de l'intelligence ou même du comportement, dont les accidents de la conception de l'embryon provoquant la formation d'aberrations chromosomiques[2].

Ce peut être en deuxième lieu des *antécédents concomitants à la naissance.* La médecine attache notamment une grande importance au traumatisme obstétrical[3] que l'on considère comme l'une des causes les plus fréquentes de la débilité mentale (Heuyer).

Enfin il faut compter avec les nombreux et variés *antécédents postérieurs à la naissance :* troubles du premier développement, maladies infectieuses à retentissement encéphalique, acquisition de l'habitude de l'alcoolisme, existence de moments dangereux, en particulier la puberté. Aux antécédents physiologiques s'ajoutent les antécédents pathologiques proprement dits[4]. La maladie a toujours pour effet de constituer pour le sujet un handicap social important et d'avoir de ce fait des conséquences psychologiques, voire criminogènes indirectes. On a notamment signalé le cas de la syphilis, de la débilité motrice et de la tuberculose; on doit tenir compte aussi des accidents du travail qui entraînent une diminution de la capacité de revenu par le travail ainsi que le chômage[5]. Une étude récente a également établi une relation entre les troubles visuels non traités chez les enfants, le désintérêt pour l'école qui s'ensuit et la délinquance juvénile[6].

Tous ces éléments cependant ne doivent pas être considérés comme des facteurs criminogènes directs, mais seulement comme des facteurs qui contribuent à *altérer l'équilibre psychologique* du sujet et à *fragiliser le terrain* de sorte que l'action même des facteurs du milieu deviendra plus marquante[7].

C. Le dernier débat criminologique franco-français à la mode

619 ***La perspective développementale en criminologie contemporaine*** ◇ La microcriminologie nord-américaine et anglaise a focalisé son attention, depuis une bonne dizaine d'années, sur la continuité importante du comportement des personnes à travers le temps.

---

1. F. Millaud, « Maladie mentale et violence. Revue de littérature », *in* J. Proulx et *al., Les violences criminelles,* 1999, précité, p. 278.
2. *Cf. supra* n° 594.
3. Dr Otto Rank, *Le traumatisme de la naissance, (étude psychanalytique),* éd. Payot, 1968, 240 p.
4. Dr Bachet, « Étude médico-psychologique concernant 47 délinquants, (énurésie, onychophagie, somnambulisme) », *RSC,* 1949, p. 47 et s.; H. Hafer, *La drogue cachée : les phosphates alimentaires, causes du troubles du comportement, de difficultés scolaires et de délinquance juvénile,* 1986.
5. F. Condran, *La criminalité des handicapés physiques* (en allemand), Zurich, 1971.
6. D'après des statistiques réunies pendant plusieurs années par le « *Optometric Care Council of Southem California* » et publiées en 1983-1984.
7. *Cf.* M. Killias, *Précis,* précité, 2001, n° 673 qui pointe les résultats paradoxaux d'un programme préscolaire destiné à compenser les inconvénients ultérieurs résultant de complications périnatales.

Nombre d'observations ont ainsi permis de constater que ce sont les *enfants difficiles* qui, dans une large mesure, deviennent des élèves à problèmes, des délinquants juvéniles et, plus tard, ont des démêlés avec la justice en tant qu'adultes. Ces observations montrent que des *facteurs spécifiques de risque* existent dès la naissance de l'enfant, que les jeunes enfants particulièrement agressifs durant l'enfance sont aussi ceux qui, durant l'adolescence, ont le plus de conflits avec les autres, que les jeunes délinquants judiciarisés ont plus de probabilité de devenir des délinquants adultes, et finalement que la plupart des criminels de carrière ont une délinquance qui remonte à l'enfance et qui s'est diversifiée et aggravée à l'adolescence. Il apparaît ainsi qu'il est possible de prédire lesquels des tout jeunes enfants d'un groupe donné présentent des risques sérieux d'adopter des comportements de délinquance à l'adolescence[1].

Ce « *principe de continuité dans le comportement* » a alors conduit diverses institutions à élaborer et à mettre en œuvre des programmes de prévention de la délinquance dits de *prévention développementale* qui consistent à intervenir le plus tôt possible sur les enfants difficiles et sur leurs parents pour résorber leurs carences cognitives et leurs troubles du comportement, car selon la formulation d'un auteur particulièrement averti : « Il se pourrait que la capacité d'agir et de réagir agressivement fasse partie de notre patrimoine génétique. Nous naissons non pas mauvais, mais équipés pour la défense et l'attaque, bagage utile s'il faut survivre en milieu hostile. Ce potentiel de violence s'actualise avec une netteté particulière vers deux ans, après quoi, sous la pression parentale, l'enfant apprend à contrôler... »[2]. Les programmes de prévention développementale ont précisément pour but, sur la base d'un dépistage précoce, de parvenir à l'acquisition d'un tel contrôle de la part d'enfants particulièrement hyperactifs et agressifs. D'abord expérimentaux[3], ces programmes de prévention développementale ont été opérationnalisés aux États-Unis et tout récemment encore en Grande-Bretagne où le premier ministre Tony Blair a annoncé au mois de mai 2007 le lancement d'un programme visant à identifier les bébés les plus à risque en termes d'exclusion sociale, en vue de permettre aux parents d'assurer le contrôle du comportement de l'enfant en leur offrant un soutien hebdomadaire intensif jusqu'au deuxième anniversaire de leur premier enfant, d'améliorer ses conditions de vie et de réduire ainsi les risques qu'il devienne délinquant[4].

En présence de ce nouveau développement de la criminologie théorique et appliquée, on aurait pu s'attendre à ce que les criminologues, chercheurs et praticiens français, se livrent à des études approfondies de ce nouveau cours criminologique, procèdent à une analyse des études empiriques réalisées outre-Atlantique et à l'évaluation des programmes de prévention déjà réalisés ou en cours de réalisation. C'est précisément la tâche à laquelle s'était attelé l'Institut national de la Santé et de la Recherche médicale (INSERM). Mais...

---

1. M. Cusson, *Prévenir la délinquance. Les méthodes efficaces*, PUF, 2002, p. 87-93 ; même auteur, « La criminologie développementale et la criminologie situationnelle : des théories complémentaires », *AIC*, 2003, p. 191-202 ; M. Ouimet, v° « Âge et crime », *Dict. sc. crim.*, 2004, p. 23-24 ; D. Stack et *al.* « De l'agressivité à la maternité : étude longitudinale sur 30 ans auprès de filles agressives devenues mères : trajectoires de leur agressivité durant l'enfance, indicateurs de leurs caractéristiques parentales et développement de leurs enfants », *Criminologie*, 2005, p. 39 ; C. Smith et T. Ireland, « Les conséquences développementales de la maltraitance des filles », *Criminologie*, 2005, p. 67.
2. M. Cusson, *op. cit.*, p. 88.
3. Sur l'étude longitudinale et expérimentale de Montréal *cf.* même auteur, *op. cit.*, p. 94-105.
4. C. Vincent, « Santé mentale : prédictions à risques », *Le Monde* du 7 juin 2007.

620 *Le pavé dans la mare française* ◇ La France ayant fréquemment en matière de criminologie comme dans bien d'autres domaines un retard d'une dizaine d'années au moins sur l'Amérique du Nord, l'impact de la perspective et de la prévention développementale s'est manifesté en septembre 2005 avec la désormais célèbre expertise collective de l'INSERM : *Troubles de conduites chez l'enfant et l'adolescent*[1]. L'objectif de ce travail était de réunir toutes les publications scientifiques internationales concernant ces troubles, de les analyser et de fournir, sur la base de leurs conclusions, un lot de recommandations destinées à donner aux praticiens, voire au personnel éducatif, des clés pour repérer, analyser et prendre en charge certains enfants en proie à des comportements violents et répétés. À cette fin plus de 1 000 articles scientifiques ont été dépouillés par un groupe d'une dizaine d'experts qui ont rassemblé les résultats de leurs travaux dans le document publié par les éditions de l'INSERM.

Dans un premier temps, ce travail n'a suscité aucun écho particulier. Ce n'est qu'au début de l'année 2006 qu'il a été, semble-t-il, découvert lorsque le ministre de l'Intérieur de l'époque, Nicolas Sarkozy, a présenté un avant-projet de loi sur la prévention de la délinquance dans lequel était mentionné le projet d'instauration d'un « carnet de comportement » de l'enfant[2].

Ce fut aussitôt une levée de boucliers de presque tout ce qui compte médiatiquement parmi les psychanalystes, psychologues, psychiatres et éducateurs, autour d'une pétition nationale intitulée « Pas de zéro de conduite pour les enfants de trois ans »[3]. Le Comité National d'Éthique s'est mis de la partie en rendant en février 2007 un avis qui condamne la « volonté d'inscrire la médecine préventive dans le champ de la répression qui conduit à considérer l'enfant comme un danger et le fait passer de facto du statut de victime à celui de présumé coupable ». Le clou de l'affaire a été les propos lapidaires sur les rapports de l'inné et de l'acquis tenus par le candidat à l'élection présidentielle Nicolas Sarkozy en mars 2007 et rapportés par la revue *Philosophie*, lequel s'était fait piéger en accordant une interview à un philosophe dont les opinions politiques étaient pourtant parfaitement connues. Depuis lors, la malheureuse Fondation MGEN qui avait diffusé, par le biais des écoles parisiennes, un questionnaire destiné aux parents d'enfants âgés de 5 ans visant à mieux cerner les facteurs d'amélioration et de détérioration de leur santé physique et mentale, a dû renoncer à la poursuite de son enquête à la suite du refus de la Ville de Paris et de la FCPE (Fédération de parents d'élèves)[4] d'y participer.

Les arguments invoqués contre la prévention développementale sont de nature très diverse, mais il est caractéristique qu'aucun d'eux ne résulte d'une analyse critique sérieuse des programmes développés à l'étranger et des données empiriques sur lesquels reposent les fondements théoriques de la perspective développe-

---

1. Éd. INSERM, 2005, 430 p.

2. Cet avant-projet avait été précédé d'un rapport parlementaire du député J.-A. Bénisti sur la prévention de la délinquance au ministre de l'Intérieur d'octobre 2005 qui, s'inspirant des travaux de l'INSERM, avait proposé la création d'un système de repérage précoce et de suivi des difficultés et des troubles du comportement de l'enfant dans les crèches et les établissements scolaires.

3. Collectif Pas de 0 de conduite, *Pas de 0 de conduite pour les enfants de trois ans*, préface d'Albert Jacquard, éd. Erès, juillet 2006.

4. Alors qu'une étude très similaire avait été menée par la même équipe en 2004-2005 dans la région Provence-Alpes-Côte d'Azur sans que les parents aient émis la moindre protestation.

mentale. Ses détracteurs se sont généralement bornés à affirmer, sans aucune démonstration, qu'elle était contraire à la réalité, alors qu'il y avait pour le moins matière à réflexion[1].

On a invoqué le « bébé délinquant » et l'invention d'une nouvelle « classe dangereuse potentielle » ! Le droit comme l'éthique n'ont pas été oubliés avec l'atteinte à la vie privée et la stigmatisation des familles « à risque ». On a aussi souligné le risque d'enfermer les enfants eux-mêmes dans le destin qu'on cherche à leur éviter, selon le mécanisme psychosocial de la « *self-fulfilling prophety* »[2]. Mais peut-être faut-il chercher ailleurs la véritable raison qui sous-tend cette floraison de critiques : « le rapport de l'INSERM sur les « troubles » des enfants », a-t-on écrit, est « une entreprise d'effacement de la psychanalyse »[3]. La défense de la profession vaut bien une polémique...

Cette crainte ne paraît cependant pas avoir gagné tous les psychanalystes. C'est ainsi que le psychanalyste Serge Tisseron a lancé en 2009 un programme consistant en un jeu de rôle sur des images de violence, pour les écoles maternelles; expérimenté avec succès dans six classes de grande section du Val-d'Oise, la responsable de la mission de formation pour les maternelles de ce département a décidé de former à ce jeu de rôle un certain nombre de professeurs des écoles confirmés[4]. Ce qu'il est intéressant de relever à cet égard, c'est que la construction du jeu de rôle de M. Tisseron repose sur une typologie tripartite des jeunes enfants qu'il énonce ainsi : « Il y a des enfants à tendance agressive, qui trouvent dans ces images une légitimation à utiliser la violence pour résoudre leurs problèmes quotidiens. D'autres, plutôt craintifs et passifs, admettront l'idée d'être une victime. Enfin, un troisième groupe développera au vu d'images violentes des réflexes de redresseur de torts. Le danger, c'est que les enfants mettent ensuite en œuvre des comportements correspondants dans leur vie sociale ». Par ailleurs, le but assigné à ce jeu de rôle est de rendre les enfants qui y participent « capables de faire en sorte qu'ils adoptent des postures de médiateur plutôt que de victimes ou d'agresseurs et de développer le langage comme médiateur dans des situations problèmes »[5]. Cette typologie ainsi que la finalité du jeu de rôle qu'elle induit n'évoque-t-elle pas, d'une certaine manière, les perspectives mêmes de la criminologie développementale ?

D'autre part, le Pr. Maurice Tubiana, auteur de *La science au cœur de nos vies*[6] et Président honoraire de l'Académie de médecine, soutient que « les études de neurosciences montrent que l'essentiel se joue entre 2 et 6 ans ». Aussi estime-t-il qu'« une vigilance à l'école maternelle et au début de l'école élémentaire permettrait de détecter précocement les enfants qui ne se socialisent pas ou sont agressifs, qui sont souvent des enfants qui souffrent » et qu'« un bilan psycho-social suivi de mesures appropriées, permettrait souvent d'éviter les dérives vers les échecs scolaires, les addictions (tabac, alcool), la délinquance »[7].

1. Cf. C. Blatier (dir), *Prévenir la délinquance dès la petite enfance*, L'Harmattan, 2006, 139 p., et notamment la contribution de C. Gimenez, « Pour une prévention précoce des difficultés d'adaptation sociale chez l'enfant et l'adolescent », p. 125-139.

2. V. sur ce sujet R. Cario, *La prévention précoce des comportements criminels. Stigmatisation ou bientraitance sociale ?*, L'Harmattan, 2004, 108 p.; S. Giampino et C. Vidal, *Nos enfants sous haute surveillance*, préface A. Kahn, éd. Albin Michel, 2009, 285 p.

3. Gérard Wajcman, Psychanaliste, *Voici le bébé délinquant*, Le Monde du 4 mars 2006.

4. *Le Monde* du 14 octobre 2009.

5. Même art.

6. Éd. O. Jacob, 2011, 315 p.

7. « Mettre l'enfant au cœur du système éducatif », *Le Figaro* du 31 décembre 2010.

Il convient enfin d'ajouter que, dans le rapport du secrétaire d'État à la Justice sur « La prévention de la délinquance des jeunes », remis au président de la République en novembre 2010, figure une proposition n° 7 qui, s'appuyant sur divers éléments, s'énonce ainsi : « Ces éléments militent aujourd'hui pour la mise en place d'un repérage précoce des enfants en souffrance »[1].

§ 2. **L'influence des facteurs du milieu ou exogènes**[2]

621 *Le concept de milieu* ◇ Au sens banal du terme, le milieu désigne le *monde environnant* dans lequel un individu se trouve situé. Mais deux précisions essentielles doivent être ajoutées à cette définition : 1/ le milieu n'est pas un élément statique, mais un phénomène *dynamique* qui est en interaction constante avec l'individu et est modifié par son action tout autant qu'il exerce une influence sur lui; 2/ le milieu est toujours une *ambiance vécue par l'homme* en même temps qu'un fait objectif, en sorte qu'il lui donne toujours une *signification subjective*.

En criminologie, on distingue *plusieurs milieux* : le *milieu physique* et *géographique* dans lequel vivent les hommes et le *milieu social* tout d'abord. Le premier n'intéresse que la macrocriminologie, aussi n'y a-t-il pas lieu d'en parler ici[3]. Quant au *milieu social,* on sous-distingue entre le *milieu social général* qui est formé par toutes les conditions générales de la société qui produisent des conséquences communes à tous les citoyens d'un même pays (situation politique, économique, sociale, culturelle) et le *milieu personnel* qui se rapporte au contraire à l'environnement immédiat des individus. Ici encore, le milieu social général ne nous retiendra pas, car l'étude de son influence relève de la macro criminologie[4]. C'est le milieu personnel dont l'influence est plus directe et plus décisive sur chaque individu pris *ut singuli* qui intéresse seul la microcriminologie[5]. L'étude de cette influence est toutefois fonction de deux variables essentielles : la *catégorie d'âge des individus* et la nature du *milieu personnel* considéré.

621-1 *De l'enfance à l'âge adulte* ◇ La conception de l'enfance a profondément évolué depuis la deuxième moitié du xixᵉ siècle. Dans les sociétés paysannes de jadis où près de 90 % de la population vivait à et de la campagne, l'enfant était considéré comme un « petit homme ». Aussi était-il mis aux travaux des champs dès le plus jeune âge, si bien que l'on ne distinguait l'enfant de l'adulte qu'en raison de sa moindre force de travail. Cette conception s'est continuée dans les premiers temps de la révolution

---

1. Rapport J.-M. Bockel, secrétaire d'État à la Justice, novembre 2010, p. 44-46.
2. À la bibliographie générale citée *supra* n° 556 ajouter J. Léauté (1981), p. 320-391; F. Digneffe, « Les jeunes et la loi pénale : Les significations de la sanction pénale à l'adolescence », *RDPC*, 1994, p. 825; M. Le Blanc, « Le développement de la conduite délictueuse chez les adolescents : De la recherche fondamentale à une science appliquée », *RICPT*, 1995, p. 167-186; R. Cario, *Jeunes délinquants à la recherche de la socialisation perdue*, éd. L'Harmattan, 1996, 208 p.; R. Boudon, « Le sens moral », *Commentaire*, 1996, n° 73, p. 23-36; P. Delteil, « Influence du milieu social chez les personnes prédisposées à la délinquance », *Rev. gend. nat.* 1996, avr.-juin, p. 15-18; M. Cusson, *Criminologie actuelle*, p. 73-82.
3. *Cf. supra* n° 508.
4. *Cf. supra* nᵒˢ 509 à 576.
5. J. Pinatel, (1987), *vᵒ* « Milieu personnel », p. 149-151.

industrielle où les anciens enfants de la campagne furent mis au travail à l'usine dès l'âge de 6 ans. Il aura fallu près d'un siècle pour que le travail des enfants soit interdit dans les fabriques.

Parallèlement, la constitution progressive de la psychologie scientifique dans la deuxième moitié du xixᵉ siècle et la création de l'école primaire obligatoire, puis de l'obligation scolaire jusqu'à 16 ans, ont profondément transformé la conception socio-économique de l'enfant : de « petit homme », il est devenu un « petit d'homme ». On s'est ainsi habitué à distinguer successivement l'enfant de l'adolescent puis l'adolescent de l'adulte. Par la suite on a encore sous distingué plusieurs stades de l'enfance (première enfance, etc....), la préadolescence et la postadolescence autour de l'adolescence proprement dite et finalement le « jeune adulte » (18-21 ans voire 25), distinct à son tour de l'adulte proprement dit.

Mais depuis l'apparition de ces diverses catégories psycho-socio-physiologiques, les conceptions de l'enfance et de l'adolescence ont elles-mêmes profondément évolué. L'*enfant* considéré d'abord comme un *objet d'éducation socio-morale*, soumis à ce titre à des contraintes familiales souvent sévères (tels que les châtiments corporels [1]), est devenu aujourd'hui le véritable *sujet* autour duquel gravitent toute l'attention et l'admiration des (ou du) parent(s). C'est la conception de l'« enfant-roi », à la popularisation de laquelle a grandement contribué la psychanalyste Françoise Dolto [2].

Quant à l'*adolescence* [3], sa conception, et plus encore sans doute la manière dont elle est vécue par les « ados » ainsi que par leurs parents et leur entourage, ont profondément évolué depuis le début du xxᵉ siècle [4]. La notion d'adolescence est apparue, avec les premières fissures de la société patriarcale traditionnelle, lorsque les adolescents eux-mêmes ont pu se démarquer à la fois de l'enfance et du monde des adultes. Elle s'est d'abord résumée dans ce que l'on a appelé, pour la stigmatiser, la « crise d'adolescence » et l'« âge ingrat », c'est-à-dire la critique systématique des traditions, de l'autorité parentale et des institutions sociales; dans les années 1960, ce phénomène s'est cristallisé sous le slogan « Tuer le père ».

Aujourd'hui, l'adolescence ne se caractérise plus par la révolte contre l'autorité paternelle, d'autant que la société contemporaine est de plus en plus souvent une « société sans pères ». Au lieu de se mesurer aux générations précédentes, les adolescents des années 2000 [5] se réfèrent essentiellement à leurs semblables; leur motivation consiste dans la recherche de la conformité à leurs pairs par des mécanismes d'identification réciproque dans des pratiques collectives multiples : similitude du *look* (vêtements, chaussures, coiffure), culte des « marques », groupement en bandes de copains et de copines, emploi du parler « djeune », utilisation

---

1. Sur la question des châtiments corporels aujourd'hui *cf.* M. Herzog-Evans (ed.), First part Title 1 chap. 2 « Corporal punishments », p. 371 et s.
2. Pour les œuvres récentes des disciples de F. Dolto, v. par ex. C. Boukobza (dir.), *Les écueils de la relation précoce mère-bébé*, éd. Erès, 2008. Pour la critique systématique du « Doltoïsme », *cf.* A. Naouri, *Éduquer ses enfants. L'urgence aujourd'hui*, O. Jacob, 2008. V. encore : C. Halmos, *L'autorité expliquée aux parents*, Nil éd. 2008; P. Jeammet, *Pour nos ados, soyons adultes*, O. Jacob, 2008.
3. H. Deltombe, *Les enjeux de l'adolescence*, éd. Michèle, 2010, 218 p.; M. Ruffo, *La vie en désordre. Voyage en adolescence*, éd. Anne Carrière, 2007; D. Marcelli (dir.), *Cultures adolescentes*, éd. Autrement, 2008; N. Levisalles, *L'ado (et le bonobo). Essai sur un âge impossible*, Hachette Littératures, 2009, 238 p.; M. Fize, *Les nouvelles adolescentes*, A. Colin, 2010.
4. La première étude de cette tranche d'âge a été faite aux États-Unis au début du xxᵉ siècle.
5. À cause d'une puberté plus précoce et d'une maturité sociale plus tardive, l'adolescence est passée d'une durée comprise entre deux et quatre ans à une durée comprise entre huit et quinze ans.

jusqu'à l'addiction de la télévision, du portable et des SMS, de l'Internet pour les blogs et réseaux sociaux divers ainsi que des jeux vidéo[1], accoutumance à la consommation de tabac et d'alcool[2], expérience du cannabis, du crack et de l'ectasy, tatouage et piercing, précocité des relations amoureuses[3], voire participation à des « Skins party » inspirées par la série télévisée anglaise déjantée diffusée sur Canal+ depuis 2007[4].

L'adolescence du xxɪᵉ siècle est ainsi devenue une sorte de galaxie propre, hermétique aux adultes et chaque jour plus complexe. Face à cette situation, les parents, ainsi exclus du jeu, cherchent le mode d'emploi de leurs adolescents entre l'inquiétude, les malentendus et l'exaspération d'une part et l'observation, la découverte et la négociation d'autre part[5].

La situation se complique encore avec le développement du « phénomène Tanguy »[6]. Si depuis 1965, l'âge dit de « cohabitation » – 21 ans – n'a théoriquement pas changé, de plus en plus de jeunes adultes continuent à cohabiter avec leurs parents bien au-delà de 21 ans en raison des conditions économiques actuelles (difficulté pour trouver un logement, coût important des loyers). Cela ne manque pas de créer une situation conflictuelle quasi permanente. Selon une étude de l'« Observatoire des inégalités » en 2008, en France 260 000 jeunes étaient logés chez leurs parents, dont 60 000 étudiants, 81 000 chômeurs, 94 000 occupant un emploi, dont 20 000 à temps partiel. En 2005, selon l'INSEE, 44 % des jeunes de 18 à 29 ans vivaient chez leurs parents.

621-2 *De la diversité du milieu personnel et de ses rapports avec la délinquance* ◊ Pour étudier l'influence des *facteurs du milieu personnel*, ou « *ambiance de développement* », sur la formation de la personnalité du délinquant, on se référait habituellement à la distinction que fait De Greeff au sein de ce milieu entre le milieu inéluctable, le milieu occasionnel, le milieu choisi ou accepté et le milieu subi. Cette méthode dite « théorie des milieux » qui avait été attaquée, il y a une quarantaine d'années, comme dépourvue de valeur épistémologique, conserve toute son utilité aujourd'hui, comme en témoigne son emploi dans un ouvrage important[7].

1. 4 h 44 serait le temps consacré en moyenne chaque jour par les 8-19 ans aux activités multimédia (Internet, jeux vidéo, mobile) selon une étude TNS Média Intelligence de 2007 qui qualifie ces adolescents d'« ados techno-sapiens ». Quant au passage de la passion à l'addiction, une étude suisse a situé la ligne rouge à 35 heures hebdomadaires et de 1,5 % à 2,5 % l'auraient déjà franchie.
2. *Cf.* P. Huerre, *Alccol et adolescence. Jeunes en quête d'ivresse*, éd. Albin Michel, 2009.
3. La maturité sexuelle des filles a avancé de presque cinq ans en cent ans. En Europe, on pense qu'elles étaient pubères à 14 ans au Moyen-Âge, puis à 17 ans au début du xxᵉ siècle et actuellement à 12,5 ans chez les filles de la classe moyenne de nombreux pays. Quant à l'âge du premier rapport sexuel, il aurait relativement peu évolué depuis 50 ans selon l'INSEE : 17,9 ans pour les garçons et 18,9 ans pour les filles nés entre 1944 et 1953 et 17,4 et 17,6 pour les jeunes nés trente ans plus tard; en revanche l'apprentissage des préliminaires divers a profondément changé notammment sous l'influence du culte de la performance et la banalisation des films porno.
4. La « provoc » et l'excentricité sont les principaux ingrédients d'une *Skins party* où tout est permis. 80 % des participants seraient des adolescents.
5. F. de Singly, *Comment aider l'enfant à devenir lui-même ?*, A. Colin, 2009, 160 p.
6. Du nom du film d'E. Chatiliez « Tanguy » qui a fait 4,3 millions d'entrées en 2001.
7. M. Frechette et M. Le Blanc, *Délinquances et délinquants*, précité, p. 142 et s. Ces auteurs utilisent seulement un découpage un peu différent du milieu en trois variétés : le milieu inéluctable, le milieu partagé (famille, école, autres influences sociales) et le milieu subi.

Toutefois elle présente l'inconvénient de ne pas faire apparaître suffisamment le lien qui existe entre ces divers milieux avec la formation et le développement de la personnalité du délinquant. Aussi va-t-on distinguer de manière plus significative entre l'influence du milieu sur *l'entrée dans la délinquance* (A) et l'influence du milieu (les événements de la vie) sur *la continuation ou le désistement de la délinquance* (B).

A. L'influence du milieu sur l'entrée dans la délinquance [1]

a. L'influence du milieu inéluctable [2]

622 *Les deux aspects du milieu inéluctable* ◊ Est dit « inéluctable », le milieu dans lequel l'individu ne peut pas ne pas vivre, d'abord du fait de sa naissance, ensuite du fait de son environnement immédiat. Aussi a-t-on pour habitude de distinguer deux aspects dans le milieu inéluctable : le milieu de la *famille d'origine* (1) et celui que forment *l'habitat* et le *voisinage* (2).

1. L'influence de la famille d'origine [3]

623 *Importance* ◊ La *famille d'origine* joue un *rôle capital* dans la formation de la personnalité du délinquant car l'adoption d'une conduite délin-

---

1. M. Le Blanc, « La conduite déviante des adolescents : son développement et ses causes », *in* M. Le Blanc et M. Cusson (dir.), *Traité de criminologie empirique* précité, 2010, p. 227-273, spéc. 245-261 (quels sont les facteurs sociaux qui expliquent la conduite délinquante ?).
2. E. De Greeff (1937), p. 43-54; E. De Greeff (1948), p. 83-108; E. H. Sutherland et D. R. Cressey, p. 185-203; J. Léauté (1972), p. 532-569; J. Léauté (1981), p. 321-350 et 351-391; C. Lazerges, « Processus de socialisation et apprentissage de la règle de droit », *RSC*, 1993, p. 593-598; D. Farrington, « Examen critique des influences environnementales et familiales de la délinquance », *Criminologie*, 1994, n° 1, p. 23-48.
3. M. Raux, « L'enfance coupable (milieu familial des jeunes délinquants) », *AAC*, 1890, p. 221-258; A. Chavanne, « Enfance délinquante et environnement familial », *Ann. Fac. droit d'Alger*, 1955, 1ʳᵉ année, n° 2, p. 137 et s.; « Famille et criminalité », numéro spécial du *BSIC* 1960, art. E. Glueck, H. Mannheim, A. Racine, R. Berger *et al.*, Wurtenberger et Scholz, T. Sellin, p. 13-57; T. Wurtenberger, *La relation qui unit la famille et la délinquance* (en allemand), 4 vol., 1969-1970, CR *in RDPC*, 1972-75; T. Bandini et V. Gatti, *Dinamica familiare e delinquenza giovanile*, éd. Giuffre (Milano), 1972, 217 p.; E. Douyon, « La famille et la délinquance dans trois sphères culturelles », *Criminologie*, 1975, p. 85-99; G. Ansloss et P. Second, (textes choisis par...), *Marginalité, système et famille*, CEFRES Vaucresson, 1983, 251 p.; M.-C. Boisbourdain, *Comment la violence vient aux enfants*, éd. Casterman, 1983; J. Kellerhais et L. Valente, « Interactions familiales et styles de contrôle de la déviance », *Dév. et soc.* 1986, p. 341-361; Frechette et M. Le Blanc, *Délinquances et délinquants*, 1987, p. 142-156; M. Cusson, *Croissance et décroissance du crime*, 1990, p. 53-55; M. Le Blanc, « Le cycle de la violence physique : trajectoire sociale et cheminement personnel de la violence individuelle et de groupe », *Criminologie*, 1990, 41-74; G. Raimbault et M. Manciux, *Enfance menacée*, INSERM, *Doc. fr.*, 1991; E. Sullerot, *Quels pères ? Quels fils ?*, Fayard éd., 1992; A. Canevaro, *Enfants perdus, enfants exclus*, ESF éd., 1992; J. Trepanier, « Les jeunes délinquants et leurs familles », *RDPC*, 1995, p. 119-142; C. Olivier, *L'ogre intérieur. De la violence personnelle et familiale*, Fayard, 1998, 223 p.; R. Cario, *L'aîné(e) victime. La fin d'un tabou*, L'Harmattan, 2003, 96 p.; *L'enfant-problème*, art. dans la revue *Le Débat* de novembre-décembre 2004; C. Balier, *La violence en abyme : essai de psycho-criminologie*, PUF, 2005; O. Koudou, « Recomposition familiale, déliaisons et difficultés d'adaptation sociale chez l'adolescent », *RICPT*, 2006, p. 40.

quante par l'adolescent est avant tout un *problème de socialisation* et la famille (ou son substitut) est le *lieu inéluctable de la socialisation* de l'enfant. Nombreuses sont en effet les recherches qui établissent que lorsqu'une perturbation vient troubler l'action qu'exerce normalement la famille sur l'enfant, on voit souvent apparaître plus tard des cas de délinquance. L'affaiblissement de la famille dans les sociétés occidentales contemporaines, qui est considéré comme l'un des facteurs culturels macrocriminologiques de la criminalité occidentale [1], trouve ici sa correspondance au niveau microcriminologique de la formation de la personnalité du délinquant. Pour mesurer l'ampleur du problème, on peut signaler que d'après une statistique invoquée en 2009 lors de la discussion en France relative au statut du beau-parent, les enfants vivant dans une famille recomposée seraient de 1,6 million et de 2,7 millions dans un foyer monoparental [2]. L'influence de la famille d'origine sur la formation de la personnalité de l'enfant délinquant se réalise toutefois de deux façons différentes : soit directement, soit indirectement.

624 1) *L'influence directe* ◇ De toutes les influences extérieures qui stimulent la tendance à l'imitation de l'enfant, celle du foyer familial est la plus fréquente et la plus puissante. Aussi la famille exerce-t-elle une influence criminogène directe sur l'enfant lorsque les parents sont *délinquants* ou *immoraux*. De manière plus précise, il apparaît que cette influence résulte principalement de deux sources : l'apprentissage de la violence à travers les violences intra-familiales [3] et l'acquisition, par imitation, du style de vie de délinquant des parents ou de l'un d'eux [4]. On explique le phénomène par cette idée que la discordance entre le code moral enseigné à l'enfant et les valeurs protégées par le droit pénal crée un conflit qui complique l'adaptation à la société et qu'en cas de crise vécue par l'individu élevé dans de telles conditions, la règle de conduite du milieu initial tend à s'imposer par priorité sur la règle morale sanctionnée par la loi pénale [5].

625 2) *L'influence indirecte* ◇ Le nombre de délinquants qui ont reçu une formation antisociale caractérisée dans leur famille d'origine est faible. Le plus souvent l'influence criminogène de la famille d'origine s'exerce d'une *manière indirecte* sur l'enfant. C'est en effet au foyer fami-

---

1. *Cf supra* n° 546.
2. O. Koudou, « Recomposition familiale, déliaisons et difficultés d'adaptation sociale chez l'adolescent », *RICPT*, 2006, p. 40; même auteur, « Dysfonctionnements familiaux et formation de la personnalité à risque déviant chez l'adolescent », *RICPT* 2008, p. 259. *Adde* D. Theobald, « Marriage, Separation an Single parent Families », *in* M. Herzog-Evans (ed.), vol. 1, p. 429-450.
3. Selon une source IFOP, 15 % des français assurent avoir été victimes de violences physiques ou morales dans leur enfance, et l'on estime à 19 000 le nombre de mineurs victimes de violence ou négligences lourdes.
4. *Cf.* X. Raufer, *Le cimetière des utopies*, 1985, p. 130; M. Redon, « Violences sexuelles et pédophilie », *D.* 2002, p. 2131-2132.
5. Sur le cas particulier des enfants de détenus, *cf.* J. Van Nuland, « Les enfants de détenus », *RDPC*, 1970, p. 936-961; S. Troisier, « Les enfants de délinquants », *RICPT*, 1976, p. 61-71.

lial que se forge dans les années de l'enfance la *structure de la personnalité de l'enfant* et les parents jouent un rôle capital en particulier dans la formation de la *conscience morale*[1] (le « sur-moi » de la psychanalyse) et dans le développement des *facultés affectives* de l'enfant.

On comprend dès lors qu'un milieu familial moralement sain puisse exercer cependant une influence décisive sur la formation de la personnalité du jeune délinquant s'il ne donne pas à l'enfant le *minimum d'affection et d'éducation nécessaire à une socialisation normale*. Or il peut en être ainsi dans de nombreuses hypothèses : 1/ *abandon* de l'enfant à sa naissance et absence de soins continus (d'où l'importance de l'adoption, comme institution de prévention de la délinquance)[2] ; 2/ *séparation de la mère et de l'enfant* à la suite d'un événement de force majeure; 3/ *absence du père* au moment où son autorité doit équilibrer celle de la mère[3]; 4/ *dissensions entre parents* d'une certaine gravité[4]; 5/ excès d'indulgence ou au contraire de sévérité de la part des parents[5]. À l'heure actuelle, on dénonce essentiellement ce que l'on a appelé « la libération des enfants » qui a abouti à faire de l'enfant un *enfant-roi*.

Il serait évidemment absurde de croire que les perturbations familiales entraînent inéluctablement la délinquance ou tout au moins l'inadaptation. Du moins faut-il avoir conscience de *l'importance de leur rôle* en étiologie criminelle. On a souligné depuis longtemps le *manque d'affectivité* d'un grand nombre de délinquants, et en particulier des plus dangereux, et la relation de celui-ci avec les carences affectives dont ils ont souffert dans leur enfance[6].

On a vu d'autre part qu'il existe une corrélation positive significative entre le divorce et la criminalité[7] : or le divorce peut être considéré comme la perturbation familiale la plus grave qui peut retentir sur la formation de la personnalité de l'enfant.

2. L'influence de l'habitat et du voisinage

626 *L'habitat* ◇ On se souvient qu'en étudiant la criminalité comparée des villes et des campagnes, on avait relevé que ce n'est pas tellement le fait de l'urbanisation en lui-même qui est criminogène, mais plutôt le mode *d'habitat*[8]. De fait, diverses études ont montré que les jeunes délinquants proviennent proportionnellement plus d'immeubles col-

---

1. Cf. H. Zullliger, *La formation de la conscience morale chez l'enfant*, 1971, 176 p.
2. Cf. N. Loutre Du Pasquier, *Le devenir d'enfants abandonnés*, 1981.
3. Heuyer, « Psychopathologie de l'enfance victime de la guerre », *in Sauvegarde de l'enfance*, janv. 1948; J.-M. Daum et V.-J. Bieliauskas, « Father's absence and moral development of male delinquents », *Psychological Reports*, 1983, p. 223-228.
4. P. Le Moal, *Parents séparés, enfants perturbés*, 1971, 172 p.; Étienne Bolo, *Les enfants de divorcés*, 1979; Romain Liberman, *Les enfants devant le divorce*, PUF, 1979; M.-F. Aebi, « Famille dissociée et criminalité : le cas Suisse », *Bull. de criminologie suisse*, 1997, n° 1, p. 53-80.
5. Cf. Colloque de Bruxelles (oct. 1967) sur « L'éducation de l'enfant, de la conception à l'âge adulte et le rôle capital des parents dans cette évolution », CR *in RDPC*, 1967-1968, p. 547. Sur une critique anthropologique de la violence éducative, cf. O. Maurel, *Oui, la nature humaine est bonne ! Comment la violence éducative ordinaire la pervertit depuis des siècles*, R. Laffont, 2009, 368 p.
6. Sur le défaut d'affection (situation familiale anormale) comme facteur de la délinquance des multirécidivistes, *cf.* R. Vienne, *RSC*, 1957, p. 53 et s., spéc. 57.
7. Cf. *supra* n° 544.
8. Cf. *supra* n° 533.

lectifs que d'adolescents habitant des maisons individuelles et, parmi les immeubles collectifs, de taudis ou cités d'HLM plutôt que d'ensembles immobiliers d'un standing convenable [1]. Il faut toutefois se garder de conclusions dépourvues de nuances car, en l'espèce, ce n'est pas tellement le mode d'habitat en lui-même qui contribue à former la personnalité du jeune délinquant que le *style de vie* des enfants qui vivent dans ces cités ou taudis.

627 *Le voisinage* ◊ L'influence de la résidence familiale dans la formation de la personnalité du criminel ne peut en effet être isolée du voisinage. On sait, depuis les travaux de Clifford Shaw et de ses disciples sur la ville de Chicago, combien la délinquance est liée aux *quartiers de détérioration socio-morale* et même, selon les travaux de Stanciu, qu'il existe à l'intérieur de certains quartiers de *véritables îlots de criminalité* [2]. La question se pose alors de savoir comment ces aires de délinquance influencent la formation de la personnalité des jeunes délinquants. Deux aspects ont particulièrement retenu l'attention à cet égard. Le premier consiste dans *les caractéristiques du milieu sous-prolétarien*. Ce milieu se caractérise par une révolte larvée, une opposition vague et diffuse au système social en place et la pression du groupe y est très forte, si bien que les enfants issus d'un tel milieu s'adapteront difficilement à d'autres milieux considérés *a priori* avec méfiance et hostilité et dont ils ne sont pas à même de comprendre les valeurs [3]. Par ailleurs, ce milieu alimente *les bandes d'enfants et d'adolescents* qui constituent précisément le second aspect essentiel de l'influence du voisinage sur la formation de la personnalité des délinquants [4]. Les enfants s'associent en bandes

---

1. *Cf.* S. Imloul avec C. Azouvi, *Enfants bandits ? La violence des 3-13 ans dans les banlieues*, éd. Panama, 2008.

2. *Cf. supra* n° 533.

3. F. de la Gorce, « Le vol et la notion de propriété en milieu sous-prolétaire », *Instantanés criminologiques*, 1970, n° 11, p. 3-8 ; J.-C. Lagree et P. Lew-Fai, *La galère, marginalisations juvéniles et collectivités locales*, 1985 ; F. Ferrand, *T'es jeune ou quoi ?*, 1986 ; J.M. Stebe, *La crise des banlieues*, PUF, 3ᵉ éd. 2007, spéc. p. 54-61 sur la « galère ».

4. J. Léauté (1972), 588-599, Dufour-Gomprez, *vᵒ* « Bandes ». CFRES, *La délinquance des jeunes en groupe*, 1963 ; P. Robert, *Les bandes d'adolescents*, éd. Ouvrières, 1966, 2ᵉ éd. 1974 avec P. Lascoumes ; Racine, Debuyst, De Bray et *al.*, *Les blousons noirs*, éd. Cujas, 1966 ; J. Monod, *Les Barjots. Essai d'ethnologie des bandes de jeunes*, 1968, 473 p. ; A. Kreuzer, « Un exemple de bande jeunes délinquants : les "Rockers" », *RIPC*, 1972, p. 2-8 ; P. Taufour, « De la tribalisation au système », *Ann. Vaucr.*, n° 17, 1980, 179-190 ; J. Weiss, *Ces loubards de banlieue qui sèment la terreur*, 1986, 200 p. ; « Enfants et jeunes dans la rue », Session d'étude du Comité français du programme inter ONG de l'ONU (Paris, janv. 1985) réédité en 2007 avec une préface de M.B. Kokoreff, Hachette-littératures ; G. Mauger et C. Fosse-Poijak, « Les loubards », *in Actes de la recherche en sciences sociales*, nov. 1983, n° 50, p. 49-67 ; E. Yamarellos et G. Kellens, I, *vᵒ* « Bandes d'adolescents », p. 50-53 ; B. Weinberger, « L'anatomie de l'antagonisme racial et de la violence urbaine : les bandes à Birmingham durant les années 1870 », *Dév. et soc.* 1991, p. 407-418 ; G. Pelissier, *Les événements de Vaux-en-Velin, phénomènes des casseurs, délinquance des bandes de jeunes, au travers des articles de presse*, Mémoire DEA Sciences criminelles., Aix-en-Provence, 1991 ; J.-L. de Gaudenzi, *Les enfants de la haine*, 1992 ; P. Louis et L. Prinaz, *Skinheads, taggers, zulus and Co*, éd. La Table Ronde, 1990 ; M. Kokoreff, « Tags et zoulous : une nouvelle violence urbaine », *Rev. Esprit*, févr. 1991, p. 23-36 et d'une manière générale, les art. sous le titre général « La France des banlieues », même *revue*, p. 7-91 ; M. Thevoz, *Art, folie, graffiti, LSD, etc.*, 1985 ; L. Walgrave, *Délinquance systématisée des jeunes et vulnérabilité sociétale*, éd. Méridiens-Klinksieck,

pour plusieurs raisons : affectives, d'affirmation de soi, de justification morale. Or le milieu naturel des enfants qui constituent des bandes est la *rue* avec toutes ses sollicitations qui ne tardent pas à engendrer un mode de vie asociale, puis antisociale Dans les cas les plus extrêmes, une véritable « sous-culture délinquante spécifique »[1] encore appelée « culture de rue » s'installe dans les quartiers dits « sensibles ». Elle se caractérise tout à la fois par une population spécifique, des traits de personnalité communs quant aux sentiments, aux attitudes et aux conduites et par une suractivité délictueuse et déviante significative[2].

b. L'influence du milieu occasionnel[3]

628 *L'inadaptation scolaire* ◇ Le milieu occasionnel est celui des *premiers contacts sociaux*. Il englobe le milieu scolaire, le milieu d'orientation professionnelle et le milieu du service militaire dans les pays où il est obligatoire. Ces milieux ne constituent pas par eux-mêmes des milieux criminogènes; bien au contraire, ils poursuivent, du moins pour les deux premiers, des buts éducatifs. Ce qui peut être criminogène en revanche, c'est *l'inadaptation* de certains sujets à ces milieux et le fait qu'ils tentent d'échapper à leur influence et de brûler les étapes conduisant à une vie indépendante.

On va se borner ici à dire quelques mots de l'inadaptation la plus grave : *l'inadaptation scolaire*[4]. L'inadaptation à l'école peut être facteur de comportements antisociaux ultérieurs, car les échecs scolaires ferment les débouchés, découragent, révoltent parfois et exposent davantage aux incidences du chômage et au jeu des autres facteurs criminogènes d'ordre économique[5]. Par ailleurs, l'inadaptation scolaire s'accompagne souvent d'école buissonnière, surtout chez les futurs

---

1992; E.-H. Hassanov, *Problems of warning the group crimes committed by teenagers*, Bakou, 1992; M. Le Blanc et N. Lanctot, « Le phénomène des bandes marginales. Vers une vision réaliste grâce à une comparaison des années 1970 et 1990 », *RICPT*, 1995, p. 414-426; J.-P. Gremy, *Les violences urbaines*, Études et recherches de l'IHESI, 1996; M. Cusson, « Violences en banlieue », *Commentaire*, 1997, n° 80, p. 917-923; N. Lanctot et M. Le Blanc, « Les adolescentes membres des bandes marginales : un potentiel antisocial atténué par le dynamique de la bande », *Criminologie*, 1997, n° 1, p. 111-130; R. Lucchini, « Carrière, identité et sortie de la rue : le cas de l'enfant de la rue », *Dév. et soc.* 2001, p. 75-98; L. Mucchielli et M. Mohammed (dir.), *Les bandes de jeunes, des « blousons noirs à nos jours »*, éd. La Découverte, 2007, 404 p.; L. Madzou, *J'étais un chef de gang*, éd. La Découverte, 2008; J.-P. Guay et C. Fredette, Le phénomène des gangs de rue et sa mesure, *in Traité de criminologie empirique*, 4ᵉ éd. (M. Le Blanc et M. Cusson dir.), 2010, p. 167-197; J.-P. Guay et C. Fredette, « Le phénomène des gangs de rue : une perspective nord-américaine », *in* M. Herzog-Evans (ed.), vol. 2, p. 295-318. Sur le phénomène du tag : A. Vulbeau, *Du tag au tag*, IDEF, 1990; R. Petillon, *L'année du tag*, éd. Albin Michel, 1991; Point sur le tag, *Tribune des commissaires de police*, n° 54, janv. 1992 : D. Fontanaud, « La question du tag en droit pénal », *Dr. pénal*, juill. 1992, chron. 36.

1. Sur la notion de sous-culture délinquante, *cf. supra* n° 248.
2. R. Gassin, « Regards sur l'acmé de la violence dans les banlieues « sensibles » en octobre-novembre 2005 », *RPDP*, 2008, p. 153-187, spéc. p. 171-186, n° 61-85.
3. J. Léauté (1972), p. 569-578.
4. Sur le milieu militaire, v. R. Ottenhof, « Dialogue avec la Grande muette », *RSC*, 1987, p. 497-503.
5. Sur l'influence de l'échec scolaire et de l'abandon prématuré de l'école, *cf.* M. Killias, *Précis de criminologie*, 2ᵉ éd., p. 271-273.

délinquants[1]. Le jeune écolier s'habitue alors à vivre en marge de la règle et à se soustraire aux normes habituelles de conduite, si bien que la carence éducative s'accompagne d'un apprentissage de l'asocialité[2]. Il convient également de mettre l'accent sur la généralisation de la *violence scolaire* qui, outre qu'elle est délictueuse en elle-même, contribue également à l'accoutumance du recours à la violence ultérieurement pour régler les conflits de la jeunesse et de l'âge adulte[3].

628-1 *Le cas particulier de la France scolaire*[4] ◇ Pour la France, l'examen de l'évolution de la situation scolaire au cours des trente dernières années montre bien comment une institution mal adaptée à la population – ou du moins à une partie importante de la population – à laquelle elle est destinée, est susceptible de contribuer à l'entrée des enfants et des adolescents dans la délinquance : inadaptation de l'enseignement dispensé, absentéisme, décrochage et échecs scolaires, violences à l'école et autour de l'école constituent ainsi un complexe factoriel significatif.

628-2 *1) L'inadaptation de l'enseignement scolaire actuel* ◇ Cette inadaptation sinon à l'ensemble des jeunes du moins à la majeure partie d'entre eux, remonte aux débuts de la démocratisation systématique de l'accès à l'école sous le signe du principe de l'« égalité des chances ». Dès 1959, l'économiste Alfred Sauvy observant qu'en l'espace de cinq ans seulement le nombre des élèves du secondaire avait augmenté de 52 % (2 134 000 à l'époque[5]), dénonçait le risque « d'entrée dans une phase

---

1. P. Huerre, *Absentéisme scolaire, du normal au pathologique*, éd. Hachette Littérature, 2006. L'absentéisme scolaire touche très inégalement les établissements. La moitié d'entre eux sont peu concernés par le phénomène. En revanche, la proportion d'élèves absents sans autorisation plus de quatre demi-journées par mois, oscille de 10 à 16 % dans 10 % des établissements, les lycées professionnels étant les plus touchés (le triple de ceux des lycées et le quadruple de ceux des collèges). L'absentéisme *lourd*, soit plus de 10 demi-journées par mois, concerne quant à lui 1 % des élèves chaque mois dans l'enseignement secondaire.
2. W. Kvaraceus, *Juvenile delinquency and the school*, 1947; « US Senate subcommittee to investigate juvenile delinquency, éducation and juvenile delinquency », Interim report, Congress Washington Government Printing Office, 1956; Somerhausen et al., *L'école et l'enfant voleur*, 1963; « Les jeunes scolarisés que l'école n'intéresse plus : profil et avenir », Journées de l'AFSEA, Le Puy, nov. 1978, CR *in RSC*, 1980, p. 268-274; Hartnagel et Tanner, « Class, schooling and delinquency : a further examination », *Can. Journ. Crimin.*, 1982, 155-172; Frechette et Le Blanc, *Délinquances et délinquants*, 1987, p. 156-164; M. Cusson, *Croissance et décroissance du crime*, 1990, p. 55-56; N. Vettenburg et L. Walgrave, « Expériences scolaires, délinquance et vulnérabilité sociétale », *RIPT*, 1991, n° 2. Sur l'échec scolaire en général : B. Pierre-Humbert (dir.), *L'échec à l'école : échec de l'école ?*, Delachaux et Niestlé, 1992; Ministère du travail, *École et réussite. Des atouts pour tous*, Doc. fr., 1992; P. Gosling, *Qui est responsable de l'échec scolaire ?*, PUF, 1992; M. Le Blanc et al., « The prediction of males, adolescent and adult offending from school experiences », *RCC*, 1993, p. 459; Peter Linstrom, « School and delinquency in a contextual perspective », Stockholm, *National Council of crime prevention, BRA, Report* 1993, vol. 2, 200 p.; A. Van Zanten, « Le quartier ou l'école ? Déviance et sociabilité adolescente dans un collège de banlieue », *EJCPR*, 2000, p. 377 et s.
3. Sur la violence scolaire, cf. *supra* n° 545.
4. J.-P. Brighelli, *La fabrique des crétins*, éd. Gawsewitch, 2005, *À bonne école, id.*, 2006, *Une école sous influence ou Tartuffe roi, id.*, 2006, Fin de récré, id., 2008; E. Morin, *La nouvelle question scolaire*, Seuil, 2007; N. Bulle, *L'école et son double*, éd. Herman, 2010; C. Mazeron, *Autopsie du mammouth. L'éducation nationale respire- t-elle encore ?*, éd. Gawsewitch, 2010, 282 p.
5. 5 331 700 en 2009-2010.

de sous-enseignement qui sera aussi une phase de sous-développement et de recul français ».

Depuis lors, et surtout depuis la loi Haby de 1975 sur le « collège unique », l'enseignement scolaire n'a pas cessé de connaître une *instabilité de ses divers degrés*, depuis l'école maternelle (pré-élémentaire) jusqu'au lycée (second cycle du second degré), marquée par des réformes successives qui n'ont jamais pu s'imposer de manière suffisamment durable et sans que l'on puisse distinguer clairement dans les diverses réformes et leurs critiques ce qui constitue une amélioration véritable de la qualité de l'enseignement et ce qui procédait de la promotion de conceptions idéologico-politiques[1].

Cette instabilité de l'enseignement public français a eu pour première conséquence la médiocrité des résultats obtenus par les élèves aux tests comparatifs internationaux. Ainsi une enquête du Programme international de recherche sur la lecture scolaire (LSRP) du Boston College en 2007 place la France pour la *lecture*[2] au 27ᵉ rang sur 40 États dont une majorité de pays européens. S'agissant des *matières scientifiques*, l'enquête PISA (Programme international pour le suivi et l'acquis des élèves) de l'OCDE (Organisation de coopération et de développement économique) réalisée en 2007 et portant sur 57 pays, place la France entre la 22ᵉ et la 29ᵉ place pour la capacité de ses élèves de 15 ans à utiliser leurs connaissances en ce domaine. L'inadaptation de cet enseignement entraîne, aussi, bien d'autres conséquences. On constate par exemple *l'ennui et le désintérêt* de beaucoup d'adolescents en classe de troisième parce qu'ils ne savent ni lire, ni écrire, ni compter correctement : d'où des fautes d'orthographe, des erreurs de calcul et des conflits avec les enseignants sources d'incivilités voire d'actes plus graves ; le phénomène est d'autant plus important que l'on estime que 80 % environ des élèves qui ratent l'apprentissage de la lecture au cours préparatoire ne rattrapent jamais leur retard[3]. Autre conséquence : selon l'INSEE, chaque année un élève sur cinq (150 000 environ par an sur près de 800 000 jeunes composant une classe d'âge) quitte le système scolaire *sans diplôme ni qualification*, ce qui les expose quasi inévitablement à la précarité et au chômage de masse faute de formation[4]. Finalement, on observe dans la société française une montée lente mais inexorable de l'*illettrisme*[5] qui affecte gravement la capacité de l'individu à s'intégrer dans

---

1. En dernier lieu, réforme des programmes du *primaire* en 2007, réforme du *lycée* prévue pour 2009 mais finalement reportée. Le cas de l'*école maternelle* est exemplaire du genre de polémique que soulèvent les réformes. Les partisans du système antérieur à 2008 la présentent comme l'école de l'apprentissage de la langue ainsi que de la vie en commun avec la découverte de la discipline et de la politesse et l'épanouissement de toutes les formes d'intelligence. Ses détracteurs n'y voient qu'une garderie qui coûte fort cher à l'État (4,5 milliards d'euros par an) et constitue du temps perdu pour les enfants (J. Danzay, *Il faut fermer les écoles maternelles*, éd. Michalon, 2008). Entre les deux, les réformateurs (Haut Conseil à l'éducation et rapport du professeur Alain Bentolila) sont favorables au maintien de cette école mais à condition de la « refonder » afin qu'elle soit utile à la préparation de la réussite scolaire des élèves qui lui sont confiés.

2. La lecture s'entend non seulement du déchiffrage du texte, mais aussi de l'évaluation de toutes les compétences qui s'y rapportent telles que donner des définitions de mots, trouver l'idée principale d'un texte, comparer des informations, déduire que tel événement en a entraîné un autre etc.

3. L. Ferry, *Combattre l'illettrisme*, O. Jacob, 2009.

4. On peut ajouter qu'un bachelier sur deux n'a, à son tour, aucun diplôme après trois années passées dans l'enseignement supérieur.

5. On entend par « illettrés » le cas des jeunes qui au bout de la scolarité obligatoire (et parfois plus) sont incapables de déchiffrer un texte, par opposition aux « analphabètes » qui sont ceux qui n'ont jamais appris à lire.

la cité[1] ; il résulte ainsi des tests réalisés par l'armée, lors des Journées d'appel de préparation à la défense (JAPD), auprès des jeunes de 18 ans (soit environ 800 000 par an) que 5 % environ sont « considérés comme illettrés », 6,9 % ont « de très faibles capacités de lecture » et 9,8 % sont des « lecteurs médiocres », 65,5 % seulement ne connaissant « aucune difficulté de lecture »[2]. La France n'occupe certes pas la plus mauvaise place parmi les pays européens, comme le montre le graphique ci-après, mais cela n'en caractérise pas moins une inadaptation certaine.

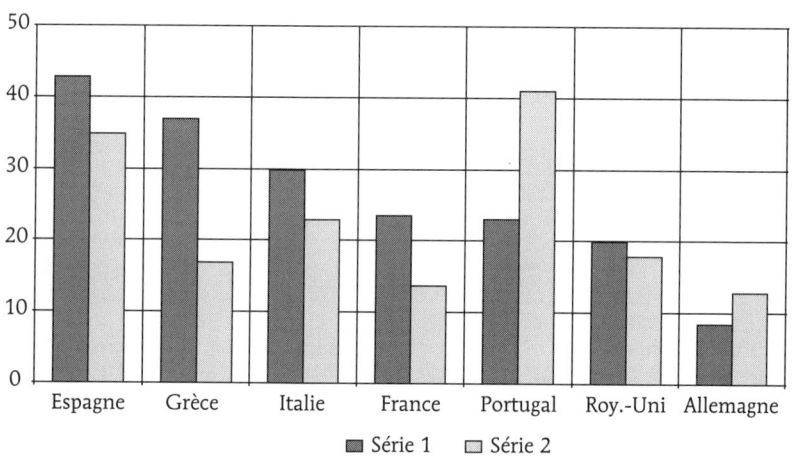

■ Série 1   □ Série 2

Série 1 = Taux de chômage des 15-24 ans en % de la population active
Série 2 = Les 20-24 ans sortis du système scolaire sans formation secondaire, en %. (Source OCDE)

628-3 2) *De l'absentéisme au décrochage et à l'échec scolaire* ◇ L'absentéisme des élèves, le décrochage et l'ampleur de l'échec scolaire constituent à leur tour l'un des aspects essentiels de la situation de l'école dans la France contemporaine.

a) On entend par *absentéisme scolaire* une conduite qui se traduit par des absences répétées et volontaires d'un élève dans une période de temps donné (quatre demi-journées par mois[3]). On a observé en effet au cours des trente dernières années que de plus en plus d'élèves s'absentent de l'école de manière régulière. Aujourd'hui où cet absentéisme paraît avoir atteint un seuil de stabilité relative, on avance les pourcentages suivants : 3 à 6,5 % des élèves des lycées généraux, 6 à 15 % des élèves des lycées techniques, 3 à 20 % de ceux des lycées professionnels et 1 à 3 % pour les collèges. Une autre manière de compter se trouve dans le rapport du secrétaire d'État à la justice de novembre 2010 : 30 % des élèves dans un établissement sur dix[4]. Les *raisons* de ces absences répétées

---

1. L. Ferry, *Combattre l'illettrisme*, O. Jacob, 2009 ; D. Sallenave, *Nous, on n'aime pas lire*, Gallimard, 2009.
2. Enquête de l'amiral Béreau *in* L. Ferry précité.
3. V. loi n° 2010-1127 du 28 septembre 2010 visant à lutter contre l'absentéisme scolaire (art. 1).
4. Rapport Bockel précité, p. 36.

injustifiées tiennent à la fois à l'élève et à sa famille. S'agissant des *élèves*, la raison principale est le désintérêt et le désinvestissement à l'égard du travail scolaire; toutefois 20 à 25 % des abstentionnistes le seraient en raison de la peur de la violence dont ils sont victimes [1], ce qui montre déjà l'importance des violences scolaires. Quant aux *parents,* si certains réagissent lorsque l'administration de l'établissement les saisit de l'absence de leur enfant, certains ne veulent pas se déplacer ou ne répondent pas aux appels, même répétés, qui leur sont adressés. Or pour un enfant, l'absentéisme est un *fléau* en ce qu'il mène à de mauvais résultats scolaires, au décrochage puis à l'échec qui compromet son insertion professionnelle et sociale à venir tandis que, parallèlement, l'errance hors du domicile pendant les heures d'absence l'expose particulièrement à la participation à la « culture de rue » qui constitue une sorte de « sous-culture déviante et délinquante » [2]. C'est ainsi qu'un rapport du corps d'inspection du ministère de la Justice concernant les établissements pénitentiaires pour mineurs fait apparaî- tre, pour l'ensemble des détenus rencontrés dans ces établissements, qu'ils sont tous des exclus du système scolaire : « même si le décrochage ne conduit pas nécessairement à un parcours de délinquance, force est de constater que ces deux phénomènes se recoupent » [3].

b) Le *décrochage* s'entend de l'interruption des études en cours de scolarité avant d'avoir obtenu soit un diplôme soit du moins une attestation d'achèvement de la scolarité. Caractérisé par une démotivation complète, il s'inscrit assez sou- vent dans le processus qui va de l'absentéisme à la disparition de tout système scolaire ou professionnel, mais un certain nombre de décrochages s'expliquent aussi par une réorientation vers la vie active. Une statistique portant sur l'année 2010 dans le deuxième cycle du secondaire illustre bien la diversité du sort des « décrocheurs » en même temps que l'ampleur des conséquences du phénomène : entre la fin de l'année scolaire 2009-2010 et le début de celle de 2010-2011, 306 000 élèves ont quitté le lycée avant l'achèvement de leur scolarité normale, soit environ 15 % de l'effectif total des lycéens de l'année 2009-2010 (2 125 947 élèves) et, parmi ces « décrocheurs », 60 000 sont entrés en appren- tissage, 80 000 ont été suivis par Pôle emploi, mais 160 000, soit plus de la moi- tié, ont été « perdus de vue » [4].

c) Quant à l'*échec scolaire*, il totalise à la fois les échecs à l'examen du baccalau- réat et les décrochages divers en cours de scolarité. Une violente polémique a récem- ment éclaté à ce sujet entre le ministre de l'Intérieur et les organisations éducatives à propos des taux respectifs d'échec des enfants issus de parents immigrés et des enfants de famille non immigrée [5]. S'agissant ici seulement de l'étude de la relation entre l'inadaptation scolaire et l'entrée dans la délinquance, il suffit de savoir, hors de toute querelle statistique, qu'il résulte de plusieurs sources (Haut Conseil à l'inté-

---

1. Selon Éric Debarbieux, directeur de l'Observatoire européen de la violence, cité *in* rapport Bockel précité, p. 36.
2. Sur cette notion, *cf. supra* n° 248.
3. *Cf.* rapport Bockel précité, p. 36. Toutefois conformément à la conception de la criminolo- gie de la réaction sociale, l'absentéisme scolaire serait une construction sociale et non une réalité empirique, *cf.* E. Douat, « La construction de l'absentéisme scolaire comme problème de sécurité intérieure dans la France des années 1990-2000 », *Dév. et soc.* 2007, p. 148.
4. Selon le rapport Bockel précité, ce sont « environ 60 000 jeunes (qui) sortent chaque année du système scolaire » (p. 36). Bien que le rapport ne le précise pas, ce chiffre de 60 000, très inférieur à celui de 306 000 mentionné au texte, mais semblable à celui des « décrocheurs » entrés en apprentissage, se rapporte sans doute à cette seule catégorie.
5. *Le Monde* du 27 mai 2011. Une proposition de loi n° 681 « visant à lutter contre lé décro- chage scolaire » est en cours de discussion en juin 2011.

gration, OCDE, INSEE) que les enfants d'immigrés connaissent plus de difficultés et réussissent en moyenne moins bien que les enfants de non immigrés.

628-4 3) Les violences scolaires[1] ◇ Les violences scolaires ne datent pas d'aujourd'hui. Dès le moment où de nombreux enfants ont été regroupés dans des classes et des cours d'école, il y a eu des bagarres, des brimades et des vexations entre élèves ainsi d'ailleurs que l'attribution par ces derniers à certains professeurs de surnoms peu flatteurs. Mais le phénomène avait jadis un caractère marginal en raison de l'autorité des maîtres et des surveillants, de la discipline imposée dans les établissements et des sanctions sévères infligées aux auteurs de ces violences.

Mais on assiste depuis une bonne vingtaine d'années à une montée massive des violences scolaires au point que celles-ci se distinguent de plus en plus nettement des violences traditionnelles quantitativement et qualitativement et sont devenues un problème majeur pour l'Éducation nationale actuelle.

a) Au point de vue quantitatif, les violences scolaires sont recensées annuellement par le ministère de l'Éducation nationale depuis l'année 2001-2002[2]. De 2001-2002 à 2006-2007, le recensement des violences scolaires était effectué au moyen du logiciel SIGNA (signalement des incidents graves) auprès de chaque chef d'établissement. Comme certains d'entre eux avaient boycotté le système, SIGNA a été remplacé à partir de la rentrée scolaire 2007 par une enquête effectuée auprès d'un panel anonyme de 1 500 à 2 000 établissements, dénommée SIVIS (Système d'Information et de Vigilance sur la sécurité scolaire). Le dispositif SIGNA recensait auprès des chefs d'établissement les actes de violences survenus dans leur établissement qui répondaient à l'un des trois critères suivants : avoir une qualification pénale évidente ou avoir fait l'objet d'un signalement officiel auprès d'un service public (police, gendarmerie, etc.) ou encore avoir eu un retentissement important dans la communauté scolaire ; il en résultait une certaine hétérogénéité dans l'application des critères quand ce n'était pas une mauvaise volonté affichée de la part des déclarants. SIVIS est au contraire une enquête effectuée d'autorité auprès d'un échantillon représentatif d'établissements par le ministère de l'Éducation nationale, qui vise à plus homogénéité en restreignant le signalement aux actes plus graves que ceux de SIGNA et qui est complétée par un questionnaire trimestriel visant à évaluer le climat dans l'établissement et son évolution[3].

---

1. Outre les références mentionnées en note sous le n° 547 *supra*, adde F. Lec et C. Lelièvre, *Histoires vraies des violences à l'école (Histoire et actualité)*, Fayard, 2007 ; M. Goyet, *Tombeau pour un collège*, Flammarion, 2008, 141 p. ; S. Poignant, *Prof toi-même !*, éd. Actes Sud, 2008, 160 p., Préface de A. Haddad ; P. Vienne, *Violence à l'école : au bonheur des experts. Une analyse critique des réseaux d'expertise de la violence scolaire*, Paris, éd. Syllepse, 2009, 433 p. Revue de l'observatoire européen de la violence en milieu scolaire. Rapports de l'OND 2005, p. 333-340 et 411-434 ; 2006, p. 223-226 ; 2007, p. 330-337 ; 2008, p. 468-476 ; 2009, p. 438-445 et de l'ONDP, 2010, p. 600-605.
2. Sur les efforts de recensement des violences scolaires à partir de la fin des années 1970 jusqu'en 2001, *cf.* Rapport OND 2005, p. 413-414.
3. Il n'est pas douteux que le type de recensement SIVIS, après SIGNA, sous-estime l'ampleur du phénomène violences scolaires car « la plupart des faits n'ont pas lieu devant des adultes et la loi du plus fort va toujours de pair avec la loi du silence » (E. Debarbieux, Directeur de l'Observatoire international de la violence à l'école, Entretien au journal *Le Monde* du 3 mars 2008). Aussi n'y a-t-il pas lieu d'être surpris que la grande presse d'information donne une image plus pessimiste du phénomène. *Cf.* par ex. *Le Nouvel Observateur* du 21 février 2008, *Le Figaro* du 9 février 2010, *L'Express* du 18 février 2010. Mais v. aussi *Le Monde* du 11 juin 2009 et *Le Monde Magazine* du 3 octobre 2009, *Le Monde de l'Éducation* du 10 février 2008.

Dans le cadre de SIGNA, le *nombre moyen de signalements par établissement répondant* a été de 14,57 en 2001-2002 (taux de réponse 70 %) et de 13,95 en 2005-2006 (taux de réponse 74 %), ce qui traduit une stabilité significative. Dans le système SIVIS, le nombre moyen d'incidents graves recensés pour 1 000 élèves dans les établissements du second degré (collèges, lycées d'enseignement général et technologique, lycées professionnels) s'est élevé à 11,6 en 2007-2008, 10,5 en 2008-2009 et 11,2 en 2009-2010, chiffres qui expriment également une stabilité quasi certaine.

Mais les nombres moyens de signalements par établissement répondant, ainsi que d'incidents recensés dans le cadre de SIVIS, ne donnent qu'une idée très générale de l'ampleur et de la nature du phénomène. Pour mieux comprendre, il importe d'entrer dans de multiples détails.

• *Première question* : comment les actes de violence *se répartissent-ils selon les établissements ?* Une observation générale s'impose à cet égard : les divers EPLE (Établissements publics locaux d'enseignement) sont exposés de manière très inégale à la violence; les faits graves sont concentrés sur un tout petit nombre d'établissements : ainsi les 10 % les plus violents ont-ils déclaré près de la moitié des incidents. Encore faut-il préciser que certains des établissements « défavorisés » restent moins que d'autres exposés à la violence scolaire. Si l'on veut aller plus avant dans la description, il convient d'opérer une double distinction, entre types d'établissement du second degré d'une part [Lycées d'enseignement général et technique (LEGT), lycées professionnels (LP) et collèges], et zones géographiques d'implantation entre établissements de l'éducation prioritaire, établissements situés en ZUS (zone urbaine sensible), établissements classés sensibles et établissements faisant partie d'un plan de prévention contre la violence. Pour ce qui est du type d'établissements, les lycées professionnels sont généralement ceux qui ont le taux de violence le plus élevé, puis viennent les collèges et en dernier lieu les lycées d'enseignement général et technologique. Quant aux zones géographiques, on observe des taux deux à trois fois plus élevés que la moyenne, dans les établissements situés en zone ou réseau prioritaire, dans ceux qui sont en ZUS, ceux qui sont classés sensibles, ainsi que les établissements qui font partie d'un plan spécial de prévention de la violence.

• *Deuxième question* : quelle est la *nature des actes considérés comme actes de violence ?* On a déjà indiqué ci-dessus quels étaient les critères de qualification dans le système SIGNA et son manque de précision qui avait entraîné des signalements hétérogènes. Le système SIVIS énumère de manière plus précise les actes retenus pour la statistique. Les faits de violence sont répartis en trois grandes catégories : 1/ les *atteintes aux personnes* qui comprennent la violence physique, la violence verbale, le racket, la violence sexuelle, le bizutage, les atteintes à la vie privée (droit à l'image et représentation des personnes) et le « *happy slapping* »; 2/les *atteintes aux biens* qui regroupent le vol, les dommages aux locaux et au matériel et les dommages aux biens personnels, 3/ les *atteintes à la sécurité* à savoir le port d'arme à feu, le port d'une arme blanche, la consommation de stupéfiants et le trafic de stupéfiants. On notera que tous ces faits tombent sous le coup de la loi pénale sous une qualification ou une autre.

D'une manière générale, les atteintes aux personnes sont de beaucoup les plus nombreuses (80,9 % en 2007-2008, 80,6 en 2008-2009; 76,2 en 2009-2010); viennent ensuite les atteintes aux biens (15,4; 13; 14,1); enfin les atteintes à la sécurité (3,8; 3,3; 9,5). Parmi ces actes, ceux qui sont à motivation raciste ou antisémite, xénophobe, sexiste ou homophobe retiennent une attention particulière, qu'ils s'expriment sous la forme de tags ou d'atteintes directes aux personnes.

À l'intérieur de la catégorie des atteintes aux personnes, celles-ci se répartissent à environ 45-46 % pour chacune des atteintes physiques et verbales et 9 % pour les autres formes. La catégorie des atteintes aux biens est dominée par les vols (près de la moitié), mais les dommages aux locaux et au matériel ne sont pas loin derrière, tandis que les dommages aux biens personnels représentent 10 à 15 %.

Par ailleurs, les trois catégories d'atteintes ne se répartissent pas de manière uniforme selon les types d'établissements : les atteintes aux personnes sont plus élevées dans les collèges et les lycées professionnels, tandis que les atteintes aux biens et à la sécurité sont plus fréquentes dans les lycées d'enseignement général et technique. Mais cette répartition varie parfois d'une année à l'autre. Cela dit, ces proportions ne sont pas figées dans le temps. Ainsi on a relevé pour l'année 2005-2006 que les atteintes aux personnes étaient de plus en plus fréquentes, alors que les atteintes aux biens étaient en diminution. De même, pour la même année, il y avait eu une forte augmentation des incendies et des tentatives d'incendie, alors que les signalements relatifs aux consommations et aux trafics de cannabis avaient baissé.

• *Troisième question : qui sont les auteurs des violences ?* Les *élèves* sont les principaux auteurs des actes de violence en milieu scolaire dans le second degré. Ainsi en 2007-2008, les élèves ont commis 85 % des incidents graves déclarés, tandis que le nombre des personnels des établissements auteurs de tels actes était négligeable (0,7 %) et le reste (14,4 %) étant l'œuvre de personnes extérieures à l'établissement; en 2008-2009, on avait respectivement 84,7 %, 0,5 % et 14,8 %. Cette situation contraste nettement avec celle des établissements du premier degré (écoles élémentaires et écoles maternelles) où, pour des taux de signalements en 2005-2006 par exemple de 4,4 % par établissement (50 710 écoles publiques), 30 % étaient imputables aux familles des élèves et plus de 20 % à des inconnus [1].

Mais, parmi les élèves, les garçons et les filles ne se trouvent pas sur le même plan. L'implication des *garçons* est nettement supérieure à celle des *filles* (77 % des violences envers autrui contre 18 %), ce qui ne fait que confirmer les données générales sur les relations entre le genre et la criminalité [2]. De plus, les garçons sont plus souvent auteurs de violences physiques et les filles de violences verbales.

Par ailleurs, les auteurs agissent *seuls* dans 85 % des cas, les violences commises *en groupe* ne représentent que 15 % des actes mais constituant des actes plus graves ou répétés, tels que le racket ou le « *happy slapping* ».

Enfin, l'*âge moyen* des auteurs se situe à 14 ans et demi pour l'ensemble du second degré : 13,7 ans pour les collégiens, 16,6 pour les lycées professionnels et 16,8 pour les lycées d'enseignement général et technologique.

• *Quatrième question : qui sont les victimes des violences ?* Les victimes des violences scolaires sont des *élèves*, mais aussi, aspect très important, les *personnels* des établissements publics du second degré.

1) Les *élèves*, s'ils constituent les principaux auteurs de la violence en milieu scolaire, en sont également très souvent les victimes (36 % en 2007-2008, 42 % en 2008-2009). Ces agressions sont le plus souvent physiques (2 sur 3), une sur 10 est un vol et 8 % seulement relèvent de la violence verbale. Par ailleurs, la violence des élèves est majoritairement dirigée contre des camarades du même sexe. Une distinction importante doit toutefois être faite ici encore entre les *garçons* et

---

1. D. Faggianelli et C. Carra, « Violences à l'école élémentaire : victimations et déclassements », *Dév. et soc.* 2010, p. 115.
2. *Cf. supra* n°s 485 et s.

les *filles*. De même que les filles sont beaucoup moins impliquées comme auteurs de violence, de la même manière elles sont proportionnellement nettement moins victimes que les garçons. De plus, leur victimisation n'est pas de même nature. Alors que chez les garçons il s'agit surtout de violences physiques et de racket, pour les filles ce sont principalement des violences à caractère sexuel, des violences verbales et des vols.

2) La victimation des *personnels* de l'Éducation nationale est l'une des caractéristiques essentielles des violences scolaires à tel point que les rapports de l'OND de 2005 et 2006 contenaient des développements propres à cette question. Par la suite, ils ont été inclus dans l'ensemble des rubriques consacrées à la violence scolaire, mais leur importance ne manque pas d'être soulignée tout au long de celles-ci.

Près de la moitié des victimes des violences commises par les élèves sont des *membres du personnel* de l'établissement. Parmi eux, ce sont principalement les *enseignants* qui sont visés.

Les violences dirigées contre ces personnels sont majoritairement des violences verbales, mais il arrive qu'il y ait recours à des violences physiques parfois particulièrement dramatiques. Leurs auteurs sont quasi exclusivement des élèves (90 %).

• *Cinquième question : quelles sont les conséquences des violences exercées ?* L'enquête SIVIS étant centrée sur les incidents les plus graves commis par les élèves, il n'y a pas lieu d'être étonné que ces violences soient suivies de sanctions sévères dans près de 9 cas sur 10 : sanctions disciplinaires (conseil de discipline, exclusion temporaire), mais aussi signalement à l'inspection académique, au conseil général, à la police ou au parquet – avec ou sans dépôt de plainte. En raison de la gravité des incidents dont sont victimes les élèves, il y a dépôt de plainte ou signalement à la police dans plus de 6 fois sur 10. En revanche lorsque la victime est un membre du personnel, la police et la justice ne sont saisies que dans 1 cas sur 3.

Depuis lors, les deux décrets du 24 juin 2011 relatifs à la discipline dans les établissements d'enseignement du second degré et les établissements d'État relevant du ministère de l'Éducation nationale sont venus prévoir l'engagement automatique d'une procédure disciplinaire lorsque l'élève est l'auteur de « violences verbales » à l'égard d'un membre du personnel de l'établissement ou commet un « acte grave » à l'encontre d'un membre du personnel ou d'un autre élève. Ils font suite au rapport de la « Mission sur les violences en milieu scolaire, les sanctions et la place de la famille », présidée par Alain Bauer, remis en mars 2010 au ministre de l'Éducation nationale qui recommande la refonte du système SIVIS en l'étendant à l'ensemble des établissements scolaires du secteur public et privé.

b) Si l'on se place maintenant *au point de vue qualitatif,* il y a certains types de violences en relation avec l'école qui doivent être particulièrement signalés, soit parce qu'ils constituent un risque particulier pour la vie et l'intégrité physique des élèves et du personnel de l'établissement, soit parce qu'ils témoignent du fait qu'il ne s'agit pas de simples conduites délictueuses occasionnelles mais sont une manifestation d'une première installation dans la délinquance déjà réalisée.

Un premier type qui mérite d'être signalé consiste dans l'*introduction ou l'utilisation d'un objet dangereux* : objets coupants, contondants, armes blanches, armes à feu, produits toxiques, explosifs ou inflammables. En 2009-2010, on a retrouvé cette sorte d'objets dans les mains d'un élève dans 11 % des incidents déclarés, 3,3 % pour le port sans usage, mais 7,6 % pour l'utilisation dans un acte de violence physique.

Deuxième type de faits qui constituent à la fois un danger particulier et une manifestation de délinquance installée, les *intrusions dans l'établissement par des personnes qui lui sont étrangères.* Les intrusions simples sans manifestation de violence sont déjà considérées comme des incidents graves à déclarer, mais le plus souvent elles ne sont que le premier acte d'une atteinte aux personnes, aux biens ou à la sécurité. Par intrusion, il faut d'ailleurs entendre non seulement la pénétration physique dans l'enceinte de l'établissement, mais aussi les jets de pierres, canettes ou autres objets, ou tirs d'armes à feu à partir de l'extérieur de la clôture[1]. Ces intrusions sont souvent le fait d'anciens élèves qui ont eu quelque problème avec la discipline de l'établissement et qui trouvent dans ce type d'action le moyen de se venger.

Méritent encore d'être particulièrement signalés du point de vue qualitatif les deux phénomènes de violence scolaire dénoncés dans le rapport de novembre 2010 sur la prévention de la délinquance juvénile : le *racket scolaire* et le *harcèlement scolaire*[2]. Ainsi que l'indique le rapport « certains établissements (sont) aujourd'hui le creuset d'attitudes antisociales et d'encouragement à l'échec ». D'autant que « la ségrégation des « mauvais éléments » et leur regroupement dans les mêmes classes contribuent à la création de noyau dur de perturbateurs »[3] au point que l'on a pu affirmer que l'école « participe bel et bien à la construction des bandes en favorisant le regroupement dans les mêmes classes d'élèves s'identifiant progressivement contre l'école »[4]. Et le rapport de conclure que « ce phénomène de constitution de groupes de pairs, en lien avec la rue et l'augmentation de la violence de groupes dans les établissements scolaires, appellent des réponses d'urgence et mieux adaptées à ces enjeux »[5].

Le *racket* qui se définit comme l'extorsion d'argent ou d'objets divers (blouson, chaussures, téléphone portable, etc.) par chantage, intimidation ou violence, s'est implanté dans les établissements scolaires depuis longtemps puisque dès l'année scolaire 1999-2000 le gouvernement avait organisé une campagne nationale d'information et de lutte contre ce fléau. D'après une statistique de la Direction centrale de la Sécurité Publique, 25 % des faits de racket constatés concernent des mineurs de moins de 13 ans et 47 % des mineurs de 13 à 16 ans, donc toujours d'âge scolaire. C'est dire l'importance (72 %) du racket scolaire[6].

Le *harcèlement scolaire,* en revanche, est présenté comme un phénomène nouveau, du moins sous la forme du « cyberharcèlement » ou « *cyberbullying* » dont 20 à 25 % des adolescents seraient victimes[7], ainsi d'ailleurs que des professeurs[8].

À ces deux formes spécifiques de violences scolaires qui s'inscrivent dans la consolidation par la répétition d'une primo délinquance, il faut ajouter également le petit trafic de stupéfiants et notamment de cannabis qui implique la participation, de la part des élèves qui s'y livrent, à un réseau de trafiquants extérieurs à l'établissement.

---

1. Pour une liste de faits d'intrusion de ce genre, *cf. Le Figaro* du 6 juin 2011. V. également *L'Express* du 25 février 2010.
2. Rapport Bockel précité, p. 44-51.
3. Rapport précité, p. 44.
4. E. Debarbieux, rapport précité, *loc. cit.*
5. Rapport précité, p. 45.
6. *Le Point* du 26 mai 2011, « Comment vos enfants se font racketter ».
7. E. Debarbieux, rapport précité, p. 47.
8. *Cf. L'Express* du 15 septembre 2010, *Le Monde* des 30 mars et 3 mai 2011 et *Le Figaro* du même jour.

B. L'influence du milieu et des événements de la vie sur la continuation ou le désistement de la délinquance [1]

629 *Les deux thèses en présence* ◇ Pour expliquer la continuation comme l'abandon d'une délinquance qui s'est manifestée sous l'influence des milieux inéluctable et/ou occasionnel, deux types d'explication se trouvent en présence : la première est l'explication *situationnelle (ou événementielle)* qui attribue la délinquance aux circonstances et aux hasards de situations précriminelles; la seconde rend compte de la continuation (ou de l'abandon) de la délinquance par le *modèle de la maturation*. C'est précisément dans le cadre de cette seconde conception que s'inscrit l'influence du milieu et des événements de la vie sur la continuation ou le désistement de la délinquance. Il convient à cet égard de dresser un inventaire des divers *milieux et événements* qui influent sur l'évolution de la personnalité du délinquant (a) avant de préciser *l'impact des événements de vie* ainsi repérés sur la participation à la délinquance ou le désistement de celle-ci aux divers âges de l'existence (b).

a. Les événements de vie susceptibles d'influer sur la continuation (ou le désistement) de la délinquance

630 Ces événements sont très nombreux : vie familiale, situations occupationnelles, consommation de drogues illicites, maladie, mort d'un proche, victimisation, incarcération etc. Pour s'en tenir à l'essentiel, on va distinguer entre d'une part le *milieu choisi ou accepté, encore appelé milieu partagé* (1) et d'autre part le *milieu subi* (2).

1. L'influence du milieu choisi ou accepté (ou partagé) [2]

631 *Définition* ◇ Le milieu *choisi,* ou du moins *accepté,* comprend le foyer personnel, le milieu professionnel, les loisirs et le milieu social dans lequel évolue l'individu. Dans quelle mesure ces divers éléments du milieu choisi sont-ils susceptibles *d'influencer l'évolution de la personnalité du criminel* ou de constituer au contraire des facteurs de résistance intégrés dans l'évolution de cette personnalité ?

632 *1) Le foyer personnel : de l'absence de foyer au déséquilibre du foyer* [3] ◇ L'étude des relations entre le foyer personnel et la formation de

---

1. M. Ouimet et M. Le Blanc, « Événements de vie et continuation de la carrière criminelle au cours de la jeunesse », *RICPT*, 1993, p. 321-344.
2. E. De Greeff (1937), 56-72; E. De Greeff (1948), 109-133; M. Ouimet et M. Le Blanc, « Événements de vie et continuation de la carrière criminelle au cours de la jeunesse », *RICPT*, n° 3; M. Cusson, p. 89-95.
3. J. Léauté (1972), 599-601; M. Killias, *Précis*, 2ᵉ éd. 2001, n°ˢ 663-665.

la personnalité des délinquants a conduit à une double série de constatations.

1) *L'absence de foyer personnel* semble influer sur la délinquance, du moins sur la délinquance grave ou d'habitude. Les recherches faites sur les condamnés montrent en effet que la proportion des célibataires parmi les condamnés est supérieure à ce qu'elle est dans la population générale d'âge comparable. On dit alors que l'existence d'une famille constitue le plus souvent un milieu qui détourne de la criminalité et que la présence d'enfants au foyer renforce encore l'effet stabilisateur du mariage ou d'une autre forme moderne d'union stable... Toutefois ce facteur n'est pas dépourvu d'équivoque, car il reste à savoir si l'on devient criminel parce que l'on n'est pas marié ou du moins en union stable ou si l'absence de mariage ou d'une autre forme d'union et la délinquance ne sont pas plutôt les effets d'une même cause plus profonde, à savoir l'inadaptation sociale.

2) De toute manière l'existence d'un foyer personnel ne suffit pas : encore faut-il qu'il soit *équilibré*. Les conflits conjugaux sont, en effet, générateurs de délinquance non seulement pour les enfants, mais également pour le couple lui-même : délinquance *directe* (coups et blessures, adultère lorsqu'il est pénalement sanctionné), mais, plus grave encore, délinquance *indirecte* en raison des perturbations psychiques engendrées par ces conflits et des formes diverses de délinquance sur lesquelles elles peuvent déboucher (vols, agressions sexuelles...).

633 ◇ ***2) Le milieu professionnel : de l'inadaptation au travail criminogène*** [1] ◇ La profession détermine la situation économique des individus; d'elle dépendent les ressources mises à la disposition du foyer ou de l'individu pour sa subsistance et son logement; par elle surtout s'exerce l'influence de la misère, du chômage et du taudis. De la sorte *l'absence de qualification professionnelle* expose particulièrement à l'action de ces facteurs, de même qu'elle compromet le reclassement après une première condamnation.

Mais, d'autre part, le *milieu du travail lui-même peut être criminogène* [2]. Cela est très net dans *le milieu des affaires* où l'appât du gain, la vie facile et désordonnée constituent des facteurs criminogènes; il existe, d'ailleurs, une allergie du milieu des affaires à l'égard de certains faits réprimés par la société et considérés cependant comme non délictueux par nombre d'hommes d'affaires [3]. On a également relevé récemment le *milieu politique* [4]. Mais on a remarqué aussi, à propos du *milieu de l'usine,* que certains éléments du milieu de travail sont susceptibles de modifier ou d'inhiber le psychisme de l'ouvrier et d'influencer ainsi la formation de la personnalité du délinquant. Que dire alors des professionnels du sport où le

---

1. E. Yamarellos et G. Kellens, II, v° « Profession », 119-121; J. Léauté (1972), 579-588; J. Pradel, n° 31; M. Frechette et M. Le Blanc, *Délinquances et délinquants,* 1987, p. 167-168; M. Cusson, *Croissance et décroissance du crime,* 1990, p. 64-65; L. Sherman, « Criminologie et criminalisation », *RICPT,* 1994, p. 7-21, spéc. 16.
2. C. D. Bryant, *Deviant behavior. Occupational and organizational bases,* 1974.
3. « La comptabilité dans l'entreprise et la responsabilité pénale », Colloque de l'ESCP Paris, 16 décembre 2005, Rapport R. Gassin, « Le point de vue du criminologue », *Gaz. Pal.* janvier 2007.
4. R. Gassin, « Délinquance et milieu politique dans les sociétés démocratiques : le cas de la France », *RICPT,* 2002, p. 387-402. Adde M. Verdussen, « La répression pénale des ministres et des parlementaires en Belgique », *RSC,* 2001, p. 771-779.

dopage s'est répandu, au cours des vingt dernières années, parallèlement aux sommes énormes rapportées par la participation aux sports de haut niveau ?[1]

634 **3) Les loisirs et le milieu extra-professionnel : du bon usage des loisirs**[2] ◇ Les loisirs peuvent aussi être un facteur qui influence la formation de la personnalité du délinquant. On a ainsi constaté que, parmi des voleurs adultes récidivistes, plus de la moitié passait leurs loisirs dans des lieux de plaisirs considérés à l'époque de l'enquête comme mal fréquentés (café, bals, maisons de jeu...)[3]; la fréquentation d'amis eux-mêmes criminels ou simplement immoraux influence aussi à coup sûr la formation de la personnalité du délinquant[4]. L'usage dit « récréatif » de drogues, qui n'en demeure pas moins illicite, n'est pas davantage innocent car il est susceptible de conduire à une véritable dépendance et à une délinquance destinée à se procurer les moyens de répondre à cette dépendance[5]. Or on observe que les jeunes générations boivent et se droguent dans des « fiestas » interminables au point que l'on a baptisé leur génération « *génération no limit* »[6]. À cela s'ajoutent aujourd'hui les jeux d'argent en ligne[7]. À l'inverse les activités artistiques et culturelles, les mouvements de jeunesse, les activités manuelles (bricolage, jardinage), les groupements sportifs se retrouvent peu parmi les délinquants[8]. Il faut faire quelque réserve cependant pour certaines activités sportives[9].

1. B. Ludes, v° « Dopage », *Dict. sc. crim.*, 2004, p. 274-277.
2. J. Selosse, « Problèmes du loisir de la jeunesse et prévention familiale », *in Informations sociales*, n° spécial, août 1961, p. 75-85; V° Conférence internationale de l'Union mondiale des organismes pour la sauvegarde de l'enfance et de l'adolescence (UMOSEA) : « Temps libre et liberté » (Paris déc. 1972); M. Frechette et M. Le Blanc, *Délinquances et délinquants*, 166-167; S. Alarie et S. Brochu, « Audition de musique "heavy mental" et déviance : un lien complexe », *RICPT*, 1996, p. 300-311; E. Gesseney et D. Maret, « La délinquance juvénile autoreportée en Suisse et la sphère des loisirs », *Bull. de criminologie suisse*, 1997, n° 1, p. 35-51; S. Brochu, « L'initiation à la délinquance chez les consommateurs réguliers de cocaïne », *AIC*, 2004, p. 85; M. Dagnaud, *La Teuf. Essai sur le désordre des générations*, Seuil, 2008, 208 p.
3. J. Graham, *Amusement machines : dependency and delinquency*, 1988, 48 p.; J. Larguier, « Une recherche sur les motivations para-criminologiques d'une activité ludique : l'abus des "flippers" », *in L'évolution du droit contemporain*, 1967, p. 125-155.
4. Frechette et Le Blanc, *Délinquances et délinquants*, p. 164-166.
5. S. Brochu, v° « Drogues et crimes », *Dict. sc. crim.*, 2004, p. 286-290, spéc. 289.
6. Selon l'Institut de veille sanitaire, la génération des 20 ans de 2008 consomme moins de tabac et d'alcool qu'en 2003. Par contre, les ventes de cannabis et d'ectasy augmentent; s'ajoute à cela la banalisation de l'usage de la cocaïne dont le prix du gramme s'est stabilisé autour de 60 € et entre 2000 et 2005, les 18-25 ans ont été trois fois plus nombreux à y goûter selon l'Office français des Drogues et des Toxicomanies (OFDT). La mode est surtout au « *binge drinking* », la « course à la cuite », inspiré des anglo-saxons, et qui consiste à s'enivrer le plus vite possible devant témoins.
7. E. Fortis, « L'addiction aux jeux d'argent », *APC*, 2009, p. 79.
8. *Cf.* M. Killias, n° 656 a).
9. Pour le football, *cf.* D. Duvauchelle, *Le football, le plaisir, la violence*, 1979. Depuis quelques années, les matches de football sont souvent l'occasion d'actes de déprédations et de violences, dont l'affaire du stade du Heysel en Belgique qui a fait plusieurs dizaines de morts constitue une sorte de point culminant. Le n° 3 de la *RICPT* de 2002 est consacré à la violence dans les stades, art. M. Marcassi, W. Nuytens, J.-P. Dubey et P. Chatelain, A. Tsoukala, P. Mignon et T. Busset; M. Killias, n° 666 (à propos de la violence des supporters de certains clubs de football); P. Yonnet, *Une main en trop. Mesures et démesure : un état du football*, éd. De Fallois, 2010. Aujourd'hui l'assistance à un match de clubs de supporters, tels que les SUPRA d'Auteuil, s'accompagne d'un ensemble de pratiques de fêtes avec consommation d'alcool et de cannabis.

La question du rôle du sport dans la prévention de l'inadaptation et de la délinquance a été récemment étudiée d'une manière systématique et l'on a montré comment le sport influence la formation de la personnalité des jeunes dans le sens d'une socialisation normale[1].

2. L'influence du milieu subi[2]

635 ***La problématique*** ◇ On entend par *milieu subi* le milieu dans lequel se trouve plongé le délinquant lorsqu'il est arrêté, jugé et condamné, notamment à une peine privative de liberté. Le milieu subi, c'est aussi non seulement la *prison*, mais *l'ensemble formé par le système de justice pénale*, police et tribunaux.

La question que pose le milieu subi est de savoir dans quelle mesure la vie dans ce milieu contribue à renforcer la personnalité du délinquant et à conditionner sa *récidive*, ou au contraire est de nature à le dissuader de celle-ci comme c'est la fonction assignée à la justice pénale. Le problème gravitait jadis autour de la question de savoir si la prison n'était pas un facteur plus criminogène que dissuasif, puis il fut élargi à l'ensemble des institutions de procédure pénale. Mais la question a rebondi depuis le début des années 1960 avec le développement de la sociologie de la déviance et la *théorie de la stigmatisation* qui a soutenu que c'est le contrôle social qui conduit à la délinquance et non l'inverse[3].

636 **1) *La prison, facteur criminogène ?***[4] ◇ Les incidences de l'exécution des peines privatives de liberté sur la formation et l'évolution de la personnalité du délinquant ont depuis longtemps été dénoncées sous le thème : la prison, facteur criminogène. On insiste notamment sur le rôle plus criminogène qu'autre chose des courtes peines d'emprisonnement. Toutefois, ce point de vue de la prison criminogène fait l'objet de discussion. On a fait remarquer que les solutions non privatives de liberté ne donnaient pas de meilleurs résultats que la prison au point de vue de la prévention de la récidive. Même pour les courtes peines de prison, on a parfois soutenu que tout n'est pas mauvais dans celles-ci et que l'essentiel est d'en faire un bon usage[5]. *A fortiori* a-t-on fait observer qu'il est impossible de se passer des longues peines d'emprisonnement.

En réalité ce n'est pas tellement le principe de la prison que *la manière dont la peine est exécutée* bien souvent qui est en cause. Il est certain que les conditions déplorables dans lesquelles, les peines de prison sont exécutées dans certains pays, dont la France et les États-Unis, alimentent à juste titre le thème de la prison criminogène.

1. J.-Y. Lassalle, *Sport et délinquance*, co-éd. Économica et PUAM, 1988, p. 139-217.
2. J. Pinatel, *Traité de criminologie*, 3ᵉ éd. 1975, nᵒˢ 205-207; M. Frechette et M. Le Blanc, *op. cit.*, p. 170-172; J.-M. Elchardus, « La santé des prisonniers », 3ᵉ Colloque de l'AICLF (Bucarest, janv. 1992), CR *RICPT*, 1992, p. 492 et s., spéc. 494-495; L. Sherman, « Criminologie et criminalisation », *RICPT*, 1994, p. 7-21, spéc. 17 et s.
3. *Cf. supra* nᵒˢ 301 et s.
4. Actes du IIᵉ Congrès international de criminologie (Paris 1950), t. V, rapports français, 163-214 et rapport général O. Kinberg, p. 305-320; J. Pinatel, *Traité*, nᵒ 348.
5. J. Vérin, « Du bon usage de la courte peine d'emprisonnement », *RSC*, 1965, p. 441 et s.

637 *2) Les institutions de procédure pénale, facteur criminogène ?* ◇ Dans un important article sur « l'influence des institutions de procédure pénale sur la formation de la personnalité criminelle »[1], J. Pinatel a montré ce que celle-ci peut devoir à l'arrestation, à l'interrogatoire, à la détention provisoire, à l'instruction et au jugement[2]. Il est certain que *la manière dont toutes ces opérations procédurales sont menées* peut avoir des effets très différents sur la personne poursuivie. Bien conduites, elles peuvent avoir l'effet dissuasif qui leur est attribué idéalement par le Code de procédure pénale; mal conduites, elles peuvent, au contraire, avoir un effet de renforcement de la personnalité dans un sens délinquant; parfois aussi, elles ont un effet neutre.

638 *Et la théorie de la stigmatisation... ?* ◇ Ce qui vient d'être dit est de nature à permettre de porter une appréciation sur la *pertinence* de la théorie de la stigmatisation. Les diverses données dont il a été fait état montrent que la stigmatisation par le milieu subi est loin d'être systématique. Cette théorie a d'ailleurs fait l'objet d'une vérification empirique directe au travers d'études par cohortes[3] : il en résulte que cette théorie n'y trouve pas sa validation[4].

b. L'impact des événements de la vie sur la participation ou le désistement à l'égard de la délinquance

639 L'examen des multiples événements qui ponctuent la vie des individus dans ses divers aspects a relevé pour chacun d'eux quelle peut-être leur influence particulière sur l'abandon ou au contraire sur la continuation et le renforcement de la délinquance.

D'une manière générale, l'impact dépend de plusieurs conditions : son intensité, le degré de maturation criminelle du sujet, l'âge et le sexe de celui-ci... Mais parmi les phénomènes qui sont susceptibles d'agir sur l'impact des événements extérieurs de l'existence, figure la *résilience psychologique* qui explique dans un certain nombre de cas que le sujet ne verse pas dans la délinquance malgré la pression des événements. Cette notion empruntée à la physique, et transposée à la microcriminologie, caractérise la réaction des personnes qui adoptent des conduites conformes aux normes sociales malgré la pression des événements criminogènes qui s'exerce sur elles. Distincte de la notion de résistance proprement dite, elle décrit une adaptation fonctionnelle qui permet de se soustraire à un environnement défavorable[5].

---

1. Dans *Problèmes contemporains de procédure pénale, Recueil d'études en l'honneur de L. Hugueney*, 1964, p. 3-12.
2. Pour l'influence de l'accusation du droit anglo-américain sur la conduite ultérieure de l'accusé, *cf.* Kijewski, « The effect of the decision to charge upon subsequent delinquent behavior », *Canadian Journal of criminology*, 1983, 201-207. Y. Roumajon, « Les incidences des punitions sur la personnalité du puni », *APC*, 1994, p. 111-114.
3. Sur cette technique, *cf. supra* n° 196.
4. J. Pinatel et A.-M. Favard, « Étude par cohortes et dynamique des phénomènes criminels », *AIC*, 1979-1980, vol. 1, p. 11-27; M. Frechette et M. Le Blanc, *op. cit.*, p. 171.
5. K. Sadlier, v° « Résilience psychologique », *Dict. sc. crim.*, 2004, p. 823-824.

639-1 *L'analyse particulière du cycle de la conduite délinquante/ déviante des adolescents* ◇ Partant des travaux sur la description de la conduite délinquante des adolescents aux divers moments de celle-ci, Marc Le Blanc a élaboré une *théorie générale du cycle de la conduite déviante* [1]. *Cette théorie qui utilise l'approche comportementale* [2], réside d'une part dans l'identification des *mécanismes psychosociaux* à l'œuvre et d'autre part dans la description des *trajectoires* de l'activité délinquante.

1) Les *mécanismes* à l'œuvre sont de trois sortes : l'activation, l'aggravation et le désistement.

L'*activation* est le processus qui se rapporte à la façon dont l'agir délictueux est stimulé après s'être amorcé. La précocité de l'entrée en délinquance y joue un rôle capital. Plus un individu commence tôt ses activités délictueuses, plus elles sont abondantes, durables et variées.

Le processus d'*aggravation* décrit le développement de l'activité délictueuse depuis le premier acte jusqu'à l'âge adulte à travers cinq stades consécutifs : l'apparition (menus larcins), l'exploration (vol à l'étalage, vandalisme), l'explosion (vol simple, désordres publics, vol avec effraction), la conflagration (commerce de drogue, vol de véhicules à moteur, vol aggravé, attaque de personnes) et le débordement (formes plus astucieuses ou plus violentes d'agressions contre les biens et contre les personnes).

Quant au processus de *désistement*, il est fonction de la durée, du degré de variété, de la gravité et de la fréquence de l'activité criminelle. Il arrive un moment dans la vie de l'individu où le délinquant atteint une phase de saturation. Celle-ci résulte de l'action de trois mécanismes : « la décélération (la fréquence annuelle tend à diminuer avant l'arrêt), la spécialisation (l'activité délictueuse est de moins en moins hétérogène) et le plafonnement (l'atteinte d'un sommet de gravité est un présage de cessation) » [3].

2) La conduite délinquante au cours de l'adolescence peut prendre la forme de trois *trajectoires* distinctes.

La première – qui touche 45 % des adolescents – consiste dans une *conduite délinquante d'occasion ou délinquance commune*. Elle se traduit par quelques infractions mineures (vols à l'étalage, vandalisme...), est commise par les filles autant que par les garçons, affecte les adolescents de toutes les classes sociales, et est limitée dans le temps.

La deuxième trajectoire appelée *conduite délinquante de transition* toucherait également selon notre auteur 45 % des adolescents. Elle diffère de la précédente en ce qu'« elle comporte un degré supérieur de gravité, de durée, de volume, de diversité » [4]. Correspondant à une crise du milieu de l'adolescence, elle cesse généralement avec l'arrivée de l'âge adulte.

La *conduite de condition* ou *délinquance distinctive* se caractérise avant tout par la persistance et l'aggravation des délits. Apparue très tôt vers l'âge de 10 ans, cette conduite qui affecte environ 5 % des adolescents et représente la majorité des infractions commises par les jeunes délinquants (50 à 60 %), préfigure déjà, dès l'âge de 15 ans, la conduite délinquante adulte sérieuse. M. Le Blanc distingue

---

1. M. Le Blanc, « La conduite délinquante des adolescents : son développement et ses causes », *in* M. Le Blanc et M. Cusson (dir.), *Traité de criminologie empirique*, 4ᵉ éd. 2010 précité, p. 227 et s., spéc. p. 239-244.
2. Sur cette approche *cf. supra* n° 619.
3. M. Le Blanc, *op. cit.*, p. 242.
4. Même auteur, *op. cit.*, p. 243.

toutefois au sein de cette trajectoire entre le mode majeur et le mode mineur. Pour ce dernier, il considère qu'il ne s'aggrave pas à la fin de l'adolescence tout en se continuant encore à l'âge de jeune adulte.

SOUS-SECTION 3. Les attitudes du délinquant après le passage à l'acte

640 *La connaissance du délinquant et les attitudes post-délictuel-les* ◇ Si la littérature criminologique est à peu près intarissable sur la personnalité du délinquant au moment de l'acte et sur les facteurs qui influencent la formation de sa personnalité avant l'acte, elle est à peu près muette sur les *attitudes du délinquant* qui suivent immédiatement l'accomplissement de l'acte délictueux. Seul De Greeff, semble-t-il, a attiré l'attention sur certaines de ces attitudes[1]. La connaissance de celles-ci est cependant aussi très *révélatrice de la personnalité de l'auteur de l'acte* et mérite notamment d'être prise en compte au stade du diagnostic *d'état dangereux* dans le cadre de l'examen clinique[2].

Les attitudes des délinquants après la perpétration de leur délit sont d'une grande variété et s'inscrivent d'un extrême à l'autre sur une échelle de comportements.

Certains *se suicident, tentent de se suicider* ou *se livrent simplement à la police* après avoir commis leur acte, ce qui est une sorte d'équivalent mineur du désengagement total de l'existence qu'est le suicide. Le phénomène est bien connu pour le criminel passionnel et De Greeff l'a excellemment décrit. Mais le suicide post-délictuel n'est pas l'apanage des passionnels; on l'observe également parfois chez des auteurs de crimes utilitaires. C'est ainsi, par exemple, qu'il est arrivé qu'un fonctionnaire de police se suicide au moment où il pensait avoir été démasqué pour s'être livré à une tentative d'extorsion de fonds et à des coups et blessures volontaires : la crainte du scandale et du déshonneur ont motivé son geste.

Les *malfaiteurs professionnels* à l'inverse organisent leur départ des lieux du crime en faisant disparaître les indices qui seraient susceptibles de révéler leur identité. Lorsqu'il s'agit d'actes de banditisme, ils préparent leur fuite afin d'échapper à la police et n'hésitent pas à tirer et à tuer pour protéger leur « cavale ». Les comportements des tueurs en série après l'exécution de leur crime sont également très significatifs : ils diffèrent du tout au tout selon que l'on a affaire à un tueur en série organisé ou désorganisé[3].

Entre ces deux attitudes extrêmes, les comportements des délinquants après l'accomplissement de leurs méfaits peuvent traduire une grande prudence ou les trahir, au contraire, par des imprudences qui, dans certains cas, deviennent de la témérité. Des recherches empiriques systématiques mériteraient d'être faites sur ces divers points, non dans une préoccupation criminalistique, mais dans un but criminologique, afin de mieux connaître la personnalité des délinquants. D'ores et déjà les travaux sur le passage à l'acte délictueux au cours de l'enfance et de l'adolescence dans la perspective développementale permettent de percevoir le phénomène de la *tension* qui s'empare du sujet après l'exécution de l'acte délic-

---

1. V. également R. Merle et A. Vitu, I, n° 50.
2. *Cf. infra* n° 907.
3. L. Montet, *Tueurs en série*, PUF, 2000, p. 101 et s.

tueux[1]. Par ailleurs, l'attitude après le crime des parents qui ont tué leur enfant (filicide) a également retenu l'attention : elle est très diverse et va du suicide à la dissimulation du cadavre avec une dénonciation fallacieuse d'enlèvement, en passant par l'appel à l'aide pour réanimer l'enfant ou encore la déclaration qu'il s'agit d'une mort naturelle[2].

641 *Conclusion de la section 1 : De l'analyse à la synthèse* ◇ Les développements sur la *personnalité* du *délinquant* qui viennent d'être présentés dans cette section 1 sont essentiellement *analytiques*. Qu'il s'agisse de la formation de la personnalité du délinquant ou de la personnalité de celui-ci au moment du passage à l'acte, on a essayé de mettre successivement en évidence les *divers facteurs* criminogènes et les *traits principaux* de personnalité du délinquant, tels que la recherche criminologique semble les avoir dégagés au fil des années. Reste à en faire la *synthèse*. Or, à cet égard, les multiples *théories étiologiques*[3], comme *les théories de l'acte criminel qui attribuent un rôle déterminant à la personnalité*[4], apparaissent comme particulièrement pauvres face à la richesse foisonnante des résultats des études empiriques sur la personnalité du délinquant; il en est ainsi même pour les théories multi-factorielles et intégratives[5].

Nous n'avons pas encore en criminologie de *modèle général intégratif de la personnalité du délinquant* qui tienne compte de tous les éléments dégagés par l'analyse, les mette en perspective en tenant compte de leur poids étiologique réel et de leur coefficient d'occurrence dans la vie du délinquant moyen, souligne leurs interrelations dans la production du phénomène et constitue finalement un *schéma véritablement explicatif de la personnalité du délinquant*. C'est un constat de carence regrettable, mais il faut dire que l'entreprise est telle qu'il faudra encore bien des progrès dans les sciences de l'homme pour qu'elle devienne un jour réalisable. Toutefois un ouvrage comme celui de MM. Frechette et Leblanc (*Délinquances et délinquants*) a fait nettement avancer la théorie dans cette voie.

SECTION 2. **LA SITUATION PRÉCRIMINELLE**[6]

642 *Définition* ◇ L'étiologie du crime ne suppose pas seulement un certain type de personnalité, elle implique également l'existence d'une *situation*

---

1. M. Fréchette et M. Le Blanc, *RICPT*, 1991, p. 145-173.
2. J.-D. Marleau *et al.*, « Les parents qui tuent leurs enfants », *in* J. Proulx, M. Cusson et M. Ouimet (dir.), *Les violences criminelles*, Presses Univ. Laval, 1999, p. 107 et s., spéc. 122.
3. *Cf. supra* n°s 226 à 273.
4. *Cf. supra* n°s 279-280 et 283 à 292.
5. *Cf. supra* n°s 272 et s.
6. O. Kinberg, 154-171; J. Pinatel (1963-1975), n°s 261-267; E. A. Fattah et D. Szabo, A40, 1-2; J. Leyrie, 253-254; R. Merle et A. Vitu, I, n°s 44-45; Rizkalla, 6-10; O. Kinberg, « Les situations psychologiques précriminelles révélatrices des caractères de l'état dangereux », Rapport au IIe Congrès international de criminologie de Paris (1950), *BSIC*, 1951, p. 11-26. Sur les théories criminologiques situationnelles, *cf. supra* n° 264. J. Pinatel (1987), v° « Situations précriminelles », 194-195; M. Cusson, *Croissance et décroissance du crime*, PUF, p. 42-44 et 73-94; H.N. Barte et G. Ostapzef, p. 115-116; G. Ollendorf et O. Ruthart, « Les infractions de masse : quelles interprétations ? », *CSI*, 1996, n° 23, p. 23-33; M. Cusson, v° « Situation précriminelle », *Dict. sc. crim.*, 2004, p. 874-877.

précriminelle. On sait en effet que l'acte criminel constitue toujours la réponse d'un certain type de personnalité à une situation déterminée[1]. La connaissance de la situation précriminelle est donc essentielle à l'explication de l'acte délictueux.

Comment alors définir cette notion ? On peut dire que la situation précriminelle est l'ensemble des circonstances extérieures à la personnalité du délinquant qui précèdent l'acte délictueux puis entourent sa perpétration, telles qu'elles sont perçues et vécues par le sujet. Cette définition montre que la situation précriminelle est un phénomène objectif extérieur à la personnalité du délinquant (§ 1), mais elle souligne aussi l'importance de la manière dont cette situation est perçue par le sujet (§ 2).

§ 1. **Les aspects objectifs de la situation précriminelle**

643 ***Complexité de la notion*** ◇ En définissant la situation précriminelle comme un ensemble de circonstances extérieures qui précèdent et entourent l'acte délictueux, on se réfère à une *notion complexe et à contenu variable* qu'il convient de dégager (A), avant de décrire les *situations précriminelles les plus importantes* (B).

A. **La notion de situation précriminelle**

644 ***Analyse et typologie*** ◇ Pour dégager la notion de situation précriminelle, il convient, à partir des situations concrètes qui s'offrent à l'observation du chercheur, de procéder d'une part à leur *analyse* pour en abstraire *les éléments essentiels* (a), et d'autre part de les classer en fonction de leurs ressemblances et différences pour constituer des *typologies* (b). Mais on va voir que la criminologie n'est pas très avancée sur chacun de ces deux points.

a. Analyse de la situation précriminelle

645 ***Les deux éléments*** ◇ On doit distinguer dans toute situation précriminelle deux éléments essentiels : *l'événement* (*ou la série d'événements*) qui a provoqué la formation du projet criminel dans l'esprit du délinquant (1) et *les circonstances qui ont entouré la préparation et l'exécution du crime* (2). La distinction entre ces deux éléments constitutifs est essentielle car, selon les hypothèses, le rôle criminologique joué par chacun d'eux sera très différent, voire nul à la limite[2].

---

1. *Cf. supra* n° 581.
2. Pour une analyse différente de la notion, *cf.* M. Cusson, *Croissance et décroissance du crime,* précité, p. 42 et s., qui décompose la situation précriminelle dans les trois éléments suivants : l'opportunité, l'organisation et la conjoncture des prix qui peuvent affecter les gains et les pertes des délinquants.

646 **1)** ***L'événement originaire*** ◇ Le premier élément consiste dans la survenance d'un événement ou d'une succession d'événements qui font surgir le projet criminel dans l'esprit du futur délinquant. Ex. : l'état de misère dans lequel un individu vient à tomber qui est à l'origine d'un vol; l'infidélité du partenaire dans le meurtre passionnel.

Cet élément présente *trois caractères* : 1/ il peut consister dans un *événement isolé* ou au contraire dans une *succession d'événements* qui en s'accumulant forment « boule de neige » et finissent par suggérer le projet criminel (exemple d'événement isolé : meurtre de la femme par le mari qui la surprend en flagrant délit d'adultère, de succession d'événements : meurtre d'un mari par sa femme qui a pensé qu'elle ne pouvait plus continuer à vivre avec lui à la suite de l'accumulation d'incidents de ménage qui, pris isolément, n'auraient jamais fait naître une telle idée); 2/ il peut *précéder parfois pendant assez longtemps la formation du projet criminel* qu'il motive : il y a opposition à cet égard entre le meurtre en cas de flagrant délit d'adultère où l'idée criminelle surgit pratiquement au moment même de la constatation de l'événement et les vols commis à la suite d'un état prolongé comme la misère, la difficulté consistant alors à rattacher l'acte criminel à une situation qui peut remonter parfois longtemps en arrière et à identifier le caractère *secondaire* d'un événement-relais qui a pu jouer un rôle de surdétermination sans être véritablement à l'origine du projet criminel, comme l'incitation d'un ami ou d'un voisin à se faire justice à soi-même contre une amante infidèle ou le spectacle d'un film qui suggère une solution criminelle pour sortir d'une situation analogue à celle dans laquelle on se trouve empêtré; 3/ l'événement originaire est ce qui va donner à l'acte criminel sa *motivation :* ex. jalousie dans le crime passionnel.

Le *rôle de l'événement originaire* varie considérablement suivant les cas de délinquance. Trois hypothèses sont à distinguer à cet égard. La première est celle où l'événement originaire joue un *rôle décisif :* ex. l'infidélité du partenaire dans le meurtre passionnel. Dans une seconde série de cas, l'événement originaire est au contraire une *circonstance tout à fait futile :* ainsi le crime commis par un alcoolique peut être déclenché par peu de chose, un geste, un regard interprété par lui comme une menace alors qu'il est tout à fait anodin. Il arrive même dans une troisième série de cas qu'il n'y ait *pas d'événement particulier* à l'origine de l'activité délictueuse, comme c'est le cas dans la délinquance professionnelle où le déclenchement des actions criminelles longuement préméditées dépend en fait seulement de l'existence de conditions favorables qui vont entourer la préparation et la réalisation du projet.

647 **2)** ***Les circonstances de mise à exécution du projet criminel*** ◇ Ce second élément de la situation précriminelle réside dans des *faits,* plus ou moins recherchés par le futur délinquant, qui le mettent en situation de réaliser son projet criminel : présence d'un couteau sur une table, possession d'une arme, fait de se trouver seul avec la future victime, fait d'avoir accès à un tiroir-caisse, etc. Ces circonstances sont sans rapport avec la motivation criminelle de l'individu, mais elles vont lui permettre de réaliser son projet criminel, donner à l'action la forme qu'elle revêt (vol, escroquerie, coups, etc.) et dicter ses modalités d'exécution. Mais certains objets qui servent à la perpétration de l'acte criminel ne sont pas, semble-t-il, sans rapport avec la personnalité de leur auteur. On a ainsi soutenu qu'il existe des liens entre l'agresseur et le choix de l'arme à feu utilisée en fonction de certaines caractéristiques de cette dernière pouvant les unir [1].

L'existence de ces circonstances est décisive *dans le passage à l'acte* [2]. Sans elles, le projet criminel serait sans doute demeuré à l'état de « projet ». Aussi convient-il, à ce niveau, de tenir le plus grand compte des circonstances qui rendent plus difficile la réalisation du projet, telles que des *mesures de prévention* (blindage de portes, systèmes d'alarme, patrouilles de police, etc.) [3]; c'est ici que se situe précisément le rôle de dissuasion de l'action policière et, à un niveau plus indirect, la menace éventuelle d'une sanction pénale ou celle de la réprobation de l'entourage. Cela dit, il faut bien voir que *l'importance* des circonstances favorables à la réalisation du projet criminel varie aussi considérablement selon les hypothèses. Déterminantes dans le cas de la délinquance professionnelle, elles peuvent se réduire à peu de chose dans les cas où la délinquance résulte d'une impulsion violente (crime d'alcoolique, crime de malade mental ou crime passionnel).

Jusqu'à présent on a raisonné dans le cadre d'actions criminelles *intentionnelles*. Mais la situation précriminelle doit également être envisagée pour les *délits d'imprudence*. La loi française du 10 juillet 2000 sur les délits d'imprudence (art. 121-3 C. pén.) a attiré l'attention sur ce fait en distinguant entre les cas où le dommage résulte *directement* de la faute d'imprudence et ceux où la causalité est seulement *indirecte*. Dans ce second cas, la responsabilité de celui qui par sa faute a causé indirectement le dommage n'est engagée que si cette faute a créé ou contribué à créer la *situation* qui a permis la réalisation du dommage ou s'il n'a pas pris les mesures permettant de l'*éviter*. Ce n'est que dans ce cas que la faute pourra lui être imputée : encore faut-il que cette faute soit caractérisée.

b. Classification des situations précriminelles

648   *La classification de Kinberg* [4] ◇ Il existe encore bien peu de travaux sur la classification des situations précriminelles; seul Kinberg s'est, à notre connaissance, essayé à le faire. Encore doit-on remarquer que sa typologie n'est pas commandée par l'étude des situations en elles-mêmes, mais seulement en tant que « révélatrices de l'état dangereux » du délinquant. C'est la raison pour laquelle les critères de distinction qu'il retient mêlent les données relatives à la situation proprement dite et celles qui se rapportent à la personnalité de l'agent.

Kinberg distingue ainsi *trois séries* de situations précriminelles :

1) Les *situations spécifiques ou dangereuses* qui se caractérisent par deux traits : l'occasion de commettre le crime est toujours présente et n'a donc pas à être

---

1. P. Bensimon, « Gradation de l'agir criminel et imagerie mentale des armes de poing chez le meurtrier » (Conférence au Colloque « Les dangerosités, de la psychopathologie à la criminologie », Paris 19-21 nov. 2001).
2. G. Heuyer, « Le rôle des circonstances dans les manifestations et la révélation de l'état dangereux », Actes du IIIe Congrès français de criminologie, 1962, p. 12-21.
3. Citons à titre d'illustration le décret nos 94-144 du 18 févr. 1994 (*JO* 20 févr. 1994, p. 2918) qui est venu soumettre à autorisation préfectorale la détention d'armes de poing à grenaille. Un art. de presse consacré à ce décret commençait ainsi son commentaire : « Les pistolets et autres revolvers à grenaille vont-ils redevenir enfin des armes de défense et échapper aux petits délinquants qui en ont fait souvent un accessoire de base ? », *Le Figaro* du 15 mars 1994.
4. *Problèmes fondamentaux de la criminologie*, p. 156 et s.

recherchée; il y a chez le futur délinquant une pulsion vers le genre d'acte criminel qu'il va commettre. Ex. : les situations pré-incestueuses, les situations de jalousie, les situations de détournement de fonds...

2) Les *situations non-spécifiques ou amorphes* qui se caractérisent par le fait que l'occasion de commettre un délit n'est pas présente, mais doit être recherchée, ce qui exige la formation d'un plan, la reconnaissance des lieux du crime projeté, des préparatifs, l'acquisition des outils nécessaires, le choix des complices, etc. Les exemples de situation de ce genre sont innombrables : vol à main armée, fabrication de fausse monnaie, pickpocket, escroquerie organisée, etc.

3) Les *situations mixtes* qui sont celles où l'occasion de commettre le crime est donnée à l'individu sans qu'il ait à la rechercher, mais où d'autre part il n'existe pas nécessairement d'affinité spécifique entre la structure personnelle de l'agent et les stimuli externes. Kinberg donne comme exemple le cas des exécutants dans les organisations de malfaiteurs.

649 *Typologie tirée de notre analyse de la situation précriminelle* ◇
L'analyse de la situation précriminelle à laquelle nous nous sommes livrés précédemment [1] permet d'établir une typologie des situations précriminelles toute différente de celle de Kinberg en ce qu'elle présente l'intérêt d'être axée exclusivement sur la notion même de situation précriminelle indépendamment de la personnalité de l'agent.

Cette typologie peut être figurée dans le tableau suivant à double entrée qui situe les données relatives à l'événement originaire en colonnes et celles qui concernent les circonstances de mise à exécution du projet criminel en lignes :

Circonstances	Événement originaire	
	Événement originaire significatif	Événement originaire négligeable ou absent
Circonstances de mise à exécution favorables	A	C
Circonstances de mise à exécution peu favorables ou inexistantes	B	D

On peut ainsi distinguer quatre types de situations.

La situation A est *la plus grave* car elle rassemble un événement originaire significatif et des circonstances de mise à exécution favorables.

La situation B présente une *certaine gravité* car si les circonstances de mise à exécution sont peu favorables ou inexistantes, il existe un événement originaire significatif qui pèsera dans le passage à l'acte, C'est une situation que l'on trouve dans nombre de cas de crimes occasionnels contre les personnes.

La situation C est notamment celle des *délinquants professionnels* qui recherchent les circonstances favorables à l'exécution d'un projet criminel dont l'ori-

---

1. *Cf. supra* n°s 645-647.

gine ne se trouve dans aucun événement extérieur mais dans leur seule personnalité délinquante.

Quant à la situation D, voisine des *situations non précriminelles,* il est peu probable qu'elle soit suivie d'un passage à l'acte.

B. Les diverses situations précriminelles

a. Les tentatives d'inventaire

650 **1) *Seelig : une énumération disparate*** ◇ On trouve chez Seelig[1] une longue énumération des situations précriminelles les plus importantes à ses yeux : 1° facteurs économiques individuels (misère, chômage prolongé, etc.); 2° troubles de la vie amoureuse et tentations sexuelles; 3° existence d'une victime toute désignée en raison d'un caractère déterminé de celle-ci qui incite à l'acte (ex. : maison inhabitée aux volets clos); 4° provocation à réagir par des particuliers ou des agents de l'autorité; 5° action aiguë de l'alcool; 6° autres excitations des dispositions affectives (influence de l'ambiance de grand magasin sur les voleuses); 7° entraînement à commettre un crime et exemple de crime donné directement ou dans la presse, la littérature ou le cinéma. Cette simple énumération suffit à en faire apparaître le caractère disparate.

651 **2) *Pinatel : un plan d'inventaire par transposition*** ◇ J. Pinatel[2], reprochant à Seelig le désordre de son énumération, propose de décrire les divers aspects des situations précriminelles à partir d'une règle présentée par ce dernier comme la règle de base de l'enquête de police et qu'il appelle « la règle d'or des 7 points des criminalistes » : Qui ? Quoi ? Où ? Avec qui ? Pourquoi ? Comment ? Quand ? Mais cette *transposition* des règles de l'enquête criminelle à la description des situations précriminelles pêche à la fois par défaut et par excès : *par défaut* en ce qu'elle néglige cet élément essentiel de la situation qu'est la survenance d'un événement ou d'une succession d'événements qui a fait surgir le projet criminel; *par excès* parce qu'elle range parmi les éléments de la situation les motivations (Pourquoi ?) qui sont évidemment propres à la personne du délinquant et non extérieures à lui.

b. Le rôle particulier de la victime comme élément de la situation

652 ***La victimologie*** ◇ Parmi les divers éléments de la situation précriminelle, la *victime* a particulièrement retenu l'attention de la criminologie moderne. L'étude des *rapports de la victime et de l'auteur de l'acte* délictueux a même donné lieu à la création d'une branche spéciale de la cri-

---

1. E. Seelig. *Traité de criminologie.* p. 186-191.
2. J. Pinatel. *Traité de criminologie,* (1975), n° 262.

minologie : la *victimologie*[1]. *Cette conception de la victimologie qui s'inscrit dans l'étude de l'explication de l'acte criminel* ne doit pas être confondue avec la *criminologie victimologique* qui étudie les victimes en tant qu'elles constituent l'un des aspects de la réaction sociale et centre son objet autour de la satisfaction des revendications desdites victimes. Ainsi qu'on l'a déjà dit[2], on appelle volontiers cette variété de la criminologie de la

1. A.Fattah et D. Szabo, A40, 4-6; E. Yamarellos et G. Kellens, II, v° « Victimologie », 231-235; J. Leyrie, 260-262; Benezech et al., 16; Rizkalla, 19-48; J. Pinatel (1987), v° « Victimologie », p. 219-220; G. Kellens, 247-258; M. Cusson, *La Criminologie*, 1998, p. 101-110. – BIBLIOGRAPHIE SUR LA VICTIMOLOGIE : J. de Plaen, *Criminologie*, 1980, vol. l, 107-108. – OUVRAGES : H. Von Hentig, *The Criminal and his victim*, 1948; J. Gratus, *Les victimes*, Stock éd., 1959; E.-A. Fattah, *La victime est-elle coupable ?* Montréal, 1971, 259 p.; Drapkin et Viano (éd.), *Victimology : a new focus*, 5 vol., 1974-1975; A. Cochard-Doucière, *La victimologie du troisième âge*, Mémoire DEA, Aix-en-Provence, 1978, 201 p., ronéo.; G. Gullota, *La vittima*, 1978; H. Gayzard, *Étude de la personnalité de la victime; ses rapports avec l'auteur de l'infraction dans le droit pénal positif*, th. doct. 3ᵉ cycle, Toulouse, 1981, 349 p., ronéo.; R. Ramirez Gonzalez, *La victimologia. Estudio de la victima del delito*, Bogota, 1983, 118 p.; F. Cathala, *Délinquance et enquêtes policières*, éd. Champs de Mars, 1987; J.-P. Millienne, *La victimisation des personnes âgées en France contemporaine*, th. doct. 1987; G. Lopez, *Victimologie*, Dalloz, 1997, 264 p.; R. Cario, *Victimologie*, L'Harmattan, 2000, 256 p.; G. Filizzola et G. Lopez, *Victimes et victimologie*, coll. « Que sais-je ? », PUF; G. Kellens, *Éléments de criminologie*, 247-258; M. Cusson, *Criminologie*, p. 101-110; G. Lopez et S. Portelli, *Les droits de la victime*, Dalloz, 2003. – ARTICLES : H. Ellenberger, « Relations psychologiques entre le criminel et la victime », *RICPT*, avr.-juin 1954; B. Mendelsohn, « La victimologie », *RICPT*, 1956, p. 95-109; Y.-M..., « À propos de la victimologie », *RSC*, 1958, p. 244; Mendelsohn, « Une nouvelle branche de la science bio-psycho-sociale : la victimologie », *RDPC*, 1959, p. 619-628; P. Cornil, « Contribution de la victimologie aux sciences criminologiques », *RDPC*, avr. 1959; J. Pinatel, « Les aspects interpersonnels de la conduite criminelle », *RSC*, 1961, p. 393 et s.; E.-A. Fattah, « Quelques problèmes posés à la justice pénale par la victimologie », *AIC*, 1966, p. 335-361; E.-A. Fattah, « La victimologie : qu'est-elle et quel est son avenir ? », *RICPT*, 1967, p. 113-124 et 193-322; E. A. Fattah, « Vers une typologie criminologique des victimes », *RIPC*, 1967, p. 162-170; B. Mendelsohn, « La victimologie et les besoins de la société actuelle », *RICPT*, 1973, p. 267 et s.; P. Nuvolone, « La victime dans la genèse du crime », *EIPSC*, 1975, nᵒˢ 26-28, p. 49 et s.; R. Fox, « Les dimensions de la victimologie », *IC*, 1976, n° 30, 5-9; L.-M. Raymondis, « L'innocence de la victime », *in L'innocence*, Travaux Inst. Crimin. de Paris, 1977, p. 57-77; C.-N. Robert, « La victimologie, victime des postulats criminologiques et sociologiques », *Rev. pén. suisse*, 1979, p. 225-242; E.-A. Fattah, « La victimologie : entre les critiques épistémologiques et les attaques idéologiques », *Dév. et soc.* 1981, p. 71-92; D. Szabo, « La victimologie et la politique criminelle », *RICPT*, 1981, p. 343-352; G.-K., « Victimisation, victimologie : à propos de la parution du livre : *The victim in international perspective* », *RDPC*, 1983, p. 167-169; M. Baril, « Une nouvelle perspective : la victimologie », *in D. Szabo et M. Le Blanc (éd.), La criminologie empirique au Québec*, 1985, 161-184; M. Baril et A. Morissette, « Du côté des victimes, une autre perspective sur le vol à main armée », *Criminologie*, 1985, p. 117-134; H.-F. Ellenberger, « Les origines biologiques de la victimologie », *RICPT*, 1986, p. 371-373; M.-P. de Liège, « Victimes, victimologie, la situation française », *RSC*, 1987, p. 757-762; E.-P. Monnet et al., « Approche psychopathologique de victimes de violences sexuelles », *Dév. et soc.* 1989, p. 339-351; Barte-Ostaptzeff, p. 105-113; Lopez-Bornstein, p. 96-99; T. Cretin, « La preuve impossible ? De la difficulté d'administrer la preuve dont sont victimes les mineurs », *RSC*, 1992, p. 53-58; M. de la Luz Lima, « Victimologia y derechos sociales de la mujer », *AIC*, 1993, p. 95-103; P. Tremblay, « La demande pénale directe et indirecte, une analyse stratégique des taux de renvoi », *RICPT*, 1998, p. 18-33; A. Schneider, « La faute de la victime devant la CIVI », *Dalloz*, 2003, p. 1185-1189. – CONGRÈS ET COLLOQUES : Symposium internationaux de victimologie : Jérusalem 1973, Boston 1976, Münster 1979, Syracuse 1982, Zagreb 1985; Congrès mondiaux de victimologie : Washington 1980, Lake buena vista, Floride, 1986; « Les applications de la victimologie en droit pénal et en procédure pénale », Toulouse, 1973, Travaux *in Annales Fac. droit*, Toulouse, 1974, t. 22, p. 139-240; 33ᵉ Cours international de criminologie (Vancouver 1982) : « Les victimes du crime »; 16ᵉ Conférence des directeurs d'Institut de Recherches criminologiques du Conseil de l'Europe : « Recherches sur la victimisation » (Strasbourg 1984); XXVᵉ Congrès français de criminologie (Grenoble 1989) : « Victimes et sociétés ». – REVUES : *Victimology : an international journal*, revue trimestrielle depuis 1976.
2. *Cf. supra* nᵒˢ 281 et 310.

réaction sociale, la *seconde victimologie*[1] pour l'opposer à la *première victimologie* qui est la seule qui nous intéresse pour l'étude des situations précriminelles.

653 *Objet et résultats de la victimologie traditionnelle* ◊ Ainsi définie, la victimologie traditionnelle ou première victimologie étudie essentiellement les *modalités des rapports* du criminel et de sa victime, les *facteurs* qui influencent les relations de l'un et de l'autre et les *mécanismes* qui interviennent dans le jeu de ces relations.

Parmi les résultats les plus intéressants de ces travaux, on peut retenir d'une part une *classification victimologique des crimes* et une *classification des victimes*.

1) La *classification victimologique des crimes* repose sur cette idée que la victime n'occupe pas toujours la même position dans la structure concrète des crimes. Quatre sortes de crimes sont à distinguer de ce point de vue : 1° les crimes contre des victimes *réelles*; 2° les crimes contre des victimes *fictives*, telles que l'ordre public, la santé publique, la décence publique, etc. : on parle également à leur sujet de « victimisation tertiaire » pour caractériser une atteinte lointaine, peu perceptible, comme la fraude fiscale ou la fraude communautaire; 3° les crimes contre des victimes *potentielles*, comme par exemple la conduite en état d'ivresse qui ne fait pas en elle-même de victime réelle mais rend probable un accident de la circulation qui risque d'en faire; 4° les *crimes sans victimes*, actes immoraux ne causant aucun dommage discernable aux tiers (prostitution, usage de stupéfiants par exemple)[2].

2) Quant à la *classification des victimes elles-mêmes*[3], elle distingue entre quatre sortes de victimes : 1° la *victime indifférenciée*, dont la victimisation est due au fait du hasard; 2° la *victime latente*, concept qui désigne une catégorie de sujets qui révèlent une disposition permanente et inconsciente à jouer le rôle de victime (ex. : les sujets dominés par des tendances masochistes et auto-punitives)[4]; 3° la *victime spécifique* dont la victimisation procède des rapports particuliers qui existent entre la victime et le criminel (la prostituée et son souteneur par exemple); 4° le *criminel victime*, où le même sujet peut indifféremment être victime ou délinquant selon les circonstances (ex. : les participants à une rixe ou les auteurs de collision de véhicules).

---

1. Sur cette *seconde victimologie*, outre les éléments bibliographiques cités aux nᵒˢ 311 et s., *cf.* les ouvrages : National Institute of law enforcement and criminal Justice : *Criminal victimization surveys* (depuis 1976); Conseil de l'Europe, *Dédommagement des victimes d'infractions pénales*, 1978; Hindelang Gottfredson et Garofalo, *Victims of personal crime : an empirical foundation for a theory of personal victimization*, 1978; « Regards sur la victime », nᵒ spécial de *Criminologie*, 1980, nᵒ 1; G. Norquay et R. Weiler, *Les services aux victimes et aux témoins au Canada*, 1981, 166 p.; W. Skogan et M. Maxfield, *Coping with crime, Individual and neighborhood reactions*, 1981, 280 p.; H.-J. Schneider (éd.), *The victim in international perspective*, 1982; F. Lombard, *Les systèmes d'indemnisation des victimes d'actes de violence*, 1983; P. Hagan, *Victims before the law. The organizational domination of criminal law*, Toronto, 1983, 298 p.; R. Hellbrun et *al.*, *Peut-on aider les victimes ?* éd; Erès., 1985, 119 p.; V.-V. Stanciu, *Les droits des victimes*, PUF, 1985, 116 p.; D.-M. Fofe, *Étude des fondements criminologiques des droits des victimes*, Mémoire DEA, Aix-en-Provence, 1986, 272 p., ronéo.

2. E. M. Schur, *Crims without victims*, 1965; E. A. Fattah et Hall Williams, « Crimes sans victimes », *in La criminalité urbaine et la crise de l'administration de la justice pénale*, Presses Univ. Montréal, 1973, 83-118. Sur les délits boursiers comme « crimes sans victimes », *cf.* Ducouloux-Favard, « L'informatique et la recherche des infractions boursières », *D.* 1988, chron., p. 270-272.

3. L. Germain, vᵉ « Typologie des victimes », *Dict. sc. crim.*, 2004, p. 944-945.

4. Sur la prédisposition de certaines victimes d'atteintes à la pudeur, *cf.* Y. de Saussure, *Comment peut-on être criminel ?*, 1979, p. 106-107.

§ 2. La perception subjective de la situation précriminelle par le délinquant

654 *La notion de perception subjective d'une situation* ◇ Le sociologue américain W.I. Thomas a formulé dans les années 1920 une théorie psycho-sociologique qu'il a résumée ainsi : « Quand les hommes considèrent certaines situations comme réelles, elles sont réelles dans leurs conséquences ». Cela signifie que la *définition subjective d'une situation* est tout aussi importante que la situation dans sa *réalité objective;* ce sont en effet les significations que lui confère le sujet qui déterminent ses conduites effectives.

Cette théorie qui vaut pour toutes les actions humaines, si anodines soient-elles, est particulièrement utile pour comprendre l'action criminelle. L'influence de la situation précriminelle sur le passage à l'acte délictueux dépend souvent moins de la situation objective que de la *manière dont cette situation est perçue* et *vécue* par le futur délinquant. Cette proposition invite alors à se demander ce qu'il faut entendre par *perception subjective de la situation précriminelle* (A) et quels sont *les facteurs* qui modèlent la perception subjective de ladite situation (B).

A. La notion de perception subjective de la situation précriminelle

655 *Une notion délicate à cerner* ◇ La notion de perception subjective est une notion *délicate* à comprendre parce que l'on est facilement tenté de la confondre avec l'effet de *sélection de la structure personnelle* des individus parmi les stimuli du monde extérieur.

On entend par *perception subjective* de la situation précriminelle, les impressions, les expériences antérieurement vécues rappelées au sujet, la façon dont il se représente le conflit qui l'oppose à sa future victime, les pensées qui l'assaillent, les motifs d'agir qui lui viennent à l'esprit, bref tout un ensemble de *représentations intellectuelles et affectives* qui accompagnent la situation précriminelle *objective*. Ainsi s'explique qu'une même situation précriminelle spécifique peut provoquer le passage à l'acte délictueux ou demeurer au contraire sans conséquence, selon la façon dont elle est perçue par le sujet. De la même manière, cela permet de comprendre que le même individu placé dans une situation précriminelle analogue à deux moments différents du temps, peut commettre un acte délictueux une fois et s'en abstenir une autre fois.

B. Les facteurs de la perception subjective de la situation précriminelle [1]

656 *Trois séries de facteurs* ◇ Comment se fait-il dès lors qu'une même situation précriminelle objective puisse être perçue et vécue tout diffé-

---

1. J.-M. Renouard, « Les représentations de la délinquance routière chez les délinquants condamnés », *Questions pénales*, janv. 1996, IX, p. 1.

remment par deux individus ou même par une même personne à deux moments différents de son existence ? On peut, avec Mira y Lopez, retenir notamment trois sortes de facteurs qui dessinent ainsi la manière dont les individus vivent les situations.

1) La première consiste dans les *expériences préalables de situations analogues*. Le vécu, l'expérience passée, ne sont pas sans influence sur la réaction à la situation actuelle. C'est dans ce cadre que peut s'inscrire, le cas échéant, l'effet inhibiteur des sanctions infligées à un individu ou, au contraire, l'accoutumance à la perspective de la prison.

2) Un deuxième facteur consiste dans *l'humeur du moment* qui est très largement tributaire de l'expérience immédiatement antérieure. Il existe ainsi un processus psychique appelé « catathymie » qui altère et déforme la perception sous l'influence de la tonalité affective du moment et fait que nous voyons les choses, soit comme nous désirerions qu'elles fussent (vision optimiste), soit comme nous ne voulons pas qu'elles soient (vision pessimiste).

3) Enfin entre en ligne de compte la *connaissance, réelle ou supposée, des attitudes de la collectivité* face à la situation et de la *réaction* que celle-ci peut avoir en cas de crime. Mira y Lopez indique à cet égard que la réaction personnelle à la situation tend à se modeler sur le type moyen de réaction collective à celle-ci. De son côté, de Greeff a insisté sur ce qu'il appelle les « modifications fictives du milieu », c'est-à-dire l'impression de changement du milieu que peut avoir un observateur intéressé, alors que le milieu reste stable en réalité. Il cite à cet égard les effets néfastes que peuvent avoir certains acquittements intempestifs en Cour d'Assises, car ils peuvent laisser croire à des individus chez qui l'idée criminelle s'est déjà formée qu'en la réalisant ils ne risquent pas grand-chose.

656bis *Bibliographie générale du chapitre* ◇

Outre la bibliographie générale, E. Seelig, 139-193; O. Kinberg, 172-282; J. Pinatel (1975), nᵒˢ 260-2 74; G. Stefani, H. N. Barte et G. Ostapzeff, 25-55; G. Lopez et S. Bornstein, 65-95 et 99-105; G. Kellens, 167-198.

CHAPITRE 2

LES PROCESSUS DU PASSAGE À L'ACTE DÉLICTUEUX
(La dynamique criminelle)

657 *Idée générale*[1] ◇ La criminologie traditionnelle s'intéressait essentiellement à la description de la personnalité du délinquant et à la formation de celle-ci. L'idée de l'existence d'un processus d'interaction, parfois fort long, entre cette personnalité et la situation précriminelle ne paraît pas l'avoir effleurée. Tout au contraire, elle paraissait considérer l'acte criminel comme une sorte de réaction « chimique » survenant brusquement de la mise en contact de la personnalité et de la situation. Même un auteur comme Kinberg qui a attaché une grande importance à la situation précriminelle, ne paraît pas avoir soupçonné l'existence du phénomène puisqu'il définissait le passage à l'acte comme la résultante d'un rapport défavorable entre les forces de pulsion (P) et les forces de résistance (R)[2].

Or ce n'est pas ainsi que les choses se passent dans la réalité. L'acte criminel n'est pas la résultante mécanique d'une conjonction de facteurs divers, mais *l'aboutissement d'un processus* d'interaction qui se développe dans le temps au travers d'une série d'étapes. Chacun des pas accomplis dans le déroulement du processus n'est pas entièrement déterminé par l'état de choses existant au point de départ. Un nouveau choix est toujours possible tant que l'acte délictueux n'est pas consommé; ce choix dépendra de la personnalité de l'individu et de la situation dans laquelle il se trouve au moment précis où il choisit[3].

De Greeff est sans doute le premier criminologue à avoir insisté sur certains aspects de ce « processus d'interaction ». Après lui, bien d'autres auteurs se sont efforcés de mettre en évidence les divers éléments de ce processus[4], ce qui a d'ailleurs finalement débouché sur la perspective interactionniste et ses outrances avec la théorie de la stigmatisation[5]. Parmi les descriptions de ces processus d'interaction, la plupart sont des descriptions *partielles* en ce sens qu'elles ne concernent qu'une variété plus ou moins large de délinquants. On va ici en retenir trois (section 1). Mais il existe un modèle très *général*, le modèle anti-déterministe de Cohen qui fera l'objet d'une section 2.

---

1. J. Proulx, *v*° « Passage à l'acte criminel », *Dict. sc. crim*, 2004, p. 684-686.
2. *Cf. supra* n° 279.
3. Il est très rare que les tribunaux empruntent son vocabulaire à la criminologie. Aussi ne manque-t-on pas de signaler Crim. 3 mai 1995 (*Bull. crim.* n° 161), qui parle de « processus qui a conduit aux actes criminels ».
4. *Cf. supra* n°s 275 et s.
5. *Cf. supra* n°s 301 et s.

SECTION 1. LES MODÈLES PARTIELS DU PASSAGE À L'ACTE DÉLICTUEUX

§ 1. Le modèle du processus criminogène de l'acte grave chez De Greeff [1]

658 *Le processus de l'acte grave* ◊ On se souvient que, pour de Greeff, la réaction psychique élémentaire du type *réaction à l'injustice subie* se retrouve chez deux sortes de délinquants : ceux qui vivent en *permanence* sous le signe de l'injustice subie et ont connu un *processus de maturation criminelle* qui a affecté la formation et l'évolution de leur personnalité; ceux qui, au contraire, connaissent des *réactions paroxystiques accidentelles* d'injustice subie et dont l'acte criminel est alors l'aboutissement d'un processus criminogène caractéristique [2]. Le processus de maturation criminelle se modèle sur le processus d'apprentissage tel qu'il a été décrit par les théoriciens des associations différentielles [3]; à partir d'un certain moment où l'apprentissage est comme achevé, la personnalité du sujet se trouve en quelque sorte structurée et solidifiée de telle façon qu'à la moindre occasion, l'acte criminel sera consommé, un peu à la manière dont un fruit trop mûr tombe d'un arbre. S'agissant, en revanche, de la deuxième catégorie de délinquants, le processus du passage à l'acte y apparaît comme un phénomène plus spécifique et plus complexe dans lequel le facteur temps joue un rôle essentiel. C'est précisément pour cette deuxième catégorie de délinquants que De Greeff a décrit le modèle du processus de l'acte grave. L'approche de ce processus suppose que l'on précise d'abord ce qu'il entend par « attitude criminogène » (A), après quoi il sera possible de comprendre l'évolution vers le passage à l'acte (B).

A. La notion d'attitude criminogène

659 *Une distinction fondamentale* ◊ Pour de Greeff, la compréhension du processus criminogène de l'acte grave suppose que l'on distingue au départ entre *attitude criminogène* et *attitude criminelle* proprement dite.

L'attitude criminogène dans sa perspective ne se confond pas en effet avec la simple attitude criminelle; c'est une attitude qui, en se développant, rapproche de plus en plus le sujet du crime, mais elle peut ne jamais devenir criminelle. Il y a en

---

1. « Rapport sur la criminogenèse », *Actes du IIᵉ Congrès international de criminologie*, t. VI, p. 282 et s.; « Le devenir, élément du processus criminogène, la durée, condition de son étude », *in Autour de l'œuvre de De Greeff*, t. 1, p. 169-192. Adde C. Tange, *De Greeff et le problème du crime*, Bruylant 2001, spéc. p. 134-147.
2. *Cf. supra* n° 611. J. Pinatel identifie un troisième processus du passage à l'acte criminel appelé « processus d'acte subit et irréfléchi », largement tributaire de la pathologie et qui relèverait du mécanisme du déterminisme direct (*cf.* Le phénomène criminel, vᵒ « Processus criminogène et déterminisme direct »).
3. *Cf. supra* nᵒˢ 245 et 246. Dans leurs *Principes de criminologie*, 1966, Sutherland et Cressey décrivent avec précision le processus de « maturation criminelle », p. 236-238.

effet plus d'individus qui présentent une attitude criminogène ou des périodes criminogènes qu'il n'y a de criminels. Mais ces attitudes ne sont pas négligeables bien qu'elles ne se traduisent pas en actes illégaux. Elles se rejoignent par-delà les actes, en constituant un climat, en insinuant des jugements, en provoquant des justifications, etc., qui contribuent à influencer ceux qui se trouvent au bord de la décompensation.

B. L'évolution vers le passage à l'acte

a. Les caractéristiques générales de l'évolution

660 *Trois traits caractéristiques* ◇ L'évolution vers le passage à l'acte se caractérise par trois traits essentiels.

1) *La naissance et le développement d'un mythe dévalorisant.* C'est un trait fondamental de l'évolution. Pour pouvoir commettre le crime, il faut qu'au préalable le délinquant en puissance ait détruit les aspects « sympathiques » de la victime qui sollicitent son affectivité : aussi l'évolution se traduit-elle nécessairement par la *dévalorisation de la* future victime. Il s'agit de la diminuer à ses propres yeux au point que sa disparition ou l'atteinte à son intégrité physique ou à ses biens n'apparaissent que comme un juste retour des choses amplement mérité par elle. Ainsi, dans le meurtre passionnel, l'être jadis aimé sera accablé de tous les défauts de la création; dans le vol, celui qui est propriétaire des objets que l'on volera est au préalable réduit à la qualité d'usurpateur : « la propriété, c'est le vol ».

2) *La collaboration consciente du criminel à l'apparition du mythe dévalorisant.* Cette dévalorisation, dit De Greeff, se passe, quel que soit le degré de morbidité de l'individu, comme si celui-ci ne s'enfonçait dans les attitudes criminogènes qu'à mesure qu'il y *consent*; comme s'il assistait, soit anxieusement, soit complaisamment, à la *dérive de ses fonctions supérieures*, dérive qui le guide vers des situations où il devient de plus en plus difficile de faire marche arrière. Ainsi insiste-t-il sur le *rôle fondamental du « JE »* qui choisit, qui décide et qui agit[1]. Par là, dit-il, le crime présente « un formidable *aspect moral* »[2].

3) *Le caractère non spécifique de la dévalorisation.* Ce mythe dévalorisant n'est pas, en effet, propre au criminel. Il n'est, dans le crime, qu'un cas particulier d'un phénomène plus général que l'on retrouve dans les guerres, dans la propagande politique, etc., où, pour détruire ou neutraliser l'adversaire, on s'efforce d'abord de le dévaloriser auprès des soldats, des militants du parti, etc.

b. Les étapes du passage à l'acte

661 *De Greeff* ◇ Il décrit l'évolution vers le passage à l'acte de manière très détaillée pour le *crime passionnel* (1) et donne seulement quelques indications pour *le vol* (2).

---

1. *Cf. supra* n° 280.
2. Sur les mécanismes psychologiques qui peuvent occulter les résistances morales au passage à l'acte, *Adde* G. Kellens, *Qu'as-tu fait de ton frère ?*, 1986, p. 97-98.

1. Les étapes du crime passionnel

662 *Le cadre général* ◇ L'idée générale développée par De Greeff à ce sujet est que, dans le crime passionnel, le sujet ne s'avance vers l'acte criminel qu'à mesure que cet acte lui paraît justifiable et indispensable. Il rappelle à cet égard l'étroite association entre le suicide et l'homicide passionnel soulignée dans la littérature criminologique, notamment dans la littérature psychanalytique, et indique que l'attitude de désengagement, sinon de suicide, est bien plus générale que les statistiques ne le disent. « Ces données objectives, ajoute-t-il, concordent avec les réflexions que nous font les criminels de ce genre, ils ont après coup conscience qu'ils se sont laissés aller, qu'ils ont consenti, dans une certaine mesure, à se rendre esclaves de ce processus justicier. »

663 *Les stades du processus du passage à l'acte* ◇ Dans ce cadre général, De Greeff évoque alors les divers stades du processus du passage à l'acte, à partir d'un schéma emprunté à un auteur, Raoul Allier, dans un livre sur « La conversion religieuse des précivilisés ». Assentiment ineffi-cace, assentiment formulé et crise : ces *trois stades* jalonnent le dévelop-pement plus ou moins régulier de *l'impulsion agressive initiale*, impulsion agressive que l'on rencontre chez tout le monde mais qui, chez presque tous, s'atténue assez rapidement. Le futur criminel fait l'inverse des non-criminels : il n'essaie pas d'expliquer, de compenser, de se mettre à la place de l'« autre »; au contraire, l'« autre » est de plus en plus remplacé par un mythe, mythe d'infidélité, de mauvaise foi, de non-valeur, qualifi-catifs qui s'expriment en attitudes, en récriminations, en injures, mais qui aussi, à mesure qu'ils s'installent, rendent de plus en plus difficile au pré-criminel, la possibilité de retrouver la personne réelle de la future victime.

Finalement, ce qui distingue un criminel passionnel de quelqu'un qui ne l'est pas devenu, ce n'est pas que l'un a eu le courage de réaliser une idée devant laquelle l'autre a hésité, mais c'est que le criminel a consenti à régresser suffisam-ment pour que l'acte lui devienne possible, tandis que l'autre a sauvegardé sa per-sonnalité intime.

2. Le passage à l'acte dans le vol

664 *Un aspect du processus* ◇ À propos du vol, De Greeff insiste essen-tiellement sur les rapports entre le développement du processus crimino-gène et *l'attitude générale de la collectivité à l'égard du vol et des voleurs*. Presque tous les voleurs, même les voleurs occasionnels, souligne-t-il, jus-tifient leur délit par l'injustice du monde. On assiste alors à un curieux phénomène explicable seulement par les subtiles interactions des attitu-des criminogènes de la collectivité et de celles du voleur. « Les vols, écrit-il, se multiplient à une cadence extraordinaire; la majorité des lecteurs de journaux est par ailleurs convaincue que le monde est peuplé de voleurs et, sans voler eux-mêmes, trouve injuste qu'on punisse les voleurs quelconques et relâche donc l'inhibition collective contre le vol : ceux-ci se multiplient et on ne les punit plus, exactement pour la même raison. Cette attitude d'une partie de la population influence finalement les possédants eux-mêmes qui se sentiraient gênés de réclamer avec trop d'insistance qu'on punisse quelqu'un qui les aurait volés » (Rapport sur la criminogenèse).

§ 2. Le modèle du « *drift* » des jeunes délinquants de Matza [1]

665 *La notion de « drift »* ◇ Le sociologue américain David Matza, dans un ouvrage consacré à la délinquance juvénile, s'insurge à son tour contre ce qu'il appelle le « délinquant positiviste », c'est-à-dire un délinquant qui serait automatiquement amené à la délinquance en raison de la structure interne de sa personnalité ou de son milieu de développement. Pour lui au contraire, l'action criminelle est le produit d'un « *libre choix* » *du délinquant* plus ou moins intense selon les cas, au terme d'un processus d'interaction plus ou moins long de « *drift* », c'est-à-dire d'« abandon à la dérive », de « flottement », de « laisser-aller ». Il en vient même à reprocher aux positivistes modernes de contribuer eux-mêmes à la délinquance en fournissant aux jeunes les arguments dont ils ont besoin pour se séparer de l'ordre légal et « partir à la dérive » vers la délinquance. En quoi consiste donc cette « dérive » et comment s'opère-t-elle d'une part ? (A) Qu'est-ce qui d'autre part entraîne le passage à l'acte ? (B).

A. Le contenu du « *drift* »

666 *Des sous-cultures délinquantes aux déformations de la culture dominante* ◇ Pour exposer le contenu et les mécanismes du « *drift* » Matza part de la critique de la *théorie des « sous-cultures délinquantes »* [2]. On sait que selon cette théorie, la délinquance juvénile s'expliquerait par l'existence d'une sous-culture délinquante parmi les jeunes des classes sociales défavorisées dont la formation proviendrait de l'impossibilité pour ces jeunes d'accéder au statut des classes moyennes; cette sous-culture constituerait de la sorte un système cohérent, radicalement séparé de la morale courante et engendrant inéluctablement une conduite délinquante. Or, pour Matza, il existe bien une sous-culture, mais loin d'être vouée à la délinquance, elle participe autant à la *culture conformiste* qu'à un système criminel, et c'est même aux sources conventionnelles que sont empruntés les *mécanismes* qui autoriseront, pour un petit nombre seulement, le relâchement des contraintes morales.

---

1. D. Matza, *Delinquency and drift,* John Wiley and Sons, 1964, 2ᵉ éd. 1967.
2. *Cf. supra* n° 248.

Ces *mécanismes psychosociaux spécifiques,* l'auteur les range en deux grandes catégories : la négation de la culpabilité (« *the negation of offense* ») et le sentiment d'injustice subie (« *the sense of injustice* »). Il les démonte alors minutieusement, faisant ressortir pour chacun d'eux comment il trouve son origine et son appui dans la doctrine officielle, avant de subir un certain nombre de *déformations, extensions,* etc. 1/ C'est ainsi que *l'idéologie du « child welfare »,* c'est-à-dire la responsabilité des parents, du quartier, de la société, des victimes elles-mêmes, renforce le point de vue du mineur délinquant de deux façons : elle confirme la conception de son irresponsabilité et nourrit son sentiment d'injustice. Car si tout le monde est en faute sauf lui, pourquoi est-ce à lui que la sanction pénale est infligée ? 2/ De même, les justifications légales de légitime défense, d'aliénation mentale, de force majeure, sont utilisées à son profit et largement entendues par le délinquant : la défense doit évidemment comprendre en certains cas l'attaque, le domicile qui est le domaine privilégié de la légitime défense doit s'entendre, pour les membres d'une bande, de tout le territoire qui leur est reconnu par les autres bandes, etc.[1] 3/ Quant aux principes honorés par les jeunes délinquants, en dépit de fréquentes entorses, ce sont encore des principes traditionnels : la virilité, l'honneur, la loyauté, etc., qui prennent, seulement une force particulière, et quand l'infraction a été motivée par un de ces sentiments, le délinquant y voit une nouvelle cause de justification de sorte que s'il est condamné, le sentiment d'injustice apparaîtra à nouveau.

B. Le passage à l'acte

667 *Les circonstances qui activent la volonté* ◇ Pour Matza cependant, le simple fait de « se laisser aller à la dérive » n'entraîne pas nécessairement la commission de l'acte délictueux. Le « *drift* » rend la délinquance possible du fait de la suspension temporaire des contrôles qui retiennent les membres de la société, mais il ne constitue pas en lui-même l'impulsion irréversible qui suffit à provoquer le passage matériel à l'acte délictueux. C'est encore *la volonté* du jeune qui entraînera la commission de l'infraction. Mais ici encore la volonté, la décision, va se trouver activée par deux circonstances que l'auteur nomme la « *préparation* » et le « *désespoir* ».

1) La *préparation* sert à activer la volonté de commettre le crime dans les occasions ordinaires. Elle provoque l'impulsion à répéter des infractions anciennes. Par préparation, Matza entend l'apprentissage, à travers l'expérience, que quelque chose qui est communément regardé comme une infraction peut être matériellement réalisé, et d'autre part la représentation que cet acte est moralement concevable. Elle comporte donc à la fois un élément *technique* et un élément *moral.*

2) Quant au *désespoir* (« *desperation* »), il intervient dans des situations plus extraordinaires et conduit à la perpétration d'actes nouveaux, jusque-là non expérimentés. Il peut avoir diverses sources parmi lesquelles Matza attache une grande importance au *sentiment de fatalisme* qui pousse au désespoir en raison de

---

1. On retrouve le même mécanisme de justification dans le terrorisme. C'est ainsi que lors de son procès devant la Cour de sûreté de l'État en 1979, un accusé séparatiste corse déclarait : « Ce n'est pas un combat passéiste, xénophobe, borné. C'est *un combat de légitime défense* » (*Le Monde* du 5 juill. 1979). Adde C. Bachmann, « La dimension symbolique du terrorisme », *Informations sociales,* 1987, n° 2, p. 31-37.

l'impression qu'il crée de ne pouvoir exercer aucun contrôle sur les circonstances et sur la destinée.

§ 3. Un modèle récent du passage à l'acte dans l'action criminelle violente

668 *Les fonctions psychologiques du passage à l'acte* ◇ Une étude empirique récente propose une représentation particulièrement élaborée et développée du phénomène du passage à l'acte dans les *crimes de violence*[1], à partir d'une recherche qualitative et clinique portant sur un échantillon de 36 sujets placés sous main de justice, auteurs d'homicides volontaires (7), de coups et blessures ayant entraîné la mort (3), d'actes de torture et de barbarie (1), d'agressions sexuelles (2) et de viols (23)[2].

Cette recherche est centrée sur les *fonctions psychologiques*[3] du passage à l'acte criminel violent, c'est-à-dire sur le rôle spécifique que joue le passage à l'acte délictueux dans la vie psychique du délinquant au moment de l'accomplissement de l'acte. Mais pour repérer ces « fonctionnalités » et les rendre intelligibles, l'auteur a dû les inscrire dans une *analyse globale du phénomène du passage à l'acte* criminel violent. Nous avons ainsi un modèle très développé du processus du passage à l'acte délictueux pour la criminalité de violence, sans doute le modèle le plus élaboré et le plus complet proposé jusqu'à présent.

669 *Le contenu du modèle du passage à l'acte* ◇ L'idée générale qui caractérise ce modèle consiste à considérer le passage à l'acte délictueux comme *un mouvement réactionnel* consécutif à un déséquilibre du système psychique *d'une personne vulnérable* provoqué par un *événement* conflictuel, qui a pour *fonction* de tendre au *rétablissement de l'équilibre psychique* de cette personne.

La mise en œuvre de cette idée générale comporte toute une succession de propositions théoriques alimentées par les données de l'observation.

1) Le processus du passage à l'acte est un *système* complexe.

2) Il suppose, chez le *sujet* qui est au centre du processus, un état de *vulnérabilité psychique*.

3) Il postule par ailleurs la survenance d'un *événement* qui est source de conflit.

4) Il trouve son origine dans l'existence d'un *conflit* qui amorce la démarche vers l'acte délictueux.

5) Le conflit exerce un impact sur la personne vulnérable qui provoque chez elle un *déséquilibre psychique*.

6) Il a pour fonction générale de *rétablir l'équilibre psychique* interne du sujet.

---

1. V. Moulin, *Les fonctionnalités du passage à l'acte violent : approches dynamique et processuelle*, Thèse de psychopathologie, Toulouse Le Mirail, 2003, 2 vol., 317 et 149 p. ; même auteur, « Approche psychocriminologique de l'agir criminel violent : dynamique relationnelle, processus et fonction du passage à l'acte dans le cadre des violences intra-familiales », *RICPT* 2006, p. 398.
2. Certains auteurs de viols en ont commis plusieurs : 27 au total.
3. L'auteur emploie le néologisme « fonctionnalités ».

SECTION 2. LE MODÈLE GÉNÉRAL ANTI-DÉTERMINISTE DE COHEN

670 *Un modèle de portée générale* ◇ Les modèles examinés jusqu'à présent n'étaient que des *modèles partiels* en ce sens que leurs auteurs les ont construits à l'occasion de l'explication d'un aspect de la délinquance : le crime commis sous l'effet accidentel d'un sentiment d'injustice subie pour De Greeff, la délinquance des jeunes appartenant aux classes défavorisées pour D. Matza, l'action criminelle violente pour le troisième modèle. A.K. Cohen, au contraire s'est efforcé de mettre au point un *modèle à caractère très général* pour figurer le processus d'interaction entre la personnalité et la situation dans le passage à l'acte[1]. Ainsi qu'on l'a qualifié[2], il s'agit d'une *représentation néo-antidéterministe*.

Cohen part de cette constatation que dans les théories traditionnelles l'interaction entre l'acteur et la situation précriminelle est traitée comme un épisode unique. Or selon lui l'acte délictueux se développe au contraire dans le temps et par une série d'étapes. L'acte est une tentative, un processus de tâtonnement, qui n'est jamais entièrement déterminé par le passé et qui est toujours susceptible de modifier son cours en réponse à des changements intervenant soit dans la personne de l'acteur, soit dans la situation précriminelle, soit dans les deux.

671 *L'arbre* ◇ Il représente le phénomène au moyen de l'« arbre » que voici :

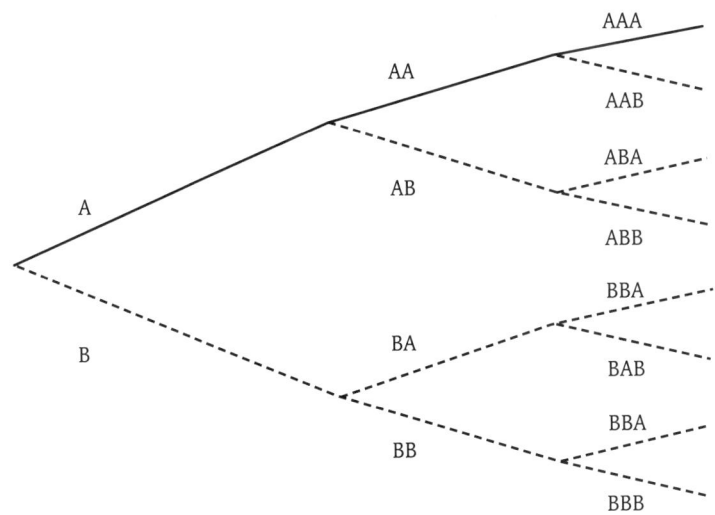

---

1. A. K. Cohen, *La déviance*, p. 94-96 et 204-210.
2. E. Schur, *Radical non-intervention*, 1973, p. 135 et s.

Cet arbre est accompagné des commentaires suivants : « Chaque segment de droite indique un mouvement dans le cours d'une action. Le trajet complet A, AA, AAA, représenté en trait plein, est le cours d'une action qui, selon la théorie, débouche sur la déviance. Les autres trajets, représentés en traits interrompus, sont les autres cours que l'action aurait pu prendre. Les trajets ne sont pas prévisibles sur la seule base des actes ou états initiaux; la prédiction est soumise à l'état des choses suivant chaque étape franchie. Ces états de choses (à savoir, les variables ou combinaisons de variables qui, selon la théorie, déterminent l'étape suivante) n'apparaissent pas dans ce diagramme. Le diagramme devrait être lu de la manière suivante : l'acte initial est A ou B, ce qui dépend du fait que l'état initial des choses est x ou non-x. Si, partant de A, l'état des choses est y, alors la direction est AA. Si l'état des choses est non-y, alors la direction est AB. Si, partant de AA, l'état des choses est z, alors la direction aboutit au résultat déviant AAA. Si l'état des choses est non-z, alors la direction est AAB. La théorie peut évidemment considérer plus d'une direction vers la déviance ou des voies différentes menant à des types différents d'actions déviantes aussi bien qu'à la conformité. Les théories construites sur le modèle de l'arbre peuvent aussi être utilisées pour expliquer ou prédire les mouvements à partir de la déviance, une ou plusieurs voies menant au retour à la conformité et d'autres menant à la continuation ou à l'intensification de la déviance. Le test des théories du processus d'interaction consiste à examiner combien de voies bien observées correspondent à celles que la théorie avait prédites. »

672 *Caractéristiques du processus* ◇ Les caractéristiques du processus d'interaction dans le passage à l'acte ainsi défini par Cohen sont les suivantes. 1/ Il est typique de *l'action humaine qu'elle ne survient pas subitement*. Elle grandit, elle se développe, elle possède une histoire. Elle est constituée en bref de séquences ordonnées les unes à la suite des autres. 2/ Les circonstances qui déterminent le mouvement vers l'action selon une voie particulière comprennent à la fois les *propriétés de la personne* et *celles de la situation*. Selon la situation, le développement de l'action sera différent pour une même personnalité et, à l'inverse, la même situation n'entraînera pas le même type de développement d'action selon la personnalité. 3/ Bien qu'une étape puisse être un antécédent nécessaire à une autre étape, le mouvement d'une étape à l'autre n'est *pas entièrement déterminé* par les antécédents. En effet certaines circonstances qui aident à déterminer le développement de l'action sont tout à fait indépendantes des événements survenus au cours des étapes antérieures; d'autres sont les conséquences souvent non prévues des événements survenus antérieurement. 4/ La composante situationnelle dans le processus d'interaction consiste surtout en effet de retour (feedback) de la part des autres. Le développement de l'action dépend en effet des témoins, des individus touchés par l'action, des perspectives au travers desquelles ils voient cette action et de la manière dont ils y réagissent. 5/ Cette conception du processus d'interaction s'applique à la plupart des *formes sociales* et *culturelles* : les développements et transformations des actes spécifiques, qu'ils soient le fait d'individus ou de groupes; l'activité permanente d'élaboration d'un soi et d'acquisition d'une identité publique; l'établissement de réseaux d'interdépendance morale, émotionnelle et matérielle et la création de groupes coopératifs; l'émergence de systèmes culturels... Il ne s'agit donc pas d'un processus spécifique à l'action criminelle; il n'en demeure pas moins vrai qu'il rend compte du passage à l'acte dans celle-ci d'une manière particulièrement utile [1].

672bis *Bibliographie du chapitre* ◇

E. De Greeff (1937), 9-15; J. Marquiset, 18-30; B. Di Tullio (1951), 96-148; O. Kinberg, 290-292; J. Pinatel (1963-1975), n°s 284-296; E. H. Sutherland et D. R. Cressey, 235-252; Di Tullio (1967), 308-361; Stefani-Levasseur et Jambu-Merlin, n°s 210-223; E. A. Fattah et D. Szabo, A40, 1-3; J. Léauté (1972), 605-612; Leyrie, 254-258; R. Merle et A. Vitu, I, n°s 46-50; J. Pradel, n°s 38-40; Rizkalla, 10-18; J. Pinatel (1987), v^o « Acte (Passage à l') », 15-18; Barte et Ostaptzeff, 13-23 et 116-118; Lopez et Bornstein, 95 et s.; Lopez, *Victimologie*, n°s 89-95; Fillieule, 134-145. J. Lander, *Acting out* (passagio all'azione), Quademi de criminologia clinica, 1961, p. 3-12; Fontan, Ascher et Lange, « Quelques réflexions sur le passage à l'acte », *Annales médico-psychologiques*, mai 1969; Delteil, « Dépersonnalisation, dépression, passage à l'acte et refus de la réalité », *Ann. médico-psych.*, avril 1969; Prise de risque et délinquance : Coslin, « Risque et déviance », p. 87-91 et R. Lambert, « Délinquance juvénile et comportement risqué », p. 93-108, *in Annales de Vaucresson*, 1975, n° 13, 87-108; J. Léauté, « L'énigme de l'explosion criminelle », *in* Sciences et avenir, n° spécial sur le crime, 1976, p. 27-30; J. Pinatel et A.-M. Favard, « Sociologie de l'action et passage à l'acte », *RSC*, 1980, p. 1015-1022; 7e Colloque de psychothérapie : « Le passage à l'acte », Paris décembre 1985; J. Pinatel (1987), v^o « Processus criminogène », 172-174; L. Perfetti, « Le processus du passage à l'acte criminel », Étude d'un échantillon de dossiers de la Cour d'Assises des Bouches-du-Rhône, mémoire DEA, Aix-en-Provence, 1988, multigr.; D. Wildlöcher, « Le rôle des fantasmes d'agression dans la dynamique de l'agressivité », *in Les troubles du caractère*, 2e Congrès européen de pédopsychiatrie (Rome), vol. 2, p. 1193-1198; M. Leblanc et M. Frechette, « Le passage à l'acte délictueux au cours de la jeunesse et de l'adolescence : perspectives développementales », *RICPT*, 1991, n° 2, p. 145-173; S. S. Beale, *Prior similar acts in prosecutions for rape and child abuse*, *The criminal law review*, 1993, p. 307; J. Proulx et *al.*, Criminologie de l'acte et pédophilie, *RICPT*, 1995, p. 294-310; J.-M. Renouard *Les représentations de la délinquance routière chez les délinquants condamnés*, Questions pénales, janvier 1996, IX, p. 1; G. Ollendorf et O. Ruthart, *Les infractions de masse :* Quelles interprétations ?, *CSI* 1996, n° 23, p. 23-33. Travaux du séminaire de criminologie appliquée de l'IHESI du 23 novembre 1995 (Délinquants et rationalité) et du Colloque de Messine d'avril 1996 sur la théorie du choix rationnel, *cf. supra* n° 263; R. Fillieule et C. Montiel, La pédophilie, IHESI, Coll. Études et recherches, 1997, 79 p., CR. *RSC* 1998, p. 437-438; B. Gaillard et M.-J. Sauret, Lecture psychanalytique d'un cas de passage à l'acte criminel, *RICPT*, 1999, p. 296-314;

---

[1]. On a d'ailleurs noté que pour De Greeff le mythe dévalorisant n'est pas non plus spécifique du criminel, *cf. supra* n° 660.

P. Blos, Le concept d'acting out, *in* F. Marty (dir.), *Le jeune délinquant*, Payot, 2002, p. 295-347; K. Varga, *L'adolescent violent et sa famille : psychothérapie des liens de dépendance*, Payot, 2002, 189 p.; A.-M. Favard, « Criminologie clinique : de la pensée pinatélienne aux nouvelles approches psychodynamiques », *in Sciences pénales & Sciences criminologiques Mélanges offerts à Raymond Gassin*, PUAM, 2007, p. 399-414; L. Kazemian et M. Le Blanc, « Le passage à l'acte criminel de l'adolescence à l'âge adulte, analyse des formes et des trajectoires de *modus operandi* », *RICPT*, 2003, p. 417.

CHAPITRE 3

L'ACTE DÉLICTUEUX
(La praxéologie criminelle)

673 *Une lacune importante de la littérature criminologique* ◇
L'étude de l'acte délictueux en lui-même est pratiquement absente de la littérature criminologique contemporaine, comme des œuvres des auteurs classiques. Si cela se comprend aisément chez ces derniers, pour qui, selon la forte formule de Ferri, c'est désormais le délinquant et non plus le délit qui doit être le « protagoniste de la justice pénale », cela est plus surprenant chez les auteurs contemporains.

Il est vrai que les criminologues qui ne retiennent pas d'autre définition du crime au point de vue criminologique que la *définition juridique de l'infraction*[1], ne peuvent rien avoir de spécifiquement criminologique à dire sur la notion de l'acte délictueux. Que pourraient-ils en effet en exposer, sinon en reprendre les analyses très développées que font les juristes de la notion de l'infraction pénale, tant à travers ses éléments constitutifs (légal, matériel et moral)[2] qu'à propos de ses faits justificatifs (ordre de la loi, légitime défense, état de nécessité)[3] ?

Des raisons toutes différentes permettent encore de comprendre que la *criminologie dite de la réaction sociale* ne se soit pas non plus intéressée à l'analyse de l'acte délictueux en lui-même et à ce qui en fait la spécificité. On sait en effet que, pour ce courant théorique, ce que l'on appelle acte délictueux n'est rien d'autre qu'un « événement », un « acte » parmi d'autres, tout au plus un « acte-problème », qui ne devient une infraction *qu'a posteriori* à la suite d'une « mise en forme pénale » par le système de justice pénale[4]. Dès lors, l'analyse de cet « événement », de cet « acte », s'inscrit dans la théorie générale des actes humains et n'appelle aucun développement particulier sur une spécificité qui ne commence à exister qu'à partir du moment où le système de justice pénale commence lui-même à s'en saisir pour le transformer, le « mettre en forme ». D'une certaine manière, la criminologie de la réaction sociale rejoint ici l'un des courants de la criminologie la plus traditionnelle.

Le silence des criminologues partisans de la *criminologie de l'acte* (ou du passage à l'acte) est en revanche plus surprenant. Tout au plus présentent-ils des typologies des crimes[5], mais on n'y trouve aucune étude de l'acte délictueux en lui-même. Le phénomène s'explique sans doute par le caractère

---

1. *Cf. supra* n° 56.
2. *Cf.* B. Bouloc, *Droit pénal général*, 22ᵉ éd., 2011 nᵒˢ 223 et s.
3. *Cf.* même auteur, *op. cit.*, nᵒˢ 401 et s. Toutefois, selon R. Daval (*La logique de l'action individuelle*, 1981, p. 41), « ... La théorie de *la relation de l'acte à son auteur* par laquelle débute volontiers l'étude du droit pénal, sont, inconsciemment sans doute, mais réellement, des chapitres d'une praxéologie générale ». *Adde* : « Infraction et personnalité », 3ᵉ thème du IIIᵉ Congrès européen de droit et de psychologie (Oxford, sept. 1992).
4. *Cf. supra* nᵒˢ 60 et s.
5. *Cf.* not., J. Pinatel (1975), nᵒˢ 567 et s.; G. Kellens, p. 223 et s.

récent et encore embryonnaire de la « théorie des actes » ou *praxéologie*[1] et la difficulté qu'il y a à transposer cette théorie générale à cet acte spécifique qu'est l'acte délictueux.

Pourtant une telle analyse paraît souhaitable pour rendre compte pleinement de l'action criminelle en tant que phénomène individuel et c'est précisément ce à quoi l'on va s'attacher dans le présent chapitre.

SECTION 1. PRAXÉOLOGIE GÉNÉRALE DES ACTES HUMAINS

674 *La notion générale de l'acte humain* ◇ On peut définir l'acte humain comme étant toute modification de l'ordonnancement du monde extérieur, à un moment donné du temps, par un individu animé par une motivation[2]. L'acte humain ainsi défini constitue un phénomène psycho-social qui a un commencement et une fin et qui peut être isolé, comme tel, dans l'ensemble du flux comportemental de l'individu.

L'analyse de cette définition met en évidence *trois éléments essentiels* dans tout acte humain[3] : une motivation, des moyens et un résultat.

1) La *motivation,* c'est ce qui donne à l'acte à la fois le dynamisme qui le crée et l'orientation qui en détermine le contenu, la finalité; c'est elle qui confère une signification à l'acte et assure en même temps son unité.

2) Les *moyens* consistent dans les diverses modalités grâce auxquelles s'opère la modification de l'ordonnancement du monde extérieur dans le sens de la fin recherchée et qui sont déjà en eux-mêmes *une partie de cette modification* : parole, écrit, geste, déplacement, travail matériel, etc. On distingue à cet égard entre les actions à grande énergie (creuser un trou, soulever une pierre, courir à pied...) et les actions à faible énergie (noircir une feuille de papier, parler à son voisin, donner un ordre, attendre la venue de quelqu'un)[4].

3) Le *résultat* enfin est le produit de l'emploi des moyens qui consomme la modification du monde extérieur. Une fois l'acte achevé, l'ordonnancement du monde n'est plus ce qu'il était au temps précédent. Cela est exact, non seulement lorsque les moyens employés ont réussi conformément au projet de l'« actant »[5],

---

1. Trois noms ponctuent les origines de la praxéologie : Espinas (« Les origines de la technologie », *Rev. philosophique,* 1890), Kotarbinski (« Idée de la méthodologie générale, Praxéologie », *in Travaux du Congrès Descartes,* 1937); *Les origines de la praxéologie,* Académie polonaise des sciences, Varsovie, 1965, et von Mises (*Human action, A treatise on economics,* 1949). LES OUVRAGES UTILISÉS POUR LE PRÉSENT CHAPITRE SONT : A. Moles et E. Rohmer, *Théorie des actes. Vers une écologie des actions,* Casterman, 1977; R. Daval, *Logique de l'action individuelle,* PUF, 1981; L. von Mises, *L'action humaine. Traité d'économie,* PUF, 1985. Adde : T. de Montbrial, *L'action et le système du monde,* PUF, 2002; Revue *Le Débat,* janvier-février 2004, avec les art. de J.-P. Dupuy, « Une science de l'action est-elle possible ? », C. Schmidt, « La praxéologie en question » et T. de Montbrial, « Du principe de modération ».
2. Comp. la définition de A. Moles et E. Rohmer (p. 15) : C'est essentiellement un déplacement visible de l'être dans l'espace créant une modification dans son environnement.
3. À l'opposé de l'acte réflexe qui ne comporte pas de motivation psychologique mais est déterminé par un stimulus purement objectif interne ou externe.
4. Moles et Rohmer, *op. cit.,* p. 16.
5. On désigne ainsi l'auteur de l'acte dans le vocabulaire de la praxéologie (*cf.* Moles et Rohmer, p. 12).

mais également lorsque la tentative a échoué, car, même dans ce cas, les choses ne sont plus tout à fait ce qu'elles étaient avant l'entreprise avortée, ne serait-ce qu'en raison de la mise en œuvre des moyens qui étaient destinés à atteindre le résultat visé par la motivation. Certains auteurs vont même jusqu'à considérer comme des actes les « opinions de l'être » et « les valeurs qu'il garde au fond de son cœur », malgré l'extrême subtilité de leurs conséquences[1].

Sans doute est-ce aller trop loin dans l'extension du concept d'« acte »[2] et le droit pénal libéral n'est probablement pas sans fondement psychologique sérieux lorsqu'il refuse d'incriminer les simples intentions et les simples opinions ou valeurs qui ne sont que des phénomènes psychiques purement internes : ce ne sont pas des actes véritables et le droit pénal est avant tout un *droit des actes*.

L'acte humain ainsi défini et caractérisé peut être plus ou moins complexe. Aussi admet-on, pour en faciliter l'analyse phénoménologique qu'il puisse être décomposé en une séquence d'éléments plus simples appelés « *actomes* » (atomes d'actes), d'importance variable et situés à des intervalles variables[3]. C'est ainsi que l'acte d'écrire peut être décomposé en toute une succession d'actomes : l'application de la feuille sur le bureau, la prise en main du stylo, la rédaction du titre, la rédaction de chaque phrase, etc. Chacun de ces actomes est susceptible d'être analysé et caractérisé dans le flux comportemental qui compose l'acte lui-même dans son ensemble.

SECTION 2. **PRAXÉOLOGIE DE L'ACTE DÉLICTUEUX**

675 *La spécificité de l'acte délictueux*[4] ◇ La notion générale de l'acte humain étant ainsi dégagée, en quoi les actes délictueux se distinguent-ils des actes non délictueux ? Qu'est-ce qui en fait la spécificité ? De la même manière que nous avons recherché précédemment les particularités des facteurs du crime dans l'action criminelle par comparaison avec ceux des actions non criminelles ou encore celles du passage à l'acte délictueux, il convient ici de s'interroger sur ce qui singularise, d'un point de vue criminologique, l'acte criminel en lui-même.

Les travaux en ce domaine sont si pauvres – pour ne pas dire inexistants – que l'on ne peut qu'essayer d'avancer des *hypothèses* sommaires destinées à servir de point de départ à une recherche véritable. Il semble ainsi que la spécificité de l'acte délictueux résulte d'une *caractérisation affectant chacun des trois éléments de l'acte humain* que l'on vient de distinguer à l'analyse : les motivations (§ 1), les moyens employés (§ 2) et le résultat obtenu (§ 3).

---

1. Moles et Rohmer, p. 19.
2. Von Mises, (*op. cit.*, p. 15) d'ailleurs rejette cette conception extensive de l'action humaine. Pour lui l'action doit être « chose réelle », car agir ce n'est pas seulement accorder sa préférence à une chose ou une personne, mais c'est choisir, se fixer un but et s'efforcer de l'atteindre.
3. Moles et Rohmer, p. 20.
4. C. Robitaille, « À qui profite le crime ? Les facteurs individuels de la réussite criminelle », *Criminologie*, 2004, n° 2, p. 33.

§ 1. La spécificité des motivations de l'acte délictueux

676 *A) L'analyse praxéologique des motivations en général* ◇ L'analyse des motivations peut être conduite en se plaçant à des points de vue différents qui empruntent aux multiples visages de la notion complexe de *motivation*, tantôt l'un, tantôt un autre de ceux-ci. On a vu ainsi comment la microcriminologie analyse les motivations des délinquants lorsqu'elle les saisit comme caractéristiques de la personnalité du délinquant au moment de l'acte en tant que facteur de l'action criminelle[1].

Envisagée du point de vue précis de la *praxéologie*, la science des actes, l'analyse des motivations gravite autour des *notions d'utilité et de coût de l'acte humain*. Dans cette perspective, on distingue entre deux *sortes d'actes :* les actes « *cohérents* » et les actes « *aléatoires* ».

a) Les *actes* dits « *cohérents* » sont ceux qui obéissent à l'inéquation :

$$\boxed{\text{utilité} > \text{coût généralisé}}$$

Il y a accomplissement de l'acte lorsque l'actant se *représente que l'utilité* de son exécution est supérieure à ce qu'il lui en *coûte de manière générale*. Dans le cas contraire, il y a non-acte.

La notion de coût *généralisé* de l'acte inclut *toutes les variétés de coût* que l'analyse praxéologique permet d'identifier comme effectifs. Elle a été imaginée pour dépasser la notion de coût fiduciaire (le prix, la valeur en argent) qui était seule retenue par l'utilitarisme classique. Le coût généralisé d'un acte (G) inclut ainsi quatre composantes : 1/ le prix de l'acte au sens traditionnel et conventionnel du mot ou *coût financier* (P); 2) le temps consacré à la réalisation de l'acte ou *coût temporel* (T); 3/ l'énergie dissipée par l'actant dans cette consommation ou *coût énergétique* (W); 4/ enfin le *coût psychologique* proprement dit (C) qui est une notion résiduelle liée au franchissement de ce que Kurt Lewin a appelé les « barrages dans le champ des valeurs ». De la sorte le coût généralisé peut être exprimé dans l'équation suivante : $G = a1\,P + a2\,T + a3\,W + a4\,C$ où a1, a2, a3, et a4 apparaissent comme des coefficients de pondération et donc d'homogénéisation des unités considérées P, W, T et C[2].

Quant à la notion d'« *utilités* », elle a été également imaginée pour sortir du cadre trop étroit de l'utilitarisme classique qui s'en tenait à la balance :

$$\boxed{\text{bénéfice} > \text{coût financier}}$$

pour expliquer l'acte[3]. Les « *utilités* » d'un acte débordent très largement le *bénéfice* matériel que l'actant se représente comme pouvant être retiré de son accomplissement. L'utilité *psychologique* en est notamment l'une des composantes majeures.

b) Les *actes* dits « *aléatoires* » sont ceux qui ne présentent plus cette cohérence psychologique qui balance les utilités et les coûts pour décider s'il y aura *acte* ou

---

1. *Cf. supra* n°s 608 et s.
2. Sur tous ces points, *cf.* Moles et Rohmer, précités, p. 42 et s.
3. Moles et Rohmer, *op. cit.*, p. 44-46.

non-acte. Les critères de détermination de l'actant se situent ailleurs. Les praxéologues sous-distinguent parmi eux entre deux catégories :

1/ « Les comportements consistant à se laisser aller comme un jouet au gré des événements » ou *comportements d'incertitude.*

2/ « Les comportements de décision fondamentale », qui sont effectués « quand le bilan des termes de valeurs positives ou négatives apparaît comme non concluant à l'individu » et où celui-ci « prend un *risque* ». Il s'agit de *comportements de jeu* ou, pour être plus précis, de *comportements de prise de risque*[1].

D'après les praxéologues, dans le flux comportemental global des individus « actants », les *actes cohérents* et les *actes aléatoires* se répartiraient dans une proportion de 90 pour 10, les seconds étant beaucoup plus réduits en nombre qu'on ne le croit généralement, ce qui s'explique sans doute parce que souvent « l'observateur ne saisit pas le tissu de la cohérence des actes, faute de connaître les fils qui tirent l'être à droite ou à gauche »[2].

677 **B) En quoi les motivations de l'acte délictueux sont-elles spécifiques ?**[3] ◇ Sur la base de l'analyse praxéologique des motivations des actes qui vient d'être présentée, on peut avancer l'hypothèse que la spécificité des motivations de l'acte délictueux réside dans *trois sortes de données caractéristiques.*

a) En matière d'actes délictueux, la *proportion des actes aléatoires par rapport aux actes cohérents* est sans doute significativement *plus élevée* que le rapport de 1 pour 9 avancé par les praxéologues pour les actes en général.

Les connaissances accumulées sur les délinquants d'habitude inadaptés sociaux[4] et sur certains occasionnels[5] permettent d'avancer que le nombre des *actes délictueux - comportements d'incertitude* où les « actants » se laissent flotter au gré des événements, est sans doute nettement plus élevé proportionnellement que le même type de comportement dans le domaine des actes non délictueux. Au demeurant, les analyses générales des processus du passage à l'acte délictueux présentées par De Greeff avec sa théorie de l'« attitude criminogène »[6] et par Matza avec la notion de « drift », de dérive[7], viennent corroborer cette proposition.

On peut également avancer que la proportion des *actes délictueux - comportements de prise de risque* est certainement plus élevée chez les « actants » délinquants que chez les autres individus. Ici encore l'importance du nombre des caractériels, et notamment des psychopathes, parmi les délinquants est là pour

---

1. Mêmes auteurs, p. 49.
2. Mêmes auteurs, *loc. cit.* Toutefois des travaux récents de neurosciences menés au *Massachussets Institute of Technolgy* (MIT) sur les processus cérébraux qui accompagnent la décision ont avancé l'hypothèse selon laquelle la meilleure façon de comprendre le comportement humain serait d'ignorer le caractère rationnel et conscient des actes accomplis, car la majeure partie des représentations mentales serait causée par le réseau social d'appartenance et déclenchée par des signaux automatiques et par l'imitation. Ainsi plus de 90 % des actions humaines et des prises de décision échapperaient au calcul de la raison...
3. M. Killias, 2e éd. 2001 (sur les comportements de prise de risque), n°s 658 et 659; D. Le Breton (dir.), *L'adolescent du risque : corps à corps avec le monde*, éd. Autrement, 2002, 170 p.; M. Charest, « Peut-on se fier aux délinquants pour estimer leurs gains criminels ? », *Criminologie*, 2004, n° 2, p. 63.
4. *Cf. infra* n° 722.
5. *Cf. infra* n° 721.
6. *Cf. supra* n° 659.
7. *Cf. infra* n° 665.

corroborer l'hypothèse[1]. Les descriptions générales de la personnalité des délinquants en termes psycho-pathologiques[2] comme celles qui sont faites à partir de l'analyse de leur style de vie[3] contribuent aussi à valider cette proposition[4].

b) S'agissant des *actes dits « cohérents »*, les modes d'appréciation des *utilités* et des *coûts* ne sont pas les mêmes chez les délinquants et les non-délinquants.

Ainsi, s'agissant des *coûts*, on retrouve sans doute l'équation précitée (G = a1 P + a2 T + a3 W + a4 C), mais les diverses composantes du coût généralisé sont affectées de *coefficients de pondération* qui ne sont pas les mêmes chez le délinquant et le non-délinquant. On pourrait aisément en faire la démonstration pour chacun d'eux. C'est ainsi notamment que dans le vol, l'escroquerie et l'abus de confiance où il y a appréhension d'un bien ou d'une valeur sans en payer le prix, ce qui correspondrait à une acquisition légale, le *coût financier* de l'acte est nul. À l'autre extrémité de la chaîne des coûts, le *coût psychologique* de l'acte délictueux est infiniment moindre pour le délinquant que pour le non-délinquant, du moins à travers les aspects de ce coût que représentent les investissements affectifs et moraux, alors que c'est l'inverse pour nombre d'actes non délictueux (ex. : occuper un emploi).

Des observations analogues peuvent être faites à leur tour pour les *utilités de l'acte*. L'échelle de valeur de celles-ci n'est pas en effet la même pour le délinquant et le non-délinquant. C'est ainsi que l'acte de voler n'a ni la même utilité matérielle ni la même signification psychologique pour l'un et pour l'autre.

c) Enfin, d'une manière globale, les *motivations* de l'acte délictueux n'ont pas le même *contenu* que celles des actes non délictueux. Sans doute peut-on faire remarquer par exemple qu'il n'y a pas, en apparence, de différences entre la motivation de celui qui vole pour se procurer de l'argent et de celui qui travaille pour percevoir un salaire : dans les deux cas la motivation est utilitaire, voire alimentaire. Qui ne voit cependant que ces motivations, derrière l'illusion de la similitude, n'ont pas du tout le même contenu ? Ni les moyens, ni le résultat recherché, ni la relation entre les deux ne sont de même nature. Les motivations de l'acte délictueux présentent donc une spécificité certaine liée soit aux moyens utilisés, soit au résultat recherché, soit au lien qui unit les moyens et les fins.

§ 2. **La spécificité des moyens employés dans l'acte criminel**

678 *A) L'analyse praxéologique des moyens de l'action* ◇ Pour comprendre cette analyse, il convient de partir de cette idée que, pour la praxéologie, l'action humaine est un *comportement conscient* ou *intentionnel*, c'est-à-dire une conduite qui tend à des fins ou objectifs. Elle s'oppose ainsi aux réflexes et réactions involontaires des cellules et des nerfs dues aux stimulations : il s'agit là en effet de réactions animales et non

---

1. *Cf. infra* n° 713.
2. *Cf. supra* n°s 595 et s.
3. *Cf. supra* n° 602.
4. *Adde* O. Dahlback, « The influence of decision – making factors on criminality », Department of business Administration, Université de Stockholm, Rapport de recherche, n° 10 (81 p.) 1989.

d'actions humaines [1]. La compréhension des secondes relève de la téléologie, qui est la science des fins, alors que les premières ne peuvent être expliquées que par les méthodes causales des sciences de la nature [2]. Ainsi « agir c'est employer des moyens pour atteindre des fins » [3].

Qu'entend-on alors par fin et par moyen ? « Le résultat recherché par une action est appelé sa *fin,* son but, son objectif » [4]. « Un *moyen* est ce qui sert à atteindre une fin, un but ou un objectif quelconque » [5].

Selon Von Mises, les moyens se caractérisent par plusieurs traits.

1) « Les moyens ne font pas partie de l'univers donné : dans cet univers-ci existent seulement des choses. Une chose ne devient un moyen que *lorsque la raison de l'homme envisage de l'employer* pour atteindre une certaine fin et que l'action de l'homme l'emploie effectivement pour ce dessein » [6]. C'est donc seulement l'intention et l'action de l'homme qui transforment les choses en moyens.

2) Un *moyen est tout ce que des hommes, en agissant, considèrent comme tels* [7]. Cela veut dire que « la praxéologie ne traite pas de l'intention et de l'action de l'homme telles qu'elles devraient être ou telles qu'elles seraient si tous les hommes étaient inspirés par une philosophie valable dans l'absolu et dotés d'une connaissance parfaite de la technologie ».

La praxéologie ne prend donc pas en considération l'appréciation éthique que l'on peut porter sur l'action humaine. Elle n'applique aux moyens qu'un seul critère, à savoir : sont-ils ou non appropriés à l'obtention des résultats que visent les hommes en agissant ?

D'autre part, elle laisse à la technologie scientifique le soin de démasquer les erreurs dans l'appréciation de l'efficacité des moyens pour atteindre la fin projetée. Pas plus qu'elle ne s'intéresse aux actions bonnes parce qu'elles sont bonnes, elle ne s'occupe non plus de l'efficacité objective des actions mais seulement de l'appréciation subjective de cette efficacité par l'« actant ». La technologie est sa « cousine », mais non son double [8].

3) Les moyens sont nécessairement *toujours limités,* c'est-à-dire rares par rapport aux services en vue desquels l'homme désire les utiliser; sans quoi ils ne feraient l'objet d'aucune action [9].

La limitation des moyens provient de deux sources. La première se trouve dans la *Nature,* nature physique et nature humaine. Celle-ci en effet, en ce qu'elle est finie, représente pour l'homme un ensemble de limites à son action qui le contraint à choisir les moyens de son action et à n'utiliser que ceux qui lui sont disponibles. La seconde source de limitations se situe dans la *société* elle-même qui impose à son tour à l'action sociale des *normes d'orientation* de l'action qui fournissent des modèles de conduite auxquels sont attachées des *sanctions* sociales [10].

---

1. L. von Mises, *L'action humaine,* p. 13-16. Sur la manière dont cet auteur intègre l'inconscient de la psychanalyse dans l'intentionnalité de l'agir humain, p. 14.
2. Quant aux comportements qui expriment les effets bénéfiques des instincts, von Mises les situe dans une catégorie intermédiaire qu'il appelle les « quasi-actions » (p. 30).
3. *Op. cit.,* p. 15.
4. *Op. cit.,* p. 98.
5. *Op. cit., loc. cit.*
6. L. von Mises, *L'action humaine, loc. cit.*
7. *Op. cit.,* p. 99; R. Daval, *Logique de l'action individuelle,* p. 40.
8. Sur la distinction de la praxéologie et de la technologie, von Mises, p. 101; Daval, p. 38.
9. L. von Mises, *op. cit., loc. cit.*; R. Daval, *op. cit., loc. cit.*
10. G. Rocher, *Introduction à la sociologie générale,* t. 1 « L'action sociale », 1969, p. 29 et s.

679 **B) *En quoi les moyens employés dans l'acte criminel sont-ils spécifiques ?*** ◇ En posant cette question, on pense immédiatement à la *nature des moyens employés* pour différencier l'acte criminel des actes non délictueux. Mais l'analyse praxéologique permet d'approfondir la nature de l'acte criminel lui-même en décelant au moins *trois sortes de traits caractéristiques* qui distinguent peu ou prou les moyens employés dans l'acte criminel de ceux que l'on observe dans les actes non-criminels.

1) Le premier trait concerne les *limitations des moyens de l'action*. Les hommes qui accomplissent chaque jour des actions non délictueuses ont tendance à se soumettre à ces contraintes, qu'il s'agisse de contraintes physiques ou de contraintes sociales. En revanche, une caractéristique des délinquants est que ceux-ci ont souvent une propension très marquée à faire sauter les verrous qui marquent ces limitations. Le délinquant refuse les obstacles et emploie son énergie à les vaincre ou à les contourner dans son action. Cette *tendance au dépassement des limites* ne saurait être mieux exprimée que par cette déclaration célèbre d'un malfaiteur : « Mon revolver, c'est mon gagne-pain ».

2) Un deuxième trait se rapporte à *l'ordonnancement fin-moyens*. L'analyse praxéologique assigne à cette distinction de la fin et des moyens un rôle essentiel, sans pour autant ignorer que celle-ci comporte une part de relativité[1]. Or, ce qui frappe à l'étude de nombre de comportements criminels, c'est que pour leurs auteurs *l'emploi des moyens tend à devenir la fin de leur action*, comme s'il s'agissait de satisfaire une avidité de moyens à peu près totalement indifférente aux fins véritables qui pourraient être poursuivies. En d'autres termes, pour les délinquants, *les moyens font souvent figure de leur propre fin; ils trouvent en eux-mêmes leur finalité*. Tel est par exemple le cas dans le vandalisme, le vol d'usage d'un véhicule automobile, nombre d'attentats sexuels, etc.

3) Enfin, l'action délictueuse se distingue de l'action non délinquante par la *nature même des moyens employés*. Délinquants et non délinquants visent souvent les mêmes fins (l'acquisition de biens, la possession d'une femme, etc.), mais leurs conduites respectives diffèrent nettement par les moyens employés pour atteindre leur fin. On peut dire que les comportements délictueux se ramènent en gros à deux séries de moyens : la *violence* et la *ruse*. D'ailleurs, si l'on examine attentivement les législations pénales positives, on peut constater que, dans la plupart des cas, l'essence des infractions se ramène à l'incrimination de l'une ou de l'autre, ou encore de la combinaison des deux[2]. Il y a donc une sorte de correspondance « naturelle » entre certains types de comportements humains et les législations pénales positives.

Les comportements non délictueux, en revanche, si diverse que soit leur nature, restent toujours en *deçà de cette ligne de partage* que constitue le front de la violence et de la ruse. Cela ne signifie pas pour autant que ces comportements soient toujours licites. Nombre d'entre eux enfreignent des intérêts légaux, mais ils n'engagent alors que la *responsabilité civile* de leur auteur. Il y a donc une *différence de nature entre les moyens employés* selon qu'il s'agit d'actions délictueuses ou

---

1. *Cf.* l'analyse psychologique de R. Daval (p. 166 et s.) qui insère entre la fin et les moyens, la catégorie intermédiaire des « fins-moyens » et l'analyse économique de von Mises (p. 99-100) qui, en distinguant parmi les moyens que sont les « biens économiques » entre « biens du premier ordre » et « biens d'ordre plus éloigné ou d'ordre plus élevé », relativise nécessairement la distinction; v. également R. Boudon, *Le juste et le vrai*, 1995, Fayard, p. 32-34.
2. *Cf. supra* n° 57.

au contraire d'actions non délictueuses[1]. En revanche la nature des fins poursuivies est indifférente à cette distinction, les fins étant généralement de même nature dans les deux séries d'actions.

§ 3. Résultat de l'action et spécificité de l'acte délictueux

680 *Responsabilité civile et responsabilité pénale* ◇ Le *résultat* d'une action est la conséquence finale de celle-ci. Il doit être distingué de la *fin* poursuivie par l'« actant », parce que celui-ci n'atteint pas toujours les objectifs recherchés. Alors que la fin est un phénomène subjectif, le résultat a un caractère essentiellement *objectif*.

En quoi la théorie du résultat dans l'acte délictueux se distingue-t-elle de celle du résultat dans l'acte non délictueux ? La comparaison entre la *responsabilité civile* et la *responsabilité pénale* nous paraît être le meilleur révélateur de ces différences.

En matière de *responsabilité civile,* la première condition requise pour que l'« actant » voit sa responsabilité engagée est la réalisation d'un *dommage.* Sans dommage, pas de responsabilité civile.

En matière de *responsabilité pénale,* la place du résultat est en revanche tout à fait secondaire. On observe tout d'abord que nombre de délits sont des *infractions formelles,* c'est-à-dire des infractions qui sont réputées consommées dès qu'ont été employés les moyens propres à atteindre un certain résultat, quelles qu'en aient été les suites (ex. : l'empoisonnement). Quant aux *infractions matérielles,* c'est-à-dire celles dont le résultat est un élément constitutif de l'infraction à côté des moyens employés (ex. : le meurtre), l'exigence du résultat s'y trouve pratiquement neutralisée par l'incrimination de la *tentative* qui consiste précisément à réprimer l'emploi des moyens prohibés quoique ceux-ci n'aient pas été suivis d'effet[2]. En définitive, lorsque le résultat est pris en considération, ce n'est le plus souvent qu'au titre de circonstances aggravantes[3]. C'est donc encore une caractéristique de l'acte délictueux que d'être un *acte consistant essentiellement dans l'emploi de moyens, indépendamment du résultat obtenu.* Cette analyse rejoint naturellement l'observation selon laquelle, chez le délinquant, les moyens employés constituent bien souvent leur propre finalité[4].

---

1. On objectera sans doute qu'en matière d'homicide et de blessures par imprudence, le droit pénal français admettant jusqu'à une époque récente l'unité des fautes civile et pénale, la responsabilité pénale recouvrait entièrement la responsabilité civile dans ce domaine. On répondra : 1/ que l'unité des fautes n'est consacrée que dans un petit nombre de législations; 2/ qu'en France, celle-ci était très discutée et tendait à être abandonnée, ce qui est le signe d'une aberration juridique plutôt que celui d'une solution conforme à la justice. D'ailleurs la loi du 10 juill. 2000 sur les délits involontaires a abandonné la théorie de l'unité des fautes pénale et civile (*cf.* art. 4-1 nouveau du C. pr. pén.).
   2. Sur ces notions en droit français, *cf.* B. Bouloc, *Droit pénal général,* 22ᵉ éd., 2011, nᵒˢ 242 et s. Adde J.-Y. Maréchal, *Essai sur le résultat dans la théorie de l'infraction pénale,* th. Lille 1999.
   3. Sur cette notion, *cf.,* mêmes auteurs, *op. cit.* nᵒˢ 652 et s.
   4. *Cf. supra* nᵒ 679, 2).

Les typologies criminelles

681 ***Position de la question*** ◇ Jusqu'à présent, on s'est efforcé de décrire de manière systématique les divers facteurs et processus de l'action criminelle. On a vu que celle-ci était le point d'aboutissement de la rencontre d'un certain type de personnalité avec une certaine situation précriminelle à la suite d'un processus d'interaction qui se développe dans le temps. Ainsi s'explique l'action criminelle en général par opposition aux actions conformes à la loi pénale.

Mais toutes les actions criminelles ne sont pas les mêmes. Il en est ainsi d'abord parce que les rôles respectifs de la personnalité et de la situation varient considérablement selon les hypothèses; bien plus, les traits de personnalité qui exercent une influence déterminante dans l'action criminelle varient notablement selon les délinquants : de là, la nécessité d'établir une typologie des délinquants.

D'autre part, les *actes délictueux* commis par les délinquants ne sont pas non plus de même *nature*; il en est ainsi entre autres en raison des *différences de motivation* d'un délinquant à un autre; d'où l'utilité aussi de dresser une *typologie des délits*.

Ainsi va-t-on étudier les typologies de délinquants (chapitre 1) et les typologies de délits (chapitre 2)[1].

---

1. Pour les typologies des victimes, *cf. supra* n° 653.

CHAPITRE 1
LES TYPOLOGIES DE DÉLINQUANTS

682 **Utilité et plan** ◇ Le recours aux typologies[1] de délinquants présente une *utilité irremplaçable* pour l'explication de l'action criminelle. À partir du moment en effet où tous les délinquants ne sont pas semblables, il est nécessaire de distinguer parmi eux. Mais d'autre part, s'il est vrai que, d'une certaine manière, tout délinquant est unique et ne ressemble à aucun autre, il n'est pas possible d'avancer dans l'explication du phénomène criminel si l'on ne regroupe pas les délinquants qui présentent un minimum de caractères communs, au-delà de leur diversité, dans un même type. Ainsi s'explique que les typologies de délinquants proposées par les auteurs sont finalement extrêmement *nombreuses*. Cela ne veut pas dire nécessairement qu'elles s'excluent l'une l'autre ; il arrive même parfois qu'elles se recoupent sous un vocabulaire différent ou qu'elles se complètent parce qu'elles résultent de points de vue distincts. Assez souvent cependant elles se révèlent incompatibles ou pour le moins étrangères les unes aux autres. Aussi paraît-il souhaitable d'exposer d'abord les principales typologies de délinquants proposées par les criminologues (section 1), avant de décrire les grands types de délinquants auxquels on se réfère le plus souvent dans la littérature criminologique et la pratique judiciaire (section 2).

SECTION 1. **LES PRINCIPALES TYPOLOGIES DE CRIMINELS**[2]

683 **Droit pénal et typologies des délinquants** ◇ Le droit *pénal classique* ne contenait aucune typologie des criminels. Pour lui en effet, l'action criminelle était en principe l'expression d'un libre choix de la volonté et il n'y avait dès lors pas lieu, en règle générale, de faire de distinction entre les délinquants. Tout ce qu'il admettait, c'était l'existence de *causes d'irresponsabilité* lorsque l'acte criminel était entièrement étranger à la volonté de son auteur parce que sa causalité était absorbée en totalité soit par une pulsion interne incontrôlable (démence, absence de discernement du mineur), soit à l'inverse par la pression irrésistible de la situation précriminelle (contrainte, légitime défense, état de nécessité...).

---

1. Sur la notion de typologie, *cf. supra* n° 112.
2. J. R. Roebuck, *Criminal typology*, 1967, 320 p.

Aujourd'hui au contraire, les divers *droits pénaux* opèrent parmi les délinquants des distinctions importantes (primaires-récidivistes, majeurs-mineurs, etc.). Mais il faut bien voir que ces distinctions, quoique inspirées souvent par les progrès de la criminologie, ne reflètent en général que très grossièrement l'ampleur des typologies dressées par cette dernière.

684   *Les classifications criminologiques* ◇ La première classification criminologique importante est *celle de Ferri* qui distinguait entre 5 catégories de délinquants : criminels-nés, criminels aliénés, criminels passionnels, criminels par habitude acquise et délinquants d'occasion [1].

Depuis lors, de *très nombreuses classifications* de délinquants ont été proposées par les criminologues, classifications que l'on a classées elles-mêmes d'après deux grands critères : 1/ les classifications suivant le *mode d'approche* qui comportent des typologies proprement physico-constitutionnelles, des typologies psychologiques et psychiatriques et des typologies sociologiques axées sur des échelles de crime comme mode d'existence; 2/ les classifications suivant le *domaine d'application* qui distinguent entre typologies descriptives et étiologiques, typologies impliquées par les tables de prédiction et typologies orientées vers la recherche du traitement.

Comme, au niveau actuel de nos préoccupations de *criminologie fondamentale,* seules les premières sont susceptibles de nous intéresser, on va présenter les principales classifications descriptives et étiologiques proposées par les auteurs en allant des plus simples aux plus complexes à savoir : les classifications de type bio-psychologique (§ 1), puis les classifications de type sociologique (§ 2), enfin la typologie de Seelig qui s'efforce d'intégrer l'ensemble de ces points de vue dans une phénoménologie criminelle globale (§ 3) [2].

§ 1. **Les classifications bio-psychologiques**

685   *Plan* ◇ Parmi les nombreuses classifications du type bio-psychologique, on va exposer la classification de Di Tullio à orientation anthropologique et psychiatrique (A), quelques classifications psychanalytiques (B) et quelques classifications psychologiques (C). Enfin on dira quelques mots de la classification d'Altavilla qui présente l'intérêt d'éclairer la personnalité des *délinquants d'imprudence* généralement négligés dans les autres classifications (D) et de celle d'A-M. Favard (E).

A. **La typologie anthropologico-psychiatrique de Di Tullio** [3]

686   *Trois catégories* ◇ Di Tullio sépare les délinquants en trois groupes : les occasionnels (a), les constitutionnels (b) et les malades mentaux (c).

---

1. *Cf. supra* n° 219.
2. Sur le criminel international, *cf.* Bossard, *La criminalité internationale*, 1988, p. 87-104.
3. B. Di Tullio, *Principes de criminologie clinique*, 1967, p. 174-195.

a. Les criminels d'occasion

687 *Notion et sous-types* ◇ Il s'agit d'individus que des facteurs variés, mais principalement extérieurs, poussent au crime en agissant comme des stimulants criminogènes d'intensité particulière et qui parviennent, à un moment donné, à faire céder leur faculté d'adaptation aux exigences des normes pénales. Parmi ceux-ci, Di Tullio sous-distingue entre : 1/ l'occasionnel pur; 2/ le criminel d'occasion devenu tel en raison de conditions ambiantes défavorables, d'habitudes nocives, etc.; 3/ le criminel d'occasion agissant dans des états émotifs et passionnels.

b. Les criminels constitutionnels

688 *Notion et sous-types* ◇ Selon Di Tullio, les criminels constitutionnels sont des sujets qui, par leur *structure bio-psychique particulière,* présentent une prédisposition au crime plus grande que celle que l'on trouve chez l'homme moyen, normal, conformiste.

Parmi les criminels constitutionnels, cet auteur distingue *trois sous-types* qu'il analyse longuement : le criminel constitutionnel à l'orientation hyper-évolutive, le constitutionnel à orientation psychonévrotique et le constitutionnel à orientation psychopathique, auxquels il ajoute un sous-type à orientation mixte.

c. Les criminels malades mentaux

689 *Deux groupes distincts* ◇ Di Tullio distingue parmi les malades mentaux auteurs d'actes criminels entre : 1/ *les fous délinquants* qui sont des aliénés ordinaires qui tombent dans la délinquance par hasard et seulement à la suite de phénomènes morbides (hallucinations, délires...); 2/ les *criminels fous*, c'est-à-dire des individus qui sont des criminels ordinaires et qui ne trouvent dans la folie que l'occasion d'accomplir des crimes plus graves.

B. Quelques typologies d'inspiration psychanalytique [1]

a. Criminalité imaginative et criminalité effective

690 *Une distinction critiquée* ◇ Se fondant sur les données de l'activité psychique inconsciente, les psychanalystes estiment qu'à côté de la *délinquance effective* se traduisant par des actes criminels réels, il existe toute une *délinquance imaginative* qui ne s'investit jamais dans un acte mais

---

1. R.-M. Yarvis, « A classification of criminal offenders throught use of current psychoanalytic concepts », *Psychoanalysis review*, 1972-1973, p. 549-563; J. Goldberg, *La culpabilité, axiome de la psychanalyse*, PUF, 1985, 208 p., spéc. p. 31-109; « Psychanalyse et criminologie : recherches antérieures et actuelles », Journées de l'Institut de criminologie de Paris, 5 juillet 2008.

reste habituellement à l'état latent et s'exprime par des rêves, des symptômes névrotiques et des rêveries. Ce rapprochement de la « criminalité imaginative » et de la « criminalité effective » qui ne différeraient entre elles que par le *degré de participation du Moi* est très critiqué par certains auteurs qui pensent qu'entre le phantasme et la réalisation éventuelle de celui-ci doit s'intercaler une période de transformation du Moi qui rende la réalisation possible et qui précisément ne se fait pas dans la « délinquance imaginative ».

b. Les divers types de criminalité effective

691 *La typologie de Kate Friedlander* ◇ Partant de la théorie psychanalytique, cet auteur classe les délinquants en trois catégories : ceux qui se caractérisent par une « formation de caractère antisocial », ceux qui souffrent de troubles organiques et ceux qui sont atteints de troubles psychopathiques. Parmi les premiers qui intéressent principalement la psychanalyse, elle subdivise ce groupe selon que se manifestent ou non des tensions émotionnelles ou des conflits névrotiques en identifiant chaque type au moyen de critères descriptifs.

692 *La typologie d'Argyle* ◇ Partant d'une base empirique fondée sur des tests de personnalité, Argyle distingue quatre types de délinquants caractérisés par : 1/ l'inadaptation du Surmoi; 2/ l'identification à des dévoyés (membres de bandes); 3/ la faiblesse du « self control »; 4) le manque de sympathie.

C. Quelques typologies psychologiques

693 *Conception générale* ◇ À la différence des précédentes, les typologies psychologiques *séparent* au départ la *personnalité anormale* et la *personnalité criminelle* proprement dite, au motif que la première relève de la psychiatrie et non de la criminologie. Quant à la personnalité criminelle, elle y est décrite en termes purement psychologiques qui conduisent à opérer des distinctions parmi les délinquants. On citera ici, à titre d'illustration, les typologies de Charles Andersen, Jean Pinatel et Roger Mucchielli, ainsi que la distinction récente entre délinquant banal et super-délinquant.

a. La typologie d'Andersen [1]

694 *Une typologie restrictive* ◇ Reposant sur la distinction de la personnalité criminelle et du délinquant par anormalité psychiatrique

---

1. J. Pinatel, « Les concepts de personnalité criminelle et de personnalité anormale dans l'œuvre de Charles Andersen », *RSC*, 1963, p. 583-588.

qui posent des problèmes très différents, Andersen limite *le vrai domaine de la criminologie* aux catégories suivantes : 1/ les *personnalités non criminelles* qui gardent vis-à-vis du monde extérieur l'intégralité de leur personnalité et ne se sentent pas reconnues et jugées par celui-ci et d'ailleurs ne se font pas prendre; 2/ les *personnalités criminelles temporaires* non récidivantes; 3/ les *personnalités pseudo-criminelles* qui suivent dans leur activité délinquante les règles de leur groupe (délinquants politiques, révolutionnaires, etc.); 4/ les *personnalités criminelles vraies,* les plus intéressantes sans doute, parce que les plus purement criminelles.

Quant aux *personnalités anormales,* elles seraient peu typiques dans la mesure où leur conduite délinquante ne serait qu'une expression parmi d'autres de leur anormalité.

b. La typologie de Pinatel [1]

695 ***Deux grandes catégories*** ◇ Dans une perspective quelque peu voisine de celle d'Andersen et en application de sa règle de l'élimination des types définis [2], J. Pinatel classe les délinquants en *deux grandes catégories* : les délinquants relevant de types définis et les criminels en dehors des types définis.

1) *Les criminels relevant de types définis* sont ceux dont la délinquance s'expliquerait par des traits de personnalité que J. Pinatel caractérise comme des diminutifs des grandes maladies mentales : caractériels, pervers, débiles mentaux, alcooliques et toxicomanes.

2) Quant aux *criminels en dehors des types psychiatriquement définis,* l'auteur les répartit en deux grandes catégories : 1/ les *professionnels* qui se caractérisent par une inadaptation sociale faisant qu'ils tirent leurs moyens d'existence de l'activité criminelle; 2/ les *occasionnels,* sujets socialement adaptés au comportement conformiste et n'ayant maille à partir avec la justice qu'à la suite d'un concours particulier de circonstances, parmi lesquels cependant il y aurait lieu de sous-distinguer, à l'exemple de Di Tullio entre les pseudo-délinquants, les criminaloïdes et les criminels passionnels.

c. La typologie de R. Mucchielli [3]

696 ***La mentalité dissociale*** ◇ Pour R. Mucchielli, il faudrait distinguer entre : 1/ les *faux délinquants* : malades mentaux, épileptiques et organiques, débiles, pervertis sexuels; 2/ les *vrais délinquants,* personnalités apparemment normales et cependant atteintes d'une « altération de la conscience socio-morale ».

---

1. J. Pinatel, *Traité de criminologie* (1975), n°s 208-227; « Les nouveaux développements de la théorie de la personnalité criminelle », *RSC*, 1985, p. 775-781.
2. *Cf. supra* n° 113.
3. L. Mucchielli, *Comment ils deviennent délinquants,* 1965. Sur la théorie générale de la dissocialité de cet auteur, *cf. supra* n° 267.

d. Délinquant banal et « super-délinquant » ou « prédateur violent »[1]

697 *Une distinction récente* ◇ Cette distinction élaborée au cours des vingt dernières années part d'une constatation essentielle : c'est que dans la masse des délinquants condamnés ou identifiés, une petite minorité commet un nombre très important de l'ensemble des délits connus (10 % de la population criminelle environ commet à peu près 50 % des délits connus)[2]. De là la distinction entre le *délinquant banal* et celui que l'on appelle selon les auteurs le *super-délinquant* (Cusson, Stanciu) ou le *prédateur violent* (Raufer se référant à la littérature américaine).

D. Délinquants intentionnels et délinquants involontaires selon Altavilla[3]

698 *Typologie des délinquants d'imprudence* ◇ La classification des délinquants *intentionnels* proposée par Altavilla ne nous apprend pas grand-chose car elle se borne en gros à reproduire la classification en 5 catégories de Ferri. En revanche Altavilla est l'un des rares criminologues à avoir attiré l'attention sur la *délinquance involontaire* et à avoir ainsi proposé de distinguer parmi celle-ci entre *trois catégories :* 1/ ceux dont l'imprudence est une manifestation d'agressivité; 2/ ceux dont le comportement délictueux résulte d'une inaptitude quelconque; 3/ ceux qui sont fortuitement incités à violer une prescription juridique.

E. La typologie d'A.-M. Favard

699 *Une typologie suscitée par la solution du problème du traitement* ◇

a) Dans ses premières recherches réalisées au début des années 1970[4], Mme Favard, consciente de la nécessité d'une connaissance fondamentale de la délinquance pour l'organisation du traitement des délinquants, a distingué, parmi les inadaptés et délinquants, entre trois groupes de sujets :

1/ ceux qui présentent des états psychopathologiques ou psychiatriques (déséquilibres de la personnalité, troubles nerveux notamment);

---

1. M. Cusson, *Délinquants pourquoi ?*, A. Colin, 1981, 275 p. (sur la théorie stratégique de cet auteur, *cf. supra* n°ˢ 443 et s.); S. Raufer, *Le cimetière des utopies*, 1985, p. 136-144; V.V. Stanciu (1980), p. 221-223; J.-A. Mack, « The dangerous and normal criminal », *Internat. Journ. of crimin. and penol.*, 1977, p. 223-233.

2. *Cf. supra* n° 504.

3. E. Altavilla, *La colpe*, éd. Giuffre, Milano; du même auteur v. également Intervention au IVᵉ Congrès International de Défense Sociale *in* Actes du congrès international sur la prévention des infractions contre la vie humaine et l'intégrité corporelle, 1954, t. II, p. 669 et s. *Adde* note J.-B. Herzog, *JCP*, 1959, II, 11014 sous T. corr. Lille, 14 nov. 1958.

4. *Cf.* Actes du XIIIᵉ Congrès français de criminologie, Biarritz 1971, Imprimerie administrative de Melun, 1972.

2/ ceux qui se caractérisent par des éléments d'inadaptation généraux (immaturité) ou particuliers (retard scolaire, instabilité en apprentissage, hospitalisation prolongée);

3/ ceux enfin qui peuvent être rattachés à la définition de la personnalité criminelle de J. Pinatel.

À cette distinction tripartite devait correspondre des traitements de nature différente. Les premiers devaient relever de la psychiatrie et des différentes formes de psychothérapie, la deuxième catégorie d'une action de soutien socio-pédagogique et les derniers d'un traitement spécifique axé sur la modification de la personnalité.

b) Dans ses travaux ultérieurs, notamment sa recherche sur la vérification du modèle de la personnalité criminelle[1], elle a abouti à une classification tripartite différente fondée sur les résultats des trois séries de données collectées respectivement sur la personnalité, la situation précriminelle et le milieu de vie :

1/ la *délinquance persistante grave* dans laquelle la personnalité joue le rôle déterminant;

2/ la *délinquance moyenne et petite* où c'est la situation qui est à l'origine de l'action délinquante[2];

3/ l'*inadaptation-non-délinquance* qui trouve son « bouillon de culture » dans le milieu de vie.

Cette nouvelle typologie fait apparaître une convergence caractéristique entre la délinquance persistante grave et les délinquants qui, dans la première typologie, sont rattachés à la définition de la personnalité criminelle. Ce sont eux, en effet, qui posent le problème spécifique du traitement des délinquants que s'efforce de résoudre la criminologie clinique traditionnelle.

§ 2. **Les typologies d'ordre sociologique**

700 **Plan** ◇ Il existe des classifications des délinquants assez diverses fondées principalement sur des *données sociologiques*. Parmi ces typologies, on peut relever la distinction entre criminels individuels et criminels sociaux de Lindesmith et Dunham (A) et les classifications fondées sur les comportements criminels (B).

A. **La typologie de Lindesmith et Dunham**[3]

701 **Du rôle de la culture** ◇ Se fondant sur le rôle de la culture dans l'explication de l'action criminelle, ces auteurs distinguent entre les *criminels sociaux* et les *criminels individuels*.

Les *premiers* se caractérisent par le fait que leurs crimes sont tolérés ou même produits par *une culture* : les coupables se font une situation et une réputation dans un certain groupe minoritaire en accomplissant avec habileté et audace les actes correspondant aux coutumes et à l'attente de ce groupe. Au contraire les cri-

---

1. A.-M. Favard, *Opérationnalisation et validation du modèle clinique de la personnalité criminelle*, Bayonne, éd. Ronéo, SEPB, déc. 1984; « Jalons et principes pour une prospective », *in Le traitement des adolescents délinquants*, éd. Fleurus, 1985, p. 249.

2. J. Castaignede et A.-M. Favard, « La petite délinquance », *RICPT*, 1991, p. 190-204.

3. A.-R. Lindesmith et H.-W. Dunham, « *Some principles of criminal typology* », *Social forces*, 1941, p. 307-314.

mes des *criminels individualisés* ne sont pas des formes de comportement inscrites dans leur milieu culturel et, loin de s'imposer dans ce milieu en les commettant, ils en sont généralement rejetés. Le « criminel individuel » et le « criminel social » sont donc aux antipodes l'un de l'autre. Entre les deux extrêmes, se situe une gamme continue de variétés de l'un et de l'autre qui forment autant de catégories intermédiaires : ex. les auteurs de crimes passionnels ou de vols occasionnés par la misère qui bénéficient d'une certaine tolérance de leur milieu culturel.

B. Les typologies fondées sur les comportements criminels

702 *Du rôle des carrières criminelles* [1] ◇ Diverses classifications sociologiques des délinquants sont fondées sur les comportements criminels définis par rapport à une *carrière criminelle*, c'est-à-dire la répétition opiniâtre, régulière ou fréquente de certaines espèces de délits. Parmi ces typologies, les plus intéressantes nous paraissent être celles de Roebuck (a) et de Gibbons (b).

a. La classification de Roebuck [2]

703 *Typologie de carrières délinquantes* ◇ Partant d'une étude empirique de 400 dossiers de détenus pris au hasard, Roebuck a identifié *treize modes spécifiques* de comportement criminel dont huit comportent un assez grand nombre d'inculpations pour le même délit, deux pour deux délits et un pour trois délits. Il arrive ainsi à définir *trois types de délinquants* d'après leur carrière criminelle : le type à délit unique (ex. vol qualifié, vol d'automobile); le type à deux délits (vol simple et cambriolage, ivresse et voies de fait); le type à trois délits (ivresse, voies de fait et vol simple); auxquels il ajoute le type *à délits multiples* (ou touche à tout) et le délinquant *d'occasion* [3].

b. La typologie de Gibbons [4]

704 *Une typologie fondée sur les « rôles » sociaux* ◇ Cette typologie utilise la notion d'un « *rôle* » *criminel* joué de façon plus ou moins constante; elle se fonde sur un certain nombre d'affirmations et d'hypothèses relevant de la théorie sociologique contemporaine quant aux différents rôles qu'on apprend à tenir. Gibbons soutient que beaucoup de délinquants jouent de façon assez stable *le même rôle* plus ou moins criminel et il suppose que les différents rôles sont déterminés par diverses *combinaisons de facteurs* sociaux et personnels.

---

1. C. Morselli et P. Tremblay, « Délinquance, performance et capital social : une théorie sociologique des carrières criminelles », *Criminologie*, 2004, n° 2, p. 89.
2. J. R. Roebuck, *Criminal typology*, 1967 et d'après H. N. Hood et G. Sparks, *La délinquance*, 1971, p. 129-131.
3. V. le tableau présenté dans H. N. Hood et G. Sparks précité, p. 130.
4. D'après H. N. Hood et G. Sparks précité, p. 131-134.

Dans cette perspective il définit d'abord 15 types de criminalité adulte (voleur de profession, dangereux criminel de profession, semi-professionnel des atteintes à la propriété, etc.)[1].

D'autre part ces 15 types de criminels sont définis en fonction de quatre variables qui leur servent de critères : comportement délinquant, cadre des interactions, images de soi-même et attitudes. Pour chaque type, Gibbons décrit en outre ce qu'il estime être un rôle typique à jouer ou un mode permanent de comportement criminel; il suppose ensuite que certains traits du milieu, tels que la classe sociale, l'arrière-plan familial, etc., sont en corrélation avec chaque type.

§ 3. La typologie de Seelig[2]

705 *Le principe de la classification* ◇ Seelig part de cette idée que « pour concevoir de façon vivante les actes criminels, il est recommandé de ne pas classer les types criminologiques uniquement d'après les caractéristiques des faits, ou des personnalités ou des situations. Car seule l'expérience qui nous montre comment ces caractéristiques *se combinent* de façon typique, nous fait accéder à la réalité criminelle » (p. 53). Il s'agit donc d'une tentative de *typologie globale.*

Sa typologie en fait tient compte à la fois des traits de la personnalité du délinquant qu'il appelle le « dispositionnel », et des processus psychiques qui l'amènent au moment du passage à l'acte ainsi que de sa manière d'agir qu'il appelle l'« actuel » (p. 55).

À partir de là, Seelig répartit les délinquants en *huit types criminologiques* que les dimensions réduites de cet ouvrage ne permettent pas de développer : 1/ les criminels professionnels réfractaires au travail; 2/ les criminels auteurs de délits patrimoniaux par résistance amoindrie; 3/ les criminels par agressivité; 4/ les criminels par manque de freins sexuels; 5/ les criminels agissant sous l'empire d'une crise; 6/ les criminels à réactivité primitive; 7/ les criminels par idéologie; 8/ les criminels par indiscipline sociale. À ces huit types principaux, Seelig ajoute des *types mixtes* et enfin les cas isolés ne relevant d'aucun de ces types principaux (*criminels atypiques*).

SECTION 2. **LES GRANDS TYPES DE DÉLINQUANTS**

706 *Les distinctions principales* ◇ Les grands types de délinquants auxquels on se réfère le plus souvent, tant dans la *pratique judiciaire* que dans la *pratique criminologique,* se définissent généralement par *trois sortes d'opposition :* les délinquants malades et anormaux mentaux d'une part et les délinquants normaux d'autre part (§ 1), les délinquants d'occasion et les délinquants d'habitude (§ 2), les jeunes délinquants et les délinquants adultes (§ 3).

---

1. V. la liste complète des 15 types de criminalité dans H. N. Hood et G. Sparks précité.
2. E. Seelig. *Traité de criminologie*, 1956, p. 57 et s.; A. Goldenberg. « La typologie des criminels selon Seelig », *RIPC*, 1953, p. 13-23.

§ 1. Les délinquants malades mentaux et anormaux mentaux [1]

707 *Énumération* ◇ On trouve dans cette catégorie, non seulement les *délinquants aliénés* (A), mais aussi les *débiles mentaux* (B), les *caractériels* (C), les *pervers* (D) et les *alcooliques et toxicomanes* (E). Cette classification est celle que l'on faisait en criminologie dans les années 1960-1970 conformément aux distinctions en cours dans la psychiatrie de l'époque [2]. Depuis lors, la nosographie psychiatrique a profondément évolué. Certaines maladies mentales ont changé d'appellation comme la « psychose maniaco-dépressive » appelée aujourd'hui « trouble bipolaire de l'humeur ». Mais surtout les entités traditionnelles ont éclaté en une multitude de classes nosographiques répondant à des descriptions et des critères diagnostiques précis. Les troubles mentaux et les troubles du comportement font aujourd'hui l'objet d'une *nosographie internationale standardisée* qui est l'œuvre de l'American Psychiatric Association et de l'Organisation mondiale de la Santé. On dispose ainsi de deux instruments : le DSM qui a évolué du DSM I au DSM IV aujourd'hui utilisé et le CIM 10 [3]. Toutefois,

---

1. E. De Greeff (1937), 116-153; E. De Greeff (1948), 185-207 et 223-289; M. Laignel-Lavastine et V. V. Stanciu, 194-225; R. Vouin et J. Léauté, 251-277; Mira y Lopez, 270-291; E. H. Sutherland et D. R. Cressey, 129-147; B. Di Tullio (1967), 57-125; E. A. Fattah et D. Szabo, A40, 6-11; E. Yamarellos et G. Kellens, II, *v*° « Psychopathologie criminelle », 129-135; J. Léauté (1972), 482-508; J. Leyrie, 45-105 et 271-275; Benezech et *al.*, 7-16; J. Pinatel (1987), *v*° « Psychiatrie criminelle »; Dr Marchais, *Psychiatrie et délinquance*, Paris, 1952, 119 p.; Porot et Bardenat, *Psychiatrie médico-légale*, 1958; Dr Jorda, *Les délinquants aliénés et anormaux mentaux*, 1966, 511 p., préface J.-M. Aussel; G. Heuyer, *Les troubles mentaux, étude criminologique*, PUF, 1968, 480 p.; D. Ragozzini, *Psychiatria giudiziaria* (Profili di criminali anormali e alienati), Napoli 1972, 835 p.; D. Marcelli et A. Braconnier, *Psychopathologie de l'adolescent*, 1983; *Délinquants psychiquement anormaux et toxicomanes*, 1984. R. Liberman, *Handicap et maladie mentale*, PUF, 1988; M. Godfryd, *La psychiatrie légale*, coll. « Que sais-je ? », PUF, 1989; J.-P. Chartier (dir.), *Les incasables, alibi ou défi*, 1989, 188 p.; Mc Cormick, Mack et Gordon, « Quelques aspects du problème des délinquants dangereux et anormaux », *RSC*, 1975, p. 484-527; J. Ley, « La psychiatrie en question : évolution et perspectives », *RDPC*, 1979, p. 619-634; « Criminels et psychiatrie, plusieurs articles » in n° spécial de *Criminologie*, 1982, n° 2, 134 p.; A. Rossi et A. Larome, « Une approche moderne de la classification en psychiatrie », *Act. psych.*, 1986, n° 2, p. 63-69; G. Lopez et S. Bornstein, *Les comportements criminels*, PUF QSJ, 1994; H. Leboyer et J. Feingold, « Introduction à l'épidémiologie génétique des maladies psychiatriques », *Encycl. médico-chirurgicale-Psychiatrie*, mars 1998, A. 10, t. 1; B. Brusset, « Diagnostic psychiatrique et différence du normal et du pathologique », *Encycl.* précitée, 1999, E. 20, t. 1; P. Dumouchel et H. Grivois, « Histoire et psychiatrie », *Revue Commentaire*, Hiver 1999-2000, n° 88, p. 847-856; F. Milliaud, « Maladie mentale et violence. Revue de littérature », *in* J. Proulx et *al.*, *Violences criminelles*, Presses Univ. Montréal, 1999, p. 267-288; M. Renneville, *Crime et folie. Deux siècles d'enquêtes médicales et judiciaires*, Fayard, 2003, 526 p., CR. à la *RSC*, 2004, p. 528-529; J.-M. Thurin, *v*° « Référentiels théoriques en psychiatrie », *Dict. sc. crim.*, 2004, p. 811-814. Sur le problème de la simulation des maladies mentales, *cf.* S. Bornstein, *v*° « Simulation », *Dict. sc. crim.*, 2004, p. 872-874. **BIBLIOGRAPHIES :** Ferracuti et *al.*, *Bibliografia sui delinquenti anormali psichici*, Rome 1967, 200 p.; J. de Plaen, « Psychiatrie légale et criminalité : bibliographie sélective », *in Criminologie*, 1982, n° 2, p. 131-134.

2. *Cf.* J. Pinatel, *Traité de criminologie*, 3e éd., 1975, n°s 208 et s.

3. OMS, CIM 10 / ICD-10. *Classification internationale des troubles mentaux et des troubles du comportement*, 10e révision, OMS, Genève et Masson éd., 1993; American Psychiatric Association, *DSM IV. Manuel diagnostique et statistique des troubles mentaux*, Masson éd., 1994; J. Garrabe, *Dictionnaire taxinomique de psychiatrie*, Masson éd., 1989. La prochaine livraison du DSM est prévue pour 2013. L'association de psychiatrie américaine a en effet mis en ligne la version préliminaire de la 5e éd. du célèbre DSM et les propositions de révision étaient ouvertes aux commentaires jusqu'au 20 avril 2010, la version définitive ne devant être éditée qu'en 2013.

comme le présent paragraphe a seulement pour but de donner une information très générale et sommaire sur les principaux troubles mentaux et du comportement et leur incidence sur la délinquance éventuelle de ceux qui en sont atteints, on va reprendre la présentation des délinquants malades et anormaux mentaux à travers les catégories classiques. Ceux qui souhaiteraient aller plus avant trouveront, dans les multiples références aux entrées correspondantes du *Dictionnaire des sciences criminelles* (Dalloz, 2004) rédigé par des psychiatres experts ainsi que dans les ouvrages sur le DSM IV et le CIM 10, le moyen de satisfaire leur curiosité, sans parler des bibliographies particulières données pour chaque affection énumérée dans le texte.

A. Les délinquants aliénés [1]

708 *Portée de la catégorie* ◇ Cette catégorie est à la fois *juridique* et *criminologique* puisqu'elle correspond aux déments dont la responsabilité pénale était jadis exclue par l'article 64 de l'ancien Code pénal de 1810 et l'est aujourd'hui par l'article 122-1. al. 1 de l'actuel Code pénal[2]. On peut y ranger deux catégories d'individus : ceux qui sont atteints de troubles durables de l'intelligence et de la conscience (a) et ceux qui sont frappés de maladies mentales évolutives (b).

L'importance criminologique des malades mentaux est discutée. Selon deux psychiatres français très avertis, « la plupart des crimes et délits ne sont pas commis par des malades mentaux et, par exemple moins d'un homicide sur 20 est le fait d'un malade mental et moins de 1 % des auteurs de violences sexuelles présentent une pathologie psychiatrique avérée »[3]. « C'est rappeler, ajoutent ces auteurs, qu'on ne saurait confondre crime et maladie et qu'un crime fou n'est en

---

1. H. Steadman et J. Cocazza, *Careers of the criminally insane*, 1974; Dʳ Perivier, rapport aux VIIᵉ Journées d'études de l'Institut des sciences criminelles de Poitiers (1975), « Maladie mentale et droit pénal », doc. ronéo. 9 p.; X..., « La société génératrice de troubles mentaux », *RDPC*, 1976, p. 566-570; M. Debard, *Enquête sur des non-lieux pour état de démence*, 1982; M. Benezech, « Le malade mental homicide en France », *RIPC*, 1983, p. 226-229.; A. Martorell, « Malades psychotiques en milieu carcéral; esquisse historique et élément d'actualité », *L'information psychiatrique*, 1991, 4, 296; J. Severy, « Psychopathie », *RICPT*, 1994, p. 100-102 et 224-226; B. Dimmek, « Dans l'engrenage des humains, Réhabilitation, et réintégration des malades mentaux criminels », *RICPT*, 1994, p. 428-436; J. Severy, « À propos d'un procès en sorcellerie : la condamnation de Jeanne d'Arc (Hypothèse de paraphrénie) », *RICPT*, 1996, p. 355-357; « La folie criminelle », Colloque de la société internationale d'histoire de la psychiatrie et de la psychanalyse, Dijon sept. 1996; T. Albernhe (dir.), *Criminologie et psychiatrie*, p. 92-104 et 297-339; M. Dubec et C de Ruder, *Le plaisir de tuer*, Seuil, 2007; J.-L. Senon et C. Manzanera, « L'obligation de soins dans la loi renforçant la lutte contre la récidive », *AJ pénal*, septembre 2007, p. 367-371; mêmes auteurs, « Psychiatrie et Justice : de nécessaires clarifications à l'occasion de la loi relative à la rétention de sûreté », *AJ pénal*, avril 2008, p. 176-180; P. Salvage, « La grande délinquance est-elle une maladie ? », *Dr. pén.*, février 2010, Étude 3; G. Côté et A. Crocker, « Troubles mentaux et comportement violent : de la dangerosité à l'évaluation et à la gestion du risque », *in Traité de criminologie empirique*, Presses Univ. Montréal, 4ᵉ éd. 2010, p. 337-367; M. Abondo et M. Le Gueut, « Maladie mentale et crime », *in* M. Herzog-Evans (ed.), vol. 1, p. 469-488.
2. Y. Mayaud, « Les malades mentaux entre non-imputabilité et imputation », *AJ pénal*, sept. 2004, p. 303-309.
3. J.-L. Senon et C. Manzanera, *AJ pénal*, sept. 2007, art. précité, spéc. p. 367, col. 1.

règle générale pas le crime d'un fou ». En revanche, selon le bilan des travaux de recherches effectuées à Montréal et plus largement en Amérique du Nord au cours des 10 dernières années, bilan dressé par deux criminologues québécois[1], il existe bien un lien entre troubles mentaux graves et comportement violent, mais à condition de rechercher cette relation, non dans une approche linéaire de variables indépendantes, mais en termes de profils fondés sur des modes d'organisation psychologique spécifiques[2]. La violence s'acquiert notamment dans l'histoire familiale ou sociale du schizophrène criminel et c'est sa combinaison avec la maladie mentale qui doit être retenue comme explication. Diverses études ont d'ailleurs montré que les malades mentaux étaient soumis à au moins deux fois plus de violences que les autres, que ce soit de la part de leurs proches ou de gens croisés dans la rue; de même on peut observer que les addictions sont très fréquentes dans les prisons françaises et que près du quart des détenus avaient un double diagnostic, à savoir maladie mentale et dépendance, ce qui multiplie d'ailleurs par six le risque de suicide[3].

a. Les troubles durables de l'intelligence et de la conscience

709 *Diversité des cas* ◇ Les troubles durables de l'intelligence et de la conscience se rencontrent surtout dans les cas *d'arriération mentale* et de *démence* au sens psychiatrique du terme. 1/ *L'arriération mentale*[4] se présente lorsqu'un être humain n'a jamais atteint un niveau intellectuel suffisamment élevé pour posséder un minimum de discernement moral. Il existe d'ailleurs au sein même de la catégorie des distinctions qui en partant du niveau le plus bas sont l'*idiotie du premier degré*, l'*idiotie du deuxième degré* et l'*imbécillité*. Au-delà, on parle de débiles mentaux qui cessent d'être pénalement irresponsables. La délinquance est rare chez les idiots et les imbéciles parce que la plupart du temps ils font l'objet de mesures d'internement psychiatrique. 2/ La *démence stricto sensu*[5], notion beaucoup plus étroite pour les psychiatres que pour les juristes, est un état qui survient après que le sujet ait d'abord parcouru les étapes normales de l'évolution intellectuelle. Plus tard un affaiblissement général progressif et lent des facultés s'est produit et le déficit devient irréversible. Le sujet sombre dans un état d'inconscience qui l'apparente à l'arriéré mental. On sous-distingue ici aussi entre la *démence sénile* qui peut être génératrice de vols et de délits sexuels, la *paralysie générale* d'origine infectieuse qui provoque la perte du sens moral et peut entraîner le vol à l'étalage, l'abus de confiance, la grivèlerie, etc. et la *démence traumatique* qui est la suite de certaines blessures ou commotions cérébrales.

1. G. Coté et A. Crocker, précités, spéc. p. 339-347.
2. En tout état de cause ces diverses données empiriques sont fort éloignées de l'opinion qu'il est fréquent d'entendre et de lire, y compris dans certains milieux judiciaires et pénitentiaires, selon laquelle près de 50 % des détenus seraient des malades mentaux et ne relèveraient pas de la prison...
3. Toutefois les progrès des neurosciences sont susceptibles de remettre en question à terme cette approche de la personnalité du criminel malade mental. Des chercheurs américains ont en effet publié en 2011 les conclusions d'études mettant en évidence des troubles de la transmission neuronale dans des cultures de neurones produites à partir de cellules de schizophrène.
4. S. Raymond, v° « Retard mental », *Dict. sc. crim.*, 2004, p. 836-838.
5. S. Bornstein, v° « Organiques (troubles mentaux) », *Dict. sc. crim.*, 2004, p. 674-677.

b. Les maladies mentales évolutives

710 *Psychoses et névroses* ◇ La grande distinction parmi les maladies mentales évolutives consiste à opposer les *psychoses* et les *névroses*. 1/ Dans les *psychoses*[1], il y a *altération des fonctions psychiques essentielles* comme le contrôle de soi, le jugement et l'autocritique et la conscience de l'état morbide. Les principales psychoses sont la schizophrénie[2], la paranoïa[3], la folie maniaco-dépressive appelée aujourd'hui *trouble bipolaire de l'humeur*[4] et l'épilepsie[5, 6]. 2/ Dans les *névroses au contraire, les malades éprouvent leurs troubles comme morbides et pathologiques et ils en souffrent en tant que tels mais ne peuvent pas les dominer*[7]. Constituent des névroses, notamment la neurasthénie, la névrose d'angoisse, l'hystérie, les phobies et les névroses obsessionnelles appelées TOC (troubles obsessionnels compulsifs).

Les psychoses, lorsqu'elles sont associées à des facteurs du milieu défavorables[8], peuvent être à l'origine d'actes criminels : meurtres et attentats aux mœurs des schizophrènes; crimes passionnels et actes de fanatisme politique des paranoïaques; rixes, injures, menaces ou rébellions, viols ou attentats aux mœurs, escroquerie, grivèlerie et émission de chèques sans provision des maniaques,

---

1. H. Grivois et J. Proust, *Subjectivité et conscience d'agir. Approches cognitive et clinique de la psychose*, PUF, 1998; F. Prosper, v° « Psychoses aigues », *Dict. sc. crim.*, 2004, p. 772-775; F.-R. Cousin, v° « Psychoses chroniques », *id.*, p. 775-779.

2. G. Bateson, *Perceval le Fou (autobiographie d'un schizophrène)*, 1976; F. Tsalicoglou, « Le matricide, paradis perdu du psychotique », *RICPT*, 1988, p. 332-334; B. Dalle et M. Weill, « Psychanalyse et schizophrénie », *Encycl. médico-chirurgicale-Psychiatrie*, 1999, A 10, t. 3. On compterait en France près de 600 000 schizophrènes (*Le Monde* du 11 septembre 2003). On estime à 1 % environ de la population adulte le nombre des schizophrènes.

3. M. Baruk, *Les erreurs dans le diagnostic de paranoïa et leurs conséquences médico-légales*, 1971; Y. de Saussure, *Comment devient-on criminel ?*, 1979, p. 111-115.

4. D. Widlöcher. *Les logiques de la dépression*, éd. Fayard, 1983; Sur les maniaques, De Saussure, précité, p. 98-102 (pour les pyromanes), 102-105 (pour les kleptomanes), 105-106 (pour les fétichistes) et 106-110 (pour les satyres voyeurs et exhibitionnistes); M. Corcos et *al.*, « Troubles maniaco-dépressifs à l'adolescence », *Encyclopédie* précitée, 1998, A 50, t. 2; N. Lafay et J.-L. Senon, v° « Humeur (trouble de l') », *Dict. sc. crim.*, p. 488-492; *Revue Figures de la psychanalyse*, n° 4, 2001, éd. Erès : « De la névrose à la dépression. Remarques sur quelques changements de l'individualité contemporaine ».; Dr Gay, *Vivre avec un maniaco-dépressif*, Fayard, 2010; R. Fièvre, *Comment bien vivre avec les troubles bipolaires. Savoir soigner les bas pour tirer profit des hauts*, Flammarion, 2011, 331 p. Le trouble de type I, le plus grave, appelé autrefois la psychose maniaco-dépressive concernerait environ 1 % de la population. L'ensemble des diverses formes de troubles bipolaires affecterait environ 6 % de la population. De plus, le taux de suicides est particulièrement élevé chez les personnes concernées : de 15 % à 20 % des patients non traités pour une pathologie dont le diagnostic est difficile.

5. Dr Barande, « L'état dangereux chez les épileptiques », *BSIC*, 1959, p. 39-75; Guy Meurisse, *Réactions médico-légales et épileptiques*, 1979, ronéo; Dr Hivert, « Épilepsie, délinquance et prison », *RPDP*, 1980, p. 417-419; E. Hache, v° « Épilepsie », *Dict. sc. crim.*, p. 366-370.

6. Sur l'expérience vécue pour le « psychotique naissant », *cf.* H. Grivois, *Naître à la folie*, 1991, 200 p.

7. A. Ellis, *Comprendre la névrose et aider les névrosés*, 1984; Y. Chesné, « Diagnostic, traitement et prophylaxie des névroses. Intérêt en criminologie », *RICPT*, 1972, p. 170-174; Dr Benoiston, « Une mythomanie accusatrice », *RIPC*, 1965, p. 14 et s.; Faltot, « Inhibition. Symptôme et angoisse », *Act. psych.*, 1986, n° 2, 30-34; Dr Severy, « Un cas de fétichisme intermittent à détermination particulière », *RICPT*, 1966, p. 135-136; R. Klibansky et *al.*, *Saturne et la mélancolie*, Gallimard, 1989, 740 p.; M. Escande, « Hystérie », *Encycl.* précitée 1996, A. 10, t. 3; N. Edelman, *Les métamorphoses de l'hystérique. Du début du XIXe siècle à la Grande Guerre*, La Découverte, 2002; F.-R. Cousin, v° « Névrotiques (troubles) », *Dict. sc. crim.*, p. 657-659.

8. Conformément à la théorie des modes d'organisation psychologique spécifiques. Sur cette théorie *cf. supra* n° 708.

meurtres collectifs des mélancoliques [1]. En ce qui concerne les *épileptiques*, contrairement à une croyance traditionnelle selon laquelle ils seraient plus enclins à la violence, une étude épidémiologique publiée dans le *British Medical Journal* en 2002 conclut qu'il n'existe aucun lien entre l'épilepsie et la violence. Basée sur des entretiens avec plus de 3 100 détenus (90 % d'hommes, âge moyen 29 ans, 22 % ayant été condamnés pour des actes de violence), cette étude établit que le taux de prévalence de l'épilepsie chronique chez les détenus est de 1 %, soit le chiffre que l'on retrouve chez les 25-35 ans dans la population générale. Quant aux *névrosés*, inhibés par leur refoulement, ils ne deviennent pas en général des délinquants, sauf cas extrêmes (pyromanie, kleptomanie, etc.).

B. Les débiles mentaux [2]

711 *Définition de la catégorie* ◇ Entre l'arriération mentale de l'idiot ou de l'imbécile et le développement mental normal se situent les différents degrés de la *débilité mentale* : débilité mentale vraie ou profonde (quotient intellectuel de 0,50 environ); débilité légère (quotient intellectuel : 0,70 à 0,79) et subnormalité ou normalité médiocre (QI : 0,80 à 0,89). À la différence de débiles vrais ou profonds, les débiles légers et *a fortiori* les subnormaux ne sont pas signalés comme des insuffisants intellectuels par l'entourage et ce n'est qu'en passant par l'examen mental que le diagnostic peut être porté.

712 *Relations avec la délinquance* ◇ C'est une question fort discutée que celle de savoir quelle est l'incidence de la débilité mentale sur la criminalité. On a vu, en étudiant les descriptions psychologiques de la personnalité du délinquant en général au moment de l'acte, qu'il n'existe pas de différence significative de niveau intellectuel général entre les délinquants et les non-délinquants mais qu'il y a, en revanche, un rapport assez étroit entre certains types de délits et ces aspects de l'intelligence que sont le jugement et la compréhension [3]. Il n'en demeure pas moins vrai qu'il existe un certain nombre de délinquants qui sont des débiles mentaux et il est intéressant de se demander si, dans leur cas, la débilité mentale a eu une influence sur leur délinquance. Deux sortes de données sont à retenir à cet égard. En premier lieu, les recherches statistiques montrent que la proportion des débiles mentaux *délinquants primaires* est plus forte que celle des délinquants normaux par rapport au pourcentage des débiles

---

1. J.-L. Senninger, « Les dynamiques de dangerosité chez les malades mentaux », *Act. psych.*, 1989, n° 9, p. 7 et s.; Laberge et Morin, « Troubles mentaux et interventions pénales. Questions entourant les évaluations de la judiciarisation en Amérique du Nord », *Dév. et soc.* 1993, p. 309-348.

2. R. Zazzo, *Les débilités mentales*, 1979; J. Pinatel (1987), v° « Débilité mentale », 54-56; C. Kohler, « Débilité mentale et délinquance chez l'enfant », *RICPT*, 1954, p. 122-126; J. Pinatel, « Les criminels débiles mentaux », *RSC*, 1958, p. 435-450; V. Pappa, « Le débile mental comme auteur de délit » (en italien), *Rassegna di studi psichiatrica*, 1975; Addad et Benezech, « Les déficients intellectuels : définition et étude de leur rapport avec la délinquance », *RDPC*, 1980, p. 443-462; H. Bernard, « Débilités, criminalités, créativité » *in* T. Albernhe (dir.), *Criminologie et psychiatrie*, 1997, p. 331-336.

3. *Cf. supra* n° 599.

mentaux dans la population totale, alors que le récidivisme semble peu toucher cette catégorie; encore faut-il tenir compte de l'incidence des facteurs de milieu défavorables dans leur entrée éventuelle dans la délinquance[1]. En second lieu, chez les débiles la criminalité prend surtout la *forme* de vols sans dissimulation et sans but utilitaire (collectionnisme par ex.), de délits sexuels, incendies et coups.

C. Les caractériels[2]

713 ***Notion et variétés*** ◇ La notion du *caractériel* se dégage à partir de celle du *caractère*. On entend par caractère une tendance de nature affective qui dirige les réactions de l'individu aux conditions du milieu extérieur. En fait le caractère de tout individu révèle des tendances plus fortes que les autres, que la psychologie normale s'est efforcée de distinguer et de classer. Mais, si généralement ces tendances ne dépassent pas un certain seuil et peuvent être dominées, il arrive que chez certains sujets telle ou telle tendance soit tellement développée et exagérée qu'elle domine toute leur personnalité. C'est ce déséquilibre psychique qui constitue la catégorie psychopathologique des *caractériels*.

Les principaux troubles du caractère se décrivent généralement à partir des grandes maladies mentales évolutives dont ils sont des sortes de diminutifs car ils orientent les sujets qui en sont atteints dans une ligne qui rappelle celle du comportement psychiatrique correspondant. On a ainsi des *psychopathes* et des *névropathes*. Le nombre des caractériels, du moins des *psychopathes*, parmi les délinquants paraît fort élevé, mais il convient de signaler que la notion de psychopathie est si vague[3] que les critères retenus selon les statistiques sont très variables et que leurs résultats sont par conséquent discutables.

---

1. *Cf. supra,* nᵒˢ 622-628.
2. J. Pinatel (1987), vᵒ « Caractère (troubles du) », 35-36; W. McCord, et J. McCord, *Psychopathy and delinquency,* New York, 1956, 230 p.; L. Ribeiro, « Réflexions sur la psychopathie criminelle », *AIC,* 1962, p. 40 et s.; Dʳ Cassiers, *Le psychopathe délinquant,* 1968, 184 p.; Table ronde sur les délinquants psychopathes, Université de Cambridge, CR *in RSC,* 1970, p. 722; Ross, McKay et Doody, *The psychopath, a partially annotated bibliography,* Univ. de Waterloo, 1971; J. Villier, « L'éducateur spécialisé face aux jeunes psychopathes délinquants », *Ann. Vaucr.,* 1975, nᵒ 13, p. 131-136; Dʳ Bendjilali, « Le psychopathe entre son juge et son psychiatre », *Act. psych.,* 1976, nᵒ 6, p. 107-116; « Les psychopathies », nombreux auteurs, *Confrontations psychiatriques,* 1980, nᵒ 18; Dʳ Hivert, « Le psychopathe, qui est-il ? », *RPDP,* 1981, 377-381; J. Boucharrat, *Les enfants caractériels,* PUF, 1981; J. Kinable, « Le psychopathe : un sujet en actes ? », *Dév. et soc.* 1983, p. 317-338; G. Morin, « Les personnalités psychopathiques », *Act. psych.,* 1986, nᵒ 2, p. 35-41; J.-L. Senninger, « Personnalité schizoïde et actes criminels », *même revue,* 23-28; M. Ribstein, « Psychiatrie, réinsertion et travail d'intérêt général », *RSC,* 1987, p. 767-768; R. Meloy, *Les psychopathes,* éditions Frison-Roche, 2002; N. Lafay et J.-L. Senon, vᵒ « Psychopathie », *Dict. sc. crim.,* 2004, p. 769-772; G. Lopez, vᵒ « Dissociatifs (troubles) », *id.,* 257-260; S. Bornstein, vᵒ « État limite », id., p. 385-387; G. Coté et al., « Psychopathie, comportement antisocial et violence », *in* J. Proulx et al., *Les violences criminelles,* 1999, p. 289-317; K. Varga, *L'adolescent violent et sa famille,* Payot, 2002; D. Toutenu et D. Settelen, *L'affaire Romand : le narcissisme criminel. Approche psychologique,* L'Harmattan, 2003, 352 p.; J.-P. Guay et M. Cusson, « La délinquance, la récidive et la psychopathie », *in* M. Cusson et al. (dir.), *Traité de la sécurité intérieure,* 2007, p. 175-184.
3. *Cf. supra* à propos des descriptions psychopathologiques du délinquant en général, nᵒˢ 595 et s.

D. Les pervers

714 Notion ◇ La *perversité* est une anomalie de l'affectivité qui peut être soit *acquise* sous l'influence de facteurs pathologiques ou du milieu, soit, selon certains auteurs, *constitutionnelle.* De la sorte, la personnalité du pervers se caractérise par une *anomalie fondamentale de l'affectivité* qui en fait un personnage inaffectif, foncièrement amoral, non intimidable, qui fait le mal par plaisir, cruel, insincère, inintégrable, égocentrique, jaloux, envieux, agressif. L'exemple le plus caractéristique du pervers dans l'histoire est sans doute le fameux Gilles de Rais [1, 2].

Les pervers sont les « durs » qui deviennent les chefs de bandes criminelles et ce sont des récidivistes pratiquement inamendables. Leur criminalité est peu sensible aux fluctuations générales de la délinquance et reste relativement constante en dépit des crises, des guerres et des autres événements qui font varier les autres formes de criminalité.

Participant à la fois de la perversion sexuelle et de la psychopathie, on a identifié depuis une vingtaine d'années, aux États-Unis d'abord, puis dans les autres pays occidentaux dont la France, une catégorie particulière de criminels, les « *serial killers* » ou « tueurs en série » [3]. Le tueur en série se caractérise par la perpétration de trois événements criminels au moins, distincts et séparés par un certain laps de temps, et lui permettant, à chaque événement, de tuer une ou plusieurs personnes. Ainsi défini, il se distingue du *meurtrier de masse* (« *mass murderer* ») qui tue plusieurs personnes au même endroit et lors d'un même événement et dans un laps de temps très court. On le distingue également du *tueur au hasard* (« *spree killer* ») qui tue à plusieurs reprises, en des endroits différents, mais opère dans un laps de temps très court et dans le cadre d'un même événement originaire. Les « *serial killers* » sont nombreux aux États-Unis, « société beaucoup plus violente que la nôtre dans ses fondements mêmes, dont le rapport

---

1. G. Bataille, *Gilles de Rais,* 1959; M. Herubel, *Gilles de Rais,* 1982. *Adde,* M. Dubec et C. De Ruder, *Le plaisir de tuer,* Seuil, 2007.

2. Pour les sadiques et vampires, De Saussure, *ouvrage précité,* p. 115-125. *Adde* 3e Colloque de la société française de psychologie légale (juin 1995) : « Justice et sexualité, le pervers », CR RSC, 1996, p. 205-208; A. Casanova, *v°* « Préférences sexuelles (troubles de) », *Dict. sc. crim.,* 2004, p. 725-728.

3. Ouvrages : E. Campos et R. Nolane, *Tueurs en série,* Plein Sud, 1995; L. Négrier-Dormont, *Criminologie de l'acte. Étude sur les tueurs en série,* Litec, 1995; L. Négrier-Dormont, A. Bossart et R. Nossintchouk, *Le criminel de l'extrême. Recherche sur le tueur à comportement systémique,* Chlorofeuilles éd. 1997; J. Douglas et M. Olshaker, *Agent spécial du FBI. Enquêtes sur les serial killers,* Éd. du Rocher, 1997; A. Philonenko, *Tueurs, figures du meurtre,* Éd. Barrillat, 1999; St. Bourgoin, *Serial killers, Enquête sur les tueurs en série,* Grasset, 1999; L. Montet, *Tueurs en série,* PUF, 2000; L. Négrier-Dormont et R. Nossintchouk, *Tueurs en série,* Flammarion, 2001; L. Montet, *Les tueurs en série. Pourquoi devient-on serial killer ?,* PUF QSJ, 2002; G. Chevrier, *Crime ou folie : un cas de tueur en série au xixe siècle. L'affaire Joseph Vacher,* L'Harmattan, 2006, 198 p.; J.-P. Vergès, *Les tueurs en série,* Hachette, 2007, 256 p; C. Hermann, *Un tueur peut en cacher un autre,* éd. Stock, 2008; D. Zaguri (avec F. Assouline), *L'énigme des tueurs en série,* Plon, 2008; S. Stevens, *Au-delà du mal. By reason of insanity,* traduit de l'anglais, éd. Sonatine, 2009, 768 p. **Articles :** Benezech, « Les tueurs en série », *Rev. de psychiatrie légale,* déc. 1992, p. 26-31; M. Pistorius, RICP, 1997, n° 465, p. 2-6; J. Borricand, Rapport au Colloque sur les serial killers, Paris 10-11, 1998, publié dans le *Groupe suisse de travail de criminologie,* « Délinquants dangereux », Zurich 2000, p. 135-154.; D. Zagury, *v°* « Serial killers », *Dict. sc. crim,* 2004, p. 863-866; J. Dallest, « Joseph Vacher, éventreur de bergers au xixe siècle », *RSC,* 2009, p. 565-588; L. Montet, « Tueurs en série », *in* M. Herzog-Evans (ed.), vol. 2, p. 49-72. **Pour le profilage des tueurs en série,** *cf. supra* n° 25 et les références.

très singulier à la loi, au sexe, à la religion, imprègne la criminalité »[1]. Plus rare en France, cette variété de criminels ne doit pas être pour autant ignorée (Guy Georges, Patrice Alègre...). Ce qui paraît caractériser leur personnalité, c'est moins la recherche du plaisir sexuel dans le viol que la jouissance attachée à la domination de leurs victimes. Ainsi, le Dr Zagury[2], psychiatre ayant expertisé de très nombreux tueurs en série (G. Georges, P. Alègre, P. Chanal, M. Fourniret...) estime qu'au-delà de leurs dissemblances, il existe un certain nombre de caractéristiques communes aux tueurs en série : 1°) un clivage du Moi, apparu progressivement comme une défense psychique; 2°) un clivage fonctionnel réversible, isolant le présent dans une parenthèse temporelle et coupant tout lien entre les victimes et les sentiments compassionnel; 3°) une réification de la future victime, tuée dans l'indifférence et sans culpabilité ni haine.

714-1 *Le cas particulier des délinquants sexuels*[3] ◇ Les meurtriers sexuels, violeurs et autres auteurs d'agressions sexuelles entrent-t-ils dans la catégorie des pervers ou peuvent-ils du moins y être associés ou en être rapprochés ?

Jusqu'à une époque récente, la théorie dominante en la matière consistait à présenter la délinquance sexuelle comme une délinquance spécifique caractérisée par le sadisme qui associe directement la violence à la jouissance sexuelle. Dans cette perspective, les meurtriers sexuels, comme les violeurs, étaient considérés comme une catégorie de délinquants à part dont l'agir criminel était animé par la prégnance de fantaisies associant la cruauté au plaisir sexuel. Aussi, nombre de législations pénales ont-elles saisi les criminels sexuels, par-delà même les malades mentaux pénalement irresponsables, comme des individus à soigner au moins autant qu'à punir. Cette représentation du criminel sexuel tire son origine de l'association de tous les crimes sexuels à des crimes sadiques qui seraient répétés au point de faire de leurs auteurs des tueurs en série si ceux-ci ne sont pas arrêtés avant.

La recherche québécoise de 2005[4] montre au contraire que les sadiques ne sont qu'une minorité parmi les meurtriers sexuels et que les sériels parmi eux sont particulièrement rares (un seul tueur en série parmi les 57 détenus pour meurtre sexuel dans les prisons du Québec lors de la collecte des données). En revanche, elle est particulièrement marquée par la constatation que la plupart des meurtriers sexuels de l'échantillon, comme d'ailleurs des violeurs du groupe de contrôle, avaient un passé délictueux fait de délits contre la propriété ainsi que de voies de fait ou de coups et blessures sans rapport avec une agression sexuelle et que le meurtre sexuel (ou le viol) n'était que le passage au stade supérieur dans le cours de leur carrière criminelle. Ainsi s'est élaborée une théorie novatrice du meurtre sexuel suivant laquelle les meurtriers sexuels (comme les violeurs) sont en majorité des criminels comme les autres, polymorphes et récidivistes

---

1. Interview du Docteur D. Zagury, *Nouvel observateur*, 3-8 févr. 2000.
2. D. Zagury (avec F. Assouline), préc.
3. H. Lagrange et F. Perrin, « Les délinquances sexuelles », *in* L. Mucchielli et P. Robert (dir.), *Crime et sécurité, l'état des savoirs*, Paris, La Découverte, 2002, p. 169; J.-P. Cornet, D. Giovanangelli et C. Mormont, *Les délinquants sexuels. Théorie, évaluation et traitement*, éd. Frison-Roche, 2003; J. Proulx, M. Cusson, E. Beauregard et A. Nicole, *Les meurtriers sexuels. Analyse comparative et nouvelles perspectives*, Préface R. Gassin, Presses Univ. Montréal, 2005, 342 p.; D. Lafortune, J. Proulx et M. Tourigny, « Les adultes et adolescents auteurs d'agression sexuelle », *in Traité de criminologie empirique*, 4e éd., 2010, précité, p. 308-338; L. M. Villerbu, « Infractions sexuelles », *in* M. Herzog-Evans (ed.), vol. 2, p. 101-113.
4. J. Proulx *et al.*, *Les meurtriers sexuels*, précité.

« qu'aucun frein n'arrête dans la poursuite du plaisir immédiat et qui réagissent de manière explosive aux frustrations ». C'est là une révision drastique des idées reçues sur la criminalité sexuelle qui remet sans doute en cause dans nombre de cas la médicalisation du traitement des délinquants sexuels.

On s'est demandé en dernier lieu[1] si les adolescents auteurs d'agressions sexuelles s'inscrivaient dans le même canevas que les adultes auteurs des mêmes infractions. La question est d'autant plus importante que ce type de délinquance n'est pas exceptionnel : ainsi au Canada, on compte 15 à 30 % d'agressions sexuelles par mineur de 21 ans, alors que cette classe d'âge ne représente que 10 % de la population générale. La réponse à la question est double : 1/ il existe des ressemblances notables entre les agresseurs sexuels adolescents et adultes car on retrouve sur certains points les mêmes traits caractéristiques dans les deux catégories (par exemple les auteurs d'agressions sexuelles d'enfants sont plutôt des « spécialistes », alors que les auteurs d'agressions sexuelles sur les femmes seraient plutôt des « généralistes »); 2/ mais par ailleurs certains problèmes sont plus étudiés chez les adultes alors que d'autres le sont plus chez les adolescents, de sorte qu'en l'état actuel de la recherche il n'est pas encore possible de dire si les adultes prolongent les adolescents, ou si l'agression sexuelle adolescente est vraiment spécifique.

E. **Les alcooliques et toxicomanes**[2]

715 *Effets généraux des toxiques* ◇ L'absorption volontaire de certaines substances (alcool et stupéfiants) provoque, lorsqu'elle est excessive, des *troubles mentaux* dont certains sont *criminogènes*. Ces troubles appartiennent à la catégorie générale des altérations psychiques dues à l'action accidentelle de substances nocives. Leur symptôme commun est la *confusion mentale,* crise généralement passagère au cours de laquelle le malade se perd dans un brouillard de la pensée. Il n'a plus la conscience de ses actes ni, par suite, le souvenir de ceux-ci une fois la crise passée. Souvent, le recul du conscient s'accompagne d'une émergence de l'inconscient qui provoque des délires hallucinatoires. Selon l'opinion exprimée par des psychiatres particulièrement avertis, l'alcool et la drogue seraient les « facteurs de premier rang du passage à l'acte criminel »[3].

De l'absorption volontaire de substances psychoactives, il convient bien entendu de distinguer les cas où une personne a été victime *à son insu* d'une administration de telles substances à des fins délictueuses (vols) ou criminelles (agressions sexuelles). Dans ce mode nouveau d'agression encore mal connu du monde médical, il arrive parfois que les victimes conscientes, mais soumises, commettent elles-mêmes contre leur volonté propre des actes qui peuvent prendre une coloration pénale : signature de chèques, utilisation de cartes bancaires, participation à des actes sexuels. Elles ne sont cependant que des victimes et non des délinquants[4].

---

1. D. Lafortune et *al.*, 2010, précité.
2. V. Nahoum-Grappe, « Alcoolisme et toxicomanie : deux figures de l'excès », *Rev. Esprit,* janv. 1990, p. 74-83 ; E. Hache, *v°* « Psychoactives (troubles liés à l'utilisation de substances) », *Dict. sc. crim.,* 2004, p. 766-769.
3. J.-L. Senon et C. Manzanara, « Psychiatrie et justice : de nécessaires clarifications à l'occasion de la loi relative à la rétention de sûreté », *AJ pénal*, avril 2008, p. 176 et spéc. p. 179, col. 2.
4. *Cf.* F. Questel, *v°* « Soumission chimique », *Dict. sc. crim.,* 2004, p. 882-884.

Dans le cadre de ces données générales, il convient alors de distinguer entre, d'une part, les *délinquants alcooliques* (a) et, d'autre part, les *délinquants toxicomanes* proprement dits (b) [1].

a. Les délinquants alcooliques [2]

716 *Troubles mentaux provoqués par l'alcool et délinquance* [3] ◇
L'ingestion d'alcool provoque *deux groupes de troubles mentaux* : l'alcoolisme aigu ou ivresse et l'alcoolisme chronique. 1/ *L'alcoolisme aigu* comporte lui-même deux degrés : la *sous-ivresse* qui, s'accompagnant d'une diminution de l'attention et d'un allongement du temps de réaction, entraîne une moindre sûreté des réponses réflexes et est à l'origine d'un nombre considérable d'infractions d'imprudence; l'*ivresse proprement dite* qui, par l'agressivité qu'elle provoque, l'exaspération des besoins sexuels qu'elle entraîne et les délires qui en résultent, est à l'origine d'une partie des délits d'homicide et blessures volontaires, d'attentats à la pudeur, de rébellion, etc.; 2/ *L'alcoolisme chronique* agit non seulement sur le foie (cirrhose), mais sur le système nerveux. D'une part, il *modifie le fonds mental* de l'individu dont il développe l'agressivité et l'impulsivité et fait perdre le sens éthique; d'où des vols, grivèlerie, abus de confiance, abandon de famille, mais aussi des homicides et des sévices à enfants. D'autre part, il est à l'origine *d'épisodes délirants aigus* (delirium tremens), de sorte que pour échapper aux dangers dont il se croit menacé au cours de sa crise, il commet des meurtres et des coups et blessures. La *formation* de la personnalité de tels délinquants résulte aussi bien d'influences héréditaires que de l'action du milieu familial ou des loisirs.

716-1 *De la nature de la relation entre l'alcool et la délinquance* ◇
Les développements qui précèdent se bornent à décrire les divers types de troubles mentaux entraînés par l'ingestion d'alcool et la nature des infractions qui sont généralement associées à ces troubles. Mais ils ne

---

1. Sur l'abus de médicaments : J.-P. Soubrier et P. Anguera, « Utilisation anormale du médicament : psychopathologie et aspect criminologique », *Liaisons* (Bulletin de la Préfecture de Police), nov.-déc. 1985, p. 25-32.
2. J. Pinatel (1987), *v*° « Alcoolisme », p. 24-26; M. Henne, « L'état alcoolique dangereux », rapport au Congrès de psychiatrie et de neurologie de langue française (Lausanne 1965), ronéo.; R.-C. Goni et A. Bondoux, *Le vécu de l'alcoolique*, 1970; J. Tinkelberg, « La criminalité liée à l'alcool : problèmes de réaction sociale », *RI. polit. crim.*, 1976, n° 32, 21-26. P. Curty, « Réflexions sur la proportion d'alcooliques dans une population pénitentiaire », *IC*, 1976, n° 29, p. 27-35; Delpont, « Alcoolémie et comportement », *Rev. gend. nat.*, 1977, n° 3, p. 33-36; Léger et *al.*, « Inhibition et alcoolisme », *Act. psych.*, 1979, n° 5, p. 33-37; M. Costa-Magna, « Les femmes et l'alcool », éd. Denoël, 1981; De Vanna, « Les suicides des alcooliques », *Act. psych.*, 1986, n° 1, p. 37-43; XXII* Congrès français de criminologie (Brest 1985) : « Alcoolisme, rite et déviance », éd. *Les cahiers du droit*, 1987; Journée spécialisée de l'INRETS (Paris, oct. 1988), « Alcool et conduite automobile », CR *RSC*, 1989, p. 195-198; R. Taylor, « Alcool et délinquance », *RIPC*, juill.-août 1991, p. 14; T. Albernhe, *in Criminologie et psychiatrie*, 1997, p. 339-346; J. Ades et M. Lejoyeux, « Conduites alcooliques », *Encyl. médico-chirurgicale. Psychiatrie*, 1996, A 30, t. 4; D. Le Breton (dir.), *L'adolescence du risque : corps à corps avec le monde*, éd. Autrement, 2002, 170 p.
3. Pour donner une idée de l'importance de l'alcoolisme dans la population pénale, on indiquera qu'en Belgique en 1967, sur 27 853 condamnés de droit commun, 3 094 étaient des alcooliques (*Rev. pol. nat.*, juill.-août 1968, p. 60).

renseignent nullement sur la manière dont les diverses variétés d'alcoolisme entraînent le passage à l'acte délictueux. En d'autres termes, ils éclairent sans doute sur le pourquoi, mais ils laissent dans l'ombre le comment...

Or sur ce point il demeure une certaine interrogation. On sait certes, d'après des statistiques internationales établies à partir de dossiers judiciaires d'une dizaine de pays, que 60 % des auteurs de crimes ou délits de violence avaient consommé de l'alcool au moment des faits. Mais pourquoi l'agressivité éthylique s'exprime-t-elle différemment selon les individus ? Pourquoi également n'est-elle pas automatique, certains buveurs se montrant violents et d'autres joyeux et altruistes ?

Deux types d'explications s'opposent pour rendre compte du phénomène : une explication de caractère *bio-psychique* et une interprétation *socio-psychologique*. Pour la première, l'agressivité alcoolique s'expliquerait par la substance même qui a été ingérée : l'éthanol modifierait le fonctionnement des neurotransmetteurs dans le cerveau, entraînant la réponse agressive. Selon la seconde au contraire, l'effet pharmacologique serait nul et l'ébriété ne serait qu'un « paravent social » permettant de justifier des comportements délictueux.

Une recherche récente, réalisée à l'Université de Grenoble en 2008[1], est venue contribuer à enrichir l'explication par une théorie originale à caractère purement psychologique. Selon cette étude, les comportements agressifs souvent manifestés par les buveurs ne seraient pas liés à la quantité de spiritueux qu'ils ont ingurgité, mais à ce qu'ils ont cru avoir consommé. En d'autres termes, l'alcool aurait un puissant effet d'autosuggestion capable d'enivrer un buveur alors qu'il est à jeun ![2]

b. Les délinquants toxicomanes[3]

717 *Usage de stupéfiants et délinquance* ◇ À côté de l'alcool, l'absorption de certaines substances naturelles ou synthétiques provoque une telle *perturbation de la personnalité* que leur usage est à l'origine d'une *délinquance importante*. Les plus connues sont l'opium et ses dérivés (mor-

---

1. Publié dans *Journal of Experimental Social Psychologie* de 2008.
2. Recherche réalisée sous la direction de Laurent Bègue, professeur de psychologie à l'Université de Grenoble et cofinancée par l'Université de Grenoble, l'IREB (Institut de recherche scientifique sur les boissons) fondée par Pernod-Ricard et d'autres alcooliers, et par les laboratoires Merk qui commercialisent un médicament pour le sevrage alcoolique.
3. E. Yamarellos et G. Kellens, II, v° « Toxicomanies », p. 208-212; J. Pinatel (1987), v° « Toxicomanie », p. 206-209. « L'importance des stupéfiants par rapport à la criminalité », XIᵉ Conférence des directeurs d'Institut de Recherches criminologiques du Conseil de l'Europe, Strasbourg, 1974; J.-M. Mato Reboredo, « Drogue et criminalité », *RIPC*, 1980, p. 156-178; Colloque « Jeunesse, toxicomanie et délinquance », organisé par le CFRES de Vaucresson (avr. 1987); Colloque international Eurotox 93, « Drogues, valeurs et politiques » (Bruxelles, juin 1991), *RSC*, 1991, p. 160-162; R. Ottenhof et R. Cario (dir.), *Délinquance et toxicomanie*, éd. Erès, 1991, 112 p.; S. Brochu, « État des connaissances scientifiques concernant la relation drogue-crime », *RICPT*, 1993, n° 3; *Implication criminelle des consommateurs d'héroïne. Prob. act. Sc. crim.*, PUAM, t. VII, 1994, p. 9-30; J.-M. Othero-Lopez et al., « An empirical study of the relations between drug abuse and delinquency among adolescents », *The Brit. Journ. Crim.*, 1994, p. 459; M.-D. Barre, « Toxicomanie et délinquance. Quelle mesure pour quel débat ? » *Questions pénales*, Juin 1995, VIII, n° 3; H. Lagrange et A. Mogoutov, « Un retardement de l'entrée dans la toxicomanie », *Dév. et soc.* 1997, p. 289-302; D. Richard et J.-L. Senon, « Délinquance et toxicomanie », in T. Albernhe (dir.), *Criminologie et psychiatrie*, 1997, p. 347-353; C. Escoffier, *La personnalité des usagers de stupéfiants*, Mémoire DEA, Aix-en-Provence 1995. Adde J.-H. Syr, « Les habitudes de vie et de santé des étudiants : l'exemple des étudiants de seconde année de droit à Aix », *Prob. act.*

phine, héroïne), la coca (cocaïne), le haschich et la marijuana, le LSD 25 et les amphétamines. Leur ingestion répétée crée dans la plupart des cas un *état de dépendance* physique et surtout psychique qui rend très difficile la désintoxication du toxicomane. On entend précisément par toxicomane, non pas tout utilisateur occasionnel de drogue, mais celui qui est tombé dans ce double état de dépendance.

Parmi les stupéfiants, on peut distinguer entre : 1/ ceux qui procurent une *excitation psychique* aboutissant à la colère, à l'agressivité et qui font du toxicomane un aliéné parfois meurtrier (ex. la cocaïne); 2/ ceux qui, au contraire, aboutissent à un *engourdissement général*, à la *diminution des fonctions intellectuelles* et à l'*indifférence* (ex. morphine, héroïne). Leur absorption est criminogène de deux manières. D'une part, elle provoque un état de besoin tel qu'elle conduit le toxicomane à commettre n'importe quel délit pour se procurer de la drogue (vol, escroquerie, revente de drogue). D'autre part, elle conduit le toxicomane à un état de déchéance physique et mentale vécu dans un mode d'existence asocial (vagabondage, squat...), sans parler des accidents mortels provoqués par une prise excessive de stupéfiant.

718 *Nature des relations causales entre toxicomanie et délinquance*[1] ◇ Pour rendre compte de la relation qui existe entre l'usage de stupéfiants et les diverses sortes de délinquance évoquées au numéro précédent, les travaux de recherches criminologiques ont eu recours successivement à deux types de modèles explicatifs : le modèle classique dit *statique* et le modèle plus récent à caractère dynamique appelé aussi modèle *distal*.

Sc. crim., précité, t. VII, p. 93-106 et VIII, 77-104; A. Charles-Nicolas, « Toxicomanies », *Encycl.* précitée 1998, A. 10, t. 3; M.-D. Barre et *al.*, « Le consommateur de produits illicites saisi par la police », *Quest. pén.* janv. 2000; D. Le Breton, ouvrage précité; K. Varga, *L'adolescent violent et sa famille*, Payot, 2002, 189 p.; Rapport du Sénat, « Délinquance des mineurs », juin 2002, spéc. p. 44-45; P. Peretti-Watel, F. Beck et S. Legleye, « Usagers interpellés, usagers déclarés : les deux visages du fumeur de cannabis », *Dev. et Soc.*, 2004, p. 335; S. Brochu, vᵒ « Drogues et crimes », *Dict. sc. crim.*, 2004, p. 286-290 et « L'initiation à la délinquance chez les consommateurs réguliers de cocaïne », *AIC*, 2004, vol 42, p. 85; J. Cormier, P. Lefauvau, C. Manaquil, O. Jarde et G. Loas, « Personnalités dépendantes et risque d'hétéro-aggressivité : étude d'une cohorte de 252 sujets consultants en médecine légale, *J. méd. Lég. Drt méd.*, 2004, vol. 47 (nᵒ 4), p. 136; B. Gallizia, *Cannabis : les jeunes ont droit à la vérité*, éd. de l'Emmanuel, 2006, 62 p.; H. Chabrol, M. Choquet et J. Costentin, *Le cannabis et ses risques à l'adolescence*, 2006, 160 p.; A. Lemaitre, « Aspects criminologiques de la prescription d'héroïne sous contrôle médical. Une revue de littérature », *RDPC*, 2006, p. 976 G. Casile-Hugues, « La politique française en matière d'usage de cannabis au regard des législations européennes : le débat », *in Sciences pénales & Sciences criminologiques Mélanges offerts à Raymond Gassin*, PUAM, 2007, p. 399-414; S. Brochu et *al.*, « Consommation usuelle de cannabis chez les jeunes qui fréquentent l'école secondaire », *RICPT*, 2007, p. 202; D. Derivois, « Interculturalités et relations drogue-crime à l'adolescence. Enjeux épistémologiques et méthodologiques », *RICPT*, 2007, p. 213; P. Manzoni et *al.*, « Local drug-crime dynamics in a canadian multisample of untreated opioid users », *RCCJP*, 2007, nᵒ 3, p. 341; M. Trétaut et *al.*, « La persévérance en traitement des hommes toxicomanes judiciarisés : un problème de motivation ? », *RICPT*, 2007, p. 41 et « Dépendance aux substances psychoactives, délinquance et violence chez les jeunes contrevenants », *RICPT*, 2007, p. 417; D. Derivois, « Interculturalités et relations drogue-crime à l'adolescence. Enjeux épistémologiques et méthodologiques », *RICPT* 2007, p. 213; S. Brochu et M.M. Cousineau, « Drogues et questions criminelles » *in Traité de criminologie empirique*, 4ᵉ éd. 2010, précité, p. 113-138.

1. *Cf.* not. S. Brochu et M.M. Cousineau, précité, spéc. p. 124-130 dont sont extraits les éléments essentiels exposés au texte.

a) Le *modèle classique* réside dans l'identification du facteur le plus proche du passage à l'acte délictueux et qui paraît le plus déterminant. Dans cette perspective on a cru pouvoir isoler trois sortes de facteurs explicatifs possibles qui se distribuent d'ailleurs de manière inégale dans l'ensemble de la délinquance liée à la toxicomanie.

1/ Le premier est le facteur *psycho-pharmacologique* qui consiste dans le lien qui s'établit entre la substance toxique absorbée et la délinquance qui a suivi cette ingestion. Dans sa version la plus ancienne, on disait que « la substance provoque le crime ». Dans une version plus récente, qui s'appuie sur l'existence de cas où le sujet s'est délibérément intoxiqué pour réaliser ou faciliter le passage à l'acte délictueux, on dit que « l'intoxication constitue un outil pour arriver à une fin criminelle précise prédéterminée ». Ce facteur rendrait compte de près de 25 % de cas de délinquance imputable aux toxicomanes.

2/ Un deuxième facteur est appelé *économico-compulsif.* L'explication réside dans la constatation que nombre de délinquants qui s'adonnent à la drogue (notamment la cocaïne) de façon compulsive n'ont pas les moyens financiers nécessaires pour satisfaire leur addiction. D'où le recours à une criminalité de nature lucrative (vol, escroquerie, abus de confiance...) pour se procurer les ressources indispensables. Ce facteur ne se retrouverait que dans 3 % de cas.

3/ La troisième explication classique réside dans le système de circulation et de distribution de la drogue d'où son appellation de *facteur systémique,* que l'on pourrait peut-être appeler plus clairement le facteur du *marché de la drogue.* Le trafic de drogue sous ses multiples formes étant prohibé et l'usage lui-même interdit dans nombre de législations, le fonctionnement du marché de la drogue n'obéit pas aux règles de fonctionnement des marchés licites. On assiste notamment à des querelles relatives soit à la délimitation et au contrôle des territoires de vente de la drogue, soit à la mauvaise qualité du produit vendu, soit encore au règlement des dettes contractées par les clients des *dealers*. La violence évince bien souvent le jeu de la loi de l'offre et de la demande et aboutit parfois à des règlements de comptes sanglants alimentés d'ailleurs par des trafics d'armes de guerre. Ce facteur de marché se retrouve dans 9 % environ de cas.

b) Le *modèle dynamique* d'explication de la relation toxicomanie-délinquance, encore appelé modèle *distal*[1], est nettement plus complexe que le précédent. Au lieu de s'en tenir à tel ou tel facteur caractérisé par sa proximité du passage à l'acte délictueux, il s'emploie à saisir l'ensemble de l'histoire de vie du consommateur délinquant afin de discerner dans cette trajectoire quels sont les *facteurs de risques* (biologiques, psychologiques, sociaux) qui ont pesé sur sa décision criminelle et quels sont en revanche les *facteurs de protection* qui ont fait défaut pour compenser le poids excessif des facteurs de risques. C'est précisément en raison de l'interaction entre facteurs de risques et facteurs de protection que ce modèle est appelé *dynamique.*

Ce type de modèle présente l'intérêt, par rapport au modèle précédent, d'expliquer pourquoi tous les consommateurs de drogue ne commettent pas de délinquance liée à la drogue : c'est que les facteurs de protection l'emportent sur les facteurs de risques. Il a encore l'avantage de rendre compte du fait que parmi les toxicomanes délinquants, certains persistent alors que d'autres finissent par se désister : l'explication réside dans l'évolution du poids respectif des facteurs de risques et des facteurs de protection.

---

1. Distal : qui est le plus éloigné d'un point de référence dans un organisme, une structure ; qui fonctionne à distance. Le contraire de « distal » est « proximal ».

§ 2. Délinquants d'occasion et délinquants d'habitude

719 *Une distinction essentielle* ◇ En dehors ou, en tout cas, indépendamment de la catégorie des anormaux mentaux, on distingue aussi entre *délinquants d'occasion* (A) et *délinquants d'habitude* (B).

A. Les délinquants occasionnels [1]

720 *Idée générale* ◇ Les délinquants d'occasion sont des individus socialement adaptés, qui ont un comportement généralement conforme aux règles légales, mais qui, à la suite d'un *concours particulier de circonstances extérieures criminogènes,* ne trouvent plus en eux la force de maîtriser le *surcroît de pulsion* qui les anime alors. Les délinquants d'occasion représentent la majorité des délinquants. On estime qu'il y a, parmi les sujets qui ne récidivent pas, 70 à 80 % d'individus qui peuvent être considérés comme des occasionnels, les autres appartenant à l'un des types psychiatriques précédemment définis. C'est dans leur rang que rentrent ceux que l'on appelle les « nouveaux délinquants » [2].

721 *La problématique de l'occasionnel* ◇ S'il est établi que la délinquance occasionnelle n'est pas le symptôme d'une altération grave de la personnalité et est due à l'action brusque et intense du facteur situationnel, la question se pose néanmoins de savoir si c'est *l'occasion qui fait le larron* ou si *l'occasion révèle seulement le larron.* En d'autres termes, l'occasionnel ne se distingue-t-il en rien du non-délinquant ou bien sa personnalité ne se caractérise-t-elle pas par un *seuil délinquantiel* quelque peu *inférieur* à celui des non-délinquants ? La réponse à la question se trouve dans les distinctions qu'il faut faire parmi les occasionnels : 1°) On y trouve d'abord des *pseudo-délinquants* ou *occasionnels purs* qui ne commettent d'infractions que sous l'effet de circonstances extraordinaires qui, bien souvent, ne les rendent pas juridiquement punissables (légitime défense, contrainte, nécessité...). 2°) Avec les *criminels passionnels,* on a déjà affaire à des sujets qui ne sont pas du tout ce que Ferri avait cru. Loin d'être entraînés irrésistiblement au crime, ils se caractérisent par un égocentrisme, une vantardise, une jalousie qui les apparentent souvent à des déséquilibrés [3]. 3°) La troisième catégorie, les *criminaloïdes,* sont des délinquants d'occasion certes, mais qui, en raison de leur *personnalité particulière,* peuvent être consi-

---

1. J. Léauté (1972), 606-609; M. Fooner, « La criminalité accidentelle », *RIPC*, 1967, p. 246-250; G. Ollendorf et O. Ruthart, « Les infractions de masse : quelles interprétations ? », *CSI*, 1996, n° 23, p. 23-33; R. Fillieule, *Sociologie de la délinquance,* p. 66-69.
2. *Cf.* sur cette notion : G. Picca, *La criminologie,* 1re éd. 1983 p. 100-102 et *supra* n° 390.
3. J. Pinatel (1987), *v°* « Homicide passionnel », p. 108-109; L. Rabinowicz, *Le crime passionnel,* 1931; E. De Greeff, *Amour et crimes d'amour,* 1941, rééd. 1973, *cf.* en outre *infra* n° 659; J. Guillais, *La chair de l'autre : le crime passionnel au XIXe siècle,* éd. Orban, 1986, 350 p. et « Émergence du crime passionnel au XIXe siècle », *RSC,* 1985, p. 549-565.

dérés comme des délinquants d'habitude en *puissance* : ici l'occasion révèle le larron, mais ne le fait pas.

B. Les délinquants d'habitude[1]

722 *Le délinquant d'habitude proprement dit* ◇ À la différence de la délinquance occasionnelle, la délinquance d'habitude paraît surtout due

---

1. M. Laignel-Lavastine et V. V. Stanciu, 172-193 ; R. Vouin et J. Léauté, 322-359 ; N. Mailloux, 81-145 ; J. Léauté, (1972), 609-612 ; E. Yamarellos et G. Kellens, I, v° « Carrières criminelles », 64-66 ; J. Pinatel (1987), v° « Récidivisme », 189-191 ; R. Fillieule, 154-158 ; G. Kellens, 212-217 – OUVRAGES : P. Cannat, *Nos frères récidivistes*, 1943 ; J. de Clerck, *Essais sur la personnalité morale du récidiviste*, 1943 ; S. et E. Glueck, *Later criminal careers*, 400 p. ; E. Frey, *Criminalité précoce et récidivisme*, Bâle, 1951 ; N. Morris, *The habitual criminal*, 1951, 395 p. ; D.-J. West, *The habitual prisoner*, 1963, 125 p. ; Hammond et Chayen, *Persistent criminals*, Londres, 1963, 237 p. ; E.-J. Hobsbawn, *Les bandits*, Paris, 1972 ; D.-J. West et D.-P. Farrington, *The delinquent way of life*, 1977 ; J. Petersilia et al., *Criminal careers of habitual felons*, 1978 ; M.-D. Maltz, *Recidivism*, 1984, 240 p. ; R. Lacanne, *Tu peux pas savoir... (René Girier, Gang des tractions avant de l'après-guerre)*, 1988 ; P. Tournier, *Réflexion méthodologique sur l'évaluation de la récidive*, CESDIP, 1988, 59 p. ronéo. ; E. Campos et R. Nolane, *Tueurs en série. Enquête sur les serial killers*, 1995, 252 p. ; L. Negrier-Dormont, Bossard et Nossintchouk, *Le criminel de l'extrême. Recherche criminologique sur le tueur à comportement systémique (tueur en série)*, 1997, 106 p. ; Cusson, *Criminologie actuelle*, 1998, p. 83-101 ; P. Le Moigne, *Le traitement des intraitables, L'organisation sociale de la récidive chez les jeunes*, De Boeck éd., 2000 ; E. Zamble et V.-L. Quinsey, *The criminal recidivism process*, Cambridge Univ. Press 2001, 131 p. ; C. De Beaurepaire, M. Benezech et C. Kottier, *Les dangerosités*, éd. John Libbey, Eurotext, 2004, 424 p. ; A. Kensey et P.V. Tournier, *Prisonniers du passé ? Cohorte de personnes condamnées, libérées en 1996-1997, examen de leur casier judiciaire 5 ans après la levée d'écrou (échantillon national aléatoire stratifié selon l'infraction)*, Ministère de la Justice, Direction de l'Administration pénitentiaire, collection Travaux et Documents, 2005, 348 p. ; F. Brigel et M. Porret (dir.), *Le criminel endurci. Récidive et récidivistes du Moyen-Âge au XXᵉ siècle*, Droz, Genève, 2006 ; S. Portelli, *Récidivistes, chronique de l'humanité ordinaire*, Grasset, 2008, 261 p. – ARTICLES : Vullien, « Les facteurs de la récidive », RPDP, 1953, p. 534-542 ; CENAC et al., « Récidive des actes antisociaux, étude médico-légale et psychiatrique », RSC, 1955, p. 653 et s. ; P.-A.-H. Baan, « Quelques remarques sur la relation entre la criminalité de profession ou d'habitude et le déséquilibre mental », RSC, 1956, p. 415 et s. ; R. Vienne, « Considérations sur la psychologie, l'origine de l'état dangereux et les facteurs de réadaptation des multirécidivistes », RSC, 1957, p. 53-63 ; J. Pinatel, « Les criminels professionnels », RSC, 1957, p. 909-923 ; Dʳ G. Galy, « Les formes du récidivisme et leur évolution », RPDP, 1957, p. 748-760 ; S.-C. Versele, « De la récidive juridique au récidivisme criminologique », RIPC, 1961, p. 194-204 ; J. Joss et C. Debuyst, « De l'enfant voleur au récidiviste », RDPC, 1963-64, p. 394-423 ; G. Heuyer, « Le récidivisme », in *Études en l'honneur de J. Lebret*, 1968, p. 111-124 ; J. Pinatel, « Essai de synthèse des aspects criminologiques et juridiques du récidivisme », RPDP, 1969, p. 249-273 ; P. Tournier, « Enquête sur la récidive des condamnés à une peine de trois ans et plus », Publication de la Direction de l'Administration Pénitentiaire, Concepts et méthodes, nᵒ 6, août 1981, 50 p. ; B. Fayolle, « Essai d'approche des mineurs récidivistes », Ann. Vaucr., 1981, p. 113-171. P. Lagier, « De la délinquance juvénile à la vraie criminalité : le délinquant persistant grave », *Canadian Journ. Crim.*, 1982, p. 141-153 ; P. Tournier, « Le retour en prison. Analyse rétrospective de la cohorte des condamnés à une peine de trois ans et plus », *Dév. et soc.* 1983, p. 237-248 ; L. Greenfeld et P.-A. Laugan, « Characteristics of middle-aged prisoners », in Farrington et Gunn, *Reactions to crime*, 1985, CR RSC, 1987, p. 796 ; M. Le Blanc, « La carrière criminelle : définition et prédiction », *Criminologie*, 1986, nᵒ 2, p. 79-99 ; A. Kensey et P. V. Tournier, « Le retour en prison. Analyse diachronique », RSC, 1992, p. 134-142 ;. A. Vidal, *La personnalité des récidivistes*, Mémoire DEA, Aix-en-Provence, 1992 ; L. Sherman, « Criminologie et criminalisation », RICPT, 1994, p. 7-21, spéc. 16 et s. ; L. Negrier-Dormont, *Criminologie de l'acte. Étude sur les tueurs en série*, Litec, 1995, 197 p. ; T. Sabot, *Le phénomène des tueurs en série*, Mémoire DEA, Aix-en-Provence 1995 ; E.-G.-M. Weitekamp et al., « Multiple and habitual offenders among young males : criminology and criminal policy lessons from a re-analysis of the Philadelphia birth control », AIC, 1996, p. 9-53 ; M. Cusson, « Le délinquant chronique et la question de la personnalité criminelle », *Prob. act. Sc. crim.*, 1996, X, p. 59-86 ; M.-E. Cartier,

à une *altération profonde* de la personnalité, altération dont les symptômes, spécialement chez les multirécidivistes, ressemblent à ceux de la délinquance juvénile. Beaucoup de délinquants chroniques ont, en effet, des réactions psychologiques d'*inadaptés sociaux*. Ils réagissent par voie d'*opposition* au milieu social et leurs délits sont des actes de compensation d'individus révoltés ou blasés. Comme nombre de mineurs délinquants, ils souffrent d'un *complexe d'infériorité*, se sachant incapables de résister à leurs impulsions et méprisant leur propre faiblesse. Ainsi la délinquance d'habitude met surtout en évidence le rôle de la personnalité du délinquant et les circonstances ne tiennent qu'une place très limitée dans le passage à l'acte chez ces délinquants; de ce fait leur reclassement social est bien hypothétique[1]. Les « tueurs en série » relèvent de cette catégorie encore que nombre d'entre eux soient, comme on l'a déjà dit, de véritables psychopathes[2].

722-1 *Analyse des facteurs de la récidive* ◊ On sait qu'à la différence de la notion juridique de récidive très étroite et très précise, le *concept criminologique du récidiviste* est une notion polysémique. Il recouvre en effet quatre significations différentes selon le cas : la récidive *naturelle ou générique* qui

---

Commission d'Étude pour la prévention de la récidive des criminels, oct. 1994, résumé *in RSC*, 1995, p. 159-165; même auteur, « La prévention de la récidive des criminels », *Probl. act. Sc. crim.* 1996, IX, p. 7-38; P. Darbeda, « L'expertise de prélibération de l'article 722 du C. pr. pén. et le processus d'évaluation et de soins des auteurs d'infractions à caractère sexuel », *RSC*, 1996, p. 919-929; M. Cusson, « Violences en banlieue », *Commentaire*, 1997, n° 80, p. 917-922; P. Lussier, v° « Récidive (carrière criminelle et) », *Dict. sc. crim.*, 2004, p. 801-805; D. Zagury, v° « *Serial killer* », *id.*, 863-866; P. Tremblay et C. Morselli, « La trame des parcours délinquants », *Criminologie*, 2004, n° 2; A. Kensey et P.V. Tournier, « La récidive des sortants de prison », *Cahiers de démographie pénitentiaire*, n° 15, 2004; mêmes auteurs, « Sortants de prison. Variabilité des risques de retour », *même revue*, n° 17, 2005; M. Cusson, « La récidive expliquée par la continuité des interactions injustes », *RPDP*, 2005, p. 285-293; M. Cusson, « Pourquoi les récidivistes mettent-ils fin à leur carrière criminelle ? », *Prob. act. Sc. crim.*, 2005, p. 31-43; M. Cusson, « L'effet intimidant des sanctions à la lumière des recherches récentes sur le calcul coût-bénéfices des délinquants », *in Le droit pénal à l'aube du troisième millénaire Mélanges offerts à Jean Pradel*, Cujas, 2006, p. 741-752; M. Benezech et *al.*, « Récidive d'homicide avec cannibalisme chez un détenu psychotique », *Jour. Méd. Lég.* 2006, n° 5, p. 197; C. Rossi, M. Cusson et J. Proulx, « Vers la non-récidive : propos d'agresseurs sexuels sur leur cheminement », *RICPT*, 2009 p. 280 et « Cesse-t-on d'agresser sexuellement à cause du traitement ou de stratégie de compensation ? Approche qualitative et typologique », *RICPT*, 2009, p. 301; J.-P. Guay et M. Cusson, « La délinquance, la récidive et la psychopatie », *in* M. Cusson et *al.*, *Traité de sécurité intérieure*, 2007, p. 175-184; J. Carpentier et J. Proulx, « La récidive chez les adolescents auteurs d'abus sexuels. Facteurs de risque et pistes d'intervention », *RICPT*, 2009, p. 337; A. Marchand et J. Proulx, « L'implication au traitement et la récidive des agresseurs sexuels adultes », *RICPT*, 2009, p. 282; P. Tremblay et *al.*, « Les risques assumables : récidive et libération conditionnelle », *in* « Régulations et peuples autochtones », *Criminologie*, 2009, n° 2, p. 195. – Congrès, colloques et cours : IIIe Congrès international de criminologie (Londres 1955); XVIIIe Cours international de criminologie (Belgrade 1968); XXIe Congrès français de criminologie (Poitiers 1982), *Le récidivisme*, PUF, 1983; Xe Congrès international de criminologie (Hambourg, sept. 1988), 2e sujet, « Les délinquants violents et persistants », *AIC*, 1989, vol. 27, n°s 1 et 2, CR *RSC*, 1989, p. 190-192; VIe Congrès de la Société européenne de criminologie, Tübingen, août 2006, Groupe européen de recherche, rapport D. Finck, « L'observation statistique de la récidive en Suisse de 1900 à aujourd'hui ». – Rapports : Rapport d'information de la Commission des lois de l'Assemblée nationale, « Le traitement de la récidive des infractions pénales », juin 2004.

1. Cf. au surplus *infra* n°s 828 et s.
2. Cf. *supra*, n° 714.

désigne toute réitération d'infraction, la récidive *sociale* qui existe dès qu'il y a eu une condamnation antérieure, la récidive *pénitentiaire* qui suppose un séjour antérieur en prison et la récidive *persistante* ou *multirécidive* qui implique au moins trois infractions[1]. Aussi n'est-il pas possible de procéder à une analyse systématique des facteurs de la récidive individuelle parce que dans nombre de cas, pour ne pas dire dans la plupart des cas, il manque l'une ou l'autre, voire les deux variables-clés de l'analyse : la connaissance de la première infraction, celle de l'infraction ou des infractions commises en récidive[2].

Toutefois, malgré ces obstacles, les criminologues ont depuis longtemps cherché à connaître, outre l'ampleur et les caractères généraux du récidivisme[3], les facteurs qui sont de nature à expliquer la récidive individuelle en raison de l'importance cardinale de ce phénomène. Pour ce faire, ils ont travaillé essentiellement à partir de la *récidive pénitentiaire*. La loi française du 10 août 2007 « renforçant la lutte contre la récidive des majeurs et des mineurs » a été l'occasion de présenter la synthèse des travaux effectués à cet égard par le service de recherche de l'administration pénitentiaire au cours des dernières années[4].

L'enquête a porté sur un échantillon national représentatif des détenus condamnés qui ont été libérés entre le 1er mai 1996 et le 30 avril 1997. Elle avait notamment pour but de connaître le « devenir judiciaire » de ces condamnés dans les cinq années qui avaient suivi leur libération. Partant de la répartition des libérés d'après la nature de l'infraction initiale (atteintes aux personnes et atteintes aux biens), la démarche des chercheurs s'est développée en trois temps : 1/ l'analyse descriptive des facteurs de la récidive ou non-récidive des libérés; 2/ l'établissement de typologies permettant d'estimer l'importance du risque de récidive de chacun des types inventoriés; 3/ la détermination de la nature des nouveaux faits infractionnels commis par les récidivistes de l'échantillon[5].

a) Pour ce qui est de l'identification des facteurs de récidive/non-récidive, la recherche a identifié principalement trois catégories de facteurs : 1/ la nature du *passé judiciaire,* les taux de récidive les plus forts concernant les infractions relevant d'une atteinte aux biens, ceux relevant d'une atteinte aux personnes étant

---

1. *Cf. supra,* n° 502.
2. Rappelons qu'en 2009, le nombre de faits constatés par les services de police et de gendarmerie était de 3 426 552 et celui des personnes mises en cause de 1 174 837, soit un peu moins du tiers. Par ailleurs, la même année sur 1 487 675 affaires dites poursuivables par les parquets, 673 684 ont été effectivement poursuivies devant les juridictions répressives, tandis que 558 047 ont été réglées par des mesures alternatives aux poursuites qui n'entraînent pas d'inscription au casier judiciaire et 73 392 par la voie de la composition pénale (qui donne lieu à l'inscription au casier judiciaire depuis la loi du 9 septembre 2002 : art. 768 9° C. pr. pén.). *Cf.* Rapport ONDRP 2010, p. 25 et 359 et s.
3. *Cf. supra,* n°s 502 et s.
4. A. Kensey, « Définir et mesurer la récidive : nécessité d'éclairer le débat », *AJ pénal,* sept. 2007, p. 393-400; même auteur, « Récidive : Mesure de la diversité des récidives en France », *in* M. Herzog-Evans (ed.), vol. 2, p. 571-593.
5. La recherche portait aussi sur l'utilité préventive de la libération conditionnelle par rapport à la libération à l'expiration de la peine. Il s'agit d'une question de traitement qui relève de la criminologie clinique (*cf. infra* n°s 909 et s.) et non de l'étude des facteurs eux-mêmes de la récidive individuelle. On remarquera d'ailleurs que si l'enquête a conclu que la libération conditionnelle constitue une véritable mesure prévention, la question se pose de savoir si les écarts observés dans le devenir judiciaire des libérés conditionnels et des libérés en fin de peine ne s'expliquent pas simplement par la sélection en amont du processus des détenus qui sont considérés comme pouvant bénéficier de la libération conditionnelle (*cf.* A. Kensey, art. précit., spéc. p. 398, col. 2).

nettement plus faibles; 2/ le fait de déclarer une *profession* à la libération qui minore le risque de récidive; 3/ l'*âge* au moment de la libération, plus l'âge augmentant et plus le taux de récidive diminuant. Il résulte également de l'étude que le *fait d'être marié* plutôt que d'être dans une autre situation (célibataires, divorcés, veufs ou en couple non mariés), a une influence positive. Ainsi, en combinant ces divers facteurs, il apparaît que le risque de récidive le plus fort réside dans le cumul de facteurs suivants : 1/ avoir un passé judiciaire; 2/ ne pas déclarer de profession; 3/être dans une tranche d'âge « jeune ».

b) En ce qui concerne les *typologies* de récidivistes/non-récidivistes, l'appariement deux à deux de ces divers facteurs a abouti à l'établissement d'une répartition des sujets de l'enquête en fonction de l'infraction initiale, en huit groupes allant du plus fort risque au plus faible. Ainsi pour les auteurs d'homicides volontaires, on observe une dispersion du taux de risque de récidive de 0 à 36 %, ce qui représente une forte amplitude. Le risque de retour en prison est de 4/10 lorsque le criminel a déjà un passé judiciaire, n'a pas déclaré de profession et est « jeune » à sa libération. En revanche le risque est pratiquement nul, s'il est plus âgé et n'a pas de passé judiciaire, le fait qu'il ait ou non une profession étant sans incidence notable. Enfin, la probabilité de retour en prison est de 2/10 lorsque le sujet a un passé judiciaire, a moins de 40 ans et malgré une profession.

D'une manière générale, le « type criminologique » qui présente le risque le plus élevé est le suivant : il s'agit d'un « jeune » condamné, qui a été l'auteur d'une agression sexuelle criminelle et qui a déjà un passé judiciaire. Sa probabilité de retour en prison est de 6/10.

c) Quant à la *nature des nouveaux faits* commis par le récidiviste, l'enquête montre que les parcours ne sont pas monolithiques, ceux qui avaient commis une atteinte aux personnes ne récidivant pas nécessairement par le même type d'infraction et pouvant très bien commettre une atteinte aux biens, ou inversement. Ainsi la répétition des mêmes sortes d'infraction n'est pas la règle.

723 *Le délinquant professionnel* [1] ◊ Du délinquant d'habitude proprement dit, on distingue le *délinquant professionnel*. Le professionnel, qui vit de la délinquance est, comme le délinquant d'habitude, un *inadapté social* qui ne peut se plier aux normes sociales. Mais il se distingue de celui-ci par son *organisation;* son activité criminelle est organisée et son existence est elle-même tout entière organisée en vue du crime. C'est un individu très dangereux.

Le concept criminologique du « délinquant professionnel » a été élaboré par E. H. Sutherland en 1937 à la suite du « récit-confession » que lui a fait un cer-

---

1. **Ouvrages** : M. Cusson, *La délinquance, une vie choisie. Entre plaisir et crime*, éd. Hurtubise, Montréal, 2005, 226 p.; L. Fiocconi, avec J. Pierrat, *Le colombien*, La Manufacture de livres/Toucan noir, 2009, 320 p.; P. Tremblay, *Le délinquant idéal. Performance, discipline, solidarité*, Montréal, Liber, 2010, 267 p.; J.-F. Gayraud, *La grande fraude*, O. Jacob, 2011, 262 p. – **Articles** : P. Tremblay et C. Morselli, « La trame des parcours délinquants » et « Délinquance, performance et capital social : une théorie sociologique des carrières criminelles », *Criminologie*, 2004, vol. 37, n° 2, p. 89 et s.; M. Cusson, « La délinquance, une vie choisie », *RICPT*, 2006, n° 2, p. 131 et s.; J.-P. Guay et M. Cusson, « La délinquance, la récidive et la psychopathie », *in* M. Cusson et *al.*, *Traité de sécurité intérieure*, 2007, p. 175-184; L. Kazemian et *al.*, Patterns of residual criminal careers among a sample of adjudicated french-canadian males », *RCC*, 2007, n° 3, p. 307; S. Cypel, « Escrocs, mode de vie », *Le Monde* du 28 janv. 2009; J.-F. Gayraud, « Crise des subprimes, une affaire criminelle ? L'impunité des banquiers est choquante », *Le Monde* du 14 juin 2011.

tain Chic Conwell, voleur de profession[1]. Pour le grand théoricien des « associations différentielles »[2], le voleur professionnel se situe dans le monde de la pègre, il ne connaît ordinairement que l'alternative de voler ou de ne pas travailler, il est vu et il se voit comme un criminel, il est organisé de manière informelle, il fait du crime une profession et, poursuivi par les policiers et sanctionné par les juges répressifs, il construit son immunité sur la corruption des uns et des autres. Ainsi comme on l'a écrit[3], la délinquance est pour le professionnel plus qu'une succession d'activités particulières, c'est un *mode de vie* financièrement rentable en principe et qui est l'expression d'un *choix*, c'est-à-dire d'une décision persistante consécutive à une évaluation périodiquement révisée des coûts-avantages de ce mode de vie[4].

L'analyse du comportement du délinquant professionnel proposée par Sutherland vient d'être réexaminée dans un ouvrage intitulé « Le délinquant idéal »[5]. Si la conception selon laquelle il existerait d'après les affirmations de Conwell une sorte d'ordre ou d'organisation différentielle, informelle et secrète des voleurs professionnels est quelque peu dépassée, la théorie de la délinquance professionnelle elle-même est indispensable pour qui veut comprendre les formes de délinquance organisée, les milieux et les marchés délinquants (depuis les braquages de banques et pillages de distributeurs automatiques de billets (DAB) aux trafics de drogue ou d'autres matières en passant par bien d'autres formes de crime organisé). La question se pose toutefois de savoir si le *white collar crime* à caractère économique et financier que Sutherland distinguait d'avec le voleur professionnel, voire l'y opposait trait à trait, n'est pas lui aussi, dans certains cas, une manifestation véritable de la délinquance professionnelle. Les agissements illicites systématiques de certains banquiers et *traders* qui ont provoqué la récente crise des *subprimes* conduisent à le penser comme on a tenté de le montrer[6].

§ 3. **Jeunes délinquants et délinquants adultes**[7]

724 *Fondement et contenu de la distinction* ◇ La distinction des jeunes délinquants et des délinquants adultes est une distinction qui s'est élabo-

1. E.H. Sutherland, *The professional thief*, Chicago, Univ. Chicago Press, 1937, trad. fr., *Le voleur professionnel d'après le récit d'un voleur de profession*, Paris, éd. Spès, 1963.
2. *Cf. supra* n° 245.
3. M. Cusson, *ouvrage précité.*
4. *Cf.* pour la théorie du choix rationnel *supra* n° 300 et pour le calcul coûts-avantages par le délinquant, la théorie de l'acte délictueux, n°s 673 et s.
5. P. Tremblay, précité.
6. *Cf.* l'*ouvrage* de J.-F. Gayraud et son article, précités.
7. M. Laignel-Lavastine et V. V. Stanciu, 226-239; R. Vouin et J. Léauté, 300-321; E. Seelig, « Les types principaux de délinquants juvéniles », *RICPT*, 1954, p. 281-293; Y. Roumajon, « La crise de l'adolescence dans le monde actuel », *RSC*, 1959, p. 767-783; Hadzi, « L'inadaptation, source de la délinquance juvénile et de la récidive », *Rev. moderne de la police*, sept.-oct. 1960; E. Yamarellos et G. Kellens, I, v° « Jeunes délinquants », 247-254; D. Laberge, « L'invention de l'enfance : modalités institutionnelles et support idéologique », *Criminologie*, 1985, n° 1; F. Bailleau, « Parcours et parcage de délinquants juvéniles » *in* Bailleau et al., *Lectures sociologiques du travail social*, Paris éd. ouvrières 1985, 188-203; A. Racine et al., *Les Blousons noirs, un phénomène socio-culturel de notre temps*, Cujas, 1966, 233 p.; J. Pinatel (1987), v° « Délinquance juvénile », 60-63; M. Le Blanc, « La carrière criminelle : définition et prédiction », *Criminologie*, 1986.2, p. 79-99; M. Frechette et M. Le Blanc, *Délinquances et délinquants*, Montréal, 1987, 384 p.; Y. Roumajon, *Enfants perdus, enfants punis*, Paris, 1989; R. Ottenhof, « Mais qui sont donc les hooligans ? », *RSC*, 1990, p. 836-839 et 1991, p. 405-408; G. Girey, *Violence et meurtre à l'adolescence*, éd. universitaires, 1991; J. Toupin et H. Mercier, « L'homicide à l'adolescence :

état des connaissances », *RICPT*, 1992, n° 3 ; L. Walgrave, *Délinquance systématisée des jeunes etvulnérabilité sociale*, éd. Masson, 1992, 154 p. ; Rapport du groupe de réflexion justice/ville, nov. 1993 ; M. Le Blanc, « La délinquance à l'adolescence », *in* D. Szabo et M. Le Blanc (éd.), *La criminologie empirique au Quebec*, 1985, p. 96-133 et « La conduite délinquante des adolescents et ses facteurs explicatifs », *in* D. Szabo et M. Le Blanc (éd.), *Traité de criminologie empirique*, 2ᵉ éd. 1994, p. 49-89 ; M. Jacob et al., « Étude descriptive et comparative d'une population d'adolescents agresseurs sexuels », *Criminologie*, 1993, n° 1, p. 133-163 ; M. Le Blanc, « Changement social et délinquance des adolescents. Leur analyse à la lumière des écrits de Denis Szabo », *Criminologie*, 1993, n° 2, p. 13-28, même auteur, « Stabilité de la conduite délinquante des adolescents et constance du mécanisme de régulation personnelle et sociale », *RICPT*, 1993, p. 135-151 ; R. Evans, « Evaluating young adult diversion schemes in the Metropolitan Police District », *The criminal law review*, juill. 1993, 490 ; P. King et J. Noël, « Les origines du problème de la délinquance juvénile : la multiplication des poursuites contre des mineurs à Londres à la fin du XVIIIᵉ siècle et au début du XIXᵉ siècle », *Dév. et soc.* 1994, p. 3-29 ; R. Ottenhof, « Le concept de précocité en criminologie », *RSC*, 1994, p. 863-867 ; R. Kinsey, « Les plus belles années de votre vie ? », *Dév. et soc.* 1994, p. 55-88 ; M. Le Blanc, « Le développement de la conduite délictueuse chez les adolescents », *RICPT*, 1995, p. 167-186 ; S. Étienne, « Bilan de la délinquance juvénile en Suisse de 1985 à 1992 », *RICPT*, 1995, p. 63-86 ; R. Cario, *Jeunes délinquants : à la recherche de la socialisation perdue*, 1996, 208 p. ; M.-H. Leca, « Carences cognitives et délinquance juvénile », *RICPT*, 1996, p. 288-299 ; J. Castagnède, « Image de la délinquance chez les jeunes : résultats d'une recherche transfrontière », *RICPT*, 1996, p. 80-93 ; S. Pons, « Personnalité criminelle et délinquance juvénile », *in Prob. act. Sc. crim.* X, 1996, p. 153-196 ; R. Ottenhof, « La délinquance juvénile et le nouveau Code pénal », *même ouvrage*, 49-182 ; J. Graham et B. Bowling, « Young people and crime », *Home office research study*, n° 145, 1996 ; E. Janssens, « Jeunesse et délinquance, Problèmatique et stratégies », *RDPC*, 1996, p. 367-380 ; C. Gauvray, « Trajectoire déviante à la lisière entre adolescence et âge adulte », *Dév. et soc.* 1997, p. 273-288 ; Albernhe (dir.), *Criminologie et psychiatrie*, 1997, 361-375, art. Couraud, Duche et Ottenhof ; M. Rufin, *Protection de la jeunesse et délinquance juvénile*, Rapport au 1ᵉʳ ministre, *Doc. fr.*, 1996, 113 p. ; C. Lazerges et M. Balduyck, *Réponses à la délinquance des mineurs*, Rapport au 1ᵉʳ Ministre, Doc. fr., 1998, résumé *in RSC*, 1998, p. 610-620 ; D. Bochereau, « Délinquance infanto-juvénile », *Encycl. médico-chirurgicale-Psychiatrie*, 1998, G. 10, t. 2 ; P. Le Moigne, *Le traitement des intraitables. L'organisation sociale de la récidive chez les jeunes*, De Boeck éd., 1999 ; C. Samet (dir.), *Violence et délinquance des jeunes*, Doc. fr., 2000, 183 p. ; S. Roché, *La délinquance des jeunes. Les 13-19 ans racontent leurs délits*, Seuil, 2001, 300 p. ; F. Haut et St. Queret, *Les bandes criminelles*, PUF, 2001, 280 p. ; F. Marty (dir.), *Le jeune délinquant*, Payot, 2002, 364 p. ; P. Huere, *Ni anges, ni sauvages. Les jeunes et la violence*, éd. Anne Carrère, 2002, 300 p. ; C. Blatier, *La délinquance des mineurs*, PUG, 2002, 2ᵉ éd., 290 p. ; Rapport du Sénat, « Délinquance des mineurs », juin 2002 ; K. Varga, *L'adolescent violent et sa famille : psychothérapie des liens de dépendance*, Payot, 2002, 189 p. ; C. Lazerges, « Fallait-il modifier l'ordonnance n° 45-174 du 2 février 1945 ? », *RSC*, 2003, p. 172-183 ; R. Gassin, « Faut-il réviser l'ordonnance du 2 février 1945 relative à l'enfance délinquante ? » *in Prob. act. Sc. crim.*, vol. XVI, 2003, p. 43-78 ; H. Lagrange, « La délinquance des jeunes », *in* L. Mucchielli et P. Robert, *Crime et sécurité : l'état des savoirs*, 2002, p. 158-167 ; J. Castagnède, « Les petits responsables. Réflexions sur la responsabilité pénale et la responsabilité civile des mineurs », *Mélanges Lapoyade-Deschamps*, 2003, p. 119-139 ; même auteur, « La loi n° 2002-1138 du 9 septembre 2002 : un nouveau regard porté sur le droit pénal des mineurs », *D.* 2003, chron. p. 779-785 ; J. Pouyanne, « Le nouveau droit pénal intéressant les mineurs ou la difficulté d'être entre protection et répression », *Droit pénal*, mai 2003, chron. p. 4-9 ; L. Tichit, « Gangs juvéniles et construits ethniques dans le contexte américain », *Criminologie*, 2003, n° 2, p. 57 ; R. Gassin, « Les "noyaux suractifs" de mineurs délinquants », *RPDP*, 2003, p. 805-821 ; P. Desloges, « Vivons-nous un retour à l'enfermement des mineurs délinquants ? », *AJ pénal*, janvier 2004, p. 27-28 ; N. Lanctot, v° « Délinquance juvénile », *Dict. sc. crim.*, 2004, p. 233-238 ; P. Benghozi et T. Feres Carneiro, « Violence et adolescence. Une mise à l'épreuve du lien social et familial », *Prob. act. Sc. crim.*, 2004, p. 23-39 ; J.-S. Western, M. Lynch et E. Ogilvie, *Understanding youth crime. An Australian Study*, Aldershot, Ashgate, 2004, 218 p. ; O. Zana et P. Lacombe, « L'entrée en délinquance de mineurs incarcérés. Analyses comparatives entre des jeunes "d'origine française" et des jeunes "d'origine maghrébine" », *Dév. et soc.* 2005, p. 55 ; P. Rosenweig, « Jeunes, banlieues et justice », *D.* 2006, Tribune, p. 1 ; B. Gallizia, *Cannabis : les jeunes ont droit à la vérité*, éd. de l'Emmanuel, 2006, 62 p. ; H. Chabrol et al., *Le cannabis et ses risques à l'adolescence*, 2006, 160 p. ; B. Gaillard, « Parcours de vie d'adolescents et d'adolescents délinquants. Approche clinique et psychopathologique » *in RICPT*, 2006, p. 433 ; M. Rufo, *La vie en désordre. Voyage en adolescence*, éd. A. Carrière, 2007 ; L. et S. Tournyol du Clos, *La délinquance des jeunes : les profils, les causes, les évolutions*, préface M. Cusson, Paris, L'Harmattan, 2007, 255 p. ; S. Imloul, avec C. Azouvi, *Enfants bandits ? La violence des 3-13 ans dans les banlieues*, éd. Panama,

rée petit à petit dans la pratique et dans la théorie criminologique. *L'idée fondamentale* sur laquelle elle repose est que *le jeune délinquant* est une personnalité en formation, en cours de socialisation, tandis que *le délinquant adulte* a déjà une personnalité formée et est relativement peu susceptible d'évoluer. En effet, la délinquance des mineurs est souvent passagère, soit parce qu'elle est le symptôme d'une crise temporaire que connaît le mineur (familiale, sociale, sexuelle, scolaire), soit parce qu'elle participe de la construction de la personnalité et de l'apprentissage des interdits sociaux. À ces considérations propres aux mineurs s'ajoute le fait que, selon de nombreux spécialistes de l'enfance comme Piaget ou Dolto, la personnalité se forme dans une large mesure très tôt dans la petite enfance, de sorte que le mineur est rarement seul responsable de sa délinquance. *Les conséquences juridiques fondamentales* que l'on en tire sont que le droit pénal doit privilégier une réponse éducative à une réponse répressive. C'est aussi ce qui explique que la responsabilité pénale des mineurs est, dans la plupart des pays, progressive, par paliers, au fur et à mesure de la formation de leur personnalité, et du développement de leur discernement. En France, seuls les mineurs incapables de discernement (lequel s'acquiert vers l'âge de 7/8 ans) sont pénalement irresponsables (art. 122-8 C. pén.) [1]. À partir de cet âge, ils encourent des mesures éducatives, auxquelles peuvent s'ajouter des sanc-

---

2008; O. Koudou, « Dysfonctionnement familiaux et formation de la personnalité à risque déviant chez l'adolescent », *RICPT*, 2008, p. 259; R. Nollet, « Les mineurs en zone périurbaine. Quels enjeux ? », *Rev. gend. nat*, 2009, n° 230, p. 39; A. Colombo, « Jeunes à risque ? Sens des pratiques dites à risque et sortie de la rue » *in* « Les jeunes et la rue », *Criminologie*, vol. 43 n° 1, 2010, p. 158; M. Le Blanc, « La conduite déviante des adolescents : son développement et ses causes » *in* M. Le Blanc et M. Cusson (dir.), *Traité de criminologie empirique*, 4ᵉ éd., 2010, précité, p. 227-272; Dr S. Case, « Special Categories of Offenders; Juveniles. Constructions, causes, risk factors and explanations », *in* M. Herzog-Evans (ed.), vol. 2, p. 397-427. CONGRÈS ET COLLOQUES : Congrès intern. (Lille, mai 1988), « Le rapport à la loi dans l'adolescence »; Colloque juin 1987, Sorbonne, *Le sujet et la loi. La petite délinquance, approche juridique et psychanalytique*, éd. Erès, 1988; Colloque intern. sur L'enfance et l'adolescence en difficulté dans la société d'aujourd'hui (Bordeaux, avr. 1989); IIᵉ Congrès intern. de l'AICLF (Bruxelles, mai 1991); 1ʳᵉ Journée d'études transdisciplinaires sur « Le droit de l'enfance et de la famille » (Rouen, juin 1991) : rapports Ribstein et Raymondis, *RSC*, 1992, p. 179; 11ᵉ Journées françaises de droit pénal (Rennes, nov. 1991), rapport Ottenhof, éd. Économica, 1993, p. 113 et s.; 10ᵉ Colloque criminologique du Conseil de l'Europe, Strasbourg, nov. 1991, « Jeunes adultes délinquants et politique criminelle », Actes *in Recherche criminologique*, vol. XXX, 1994; 29ᵉ Congrès français de criminologie, Beauvais, mai 1994, « Délinquance et précocité », Actes, 2 volumes; 7ᵉ Colloque de l'Association internationale des criminologues de langue française, « L'âge et la question criminelle », Montréal 13-15 août 2000, publié *in Criminologie*, 2002, 105 p. Cf. EN OUTRE LA BIBLIOGRAPHIE CITÉE À PROPOS DES RELATIONS ENTRE L'ÂGE ET LA CRIMINALITÉ AU N° **491**.

1. Il est cependant à noter que la doctrine majoritaire a longtemps affirmé que les mineurs étaient pénalement irresponsables, au motif qu'ils n'encouraient pas de peine (jusqu'à 13 ans), ou que celles-ci étaient limitées à la moitié de celles encourues par les majeurs (à partir de 13 ans); en ce sens J.-F. Renucci, *Droit pénal des mineurs*, Masson, 1994, p. 115 et s.; C. Lazerges, « De l'irresponsabilité à la responsabilité pénale des mineurs délinquants », *RSC*, 1995, p. 149 et s.; R. Nérac-Croisier, « Irresponsabilité ou responsabilité des mineurs ? », *in* R. Nérac-Croisier (dir.), *Le mineur et le droit pénal*, l'Harmattan, 1997, p. 133 et s. Le législateur a clarifié la situation avec la loi du 9 septembre 2002, au terme de laquelle l'article 122-8 du C. pén. dispose que « le mineur capable de discernement est pénalement responsable des crimes délits et contraventions dont il aura été reconnu coupable ». Sur cette controverse, *cf.* P. Bonfils et A. Gouttenoire, *Droit des mineurs*, Précis Dalloz, 2008, n° 1248 et s., p. 699 et s.

tions éducatives à partir de 10 ans, et des peines à partir de 13 ans, peines diminuées obligatoirement jusqu'à l'âge de 16 ans et de façon facultative entre 16 et 18 ans[1]. La plupart des législations connaissent, au-delà de leurs divergences évidentes, un régime dérogatoire et protecteur des mineurs délinquants. Du reste, l'autonomie du droit pénal des mineurs se trouve consacrée non seulement par le Conseil constitutionnel[2], mais encore par la Convention internationale des droits de l'enfant de 1989.

Cela étant, il est incontestable que, depuis une vingtaine d'années, la législation applicable aux mineurs tend à se rapprocher de celle des majeurs, du moins sur un plan procédural[3]. Cette évolution se propose de répondre à une aggravation de la criminalité des mineurs, dans son volume comme sa structure. De fait, il paraît se développer une délinquance de précarité ou d'inadaptation, selon l'expression de Denis Salas[4], préoccupante par la gravité des infractions commises et le manque de conscience sociale. Quoi qu'il en soit, la distinction criminologique entre jeunes délinquants et délinquants adultes est sans doute une de celles dont l'influence sur le droit pénal est la plus nette.

Après cette première distinction, la criminologie a élaboré dans les années 1950 une nouvelle catégorie : celle du *jeune adulte délinquant*[5]. La catégorie va, selon les auteurs, de 18 à 21 ans, 23 ans ou même 25 ans. Elle repose sur cette idée que la formation de la personnalité et sa socialisation, loin d'être terminées à 18 ans, se continuent en réalité jusqu'à 25 ans, date de la fin de la croissance des os longs et de la myélisation des fibres d'association cérébrale, ainsi que de l'activation de la maturation du cerveau chez l'homme d'après des études récentes fondées sur l'imagerie cérébrale. D'où la nécessité de prévoir un régime particulier de responsabilité et de sanction pour les jeunes adultes délinquants afin de tenir compte de leur relative proximité des mineurs du point de vue de la formation de la personnalité.

725 *Relativité de la distinction* ◇ L'analyse criminologique des mineurs délinquants a montré que tous les mineurs ne répondent pas au même modèle. Si, pour la majorité d'entre eux, la délinquance apparaît comme une sorte « d'accident de parcours » de la socialisation et de la formation de leur personnalité, il en est un certain nombre dont l'altération de la personnalité est profonde et qui s'enracinent dans la criminalité[6]. Plus les mineurs commencent tôt à « délinquer » et plus le risque est grand de

---

1. *Cf.* P. Bonfils et A. Gouttenoire, précité, n° 1248 et s., p. 699 et s.
2. Cons. constit. 29 août 2002, *JO* 10 sept. 2002, p. 14953 ; *Gaz. Pal.* 4-5 sept. 2002, p. 3, note J.-E. Schoettl.
3. *Cf.* not. F. Bailleau et Y. Cartuyvels (dir.), *La justice pénale des mineurs en Europe (entre modèle Welfare et inflexions néo-libérales)*, L'Harmattan, 2007.
4. D. Salas, « La délinquance d'exclusion », *CSI*, n° 29, 1997, p. 61 et s.
5. *Le jeune adulte délinquant*, Publication des Nations unies, 1965 ; Hess et Ferracuti, *Le délinquant jeune adulte* (bibliographie), Milan, 1967, 198 p. ; J.-M. Pichery, *Le jeune adulte délinquant*, thèse de droit Montpellier 1980, 3 vol. ; E. Yamarellos et G. Kellens, I, v° « Jeune adulte délinquant », 244-247.
6. P.-M. Lagier, *L'enracinement criminel*, thèse de PhD criminologie, Montréal, 1979, 585 p. ; E.-M. Fontaine, « Une théorie générale de la délinquance, de la récidive et des peines », *RIPC*, 1978, p. 138-144.

les voir devenir des délinquants persistants[1]. Le récidivisme des mineurs a été étudié de manière particulière[2].

En 1987, MM. Frechette et Leblanc, professeurs à l'École de criminologie de l'université de Montréal, faisant le bilan de près de vingt ans de recherches sur la délinquance des jeunes dans un ouvrage tout à fait remarquable, ont confirmé la pertinence de cette approche nuancée de la délinquance juvénile. Ces auteurs écrivent notamment : « Ce que l'étude de la dynamique évolutive de la délinquance nous permet finalement de dégager avec le plus de certitude, c'est la présence de deux profils d'évolution bien distincts sinon opposés, la scission critique entre les deux se manifestant très précocement. Dans le premier profil, parce que la délinquance s'inscrit comme un débordement temporaire de l'agir, comme une sorte de flambée de manifestations d'inconduite dans un contexte à connotation velléitaire ou même ludique, elle apparaît comme l'équivalent d'une sorte de « rite de passage ». Elle permet à l'adolescent de bien vérifier les limites à ne pas franchir et de consolider en définitive son orientation sociale. Dans le second profil, la délinquance, qui est à la fois précoce, soutenue, diversifiée, acquisitive, etc., découle de la consolidation chez le sujet d'un mode de fonctionnement proprement *dyssocial* qui traduit un véritable engagement dans l'antagonisme et l'opposition à l'endroit des valeurs sociales. Le sujet s'engage ici, de façon décisive, dans l'antisocialité[3]. » La première forme de délinquance juvénile est appelée par ces auteurs, *délinquance commune*, et la seconde, *délinquance distinctive*[4]. Depuis lors, MM. Frechette et Le Blanc ont affiné cette typologie en identifiant trois sortes de jeunes délinquants : outre la *délinquance d'occasion* et la délinquance distinctive renommée *délinquance de condition*, ils isolent entre les deux *une délinquance de transition* qui consiste en une délinquance réitérée et parfois grave mais qui se limite essentiellement à la période de l'adolescence[5].

Postérieurement, un auteur étudiant la délinquance des jeunes qui se situent dans le bas de l'échelle de la stratification sociale, a cru pouvoir rendre compte de leur délinquance par une théorie intégrative qu'il a désignée sous le vocable de « vulnérabilité sociale[6] ». Il entend par là « le risque couru par certaines parties de la population dans leur contact avec les institutions sociales »[7]. Il s'agit là d'une notion à la fois interactionniste et structurelle qui entend intégrer la « criminologie du délinquant » avec la « criminologie de la réaction sociale ».

---

1. « La délinquance juvénile et la criminalité prématurée », Congrès suisse de criminologie, 1983 (*cf. RICPT*, 1983, p. 117).
2. *Cf.* outre les références citées *supra* n°s 722-723, T. Doi et I. Sugimoto, « Deux catégories de mineurs récidivistes : ceux qui s'attaquent à la propriété et ceux qui se livrent à la violence », *RIPC*, 1967, p. 24 et s.
3. *Op. cit.*, p. 133.
4. Une telle distinction devrait rendre les législateurs *plus circonspects* lorsqu'ils prennent des mesures de réforme générales favorables aux mineurs délinquants, en particulier lorsqu'ils suppriment indistinctement la détention provisoire en matière correctionnelle pour les mineurs de 16 ans ou lorsqu'ils la limitent exagérément pour les mineurs de plus de 16 ans.
5. M. Le Blanc, « Vers une criminologie appliquée à la conduite délinquante des adolescents », *in* C. Blattier, *Prévenir la délinquance dès la petite enfance*, L'Harmattan, 2006, p. 35-91, spéc. 66-81. Dans une autre typologie, M. Le Blanc distingue quatre catégories de jeunes délinquants : sporadiques, explosifs, persistants intermédiaires et persistants graves (*cf. Traité de criminologie empirique*, 2ᵉ éd., 1994, p. 49 et s. et 70 et s.).
6. L. Walgrave, *Délinquance systématisée des jeunes et vulnérabilité sociale*, éd. Méridiens-Kliencksieck, 1992, 154 p.
7. *Op. cit.*, p. 86.

À l'inverse, la personnalité des délinquants adultes présente une plasticité suffisante pour que l'on tente de les réadapter par un traitement approprié à la vie sociale, même lorsqu'il s'agit de multirécidivistes, du moins de certains d'entre eux.

725bis *Bibliographie générale du chapitre* ◇

J. Marquiset, 49-81; J. Constant, 37-39; B. Di Tullio (1951), 181-211; E. Seelig, 51-139; G. Stefani et G. Levasseur, n°s 353-418; J. Pinatel (1963-1975), n°s 208-227 et 228-240; D. Szabo (1970), 320-371; B. Di Tullio (1967), 174-195; J. Larguier, 75-83; E. A. Fattah et D. Szabo, A40, 6-12; D. Szabo (1970), 200-251; R. Hood et R. Sparks, 111-139 et 193-213; E. Yamarellos et G. Kellens, II, *v°* « Typologie des délinquants », 219-221; J. Leyrie, 258-260; R. Merle et A. Vitu, I, n° 39; Barte et Ostaptzeff, 34-35; G. Kellens, 199-204; G. Kellens, *v°* « Typologie des délinquants », *Dict. Sc. crim.*, p. 940-943; B. Bouloc, n° 476-490.

LES TYPOLOGIES DE CRIMES

726 Généralités ◇ Les *codes criminels* décrivent un nombre important d'actions et d'omissions qu'ils punissent de peines variables selon la gravité objective de l'infraction (meurtre, vol, viol, etc.) et ils regroupent en général ces multiples infractions en quelques grandes catégories : infractions contre les personnes, infractions contre les biens et infractions contre la chose publique.

Ces *classifications juridiques*, qui ne sont pas dépourvues d'intérêt dans le cadre de l'étude macrocriminologique de la criminalité, cessent d'être utilisables lorsqu'il s'agit de classer les crimes au *point de vue microcriminologique*[1]. Aussi les criminologues se sont-ils tournés vers d'autres sortes de typologie des infractions. Celles-ci sont cependant *bien moins nombreuses* que les typologies de délinquants, car l'étude du crime en lui-même, en tant qu'acte, a été beaucoup moins poussée que celle du criminel qui sert de base aux typologies de délinquants[2].

Parmi les typologies de crimes, il en est quelques-unes qui sont à peine esquissées par leurs auteurs et peuvent seulement être mentionnées[3]. Une autre a déjà été étudiée : il s'agit de la distinction des crimes avec victimes et des crimes sans victimes[4]. De sorte que dans le présent chapitre, on va examiner les trois typologies de crimes les plus connues auxquelles il n'a pas encore été fait allusion : la typologie de Pinatel d'après les motivations (section 1), la distinction des systèmes de comportement criminel de Sutherland-Cressey (section 2) et la classification fondée sur le nombre de participants (section 3).

SECTION 1. **LA CLASSIFICATION DES CRIMES PAR LEUR MOTIVATION**[5]

727 Quatre types ◇ S'inspirant de certaines catégories de la typologie des criminels exposée par E. Seelig[6], J. Pinatel s'est efforcé de classer les *crimes eux-mêmes*, et non les criminels, à partir des *motivations* qui les animent. Il a dégagé ainsi quatre catégories de crimes : le crime primitif (§ 1), le

---

1. M. Bessette, *Sociologie du crime*, 1982, recourt pourtant à une typologie purement juridique (p. 19-23).
2. *Cf. supra* n⁰ˢ 673 et s. *Adde* G. Kellens, *Éléments de criminologie*, p. 259-261.
3. Tel est le cas de la typologie de M. Michel Jeoi, alors procureur de la République de Paris, qui distingue entre : 1/ les délinquances « extrêmes » a) par leur violence, b) par leur astuce; 2/ les délinquances de l'incivisme (circulation routière, chèques, abus de crédit); 3/ les délinquances de l'insécurité (Discours de rentrée devant le Tribunal de Paris, *Gaz. Pal.*, 3 mars 1985, p. 21, 1ʳᵉ col.).
4. *Cf. supra* n⁰ 653.
5. J. Pinatel, *Traité de criminologie*, 1975, n⁰ˢ 252-259.
6. *Cf. supra* n⁰ 689.

crime utilitaire (§ 2), le crime pseudo-justicier (§ 3) et le crime organisé (§ 4). En outre, il existe des crimes qui sont considérés comme *non motivés*[1].

§ 1. **Le crime primitif**[2]

728 *La notion de réactivité primitive* ◇ Le crime primitif est celui qui résulte d'une *libération soudaine* de l'activité criminelle, sans que celle-ci ait été soumise au contrôle de la personnalité totale. Ex. : le meurtre commis dans une brusque explosion de colère.

Ce genre de réactions dites « primitives » peut prendre deux formes assez différentes : 1/ les *réactions explosives*[3], liées soit à un accès soudain de colère, soit à une accumulation affective telle que la moindre occasion peut provoquer une réaction disproportionnée (ex. : le criminel assassin de sa famille par haine accumulée)[4], et qui sont généralement l'œuvre de caractériels épileptoïdes; 2/ les *actions en court-circuit*, œuvres cette fois-ci de débiles mentaux, où le sujet, sans avoir une tendance à une décharge motrice particulière, est cependant incapable de différer sa réaction et d'adopter une conduite ajustée (ex. : incendiaire « pyromane », certaines voleuses de grands magasins). Le crime semble n'être pas motivé[5].

§ 2. **Le crime utilitaire**

729 *Traits caractéristiques* ◇ Le crime utilitaire est celui qui est accompli en vue de *se libérer d'une situation* dont le délit apparaît comme la seule issue. Ex. : l'épouse meurtrière de son mari qui est pour elle un bourreau domestique; le caissier indélicat qui vole pour se procurer de l'argent afin de satisfaire ses besoins et ses passions[6].

Ainsi défini, le crime utilitaire présente *quatre caractères :* 1/ Il suppose toujours que le délinquant s'est trouvé dans une *situation spécifique* ou *dangereuse*[7]; 2/ il est souvent limité à une seule forme d'infractions ou dirigé contre une seule personne ou un groupe de personnes déterminées; 3/ il est l'aboutissement d'une crise dont les étapes ont été décrites par De Greeff (acquiescement mitigé, assentiment formulé, crise proprement dite); 4/ il se développe aussi bien dans le

---

1. J.-L. Viaux, « Le complexe de Lorenzaccio : étude du crime non motivé », *RICPT*, 2005, p. 41 et s.

2. Fray, *Crimes et délits par réactivité primitive*, th. droit Toulouse, 1969; O. Kinberg, *Problèmes fondamentaux* précité, p. 133.

3. Dʳ F. Baudoux, « Le syndrome paradoxal des agresseurs hypercontrôlés », rapport résumé in *RDPC*, 1967-1968, p. 973.

4. Sur un cas de crime par haine accumulée; X..., « Le crime de l'opéra de Vienne », *RIPC*, janv. 1969, p. 11.

5. A. Stumpler a étudié une série de cas où l'auteur agit sans motifs apparents ou sans qu'il soit possible de fournir une explication à ces agissements, *cf. RDPC*, 1969-70, p. 483.

6. Pour les infractions de masse, v. G. Ollendorf et O. Ruthart, « Les infractions de masse : Quelles interprétations ? », in *CSI*, 1996, n° 23, p. 23-33. Sur les délinquances de subsistance, v. E. Michelet, « Nouveau Code, nouveau juge, nouvelle ethique », *Mélanges Perrot*, 1996, p. 277-297.

7. Sur cette notion, *cf. supra* n° 648.

domaine des infractions contre les biens qui constituent son domaine d'élection (ex. détournements par employés voleurs, caissiers indélicats, fonctionnaires ou commerçants malhonnêtes), que contre les *personnes* [1] : meurtres pour s'approprier une fortune, mais aussi pour se libérer d'une personne gênante, comme le meurtre du mari pour vivre avec son amant, homicide utilitaire qu'il ne faut pas confondre avec l'homicide passionnel qui est une variété de crime « pseudo-justicier ».

Il est à noter que la délinquance d'affaires peut, du moins pour partie, s'apparenter à un crime utilitaire. Ce type de délinquance répond en effet fréquemment à l'appât du gain, et sa réalisation provient le plus souvent de la conjonction entre une opportunité de commettre une infraction et la nécessité d'un enrichissement rapide et aisé.

§ 3. Le crime pseudo-justicier

730 *Notion générale* ◇ À la différence du crime utilitaire qui est marqué par la satisfaction de l'intérêt personnel, le crime pseudo-justicier revêt *un certain caractère désintéressé.* L'auteur tend, en effet, par le crime à rétablir ce qu'il croit être la justice soit dans le domaine des relations privées, soit dans celui des relations publiques [2]. Mais, en fait, il y a toujours un sentiment de *vengeance* plus ou moins intense dans ce type de crime et il s'y trouve mêlé avec de l'altruisme, des raisons idéologiques et des processus de compensation.

731 *Variétés* ◇ J. Pinatel ne distingue pas moins de sept variétés de crimes pseudo-justiciers. 1/ L'*homicide passionnel* [3] qui est un crime de destruction résultant d'un conflit directement sexuel ou en rapport avec l'amour sexuel. Dans ses grandes lignes le déroulement du processus criminogène

---

1. *Cf.* J. Pinatel (1987), v° « Homicide utilitaire », p. 110-111.
2. Les crimes dits d'« auto-défense » qui ne remplissent pas les conditions de la légitime défense entrent dans le cadre des crimes pseudo-justiciers. V. sur ces crimes : B. Corboz, « L'acte de justice propre », *RICPT*, 1980, p. 227-230 ; R. Dulong, « Sens et non-sens de l'auto-défense », *Dév. et soc.* 1981, p. 211-222.
3. Yamarellos et G. Kellens, II, v° « Passionnel (crime) », 65-68 ; J. Pinatel (1987), v° « Homicide passionnel », 108-109 ; Leyrie, *Manuel de psychiatrie légale et de criminologie clinique,* 155-159 ; G. Kellens, 227-230. – Ouvrages : L. Proal, *Le crime et le suicide passionnels,* Paris, Alcan, 1900 ; L. Rabinowicz, *Le crime passionnel,* Paris, 1931 ; De Greeff, *Amour et crimes d'amour,* 1942, rééd. Dessart, 1973, 323 p. ; M. Tuerlink, *Essai sur le crime passionnel ;* D. Lagache, *La jalousie amoureuse,* 2 vol., Paris, PUF 1947, rééd. en 1 volume, 1986 ; Sleiman, *Le crime passionnel,* th. droit Paris, 1964 ; R. de Brito Alves, *Ciume e crime* (La jalousie et le crime), Recife, 1984, 100 p., CR *RSC*, 1987, p. 321-322 ; J. Guillais, *La chair de l'autre : le crime passionnel au xixᵉ siècle,* éd. Orban, 1986, 350 p. ; S. Paugam, *Crimes passionnels,* Calmann-Lévy, 1988, 231 p. ; V. Quemard, *Le crime passionnel au xxᵉ siècle : La disparition d'un mythe,* Mémoire DEA Sciences criminelles, Aix-en-Provence, 1989 ; M. Korn, *Ces crimes dits d'amour,* L'Harmattan, 2003, 240 p. ; M. Fernet, *Amour, violence et adolescence,* Presses Univ. Québec, 2005, 269 p. – Articles : R. Mitkovitch, « Le crime passionnel », *RDPC,* 1930, 197-201 ; L. Rabinowicz, « Le crime passionnel », *RDPC,* 1930, p. 1223-1235 ; Dʳ Lévy-Valensi, « Criminalité et passion amoureuse », *Ann. méd. légale,* avr. 1931 ; De Greeff, « L'état dangereux dans les crimes passionnels », Conférence du IIᵉ Cours internat. de criminologie (Paris 1953), Paris 1954, 194-205 ; Lagache, « Réflexions sur De Greeff et le crime passionnel », *in Autour de l'œuvre de De Greeff ;* 1956, t. 1, p. 67 et s. ; M. Ancel, « Le crime passionnel, état de la question », *Hygiène mentale,* 1958 ; D. Zagury, v° « Crimes passionnels », *Dict. sc. crim.,* 2004, p. 195-198.

passe par les trois stades du crime utilitaire indiqués précédemment, mais il s'y joint deux autres processus qui précisément le caractérisent : *le processus de réduction* qui ramène la victime à une abstraction responsable et le *processus-suicide,* ou réaction de désengagement qui peut aller jusqu'au suicide après le crime, mais se traduit plus souvent par la livraison à la police dans les heures qui suivent[1]. On attribue l'« invention » de la catégorie du crime passionnel à Alexandre Dumas dans les circonstances suivantes : une femme avait tué son amant; or à cette période du XIXe siècle, le meurtre était sévèrement puni et l'obscurité des relations conjugales surtout ne souffrait aucun scandale public. Dumas ayant pris fait et cause pour la meurtrière, son talent fut tel que l'opinion publique changea du tout au tout. Désormais, l'amour allait servir d'alibi aux crimes. Il en fut ainsi pendant près d'un siècle, les acquittements succédant aux peines de complaisance. Dans les années 1950, une réaction se manifesta dans l'opinion et les peines prononcées devinrent à nouveau plus sévères. Il en fut ainsi notamment lorsque les jurés, flairant le moindre intérêt derrière l'excuse de la passion, se rabattaient sur l'expression d'un crime essentiellement « utilitaire ». On affirme quelquefois que le crime passionnel serait devenu très rare, voire aurait disparu. Pourtant, dans un article de presse faisant état d'une baisse très importante du nombre des meurtres en France passant de 1 051 en 2000 à 682 en 2009, un responsable policier précisait que « seul le crime passionnel, qui représente les deux tiers des affaires, ne pourra par essence jamais être endigué »[2]. 2/ Le *crime par idéologie*[3] qui se caractérise par le fait que son auteur considère comme un devoir l'acte qu'il commet : il en est ainsi de l'auteur d'attentats politiques, du conspirateur, comme du membre d'une secte religieuse ou du duelliste. 3/ Le *délit prophylactique* qui est celui dont l'auteur sait qu'il agit illégalement, tout en étant convaincu que de cette façon il évite un plus grand mal, voire qu'il réalise un bien (ex. : l'euthanasie). 4/ Le *délit symbolique*[4] : il se définit par le fait que celui qui en souffre les conséquences n'est pas directement lié au délinquant (ex. : enfant volant des objets à son maître d'école sans nul besoin, parce que ce dernier présente une certaine ressemblance avec son père qu'il admire, craint et hait à la fois; mère assassinant son enfant sans mobile apparent, mais pour atteindre indirectement le père à l'égard duquel elle nourrit des sentiments ambigus mélangés de crainte et de haine). 5/ Le *délit revendicatif* qui est celui dont l'auteur s'érige en défenseur dans une affaire où il n'est pas directement impliqué. 6/ Le *délit libérateur* ou *d'aventure :* c'est celui qui naît de l'insatisfaction de la vie quotidienne, du malaise que

---

1. *Cf. supra* n°s 662 et 663.

2. *Le Figaro* du 2 août 2010.

3. E. Yamarellos et G. Kellens, II, v° « Politiques (crimes) », 87-96; J. Pinatel (1987), v° « Politique (criminalité) »; D. Szabo, (1978), 192-235; D. Szabo, « Les perversions et la passion : essai sur la pathologie du sentiment de toute puissance », *RICPT*, 1980, p. 343-349; F.-L. Ford, *Le meurtre politique. Du tyrannicide au terrorisme,* PUF, 1990, 546 p.

4. J. Cordier et C. Lefeburf, « Le vandalisme : comportement symbolique ? », *RICPT*, 1980, p. 263-270.

détermine sa monotonie et de l'angoisse qui en résulte (ex. : emprunt de voiture par jeunes en bande). *7/ Le délit autopunitif* ou par sentiment de culpabilité : c'est un acte pseudo-justicier dirigé contre soi-même par l'intermédiaire d'un acte qui atteint directement autrui.

§ 4. Le crime organisé [1]

732 *Définition et variétés* ◇ Le crime organisé est celui qui procède d'une *volonté délibérée* de commettre un ou plusieurs actes criminels. Essentiel-

1. E. Yamarellos et G. Kellens, II, *v^{is} Organized crime*, p. 54-56 et *Mafia*, p. 17-19 et I, *v° « Brigands »*, p. 62-63; J. Pinatel (1987), *v^{is} Organisé (crime)*, p. 154-156 et *Gangs (criminalité des)*, p. 100-102; G. Kellens, p. 231-241; M. Cusson, *Criminologie actuelle*, 1998, p. 105-134; M. Killias, *Précis*, 2e éd., 2001, p. 133-138; C. Blatier, « Introduction à la psychocriminologie », *Criminologie*, 2010, p. 105-109. **CRIME ORGANISÉ EN GÉNÉRAL :** A.-R. Lindesmith, « Organized crime », *The Annals of American Academy of political and social science*, sept. 1941, p. 119-127; J. Susini, « La bureaucratisation du crime », *RSC*, 1966, p. 116-128; M. Montarron, « Histoire du milieu de Casque d'Or à nos jours », *Rev. pol. nat.*, juin-juill. 1969, p. 62 et s.; Québec : « La société face au crime », vol. 3, tome 3, 1970; J. Susini, « Un concept opérationnel trop négligé : le crime organisé », *RSC*, 1971, p. 751-762; D. Cressey, *Organized crime and criminal organisation*, 1971; Kornfeld (éd.), *A study of organized crime in Illinois*, 1971; A. Normandeau, « Le crime organisé au Canada et au Québec », *RIPC*, 1971, p. 204 et s.; J. Kobler, *Al Capone et la guerre des gangs à Chicago*, 1972; A. Jaubert, *D... comme drogue*, 1973; J.-P. Gilbert et al., « Le crime organisé », *in La criminalité urbaine et la crise de l'administration de la justice*, 1973, p. 119-144; J.-A. Mack et H.-J. Kerner, *The crime industry*, 1975; M. Mac Intosh, *The organisation of crime*, 1976; Maltz, « Defining organized crime », *Crime and delinquancy*, 1976, XXII. 3.338; US Departement of Justice : *Organized crime. Report of the task force on organized crime*, 1976; J.-A. Mack, « Le crime professionnel et l'organisation du crime », *RSC*, 1977, p. 5-18; J.-M. Chaumeil, « La Cour des Miracles au XVIIe siècle », *Rev. pol. nat.*, 1977, n° 2, p. 48-55; R. Ottenhof, « Délinquance juvénile et criminalité organisée », 1980, *in Mélanges Bouzat*, p. 337-350; Le Taillanter, *Paris sur fric*, 1981; P. Spiteri, « Aperçus criminologiques sur le crime organisé », *Mélanges Hebraud*, 1981, p. 839 et s; A. Laville, *Le juge Michel*, 1982; P.-A. Lupsha, « Vers une analyse stratégique du crime organisé », *RIPC*, 1983, p. 133-137; V.-W. Peterson, *The MOB, 200 years of organized crime in New York*, USA, 1983, 543 p.; D. Hodgson, *Profits of crime and their recovery*, Londres, 1984, 165 p.; J. Albanese, *Organized crime in America*, USA, 1985, 142 p.; P. Tremblay et R. Kedzior, « Notes introductives à l'analyse du crime organisé contemporain : prolégomènes montréalais », *RCC*, avril 1985, n° 2, p. 179-194; H.-E. Alexander et G.-E. Caiden (éd.), *The politics and economics organized crime*, USA, 1985, 175 p.; J. Milis, *L'empire clandestin : cinq ans avec les services secrets au cœur du crime organisé*, 1986, 1145 p.; T. Donnely, « Les triades chinoises », *RIPC*, 1986, p. 198-206; J. Milis, *L'empire clandestin*, 1986; H. Abadinski, *Organized crime*, 1er, 1987, CR *RSC*, 1989, p. 626-628; T.-S. Bynum, *Organized crime in America : concepts and controversis*, USA, 1987, 149 p.; A. Bossard, *La criminalité internationale*, coll. « Que sais-je ? », PUF, 1988, p. 99-104; C. et M. Mitchell, « Le crime organisé et la guerre aux stupéfiants : crise et réforme », *Criminologie*, 1989, n° 1; « Le crime organisé », Table ronde au XIVe Congrès intern. de droit pénal (Vienne, oct. 1989), Actes du Congrès p. 193-240; Convention européenne relative au blanchiment, au dépistage, à la saisie et à la confiscation des produits du crime, *RICPT*, 1990, p. 525; P. Bernasconi, « Blanchiment d'argent : les nouvelles solutions légales suisses », *RSC*, 1990, p. 646-650; L. Palmier, « Le crime organisé en Italie », *RIPC*, mars-avr. 1992, p. 30-35; Colloque de l'Association Descartes (Paris, juin 1991) : « Les drogues dans les sociétés démocratiques », CR Y. Bisiou, *RSC*, 1992, p. 180-182; *Études in RICPT*, 1992, n° 4 : E. Savona, « La réglementation du marché de la criminalité », V. Valiuevic, « Préalables à de meilleures préventions et répression du crime organisé », J. Borricand, « Crime organisé et coopération européenne », G. Picca, « Le blanchiment des produits du crime : vers de nouvelles stratégies internationales »; A.-S. Nikiforov, « Organized crime in the West and in the former USSR : an attempted comparison », *International Journal of offender therapy and comparative criminology*, 1993, vol. 37, n° 1, p. 5; Colloque (Rome, avr. 1993) : « Le crime organisé et les instruments d'une intervention », CR *RSC*, 1993, p. 845-846; T. Morishita, « Loi contre les groupes de crime organisé au Japon », *RSC*, 1993, p. 399-401; A. Tsoukala, « Les nouvelles politiques contre le crime organisé en Grèce », *RSC*, 1993, p. 603-608; M. Papa, « La nouvelle législation italienne

en matière de criminalité organisée », *RSC*, 1993, p. 725-738; Rapport Serge Didier au nom de la Commission des lois, Doc. parl. A.-N. 1993-1994, n° 1167; Thème du Cours intern. de crim. de Louvain (mai 1994); T. Bandini et al. (dir.), *La criminalita organizzata. Moderne metodologie di ricerca e nuove ipotesi esplicative*, 1993; Y. Mayaud, « Le crime organisé » *in Le nouveau Code pénal. Enjeux et perspectives*, Dalloz 1994, p. 59-78; Semaine des Nations Unies sur la criminalité financière organisée, Naples, nov. 1994; Académie de droit européen de Trèves (déc. 1994), « La criminalité organisée dans une Europe aux frontières ouvertes », CR in *RSC*, 1995, p. 417; L. de Martino, « Yakusa et Cosa Nostra », *RICPT*, 1995, p. 38-45; R. Scmidt-Nothen, « Le crime organisé en Allemagne », *RIPC*, 1995, n°s 452-453, p. 15-19; L. Shelley, « Post-Soviet organized crime and the Soviet succesor States », *AIC*, 1995, p. 169-190; F. Palazzo, « La législation italienne contre la criminalité organisée », *RSC*, 1995, p. 711-722; Institut de relations stratégiques Internationales, « Criminalité organisée, argent sale et instabilité mondiale », juin 1995; A. Schmid, « Transnational organized crime and its threat to democracy and the economy », *in* C. Fijnaut et al., *Changes in society, crime and criminal justice in Europe*, Anvers, Kluwer, 1995. II. 85-121; D.-J. Kenney et al., *Organized crime in America*, 1996; J.-L. Herail et P. Ramael, *Blanchiment d'argent et crime organisé*, PUF, 1996, 196 p.; F. Palazzo, « Les rapports entre criminalité organisée et ordre politique », *AIC*, 1996, 103-113; Colloque de l'ISPEC d'Aix en Provence (juin 1996), « Criminalité organisée et ordre dans la société », rapports in Actes, PUAM 1997, 280 p.; J.-P. Brodeur « Organized crime. A review of literature », *AIC*, 1997, 89-130; A. Weyenberg, « Vers un réseau judiciaire européen contre la criminalité organisée », *RDPC*, 1997, p. 868-900; J.-F. Thony et J.-P. Laborde, « Criminalité organisée et blanchiment », *RIDP*, 1997, 1, p. 411-432; J.-F. Thony, « Les politiques de lutte contre le blanchiment en Europe », *RPDP*, 1997, 307-326; N. Queloz, « Les actions internationales de lutte contre la criminalité organisée : le cas de l'Europe », *RSC*, 1997, p. 765-788; « Programme d'action de l'Union européenne relatif à la criminalité organisée », *RIDP*, 1997, p. 321-350; Rapports présentés au Colloque de l'AIDP (Alexandrie, novembre 1997) sur « Les systèmes pénaux à l'épreuve du crime organisé » dont pour la France le rapport Cedras, *RIDP*, 1998, p. 7-559; même sujet à l'Institut supérieur international des sciences criminelles de Syracuse, septembre 1997, CR *RSC*, 1998, p. 417-419; J.-P. Brodeur, « Le crime organisé hors de lui-même : tendances récentes de la recherche », *RICPT*, 1998, 188-222; « La criminalité économique », Congrès du groupe suisse de travail de criminologie, Interlaken 10-12 mars 1999, CR *RSC*, 1999, p. 660-662; M. Quille, « Le crime organisé : du mythe à la réalité », *RPDP*, 1999, p. 31-48; M. Yokoyama, « Trends of organized crime by Boryokudan in Japan », *in* St. Einstein et M. Amir (dir.), *Organized crime*, 1999, p. 135-154; A. Delpirou et E. Mackenzie, *Les cartels criminels. Cocaïne et héroïne, une industrie lourde en Amérique latine*, PUF, 2000, 240 p.; X. Raufer et F. Haut et S. Queret, *Les bandes criminelles*, PUF, 2001, 280 p.; G. Picca, « Transnational organized crime », *AIC*, 2001, vol. 39, p. 19-24; F. Haut, « Du "terrorisme de rue" au crime organisé », *RIPC*, 2001, n° 486, p. 30-37; J.-P. Brodeur, « Le crime organisé », *in* L. Mucchielli et P. Robert (dir.), *Crime et sécurité. L'état des savoirs*, La Découverte, 2002, p. 242-251; S. Queret, *Le crime organisé*, coll. « Que sais-je ? », PUF, 2003, 4e éd. 2005 (avec X. Raufer); C. Morselli et al., « Des éléments du crime organisé et son contrôle au Québec », in M. Le Blanc, M. Ouimet et D. Szabo (dir.), *Traité de criminologie empirique*, 3e éd., 2003, p. 161-192; M. Alain, « Les bandes de motards au Québec : la distinction entre crime organisé et criminalité organisée », *in* même traité, 135-160; C. Choquet, *Terrorisme et crime organisé*, L'Harmattan, 2003, 293 p.; M.-L. Cesoni (dir.), *Criminalité organisée : des représentations sociales aux définitions juridiques*, Bruylant, 2004, 788 p.; P. Bonfils, v° « Criminalité organisée », *Dict. sc. crim.*, 2004, p. 204-207; M. Cousineau et al., v° « Gangs », *Dict. sc. crim.*, J. Schneider et N. Tilley, *Gangs*, Aldershot, Ashgate, 2004, 555 p.; M. Kokoreff, « Trafics de drogues et criminalité organisée : une relation complexe », *Criminologie*, 2004, n° 2, p. 9; M. Michel (dir.), « Mobilisations contre la criminalité organisée et institutionnalisation d'un espace judiciaire pénal européen (1996-2001) », *Mission de recherche Droit et Justice*, octobre 2004; J. Pradel, « Le crime organisé après la loi française du 9 mars 2004 dite loi Perben II », *RDPC*, fév. 2005, p. 33-157; F. Ploquin, *Parrains et caïds. La France du grand banditisme dans l'œil de la P.J.*, Fayard, 2005, 525 p.; V. Manouk, « Genèse du processus de blanchiment d'argent. Analyse conceptuelle : traces de l'expression de l'économie médiévale précapitaliste », *RICPT*, 2005, p. 341; M. Mourani, *La face cachée des es*, Montréal, éd. de l'Homme, 2006, 215 p.; F. Bertrand, *La vendetta, le banditisme et leur suppression*, éd. Lacour-Ollé, reproduction en 2006; J. Pierrat, *Gangs de Paris : petite chronique du milieu des années 70 à nos jours*, Paris, 2007, 199 p.; B. Aubry, *Les parrains de la Côte*, L'Écaille (Marseille), 2007, 400 p.; F. Ploquin, *Parrains et Caïds 2. Ils se sont fait la belle*, Fayard, 2007, 382 p.; M. Kokoreff et al., *Economies criminelles et mondes urbains*, PUF, 2007, 160 p.; L. Paoli, « Organized crime : new label, new phenomenon or policy expedient ? », *AIC*, 2008, p. 39-62; R. Gassin, « La notion de crime organisé en criminologie », *RPDP*, 2008, p. 667-689; L. Lehardy de Beaulieu (dir.), *Criminalité et trafics maritimes*, Presses Univ. Namur, 2007, 113 p.

lement acquisitif (vol à la tire, cambriolage, vol dans les hôtels, escroquerie, faux, etc.), il est généralement accompli dans le cadre d'une *situation non spécifique* ou *amorphe*. Il s'ensuit que l'occasion doit être recherchée, ce qui exige la formation d'un plan, la connaissance des lieux, des préparatifs, l'acquisition des outils nécessaires, le choix des complices, etc., d'où son appellation. Il s'ébauche généralement dans les bandes d'enfants, mais c'est chez les adultes que les techniques d'organisation atteignent leur plus haute expression.

Telle est du moins la définition qu'en donne Jean Pinatel dans le cadre de sa classification des crimes par les motivations. D'après cette définition, le crime organisé peut être aussi bien l'œuvre d'un délinquant professionnel qui agit *isolément* du moment qu'il remplit les critères qui viennent d'être définis, que d'une bande plus ou moins nombreuse de malfaiteurs agissant de manière organisée. Aujourd'hui cependant quand on parle de crime organisé, ce que l'on vise essentiellement ce sont les *organisations criminelles* dont les activités criminelles sont elles-mêmes « organisées »; le crime organisé indivi-

Mafias : très nombreux ouvrages et art., v. P. Arlacchi, Mafia et compagnies : *L'éthique mafiosa et l'esprit du capitalisme*, 1986, 239 p.; F. Calvi, *La vie quotidienne de la mafia de 1950 à nos jours*, 1986; H. Hess, *Mafia*, 2ᵉ éd., Tubingen, 1986, 230 p.; G. Tinebra (dir.), *La mafia ogi*, Milan, 1988, 439 p.; P. Pezzino, « La modernisation violente en Italie. Perspective historique du crime organisé », *Dév. et soc.* 1991, p. 419-437; P. Lacoste, *Les mafias contre la démocratie*, éd. J.-C. Lattès, 1992; G. Falcone et M. Padovani, *Cosa Nostra*, 1992; G. Falcone, « Qu'est-ce que la mafia ? », *Rev. Esprit*, oct. 1992, p. 111-118; G. Falcone, « La criminalité organisée : un problème mondial. La mafia italienne en tant que modèle pour la criminalité organisée opérant au niveau international, *RICPT*, 1992, n° 4; L. Gambetta, *The Sicilian Mafia. The business of private protection*, Cambridge Harvard Univ. Press, 1993. F. Daubert, Rapport de la Commission d'enquête sur la pénétration de la mafia italienne en France, 1993; M. Sabatier, *Les aspects actuels de la mafia*, Mémoire DEA Sciences criminelles, Aix-en-Provence, 1993, 250 p. dactylo.; T. Cretin, « Qu'est-ce qu'une mafia ? Essai de définition des mafias », *RSC*, 1995, p. 281-299; G. de Leo, *Evoluzione; Mafiosa e tecnologie criminali*, Milan, Giuffre éd., 1995, 223 p.; E. Viano, « La mafia russe, Son impact sur la privatisation du marché », *RICPT*, 1995, p. 395-404; L. de Martino, « Yakusa et Cosa Nostra », *RICPT*, 1995, p. 38-45; F. Marruzor, « Les organisations de type mafieux à l'horizon 2000 », *RICPT*, 1997, p. 221-232; T. Cretin, *Mafias du monde, Organisations criminelles transnationales : actualité et perspectives*, PUF, 201 p.; F. Palazzo, « La mafia aujourd'hui : évolution criminologique et législative », *Prob. act. Sc. crim.*, 1998, XI, 1998, 61-78; S. Lupo, *Histoire de la mafia : des origines à nos jours*, traduit de l'italien, Flammarion, 1999, 400 p.; I. Sommier, *Les mafias*, Montchrestien, 1999, 153 p.; J. de Maillard, « Mafia : la nouvelle dynamique du crime », *Revue Le Débat*, nov.-déc. 2000, n° 112, p. 94-99; P. Brunot, « Mafias russes : mythes et réalités », *Gend. Nat.* 2000, juill.-sept. 2000, 11-21; J.-L. Briquet (dir.), *Les mafias*, Hermès, 2000, 190 p.; X. Raufer et S. Quéré, *La mafia albanaise, une menace pour l'Europe*, Paris, Lausanne, éd. Favre, 2000, 144 p.; J.-F. Gayraud, *Le monde des mafias*, O. Jacob, 2005, 443; J. Pierrat et A. Sargos, *Yakusa : en quête au cœur de la mafia japonaise*, Flammarion, 2005, X. Raufer, *La camorra, une mafia urbaine*, La table ronde, 2005, 113 p.; X. Raufer, *La criminalité organisée dans le chaos mondial : mafias, triades, cartels, clans*, Paris, éd. des Riaux, 2006, 78 p.; J. Pierrat, *La mafia des banlieues. Économie souterraine et crime organisé dans les banlieues*, Denoël, 2006, 286 p.; J. Dickie, *Cosa nostra : une histoire de la mafia sicilienne*, Buchet-Chastel, 2007, 515 p.; J.-L. Briquet, *Mafia, Justice et politique en Italie. L'affaire Andreotti dans la crise de la République (1992-2004)*, Paris, éd. Karthala, 2007, 390 p.; G. de Véricourt, *Les mafias*, Milan, 2007, 64 p.; E. Oliva et S. Pallazzolo, *Bernardo Provenzano, parrain de la Mafia : Cosa Nostra et ses secrets*, Presses du belvédère (Suisse), 2007, 208 p.; R. Saviano, *Gomorra : dans l'empire de la Camorra*, Gallimard, 2007, 457 p.; T. Colombie, *Beaux voyous : French Sicilian connection*, Fayard, 2007, 350 p.; J. Dickie, *Cosanostra : la mafia sicilienne de 1860 à nos jours*, Perrin, 2008; C. Champeyrache, *Société du crime : un tour du monde des mafias*, éd. CNRS, 2008, 482 p.; J. de Saint-Victor, *Un danger planétaire. Mafias, l'industrie de la peur*, éd. Du Rocher, 2008.

duel n'a guère qu'un caractère résiduel [1]. Aussi conviendra-t-il de faire le point des connaissances sur les organisations criminelles lors de l'étude de la classification des crimes fondée sur le nombre des participants [2].

On distingue *trois variétés* de crime organisé : 1/ la criminalité organisée *à caractère brutal* ou *agressif* (hold-up, racket, cambriolage, vol à la tire, etc.); 2/ *l'exercice d'activités illicites rémunératrices* (tenue clandestine de maisons de jeu, proxénétisme, trafic de stupéfiants...) qui consiste à tirer profit des vices d'autrui; 3/ le « *white collar crime* » [3] qui est le fait de personnes qui appartiennent à des catégories sociales élevées et consiste dans des actes de ruse : fraudes fiscales, infractions aux lois sur les sociétés, corruption de fonctionnaires, etc. La délinquance d'affaires appartient donc, pour partie, à la catégorie de la criminalité organisée, étant précisé que pour Pinatel, la criminalité organisée ne requiert pas nécessairement une pluralité de participants.

---

1. R. Gassin, « La notion de crime organisé en criminologie », précité. L'ambiguïté de la notion de « crime organisé » dans la langue de la criminologie française provient sans doute d'une mauvaise traduction de l'expression nord-américaine « *organized crime* ». « *Crime* » en anglo-américain ne signifie pas crime, et plus largement infraction pénale. L'infraction pénale se traduit par « *offense* ». « *Crime* » signifie *criminalité* et désigne donc un phénomène collectif commis par une bande organisée et non un phénomène individuel de l'infraction commise par un seul individu. Cette ambiguïté a laissé quelques traces dans le droit positif français du crime organisé. En effet toutes les infractions énumérées par l'art. 706-73 du C. pr. pén. sur la procédure applicable à la criminalité et à la délinquance organisées ne supposent pas nécessairement avoir été commises en bande organisée (*cf.* art. 312-7 et 442-2 du C. pén.).

2. *Cf. infra* n°s 740 à 742.

3. CRIME EN COL BLANC : E. Yamarellos et G. Kellens, I, *v*° « Col blanc (crime en) », 90-94 et II, *v*° « Kavaliersdelikt », 5-6; J. Pinatel (1987), *v*° « White collar crime », 226-228; n° spécial de *Criminologie* 1977 consacré à la criminalité des affaires; G. Kellens, « Du crime en col blanc au délit de chevalier », *Annales fac. droit Liège*, 1968, p. 61-124; A. Mergen, « La personnalité du "criminel en col blanc" », *RICPT*, 1970, p. 265-270; G. Kellens, « Crime en col blanc et stigmatisation », *RDPC*, 1970, p. 327-338; J. Cosson, « L'État victime du crime organisé (fraudes fiscales) », *RDPC*, 1973, p. 237 et s.; art. Courakis, Kellens et Reed à la *RSC*, 1974, p. 766-821; J. Cosson, *Les industriels de la fraude fiscale*, Seuil, 1e éd. 1971, 2e éd. 1974; J. Cosson, *Les grands escrocs en affaires*, Seuil 1979; A. Bequai, *White collar crime, a 20th century crisis*, Lexington books, 1979; Y. Delord-Raynal, « Le délinquant d'affaires : son profil psychologique à partir de l'observation d'audiences de jugement », *RICPT*, 1980, 271-288; P. Wickman et T. Dailey, *White collar and economic crime*, 1982; G. Geiss, *On white collar crime*, 1982; M.-B. Clinard, *Corporate ethics and crime. The role of middle management*, Sage publ., 1983, 189 p.; E.-H. Sutherland, *White collar crime*, version intégrale avec une introduction de G. Geiss et C. Goff, Yale Univ.-Press, 1983, 291 p.; A. Rossion, « La délinquance en col blanc », *Rev. pol. nat.*, juin 1983, n° 119, p. 47-50; J. W. Coleman, *The criminal elite. The sociology of white collar crime*, New York, 1985, 260 p.; P. Lascoumes, *Élites irrégulières. Essai sur la délinquance d'affaires*, Gallimard 1987; J. Cosson, « Les formes modernes de la criminalité économique et financière et ses rapports avec le crime organisé », *Mélanges Vitu*, 1989, p. 125-136; K. Tiederman, « Tendances mondiales d'introduction de sanctions nouvelles pour les crimes en col blanc », *RICPT*, 1991, n° 2; Groupe suisse de travail de criminologie, « La criminalité économique », CR *RSC*, 1999, p. 660; N. Queloz, « Criminalité économique et criminalité organisée : comment les différencier ? », *in* Banhofer et al., *Criminalité économique*, éd. Roegger, 1999, p. 17-50; Colloque « Criminalité financière contre bien public », Paris, 29 novembre 2001, CR *RSC*, 2002, p. 190-193; P. Lascoumes, « La corruption », *in* L. Mucchielli et P. Robert, *Crime et sécurité*, 2002, p. 232-241; J.-L. Bachler et C. Gagnon, « La criminalité économique », *in Traité de criminologie empirique*, 3e éd., 2003, p. 73-110; J.-L. Bachler, *v*° « Criminalité économique », *Dict. sc. crim.*, 2004, p. 201-204; Centre de recherche en droit économique et cercle des économistes, *La criminalité d'argent : quelle répression ?*, Actes du colloque de Paris 14 nov. 2003, Montchrestien, 2005, 252 p.; N. Pons, *Cols blancs et mains sales. Économie criminelle, mode d'emploi*, O. Jacob, 2006, 319 p.; M. Dantine et G. Kellens, « La débâcle d'« AremisSoft » : manipulation de cours, manipulation de l'information financière » *in Sciences pénales & Sciences criminologiques Mélanges offerts à Raymond Gassin*, PUAM, 2007, p. 387-397; Colloque « La comptabilité dans l'entreprise et la responsabilité pénale » (Paris 16 décembre 2005), n° spécial des *LPA* du 12 avril 2007, 79 p.

Récemment en France, et plus précisément depuis la loi du 9 mars 2004[1], la criminalité organisée a été prise en considération par le droit pénal, à travers un régime spécifique applicable aux infractions commises en bande organisée. Ainsi l'article 706-73 du C. pr. pén. énumère une liste d'infractions (meurtre en bande organisée, tortures et actes de barbarie en bande organisée, association de malfaiteurs...) et réserve à cette catégorie un régime dérogatoire particulièrement répressif. Mais, sous l'angle juridique, la criminalité organisée suppose une pluralité de participants (trois au moins).

SECTION 2. **LES SYSTÈMES DE COMPORTEMENT CRIMINEL**[2]

733 *Définition* ◇ Cette seconde sorte de typologie des crimes repose sur la notion de « système de comportement criminel » que Sutherland et Cressey définissent comme étant une *unité sociologique particulière* regroupant certaines infractions pénales ou, plus fréquemment, découpant dans une infraction déterminée plusieurs variétés de système de comportement criminel. Ainsi on a pu isoler à l'intérieur de la catégorie juridique du vol plusieurs systèmes de comportement : vol professionnel, vol par compensation, etc.

734 *Traits caractéristiques* ◇ Selon Sutherland et Cressey, un système de comportement criminel se caractérise par *trois traits essentiels.* 1/ Ce n'est pas une simple accumulation d'actes criminels isolés, mais une unité complexe qui comporte, par-delà les actes eux-mêmes, une morale, des traditions, un esprit de corps, des relations sociales entre les participants directs et la collaboration indirecte de beaucoup de personnes : c'est donc d'abord *un mode de vie collectif.* 2/ Ce n'est pas un comportement propre à un individu particulier, mais *un comportement commun,* qui se répète chez un grand nombre d'individus, de sorte qu'il doit être possible de dégager des processus généraux qui ne seraient pas propres aux individus. 3/ Bien qu'un système de comportement se caractérise essentiellement par la participation commune et collective au système, il peut souvent se définir par le *sentiment d'identification* de ceux qui y participent. Car les participants à un même système ressentent un sentiment d'appartenance qui est réel.

735 *Applications* ◇ Sutherland et Cressey qui ont imaginé la notion de système de comportement criminel comme principe de classification se sont bornés dans l'application à présenter quelques exemples : le vol professionnel, l'escroquerie pratiquée dans les cirques et l'enlèvement de personnes. Mais Clinard et Quinney ont appliqué la notion en établissant

---

1. B. de Lamy, « La loi du 9 mars 2004 : la lutte contre le crime organisé », D. 2004, p. 1912.
2. E. H. Sutherland et D. R. Cressey, *Principes de criminologie*, p. 254-264; M.-B. Clinard et R. Quinney, *Criminal behaviour systems*, New York, 1967, 498 p., 2ᵉ éd. 1986, 274 p.

une véritable typologie que les dimensions de cet ouvrage ne nous permettent pas d'exposer[1].

SECTION 3. CLASSIFICATION FONDÉE SUR LE NOMBRE DES PARTICIPANTS

736 *Le principe de la typologie* ◇ La distinction des actes criminels fondée sur le nombre de participants à l'acte repose sur l'idée que ni la
nature de l'acte, ni sa structure, ni son mode d'exécution, ne se présentent de la même façon selon le nombre de personnes qui participent à
l'acte criminel. Dans cette perspective, on peut distinguer entre *trois types
de crimes* : le crime commis isolément (§ 1), le crime commis en association (§ 2) et le crime des foules (§ 3)[2].

§ 1. Le crime commis isolément

737 *Définition* ◇ Il s'agit du crime dont non seulement l'exécution, mais la
préparation éventuelle et l'idée initiale sont l'œuvre d'une seule personne.
Du fait que le criminel est limité à ses propres ressources matérielles et
intellectuelles, son activité est nécessairement limitée à certains types de
crimes et à certains modes d'exécution. Son habileté personnelle peut
seulement compenser en partie cette limitation.

Cela dit, les crimes commis isolément sont d'une grande variété. Cela va du
meurtre passionnel jusqu'au vol professionnel, en passant par toute une série d'activités criminelles occasionnelles ou répétées, comme le cas du « tueur en série »[3].

§ 2. Le crime commis en association[4]

738 *Notion* ◇ La notion criminologique de crimes commis en association
comprend évidemment tous les cas où le droit pénal retient l'existence

---

1. Proche de la notion de système de comportement criminel est celle de « situations typiques » imaginée par J.-P. Brodeur dans une préoccupation de criminologie appliquée, pour définir un modèle de « lignes directrices » de détermination de la sentence à l'usage des juges : *cf.*
« La réforme de l'imposition des peines au Canada », *RICPT*, 1989, p. 472-484, spéc. 481-482 et
infra n° 776. Une reflexion analogue a été faite en France à la suite de la réforme des peines par
la loi du 10 août 2007 : J. Pradel, « Enfin des lignes directrices pour sanctionner les délinquants
récidivistes (Commentaire de la loi du 10 août 2007 sur les « peines plancher ») », D. 2007,
chron. p. 2247-2256.
2. Sur le point de vue international, *cf.* A. Bossard, *La criminalité internationale*, 1988, p. 95-
99 (solitaires, bandes, groupes, milieu).
3. *Cf. supra* n° 714.
4. Sur la délinquance en groupe, *cf.* R. Vouin et J. Léauté, 278-279 ; E. Mira y Lopez, 236-242 ;
E. Yamarellos et G. Kellens, I, v° « Association criminelle », 35-36 ; I. Rosoni, « Paysans le jour,
brigands la nuit. Société de pénurie et criminalité collective dans l'Italie du XIXᵉ siècle », *Dév. et
soc.* 1989, p. 113-124 ; *Rev. Criminologie*, 1989, n° 2, dossier « Le milieu criminel » : Y. Leguerrier,
« Les entreprises de prostitution commerciale : les commerces éphémères des marchés illicites »,
P. Tremblay, « Plaidoyer pour la sociologie criminelle » ; F. Renaud, *Le nouveau milieu. Parrains et*

d'une *coactivité* ou *d'une complicité.* Mais elle déborde ces derniers de deux façons : *en aval* parce qu'elle inclut également le couple auteur-recéleur; *en amont* parce qu'elle englobe aussi l'ensemble auteur-instigateur, même lorsque celui-ci ne peut entrer dans la définition juridique de la complicité par provocation ou par instructions données.

739 **Diversité des hypothèses** ◇ Dans le cadre de cette définition, le crime commis en association recouvre des hypothèses variées.

La criminologie s'est, dès ses débuts, intéressée aux *crimes à deux,* c'est-à-dire aux crimes dans lesquels la participation ne consiste pas dans l'exécution matérielle et conjointe, mais dans le fait que l'un des deux partenaires commet le crime à la suite d'une instigation de l'autre. On a ainsi distingué le couple mandant-mandataire, accusateur-accusé, amant-maîtresse, mari-femme, parent-enfant[1].

Une autre catégorie qui mérite d'être isolée est celle du *crime commis par une bande d'adolescents.* On a relevé que la bande de mineurs ne possède pas cette structure étroite et efficace de la bande de malfaiteurs adultes. L'entente n'y est pas aussi étroite et aussi centrée vers le but criminel à atteindre[2].

Enfin, il convient de distinguer parmi les *bandes de malfaiteurs adultes* entre les bandes « *isolées* » et celles qui baignent dans le « *milieu criminel* ». Les premières sont souvent éphémères et se disloquent assez vite. Les secondes possèdent en revanche une permanence qui n'est en général brisée, indépendamment de l'action de la police, que par les règlements de compte entre bandes rivales pour la domination du « marché » du crime professionnel.

740 **Les organisations criminelles**[3] ◇ Le crime organisé entendu comme *l'ensemble des activités criminelles exercées par des organisations criminelles,* telle la mafia sicilienne, est devenu une préoccupation majeure des autorités publiques contemporaines. Non que le phénomène soit nouveau : l'expression « organized crime » a même été utilisée aux États-Unis à la fin des années 1920 pour caractériser les « gangs » de malfaiteurs qui sévissaient notamment dans la ville de Chicago. Mais aujourd'hui, cette forme de criminalité a pris une telle ampleur qu'elle a mobilisé les politiques criminelles, non seulement des principaux pays développés, mais aussi des institutions internationales : Conseil de l'Europe, Union européenne et en dernier lieu Organisation des Nations unies.

Sans doute la connaissance empirique du crime organisé n'est-elle pas aisée parce que l'existence de structures mafieuses et l'appartenance d'individus à ces

grand banditisme en France, Fayard éd., 1992; F. Haut et S. Queret, *Les bandes criminelles,* PUF, 2001, 280 p.; R. Fillieule, *Sociologie du crime,* p. 69-71; R. Boudon et F. Bourricaud, *Dictionnaire critique de la sociologie,* v° « Action collective »; M. Cusson, *Criminologie,* p. 95-100; M. Fournier, M. M. Cousineau et S. Hamel, « La victimisation : un aspect marquant de l'expérience des jeunes filles dans les gangs », *Criminologie,* 2004, vol. 37, n° 1, p. 149.
   1. *Cf.* J. Pinatel, *Traité de criminologie,* n°s 275-279.
   2. *Cf.* Roumajon, « La crise de l'adolescence dans le monde actuel », *RSC,* 1959, p. 767 et s., spéc. 768-769; R. Ottenhof, « Délinquance juvénile et criminalité organisée », *in Mélanges en l'honneur de P. Bouzat,* 1980, p. 337-350. *Adde supra* n° 627.
   3. *Cf.* la bibliographie sur le crime organisé sous le n° 732.

organisations criminelles ne sont pas par hypothèse une donnée *visible* et facilement *quantifiable*, à la différence de la délinquance traditionnelle. Mais de là à dire qu'il s'agit d'un « mythe », d'une construction fantaisiste sortie de l'imagination de quelque criminologue en mal de notoriété, il faudrait être d'une grande naïveté à moins de cultiver systématiquement la contradiction...[1]. Ainsi d'après Europol, le nombre d'organisations mafieuses en Europe est passé de 3 000 à 4 000 de 2001 à 2002, soit plus de 40 000 personnes, et, selon le FMI, les montants blanchis et les profits réalisés par le crime organisé représentent 2 à 5 % du PIB européen.

L'étude de la criminalité organisée met en évidence *deux sortes d'éléments* : l'existence d'organisations criminelles (a) et la conduite d'activités criminelles menées par ces organisations (b)[2].

741 **a)** *La configuration des organisations du crime organisé* (Cosa Nostra, Mafia sicilienne, Camorra, Yacuzas, Triades chinoises, Cartels colombiens, mafias russes etc.) présente des contours et des contenus très variés selon les organisations considérées, mais elle s'inscrit toujours dans un *double cadre interne et externe.*

1) La *configuration interne* des organisations criminelles présente à l'observation *trois* caractéristiques que l'on retrouve à peu près partout.

Elle se caractérise en premier lieu par la *pluralité des participants*. Les Conventions internationales sur le crime organisé fixent un minimum de trois personnes, mais ce minimum est bien loin de la réalité des organisations les plus connues. Ainsi, d'après la police italienne, la Camorra napolitaine compterait de 80 000 à 100 000 personnes qui travailleraient pour ses chefs.

Un deuxième trait caractéristique réside dans la *sélection dans le recrutement*. N'entre pas dans une organisation criminelle qui veut; pour cela il faut avoir déjà un « passé criminel » et donner des gages de « bonne conduite » pour l'avenir. Il faut avoir commis suffisamment d'actes délictueux pour témoigner que l'on a déjà un pied au moins dans la carrière criminelle, l'un des critères essentiels pour certaines organisations étant même la capacité de tuer ou du moins la réputation de pouvoir le faire.

Quant au troisième trait, il consiste dans la *structuration du groupe* : *structure pyramidale* et à pouvoir central pour certaines, de plus en plus souvent au contraire organisation en *réseau* de familles autonomes ou de groupes divers qui s'allient occasionnellement tout en se méfiant les uns des autres.

2) *Du point de vue externe*, les organisations du crime organisé se caractérisent par les traits suivants.

En premier lieu, elles s'emploient à *obtenir l'impunité par la neutralisation des forces de répression*, quand la clandestinité ne leur permet plus d'échapper au système pénal. La « loi du silence » (*l'omerta*), la corruption des forces de police et des magistrats et finalement le recours à la menace, la violence et l'assassinat constituent les instruments de neutralisation de l'État répressif (assassinats des juges Falcone et Borsellino en Italie par ex.).

---

1. L. Paoli, « Organized crime. New label, New phenomenon or policy expedient ? », *AIC*, 2008, p. 39-62.
2. *Cf.* spéc. R. Gassin, « La notion de crime organisé en criminologie », *RPDP*, 2008, p. 667-689.

Par-delà cette activité de neutralisation, les organisations criminelles s'emploient à établir des *relations de connivence avec les divers milieux sociaux*, leur clientèle bien entendu, mais aussi les milieux économiques et politiques.

Enfin, les organisations criminelles *se substituent à l'État protecteur* (ou tentent de le faire) en *organisant la protection-racket* des biens et des personnes, le racket consistant dans la « taxe » (le « pizzo » de la mafia sicilienne) qui assure la tranquillité des rackettés, comme l'impôt assure celui des citoyens.

742 b) *La configuration des activités des organisations criminelles.* La liste des activités du crime organisé est fort longue depuis le trafic de drogue jusqu'au terrorisme en passant par le proxénétisme, la pornographie, l'extorsion de fonds, la contrebande, le trafic d'armes, le blanchiment d'argent etc. Mais, si longue que soit cette liste, il est possible de la rassembler autour des trois points suivants : la *nature* des activités, leur *structure* et leurs *caractères*.

1) S'agissant de la *nature des activités* de ces organisations, on peut en distinguer de trois sortes : une *délinquance de fourniture de biens ou de services qui sont illicites ou fortement réglementés* (ex. drogues, prostitution, armes etc.); une *délinquance de prédation* (racket, agressions de transport de fonds, pillage de DAB, etc.); une *délinquance d'intimidation* qui a pour but, non plus l'argent mais le *pouvoir*, soit pour s'en emparer (ex. les FARC en Colombie), soit pour peser sur le pouvoir en place (ex. ETA), Al Quaïda paraissant recourir à une stratégie qui combine les deux objectifs. Le *terrorisme* sous toutes ses formes organisées caractérise ainsi cette criminalité d'intimidation.

2) Du point de vue de la *structure des activités* des organisations criminelles, ces activités peuvent être réparties en deux catégories : crimes-buts et crimes-moyens.

Les premières sont axées sur les *buts de l'organisation* : ex. pour les cartels colombiens, c'est la production, le transport, l'écoulement de la marchandise, puis le rapatriement des fonds en Colombie, blanchis à travers des paradis fiscaux.

Mais pour atteindre ces buts, les organisations criminelles sont généralement obligées de recourir à des *moyens* eux-mêmes criminels : ex. « gangsterrorisme » consistant pour une organisation terroriste à se livrer à des « casses » pour se procurer les fonds nécessaires en vue d'alimenter son groupe en armes et en moyens financiers.

3) Enfin, quant aux caractères des activités des organisations criminelles, on peut en relever trois.

Le premier concerne le type d'activités de l'organisation, celles-ci se partageant entre la *monoactivité* lorsqu'elle nécessite une spécialisation poussée (ex. fabrication de faux billets de banque ou de fausses cartes de crédit) et la *pluriactivité* dans le cas contraire (vols, cambriolages, racket...).

Un deuxième caractère remarquable est l'*adaptabilité des activités criminelles à l'évolution du « marché » du crime*, adaptabilité qui tient compte à la fois de l'évolution de la rentabilité des trafics (ex. le trafic récent de métaux dû à la hausse considérable de ceux-ci sur le marché international) et à la modification de l'efficacité de l'action de la police nécessitant soit un changement de lieu géographique d'exercice, soit l'abandon d'activités devenues trop ciblées par la police.

Quant au dernier caractère, c'est celui de l'*internationalisation des activités criminelles* ainsi qu'on a déjà eu l'occasion de le développer[1].

---

1. *Cf. supra* n°s 420 et s.

§ 3. Le crime des foules[1]

743 *Traits caractéristiques* ◇ On entend par *crime des foules* l'action criminelle ou un ensemble d'actes criminels commis par une masse d'individus assemblés, soit spontanément, soit à l'appel de leaders que l'on appelle les meneurs. Il convient à cet égard de faire une distinction entre deux situations différentes. La première est celle où l'appel à la foule par les organisateurs a une finalité délictueuse, sans que d'ailleurs les personnes appelées aient nécessairement connaissance de cette finalité; la foule est alors instrumentalisée par les meneurs. La seconde situation est celle, fréquente en démocratie, où l'appel à la manifestation possède un but tout à fait légitime; mais ce sont des petits groupes de « casseurs » qui, profitant de la situation, s'infiltrent dans la manifestation et en profitent pour se livrer à diverses exactions (destructions de vitrines de magasins, pillages, vols, affrontements délibérés avec les forces de police chargées d'assurer le respect des conditions de la manifestation...).

Le crime des foules se singularise par *deux traits essentiels* :

1) Le rôle et l'action des *meneurs* dans la suggestion et la préparation de l'action criminelle. Ce rôle varie, selon les cas, de la décision délibérée d'utiliser la manifestation de foule comme moyen de commettre des actes délictueux, notamment pour provoquer une réaction de répression de la part des forces de police, jusqu'à l'organisation d'un service d'ordre destiné au contraire à empêcher toute dégénérescence de la manifestation.

2) La *nature du phénomène psychosocial* qui engendre le crime lorsque des individus, qui pris isolément sont des non-délinquants, agissent de manière criminelle lorsqu'ils se retrouvent en foule. On a parlé d'hypnose, de suggestion collectives, mais cette interprétation est très critiquée. On a rapproché le crime des foules du crime passionnel, mais cette assimilation n'est possible que si l'on vide cette dernière notion de sa spécificité de crime d'amour[2]. L'analyse qui y voit une *libération des tendances profondes* de l'individu à l'occasion d'un anonymat et d'un regroupement de masse qui abolit à la fois toute censure individuelle et tout contrôle social collectif, est sans doute celle qui correspond le plus à la réalité : la fonction des services d'ordre des manifestations est précisément de recréer un sys-

---

1. E. Yamarellos et G. Kellens, I, *v°* « Foules (criminalité des) », 192-193; J. Pinatel (1987), *v°* « Foules (criminalité des) », 97-98; G. Kellens, 242-246; G. Le Bon, *La psychologie des foules*, 1895, réédité en 1975; C. Rouvier, *Les idées politiques de Gustave le Bon*, PUF, 1986; M. Korpa, *Gustave Le Bon. Hier et aujourd'hui*, Préface C. Imbert, éd. France Empire, 2011; E. De Greeff, « Les foules criminelles », *L'avant-garde*, 28-29 nov. 1936; J. Pinatel, « Les criminels par entraînement collectif d'ordre passionnel », *RSC*, 1958, p. 664-674; V. Heinen, « Psychologie et criminalité de la foule », *RICPT*, 1968, 41-48; Y. Thiec et J.-R. Treanton, « La foule comme objet de "science" », *Rev. française de sociologie*, 1983, p. 119-136; E. Canetti, *Masse et puissance*, Gallimard, 1986, 526 p.; P. Favre (dir.), *La manifestation*, Paris, Presses de la Fondation nationale des Sciences politiques, 1990, 391 p.; M. Lebeuf et N. Soullière, « Police et désordre social : bilan des stratégies et outils d'intervention, Perspectives pour de nouvelles approches », *RICPT*, 1996, p. 169-191; P. Mann, « De la psychologie des foules à l'approche sociologique », *Rev. gend. nat.*, juin 2005, p. 114-128. – Sur les événements de mai-juin **1968** : *cf. Liaison* (Bulletin de la Préfecture de Police) n° de sept. 1968 et *Rev. pol. nat.*, juill.-août 1968, p. 5-10 – Sur la catastrophe du stade de Hillsborough à Sheffield : Rapport du juge Taylor, London her majesty's stationery office, août 1989, 71 p., résumé in *CSI*, n° 2, juill.-sept. 1990, p. 223-226.

2. Sur la critique de l'interprétation de type irrationaliste de Le Bon, *cf.* R. Boudon et F. Bourricaud, *v°* « Action collective » préc.

tème de contrôle social collectif interne à la foule qui, en se réunissant, s'imperméabilise contre le contrôle social habituel diffus des forces de l'ordre.

743bis *Bibliographie générale du chapitre* ◇

E. Mira y Lopez, 110-122; J. Pinatel (1963-1975), n°s 252-259 et 275-283; D. Szabo (1965), 320-371; E. H. Sutherland et D. R. Cressey, 253-266; J. Larguier, 69-74; D. Szabo (*1970*), 200-251; G. Lopez et S. Bornstein, 44-47; G. Kellens, 259-260.

LES RELATIONS ENTRE LE CRIME ET LA CRIMINALITÉ

744 ***Position du problème*** ◇ Jusqu'à présent nous avons étudié séparément le crime en tant que phénomène de société et le crime en tant que phénomène individuel. Nous avons vu dans un premier titre que le volume et la structure du crime varient selon les types de société et nous avons plus particulièrement essayé de dégager quelles sont les diverses variables qui expliquent les tendances quantitatives et qualitatives de la criminalité dans les sociétés industrialisées. Dans le titre II nous nous sommes au contraire attachés à étudier le crime en tant que phénomène individuel; nous avons vu que le crime est l'aboutissement d'un processus d'interaction qui met en présence un certain type de personnalité et un certain genre de situation précriminelle et qui se développe par étapes jusqu'à l'accomplissement de l'acte criminel. On a constaté à ce sujet que ces divers éléments du processus varient suivant les cas de délinquance, de telle sorte qu'il est nécessaire d'opérer des distinctions essentielles à travers les typologies de délinquants et d'infractions.

Cette double analyse parallèle de l'explication du crime n'est cependant pas suffisante pour comprendre pleinement le phénomène criminel. En effet, le crime en tant que phénomène de société et le crime en tant que phénomène individuel, s'ils présentent chacun une certaine spécificité, ne sont pas pour autant deux phénomènes étrangers l'un à l'autre. Ils ne sont que *les deux aspects d'un même phénomène* plus vaste que nous avons appelé *l'action criminelle*[1]. Pour recourir à un concept à la mode, on peut dire que l'action criminelle est un *objet fractal*, c'est-à-dire un objet dans lequel le *micro* est dans le *macro* et réciproquement. Aussi est-il indispensable pour achever d'expliquer l'action criminelle de s'inter-

---

1. *Cf. supra* n°s 50 et s.

roger sur les *relations qui existent entre le crime-phénomène individuel et la criminalité-phénomène collectif.* Cette question des relations entre le « micro » et le « macro » est d'ailleurs un problème général des sciences sociales. C'est ainsi que Cicourel a relevé qu'« une micro-sociologie ne peut prétendre étudier l'interaction sociale comme une production locale et autosuffisante, pas plus que les théoriciens du macro ne peuvent ignorer les micro-processus »[1]. On retrouve également le même type de question en physique où, depuis une trentaine d'années, les physiciens ont construit une « théorie des cordes » pour tenter de dégager les lois universelles censées commander l'Univers, en recherchant la conciliation entre la relativité d'Einstein qui décrit la gravitation et par conséquent *l'infiniment grand* et la mécanique quantique, maîtresse du domaine subatomique et donc de *l'infiniment petit*[2].

Ce problème fondamental de la mise en relation entre microphénomènes criminels d'une part et données globales relatives à la criminalité d'autre part avait déjà été perçu par Tarde, mais à la différence des autres problèmes de la criminologie fondamentale, cette question des relations entre le crime et la criminalité ne paraît pas avoir jusqu'à présent retenu systématiquement l'attention des criminologues. Tout au plus peut-on relever certaines notations au passage chez tel ou tel d'entre eux à propos de l'un des aspects de cette relation, l'articulation du phénomène collectif sur le phénomène individuel[3, 4]. Ainsi ce problème demeure-t-il encore imparfaitement résolu[5], et on ne peut que se borner ici à esquisser les grandes orientations de la recherche.

L'étude de ces relations paraît en fait soulever deux ordres de questions. Comment s'articulent le phénomène individuel et le phénomène collectif l'un sur l'autre (chapitre 1) ? Quelles sont les influences respectives du crime sur le phénomène collectif et vice-versa de la criminalité sur le phénomène individuel (chapitre 2) ?

744bis *Bibliographie générale* ◇

E. De Greeff (1948), 27-28 et 35-37; E. Seelig, 236-237. R. Gassin, « Les relations entre le crime, phénomène individuel, et la criminalité, phénomène collectif » *in* T. Albernhe (dir.), *Criminologie et psychiatrie*, éd. Ellipses, 1997, p. 116-121.

---

1. A.-V. Cicourel, « Notes on the integration of micro and macro-levels of analysis », *in* K. Knorr-Cetina et A. Cicourel (eds), *Advances in social theory and methodology. Toward an integration of micro and macro-sociologies*, Boston, 1981, p. 53. *Adde* sur la position de Jon Elster sur les rapports micro/macro, P. Corcuff, *Les nouvelles sociologies*, 1995, p. 77-78 ainsi que celle de N. Elias, même *ouvrage*, p. 22-25.
2. En l'état actuel du développement de la théorie des cordes, certains physiciens considèrent qu'il s'agit d'une impasse. *Cf.* Lee Smolin, *The trouble with physics, The rise of string theory, the fall of science, and what comes next*, Houghton, Mifflin Company, 2006, 392 p.
3. Sous réserve de ce qui sera dit *infra* n° 751 à propos de la théorie de la société criminogène de J. Pinatel.
4. Il semble que cette observation présentée dans la 1re éd. de ce Manuel en 1988 ait suscité une prise de conscience et orienté la recherche ultérieure de M. Cusson (*Croissance et décroissance du crime*, PUF, 1990), comme en témoigne l'introduction à cet ouvrage (p. 13-14).
5. *Cf.* Boudon-Bourricaud, *Dictionnaire critique de la sociologie*, v° « Crimes », p. 130.

CHAPITRE 1
L'ARTICULATION DU PHÉNOMÈNE INDIVIDUEL ET DU PHÉNOMÈNE COLLECTIF

745 ***Notion*** ◇ Pour comprendre le problème de l'articulation, il faut partir de cette considération très simple que, d'une certaine manière [1], la criminalité n'est rien d'autre que la *somme* des crimes individuels; donc, lorsque le nombre de ces derniers augmente, la criminalité s'accroît et inversement quand le nombre des crimes individuels diminue, la criminalité elle-même décroît. Mais cette constatation triviale ne nous apprend pas grand-chose pour la compréhension du phénomène criminel. Ce qu'il est intéressant de savoir, c'est *à quels niveaux* s'opère cette jonction entre les deux phénomènes, *où* se réalise l'articulation du phénomène individuel et du phénomène de société.

Il semble que cette articulation s'opère à trois niveaux différents : au niveau de la formation de la personnalité des délinquants (section 1), au niveau de la constitution des situations précriminelles (section 2) et au niveau du processus d'interaction débouchant sur l'acte criminel (section 3).

SECTION 1. **ARTICULATION ET FORMATION DE LA PERSONNALITÉ DES DÉLINQUANTS**

746 ***Une première « loi » de l'articulation*** ◇ Norbert Elias a observé que les interdépendances dans lesquelles sont pris les individus n'agissent pas uniquement comme des contraintes extérieures. Elles participent aussi à la *formation des structures intérieures de leur personnalité*, de sorte que les réseaux de relations dans lesquels ils sont insérés (famille, groupe social, nation, etc.) contribuent à modeler leurs formes de sensibilité et de pensée. Ces réseaux marquent la personnalité de leur empreinte et forment ce qu'Elias appelle l'*habitus* [2].

Ce qui est vrai pour la formation de la personnalité d'une manière générale, l'est tout particulièrement pour la formation de la personnalité des délinquants... Certaines variations quantitatives ou qualitatives de la criminalité suivant les

---

1. D'une certaine manière seulement, *cf. infra* n°s 756 et s.
2. N. Elias, *La société des individus*, Fayard, 1991, p. 239-240. La notion « d'*habitus* » a été reprise par Pierre Bourdieu qui la définit comme un « système de dispositions durables et transposables » consistant en des inclinations à percevoir, sentir, faire et penser d'une certaine manière, intériorisées et incorporées, le plus souvent de manière non consciente, par chaque individu, du fait de ses conditions objectives d'existence et de sa trajectoire sociale (*Le sens pratique*, Éd. De Minuit, 1980, p. 88).

divers types de sociétés s'expliquent en effet, semble-t-il, par l'impact qu'exercent divers facteurs globaux de la criminalité (crises graves et caractères structurels) sur la formation de la personnalité des individus qui composent ces sociétés. On peut dire que plus le nombre et l'intensité de ces facteurs sont élevés dans une société déterminée, plus sera grand le nombre de personnalités fragiles, c'est-à-dire d'individus particulièrement sensibles à la sollicitation des situations précriminelles ou, pour employer l'expression de Di Tullio, à « seuil délinquantiel » peu élevé.

§ 1. **Exemples**

Quelques *exemples* vont permettre de préciser le sens et la portée de ce que l'on peut appeler « la première loi de l'articulation ».

747 **La famille** ◊ **1)** On a vu que l'affaiblissement de la famille à l'époque contemporaine se traduisant par le développement du divorce et de la dissociation familiale, semble entretenir une corrélation positive significative avec le niveau élevé de la délinquance dans les sociétés industrialisées occidentales[1]. D'autre part, la psychologie contemporaine enseigne l'importance du foyer familial dans la formation de la personnalité de l'enfant dès la première enfance[2]. Ainsi, on peut dire que l'influence criminogène de l'affaiblissement de la famille passe par l'intermédiaire de la formation de la personnalité des enfants dans les sociétés considérées. Plus l'affaiblissement est répandu, plus le nombre d'enfants souffrant de carences éducatives sera élevé et donc plus élevé sera le nombre de délinquants, toutes les autres choses demeurant semblables par ailleurs.

748 **La guerre** ◊ **2)** À propos de l'influence de la guerre sur la criminalité, on a souligné que, selon Wilkins, les enfants nés pendant la guerre ont plus de risques de commettre des infractions que d'autres et que cette tendance de l'enfance persiste jusqu'au début de l'âge adulte[3]. Comment expliquer cet « effet à retardement » de la guerre sur la criminalité ? Pour le comprendre il faut encore se référer à l'importance du foyer familial sur la formation de la personnalité de l'enfant. Or, la guerre entraîne généralement l'absence du père hors du foyer et facilite les dissociations familiales à la suite de l'absence prolongée de celui-ci, lorsqu'il est par exemple fait prisonnier par l'ennemi. Absence du père et dissociation du foyer provoquent les carences éducatives qui influencent la formation de la personnalité de l'enfant et favorisent sa structuration dans un sens délinquant[4]. Ici encore, on pourra dire que, plus la guerre est longue et générale, plus les enfants nés au cours de cette période comporteront de délinquants parmi eux, toutes les autres circonstances étant semblables par ailleurs.

1. *Cf. supra* n° 544.
2. *Cf. supra* n°s 623 et s.
3. *Cf. supra* n° 515.
4. *Cf. supra* n° 625.

749 *Les pays neufs* ◇ **3)** Il existe entre les États-Unis et les divers pays d'Europe occidentale une différence de taux de criminalité. La criminalité a toujours été plus élevée aux États-Unis qu'en Europe occidentale et, si aujourd'hui les pays européens tendent à les rattraper, il demeure encore un certain décalage.

Kinberg, et à sa suite De Greeff, expliquent cette différence en disant que la morale sociale des pays neufs n'est pas encore devenue « une sorte de maintien intime de l'âme », de telle manière que les lois y sont plus extérieures à la vie morale des individus que dans les pays d'Europe. Le type d'hommes qui s'y fait bandit ou criminel n'est pas le même qu'en Europe; la délinquance y est une profession lucrative et, ajoute Kinberg, jusqu'à un certain point honorable. Il en concluait que le type d'homme qui se fait délinquant aux USA est bien plus proche du normal que dans les pays d'Europe.

Si l'on tient cette explication pour satisfaisante, on peut voir que la différence de taux de criminalité entre les USA et l'Europe occidentale s'explique finalement par le processus de formation de la personnalité des individus. Le système éducatif n'assurerait pas aux USA une « intériorisation » suffisante des normes socio-morales de telle manière que les individus les plus défavorisés à ce point de vue y seraient plus nombreux qu'en Europe et que par conséquent les individus à « seuil délinquantiel » trop bas y seraient aussi plus nombreux. C'est sans doute cette altération du système éducatif qui explique l'apparition, en Europe de ce que l'on appelle « les nouveaux délinquants »[1].

§ 2. Généralisations

750 *Trois généralisations* ◇ Ces quelques exemples, que l'on pourrait à coup sûr multiplier, permettent d'avancer les généralisations suivantes :

1) Certains facteurs de la criminalité en tant que phénomène de société, ou certains aspects de ces facteurs, ont pour effet d'entraîner des déviations plus nombreuses ou plus profondes dans la formation de la personnalité des individus qui composent cette société. Dès lors la structuration de personnalité dans un sens délinquant y est plus fréquente ou plus intense que dans les sociétés où ces facteurs n'existent pas ou sont moins importants.

2) Les mécanismes par lesquels les facteurs considérés influent sur la délinquance sont les mécanismes mêmes par lesquels se structurent certaines personnalités dans un sens délinquant. Il n'y a donc pas de hiatus entre l'analyse au niveau du phénomène de société et l'analyse au niveau du phénomène individuel. Les facteurs criminogènes considérés au niveau de la société correspondent globalement aux divers facteurs du milieu qui contribuent à la formation de la personnalité du délinquant et leur donnent leur consistance.

3) Cette correspondance entre facteurs de société globale et facteurs du milieu de formation de la personnalité du délinquant permet de comprendre pourquoi ce sont seulement certains membres de cette société qui deviendront délinquants et quels seront ces membres. Il s'agit des individus dans la formation de la personnalité desquels on trouvera des facteurs du milieu personnel exprimant les fac-

1. *Cf. supra* n°s 390 et 720.

teurs criminogènes de la société globale et chez qui l'influence de ces facteurs ne sera pas compensée par l'action de facteurs anti-criminogènes.

§ 3. Théorisation

751 *Jean Pinatel et la société criminogène* ◇ Dans son ouvrage sur « la société criminogène »[1], J. Pinatel a élevé au niveau d'une véritable théorie ce point d'articulation du phénomène collectif et du phénomène individuel.

Partant de sa théorie de la personnalité criminelle qui est une théorie explicative du crime comme phénomène individuel[2], il expose que la société contemporaine est *criminogène* parce qu'elle favorise le développement des traits du noyau central de la personnalité criminelle. Il montre ainsi successivement que la société stimule l'égocentrisme, la labilité, l'agressivité et l'indifférence affective. Pour expliquer comment les stimuli criminogènes du milieu social général s'incorporent dans le milieu personnel des futurs délinquants, il met à jour divers *processus* : d'indigence économique et culturelle d'où sort la délinquance d'inadaptation; de communication qui transmet l'apprentissage criminel; d'opposition juvénile qui fait tomber les jeunes dans la drogue ou la violence; de contagion hiérarchique enfin qui conduit à imiter les classes supérieures (stupéfiants), le modèle d'organisation administrative (bureaucratisation du crime) ou le comportement antisocial (influence de l'exemple américain sur l'Europe).

C'est ainsi que s'actualiseraient les tendances latentes et hésitantes chez certains sujets et que s'opérerait la mobilisation d'une sorte d'armée de réserve du crime qui, en s'activant, rendrait compte de l'accroissement considérable de la délinquance contemporaine.

SECTION 2. ARTICULATION ET CONSTITUTION DES SITUATIONS PRÉCRIMINELLES

752 *Une deuxième loi de l'articulation* ◇ D'autres variations quantitatives ou qualitatives de la criminalité suivant les divers types de sociétés s'expliquent aussi par l'influence qu'exercent certains *facteurs du milieu social global sur la constitution* des *situations précriminelles* en multipliant les situations spécifiques dangereuses[3], ou en accentuant le caractère dangereux des situations existantes. Si l'on suppose en effet que le « seuil délinquantiel » global d'une population demeure le même pendant une période de temps déterminée, la multiplication du nombre des situations spécifiques ou l'aggravation des situations dangereuses existantes entraînera nécessairement une augmentation de la criminalité. Telle est la raison pour laquelle, par exemple, les guerres et les crises économiques

---

1. J. Pinatel, *La société criminogène*, 1971, p. 113-124, V. également du même auteur : « La société fabrique ses propres criminels », n° spécial de *Sciences et avenir*, 1976, p. 6-15 et *Le phénomène criminel* (1987), v° « Société criminogène », p. 195-196.
2. *Cf.* sur cette théorie, *supra* n° 266.
3. *Cf. supra* n° 648.

entraînent une augmentation de la criminalité. C'est là ce que l'on peut appeler la « deuxième loi de l'articulation ».

753 *Les règles de l'articulation* ◇ Toutefois on ne peut s'en tenir à cette constatation très générale. Encore convient-il de préciser quelles sont les règles selon lesquelles s'articulent ainsi les facteurs du milieu social global et la constitution des situations précriminelles. Plusieurs constatations doivent être faites dans cette perspective.

1) La *direction de la criminalité* est fonction de la nature des occasions de délinquance qui sont fournies par le jeu des facteurs criminogènes de la société globale. Ainsi s'explique par exemple qu'en période de guerre l'augmentation de la délinquance n'affecte pas également toutes les variétés d'infractions, mais principalement les atteintes à la propriété et notamment le vol[1]; c'est qu'en *effet* la guerre entraîne surtout une augmentation des situations spécifiques d'atteintes aux biens.

De même le XIXᵉ siècle a connu une augmentation notable des homicides passionnels parce que le romantisme a mis le crime passionnel à la mode, présentant celui-ci comme l'expression de la passion maximale.

2) Les individus qui *tombent dans la délinquance* sous l'effet de la multiplication des occasions de délinquance ne sont pas indistinctement tous ceux qui vivent ces occasions. L'effet de surdétermination attaché à la multiplication des situations dangereuses n'est pas aveugle. Il affecte d'abord les personnalités les plus fragiles, celles dont le « seuil délinquantiel » était suffisamment élevé pour ne pas tomber dans la délinquance en temps normal, mais devient trop faible en présence des circonstances criminogènes nouvelles.

Ainsi Kinberg, prenant l'exemple de la Révolution de 1789, a montré que devant le désordre provoqué par la Révolution, beaucoup de gens étaient restés honnêtes. Ceux qui s'étaient livrés à des pillages, à des meurtres ou à des attentats aux mœurs, constituaient ceux qu'il appelle « l'armée de réserve du crime », c'est-à-dire des individus que le contrôle social antérieur à la Révolution avait suffi à contenir soit dans l'observation de la loi, soit au moins dans une activité délictueuse marginale ou bénigne, mais que l'anarchie révolutionnaire a fait sortir de leur « trou » pour se livrer aux exactions que l'on sait.

De même De Greeff, étudiant les effets de la guerre de 1939 et de la pénurie qui a suivi en Belgique, a montré que, dans les premières années, les nouveaux délinquants n'étaient pas n'importe qui, mais des individus qui avaient déjà commis une infraction avant la guerre, puis qui s'étaient reclassés et dont on n'avait plus entendu parler jusqu'alors. Ce n'est que progressivement avec l'accentuation de la pénurie, l'aggravation des mesures d'occupation militaire et le développement des mouvements de résistance, que la délinquance s'est étendue à des secteurs plus larges de la population, sans jamais atteindre tout le monde.

Le même auteur, à propos des crises économiques, écrit également : « il semble que c'est surtout dans la délinquance juvénile et la délinquance des insuffisants que la crise économique exerce une influence nocive. Cependant, même en ce qui concerne la criminalité juvénile, il ne semble pas que les conditions économiques jouent un rôle comparable à la représentation que s'en faisait la génération de François Coppée. Si l'on voit souvent de vieux récidivistes ayant commencé par voler, invoquer les conditions économiques, le dénuement et la faim, il faut bien

---

1. *Cf. supra* n° 516.

souvent finir par constater qu'il s'agit le plus souvent d'excuses. Ou plus exactement, il semble que le jeune délinquant, prenant conscience de l'injustice sociale qu'il constate et dont il se considère comme victime, s'en autorise pour réaliser des actes dont il porte déjà en lui toutes les conditions » [1].

De telles analyses sont évidemment très éclairantes pour comprendre qui peuvent être les « nouveaux délinquants » et faire l'hypothèse qu'ils ne procèdent pas du hasard.

SECTION 3. **ARTICULATION ET PROCESSUS DU PASSAGE À L'ACTE**

754 *Notion générale* ◇ Le dernier lieu où est susceptible de se nouer l'articulation du phénomène individuel sur le phénomène de société concerne les processus du passage à l'acte.

On a vu, en effet, que l'acte criminel n'est pas la résultante automatique de la mise en contact d'un certain type de personnalité et d'un certain type de situation. Tout au contraire, l'acte est l'aboutissement d'un processus d'interaction parfois fort long entre personnalité et situation précriminelle, de telle sorte que tant que l'acte n'a pas été consommé rien n'est encore définitivement joué. Toute modification soit de la personnalité, soit de la situation, soit de l'un et l'autre des facteurs, peut court-circuiter l'évolution vers la perpétration de l'acte criminel.

Or, ici encore, les facteurs du milieu social général, donc les facteurs du crime en tant que phénomène de société, peuvent faciliter l'évolution vers la consommation de l'acte criminel ou du moins ne pas la rendre plus difficile.

Tel est le cas par exemple de l'insuffisance de la présence policière dans un quartier ou de l'absence d'organismes de soutien social du genre SOS suicide ou SOS drogue.

755 *Conclusion* ◇ On vient de voir qu'ainsi l'articulation du crime phénomène individuel et de la criminalité s'opère à trois niveaux : formation de la personnalité, constitution des situations précriminelles et processus du passage à l'acte.

Il faut bien voir cependant qu'une telle distinction ne doit pas être prise de manière rigide et qu'elle n'est faite que pour les besoins de l'analyse. La réalité est souvent plus complexe et on assiste souvent à une *combinaison* de deux ou même des trois niveaux d'articulation dans une situation historique et géographique concrète donnée. Le cas des « nouveaux délinquants » est exemplaire où l'on voit simultanément intervenir la formation plus fréquente de personnalité de délinquants, la multiplication des situations précriminelles spécifiques et même l'accentuation des processus de passage à l'acte due à l'insuffisance ou l'imperfection du contrôle social (police et justice).

---

1. E. De Greeff, *Introduction à la criminologie*, 2ᵉ éd., 1948, p. 45.

LES INFLUENCES RESPECTIVES DU PHÉNOMÈNE INDIVIDUEL SUR LA CRIMINALITÉ ET DU PHÉNOMÈNE COLLECTIF SUR LE CRIME

756 *Idée générale* ◇ Dans le chapitre précédent, nous avons raisonné comme si la criminalité n'était rien d'autre que la *sommation* des crimes individuels et, à l'inverse, comme si les crimes individuels n'étaient que la simple *division* de la criminalité.

Or, l'observation montre qu'il n'en est pas ainsi et que les relations entre crime et criminalité sont de nature bien plus complexe[1]. Chacun de ces phénomènes exerce sur l'autre des influences spécifiques qu'il convient de mettre en évidence dans leurs grandes lignes.

SECTION 1. L'INFLUENCE DU PHÉNOMÈNE INDIVIDUEL SUR LA CRIMINALITÉ

757 *L'agrégation des comportements individuels* ◇ Pour poser correctement le problème de l'analyse de ces influences, la méthode la meilleure nous paraît être celle de l'« *individualisme méthodologique* » qui considère les phénomènes collectifs comme étant la résultante de la *composition* de tout un ensemble de comportements individuels[2]. Or cette composition, cette agrégation[3] des comportements individuels comme l'on dit encore, ne consiste pas nécessairement dans une simple sommation (cela est même exceptionnel), mais elle prend des formes très diverses qui ont été inventoriées par M. Boudon[4].

---

1. Cela avait déjà été annoncé *supra* n° 95.
2. R. Boudon, *La place du désordre*, PUF, 1984, p. 39 et s.; R. Boudon et F. Bourricaud, *Dictionnaire critique de la sociologie*, v° « Agrégation ».
3. On entend par « agrégation » l'opération qui consiste à regrouper des données *hétérogènes* en un ensemble *homogène*. On peut distinguer deux sortes d'agrégations : 1/ l'agrégation de données *quantitatives*, quoique hétérogènes, et qui aboutit à une moyenne ; 2/ l'agrégation de données dont certaines au moins sont *qualitatives* et ne peuvent donc donner lieu à l'établissement d'une moyenne, à moins qu'elles puissent être converties en données quantitatives.
4. *Op. cit.*, not. p. 66-70.

758 ***L'agrégation des crimes*** ◇ S'agissant des crimes en tant que conduites individuelles, l'observation permet d'identifier *divers types d'agrégation spécifiques* en criminalité.

1) Lorsque la criminalité conserve le même volume au cours de deux périodes différentes, mais que la nature ou la gravité des crimes qui la composent a changé, la criminalité n'est pas la même d'une période sur l'autre, *l'effet de structure l'emporte sur l'effet de volume*. A fortiori en est-il ainsi lorsque parallèlement au changement de structure, il y a eu une modification du volume en plus ou en moins.

2) Lorsque la criminalité, même à structure semblable, *augmente de volume*, le supplément qui en résulte, passé un certain *seuil quantitatif*, n'est pas simplement la somme des crimes supplémentaires commis. L'accroissement au-delà de ce seuil possède une sorte d'effet multiplicateur et entraîne même un *changement de qualité* de la criminalité. C'est ainsi qu'à un certain moment la criminalité, de phénomène marginal, est devenue un « phénomène de société » ou phénomène central. D'autre part, c'est aussi ce type d'agrégation qui explique que la perception du risque de victimisation se trouve subjectivement amplifiée au-delà d'un certain seuil et que la « peur du crime » ne correspond pas au risque « objectif » que représente effectivement la criminalité pour les citoyens.

3) L'expérience beaucoup plus rare que l'on a de la *diminution* du volume de la criminalité ne permet guère de dire ce qui se passe dans cette hypothèse. Il est cependant probable que l'on retrouve un phénomène comparable à celui que l'on vient de décrire, quoique généralement plus silencieux. Il y a une sorte d'*effet de démultiplication* lorsque le taux descend au-dessous d'un certain seuil et à la limite refoulement dans la classe des phénomènes marginaux. On a assisté dans deux périodes récentes (1986-1988 et 1995-1997 pour la France) à une diminution de la criminalité apparente, mais il semble que l'importance de celle-ci a été insuffisante pour atteindre l'effet de seuil indiqué.

4) Le *retentissement donné par les médias* à tel ou tel crime particulier, ou à une série de crimes déterminés, influe sur la représentation du phénomène collectif et son appréciation, de telle manière que l'insistance des médias possède un *effet multiplicateur* qui dépasse la simple sommation et qu'à l'inverse, leur silence engendre une sorte de *démultiplication* du phénomène. C'est le lieu de dire qu'en matière de criminalité, tantôt deux et deux font... cinq et tantôt deux et deux font... trois !

SECTION 2. L'INFLUENCE DU PHÉNOMÈNE COLLECTIF SUR LE CRIME INDIVIDUEL

759 ***La décomposition des phénomènes collectifs*** ◇ De la même manière que pour approcher le problème de l'influence du crime sur la criminalité nous étions partis de la perspective de l'« individualisme méthodologique », il est commode pour analyser l'influence de sens inverse de partir de ce que l'on peut appeler par symétrie le « *sociologisme méthodologique* ». On entend par là la représentation du phénomène collectif comme étant l'équivalent d'une sorte de *réalité autonome* dont la *décomposition* (ou désagrégation) donne les crimes individuels.

760 *La décomposition de la criminalité* ◇ Or ici encore l'observation montre que cette décomposition n'est pas l'inverse simple de la sommation ce n'est pas une vulgaire division ou séparation en autant d'unités criminelles qu'il y en a dans la composition de la criminalité.

Quels *types de décomposition* peut-on ainsi repérer ?

1) La décomposition comparée de deux criminalités de volume égal, mais de structure différente, n'aboutit pas aux mêmes unités criminelles de base, tant en ce qui concerne les auteurs que les actes.

2) La décomposition comparée de deux criminalités de volume différent, même lorsqu'elles sont de structure semblable, ne fait pas apparaître des auteurs identiques. On perçoit en effet dans la criminalité la plus élevée, à la fois des « nouveaux délinquants »[1] et des « superdélinquants »[2] plus confirmés encore.

3) Lorsqu'un type de criminalité se répand largement et rapidement (ex. : vol dans les grands magasins, usage de drogues), cette diffusion tend à accroître de manière exponentielle et non linéaire les délinquants individuels, car plus un comportement est répandu, plus il paraît normal, et plus les individus ont tendance à l'adopter. Ainsi le niveau d'une criminalité a un *effet multiplicateur* sur les comportements individuels lorsqu'il dépasse une certaine vitesse de propagation (l'inverse étant probablement vrai aussi lorsqu'il tombe rapidement au-dessous d'un certain seuil).

---

1. Sur cette notion, *cf. supra* n°s 390 et 720.
2. Sur cette notion, *cf. supra* n° 697.

SECONDE PARTIE

LA CRIMINOLOGIE APPLIQUÉE
ou l'étude scientifique de l'efficacité des moyens de lutte contre la délinquance

761 Définition ◇ La *criminologie appliquée* est la branche de la criminologie générale[1] qui a pour objet l'étude des *moyens de lutte contre la délinquance qui sont scientifiquement les plus efficaces.* Comme on l'a relevé antérieurement[2], ce n'est pas toute efficacité des moyens de lutte contre la délinquance qui appartient à la criminologie, mais seulement celle obtenue à l'aide de l'application des connaissances scientifiques sur l'action criminelle[3].

---

1. *Cf. supra* n° 39.
2. *Cf. supra* n° 99.
3. Une autre façon de le dire consiste à écrire que la « dimension appliquée » de la criminologie consiste dans « sa vocation à être soumise à l'épreuve des faits, sur lesquels elle prétend intervenir » : R. Ottenhof et A.-M. Favard, *RSC,* 1989, p. 802. Sur les relations complexes entre contrôle social et explications de la délinquance, v. A. K. Cohen, *La déviance,* 1971, p. 82-84.

Ainsi définie, la criminologie appliquée doit, non seulement être distinguée du *droit pénal et de la politique criminelle*[1], mais encore de la *sociologie pénale*[2]. C'est précisément parce que nombre de criminologues négligent cette dernière distinction et *a fortiori* ramènent la criminologie à la sociologie pénale sous l'appellation fallacieuse de « criminologie de la réaction sociale »[3] que les *vrais problèmes de criminologie appliquée* ont été négligés depuis plus de 40 ans[4].

762 *Historique* ◇ L'histoire de la criminologie appliquée se *confond* pratiquement avec celle de la criminologie en général. Dès les débuts de la criminologie scientifique en effet[5], ses pères fondateurs (Lombroso, Ferri, Garofalo) ont conçu la criminologie comme une science appliquée; leurs œuvres contiennent au moins autant de *critiques des institutions pénales* existantes à leur époque et de *propositions de réforme de la politique criminelle* que d'*analyses théoriques* de l'action criminelle.

Ultérieurement les opinions se sont partagées sur le rôle de la criminologie, certains refusant d'y voir une science appliquée[6]; mais, malgré ce débat, la criminologie appliquée n'a cessé de se développer, sinon toujours – il s'en faut de beaucoup – de manière officielle dans les législations et les réglementations, du moins sur le terrain d'expériences officieuses et de réflexions théoriques sur ces réalisations.

763 *Le problème de réception* ◇ La criminologie appliquée a, en effet, toujours connu un problème de réception tant auprès des *gouvernements et des administrations* qui ont la responsabilité des politiques criminelles[7] que des *populations* auxquelles s'appliquent ces politiques criminelles[8]. Les perspectives des *hommes politiques et des administrateurs* ne sont pas les mêmes que celles des scientifiques. Tandis que les criminologues sont – ou devraient être – uniquement préoccupés par l'efficacité scientifique des moyens de lutte contre la délinquance, les *politiques,* mus par des considérations électorales, et les administrateurs, soucieux de leurs objectifs de carrière, s'intéressent essentiellement à ce qui se passe dans le

1. Sur cette distinction, *cf. supra* n°s 20 et s.
2. Sur cette distinction, *cf. supra* n°s 29 et s.
3. Sur les théories de la criminologie dite de la réaction sociale, *cf. supra* n°s 300 et s.
4. Comp. D. Szabo, *RSC*, 1987, p. 959.
5. *Cf.* C. Debuyst, « Pour introduire une histoire de la criminologie : les problématiques de départ », *Dév. et soc.* 1990, p. 347-376.
6. *Cf. supra* n° 41.
7. D. Szabo, « Criminologie appliquée et politique gouvernementale : perspectives d'avenir et conditions de collaboration », *RSC*, 1972, p. 537-551; même auteur, « Criminologie, justice et société. Le rôle de la science dans la politique sociale », *RICPT*, 1972, p. 87-92; VIIIe Conférence des directeurs d'Institut de recherches criminologiques du Conseil de l'Europe (Strasbourg 1970) : « Politique criminelle et criminologie »; IXe Congrès international de criminologie (Vienne 1983) : « Relations de la criminologie avec les politiques et les pratiques sociales »; D. Szabo, « Orientations actuelles de la criminologie et son influence sur les politiques criminelles », *RICPT*, 1985, p. 405-419; G. Picca, « La contribution de la criminologie à la justice pénale », *RICPT*, 1986, p. 87-94; R. Ottenhof, « La criminologie au Québec : bilan et perspectives », *RSC*, 1996, p. 946-949; Conseil de l'Europe, Réponses face à la nature et à l'ampleur de l'évolution de la criminalité dans une Europe en transformation, 1999.
8. XIIIe Conférence des directeurs d'Institut de recherches criminologiques du conseil de l'Europe (Strasbourg 1978) : « L'opinion publique relative à la criminalité et à la justice pénale ».

court terme et recherchent à la fois l'efficacité et la tranquillité au moindre coût et si possible avec profit. Ce phénomène se trouve encore accentué par le fait que, dans les démocraties, les *opinions publiques* sont surtout sensibles au caractère dramatique et spectaculaire de la criminalité présentée dans les médias, souvent sujettes à des changements d'attitudes allant d'un excès de sévérité à une certaine forme de complaisance, profondément divisées au surplus sur le plan politique, ce qui retentit inévitablement sur la politique criminelle, et ignorent à peu près tout de la réalité profonde du phénomène criminel, demandant à l'État de leur assurer la sécurité la plus complète tout en affichant des idéologies, des attitudes et des conduites sociales souvent incompatibles avec cet objectif. Il faut dire aussi que, de leur côté, les criminologues avec la multiplicité de leurs théories contradictoires, les volte-face ou les hésitations de certains d'entre eux, l'engagement politique de certains autres qui donnent à leur discipline plus le caractère d'un programme d'opposition politique que d'une science objective, ne favorisent pas beaucoup non plus l'influence de la criminologie sur la politique criminelle[1]. Ainsi, bien qu'il remonte maintenant à plus de 40 ans, le programme de « criminologie en action » publié par J. Pinatel ne paraît guère avoir reçu plus qu'un simple commencement d'exécution[2].

De la sorte plutôt que de criminologie appliquée, il vaudrait mieux parler de *criminologie applicable* et définir la criminologie appliquée comme l'ensemble des applications *possibles* de la criminologie[3].

764 *Plan* ◇ Qu'elle soit effectivement appliquée ou seulement applicable, la criminologie appliquée n'en possède pas moins un *vaste domaine*. À l'origine, elle se confondait avec la critique des institutions pénales existantes et la proposition de solutions de remplacement. Nous appellerons cette partie de la criminologie appliquée, la *criminologie de la politique criminelle et des techniques pénales*.

Au cours de la première moitié du XXᵉ siècle, s'est progressivement détachée de cette dernière, une deuxième branche de la criminologie appliquée consacrée spé-

---

1. V. à titre d'illustration l'ouvrage collectif « octobre 2001 », *Comment sanctionner le crime ?*, Éd. Érès, 2002, 148 p. ou encore L. Van Outrive, « Criminalité : une vision prospective », Rapport réalisé à la demande de la Fondation du roi Baudoin, févr. 1999, 10 p.

2. J. Pinatel, *La société criminogène*, Calmann-Lévy, 1971, Chap. X, « Société nouvelle et criminologie en action », p. 239-293. Il paraît toutefois en aller autrement au Québec où le développement de la criminologie appliquée a bénéficié de conditions particulièrement favorables ainsi que cela est excellemment décrit par M. Le Blanc dans « Vers une criminologie appliquée de la conduite délinquante des adolescents » *in* C. Blattier (dir.), *Prévenir la délinquance dès la petite enfance*, L'Harmattan, 2006, p. 35 et s., spéc. 38-39.

3. Sur l'urgence d'une stratégie rationnelle de lutte contre la délinquance, *cf.* J. Freymond, *La paix dangereuse*, éd. La Baconnière, Neuchâtel, 1987, spéc. chapitre « De la gestion des crises », p. 145-172. *Adde*, H. Schuler-Springorum, « *Criminology as a Congress Issue* » (Rapport introductif au Xᵉ Congrès intern. de crim., Hambourg, 1988), *AIC*, 1989, p. 27-36; J. Donzelot, « Prévention-répression : éloge du pragmatisme », *CSI*, n° 1, 1990, p. 53; M. Cusson, « Le virage stratégique en criminologie appliquée », *RICPT*, 1993, n° 3; R. Ottenhof, « La criminologie au Québec : Bilan et perspectives », *RSC*, 1996, p. 946-949. Mais sur la complexité de la politique publique de réforme, *cf.* R. Delorme, « De l'emprise à l'en-prise. Agir en situation complexe » *in Mélanges J.-L. Le Moigne*, PUF, 1999, spéc. p. 40-44.

cialement au traitement des délinquants et à la prévention de la récidive, que l'on a appelée *criminologie clinique*. Celle-ci s'est développée à un point tel que certains auteurs donnent l'impression que la criminologie clinique est la seule application de la criminologie[1].

Enfin, depuis les années 1950 on voit se constituer progressivement, toujours par détachement de la criminologie de la politique criminelle, une troisième branche de la criminologie appliquée, la *criminologie préventive*, qui étudie les moyens scientifiques de prévention de la criminalité.

C'est pourquoi cette deuxième partie comprend trois titres :

Titre 1 : La criminologie de la politique criminelle et des techniques pénales,
Titre 2 : La criminologie clinique,
Titre 3 : La criminologie préventive.

Toutefois, si l'histoire de la criminologie appliquée et les besoins de l'analyse conduisent ainsi à distinguer entre ces trois branches, il est indispensable de dépasser cette distinction en recourant à la notion de *politique intégrée* qui allie mesures de prévention et de répression et combine ainsi les trois branches dans une *criminologie appliquée synthétique* représentée par le tableau ci-contre.

En France, on peut considérer que la fusion des *objectifs* des contrats locaux de sécurité (CLS) et de ceux des ex-Conseils communaux de prévention de la délinquance (CCDP) dans la compétence des nouveaux Conseils de sécurité et de prévention de la délinquance (CLSPD)[2] par le décret du 17 juillet 2002 constitue une amorce de *politique criminelle intégrée*.

Stratégies possibles de diminution de la criminalité

Cible / Stratégie	Population en général (primaire)	Population à risque (secondaire)	Population délinquante (tertiaire)
I. Prévention (action sur les causes)			
1) Développement socio-économique	Système universel de garderie pour les enfants d'âge préscolaire Accès à l'éducation	Programme de soutien auprès de très jeunes mères monoparentales Soutien aux élèves en difficulté afin de prévenir l'abandon scolaire	Programme de tutorat communautaire pour ex-détenus Programme de travaux compensatoires
2) Réduction des occasions	Modifications aux normes de construction résidentielle ou aux plans d'urbanisme	Installation de caméras dans les dépanneurs	Conditions de libération conditionnelle

---

1. Tel est le cas de J. Pinatel dont le *Traité de criminologie,* dans ses trois éd. successives, comprend deux parties : une première partie consacrée à la criminologie générale (le terme « général » étant pris au sens de « théorique ») et une seconde partie à la criminologie clinique.
2. *Cf. infra* n°s 949 et s.

3) Responsabili-sation	Sensibilisation aux toxicomanies Promotion de l'engagement communautaire	Campagne contre le vandalisme dans un quartier parti-culièrement touché Surveillance communautaire de quartier	Rééducation de conjoints violents Médiation Groupes d'entraide de toxicomanes
II. Dissuasion	Barrages routiers contre l'alcool au volant	Politique à l'égard de la violence conjugale	Rapidité, certitude et graduation de la peine
III. Répression		Resserrement de la sur-veillance dans certains quartiers	Opérations spéciales des enquêtes policières

D'après Ryan, Bordeleau et Normandeau, *Pour un Québec plus sécuritaire* : partenaires en prévention, 1993, p. 123.

LA CRIMINOLOGIE DE LA POLITIQUE CRIMINELLE ET DES TECHNIQUES PÉNALES

765 Objet ◇ On sait que le *droit pénal* est « l'ensemble des règles juridiques qui organisent la réaction de l'État vis-à-vis des infractions et des délinquants ». On sait d'autre part que la *politique criminelle* consiste dans « l'organisation de la lutte contre une criminalité préalablement définie, lutte menée sous diverses formes, employant des moyens variés et orientée vers des buts précis »[1]. De la sorte le droit pénal apparaît comme *la mise en forme juridique* de la politique criminelle dans le droit positif : c'est une technique de mise en œuvre de la politique.

Ces définitions étant posées, on peut dire que la *criminologie de la politique criminelle* est la branche de la criminologie appliquée qui étudie l'*efficacité scientifique* du contenu des politiques criminelles et des institutions pénales qui en sont l'expression juridique, ainsi que des réformes qui sont proposées ou peuvent l'être pour remédier à une situation jugée peu satisfaisante. Ainsi définie, cette criminologie se distingue de toute évidence de la *politique criminelle* et *du droit pénal* puisqu'elle a pour objet de porter des *jugements de valeur scientifique* sur l'une et sur l'autre; elle doit également être distinguée, comme l'ensemble de la criminologie appliquée, de la *sociologie pénale*[2], car alors que celle-ci décrit et explique, et procède donc à des jugements de réalité (ou d'existence), celle-là porte des *juge-*

---

1. Pour ces définitions, *cf. supra* n° 20 et les références citées. *Adde Dictionnaire des sciences criminelles,* Dalloz, 2004, *v°* « Politique criminelle » par R. Gassin.
2. *Cf. supra* n° 30.

ments de valeur d'ordre technologique. En outre, depuis quelques années il s'est constitué un « savoir » nouveau, le « savoir » sur la sécurité intérieure ou « sécuritologie »[1] qui doit également être distingué de la criminologie de la politique criminelle et des techniques pénales. En effet, axé essentiellement sur l'action et sur celle des « professionnels de première ligne » (policiers, gendarmes, agents de renseignement et personnels des services privés de sécurité), il a un champ d'investigation beaucoup plus limité, car il laisse de côté tout à la fois l'élaboration de la loi pénale et son application par les tribunaux et les organes d'exécution des peines. De plus, s'apparentant à la science politique, il est plus descriptif et analytique que critique et réformateur à la différence de la criminologie appliquée[2]. Il est enfin une autre discipline avec laquelle il faut éviter de la confondre : il s'agit de la *philosophie pénale*[3]. Cette dernière exprime en effet des points de vue éthique et métaphysique sur le droit pénal et la politique criminelle, mais il ne lui appartient pas de porter des *jugements de valeur scientifique* ou *technologique.*

766 *Méthode* ◇ S'il est vrai que la criminologie de la politique criminelle s'assigne pour objectif de porter de tels jugements de valeur sur la politique criminelle et le droit pénal, *comment* parvient-elle à ce résultat ?

1) Pendant longtemps la méthode utilisée a consisté à *confronter* les résultats des recherches de criminologie théorique sur la criminalité et le crime avec les institutions pénales existantes et à proposer bien souvent la création de nouvelles institutions au motif qu'il y aurait contradiction entre les deux éléments de la comparaison (ex. Ferri[4], Pinatel[5]).

Grâce à cette méthode, la criminologie a proposé aux législateurs, depuis plus d'un siècle, de nombreuses réformes (ex. principe de l'irresponsabilité pénale des mineurs, prise en considération du cas des délinquants anormaux mentaux, etc.) dont certaines n'ont jamais été retenues (ex. le « jury technique » de Ferri), mais dont un certain nombre ont été introduites dans les droits positifs. Or, bien souvent, ces réformes ont donné des résultats décevants et se sont même soldées par de véritables échecs qui les ont fait abandonner ou tomber en désuétude (ex. la conception du délinquant dangereux dans les législations anglo-saxonnes).

2) Aussi, depuis une trentaine d'années, on a tendance à renoncer à ces *confrontations abstraites* pour se livrer à *l'observation* concrète de l'organisation et du fonctionnement des institutions pénales selon le modèle de la recherche appliquée[6], soit pour les évaluer, soit, après évaluation négative, pour les changer de la

---

1. *Cf. supra* n° 32-3.
2. *Cf. supra* n° 32-4.
3. *Cf.* J. Pinatel (1987), vº « Philosophie pénale », p. 163-164. La définition de la philosophie pénale donnée par cet auteur trahit précisément la confusion. En revanche faisant bien la distinction : P. Poncela, « La philosophie pénale : une inscription en marge et dans le texte » *in* F. Ringelheim (éd.), *Punir mon beau souci*, Bruxelles, ULB, 1984, p. 47-60; S. Tzitzis, vº « Philosophie pénale », *Dict. sc. crim.*, 2004, p. 703-705; *adde* la chronique de « Philosophie pénale » de S. Tzitzis à la *RPDP*.
4. Dans sa *Sociologie criminelle*, Ferri proposait un vaste programme de bouleversement du droit pénal en vigueur à son époque selon cette méthode abstraite.
5. *Cf.* « Les fondements anthropologiques et criminologiques du droit pénal », *in La confrontation de la théorie générale de la responsabilité pénale avec les données de la criminologie*, (Colloque, Toulouse 1969), Paris, éd. Dalloz, 1970, p. 19-35, et « Le nouveau projet de Code pénal », *in Le Phénomène criminel*, p. 229-231.
6. *Cf. supra* n° 142.

manière la plus pertinente possible[1]. Mais ces recherches sont encore peu nombreuses et surtout sont concentrées dans quelques domaines limités, notamment celui de l'évaluation de l'efficacité des mesures de traitement des délinquants.

3) En présence de cette évolution remarquable, nous serons amenés, à propos de chaque question traitée comme ayant retenu l'attention de la criminologie de la politique criminelle, d'une part à indiquer les solutions proposées en application de la *méthode abstraite,* et d'autre part à présenter les résultats des *recherches de criminologie appliquée* les plus intéressantes lorsqu'il en existe.

767 *Plan* ◇ Ainsi qu'on l'a laissé pressentir, *politique criminelle et droit pénal* constituent une sorte de couple dont les éléments sont distincts mais en rapports étroits. La politique criminelle définit des *principes d'action;* le droit pénal traduit ces principes en *règles et concepts techniques dans l'ordre juridique.* Aussi va-t-on consacrer un chapitre 1 à l'étude de la *valeur scientifique de la politique* criminelle et un chapitre 2 à celle de la *valeur scientifique des techniques pénales.*

767bis *Bibliographie générale* ◇

B. Di Tullio (1951), p. 239-240; E. Mira y Lopez, p. 94-103; E. Yamarellos et G. Kellens, II, *v°* « Politique criminelle », p. 83-87; D. Szabo (1978), p. 236-259; R. Boudon et F. Bourricaud, *v°* « Contrôle social », p. 119-125; G. Picca, 93-122; D. Szabo (1986), p. 33-162; J. Pinatel (1987), *v°* « Politique criminelle », p. 165-167; L. Négrier-Dormont, p. 165-190; H.-D. Schwind, *Kriminologie in der Praxis, justiz, Kriminalpolitik,* Heidelberg, 1986, 175 p.; J. Vérin, *Pour une nouvelle politique pénale* (chroniques 1965-1985), LGDJ 1994, 438 p.; S. Enguéléguélé, *Les politiques pénales (1958-1995),* préface J. Chevallier, L'Harmattan, 1998, 377 p.; J.-P. Allinne, *Gouverner le crime. Les politiques criminelles françaises de la Révolution au XXIe siècle,* L'Harmattan, t. 1 « L'ordre des notables, 1789-1920 », t. 2 « Le temps des doutes », 2004; R. Gassin, *v°* « Politique criminelle », *Dict. Sc. crim.,* 2004, p. 717-719; M. Massé et *al., Un droit pénal post moderne ? Mise en perspective des évolutions et ruptures contemporaines,* PUF, collection Droit et Justice, 2009, 400 p.

---

1. *Cf. supra* n°s 143 et s. D. Szabo, « L'évaluation des politiques criminelles : quelques réflexions préliminaires », *RSC,* 1981, p. 1; V. Gautron, « L'évaluation de la politique criminelle : des avancées en trompe l'œil ? », *APC,* 2008, n° 30, p. 201-219.

LA VALEUR SCIENTIFIQUE
DE LA POLITIQUE CRIMINELLE

768 ***Des définitions multiples*** ◇ L'expression « politique criminelle » connaît des *définitions multiples* qui correspondent à autant de conceptions différentes de cette discipline aux contours fuyants et à l'arête elle-même incertaine[1].

Pour tenter d'y voir un peu clair et fixer l'objet du présent chapitre, on peut répartir ces définitions en *deux catégories logiques :* les définitions en extension et les définitions en compréhension.

Du point de vue de *l'extension* du concept de politique criminelle, les définitions vont d'une conception *étroite* qui voit dans cette discipline la réaction répressive contre le crime (Donnedieu de Vabres) et la confond pratiquement avec le droit pénal jusqu'à la conception *la plus large* qui englobe dans la matière, d'une part la *prévention* de la criminalité, ce qui déborde déjà le droit pénal pour couvrir le droit de la prévention, d'autre part les *pratiques* des différentes institutions chargées d'assurer l'application de ces divers droits : police, parquets, tribunaux, Administration pénitentiaire, protection judiciaire de la jeunesse, organismes de prévention, services sociaux. Tout le monde aujourd'hui est à peu près d'accord pour retenir cette conception large. C'est en tout cas celle que nous adoptons[2].

En revanche, c'est du point de vue de la *compréhension* du concept de politique criminelle que viennent les plus grandes difficultés. Deux grandes conceptions s'opposent en effet à cet égard : celle qui, dans la tradition de Von Liszt continuée par Marc Ancel, voit dans la politique criminelle *une sorte de modèle idéal* de lutte contre le crime qui, selon la définition de J. Pinatel, « en fonction des données philosophiques et scientifiques, s'efforce, compte tenu des circonstances historiques, d'élaborer les doctrines répressives et préventives pouvant être appliquées dans la pratique »[3]; une autre conception qui, au contraire, prend les *politiques criminelles concrètes* telles qu'elles se pratiquent « hic et nunc », quel que soit leur degré de cohérence intellectuelle et d'efficacité pratique. Le terme « politique criminelle » est pris alors dans un sens comparable à celui que l'on entend couramment quand on parle de politique

---

1. *Cf.* E. Yamarellos et G. Kellens, II, v° « Politique criminelle », 83-87; J. Pinatel, (1987), v° « Politique criminelle », 165-167; C. Lazerges, *La politique criminelle*, coll. « Que sais-je ? », PUF, 1987 n° 2356, et *Introduction à la politique criminelle*, L'Harmattan, 2000; G. Levasseur, « La politique criminelle », *Archives Phil. dr.*, 1971, p. 131 et s.; R. Gassin, v° « Politique criminelle », *Dict. sc. crim.*, 2004, p. 717-719; N. Queloz, « Politique criminelle », *crimino. com*, Dictionnaire de criminologie en ligne, juin 2010.
2. *Cf.* R. Gassin, « La crise des politiques criminelles occidentales », *in Prob. act. Sc. crim.*, PUAM, 1985, p. 21-56, spéc. 21-22 et *Rev. de l'Institut de Sociologie* (Bruxelles), 1985, n°s 1-2, p. 47-87, spéc. 47-48.
3. J. Pinatel, v° précité, p. 165-166. Sur l'analyse de ces divers modèles, *cf.* M. Delmas-Marty, *Modèles et mouvements de politique criminelle*, éd. Économica, 1983.

intérieure, politique économique, politique sociale, politique culturelle ou politique étrangère. C'est précisément avec cette dernière compréhension que nous entendrons l'expression « politique criminelle » dans le présent chapitre [1].

769 *La question posée par la criminologie de la politique criminelle*
◇ La notion de politique criminelle étant ainsi définie, qu'est-ce que la criminologie de la politique criminelle nous apprend sur la *valeur scientifique des politiques criminelles concrètes ou en projet ?*

Pour répondre à la question, on peut procéder de deux manières. La première consiste à prendre comme objet d'analyse *les diverses doctrines de politique criminelle* (classique, positiviste, éclectique, défense sociale nouvelle, néo-classique, abolitionniste...). Ce mode d'approche présente l'avantage d'une certaine commodité parce que ces diverses écoles ou mouvements de politique criminelle sont en général bien individualisables. Mais, il se heurte aussi à des difficultés majeures parce que ces doctrines n'ayant jamais été appliquées telles quelles, on a peu de chances de trouver sur elles autre chose que des jugements de valeur purement théoriques.

La seconde manière consiste à prendre comme objet de réflexion *les politiques criminelles effectivement pratiquées par les législateurs et par les juges et administrateurs.* Cette solution a évidemment l'inconvénient d'opérer sur des politiques criminelles positives qui, loin d'être pures et cohérentes, mélangent souvent des conceptions opposées de la lutte contre la délinquance et se différencient seulement les unes des autres parce qu'elles mettent l'accent, ici plutôt sur un aspect de cette lutte, et là plutôt sur un autre; les outils juridiques demeurent souvent dans les textes même quand ils ne sont plus beaucoup utilisés, et peuvent resservir massivement en cas de changement de politique. C'est ainsi que l'accent mis sur la lutte contre la violence n'a jamais entraîné l'abrogation de textes sur la délinquance d'affaires et réciproquement. Il n'en demeure pas moins vrai que ce mode d'approche est celui qui est le plus fructueux dans la perspective de la criminologie de la politique criminelle puisque lui seul peut donner lieu à des recherches authentiques de criminologie appliquée [2].

770 **Plan** ◇ Pour mener à bien ces investigations dans les politiques criminelles concrètes, on va partir de l'observation que l'analyse générale des politiques criminelles met en évidence le fait que toute politique criminelle comporte deux séries d'éléments : 1/ des *objectifs* de lutte contre la délinquance; 2/ des *instruments* de mise en œuvre de ces objectifs. D'où les deux sections de ce chapitre [3].

---

1. Comp. M. Delmas-Marty, *Les grands systèmes de politique criminelle*, PUF, 1992, p. 13 : L'ensemble des procédés par lesquels le corps social organise les réponses au phénomène criminel.
2. *Cf. supra* n° 766.
3. Cette distinction n'est pas propre à la politique criminelle. Elle concerne toutes les politiques. Ainsi, analysant le *processus de décision* dans la *méthodologie législative*, M. Bergel indique que ce processus commence par la détermination des *objectifs* poursuivis avant qu'il soit procédé au choix des mesures à édicter, c'est-à-dire des *moyens* d'atteindre les objectifs (*Méthodologie juridique*, PUF, 2001, p. 284 et s.).

SECTION 1. LA VALEUR SCIENTIFIQUE DES OBJECTIFS DE LA POLITIQUE CRIMINELLE

771 *De la notion d'« objectifs » de lutte contre la délinquance* ◇ On peut caractériser, d'une manière générale, les objectifs de la lutte contre la délinquance comme consistant dans la recherche d'un *ordre social minimum* par la désignation faite par le corps social de comportements qui sont prohibés en raison de leur nocivité sociale supposée, tels que tuer, blesser, voler, etc. Dans le langage juridique moderne, ces prohibitions s'appellent des *incriminations* dont l'étude forme l'objet du droit pénal spécial. Ce sont précisément *les relations entre la criminologie et le droit pénal spécial* que l'on va examiner dans cette section[1].

Dans cette perspective, il semble que deux aspects principaux émergent de l'ensemble des questions suscitées par l'étude de ces relations. Il s'agit d'une part *du choix des incriminations* (§ 1) et d'autre part du *choix du pénal* lui-même comme instrument de maintien de l'ordre social minimum (§ 2).

§ 1. Le choix des incriminations[2]

772 *Les deux questions criminologiques* ◇ La criminologie appliquée s'intéresse au choix des incriminations de deux manières : en s'interrogeant sur les *critères matériels* de l'incrimination pénale (A) et plus récemment sur le *choix des priorités* dans l'organisation et l'application des incriminations existantes (B).

A. Des critères matériels de l'incrimination pénale

773 *Du critère formel aux critères matériels* ◇ Le droit pénal moderne enseigne que nulle action ou omission n'est punissable si elle n'est prévue au préalable par un texte et punie par celui-ci d'une peine : « *Nullum crimen, nulla poena sine lege* ». C'est le principe de la légalité des délits et des peines[3].

---

1. Sur le principe de la distinction de la criminologie et du droit pénal spécial ainsi que de leurs rapports, *cf. supra* n° 23.
2. L. Sherman, « Criminologie et criminalisation », *RICPT*, 1994, p. 7-21; M. Killias, « Y a-t-il une inflation pénale ? », *même revue*, 1994, p. 22-28; M. Lillia, « Déviance en démocratie », *Le Débat*, sept.-oct. 1994, p. 151-153; D.-P. Moynihan, « La déviance redéfinie à la baisse », *même revue*, p. 154-166; C. Krauthamer, « La déviance redéfinie à la hausse (Réponse à D.-P. Moynihan) », *même revue* p. 167-176; J. de Maillard, « Le syndrome de Filochard », *Commentaire*, 1994, n° 66, p. 402-407; « Les maux et les causes. À propos de la crise du droit pénal », *Commentaire*, 1994, n° 67, p. 613-623 et le débat Alamovitch/de Maillard, *Commentaire*, n° 67, p. 625-628 et 1995, n° 69, p. 83-90; Dossier : « Régulation et répression au sein de l'État providence », art. P.-A. Albrecht et S. Moccia, *Dév. et soc.* 1997, p. 121-163; Y. Mayaud, « *Ratio legis* et incrimination », *RSC*, 1983, p. 597-621.
3. Sur ce principe, *cf.* B. Bouloc, *Droit pénal général*, 22e éd., 2011, n°s 102 et s.

Mais il s'agit là d'un critère purement *formel* de l'incrimination pénale : *la loi pénale*[1]. Les traités de droit pénal général ne s'intéressent nulle part au *critère matériel* de l'incrimination. Même les auteurs qui dénoncent l'inflation pénale contemporaine se bornent à déplorer le fait sans chercher à savoir comment on pourrait y remédier.

La criminologie elle-même ne paraît guère s'être posée la question jusque dans les années 1960. Sa préoccupation essentielle dans ce domaine semblait être jusqu'à cette époque de trouver le critère qui, par-delà les textes du droit pénal, rendait compte des incriminations existantes. Ce fut la théorie des « délits naturels » de Garofalo, celle des « états forts de la conscience collective » de Durkheim ou des « agressions contre les valeurs du groupe social » de Daniel Lagache[2]...

Depuis une cinquantaine d'années cependant, la criminologie du droit pénal a pris conscience de la nécessité de s'interroger sur le *critère matériel de l'incrimination* et s'est engagée dans des recherches empiriques destinées à apprécier la *valeur scientifique des critères matériels repérables derrière les textes*[3]. Quand on réfléchit à ce que peuvent être les critères de cette sorte qui délimitent ce qui est pénalement répréhensible de ce qui ne tombe pas sous le coup de la loi pénale et qui déterminent la gravité des peines applicables aux incriminations retenues, on est conduit à identifier l'*idée de nécessité* (a) et l'*idée de justice* (b).

a. Le critère tiré de l'idée de nécessité

774 *L'idée de nécessité comme critère et le critère de la nécessité* ◇ Il existe un courant d'opinion traditionnel et important qui croit voir dans la *nécessité* le critère de la criminalisation des comportements (1), mais quand on s'interroge sur le *critère* de la nécessité elle-même (2), on s'aperçoit combien ce critère comporte d'incertitude.

775 *1) L'idée de nécessité comme critère d'incrimination* ◇ Pour s'en tenir au droit français, on peut constater que cette *idée de nécessité* comme critère d'incrimination se trouve exprimée à la fois dans la doctrine, dans les textes et dans la jurisprudence : 1/ la *doctrine :* les auteurs classiques comme la plupart des auteurs modernes, lorsqu'ils étudient l'objet du droit pénal, déclarent que celui-ci a pour fonction d'assurer l'ordre social fondamental, c'est-à-dire celui qui est essentiel à la survie de la société[4];

---

1. Pour une application jurisprudentielle du critère formel, *cf.* Crim. 1er févr. 1990, *Bull. crim.,* n° 56.

2. *Cf. supra* n° 55 ; E. Novoa Monreal, « Alternative et moments critiques du droit pénal d'aujourd'hui », *RSC,* 1977, p. 755-777.

3. Sur des interprétations des droits pénaux positifs : GERN, Colloque sur « Les processus d'incrimination en matière économique » (Genève, sept. 1987), CR, *RSC,* 1988, p. 866-867 ; F. Acosta, « À propos des illégalismes privilégiés. Réflexions conceptuelles et mise en contexte », *Criminologie,* 1988, p. 7-34 ; P. Lascoumes, P. Poncella et P. Lenoel, *Au nom de l'ordre, une histoire politique du Code pénal,* Hachette, 1989, 404 p. ; P. Robert et *al., La création de la loi et ses acteurs,* Onati, 1991 ; J. Jefferson et J. Shapland, « Justice pénale, criminologie et production de l'ordre », *Dév. et soc.* 1991, p. 187-221 ; R. Van Swaaningen et *al.,* « Une décennie de recherches sur la production normative et le contrôle pénal aux Pays-Bas », *Dév. et soc.* 1991, p. 49-93 ; C. Faugeron, « La production de l'ordre et le contrôle pénal », *Dév. et soc.* 1991, p. 51-91 ; S. Fucini, « L'évolution des valeurs protégées par le code pénal depuis son adoption », Mémoire master 2 sciences criminelles, Aix-en-Provence, 2011.

4. *Cf.* B. Bouloc, *Droit pénal général,* 22e éd., 2011, n° 21.

2/ les *textes* : quelques textes font allusion au critère de nécessité dont le plus important est l'article 8 de la Déclaration des droits de l'homme : « La loi ne doit établir que des peines *évidemment et strictement néces-saires* »[1] ; 3/ *la jurisprudence* : il arrive parfois que telle ou telle décision fasse allusion, dans sa motivation, au critère de nécessité, comme ce fut le cas lors de la discussion de la légalité du règlement administratif qui impose le port de la ceinture de sécurité[2]. Il existe ainsi une tradition certaine en faveur de cette idée que seule la nécessité doit autoriser les incriminations pénales et assurer la mesure des peines encourues pour celles-ci. Cette idée de nécessité comme critère d'incrimination est marquée au coin du bon sens. Une contre-preuve se trouve dans la déraison de ce maire d'une petite commune de Lorraine qui, à force d'interdictions de toutes sortes, ne laissait plus respirer sa cinquantaine d'administrés, au point d'avoir été appelé le « taliban » de son hameau[3]. Mais la question rebondit alors quand il s'agit de savoir quel est le *critère de la nécessité* elle-même.

776 **2) *Le critère de la nécessité*** ◊ Habituellement pour caractériser la nécessité qui justifie l'incrimination pénale, on se réfère à l'idée de *préjudice causé à autrui*. C'est en se fondant sur ce critère que la criminologie nord-américaine a proposé de décriminaliser les « *crimes sans victimes* » (adultère, prostitution, homosexualité, usage de stupéfiants, etc.)[4]. C'est également autour de cette idée que l'on a discuté naguère la question de savoir s'il convenait de décriminaliser les *vols dans les grandes surfaces*[5]. On retrouve d'ailleurs cette idée d'atteinte aux droits d'autrui dans la discussion sur la légalité du port de la ceinture de sécurité lorsque l'on invo-

---

1. Ce texte avait été invoqué devant l'Assemblée nationale comme moyen d'irrecevabilité contre le projet de loi qui est devenu la loi « Sécurité et Liberté » du 2 févr. 1981. V. le discours de F. Mitterrand, *JO* Déb. A.-N. 12 juin 1980, p. 1755. Dans sa décision des 19-20 janv. 1981 (Sécurité et Liberté), le Conseil constitutionnel tout en reconnaissant le caractère constitutionnel du principe de la « nécessité des peines » a décidé que la Constitution ne lui donnait pas un pouvoir général d'appréciation de la nécessité identique à celui du Parlement et qu'il ne lui appartenait pas de substituer sa propre appréciation à celle du législateur, dès le moment où aucune disposition de la loi n'est manifestement contraire au principe de nécessité (Considérants 11 à 13). Pour la jurisprudence ultérieure du Conseil constitutionnel, *cf.* L. Favoreu et *al.*, *Droit constitutionnel*, Dalloz, 13ᵉ éd. 2010, nᵒ 1386 et 1387 et *Droit des libertés fondamentales*, Dalloz, 5ᵉ éd. 2009, nᵒ 403 et 404.
2. T. pol. Boulay, 4 mai 1979, *Gaz. Pal.*, 1979, II, p. 514. Postérieurement à cette décision, la chambre criminelle de la Cour de cassation a affirmé la légalité des dispositions réglementaires imposant l'emploi de la ceinture de sécurité (Crim. 20 mars 1980, *Gaz. Pal.*, 1980, 1, p. 295, note PLG), mais l'argumentation du tribunal précitée n'en conserve pas moins tout son intérêt théorique. D'une manière générale *cf.* G. Tillement, « Le contrôle de la nécessité des incriminations par le juge pénal », *Droit pénal*, décembre 2003, chron. 34.
3. « La fronde dans un village fleuri. Le « taliban » de Gélancourt », *Nouvel observateur* du 18 avril 2002.
4. Sur cette notion, *cf. supra* nᵒ 653.
5. Zaki, « Réflexions sur les vols dans les grands magasins », *RSC*, 1977, p. 521 et s. Une telle opinion est à courte vue. C'est ainsi que, examinant les rapports entre le vol de masse et les atteintes physiques violentes, S. Roché (*La délinquance des jeunes*, Seuil, 2001, p. 94) soutient que le développement du premier entraîne une augmentation des agressions dans la rue en raison du renoncement à défendre les biens. Il faut donc toujours considérer les incidences des décriminalisations sur les autres infractions.

que les articles 4 et 5 de la Déclaration des droits (« La liberté consiste à pouvoir faire tout ce qui ne nuit pas à autrui », « La loi n'a le droit de défendre que les actions nuisibles à la société ») et que l'on conclut que cette obligation est « une mesure qui ne peut être considérée comme destinée à protéger autrui ou la Société, et qu'elle ne concerne en réalité que la sécurité personnelle du destinataire de la mesure »[1].

À vrai dire, ce critère de la nécessité tiré de l'idée de préjudice causé à autrui est doublement *critiquable*, parce qu'il est à la fois trop large et trop étroit. 1/ *Trop large*, car la notion de préjudice causé à autrui est aussi le fondement, ou du moins une condition fondamentale, de la *responsabilité civile*; dès lors, où fixer le départ entre la responsabilité pénale et la responsabilité civile ? 2/ *Trop étroit*, parce qu'il paraît ne considérer les infractions pénales que sous l'angle du préjudice causé à autrui ou à soi-même. Or ce qui est essentiel dans le droit pénal, c'est la protection de *l'intérêt social* : si le législateur protège les particuliers et leurs biens, ce n'est pas pour eux-mêmes, mais en tant qu'ils sont un aspect de l'intérêt général. Nombre d'infractions sont d'ailleurs des infractions contre la chose publique.

Dès lors ce qu'il faudrait rechercher c'est si l'incrimination est ou non nécessaire à la satisfaction de l'intérêt général, notion bien difficile à dégager. Une illustration de cette difficulté vient encore d'être fournie récemment à propos de l'inceste en Allemagne. Un frère et sa sœur avec laquelle il a eu quatre enfants ont été condamnés pour inceste par la juridiction pénale. Ils ont saisi la Cour constitutionnelle de Karlsruhe en faisant valoir que l'interdiction de leur amour est contraire aux dispositions de la loi fondamentale allemande sur le libre arbitre en matière sexuelle[2]. En quoi consiste en l'espèce la satisfaction de l'intérêt général justifiant la condamnation ? Dans le simple fait d'avoir eu des relations sexuelles entre parents ou alliés à un degré qui entraîne la prohibition du mariage, ce qui est la définition de l'inceste[3], ou dans le fait d'avoir engendré des enfants qui risquent fort d'être anormaux ?[4] On remarquera d'ailleurs que traditionnellement en droit français l'inceste, en dépit de demandes de reconnaissance à des titres divers[5], n'était pas incriminé en tant que tel[6]. Il ne pouvait être atteint qu'à travers la qualification d'atteinte sexuelle sur un mineur de 15 à 18 ans. Comme d'autre part cet attentat à la pudeur sans violence avait cessé d'être limité à l'inceste par ascendant depuis une loi de 1980 pour être étendu à toute atteinte sexuelle en dehors du cercle familial à toute personne exerçant une autorité sur la victime, on a pu dire que le fondement de l'incrimination a été brouillé avec l'extension de son domaine d'application[7]. La loi du 8 février 2010 « tendant à

1. Jugement du T. pol. Boulay, précité. *Adde* pour l'interruption accidentelle de grossesse, E. Severin, « Réparer ou punir ? L'interruption accidentelle de grossesse devant la Cour EDH », D. 2004, chron., p. 2801-2807; pour les infractions contre les biens, M.-C. Lanthiez, « Du préjudice dans quelques infractions contre les biens », D., 2005, chron., p. 464-468.

2. *Le Figaro* du 23 février 2007.

3. Inceste dans le Petit Robert.

4. C'est ce qui se produit statistiquement dans 50 % des cas d'unions incestueuses.

5. *Cf.* en faveur d'une reconnaissance juridique : X. Bébin et J.-P. Bouchard, « Le crime incestueux. Une spécificité à identifier et à reconnaître », *Institut pour la Justice*, 06/2009; en faveur d'une reconnaissance identitaire des victimes d'inceste : E. Escard et *al.*, « Être victime d'inceste : de l'exil à la reconnaissance identitaire », *RICPT*, 2010/4, p. 491-500.

6. D. Mayer, « La pudeur du droit face à l'inceste », *D.*, 1988, doctr., p. 213.

7. M.-L. Rassat, *Droit pénal spécial Infractions des et contre les particuliers*, Dalloz, 5ᵉ éd., 2006, nᵒ 544.

inscrire l'inceste commis sur les mineurs dans le code pénal... » a-t-elle fondamentalement modifié la conception du droit français ? Malgré l'intitulé de la loi, le texte ne crée aucune infraction nouvelle autonome ni n'aggrave les peines encourues jusque-là en matière d'agressions sexuelles et d'atteintes sexuelles sur mineurs. Il se borne à surimposer aux qualifications pénales existantes la qualification d'inceste, comme le dit de manière inédite la circulaire d'application du 9 février 2010, à procéder à une « surqualification »... [1]. La volonté de pouvoir parvenir dorénavant à un dénombrement statistique paraît avoir pesé dans la réforme.

Au demeurant, l'appréhension d'un même comportement à l'égard du critère de nécessité n'est pas exempte d'évolution... et de contradiction, comme l'illustre la question de la prostitution [2]. Tout en critiquant sévèrement l'incrimination du racolage passif, créée par la loi sur la sécurité intérieure de 2003 directement à l'encontre des prostituées – dont le gouvernement n'envisage pas l'abrogation –, la mission parlementaire d'information sur la prostitution en France [3] s'est récemment prononcée sur le modèle de la loi suédoise de 1998 en faveur de la pénalisation des clients des prostituées, aptes ainsi à être tout à la fois victimes d'elles-mêmes, coupables et victimes des clients.

b. Le critère tiré de l'idée de justice

777 ***Position de la question*** ◇ Pour comprendre ce second critère, il faut avoir présent à l'esprit que ce qui caractérise avant tout le droit pénal, c'est le caractère particulier de la sanction pénale : *rétribution, expiation* de la faute commise. Dès lors parler de critère de l'incrimination fondé sur l'idée de justice, cela veut dire que l'on ne devrait incriminer que *les actes dont le châtiment est considéré comme conforme à la justice par le groupe social*. Ce critère trouve une expression traditionnelle dans l'assimilation de l'infraction à la *violation de la morale* (1). Il prend aujourd'hui un aspect moderne en faisant de l'*opinion démocratique* la mesure de la criminalisation (2).

778 ***1) Infraction et violation de la loi morale*** ◇ Selon une opinion classique, le droit pénal ne doit pas avoir d'autre but que de *faire valoir la moralité* et il doit être la *simple projection* de la morale dans le droit positif. 1/ L'idée a dominé la *doctrine* pendant tout le XIXe siècle et la première moitié du XXe siècle [4] et elle est reprise aujourd'hui par des

---

1. A. Lepage, « Réflexion sur l'inscription de l'inceste dans le Code pénal par la loi du 8 février 2010 », *JCP*, *G.*, 2010, doctr. 335; P. Bonfils, *RSC*, 2010, p. 462 et s.; Y. Joseph-Ratineau, *RPDP*, 2010, p. 747 et s; A. Montas et G. Roussel, « La pénalisation explicite de l'inceste : nommer l'innomable », *ACP*, n° 32, 2010/1, p. 289-308.

2. A. Maugère, *Les politiques de la prostitution. Les politiques publiques en matière de prostitution en France et leur mise en discours*, Paris, Dalloz, 2009.

3. « Prostitution : l'exigence de responsabilité. En finir avec le mythe du "plus vieux métier du monde" », Assemblée nationale, Rapport d'information, n° 3334, 13 avril 2011, 383 p.

4. L. Hugueney et H. Donnedieu de Vabres pouvaient écrire dans l'avertissement du n° 1 de la *RSC* en 1936 : « La tradition vraiment française, née au XIXe siècle, déclarait *inséparables* le droit pénal et la morale ».

auteurs considérables[1]. À tout le moins reconnaît-on que, parmi les infractions pénales, nombre d'entre elles sont des infractions de « moralisation »[2]. 2/ Elle est également partagée en partie par le *droit positif*, tout le monde s'accordant à admettre que c'est le critère moral qui a conduit le législateur à incriminer au xxe siècle certains agissements immoraux qui n'étaient pas réprimés jusque-là (délit d'abandon de famille créé en 1924, de non-assistance à personne en danger institué en 1941...). 3/ La *jurisprudence* elle-même recourt parfois à l'idée de morale pour se déterminer dans l'interprétation de la loi pénale lorsque celle-ci laisse place à une certaine marge d'appréciation. Ex. : délit de tromperie sur les qualités substantielles de la marchandise vendue utilisé pour « moraliser » le marché de la voiture d'occasion[3].

Pour apprécier la valeur de ce critère, il est indispensable de rechercher pourquoi on lie ainsi la morale et le droit pénal. Selon J. Pinatel[4], cette relation s'explique par deux raisons : 1/ une *raison sociologique :* l'infraction doit être ressentie comme une transgression du système des valeurs sociales par la population pour que sa punition soit considérée comme juste; 2/ une *raison psychologique :* la conduite contraire au droit pénal doit être ressentie par l'auteur de l'infraction lui-même comme blâmable moralement pour qu'il se considère comme coupable et donc puni justement.

Cette *explication socio-psychologique* de la liaison entre morale et droit pénal convient certes parfaitement aux sociétés traditionnelles qui connaissaient un haut degré d'intégration culturelle et de cohésion sociale. Mais il est évident qu'elle ne peut plus être admise aussi facilement aujourd'hui où nos sociétés occidentales post-industrielles se caractérisent essentiellement, sur le plan culturel, par le *pluralisme de leur système de valeurs socio-morales*, voire par leur *antagonisme*[5]. On est donc amené à chercher ailleurs le critère de la justice et celui de la criminalisation dans ces sociétés. Une théorie très à la mode aujourd'hui croit pouvoir le trouver dans l'opinion du plus grand nombre.

1. R. Merle et A. Vitu, *Traité de droit criminel*, t. 1, 7e éd., 1997, n° 10 : « La morale, ou plus exactement la partie de la morale intégrée à un moment donné dans les valeurs d'une société, est la seule véritable mesure du crime... ». Cette opinion doctrinale était elle-même le reflet du point de vue du législateur du xixe siècle. On lit ainsi dans l'exposé des motifs de la deuxième révision du C. pén. de 1810 par la loi du 13 mai-1er juin 1863 : « *L'incrimination* ou la détermination de ce qui doit constituer un acte punissable a quelque chose de fixe et d'universel, comme la loi morale révélée par la conscience. *La peine*, au contraire, change avec les temps et doit changer pour ne pas rester insuffisante ou excessive... » (D. 1863, IV, 79).

2. À côté des infractions d'« efficacité ». *Cf.* note M.-L. Rassat, *JCP* 2005, II, 10065, s/ Nancy corr. 2 fév. 2005.

3. *Cf.* Colmar 8 févr. 1968, *Gaz. Pal.*, 1968, II, 33, note Lorentz. On lit dans cette note : « ... Il y aurait beaucoup à dire de ce phénomène de plus en plus fréquent d'affleurement de la morale au niveau du droit pénal. »; E. Dargentas, « La norme pénale et la recherche autonome des valeurs dignes de la protection pénale », *RPDP*, 1977, p. 411 et s.; J. Farsedakis, « Crise des valeurs et criminologie », *RICPT*, 1998, p. 3-17.

4. J. Pinatel, « Infractions et valeurs morales », *RSC*, 1972, p. 664-669. *Adde* A. Barrata, « Les fonctions instrumentales et les fonctions symboliques du droit pénal », *Dév. et soc.* 1991, p. 1-25. Sur une création symbolique d'infraction : « Le délit de harcèlement sexuel », *cf.* F. Dekeuwer-Defossez, *JCP* 1993, I, 3662; J. Pralus-Dupuy, Act. Législative in *D.* 1993, p. 59 et s., et plus récemment l'incrimination de l'outrage au drapeau tricolore par le décret n° 2010-835 du 21 juillet 2010. *Adde* S. Fucini, précité.

5. *Cf. supra* n° 549. *Adde* J. Tournois, « Pour une mesure structurale de la gravité morale », *Dév. et soc.* 1992, p. 31-46.

779 **2) *Infraction et opinion démocratique*** ◇ Le critère démocratique de l'incrimination pénale a été présenté d'une manière systématique par le Professeur Léauté dans deux textes publiés en 1974-1975[1]. Dans ces travaux, l'auteur expose d'une part le *fondement* du recours à ce critère et d'autre part les *conséquences pratiques* qu'il convient d'en tirer. 1/ Quant au *fondement*, il est extrêmement simple. Partant de l'idée que ce qui fait l'essence de la peine, c'est sa fonction de rétribution, J. Léauté expose que, pour qu'une peine puisse être ressentie comme juste par le groupe social comme par le délinquant, il faut qu'elle sanctionne une valeur qui est admise comme fondamentale par la *grande majorité des citoyens*. Le principe « Pas de crime, pas de peine, sans loi », dit-il, doit être complété par une maxime nouvelle : « Pas d'incrimination essentielle contraire au besoin social de justice de la plupart des citoyens vivant aujourd'hui ». Or le droit pénal actuel est bien souvent inadéquat et dès lors contesté parce qu'il ne correspond pas à cette exigence : *aussi faut-il le rendre démocratique.* 2/ Cette exigence emporte évidemment des *conséquences* extrêmement importantes sur le plan de la politique criminelle. Pour faire du droit pénal un droit véritablement démocratique, il faut, selon J. Léauté, d'une part *refondre* en grande partie le droit pénal existant et d'autre part organiser une *possibilité de révision* et de mise à jour régulière du droit pénal ainsi refondu. Pour parvenir à ces résultats l'auteur propose de recourir à deux sortes de *procédés techniques :* les *sondages d'opinion* car seule cette forme de démocratie directe, à l'exclusion du Parlement, permet de connaître les valeurs du temps présent; la *modification des règles constitutionnelles* pour permettre l'organisation d'un débat de politique criminelle au début de chaque législature et surtout pour exiger une majorité qualifiée au Parlement pour le vote des lois pénales les plus lourdes de conséquences.

Si ces dernières suggestions ne peuvent que rallier la grande majorité des esprits, il n'en va pas de même pour le recours au critère démocratique lui-même et sa mise en œuvre par voie d'appel aux sondages. Le critère démocratique se heurte en effet à *deux séries de critiques,* l'une sur sa légitimité, l'autre sur sa praticabilité. 1/ Sa *légitimité*, car il est contraire à la fonction même du droit qui est un impératif alors que les mœurs sont un simple indicatif; or la théorie démocratique fait du droit pénal un simple *reflet* de l'opinion commune essentiellement évolutive : elle conjugue le droit à l'indicatif[2]. De plus, que décider lorsque l'opinion démocratique retient à un moment donné des « anti-valeurs » (ex. des tendances racistes) ? J. Léauté répond qu'en ce cas le législateur ne doit pas se ranger au point de vue de la masse et doit au contraire faire prévaloir des valeurs supérieures; mais c'est alors se référer à un autre critère de criminalisation. 2/ *Sa*

---

1. J. Léauté, « Droit pénal et démocratie », *in Mélanges dédiés à Marc Ancel,* 1974, t. II, p. 151 et s.; « Le rôle du droit pénal dans le contexte social » *in* « Conférence sur la politique criminelle » organisée par le Comité européen pour les problèmes criminels du Conseil de l'Europe (1975); F. Ocqueteau et C. Perez-Diaz, « Comment les français réprouvent-ils le crime aujourd'hui ? », *Dév. et soc.* 1990, p. 253-274; L. W. Sherman, « Criminology and criminalization : défiance and the science of the criminal sanction », *AIC,* 1993, p. 79-93 et « Criminologie et criminalisation », *RICPT,* 1994, p. 7-21.

2. V. par ex. la critique des sources « démocratiques » du délit de harcèlement moral créé par la loi du 17 janvier 2002 (art. 222-33.2 du C. pén.) par J.-P. Le Goff, « Que veut dire le harcèlement moral ? », *Revue Le Débat,* janv.-fév. 2003, p. 141-161 et mars-avril 2003, p. 99-116.

praticabilité : les sondages d'opinion qui ont été faits jusqu'à présent sur l'estimation de la gravité des infractions montrent que l'« opinion publique » sur le sujet n'existe pas et qu'elle est essentiellement diversité et oppositions[1].

Ainsi, au terme de cette recherche des *critères scientifiques de criminalisation* dans la littérature criminologique, on paraît aboutir à un constat d'échec. Il semblerait en effet qu'il n'existe pas de critère véritablement scientifique de la criminalisation que puisse fournir la criminologie de la politique criminelle, pour cette raison que le droit pénal spécial repose sur un *système de valeurs* et que les valeurs relèvent du domaine de *l'idéologie* et non de celui de la *science*[2]. Pourtant, *l'expérience historique* et *comparative* montre que tout système d'incriminations n'est pas compatible avec une lutte efficace contre la délinquance; c'est donc qu'il doit exister quelque part un véritable critère scientifique de criminalisation non encore aperçu.

À notre avis, l'échec des recherches qui viennent d'être décrites tient au fait qu'elles reposent sur une *analyse insuffisante de la notion de valeurs*. Il convient de distinguer en effet, parmi celles-ci, entre les *valeurs-fins* et les *valeurs-moyens*[3]. S'il est vrai que l'on ne peut pas découvrir de critères scientifiques de criminalisation dans *les valeurs-fins* en raison de leur nature idéologique et donc de leur variabilité dans le temps et dans l'espace, en revanche la permanence dans les droits pénaux spéciaux de ces *valeurs-moyens* que sont la prohibition de la *violence* et de la *ruse* est de nature à fournir les critères recherchés. C'est finalement vers *l'analyse du contenu et des contours de ces concepts* que doit s'orienter la recherche criminologique appliquée en matière de critère scientifique de criminalisation afin de délimiter, à l'exemple des romains qui distinguaient entre le « bon » et le « mauvais » dol, à partir de quel seuil il y a violence et ruse punissables et, à l'intérieur de ce domaine, quelles sont les gradations de gravité que l'on peut y repérer. Violence et ruse ou fraude constituent en effet le « noyau dur » de la délinquance[4].

B. Du choix des priorités dans l'organisation et l'application des incriminations existantes

780 *Des priorités dans les législations pénales* ◇ Les législations pénales contiennent une liste plus ou moins longue d'incriminations, mais celles-ci ne revêtent pas toutes la même importance, tant auprès de ceux qui les établissent que de ceux qui sont chargés de les faire appliquer. Il existe ainsi des *priorités*. Dans la *loi pénale*, ces priorités se réfèrent aux peines encourues et aux moyens juridiques qui sont donnés aux organes de répression pour constater, établir la preuve et assurer la répression de ces infractions. Quant aux *institutions d'application de la loi pénale*, c'est la

---

1. J. Léauté, « Sondage sur l'estimation de la gravité comparée des principales infractions », *Année sociologique*, 1970, p. 111 et s. et surtout P. Robert et *al.*, « Société et gravité des infractions », *RSC*, 1976, p. 915 et s. Pour les enquêtes sur la gravité des infractions dans l'opinion publique de Wolfgang et Sellin, v. M. Cusson, *Criminologie*, 1998, p. 12-14.
2. Ce constat *apparent* d'impossibilité est l'un des arguments importants invoqués par le courant abolitionniste pour justifier l'opportunité de l'abolition du droit pénal (*cf.* L. Hulsman et J. Bernat de Celis, « Fondements et enjeux de la théorie de l'abolition du système pénal », *in* F. Ringelheim (éd.), *Punir mon beau souci*, Bruxelles, ULB, 1984, p. 297-317, spéc. p. 307-308).
3. *Cf. supra* n°s 77 à 90 et les références à la théorie du « noyau dur » de la délinquance.
4. Sur la théorie du « noyau dur » de la délinquance *cf. supra* n° 77 à 90 et les références citées n° 77. *Adde* R. Gassin, « De Garofalo à la théorie du noyau dur de la délinquance et à ses éléments essentiels », *RPDP*, 2011, chron. criminologie, p. 481-502.

direction dans laquelle elles déploient principalement leur activité répressive qui désigne leurs priorités.

On peut ainsi observer, dans l'histoire du droit pénal, l'affirmation de priorités dans la lutte contre la délinquance qui ont évidemment varié avec le temps. C'est ainsi que du XVe au XVIIe siècle, le vagabondage et la mendicité ont occupé une place de choix dans les préoccupations pénales [1]. Au XIXe siècle, ce fut, semble-t-il, la délinquance du prolétariat urbain naissant puis se développant au fur et à mesure de l'industrialisation de l'Europe [2]. Au tournant des années 1950-1960, on s'est interrogé sur l'obsolescence de normes d'incriminations pénales essentiellement marquées par l'emprise de la morale traditionnelle judéo-chrétienne face à l'affirmation de nouvelles valeurs sociales, parmi lesquelles la protection contre la délinquance d'affaires occupe une place importante. Depuis les années 1970, c'est la *délinquance de violence* et le sentiment d'insécurité qu'elle a engendré dans le public, qui l'emportent le plus souvent dans l'ordre des priorités, encore que, selon les hasards des fluctuations politiques, la *délinquance d'affaires* lui dispute parfois le premier rang. C'est ce qui s'est passé en France. De 1975 à 1981, la lutte contre la violence est devenue prioritaire avec comme point culminant la loi dite « Sécurité et Liberté » du 2 février 1981. En mai 1981, avec l'avènement de la coalition socialo-communiste au pouvoir, l'ordre des priorités fut renversé au profit de la lutte contre la délinquance d'affaires [*cf.* la célèbre circulaire du Garde des Sceaux, Robert Badinter, du 21 octobre 1981 relative aux orientations nouvelles de la politique criminelle [3] dont la 3e partie avait pour titre : « Combattre plus efficacement la délinquance économique et financière »]. Depuis mars 1986, la criminalité de violence a repris le devant de la scène, notamment avec les lois de septembre 1986. Le retour des socialistes au Gouvernement en 1988 qui s'est fait dans un contexte socio-politique et économique très différent de celui de 1981, n'a pas entraîné de renversement comparable de politique criminelle. Toutefois la nouvelle majorité, tiraillée entre le souci du « nouveau réalisme » et la promotion des « valeurs socialistes » traditionnelles, a mené une politique criminelle qui n'était pas exempte d'ambiguïtés voire de contradictions au regard du choix des priorités dans le couple délinquance de violence/délinquance d'affaires. S'agissant de la période 1997-2002, on a vu le gouvernement socialiste se « convertir » aux nécessités de la sécurité quotidienne et mettre l'accent sur la nécessité de lutter contre la violence. Les gouvernements de droite du quinquennat Chirac (2002-2007) ont ouvertement privilégié la lutte contre la délinquance qui est la source du sentiment d'insécurité de la population (atteintes diverses aux biens, actes de violence physique) [4].

La priorité donnée à la lutte contre la *criminalité de violence* a été encore renforcée depuis 2007 avec la présidence Sarkozy [5]. Est-ce à dire pour autant que l'impunité de la *délinquance économique et financière* se serait encore accrue dans la dernière période ? C'est la thèse soutenue par deux chercheurs au CNRS, dans un article du journal *Le Monde* [6]. Cet article se fonde sur trois séries d'argu-

---

1. *Cf. supra* nos 436 et 437.
2. *Cf.* L. Chevalier, *Classes laborieuses et classes dangereuses à Paris pendant la première moitié du XIXe siècle*, Plon, 1958, rééd. Librairie Générale française, 1978.
3. D. 1981, Lég., 372.
4. *Cf. infra* n° 795 et J. Loubet del Bayle, « Une approche du sentiment d'insécurité en France », *RICPT*, 2002, p. 213-231.
5. C. Lazerges, « La tentation du bilan 2002-2009 : une politique criminelle du risque au gré des vents », *RSC*, 2009, p. 689 et s.
6. T. Godefroy et L. Mucchielli, « Délinquance économique : l'impunité s'accroît en France », *Le Monde* du 13 novembre 2010.

ments. 1/ Une phrase du rapport du « Groupe de travail sur la dépénalisation de la vie des affaires » (février 2008), dit rapport Coulon, du nom de son président, qui aurait conclu qu'après « la phase de reflux » il n'y aurait plus grand-chose à dépénaliser; 2/ plusieurs données statistiques qui confirmeraient cette impunité croissante [effondrement progressif de ce domaine d'investigation par les services de police et de gendarmerie, stabilité voire diminution du nombre des condamnations prononcées par la justice en matière économique et financière soit de 28 497 en 1990 à 27 152 en 2008, timidité des tribunaux pour mettre en œuvre la responsabilité pénale des personnes morales fautives, stabilité voire diminution du nombre d'infractions constatées par les administrations concernées (impôts, travail, consommation et concurrence)]; 3/ la neutralisation de la justice spécialisée en la matière par le changement de la politique judiciaire (démantèlement des pôles économiques et financiers regroupant les magistrats spécialisés, contrôle des enquêtes par les parquets de plus en plus étroits).

Cette analyse n'est pas à l'abri de la critique. 1/ Outre le fait que ses auteurs ne précisent pas le périmètre exact de la délinquance économique et financière (toutes les escroqueries et tous les abus de confiance qui constituent une partie importante des condamnations entrent-ils dans leurs statistiques, ou seulement celles et ceux qui sont commis à l'occasion de la vie des affaires ?), les auteurs des manuels récents de droit pénal des affaires concluent plutôt à une stabilisation du droit pénal en droit des affaires qu'à une dépénalisation massive [1], le mouvement récent de dépénalisation ayant succédé à une entreprise de pénalisation jugée excessive, en particulier en droit pénal des sociétés commerciales où la loi du 24 juillet 1966 avait introduit un grand nombre d'infractions formelles qui n'ont connu que quelques très rares cas d'application. 2/ Le rapport Coulon ne signifie pas que tout ou presque tout a été dépénalisé en la matière, mais qu'en l'état actuel du droit pénal des affaires, il convient de procéder à un examen global de la situation existante, comme le montre le fait que ce rapport comporte 30 propositions de maintien ou de suppression des infractions pénales. 3/ N'est-il pas contradictoire de constater à la fois l'effondrement des enquêtes de police judiciaire et la stabilité, voire la légère diminution des condamnations prononcées entre 1990 et 2008 alors que l'on ne peut pas concevoir une condamnation pénale sans une enquête ou une instruction préalables réussies ? 4/ La stabilité du nombre d'infractions constatées par les administrations pose la question de toutes les suites qui sont données à ces constatations. Or l'article ne dit mot des sanctions pécuniaires souvent très sévères prononcées par les autorités administratives indépendantes (Autorité de la concurrence, Autorité des marchés financiers, etc.) ni des pratiques transactionnelles traditionnelles de certaines administrations (douanes, impôts indirects etc.) qui règlent depuis bien longtemps près de 80 à 90 % des infractions. 5/ Oserait-on enfin avancer que les parquets auraient peut-être commencé à recourir aux « mesures alternatives aux poursuites » même en droit pénal des affaires, comme pourrait le laisser penser le rappel à la loi par écrit (et non un classement sans suite comme cela s'est dit dans les médias) d'un procureur de la République adressé à un parlementaire qui faisait l'objet d'une enquête pour abus de confiance au préjudice d'une association ? Un classement sans suite « sec » implique que le procureur ne retient aucune charge contre le suspect; le moindre « rappel à la loi » au contraire suppose que le procureur a acquis la conviction de la culpabilité de ce dernier.

1. A. Lepage, P. Maistre du Chambon et R. Salomon, *Droit pénal des affaires*, Litec, 2010, n°s 10 et s; M. Véron, *Droit pénal des affaires*, Dalloz, 8e éd. 2009, n° 12.

781 *De la valeur scientifique des priorités* ◇ La criminologie de la politique criminelle contemporaine s'interroge sur la valeur scientifique des priorités qui sont données à un groupe d'incriminations sur les autres. La question a été posée concrètement précisément à propos des tendances modernes faisant prévaloir la lutte contre la *violence* sur la lutte contre la *ruse* (délinquance d'affaires notamment).

Nous avions posé la question en 1980 lors des discussions qui avaient précédé l'adoption en février 1981 de la loi « Sécurité Liberté » [1]. Trois sortes de difficultés nous étaient apparues à l'examen de ce projet. 1/ La distinction entre infractions de violence et infractions d'astuce repose-t-elle sur une assise criminologique véritablement réelle pour les soumettre à des régimes différents ? 2/ L'aggravation de la répression des infractions de violence constitue-t-elle l'instrument de lutte préventive le plus efficace contre cette sorte de criminalité dans le contexte socio-culturel actuel ? 3/ L'abandon de la politique pénitentiaire de « traitement » à l'égard des condamnés pour infractions de violence est-il de nature à assurer une prévention plus efficace de la récidive de ces condamnés ?

Le problème a été repris dans une autre perspective par un criminologue canadien, celle de *l'interdépendance entre les différentes formes de criminalité* [2]. L'auteur illustre sa position à partir d'un graphique qui symbolise la comparaison de la politique criminelle de lutte prioritaire contre la violence avec la réalité de la délinquance.

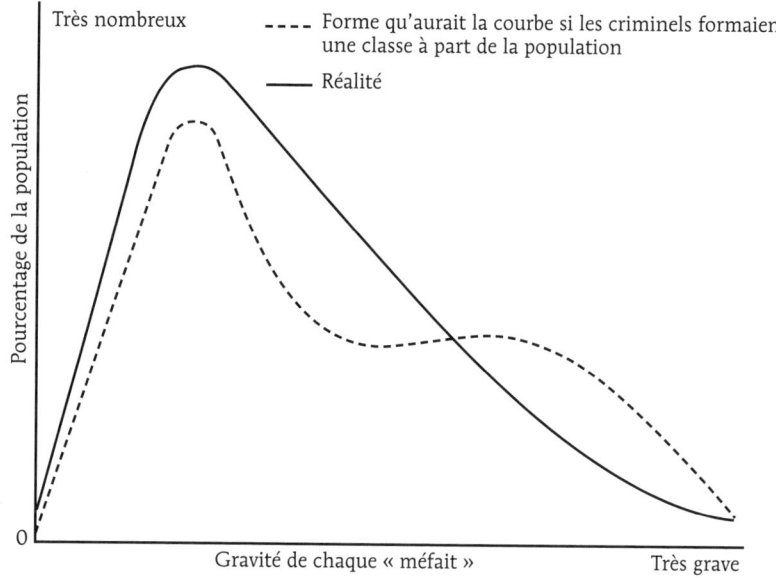

1. R. Gassin, « La criminologie et les tendances modernes de la politique répressive », *RSC*, 1981, p. 265-279, spéc. 275-276.
2. J. C. Hackler, « The shift of emphasis from white collar crime to violent crime : are the two independant ? », *AIC*, 1984, p. 104-118 ; J. Vérin, « Interdépendance entre les différentes formes de criminalité », *RSC*, 1985, p. 381-385 ; M. Delmas-Marty, « Criminalisation et infractions financières, économiques et sociales », *RSC*, 1977, p. 509-520.

Alors que le trait plein représente, selon l'auteur, la réalité criminelle, le trait en pointillé dessine sur la droite une poche représentant une masse de criminels violents qui n'existeraient pas en réalité et minimise en contrepartie dans la partie gauche notamment la délinquance d'astuce.

L'hypothèse soutenue par M. Hackler est qu'il est de mauvaise politique criminelle de concentrer l'objectif de la répression sur la catégorie hypothétique des criminels violents (représentée par la partie droite du tracé en pointillé) alors que c'est sur la partie de gauche de la courbe de la criminalité réelle qu'il faut agir si l'on veut avoir une politique efficace, et notamment contre la criminalité d'astuce.

Il est à remarquer que l'on peut se demander si la thèse de M. Hackler ne condamne pas aussi les politiques criminelles qui désignent comme objectif prioritaire de lutte la délinquance d'affaires. On ne voit pas pourquoi en effet l'interdépendance entre les différentes formes de criminalité ne jouerait que dans le sens violence – ruse et non dans le sens inverse. À la vérité, la solution la plus satisfaisante réside dans une politique criminelle *équilibrée* qui colle, autant que faire se peut, à *tous les aspects de la réalité criminelle* : violence et ruse. Cette solution se trouve d'ailleurs d'autant plus justifiée qu'une analyse approfondie de la notion de ruse en criminologie montre que la ruse (ou la fraude) et la violence ne sont pas deux catégories criminologiques étrangères l'une à l'autre. Tout au contraire elles puisent toutes les deux leur source dans la satisfaction du désir du sujet qui use de la violence comme du mensonge prédateur. Ce dernier n'est qu'un *détour* qui permet d'aboutir au même résultat que la violence, mais de façon oblique : c'est une agression détournée, un substitut d'agression qui permet de réaliser une économie de forces au cours de la lutte pour la vie [1]. C'est d'ailleurs la raison pour laquelle il n'y a pas lieu de faire une différence entre le *white collar crime* et la criminalité de violence dans les principes qui régissent la répression sociale, du moins lorsque l'on a affaire à des délinquants en col blanc authentiquement malhonnêtes [2].

§ 2. **Le choix du « pénal »**

782 *Un problème nouveau* ◇ Tout le monde connaît la phrase célèbre de Ihering : « L'histoire du droit pénal est celle de l'abolition constante de la peine ». Toutefois, ce n'est qu'à une époque toute récente qu'a été lancée l'idée de la suppression du « pénal » comme garantie de l'ordre social minimum et son remplacement éventuel par des procédés « non-pénaux » de maintien de l'ordre social. La criminologie est en droit de s'interroger sur ce qui se passe ou se passerait en pareil cas du point de vue de l'efficacité comparée du « pénal » et du « non-pénal » (A). D'autant que ce mouvement s'est progressivement essoufflé au profit d'un retour en force du pénal au cours des dernières années, tendance nouvelle sur laquelle la criminologie doit également s'interroger (B).

---

1. R. Gassin, « Essai de théorie générale de la ruse en criminologie », *RPDP*, 2006, p. 635 et s., spéc. n° 163, p. 650-651 et même titre, PUAM, 2009, p. 107-108. *Cf.* également J. Proulx, M. Cusson et M. Ouimet, *Les violences criminelles*, 1999, p. 30-33.
2. R. Gassin, « La répression pénale est-elle indispensable à la sanction de la violation de la réglementation comptable dans la gestion des entreprises ? (Le point de vue du criminologue) », *LPA*, 12 avril 2007, n° 74, p. 69-72.

A. De l'abandon du « pénal » [1]

a. Les manifestations du mouvement d'abandon du pénal

783 *Une fusée à trois étages* ◇ Le mouvement d'abandon du « pénal » est né à la fin des années 1960, début des années 1970, dans le prolongement du mouvement idéologique libertaire qui, en France par exemple, a pris la forme de ce que l'on a appelé la « Pensée 68 » [2]. Il se présente comme une sorte de fusée à trois étages qui se sont progressivement déployés dans le temps : dépénalisation (1), décriminalisation (2) et enfin abolition du droit pénal (3) [3]. À vrai dire, le vocabulaire est mal fixé en ce domaine et souvent les termes de « dépénalisation » et de « décriminalisation » sont pris l'un pour l'autre. Il nous paraît cependant utile de distinguer entre les deux vocables car ils correspondent à des situations différentes, l'« abolition » du droit pénal exprimant à son tour une troisième situation.

---

1. J. Pinatel (1987), v^o « Décriminalisation (et orientations analogues) », p. 57-59; Congrès international de criminologie (Bruxelles 1972) : « Les frontières de la répression », Actes *in RDPC*, nov.-déc. 1972; Colloque de Bellagio, « La décriminalisation », *RSC*, 1974, p. 188; XXVe Cours international de criminologie (Guayaquil, 1975); L. Hulsman, « Défense sociale nouvelle et critères de décriminalisation », *in Mélanges Ancel*, 1975, t. II, p. 19 et s.; K. A. Johnson, *Public order criminal behavior and criminal laws. The question of legal decriminalization*, San Francisco (Cal.), 1977, 125 p.; Conseil de l'Europe, « La décriminalisation », Strasbourg, 1980; Colloque européen sur le rôle de la décriminalisation dans la politique criminelle, Jarvenpaa (Finlande), juin 1982, Helsinki, 1982, 115 p.; M. Ancel, « Réforme pénale et dépénalisation », *RSC*, 1983, p. 145-149; M. Van de Kerchove, « Symbolique et instrumentalité. Stratégies de pénalisation et de dépénalisation dans une société pluraliste » dans F. Ringelheim (dir.), *Punir mon beau souci*, Bruxelles, Éd. ULB, 1984, p. 123-171; M. Van de Kerchove, « Réflexions analytiques sur les concepts de dépénalisation et de décriminalisation », *Rev. interdisc. d'études juridiques*, 1984, n° 12, p. 46; J.-J. de Bresson, « Inflation des lois pénales et législations ou réglementations techniques », *RSC*, 1985, p. 241-258, spéc. 255-257; C. Faugeron et al., « Débat : légitimation ou délégitimation du système pénal », *Dév. et soc.* 1985, p. 255-289; M.-B. Biecheler-Fretel, M. Robert et M.-C. Jayet, « L'automobile et les contentieux de masse », *RSC*, 1986, p. 561-598; M. Van de Kerchove, « Les phénomènes de dépénalisation et leur hétérogénéité », *RICPT*, 1986, p. 299-308; M. Delmas-Marty, « Les conditions de rationalité d'une dépénalisation partielle du droit pénal de l'entreprise », *in Bilan et perspectives du droit pénal de l'entreprise*, IXe Congrès de l'Association française du droit pénal, Lyon, nov. 1987, PUAM, 1989, p. 89-100; G. Roujou de Boubée, « Vers une dépénalisation du droit de la concurrence », Rapport au Colloque « Le libéralisme en matière de prix et de concurrence », Toulouse, oct. 1987; M.-A. Bertrand, « Résurgence du mouvement antiprohibitionniste », *Criminologie*, 1989, n° 1; 4e Conférence de politique criminelle (Strasbourg, mai 1990); C. Belot, *Les propositions de légalisation de la drogue et les données de la criminologie*, Mémoire DEA Sciences criminelles, Aix-en-Provence, 1993; J. Braithwaite, « Criminalization, Decriminalization and Republican Theory », *AIC*, 1994, p. 61-80; 7e Conférence internationale sur l'abolitionnisme pénal (ICOPA), « L'abolitionnisme, utopie ou réalité ? », CR, Janssens et Sauvageau, *RDPC*, 1995, p. 936-938; F. Stasiak, « Dépénaliser : quoi, comment, pourquoi ? », *in Droit pénal : le temps des réformes*, Litec, 2011, p. 31-38; S. Detraz, « Faut-il maintenir les contraventions dans le domaine pénal ? », *ibidem*, p. 39-56; C. Guillain, « Criminaliser, décriminaliser l'usage des drogues : une histoire sans fin... », *in La peine dans tous ses états Hommage à Michel Van de Kerchove*, Larcier, 2011, p. 317-336.

2. L. Ferry et A. Renault, *La pensée 68. Essai sur l'anti-humanisme contemporain*, Gallimard, 1985.

3. Il faut distinguer de ces notions, celle de « déjudiciarisation » dont il sera parlé ci-après. *Infra* n° 874.

784 **1) *La dépénalisation*** ◇ La « dépénalisation » est l'opération de politique criminelle qui consiste soit à atténuer, soit à supprimer la peine encourue, soit encore à offrir une alternative entre la peine et une mesure non-pénale, à l'égard d'un acte délictueux[1]. La dépénalisation peut ainsi être relative ou au contraire absolue. Dans le second cas, il est vrai, elle tend à se confondre avec la « décriminalisation ».

La France a procédé à un certain nombre de dépénalisations, comme lorsqu'une loi de 1972 a décidé que les émissions de chèques sans provision d'un montant n'excédant pas à l'époque 1 000 F constitueraient désormais des contraventions de police (texte à nouveau modifié en 1975 comme on va le voir). On peut également tenir pour une dépénalisation relative, la possibilité donnée au toxicomane, par la loi de 1970, d'échapper aux poursuites pénales ou d'interrompre celles-ci, s'il accepte de se soumettre à un traitement de désintoxication qui, par sa nature, est un traitement médical, donc non-pénal (mais il est vrai que jusqu'à cette loi, l'usage individuel de stupéfiants ne constituait pas un délit)[2].

785 **2) *La décriminalisation*** ◇ La « décriminalisation » est une mesure plus radicale que la précédente puisqu'elle consiste, selon la définition donnée par le Professeur Hulsman, dans la « mise hors de la compétence du système pénal d'un acte ou d'une activité jusqu'alors pénalement sanctionné ».

Le mouvement doctrinal de décriminalisation a eu un impact certain sur les politiques criminelles des pays occidentaux notamment dans la décade 1971-1980[3]. On peut dire que dans les faits, il a été essentiellement inspiré par deux sortes de raisons.

1) Tenir compte de l'évolution des mœurs (ainsi, en France, décriminalisation du refus de procréation avec d'abord l'autorisation de la contraception artificielle

---

1. J. Vérin, « Une politique criminelle de non-intervention », *RSC*, 1974, p. 401 et s; J. Pradel, *Droit pénal comparé*, 3ᵉ éd., 2008, nᵒ nᵒ 714-724.
2. Pour d'autres cas *cf.* M. Segonds, « À propos d'une diversion juridique : l'absence d'enrichissement personnel », *D.* 2003, chron. p. 505-509; W. Jeandidier, « L'art de dépénaliser : l'exemple du droit des sociétés », *in Mélanges offerts à Jean-Luc Aubert*, Dalloz, 2005, p. 449-470.
3. CONSEIL DE L'EUROPE : Comité européen pour les problèmes criminels, Rapport sur la décriminalisation, 1980. EN DROIT COMPARÉ : J. Pradel, *Droit pénal comparé*, 3ᵉ éd. 2008, nᵒ 725-730. – POUR LA FRANCE : v. les études « De quelques aspects de la dépénalisation actuelle en France » par D. Mayer, P. Couvrat et M. Masse, *RSC*, 1989, p. 442-461, J. Azema et F. Derrida, *RSC*, 1989, p. 651-669; M.-T. Calais-Auloy, « La dépénalisation en droit des affaires », *D.* 1988, chron. 3; Y. Guyon, « De l'inefficacité du droit pénal des affaires », *Rev. Pouvoirs*, nᵒ 55, 1990, p. 41-52; H. Perinet-Marquet, « L'inefficacité des sanctions du droit de l'urbanisme », *D.* 1991. Chron. p. 37-46; I. Grossi, *La conception de la banqueroute dans la loi du 25 janv. 1985*, Mémoire DEA droit des affaires, Aix-en-Provence, 1992; A. Prothais, « Les paradoxes de la pénalisation ». Enquête en matière d'assistance médicale à la procréation et d'adoption », *JCP*, 1997, I, 4055; F. Alt-Maes, « Un exemple de dépénalisation : la liberté de conscience accordée aux personnes tenues au secret professionnel », *RSC* 1998, p. 301-313. – POUR D'AUTRES PAYS OCCIDENTAUX : M. Van de Kerchove, *Le droit sans peines. Aspects de la dépénalisation en Belgique et aux USA*, Bruxelles, 1987; F. Giunta, « Enquêtes empiriques et réformes du système de sanction italien », *RSC*, 1987, p. 778-780; D. Tremblay-Lamer, « D'un modèle criminel à un modèle administratif non pénal pour l'observation des textes réglementaires au Canada : leçons de droit comparé », *RSC*, 1991, p. 168-170; V. Dervieux, « Les conditions de la dépénalisation des infractions à la réglementation des transports terrestres en Allemagne, en Italie et en France », *RSC*, 1992, p. 665-669. M. Van de Kerchove, « Réparation et dépénalisation aux États-Unis », *Droit et culture*, 1996, nᵒ 2, p. 161-173. – POUR UN PAYS DE L'EST : E. Bucholz, « Réflexions sur la politique criminelle en RDA. Pénalisation et dépénalisation », *RSC*, 1986, p. 79-86.

puis l'admission de l'interruption volontaire de grossesse, et décriminalisation en 1975 de l'infidélité conjugale avec l'abrogation des délits d'adultère de la femme et d'entretien de concubine au domicile conjugal).

2) Répondre à des nécessités pratiques (ainsi, en France, décriminalisation de l'émission de chèques sans provision par une loi de 1975 puis de 1991 ainsi que de certaines contraventions aux règles de la circulation).

On remarquera que certaines de ces décriminalisations ne sont que partielles. C'est ainsi que l'interruption volontaire de grossesse n'est admise que lorsque certaines conditions sont remplies, sans quoi subsiste le délit d'avortement[1]. Quant à l'émission de chèque sans provision, elle restait pénalement répréhensible lorsque l'acte avait été accompli « dans l'intention de porter atteinte aux droits d'autrui ». Mais devant l'inefficacité de cette réforme, une nouvelle loi du 30 décembre 1991 a dépénalisé totalement la simple émission de chèques sans provision.

Toutefois, la pratique la plus récente de la décriminalisation a fait apparaître une nouvelle raison d'y procéder étrangère à l'idéologie des années 1970-1980 : alléger la législation pénale de toute une série d'incriminations formelles qui ne sont pas retenues par la pratique ou font double emploi avec les qualifications habituellement appliquées. Ainsi, la loi du 24 juillet 1966 avait considérablement chargé la barque du droit pénal des sociétés commerciales; mais, depuis 2001, plusieurs lois ont progressivement décriminalisé quantité de faits visés par cette sorte de « code pénal des sociétés commerciales » (lois du 15 mai 2001, 1er août 2003 et ordonnances des 25 mars et 24 juin 2004). Un nettoyage à finalité semblable pourrait utilement être entrepris aussi en droit pénal fiscal où l'on compte plus d'une trentaine d'infractions en matière d'impôts autres que les impôts indirects, alors que les incriminations qui sont habituellement poursuivies se ramènent à deux : le délit général de fraude fiscale de l'article 1741 du CGI et le délit de comptabilité inexacte ou inexistante de l'article 1743 du même Code. Il devrait plus largement en aller de même, quel que soit le domaine, en présence de doubles incriminations ou d'infractions inutiles[2].

786 **3) *L'abolition du système pénal*** ◇ Dernier avatar du mouvement, c'est le troisième étage de la fusée. Son champion est le Professeur hollandais Louk Hulsman[3] qui propose de remplacer le système pénal par un système moins contraignant où le droit civil (avec la réparation) et le droit administratif (avec des contrôles et des interdictions) devraient suffire à garantir le maintien de l'ordre social minimum et permettraient d'éviter les inconvénients du système pénal jugé entièrement négatif[4].

---

1. Art. L. 2222-1 et s. du C. de la santé publique.
2. V. Malabat, « Le champ inutile du droit pénal : les doubles incriminations », in *Le champ pénal Mélanges en l'honneur du professeur Reynald Ottenhof*, Dalloz, 2006, p. 145-154; même auteur, « Les infractions inutiles. Plaidoyer pour une production raisonnée du droit pénal », in *La réforme du Code pénal et du Code de procédure pénale*. Opinio doctorum, V. Malabat et al. (dir.), Dalloz, 2009, p. 73 et s.
3. www.loukhulsman.org
4. L. Hulsman, « Un paradigme criminologique abolitionniste », in *Le fonctionnement de la justice pénale*, éd. CNRS, 1979, p. 485-498; L. Hulsman et J. Bernat de Celis, *Peines perdues, Le système pénal en question*, éd. Le Centurion, 1982; J. Bernat de Celis, « Les grandes options de la politique criminelle : la perspective de Louk Hulsman », *APC*, n° 5, 1982, p. 13-60; L. Hulsman et J. Bernat de Celis, « Fondements et enjeux de la théorie de l'abolition du système pénal », in

L'idée a fait en doctrine un chemin suffisant pour que les Conférences internationales sur l'« abolition des prisons » organisées depuis quelques années se transforment, en 1987, en Conférence internationale sur « *l'abolition du système pénal* ». Mais nous n'avons pas entendu dire qu'un État de par le monde ait déjà envisagé une telle abolition [1].

b. La valeur scientifique de l'abandon du « pénal »

787 *Idéologie, utilité et science* ◇ Lorsque l'on analyse les raisons qui sont avancées en faveur du mouvement contemporain pour l'abandon du pénal, on peut y repérer deux grandes tendances.

Pour certains, la décriminalisation s'impose parce que le système pénal est un mal et que le mal doit être évité. Il s'agit de *motifs idéologiques* qui sont d'autant plus marqués que l'on va plus loin vers l'abolition même du système. Toutefois, certains de ces auteurs habillent très habilement leur doctrine d'un *vêtement scientifique* qui utilise toute une série de recherches contemporaines dans le domaine de la sociologie pénale [2].

D'autres auteurs, parfois aussi les mêmes, avancent une autre sorte de raison : des *raisons pratiques*. Ils invoquent d'une part le fait que le système pénal, au lieu de resocialiser les délinquants condamnés, aboutit au résultat inverse en raison de son effet de stigmatisation. Ils font remarquer d'autre part que la capacité du système de justice criminelle à sanctionner tous les cas de délinquance n'a pas suivi le phénomène de l'inflation de la criminalité et qu'il vaut mieux renoncer au système pénal plutôt que de le condamner à une impuissance croissante [3].

À ces raisons principales, s'ajoutent ainsi parfois des *raisons politiques* de circonstance. Le cas de la définition de la faute pénale d'imprudence dans les délits d'homicides et blessures involontaires est exemplaire à cet égard. Après près d'un siècle d'une définition très large de cette faute par la jurisprudence française sans que les hommes politiques aient, semble-t-il, jamais trouvé à y redire, les poursuites dirigées contre quelques élus à partir du milieu des années 1980 pour des faits d'homicide ou blessures par imprudence ont mobilisé la classe politique sur le thème de la responsabilité pénale des décideurs publics. Après une première tentative de définition plus restrictive de la faute pénale d'imprudence par la loi du

F. Ringelheim, *Punir mon beau souci*, Bruxelles, éd. ULB, 1984, p. 297-317 ; Droit pénal entre abolitionnisme et tolérance zéro Mélanges en l'honneur de Louk Hulsman, *Cahiers de défense sociale*, 2003, 383 p. ; C. Baker, *Pourquoi faudrait-il punir ? Sur l'abolition du système pénal*, Lyon, éd. Tahin Party, 2004, 182 p. ; N. Christie, *Au bout de nos peines*, Bruxelles, De Boeck et Larcier, 2005, 136 p. (trad. de l'édition anglaise de 1981 *Limits to pain*) ; T. Slingeneyer, « La pensée abolitionniste hulsmanienne », *APC*, n° 27, 2005/1, p. 5-36 ; J. Alvarez, « Hommage à Louk Hulsman. L'héritage abolitionniste », *ACP*, n° 31, 2009/1, p. 3-5 ; J. Blad « In memory of Louk Hulsman », *AIC*, 2009, p. 9-18.

1. ICOPA III, 3ᵉ Conférence internationale sur l'abolition du système pénal (Montréal, 15-19 juin 1987), CR *RSC*, 1988, p. 609-611, par J. Bernat de Celis ; 7ᵉ Conférence, San José de Costa Rica, juin 1993.

2. *Cf.* not., L. Hulsman et J. Bernat de Celis, « Fondements et enjeux de la théorie de l'abolition du système pénal », précité.

3. M. Killias, « Dévalorisation de la peine par l'inflation des lois pénales », *in Le rôle sanctionnateur du droit pénal*, Fribourg, éd. Universitaires, 1985, p. 193 et s. ; Commission du droit du Canada (dir.), *Defining criminal conduct in contemporary society*, Vancouver, Toronto, UBC Press, 2004, 195 p. Dans leur contribution aux travaux de cette commission, J.-P. Brodeur et G. Ouellet (p. 34-60) s'interrogent sur les moyens de réduire la profusion et le poids de toutes les lois pénales. *Cf.* CR A. Normandeau, *RSC*, 2004, p. 999.

13 mai 1996 qui s'est révélée décevante pour eux en raison de l'action neutralisante de la jurisprudence, une loi du 10 juillet 2000 dite loi « Fauchon » est venue à nouveau restreindre le champ de cette faute afin de rejeter les victimes vers la justice civile ou administrative et de détourner les poursuites des élus, personnes physiques, vers les collectivités locales au nom desquelles ils sont censés avoir agi[1].

Il est remarquable que l'on ne semble pas s'être interrogé dans ces débats, sur la *valeur scientifique de l'abandon du « pénal »*. S'il est vrai que certains auteurs s'appuient sur des données actuelles de sociologie pénale pour justifier leur position, en revanche aucune recherche évaluative réelle ou simulée (pour le cas d'abolition totale du système) ne semble avoir été entreprise alors que c'est là l'essentiel. Or les quelques données que l'on peut collecter sur tel ou tel aspect de la dépénalisation ou de la décriminalisation montrent à tout le moins qu'il y a là *un problème*. C'est ainsi que, en matière d'émission de chèque sans provision, les statistiques de la criminalité apparente policière montrent que dès 1981, le nombre des plaintes pour un délit qui supposait depuis 1976 la condition restrictive de « l'intention de porter atteinte aux droits d'autrui » avait dépassé celui des plaintes enregistrées en 1972 à la veille de l'entrée en vigueur de la première mesure de dépénalisation[2]. Que dire alors aussi de l'échec patent du système alternatif mis en place en 1970 en matière de toxicomanie[3] ? On a, au demeurant, parfois dénoncé le « conservatisme abolitionniste » qui, sous couvert de lutte contre la surveillance électronique, s'attache à discréditer l'ensemble des peines intermédiaires[4]. On remarquera, au demeurant, que lorsque le législateur procède en sens inverse à une *repénalisation*, la réflexion scientifique ne paraît pas plus avancée[5].

B. Du retour récent du « pénal »[6]

788 *Une nouvelle tendance lourde* ◇ La tendance à l'abandon du pénal au cours des dernières années, n'a pas été complètement délaissée. En témoigne notamment la loi française précitée du 10 juillet 2000 « tendant à préciser la définition des délits non intentionnels »; sous prétexte de précision, elle décriminalise en réalité les homicides ou blessures involontaires lorsque ces dommages n'ont été causés qu'indirectement par une personne physique, sauf faute délibérée ou caractérisée de sa part[7]. En témoignaient également la réflexion sur la dépénalisation de la

---

1. Y. Mayaud, « Retour sur la culpabilité non intentionnelle en droit pénal (À propos de la loi du 10 juillet 2000) », D. 2000, chron. p. 603-609; M.-E. Cartier, « La nouvelle définition des délits non intentionnels par la loi du 10 juillet 2000 », *RSC*, 2001, p. 725-736; G. Viney, *RSC*, 2001, p. 764-770; H. Moutouh, « Libres propos sur la responsabilité pénale des élus : la logique sacrificielle du bouc émissaire », D. 2000, n° 6, 10 février.

2. *Cf. supra* n° 556.

3. *Cf. supra* n° 718 – Pour l'expérience américaine, v. M. van de Kerchove, « Dépénalisation et repénalisation aux États-Unis », *RDPC*, 1984, p. 727-760.

4. M. Cusson, « Peines intermédiaires, surveillance électronique et abolitionnisme », *RICPT*, 1998, p. 34-45, spéc. 38-39.

5. *Cf.* L. Walgrave, « La repénalisation de la délinquance juvénile. La fuite en avant », *RDPC*, 1985, p. 603-623.

6. C. Soulliez, *Lexique de la sécurité*, PUF, 2001, 262 p.; D. Peyrat, *Éloge de la sécurité*, Gallimard, 2002, 240 p.; J. Donzelot et al., *Faire société : la politique de la ville aux États-Unis et en France*, Seuil, 2002, 368 p.; H. Lagrange, *Demandes de sécurité*, Seuil, 2002, 112 p.; J.-F. Cauchy et G. Chantraine, « De l'usage du risque dans le gouvernement du crime », *Champ pénal*, vol. II, 2005.

7. A. d'Hauteville, « Les transformations de la faute pénale », *in Le nouveau Code pénal, dix ans après*, Pedone, 2005, p. 1-17.

vie des affaires et les nombreuses dépénalisations du droit pénal des sociétés intervenues de 2000 à 2004[1]. Et l'abandon du pénal en ce qui concerne la dépénalisation de l'usage du cannabis tant caressé dans les années 1970-1980, après avoir longtemps fait figure de combat d'arrière-garde, a encore plus récemment ressurgi[2].

Il reste cependant que la *tendance lourde* actuelle de la politique criminelle, en France comme aux États-Unis et dans de nombreux pays occidentaux, est au retour – parfois massif – du pénal. Quelles sont les raisons de ce retour ? (a), comment se manifeste-t-il ? (b) et que peut-on en attendre criminologiquement parlant ? (c).

a. Les raisons du retour du pénal

789 *Des raisons nombreuses et diverses* ◊ Les raisons du retour du pénal sont nombreuses et elles n'ont cessé de s'accumuler au cours des trente dernières années. On peut en discerner trois catégories : des raisons pratiques (1), des raisons théoriques (2) et finalement des raisons politiques (3).

790 *1) Les raisons d'ordre pratique* ◊ L'observation attentive des tendances d'évolution de la criminalité au cours de cette période met en évidence un certain nombre de faits importants.

Il y a tout d'abord le *haut niveau atteint par la délinquance constatée par les services de police* à peu près dans tous les pays occidentaux, dans des proportions variables certes selon les pays, mais toujours importantes. S'agissant de la France notamment, un accroissement de plus de 500 % en l'espace de 30 ans (de 1955 à 1984) est un phénomène qui ne peut pas ne pas laisser de traces. La stabilisation relative ultérieure entre 3 et 4 millions de faits constatés ne peut faire illusion car, lorsque l'on atteint un tel niveau, les augmentations d'une année sur l'autre se comptent vite par centaines de milliers. C'est ainsi notamment que de 1997, année de basses eaux relatives, à 2001, l'augmentation des faits constatés a été de plus de 500 000[3]. La diminution de près de 555 555 faits constatés par les services de police et de gendarmerie entre 2002 et 2008, si elle mérite d'être notée, n'en demeure pas moins ambiguë car, alors que les atteintes aux biens ont diminué, les actes de violence au contraire ont augmenté significativement. À cela s'ajoute un certain nombre de faits qui aggravent *qualitativement* le constat : le retour de la violence dont on ne cessait de dire que son histoire était celle de sa diminution constante, le terrorisme international, l'audace de certains malfaiteurs et le perfectionnement du matériel utilisé pour réaliser leurs crimes, l'apparition des violences urbaines, la mondialisation de la criminalité, le développement de l'affairisme politico-mafieux, l'apparition de fraudes considérables liées au développement de la micro-informatique, etc.

Il y a en deuxième lieu la modestie des résultats obtenus par les mesures modernes de traitement de la délinquance. La *resocialisation des délinquants*, face à des délinquants de plus en plus difficiles à traiter, a bien vite atteint ses limites

---

1. *Cf. supra* n° 785.
2. *Cf. supra* n° 552.
3. *Cf. supra* n° 457.

malgré la démultiplication des mesures mises à la disposition du juge et des administrations concernées qui atteignent un degré de sophistication inégalé. D'autre part, les *mesures de prévention sociale* dans lesquelles on avait mis tant d'espoir – et investi tant d'argent – depuis le début des années 1980 n'ont pas donné de résultats significatifs. On pourra toujours prétendre que, sans elles, la situation serait bien pire, mais on peut tout aussi bien répondre que, si elles avaient été pensées et appliquées tout autrement, la situation serait sans doute bien meilleure. La *police* et la *justice* elles-mêmes n'ont pas été en mesure de faire face avec assez d'efficacité à ce mouvement de la délinquance constamment sur le point de sortir de limites incessamment différées. La baisse des taux d'élucidation des services de police et de gendarmerie de 50 % à 26,7 % et l'augmentation des taux de classement sans suite des parquets de quelque 70 % à 86,4 % sont significatives à cet égard. Le redressement notable de ces taux au cours de la dernière période (respectivement 37,61 % et 72,90 % en 2008) ne modifie pas substantiellement la situation [1]. Quand ces pourcentages portent sur plusieurs millions de faits délictueux ou présumés tels, comme c'est le cas pour les taux d'élucidation et de classement sans suite, cela traduit manifestement un *échec du système de justice pénale*.

Il convient encore de signaler *l'importance prise par la victime dans le processus pénal*. Alors qu'antérieurement la resocialisation du délinquant primait toute autre considération et la victime était tenue presque complètement à l'écart du système pénal (sauf constitution de partie civile), elle est devenue une partie essentielle de ce processus. Cette accession de la victime a conduit à voir le délinquant avec des lunettes quelque peu différentes.

791 **2) *Les raisons d'ordre théorique*** ◇ Sur le plan théorique, on peut repérer au moins deux sortes de raisons qui ont contribué au retour du pénal et qui ne sont d'ailleurs pas sans lien l'une avec l'autre.

La première est une réévaluation drastique des tendances d'évolution de la criminalité. Pendant les années 1970-1980, le discours scientifique (ou prétendu tel) dominant a consisté à soutenir que les statistiques criminelles ne permettent pas de connaître la criminalité. Elles mesureraient seulement, disait-on, l'activité de la police et de la justice. Les invoquer comme mesure de la criminalité serait une opération suspecte qui aurait en réalité pour but de créer ou d'entretenir un sentiment d'insécurité à des fins politiques. Ce que l'on appelle la délinquance ne serait au fond qu'une activité comme une autre qui n'a d'autre spécificité que le fait qu'elle est criminalisée artificiellement par les législateurs et par le système de justice pénale. Mais depuis la fin des années 1980 aux États-Unis et les premières années 1990 en Europe occidentale et notamment en France, il s'est produit progressivement un changement important dans le contenu du discours dominant. Aujourd'hui, la plupart des criminologues considèrent que, si imparfaites soient-elles, les statistiques policières de la criminalité constituent un instrument de mesure réel de la criminalité apparente, à condition d'utiliser des séries suffisamment longues pour neutraliser les aléas et les malfaçons dans leur établissement. La portée de ce renversement a été d'autant plus grande que les techniques des enquêtes de victimisation et de délinquance autoreportée que l'on opposait souvent aux statistiques officielles se sont révélées dans bien des cas comme des confirmations, sinon de la quantité, du moins de la tendance d'évolution de la criminalité.

---

1. *Cf. supra* n°s 457 et 458.

En relation plus ou moins directe avec cette réévaluation, *une seconde raison théorique* contribue à expliquer la tendance actuelle du retour au pénal. Elle consiste, de la part de la théorie criminologique actuelle, dans *une prise très nette de distance* à l'égard des *théories génétiques* de la délinquance – et plus précisément des théories sociologiques – au profit des *théories dynamiques* du crime. Alors que les premières renvoient l'explication de la délinquance dans l'environnement souvent très extérieur et dans le passé plus ou moins lointain de l'auteur de l'acte, les secondes rendent compte, *hic et nunc*, du passage à l'acte par un choix effectué pour de bonnes raisons dans une situation précriminelle favorable à la consommation de l'infraction par les opportunités qu'elle offre. Dès lors, l'imputation de la responsabilité de l'action criminelle cesse d'être renvoyée systématiquement à quelque lointaine malfaçon du système social (mauvaise organisation scolaire, chômage, etc.); elle est directement attribuée à l'auteur pour le mauvais usage fait de sa liberté de choix. C'est le rejet de la « société de l'excuse » au profit de l'individualisation de la responsabilité pénale [1].

792 3) *Les raisons d'ordre politique* ◇ Les diverses raisons qui viennent d'être invoquées ont progressivement amené la classe politique, à son tour, à changer d'attitude à l'égard du problème de la délinquance, et en particulier de la délinquance des jeunes. Longtemps en France, la *gauche d'opposition* des années 1970, puis la *gauche de gouvernement* d'après l'élection présidentielle de 1981 a systématiquement stigmatisé toute critique dirigée contre la faiblesse de la politique criminelle à l'égard de la délinquance ordinaire, même de la criminalité grave; elle réservait en revanche toutes ses rigueurs à la délinquance d'affaires. Face à ce discours incessant, si l'on met à part quelques individualités qui avançaient timidement le terme de « rousseauisme » pour se faire taxer d'ailleurs immédiatement de « sécuritarisme », la droite, quelque peu honteuse, ne cessait d'adopter un profil bas. Ainsi s'est développée une vaste politique sociale de prévention de la délinquance, bientôt absorbée dans une politique globale de la ville avec même la création d'un « ministère de la Ville ». Tout cela a coûté fort cher pendant 20 ans et son impact véritable sur la prévention de la délinquance n'a jamais fait l'objet d'une évaluation sérieuse et complète, tandis que la criminalité n'avait nullement diminué sur l'ensemble de la période.

Mais au cours des dernières années, le discours de la gauche responsable s'est mis à changer et a tenté d'oublier Rousseau au profit de la sécurité devant l'inéluctabilité de la nouvelle montée de la délinquance. On situe généralement ce changement au Colloque de Villepinte en 1997 [2]. Il correspond curieusement dans la décennie 90 à l'année des plus basses eaux de la criminalité apparente

---

1. Un colloque parrainé par *Le Monde* et la revue *Esprit* tenu à Paris le 23 mai 2002 sur le thème « Démocratie, éducation, sécurité : quelles valeurs ? Quelles pratiques ? » met assez bien en lumière le conflit entre des conceptions déterministes de la délinquance (fonctionnement de la société de consommation, chômage massif des jeunes, etc.) et la conception volontariste qui fait sa place à la liberté : « La mise en avant permanente d'excuses sociologiques ou économiques revient à nier le comportement individuel » (intervention F. Chobeaux), *Le Monde* du 26 mai 2002, « Remettre l'insécurité à sa juste place ».

2. Ministère de l'Intérieur, « Des villes sûres pour des citoyens libres », Actes du colloque de Villepinte (24-25 oct. 1997), Paris, Ministère de l'Intérieur.

policière (3 493 445 faits criminels et correctionnels); mais les années suivantes allaient voir monter cette criminalité jusqu'à 4 061 792 faits en 2001. À partir de là, une sorte de surenchère s'est engagée entre une droite libérée de sa honte et une gauche qui, malgré ses efforts d'adaptation, a eu quelque difficulté à se mesurer à elle avec cohérence sur ce terrain. Pour ne citer qu'un fait, le même premier ministre Lionel Jospin qui lors des Conseils de sécurité intérieure de juin et octobre 1998 affirmait, à propos des mineurs délinquants, « Le principe de responsabilité pénale doit être mis en œuvre de manière systématique, rapide et lisible en réponse à chaque acte de délinquance » (circulaire des 2 août et 6 novembre 1998), déclarait encore, lors de la campagne pour l'élection présidentielle en 2002 : « J'ai eu la naïveté de croire qu'en faisant baisser le chômage, on diminuerait la délinquance ». Aujourd'hui, il paraît acquis pour la *gauche modérée* qu'une pensée de la sécurité est possible à gauche [1]. En ce sens, le projet socialiste pour 2012 propose un « Pacte national de sécurité publique » prévoyant de : 1/ assurer la présence quotidienne des forces de sécurité, 2/ garantir l'effectivité la proximité et la rapidité de la sanction, 3/ coordonner la politique de prévention et combattre la société de violences. En revanche la « gauche de la gauche » paraît demeurer imperméable aux exigences de la sécurité qu'elle persiste à considérer comme un discours idéologique condamnable [2].

b. Les manifestations du retour du pénal

793 *Distinctions* ◇ Les manifestations du retour du pénal ou virage punitif varient selon les pays et leurs modalités. Massives aux États-Unis, elles sont plus réduites dans d'autres pays, mais le modèle américain possède une valeur de référence [3]. Par ailleurs, si certains procédés sont les mêmes (par ex. le recours à la vidéosurveillance et l'utilisation des technologies informatiques par la police), d'autres mesures varient en fonction de la culture propre de chaque pays.

Il ne saurait être question de décrire dans le détail toutes ces dispositions nouvelles. On va seulement illustrer par quelques traits essentiels ces manifestations du retour au pénal aux États-Unis et en France [4].

---

1. D. Vaillant, *La sécurité, priorité à gauche*, Plon 2002, 192 p.; M. Attar et D. Peyrat, « Une pensée de la sécurité est-elle possible à gauche ? », Revue *Le Débat*, janv.-févr. 2003, p. 132-140. Antérieurement de D. Peyrat, « Liberté, égalité, civilité », *Gaz. Pal.*, 19-21 sept. 1999. *Adde*, « La pénalisation nuit-elle à la démocratie ? », n° *LPA* du 27 janv. 1997; H. Algalarrondo, *Sécurité : la gauche contre le peuple*, R. Laffont, 2002, 152 p.
2. *Cf.* par ex. dans la revue du Syndicat de la magistrature (SM), *Justice* : G. Sainati, « Panorama de politique pénale. Discours idéologiques de sécurité et techniques de pénalisation », juill. 2000, p. 29-31; même auteur, « De l'insécurité à l'insécurisation de la population », avr. 2001, p. 17-19; L. Bonnelli, « Tolérance zéro pour les "encombrants" », avr. 2001, p. 13-16, puis à la suite de l'arrêt fin 2007 de la revue *Justice*, la lettre électronique d'information du SM « J'essaime... pour une autre justice ». V. également le n° de février 2001 du *Monde diplomatique* : « Police, milices, justice : l'obsession sécuritaire », art. E. Klineberg, L. Bonnelli et P. Rimbert.
3. *Cf.* L. Wacquant, « Ce vent punitif qui vient d'Amérique », *Le Monde diplomatique*, avr. 1999; P. Landreville, « Va-t-on vers une américanisation des politiques de sécurité en Europe ? », *in* L. Mucchielli et P. Robert, *Crime et sécurité*. L'état des savoirs, La Découverte, 2002, p. 424-432; F. Ocqueteau, « Punir les pauvres, le degré zéro de la pensée gauchiste. À propos de « *Punir les pauvres. Le nouveau gouvernement de l'insécurité sociale* » de Loïc Wacquant », *Champ pénal*, vol. I, 2004.
4. Pour la Grande-Bretagne, v. M. Tonry, *Punishment and politics, evidence and emulation in the making of English crime control policy*, William publishing, 2004, 164 p., CR critique P. Darbeda, *RSC*, 2006, p. 213-215. *Adde Le Monde* du 15 oct. 2003 : « Tony Blair déclare la guerre à l'incivilité ».

794 *Aux États-Unis*[1] ◇ Quatre sortes de manifestations méritent particulièrement attention.

1) La première est le recours à la politique de la « tolérance zéro » à New York et dans d'autres grandes villes américaines. Cette politique ayant été exposée précédemment, il suffit d'y renvoyer[2].

2) La deuxième manifestation consiste dans la promulgation dans un grand nombre d'États de lois appelées « trois balles manquées ». Leur appellation tire son nom de la règle du base-ball selon laquelle le batteur est mis hors jeu après avoir manqué trois balles (*Three strikes and you're out*). Ces lois disposent que lorsqu'une personne est condamnée pour la 3ᵉ fois pour une infraction grave, le juge perd son pouvoir d'individualisation de la peine et doit la condamner obligatoirement à une peine de 25 ans d'emprisonnement ou à trois fois la peine encourue pour la troisième infraction. Il y a là une combinaison de l'effet d'aggravation de la peine pour multirécidive et d'un effet d'automaticité qui rappelle l'ancienne peine française de la relégation. On explique cette solution par les données criminologiques qui montrent qu'un petit nombre de délinquants seulement (5 à 6 %) est responsable de la moitié au moins de l'ensemble de la criminalité[3].

3) Une troisième manifestation fort importante est la directive fédérale des peines (« *Sentencing guidelines* ») qui impose aux juges pour chaque infraction de choisir la peine à l'intérieur d'une marge assez étroite qui est fonction du casier judiciaire de l'intéressé et d'autres conditions particulières (par ex. usage d'une arme, préjudice subi, etc.). Cette directive, jointe aux effets des lois « trois balles manquées » a eu pour effet une augmentation considérable de la population pénale américaine qui a dépassé les 2 millions de personnes, ce qui constitue de très loin le taux de population carcérale le plus élevé des pays de l'OCDE[4]. En l'état d'une telle situation, la Cour suprême des États-Unis a confirmé le 23 mai 2011 l'injonction ordonnant à l'État de Californie de réduire dans un délai de deux ans le taux d'occupation de ses prisons à 137,5 % de leur capacité théorique (contre +/- 200 % depuis onze ans)[5].

4) Il convient enfin de mentionner l'application de plus en plus fréquente de la peine de mort depuis 1976, date à laquelle cette peine a été déclarée constitutionnelle par la Cour suprême. De 1976 à 1996, 358 condamnés à mort ont été exécutés dont plus de la moitié au cours de la seule période 1992-1996[6]. Le point

---

1. J.-M. Hauch, « Les tendances récentes dans la criminalité, le droit pénal et la politique criminelle aux USA », *RSC*, 1998, p. 193-197 ; A. Bauer et E. Perez, *L'Amérique, la violence, le crime*, PUF, 2000, 280 p. ; F. Falletti et F. Debove, *Planète criminelle*, PUF, 1998, spéc. p. 126 et s. ; M. Tonry, *Thinking about crime. Sense and sensibility in American penal culture*, Oxford University Press, 2004, 206 p. ; B.E. Harcourt, « Pénalité néolibérale. Exceptionnalisme, autonomie et pluridisciplinarité dans le droit pénal », *Arch. phil. droit*, 53, 2010, p. 38-57.
2. *Cf. supra* n° 298.
3. *Cf. supra* n° 504. V. en outre E. Servidio-Delabre, « Les nouvelles lois sur la récidive sont-elles constitutionnelles ? », *RSC*, 2003, p. 537-542.
4. C.D. Rose et *al.*, « The Mass Incarceration Movement in the United States of America », *in* M. Herzog-Evans (ed.), vol. 2, p. 533-551. Pour la comparaison de la politique d'emprisonnement des États-Unis et du Québec, *cf.* A. Normandeau, « La modération a bien meilleur goût. De l'utilisation raisonnable de l'emprisonnement en Amérique du Nord », *in Sciences pénales & Sciences criminologiques Mélanges offerts à Raymond Gassin*, PUAM, 2007, p. 475-481 ; Sur le lien entre l'incarcération de masse et le dogme du marché libre, *cf.* B. E. Harcourt, *The Illusion of Free Markets. Punishment and the Myth of Natural Order*, Cambridge, Harvard Univ., 2011.
5. Brown v. Plata, 563 US (2011).
6. *Cf.* F. Falletti et F. Debove, *Planète criminelle*, précité, p. 135.

culminant a été atteint en 1999 avec 98 exécutions, suivi de 636 exécutions sur la première décennie de ce siècle.

795   *En France*[1] ◇ La France prend-elle exemple sur le modèle américain ? La question a été posée depuis quelques années[2]. En réalité, malgré quelques traits communs, comme un recours de plus en plus important aux technologies informatiques et à la recherche d'une plus grande efficacité des forces de police dans la lutte contre la délinquance, la voie française est différente de la voie américaine. Elle s'en est toutefois à certains égards rapprochée sous la présidence Sarkozy.

1) Une première caractéristique est l'affirmation du *droit à la sécurité* pour les personnes qui se trouvent sur le territoire de la République. Curieusement, jusqu'à une époque récente ce droit – pourtant fondamental – n'avait jamais été affirmé expressément. Il trouve sa première formulation dans l'article 1er de la loi du 21 janvier 1995 d'orientation et de programmation relative à la sécurité : « La sécurité est un droit fondamental et l'une des conditions de l'exercice des libertés individuelles et collectives ». Depuis lors, il a été réaffirmé par la loi du 15 novembre 2001 relative à la sécurité quotidienne, dite loi Vaillant, et par la loi du 18 mars 2003 pour la sécurité intérieure, dite loi Sarkozy[3]. On ajoutera que pour le Conseil constitutionnel, depuis la décision Sécurité et Liberté de 1981, la prévention des atteintes à l'ordre public, notamment des atteintes à la sécurité des personnes et des biens, doit être considérée comme un *objectif d'intérêt général* avec lequel doivent être conciliés les divers droits fondamentaux en matière pénale qui entrent dans le « bloc de constitutionnalité »[4].

2) Un deuxième trait significatif consiste dans l'élargissement du domaine d'application de certaines infractions existantes et/ou dans l'aggravation des sanctions encourues pour ces infractions, comme par exemple la participation à une association de malfaiteurs prévue par les articles 450-1 et s. du C. pén. et modifiés et complétés par la loi du 15 mai 2001 sur les « nouvelles régulations économiques » (loi NRE) en vue de « l'amélioration de la lutte contre le blanchiment d'argent provenant d'activités criminelles organisées ». La création de nouvelles incriminations traduisant une modification du système des valeurs-fins prises en considération par le droit pénal s'inscrit également dans ce mouvement. Tel est par exemple le cas de l'incrimination de la traite des êtres humains par la loi du 18 mars 2003 (art. 225-4-1 et s. C. pén.). Mais c'est aussi le cas de l'incrimination du harcèlement moral par la loi dite de « modernisation sociale » du 17 janvier 2002 (art. 222-33.2 C. pén.), après que celle du harcèlement sexuel inscrite dans l'article 222-33 ait été elle-même modifiée en vue de l'extension de son champ d'application. Il faut encore ajouter depuis la présidence de Nicolas Sarkozy, la création du délit de participation à une bande ayant des visées violentes (article 222-14-2 C. pén.) par la loi du 10 mars 2010 et les diverses extensions/ aggravations comme créations opérées par la loi LOPPSI 2 du 14 mars 2011.

1. J.-J. Gleizal, « La réforme des dispositifs de sécurité en France (mars 2001-septembre 2002) », *RSC*, 2002, p. 900-905.

2. J. Donzelot et A. Wyvekens, « Prenons-nous exemple sur le modèle américain ? », *Inf. Soc.* n° 92, 2001, p. 80; P. Landreville, « Va-t-on vers une américanisation des politiques de sécurité en Europe ? » *in* L. Mucchielli et P. Robert, *Crime et sécurité. L'état des savoirs*, La Découverte, 2002, p. 424-433.

3. M.-A. Granger, « Existe-t-il un « droit fondamental » à la sécurité ? », *RSC*, 2009, p. 273 et s.

4. *Cf.* R. Gassin, « Les lois répressives nouvelles devant le Conseil constitutionnel », *in Renouveau du droit constitutionnel Mélanges en l'honneur de Louis Favoreu*, Dalloz, 2007, p. 1553-1575.

3) Plus significative peut-être encore est l'incrimination d'un certain nombre d'incivilités majeures conformément à la théorie de la fenêtre brisée[1]. C'est ainsi par exemple que sont désormais incriminés le squat, l'occupation illégale de terrains, le regroupement dans les parties communes des immeubles, toutes incivilités que seule leur incrimination pénale permet à la police de verbaliser et de faire cesser au besoin par le recours à la force[2]; actions que la loi LOPPSI 2 est encore venue faciliter en ouvrant la voie à la transmission en temps réel aux services chargés du maintien de l'ordre des images réalisées en vue de la protection des parties communes des immeubles.

4) Une quatrième caractéristique importante réside aussi dans l'accroissement des pouvoirs de la police pour lesquels il est renvoyé au Précis Dalloz de *Procédure pénale*. Il suffit ici de souligner que les autorités gouvernementales ont demandé aux services de police d'appliquer la loi pénale en constatant chaque infraction portée à leur connaissance (« tolérance zéro »).

5) Il est aussi essentiel de souligner la volonté des pouvoirs publics de mener une véritable politique suivie et coordonnée de la sécurité. Cela s'est traduit d'abord par la création par un décret du 18 novembre 1997 d'un Conseil de sécurité intérieure présidé aujourd'hui par le Président de la République (décr. du 15 mai 2002), par l'institution de plans départementaux de sécurité élaborés par un Comité départemental de sécurité, co-présidé par le Préfet et le Procureur de la République[3] et par des Contrats locaux de sécurité (CLS) dont l'existence est reconnue par la loi du 15 novembre 2001. La réforme des dispositifs territoriaux de prévention par le décret du 17 juillet 2002 et notamment la substitution des Conseils locaux de sécurité et de prévention de la délinquance (CLSPD) aux anciens Conseils communaux de prévention de la délinquance (CCPD) traduit la volonté de regrouper la *prévention de la délinquance* et la *sécurité des personnes et des biens* dans une *institution unique* conformément à la conception selon laquelle prévention et répression forment un tout dans lequel chacune des deux activités s'appuie nécessairement sur l'autre[4]. Au demeurant la politique de prévention de la délinquance s'est progressivement infléchie du modèle du traitement social de la délinquance des années 1980 vers un modèle qui réside principalement dans la prévention situationnelle et dans la prévention par la menace de la peine. Telle est notamment la philosophie qui anime la loi du 5 mars 2007 relative à la prévention de la délinquance[5] et dans son sillage la réorganisation opérée par le décret du 23 juillet 2007 relatif au Conseil local et au Conseil intercommunal de sécu-

---

1. *Cf. supra* n°s 294 et s.
2. L'art. 52 de la loi Vaillant relative à la sécurité quotidienne du 15 novembre 2001 avait déjà prévu qu'« en cas d'occupation des espaces communs du bâti par des personnes qui entravent l'accès et la libre circulation des locataires ou empêchent le bon fonctionnement des dispositifs de sécurité et de sûreté ou nuisent à la tranquillité des lieux, les propriétaires ou les exploitants d'immeubles à usage d'habitation pouvaient également *faire appel à la police ou à la gendarmerie nationale pour rétablir la jouissance paisible de ces lieux* ». Mais il ne s'agissait pas pour autant d'une infraction pénale et on voit mal quel pourrait être le pouvoir de contrainte de la police en pareil cas (aucune possibilité de placement en garde à vue notamment faute d'incrimination possible).
3. Remplacée par la Conférence départementale de sécurité (Décr. du 17 juill. 2002, art. 15 à 17).
4. R. Gassin, « La réforme des dispositifs territoriaux de prévention par le décret du 17 juillet 2002 et l'évolution de la politique de prévention de la délinquance », *RPDP*, 2004, p. 447-474; S. Roché « Vers la démonopolisation des fonctions régaliennes : contractualisation, terrotorialisation et européanisation de la sécurité intérieure », *RFSP*, 2004/1, p. 43-70.
5. V. Gautron, « La fin de la singularité du modèle français de prévention de la délinquance », *AJ pénal*, mai 2007, p. 205-209.

rité et de prévention de la délinquance et au plan de prévention de la délinquance dans le département[1].

6) La *lutte contre la récidive* est encore devenue l'un des axes majeurs de la nouvelle politique criminelle en raison de l'importance du phénomène. Renforcée par une première loi du 12 décembre 2005 relative au traitement de la récidive des infractions pénales[2], elle a notamment engendré la création de « peines planchers » qui rejoint dans une certaine mesure la loi américaine « trois balles manquées ». Initialement conçues à l'encontre des récidivistes, majeurs comme mineurs (loi du 10 août 2007, art. 132-18-1 et 132-19-1 C. pén.)[3], celles-ci ont dans un second temps été étendues aux primo-délinquants (loi LOPPSI 2 du 14 mars 2011, art. 132-19-2 C. pén.) du moins majeurs à la suite de la censure du Conseil constitutionnel en ce qui concerne les mineurs[4].

7) Au-delà enfin, forme paradoxale du retour du pénal, ce dernier a fait son entrée dans deux domaines dont il était exclu (depuis l'abolition de la tutelle pénale) avec la loi n° 2008-174 du 25 février 2008 relative à la rétention de sûreté et à la déclaration d'irresponsabilité pénale pour cause de trouble mental en permettant le prononcé de « mesures de sûreté » après le constat d'une irresponsabilité pénale comme dans certains cas de condamnation après l'exécution de la peine[5]. La réforme contourne tout d'abord le principe d'irresponsabilité pénale de l'article 122-1 al. 1 du C. pén. dont la déclaration peut être assortie de certaines interdictions (art. 706-136 C. pr. pén.) qui dans d'autres domaines sont qualifiées de peines et donnent lieu à inscription au casier judiciaire. Elle introduit surtout avec la rétention de sûreté la possibilité de privation de liberté dans un centre socio-médico-judiciaire de sûreté pour une durée d'un an renouvelable sans limitation et après la fin de l'exécution de leur peine de condamnés, à au moins 15 ans de réclusion criminelle pour certains crimes très graves, présentant une particulière dangerosité caractérisée par une probabilité très élevée de récidive parce qu'ils souffrent de troubles de la personnalité (art. 706-53-13 C. pr. pén.); soit une nouvelle forme de détention préventive mais au regard d'un crime potentiel ou virtuel[6]. Quoi qu'il en soit du débat juridique qui a fait rage sur la qualification de peine ou mesure de sûreté – et qui n'est certainement pas clos au regard de la jurisprudence de la Cour européenne des droits de l'homme – la réforme s'inscrit bien dans les manifestations du retour – ou de l'avancée – du pénal au sens où nous l'entendons ici.

796 *Et la Cour européenne des droits de l'homme ?* ◇ Si la Cour européenne des droits de l'homme a ainsi déjà eu l'occasion de condamner la

---

1. V. Circulaire de la DACG n° CRIM 08-04/E5 du 6 février 2008 relative au rôle de l'institution judiciaire en matière de prévention de la délinquance.
2. J.-H. Robert, « Les murailles de silicium : commentaire de la loi », *JCP*, 2006, I, 116.
3. J.-H. Robert, « Le plancher et le thérapeute. Commentaire de la loi », *Dr. pénal*, octobre 2007, étude 20, p. 6-13.
4. Décision n° 2011-625 DC du 10 mars 2011, considérants 26-27. F. Desprez, « Violences volontaires : des peines minimales pour les primo-délinquants. À propos de l'article 37 de la Loppsi 2 », *Gaz. Pal.*, 31 mars 2011, n° 90, p. 5.
5. A. Wyvekens, « La rétention de sûreté en France : une défense sociale en trompe l'œil », *Dév. et soc.*, 2010/4, p. 503-525; S. Cimamonti, « La résurgence des mesures de sûreté en droit pénal français contemporain », *in Future of Comparative Study in Law : The 60ᵗʰ anniversary of The Institute of Comparative Law in Japan*, Chuo Univ. Press, 2011, p. 369-395; M. Herzog-Evans, « Safety Measures in France », *in* M. Herzog-Evans (ed.), vol. 3, p. 423-438.
6. R. Badinter, « Nous sommes dans une période sombre pour notre justice », *Le Monde* du 23 février 2008.

détention de sûreté allemande[1], elle n'est pourtant pas toujours restée elle-même étrangère à ce retour du pénal.

En témoigne notamment, dans le cadre de la lutte contre la récidive, l'arrêt *Achour c/ France* du 29 mars 2006[2] à propos de l'application de l'aggravation de peine entraînée par la récidive en matière d'infraction à la législation sur les stupéfiants. Autrefois, le délai dans lequel devait être commise la seconde infraction après une première condamnation définitive était de *5 ans*; dans le cas contraire, l'auteur était réputé délinquant « primaire ». Le nouveau Code pénal ayant porté le délai de récidive à *10 ans* (article 132-9 al. 1 C. pén.), la Cour européenne des droits de l'homme a décidé que l'aggravation de la peine pour récidive s'appliquait à un condamné qui aurait été considéré comme un délinquant « primaire » sous l'ancienne législation à la suite de l'expiration du délai de 5 ans avant la commission de la seconde infraction, dès le moment où cette dernière se situait dans les 10 années qui ont suivi la première condamnation. Pour la Grande chambre, prenant le contre-pied de l'arrêt de chambre du 10 novembre 2004, il n'y a pas rétroactivité de la loi nouvelle plus sévère en violation de l'article 7 de la Convention européenne des droits de l'homme, mais simple succession de lois qui n'ont vocation à s'appliquer qu'à compter de leur entrée en vigueur, tout en autorisant une « démarche rétrospective » distincte de la rétroactivité *stricto sensu* qui est prohibée. On a très justement relevé que ce faisant la Cour européenne des droits de l'homme appliquait la doctrine positiviste de l'*état dangereux.*

c. L'appréciation criminologique du retour du pénal

797 *Une réponse difficile* ◇ Le retour massif du pénal dans les politiques criminelles des pays occidentaux – ou du moins de certains d'entre eux – n'a pas manqué, à côté de l'approbation d'une partie importante de l'opinion publique, de susciter de vives critiques de la part de certains milieux intellectuels ainsi que de certains médias qui y voient une régression importante des libertés et une atteinte aux droits de l'homme. Certains criminologues ne sont pas non plus avares de critiques. Dès 1988 on avait glosé sur « la société de sécurité maximale »[3]. Depuis lors les accusations n'ont pas cessé. On a ainsi condamné l'abandon de la politique de resocialisation des délinquants au profit d'une politique de la gestion des risques qu'ils représentent[4], ou encore dénoncé une politique plus soucieuse de suivre la

---

1. V. CEDH 5e section, 17 décembre 2009, M. c./ Allemagne, req. 19359/04 et 14 avril 2011, Jendrowiak c. Allemagne, req. n° 30060/04 retenant une violation des art. 5 § 1 et 7 de la Convention.
2. Req. n° 30324/96. D., 2006, Jur. p. 2513, note D. Zerouki-Cottin.
3. G.-T. Marx, « La société de sécurité maximale », *Dév. et soc.* 1988, p. 147-166.
4. P. Landreville, « Ordre social et répression pénale. Un demi-siècle de transformations », *in Crime et insécurité : un demi-siècle de bouleversements Mélanges pour et avec Philippe Robert*, L'Harmattan, 2006, p. 289-313. Cette contribution reprend à quelques variantes près la conférence plénière faite en 2004 au Congrès d'Agen de l'Association internationale des criminologues de langue française sous le titre « De l'intégration sociale à la gestion des risques ? L'état des politiques et des pratiques au sujet des sanctions ». *Adde* L. Wacquant, *Les prisons de la misère*, éd. Raisons d'agir, 1999 et *Punir les pauvres. Le nouveau gouvernement de l'insécurité sociale*, Marseille, éd. Agone, 2004, 347 p.; Y. Cartuyvels et P. Mary, « Politiques de sécurité en Belgique : les limites d'une approche de sécurité », *Dév. et soc.* 2002, p. 43; D. Kaminski, « Une métonymie consensuelle : l'insécurité », *RSC*, 2005, p. 415-421; P. Mary, « À propos des similitudes entre "guerre antiterroriste" et "lutte contre la délinquance urbaine" », *RSC*, 2006, p. 476-484; J.-F. Cauchie et D. Kaminski, « Éléments pour une sociologie du changement pénal en Occident. Éclairage des concepts de rationalité pénale moderne et d'innovation pénale », *Champ pénal*, vol. IV, 2007.

mode que de se livrer à l'évaluation [1] ayant abouti à une véritable frénésie sécuritaire [2], ou même recouru au pamphlet politicien [3, 4].

Du point de vue *criminologique* cependant, la sérénité du jugement doit être de mise. La question que doit se poser le criminologue est celle-ci : la politique de sécurité qui est marquée par le retour du pénal est-elle de nature à endiguer l'augmentation et l'aggravation actuelles de la criminalité et si possible à faire régresser cette dernière ? La question est de même nature que celle que l'on se posera pour les politiques de prévention [5].

La réponse à la question n'est pas facile parce qu'elle est fonction de *variables sociologiques et* culturelles *multiples* qu'il n'est guère possible d'anticiper de manière certaine. On peut toutefois tenter d'esquisser une réponse en distinguant entre le court terme (1) et le moyen et long terme (2).

1) Sur le *court terme*, il n'est pas douteux que le recours aux politiques de sécurité a un effet significatif sur le volume de la délinquance. Il en est ainsi notamment lorsqu'il s'agit d'infractions faciles à constater et à sanctionner et qui concernent l'ensemble de la population, ou du moins une grande partie de celle-ci, comme les automobilistes. Les résultats de la politique de sécurité routière engagée depuis quelques années sont significatifs à cet égard [6]. Mais des résultats encourageants peuvent également être obtenus pour la délinquance ordinaire. C'est ainsi que les faits constatés par les services de police et de gendarmerie qui avaient augmenté de près de 15 % de 1997 à 2002 ont diminué de près de 9 %, avec, il est vrai, une augmentation des actes de violence, la diminution portant sur les actes de prédation [7]. Quant à la récidive aux États-Unis, la loi « three strikes » de Californie adoptée en 1994 aurait fait baisser le taux de récidive de 25 % dans cet État, selon les deux décisions de la Cour suprême américaine du 5 mars 2003 [8]. Encore faut-il que la volonté politique persiste et que les moyens adéquats soient maintenus ou renforcés sous peine de voir la tendance s'inverser comme l'illustrent en France sur les premiers mois de 2011 la reprise à la hausse de la mortalité routière et le débat sur la suppression des panneaux annonciateurs de radars.

2) *Sur le moyen et* a fortiori *le long terme*, la réponse est incertaine parce qu'elle dépend de variables qui sont loin d'être toutes dans les mains des acteurs de la politique de sécurité.

Sans doute, certaines d'entre elles dépendent-elles de ces acteurs. Ainsi l'un des risques importants d'une telle politique consiste dans ce que l'on appelle, médiati-

1. P. Robert, « Des Blousons noirs au sentiment d'insécurité. Un demi-siècle de mutations », *in Crime et insécurité : un demi-siècle de bouleversements, Mélanges pour et avec Philippe Robert*, R. Lévy et al. (dir.), L'Harmattan, 2006, p. 17-41. *Cf.* aussi du même auteur, « L'évolution des politiques de sécurité » *in* L. Mucchielli et P. Robert (dir.), *Crime et sécurité. L'état des savoirs*, La Découverte, 2002, p. 42-52.

2. L. Mucchielli (dir), *La frénésie sécuritaire. Retour à l'ordre et nouveau contrôle social*, La Découverte, 2008.

3. S. Portelli, *Traité de démagogie appliquée. Sarkozy, la récidive et nous*, Paris, Michalon, 2006, 138 p.; *Nicolas Sarkozy. Une République sous haute surveillance*, L'Harmattan, 2007, 195 p.

4. *Adde* les publications de L. Wacquant citées au n° 758.

5. *Cf. infra* le Titre III : « La criminologie préventive ». O.-A. Haddad, « Évaluation de l'activité des services de police. Quelles leçons tirer des exemples de New York et de Chicago ? », *Rev. gend. nat.*, 4ᵉ trim. 2003 (hors série), p. 103-109.

6. V. toutefois pour certaines difficultés : E. Pire, « Conduite automobile et usage de stupéfiants : à trop vouloir en faire... », *D.* 2003, p. 771-772 et *Le Monde* du 24 juin 2007, « Cannabis : l'efficacité du test salivaire mise en doute ».

7. *Cf. supra* n° 457.

8. Citées dans l'art. « Servidio-Delabre », *RSC*, 2003, p. 537-542.

quement parlant, les « bavures policières »[1]. On sait qu'une « bavure policière », réelle ou supposée, a souvent pour effet de provoquer dans les banlieues « sensibles » de véritables scènes d'émeutes. Il appartient évidemment aux services de police, non seulement de les éviter sous peine de sanctions disciplinaires et éventuellement pénales, mais aussi de faire en sorte de ne rien faire qui puisse donner prise à l'allégation d'un tel fait (ce qui certes n'est pas facile). Il faut se méfier à cet égard de ce que l'on appelle « la culture du résultat ». La presse ne manque pas d'être à l'affût pour dénoncer le phénomène, comme *Le Monde* du 22 février 2003 qui titrait « De plus en plus de bavures policières. Cinq années de croissance constante ». De même, il appartient au législateur sécuritaire, lui-même sous le contrôle du Conseil constitutionnel, d'éviter d'adopter des mesures de contrainte qui ne sont pas absolument nécessaires et, dans le cas contraire, de justifier ces mesures d'une manière aussi complète que possible afin d'échapper à la critique d'une atteinte injustifiée aux libertés et aux droits de l'homme. Il en va d'autant plus ainsi aujourd'hui avec l'introduction depuis le 1er mars 2010 du mécanisme de la question prioritaire de constitutionnalité (QPC) de nature à multiplier considérablement les occasions de contrôle de conformité à la Constitution... et partant de censure.

Mais, au-delà, commence l'incertitude. Les politiques de sécurité auraient certes un effet déterminant à long terme et à moyen terme si, comme le soutiennent les partisans des *théories dynamiques de la délinquance*, le passage à l'acte était toujours l'expression d'une décision librement arrêtée après délibération dans un environnement immédiat. Il suffirait alors d'une part de prendre toute une série de mesures de prévention situationnelle pour rendre plus difficile, sinon impossible, le passage à l'acte (ex. blindage des portes, dispositif de blocage des moteurs de voiture) et d'autre part de dissuader les délinquants éventuels en leur faisant connaître l'existence d'un grand risque d'être surpris, identifiés et arrêtés (grâce notamment à la vidéosurveillance et aux fichiers automatisés) et, en ce cas, d'être condamnés à une peine sévère. En ce sens, la loi LOPPSI 2 du 14 mars 2011 ne manque pas de traiter à nouveau des fichiers de police judiciaire (fichiers d'antécédents, fichiers d'analyse sérielle, logiciels de rapprochement judiciaire) et fait succéder désormais la « vidéoprotection » à la « vidéosurveillance ». Or, ce n'est pas ainsi que les choses se passent. On sait que du point de vue macrocriminologique, le poids de la culture est déterminant[2]. On a vu d'autre part que du point de vue microcriminologique, la formation de la personnalité du délinquant est une construction complexe, qui débouche en outre chez quelques-uns sur une formation criminelle qui fait que quelque 5 % de délinquants seulement commettent plus de 50 % des délits. Face à ces données, les politiques de sécurité paraissent devoir être d'une efficacité limitée.

De plus, à supposer même que la volonté politique de les appliquer persiste chez les gouvernants, il faut compter aussi avec la versatilité de l'opinion qui fait et défait les majorités politiques ce qui, dans un système de démocratie politique, compromet à peu près inévitablement à terme la permanence des politiques de sécurité au profit de politiques plus douces jusqu'à une nouvelle alternance.

---

1. F. Jobard, *Les violences policières : état des recherches dans les pays anglo-saxons*, L'Harmattan, 1999, 324 p.; même auteur, *Bavures policières ? La force publique et ses usages*, La Découverte, 2002, 296 p.
2. *Cf. supra* n° 573.

SECTION 2. LA VALEUR SCIENTIFIQUE DES INSTRUMENTS DE LA POLITIQUE CRIMINELLE

798 *Des objectifs aux moyens* ◇ Désigner les comportements qui compromettent le maintien de l'ordre social minimum ne constitue que le premier temps de la politique criminelle. Encore faut-il qu'elle définisse aussi les *moyens généraux* qu'elle entend mettre en œuvre pour assurer le respect des interdits qu'elle pose. Ces moyens se ramènent à *deux grandes catégories* : déterminer les êtres qui seront sanctionnés en cas de violation d'un interdit et fixer les emplois qui seront faits des sanctions pénales. Le premier problème est celui de la responsabilité pénale (§ 1), le second celui des fonctions de la sanction pénale (§ 2).

§ 1. La responsabilité pénale [1]

799 *La notion de responsabilité pénale* ◇ Le terme « responsabilité pénale » est susceptible d'acceptions différentes. Le sens dans lequel

---

1. E. Yamarellos et G. Kellens, II, v° « Responsabilité », p. 157-159 ; J. Pinatel (1987), v^is Criminel (et délinquant), p. 42-45 et Culpabilité, 53-54 ; A. Prins, *La défense sociale et les transformations du droit pénal*, 1910, rééd. 1986 ; E. De Greeff, « La notion de responsabilité en anthropologie criminelle », *RDPC*, mai 1931 ; E. De Greeff, « Sur le sentiment de responsabilité », *RIDS*, 1956, p. 7 et s. ; J. Pinatel, « Responsabilité et criminologie », Colloque de philosophie pénale sur la « Responsabilité pénale », Strasbourg, 1959, p. 16 et s. ; M. Ancel, « Responsabilité et défense sociale », *RSC*, 1959, p. 179-184 ; P. Cornil, « L'impasse de la responsabilité pénale », *RDPC*, 1962, p. 641 et s. ; Jaccard, « La culpabilité et la peine », *RICPT*, 1970, p. 89 ; J.-M. Aussel, « Le concept de responsabilité pénale », *in Confrontation de la théorie générale de la responsabilité pénale avec les données de la criminologie*, Paris, Dalloz, 1970, p. 99-115 ; G. Heuyer, « À propos de la responsabilité pénale », *RSC*, 1971, p. 15-25 ; G. Gulotta, *Psicoanalisi e responsabilita penale*, Milan, 1973 ; « La culpabilité », Colloque de l'Institut de Criminologie de Toulouse, 1975, *Annales fac. droit Toulouse*, 1976, t. 24, p. 13-290 et spéc. Rapport C. Debuyst, « Les conceptions criminologiques de la culpabilité », p. 151-172 ; P. Poncela, « Autour de l'ouvrage de Paul Fauconnet : une dimension sociologique de la responsabilité pénale », *Archives Phil. dr.*, t. 22, 1977, p. 131 ; M. Boisot, « Structure de la responsabilité », *Santé mentale*, 1979, n° 2, p. 33-35 ; J. Ley, « La psychiatrie en question : évolution et perspectives », *RDPC*, 1979, p. 619-634 ; J.-M. Varaut, « Responsabilité pénale, biologie et sociologie », Rapport au colloque du CEJEP (1980) ; A.-M. Favart, « Le concept d'imputabilité en criminologie », Rapport au Congrès français de droit pénal (Nantes 1982) ; V.-V. Stanciu, « Ni responsables, ni coupables mais dangereux », *Gaz. Pal.*, 14 mai 1982, p. 13 ; P. Robert, « La crise de la notion de dangerosité », *in La question pénale*, 1984, p. 138-160 ; J. Golberg, *La culpabilité axiome de la psychanalyse*, Paris, PUF, 1985, 208 p. ; M. de Bonis, « Psychologie et évaluation de la responsabilité dans l'expertise psychiatrique », *Dév. et soc.* 1985, p. 201-214 ; J. Gillardin (dir.), *Malades mentaux : patients ou sujets de droit ?*, Bruxelles, 1985 ; J. Verhaegen, « Juger le fait avant de juger l'homme », *RICPT*, 1986, p. 265-275 ; J.-J. Wunenburger, « Le procès de la responsabilité et les métamorphoses de la culpabilité », *in Rev. Droits*, n° 5, 1987, « La fin de la faute », p. 87-95 ; L. Lombardi-Vallauri, *Modernité et criminogenèse : Responsabilité individuelle et responsabilité civique*, Vrin éd. 1989, 141 p. ; C. Lazerges, « Seuils d'âge et responsabilité pénale en Europe », *RSC*, 1991, p. 414-421 ; 10ᵉ Colloque criminologique du Conseil de l'Europe, (Strasbourg, nov. 1991), « Jeunes adultes délinquants et politique criminelle », Actes *in Recherches criminologiques*, vol. XXX, 1994 ; P. Loo, *L'homme égaré, Responsabilité des criminels, délinquants, pervers sexuels*, Douin éd. 1994, 155 p. ; P. Thys et M. Kohn, « À propos de l'expertise pénale : analyse d'une cohorte d'expertises psychiatriques concluant à l'irresponsabilité », *Dév. et soc.* 1992, p. 333-348 ; D. Laberge et D. Morin, « Troubles mentaux et intervention pénale », *Dév. et soc.* 1993, p. 309-348 ; C. Lazerges, « De l'irres-

nous le prenons ici désigne le concept qui permet de déterminer quels sont les êtres qui doivent rendre compte des violations de la loi pénale, quel est le fondement de cette obligation et quels sont l'étendue et le contenu de celle-ci.

Les *droits pénaux positifs* assoient leur organisation sur un *principe*, plus ou moins complexe, de *responsabilité pénale.* Il appartient à la criminologie de la politique pénale de s'interroger sur la validité scientifique de ce principe, d'en présenter la critique et, éventuellement, de proposer d'autres principes de responsabilité pénale.

Il est difficile de rendre compte de la manière dont la criminologie s'est jusqu'à présent acquittée de cette tâche, parce que certaines de ses critiques ont eu une influence sur les droits positifs et que de ce fait aujourd'hui la plupart d'entre eux présentent des conceptions mixtes du principe de la responsabilité pénale. D'autre part, il ne semble pas que l'on ait tenté jusqu'à présent de véritables recherches de criminologie appliquée sur le principe de la responsabilité pénale.

Pour tenter de mettre un peu d'ordre dans la matière, on va commencer par exposer le concept traditionnel de la responsabilité morale (A), puis on présentera les théories déterministes de la responsabilité sociale (B), pour finir par certaines orientations contemporaines vers un retour à la responsabilité morale (C).

A. Le concept traditionnel de la responsabilité morale

800 *L'« homo criminalis » des classiques* ◇ Pour les auteurs classiques (Beccaria, Bentham) qui ont inspiré le Code pénal français de 1810 et plus largement le *droit pénal classique,* la responsabilité est la projection, dans l'ordre pénal, de la liberté humaine. On est pénalement responsable parce que l'on est intelligent et que l'on dispose d'une volonté libre : c'est le *principe de la responsabilité morale.*

À partir de là, il est facile de déterminer qui peut être pénalement responsable. Seuls les êtres humains ont cette possibilité : ni les choses, ni les animaux, ni les personnes morales ne peuvent tomber sous le coup de la loi pénale. D'autre part, si en principe, tout être humain est réputé doué d'une *conscience lucide* et d'une *volonté libre*, il en est autrement dans la réalité; trois catégories de personnes phy-

ponsabilité à la responsabilité pénale des mineurs délinquants ou relecture des articles 1 et 2 de l'ordonnance du 2 févr. 1945 », *RSC*, 1995, p. 149-153; R. Nerac-Croisier (dir.), *Le mineur et le droit pénal,* 1995, éd. L'Harmattan, 272 p.; R. Ottenhof, « La délinquance juvénile et le nouveau Code pénal », *Prob. act Sc. crim.*, t. X, 1996, p. 49-58; E. Gersao, « Problèmes actuels de la protection de la jeunesse. Quelques réflexions à propos de système portugais », *RICPT*, 1996, p. 69-79; D. Sudan, « De l'enfant coupable au sujet de droits : changements des dispositifs de gestion de la déviance juvénile (1820-1989) », *Dév. et soc.* 1997, p. 383-399; R. Ottenhof, « Coupables, mais pas responsables », *in* T. Albernhe, *Criminologie et psychiatrie,* 1997, p. 374-375; J. Castagnède, « Les petits responsables. Réflexions sur la responsabilité pénale et la responsabilité civile du mineur », *in Mélanges Lapoyade-Deschamps,* 2003, p. 119-139; 34ᵉ Congrès français de criminologie (Agen, 2004), « Responsables, coupables, punis ? Fragments d'un interminable débat »; J.-H. Syr, « La responsabilité pénale : essai d'approche sociologique », *in Sciences pénales & Sciences criminologiques Mélanges offerts à Raymond Gassin,* PUAM, 2007, p. 489-502; D. Gleizer, « Coupable ou non coupable ? Responsable ou irresponsable ? Ou l'inconfortable évaluation de la responsabilité pénale lorsque le malade psychotique se défend des accusations portées contre lui », même *ouvrage,* p. 415-419; F. Digneffe et T. Moreau, *La responsabilité et la responsabilisation dans la justice pénale,* Bruxelles, De Boeck et Larcier, 2006, 600 p.

siques ne répondent pas à ce critère : les déments, les enfants qui ont agi sans discernement, et les individus qui ont agi sous la contrainte.

Ultérieurement, le *droit pénal néo-classique* affinera le principe de la responsabilité morale en admettant entre la liberté complète et l'absence totale de conscience ou de volonté, des stades intermédiaires qui seront autant de degrés de responsabilité pénale.

B. La critique positiviste de la liberté morale

801 **Une critique radicale** ◇ La première manifestation de la criminologie juridique dans le domaine de la responsabilité pénale a été une critique radicale.

Pour les positivistes en effet, notamment pour Ferri, l'action criminelle n'est pas le produit de la liberté humaine, mais la résultante quasi-mécanique de la combinaison de plusieurs facteurs anthropologiques et du milieu [1]. Le criminel est ainsi aussi sûrement déterminé dans son action que les phénomènes de la nature. Aussi Ferri propose-t-il de substituer à la responsabilité morale des classiques et néo-classiques, le principe *de la responsabilité sociale* : on est punissable parce que l'on a commis matériellement un délit, ce qui étend évidemment le champ de la responsabilité pénale à des personnes que le droit classique ne sanctionnait pas, notamment les déments, et élimine également les dosages de responsabilité du droit pénal néo-classique. Garofalo a précisé à son tour cette notion de responsabilité sociale en créant le concept *d'état dangereux* [2] qu'il propose de substituer à celui de responsabilité morale.

Cette perspective étroitement déterministe a conservé quelque crédit dans la criminologie moderne, soit que l'on fasse appel au déterminisme biologique [3], soit, ce qui est plus fréquent, que l'on invoque un déterminisme social [4].

Elle a eu d'autre part un impact certain sur les droits positifs avec des institutions comme la relégation des multirécidivistes et les autres mesures de sûreté neutralisatrices (interdiction de séjour par exemple). Elle n'a pas non plus été sans influence sur les premières transformations du droit pénal des mineurs à la fin du XIXe siècle et dans la première moitié du XXe siècle. On peut également lui rattacher l'admission de la *responsabilité pénale des personnes morales* dans certains droits positifs. En France, le nouveau Code pénal de 1992-1994 a introduit dans son article 121-2, la responsabilité pénale des personnes morales, autres que l'État et les collectivités territoriales dans l'exercice de leurs pouvoirs régaliens, primitivement dans les seuls cas prévus par la loi et le règlement, pour les infractions commises, pour leur compte, par leurs organes ou représentants [5]; responsabilité devenue quasi générale quant aux infractions par la suppression du principe de spécialité à compter du 31 décembre 2005. La loi du 25 février 2008 relative à la rétention de sûreté et à la déclaration d'irresponsabilité pénale pour cause de trouble mental en constitue enfin le dernier fleuron.

---

1. E. Ferri, *La sociologie criminelle*, p. 317-483, (et 260-428 de l'édition republiée par Dalloz en 2004, présentation R. Gassin).
2. Sur le sens et le contenu de ce concept, *cf. infra* n°s 886 et s.
3. *Cf.* M. Trincas, « Le concept de responsabilité selon la biologie », *Dr. pénal*, 1970, p. 241.
4. *Cf.* J.-Y. Lassalle, *La théorie de la responsabilité pénale devant la criminologie et les sciences de l'homme*, th. doct. droit Aix-en-Provence, 1976, ronéo.
5. Sur les aspects criminologiques de cette responsabilité pénale, *cf.* obs. J.-H. Robert, *Droit pénal*, août-sept. 1998, comm. n° 118 et conclusions Desportes au *JCP* 1998, II, 10023.

Il apparaît également qu'à terme, la conception déterministe des comportements humains, qui a entraîné la disqualification de l'idée de responsabilité morale du sujet, est à l'origine du mouvement contemporain en faveur de l'abandon du pénal[1] précédemment étudié[2]. Avec beaucoup de pertinence d'ailleurs, on a également montré que ce « travail de déconstruction » du système pénal a eu, dans les faits, moins pour but et pour conséquence de « parvenir réellement à une sorte d'éthique sociale sans sanction » que « d'épargner une catégorie de coupables », tandis que l'on a « assisté à une sorte de montée en puissance de processus d'accusation paroxystiques dirigés sur des types sélectifs de coupables » désignés comme des sortes de « boucs émissaires »[3].

Cependant la tendance contemporaine de la criminologie de la politique criminelle s'oriente parallèlement parfois aussi vers des conceptions plus souples des principes de la responsabilité pénale.

C. Les orientations contemporaines en matière de responsabilité pénale

802 *Un foisonnement de théories* ◇ L'inventaire des théories de la responsabilité pénale qui se rattachent plus ou moins à l'approche empirique du problème conduit à identifier un foisonnement de conceptions hétéroclites qu'il ne saurait être question d'exposer ici[4]. On n'en retiendra principalement que deux : la première parce qu'elle a joué un rôle important dans toute la criminologie clinique traditionnelle : c'est la *théorie du sentiment de responsabilité;* la seconde parce qu'elle caractérise *l'état actuel des idées* sur le fonctionnement bio-psycho-social de l'individu.

803 *La théorie du sentiment de responsabilité*[5] ◇ Selon cette conception, les conduites humaines sont peut-être – et même, pour certains, sans doute – *objectivement* déterminées par des facteurs divers, mais, lorsqu'il agit, l'homme éprouve *subjectivement* un sentiment de responsabilité personnelle. De Greeff en fait même une « fonction incorruptible », c'est-à-dire un mécanisme vital préalable à toute expérience de conscience[6]. C'est alors ce sentiment qui fonde la responsabilité pénale et comme ce sentiment est éducable il donne également son sens au traitement du délinquant[7,8]. C'est probablement à cette théorie du sentiment de la responsabilité qu'il est le plus satisfaisant de faire appel pour rendre compte de la réforme fondamentale du principe de la responsabilité pénale des mineurs délinquants. Sous l'empire du texte initial de l'ordon-

---

1. En ce sens J.-J. Wunenburger, art. précité, spéc. p. 90-92.
2. *Cf. supra* n°s 783 et s.
3. J.-J. Wunenburger, précité, spéc. p. 92-93.
4. *Cf.* le rapport Aussel précité.
5. J. Pinatel (1987), v° « Responsabilité (sentiment de) », p. 192-193.
6. E. De Greeff, *L'homme et son juge*, Desclée de Brouwer, 1962; J. Pinatel (1987), v° « Fonctions incorruptibles », p. 96-97.
7. J. Vérin, « Pédagogie de la responsabilité », *RSC*, 1980, p. 489.
8. Rejoignant assez largement ce point de vue, v. J.-J. Wunenburger, art. précité, spéc. p. 94-95.

nance du 2 février 1945, le mineur délinquant était fréquemment perçu comme pénalement irresponsable et ne pouvait faire l'objet que de mesures éducatives, sauf décision contraire expresse de la juridiction pour enfants pour les mineurs âgés de plus de 13 ans et « lorsque les circonstances et la personnalité du délinquant paraîtront l'exiger ». En ce cas ledit mineur pouvait être condamné à une peine, modulée toutefois par l'ancienne excuse atténuante de minorité devenue, dans le nouveau Code pénal, un cas de « diminution légale de peine ». Mais la réforme de l'article 122-8 du Code pénal, opérée par la loi du 9 septembre 2002, a clarifié les choses : « les mineurs capables de discernement sont pénalement responsables des infractions dont ils ont été reconnus coupables », sauf à faire l'objet de mesures éducatives plutôt que d'une peine [1]. Cette clarification conduit donc à considérer qu'il existe chez le mineur, à partir d'un certain âge que la loi caractérise par la vieille notion psycho-légale de « capacité de discernement » [2], un certain *sentiment* de responsabilité des actes qu'il accomplit et, en l'espèce, des actes délictueux ?

804 *L'orientation bio-psycho-sociale contemporaine* ◊ Les recherches contemporaines sur les rapports du cerveau et de la société, de l'inné et de l'acquis, du psychisme humain et des influences biologiques et sociales qui s'exercent sur lui, tendent à dessiner le modèle d'un homme qui, grâce à son cerveau, « interprète » le monde en sélectionnant les « grilles d'interprétation » qui lui sont proposées par son environnement [3]. De la sorte, la violence n'est que l'une des « interprétations » possibles et le criminel aurait pu se livrer à une interprétation non-violente qui l'aurait conduit au respect de la loi pénale.

Cette *théorie de « l'homme-interprète »* du monde à travers son cerveau apparaît comme une sorte de réhabilitation de l'idée de responsabilité morale à qui la neurobiologie moderne tend ainsi à donner des « lettres de noblesse scientifiques » alors que ses titres étaient jusque-là seulement théologiques, puis philosophiques.

805 *Autres théories* ◊ Outre les deux conceptions qui viennent d'être indiquées, on ne peut manquer de signaler deux autres conceptions récentes qui présentent l'une et l'autre la caractéristique de rendre à la liberté humaine sa plénitude et donc de donner aussi un fondement à la vieille notion de la responsabilité morale. Il s'agit d'une part de la théorie du « *rational choice* » déjà exposée [4] et d'autre part de la philosophie du *cons-*

---

1. *Cf.* B. Bouloc, *Droit pénal général*, 22ᵉ éd., 2011, nᵒˢ 481 et s.; P. Bonfils et A. Gouttenoire, *Droit des mineurs*, Dalloz, 2008, nᵒˢ 1248 et s.
2. Notion disparue depuis longtemps des dictionnaires de psychologie que le législateur aurait pu moderniser en employant par exemple l'expression « aptitude au jugement moral », ce qui n'aurait probablement pas dû dérouter les justiciables et encore moins les magistrats puisque l'un des sens donné au mot « discernement » par le Petit Robert et qualifié d'absolument courant est : « disposition de l'esprit à juger clairement et sainement des choses ». *Cf.* P. Bonfils, « Le discernement en droit pénal », *in Sciences pénales & Sciences criminologiques*, *Mélanges offerts à Raymond Gassin*, PUAM, 2007, p. 97 et s.
3. *Cf. supra* nᵒ 593 et les références citées.
4. *Cf. supra* nᵒ 300, et les références citées en note.

tructivisme radical dont l'éthique soutient que l'homme – et lui seul – est responsable de ses actions comme de sa pensée[1].

Il n'est pas interdit de penser que ces diverses orientations contemporaines de la responsabilité pénale qui remettent au premier plan l'*idée de responsabilité morale* ont pesé sur le réexamen de problèmes de responsabilité pénale tels que celui de la *responsabilité pénale des mineurs délinquants*. À cet égard, la loi française du 9 septembre 2002 a opéré un renversement majeur de perspective en affirmant que désormais « les mineurs capables de discernement sont pénalement responsables des crimes, délits et contraventions dont ils ont été reconnus coupables... » (art. 122-8 nouveau du C. pén.)[2].

§ 2. **Les fonctions de la sanction pénale**[3]

806 *Des fonctions multiples* ◇ En droit pénal contemporain, les moyens répressifs de lutte contre la délinquance consistent dans un ensemble de

---

1. *Cf.* P. Watzlawitch, *L'invention de la réalité,* seuil, 1988, p. 74, 354; R. Gassin, « Les constructivismes », *Prob. act. Sc. crim.,* t. XII, PUAM 1999, p. 35-55.

2. R. Gassin, « Faut-il réviser l'ordonnance du 2 février 1945 relative à l'enfance délinquante ? », *in Prob. act. Sc. crim.,* vol. XVI, PUAM, 2003, p. 43-78, spéc. n°s 40-44. *Adde* C. Lazerges, « Fallait-il modifier l'ordonnance du 2 février 1945 ? », *RSC,* 2003, p. 172-183.

3. N. Christie, *Limits to pain,* Oxford, 1981, traduction en français sous le titre *Au bout de nos peines,* De Boeck et Larcier, 2005, CR. *RSC,* 2006, p. 493; M. Cusson, *Pourquoi punir ?,* Paris, Dalloz, 1987, 203 p.; R. Merle, *La pénitence et la peine,* Cerf-Cujas, 1985, 157 p.; J.-H. Syr, *Punir et réhabiliter,* Économica, 1990, 135 p.; R. Hood, *La recherche relative à l'efficacité des sanctions et traitements, études relatives à la recherche criminologique,* Conseil de l'Europe, Strasbourg, 1967, p. 81 et s.; Demarez et Lambert, « Répression des infractions de roulage : essai d'appréciation de l'efficacité des peines chez 105 délinquants condamnés à un emprisonnement sans sursis », *RDPC,* 1968, p. 528 et s.; E.-M. Fontaine, « Une théorie générale de la délinquance, de la récidive et des peines », *RIPC,* mai 1978, p. 138-144; D. Miller, *Theories of punishment,* Indiana University Press, 1971; H. Michard, *De la justice distributive à la justice résolutive,* CRIV-Vaucresson, 1985, 147 p.; L.-M. Raymondis, « Le rôle de la sanction pénale », *RICPT,* 1964, p. 283 et s.; E. Rotman, « L'évolution de la pensée juridique sur le but de la sanction pénale », *Mélanges Ancel,* 1975, t. II, p. 163 et s.; Dr Mathe, « L'évolution psycho-sociologique des notions de sanction et de peine », *RPDP,* 1986, p. 187-190; R. Gassin, « La confrontation du système français de la sanction pénale avec les données de la criminologie et des sciences de l'homme », *in Confrontation de la théorie générale de la responsabilité pénale avec les données de la criminologie,* Dalloz, 1970, p. 177-187; K.-F. Schumann, « Comparative research on legal sanctions : problems and proposals », *Internat. Journal of sociology of law,* 1983, 267-276; J. Rico, « Le droit de punir », *Criminologie,* 1986, n° 1; M. Gottraux, *Prisons, droit pénal : le tournant ?,* Lausanne, 1987; R. Murbach, « Enjeux de la peine et efficacité socio-juridique : le cas du braconnage », *Criminologie,* 1987, n° 2, p. 89-102; Xe Congrès intern. de crim. (Hambourg, sept. 1988), « La crise de la peine », *AIC,* vol. 27, 1989; 1er Colloque de l'AICLF (Genève, févr. 1989), « La revalorisation de la peine dans la justice des mineurs »; A. Tsitoura (dir.), *Les objectifs de la sanction pénale,* éd. Bruylant, 1989; Colloque Paris-Poitiers (avr. 1992) : « L'avenir de la peine dans un état de droit », *RDPC,* déc. 1992, n° 12; C. Costa, « La pena tra retribuzione e reeducazione », *Rev. italienne de procédure pénale,* 1993, p. 59 et s.; M. Barbance, « Le rapport psychologique à un crime et à la peine », *Dév. et soc.* 1993, p. 32-42 et 105-115; A. Kuhn, *Punitivité, politique criminelle et surpeuplement carcéral,* Berne, 1993; J.-P. Delmas-Saint-Hilaire, « La prison : pour quoi faire ? », *Prob. act. Sc. crim.,* t. VII, 1994, p. 31-46. Actes du colloque de l'ordre des avocats à la Cour d'appel de Paris (févr. 1993) : « La punition », Rapports O. Vallet, J.-M. Varault, B. Ballivet, Y. Roumajon et L. Davenas, *APC,* 1994, p. 89-116; F. Digneffe, « Les jeunes et la loi pénale : les significations de la sanction pénale à l'adolescence », *RDPC,* 1994, p. 825; F.-J. Pansier, *La peine et le droit,* coll. « Que sais-je ? », PUF, 1994; R. Gassin, « Les fonctions sociales de la sanction pénale dans le nouveau Code pénal », *CSI,* 1994, n° 18, p. 50-68; J. Pradel, « Quelques tendances actuelles de la pénologie américaine », *RIDP,* 1995, p. 271-276; A. Normandeau, « Pour un système pénal sérieux, intelligent et taillé sur mesure en Amérique », *RSC,* 1995. p. 404-410; même auteur,

peines, de mesures de sûreté et de mesures de défense sociale dont les fondements et l'application superposent aux *fonctions traditionnelles* de la peine, à savoir l'intimidation, la neutralisation et la rétribution, de *nouvelles fonctions* de prévention spéciale par la réadaptation sociale, encore appelée la resocialisation du délinquant[1]. C'est en tant que « science des sanctions pénales » que la criminologie s'intéresse à l'efficacité de ces sanctions.

Pour apprécier la valeur scientifique de ce système de politique criminelle, on va s'interroger tour à tour sur la valeur scientifique des fonctions traditionnelles de la peine (A) et sur celle de ses fonctions modernes (B).

Telle est du moins la méthode à laquelle nous convie la façon dont les recherches empiriques ont été menées jusqu'à présent. Mais il ne faut pas se dissimuler ce qu'a d'artificiel cette analyse séparée de la valeur des diverses fonctions de la sanction pénale, alors qu'il serait bien préférable de les examiner simultanément dans leur interaction, comme cela a d'ailleurs été noté déjà par quelques auteurs[2]. Mais il reste à construire un « modèle » satisfaisant pour parvenir à un tel résultat.

A. La valeur scientifique des fonctions traditionnelles de la peine

a. La fonction d'intimidation collective[3]

807 *Historique des recherches* ◇ La première des fonctions traditionnelles attachées à la peine est sa fonction d'*intimidation collective* ou de *dis-*

« La nouvelle pénologie des États-Unis d'Amérique », *RICPT*, 1995, p. 350-365; G. Kellens et N. Vanemptem, « Punir sans condamner, La sanction des infractions routières dans onze pays d'Europe », *RICPT*, 1996, p. 47-60; A. Normandeau, « Bilan criminologique de quatre politiques et pratiques pénales américaines contemporaines », *RSC*, 1996, p. 333-346; H. J. Albrecht, « L'économie du droit pénal et l'exécution des peines, évolution et tendances de l'aspect économique du droit pénal », *RICPT*, 1997, 17-37; F. Riklin, « The death of Common Sense, Aperçu critique de la politique actuelle des États-Unis », *RICPT*, 1997, p. 387-399; Collectif « octobre 2001 », *Comment sanctionner le crime ?*, Érès, 2002, 152 p.; Cusson, *Criminologie actuelle*, p. 181-204; A. Normandeau, vᵒ « Peine », *Dict. sc. crim.*, 2004, p. 686-687; R. Zauberman, « Punir le délinquant ? Les réponses des victimes. À partir des résultats de l'enquête de victimation », *Informations sociales*, nᵒ 127, oct. 2005, p. 54-57; J.-P. Brodeur, « Sanction pénale et contre-impunité. Un nouvel objectif de la peine », *Informations sociales*, nᵒ 127, oct. 2005, p. 122-133; M. Cusson, « Pourquoi punir ? », *RSC*, 2006, p. 899-903; A.-G. Slama, *Pourquoi punir ? L'approche utilitariste de la sanction pénale*, L'Harmattan, 2006, 235 p.; G. Picca, « La menace de la sanction est-elle dissuasive pour le délinquant ? », *in Une criminologie de la tradition à l'innovation. En hommage à Georges Kellens*, Bruxelles, Larcier, 2006, p. 433-440; M. Cusson, « Dissuasion, justice et communication pénale », *Institut pour la justice*, Études et analyses nᵒ 9, mai 2010, 37 p.

1. On a vu émerger récemment une autre fonction nouvelle, la réparation. *Cf.* A. Neys et T. Peters, « La peine considérée dans une perspective de réparation », *RICPT*, 1996, p. 3-29.

2. Par ex. J. Vérin, *RSC*, 1981, p. 158-159.

3. F. E. Zimring et G. J. Hawkins, *The legal threat in crime control*, Chicago, 1973; J. Andenaes, *Punishment and deterrence*, Ann Arbor, 1974; J.-P. Gibbs, *Crime, punishment and deterrence*, New York, 1975; Commission de réforme du droit du Canada, « La crainte du châtiment » (Rapport Fattah et Teevan), 1976; T.-G. Chiricos, *Deterrence of delinquency*, 1977; A. Blumstein, J. Cohen et D. Nagin (éd.), *Deterrence and incapacitation : the effects of criminal sanctions on crime rates*, Washington, National Academy of Science, 1978; D. Beyleveld, *A bibliography on general deterrence research*, Saxon House, 1980; C.R. Tittle, *Sanctions and social*

suasion (« *deterrence* » en anglais)[1]. On entend par là l'effet inhibiteur des sanctions pénales sur l'activité criminelle éventuelle des personnes autres que les délinquants condamnés[2].

L'école pénale classique de Beccaria et de Bentham au XVIIIe siècle avait fondé tout son système répressif sur cette idée que la menace d'une peine sévère détournerait de la délinquance la quasi-totalité des individus[3]. Ferri au contraire avait nié la valeur de l'intimidation collective en conséquence de ses lois de saturation et sursaturation criminelle[4], en observant que les variations de la criminalité étaient dues à des causes très différentes de la simple menace de la peine[5]. Mais ces jugements péremptoires reposaient soit sur de pures spéculations intellectuelles (Beccaria et Bentham), soit sur des analyses de variations naturelles[6] fondées sur des données de base peu sûres (Ferri).

La criminologie contemporaine en revanche s'est livrée à toute une série de recherches empiriques très élaborées sur la valeur intimidante de la menace de la peine. Dès 1952, un juriste-criminologue norvégien posait la question fondamentale : *la dissuasion est-elle une illusion ou une réalité ?*[7], et un criminologue français lui répondait peu après par un bilan des connaissances criminologiques de l'époque[8]. Mais la première vague de recherches s'est essentiellement développée de la fin des années 1950 à la fin des années 1960 et elle a notamment trouvé son expression la plus complète avec les travaux de T. Sellin sur l'effi-

---

deviance : the question of deterrence, New York, 1980; Veyret, *La prévention par l'intimidation collective*, Mémoire DEA Sciences criminelles, Aix-en-Provence, 1990; K. Kynsey, « Deterrence and alienations effects of IRS (Impôt sur le revenu) enforcement : an analysis of survey », *in* J. Siemrod éd., *Why people pay taxes*, Ann Arbor, University of Michigan Press, 1992; L. Sherman, « Defiance, deterrence and irrelevance : a theory of the criminal sanction », *Journ. of research in Crime and delinquency*, 1993; même auteur, « Criminologie et criminalisation : défi et science de la sanction pénale », *RICPT*, 1994, p. 7-21; M. Killias, *RICPT*, 1994, p. 22-28; M. Killias, *Précis de criminologie*, 2e éd., 2001, p. 437-467; R. Filleule, *Sociologie de la délinquance*, p. 215-229; M. Cusson, *Criminologie actuelle*, p. 139-145; J.-L. Baecher, v° « Dissuasion », *Dict. sc. crim.*, 2004, p. 260-263; N. Vaillant, « L'économétrie du crime », *Rev. gend. nat.*, 2004, 2e trim., p. 122-128, spéc. 127-128.

1. La doctrine française emploie également – et même plus fréquemment – le terme de « *prévention générale* » pour désigner cette fonction de la sanction pénale. Cette synonymie est devenue inadéquate depuis que des travaux ont montré que la prévision de la peine par le droit pénal remplit également une *fonction pédagogique d'éducation socio-morale* (*cf.* O. Kinberg, « Réflexions critiques sur la prévention générale », *RICPT*, 1954, p. 14; J. Vérin, « Prévention générale : l'effet d'éducation morale et les risques de contre éducation », *RSC*, 1977, p. 643). De la sorte, le concept de « prévention générale » recouvre à la fois la fonction *d'intimidation* collective et celle de *pédagogie générale* attachée à la prévision de la sanction pénale par la loi.

2. *Cf.* A. Blumstein et *al.*, *Deterrence and incapacitation*, précité. R. Merle et A. Vitu, I, n° 608, p. 790 écrivent de façon plus développée : « Le châtiment, inscrit dans la loi sous la forme d'une menace abstraite, et concrétisé quotidiennement par les jugements de condamnation portés contre les coupables, serait pourvu d'une valeur exemplaire et tiendrait ainsi en respect les velléités criminelles d'une masse de citoyens ».

3. Dans le même sens encore P. Cuche, *Précis de droit criminel*, Dalloz, 7e éd., 1939, n° 292.

4. *Cf. supra* n° 467.

5. E. Ferri, *Sociologie criminelle*, p. 235 et s. (et p. 184 et s. dans la réédition des éd. Dalloz en 2004).

6. Sur ce type de méthode, *cf. supra* n° 144.

7. J. Andenaes, « General Prevention. Illusion or Reality ? », *Journal of criminal law, criminology and political science*, 1952, vol. 43, p. 179.

8. J. Pinatel, « La prévention générale d'ordre pénal », *RSC*, 1955, p. 554. *Adde* peu avant, le suédois O. Kinberg, « Réflexions critiques sur la prévention soi-disant générale », *in Theoria*, Lund, 1953 et *RICPT*, 1954, p. 8, reproduit dans *Problèmes fondamentaux de la criminologie*, 1960, chap. V, p. 75-104.

cacité de la peine de mort[1 et 2]. Une seconde vague de travaux empiriques beaucoup plus nombreux a été par la suite stimulée d'abord par l'énoncé à la fin des années 1960 de la théorie économique de la délinquance[3], puis par la publication à partir de 1974-1975 des études sur les résultats décevants du traitement de resocialisation des délinquants[4]. Il existe ainsi aujourd'hui une très abondante littérature en langue anglaise sur le sujet publiée depuis 1971-1972[5], qui contraste avec la pauvreté de la littérature de langue française dont on remarquera au surplus qu'elle est surtout l'œuvre d'auteurs étrangers écrivant en français ou traduits dans cette langue[6].

La plupart des conclusions que l'on possède procèdent d'*études statistiques* (1), mais quelques-unes d'entre elles résultent aussi de *données qualitatives* (2) de nature sociologique ou psychologique[7].

1. T. Sellin, *The death penalty,* 1959; « La peine de mort et le meurtre », RSC, 1957, p. 739-766; « L'effet intimidant de la peine. Étude de sociologie criminelle », RSC, 1960, p. 579-593.
2. En langue française : J. Andenaes, « La peine et le problème de la prévention générale », *Rev. Thémis* (Montréal), 1965, vol. 15, p. 159-209; A. Legal, Rapport au 6ᵉ Congrès français de criminologie (Toulouse, oct. 1965) *in Le traitement des délinquants jeunes et adultes,* Dalloz, 1966, p. 49-65; R. Vouin, « L'article de la mort », RSC, 1966, p. 559-577; A. Normandeau et B. Schwartz, « Évaluation de l'effet intimidant de la peine. Le cas du viol à Philadelphie », RDPC, 1967-1968, p. 456; R. Gassin, « La confrontation du système français de la sanction pénale », précité, spéc. p. 177-187; J. Andenaes, « La répression et le problème de la prévention générale », AIC, 1969, n° 2, p. 285-320; E. A. Fattah, *Une étude de l'effet intimidant de la peine de mort à partir de la situation canadienne,* Sollicitor général du Canada éd., Ottawa, 1972; R.-G. Hann, *Dissuasion et peine de mort,* Sollicitor général, Ottawa, 1976. – En langue anglaise, notamment : J. Ball, « The deterrence concept in criminology and law », *Journal of criminology and police science,* 1965-1966, vol. 40, p. 347; J. Andenaes, « The general preventive effect of punishment », *University of Pennsylvania law review,* 1966, vol. 114, p. 949-983; W.-J. Chambliss, « The deterrent influence of punishment », *Crime and delinquency,* 1966, vol. 12, p. 70-75; R. D. Schwartz et S. Orléans, « On legal sanctions », *University of Chicago law review,* 1967, vol. 34, p. 274-300; J.-P. Gibbs, « Crime, punishment and deterrence », *South-west social science quaterly,* 1968, vol. 48, p. 515-530; C. Tittle, « Crime rates and legal sanctions », *Social Problems,* 1969, vol. 16, p. 409-423; T. Chirico et G. P. Waldo, « Punishment and crime : an examination of some empirical evidences », *Social Problems,* 1970, vol. 18, p. 200-217.
3. *Cf. supra* n°ˢ 287 et s. L'art. de départ essentiel est I. Ehrlich, « Participation in illegitimate activitie : a theorical and empirical investigation », *Journal of political economy,* 1973, vol. 81, p. 521-565. Sur la critique de cette littérature, *cf.* E. A. Fattah, « A critique of deterrence research with particular reference to the economic approach », RCC, 1983, n° 1.
4. *Cf. infra* n°ˢ 827 et s.
5. Il n'est évidemment pas question de donner la liste de ces art. On s'est borné à dresser celle des ouvrages, *supra* n° 807.
6. J. Vérin, « L'efficacité de la prévention générale », RSC, 1975, p. 1061-1068; E. A. Fattah, « Une revue de la littérature sur l'effet dissuasif de la peine », *in La crainte du châtiment,* Commission de réforme du droit du Canada, 1976, p. 1 et s.; « La politique criminelle et le problème de la prévention générale », 2ᵉ Colloque international de politique criminelle, précité (Paris, mars 1977), Rapports Andenaes, Levasseur et Adrejew, APC, 1978, n° 3, p. 5-56; T. Sellin, « Intimidation générale et peine de mort », RDPC, 1979, p. 315 et s.; P. Guibentif, « Retour à la peine : contexte et orientation des recherches récentes en prévention générale (Actualités bibliographiques) », *Dév. et soc.* 1981, p. 293-311; T. Sellin, « Les débats concernant l'abolition de la peine capitale », *Dév. et soc.* 1981, p. 97-112; M. Cusson, « Les mécanismes de la dissuasion », RICPT, 1983, p. 13-24; R.-D. Clarck, « Célérité et prévention », RICPT, 1985, p. 286-296; P. Tremblay, « La stabilité de la peine : une perspective anti-évolutionniste », RICPT, 1986, p. 31-49; Zverick et al., « Principales orientations de la recherche dans le domaine de la peine capitale (1ᵉʳ janv. 1979-31 déc. 1983) », RICPT, 1986, p. 328-338. *Adde* D. Szabo, « La prévention : concepts et stratégies », RSC, 1984, p. 685 et s., spéc. 691-693; A. von Hirsch et M. Ouimet, « Proportionnalité et prévention », RSC, 1989, p. 269 et s., spéc. 274-276.
7. On remarquera, au passage, que la jurisprudence criminelle contemporaine n'hésite pas, le cas échéant, à faire référence à la dissuasion comme fondement de la répression : *cf.* Crim., 15 févr. 1994, JCP 1994. IV. n° 1210; *Bull. crim.,* n° 69; Crim. 27 juin 2000, n° 99-86.869. Le caractère dissuasif ou insuffisamment dissuasif de telle ou telle sanction semble être encore plus fréquemment évoqué dans la motivation des décisions de juges du fond, dont certaines font l'objet d'un pourvoi devant la chambre criminelle, *cf.* par ex. : Crim. 7 août 1995, n° 94-85.502; Crim. 1ᵉʳ mars 2006, n° 05-84.312; Crim. 23 septembre 2009, n° 08-86.377.

808 **1) *Les résultats des études évaluatives*** ◇ Les études statistiques évaluatives consistent à comparer, soit dans le temps, soit dans l'espace, soit concurremment dans les deux domaines d'observation, deux catégories de séries statistiques : des taux de criminalité d'une part, des sanctions pénales d'autre part. La comparaison se fait soit selon la méthode de l'analyse de variation naturelle, soit suivant celle de la quasi-expérimentation [1]. La validité scientifique de telles études suppose la réunion de plusieurs conditions qui se trouvent difficilement réunies : l'exactitude des séries statistiques utilisées, le contrôle de l'influence sur le taux de criminalité des variables autres que les sanctions pénales et la déduction de l'effet de prévention qui est dû à la neutralisation des délinquants qui sont placés en détention [2].

Sous le bénéfice de ces observations méthodologiques, les recherches ont porté successivement sur la dissuasion par la *sévérité* des peines, puis par la *certitude* de la peine et, en dernier lieu, par la *célérité* avec laquelle celle-ci est prononcée.

809 *Dissuasion et sévérité des peines* ◇ S'agissant, en premier lieu, des *relations entre la dissuasion et la sévérité des peines,* les recherches ont porté principalement sur trois points.

Les plus anciennes concernent les *rapports entre la peine de mort et les homicides volontaires.* Nombreuses sont les études qui ont abouti à la conclusion que le taux des homicides volontaires est indépendant du fait qu'un pays a ou n'a pas la peine de mort dans sa législation [3]. Ces données qui ont alimenté fortement la campagne en faveur de l'abolition de la peine de mort ont suscité une « contre-offensive » de la part des « rétentionnistes », partisans du maintien de la peine de mort. On a ainsi invoqué l'hostilité de la police à cette abolition fondée sur sa propre expérience [4], diverses statistiques montrant l'augmentation de la criminalité capitale après l'abolition de droit (Suède en 1921) ou de fait (les grâces du Président Fallières en France de 1906 à 1909) de la peine de mort [5] et l'abaissement spectaculaire de la courbe des vols à main armée après que la loi du 24 novembre 1950 ait prévu ladite peine pour atteindre cette sorte de crimes crapuleux [6]. Les dernières études faites sur le sujet aboutissent également à des résultats contradictoires [7] ou incertains [8].

---

1. Sur ces méthodes, *cf. supra* n° 144.
2. Sur la fonction de neutralisation de la peine, *cf. infra* n° 815.
3. Outre les travaux de T. Sellin (1957, 1959 et 1960) et de E. A. Fattah (1972) précités, vont dans le même sens notamment : M. Ancel, *La peine de mort dans les pays européens,* Conseil de l'Europe, 1962; N. Morris, *La peine capitale, faits nouveaux de 1961 à 1965,* Nations Unies, 1968; R. Cario (dir.), *La peine de mort au seuil du troisième millénaire,* éd. Erès, 1993. *Adde* « Table ronde sur la peine de mort », *Criminologie,* 1987, n° 2, p. 103-113; C. Vroom, « La nouvelle jurisprudence de la Cour suprême américaine sur la peine de mort », *RSC,* 1989, p. 832-841; R. Bohm (éd.), *The death penalty in America current research,* 1991, 148 p. (mais cet ouvrage est un travail de sociologie du droit pénal et non de criminologie appliquée qui ne renseigne donc pas sur l'efficacité dissuasive éventuelle de cette peine aux USA : *cf.* A. Bullier, *RSC,* 1993, p. 867-869).
4. J. Susini, « La police et la peine de mort », *RSC,* 1960, p. 512-516.
5. *Cf.* P. Bouzat, *Traité de droit pénal,* 1970, t. 1, n° 373.
6. *Cf.* art. R. Vouin, précité, p. 564.
7. Art. de Zverick et *al.,* précité.
8. D. Lester, « The deterrent effect of executions on homicide », *Psychological reports,* 1989, 64/1 (306). Pour les publications récentes en langue française : R. Cario (dir.), *La peine de mort au seuil du troisième millénaire,* 1993, 193 p.; A. Normandeau, « La punition exemplaire par

En France, où l'abolition de la peine de mort a été réalisée par la loi du 9 octobre 1981, l'étude statistique avant/après fondée sur les statistiques de la police judiciaire, donne les chiffres suivants (voir tableau pages suivantes) [1].

	Homicides crapuleux[a]	Homicides non crapuleux	Empoison-nements	Homicides enfant de moins de 15 ans	Total[b]
1979	172	1 645	93		1 910
Pourcen-tage d'aug-mentation depuis 1972	+ 13,16 %	+ 72,79 %	+ 25,68 %		+ 37,21
1980	204	1 751	100		2 055
1981	208	1 638	119		1 965
1982	226	1 879	113		2 218
1983	311	2 043	79		2 433
1984	295	2 115	91		2 501
1985	263	1 928	101		2 292
1986	276	1 824	121		2 221
1987	257	1 766	76		2 099
1988[c]	395	1 981			2 376
1989[d]	375	1 992			2 367
1990	428	1 929			2 357
1991	447	2 007			2 454
1992	443	2 102			2 545

excellence : la peine de mort aux États-Unis, version 1997 » *RICPT*, 1997, p. 420-430; 23ᵉ Jour-nées de l'Institut de criminologie de Paris (avr. 1998) : « La peine de mort »; E.-A. Linehan, « La peine de mort aux États-Unis », *Revue Études*, mars 2000; J.-M. Carbasse, *La peine de mort*, coll. « Que sais-je ? », PUF, 2002; M. Killias, 2ᵉ éd., 2001, p. 252, nᵒ 625. A. Normandeau, « La peine de mort aux États-Unis version 2003 », *RSC*, 2003, p. 902-906; vᵒ « Peine de mort », *Dict. sc. crim.*, 2004, p. 689-690 et 692-693; « L'opinion publique et la peine de mort aux États-Unis ver-sion 2004 », *RSC*, 2004, p. 983-985; « L'abolition de la peine de mort aux États-Unis... pour les jeunes de moins de 18 ans : un présage de l'abolition totale ? », *RPDP*, 2005, p. 371-374; « Le terrorisme international et la peine de mort », *RSC*, 2006, p. 895-898.

1. Sur le lien entre menace de la peine capitale et taux d'homicides aux États-Unis *cf.* M. Cusson, « Dissuasion, justice et communication pénale », *Institut pour la justice*, Études et analyses nᵒ 9, mai 2010, 37 p., spéc. p. 16-18.

1993	494	2 162			2 656
1994	448	2 156			2 604
1995	391	1 997	80		2 468
1996	313	1 904	85		2 302
1997	249	1 713	68		2 030
1998	196	1 815	106		2 117
1999	173	1 698	74		1 945
2000	159	1 856	81		2 096
2001[e]	196	1 963	79		2 238
2004	112	1 816			1 928
2005	125	1 816			1 941
2006	83	1 687			1 770
2007	96	1 651			1 747
2008	91	1 642			1 733
2009	71	882			953

a. Il convient toutefois de rappeler que dans la législation française antérieure à la loi du 9 oct. 1981, tous les homicides volontaires n'encouraient pas la peine de mort. Seuls les empoisonnements et les meurtres accompagnés de circonstances aggravantes (notamment la préméditation et le guet-apens) étaient punissables de la mort; les meurtres simples n'étaient passibles que de la réclusion criminelle à perpétuité. La distinction policière entre homicides « crapuleux » et « non crapuleux » repose donc sur un critère différent de celui que retenait le C. pén. Les deux catégories n'en sont pas moins utilisées ici car il est probable que la quasi totalité des « homicides crapuleux » soient des crimes capitaux et qu'un nombre non négligeable d'« homicides non crapuleux » tombe également sous cette qualification. Les catégories « homicides crapuleux » et « homicides non crapuleux » comptabilisent les crimes consommés et les tentatives de crimes dans chacune des deux rubriques.

b. On a exclu de la comptabilisation des homicides volontaires indiquée dans ce tableau, les homicides ou tentatives d'homicides résultants de « règlements de comptes » qui sont détaillés distinctement dans les statistiques de la police nationale; s'agissant en effet de l'évaluation de la dissuasion par la menace de la peine, il nous est apparu qu'il était fort peu probable que la menace de la peine de mort ait eu une influence significative sur les règlements de compte entre bandes rivales de malfaiteurs ou au sein même de ces bandes. D'autre part, les infanticides étant aussi comptabilisés à part dans la statistique policière parce que ce crime a cessé d'être passible de la peine de mort pour la mère du nouveau-né auteur ou complice depuis la loi du 21 nov. 1901, et le compte policier ne distinguant pas les mères de leurs coauteurs ou complices éventuels, il n'était pas possible d'en tenir compte pour le propos des présents développements.

c. Les statistiques n'isolent plus la catégorie des « empoisonnements » à partir de 1988.

d. À partir de 1989, l'appellation des deux catégories statistiques a changé dans la statistique policière; elle distingue désormais les homicides et tentatives d'homicide pour vols ou occasions de vol et les homicides ou tentatives d'homicide pour autres motifs. Mais les deux distinctions paraissent se recouvrir.

e. L'état des statistiques du ministère de l'Intérieur ne permet pas de renseigner le tableau pour les années 2002 et 2003.

Ces données montrent qu'après un accroissement notable des homicides volontaires dans les trois années qui ont suivi la loi de 1981 (plus de 25 % de 1981 à 1984), on a assisté dans les trois années ultérieures (1985 à 1987) à une décrue non moins importante qui correspond d'ailleurs à un phénomène plus général de décroissance de la criminalité[1]. La nouvelle croissance du nombre des homicides volontaires de 1988 à 1992 (+ 21,25 %) coïncide elle-même avec la reprise de l'augmentation de la criminalité apparente française de 1989 à 1992 qui comporte un taux d'accroissement comparable (+ 20,91 %)[2]. La même observation doit être faite à propos de la diminution des homicides crapuleux comme non crapuleux à partir de 1994 qui s'inscrit dans la même tendance à la baisse de la criminalité générale française depuis 1995, sinon depuis 1994[3] jusqu'en 1997. De 1997 à 2001, le nombre des homicides volontaires et tentatives remonte ainsi que la criminalité générale (avec une diminution occasionnelle en 1999). Mais il est remarquable que celui des homicides et tentatives pour vol ou occasions de vol lui-même, non seulement n'a pas augmenté, mais est même moindre que la série 1988-1996 et est également inférieur au chiffre des années 1983-1985[4]. Pour les années 2004 à 2006, pour autant que les données collectées sur le site Internet du ministère de l'Intérieur sont fiables, on constate une diminution du nombre total des homicides volontaires et tentatives par rapport à la période antérieure y compris pour des homicides crapuleux, ce qui correspond aussi à la diminution générale des faits criminels et correctionnels constatés au cours de cette période[5], et conduit également à penser que l'augmentation de la violence observée au cours de la même période n'est pas allée jusqu'aux meurtres et aux tentatives de meurtre. Cette décroissance dans les deux catégories s'est enfin poursuivie de 2007 à 2009, révélant même sur la dernière année une chute considérable du nombre d'homicides non crapuleux pratiquement divisé par deux... dont il faudra donc suivre plus particulièrement l'évolution ultérieure. On peut donc être tenté de conclure que, pour le cas de la France, les deux phénomènes, taux des homicides et peine de mort, sont, semble-t-il, indépendants. Mais on ne peut pas ne pas prendre en compte le fait que depuis la fin de la guerre d'Algérie très peu de condamnations à mort avaient été prononcées (en dehors des condamnations par contumace qui étaient automatiques) et encore moins avaient été exécutées (aucune exécution en 1970, 1971, de 1973 à 1975 et depuis 1978), alors qu'en 1950 il y avait eu encore 50 condamnations à mort et 12 exécutions effectives[6]. Est-ce finalement la perception par l'opinion publique française de l'absence apparente de relations entre la peine de mort et l'homicide volontaire ? Toujours est-il que les sondages d'opinions favorables à la peine de mort effectués par l'IFOP et la SOFRES depuis 1960 expriment une évolution notable de l'opinion. En effet, après une longue période d'augmentation (35 % de 1960 à 1965, 42 % de 1966 à 1970, 52 % de 1971 à 1975, 57 % entre 1976 et 1980, 60 % de 1981 à 1985), puis une stabilisation autour de ce chiffre de 60 % jusqu'en 1993,

1. *Cf. supra* n°s 453 et s.
2. On notera toutefois qu'alors que la criminalité générale avait continué à baisser de 1987 à 1988 passant de 3 170 970 à 3 132 694, au cours de la même période les homicides volontaires sont passés de 2 099 à 2 376 (+ 11,31 %).
3. *Cf. supra* n° 457.
4. V. P. Bonfils, « Les violences criminelles en France » *in* J. Proulx et *al.*, *Les violences criminelles*, Presses Univ. Laval, 1999, p. 61-74, spéc. 68-69.
5. *Cf. supra* n° 457.
6. *Cf.* le tableau dans R. Merle et A. Vitu, t. 1, n° 669, auquel il faut ajouter pour 1980 : 17 condamnations à mort (dont 13 par contumace); et pour 1981 : 5 condamnations à mort (dont 3 par contumace). Ministère de la Justice : statistique annuelle, 1, Les condamnations 1979 à 1982, p. 93-94.

le pourcentage des opinions favorables à la peine de mort a décliné ensuite pour retrouver le niveau le plus bas depuis 1970[1].

Une deuxième catégorie de recherches a porté sur *l'effet dissuasif de l'aggravation des sanctions encourues en dehors du recours à la peine de mort*. Pour certains crimes, tels que le viol, il semble qu'une aggravation des peines, même importante, soit sans effet sensible sur le taux de criminalité spécifique[2]. Pour les délits de circulation routière, l'aggravation des pénalités semble entraîner dans l'immédiat un certain renforcement de l'effet préventif de la loi pénale, mais très vite cet effet s'émousse et la situation retombe dans son état antérieur quand elle ne devient pas plus grave, ce qui entraîne au bout de quelque temps une nouvelle aggravation législative des peines encourues[3]. C'est le phénomène de l'« escalade » législative bien connu en droit français[4].

Enfin, une dernière catégorie de recherches a trait à *l'analyse comparée du degré de sévérité générale des peines et des taux de criminalité*. Au XIXe siècle, la question avait radicalement opposé Ferri à Tarde et Garofalo. Tandis que le premier avait conclu à une absence de rapport entre dissuasion et sévérité des peines, les seconds avaient contesté la pertinence des données statistiques sur lesquelles Ferri s'appuyait[5]. Les travaux nord-américains contemporains ont repris le problème d'une manière beaucoup plus approfondie et sophistiquée en retenant comme objet précis de recherche l'effet de la durée des peines de prison sur les taux de criminalité. La plupart des chercheurs ont conclu à l'absence d'association significative entre les taux de criminalité et le temps passé en prison[6], sauf en ce qui concerne l'homicide volontaire[7]. Mais ces résultats ont été ultérieurement considérés comme comportant des conclusions trop hâtives[8] ou trop de faiblesses méthodologiques[9], si bien que l'on peut dire qu'aujourd'hui, comme à la fin du XIXe siècle, nous ne savons pas, d'une manière certaine, si la durée des peines de prison a finalement un effet sur le volume de la criminalité d'une collectivité et plus généralement si la sévérité des peines a un effet dissuasif sur la criminalité. On comprend dans ces conditions que nombre de juristes hésitent à « baisser la garde » sur ce point, d'autant que les travaux sur les rapports entre la certitude des peines et la dissuasion viennent conforter cette prudence.

810 ***Dissuasion et certitude des peines*** ◇ L'une des hypothèses qui découlent de la théorie de la dissuasion est que la criminalité varierait en raison inverse de la *certitude des peines,* c'est-à-dire de la fréquence de l'applica-

---

1. *Cf.* S. Roché, *En quête de sécurité,* A. Colin, 2003, p. 166.
2. A. Normandeau et Schwartz, précités.
3. *Cf.* H.-L. Ross, « Réflexions sur la législation française relative à la conduite sous l'influence de l'alcool », *RICPT,* 1983, p. 70-75 ; P. Wesemann, « Risque pénal et sécurité routière », *Dév. et soc.* 1984, 123-136 ; M. Killias, « La ceinture de sécurité : une étude sur l'effet des lois et des sanctions », *Dév. et soc.* 1985, p. 31-46. D'une manière générale : W. Middendorf, *The effectiveness of punishment, especially in relation in trafic offenses,* F. B. Rothman, 1968 ; G. Kayser, *Verkehrsdelinquenz und general prevention,* Tubingen, 1970 ; L.-R. Ross, *Deterring the drinking driver : legal policy and social control,* Lexington, Mass, D.-C. Health, 1984.
4. *Cf.* J. Pradel, « Un pari sur la dissuasion avec la loi du 10 juill. 1987 renforçant la lutte contre l'alcool au volant », *D.* 1987, chron. p. 251-254.
5. *Cf.* J. Pinatel, *RSC,* 1955, précité, et sa propre interprétation de la question.
6. *Cf.* not. A. Blumstein *et al.* (1978), précités.
7. En ce sens J.-P. Gibbs « Crime, punishment and deterrence », *Souhtwest social science quarterly,* 1968, vol. 49, p. 515-530.
8. *Sic* C.-R. Tittle (1980), précité.
9. M. Cusson, « Dissuasion, justice et communication pénale », *Institut pour la justice,* Études et analyses n° 9, mai 2010, 37 p., spéc. p. 12-13.

tion des lois pénales aux délinquants (détection, arrestation et sanction), quelle que soit par ailleurs la sévérité de la peine encourue et appliquée. Aussi lorsque l'on s'est aperçu que l'on ne pouvait pas attendre grand-chose de la sévérité des peines, la recherche s'est reportée sur l'étude des relations entre la dissuasion et la certitude des sanctions répressives. C'est la préoccupation dominante des trente dernières années. Pour ce faire on a été très vite amené à distinguer entre la *certitude objective* de la peine, c'est-à-dire le risque ou la probabilité d'être effectivement puni pour un acte criminel déterminé, et la *certitude subjective* des peines qui consiste différemment dans la croyance, vraie ou fausse, des « délinquants potentiels » dans le risque d'être arrêtés, condamnés et emprisonnés.

Pour ce qui est en premier lieu des *rapports entre certitude objective et dissuasion*, la plupart des recherches faites, notamment aux USA, ont abouti à la conclusion qu'il existe une relation inverse et significative entre les deux phénomènes : plus la probabilité d'être arrêté, condamné ou emprisonné est grande dans une aire géographique déterminée, et plus le taux général de criminalité y est bas[1]. Cette relation, de plus, n'affecterait pas seulement la délinquance contre les biens, mais également la criminalité contre les personnes[2]. En France, un auteur a estimé que le fait de la faiblesse du taux de détection par la police des actes délictueux commis par les jeunes délinquants (0 à 5 % pour les moins graves, 5 à 10 % pour les plus graves) ne permet pas d'exercer une action préventive par la dissuasion (notamment pour les actes peu graves)[3]. Quelques chercheurs cependant, sans contester la matérialité de cette relation, ont mis en doute *l'interprétation* qui en est habituellement donnée. Ils avancent en effet l'hypothèse que l'augmentation de la criminalité peut fort bien causer un engorgement de l'appareil répressif, de telle sorte que l'on ne peut pas exclure la possibilité qu'il existe une *relation causale inverse* entre le taux de criminalité et la certitude des peines, le volume croissant de la criminalité engendrant une réduction du degré de la certitude de la peine[4]. Finalement, s'il existe bien une relation statistiquement significative entre la certitude objective de la sanction et les taux de criminalité, il apparaît que *le sens de cette relation est loin d'être évident*[5] et il convient de ne faire état des résultats des travaux en la matière qu'avec la plus extrême prudence, la seule certitude étant qu'une carence totale de la police engendre une hausse massive de la criminalité en très peu de temps, comme l'ont montré quelques exemples célèbres – heureusement fort rares – dans l'histoire[6].

Pour ce qui est en second lieu de la *perception subjective de la certitude de la peine*, et plus précisément de l'estimation des risques d'arrestation, diverses recherches ont abouti à la conclusion que, à situation comparable, l'estimation des risques est *moins élevée* chez les délinquants que chez les non-délin-

---

1. *Cf.* not. K. Wolpin, « An economic analysis of crime and punishment in England and Wales : 1894-1967 », *Journal of political economy*, 1978, vol. 86, p. 815-840.
2. En ce sens not., J. Ehrlich, « The economic approach to crime. A preliminary assessment », *in* S. L. Messinger et E. Bittner, *Criminology review yearbook*, vol. 1, Sage Publication, 1979, p. 25-60.
3. S. Roché, *La délinquance des jeunes*, Seuil, 2001, p. 233.
4. En ce sens A. Blumstein (1978), précité.
5. C'est un problème d'« ordre causal » : *cf. supra* n° 130 et R. Boudon et F. Bourricaud, v° « Causalité », p. 67.
6. En revanche, le renforcement des patrouilles de police dans une aire géographique déterminée, dans l'hypothèse la plus favorable, entraîne moins une baisse du taux global de criminalité, qu'un « déplacement » de celle-ci soit dans l'espace, soit dans le temps, soit dans la nature des activités délictueuses, sauf à atteindre un état de « saturation policière » dont le coût ne peut pas être supporté longtemps par la collectivité. *Cf. infra* n° 937.

quants[1] ce qui est de nature à expliquer le passage à l'acte chez les premiers et l'inhibition chez les seconds. On estime en effet que, si 5 % de la population ne respectent jamais les lois et 20 % les respectent en toutes circonstances, 75 % ne les respectent que lorsque les *infractions sont poursuivies de façon effective* et sont en outre perçues comme non arbitraires[2]. Reste à savoir si la perception subjective de la certitude de la peine augmente parallèlement à celle de sa certitude objective chez les délinquants comme chez les non-délinquants d'ailleurs. L'hypothèse a été avancée avec quelque vraisemblance[3] et on s'est employé à en démontrer plus récemment la validité[4], pour finalement proposer d'ajouter les notions de justice et de communication pénale à celle de dissuasion au sein d'une théorie réaliste de la peine.[5]

811 *Dissuasion et célérité des peines*[6] ◇ Bien que la célérité de la justice pénale soit classiquement considérée, depuis Beccaria et Bentham, comme l'un des aspects essentiels de la prévention par la menace de la peine, cette question n'a retenu l'attention des chercheurs que très tardivement et elle n'a donné lieu jusqu'à présent qu'à un petit nombre de recherches empiriques. Ici encore deux sortes de travaux ont été réalisés, les premiers se rapportant aux relations entre la *célérité objective* de l'application de la peine et les taux de criminalité, les seconds se focalisant sur l'influence de la *perception subjective de la célérité* de la peine sur les comportements délictueux éventuels.

S'agissant de la *relation entre célérité objective de la sanction et taux de criminalité*, on dispose notamment de trois recherches[7] réalisées dans des domaines aussi divers que les homicides volontaires et les infractions contre les biens. Ces études conduisent à la conclusion que, contrairement à l'idée de bon sens généralement répandue, la célérité objective du système de justice pénale n'a pas d'influence sur les taux de criminalité.

Cette conclusion est d'autant plus surprenante au premier abord que, lorsque l'on compare avec l'efficacité du système judiciaire, non plus les taux généraux de criminalité, mais les *taux de récidive*, la *célérité du jugement de condamnation*, sinon de l'arrestation, semble au contraire jouer un rôle significatif[8]. Cette dernière observation qui suggère que *la connaissance de la célérité de la justice par le délinquant* est sans doute plus significative que sa célérité objective donne le plus grand intérêt à l'analyse des résultats des recherches sur la relation entre la perception

1. *Cf.* not. G. Goslin, *Risque et déviance*, th. doctorat, Paris, 1976; W.-A. Belson, *Juvenile theft : the causal factors*, Londres, 1975. *Adde* M. Cusson, « Dissuasion, justice et communication pénale », *Institut pour la justice*, Études et analyses n° 9, mai 2010, 37 p., spéc. Troisième partie : les perceptions subjectives du risque d'être puni.

2. C. Wasserman, « An overview of compleance and enforcement in the United States : philosophy, strategies and management tools », p. 7 et s. *in* Vrom et Epa, *International enforcement workshop*, Utrech, 1990.

3. M. Cusson, *Le contrôle social du crime*, PUF, 1983, p. 202 et s.

4. M. Cusson, « L'effet intimidant des sanctions à la lumière des recherches récentes sur le calcul coûts-bénéfices des délinquants », *in Le droit pénal à l'aube du troisième millénaire Mélanges offerts à Jean Pradel*, Cujas, 2006, p. 741-752.

5. M. Cusson, « Dissuasion, justice et communication pénale », *Institut pour la justice*, Études et analyses n° 9, mai 2010, 37 p., spéc. quatrième partie p. 23-27.

6. R.-D. Clarck, « Célérité et prévention », *RICPT*, 1985, p. 286-296; 9ᵉ Colloque criminologique du Conseil de l'Europe (Strasbourg, nov. 1990), « Les lenteurs dans le système de justice pénale », Actes 1992. *Adde Le traitement direct du procureur Moinard à Bobigny. Henry Fielding revisité* (Paris, sept. 1992), CR, RSC, 1993, p. 163-166.

7. C. Trilling, 1977; W. C. Bailey, 1980; H. Corman, 1981.

8. W. L. Selke, « Celerity : the ignored variable in deterrence research », *Journal of police science and administration*, 1983, vol. II, p. 31-37.

subjective de la célérité par les délinquants potentiels et les comportements délictueux éventuels. Or, les principales recherches faites dans ce domaine[1] font apparaître peu ou pas du tout d'effet dissuasif de la célérité de la punition.

812 **2) *Les données qualitatives*** ◇ Beaucoup moins développées que les précédentes les recherches de type qualitatif sont soit des études *sociologiques* soit des études *psychologiques*.

Les *premières* ont essentiellement montré que, s'il existe un certain effet de dissuasion de la sanction pénale, celui-ci est affecté d'une *grande variabilité* selon les cas. Dans la conception classique de l'intimidation collective, la peine était censée posséder un pouvoir de dissuasion semblable dans toutes les hypothèses. Or les données de la sociologie montrent d'abord que l'effet de dissuasion varie considérablement suivant *la nature des délits* : l'effet inhibiteur de la sanction pénale est moins ressenti pour les délits dits « artificiels » (délits économiques, délits fiscaux, etc.) que pour les délits qui procèdent de la morale sociale traditionnelle. Même ces derniers ne sont pas également ressentis comme condamnables dans toutes les couches de la société et il arrive que la pression du groupe d'appartenance de certains individus minimise ou même anéantisse le pouvoir d'intimidation de la loi pénale[2].

Une autre variable réside dans la *gravité des peines encourues*. L'échelle des peines est fonction de la gravité estimée des incriminations par le législateur; or il apparaît que les peines inévitablement légères pour les incriminations considérées comme les moins graves, ont un effet intimidant réduit par rapport aux peines encourues pour des infractions plus graves[3]. Il faut encore tenir compte du *degré de connaissance par les citoyens du contenu de la loi pénale et de son application*. La fiction juridique selon laquelle « Nul n'est censé ignorer la loi » n'a pas cours empiriquement et la multiplication des lois pénales contemporaines ne peut qu'accroître le degré d'ignorance des justiciables[4].

Quant aux *données d'ordre psychologique*, elles enseignent à leur tour que la conception classique de l'intimidation collective selon laquelle tous les délinquants seraient des individus qui, avant de passer à l'acte mettraient en balance, en pleine lucidité, les avantages qu'ils peuvent escompter de la perpétration de l'infraction et la perspective du châtiment auquel ils s'exposent, est une vue illusoire de la réalité psychologique. La force de coercition psychologique de la loi pénale varie grandement selon le type de délinquants considéré. Faible, sinon inexistante, pour les délinquants malades mentaux, les asociaux imprévoyants et les criminels passionnels, elle semble en revanche dotée de plus d'efficacité chez les délinquants professionnels et plus encore chez les occasionnels[5]. Toutefois, ces distinctions classiques tendent à être remises en cause aujourd'hui par les théories économiques et stratégiques du crime[6] qui tendent à recomposer, avec des nuances certes, l'« *homo criminalis* » des classiques[7].

---

1. W. W. Minor, 1975; Anderson, 1977; Peck, 1983.
2. En ce sens, T. Sellin, *L'effet intimidant de la peine*, précité.
3. T. Sellin, art. précité.
4. En ce sens, O. Kinberg, « Réflexions critiques sur la prévention », art. précité.
5. C'est le lieu de rappeler ici ce *Propos* d'Alain : « ... On se demande souvent quelle peut être la vie intérieure d'un voleur ou d'un bandit. Je crois qu'il n'en a point. Toujours à l'affût ou dormant. Toute sa puissance de prévoir est en éclaireur, devant ses pieds et ses mains. *C'est pourquoi l'idée de la punition ne lui vient point*, ni aucune autre » (Alain, *Propos*, 21 févr. 1910, La Pléiade, t. 2, p. 164).
6. Sur les premières, *cf. supra* n°s 287 et s. et sur les secondes n°s 290 et s.
7. *Cf.* M. Cusson, « Les mécanismes de la dissuasion », *RICPT*, 1983, p. 13-24; J.-S. Carrol, « A psychological approach to deterrence : the evaluation of crime opportunity », *Journal of personnality and social psychology*, 1978, vol. 36, p. 1512-1520.

813 *La théorie de la « conditional deterrence »* ◇ La persistance de données contradictoires, ou à tout le moins incertaines, sur l'effet de dissuasion de la menace des sanctions pénales conduit à se demander, si même lorsque les résultats des recherches empiriques ont été obtenus au moyen d'une méthodologie rigoureuse, ces données ne sont pas affectées d'un vice méthodologique plus profond. En effet, toutes les recherches rapportées sont construites sur la relation entre deux variables seulement : la menace de la peine et les variations des taux ou de l'ampleur de la délinquance. Ainsi toutes ces analyses et ces calculs statistiques sont effectués comme si la menace de la peine se manifestait dans un vide institutionnel et culturel.

Or, dans la réalité, les choses se présentent d'une manière très différente. La menace de la peine s'inscrit toujours dans un contexte à la fois institutionnel et culturel variable avec lequel elle entretient des interactions subtiles mais qu'il n'est pas impossible d'analyser. C'est précisément ce à quoi s'est employée une théorie déjà assez ancienne, la théorie de la « *conditional deterrence* »[1]. Elle soutient que la peine et sa menace ne peuvent être efficaces dans la prévention générale de la délinquance que si elles sont *renforcées* par les contrôles sociaux informels des autres institutions sociales : famille, école, églises, offre de travail, etc. L'observation selon laquelle 75 % des individus ne respectent les lois pénales que lorsque leur application est certaine mais aussi lorsqu'elles *ne sont pas perçues comme arbitraires*[2], accrédite la pertinence de cette théorie.

b. La fonction de prévention spéciale par l'intimidation individuelle[3]

814 *Quel effet ?* ◇ Une deuxième fonction traditionnelle de la peine *est la prévention spéciale individuelle*[4]. On pense que l'application au délinquant de la souffrance de la peine le détournera de la récidive. Quelle est la valeur scientifique de cette hypothèse ?

Deux voies de recherche ont été utilisées pour répondre à la question. La première réside dans les travaux de la *psychologie expérimentale sur la punition* (1). La

---

1. C. R. Tittle et C. H. Logan, « Sanctions and deviance : evidence and remaining questions », *Law and society review*, 1973, p. 371-379; K. R. Williams et R. Hawkins, « Perceptual research on general deterrence : a critical overview », même *revue*, 1986, p. 545-572.
2. *Cf. supra* n° 810.
3. E. A. Fattah, « Une revue de la littérature sur l'effet dissuasif de la peine », *in La crainte du châtiment*, Commission de réforme du droit du Canada, 1976, p. 1 et s.; M. Cusson, *Le contrôle social du crime*, PUF, 1983, p. 169-193; J. Breuvart, A. Algan et J. Selosse, *Que deviennent-ils ?*, CEFRES, 1974; L. T. Wilkins, *Evaluation of penal mesures*, New York, 1969; J.-P. Gibbs, *Crime, punishment and deterrence*, New York, 1975; E. Van den Haag, *Punishing criminals concerning a very old and painful question*, New York, 1975; C. R. Tittle et C. H. Logan, « Sanction and deviance : evidence and remaining questions », *Law and society review*, 1973, vol. 7 (3), p. 371-392; J. McCord, « Deterrence and the light touch of the law », *in* Farrington et Gunn (éd.), *Reactions to crime : The public, the police, courts and prisons*, 1985; M.-D. Barre et P. V. Tournier, « La mesure du temps carcéral », *RSC*, 1990, p. 379-387; L. Sherman, « The specific deterrent effects of arrest for domestic assault », *American sociological review*, vol. 49, 1984, p. 261-272, résumé *in* L. Sherman, *RICPT*, 1994, p. 313 et s.; M. Cusson, « L'effet intimidant des sanctions... », *Mélanges offerts à Jean Pradel*, précité.
4. Le terme de « prévention spéciale » a une signification beaucoup plus large que celui d'*intimidation* ou *dissuasion individuelle* (« *specific deterrence* » en anglais). Il englobe en effet toutes les formes de prévention de la récidive aussi bien par la neutralisation et par la resocialisation que par l'intimidation individuelle.

seconde se réfère plus directement aux *travaux statistiques* sur les relations entre l'application des peines et les taux de récidive (2).

815   ***1) Intimidation individuelle et psychologie expérimentale***[1] ◇ Les premiers travaux de psychologie expérimentale, d'inspiration *behavioriste*, aboutissaient à la conclusion que *la punition* n'est pas nécessairement le point de départ d'une *motivation négative*. Il est apparu, en effet, que l'objet associé à la punition, en l'espèce le délit, ne revêtait pas une valence négative dans le cas où, au préalable, il a servi à satisfaire un besoin et que ce n'est que lorsque l'acte ou l'objet est éprouvé comme ne satisfaisant plus aucun besoin positif qu'il parvient à perdre son intérêt. Ainsi la punition n'éteint pas l'intérêt; c'est ailleurs qu'il faut rechercher la cause de la modification du comportement. Ce phénomène observé chez les animaux, se constate, disait-on, aussi chez l'enfant et chez l'homme en général. La punition répétée reçue pour un acte ne lui enlève pas nécessairement son pouvoir de fascination. De plus chez l'homme, la motivation vient encore se trouver compliquée du fait que la poursuite de l'objet (le délit en l'espèce) associée à la punition, sert à satisfaire un besoin d'opposition ou d'indépendance. Ainsi l'intimidation individuelle par la peine apparaissait-elle bien problématique.

Depuis les années 1970, le *neobehaviorisme* a largement renouvelé l'approche du problème de l'efficacité de la punition. Partant en quelque sorte de l'hypothèse qu'il se pourrait bien que la punition ait quelque effet, les tenants de ce courant de psychologie expérimentale se sont efforcés de définir les *conditions* qui doivent être remplies pour qu'une punition entraîne l'extinction du comportement non souhaité. Cinq conditions ont ainsi été mises en évidence qui ont conduit à l'affirmation de *cinq principes* corrélatifs : le principe d'intensité, le principe d'immédiateté, le principe de non-contradiction, le principe de continuité et de cohérence et le principe du comportement alternatif.

1/ La punition tout d'abord semble plus efficace lorsqu'elle est d'emblée de forte intensité au lieu d'être graduellement augmentée : c'est le *principe d'intensité.* 2/ La punition qui intervient après la transgression de la norme de comportement est moins efficace que celle qui intervient au moment même où la transgression se produit : c'est le *principe d'immédiateté.* 3/ La punition a d'autant moins d'efficacité que le comportement non souhaité a été antérieurement plus récompensé et qu'il continue ultérieurement à être récompensé; c'est ce que nous appelons le *principe de non-contradiction,* en ce sens que la punition ne doit pas être contredite par des récompenses antérieures ou postérieures pour un même comportement. 4/ Une punition continue est plus efficace qu'une punition intermittente et aléatoire, ce qui implique que la punition est à la fois attendue et certaine : c'est le *principe dit de continuité et cohérence.* 5/ Enfin, *principe du comportement alternatif,* l'extinction d'un comportement non souhaité peut être plus rapidement obtenue au moyen de la punition, si une possibilité de conduite alternative non punie est offerte.

---

1. D. Van Dooselaere, « Du stimulus aversif à la cognition sociale. L'efficacité de la sanction selon un modèle de psychologie expérimentale », *Dév. et soc.* 1988, p. 269-287; T. Moffitt, « The learning theory model of punishment : implications for delinquency deterrence », *Criminal justice and behavior,* 1983 (10), 2, p. 131-158; J. Pinatel, *Traité,* p. 613, note 2; M. Killias, *Précis,* 2001, p. 244-249.

Sur la base de ces données de psychologie expérimentale établies principalement à partir de l'observation du comportement animal, on s'est demandé dans quelle mesure ces principes sont transposables à la punition des délinquants en les confrontant à certains résultats de recherches empiriques sur l'intimidation spéciale ou même générale[1]. On a ainsi montré que l'application éventuelle de ces principes dans le domaine de la répression pénale soulevait de *nombreux problèmes* et appelait de *multiples nuances*. De plus, on a mis en lumière que, s'agissant de la punition des délinquants, les *variables cognitives* occupent une place centrale dans la compréhension du phénomène de l'efficacité de la punition[2] et que le rôle des *différences individuelles* n'est pas non plus à négliger pour comprendre les différences d'efficacité d'une même sanction sur des personnalités différentes[3]. Il reste qu'il n'est plus possible aujourd'hui d'ignorer l'*existence* de l'intimidation individuelle par l'application de la sanction pénale et les *conditions* auxquelles son efficacité est subordonnée. C'est ainsi par exemple qu'il a été constaté, à partir de l'étude des détenus qui ont au moins quarante ans à leur dernière entrée en prison, que le type prédominant est celui qui est entré en prison pour la première fois à partir de cet âge, ce qui s'expliquerait par le fait que la plupart des personnes qui commencent leur carrière criminelle autour de 18 ans la terminent vers 30 ans sous l'effet de l'intimidation individuelle[4] (application des principes de non-contradiction et de continuité et cohérence). De même le principe d'intensité paraît bien près d'être validé par certaines recherches sur la récidive[5]. « Ainsi, l'espoir de voir une réduction de la récidive par l'adoption d'un système pénal infligeant moins de peines fermes paraît mal fondé, a-t-on écrit. Il semble même que le contraire pourrait se produire si l'on remplaçait massivement les peines de prison par des peines alternatives »[6].

816 *2) Intimidation individuelle et taux de récidive* ◇ Les premières recherches statistiques mettant en relation l'application des peines aux délinquants avec les taux de récidive, ont conduit leurs auteurs à afficher le plus grand scepticisme à l'égard de l'effet de prévention spécifique de la sanction pénale. On a constaté en effet que : 1/ malgré les peines, les taux de récidive étaient très élevés (50 % environ des condamnés[7]) ce qui conduit à la conclusion que les peines seraient *inefficaces*; 2/ plus un délinquant a été puni souvent et sévèrement dans le passé et plus ses probabilités de récidive sont élevées, ce qui a amené à affirmer que les peines ne sont pas seulement inefficaces, mais qu'elles étaient *nuisibles* en raison de leur effet amplificateur de délinquance (théorie de la stigmatisation).

La cause paraissait entendue lorsque de nouvelles recherches fondées sur une méthodologie plus rigoureuse sont venues ébranler ces naïves certitudes. Leur remise en cause s'est faite en *deux étapes :* on a d'abord établi qu'il n'est pas prouvé que la dissuasion spéciale ne jouait pas; on a ensuite réuni un certain nombre d'indications qui conduisent à penser qu'elle joue dans une certaine mesure.

1. D. Van Dooselaere, art. précité.
2. *Op. cit.,* p. 280-283.
3. *Op. cit.,* p. 283-284.
4. L. A. Greenfield et P. A. Langan, « Characteristics of middle-aged prisoners », *in* D. Farrington et J. Gunn (éd.), *Reactions to crimes*, 1985, CR, *RSC*, 1987, p. 796.
5. V. par ex., B. Stemmer et M. Killias, « Récidive après une peine ferme et après une peine non ferme : la fin d'une légende ? », *RICPT*, 1990, p. 41-58.
6. Art. précité, p. 558.
7. *Cf. supra* n° 503.

La première *démonstration* a été faite à travers la dénonciation de l'erreur méthodologique fondamentale des recherches précédentes qui *comparaient des catégories de délinquants en réalité non comparables*. Pour conclure en effet à l'inefficacité des peines, on se fondait sur la comparaison des taux respectifs de récidive des délinquants d'après la sanction qui leur était infligée : emprisonnement ferme, probation, sursis simple, admonestation...; or le taux de récidive des condamnés à l'emprisonnement ferme était supérieur à celui des probationnaires et ainsi de suite. De la même façon, la nocivité particulière des peines d'emprisonnement reposait sur les différences de taux de récidive des individus qui avaient déjà été condamnés 0 fois, 1 fois, 2 fois, n... fois; les multicondamnés avaient un taux de récidive supérieur à ceux qui avaient été antérieurement moins souvent et moins sévèrement condamnés. Mais les recherches ont montré que, lorsque les autorités de poursuite décident d'engager ou non des poursuites et lorsque les juges examinent la peine à prononcer, ils forment leur choix à partir d'une discrimination entre ce que l'on appelle « les bons risques » (peu de risque de récidive) et « les mauvais risques » (risque élevé de récidive) : les seconds seront poursuivis alors que les premiers ne le seront pas nécessairement et, de toute manière, les « mauvais risques » seront plus sévèrement condamnés que les « bons risques » poursuivis. Aussi doit-on s'attendre à ce que les taux de récidive et de multirécidive soient plus élevés chez les « mauvais risques » que chez les « bons risques ». La variation s'explique par les différences de nature et de degré d'« état dangereux » préalable à l'application des sanctions pénales entre les deux catégories de « risques » et non par l'inefficacité et, *a fortiori*, la nocivité de ces sanctions. Reste alors à savoir si la sanction pénale n'exerce pas aussi un effet réducteur de la récidive.

Malgré le caractère encore très insuffisant des recherches, il existe déjà aujourd'hui diverses indications qui conduisent à penser que, sinon la *durée* des peines, du moins le *degré de contrainte* qu'elles comportent et la *précocité* de leur intervention dans la carrière criminelle éventuelle du délinquant entraînent une diminution du risque de récidive. Tout se passe comme si l'arrestation, la poursuite et la condamnation constituaient autant de « signaux avertisseurs » qui, à condition d'atteindre un certain seuil d'intensité (« seuil pénal ») sont de nature à dissuader de la récidive et donc à limiter celle-ci. Ces résultats qui ont été synthétisés dès 1983[1], se trouvent confirmés par certaines recherches ultérieures. Une recherche hollandaise a ainsi montré que plus le nombre de sanctions par délits passés est élevé et plus les taux de récidive sont faibles[2]. De son côté, une recherche suisse[3], sans aboutir à une conclusion aussi catégorique, n'est pas loin de considérer comme une « légende » l'affirmation très répandue selon laquelle les peines d'emprisonnement ferme n'auraient pas plus d'effet sur la récidive que les sanctions dites « alternatives » à l'emprisonnement. *L'arrestation* a également une influence dissuasive sur la récidive[4]. Une observation comparable a été faite, à propos de la *célérité* de la réaction sociale[5]. Un auteur français a également attribué, au moins pour partie, à la dissuasion par la répression la diminution de la

---

1. M. Cusson, *Le contrôle social du crime*, PUF, 1983, p. 177-193.
2. K. S. Van Dusen et S. A. Mednick, « *Specific deterrence : a quasi-experiment* », in W. Buikhuisen, *Explaining criminal behaviour*, Leiden, 1988, p. 197-211, cité et résumé *in* M. Cusson, *Croissance et décroissance du crime*, PUF, 1990, p. 102.
3. Art. de B. Stemmer et M. Killias, précité.
4. D. A. Smith et P. R. Gartin, « Specifying specific deterrence : the influence of arrest on future criminal activity », *Sociological review*, 1989, p. 94-105.
5. W. L. Selke, « Celerity : the ignored variable in deterrence research », *Journal of police science and administration*, 1983, p. 31-37; R. D. Clark, « Celerity and specific deterrence : a look at the evidence », *Canadian Journal of Criminology*, 1988, p. 109-120.

délinquance des jeunes à partir de 18 ans[1]. On remarquera d'ailleurs que le nouveau Code pénal de 1992-1994 n'a nullement abandonné la fonction d'intimidation individuelle pas plus d'ailleurs que celle d'intimidation collective[2]. Toutefois, lorsque l'on s'attache non plus à des comparaisons *objectives* entre les taux d'arrestation et de condamnation, d'une part, et les taux de récidive, d'autre part, mais à la perception subjective de la crainte d'un nouveau châtiment par les délinquants déjà sanctionnés, les résultats sont très différents : *l'expérience de la peine* est faiblement associée avec la peur subjective d'un nouveau châtiment chez la plupart des délinquants[3]; d'autres facteurs, tels que le niveau d'éducation, la conviction d'échapper à la sanction et le passé de chaque délinquant, sont plus étroitement associés à la crainte de la peine[4].

c. La fonction de neutralisation

817 *Définitions*[5] ◇ Au sens le plus large du terme, la neutralisation (« *incapacitation* » en anglais) est la fonction utilitaire de la peine qui consiste à empêcher le délinquant de commettre de nouvelles infractions en le privant de *liberté*, en restreignant sa liberté ou en le privant de *droits*, pendant un temps plus ou moins long. Ainsi définie, la neutralisation constitue en quelque sorte un diminutif de *l'élimination physique* que représente la peine de mort[6]. Mais la seule neutralisation qui ait retenu véritablement jusqu'à présent l'attention des criminologues est la neutralisation par *l'emprisonnement*[7]. D'où la définition que l'on en donne habituellement : le fait d'isoler un délinquant iden-

---

1. S. Roché, « La délinquance des jeunes », *Futuribles,* avr. 2002, 11-24, spéc. p. 22. S'agissant des violences conjugales à répétition, M. Cusson observe aussi que la répression diminue sensiblement le taux de récidive, in *Prévenir la délinquance,* 2002, spéc. p. 156-158.
2. *Cf.* R. Gassin, « Les fonctions sociales de la sanction pénale dans le nouveau Code pénal », *CSI,* 1994, 4ᵉ trim., n° 18, p. 50 et s., spéc. 58-60.
3. V. en ce sens M. Cusson, art. précité, spéc. p. 13-14 sur une étude de F. Drago et *al.* « The déterrent effects of prison : evidence from a natural experiment », *Journal of political economy,* 2009, V, 117, n° 2, p. 257-278.
4. G. S. Bridge et J. A. Stone, « Effects of criminal punishment on perceived threat of punishment : toward an understanding of specific deterrence », *Journal of research in crime and delinquency,* 1986, p. 207-239.
5. J. Vérin, « La neutralisation des délinquants par l'emprisonnement », *RSC,* 1981, p. 151-159; M. Cusson, *Pourquoi punir ?,* Dalloz, 1987, chap. XV et XVI, p. 125-139; A. Blumstein et *al.* (éd.), *Deterrence and incapacitation : the effects of criminal sanctions on crime rates,* Washington National Academy of Science, 1978; H.-J. Kerner, « La neutralisation est-elle un objectif acceptable ? » *in* A. Tsitoura (dir.), Bruylant éd., 1989, p. 101-112; P. Couvrat, « De la période de sûreté à la peine incompressible », *RSC,* 1994, p. 356-361; R. Fillieule, *Sociologie de la délinquance,* p. 269-278; M. Cusson, *Criminologie actuelle,* p. 175-180; P. Lussier, v° « Efficacité des peines », *Dict. sc. crim.,* 2004, p. 315-316.
6. Sur le peu d'utilité que l'élimination par la peine de mort aurait pour la prévention de la récidive, *cf.* J. W. Marquart et J. R. Sorensen, « Institutional and postrelease behavior of Furman-commuted inmates in Texas », *Criminology,* 1988, p. 677-693.
7. La criminologie n'est toutefois pas restée sans curiosité pour l'effet de neutralisation des *interdictions professionnelles.* V. déjà le VIIᵉ Congrès international de défense sociale (1966) sur « les interdictions professionnelles et les interdictions d'exercer certaines activités », Rapport de synthèse M. Ancel, et CR des travaux R. Gassin, *RSC,* 1967, p. 242-260. Postérieurement, *Liber amicorum Raymond Screvens, L'interdiction professionnelle en droit comparé,* Bruxelles, 1987, spéc. M. Ancel : « À propos des interdictions professionnelles, quelques observations de politique criminelle » et D. Kalogeropoulos, « Aspects criminologiques de l'interdiction professionnelle en France ».

tifié de l'ensemble de la société afin de l'empêcher de commettre des crimes dans cette société.

En matière de neutralisation par l'emprisonnement, on distingue aujourd'hui entre la neutralisation *indifférenciée* et la neutralisation *sélective*. La première est celle qui s'applique à tous les délinquants en fonction de la gravité objective de l'infraction commise. La neutralisation sélective en revanche (« *selective incapacitation* » en anglais) consiste à distinguer parmi les délinquants entre ceux qui sont *dangereux* et ceux qui ne le sont pas et à réserver l'emprisonnement aux premiers, la privation de liberté étant par hypothèse considérée comme dépourvue d'utilité neutralisatrice pour les seconds. La loi du 25 février 2008 relative à la rétention de sûreté en constitue une sorte de modèle avec le réexamen de la situation de certains condamnés intervenant à la fin de l'exécution de leur peine et renouvelable chaque année aux fins d'une évaluation pluridisciplinaire de dangerosité (art. 706-53-13 et s. C. pr. pén.). Les recherches empiriques ont porté sur la neutralisation indifférenciée (1) comme sur la neutralisation sélective (2).

818 **1) L'évaluation de la neutralisation indifférenciée** ◊ La recherche dans ce domaine consiste à mesurer le bénéfice retiré de l'emprisonnement du délinquant en l'isolant des autres effets éventuels de la privation de liberté (intimidation individuelle, réadaptation sociale, rétribution...) et, par-delà cette première mesure, d'évaluer l'importance de la prévention supplémentaire de la récidive qu'une politique d'emprisonnement plus rigoureuse permettrait d'obtenir comme, à l'inverse, la réduction de prévention de la récidive qu'entraînerait une limitation du nombre et/ou de la durée des condamnations à l'emprisonnement.

La réalisation de telles recherches est très difficile à mettre en œuvre du point de vue méthodologique, notamment parce qu'il est très difficile, pour ne pas dire impossible, d'isoler l'effet de neutralisation de l'emprisonnement des autres effets possibles de cette sanction. Divers travaux ont, cependant été menés dans ce domaine depuis une vingtaine d'années aux États-Unis et en Grande-Bretagne principalement, à la suite de la désaffection pour la fonction de réhabilitation attachée jusque-là essentiellement à la peine.

Les résultats des recherches réalisées aux USA varient considérablement selon les auteurs. Les différences se manifestent déjà lorsqu'il s'agit d'apprécier l'effet de neutralisation des peines effectivement appliquées (de 4 % à 20 % de réduction des taux de criminalité selon les auteurs); elles deviennent extravagantes lorsque les chercheurs procèdent à l'évaluation des effets réducteurs que donneraient des politiques d'emprisonnement plus sévères (de 0 % à 80 %). En regard, le coût supplémentaire que représenterait l'accroissement inévitable de la population pénitentiaire se traduirait par une augmentation du pourcentage de « prisonisation » de 350 % à 575 %.

Quant aux travaux menés par le Centre de recherche du *Home Office* en Grande-Bretagne, ils font certes apparaître que des peines d'emprisonnement plus sévères réduiraient notablement le nombre total des condamnations en récidive, mais seulement aussi au prix d'une augmentation importante de l'emprisonnement. En revanche, l'évaluation portant sur une réduction raisonnable de la durée des peines de prison montre que celle-ci n'entraînerait pas une augmentation sensible du nombre des condamnations en récidive, mais réduirait de façon substantielle la population pénitentiaire.

819 *2) L'évaluation de la neutralisation sélective*[1] ◇ En présence du surcoût insupportable que constitueraient des politiques criminelles fondées sur la neutralisation indifférenciée, on a alors tenté d'évaluer l'efficacité d'une politique dite de *neutralisation sélective*, c'est-à-dire une politique visant uniquement les *individus dangereux*, ou délinquants à « haut risque » (par opposition aux « bons risques »), puisqu'il apparaît que c'est à leur égard que la prison peut remplir sa fonction la plus évidente de protection des victimes contre les agressions éventuelles par des récidivistes.

L'hypothèse qui sert de justification et de point de départ à ce type de recherches repose sur la constatation que la délinquance n'est pas également répartie entre tous les délinquants : seule une minorité d'entre eux commet une partie importante des délits (15 % environ commettent près de 50 % des délits)[2]. Dès lors, si l'on parvenait à *identifier* ces 15 % de délinquants, la « neutralisation sélective » par l'emprisonnement de ces individus « dangereux » ferait chuter considérablement le taux de récidive et, par là, celui de la criminalité en général. Mais toute la difficulté réside dans la *possibilité de prédire* avec un degré suffisant de certitude quels sont les délinquants « dangereux ». Deux sortes d'erreurs de prévision sont en effet possibles. On prédit que des individus récidiveront alors que l'on est amené à constater *a posteriori* qu'ils respectent la loi : ce sont les « faux positifs ». À l'inverse, les « faux négatifs » sont ceux qui commettent de nouveaux délits alors que l'on avait prédit leur non-récidive. Pour éviter de telles erreurs, on s'est efforcé de mettre au point des *instruments de prédiction*, qui rappellent certes les tables de prédiction connues depuis longtemps en criminologie clinique[3], mais qui, n'ayant pas la même finalité (la neutralisation sélective et non le traitement de réadaptation sociale), n'ont pas non plus le même contenu. Il s'agit en effet de mettre en évidence les facteurs qui caractérisent ce que l'on appelle les « *carrières criminelles* » dont l'étude a connu un grand développement dans les années 1970-1980.

Les résultats des recherches évaluatives faites jusqu'à présent ont été décevants. Une étude réalisée par le *Home Office* anglais a ainsi conclu que les détenus initialement classés comme dangereux se sont en général mieux comportés que les autres détenus après leur libération, tout en étant responsables d'un nombre disproportionné de délits de violence[4]. De même, dans l'expérience américaine de la *Rand Corporation* qui portait sur l'application de la théorie de la neutralisation sélective aux auteurs de vol à main armée, les taux de « faux positifs » étaient élevés, soit deux individus classés faussement comme futurs récidivistes pour chacun de ceux qui ont effectivement récidivé[5]. Au point que la méthode a donné lieu à des travaux critiques impor-

---

1. P. Greenwood, *Selective incapacitation*, Santa Monica, Rand Corporation, 1982; P. Greenwood, « The incapacitive effect of emprisonment », *Law and Society review*, 1980, p. 541 et s.; A. von Hirsh, *Selective incapacitation reexamined*, Criminal Justice Ethics, 1988, p. 19-35; M. Killias, *Précis de criminologie*, 2ᵉ éd., 2001, p. 523-528; M. Le Blanc, « Les comportements violents des adolescents » *in* J. Proulx et *al.*, *Les violences criminelles*, 1999, p. 323.
2. *Cf. supra* n° 504.
3. *Cf. infra* n° 908.
4. *Cf.* J. Vérin, art. précité, p. 157.
5. *Cf.* A. von Hirsch et M. Ouimet, *RSC*, 1989, p. 277.

tants [1] et que l'initiateur de celle-ci a lui-même été amené à repenser sa position [2].

Mais certains auteurs n'hésitent pas en revanche à la défendre en faisant remarquer que « compte tenu des limites de la prédiction dans les affaires humaines, nos prévisions de la récidive ne sont pas trop mauvaises » [3]. On observe aussi que ce n'est pas parce qu'un délinquant ne récidivera finalement pas qu'il n'était pas dangereux au moment où la prédiction a été formulée et la condamnation prononcée; d'autres facteurs ont pu intervenir entre-temps qui ont modifié le devenir du comportement. « Le délinquant dangereux n'est pas jugé tel parce qu'on est certain qu'il se livrera à la violence, dit-on, mais bien plutôt parce qu'on est pas tellement sûr de lui » [4].

d. La fonction de rétribution [5]

820 *Une fonction douteuse* ◇ La quatrième fonction traditionnelle de la peine consiste dans sa *fonction de rétribution*. De Greeff a particulièrement étudié cet aspect du problème en recherchant quelle est la structure affective qui se trouve à la base de la notion de justice et quel est le niveau général de cette notion dans la population moyenne. Il a souligné que la notion de justice plonge ses racines dans les instincts de défense et qu'elle s'élève rarement au niveau d'une vertu authentique. Le plus souvent elle se réduit à la justice-revendication et à la justice-vengeance. Dans cette perspective, l'examen clinique des délinquants révèle qu'il est assez rare que ceux-ci ressentent la peine comme la rétribution de l'injustice qu'ils ont commise; tout au contraire, ils considèrent le délit comme le rétablissement de la justice rompue à leur détriment avant l'acte délictueux et la peine leur apparaît alors comme une contrainte sociale arbitraire ou même comme une injustice supplémentaire. Finalement ce qui domine chez eux le plus souvent, *c'est un fort sentiment d'injustice subie* qui rend peu opérante la fonction de rétribution que le système pénal prétend faire jouer à la peine.

1. V. A. Blumstein et *al.*, *Criminal careers and career criminals*, vol. 1, Washington D.-C., National Academy Press, 1986.
2. P. Greenwood et S. Turner, *Selective incapacitation revisited*, Santa Monica, Cal., Rand Corporation, 1987.
3. M. Cusson, *Pourquoi punir ?*, Dalloz, 1987, p. 133.
4. M. Cusson, ouvrage précité, p. 134. L'idée de neutralisation est d'ailleurs toujours présente dans le nouveau C. pén. français, *cf.* R. Gassin, « Les fonctions sociales » précité, spéc. p. 58-60.
5. R. Gassin, « La confrontation du système français de la sanction pénale avec les données de la criminologie et des sciences de l'homme », *Dalloz*, 1969, p. 117 et s., spéc. 146-163, Sur la valeur scientifique de la fonction rétributive de la peine, *Archives Phil. dr.*, t. 28, 1983, « Rétribution et justice pénale », art. Adam, Laplanche, Dauchy et Parain-Vial; J. Laplanche, « Réparation et rétribution : une perspective psychanalytique », *Archives Phil. dr.*, t. 28, 1983, p. 109-122; M. Cusson, « Le sens de la peine et la rétribution », *RICPT*, 1985, p. 271-285; M. Cusson, *Pourquoi punir ?* Dalloz, 1987, p. 81-88; F. Tulkens, « Les transformations du droit pénal aux États-Unis. Pour un autre modèle de justice », *RSC*, 1993, p. 219-237; S. Guenen, « Le désir de la violence. La violence de la punition », *RPDP*, 1994, p. 125-134; L. Sherman, « Criminologie et criminalisation », *RICPT*, 1994, p. 7-21; M. Cusson, *Criminologie actuelle*, p. 150-159; S. Tzitzis, v° « Rétribution », *Dict. sc. crim.*, 2004, p. 838-840; L. Zaibert, *Punishment and retribution*, Aldershot, Ashgate, 2006, 228 p.

821 *Une tentative de retour à la rétribution* ◊ Cette analyse crimino-logique très pénétrante de De Greeff explicite parfaitement l'intuition généralement partagée par les juges à la suite de leur expérience quoti-dienne du jugement des délinquants et permet de comprendre pourquoi la finalité de rétribution de la peine a été peu à peu délaissée par la prati-que judiciaire, depuis la fin de xixᵉ siècle, au profit d'autres fonctions de la peine, dont celle de réadaptation sociale.

Toutefois, depuis une trentaine d'années, l'idée de rétribution est redevenue progressivement l'objectif essentiel de la sanction pénale, sous l'appellation de *théorie du « juste dû »* (« *just deserts* ») ou encore de « *Justice Model* », dans la pen-sée pénale nord-américaine [1] puis scandinave, et elle a pénétré sous cette forme renouvelée du « rétributivisme » dans divers droits positifs ou projets de réforme étrangers [2]. Partant de la constatation que l'idéologie positiviste de la réhabilita-tion s'était soldée par un échec [3] et que, d'autre part, les politiques de détermina-tion de la peine (« *sentencing* ») de remplacement prônées par les conservateurs utilitaristes et fondées, soit sur la dissuasion générale, soit sur la neutralisation par l'emprisonnement, ne pouvaient pas faire la preuve de leur validité scientifi-que, les libéraux (« *civils libertarians* ») ont développé toute une théorie nouvelle du « *sentencing* » axée sur l'exigence de *proportionnalité* entre la gravité des crimes commis et la sévérité des peines prononcées. Mais quand on examine les fonde-ments qui sont attribués à cette théorie, on est amené à constater qu'elle s'appuie uniquement sur des *considérations de philosophie morale d'équité et de justice* et non sur des *recherches empiriques* susceptibles de démentir les conclusions de De Greeff sur la rétribution et d'établir la moindre apparence de validité scientifique à l'appui de l'idée de « juste dû ».

En *France,* cette restauration de l'idée rétributive ne paraissait pas, jusqu'en 2005, avoir pénétré dans la pensée pénale, abstraction faite du cas des auteurs qui ont toujours affirmé leur attachement aux conceptions néo-classiques. La politi-que criminelle officielle demeurait toujours axée principalement autour des idées utilitaristes de prévention spéciale par la réadaptation sociale des délinquants [4] et de prévention générale de la délinquance potentielle par des programmes d'action sociale [5], encore qu'une analyse fine de la pratique judiciaire aurait permis proba-blement de mettre en évidence un certain retour, au moins implicite, aux préoc-cupations de rétribution. Le nouveau Code pénal ne faisait en effet *aucune référence à l'idée de proportionnalité* dans les directives qu'il donnait au juge pour la détermination concrète de la peine dite aujourd'hui, du moins formellement dans le Code, « personnalisation de la peine » et non plus « individualisation de

---

1. *Cf.* not. A. von Hirsch, *Doing justice : the choice of punishments,* New York, 1976 ; *Past or future crimes : deservedness and dangerousness in the sentencing of criminals,* New Brunswick (N.J.), 1985, 220 p. ; S.-A. Lazaridis, « La rétribution dans la philosophie pénale anglo-saxonne d'aujourd'hui », *Archives Phil. dr.,* 1983, vol. 28, p. 91-108.

2. J.-P. Brodeur, « Réforme pénale et sentences : expériences nord-américaines », *Dév. et soc.* 1985, p. 165-200 ; A. von Hirsch et M. Ouimet, « Proportionnalité et prévention : point de vue sur les évolutions récentes de la pénologie aux États-Unis », *RSC,* 1989, p. 269-285. ; J.-P. Brodeur, « La reforme de l'imposition des peines au Canada », *RICPT,* 1989, p. 472-484 ; A.-P. Pires, « Le devoir de punir : le rétributivisme face aux sanctions communautaires », *RCC,* 1990, p. 441 ; F. Tulkens, *RSC,* 1993, p. 49-337 ; R. Gassin, « Les fonctions sociales de la sanction pénale dans le nouveau Code pénal », *CSI,* 1994, n° 18, spéc. p. 64-67 ; A. Normandeau, « Le retour de la punition exemplaire aux États-Unis », *Prob. act. Sc. crim.,* t. XI, 1998, p. 33-60.

3. *Cf. infra* n° 828.

4. *Cf. infra* nᵒˢ 827 et 828.

5. *Cf. infra* nᵒˢ 927 et 948.

la peine »[1]. Mais depuis les réformes du Code pénal opérées par les lois du 12 décembre 2005 sur le traitement de la récidive des infractions pénales et du 5 mars 2007 relative à la prévention de la délinquance, la *rétribution* est devenue une fonction de la peine, comme d'ailleurs la *neutralisation* et l'*intimidation individuelle*, à côté de la réadaptation sociale du condamné. Après plusieurs nouvelles modifications (loi du 10 août 2007 renforçant la lutte contre la récidive des majeurs et des mineurs, loi pénitentiaire du 24 novembre 2009), l'article 132-24 du Code pénal s'énonce en effet ainsi aujourd'hui :

« Dans les limites fixées par la loi, la juridiction prononce les peines et fixe leur régime en fonction des circonstances de l'infraction et de la personnalité de son auteur. Lorsque la juridiction prononce une peine d'amende, elle détermine son montant en tenant compte également des ressources et des charges de l'auteur de l'infraction ».

(L. n° 2005-1549 du 12 décembre 2005, art. 4) « La nature, le quantum et le régime des peines prononcées sont fixés de manière à concilier la *protection effective de la société*, la *sanction du condamné* et les intérêts de la victime avec la nécessité de favoriser l'insertion ou la réinsertion du condamné et de *prévenir la commission de nouvelles infractions* ».

(L. n° 2009-1436 du 24 novembre 2009, art. 65) « En matière correctionnelle, *en dehors des condamnations en récidive légale prononcées en application de l'article 132-19-1*, une peine d'emprisonnement sans sursis ne peut être prononcée qu'en dernier recours si la gravité de l'infraction et la personnalité de son auteur rendent cette peine nécessaire et si toute autre sanction est manifestement inadéquate; dans ce cas, la peine d'emprisonnement doit, si la personnalité et la situation du condamné le permettent, et sauf impossibilité matérielle, faire l'objet d'une des mesures d'aménagement prévues aux articles 132-25 à 132-28 ».

Pour faire bonne mesure, deux déclinaisons ont parallèlement été introduites quant à l'application et l'exécution des peines, respectivement en 2005 et 2009, dans le Code de procédure pénale (art. 707 al. 2)[2] et l'article 1 de la loi pénitentiaire (constitutif à lui seul d'un titre préliminaire intitulé « du sens de la peine privative de liberté »)[3].

B. L'efficacité des mesures modernes de traitement

822 *Généralités* ◇ On sait que la fonction essentielle assignée à la sanction pénale par les droits pénaux contemporains les plus progressistes consiste dans la *réadaptation sociale du condamné* ou *resocialisation*. Qu'entend-on exactement par là ? Quelles sont les origines de cette fonction moderne

---

1. Intitulé de la section 2 (art. 132-24 et s.) : « Des modes de personnalisation des peines ». Cf. J. Pradel, *Le nouveau Code pénal*, n° 79. Toutefois le système des peines du nouveau C. pén. initial entré en vigueur en 1994 contenait un *symbolisme latent diffus* faisant une place non négligeable à l'idée de rétribution : *cf.* R. Gassin, « Les fonctions sociales de la sanction pénale... » précité, p. 64-67.

2. « L'exécution des peines favorise, dans le respect des intérêts de la société et des droits des victimes, l'insertion ou la réinsertion des condamnés ainsi que la prévention de la récidive ».

3. « Le régime d'exécution de la peine de privation de liberté concilie la protection de la société, la sanction du condamné et les intérêts de la victime avec la nécessité de préparer l'insertion ou la réinsertion de la personne détenue afin de lui permettre de mener une vie responsable et de prévenir la commission de nouvelles infractions ».

de la peine ? Quels sont les principes de base du traitement des délinquants ? Et finalement, quels résultats a-t-on obtenu ?

823 *La notion de resocialisation* ◊ Si les manuels de droit pénal emploient le terme[1], on n'y trouve en général pas de définition. Dans son précis de *Pénologie*, B. Bouloc[2] en donne heureusement une amorce : « Corriger signifie dans la langue courante, *amender* aussi bien que punir, redresser par le châtiment. On cherchera donc à amender le coupable afin qu'il ne retombe pas dans sa faute. Bien sûr, il ne peut s'agir d'une *amélioration morale*, car le droit pénal se contente d'une *amélioration sociale* qui amène l'ancien délinquant à se conformer aux règles élémentaires posées pour la vie en société. »

Si l'on va au-delà de cette première approche, que signifie vraiment *resocialisation* ou *réadaptation sociale ?* Dans les vocables « re-socialisation », « réadaptation », il y a deux éléments :
– un substantif : adaptation, socialisation,
– un préfixe « re- » qui signifie : retour en arrière ou répétition.
La fonction de la peine en question implique trois postulats :
1/ que le *respect de la loi* est le résultat d'une socialisation de l'individu, de son adaptation à la vie sociale; 2/ que le délit commis est la conséquence d'une socialisation ou adaptation *insuffisante* ou *manquée;* 3/ que cette carence peut être *comblée* par une *action de réadaptation sociale* ou *resocialisation.*
Il y a là en réalité autant d'hypothèses qui s'emboîtent et qui demandent à être vérifiées.

824 *L'origine de cette fonction moderne de la peine* ◊ Elle a été amorcée vers la fin du XIXe siècle et accentuée fortement par la suite, surtout depuis la fin de la Seconde Guerre mondiale. Son origine et son développement sont susceptibles de s'expliquer par trois sortes de facteurs : idéologique, politique et technique.

1) Le *facteur idéologique* réside dans le développement de l'humanitarisme. Né au siècle des Lumières avec la Déclaration des droits de l'homme, l'humanitarisme s'est développé surtout au XXe siècle et plus particulièrement depuis les années 1945-1950 où il a donné successivement ce que l'on a appelé la 2e puis la 3e génération des droits de l'homme.
Sur le plan de la politique criminelle, l'humanitarisme s'est incarné dans le mouvement de la Défense sociale nouvelle qui s'est défini comme un mouvement de politique criminelle humaniste. Dans sa conception la peine ne doit pas servir à punir mais à resocialiser.

2) Le *facteur politique* consiste dans l'avènement de l'*État-providence* dans l'entre-deux-guerres, c'est-à-dire d'un État dont la fonction est d'assurer le bonheur des citoyens, en prenant en charge leur existence et, au besoin, en se substituant à eux s'ils ne sont pas aptes à assurer leur propre bonheur.

---

1. L'art. 132-24 alinéa 2 (loi du 12 décembre 2005) emploie les termes d'« insertion » et de « réinsertion » du condamné, mais ces expressions ont la même signification que le mot de « réadaptation » qui est généralement utilisé dans la littérature criminologique.
2. Dalloz, 3e éd. 2005, n° 11.

Sur le terrain de la politique criminelle, l'État-providence conduit à faire de la peine le moyen de rendre les délinquants heureux pour l'avenir, c'est-à-dire leur réadaptation.

3) Vient enfin le *facteur technique*. Il se situe dans l'apparition et le développement de la criminologie, notamment de la *criminologie clinique* dans l'entre-deux-guerres aux États-Unis avec les psychanalystes W. Healy et A. Bronner. La criminologie clinique a emprunté à la médecine sa *finalité* (guérir la maladie) et, par voie de conséquence, *son modèle méthodologique d'analyse et d'action* (observation, diagnostic, pronostic, traitement) et mis ainsi en avant l'idée de *traitement* du délinquant en vue de la prévention de la récidive. On a parlé de ce fait de « modèle médical ».

825 **Principes de base de la mise en œuvre de la fonction de resocialisation** ◇ Selon l'analyse qu'en a faite M. Cusson[1], la mise en œuvre de la resocialisation obéit à cinq principes : 1/ la nécessité de l'individualisation de la sanction pénale; 2/ la finalité thérapeutique du traitement; 3/ le pouvoir discrétionnaire des organes de traitement; 4/ la convergence de l'intérêt du délinquant avec celui de la protection de la société; 5/ l'empirisme dans la découverte des traitements efficaces.

1) La nécessité de *l'individualisation de la sanction pénale* est au cœur même de la doctrine thérapeutique. Le crime est considéré avant tout comme l'expression d'une personnalité et non comme un acte : celui-ci n'est que le symptôme d'une insuffisance de socialisation, d'un état dangereux. Aussi, pour intervenir, faut-il prendre en compte la personnalité du délinquant, la connaître, l'évaluer et adapter le traitement de celle-ci. D'où l'individualisation de la sanction pénale, devenue aujourd'hui la personnalisation de la peine[2].

2) Le deuxième principe consiste dans la *finalité thérapeutique du traitement*. Le traitement doit avoir en effet pour but de transformer le délinquant. Puisque celui-ci est entré en conflit avec la loi parce que sa socialisation a été manquée ou insuffisante, l'objectif de la sanction pénale doit être d'en faire un citoyen normal et de le réintégrer dans la société.

Le contenu de cet objectif a certes un peu varié dans le temps. Il y a une cinquantaine d'années on parlait surtout d'*amender* le délinquant en en faisant un citoyen honnête. Plus récemment, on s'est proposé d'employer le traitement à lui faire retrouver son équilibre psychologique et à l'aider à prendre conscience de ses problèmes. Mais, par-delà ces nuances, l'objectif est demeuré le même : réadapter le délinquant à la vie sociale.

3) Pour réaliser sa mission, le thérapeute doit disposer d'un *véritable pouvoir discrétionnaire*. L'individualisation véritable de la peine suppose, en effet, que les organes chargés de l'application des sanctions pénales aient les coudées franches. Ils doivent pouvoir *choisir* en toute liberté la mesure la plus appropriée et la *modifier* en cours d'exécution si les exigences de la finalité thérapeutique l'imposent. Ils doivent également avoir le droit de *prolonger* le traitement aussi longtemps que cela se révélera nécessaire.

---

1. M. Cusson, *Le contrôle social du crime*, PUF, 1983. *Adde* même auteur, « Les fondements empiriques de la réinsertion », *in La réinsertion des délinquants : mythe ou réalité ?*, PUAM, 1996, p. 111-127.
2. R. Vienne, « La personnalisation de la sanction pénale », *in Mélanges Ancel*, Pédone, 1975.

C'est la solution qui a été retenue aux États-Unis avec le système *des sentences indéterminées absolues.* En France, on n'est jamais allé aussi loin en raison de l'obstacle constitué par le principe de légalité, mais à l'intérieur du maximum les juges disposent d'une grande liberté qui correspond à une indétermination *relative.*

4) Le quatrième principe consiste dans le postulat de la convergence de l'intérêt du délinquant avec celui de la protection de la société. La resocialisation doit en effet permettre de réaliser la réconciliation entre l'intérêt du délinquant et celui de la société, d'où l'appellation de « *Rehabilitative ideal* ».

Ce qui traditionnellement semblait incompatible cesse de l'être. Grâce au traitement on fait d'une pierre deux coups : on aide le délinquant tout en protégeant la société. Partant de là, il n'est pas contradictoire de préconiser des mesures qui combinent l'aide et la contrainte, la compréhension et la surveillance. La part de coercition inévitable dans tout traitement trouve sa justification dans le but poursuivi : la réadaptation sociale du délinquant.

5) Enfin, *la découverte des traitements efficaces* ne peut se faire que par l'accumulation des observations et de l'expérience acquise au contact direct avec les délinquants. C'est ce que l'on appelle *l'empirisme de la clinique.* Aussi l'étude des cas individuels est-elle conçue comme un moyen privilégié de connaissance.

826 *Les résultats du traitement de socialisation* ◇ Pendant longtemps il a existé une croyance indéfectible dans le succès de cette nouvelle thérapie sociale, malgré quelques échecs. Aussi ne s'était-on pas donné la peine de chercher à évaluer *systématiquement* l'efficacité des mesures de traitement.

Pourtant, *dès les années 1960,* on pouvait déjà subodorer que tout n'était pas aussi idyllique que la plupart ne le prétendaient.

827 *Un premier bilan* ◇ Faisant le bilan des recherches effectuées en France jusqu'en 1968, il y a plus de 40 ans, il nous était apparu que celui-ci comportait des résultats positifs en même temps que des aspects négatifs : *résultats positifs* en matière de traitement en milieu fermé pour la semi-liberté et le régime progressif et, dans le domaine du traitement en milieu ouvert, avec le sursis avec mise à l'épreuve et la libération conditionnelle; *résultats négatifs* avec l'échec du traitement des relégués et la « faillite » de la rééducation en matière de délinquance juvénile[1].

828 *Un bilan généralisé*[2] ◇ Depuis lors, de nombreuses recherches évaluatives faites tant dans les pays anglo-saxons que dans les pays scandinaves[3]

1. R. Gassin, « La confrontation du système français de la sanction pénale... », art. précité, spéc. p. 164-176.

2. Pour une bonne synthèse, M. Cusson, *Le contrôle social du crime,* PUF, 1983, 1ʳᵉ partie, « Autopsie d'un échec », p. 31-91. *Adde* M. Le Blanc, *Boscoville; la rééducation évaluée,* 1984, 413 p.; J. Selosse, « Interner ou insérer ? Réflexion sur l'évaluation de la rééducation », *RICPT,* 1984, p. 12-20; J.-H. Syr, *Punir et réhabiliter,* Economica, 1990, p. 119-128; R. Fillieule, *Sociologie de la délinquance,* p. 253-268.

3. Le texte le plus important est R. Martinson, « *What works ? Questions and answers about prison reform, The public interest* », Spring, 1974, n° 35, p. 22-54; D. Lipton *et al.,* *The effectiveness of correctional treatment,* New York, 1975. *Adde* J. Léauté, « Le nouveau doute sur les possibilités

ont abouti à la conclusion générale de l'inefficacité des traitements modernes que l'on a désignée sous l'appellation d'« effet zéro du traitement »[1]. On aurait, dit-on, abouti aux mêmes résultats sans le recours à ces traitements. Le fait que, malgré ces données empiriques, persiste la croyance dans l'efficacité du traitement de resocialisation qui a inspiré, en France notamment, de nouvelles mesures de traitement dans les années 1980-1990, telles que le travail d'intérêt général, rend particulièrement nécessaire l'approfondissement du « Nothing works » de R. Martinson, ou « effet zéro du traitement » selon M. Cusson. Mais depuis lors de nouvelles études ont été réalisées sur les effets des traitements de réadaptation sociale dans les années 1990 qui ont abouti, pour certaines du moins, à des conclusions moins pessimistes sous certaines conditions très précises. On va donc exposer successivement la *théorie de l'effet zéro du traitement* telle qu'elle résulte notamment de l'ouvrage de M. Cusson, *Le contrôle social du crime*, publié en 1983[2] (a), puis *les résultats des recherches évaluatives réalisées postérieurement* (b).

a. La théorie de l'« effet zéro » du traitement

1. La signification de l'« effet zéro » du traitement

829 *Idée générale* ◇ La grande majorité des auteurs s'accordent pour admettre l'échec des traitements de resocialisation. On parle, de manière imagée, de l'« effet zéro du traitement ». Mais qu'est-ce que cela signifie au juste ? Quelle est la portée de cette affirmation ? Pour répondre à la question, il faut commencer par s'interroger sur l'identité des traitements qui ont été évalués (a); cela permettra de mieux comprendre la portée de l'échec du traitement (b).

---

d'amender les délinquants en les privant de liberté », *Deviance, Cahiers de l'Institut de criminologie de Paris*, 1974, n° 1; J. Pradel, « L'individualisation de la sanction : essai d'un bilan à la veille du nouveau Code pénal », *RSC*, 1977, p. 732-754; N. Bishop, « Quelques aspects de la politique criminelle et de la criminologie nordique. Gardez-vous du traitement », *RIPC*, 1979, p. 18-23; J. Vérin, « La resocialisation sur la sellette », *RSC*, 1978, p. 416-426; G. Kellens, « Croit-on encore au traitement des délinquants et à la resocialisation ? Les idées en Belgique et ailleurs », *in* A. Tsitoura (dir.), *Les objectifs de la sanction pénale*, Bruylant Bruxelles, 1989, p. 29-52; G. Lemire, *Anatomie de la prison*, PUM et Économica, 1990, 195 p., spéc. chap. V, « La rééducation dans l'organisation carcérale », p. 105-126; J.-H. Syr, « Les avatars de l'individualisation dans la reforme pénale », *RSC*, 1994, p. 217-235; R. Gassin, « Les fonctions sociales de la sanction pénale dans le nouveau Code pénal », *CSI*, 1994, n° 18, p. 50-68, spéc. 60-64; L. Sherman, « Criminologie et criminalisation », *RICPT*, 1994, p. 7-21, spéc. p. 16; 50ᵉ Anniversaire de la réforme Arnor, Université d'été, Aix-en-Provence (sept. 1995) : « La réinsertion des délinquants, mythe ou réalité », PUAM, 1996, 284 p.; C. Murray, *Does prison works ?*, Londres, Institute for economic affairs 1997; E. Baker et C.V.-M. Clarkson, « Making punishment work ? An evaluation of the Halliday report on sentencing in England and Wales », *Criminal Law Review*, 2002, p. 81; A. Bertrand-Mirkovic, vᵒ « Réinsertion », *Dict. sc. crim.*, Dalloz, 2004, p. 816-819; P. Lussier, vᵒ« Efficacité des mesures pénales », *idem.*, p. 314-315 et 316; R. Burnett et C. Roberts, *What works in probation and youth justice. Developing evidence-based practice*, Cullompton, William Publishing, 2004, 267 p.

1. *Cf. supra* n° 563.
2. Spéc. les p. 31 à 81.

a. Les traitements évalués [1]

830 *Traits caractéristiques* ◇ L'idée générale qui caractérise les évaluations des traitements de resocialisation, c'est qu'il s'agit d'interventions thérapeutiques, isolées de leur contexte pénal et consistant principalement en des psychothérapies.

Trois traits caractérisent ainsi ces évaluations : 1/ elles ne concernent pas l'ensemble de l'expérience pénale, mais seulement celle des traitements qui lui sont superposés; 2/ l'évaluation du traitement y est artificiellement séparée de la peine dans laquelle il s'insère; 3/ les évaluations portent essentiellement sur des psychothérapies.

831 *L'isolement du traitement au sein de l'expérience pénale* ◇ On entend par *expérience pénale,* l'ensemble des épreuves que subit un délinquant à partir du moment où il entre dans le *système de justice pénale* et jusqu'au moment où il en est définitivement sorti : enquête policière, arrestation, instruction, détention préventive, procès, prison (qui est elle-même une expérience composite), libération conditionnelle, interdiction de séjour, etc. Or, les recherches évaluatives portent toujours sur des *mesures isolées,* telles par exemple une thérapie de groupe, mais jamais sur la *totalité des expériences* vécues par un groupe de délinquants. Il en est ainsi même lorsque l'on compare les résultats obtenus par des délinquants appartenant à des groupes homogènes, mais soumis à des traitements différents (par exemple, prison et probation), parce que, ce que l'on entend évaluer en pareil cas, aussi, c'est l'effet de la mesure thérapeutique et non pas comparer les différences d'expérience pénale intégrale.

Il se trouve cependant que l'*expérience pénale* est une constante chez les sujets qui font l'objet d'une évaluation de telle sorte que l'*impact spécifique* de celle-ci est complètement négligé par ceux qui procèdent à l'évaluation du traitement. On raisonne comme si toutes les péripéties qui jalonnent la vie d'un individu saisi par le système pénal avaient une *valeur neutre.*

Il y a de bonnes raisons de croire, au contraire, que cette expérience peut avoir une influence positive ou négative marquée. Il y a d'ailleurs longtemps déjà que l'on a attiré l'attention sur « l'influence des institutions de procédure pénale sur la formation de la personnalité du criminel »[2]. Postérieurement, on a aussi fait observer que les recherches évaluatives sur l'efficacité du traitement considèrent l'effet de « resocialisation » isolément, alors que celui-ci ne peut être dissocié des autres effets de la peine et notamment de sa fonction de rétribution[3]. Cependant on n'a jamais procédé à des comparaisons entre les délinquants qui ont vécu l'expérience pénale et un groupe d'individus qui ne l'ont pas vécue.

832 *La séparation du traitement et de la peine* ◇ Quand on cherche quelle est la notion de traitement qui sert de concept opératoire de base

---

1. M. Cusson, *op. cit.,* p. 38-41.
2. J. Pinatel, *in Problèmes contemporains de procédure pénale, Mélanges Louis Hugueney,* 1964, p. 3.
3. En ce sens J. Q. Wilson, « What works ? revisited : new findings on criminal rehabilitation », *The public interest,* 1980, n° 61, p. 3-18.

aux diverses recherches évaluatives, on est amené à constater que les auteurs conçoivent celui-ci comme entièrement distinct et séparé de la peine sur laquelle il se greffe. C'est ainsi que tel auteur définit les *traitements* comme étant des *moyens non punitifs* et la *réhabilitation* comme « la modification du comportement par des moyens non punitifs, de telle sorte qu'il ne viole plus la loi ».

Partant de là, on a évalué toute *une série de mesures disparates* dont on nous dit qu'aucune ne produit de résultats appréciables. Ainsi Martinson et son équipe ont examiné l'efficacité des mesures suivantes : la formation scolaire, la formation professionnelle, les thérapies individuelles, les thérapies de groupe, les thérapies de milieu, le traitement médical, la durée des condamnations, la probation, la libération conditionnelle. Or, il est bien évident que chacune de ces mesures est liée à une condamnation à une peine et s'inscrit dans le cadre de son exécution; dès lors les évaluations isolées sont inévitablement artificielles, du moment que l'on ne tient pas compte du contexte pénal dans lequel elles s'insèrent.

833 *La limitation des évaluations aux psychothérapies* ◇ La grande majorité des traitements évalués portent sur des *formes de psychothérapie* entendue au sens large, c'est-à-dire « toute thérapeutique réalisée par des procédés psychiques ».

L'élément essentiel des psychothérapies est la *relation qui se noue* entre un thérapeute et son patient, ou entre les membres d'un groupe thérapeutique. Ceci inclut toutes les formes de psychothérapie individuelle (psychanalyse, thérapie de réalité, thérapie non directive, etc.) et les psychothérapies de groupe. Il faut aussi ajouter les expériences au cours desquelles on a substantiellement augmenté l'intensité de la relation en probation et en libération conditionnelle dans le but d'en faire des mesures thérapeutiques.

La plupart des tentatives faites pour réhabiliter les délinquants consistaient en l'introduction d'une psychothérapie ou en l'intensification de la relation psychothérapeutique qui était censée exister déjà. Il n'est dès lors pas surprenant que l'écrasante majorité des évaluations ait porté sur ces diverses psychothérapies. En revanche, il y a eu peu d'évaluations sur les autres formes de traitements, telles que la formation scolaire ou professionnelle, si bien que ces mesures restent mal connues et que les rares évaluations qui en ont été faites n'ont pas été concluantes.

En définitive, on doit *formuler la proposition dite de l'effet zéro* de la manière suivante : « Quand une forme de psychothérapie est pratiquée dans le cadre d'une intervention pénale, elle ne fait pas baisser le niveau de récidive auquel on aurait pu s'attendre si les sujets n'avaient pas été traités »[1].

b. La portée de l'échec des traitements de resocialisation

834 *Les limites de l'« effet zéro »* ◇ Sur la base des indications qui viennent d'être données, on peut dès lors déterminer quelle est la portée exacte qu'il convient de donner à la notion d'effet zéro du traitement, sans la minimiser, mais aussi non plus sans lui attribuer une portée qu'elle n'a pas. L'exposé de cette portée peut être regroupé autour des cinq proposi-

---

1. M. Cusson, *op. cit.*, p. 41.

tions suivantes : 1/ l'effet zéro ne concerne que la récidive; 2/ l'effet zéro ne signifie pas que tous les délinquants traités récidivent; 3/ l'effet zéro a une signification purement statistique; 4/ l'effet zéro a une portée purement temporaire; 5/ les conséquences tirées de l'effet zéro sont contradictoires.

835 ***La limitation à la récidive***[1] ◇ L'« effet zéro » porte essentiellement sur la récidive au sens, sinon juridique, du moins pénologique du terme, c'est-à-dire, sur l'activité criminelle qui suit l'intervention pénale en milieu fermé comme en milieu ouvert. Il ne porte pas en revanche sur d'autres variables comme la conduite des sujets pendant le traitement, l'évolution psychologique, l'adaptation sociale, etc.

Or il est très possible que certains traitements influent de manière significative sur l'évolution psychologique du délinquant et même sur son adaptation sociale. Une recherche menée par le « Groupe de recherche sur l'inadaptation juvénile » de Montréal sur les jeunes délinquants placés dans l'Institution de Boscoville au Québec a ainsi montré que le traitement pratiqué dans cette institution avait entraîné une importante progression des pensionnaires pendant le traitement sur un grand nombre d'indicateurs psychologiques : baisse de la mésadaptation sociale, de l'autisme, de l'aliénation, du psychotisme, hausse de la maturité sociale, de l'estime de soi, etc.

Mais tout le problème était de savoir si une telle progression psychologique avait un effet significatif de prévention de la récidive. *A priori* c'est bien ce que l'on est tenté de penser. Or on découvrit avec surprise que *ces variables psychologiques étaient totalement indépendantes de la récidive*. Les garçons qui ont les meilleurs résultats sur les tests psychologiques n'ont récidivé ni plus ni moins que les autres et ceux qui ont progressé le plus pendant le séjour en institution n'ont pas, non plus, récidivé plus ou moins que ceux qui n'ont pas progressé. Tout se passe donc comme si les acquisitions psychologiques obtenues grâce au traitement sont des variables sans relation et donc *sans effet* sur la récidive.

Cette étude a une *incidence méthodologique capitale*. On sait, en effet, qu'en matière de recherche évaluative, il existe deux conceptions différentes de l'évaluation de l'efficacité des mesures de réaction sociale évaluée[2]. S'agissant de mesures de traitement, on oppose au critère classique de la *récidive*, précisément celui de l'*évolution de la personnalité*. Or, s'il est exact qu'il n'y a pas de relation entre les deux phénomènes, il apparaît que seul le critère de la récidive peut être opérant en criminologie appliquée.

En tout cas, c'est bien une première limitation de la portée de l'échec des traitements que de constater que la proposition ne vaut que pour la récidive. Il n'est pas exclu par ailleurs que les traitements aient un effet bénéfique sur l'équilibre psychologique des délinquants.

836 ***La relativité de l'effet zéro***[3] ◇ Quand on parle de l'échec du traitement, on ne veut pas dire que tous les délinquants traités récidivent. On veut seulement dire qu'après la peine ils ne récidivent *ni plus ni moins* que

---

1. M. Cusson, *op. cit.*, p. 36-37.
2. *Cf. supra* n° 144.
3. M. Cusson, *op. cit.*, p. 37.

ceux qui subissent une sanction pénale traditionnelle fondée sur la rétribution et l'intimidation.

Il faut savoir en effet que le niveau de récidive varie beaucoup selon les groupes de délinquants considérés, mais qu'il n'est jamais de 100 %. On observe même que pour les échantillons les plus représentatifs de la grande masse des délinquants qui entrent dans le système pénal, on trouve généralement une *majorité* de sujets qui, *tôt* ou *tard,* se réhabilitent. C'est ainsi que dans l'un des exemples cités par M. Cusson, sur un échantillon de 2 543 mineurs de justice, 58 % étaient réhabilités 15 ans après l'intervention pénale[1].

Un autre exemple postérieur à l'ouvrage précité est encore plus démonstratif[2]. Les auteurs de cette recherche ont analysé un échantillon de détenus, hommes et femmes, qui avaient au moins 40 ans à leur dernière entrée en prison; or, le type prédominant était celui qui est entré en prison pour la première fois à partir de cet âge. Cela s'explique par le fait que la plupart des personnes qui commencent leur carrière criminelle autour de 18 ans la terminent vers 30 ans; donc elles cessent de récidiver à partir de cet âge.

837 *Le caractère statistique de l'effet zéro*[3] ◇ Quand on parle d'effet zéro du traitement, on peut avoir tendance à croire que tous les traitements, sur toutes les catégories de délinquants, n'ont pas plus de résultats que les peines classiques.

En réalité, il n'en est rien. L'analyse empirique montre que les traitements ont des *effets différentiels*. Quand certains d'entre eux sont appliqués à certains délinquants, ils réduisent la récidive; en revanche quand ils sont appliqués à d'autres délinquants ils ne la réduisent pas, et même ils l'augmentent. De la sorte, l'effet zéro est une sorte de *moyenne statistique* qui se situe entre des écarts positifs et des écarts négatifs. On peut ainsi répartir, de ce point de vue, les délinquants en trois groupes : 1/ certains délinquants *réceptifs* commettent un peu moins de délits à cause du traitement; 2/ quelques délinquants *non réceptifs* en commettent plus à cause du traitement; 3/ *les autres ne sont affectés ni positivement ni négativement par le traitement* et ils récidivent ou ne récidivent pas pour des raisons totalement étrangères au traitement. C'est seulement l'addition de ces effets positifs, négatifs et nuls qui conduit à parler de « l'effet zéro du traitement ».

838 *Le caractère temporaire de l'effet zéro*[4] ◇ Si on conclut à l'échec des tentatives de traitement faites jusqu'à présent, peut-on pour autant en déduire qu'il est définitivement démontré que l'on ne peut pas traiter les délinquants ? Certainement pas. Ce serait une attitude anti-scientifique. Tout ce que l'on peut affirmer, c'est que, *dans l'état actuel des connaissances*, il a été impossible de faire la preuve qu'une mesure était plus efficace qu'une autre pour réduire la récidive des sujets comparables. À la question « *What works ?* » de Martinson, la réponse « *Nothing works* » est excessive : si on n'a pas réussi à prouver jusqu'à présent que « quelque

---

1. J. Breuvart et *al.,* *Que deviennent-ils ?,* Vaucresson, CEFRES, 1974, p. 20.
2. Greenfield et Lancan, « Characteristics of Middle-Aged Prisoners », *in* D. P. Ferrington et J. Gunn, *Reactions to crime,* 1985.
3. M. Cusson, *op. cit.,* p. 37-38.
4. M. Cusson, *op. cit.,* p. 38.

chose marche », on n'a pas pu démontrer pour autant que « rien ne marchera ».

Il est très possible que l'on découvre dans l'avenir une méthode efficace; il est même possible qu'une telle méthode existe déjà, mais les chercheurs n'ont pas eu l'occasion de l'évaluer.

839 *L'ambiguïté des conséquences tirées de l'effet zéro* ◇ L'effet zéro du traitement est admis pratiquement par tous les criminologues sérieux en France et à l'étranger. Mais ce qui est remarquable, c'est que les *conséquences de politique criminelle* qu'ils en tirent sont très différentes selon les intéressés et celles-ci dépendent le plus souvent de l'*idéologie* sous-jacente à leur position d'apparence scientifique.

On peut ainsi distinguer dans l'ensemble trois tendances : le courant humanitariste et le courant répressif, entre lesquels s'insère le courant pragmatique.

1) Le *courant humanitariste* est fort bien représenté par J. Pinatel. Dans la troisième édition de son « Traité de criminologie » (1975), il consacre deux pages [1] aux résultats de la recherche évaluative sur le traitement. La synthèse des diverses recherches évaluatives auxquelles il fait référence l'amène à conclure à « l'absence de différenciation des résultats des divers traitements (c'est-à-dire les mesures thérapeutiques comme les sanctions classiques) dans la perspective de la récidive » : « les délinquants récidivent ou non, indépendamment de la forme du traitement ».

Or, quelle conséquence en tire-t-il ? Voici ce qu'il écrit [2] :

« Cette absence de différences significatives des divers traitements en présence de groupes homogènes conduit à considérer qu'il n'existe plus de raison de donner la préférence aux solutions répressives sur les solutions humanitaires. Ainsi, par exemple, la différence n'est pas statistiquement significative entre les résultats de la probation et du traitement Borstal, dégagée par la comparaison de deux groupes de jeunes (dont le repérage avait été opéré en fonction de l'infraction, des antécédents judiciaires, de l'âge et du milieu). Il s'ensuit que si les délinquants placés dans un Borstal avaient bénéficié d'une mesure de probation, les risques n'auraient pas été plus grands. Ainsi, s'effondre l'argument touchant à la sécurité, fréquemment utilisé par les défenseurs de la privation de liberté. Seuls doivent être enfermés en prison les individus véritablement dangereux. Mais de nombreux coupables peuvent être traités en dehors du milieu carcéral.

En bref, à la suite de ces études statistiques, rien ne devrait plus s'opposer à l'organisation de milieux thérapeutiques, dans le cadre desquels la clinique pourrait se développer. »

On retrouve la même position chez J. Vérin dans un article publié en 1980 dans les Mélanges Pinatel : « La recherche conduirait-elle à abandonner la politique criminelle de réinsertion sociale ? » [3].

2) Le *courant répressif* inspire nombre d'autres criminologues qui, en revanche, concluent de l'effet zéro à l'inutilité, voire à la nocivité du recours au traitement thérapeutique. Telle est dans l'ensemble, par exemple, la position de M. Cusson

---

1. P. 645 et 646.
2. P. 646. *Adde* J. Pinatel, « De la recherche clinique à la clinique criminologique », *RICPT*, 1991, p. 320-327.
3. P. 61-71. Du même auteur, « Contrôle social et réhabilitation », *RSC*, 1983, p. 513-519.

tant dans son ouvrage « Le contrôle social du crime » (1983) que dans son ouvrage postérieur « Pourquoi punir ? » (1987)[1].

Parmi les arguments les plus importants en faveur du retour à la peine classique (prison ferme, prison avec sursis simple, amende), les partisans de ce courant invoquent : 1/ le coût plus élevé du recours au traitement; 2/ l'effet de neutralisation de la privation de liberté, et 3/ l'effet d'intimidation individuelle de l'emprisonnement.

3) Le *courant pragmatique* a été soutenu dès 1969[2] sous l'appellation de néo-pragmatisme[3]. Il a été repris depuis à l'occasion de l'analyse de la « La crise des politiques criminelles occidentales »[4].

Il consiste à partir de la constatation que la quasi-totalité des délinquants condamnés est appelée soit à rester dans la société des hommes libres (sursis simple, sursis avec mise à l'épreuve, etc.), soit tout au moins à y retourner au bout d'un certain temps. Il est donc dans l'intérêt de la société, comme dans celui du condamné, que l'exécution de la peine soit aussi *utile* que possible. Or pour atteindre ce résultat, les méthodes sanctionnatrices devraient être animées par le seul souci de l'efficacité, selon la maxime : « est bon ce qui réussit et doit être écarté ce qui a échoué ». Il n'y a pas plus de raison de se priver des peines intimidantes lorsque celles-ci sont susceptibles d'être efficaces[5] que des sanctions resocialisatrices lorsqu'elles donnent de bons résultats.

Encore faut-il que ce choix soit effectivement guidé par des préoccupations exclusivement pragmatiques.

Ainsi, la campagne qui avait été lancée en 1994 par le ministère de la Justice en faveur du développement du Travail d'Intérêt Général (TIG) constitue sans doute un modèle de ce qu'il ne faut pas faire en la matière en mettant la charrue avant les bœufs.

Le TIG, créé par la loi du 10 juin 1983 et entré en vigueur en 1984, a atteint ses dix années d'existence au 1er janvier 1994. À cette occasion, la Chancellerie a eu l'idée singulière de demander aux cours et tribunaux d'organiser des manifestations pour fêter ce 10e anniversaire : c'est, semble-t-il, la première fois dans l'histoire pénitentiaire que l'on célébrait l'adoption d'une sanction pénale. La Chancellerie elle-même a organisé à Paris, en mars 1994, un colloque sur les 10 ans du TIG[6]. Au cours de ce colloque, le garde des Sceaux a déclaré qu'il souhaitait « développer les peines alternatives à la détention », au premier rang desquelles le TIG, afin de limiter le recours à l'emprisonnement et de diminuer la population carcérale française qui avait à l'époque augmenté de plus de 60 % en près de vingt ans (54 000 détenus environ au 1er janvier 1994). La direction générale des services pénitentiaires de Paris a même organisé une exposition sur le TIG à la Grande Arche de la Défense du 24 au 31 mars 1994. Tout se passait donc comme si l'on avait affaire à un immense succès et à une solution d'avenir pleine de promesses.

Or, au bout de 10 ans et malgré un environnement idéologique très favorable, le pourcentage des condamnations au TIG n'était en 1992 encore que de 3 %, soit 13 267 sur quelque 440 000 condamnations. Chiffre peut-être plus significatif,

---

1. Sur le contenu général de ces ouvrages et la théorie stratégique de leur auteur, *cf. supra* nos 273 et s.
2. R. Gassin, Colloque de science criminelle de Toulouse sur « La confrontation du système français de la sanction pénale avec les données de la criminologie et des sciences de l'homme », précité.
3. V. R. Merle et A. Vitu, *Traité de droit criminel*, t. I, n° 93.
4. R. Gassin, *in Prob. act. Sc. crim.*, 1er vol., 1985, PUAM, p. 21 et s.
5. *Cf. supra* nos 814 et s.
6. *Le Monde* du 19 mars 1994.

pour 100 condamnations à l'emprisonnement ferme, les tribunaux correction-nels n'avaient prononcé que 14 TIG. Il y a certainement là l'indice d'une réticence de la pratique qui aurait nécessité une évaluation d'ensemble de l'institution. Or, aucune recherche évaluative scientifique d'envergure ne semble avoir été menée sur ce sujet. Sans doute, le ministère de la Justice avait-il publié un ouvrage « d'études et recherches » intitulé *Le travail d'intérêt général a dix ans* qui portait ce sous-titre à double sens, l'un et l'autre également optimistes : « Le résultat en vaut la peine »[1]. Mais quand on consulte les divers articles qui le composent, on n'y trouve pas trace du seul test qui permettrait de constituer une évaluation scientifique du TIG en répondant à la question suivante : « Si l'on compare des groupes de délinquants similaires, c'est-à-dire présentant des risques analogues de récidive, et condamnés l'un au TIG et les autres aux sanctions pénales qui leur auraient été infligées avant la création du TIG et leur ont été effectivement appli-quées depuis, est-ce que le groupe des « tigistes » présente un taux de récidive inférieur à ceux des autres groupes, des récidives de moindre gravité qu'eux et plus éloignées de la fin d'exécution de la peine que les autres groupes de condamnés ? » Bien plus, l'ouvrage dont l'objectif était de vanter les mérites de la sanction de la décennie 1984-1994, contient curieusement une recherche qui constitue une critique sévère de l'institution et n'hésite pas dans sa conclusion à parler de « déconfiture »[2]. Ainsi il y a tout lieu de redouter que la campagne en faveur du TIG, après quelques ronds de jambe ici ou là, ne soit retombée à plat comme un soufflet. Il est d'ailleurs révélateur que dans l'état des projets ministé-riels il était alors question de faire de la « transaction pénale » une sorte de droit commun de règlement des affaires pénales lorsque la peine encourue n'excède pas 3 ans d'emprisonnement (ce qui couvre la majorité des infractions commises); ainsi les espoirs mis dans le TIG paraissent être « passés à la trappe » – les chiffres ultérieurs l'ont confirmé avec pour l'année 2008, seulement 14 244 TIG (peine de substitution) sur 580 572 condamnations pour délits et en 2009 16 881 sur 589 441 – au profit d'une solution beaucoup plus radicale dont la signification ne manquera pas de susciter bien des discours[3]. Cette solution a été adoptée par la loi du 23 juin 1999 renforçant l'efficacité de la procédure pénale. Une loi du 4 janvier 1993 avait déjà prévu la possibilité pour le procureur de la République de recourir à une médiation. Mais la loi du 23 juin 1999, modifiée à plusieurs reprises, a doté le parquet de toute une gamme de possibilités hors exercice de l'action publique et du classement sans suite « sec » dont la plus remarquable a été la création de la procé-dure de *composition pénale*[4], qui a été étendue aux mineurs en 2007.

La Chancellerie n'a pourtant pas hésité à se lancer dans les mêmes conditions, quinze ans après, dans une nouvelle entreprise de célébration/redynamisation du

---

1. Publication du ministère de la Justice, mars 1994, 132 p.
2. J. Faget, « L'enfance « modèle » du travail d'intérêt général. Bilan d'une décennie d'expéri-mentation sans conscience (1984-1994) », *op. cit.*, p. 101-122.
3. Faire de la « transaction pénale » le mode de règlement de droit commun des infractions pénales, n'est-ce pas, d'une certaine manière, prononcer la « mort du droit pénal », qui est, quoi que l'on en pense, « l'ordre public premier » de l'ordre public ordinaire dans une société étatique ?
4. J. Pradel, « Une consécration du « *plea bargaining* » à la française : la composition pénale instituée par la loi n° 99-515 du 23 juin 1999 », D. 1999, chron. p. 379-382; J. Volff, « La com-position pénale : un essai manqué », *Gaz Pal.*, 2000, doctr. 559; J. Leblois-Happe, « De la tran-saction pénale à la composition pénale », *JCP* 2000. I. 198; P. Poncela, « Quand le procureur compose avec la peine », *RSC*, 2002, p. 638-644 et 2003, 139-143. *Adde* R. Gassin, « Considérations sur le but de la procédure pénale », *in Le droit pénal à l'aube du troisième millé-naire Mélanges offerts à Jean Pradel*, Cujas, 2006, p. 109-120 et notamment cette conclusion p. 119 : « Il y a tout lieu de penser que la "justice négociée" va devenir bientôt le "droit commun judiciaire" en attendant de se muer en "droit commun législatif" ».

TIG comportant l'envoi d'une circulaire (19 mai 2011), la tenue d'un « premier forum sur le TIG » (14 juin 2011) et l'annonce d'une journée nationale du TIG (11 octobre 2011) tandis que concomitamment de nouveaux textes s'orientaient vers l'extension du TIG en direction des mineurs [1].

Quoi qu'il en soit, *l'effet zéro du traitement* constitue bien une *réalité empirique.* La question qui se pose alors est de savoir comment expliquer cet *échec du traitement par rapport à la peine classique,* alors que l'on avait mis tant d'espoir dans ce nouveau courant de politique criminelle. La réponse à cette question pourra sans doute éclairer le choix entre les diverses conséquences de politique criminelle qui viennent d'être exposées.

2. L'explication de l'« effet zéro » du traitement [2]

840 **Les deux facteurs de l'échec** ◇ Dans les limites qui viennent ainsi d'être tracées, il est essentiel de s'interroger sur les raisons qui sont de nature à expliquer un tel échec.

On peut évidemment invoquer, comme on le fait souvent, des *raisons d'ordre pratique* qui tiennent à *l'insuffisance des moyens* mis en œuvre pour assurer la bonne administration des traitements.

Il n'est pas douteux que, dans certains cas, cette circonstance peut expliquer l'échec. Mais c'est loin d'avoir toujours été le cas. Il existe en réalité des *raisons plus profondes* qui tiennent, d'une part, à la dégradation de *la personnalité des récidivistes* (a) et, d'autre part, au *décalage entre le modèle idéal des psychothérapies et leur réalisation* (b).

a. La dégradation de la personnalité des récidivistes

841 **Les facteurs lourds de la récidive** ◇ « Les psychothérapies supposent, pour être efficaces, que les délinquants *veuillent changer* (ou en tout cas acceptent, à un moment ou à un autre, la nécessité de changer de comportement). Or ce n'est pas toujours le cas. On trouve bon nombre de détenus qui restent attachés à un mode de vie qui, quoi qu'on en dise, ne comporte pas que des inconvénients (argent facile, satisfaction de tendance à l'oisiveté, plaisirs douteux, etc.). Et *dans l'éventualité où le délinquant a décidé d'opter pour une nouvelle vie*, il ne sera pas facile de neutraliser les facteurs criminogènes qui le poussent à la récidive » [3].

Il existe ainsi des *facteurs lourds* de la récidive, c'est-à-dire des déterminants qui pèsent d'un poids plus lourd sur le comportement du délinquant que toutes les psychothérapies utilisées jusqu'à maintenant.

---

1. Extension du TIG au mineur de 16 ans par le projet de loi sur la participation des citoyens au fonctionnement de la justice pénale et le jugement des mineurs et ajout du TIG comme sanction disciplinaire par le décret n° 2011-728 du 24 juin 2011 relatif à la discipline dans les établissements d'enseignement du second degré (art. 6) sous le nom de « mesure de responsabilisation » mais consistant à participer en dehors des heures d'enseignement, à des activités de solidarité culturelles ou de formation à des fins éducatives, ne pouvant excéder 20 heures, au sein de l'établissement, d'une association, d'une collectivité territoriale etc.
2. On a retenu, ici aussi, l'interprétation de M. Cusson.
3. M. Cusson, *op. cit,* p. 88.

En quoi consistent ces facteurs lourds ? Lorsqu'il s'agit d'expliquer la délinquance en général, la criminologie propose toute une série de facteurs et de processus du passage à l'acte qui sont de nature à rendre compte de l'acte délictueux[1]. Il est bien évident que les phénomènes (facteurs et processus) qui poussent un individu à s'engager dans la voie du crime ne disparaissent pas automatiquement à la suite d'une intervention pénale. Aussi peut-on dire d'une certaine manière que la récidive existe pour les mêmes raisons que le premier crime lui-même. Cependant *il n'y a pas d'adéquation parfaite entre les facteurs de la délinquance primaire et ceux de la récidive.* Pour expliquer la récidive, il faut en effet pouvoir répondre à la question : *pourquoi, après avoir subi une même sanction pénale, certains délinquants récidivent-ils, tandis que d'autres ne le font pas ?* Il faut donc expliquer quelles sont les raisons qui font que certains individus ne parviennent pas à abandonner une activité qui les a conduits dans les griffes de la justice pénale.

Selon M. Cusson[2], le bilan des recherches réalisées sur *l'étiologie de la récidive* conduit à la conclusion que celle-ci s'explique par quatre raisons principales : l'habitude du crime, l'immaturité psychosociale, les handicaps sociaux et personnels, enfin les difficultés liées à la situation post-pénale.

Si l'on essaie de regrouper ces quatre catégories de variables qui caractérisent la personnalité du récidiviste, on peut y repérer trois sortes d'éléments : 1/ les caractéristiques personnelles stables du récidiviste qui entraînent l'incapacité à s'adapter à la vie normale (immaturité psychosociale et handicaps psychosociaux); 2/ l'incidence du passé criminel du récidiviste (l'habitude du crime); 3/ le poids de la situation post-pénale du récidiviste sur son avenir.

842 *Caractéristiques de la personnalité du récidiviste : l'immaturité psychosociale* ◇ L'immaturité psychosociale est une caractéristique bien connue de la personnalité des récidivistes, délinquants d'habitude. On observe chez eux une altération profonde de la personnalité qui les fait ressembler aux mineurs délinquants. Ils ont des réactions psychologiques d'inadaptés sociaux. Ils réagissent par *voie d'opposition* au milieu social et leurs délits sont des actes de compensation d'individus révoltés ou blasés. Comme nombre de mineurs délinquants, ils souffrent d'un *complexe d'infériorité,* se sachant incapables de résister à leurs impulsions et méprisant leur propre faiblesse. J. Genet avait fort bien résumé ce trait dans le « Journal du voleur » lorsqu'il écrivait : « Je ne connais pas de voyous qui ne soient des enfants »[3]. Dans une récente publication qui s'appuie à la fois sur les résultats de nouvelles recherches longitudinales et sur ce que la criminologie nous apprend relativement au sentiment d'injustice subie des délinquants[4], M. Cusson approfondit cette caractéristique de la personnalité du récidiviste par l'hypothèse selon laquelle la persistance de sa délinquance découle d'une incapacité à maintenir des rapports interpersonnels avec autrui équitables et équilibrés[5].

---

1. *Cf. supra* n°s 580 et s.
2. *Op. cit.,* p. 48.
3. P. 132.
4. Sur le sentiment d'injustice subie, *cf. supra* n° 611.
5. M. Cusson, « La récidive expliquée par la continuité des interactions », *RPDP*, 2005, p. 285-293.

Il en résulte que plus les individus avancent en âge et moins leurs risques de récidive sont grands parce qu'ils acquièrent, tardivement certes, une maturité qui leur faisait défaut non seulement dans leur adolescence, mais dans leur jeunesse, puis dans une partie de l'âge adulte.

On dit, avec plus ou moins de raison, que plus un délinquant est jeune et meilleures sont ses chances de réadaptation. On peut dire en tout cas avec certitude que plus il est âgé et moins ses risques de récidive sont grands.

Plusieurs recherches sont citées par M. Cusson[1] à l'appui de cette assertion. Ainsi dans un échantillon de détenus américains, ceux qui sortaient de prison à 18 ans avaient un taux de récidive de 51 % alors que ceux qui en sortaient à 35 ans ne récidivaient que dans un pourcentage de 30 % (Glaser, 1964). Dans un groupe de criminels adultes, la délinquance relevée diminuait substantiellement avec l'âge même de ceux qui restaient actifs dans le crime. Le nombre mensuel moyen de délits était de 3,28 pendant la période « jeune adulte » et il tombait à 0,64 pendant la période adulte[2]. Les Glueck enfin (1974), suivant plusieurs échantillons de délinquants pendant de longues périodes, ont observé une réduction substantielle de la criminalité entre 25 et 35 ans.

Comment expliquer ce déclin progressif de l'état dangereux avec l'âge ? Quetelet avait déjà observé au XIXe siècle que le « penchant au crime » se développe en même temps que la *vitalité physique et les passions,* atteignant un sommet à 25 ans pour, ensuite, diminuer progressivement. Il expliquait cette baisse par le fait que la maturité intellectuelle et morale n'arrivait que tardivement pour neutraliser les tendances criminelles, qui se résorbaient à peu près complètement avec le déclin de la vitalité physique et de la puissance des passions. Plus spécifiquement, les Glueck ont observé que les délinquants qui se détournent du crime entre 25 et 35 ans ont acquis *tardivement* la maturité qui leur faisait défaut jusque-là. Ils deviennent alors capables de se dominer, de prévoir, de refuser une satisfaction immédiate, de tenir compte de l'opinion d'autrui et de prendre conscience des inconvénients qu'entraîne le crime. En d'autres termes, ils perdent cette forme d'*infantilisme* faite d'imprévoyance, d'impulsivité et d'irresponsabilité qui caractérise les délinquants.

Ainsi doit-on relever le *rôle capital de l'immaturité psychosociale* qui, probablement se résorbera avec le temps, mais qui, entre-temps, rend le délinquant incapable de s'organiser en fonction de l'avenir et sur lequel le traitement n'a aucune chance d'avoir la moindre prise.

843 *Caractéristiques de la personnalité du récidiviste (suite) : Les handicaps sociaux et personnels*[3] ◊ C'est une observation généralement faite que les délinquants d'habitude souffrent pour la plupart de handicaps sérieux, surtout lorsqu'ils ont dépassé l'âge de 35 ans, ce qui explique qu'ils ne possèdent pas les ressources nécessaires pour surmonter les difficultés inévitables, pour un condamné, du retour à la vie normale et pour s'adapter désormais à celle-ci.

Ces handicaps proviennent notamment de trois sources : la défaillance de la famille d'origine, l'échec de la formation scolaire et professionnelle et la constitution de tares psychosociales qui pèsent lourd sur leur comportement.

1. *Op. cit.,* p. 52.
2. J. Petersilia et *al., Criminal careers of habitual felons,* 1978.
3. M. Cusson, *op. cit.,* p. 53-55.

S'agissant en premier lieu de la *famille d'origine*, on a pu observer que les multi-récidivistes présentent souvent des antécédents familiaux très défavorables. Priva-tion de la présence du père, alcoolisme des parents ou de l'un d'eux, foyer brisé par l'abandon du père ou de la mère, la séparation ou le divorce, quand ce n'est pas le passé délinquant des parents, il y a là autant de handicaps qui pèsent sur l'éducation affective et morale de l'enfant et qui expliquent que souvent ces délin-quants d'habitude ont quitté le foyer familial prématurément pour mener une vie adolescente indépendante et, partant, marginale ou incertaine.

Pour ce qui est, en deuxième lieu, de *l'école* et de la *formation professionnelle*, le passé des multirécidivistes est généralement marqué par *l'échec*. Échec scolaire d'abord, car ce sont des sujets qui illustrent la mauvaise fréquentation scolaire émaillée de séances d'école buissonnière, puis finalement de l'abandon préma-turé des études. Échec de la formation professionnelle ensuite qui condamnera le jeune à l'instabilité professionnelle et au chômage ou à tout le moins à des emplois occasionnels et mal payés.

Mais ce sont sans doute les *tares psychosociales* qui achèvent de peser sur la des-tinée des délinquants d'habitude en se combinant avec leur immaturité. On retrouve fréquemment chez eux des troubles nerveux, de la débilité, de l'alcoo-lisme et, de plus en plus souvent aujourd'hui, de la toxicomanie.

En résumé ainsi qu'on l'a écrit[1] : « Les hommes qui s'incrustent indéfiniment dans l'ornière de la délinquance sont très mal équipés pour la vie en société. Ils sont issus de familles terriblement désorganisées qui leur ont légué un bagage éducatif d'une pauvreté extrême et, vraisemblablement, quelques tares héréditai-res. Ils n'ont ni la préparation ni la compétence nécessaires pour réussir sur le marché du travail. Ils ont souvent des ressources intellectuelles inférieures à la normale et un équilibre psychologique précaire. »

Il est certain que des individus aussi mal armés pour l'existence normale, ont tendance à s'installer dans une carrière criminelle qui leur paraît plus attirante qu'une vie normale sans travail et sans argent ou à tout le moins dépourvue du minimum d'agrément que les autres peuvent y trouver. D'autant qu'au fur et à mesure qu'ils s'installent dans l'activité criminelle, ils peuvent de moins en moins résister aux occasions de récidiver qui s'offrent à eux, quelle que soit la menace de la peine encourue pour de nouveaux délits.

844 *L'incidence de l'habitude du crime* ◇ L'observation des populations de récidivistes a mis en évidence deux séries de données dont l'interpréta-tion a conduit à retenir le poids de l'acquisition d'habitudes criminelles dans l'explication de la multirécidive.

La première série de données a trait à la relation qui existe entre le nombre de délits commis antérieurement et la force de la tendance à la récidive. Cette rela-tion se retrouve non seulement lorsque les recherches ont porté sur la criminalité antérieure sanctionnée, mais également sur la criminalité cachée. S'agissant de la criminalité antérieure réprimée, une étude nord-américaine classique a établi, à partir de l'observation d'un échantillon de détenus récidivistes, que le pourcen-tage de ceux qui n'avaient qu'une condamnation antérieure n'était que de 25 %, alors que ceux qui en avaient quatre ou plus atteignaient 46 %. En France, une enquête sur « le retour en prison » d'une cohorte de condamnés à de longues pei-nes sortis de prison en 1982 et observés dans les 4 années qui ont suivi, a montré

---

1. M. Cusson, *op. cit.*, p. 53-54.

que si le taux moyen de « retour en prison » était de 34,3 %, ceux qui n'avaient pas de condamnations antérieures à la longue peine effectuée n'avaient un taux de retour que de 23 %, tandis que le taux de ceux qui avaient eu, antérieurement à la longue peine, deux condamnations à un emprisonnement ferme de 6 mois et plus atteignaient 61 %. Il est ainsi très net que plus le passé est lourd et plus le taux de retour est élevé, le rapport étant en l'espèce de 1 à 3.

Ce qui est établi à partir de la criminalité sanctionnée se trouve confirmé lorsque l'on recourt aux *enquêtes d'autoconfession*. La comparaison d'un échantillon de délinquants primaires et d'un échantillon de délinquants récidivistes au regard de leur délinquance cachée montre des écarts significatifs de délinquance d'un échantillon à l'autre (31 % pour le premier, 60 % pour le second), de même d'ailleurs qu'il a été établi qu'il existe de fortes corrélations entre la délinquance cachée d'un groupe d'écoliers à un moment donné et leur délinquance également cachée deux ans après. On peut donc dire finalement, d'une certaine manière, que « l'activité délinquante passée permet de prédire la délinquance future ».

Quant à la deuxième série de données, elle a permis de formuler la proposition selon laquelle « *plus un délinquant est jeune quand il a commis son premier délit et plus il aura tendance à récidiver* ». On a ainsi établi, sur un échantillon de détenus adultes que, ceux qui avaient 14 ans ou moins lors de leur première arrestation avaient un taux de récidive de 49 %, qui tombait à 27 % pour ceux qui avaient fait l'objet de la première arrestation entre 21 et 23 ans et à 11 % lorsqu'ils avaient été arrêtés pour la première fois après 34 ans.

Pour expliquer ces données empiriques, M. Cusson avance l'idée que *le crime engendre le crime*, comme la vertu suscite la vertu. C'est la théorie de l'acquisition de l'habitude criminelle. « L'homme qui a commencé sa délinquance très jeune, écrit-il, et qui a commis un grand nombre de délits a acquis, au fil des années, des habitudes criminelles. Le crime est devenu chez lui une seconde nature et même un besoin profondément enraciné dans sa personnalité »[1]. C'est dire par conséquent que les délits antérieurement commis produisent un *effet de renforcement* sur le comportement ultérieur du sujet récidiviste, de telle sorte que « la récidive ne s'explique pas seulement par l'incapacité de s'adapter à une vie normale, mais aussi par la puissante attraction qu'exerce ce mode de vie sur ceux qui l'ont trop bien connu »[2].

845 *Le poids de la situation post-pénale du récidiviste sur son avenir* ◇ Les problèmes redoutables que rencontre généralement le récidiviste à sa sortie de prison achèvent trop souvent de confirmer le délinquant dans la récidive. Il s'agit principalement des difficultés à trouver du travail, de la perte de la vie familiale et de la tendance à retrouver ses ex-co-détenus ou d'autres délinquants comme fréquentations.

On a maintes fois décrit les obstacles qui s'opposent à ce que l'ex-détenu trouve du *travail* à sa sortie de prison. Cela va du handicap que constitue le manque d'expérience professionnelle et d'expérience au travail, aux attitudes générales des employeurs et de la population à l'égard de l'embauche des ex-détenus en passant par les multiples interdictions professionnelles de droit ou de fait qui atteignent les condamnés. Mais ce qu'il est intéressant de relever ici, c'est que toutes les recherches convergent pour montrer que les ex-détenus qui trouvent un

---

1. M. Cusson, *op. cit.*, p. 49.
2. M. Cusson, *op. cit.*, p. 51.

emploi à leur sortie de prison et qui réussissent dans leur profession récidivent beaucoup moins que ceux qui sont au chômage ou qui rencontrent des échecs dans leur emploi.

Autre facteur qui pèse sur l'ex-détenu : l'emprisonnement entraîne assez souvent une rupture entre le condamné et sa *famille,* ou son conjoint ou sa compagne, quand il n'accentue pas une rupture qui était déjà consommée auparavant. D'où une solitude intense à la sortie de prison qui va pousser l'ex-détenu à se tourner vers ses anciens camarades de détention.

Car, là aussi, la nature et la qualité des fréquentations sont un bon indicateur de reclassement social ou, à l'inverse, de risque de récidive. Diverses études ont bien montré que le pourcentage des récidivistes était significativement beaucoup plus élevé chez les ex-détenus qui s'étaient faits de nouveaux amis délinquants que chez ceux qui s'étaient tournés vers de nouveaux amis non délinquants.

b. Le décalage entre le modèle idéal des psychothérapies et leur réalisation [1]

846 *Objectifs et mise en œuvre* ◇ La dégradation de la personnalité du récidiviste sous l'influence des facteurs lourds de la récidive ne suffit pas à expliquer « l'effet zéro du traitement » dans son intégralité. Il faut aussi se tourner vers la valeur des traitements en question. D'autant plus que nombre de délinquants ne sont que modérément motivés à poursuivre leur action criminelle et ne sont que légèrement handicapés. Or il y a sans doute dans la théorie comme dans la *pratique* actuelle des programmes de réhabilitation quelque *chose d'essentiel qui les condamne inévitablement à l'échec.*

Toute la difficulté est de déterminer et d'analyser en quoi ces psychothérapies sont marquées au coin de l'imperfection au point d'en être souvent frappées d'inefficacité.

Pour répondre à la question, il faut distinguer entre les *objectifs* et la *mise en œuvre* de l'intervention thérapeutique. Les premiers sont brouillés par un grave *malentendu,* la seconde est faussée par une véritable *perversion.*

847 *Le malentendu autour des objectifs de l'intervention thérapeutique : le double malentendu* ◇ On peut dire que l'intervention thérapeutique a globalement pour objectif d'éviter la récidive en modifiant la personnalité du délinquant.

Éviter la récidive, c'est le *mandat* qui est donné au thérapeute par la société. Modifier la personnalité du délinquant devrait être seulement le *moyen* utilisé pour répondre à la demande de son mandant, la société.

Or, le thérapeute a tendance à considérer que le mandat lui est confié par le délinquant et non par la société, et qu'il consiste dans la modification de sa personnalité, sans que la prévention de la récidive soit une préoccupation véritable. Ainsi le double objectif du traitement fait l'objet d'un double malentendu.

---

1. M. Cusson, *op. cit.,* p. 63 et s.

848 *Le malentendu autour de l'objectif de modification de la personnalité du délinquant* ◇ Il résulte de la plupart des écrits des criminologues cliniciens que l'intervention thérapeutique vise la personnalité du délinquant et non son délit. Ce dernier n'est considéré que comme un symptôme qui renvoie à un trouble plus profond de la personnalité. Cette conception fait écho à la phrase célèbre de Ferri : « Le délinquant doit être le protagoniste de la justice pénale ». On veut agir non pas sur ce qu'il a fait, mais sur ce qu'il est. On veut restructurer sa personnalité en profondeur.

Karl Menninger, l'un des chefs de file des cliniciens, déclarait ainsi : « Le prisonnier devrait, au terme de l'expérience thérapeutique, être une personne différente, équipée différemment, se dirigeant dans une direction différente »[1].

De manière plus précise, le traitement tel qu'il a été défini par les thérapeutes aurait deux objectifs : 1/ changer un délinquant qui ne fonctionne pas adéquatement sur le plan psychologique de toute évidence et, 2/ l'aider à résoudre le problème qui le fait souffrir.

Cela suppose qu'un *mandat* ait été donné au thérapeute par le délinquant de l'aider et de le changer, d'où l'appellation de *modèle médical* avec sa transposition en criminologie clinique (état dangereux ou dangerosité, observation, diagnostic, pronostic et traitement).

Or dans la réalité, il existe une grande *différence entre le traitement du délinquant et celui du malade* et c'est là que se situe le *premier malentendu*. En *médecine*, il y a véritablement un appel du malade qui souffre au médecin pour le guérir et, à tout le moins, pour le soulager. Mais en *criminologie clinique*, c'est souvent très différent. Il existe nombre de délinquants pour qui la délinquance est une activité avantageuse et agréable. Ils en tirent des bénéfices matériels et psychologiques et, de ce fait, ils ne voient pas pourquoi ils abandonneraient leur carrière criminelle. De leur point de vue, le crime est une réponse valable à leurs problèmes et une solution satisfaisante à leurs besoins. Pour eux, le crime n'a pas grand-chose à voir avec la maladie. Il n'est vécu ni comme une souffrance, ni comme une pathologie; il est au contraire plaisir, profit, liberté. Ils ne ressentent aucun sentiment de culpabilité pour une activité criminelle et trouvent au contraire des justifications socio-morales à leur conduite.

Dans ces conditions, le pseudo-mandat qui serait donné par le délinquant au thérapeute de l'aider et de le changer n'est en réalité qu'une pure *fiction* inventée par les thérapeutes pour se justifier. C'est là le premier malentendu, si bien que, dans nombre de cas, la véritable thérapie ne commence jamais vraiment. En revanche, le thérapeute a bien reçu de la société le *mandat d'éviter la récidive* et c'est là que se situe le second malentendu.

849 *Le malentendu autour de l'objectif de prévention de la récidive* ◇ L'inscription de la finalité de réadaptation sociale dans les fonctions de la peine s'explique par la croyance du législateur dans la vertu préventive supérieure de la resocialisation. C'est pourquoi le thérapeute a reçu *mandat de la société* de faire cesser la récidive et, au moins pendant la durée de l'intervention, de garder sous contrôle l'activité du délinquant, que ce soit en milieu ouvert ou en milieu fermé.

1. *In The crime of punishment*, 1966.

Or ce n'est souvent pas ainsi que les thérapeutes conçoivent leur mission. Il existe en effet une sorte d'*idéologie* du travail social commune à la plupart des travailleurs sociaux qui fait qu'ils refusent de se sentir au service de la société et se conçoivent avant tout comme étant au service du délinquant. Ils affichent un parti pris délibéré en faveur de celui-ci; ils veulent avant tout aider les détenus, humaniser leur sort, atténuer les conséquences des peines infligées à des gens qu'ils considèrent plus comme des victimes de la société que comme des êtres responsables de leurs actes. Il en résulte chez eux une extrême indulgence à l'égard des délits commis par ceux qu'ils veulent d'abord aider. À la limite, la délinquance n'est pas pour eux un problème réel; ils ne peuvent donc pas penser sérieusement que la non-récidive soit un objectif qui vaut la peine d'être poursuivi.

On est donc ici aussi en présence d'un *vaste malentendu*. Les représentants de la société confient à des thérapeutes la mission de participer à la lutte contre le crime; ces derniers font comme s'ils pouvaient répondre à cette attente mais, en fait, ce qui les intéresse, c'est de contribuer au mieux-être de leurs clients qu'ils considèrent comme des victimes de la société et ils ne se préoccupent nullement de la récidive éventuelle de ceux-ci, si ce n'est quelquefois, pour ne pas dire souvent, pour les protéger contre les conséquences policières et judiciaires de celle-ci.

850 *La perversion de la mise en œuvre de l'intervention thérapeutique : l'idéologie de la mise en œuvre de la thérapie* ◊ Quand on étudie les moyens d'action thérapeutique qui sont préconisés par les partisans du traitement des délinquants, on observe que deux idées simples reviennent sous la plume de ceux-ci : agir par la relation et éviter de punir.

La *relation clinique* tout d'abord est au cœur de l'entreprise clinique. Elle est considérée comme le moyen privilégié, sinon exclusif, de réhabilitation du délinquant. Pour la désigner, les mêmes termes reviennent constamment : dialogue, confiance, amitié, compréhension, sympathie, empathie (c'est-à-dire mode de connaissance intuitive d'autrui qui repose sur la capacité de se mettre à la place de l'autre). Dans son livre « *The crime of punishment* », K. Menninger consacre au traitement un chapitre au titre significatif : « *Love against hate* » (L'amour contre la haine). L'amour est ainsi la clef de tous les programmes thérapeutiques. La relation clinique devient de la sorte une véritable fin en soi.

La seconde idée forte qui commande l'intervention thérapeutique, c'est le *refus des punitions*. Le titre même de l'ouvrage de Menninger est particulièrement significatif à cet égard : « *The crime of punishment* » (Le crime de la peine). Traiter le criminel et non le punir, voilà un précepte qui est présenté comme une évidence. L'homme commet des crimes parce qu'il est malheureux et la punition, loin de le guérir, ne fera qu'ajouter des frustrations supplémentaires et l'enfoncer encore plus dans la révolte.

851 *De l'idéologie à la pratique* ◊ Telles sont les idées fondamentales qui caractérisent la mise en œuvre de l'intervention thérapeutique. Or, que se passe-t-il *en pratique ?* Il est curieux d'observer qu'aucun programme durable de traitement ne met véritablement cette théorie en application. Tout au contraire, parti d'un idéal résolument hostile à toute mesure répressive, on ne tarde pas à voir resurgir au cours du traitement des *mesures punitives* plus ou moins camouflées. Comment cela se fait-il ?

M. Cusson a fort bien analysé le glissement qui conduit ainsi à faire de la relation thérapeutique un ersatz de solution répressive en décrivant un processus en quatre étapes : l'inefficacité de la relation, l'inconduite, la démission et le refus de l'impuissance[1].

1re étape : *l'inefficacité de la relation clinique.* Tout commence par un fait apparemment non aperçu par un grand nombre de partisans du traitement : c'est qu'en soi, la relation clinique n'est pas un moyen efficace d'agir sur le comportement. On n'a jamais pu faire la preuve que le simple fait d'établir une relation positive avec un délinquant amène à des changements de conduite; tout au contraire diverses recherches ont fourni des indications militant en faveur de l'hypothèse selon laquelle la relation clinique produirait un effet nul.

2e étape : *l'inconduite.* Tôt ou tard, le clinicien se rend compte que, malgré la confiance, la compréhension et l'empathie envers le délinquant, son client continue ses agissements s'il est en milieu libre et refuse de coopérer lorsqu'il est en détention. Ainsi pendant l'intervention clinique, qu'elle soit en institution ou en milieu libre, la délinquance, l'inadaptation et le refus de coopérer se manifestent fréquemment. Pourquoi cela ? Peut-être parce que les clients ne sont pas très motivés à changer. Peut-être aussi, parce que les délinquants, de la même manière que les adolescents, aiment bien s'amuser aux dépens des personnes qui ont autorité sur eux. En tout cas une chose est certaine, c'est que la relation clinique n'est pas une solution pour stopper cette inconduite.

3e étape : *la démission.* Bon *nombre de praticiens se découragent* alors devant ce qu'ils vivent comme un échec.

Certains adoptent une conduite démissionnaire. Ils se désengagent et sombrent dans la passivité et la routine. Quand un cas ne pose pas de problème ils l'ignorent et quand il devient évident qu'il faut intervenir ils font le minimum, c'est-à-dire que le clinicien se transforme en bureaucrate pour qui un bon client est celui qu'on voit le moins possible.

D'autres cliniciens se réfugient dans les évaluations et les diagnostics. Ils passent le plus clair de leur temps à étudier en profondeur la personnalité des clients sans vraiment se soucier des implications pratiques que cela peut avoir. Cette tendance à la surévaluation est particulièrement fréquente chez les psychologues. Ils font des anamnèses interminables, font passer de multiples tests et rédigent de longs rapports qui se caractérisent par leur inutilité. L'activité diagnostique flotte ainsi dans le vide sans lien aucun avec la nature du problème ni avec la solution qui lui sera apportée.

4e étape : *le refus de l'impuissance.* Tout le monde cependant n'accepte pas facilement de se désintéresser de son métier, surtout si celui-ci implique un contact quotidien avec le délinquant. Aussi vient-il un moment où l'on sent le besoin de réagir devant l'accumulation des délits ou des désordres qui mettent en jeu la survie même du programme de réhabilitation auquel on collabore. Or, l'observation montre qu'un programme de traitement auprès des délinquants ne peut pas subsister *sans un minimum de coercition.* Tous les programmes de traitement dans lesquels on a persisté à ne pas sanctionner ont disparu au bout de quelque temps parce que les délinquants traités intensifiaient leur activité délictueuse ou devenaient ingouvernables. Dès lors si l'on veut continuer à fonctionner, il faut forcer le consentement des récalcitrants et le praticien découvre qu'il n'y a qu'un moyen

---

1. *Op. cit.*, p. 72 et s.

pour cela : la punition. *La punition est ainsi l'ultime moyen pour faire cesser le désordre.* D'où le recours à toutes sortes de procédés plus ou moins camouflés qui ne sont autres que des punitions : perte du droit de circuler librement, perte de l'argent de poche, perte de permission de sortie, isolement dans un cachot, etc.

Une étude sur le « *Community treatment project* » californien[1] considéré aux États-Unis comme le modèle du programme de traitement en milieu ouvert des jeunes délinquants, a ainsi calculé le rapport traitement proprement dit/punition dans la mise en œuvre concrète du programme. Son auteur a constaté que sur une période de 16 mois, les délinquants concernés avaient été traités pendant une durée totale moyenne de 5,7 jours alors qu'ils avaient passé, toujours en moyenne, 56 jours en détention utilisée comme moyen de coercition, donc de punition.

On peut remarquer qu'en France toutes les mesures qui se veulent des mesures de traitement non punitives sont toujours assorties d'une menace de punition : révocation du sursis avec mise à l'épreuve ou de la libération conditionnelle, condamnation à l'emprisonnement du « tigiste » qui refuse de se soumettre au travail demandé, poursuite en cas d'inexécution de la composition pénale.

Il existe ainsi ce que M. Cusson a appelé « la loi de survivance de la peine » et que l'on peut aussi désigner comme la « *loi du dernier recours à la peine* ». Elle a reçu, on l'a vu[2], une certaine consécration depuis la loi pénitentiaire de 2009 dans l'article 132-24 (dernier al.) du Code pénal.

b. Les résultats des recherches évaluatives postérieures[3]

852 *De la confirmation du pessimisme de « Nothing works » à un « optimo-pessimisme » tempéré* ◇ Depuis l'apostrophe de Martinson de 1974 « *What works ?* », plusieurs recherches évaluatives ont été réalisées sur l'efficacité préventive de la récidive des programmes de resocialisation. Conscients de l'imperfection des méthodes utilisées dans le passé pour procéder à l'évaluation de ces programmes, les chercheurs ont recouru à des méthodes d'évaluation plus rigoureuses[4].

Parmi ces travaux, les plus intéressants sont les études de type « méta-analyse ». Réalisées à partir des études évaluatives portant sur des thérapies dans le cadre d'une sanction pénale, ces études recourent à une méthode statistique qui permet d'évaluer l'impact des programmes de traitement sur la récidive en combinant les résultats de plusieurs études évaluatives antérieures et de les analyser comme un tout (d'où la qualification de « méta-analyse »). D'après la synthèse qui en a été faite pour le *Dictionnaire Dalloz de Sciences criminelles*[5], ces recherches donnent des résultats contradictoires. Une première étude publiée en 1989[6] conclut comme Martinson que les programmes de traitement n'ont pas d'impact signifi-

1. Lerman, 1975.
2. *Supra* n° 821.
3. A. Kensey, « Évaluation de la réinsertion : des méthodes utilisées aux résultats observés », *in La réinsertion des délinquants : mythe ou réalité ?*, PUAM, 1996, p. 201-210; M. Killias, *Précis de criminologie*, 2ᵉ éd., 2001, p. 491-512; P. Lussier, vᵒ « Efficacité des mesures pénales », *Dict. sc. crim.*, 2004, p. 314-315.
4. *Cf.* M. Killias, *op. cit.*, p. 493-498.
5. Vᵒ « Efficacité des mesures pénales » par P. Lussier, p. 314-315.
6. J. I. Whitehead et S. P. Lab, « A meta-analysis of juvenile correctionnal treatment », *Journal of research on crime and délinquancy*, 1989, p. 276-295.

catif sur les taux de récidive. En revanche une autre méta-analyse portant sur 154 recherches évaluatives dont la plupart figuraient d'ailleurs dans l'étude précitée, ont abouti à des conclusions moins pessimistes[1]. Ce qui est capital dans cette étude, c'est qu'elle dégage les *conditions* qui doivent être remplies pour qu'un programme de réadaptation sociale ait des chances d'être efficace : 1/ l'intensité du traitement doit correspondre au *niveau de risque* de récidive que présente le délinquant, ce qui implique que l'on possède des techniques fiables de diagnostic de sa dangerosité et de pronostic d'une évolution de celle-ci[2]; 2/ le traitement doit être ciblé sur les *facteurs de risque de récidive*, c'est-à-dire les facteurs qui, lorsqu'ils sont modifiés, sont susceptibles d'entraîner une diminution du risque de récidive : éducation, emploi, fréquentations, loisirs, en bref les facteurs du milieu personnel qui influencent l'évolution de la personnalité du délinquant; 3/ le type de traitement doit être adapté aux *caractéristiques personnelles* du délinquant. Lorsque les traitements respectent ces trois conditions, il y a des chances sérieuses qu'ils entraînent une réduction statistiquement significative des taux de récidive[3]. Cela dit, la prudence pronostique demeure de mise. Comme l'écrit un auteur[4], « malgré ces conclusions optimistes, on ne peut conclure de façon définitive quant à l'efficacité des programmes de traitement », en raison d'exigences méthodologiques très strictes à respecter et comme l'écrit un autre auteur[5], s'il y a « des lueurs d'espoir », « un grand nombre de questions restent donc ouvertes dans ce domaine ». C'est dire combien il faut se garder de cette naïveté si répandue – pour ne pas parler de l'aveuglement idéologique qui l'accompagne trop souvent – selon laquelle le seul moyen de lutter contre la récidive c'est la réinsertion...

---

1. D. A. Andrews et *al.*, « Does correctionnal treatment work ? A clinically relevant and psychologicaly informed meta-analysis », *Criminology*, 1990, p. 369-405. Dans le même sens, M. W. Lipsey, « The effect of treatment on juvenile délinquents », *in*, F. Losel et *al* (éd.), *Psychology and law. International perspective*, Berlin/New York, de Gruyter, 1992, p. 131-143.
2. *Cf. infra* n°s 906 et s.
3. Pour d'autres évaluations de programmes, *cf.* M. Killias, précité.
4. P. Lussier, précité.
5. M. Killias, précité.

CHAPITRE 2

LA VALEUR SCIENTIFIQUE DES TECHNIQUES PÉNALES

853 Droit pénal substantiel et procédure pénale ◊ Les principes de la politique criminelle retenus par les divers États passent dans les droits pénaux positifs à travers des *règles* et des *concepts juridiques* qui varient selon les législations. Ces règles et ces concepts forment ce que l'on appelle les *techniques pénales*. Ces techniques se répartissent en deux catégories : les unes constituent le *droit pénal substantiel* ou *droit pénal général* (section 1), les autres font partie de la *procédure pénale* (section 2). Faute de pouvoir envisager tous les droits positifs, on va raisonner ci-dessous sur le cas du droit pénal français [1].

SECTION 1. LA VALEUR SCIENTIFIQUE DU DROIT PÉNAL GÉNÉRAL [2]

854 Les concepts-clés du droit pénal général ◊ On sait que les trois concepts-clés du droit pénal général sont *l'infraction, l'imputabilité* et la *sanction*. Ces divers concepts recouvrent chacun tout un ensemble de *règles* que l'on étudie en détail au cours de droit pénal général [3].

La criminologie juridique se pose la question de savoir dans quelle mesure ces diverses règles ont une *assise dans la réalité criminologique* ou sont, au contraire, des *constructions abstraites* de la spéculation juridique. Lors du colloque tenu à Toulouse en 1969 sur la « Confrontation de la théorie générale de la responsabilité pénale avec les données de la criminologie » [4], J. Pinatel, dans son rapport introductif intitulé « Les fondements anthropologiques et criminologiques du droit pénal » [5], avait avancé l'hypothèse générale selon laquelle si les *fonctions* assumées par les concepts techniques du droit pénal ne sont pas mises en cause par la criminologie, leurs contenus en revanche accusent un décalage certain avec les données de la criminologie et des sciences de l'homme et devraient dès lors être désormais mis en harmonie avec ces dernières.

C'est à la lumière de cette hypothèse que l'on va examiner tour à tour l'infraction (§ 1), l'imputabilité (§ 2) et la sanction (§ 3).

---

1. Pour effectuer les comparaisons avec les techniques pénales des droits étrangers, *cf.* J. Pradel, *Droit pénal comparé*, Précis Dalloz, 3ᵉ éd. 2008.
2. E. De Greeff (1937), p. 9-15 ; E. De Greeff (1948), 30-34 ; J. Constant, p. 104-149 ; E. H. Sutherland et D. R. Cressey, p. 297-324.
3. *Cf.* B. Bouloc, *Droit pénal général*, 22ᵉ éd., 2011, nᵒˢ 93 et s. Comp. la structure du livre 1ᵉʳ du nouveau C. pén. français.
4. Actes publiés chez Dalloz, 1970.
5. Actes précités, p. 19-35.

§ 1. L'infraction

855 *Structure et classifications* ◇ L'étude juridique de l'infraction pénale comporte deux sortes de développements : les uns sur sa structure (A), les autres sur ses classifications (B).

A. La structure de l'infraction

856 *Éléments constitutifs et faits justificatifs* ◇ On sait qu'une infraction pour être constituée doit comporter trois *éléments constitutifs généraux :* un élément légal, un élément matériel et un élément moral ou psychologique. De plus, elle ne doit pas être justifiée par un *fait justificatif* (ordre de la loi et commandement de l'autorité légitime, légitime défense, état de nécessité et, dans certains cas, consentement de la victime) que certains auteurs considèrent comme correspondant à un quatrième élément : l'élément injuste.

Si la criminologie juridique a quelque peu approfondi la valeur scientifique des éléments constitutifs de l'infraction (a), elle est encore embryonnaire sur les faits justificatifs (b).

a. Les éléments constitutifs de l'infraction

857 *1) L'élément légal*[1] ◇ Le principe de la légalité des délits et des peines, qui est une création de la Révolution française, avait à l'origine une justification exclusivement *politique*. La légalité des délits et des peines s'explique parce qu'elle est la condition de la liberté des citoyens dans l'État.

Mais peut-on aussi lui trouver une justification criminologique ? On peut dire que, sur le plan criminologique, le principe était d'abord mal parti car les premiers criminologues de l'École positiviste, à la fin du XIXᵉ siècle, lui reprochèrent de placer la répression pénale dans une situation de retard constant par rapport à l'évolution de la criminalité et de ne pas tenir compte de l'état dangereux de certains malfaiteurs.

Mais la criminologie moderne lui a trouvé des *justifications* aussi bien au niveau sociologique qu'au niveau psychologique.

1) Sur le plan de la *criminologie sociologique*, on remarque que seule une définition préalable des incriminations et des peines permet d'assurer la fonction de prévention générale de la délinquance qui doit être celle de tout système pénal. Cette définition préalable renseigne en effet d'abord les individus sur le code des valeurs sociales fondamentales qu'ils doivent respecter et remplit donc une fonction pédagogique. D'autre part en menaçant les délinquants éventuels d'une peine, elle remplit une fonction d'intimidation par la pression que cette menace exerce sur les comportements[2].

---

1. J. Pinatel, « L'élément légal de l'infraction devant la criminologie et les sciences de l'homme », *RSC*, 1967, p. 683-688; A. Vitu, « L'élément légal et l'élément matériel de l'infraction devant les perspectives ouvertes par la criminologie et les sciences de l'homme », Rapport au Colloque de Toulouse précité, Actes, p. 39-59; spéc. 39-52; J. Pinatel (1987), vᵒ « Loi pénale », p. 135-138; Y. Mayaud, « *Ratio legis* et incrimination », *RSC*, 1983, p. 597-621.
2. Sur les limites de cette dernière fonction, *cf. supra* nᵒˢ 807 et s.

2) Sur le plan de la *criminologie psychologique*, on observe également que le principe se justifie parce que pour qu'un acte soit criminologiquement une infraction, il faut qu'il ait été vécu comme tel par son auteur et qu'il ne peut en être ainsi que si l'acte a été préalablement incriminé de manière spécifique par la loi.

Il reste que si la fonction du principe de légalité trouve ainsi sa justification en criminologie, le *contenu* que lui donne le droit positif n'est pas toujours à l'abri de la critique. Le développement des sources administratives d'incrimination, la prolifération des incriminations pénales et la tendance à l'interprétation large des lois pénales par les juges ne correspondent pas aux justifications avancées[1]. Mais le problème n'est pas si simple car on a en même temps souligné la difficulté de concilier la conception moderne de la peine-traitement d'origine criminologique avec le principe de l'interprétation stricte de la loi pénale[2].

858 **2) *L'élément matériel***[3] ◇ L'exigence de l'élément matériel pour la constitution de l'infraction, comme celle de l'élément légal, se justifie avant tout par une raison d'ordre *politique :* le nécessaire respect de la liberté individuelle. Toutefois, on lui a trouvé aussi des justifications *criminologiques*. Celles-ci sont doubles. D'une part, a-t-on écrit[4], « en offrant au délinquant, par la promesse de l'impunité, un motif pressant d'arrêter l'exécution de son projet criminel, le législateur espère étouffer dans l'œuf un trouble prochain à l'ordre social » : il s'agit donc d'une justification par l'idée de la *prévention individuelle* ante delictum. D'autre part, la nécessité de l'élément matériel élimine la crainte *d'erreurs judiciaires* qu'engendrerait la répression d'une volonté délictueuse non extériorisée par des actes matériels, car tant que l'acte n'a pas été commis, on ne peut affirmer qu'il y aura passage à l'acte.

Ces justifications criminologiques modernes contrastent avec la prétention des premiers criminologiques qui condamnaient l'exigence de l'élément matériel au nom de la théorie de l'état dangereux et auraient souhaité voir sanctionner l'*état dangereux prédélictuel*. L'idée, il est vrai, a été lancée à une époque où l'on pensait, sous le signe de la théorie lombrosienne du type criminel, pouvoir distinguer un délinquant d'un non-délinquant au moyen de toute une série de stigmates non équivoques. Or la faillite de la théorie du criminel-né et l'incertitude actuelle qui règne sur les résultats des procédés de diagnostic de l'état dangereux prédélictuel ont rendu la criminologie contemporaine plus prudente sur ce sujet[5]. Toutefois, les techniques juridiques dites des « délits-obstacles » et des « infractions de prévention » ont permis de concilier l'exigence de l'élément matériel avec l'idée d'« état dangereux prédélictuel ». Ces techniques consistent à ériger en infraction

---

1. J.-J. de Bresson, « Inflation des lois pénales et législation ou réglementation "techniques" », *RSC*, 1985, p. 241-258; C. Barberger, « Justice pénale et administrations : le droit de la discipline des codes administratifs », *AS*, 1985, vol. 35, p. 167-177; P. Lascoumes et C. Barberger, « De la sanction à l'injonction, Le droit pénal administratif », *RSC*, 1988, p. 45-65; XIVᵉ Congrès de l'Association française de droit pénal : « Faut-il repenser le principe de la légalité pénale ? », Bordeaux, mars 1999, Rapports publiés *in RPDP*, 2002, n° 2.
2. Note du conseiller Costa au *D.* 1972, Jur. p. 139.
3. A. Vitu, Rapport précité, spéc. 52-59; Y. Mayaud, art. précité.
4. A. Vitu, Rapport précité, p. 54.
5. J. Pinatel, « État dangereux prédélictuel et garanties de la liberté individuelle », *RSC*, 1970, p. 903-909.

pénale obéissant ainsi au principe de légalité, des faits qui en eux-mêmes ne sont pas véritablement justiciables du droit pénal, mais qui le deviennent par le risque d'infractions véritables qu'ils comportent. Tel est le cas des infractions au Code de la route en matière de conduite des véhicules (excès de vitesse, violation des interdictions de dépassement, etc.). Le « nouveau » Code pénal contient à cet égard une nouvelle infraction, le délit général d'exposition d'autrui à un risque de mort ou de blessures, qui constitue une avancée décisive de la notion « d'infraction de prévention » dans le droit positif (art. 223-1 C. pén.).

Reste entre la nécessité de l'élément matériel et la possibilité de saisir l'état dangereux prédélictuel, le cas de la *tentative punissable*. On a montré à cet égard que le schéma pénal de la tentative ne correspond pas à l'analyse criminologique de la genèse de l'acte infractionnel et mis en évidence les réformes du droit pénal que l'on devrait tirer de l'étude criminologique du passage à l'acte[1].

859   3) *L'élément moral*[2] ◊ En exigeant que l'acte matériel qui caractérise l'infraction pénale soit un acte fautif, le droit pénal positif rejoint sans doute les conceptions de la criminologie, du moins celles qui ne considèrent pas le délinquant comme un instrument passif balloté entre son hérédité et la société criminogène, mais comme un acteur conscient et volontaire de sa conduite délictueuse. Encore convient-il de se demander si la manière dont le droit positif envisage la culpabilité pénale correspond aux données de la criminologie.

La question a tout d'abord été examinée pour *l'intention coupable* qui est l'élément moral requis dans un très grand nombre d'infractions et notamment dans celles qui sont le plus lourdement réprimées. Selon J. Pinatel, la théorie classique de l'intention n'a pas aujourd'hui de fondement scientifique en raison de son caractère abstrait alors que la personnalité du délinquant est chose éminemment concrète. Même les auteurs qui ne vont pas jusqu'à ce point extrême ne manquent pas de dénoncer ce qu'a d'artificiel la règle « Nul n'est censé ignorer la loi ».

Quant à la *faute d'imprudence* qui caractérise les infractions dites « involontaires », on n'a pas manqué non plus d'en critiquer la conception au nom de la criminologie. Alors que le droit pénal considère que l'acte d'imprudence est un acte « involontaire », la criminologie met en lumière au contraire le caractère volontaire de l'acte lui-même et montre que ce qui n'est pas voulu, c'est seulement le résultat dommageable qui s'en est suivi[3]. Le nouveau Code pénal, à cet égard, constitue une conquête de la criminologie dans la mesure où désormais il est fait une différence entre les simples « maladresse, imprudence, inattention, négligence ou manquement à une obligation de sécurité ou de prudence » et la « violation manifestement *délibérée* » d'une obligation particulière de ce type

---

1. G. Roujou de Boubée, « La genèse de l'acte infractionnel », *in* Actes du Colloque de Toulouse, précité, p. 61-79.
2. J. Pinatel (1987), v° « Culpabilité », 53-54; V.-V. Stanciu (1980), p. 155-164; « La culpabilité », Colloque de l'Institut de criminologie de Toulouse (1975), Actes *in Annales Fac. Droit*, Toulouse, 1976, t. 24, p. 13-290; J. Pinatel, « La théorie pénale de l'intention devant les sciences de l'homme », *in L'évolution du droit criminel contemporain*, 1967, p. 181-193; G. Levasseur, « Étude de l'élément moral de l'infraction », *in Confrontation de la théorie générale*, précité, p. 81-97. *Adde* sur la « vision pragmatique » et non le donné scientifique sur laquelle repose la conception que le droit positif français se fait de l'intention, P. de Guardia, « L'élément intentionnel dans les infractions douanières », *RSC*, 1990, p. 487-506, spéc. p. 487; Y. Mayaud, art. précité.
3. *Cf.* note J.-B. Herzog, *JCP*, 1959, II, 11014 sous T. corr. Lille, 14 nov. 1958.

pour punir cette dernière plus sévèrement (art. 221-6 C. pén.). La réforme de la faute pénale d'imprudence par la loi du 13 mai 1996 puis par la loi du 10 juillet 2000 constitue-t-elle également une conquête de la criminologie sur l'indifférenciation de la faute pénale d'imprudence dans le droit antérieur ? Il n'est pas douteux en particulier que la distinction entre causalité directe et causalité indirecte effectuée par le nouvel article 121-3 du Code pénal pour les personnes physiques correspond à une réalité psychosociale qui est prise en considération par une certaine approche criminologique de la culpabilité non intentionnelle. Il est cependant regrettable qu'une telle réforme fondamentale ait été « polluée » par des préoccupations purement intéressées de la classe politique actuelle[1].

b. Les faits justificatifs

860 *Seule la légitime défense...* ◇ À la différence des éléments constitutifs de l'infraction, les faits justificatifs ne paraissent pas avoir beaucoup intéressé les criminologues, du moins jusqu'à une époque récente. En témoigne le fait qu'aucun rapport n'a été présenté sur ce sujet lors du colloque fondamental de Toulouse en 1969 sur la confrontation du droit pénal et des données de la criminologie.

Toutefois depuis une quarantaine d'années, le phénomène de la *légitime défense* et de ses débordements, avec *l'autodéfense*, a donné lieu à diverses études d'ordre éthologique ou sociologique. Ainsi, on a montré le rapport qui existe entre le « comportement territorial » bien connu en éthologie animale et la légitime défense humaine[2]. Par ailleurs, on a étudié d'un point de vue psychosocial le phénomène dit de l'autodéfense[3]. Ces études présentent l'intérêt, du point de vue qui nous occupe, de contribuer à cerner les aspects concrets et les limites de la légitime défense, mais celle-ci, dans toute la complexité du fait justificatif, ne paraît pas avoir été étudiée en elle-même jusqu'à présent par la criminologie juridique[4].

B. Les classifications des infractions

861 *a) Classification d'après la gravité des infractions* ◇ On sait que le droit pénal français classe les infractions en trois catégories d'après leur degré de gravité : crimes, délits et contraventions. Cette classification héritée de l'Ancien Droit a depuis bien longtemps été critiquée comme contraire à toutes les données de la criminologie. Les propositions de remplacement n'ont pas manqué depuis la fameuse distinction de Garofalo entre les délits naturels et les délits artificiels[5] qui ne sont pas sans

---

1. Cf. *supra* n° 787.
2. M. Benezech, « Comportement territorial et légitime défense », *RICPT*, 1976, p. 245-248.
3. R. Dulong, *L'auto-défense*, Paris, 1983 ; « Sens et non-sens de l'auto-défense », *Dév. et soc.* 1981, p. 211-222.
4. V. cependant J.-P. Delmas Saint Hilaire, « La légitime défense contre les voleurs et les pillards violents. L'affaire de Hienghène », *RICPT*, 1993, n° 3 ; *adde* Y. Mayaud, art. précité.
5. R. Garofalo, *La criminologie*, p. 1 et s.

analogie avec la doctrine anglo-saxonne traditionnelle qui distingue entre les « *mala in se* » et les « *mala prohibita* ».

Parmi les propositions de remplacement plus récentes, on citera en premier lieu la distinction de Bekaert entre les atteintes à l'ordre social et les violations de la structure conventionnelle de la société [1], qui retrouve, au fond, sous un vocabulaire plus sociologiquement élaboré, l'intention fondamentale de Garofalo. On mentionnera, comme plus originale, la classification proposée par deux criminologues américains pour repenser la politique criminelle des États-Unis afin de la rendre plus efficace [2]; ces auteurs suggèrent de distinguer entre trois catégories d'infractions pénales (*offences*) : les délits prédatoires (homicide, viol, cambriolage, etc.), les pratiques illicites (fraudes, corruption, recel, etc.), et les pratiques illégitimes portant atteinte à la qualité de la vie ou « *social welfare offences* » [3]. On remarquera que la criminologie juridique nous enseigne qu'il n'est pas possible de classer les infractions d'après leur gravité sans se référer à leur nature et au type de valeurs auxquelles elles portent atteinte [4]. Le « nouveau » Code pénal français persiste dans la classification tripartite [5].

862 b) *Distinction des infractions de droit commun et des infractions politiques* ◇ La vieille distinction du droit pénal libéral entre la délinquance de droit commun et la délinquance politique ne résiste pas à l'analyse criminologique de la criminalité politique contemporaine dans nos sociétés démocratiques. Les moyens violents utilisés par celle-ci pour atteindre ses objectifs, les crimes de droit commun commis par ses adeptes, soit pour se procurer des armes ou des moyens de subsistance (hold-up, cambriolage, racket...), soit pour se débarrasser des « traîtres » ou des témoins gênants (assassinats), et les liens noués par ses dirigeants avec le milieu criminel, enlèvent à la criminalité politique actuelle l'auréole romantique que lui avait attribuée la Révolution de 1848 [6]. Il est symptomatique à cet égard d'observer que la décision-cadre du 13 juin 2002 n'inclut pas les infractions politiques dans les motifs de non-exécution du mandat d'arrêt européen (art. 3 et 4) ce qui a conduit, suite à l'avis du Conseil d'État du 26 septembre 2002, à modifier la Constitution (LC du 25 mars 2003).

---

1. H. Bekaert, « Ordre social et structure conventionnelle », *RDPC*, 1947-48, p. 1 et s.
2. N. Morris et G. Hawkins, *Letter on crime control to the President*, The University of Chicago Press, 1977.
3. *Cf.* D. Szabo, *Criminologie et politique criminelle*, p. 133-135.
4. *Adde* sur la correctionnalisation législative, W. Jeandidier, *JCP* 1991. I. 3487, spéc. n° 6.
5. J.-H. Robert, « La classification tripartite des infractions selon le nouveau Code pénal », *Droit pénal*, janv. 1995, p. 1 et s.
6. R. Koering-Joulin, « Infraction politique et violence », *JCP* 1982, I, 3066; D. Mayer, « L'infraction politique », *RICPT*, 1984, p. 480-496; R. Ottenhof, « Le droit pénal français à l'épreuve du terrorisme », *RSC*, 1987, p. 607-619; J. Pradel, « Les infractions de terrorisme, un nouvel exemple de l'éclatement du droit pénal », *D.* 1987. chron. 39-50; J.-J. Lemouland, « Les critères jurisprudentiels de l'infraction politique », *RSC*, 1988, p. 16-32. S'agissant de la classification du droit pénal spécial en infractions contre les personnes, contre les biens et contre la chose publique (La nation, l'État et la paix publique dans la désignation du nouveau C. pén.), *cf.* P. Lascoumes et P. Poncela, « Intérêts à protéger et classification des infractions. Autour du premier code pénal français de 1791 » *in Droit et intérêt*, éd. FUSL, coll. Droit 1990, vol. 2, p. 55-81.

§ 2. L'imputabilité [1]

863 ***Du principe de la responsabilité morale aux causes de non-imputabilité*** ◇ On a examiné précédemment, dans le cadre de l'étude de la valeur scientifique de la politique criminelle, dans quelle mesure le principe de la responsabilité morale consacré par le droit positif correspondait aux données de la criminologie. Sur le plan technique, l'application de ce principe conduit à admettre diverses *causes de non-imputabilité*. La criminologie ne semble rien avoir à dire (ni à redire !) pour la *contrainte*. En revanche, la non-imputabilité des *déments* (A) fait problème et celle des *mineurs* (B) n'est pas non plus sans soulever des difficultés.

A. Malades mentaux et anormaux mentaux

864 ***A) L'irresponsabilité des malades mentaux*** ◇ On sait que l'ancien article 64 du Code pénal disposait « qu'il n'y a ni crime, ni délit, lorsque le prévenu était en état de démence au temps de l'action ». Il en résultait que le dément criminel bénéficiait d'une décision de non-lieu ou d'acquittement et que c'était à l'administration de s'occuper de le placer éventuellement dans un établissement psychiatrique; la justice pénale n'intervenait plus au-delà du non-lieu ou de l'acquittement.

Cette solution traditionnelle était critiquée depuis longtemps par la criminologie et il existe une littérature très abondante sur cette question [2]. Deux sortes de critiques ont été formulées :

1) On reproche généralement au système de conduire la justice à se désintéresser des criminels déments après la constatation de leur état, alors que ceux-ci demeurent dangereux après comme avant l'acte criminel qu'ils ont commis. L'avant-projet de révision du Code pénal de 1978 en avait pris acte en prévoyant la possibilité pour la juridiction pénale qui statue d'ordonner le placement du délinquant malade mental dans un établissement spécialisé et en confiant au tribunal de l'exécution des sanctions seul le pouvoir d'en ordonner la sortie (art. 40); ce faisant cet avant-projet rejoignait la solution consacrée par certains droits étrangers (droit allemand, droit autrichien, droit belge). Mais le « nouveau » Code pénal a abandonné cette proposition. Il reprend la solution traditionnelle la modernisant seulement dans sa formulation : « N'est pas pénalement responsable la personne qui était atteinte, au moment des faits, d'un

---

1. J. Marquiset, p. 31-48; M. Laignel-Lavastine et V.-V. Stanciu, p. 124-135; O. Kinberg, p. 3-35 et 108-122; E. Mira y Lopez, 243-268 et 270-291; E. Yamarellos et G. Kellens, I, v° « Imputabilité », p. 224-225; M.-L. Izorche, *L'imputabilité morale*, mémoire DEA, Aix-en-Provence, 1985.
2. Parmi les travaux les plus récents : Nivoli et D. Szabo, « La culpabilité, la responsabilité et le contrôle sociopsychiatrique des sujets diagnostiqués comme psychopathes : tendances actuelles en politique criminelle », *in Les psychopathies*, 1980; G. Daumezon, « Responsabilité et discernement », *même ouvrage*; Y. Roumajon, « Responsabilité pénale et psychopathologie », *AIC*, 1981, p. 61-69; M. de Bonis, « Psychologie et évaluation de la responsabilité dans l'expertise psychiatrique », *Dév. et soc.* 1985, p. 201-214; C. Cherki-Nickles et M. Durbec, *Crimes et sentiments*, éd. Seuil, 1992; Dr G. Meynen et Pr T.I. Oei, « Free will and Criminal Responsability », *in* M. Herzog-Evans (ed.), vol. 1, p. 193-207.

trouble psychique ou neuropsychique ayant altéré son discernement ou le contrôle de ses actes » (art. 122-1 alinéa 1er C. pén. Mais cette solution est très discutée[1]. La loi du 25 février 2008 relative à la rétention de sûreté et à la déclaration d'irresponsabilité pénale pour cause de trouble mental, sans modifier le texte, est finalement venue permettre au juge pénal d'assortir cette déclaration du prononcé de mesures de sûreté, hospitalisation d'office (art. 706-135 du C. pr. pén.) et diverses interdictions (art. 706-136).

2) Certains criminologues vont plus loin et contestent l'idée même selon laquelle le délinquant malade mental serait irresponsable de ses actes. À tout le moins, ils distinguent avec Di Tullio entre les « fous délinquants » et les « criminels fous »[2].

865 **B) *La responsabilité atténuée des anormaux mentaux*** ◇ Cette solution qui découle du principe de la responsabilité morale a donné lieu également aux plus vives critiques de la part de la criminologie des techniques pénales au nom de l'état dangereux de ces sujets. L'avant-projet de 1978 précité avait également tenu compte de ces objections en prévoyant des dispositions particulières permettant aux juges d'en tirer les conséquences dans la détermination, mais aussi dans les modalités d'exécution de la peine. L'avant-projet de 1983 était déjà moins net et l'article 122-1 du nouveau projet de Code pénal l'était devenu si peu[3] que la Commission des lois du Sénat a proposé un amendement disposant qu'en présence d'une simple altération des facultés psychiques entraînant l'atténuation de la responsabilité pénale, « la juridiction peut décider que la peine sera exécutée dans un établissement pénitentiaire spécialisé doté de services médicaux, psychologiques et psychiatriques permettant de procéder à tout examen, observation ou traitement nécessaire »[4]. L'article 122-1, alinéa 2 du C. pén. se borne finalement à dire que « la juridiction tient compte de cette circonstance lorsqu'elle détermine la peine et en fixe le régime ». Devant les difficultés suscitées par cette disposition qui, bien qu'incluse dans un chapitre relatif aux causes d'irresponsabilité et d'atténuation de la responsabilité pénale, ne prévoit pas formellement une diminution de peine, une proposition de loi en cours de discussion au premier semestre 2011 prévoit de modifier le texte afin de quantifier la réduction au tiers de la peine privative de liberté encourue.

---

1. *Cf.* J.-M. Aussel, « La condition des délinquants présentant des troubles mentaux en droit français », *Mélanges en l'honneur d'André Vitu*, Cujas, 1989, p. 9 et s., spéc. p. 16 et 17 ; « Justice pénale et troubles mentaux », *in Prob. act. Sc. crim.*, t. III, PUAM, 1990, p. 5 et s., spéc. p. 14 ; M. Lemonde, « L'article 64 est-il incurable ? », *RSC*, 1992, p. 521-524 ; V. Catoire, « À propos de l'altération des facultés mentales », *in* C. Lazerges (dir.) *Réflexions sur le nouveau Code pénal*, éd. Pédone, 1995, p. 57-69 ; T. Albernhe (dir.), *Criminologie et psychiatrie*, 1997, art. C. Debuyst, J. Ayme et P. Couvrat, p. 547-571 ; Y. Mayaud, « Les malades mentaux entre non-imputabilité et imputation », *AJ pénal*, sept. 2004, p. 303-309.
2. Sur cette distinction, *cf. supra* n° 689.
3. J.-M. Aussel, art. précités, p. 20 et 21.
4. Rapport du Sénateur Rudloff, Doc. Sénat, 2e session, 1988-1989, n° 271, t. 1, p. 74-75 et t. 2, p. 10. *Cf.* Groupe de travail JAP, psychiatres et psychologues des Cours d'appel de Paris et Versailles, Rapport « Justice et thérapies dans les procédures post-sentencielles », *RPDP*, 1998, n° 1/2, p. 59-69.

B. Les mineurs et les jeunes adultes

866 *a) Les mineurs délinquants* ◇ Jusqu'en 1912, la responsabilité pénale des mineurs délinquants était réglée par la *question de discernement* dans le droit fil du principe de la responsabilité morale.

À partir de cette date, le régime de la responsabilité pénale de ces mineurs a évolué sous l'influence des conceptions criminologiques dominantes à l'époque[1]. Sous le régime de l'ordonnance du 2 février 1945 sur l'enfance délinquante et jusqu'en 2002, les mineurs de 18 ans bénéficiaient – du moins suivant la présentation dominante à l'époque – d'une présomption d'irresponsabilité pénale. Cette présomption était absolue jusqu'à l'âge de 13 ans. De 13 à 18 ans, elle était relative et les mineurs pouvaient alors être condamnés à une peine « lorsque les circonstances et la personnalité du délinquant paraîtront l'exiger ».

Cette conception était manifestement inspirée par cette idée qu'à la différence de l'adulte dont la personnalité est déjà formée, le mineur est une *personnalité en formation*. Sa délinquance est perçue comme une *inadaptation* que des « mesures de protection, d'assistance, de surveillance et d'éducation » doivent en principe faire disparaître. Une réserve était faite cependant pour les mineurs âgés de 13 ans, précisément en raison de leur « personnalité » en même temps que des « circonstances »[2].

On pouvait se demander si ce système demeurait pertinent en présence des progrès de la criminologie contemporaine. Celle-ci a mis en évidence, en effet, l'existence d'une catégorie de mineurs qui se caractérisent par une *délinquance à la fois précoce et persistante*[3]. Il y a des « superdélinquants » et des « prédateurs violents » parmi les mineurs de 18 ans[4]. N'est-il pas critiquable de maintenir à propos de tels sujets la fiction *infantilisante et justificative* du comportement délictueux d'une irresponsabilité pénale de principe ?

Bien plus, le maintien de ce principe ne paraissait pas plus heureux même pour le délinquant juvénile occasionnel, car il existe un hiatus entre le mouvement général de l'évolution sociale qui tend à autonomiser les jeunes de plus en plus tôt et le principe archaïsant de ce qui était présenté comme une présomption d'irresponsabilité pénale jusqu'à 18 ans. Mieux aurait valu reprendre la législation sur ce point en construisant un régime réaliste de responsabilité pénale des mineurs axé autour de la distinction entre le délinquant occasionnel et le « superdélinquant » ou encore, selon le vocabulaire utilisé par des auteurs particulièrement avertis, entre la « délinquance commune » et la « délinquance distinctive »,

---

1. L'influence des résultats de la recherche relative à l'étiologie et au diagnostic de la criminalité des mineurs sur les dispositions juridiques, thème traité au 1ᵉʳ Congrès international de criminologie (Rome 1938).
2. *Cf.* J. Vérin, « Enfant délinquant et enfance en danger, difficultés actuelles », *RSC*, 1973, p. 749-755 ; M. Van de Kerchove, « Signification juridique de la sanction en matière de délinquance juvénile », *in* C. Detroy et *al.* : *Délinquance des jeunes. Politiques et interventions*, Bruxelles, 1986, p. 163-189. *Adde* D. Salas, « Modèle tutélaire ou modèle légaliste dans la justice pénale des mineurs ? », *RSC*, 1993, p. 238-248 ; Congrès de l'Association française de droit pénal, (Rennes nov. 1991), *Enfance et délinquance*, Rapports Bouloc, Casorla, Couvrat, Pradel et Renucci, éd. Économica, 1993 ; J.-F. Renucci, *Droit pénal des mineurs*, 1994 ; C. Lazerges, « De l'irresponsabilité à la responsabilité pénale des mineurs », *RSC*, 1995, p. 149-153 ; C. Mille, « La responsabilité pénale des mineurs » *in* T. Albernhe, (dir.), *Criminologie et psychiatrie*, 1997, p. 572-581 et R. Ottenhof, « Coupables, mais pas responsables », même *ouvrage*, p. 374-375 ; P. Bonfils et A. Gouttenoire, *Droit des mineurs*, Précis Dalloz, 2008, n° 1233 et s.
3. *Cf. supra* n° 725.
4. Sur ces catégories, *cf. supra* n° 697.

conformément à un souci de « stratégie différentielle »[1]. Une mission interministérielle sur la prévention et le traitement de la délinquance des mineurs désignée en novembre 1997 avait remis son rapport au premier ministre le 16 avril 1998. Si ce rapport formulait 135 propositions pour lutter contre la délinquance des mineurs, il ne jugeait pas nécessaire pour autant de réviser les textes en vigueur et mettait au contraire l'accent sur le fait que l'ordonnance de 1945 n'est pas suffisamment appliquée[2].

La loi du 9 septembre 2002 a finalement rompu avec le principe instauré en 1945. Renversant la perspective du législateur de l'époque, elle pose le principe selon lequel les mineurs capables de discernement sont désormais pénalement responsables des crimes, délits et contraventions dont ils ont été reconnus coupables (art. 122-8 nouveau du C. pén.). Le discernement étant une donnée subjective et psychologique, propre à chaque individu, le législateur français ne détermine pas un âge précis à partir duquel le discernement est acquis ; il revient donc aux juges, assistés par des experts (psychologues essentiellement), de dire si l'enfant est doté ou non du discernement, et, en pratique, on retient généralement un âge entre 6 et 8 ans. Toutefois la mise en œuvre du nouveau principe est mâtinée de deux sortes de limitations qui traduisent une survivance de l'esprit de 1945. En premier lieu, les mesures éducatives conservent la préférence du législateur par rapport aux peines proprement dites. En second lieu, les nouveaux textes maintiennent les seuils d'âge rigides des dispositions antérieures de l'ordonnance de 1945 (13 ans, 16 ans et 18 ans) auxquels ils ont même ajouté une nouvelle catégorie, les 10 à 13 ans, pour permettre l'application de nouvelles sanctions créées par la loi de 2002, les sanctions éducatives qui ont certes une finalité éducative mais s'apparentent aussi à des peines par leur caractère contraignant et négatif. Ainsi le principe de la responsabilité pénale des mineurs délinquants est-il fortement encadré[3]. Dans le dernier état de la législation, cet encadrement a cependant été progressivement desserré, par les lois du 5 mars 2007 relative à la prévention de la délinquance et du 10 août 2007 renforçant la lutte contre la récidive des majeurs et des mineurs, quant à la diminution légale de peine de moitié qui est prévue par l'article 20-2 de l'ordonnance modifiée de 1945 en cas de condamnation à une peine d'un mineur âgé de plus de 16 ans. Ont en effet été créés deux nouveaux cas d'exclusion possible de la diminution légale de peine (article 20-2 al. 2 et s.). Outre le cas traditionnel où « les circonstances de l'espèce et la personnalité du mineur » paraissent l'exiger, ont été ajoutés d'une part celui d'un crime d'atteinte volontaire à la vie ou à l'intégrité physique ou psychique de la personne (actes de violence) commis en état de récidive légale, et d'autre part celui où un délit de violences volontaires, d'agression sexuelle ou commis avec la circonstance aggravante de violences a été commis en état de récidive légale. Surtout, en cas de nouvelle récidive dans l'un de ces deux derniers cas, le principe devient celui de l'exclusion de l'atténuation de peine liée à la minorité, même si celle-ci peut être par exception réintroduite par une décision contraire spécialement motivée de la juridiction[4]. Cette solution, destinée à lutter plus efficacement contre la récidive des « grands mineurs » (+ de 16 ans), rapproche encore

---

1. M. Frechette et M. Le Blanc, *Délinquance et délinquants*, Gaëtan Morin éd., 1987, p. 307 et s.

2. Rapport C. Lazerges et J.-P. Balduck, *Réponses à la délinquance des mineurs*, La Doc. fr., 1998, 204 p. plus nombreuses annexes.

3. R. Gassin, « Faut-il réviser l'ordonnance du 2 février 1945 ? », *in Prob. act. Sc. crim.*, vol. XVI, 2003, p. 43-78, spéc. n°s 40-44. Critiquant la réforme, *cf.* C. Lazerges, « Fallait-il modifier l'ordonnance du 2 février 1945 ? », *RSC*, 2003, p. 172-183.

4. P. Bonfils, « La réforme de l'ordonnance de 1945 par la loi du 10 août 2007 renforçant la lutte contre la récidive des majeurs et des mineurs », *AJ pénal*, 2007, p. 363 et s.

leur responsabilité pénale de celle des majeurs délinquants en faisant une application législative de la distinction criminologique entre « la délinquance commune » des occasionnels et la « délinquance distinctive » des récidivistes[1]. Il en va de même de l'application des peines plancher aux mineurs récidivistes introduite par la loi du 10 août 2007, particulièrement en cas de nouvelle récidive, à rebours de celle envisagée à l'encontre des mineurs primo-délinquants censurée par le Conseil constitutionnel en 2011.

867 **b) Le cas des jeunes adultes délinquants** ◇ Les propositions de réforme relatives aux jeunes adultes délinquants faites dans les années 1950 sous l'influence des conceptions criminologiques de l'époque sur la délinquance juvénile[2] paraissent également quelque peu dépassées face aux acquisitions de la criminologie contemporaine sur la catégorie des super-délinquants et prédateurs violents. La notion a pénétré dans le droit positif français et y conserve toujours sa place.[3]

§ 3. La sanction[4]

868 **Les deux volets du droit de la sanction** ◇ La mise en œuvre par le droit pénal des principes de la politique criminelle sur les fonctions de la sanction pénale comporte en gros deux aspects : la détermination légale des sanctions applicables (A) et les règles d'application de ces sanctions (fixation par le juge, modification éventuelle en cours d'exécution, modes d'extinction) (B).

A. La détermination des sanctions applicables[5]

869 **L'objet de la criminologie des techniques pénales en matière de détermination des sanctions applicables** ◇ Les droits pénaux positifs prévoient tous un certain arsenal de sanctions pénales applicables aux délinquants dans les cas et sous les conditions qu'ils fixent.

L'étude des règles juridiques qui définissent, caractérisent et classent ces sanctions relève du *droit pénal général*. L'examen du contenu de ces sanctions, de leur

---

1. *Supra* n° 725. Toutefois la réforme ne tient pas compte du troisième type de délinquance de mineurs dégagé par la criminologie québécoise, la « délinquance de transition » dans laquelle le mineur se livre à une délinquance réitérée et parfois grave mais limitée à la période de l'adolescence. C'est là un point sur lequel on peut approuver la critique de la loi du 5 mars 2007 formulée par Mme C. Sultan (« La réforme de l'ordonnance de 1945 a-t-elle eu lieu ? », *AJ pénal*, mai 2007, p. 215 et s., spéc. 215, colonne 2) et dans son sillage de celle du 10 août 2007.

2. Heuyer et al., *Seuils d'âge et législation pénale, Contribution à l'étude du problème des jeunes adultes délinquants*, Cujas éd., 1961.

3. *Cf.* B. Bouloc, *Pénologie*, 3e éd., 2005, n°s 502 et s.

4. J. Marquiset, p. 103-117; M. Laignel-Lavastine et V. V. Stanciu, p. 135-140; Seelig, p. 349-388; O. Kinberg, p. 75-107 et 301-307; J. Pinatel (1971), p. 169-199; J. Léauté (1972), p. 699-815.

5. J. Pradel, « L'individualisation de la sanction, essai d'un bilan à la veille d'un nouveau Code pénal », *RSC*, 1997, p. 723-753; 8e Colloque criminologique du Conseil de l'Europe (Strasbourg nov. 1987) : « Disparités dans le prononcé des peines : causes et solutions, Études relatives à la recherche criminologique », vol. XXVI, Strasbourg 1989; J.-H. Syr, « Les avatars de l'individualisation dans la réforme pénale », *RSC*, 1994, p. 217-235.

origine, de leur évolution, de leurs modalités d'exécution et de leurs effets empiriques est du ressort de la *pénologie*. Ce dont s'occupe la criminologie appliquée et ce dont elle doit s'occuper seulement, c'est de la *valeur scientifique* de ces sanctions, c'est-à-dire d'étudier dans quelle mesure elles remplissent la (ou les) fonction(s) d'intimidation, de rétribution, de réadaptation sociale, etc., pour laquelle (ou lesquelles) elles ont été organisées.

870 *Des renseignements inégaux* ◇ Or, il faut dire que sur ce point on est inégalement renseigné. Des recherches évaluatives nombreuses ont été faites tant sur la privation de liberté[1] que sur les mesures éducatives appliquées aux jeunes délinquants. On commence à faire de telles recherches sur les substituts des peines privatives de liberté[2]. En revanche, il

---

1. Sur les courtes peines d'emprisonnement par ex. : *cf.* S. Snacken, « Les courtes peines de prison », *Dév. et soc.* 1986, p. 363-387; S. Snacken et *al.,* « Le juge face au problème des courtes peines de prison », *RICPT*, 1887, p. 176-182. *Adde* G. Lemire, *Anatomie de la prison*, 1990; 42e Cours intern. de crim. (Athènes, déc. 1989) : « La privation de liberté dans le système pénal selon l'optique des droits de l'homme ». V. en outre *supra* n°s 725 et s; 44e Cours : « La crise de la peine de détention »; A. Kuhn, « Comment lutter contre le surpeuplement carcéral ? », *RPDP*, 1994, p. 347-355; P. V. Tournier, « La crise pénitentiaire en Europe », *RPDP*, 1994, p. 331-345; *rev. Esprit* n° d'oct. 1995, « Prisons à la dérive, articles multiples »; A. Beauquier, « La mise en place par la loi du 22 juin 1987 d'établissements pénitentiaires à gestion mixte », *APC*, 1996, p. 75-104; J. Alvarez et *al.,* « Les établissements pénitentiaires à gestion mixte à l'épreuve de l'expérience », *APC*, 1997, p. 97-139; P. Combessie, *Prisons des villes et des campagnes,* 1996; G. Azibert, « Leur administration en mutation : l'Administration pénitentiaire », *RPDP*, 1997, p. 131-141; J. Vérin, *Pour une nouvelle politique pénale*, LGDJ, 1994, 3e partie, « Réformer la prison », p. 219-436.
2. J. Pinatel, « Peines de substitution et criminologie », *RICPT*, 1984, p. 464 et s.; « De la peine de substitution à la peine de réparation », Actes du Forum du 7 juin 1990, Paris, *Droit pénal,* 1990, n°s 8-9; Aluazzi Del Frato et *al.,* « Étude bibliographique sur les mesures alternatives à l'emprisonnement de 1980 à 1989 », *RICPT*, 1991, p. 328-343; C. Lazerges, « La diversification des réponses pénales à la commission d'une infraction au droit pénal du travail », *RSC*, 1992, p. 493-501; M. Vaillant (dir.), *De la dette au don, la réparation pénale à l'égard des mineurs,* éd. ESF, 1994, 238 p.; G. Lohro, « Les alternatives à l'emprisonnement ou l'art baroque en droit pénal », *RSC*, 1991, p. 53-57; D. Kaminski, « L'éthique du réductionnisme et les solutions de rechange », *Criminologie*, vol. 40, n° 2, automne 2007, p. 89-101. Sur le TIG : « L'expérience du travail d'intérêt général en Languedoc-Roussillon », présentation (C. Lazerges) et essai d'évaluation (M.-R. Santucci), *APC*, 1987, n° 9, p. 141-167; M.-D. Barre et P. V. Tournier, « Le travail d'intérêt général, Analyse statistique des pratiques », *Gaz. Pal.*, 7 janv. 1987; M. Ribstein, « Psychiatrie, réinsertion et travail d'intérêt général », *RSC*, 1987, p. 767-770. « Les premières expériences pratiques concernant le travail d'intérêt général », *APC*, n° 7, 1984, p. 179-239, art. J. Vérin, D. Van den Burg-Porte et J. Bernat de Celis; J. Vérin, « Le succès du *Community Service* anglais », *RSC*, 1979, p. 636 et s.; Kramer, « Le travail au profit de la communauté, substitut aux courtes peines d'emprisonnement », *RSC*, 1983, p. 37 et s.; P. Couvrat, « Les trois visages du travail d'intérêt général », *RSC*, 1989, p. 158-192; N. Boucher, « La mise en œuvre judiciaire et sociale du TIG », *RSC*, 1991, p. 162-165; R. Screvens, « Le travail d'intérêt général, sanction pénale », *RDPC*, 1992, p. 5-11; H. Durand-Cogos et D. Puechmalle, « Réflexions sur dix ans d'application du TIG », *Gaz. Pal.,* 4-5 févr. 1994; Ministère de la Justice, *Études et recherches, Le travail d'intérêt général,* mars 1994, 132 p.; Association internationale des magistrats de la jeunesse : *Jeunes délinquants et jeunes en danger en milieu ouvert, utopie ou réalité ?,* éd. Erès, 1994; H.-D. Bosly, « Le travail d'intérêt général et la médiation pénale », *RDPC*, 1997, p. 330-331. Sur la surveillance électronique : M.-H. Renaut, « De l'enfermement sous l'Ancien Réforme au bracelet magnétique du xxie siècle », *RPDP*, 1997, p. 271-305; P. Béliveau, « La surveillance électronique au Canada de 1974 à 1993 : une révolution juridique », *RPDP*, 1996, p. 101-120; J.-C. Froment, « L'assignation à domicile sous surveillance électronique », même *revue*, p. 121-132; M. Cusson, « Peines intermédiaires, surveillance électronique et abolitionnisme », *RICPT*, 1998, p. 34-45; M.-S. Devresse, « Innovation pénale et surveillance électronique : quelques réflexions sur une base empirique », *Champ pénal,* séminaire Innovations pénales, 29 septembre 2008; A. Kensey et R. Lévy, « Le développement de la surveillance électronique en France et ses effets sur la récidive », *Criminologie*, vol. 43, n° 2, automne 2010, p. 153-178.

existe tout un large pan du droit des peines qui n'a jamais été exploré de ce point de vue. Qu'en est-il de l'efficacité des innombrables peines accessoires et complémentaires par exemple ?[1] Même pour l'amende qui est d'application massive, que sait-on de son efficacité (en dehors du système des jours-amendes), hormis les statistiques du pourcentage des impayés dressées périodiquement par l'administration fiscale ?

871 *Criminologie des techniques pénales ou criminologie clinique ?*
◇ Quant aux recherches évaluatives sur la privation de liberté et les mesures éducatives qui ont été faites jusqu'à présent, il apparaît qu'elles ont été faites plus dans une *perspective de criminologie clinique* pour évaluer l'efficacité des traitements de réadaptation sociale que dans un *but de criminologie des techniques pénales*, à savoir apprécier dans quelle mesure la sanction organisée par le droit pénal remplit effectivement la fonction qui lui est assignée par la politique criminelle et qui peut être de neutralisation, de rétribution, d'intimidation tout autant que de resocialisation. Ainsi se trouve-t-on dans ce domaine, semble-t-il, dans un champ à peu près vierge.

B. L'application des sanctions pénales

872 *Des questions classiques et d'autres plus neuves* ◇ Dès ses origines, la criminologie n'a pas manqué de porter des jugements divers sur certaines institutions pénales relatives à l'application des peines. C'est ainsi que les positivistes ont stigmatisé l'usage de l'amnistie et de la prescription des infractions pénales comme contraire à une bonne politique criminelle. Ils ne semblent guère avoir été écoutés sur ce point, notamment pour l'amnistie[2], du moins jusqu'à la disparition à partir de 2007 consécutive à l'élection de Nicolas Sarkozy des traditionnels loi d'amnistie présidentielle et décret de grâce collective du 14 juillet[3]; ce qui a conduit sur ce dernier point à la modification en 2008 de l'article 17 de la Constitution pour limiter le droit du Président de la République à la seule grâce à titre individuel.

En revanche, leurs critiques contre le système rigide de la fixation de la peine par le juge du droit classique et même néo-classique ont eu beaucoup plus d'effet puisqu'elles ont abouti à l'affirmation du principe inverse de l'*individualisation de*

---

1. Pour les interdictions professionnelles toutefois, *cf.* les art. de M. Ancel et D. Kalogeropoulos, *in Liber amicorum* R. Screvens, *L'interdiction professionnelle en droit comparé*, 1986; G. Soulier, « Citoyenneté et condamnation pénale. L'incapacité électorale », *RSC*, 1989, p. 463-473.
2. Indépendamment du scandale particulier qu'a constitué l'amnistie contenue dans la loi du 15 janv. 1990 sur le financement des partis politiques. G. Levasseur, « Un précédent inquiétant pour l'avenir de la probation (la loi d'amnistie du 30 juin 1969) », *D.* 1969, chron. p. 233. J. Roche-Dahan, *L'amnistie en droit français*, th. doctorat d'État, Aix, 1994.
3. R. Lévy, « Une particularité française : les grâces et amnisties à répétition », CESDIP, *Questions pénales*, mars 2006 et « Pardons and Amnesties as Instruments of Criminal Policy in contemporary France », *in Crime Punishment and Politics in Comparative Perspective*, M. Tonry (dir.), Univ. Chicago Press, 2007, p. 551-590; A. Kensey et A. Ouss, « Mesure des effets d'une nouvelle politique pénale : la suppression de la grâce collective », *Champ pénal*, vol. VIII, 2011.

la peine devenu aujourd'hui le principe de la *personnalisation de la peine* (art. 132-24 et s. C. pén.) [1]. Mais précisément, ce principe qui avait vu jusqu'à ces dernières années étendre son champ d'application dans des proportions telles que l'on avait pu dire que le juge pénal peut tout faire sauf dépasser le maximum de la peine encourue, est maintenant contesté au nom même de la criminologie moderne.

Le jeu de l'individualisation a en effet grandement contribué à l'évolution fortement caractérisée par J. Pinatel comme le *passage de la ségrégation pénitentiaire* des délinquants au xixe siècle à leur *assimilation spontanée* dans la population générale contemporaine [2]. Mais on se demande si une telle assimilation n'est pas une grave erreur face à ces super-délinquants et prédateurs violents dont il a été parlé plus haut. D'où une tendance dans les droits les plus récents à imposer des minima d'exécution des peines, comme c'est le cas en France pour l'institution dite de la *période de sûreté* (art. 720-2 C. pr. pén.). Aux États-Unis, les lois appelées « trois balles manquées » font perdre au juge son pouvoir d'individualisation lorsqu'une personne est condamnée pour la 3e fois pour une infraction grave. En France, l'institution de « peines planchers » pour les récidivistes puis les primo-délinquants relève de la même orientation de politique criminelle [3].

Au cours des dernières années, la criminologie appliquée s'est engagée dans un effort sérieux de réflexion sur la façon d'organiser la détermination de la sanction pénale par le juge dans chaque cas particulier (« *sentencing* » en anglais) [4]. La préoccupation, à vrai dire, n'est pas tout à fait nouvelle puisque l'on trouvait déjà de la littérature sur la question il y a une quarantaine d'années [5]. Mais ce qui frappe aujourd'hui, c'est la tentative systématique de rationalisation du mécanisme de détermination du choix de la sanction pénale à travers le recours à des concepts tels que celui de « lignes directrices de détermination des peines » (« *sentencing guidelines* ») et à des institutions de coordination dénommées « Commission de détermination des peines » (« *sentencing commission* »). Ce faisant, on s'efforce de remplacer cette sorte de « politique implicite, souvent inconsciente et surtout involontaire » qui résulte des contraintes auxquelles les juges sont actuellement soumis par une « politique délibérée », qui serait le produit d'« un ensemble de choix rationnels et l'expression d'une politique concertée » grâce à la formulation de « lignes directrices » qui complètent et précisent les « objectifs et les principes généraux » qui gouvernent la détermination des sanctions pénales par le juge [6]. Mais les « *sentencing guidelines* » servent aussi, dans certains cas, comme moyen de limiter le pouvoir d'individualisation du juge en enfermant le choix de la peine dans des limites assez étroites, comme c'est actuellement le cas aux États-Unis [7].

---

1. R. Vienne, « La personnalisation de la sanction pénale », *in Mélanges Ancel*, Pédone, 1975, t. II; T. Papatheodorou, « De l'individualisation des peines à la personnalisation des sanctions », *RICPT*, 1993, n° 1. Cf. *supra* n° 821.
2. *In La Société criminogène*, p. 169-199, spéc. 178 à 199.
3. Cf. *supra* n°s 794 et 795.
4. H. Gross et A. von Hirsch (éd.), *Sentencing*, 1981; J.-P. Brodeur, « Réforme pénale et sentence : expériences nord-américaines », *Dév. et soc.* 1985, p. 165-200; « La réforme de l'imposition des peines au Canada », *RICPT*, 1989, p. 472-484. Adde M. Cusson, *Pourquoi punir ?*, Dalloz, 1987, 5e partie : « Les principes de la détermination de la peine », p. 141-176; 8e Colloque criminologique du Conseil de l'Europe (Strasbourg, nov. 1989), « Disparités dans le prononcé des peines : causes et solutions, Études relatives à la recherche criminologique », vol. 26, 1989; « La détermination de la sentence », *Criminologie*, 1989, n° 2.
5. L. Huisman, « Le choix de la sanction pénale, *RSC*, 1970, p. 497-545.
6. J.-P. Brodeur, « La réforme de l'imposition des peines », précité, p. 483; K. Campbell, « Détermination de la peine, affaires correctionnelles et mise en liberté sous condition : points communs », *RICPT*, 1992, n° 3.
7. Cf. *supra* n° 794.

SECTION 2. **LA VALEUR SCIENTIFIQUE DE LA PROCÉDURE PÉNALE**[1]

873 *Des deux sortes de règles de procédure pénale* ◇ Du point de vue de la criminologie des techniques pénales, on peut répartir les règles de la procédure pénale en *deux catégories :* les règles de pure forme et les règles qui touchent au fond de la mise en œuvre de la réaction sociale contre la délinquance.

Les premières n'intéressent pas en règle générale la criminologie appliquée. Il s'agit par exemple des mentions qui doivent être portées sur les actes de procédure ou des délais dans lesquels ceux-ci doivent être notifiés aux intéressés. Les secondes sont en revanche de la plus grande importance pour le criminologue, si bien que l'on trouve déjà dans les écrits des premiers criminologues, des développements substantiels sur la critique des règles de procédure existant à l'époque dans les droits positifs[2].

L'examen de ces travaux montre que ce sont pratiquement tous les chapitres de la procédure pénale qui ont été passés au crible de la critique criminologique depuis les concepts d'introduction comme l'exigence de la célérité de la procédure[3] jusqu'à l'ultime chapitre de la révision du procès pénal et de la réparation des erreurs judiciaires[4] en passant par le recours aux nouvelles technologies dans l'administration de la justice pénale[5].

Il ne saurait être question, en raison des dimensions limitées de cet ouvrage, de passer en revue tous les chapitres de la procédure pénale pour en faire l'examen du point de vue de la criminologie des techniques pénales. On va se borner à présenter quelques notions, à partir de trois illustrations révélées au gré de l'actualité de la matière : la « déjudiciarisation », les droits des victimes et la qualification pénale donnée par les tribunaux aux faits poursuivis.

1. J. Marquiset, 82-98; M. Laignel-Lavastine et V.-V. Stanciu, 240-257; E. Seelig, 214-238; G. Stefani et G. Levasseur, n°s 425-469; E. H. Sutherland et D. R. Cressey, 345-441; B. Di Tullio (1967), 362-383; R. Hood et R. Sparks, 141-170; J. Léauté (1972), 669-698; V.-V. Stanciu (1980), 101-126; Benezech et *al.*, *Psychiatrie légale d'urgence*, 17-19; J. Pinatel (1987), v° « Justice pénale (administration de la) », 126-128; Carrara, « L'anthropologie criminelle et la procédure pénale », *RDPC*, 1933, p. 921-935; J. Pinatel, « L'influence des institutions de procédure pénale sur la formation de la personnalité criminelle », *in Problèmes contemporains de procédure pénale, Mélanges Hugueney*, 1964, p. 3-12; R. Gassin, « Criminologie et procédure pénale », Rapport aux Journées franco-québécoises de défense sociale (Montréal, 1972), *in* Publication du CICC, p. 222-259. Colloque sur *La criminologie au prétoire* (Bruxelles, 1985), Story Scientia éd., Gand, 1986, CR à la *RDPC*, 1986, p. 480-484; 9ᵉ Colloque criminologique du Conseil de l'Europe (1989) : « Méthodes modernes de gestion de la justice », Actes 1992; xixᵉ Conférence criminologique (Strasbourg 1990) : « Les nouvelles stratégies sociales et le système de la justice pénale »; M.-P. de Liège, « Réponses à la délinquance et modernistation de la justice », *RSC*, 1991, p. 834-837 et 1992, p. 170-174; 44ᵉ Cours intern. de crim. (Saint-Marin, mai 1991) : « Le procès pénal »; R. Ottenhof, « Criminologie et procédure pénale. Réflexions sur une difficile rencontre », *RSC*, 1992, p. 389-393. Sur les rapports entre droits de l'homme et justice pénale : 43ᵉ Cours intern. de crim. (Miskolc, Hongrie, août 1990).

2. *Cf.* par ex., E. Ferri, *La sociologie criminelle*, p. 490 à 554 (et p. 444-449 dans la réédition Dalloz de 2004).

3. Sur cette question, v. encore R. D. Clark, « Célérité et prévention », *RIPT*, 1985, p. 286-296.

4. *Cf.* E. Ferri, *op. cit.*, p. 502-504 (et p. 444-449 dans la réédition Dalloz de 2004).

5. XXXVIIIᵉ Cours international de criminologie (Montréal, août 1987) : « Nouvelles technologies et justice pénale (bilans, évaluations et controverses) ». V. par ex., C. Cardet, « Le contrôle socio-éducatif : 1970-1993, chronique d'une expérience qui dure... », *RSC*, 1994, p. 503-523, pour le contrôle judiciaire.

874 *a) La « déjudiciarisation »*[1] ◇ On entend par « déjudiciarisation » (*diversion* en anglais), l'opération qui consiste à soustraire aux autorités judiciaires normalement compétentes le règlement d'un litige né d'une infraction pénale. Le règlement extra-judiciaire peut être effectué par des procédés divers : admonestation policière, médiation, transaction, etc.; ce qui est essentiel, c'est la mise hors circuit de la justice pénale et, dans certains cas, de la police elle-même (règlement par un service social).

Ainsi définie, la « déjudiciarisation » doit être soigneusement distinguée de la dépénalisation, de la décriminalisation et *a fortiori* de l'abolition du système pénal[2]. L'infraction subsiste, la peine elle-même est toujours encourue; ce qu'affecte la « déjudiciarisation », c'est seulement la *saisine de la justice*[3].

Le mouvement de déjudiciarisation a été lancé dans les années 1970 aux États-Unis, pour les jeunes délinquants surtout, à la suite du développement de la théorie de la stigmatisation[4]. Si en effet on postule que le délinquant ne se distingue pas du non-délinquant par son acte et ne devient tel que par suite du processus de

---

1. S. Moyer, *La déjudiciarisation dans le système judiciaire pour les jeunes et ses répercussions sur les enfants*, 1980; J. Vérin, « Le règlement extra-judiciaire des litiges », *RSC*, 1982, p. 171-183; Actes du Colloque international (Tokyo, mars 1983) : « Déjudiciarisation et médiation », *RIDP*, 1983, n°s 3-4 et *RIDP*, 1985, n°s 3-4, p. 509-530; P. Lascoumes, « La place du pénal dans le règlement différentiel des conflits », *AS*, 1985, p. 153-165; A. Normandeau et R. Poirier, « Pour une gestion alternative des conflits », *RICPT*, 1986, p. 276-285; W. Heinz, « La "diversion" dans le droit pénal des mineurs en RFA. Résultats de recherches empiriques », *RICPT*, 1991, n° 4; *La médiation : un mode alternatif de résolution des conflits ?*, Publication de l'Institut Suisse de droit comparé, t. 19, Zurich, 1992; J.-P. Bonafe-Schmitt, « Une expérience de médiation pénale à Boston », *Dév. et soc.* 1993, n° 2; M.-C. Desdevises, « L'évaluation des expériences de médiation : l'exemple britannique », *RSC*, 1993, p. 45-61; R. Evans, « Evaluating young adult diversion schemes in the metropolitan police district », *The criminal law review*, juill. 1993, p. 490 et s.; J.-M. Varaut, *La médiation ou la justice non violente*, *Gaz. Pal.* 2 oct. 1994; J. Leblois-Happe, La médiation pénale comme mode de réponse à la petite délinquance : état des lieux et perspectives, *RSC*, 1994, p. 525-536; G. Demanet, « La médiation pénale », *RDPC*, 1995, p. 887-923; M. Guillaume-Hofnung, *La médiation*, coll. « Que sais-je ? », PUF, 1995; R. Cario (dir.), *La médiation pénale. Entre répression et réparation*, éd. L'Harmattan, 1996; K. Medjaoui, « L'injonction pénale et la médiation pénale, tableau comparatif critique », *RSC*, 1996, p. 823-837; G. Kellens, « Justices de proximité », *RDPC*, 1996, p. 1253-1258; H.-D. Bosly, « Socialisation du pénal ou pénalisation du social ? », *RDPC*, 1997, p. 330-331; A de Nauw, « Les modes alternatifs de règlement des conflits en droit pénal belge », *RDPC*, 1997, p. 357-375; C. Hanozin et al., « La loi du 10 févr. 1994 organisant une procédure de médiation pénale en Belgique. Évaluation de sa mise en application », *RDPC*, 1997, p. 589-635 et G. Houchon, « Le rapport d'évaluation sur la médiation pénale. Commentaire criminologique », *RDPC*, 1997, p. 636-650; C. Lazerges, « Médiation pénale, justice pénale et politique criminelle », *RSC*, 1997, p. 185-198; A. Wyvekens, « Entre médiation et justice pénale, L'activité judiciaire des maisons de justice du Rhône », *APC*, 1997, p. 67-96. Sur l'injonction pénale : outre K. Medjaoui précité, B. Bourdeau, « L'injonction pénale avortée : scolies sur une question de confiance », *Actualité législative*, Dalloz, n° 6, 30 mars 1995, p. 45-49; J. Pradel, « D'une loi avortée à un projet nouveau sur l'injonction pénale », *D.* 1995, chron. 171-174; J. Pradel, *Droit pénal comparé*, 3e éd., 2008, n^os n°s 707-713; F. Feltz, « La nouvelle action publique », *RPDP*, 2003, p. 461 et s.

2. Sur ces notions, *cf. supra* n°s 784 et s.

3. Un auteur a montré aussi en quoi la « déjudiciarisation » se distingue du « pardon du juge » (B. Vareille, « Le pardon du juge répressif », *RSC*, 1988, p. 676-702, spéc. n°s 11 et 47). Cet auteur écrit : « Il s'agit non de « déjudiciariser » la répression, mais de « judiciariser » la non-répression. » (n° 11).

4. *Cf.* sur cette théorie, *supra* n°s 302 et s. Sur la déjudiciarisation touchant aux problèmes de santé *cf.* D. Morin et al., « Pratique de déjudiciarisation de la maladie mentale : le modèle de l'Urgence psychosociale-justice », *Criminologie*, vol. 33, n° 2, 2000, p. 81-107; D. Robert, « Santé et justice », *criminologie. com*, sept. 2010.

justice pénale (déviance secondaire), il est essentiel de le soustraire à ce système. D'où la « *diversion* ».

Après avoir suscité des réactions très favorables, la déjudiciarisation a fait l'objet d'évaluations plus critiques et paraît aujourd'hui quelque peu en défaveur. C'est que, comme on l'a relevé[1], influencée en bonne part par des préoccupations idéologiques, la « *diversion* » a été utilisée sans discrimination parmi les jeunes délinquants et n'a pas tenu compte du fait que, parmi eux, les super-délinquants ont considéré la faveur qui leur était faite essentiellement comme un acte de faiblesse les incitant à récidiver[2]. En France toutefois la « médiation » est toujours à l'ordre du jour et, après une période d'expériences officieuses[3], elle a été consacrée législativement par l'article 6 de la loi du 4 janvier 1993[4]. Mais ce sont surtout les réformes réalisées par la loi du 23 juin 1999 qui incarnent la politique française actuelle de déjudiciarisation. À vrai dire, la « déjudiciarisation » actuelle à la française n'a pas grand-chose à voir avec la théorie criminologique de la stigmatisation qui fût, comme on vient de le dire, à l'origine du mouvement anglo-américain de « *diversion* ». Elle s'explique tout simplement par la *volonté de limiter les classements sans suite par le parquet* dont l'augmentation massive (plus de 80 % des affaires portées à sa connaissance) était consécutive à l'accroissement contemporain de la délinquance[5]. La technique utilisée a été de concentrer dans les mains du procureur de la République le pouvoir de régler les affaires, sans avoir ni à poursuivre ni à classer sans suite. Le procureur est ainsi devenu *un juge sans le dire*, ce qui a été facilité par le fait que les membres du parquet en France sont des magistrats comme les juges[6]. Les procédés utilisés sont de *deux sortes*. Une première série de procédés relève entièrement *du pouvoir discrétionnaire du procureur de la République*. Il s'agit : 1°) du rappel à la loi; 2°) de l'orientation de l'auteur des faits vers une structure sanitaire, sociale ou professionnelle; 3°) de la demande de régularisation de la situation de l'auteur des faits au regard de la loi ou des règlements; 4°) de la demande à l'auteur des faits de réparer le dommage résultant de deux-ci; 5°) du recours à une mission de médiation entre l'auteur et la victime, avec l'accord de cette dernière; 6°) de la demande à l'auteur des faits, en cas d'infraction intra-familiale, de résider hors du domicile ou de la résidence du couple et, le cas échéant, de ne pas s'en approcher ainsi que, si nécessaire, de faire l'objet d'une prise en charge sanitaire, sociale ou psychologique[7]. Le second procédé est celui de la *composition pénale*. Il consiste dans une ou plusieurs des 18 mesures possibles parmi lesquelles : le versement d'une amende de composi-

---

1. S. Moyer, *ouvrage* précité.
2. En ce sens la recherche empirique de J. McCord, « Deterrence and the light touch of the law », *in* D. Farrington et J. Gunn (éd.), *Reactions to crime*, 1985, CR *in RSC*, 1987, p. 796.
3. « Les actions de conciliation et de médiation à Valence », Rapport au Colloque sur la prévention de la délinquance (Lisbonne, janv. 1989), *RSC*, 1989, p. 600; « De la peine de substitution à la peine de réparation », Actes du Forum du 7 juin 1990 (Paris), *Droit pénal*, 1990, n°s 8-9; J.-F. Six, *Le Temps des médiateurs*, 1990, 279 p.; G. Apap, « La conciliation pénale à Valence », *RSC*, 1990, p. 633-637; Séminaire « médiation », *RSC*, 1990, p. 425-427; Journées sur « La médiation et les alternatives aux poursuites » (Paris, févr. 1991), *CR, RSC*, 1991, p. 839-840; Colloque « La Médiation pénale », Paris, oct. 1991, *APC* n° 14; J. Faget, « La médiation pénale, une dialectique de l'ordre et du désordre », *Dév. et soc.* 1993, p. 221-233.
4. *Cf.* G. Blanc, *JCP* 1994. J. 3760.
5. *Cf. supra* n° 456.
6. Sur la remise en cause par la Cour de Strasbourg de la qualité d'autorité judiciaire du parquet français, du moins au sens de l'art. 5 § 3 de la CESDH, *cf.* l'arrêt Moulin c./ France du 23 novembre 2010, req. n° 37104/06.
7. Art. 41-1 C. pr. pén. Ces mesures ne semblent pas avoir suscité l'intérêt des commentateurs, à l'exception de la médiation et plus récemment de la dernière mesure d'éloignement introduite par la loi du 9 juillet 2010 en matière familiale.

tion; le dessaisissement des moyens, de l'objet ou du produit du délit, la remise temporaire au greffe du TGI du permis de conduire ou du permis de chasser; l'accomplissement d'un travail non rémunéré au profit de la collectivité; la fréquentation d'un stage ou d'une formation dans un service ou organisme sanitaire, social ou professionnel, l'accomplissement d'un stage de citoyenneté ou de sensibilisation aux dangers de l'usage de drogues, la soumission à une mesure d'injonction thérapeutique et, depuis 2011, le suivi d'un programme d'un programme de réhabilitation et de sensibilisation comportant l'installation aux frais de l'intéressé d'un éthylotest anti-démarreur sur son véhicule pour une période minimale de six mois et maximale de trois ans. En raison de la gravité des mesures prévues comme de la durée qu'elles peuvent atteindre, la composition pénale, qui suppose la reconnaissance de l'infraction par celui à qui elle est proposée, nécessite *l'intervention d'un juge*, mais celui-ci a seulement le pouvoir de valider ou d'infirmer la proposition du parquet[1]. Le recours aux mesures alternatives et à la composition pénale est aujourd'hui massif (respectivement 590 080 et 67 230 en 2008[2]). La réforme de la garde à vue intervenue avec la loi n° 2011-392 du 14 avril 2011, à même de faire baisser le nombre de gardes à vue comme des aveux y intervenant, pourrait toutefois avoir une incidence en la matière.

875 *b) Les droits des victimes*[3]... ◊ Les droits des victimes des infractions pénales constituent sans doute l'un des thèmes les plus importants de la

---

1. Art. 41-2 et 41-3 C. pr. pén. *Cf. supra* n° 839.

2. Annuaire statistique de la justice, éd. 2009-2010, p. 109 et s.

3. V.-V. Stanciu, *Les droits de la victime*, PUF, 1985, 116 p.; T. Alberhne, « Procédure pénale et victimologie », *Annales Université des Sciences sociales de Toulouse*, t. 22, 1974, p. 157 et s.; J. Vérin, « Une politique criminelle fondée sur la victimologie et l'intérêt des victimes », *RSC*, 1981, p. 895-905; X... « L'Avad, Une association d'aide aux victimes d'actes de délinquance », *Bulletin SPES*, juill.-août 1985, p. 27-31; M.-P. de Liège, « Victimes, victimologie, la situation française », *RSC*, 1987, p. 757-762; A. Beristain, « La justice et l'assistance aux victimes », *RICPT*, 1987, p. 331-339; A. d'Hauteville, « Victimes mieux aidées, mieux indemnisées : des perspectives nouvelles », *RSC*, 1989, p. 172-175; « La politique de protection et d'aide aux victimes », Rapport au Colloque sur la prévention de la délinquance (Lisbonne, janv. 1989), *RSC*, 1989, p. 600; « De la peine de substitution à la peine de réparation ? », Actes du Forum de Paris (juin 1990), *Droit pénal*, 1990, n°s 8-9; J. Faget, « La POP justice. Permanences d'orientation pénale et rationalité judiciaire », *RSC*, 1990, p. 843-849; A. d'Hauteville, « L'esprit de la loi du 6 juill. 1990 relative aux victimes d'infractions », *RSC*, 1991, p. 149-158; D. Dray, « Victimes sans prétoire », *Informations sociales*, 1992, n° 22, p. 92-97; J.-L. de la Cuesta Arzamendi, « Informe victimas de robos y agresiones violentas en la cuidad de Vitoria-Gasteiz », *AIC*, 1993, p. 107-125; M. de la Luz Lima, « Victimologia y derechos sociales de la mujer », *AIC*, 1993, p. 95-104; 10e Assises nationales de l'INAVEM, « Dix ans d'aide en faveur des victimes d'infractions pénales » (Paris juin 1994), CR *in RSC*, 1995, p. 419 et s.; 11e Assises nationales de l'INAVEM (Aix-en-Provence, juin 1995) *Victimes : l'epsilon irréparable*, publication INAVEM, 79 p.; 50e Cours internat. de criminologie, « La justice et les victimes », CR *in RSC*, 1995, p. 667-669; U. Zverick, « Les attitudes des victimes envers la police et la punitivité », *RICPT*, 1997, p. 3-16; T. Albernhe (dir.) *Criminologie et psychiatrie*, 1997. « La prise en charge des victimes », p. 729-749; C. Lazerges, « Le projet de loi renforçant... les droits des victimes », *RSC*, 1999, p. 166-177; A. d'Hauteville, « Un nouvel élan est donné à la politique publique d'aide aux victimes de la délinquance », *RSC*, 1999, p. 647-655; R. Cario et D. Salas, *Œuvre de justice et victimes*, L'Harmattan, 2001, 256 p.; G. Lopez et S. Portelli, *Les droits de la victime*, Dalloz, 2003; G. Lopez, S. Portelli et S. Clément, *Les droits des victimes, victimologie et psychotraumatologie*, Dalloz, 2003, 400 p.; R. Cario et A. Gaudreault (dir.), *L'aide aux victimes : 20 ans après ! Autour de l'œuvre de Micheline Baril*, L'Harmattan, 2002, 128 p., CR. RSC, 2004, p. 587-588; A. Schneider, « La faute de la victime devant la CIVI », D. 2003, chron. 1185-1189; *Dictionnaire de Sc. crim.*, Dalloz, 2004, v°s *Droits des victimes* (R. Cario), p. 305-308; *Justice restaurative* (R. Cario), p. 570-573; *Victimisation secondaire* (A. Gaudreault), p. 960-963; *Mouvement associatif d'aide aux victimes* (R. Cario), p. 648-651; *Accompagnement social des victimes* (A. Ovaere-Bayer), p. 14-17; R. Cario, « Quelle place pour la victime ? », *Dossier AJ pénal*, 2004, n° 12, p. 425 et s. et « De la victime oubliée à la victime sacralisée », *AJ pénal*, 2009, p. 491.

« nouvelle procédure pénale ». Alors que jusqu'à une époque récente la victime était réduite à la portion congrue dans le procès pénal d'une action civile chichement mesurée, aujourd'hui la victime tend à occuper dans le droit pénal une place de choix au point que l'on en est venu à parler d'une politique criminelle fondée sur les droits des victimes. Les raisons de cette tendance nouvelle à l'échelle nationale comme européenne[1] sont diverses : raisons d'ordre politique en même temps qu'influence de la criminologie victimologique[2] notamment. On parle aussi de « justice restauratrice ».

Les « droits des victimes » sont aujourd'hui organisés autour du droit principal à réparation d'une part, qui peut désormais être satisfait, non seulement par l'exercice de l'action civile (ou de la médiation, etc....), mais au moyen d'une indemnisation directe sous certaines conditions par un fonds de garantie[3] et de la participation de la victime au procès voire plus largement au processus pénal[4], d'autre part. Les droits des victimes connaissent encore un double prolongement : en amont, par la reconnaissance de droits préparatoires (droits à l'accueil et à l'information, droit d'initiative dans la recherche du règlement du conflit); en aval, par l'admission d'un droit à la prévention (droit à la protection contre l'auteur de l'acte criminel et ses proches, droit à l'éducation pour prévenir la « récidive victimelle »).

876 *... Sont-ils criminologiquement justifiés ?* ◇ Si l'on a amplement développé les droits des victimes, il ne semble pas que l'on se soit interrogé sur la question de savoir si ces droits reposaient sur des fondements criminologiques assurés. Sans doute est-ce parce que les politiques n'ont jamais été effleurés par la question et que les criminologues militants des droits des victimes ont considéré que la justification criminologique était évidente.

Une recherche a tenté de répondre cependant à la question[5]. L'idée générale qui se dégage de cette étude est que la criminologie conduit à *valider en gros le mouvement de politique criminelle en faveur des victimes,* encore que celui-ci présente une double face à la fois scientifique (« victimologique ») et politique (« victimagogique » ou « victimophilique »). L'auteur est ainsi conduit à répartir en *deux catégories* les droits des victimes : ceux qui sont entièrement validés par les recherches empiriques et ceux qui ne le sont que partiellement.

---

1. V. en dernier lieu « Renforcer les droits des victimes dans l'Union européenne », Communication de la Commission au Parlement européen au Conseil au Comité économique et social européen et au Comité des régions, COM (2011) 274 final, 18 mai 2011 et Résolution du Conseil du 18 juin 2011 relative à la feuille de route visant à renforcer les droits et la protection des victimes, en particulier dans le cadre des procédures pénales (2001/C 187/01).
2. Sur cette dernière, *cf. supra* n°s 311 et s. Adde J. Vérin, « Une politique criminelle fondée sur la victimologie et sur l'intérêt des victimes », *RSC,* 1981, p. 895-907.
3. Fonds de garantie des victimes des actes de terrorisme et d'autres infractions (FGTI), (www.fondsdegarantie.fr).
4. P. Bonfils, « La participation de la victime au procès pénal une action innomée », *in Mélanges offerts à Jean Pradel,* Cujas, 2006, p. 179-191; P. Conte, « La participation de la victime au processus pénal : de l'équilibre procédural à la confusion des genres », *RPDP,* 2009, p. 521-529.
5. Fofe Djofia Malena, *Étude des fondements criminologiques des droits des victimes,* Mémoire DEA, Aix-en-Provence, 1986, ronéo.

La *première catégorie* comprendrait le droit à l'information, le droit à réparation par l'auteur du délit, le droit à la protection et le droit à l'éducation. Ne seraient, en revanche, que *partiellement validés*, le droit à l'accueil, le droit à la participation active au procès pénal, le droit à la conciliation et le droit à l'indemnisation par l'État. Une analyse récente est beaucoup plus réservée sur la justice restauratrice[1].

877 *c) La qualification pénale donnée aux faits poursuivis* ◊ Le procès du sang contaminé qui s'est déroulé devant les juridictions françaises du fond a mis en lumière les aspects criminologiques que présente une question classique de la procédure pénale qui paraît, au premier abord, ne constituer qu'un problème technique n'intéressant que les spécialistes de la matière.

Des poursuites pénales ayant été engagées contre des auteurs de faits ayant entraîné la contamination par le virus du Sida d'hémophiles traités par produits sanguins, le Parquet n'a retenu contre eux que la qualification délictuelle de tromperie sur la marchandise vendue ayant eu pour conséquence de rendre l'utilisation de celle-ci dangereuse pour la santé de l'homme, prévue alors par les articles 1 et 2 de la loi du 1er août 1905. Or certaines victimes ou ayants-droit des victimes estimant que ce « délit d'épicier » est sans commune mesure avec la gravité des faits et que ceux-ci étaient constitutifs du crime d'empoisonnement, ont soulevé l'incompétence de la juridiction correctionnelle et demandé la saisine de la Cour d'assises. Le tribunal correctionnel, puis la Cour d'appel ayant refusé de faire droit à l'exception d'incompétence, leurs décisions ont donné lieu à des commentaires qui, indépendamment de la discussion des aspects juridiques de l'affaire ont mis en lumière toute la charge criminologique qu'elle contenait. L'un d'eux notamment a souligné ce qu'une qualification pénale appropriée pouvait avoir de *fonction cathartique* pour les victimes et de *fonction pédagogique* pour l'ensemble des justiciables[2]. La Chambre criminelle de la Cour de cassation a rejeté, le 22 juin 1994, le pourvoi des parties civiles qui lui demandaient de consacrer la qualification criminelle d'empoisonnement, sans fermer entièrement semble-t-il, la possibilité, dans d'autres poursuites contre des tiers ou contre les prévenus condamnés sur le fondement de la loi de 1905, de tenter d'obtenir

---

1. G. Picca, « L'indemnisation des victimes d'infractions pénales dans le droit français », *in* F. Fattah et S. Parmentier (éds) *Victim policies and criminal justice on the road to restorative justice, Essays in honour of Tony Peters,* 2001, p. 115-121 ; G. Picca conclut : « Si indemniser les victimes apparaît comme un progrès humain, fonder une politique criminelle sur une telle réparation, reviendrait à méconnaître la vocation naturelle de la politique criminelle, qui est de prévenir les risques nés de la délinquance avant d'en réparer les dommages ». Dans le même sens du même auteur, « Victime : un concept d'avenir ? », *in Sciences pénales & Sciences criminologiques Mélanges offerts à Raymond Gassin,* PUAM, 2007, p. 483-502. *Adde* sur les abus de constitution de partie civile, C. Guery, « Le juge d'instruction et le voleur de pommes : pour une réforme de la constitution de partie civile », D. 2003, chron. p. 1575-1581 et sur la réforme opérée par la loi du 5 mars 2007 tendant à renforcer l'équilibre de la procédure pénale (art. 85 du C. pén.), S. Detraz, « le nouveau dispositif de recevabilité de la plainte avec constitution de partie civile », *JCP*, G., 2008, I 111.
2. J.-P. Delmas Saint Hilaire, « Sang contaminé et qualification pénale... avariée », *Gaz. Pal.,* 18 sept. 1992 ; même auteur, « La mort : la grande absente de la décision rendue dans l'affaire du sang contaminé par le tribunal correctionnel de Paris », *Gaz. Pal.,* 7 mars 1993 ; R. Gassin, « Une approche criminologique de la réparation », *in* XIe Assises nationales des services d'aide aux victimes précitées, p. 34-41, spéc. 38-40. *Adde* S. Tzitzis, « Analyse structurale du droit pénal », *RPDP,* 2010, p. 941-950.

condamnation sur la qualification d'empoisonnement. Les réactions des parties civiles allant d'un abattement profond à une violente colère contre cet arrêt de rejet montrent à tout le moins combien il est exact d'attribuer une fonction cathartique à la qualification pénale qui correspond au sentiment populaire.

LA CRIMINOLOGIE CLINIQUE

878 ***Le double sens de l'expression « criminologie clinique »*** ◇ L'expression « criminologie clinique » est employée en criminologie dans deux sens différents : un sens large et un sens spécifique.

Au sens large, la criminologie clinique désigne *l'étude du phénomène individuel* par opposition à la criminalité qu'étudie la « criminologie sociologique ». Ainsi entendue, la criminologie clinique recouvre la partie de la criminologie théorique consacrée à la microcriminologie[1], ainsi que ses applications pratiques.

Au sens étroit, elle consiste dans *l'étude multidisciplinaire du cas individuel du délinquant en vue de la prévention de la récidive;* elle n'est alors que l'une des branches de la criminologie appliquée. C'est en ce second sens que nous utilisons l'expression dans les développements qui suivent.

879 ***Définition et objet*** ◇ La criminologie clinique est la branche de la criminologie appliquée qui a pour objet l'étude individuelle du délinquant dans le but de déterminer les mesures qui sont susceptibles de l'éloigner d'une récidive éventuelle[2].

Clinique vient du mot grec « χλινη », qui veut dire « lit ». Étymologiquement, la clinique est donc l'étude au chevet du malade. Mais le terme, d'abord utilisé en médecine, a été par la suite étendu, avec les adaptations nécessaires, à la psychologie et même à la sociologie; on parle ainsi de psychologie clinique et de clinique sociale. C'est dans ces conditions qu'est apparu le terme « criminologie clinique ».

880 ***Origine et développement***[3] ◇ La criminologie clinique puise sa source dans les origines mêmes de la criminologie scientifique avec l'affirmation

---

1. *Cf. supra* n°s 578 et s.
2. Comp. la définition de J. Pinatel, *Traité,* n° 297.
3. *Cf.* J. Pinatel, *Traité,* n°s 298 et s.

par Lombroso de la nécessité de l'examen médico-psychologique du criminel et par Garofalo de celle de l'enquête sociale.

Il semble cependant qu'à ses débuts, la criminologie clinique ne figurait que comme l'un des paragraphes de la criminologie de la politique criminelle. Ce n'est que petit à petit, avec l'affirmation de l'objectif de traitement de réadaptation sociale assigné à la peine et l'organisation pratique de l'examen médico-psychologique et social des détenus condamnés puis des inculpés, que la criminologie clinique a pris son autonomie et qu'elle a été organisée elle-même comme une discipline scientifique. L'importance qu'elle a prise a d'ailleurs été si grande que certains auteurs paraissent l'identifier à toute la criminologie appliquée [1], ce qui, on le sait, est abusif, la criminologie appliquée comprenant deux autres parties, la criminologie juridique et la criminologie préventive [2].

La criminologie clinique, après avoir connu une phase d'expansion remarquable jusque vers la fin des années 1960, est entrée dans une longue période de disgrâce sous les coups qui lui ont été donnés par la criminologie dite de la réaction sociale [3] au point que l'on avait cru pouvoir prophétiser « l'agonie de la clinique » lors du 7e Congrès international de criminologie à Lisbonne en 1978. Mais par la suite, la redécouverte de la notion de « personnalité criminelle » par la criminologie nord-américaine jointe à l'obstination de J. Pinatel à valider sa théorie du noyau central de la personnalité criminelle [4], ont permis d'annoncer avec une plausibilité certaine le « renouveau » de la criminologie clinique [5]. C'est effectivement ce qui s'est réalisé avec l'attention toute particulière portée depuis quelques années à la délinquance sexuelle, sous ses multiples formes et plus particulièrement la pédophilie [6]. Le traitement des délinquants sexuels pose des problèmes très délicats à résoudre que seul le retour à la criminologie clinique est de nature à résoudre [7].

Toutefois, s'il est vrai que l'on assiste à un renouveau de la criminologie clinique depuis une vingtaine d'années, ce renouveau s'accompagne d'un renouvellement tant des conceptions de base que des modes et des techniques d'approche du cas individuel du délinquant. On ne parle plus d'abord de *la* criminologie clinique mais *des* criminologies cliniques pour marquer qu'il existe au moins deux attitudes différentes en criminologie clinique et que le cadre pénal traditionnel n'est pas également compatible avec chacune d'elle [8]. La première attitude conti-

---

1. En ce sens le plan du *Traité* de J. Pinatel, et le 36e Cours international de criminologie (Tubingen) qui s'intitulait « La criminologie appliquée », mais était en réalité consacré à la seule criminologie clinique.
2. *Cf. supra* n° 764.
3. *Cf.* n° 301 et s. J. Pinatel, « Paradoxes et régressions en criminologie et en droit pénal », *RIDP*, 1987, I, p. 223.
4. *Cf. supra* n° 266.
5. R. Ottenhof et A.-M. Favard, « Criminologie clinique : de la crise au renouveau », *RSC*, 1989, p. 801-805. V. cependant moins optimiste : R.-Y. Dufour, « Les défis actuels à la criminologie clinique et la violence des scientifiques », *RICPT*, 1989, p. 25-40; M. Le Blanc, « La criminologie clinique, un bilan des travaux sur l'homme criminel depuis 25 ans », *RICPT*, 1989, p. 117-135; J. Pinatel, « De la recherche clinique à la clinique criminologique », *RICPT*, 1991, p. 320-327.
6. M.-A Neuilly et K. Zgoba, « La panique pédophile aux États-Unis et en France », *in* XXXIV congrès français de criminologie, *Champ pénal*, 14 sept. 2005; C. Lazerges, « Politique criminelle et droit de la pédophilie », *RSC*, 2010, p. 725 et s.
7. *Cf.* Congrès français de criminologie de Villefranche-sur-Mer d'oct. 1997 sur « La délinquance sexuelle », Actes, Faculté de droit de Nice, 1998.
8. C. Debuyst, « Les paradigmes du droit pénal et les criminologies cliniques », *Criminologie*, 1992, n° 2, p. 49-72.

nue à voir dans la délinquance la transgression de la règle pénale et le délinquant comme le transgresseur qui a eu une faille de comportement condamnable; le cadre pénal actuel s'accorde assez bien avec le traitement de ce délinquant. En revanche, ce cadre est complètement déphasé lorsque – seconde attitude – on considère la délinquance, non comme une infraction, mais comme un comportement qui s'inscrit, à un moment donné, dans une relation conflictuelle entre le sujet et le groupe social[1]. À l'intérieur même de la première attitude, la criminologie clinique a profondément évolué depuis la fin des années 1980, tant dans ses principes de base que dans leur mise en œuvre. De la sorte, si l'esprit général de la criminologie clinique pinatélienne continue à inspirer de manière très générale la criminologie clinique actuelle, la pratique clinique a bien changé[2].

881 *Finalité* ◇ On a généralement tendance à identifier la criminologie clinique avec la réadaptation sociale du délinquant. Les notions mêmes de traitement et de programme de traitement généralement utilisées pour désigner les mesures de prévention individuelle de la récidive renforcent encore cette opinion.

Il est certes exact que la criminologie clinique s'est développée principalement sous le signe des notions de *réadaptation sociale* et de *traitement*. Cependant, il convient de souligner que cette orientation n'est pas nécessairement conforme à ses origines premières. Quand on lit les développements de Garofalo sur la notion d'état dangereux dont on a fait le concept opérationnel de base de la criminologie clinique classique, on constate qu'il s'agissait seulement pour cet auteur de dégager un concept destiné à remplacer les vieilles notions de gravité de l'infraction et de responsabilité morale comme mesure de la sanction pénale et non pas nécessairement de promouvoir la seule idée de réadaptation sociale. La prévention de la récidive peut être obtenue non seulement par ce moyen, mais encore par d'autres finalités sanctionnatrices. D'autre part, la criminologie clinique étant une science *empirique*, ses solutions dépendent essentiellement des résultats des recherches dans ce domaine. De la sorte, s'il était établi que certains délinquants graves ne sont pas accessibles à un traitement de resocialisation dans l'état actuel des connaissances et des techniques, il n'y aurait pas lieu de poser en principe que ces délinquants doivent être réadaptés puisque cela apparaîtrait comme impossible en l'état actuel de la science[3].

Il en résulte qu'il ne faut pas confondre la criminologie clinique avec les *doctrines de la réadaptation sociale,* et notamment pas avec le *mouvement de la Défense Sociale Nouvelle.* Ce dernier est un mouvement de politique criminelle qui s'appuie, au moins en partie, sur un *a priori* philosophique, tandis que la première est une discipline empirique dont la seule mesure est la concordance avec la réalité criminelle[4].

1. C. Debuyst, art. précité, p. 49-51; même auteur, « Qui récupère qui ? », *Dév. et soc.* 1995, p. 257-266.
2. R. Gassin, « La criminologie clinique de Jean Pinatel et la criminologie clinique actuelle », *AIC,* 1999, p. 19-40.
3. Tel n'est pas le point de vue de J. Pinatel, *cf.* « Criminologie et société répressive » *RSC,* 1981, p. 765-776. Dans « *Le phénomène criminel* » (p. 13), il écrit : « Si les tendances de répression à outrance devaient l'emporter, la criminologie clinique disparaîtrait et le criminologue n'aurait plus que la possibilité de se réfugier dans la science pure ».
4. Il en va de même pour Prins et la première « Défense sociale », *V.* F. Tulkens, « Introduction » à la réédition de Prins, *La défense sociale et les transformations du droit pénal,* 1986.

882 *Clinique et victimes* ◇ L'importance donnée à la victime dans les droits pénaux contemporains et *a fortiori* la tendance à l'instauration d'une justice dite « restaurative » ou encore « restauratrice » ont fait émerger dans la pratique une véritable *clinique victimologique* dont il n'est pas impossible d'esquisser d'ores et déjà les aspects essentiels d'une théorie générale. Aussi après avoir exposé l'essentiel de la clinique criminologique (chapitre 1), on indiquera les quelques idées qui paraissent contribuer à la construction de la clinique victimologique (chapitre 2).

CHAPITRE 1

LA CLINIQUE CRIMINOLOGIQUE

883 Plan ◇ La clinique criminologique est une pratique quasi séculaire qui s'est efforcée de construire les *bases théoriques* sur lesquelles elle s'appuie (section 1) tout en développant les *opérations concrètes* qui caractérisent son activité (section 2).

SECTION 1. LES BASES THÉORIQUES DE LA CRIMINOLOGIE CLINIQUE [1]

884 Objet ◇ Il s'agit de définir les concepts opérationnels de base de la criminologie clinique (§ 1) et les modèles théoriques qui serviront à mettre en place les diverses opérations caractéristiques de la discipline (§ 2).

§ 1. Le concept de base de la criminologie clinique

885 La notion d'état dangereux ◇ Classiquement, la criminologie clinique repose sur la notion d'état dangereux dégagée par Garofalo (A). Mais depuis près de trente ans, ce concept a fait l'objet de critiques qui ont fini par ouvrir une crise sérieuse de la criminologie clinique (B).

A. La construction classique de l'état dangereux [2]

886 Origine et formation ◇ Pour comprendre la théorie classique de l'état dangereux en criminologie clinique, il paraît nécessaire de partir du droit pénal classique.

---

1. E. De Greeff (1948), p. 30-34; J. Pinatel (1960-1979), p. 123-135; J. Pinatel (1963-1975), n°s 313-320; H. N. Barte et G. Ostaptzeff, p. 20-22; S. Bornstein et S.-G. Raymond, État dangereux, *Encyclopédie médico-chirurgicale* 37145 A10, 7 p.; R. Dufour-Gompers, *v°* « Dangerosité »; P. Mbanzoulou, « La dangerosité », *in* M. Herzog-Evans (ed.), vol. 1, p. 109-126.
2. O. Kinberg, p. 134-171; J. Pinatel, (1960-1979), p. 123-129; J. Pinatel (1963-1975), n°s 314-317; E. Yamarellos et G. Kellens, I, *v°* « État dangereux », p. 165-168; Leyrie, p. 262-275; M. Benezech et *al.*, p. 5-7; J. Pinatel (1987), p. 79-81; S. Bornstein et S.-G. Raymond, *v°* « État dangereux », *in Encyclopédie médico-chirurgicale : psychiatrie*, 37145, A10, 1987; M.-J. Roubiscoul, *L'état dangereux dans la doctrine contemporaine de langue française*, th. droit, Toulouse, 1966, dactylo – IIe Cours international de criminologie (Paris, 1953), « Le problème de l'état dangereux », par E. De Greeff et *al.*, Melun, 1954, 623 p.; IIe Congrès français de criminologie (Rennes, 1961), « Aspects de l'état dangereux », Melun, 1967; A. Normandeau et D. Szabo, Synthèse des travaux du 1er symposium international de recherche de criminologie comparée (1969), *Acta criminologica*, 1970, p. 151-152; IIIe Congrès français de criminologie (Aix, 1962), « L'état dangereux prédélictuel », *AIC*, 1962, p. 369-415. – R. Vienne, « L'état dangereux », *RIDP*, 1951, p. 495-540; J. Pinatel, « Histoire des idées relatives à la responsabilité et à l'état dangereux », *in Estudios penales*, Bilbao, 1965, p. 543-563; C. Debuyst (dir.), *Dangerosité et justice pénale. Ambiguïté d'une pratique*,

Dans ce dernier, les concepts de base qui permettaient la détermination de la peine par la loi et par le juge étaient les concepts de responsabilité morale et de culpabilité. On est puni parce que l'on est responsable et coupable et dans la mesure de sa responsabilité et de sa culpabilité. Or cette conception se heurtait, pour les positivistes, à deux critiques : 1/ reposant sur le libre arbitre, elle ne correspondait pas à leur représentation déterministe de l'action criminelle; 2/ orientée vers la seule rétribution, elle ne permettait pas de tenir compte des fonctions utilitaires de la peine.

C'est dans ces conditions que les positivistes recherchèrent un nouveau « *critère de la pénalité* » que Garofalo crut pouvoir situer dans le concept d'état dangereux, témébilité, périculosité, redoutabilité, dangerosité, tous termes synonymes.

À vrai dire, avant les positivistes, l'idée et même le terme avaient déjà été avancés. Bentham avait utilisé la notion d'« *alarme* », autrement dit de danger social qui sera reprise sous la forme d'état dangereux [1]. D'autre part, la loi de 1838 sur l'internement des aliénés « dangereux pour soi-même ou pour autrui » avait créé la notion d'*état dangereux psychiatrique*. Mais ce sont vraiment les positivistes et, singulièrement Garofalo, qui sont à l'origine du concept contemporain, repris peu après par la première école de Défense Sociale [2].

Genève, Masson, 1981, 350 p.; H.-F. Ellenberger, « Violence et dangerosité », *AIC*, 1971, 2, p. 345 et s.; G. Houchon, « Évolution du concept de dangerosité en criminologie européenne (« Vingt ans après... ») », *Criminologie*, 1984, t. II, 79-91; N. Walker, « The concept of dangerousness in different penal systems », *AIC*, 1981, p. 135-143; G. Del'Osso, *Capacita a delinquere e pericolosito sociale*, Milan, 1985, 157 p.; Congrès de psychiatrie et de neurologie de langue française (Bordeaux 1987) éd. Masson, 1988 : rapports Pouget et Costa, « La dangerosité », p. 4 et s., Boscredon, Vignes et Concina, « Appréciation de l'état dangereux et interprétation de la loi du 30 juin 1938 par les non-psychiatres », p. 305 et s., A. Lebrun et *al.*, « Non lieu, non sens ? À propos de la prise en charge d'un délirant meurtrier et de l'article 64 du Code pénal », J.-L. Senninger, « Les dynamiques de dangerosité chez les malades mentaux », *Act. psych.*, 1989, n° 9, p. 7-16; L. Roure, *L'état dangereux, aspects sémiologiques et légaux*, Masson, 1987, 235 p.; M. Petrunik, « Modèles de dangerosité : les contrevenants sexuels et la loi », *Criminologie*, 1994, n° 2, p. 87-126; A. Ouedrago, « Quels sont les liens entre l'hétéro-agressivité et l'auto-agressivité ? » *in* T. Albernhe précité, p. 73-81; J. Leyrie, « L'état dangereux criminologique », *Médecine et droit*, n° 17, mars-avr. 1996, p. 7-11; T. Douraki, « La dangerosité, le traitement psychiatrique et la CEDH », *RICPT*, 1997, p. 439-452; « Comment comprendre la séquence de dangerosité ? » Art. J. Bergeret, G. Amphoux, L. Massardier et C. Cellier, H. Häfner et W. Bocker, S. Bornstein, C. Koupernik et R. Pouget, *in* T. Albernhe (dir.), *Criminologie et psychiatrie*, 1997, p. 35-73; G. Kellens, *Éléments de criminologie*, 209-211; R. Gassin, art. précité 1999, p. 22-27; Colloque Paris 19-21 nov. 2001 : « La dangerosité, de la psychopathologie à la criminologie »; V. Moulin, *Les fonctionnalités du passage à l'acte violent*, thèse Toulouse 2003. V. en outre l'inventaire bibliographique aux *AIC*, 1964, p. 491-492 et 1967, p. 567-569; L.-M. Villerbu et *al.*, *Dangerosité et vulnérabilité en psycho-criminologie*, L'Harmattan, 2003; E. Campos, v° « Dangerosité criminelle », *Dict. sc. crim.*, 2004, p. 219-222; M. Bodon-Bruzel et C. Kattler, v° « État dangereux », *idem.*, p. 378-383; J.-F. Burgelin, *Santé, justice et dangerosité, pour une meilleure prévention de la récidive*, Rapport de la Commission Santé-Justice, La Doc. fr., juillet 2005, 196 p.; J.-P. Garraud, *Réponses à la dangerosité*, Rapport de la mission parlementaire sur la dangerosité et la prise en charge des individus dangereux, La Doc. fr., oct. 2006, 192 p.; P. Goujon et C. Gautier, *Les délinquants atteintes de troubles psychiatriques : comment concilier la protection de la société et une meilleure prise en charge médicale ?*, Rapport d'information Sénat, n° 420, La Doc. fr., juin 2006, 95 p.; C. Debuyst, « Dangerosité, tables de prédiction La fausse clandestinité d'une notion », *in Une criminologie de la tradition à l'innovation, en hommage à Georges Kellens*, Larcier, 2006, p. 251-265; Rapport de la Commission de suivi et d'analyse de la récidive, La Doc. fr., juillet 2007, 110 p., spéc. p. 42 et s.; V. Lamanda, *Amoindrir les risques de récidive criminelle des condamnés dangereux*, La Doc. fr., mai 2008, 70 p., spéc. p. 15 et s.; J. Danet, « La dangerosité, une notion criminologique, séculaire et mutante », *Champ pénal*, vol. V, 2008; E. Blanc et J.-L. Warsmann, *Juger et soigner : lutter contre les pathologies et addictions à l'origine de la délinquance*, La Doc. fr., juillet 2009, 248 p.

1. J. Pinatel fait même remonter la notion à J.-J. Rousseau, *cf. RSC*, 1978, p. 413-414.

2. V. A. Prins, *La défense sociale et les transformations du droit pénal*, 1910, réédition 1986, chapitres IV à VI.

Pour eux ce concept était destiné à remplir une *double fonction*.

1/ *Remplacer la notion de responsabilité morale* dans une conception déterministe de la délinquance.

2/ *Exprimer une attitude nouvelle* traduisant la volonté de débarrasser la justice pénale de tout archaïsme (de la vengeance notamment) et de rechercher uniquement l'efficacité.

C'est donc ce concept qui, formulé dès la fin du XIXe siècle, a dominé la criminologie clinique pendant près d'un siècle et a trouvé en France, par exemple, son apogée lorsque, lors de la réforme du Code de procédure pénale en 1958, le législateur a donné, entre autres, à l'expert psychiatrique la mission de répondre à la question : « X... présente-t-il un état dangereux ? ».

887 *Définition et problèmes* ◇ Qu'est-ce au juste que l'état dangereux d'un individu ? Dans une première vue des choses on peut dire que c'est *la très grande probabilité qu'un individu commette un délit*.

Mais ce n'est là qu'une définition très vague. Pour bien cerner cette notion, il faut insister sur trois points : ses éléments constitutifs (a), ses formes (b) et son appréciation (c).

a. Les éléments constitutifs de l'état dangereux

888 *Deux éléments constitutifs* ◇ Pour Garofalo, la très grande probabilité qu'un individu commette un délit est fonction de deux facteurs, sa capacité criminelle et son degré d'adaptabilité.

1) La *capacité criminelle* ou *témébilité* désigne la perversité constante et agissante de l'agent et la quantité de mal qu'on peut redouter de sa part.

2) Mais cette notion est une notion statique, purement négative. Or les attitudes d'un individu en face de ses devoirs sociaux ne sont pas déterminées une fois pour toutes. Il peut se « convertir » après avoir commis une faute. D'où l'importance de la notion d'*adaptabilité* dégagée également par Garofalo. Tout individu a une possibilité d'adaptation au milieu qui est plus ou moins grande et il convient de rechercher celle-ci à côté de la capacité criminelle pour évaluer plus exactement l'état dangereux du délinquant.

Finalement quatre combinaisons se trouvent possibles :
– capacité criminelle élevée, mais adaptabilité satisfaisante;
– capacité criminelle légère, mais adaptabilité réduite;
– capacité criminelle élevée, et adaptabilité réduite;
– capacité criminelle légère, et adaptabilité satisfaisante.

Ces diverses combinaisons débouchent inévitablement sur des formes diverses d'état dangereux. Par la suite, dans les années 1950, J. Pinatel a lié la notion d'état dangereux avec sa théorie de la personnalité criminelle [1]. Rappelons que pour cet auteur le noyau central de la personnalité criminelle se caractérise par quatre traits psychologiques : l'égocentrisme, la labilité, l'agressivité et l'indifférence affective, chacun de ces traits remplissant une fonction bien précise dans le pro-

---

1. C'est d'ailleurs dans la partie de son grand Traité de criminologie consacré à la criminologie clinique qu'il expose sa théorie de la personnalité criminelle, *cf. Traité* n°s 364 et s. (sous le titre « Perspectives scientifiques »).

cessus du passage à l'acte délictueux[1]. Le degré d'intensité de chacun de ces traits chez un même individu permet aussi de faire de multiples combinaisons[2].

b. Les formes de l'état dangereux

889 *Les différents types de formes* ◇ Plusieurs distinctions peuvent être effectuées ou ont été proposées selon que l'on envisage l'état dangereux ou la dangerosité dans le temps ou dans l'espace.

889-1 *Deux formes d'état dangereux dans le temps* ◇ On peut en gros distinguer deux formes d'état dangereux : l'état dangereux chronique ou permanent et l'état dangereux de crise.

a) *L'état dangereux chronique ou permanent* a été défini comme « une modalité psychologique et morale dont le caractère est d'être antisocial ». Le terme « état » exprime ici quelque chose de stable, de permanent.

Il existe ainsi un certain nombre de délinquants dont la personnalité est telle qu'ils présentent un état dangereux de cette sorte[3]. Mais au sein même de cette catégorie, il faut faire des sous-distinctions d'après :

1/ l'*intensité* de l'état dangereux entre délinquants professionnels et récidivistes ordinaires; 2/ l'*orientation* de l'état dangereux entre les spécialistes qui commettent toujours le même type d'infractions et les mixtes qui commettent des infractions de nature diverse; 3/ le *moment de l'apparition* de l'état dangereux entre les délinquants précoces et les autres.

b) *L'état dangereux de crise* qui caractérise la plupart des délinquants est celui où le sujet passe par une crise avant de perpétrer l'acte criminel. On sait que de Greeff a particulièrement bien analysé cette crise en distinguant entre trois phases successives : la phase de l'acquiescement mitigé, la phase de l'assentiment formulé et celle de la crise proprement dite[4].

889-2 *Trois formes de dangerosité dans l'espace ?* ◇ Une autre distinction reposant sur l'origine de la dangerosité ou le lieu où elle se manifeste prend en considération aujourd'hui trois formes de dangerosité : psychiatrique, criminologique et pénitentiaire.

a) *La dangerosité psychiatrique*[5] est définie comme un risque de passage à l'acte principalement lié à un trouble mental et notamment au mécanisme et à la thématique de l'activité délirante. Il s'agit donc de la manifestation symptomatique liée à l'expression de la maladie mentale. Elle exclut les troubles de la personnalité qui ne sont pas des pathologies psychiatriques.

---

1. *Cf. supra* n° 607.
2. Le psychanalyste Daniel Lagache a proposé de son côté une description du « type idéal du criminel » autour de deux grandes composantes, l'égocentrisme et l'immaturité.
3. R. Vienne, « Considérations sur la psychologie, l'origine de l'état dangereux et les facteurs de réadaptation des multirécidivistes », *RSC*, 1957, p. 53-63.
4. *Cf. supra* n° 663.
5. Haute autorité de santé (HAS), Audition publique du 10 décembre 2010, Dangerosité psychiatrique : étude et évaluation des facteurs de risque de violence hétéro-agressive chez les personnes ayant une schizophrénie ou des troubles de l'humeur : art. M. Renneville, J.-C. Pascal, J. Danet, J. Canneva.

b) La pathologie psychiatrique n'est pas en revanche un élément de *la dangerosité criminologique* qui renvoie à la probabilité se commettre une infraction contre les personnes ou les biens.

c) *La dangerosité pénitentiaire (ou carcérale)* [1] est quant à elle associée au contexte carcéral, à la situation d'incarcération en référence à la menace potentielle que représente l'individu contre la sécurité des personnes (violences physiques à l'encontre des autres détenus et personnels pénitentiaires, comportements autoagressifs) et des établissements pénitentiaires (évasion, mouvement collectif...).

Il apparaît alors que si ces différentes formes de dangerosité peuvent se rencontrer simultanément chez le même individu, cela n'est pas forcément le cas. La dangerosité psychiatrique n'implique pas forcément la dangerosité criminologique, tout comme la dangerosité pénitentiaire n'est pas forcément le signe d'une dangerosité criminologique. L'appréciation ou l'évaluation de l'état dangereux devrait permettre d'éviter le risque de confusion ou de glissement de l'une à l'autre.

c. L'appréciation de l'état dangereux

890 *Deux catégories d'indices* ◇ L'apparition de l'état dangereux se fait à partir de la collecte d'*indices* [2]. Deux sortes d'indices sont utilisables : les indices *légaux* et les indices *bio-psychologiques et sociaux.*

891 *a) Les indices légaux* ◇ Ils consistent dans la nature et le nombre des infractions commises par la personne dont on veut apprécier l'état dangereux.

Ces indices sont connus de longue date puisque c'est sur eux que repose la répression dans le droit pénal classique. Mais ils ne renseignent que sur les *manifestations* de l'état dangereux et non sur les *facteurs* de celui-ci. Or ces derniers ne peuvent être révélés que par des signes et symptômes de caractère bio-psychologique et social.

892 *b) Les indices bio-psychologiques et sociaux* ◇ Ils concernent les indices personnels et sociaux qui permettent de découvrir les facteurs de l'action criminelle commise et, par voie de conséquence, d'évaluer l'état dangereux du délinquant. Ils sont recueillis au moyen de techniques diverses : tests projectifs, électroencéphalogramme, enquête familiale et sociale, etc.

Les indices doivent être distingués des *facteurs criminogènes* bien qu'ils soient destinés à y conduire. On entend en effet par facteur tout élément objectif qui intervient dans la production du phénomène criminel, tandis que l'indice est seulement le symptôme qui permet un diagnostic criminologique ; il a donc une portée clinique mais pas nécessairement une valeur étiologique.

La mise en œuvre de l'appréciation de l'état dangereux en matière de libération conditionnelle met bien en lumière la difficulté de l'entreprise ; les juges appelés à

---

1. P. Mbanzoulou, « La dangerosité pénitentiaire ou la dialectique du risque », CS, n° 12, avril-juin 2010, p. 127-135.
2. Sur la notion d'indice, *cf. supra* n° 120.

se prononcer lient l'appréciation des « efforts sérieux de réadaptation sociale » requis par le législateur (formule introduite dans l'art. 729, al. 1 C. pr. pén. par la loi du 15 juin 2000 et conservée depuis) à des critères tels que la reconnaissance de l'infraction et l'absence de risque pour l'ordre public[1].

B. Les critiques du concept d'état dangereux

893 ***Les deux sortes de critiques*** ◊ Le concept d'état dangereux, après avoir régné en maître sur la criminologie clinique pendant plusieurs décades, a fait l'objet depuis une trentaine d'années de critiques diverses.

Les premières ont invoqué son inadéquation à la réalité criminologique mais proposé des concepts de substitution : ce sont des *critiques créatrices* (a); les secondes ont voulu détruire ce concept en même temps que toute la criminologie traditionnelle : il s'agit de *critiques destructrices* (b).

a. Les critiques créatrices

894 ***Les concepts de substitution*** ◊ Depuis assez longtemps, certains auteurs se sont rendu compte que le concept d'état dangereux était un concept flou qui ne permettait pas une approche suffisamment exacte de la personnalité du délinquant.

La notion d'état dangereux étant une notion à *prétention juridique* en même temps que *criminologique*[2], la recherche de concepts de substitution s'est faite dans les deux directions. Au plan juridique, on a vu Gramatica proposer la notion d'« antisociabilité subjective »[3]. Au plan de la criminologie clinique, c'est le Dr Dublineau qui a suggéré de substituer le concept de « *maturité* » à celui d'état dangereux. C'est cette seconde approche, qui seule intéresse la criminologie clinique, que l'on va présenter ici[4].

La valeur de la notion d'état dangereux comme concept expérimental de la criminologie clinique a été examinée par cet auteur à propos de l'application des législations dites de défense sociale aux délinquants anormaux et récidivistes. Il montre l'ambiguïté de la notion d'état dangereux (1) pour lui substituer celle d'immaturation (2).

1. L'ambiguïté de la notion d'état dangereux

895 ***Les trois conceptions*** ◊ Il existe trois conceptions différentes de l'état dangereux.

---

1. Juridiction régionale de la libération conditionnelle, Caen 26 avril 2001 et juridiction nationale du 23 novembre 2001, D. 2002, Jur, 837, note M. Evans-Herzog. V. également N. Combalbert, A.-M. Favard et M.-A. Bouchard, « Étude des liens entre comportements auto et hétéro-agressifs et de leurs facteurs de risque chez les détenus », *RICPT*, 2002, p. 37 et s.; P. Tremblay et *al.*, « Les risques assumables : récidive et libération conditionnelle », *Criminologie*, 2009, vol. 42, n° 2, p. 195-221.
2. Sur cette double portée, *cf. supra* n° 886.
3. F. Gramatica, *Principes de défense sociale*, éd. Cujas, 1964.
4. J. Dublineau, Rapport aux 15ᵉ Journées de défense sociale, (Bruxelles, 1967), *RSC*, 1968, p. 154-165.

1) L'état dangereux *psychiatrique* que l'on utilise pour l'internement des aliénés en vertu de la loi de 1838.

2) L'état dangereux *alcoolique* qui sert de base à l'application de la loi du 15 avril 1954 sur les alcooliques dangereux pour autrui.

3) L'état dangereux *criminologique* qui est celui de la mission confiée à l'expert par le Code de procédure pénale pour l'examen des inculpés (aujourd'hui mis en examen).

Dublineau montre que ces trois notions correspondent à des contenus différents et que les experts psychiatres sont très embarrassés lorsqu'il s'agit de formuler un diagnostic d'état dangereux criminologique.

896 *L'embarras de l'expert* ◇ L'auteur expose que l'expert conclut rarement à une telle dangerosité pour trois raisons.

1) Il a une vague inquiétude des *conséquences* qui seront tirées par les juges de conclusions de dangerosité.

2) Les *bases bio-sociales* sur lesquelles on peut asseoir le diagnostic demeurent incertaines et on hésite à conclure sur une impression qui reste en définitive essentiellement *subjective*.

3) Le *pronostic de récidive* est une autre source d'hésitation. Il entre dans une déclaration d'état dangereux une manière de pessimisme qui donne un aspect statique à une notion qui est au plus haut point évolutive. D'où l'idée de poser le problème en termes de « maturation » de la personnalité.

2. Le concept d'immaturation

897 *Définition* ◇ Ce concept ne peut se définir que par son contraire : la maturation. L'immaturité, c'est le retard dans la maturation. Cette notion repose donc sur l'importance du *fait évolutif*. Encore s'agit-il de préciser en quoi il consiste. On se contente en effet généralement de dire que la maturation est un processus évolutif conduisant à l'adaptation à la société sous l'action de ces forces psychologiques que sont l'activité et l'émotivité. Mais encore faut-il s'entendre sur la notion d'adaptation et faut-il également bien préciser comment ces forces évoluent au cours de l'existence. Et Dublineau de développer successivement ces deux points. Finalement il apparaît que ce que retient une telle conception de l'état dangereux classique, c'est le deuxième terme (l'adaptation) pour rejeter la première, la capacité criminelle.

b. Les critiques destructrices

897bis Ces critiques sont de deux sortes : les unes proviennent de la criminologie de la réaction sociale (1). Les secondes, plus récentes, ont leur origine dans la pratique clinique elle-même (2).

1. Les critiques de la criminologie de la réaction sociale[1]

898 *Origine* ◇ Cette première critique destructrice du concept d'état dangereux résulte de la convergence de deux courants.

1) Les recherches empiriques sur la dangerosité, notamment aux États-Unis où l'état dangereux est – ou était – un concept légal permettant la condamnation de criminels réputés « dangereux » à une sentence de durée *indéterminée.*

2) Les nouvelles théories de la déviance et de la délinquance qui, sous l'appellation de *criminologie de la réaction sociale*, constituent des critiques radicales de la criminologie traditionnelle[2].

Le point culminant de ce courant critique a été le Colloque tenu à Louvain en 1979 sur le thème : « La notion de dangerosité a-t-elle encore un sens ? »[3].

899 *Deux critiques* ◇ Les critiques portent essentiellement sur deux points : la définition de l'état dangereux, son diagnostic et sa prédiction.

a) La définition de la dangerosité

Les négateurs de la théorie de l'état dangereux adressent essentiellement trois critiques à cette notion.

1/ La théorie de l'état dangereux présente celui-ci comme une donnée naturelle absolue, alors que l'état dangereux est un *concept normatif et relatif* qui dépend de la législation de chaque pays aux divers moments de son histoire, telle par exemple à les suivre la référence à la « particulière dangerosité » introduite par la loi du 25 février 2008 relative à la rétention de sûreté (art. 706-53-13 C. pr. pén.).

2/ La théorie de l'état dangereux *confond la dangerosité d'un comportement donné et la dangerosité d'un individu,* alors qu'un comportement déterminé peut effectivement être dangereux sans que pour autant l'individu lui-même, c'est-à-dire la somme de tous les comportements qu'il adopte au cours de son existence, soit dangereux.

---

1. C. Debuyst, « Le concept de dangerosité et un de ses éléments constitutifs : la personnalité (criminelle) », *Dév. et soc.* 1977, p. 363-387 ; « La notion de dangerosité, maladie infantile de la criminologie », *Criminologie,* 1984, vol. 17, n° 2, p. 7-24, textes reproduits in *Essais de criminologie clinique Entre psychologie et justice pénale Christian Debuyst,* C. Adam et F. Digneffe (coord.), Larcier, 2009 ; C. Montandon, « La dangerosité, revue de la littérature anglo-saxonne », *Dév. et soc.* 1979, p. 89-104 ; S.-A. Shah, Dozois et al., M. Foucault, « Débat : le dompteur face à la dangerosité », *Dév. et soc.* 1981, p. 369-422 ; P. Lagier et A. Normandeau, « Dangerosité et justice : la peur du criminel ou la peur de la criminologie ? », *Criminologie,* 1982, vol. 15, n° 2, p. 105-114 ; P. Robert, « La crise de la notion de dangerosité », *in La question pénale,* 1984, p. 138-160. ; C. Webster et al., *Constructing dangerousness : scientific, legal and policy implications,* Toronto, 1985, 161 p. ; F. Digneffe et C. Adam, « le développement de la criminologie clinique à l'École de Louvain : une clinique interdisciplinaire de l'humain », *Criminologie,* vol. 37, n° 1, 2004, p. 43-70 ; C. Debuyst, « La clinique criminologique à la croisée des chemins », *Dév. et soc.,* 2010, vol. 34, n° 1, p. 71-91.
2. *Cf. supra* n°ᵒˢ 301 et s.
3. Actes du colloque, « Dangerosité et Justice pénale : ambiguïté d'une pratique », Genève, Masson, 1981. Pour le retour opéré des années plus tard par C. Debuyst sur ce colloque, v. « Dangerosité, tables de prédiction. La fausse clandestinité d'une notion », *in Une criminologie de la tradition à l'innovation. En hommage à Georges Kellens,* Larcier, 2006, p. 251-265. CR du colloque de Coninck, *RDPC,* 1979, p. 977-995.

3/ Le fait de confier aux psychiatres le rôle de définir la dangerosité crée une *association entre maladie mentale* et *état dangereux,* alors que les malades mentaux ne commettent pas plus de délits que les autres personnes.

b) Le diagnostic et la prévision de l'état dangereux

Le diagnostic et la prévision de l'état dangereux sont faits au moyen de deux méthodes : 1/ la *méthode clinique* qui se base sur l'interview, l'anamnèse (reconstitution du passé de l'individu) et les tests psychologiques; 2/ la *méthode statistique* qui utilise les échelles de prédiction où une série de facteurs considérés statistiquement comme liés aux conduites criminelles sont évalués.

Or les deux méthodes sont critiquées par les criminologues de la réaction sociale comme *illusoires.*

À la méthode clinique, ils reprochent de surévaluer la dangerosité et d'entraîner ainsi l'application de mesures contraignantes pour la liberté individuelle qui ne sont pas justifiées.

À la méthode statistique, ils adressent au moins trois reproches. Elle ne tient pas compte des spécificités individuelles et des changements de personnalité. Elle est inutilisable dans la plupart des cas parce qu'elle aboutit à des prévisions de récidive de 50 chances sur 100. Les taux de prédictions positives sont eux-mêmes erronés (faux-positifs).

2. Les critiques des partisans de la criminologie de l'acte

900 *La critique des méthodes* ◇ Ces critiques se trouvent notamment synthétisées dans un texte du Pr Régis Pouget, psychiatre, intitulé « La dangerosité »[1]. Après avoir défini le *danger* comme une « visée, intentionnelle ou non, vers autrui, tendant à le nier, le détruire ou le diminuer en tant que sujet », à travers ses biens comme à travers son intégrité physique, et relevé que l'agressivité ne suffit pas pour constituer la dangerosité dont elle n'est qu'un des éléments, R. Pouget énonce que « pour que naisse une *situation de danger,* trois facteurs sont nécessaires : un auteur potentiel, une victime potentielle et un tiers, réel ou symbolique ». Or, s'agissant en premier lieu de l'*auteur,* R. Pouget soutient qu'il n'est pas possible d'établir des critères précis et logiques de cet état présumé : le concept ne résiste pas à une observation sérieuse et prolongée; la dangerosité existe sans doute, mais il s'agit d'une dynamique – donc sujette à variations – et non d'un état immuable; sa prédiction, enfin, sauf exception, n'a aucun caractère de certitude. La *victime* elle-même joue, dans un certain nombre de cas, le plus souvent inconsciemment, un rôle dans la dynamique de danger, de sorte que sans la rencontre des deux comportements de l'auteur et de la victime, le crime n'aurait pas eu lieu. Quant au *tiers* enfin, qu'il définit très largement comme « tout ce qui ne dépend ni de l'auteur ni de la victime », il peut soit provoquer la situation de danger qui succède à la situation d'agressivité, soit à l'inverse « arrêter dans une impasse » la dynamique de danger et le passage de l'agressivité à la vio-

1. *In* T. Albernhe (dir.) précité, p. 64-73.

lence. Et de conclure que la notion de danger est éminemment contingente, que la science ne peut pas prédire la dangerosité, et qu'en définitive on devrait supprimer désormais la question de l'état dangereux du délinquant de la mission de l'expert psychiatre.

La critique est impressionnante certes, mais elle n'est pas sans réponse. Doit-on en effet bannir toute recherche d'état dangereux comme une utopie néfaste ? Si on le fait la peine ne peut plus avoir d'autre fonction que la punition, la rétribution. La récidive éventuelle du condamné est alors considérée comme relevant du hasard, par hypothèse indéterminée et indéterminable. Or, si R. Pouget insiste sur l'écho sacrificiel de la sanction pénale, il n'en reconnaît pas moins, au détour d'un développement, que « si tout individu peut être dangereux pour un ou plusieurs autres individus, certains le sont plus que d'autres. »[1] et, plus loin même[2], que ce qu'il reproche au concept d'état dangereux « ce n'est pas le concept lui-même, c'est sa reprise par des hommes qui l'ont dévié de son sens et par des institutions qui l'ont perverti », si bien que « prenant son origine dans le désir d'humaniser et de personnaliser la sanction d'un acte délictueux » « elle a abouti en fait à l'inverse »[3]. En définitive, le concept d'état dangereux demeure toujours debout, à condition d'en élargir le champ à la prise en compte des victimes potentielles, comme des situations précriminelles éventuelles et, corrélativement, d'en relativiser la signification quant à la personnalité du délinquant lui-même. On peut certes changer les termes employés pour leur ôter ce qu'ils paraissent avoir d'essentialiste et de statique, mais la chose n'en demeure pas moins.

901 *Conclusion du § 1* ◊ Il est manifeste que la criminologie clinique connaît, à travers la critique de son concept de base, une crise profonde qui persiste indépendamment du renouveau plus général de la criminologie.

Les *critiques de type idéologique* qui lui sont adressées par la criminologie de la réaction sociale, et notamment par la criminologie critique, manquent certes de pertinence, car on a vu combien ces théories elles-mêmes étaient sujettes à critique[4].

En revanche, les *critiques de type scientifique* sont en partie fondées et devraient contribuer à rechercher des concepts plus pertinents pour asseoir la criminologie clinique. On doit signaler à cet égard que la notion de « seuil délinquantiel » mériterait d'être opérationnalisée pour servir de base à la clinique[5].

§ 2. Les modèles d'approche du cas individuel

902 *Deux modèles possibles* ◊ La criminologie clinique traditionnelle a construit l'approche du cas individuel du délinquant sur le modèle de

---

1. Art. précité, p. 71.
2. Art. précité, p. 72.
3. Art. précité, p. 66.
4. *Cf. supra* nᵒˢ 66 et s.
5. V. cependant plus nuancé : J. Vérin, « La dangerosité aujourd'hui », *RSC*, 1981, p. 665-677. *Adde* J. Dozois et *al* « Dangerosité et pratique criminologique en milieu adulte », *Criminologie*, 1984, vol. 17, nᵒ 2, p. 25-51, et Y. Bogopolsky, « Le clinicien et la question de la dangerosité », *id.*, p. 93-101.

l'activité médicale d'où l'appellation de « *modèle médical* » : observation, diagnostic, pronostic, programme de traitement (l'ordonnance du médecin)[1], contrôle de son application et information du résultat. Il repose sur l'hypothèse selon laquelle « pour déterminer les méthodes de traitement des délinquants, il est nécessaire de savoir quels sont les traits dominants de leur personnalité et comment cette personnalité se structure et évolue »[2].

Ce « modèle médical » est évidemment lié étroitement à la criminologie clinique traditionnelle. Mais même dans le cadre de celle-ci, on peut lui reprocher d'être centré exclusivement sur la personnalité du délinquant et de négliger deux séries de dimensions :

1) Les autres *dimensions criminologiques* à savoir la situation précriminelle et l'acte délictueux lui-même.

2) Les *dimensions psychosociales :* la famille et l'entourage du délinquant (école, milieu professionnel, amis, loisirs) ainsi que les relations qu'il entretient avec ces divers lieux d'insertion sociale.

La prise en compte de l'ensemble de ces données débouche sur un autre modèle : le *modèle psychosocial*. Et certains auteurs voient même dans l'émergence d'un modèle bio-psycho-social l'avenir de la criminologie du XXIe siècle[3].

Toutefois comme ce dernier n'a pas été, à notre connaissance, systématisé[4], on va décrire les opérations caractéristiques de la criminologie clinique à partir du modèle médical quitte à infléchir au passage la description en faisant référence au modèle psychosocial.

SECTION 2. **LES OPÉRATIONS CARACTÉRISTIQUES DE LA CRIMINOLOGIE CLINIQUE**[5]

903 *La complexité des opérations* ◇ Les opérations caractéristiques de la criminologie clinique sont des opérations *multiples* et *complexes*. Elles ont en effet pour but de rechercher les divers indices de l'état dangereux du délinquant (de son immaturité, ou de son seuil délinquantiel...), de por-

---

1. *Cf.* J. Pinatel, *Traité*, n°s 318-320. Cet auteur paraît cependant mêler la pratique de la criminologie clinique avec la recherche appliquée en criminologie clinique, confusion facile à faire mais qu'il convient d'éviter, *cf. supra* n° 187.
2. J. Pinatel, *La société criminogène*, 1971, p. 18. Il ne faut cependant pas exagérer la portée de l'adoption du « modèle médical » par cet auteur. Ce n'est que d'un *point de vue méthodologique* qu'il considère que la clinique criminologique s'organise à la façon de la clinique médicale. Sur le fond, il considère qu'elle n'est pas un chapitre de cette dernière et qu'elle constitue une *clinique autonome*.
3. R. Carbonneau, « Les enjeux à venir pour la criminologie clinique : approche développementale et intégration avec les sciences biomédicales », *Criminologie*, 2008, vol. 41, n° 1, p. 47-82.
4. Dans son dernier état cependant, l'approche du cas individuel a recours à de nouveaux paradigmes autres que la « personnalité du délinquant » (éthologie, écologie du sujet), soit en termes de micro-psycho-sociologie ou de psychologie cognitiviste (*cf.* R. Ottenhof et A.-M. Favard, *RSC*, 1989, p. 804).
5. B. Di Tullio (1967), 362-383 ; G. Lopez et S. Bornstein, p. 107-120. J. Pinatel, 576-651 ; *Conseil de l'Europe, 19e Conférence de recherches criminologiques : Nouvelles stratégies sociales et système de justice pénale* (1990), *Actes*, 1994, 119 p. et *20e Conférence de recherches criminologiques : Interventions psychosociales dans le système de justice pénale* (1993), *Actes*, 1995, 219 p.

ter, à partir de ces indices, un jugement sur l'existence, la nature et le degré de cet état dangereux et de décider en conséquence la mesure de prévention de la récidive qu'il convient d'appliquer.

La pratique clinique comporte donc trois séries d'opérations : observation du délinquant (§ 1), appréciation du cas du délinquant (§ 2), décision de la mesure de prévention de la récidive (§ 3).

§ 1. **L'observation du délinquant**[1]

903bis L'observation du délinquant en criminologie clinique soulève deux sortes de problèmes : le cadre et le moment de l'observation d'abord (A), les méthodes d'observation ensuite (B).

A. Le cadre et le moment de l'observation

904 *Les trois moments possibles* ◇ En théorie, trois moments peuvent être retenus pour l'observation du délinquant : avant le jugement, après le jugement mais au cours de l'exécution de la peine privative de liberté[2], et même après la fin de cette dernière.

Pendant longtemps, l'observation s'est faite après le jugement, au cours de l'exécution de la peine privative de liberté. C'est pourquoi on parlait d'*observa-

---

1. E. De Greeff (1937), p. 164-196; M. Laignel-Lavastine et V. V. Stanciu, p. 24-60; B. Di Tullio (1951), p. 149-180; E. Seelig, p. 334-339; R. Vouin et J. Léauté, p. 490-505; G. Stéfani et G. Levasseur, n°s 364-371; O. Kinberg, p. 293-296; E. Mira y Lopez, p. 184-209; J. Pinatel (1960-1979), p. 136-155; J. Pinatel (1963-1975), n°s 321-331; B. Di Tullio (1967), p. 199-261; J. Leyrie, p. 275-280; Y. Copard-Britton, *L'examen de personnalité*, th. droit, 1970; G. Levasseur et al., *Les techniques de l'individualisation*, 1971; P. Scherrer, *Le psychiatre et le criminel, L'approche de l'expert*, 1990; R. Lusignan, « La question du secret professionnel dans l'intervention clinique auprès des adultes délinquants », *Criminologie*, 1993, n° 2, p. 137-153; A. Buquet, *Les écritures de personnalités pathologiques ou criminelles*, Étude clinique, Masson éd., 1994, 130 p.; J. Lavaut et al. « Expertises et toxicomanies », *RPDP*, 1995, p. 155-159; J. Severy, « Rigueur de texte et rigueur d'esprit », *RICPT*, 1995, p. 483-484; P. Darbeda « L'expertise de prélibération et les processus d'évaluation et de soins des auteurs d'infractions à caractère sexuel », *RSC*, 1996, p. 919-929; D. Laberge et al., « Les représentations sexuées dans les discours d'experts psychiatres », *Dév. et soc.* 1997, p. 251 et s.; P. Somers et D. Van Dermeesch, « L'enregistrement des auditions des enfants victimes d'abus sexuels : premiers jalons d'évaluation ou l'expérience bruxelloise », *RDPC*, 1997, p. 376-404; G. Canepa, « L'expertise psychiatrique et l'expertise psychologique suivant l'expérience italienne », *AIC*, 1997, p. 13-34; J. Faget, « Les enquêtes sociales rapides (évaluation nationale). La gestion humanitaire de l'urgence judiciaire », *RSC*, 1997, p. 789-804; T. Albernhe (dir.), « L'expertise psychiatrique et le procès pénal », *in Criminologie et psychiatrie*, 1997, p. 547-607; A. Coche, *La détermination de la dangerosité des délinquants en droit pénal. Étude de droit français*, préface J. Pradel, PUAM, 2005, 489 p. et « Faut-il supprimer les expertises de dangerosité ? », *RSC*, 2011, p. 11 et s. **Congrès, colloques et cours :** Cycle européen d'études sur l'examen médico-psychologique et social des délinquants (Bruxelles, 1951); IIIᵉ Congrès international de défense sociale (Saint-Marin, 1951); 1ᵉʳ Cours international de criminologie (Paris, 1952); 1ᵉʳ Congrès international de criminologie clinique (Rome, 1958); VIIIᵉ Congrès international de défense sociale (Paris, 1971). – **Volume spécial des AIC :** « L'expertise criminologique », vol. 19, 1981, 207 p. – J.-H. Syr, *Punir et réhabiliter*, Economica, 1990, p. 51-60.

2. « L'examen du détenu doit-il se faire avant ou après le jugement ? », *RI. polit. crim.*, janv. 1953.

tion pénitentiaire[1]. À partir de là, l'observation s'est propagée tant en amont qu'en aval.

Il est d'abord apparu assez rapidement qu'il était paradoxal de placer l'observation du délinquant après le jugement, car celle-ci précisément était destinée à éclairer d'abord le choix des juges. Aussi certaines législations introduisirent-elles l'observation au cours de l'instruction de l'affaire. C'est ce que l'on appelle *l'observation judiciaire*[2]. Tel est le cas des pays anglo-saxons avec l'institution dite du *rapport pré-sentenciel*. Tel est également le cas de la France d'abord avec l'organisation de l'observation des *mineurs délinquants* et *en danger moral* en instance de jugement en application des articles 8 et suivants de l'ordonnance du 2 février 1945 pour les premiers et de l'article 1183 du Code de procédure civile pour les seconds, ensuite avec l'examen sur la personnalité du mis en examen prévu par l'article 81 alinéas 6 et suivants du Code de procédure pénale introduit dans notre procédure pénale en 1958[3].

L'utilisation de la procédure de « flagrant délit » devenue aujourd'hui la « comparution immédiate » a plus récemment posé le problème d'une information au moins sommaire du tribunal correctionnel sur la personnalité de l'individu traduit devant lui. Ainsi s'est créée la pratique des *enquêtes rapides*[4], officialisée par la loi modifiée du 2 février 1981 (art. 41 al. 6 du C. pr. pén.). Mais il est évident qu'une telle enquête ne peut recourir à toutes les ressources que les sciences de l'homme contemporaines mettent à la disposition du clinicien pour procéder à l'observation du délinquant et que l'on va présenter maintenant.

S'agissant de la *victime*, sa propre observation est elle-même prise aujourd'hui en considération par la criminologie clinique. C'est ainsi qu'en droit français, le juge d'instruction peut faire recueillir des renseignements sur la personnalité de celle-ci, en même temps que faire apprécier la nature et l'importance des préjudices qu'elle a subis (art. 81-1 C. pr. pén., loi du 15 juin 2000). Le procureur de la République lui-même agissant dans le cadre d'une enquête de police judiciaire, peut recourir à une association d'aide aux victimes afin qu'il soit porté aide à la victime de l'infraction (art. 41, dern. al., C. pr. pén., loi du 15 juin 2000). Dans les deux cas il s'agit d'une observation judiciaire.

Plus récemment, l'observation s'est encore déplacée cette fois en aval du cours de l'exécution de la peine privative de liberté à son issue. Tel est le cas, depuis la loi du 25 février 2008, de certains condamnés à au moins quinze ans de réclusion criminelle susceptibles de relever d'une rétention de sûreté (art. 706-53-13 C. pr. pén.) qui doivent faire l'objet d'une *observation socio-médico-judiciaire* (de sûreté) ou *post-pénitentiaire*. Celle-ci consiste dans le placement de la personne, pour une durée d'au moins six semaines, dans un service spécialisé chargé de l'observation

---

1. « L'investigation criminologique : sa méthodologie en milieu pénitentiaire », 2ᵉ Journées belges de criminologie (Louvain, 1971), CR, *RDPC*, 1971, p. 1012-1016.
2. *Cf.* les études de M. Blanc *et al.* sur « Le rapport d'observation », *BSIC*, 1958, p. 155 et s. Sur l'expertise judiciaire, v. L. Dumoulin, « La mosaïque de l'expertise judiciaire : entre public et privé, monopole et concurrence », *CSI*, 1998, 4ᵉ trim., p. 233-251; Y. Arnoux, *Le recours à l'expert en matière pénale*, PUAM, 2004; R. Coutanceau, Vᵒ « Expertise pénale », *in* Dict. sc. crim. 2004, p. 409 et s.
3. *Cf.* B. Bouloc, *Procédure pénale*, Dalloz, 22ᵉ éd., 2010, nᵒ 661; C. Germain, « L'examen de personnalité dans le procès pénal français », *RIPC*, avr. 1963, p. 98 et s.; art. J. Pinatel et J. Vérin, 1981, *in AIC*, 1981, p. 107-113 et 31-41.
4. J. Bernat de Celis, « L'expérience des enquêtes rapides au tribunal de Paris », *RSC*, 1980, p. 957-967; E. Gonthier-Briand, « Le service d'enquêtes rapides du tribunal de Paris », *Après demain*, mai-juin 1983, p. 34-35; Montfort, « Sur le fonctionnement du service des enquêtes rapides à Marseille », *Bulletin SPES*, janv.-mars 1985, p. 9 et s.

des personnes détenues aux fins d'une évaluation pluridisciplinaire de dangerosité assortie d'une expertise médicale réalisée par deux experts.

B. Les méthodes d'observation [1]

905 *Multiplicité et complémentarité des méthodes* ◊ Les méthodes d'observation de la personnalité des délinquants sont multiples mais il faut les concevoir non comme des techniques alternatives mais comme des méthodes qui se complètent l'une l'autre.

J. Pinatel classe ces méthodes en trois catégories.

La première est celle des *méthodes fondamentales*. Elle comprend l'enquête sociale [2], l'examen médical, l'examen psychiatrique [3] et l'examen psychologique [4].

1. Inventaire bibliographique aux *AIC*, 1964, p. 493-502 et 1967, p. 569-576. J.-R. Mendoza, « Les méthodes propres aux recherches de personnalité », *Mélanges Karanikas*, 1966; G. Heuyer, « Les méthodes scientifiques de recherche de la personnalité », *RIDP*, 1972, p. 238-253; Leyrie, *id.*, p. 279-288; C. Debuyst, « Criminologie clinique et inventaire de personnalité. Utilisation quantitative ou qualitative », *Dév. et soc.* 1989, p. 1-21.

2. J. Vérin, « L'enquête sociale dans les procédures pénales en Grande-Bretagne », *RSC*, 1979, p. 375-379.

3. Sur l'expertise mentale, *cf.* J. Leyrie, p. 285-344; J. Pinatel (1987), v° « Expertise psychiatrique », p. 86-88. Sur l'examen médico-psychologique et social, Pinatel (1987), p. 83-85; C. Montandon, « L'expertise psychiatrique en matière pénale à Genève », *Dév. et soc.* 1978, p. 131-156; J. Ley, « La psychiatrie en question : évolution et perspectives », *RDPC*, 1979, p. 619-634; Rasch Herman et Hicks, *AIC*, 1981, p. 71-79 et 91-104; J. Poupart et al., « L'expertise de la dangerosité : criminels et psychiatrie », *Criminologie*, 1982, n° 2, p. 7-25; G. Canepa, « Perspectives d'innovation dans le domaine de l'expertise psychiatrique », *RICPT*, 1983, p. 59-66; M. de Bonis, « Psychologie et évaluation de la personnalité et l'expertise psychiatrique », *Dév. et soc.* 1985, p. 201-214; P. Marchais, *Permanence et relativité du trouble mental*, 1986, 224 p.; « L'expertise psychiatrique de l'inculpé », XIIe symposium de l'Académie internationale de médecine légale (Gènes, mai 1992); R. Pouget, « Éthique et expertise psychiatrique », *in* T. Albernhe, *Criminologie et psychiatrie*, 1997, p. 581-585; R. Coutanceau, v° « Expertise psychiatrique pénale », *Dict. sc. crim.*, 2004, p. 412-416; D. Gleizer, « Aspects actuels de l'expertise psychiatrique en matière de délinquance et de criminalité sexuelle », *Prob. act. Sc. crim.*, 2004, p. 13-21; M. Maalej, « L'expertise psychiatrique en droit pénal : à propos de 125 cas », *Journal méd. légale*, 2005, n° 1, p. 47; D. Glezer, « Coupable ou non coupable ? Responsable ou irresponsable ? Ou l'inconfortable évaluation de la responsabilité pénale lorsque le malade psychotique se défend des accusations portées contre lui », *in Sciences pénales & Sciences criminologiques Mélanges offerts à Raymond Gassin*, PUAM, 2007, p. 415-419; M. Dubec et C de Rudder, *Le plaisir de tuer*, Seuil, 2007; J.-L. Senon et al, *Expertise psychiatrique pénale Audition publique 25 et 26 janvier 2007*, Montrouge, John Libbey Eurotext, 2007, 308 p.; S. Lézé, « Les politiques de l'expertise psychiatrique. Enjeux, démarches et terrains », *Champ pénal*, vol. V, 2008; C. Protais et D. Moreau, « L'expertise psychiatrique entre l'évaluation de la responsabilité et de la dangerosité, entre le médical et le judiciaire. Commentaire du texte de Samuel Léné », *Champ pénal*, vol. VI, 2009; J.-L. Senon et al, « Dangerosité criminologique : données contextuelles, enjeux cliniques et expertaux », *L'information psychiatrique*, vol. 85, n° 8, 2009, p. 719-725; L.M. Villerbu, « L'évaluation du risque par les experts : le cas de la France », *in* M. Herzog-Evans (ed.), vol. 3, p. 469-486.

4. Sur les tests, *cf.* E. Yamarellos et G. Kellens, II, v° « Tests », 203-307; J. Pinatel (1987), 204-206; A. Caprili, *Les tests psychologiques*, éd. Marabout, 1989, 96 p.; J.-M. Faverge, *L'examen de personnalité et l'emploi des tests*, 1972; G. Chaber et al., « L'échelle de socialisation de Gough comme instrument de dépistage des adolescents à risque élevé de délinquance », *RDPC*, 1980, 705-735; J. Pinatel et A.-M. Favard, « Une recherche criminologique par cohortes », *RSC*, 1980, p. 189 et s. et 481 et s.; G. Guillec, « Les psychologues dans le domaine pénal : des experts ? », *Act. psych.*, 1986, l, p. 44-54; C. Duflot-Favori, *Le psychologue expert en justice*, PUF, 1988; M.-C. Coste et A. Andronikof-Sandrade, « Rorschach et épreuves projectives en clinique infantile » *in Encyclopédie médico-chirurgicale. Psychiatrie*, 1996, B 10, t. 2; J. Naudin et al., « Phénoménologie et analyse existentielle », même ouvrage, A. 10, t. 5.

La deuxième catégorie comprend les *méthodes complémentaires* : observation directe[1] et examens complémentaires (examens biologiques[2], électroencéphalographie[3], etc.).

Enfin l'auteur range dans une troisième catégorie les méthodes scientifiques susceptibles de poser le problème de *l'effraction de l'intimité du sujet* : tests projectifs[4], tests de sincérité, narco-diagnostic.

Ces méthodes d'observation concernent la seule personne du délinquant conformément à la conception classique de la criminologie clinique. Mais dans la *criminologie clinique élargie* actuelle, il faut y ajouter trois autres domaines d'observation[5].

1°) Les méthodes d'observation de la *victime* qui ne sauraient évidemment recourir à toutes les techniques énumérées précédemment. L'enquête sociale et l'examen psychologique paraissent être celles que l'on peut utiliser pour connaître la personnalité de la victime. Ce n'est qu'exceptionnellement qu'un examen psychiatrique devrait se révéler nécessaire.

2°) L'analyse de ce que le Dr Pouget appelle le « *tiers* » dans la situation de danger, c'est-à-dire « tout ce qui ne dépend ni de l'auteur ni de la victime ». En d'autres termes, il s'agit de la situation précriminelle et par-delà, de la microsociété éventuelle à laquelle appartient le délinquant, tel que le milieu criminel[6].

3°) L'analyse du *processus du passage à l'acte* qui constitue un système dynamique dans lequel interagissent de manière dialectique la personnalité et la situation précriminelle[7].

§ 2. L'appréciation du cas du délinquant

906 *Diagnostic et pronostic* ◇ La collecte des multiples informations que permet le recours aux diverses méthodes que l'on vient d'énumérer met le clinicien en mesure de porter un jugement sur le cas du délinquant examiné. Ce jugement est à la fois rétrospectif et prospectif. Il comporte un diagnostic (A) et un pronostic (B).

---

1. J. Lebret, « Les observations lentes », in *Mélanges Hugueney*, Sirey, 1964, p. 179-191 ; 1res Journées belges de criminologie (mai 1968) : « L'approche directe du délinquant », CR, *RDPC*, 1967-1968, p. 967-976 ; M. Cusson, « L'observation du comportement des jeunes en institution », *Criminologie*, 1975, p. 120-144 ; Sur la criminologie clinique et le « récit », *cf.* C. Debuyst, *Dév. et soc.* 1990, p. 347-376, spéc. 368-373.
    2. La technique d'identification des criminels par les empreintes génétiques serait de nature à ouvrir la voie à l'examen génétique du délinquant si les recherches criminologiques venaient un jour à établir l'existence de prédispositions génétiques à la délinquance (*cf. supra*, n°s 238 et 588).
    3. Geigy et Palevi, *L'électroencéphalogramme en psychiatrie*, 1980.
    4. M.-J. Hourareau, *L'inconscient dévoilé par les tests projectifs*, Cepl, 1974 ; C. Chabert, *Psychanalyse et méthodes projectives*, Dunod, 1998. Sur le test de Rorshach, S. Beck, PUF, 1968, 2 vol. et C. Chabert, Dunod, 2e éd. 1997. Sur le *Thematic Appercetion Test* (TAT) : M. Morval, *Le TAT et les fonctions du moi*, 1983 ; F. Brelet-Foulard et *al*, *Nouveau manuel du TAT Approche psychanalytique*, Dunod, 1990. Sur le test dit dessin de famille : E. Tsalicoglou, « Le matricide, paradis perdu du psychotique », *RICPT*, 1988, p. 332-344.
    5. *Cf.* sur ces divers points, R. Gassin, art. précité, *AIC*, 1999, n° 20.
    6. *Cf. supra* n° 339.
    7. *Cf. supra* n°s 670-671.

A. Le diagnostic [1]

907 *Le diagnostic d'état dangereux* ◇ Le premier intérêt de l'observation du délinquant est de permettre de formuler un diagnostic sur l'existence, la nature et le degré de l'état dangereux (ou de tout autre concept de substitution retenu : immaturité, seuil délinquantiel...).

Raisonnant sur le cas de l'état dangereux comme concept de base de la criminologie clinique, J. Pinatel montre comment doit s'opérer ce diagnostic. Il doit d'abord porter sur chacune des dimensions de l'état dangereux dégagée par l'analyse : capacité criminelle et inadaptation sociale. Passant ensuite à la synthèse, on procédera au diagnostic clinique de l'état dangereux puis à son diagnostic criminologique.

B. Le pronostic [2]

908 *Des moyens scientifiques* ◇ Le choix de la mesure de prévention de la récidive ne peut se satisfaire d'un diagnostic d'état dangereux; encore

---

1. J. Pinatel (1960-1979), 156-165; J. Pinatel (1963-1975), n°s 332-337. O. Kinberg, « Les situations précriminelles révélatrices des caractères de l'état dangereux », *in Problèmes fondamentaux de la criminologie*, 1959, p. 154-171; R.-P. Mailloux, « Un symptôme de désocialisation : l'incapacité de communiquer avec autrui », *AIC*, 1966, p. 23-32; M. Landry, *Le psychiatre au tribunal* 1976; T. Bandini, « L'évaluation de la dangerosité en psychiatrie légale », *AIC*, 1981, p. 81-90; G. Canepa, « Problèmes criminologiques de l'activité diagnostique dans le système italien de justice pénale », *AIC*, 1982, p. 33-54; J. Aubert, « L'évaluation des délinquants sexuels », *Criminologie*, 1982, t. 2, p. 41-61; M. Le Blanc, « La carrière criminelle : définition et prédiction », *Criminologie*, 1986, n° 2; H. Goppinger et al., *Life style and criminality*, 1987, 303 p.; C. Debuyst, « Criminologie clinique et inventaire de personnalité. Utilisation quantitative ou qualitative », *Dév. et soc.* 1989, p. 1-21; T. R. Clear et al., *Offender. Assessment and evaluation, The presentence investigation report*, 1989, 304 p.; J.-H. Syr, *Punir et réhabiliter*, Economica, 1990, p. 61-64; R. Coutanceau et al., « Longues peines : évaluations et prise en charge des agresseurs sexuels en milieu carcéral », *RPDP*, 1995, p. 33-62; P. Darbeda, « L'expertise de la prélibération et le processus d'évaluation et de soins des auteurs d'infractions à caractère sexuel », *RSC*, 1996, p. 919-929; B. Cordier, « Irresponsabilité psychiatrique de l'article 122-1 du C. pén. », *Encyclopédie médico-chirurgicale. Psychiatrie*, 1998, A 10, t. 6; B. Brusset, « Diagnostic psychiatrique et différence du normal et du pathologique », *même encyclopédie*, 1999, E 20, t. 1; V. Moulin, *Les fonctionnalités du passage à l'acte*, thèse psychologie Toulouse 2003; C. De Beaurepaire et al., *Les dangerosités. De la criminologie à la psychopathologie, entre justice et psychiatrie*, John Libbey Eurotext, 2004, 424 p.; A. Coche, th. et art. précités.

2. J. Pinatel (1960-1979), 168-178; J. Pinatel (1963-1975), n°s 338-344; J. Pinatel (1987), v° « Pronostic social », p. 175-176; II, v° « Prédiction de la délinquance », 98-101; J. Leyrie, 280-282; J. Léauté, p. 52 et s. – Inventaire bibliographique aux *AIC*, 1967, p. 507-508 et 587-588. – Sison et Boch, « Pronostic des conduites de délinquance en milieu militaire », *Rev. du corps de santé des Armées*, août 1970, p. 463; C. Debuyst, « La contribution des sciences psychologiques et sociales aux jugements de prédiction en criminologie », *AIC*, 1981, p. 145-156; M. Cusson, chap. 19 du *Contrôle social du crime*, 1983, p. 257-269; V.-L. Quinsey, « Politique institutionnelle de libération : identification des individus dangereux, une revue de littérature », *Criminologie*, 1984, vol. 2, p. 53-78; « La prédiction de la carrière criminelle », *Criminologie*, 1986 n° 2, 278 p.; E.-M. Fontaine, « L'établissement d'un pronostic de récidive », *Cahiers de la société de criminologie moderne*, n° 6, p. 3-8; J.-H. Syr, *Punir et réhabiliter*, Economica, 1990, p. 64-69.; G. Kellens, *Éléments de criminologie*, p. 218-222; P. Landreville, v° « Récidive (prédiction de la) », *Dict. sc. crim.*, 2004, p. 805-808; J. Cormier et al., « Personnalité dépendante et risque d'hétéro-agressivité : étude d'une cohorte de 252 sujets consultants en médecine légale », *Journal de méd. légale*, 2004, n° 4, p. 136. – OUVRAGES EN LANGUE ANGLAISE : J. W. Winton (éd.), *Dangerousness : problems of assessment and prediction*, Londres, 1983, 177 p.; D. Farrington et R. Tarling, *Prediction in criminology*, Albany (N.-Y.), USA, 1985, 279 p.; J. Sarnecky, *Predicting social malad justment*, Stockholm, 1985, 157 p.; C.-D. Werster et al. (éd.), *Dangerousness. Probability and prediction. Psychiatry and public policy*, 1985, 236 p.; E. Zamble et V.-L. Quinsey, *The criminal recidivism process*, Cambridge Univ. Press, 1997-2001, 181 p.

convient-il de savoir comment celui-ci est susceptible d'évoluer dans l'avenir. C'est précisément l'objet du *pronostic de la récidive* qui fait ainsi partie intégrante de l'appréciation du cas du sujet examiné.

Le pronostic est chose bien difficile, car il n'a d'utilité que dans la mesure où la prévision se réalise effectivement. Aussi, afin de faciliter la tâche des cliniciens et réduire au minimum la part de leur subjectivité dans le jugement pronostique, les chercheurs ont-ils mis au point des *outils de pronostic* connus sous les noms de « schèmes de pronostic » et « tables de prédiction ».

Les *tables de prédiction* les plus connues sont celles des époux Glueck. Elles ont été établies à partir d'une recherche étiologique portant sur un groupe de 500 délinquants comparés à 500 non-délinquants. Leur validité n'est pas absolue, mais elles constituent une aide précieuse pour le clinicien dans la mesure où elles peuvent compléter et confirmer une appréciation subjective[1]. Les services correctionnels canadiens utilisent, dans ce but, une échelle d'information statistique générale sur la récidive (ISR)[2].

On observera toutefois que les tables de prédiction sus-indiquées ayant été établies principalement dans la perspective du *traitement de resocialisation* du délinquant, les préoccupations plus récentes dites de « *neutralisation sélective* » des délinquants ont conduit à la recherche *d'instruments de prédiction* de la récidive qu'il convient de distinguer des précédents[3]. Ce sont les échelles ou méthodes « actuarielles » qui proposent une prédiction à partir d'une probabilité statistique fondée sur un certain nombre de facteurs ou caractères pris comme critères. Les plus connues sont le VRAG (*Violence Risk Appraisal Guide*) pour le risque de récidive violente et les échelles Static-99/Static-2002 pour le risque de récidive sexuelle[4].

Entre l'évaluation clinique subjective ou intuitive et les échelles actuarielles objectives ou statistiques se situent les échelles dynamiques combinant les deux approches à partir d'un entretien semi structuré telle l'HCR 20 (*Historical Clinical Risk Management 20 item scale*)[5].

Le débat actuel porte, surtout depuis l'introduction de la rétention de sûreté en 2008, sur l'opportunité de l'importation en France de ces méthodes tout particulièrement actuarielles venues d'outre Atlantique[6]. Du rapport « Garraud » en 2006[7] à celui de l'Académie de médecine en 2010[8] en passant par le rapport

---

1. *Cf. supra* n° 270.
2. Sur l'exposé de cette échelle et sa critique, v. thèse V. Moulin précitée, p. 282.
3. *Cf. supra* n° 817 et s. et la bibliographie des textes les plus récents cités dans le présent numéro.
4. Sur ces méthodes, v. J.-L. Senon et *al*, « Dangerosité criminologique : données contextuelles, enjeux cliniques et expertaux », *L'information psychiatrique*, vol. 85, n° 8, 2009, p. 719-725; I. Durnescu, « Risk assessment in probation. An overview », *in* M. Herzog-Evans (ed.), vol. 3, p. 487-502; F. Cortoni et *al.*, « Risk Assessment of Sexual Offenders », même *ouvrage*, p. 503-525; Dr. A. Barrata, « Évaluation et prise en charge des délinquants et criminels sexuels », *Institut pour la justice*, Études et analyses n° 12, janvier 2011, spéc. 1re partie.
5. *Ibid.*
6. S. Faure, « Récidive : la tentation de prédire », *Libération* du 25 mars 2011; *Adde* I. Dréan-Rivette, *De la criminologie en Amérique, perspectives comparées France-Canada*, L'Harmattan, février 2011, 109 p.
7. J.-P. Garraud, *Réponses à la dangerosité*, Rapport de la mission parlementaire sur la dangerosité et la prise en charge des individus dangereux, La Doc. fr., oct. 2006, 192 p., spéc. p. 43 et s. et préconisation n° 9 p. 50.
8. E. Milgrom et *al.*, « La prévention médicale de la récidive chez les délinquants sexuels », *Bull. Acad. Natle Méd.*, 2010, tome 194, juin n° 6, p. 1033-1044.

« Lamanda » de 2008[1], le retard pris par la France en ce domaine a été souligné et le développement de telles méthodes souhaité. Comme souvent, la question se pose à un moment où l'efficacité de ces outils a pu être relativisée au Canada[2] et où, plus généralement, les effets du développement de la « criminologie actuarielle » sur le système pénal sont vigoureusement dénoncés aux États-Unis par Bernard E. Harcourt[3].

§ 3. La décision relative à la mesure de prévention de la récidive[4]

909 *La conception de la criminologie clinique* ◇ L'observation du délinquant et l'appréciation de son cas ont pour finalité de permettre au clinicien de prendre la décision relative à la mesure ou aux mesures que l'on va appliquer au délinquant pour prévenir la récidive.

Dans le cadre de la criminologie clinique traditionnelle, on parle de *traitement,* ce qui implique l'idée de réadaptation sociale, car cette criminologie était tout entière orientée vers cet objectif[5]. Mais on a vu que le caractère scientifique de la criminologie clinique interdisait une telle prise de position *a priori*[6]. C'est pour-

---

1. V. Lamanda, *Amoindrir les risques de récidive criminelle des condamnés dangereux,* Doc. fr., mai 2008, spéc. p. 15-16.

2. G. Parent et *al.,* « Évaluation de la validité prédictive de neuf instruments chez les agresseurs sexuels adultes », *Criminologie,* 2009, vol. 42, n° 2, p. 223-247, concluant globalement à une validité prédictive « marginale à modeste » sur la récidive sexuelle, puis à une efficacité différenciée en fonction du type d'agresseurs.

3. B.E. Harcourt, « Critique du champ pénal à l'âge actuariel », *Cahiers Parisiens,* 2007, n° 3, p. 785-808 ; même auteur, *Against Prediction. Profiling, Policing and Punishing in an Actuarial Age,* Univ. Chicago Press, 2007 ; CR L. Dartigues, *Champ pénal,* Lectures, janv. 2010. Deux articles en français ont été tirés de cet ouvrage par B.E. Harcourt, « Surveiller et punir à l'âge actuariel. Généalogie et critique », Partie I, *Dev. et soc.,* 2011, vol. 35, n° 1, p. 5-33 et Partie II, *Dev. et soc.,* 2011, vol. 35, n° 2, p. 163-194.

4. E. De Greeff (1937), p. 284-313 ; B. Di Tullio (1951), p. 229-238 ; O. Kinberg, p. 301-305 ; E. Mira y Lopez, p. 210-235 ; J. Pinatel (1960-1979), p. 179-200 ; J. Pinatel (1963-1975), n°s 345-363 ; D. Szabo (1965), p. 443-466 ; E. H. Sutherland et D. R. Cressey, p. 325-344 et 443-618 ; B. Di Tullio (1967), p. 419-472 ; D. Szabo (1970), p. 255-278 ; R. Hood et R. Sparks, p. 171-233 ; J. Pinatel (1971), p. 205-238 ; J. Leyrie. p. 282-284 ; H. N. Barte et G. Ostaptzeff, p. 123-124 ; C. Atlas, *Le traitement des délinquants,* éd. Vrin, 1991, 108 p. ; 50e anniversaire de la réforme AMOR (Aix, sept. 1995), *La réinsertion des délinquants : mythe ou réalité ?,* PUAM, 1996, 280 p. ; M.-E. Cartier, Rapport sur la prévention de la récidive, oct. 1995 et « La prévention de la récidive des criminels », *Prob. act Sc. crim.,* vol. IX, 1996, p. 7-38 et *RSC,* 1995, p. 159-165 ; Dossier : « Intervenir auprès des délinquants », *Criminologie,* 1996, n° 1, art. F. Millaud, M. Bambonye, J. Dionné, etc. ; T. Albernhe (dir.), *Criminologie et psychiatrie,* 1997, « Les possibilités de prise en charge », p. 608 à 749 ; Colloque international francophone, Estérel (Québec) novembre 2002 : *Au-delà du système pénal : l'intégration sociale et professionnelle des personnes judiciarisées et marginalisées,* Presses Univ. Québec, 2002, 294 p. ; G. Lemire, P. Noreau et C. Langlois (dir.), *Le pénal en action. Le point de vue des auteurs,* Presses Univ. Laval, 2004, 162 p., CR *RSC,* 2006, p. 225-226 ; G. Casadamont et P. Poncella, *Il n'y a pas de peine juste,* O. Jacob, 2004, 275 p., CR *RSC,* 2004, p. 1009-1010 ; G. Côté, v° « Réadaptation des jeunes délinquants », *Dict. sc. crim.,* Dalloz, 2004, p. 791-795 ; N. Christie, *Au bout de nos peines,* Bruxelles, De Boeck et Larcier, 2005, 136 p., trad. fr. de *Limits to pain* (1981).

5. *Cf.* la définition du traitement par J. Pinatel, *Traité,* n° 345. Comp. avec la définition du traitement médical : les médecins d'aujourd'hui définissent le traitement médical en disant qu'il consiste à prendre, à l'égard du patient, des risques moindres que les chances qu'il lui donne (R. Savatier, note au *JCP* 1970, II, 16447).

6. *Cf. supra* n° 881.

quoi on utilise le terme neutre et plus général de « *mesure de prévention de la récidive* ».

L'étude de la décision sur la mesure de prévention de la récidive comporte trois aspects. Il faut d'abord savoir quels sont les moyens qui s'offrent au clinicien (A). Il faut en second lieu indiquer comment s'opère le choix (B). On doit enfin dégager les caractères et conditions de l'exécution de la mesure choisie, l'application faisant corps avec la décision proprement dite dans la conception moderne de la décision (C)[1].

A. Les divers types de mesures

910 *L'inventaire des mesures possibles*[2] ? L'objet de ce paragraphe de la criminologie clinique n'est nullement de décrire les sanctions prévues par

1. *Cf.* L. Sfez, *La décision*, coll. « Que sais-je ? », PUF, 1984.
2. **A)** Sur le cadre du traitement **1°/** En milieu fermé : G. Lemire, *Anatomie de la prison*, 1990; J.-P. Delmas Saint Hilaire, « La prison pourquoi faire ? », *Probl. act. sc. crim.*, t. VII, 1994, p. 31-46; P. V. Tournier, « Jeunes en prison », *RPDP*, 1994, p. 135-161; C. Faugeron *et al.*, *Approches de la prison*, 1996, 368 p.; J. Severy, « La prison : punition ou rédemption », *RICPT*, 1996, p. 352-355; F. Lambropoulou, « Les fonctions remplies par l'institution carcérale et les échecs des réformes pénitentiaires », *RICPT*, 1997, p. 54-62; S. Lorvellec, « Travail et peine », *RPDP*, 1997, p. 207-226; S. Frigon (dir.), « Femmes et enfermement au Canada : une décennie de réformes », *Criminologie*, 2002, n° 2; J.-P. Rosenczveig, « La chasse à l'enfant ou "Thelma et Louise" ? », *D.* 2003, Point de vue, p. 1771; P. Desloges, « Vivons-nous un retour à l'enfermement des mineurs délinquants ? », *AJ pénal*, janv. 2004, p. 27-28; Colloque du Centre de droit pénal de la Faculté de droit de l'Université de Lyon 3, « Une loi pénitentiaire : pourquoi ? pour qui ? », octobre 2004; N. Frize, *Le sens de la peine. État de l'idéologie carcérale*, préface M. Reberioux, Ligues, éd. Leo Scheer, 2004, 95 p.; M. Vacheret, v° « Prison (criminologie) », *Dict. sc. crim.*, 2004, p. 750-753; M. Herzog-Evans, « La suspension médicale de peine et la sécurité publique : état des lieux », *RPDP*, 2005, p. 305-312; J.-H. Start, « L'hospitalisation psychiatrique sous contrainte dans la jurisprudence contemporaine », *JCP*, 2005, I, 155; 5ᵉ Journées pénitentiaires de Fribourg (novembre 2006) : « Prise en charge des détenus souffrant de troubles psychiques »; *La prison vue de l'intérieur : regards et paroles de ceux qui travaillent derrière les murs*, préface de P. Chamoiseau, A. Michel, 2007, 304 p. **2°/** En milieu ouvert : C. Lauwers, « Une philosophie de la probation pour aujourd'hui ? », *RDPC*, 1996, p. 143-164; P. Couvrat, « Quelle probation pour demain ? », *RSC*, 1997, p. 680-684; C. Cardet, « Le contrôle judiciaire socio-éducatif : 1970-1993, Chronique d'une expérience qui dure... », *RSC*, 1994, p. 503-523; J. Leblois-Happe, « La médiation pénale comme mode de réponse à la petite délinquance : état des lieux et perspectives », *RSC*, 1994, p. 525-536; M. Lee, « Admonestation policière et justice des mineurs : au mieux des intérêts de qui ? », *Dév. et soc.* 1994, p. 43-53; M. Daigle, « Expérience communautaire auprès des hommes pédophiles », *Criminologie*, 1997, n° 2, p. 109-127; *Les soins obligés ou l'utopie de la triple entente*, 33ᵉ Congrès de l'Association française de criminologie, Dalloz, 2003, 260 p.; M. Giacopelli, « Troubles psychiques et du comportement : les soins consentis ou l'intervention pénale en quête de sens (Droits positifs et approches empiriques en France) », 2003; Forum international de Luxembourg (3 avril 2004) : « Libération conditionnelle et aménagement des peines privatives de liberté en Europe ». **B)** Sur les types de traitement : G. du Mesnil du Buisson, « Entre le juge et le thérapeute, quelle place pour le condamné transgresseur sexuel ? », *RSC*, 1996, p. 635-642; J.-M. Elchardus, « Problèmes des interventions thérapeutiques auprès de catégories spécifiques de délinquants », *RICPT*, 1994, p. 391-418; 20ᵉ Conférence de recherches criminologiques du Conseil de l'Europe (Strasbourg nov. 1993), « Les interventions psycho-sociales dans le système de justice pénale », vol. 31, 1995; J. Bourrillon, « La psychanalyse dans le traitement des criminels », *RIPC*, 1994, p. 16-21; B. Dimmek, « Dans l'engrenage des humains, Réhabilitation et réintégration des malades mentaux criminels », *RICPT*, 1994, p. 428-436; B. Cordier, « La pédophilie : des anti-androgènes pour freiner la libido », *RIPC*, 1995, nᵒˢ 452-453, p. 45-48; A. Limoge, « Le sevrage des toxicomanes par electro-stimulation cérébrale transcutanée », *RIPC*, mêmes nᵒˢ, p. 49-59; P. Thys, « Le traitement pénal des délinquants anormaux », *RDPC*, 1995, p. 29-43; N. Queloz, « Le traitement pénal des jeunes adultes délinquants en Suisse », *APC*, 1995, p. 103-114; G. Lemire *et al.*, « Le traitement des personnes incarcérées pour une courte période », *RICPT*, 1997, p. 300-321; T. Douraki, *La dangerosité, le traitement psychiatrique et la CEDH*, 1997, p. 439-452.

les droits positifs et appliquées aux condamnés par les administrations pénitentiaires ou autres administrations. Ceci est la finalité de la pénologie et non de la criminologie.

La criminologie clinique a tout différemment pour objet de dresser l'inventaire des diverses mesures de prévention de la récidive pour permettre au clinicien de décider en connaissance de cause en fonction de la connaissance qu'il a du cas du délinquant. Mais ici encore une évolution profonde s'est produite au cours des dernières années[1].

1°) Le cadre du traitement. Dans la criminologie clinique classique on distinguait entre le traitement en milieu libre, le traitement en institution et le traitement en semi-liberté[2] qui, tous trois, impliquaient une poursuite et une

1. R. Gassin, art. précité, AIC, 1999, spéc. n°s 21-22.

2. J. Pinatel, *Traité*, n°s 346 et s. – POUR LE TRAITEMENT EN INSTITUTION : Hochman, *La relation clinique en milieu pénitentiaire*, 1964, 125 p.; J. Pinatel, « La prison peut-elle être transformée en institution de traitement », AIC, 1969, p. 33-82; P. Cannat, « À propos des paradoxes de l'emprisonnement rééducatif », RSC, 1971, p. 155-157; J. Pinatel, « Postulats et limites du traitement des délinquants en institutions », RSC, 1977, p. 635-643; S. Plawski, « La notion du traitement pénitentiaire », *Mélanges Pinatel*, 1980, 175-180; J. Pinatel et A.-M. Favard, « Internat de rééducation et changement », RSC, 1980, p. 755-762; A. Chauvenet et al., *Le Monde des surveillants de prison*, PUF, 1994, 227 p.; C. Faugeron et al., *Approches de la prison*, De Boeck éd. 1996, 368 p.; M. Jaeger et M. Monceau, *La consommation de médicaments psychotropes en prison*, Éd. Erès, 1996, 141 p.; P. Couvrat, « Quelques propos sur les nouveaux services pénitentiaires d'insertion et de probation », RSC, 1999, p. 626-629; Dl. Raynal (dir.), *Prisons : quelles alternatives ?*, Éd. Panoramiques, 2000, 207 p.; A.-M. Marchetti, *Perpétuité : le temps infini des longues peines*, Plon, 2001, 525 p.; M. Vacheret, « Une étude du milieu carcéral : difficultés et stratégies de production des données », AIC, 2001, p. 89-116; J. Blais et A.-M. Favard, « Fonction du psychologue dans les quartiers des mineurs et groupe de parole », RICPT, 2001, p. 221-226; H. Malempre, *Le suicide en prison*, Université de Liège, 2000, 62 p. + Annexes. 12ᵉ Conférence des directeurs d'Administration pénitentiaire, Conseil de l'Europe, Strasbourg, 26-28 nov. 1997, Actes, nov. 1999. POUR LE TRAITEMENT EN MILIEU OUVERT : J. Pinatel, « Peines de substitution et criminologie », Rapport au VIᵉ Congrès français de droit pénal, Montpellier, 1983; J. Bernat de Celis, « La question des alternatives », RSC, 1986, p. 309-317; « Justice et thérapie dans les procédures post-sentencielles », Groupe de travail JAP et psychiatres et psychologues, RPDP, 1998, n° 1/2, p. 9-69; M. Tomic-Malic, « Le modèle d'organisation de la mise en œuvre des sanctions et mesures appliquées dans la Communauté change son contenu », RPDP, 1999, p. 359-370; P. Tak, « Sanctions et mesures appliquées dans la communauté aux Pays-Bas », RPDP, 1999, p. 371-379; M. Dantinne et D. Van Doosselaere, « Actualité choisie du travail d'intérêt général et de la probation », RPDC, 2000, p. 1034 et s.; Actes du 33ᵉ Congrès français de criminologie, Lille (mai 2001) : *Les soins obligés ou l'utopie de la triple entente*, Dalloz, 2002, 260 p. POUR LE TRAITEMENT EN SEMI-LIBERTÉ : P. Cannat, « La semi-liberté », RSC, 1953, p. 328-331; P. Parrot et M. Gueneau, « Une formule de rééducation : la semi-liberté », AMP, 1957, p. 801-827; B. Dutheillet-Lamonthezie, « Quelques aspects de la semi-liberté », RPDP, 1974, p. 195 et s. POUR LA SURVEILLANCE ÉLECTRONIQUE : J. Pradel, « La prison à domicile sous surveillance électronique », RPDP, 198, p. 15-26; V.-N. El Hage, « L'introduction de la surveillance électronique à distance en matière judiciaire », *Droit pénal*, mai 1998, chron. n° 13; P. Couvrat, RSC, 1998, p. 374-378; M. Cusson, « Peines intermédiaires, surveillance électronique et abolitionnisme », RICPT, 1998, p. 34-45; C. Cardet, « La mise en œuvre du placement sous surveillance électronique », D, 2003, chron., p. 1782-1788; C. Cardet, « L'externalisation de la mise en œuvre du placement sous surveillance électronique », RPDP, 2005, p. 313-324; J.-H. Robert, « Les murailles de silicium : commentaire de la loi du 12 déc. 2005 », 2ᵉ partie : « Le placement sous surveillance électronique mobile », *Droit pénal*, févr. 2006, p. 4-11 et JCP 2006, I, 116; M. Nellis, « Electronic Monitoring of Offenders », in M. Herzog-Evans (ed.), vol. 3, p. 391-409; O. Razac, *Le placement sous surveillance électronique mobile : un nouveau modèle pénal*, CIRAP, sept. 2010, 225 p. SUR LA JUSTICE « RESTAURATIVE » OU RÉPARATRICE : R. Cario, *Victimologie*, 2000, p. 214-229; R. Cario et D. Salas, *Œuvres de justice et victimes*, L'Harmattan, 2001, 256 p.; A. Valloton, « La place de la justice réparatrice et les besoins en modes de résolution des conflits dans la justice contemporaine », RICPT, 2001, p. 26-34; J.-A. Wemmers, « Une justice réparatrice pour les victimes », RICPT, 2002, p. 156-164; F. Hodiaumont et H. Malembre, *Orienter l'exécution des peines vers la réparation*, Univ. De Liège, 85 p. ₊Annexes. Cf. en outre supra n°s 875 et s. et 311 et s.

condamnation pénale. Or, aujourd'hui, le « *traitement* » *proprement pénal* n'est plus – et est de moins en moins le seul mode d'intervention à l'égard des délinquants[1]. Nombre d'*interventions visent à éviter l'entrée dans le processus pénal ou à interrompre ce processus* (médiation, classement conditionnel, etc.)[2]; pour la France, les dispositions de la loi du 23 juin 1999 (art. 41-1 et s. C. pr. pén.) qui mettent dans les mains du procureur de la République le pouvoir de décider de ne pas poursuivre en contrepartie de diverses solutions extra-judiciaires est significatif à cet égard[3]. Bien plus, de la prévention spécialisée traditionnelle de la récidive, on est passé à toute une série de stratégies sociales visant à éviter la production de comportements criminalisables[4]. De la sorte, la distinction classique du judiciaire et du social s'est considérablement affaiblie et le caractère déterminant du passage à l'acte lui-même pour distinguer le clinique post-délictuel du préventif prédélictueux s'estompe de plus en plus.

2°) Les méthodes de traitement. Parallèlement à cette modification, le contenu même des méthodes de traitement a changé. La criminologie clinique pinatélienne[5] distinguait à cet égard entre les méthodes susceptibles d'améliorer les tendances réactionnelles (chirurgicales, psycho-chirurgicales, médicales), les méthodes susceptibles de perfectionner les aptitudes (médico-pédagogiques), celles qui sont destinées à renouveler les motivations (psychothérapie rationnelle[6], psychanalyse[7]), et enfin celles qui sont aptes à modifier les aptitudes (psychothérapie de groupe[8], psychodrame[9]). Indépendamment du débat qui s'est élevé à partir des années 1980 sur la pertinence de la fameuse proposition de Martinson en 1975 « *Nothing works* »[10], la lecture des travaux de la 20e Conférence de recherches criminologiques du Conseil de l'Europe (Strasbourg, nov. 1993) montre bien l'évolution dans ce domaine[11]. Ainsi que l'a déclaré le président de la conférence dans son discours introductif[12] : « Ce qui semble... significatif à l'heure actuelle, ce n'est pas tant une nouvelle proposition du traitement dans les termes traditionnels, que la prise de conscience de l'utilité d'interventions psychosociales plus limitées ou destinées à répondre à des exigences particulières. L'objectif ambitieux d'éliminer les causes du crime par des interventions thérapeutiques apparaît, en effet, encore difficile à proposer et le modèle médical a

---

1. Conseil de l'Europe, Actes de la XIXe Conférence de recherches criminologiques (1990) : « Nouvelles stratégies sociales et systèmes de justice pénale », Collection Recherches criminologiques, vol. XXIX, 1994, 119 p.
2. J. Feest, « Intervention visant à éviter l'entrée dans le processus pénal ou à interrompre ce processus », XIXe Conférence précitée, p. 41-64.
3. Cf. *supra* n° 874.
4. F. Baileau et G. Garioud, « Les stratégies sociales visant à éviter la production de comportements criminalisables », XIXe Conférence précitée, p. 13-39.
5. J. Pinatel, *Traité*, n° 351.
6. Legeron et Van Rillaert, « Approche théorique des thérapies comportementales et cognitives chez l'adulte », *Encyclopédie médico-chirurgicale. Psychiatrie*, 1999, A. 40, t. 5.
7. J. Bourillon, « La psychanalyse dans le traitement des criminels », *RIPC*, janv.-févr. 1994, n° 446, p. 16 et s.; G. Bonnet, *Le remords : psychanalyse d'un meurtrier*, 2000, PUF, 114 p.
8. J. Mermont, « Théories familiales », *Encyclopédie*. précitée, 1998, F. 10, t. 5.
9. P. Jeammet, « Psychodrame psychanalytique individuel », *Encyclopédie*. précitée, 1998, C 10, t. 5.
10. Cf. *supra* n° 828.
11. Conseil de l'Europe, 20e Conférence de recherches criminologiques (Strasbourg, nov. 1993) : « Interventions psychosociales dans le système de justice pénale », Actes, coll. Recherches criminologiques, vol. XXIX, 1995, 219 p.; S. Brochu et *al.*, « L'intervention dans les situations de violence conjugale comportant un haut risque de létalité : état de la question au Québec », *RICPT*, 2003, p. 295.
12. 20e Conférence précitée, p. 7.

pleinement manifesté ses contradictions et ses distorsions. Se développant par rapport à des perspectives nouvelles, les interventions psychosociales se sont diversifiées. Elles se fixent pour objectif l'amélioration du climat social des institutions, la réponse aux besoins individuels spécifiques, la création d'outils pour le déplacement des personnes en dehors du système pénal, la motivation du personnel sur des finalités non nécessairement punitives. De plus, de nouveaux domaines d'intervention ont été développés à l'intérieur de ce qu'on a appelé la « justice réparatrice » prévoyant l'utilisation d'opérateurs psychosociaux qualifiés capables de favoriser la réussite de la conciliation entre auteurs et victimes ainsi que la réparation des dommages. L'objectif même d'éliminer la récidive des sujets traités peut être considéré en termes nouveaux et ceci en prêtant davantage attention aux besoins des individus, à leurs droits et à leurs choix consciemment adoptés ».

L'ambition, on le voit, est modeste, comparée à celle de la criminologie clinique pinatélienne qui envisageait d'éradiquer la récidive grâce à ses méthodes. On peut même dire que l'ambition est empreinte d'un certain pessimisme du moment qu'il s'agit plus, en définitive, pour la société de s'adapter au délinquant que de réadapter ce dernier à la vie sociale.

911 *L'évaluation des traitements*[1] ◇ Parmi ces diverses mesures, il en est un certain nombre qui ont été soumises à la *recherche évaluative*. Celle-ci a porté essentiellement sur les mesures modernes de traitement de réadaptation sociale. Ainsi qu'on l'a déjà indiqué, ces recherches ont dans l'ensemble abouti à des constatations décevantes qui ont même fait parler d'« effet zéro du traitement »[2]. Sans doute faudrait-il pouvoir prendre les divers types de traitement un à un, analyser la population à qui ils ont été appliqués, la façon dont ils ont été exécutés et comparer avec d'autres mesures appliquées à des populations similaires, pour porter un jugement moins global sur la question. Les nouveaux modes d'intervention sociale mériteraient plus particulièrement d'être évalués...

911-1 *Le cas de la prévention de la récidive des délinquants sexuels* ◇ Des travaux récents ont confirmé tout à la fois les difficultés de l'évalua-

---

1. *L'efficacité des peines et autres mesures de traitement*, Conseil de l'Europe, Strasbourg, 1967, 287 p.; J. Pinatel, « Recherches scientifique et traitement », *RSC*, 1969, p. 442-449; J. Vérin, « L'efficacité de la probation », *RSC*, 1971, p. 462-471; Picca et Vengeon, « Réitération d'infractions après l'exécution d'une peine privative de liberté », *RSC*, 1971, 712-730; CEFRES, *Que deviennent-ils ?*, Vaucresson, 1974; N. Bishop, « Gardez-vous du traitement ! », *RIPC*, 1979, p. 18-23; J. Pinatel et A.-M. Favard, « Internat de rééducation et changement », *RSC*, 1980, p. 755-762; J. Vérin, « La recherche conduirait-elle à abandonner la politique criminelle de réinsertion sociale ? », *Mélanges Pinatel*, 1980, p. 61-71; J. Cornejo, *Le problème de l'efficacité et de l'évaluation des interventions de prévention de la délinquance*, Louvain, 1981, 263 p.; P. Landreville, *Le critère de la récidive dans l'évaluation des mesures pénales*, 1982, 151 p. et *Dév. et soc.* 1982, p. 375-388; P. Leuns, « Recherche évaluative sur le traitement des délinquants », *RICPT*, 1983, p. 7-15; S. Hodgins, « L'évaluation des programmes de réhabilitation : comment la faire ? », *RICPT*, 1983, p. 43-60; M. Le Blanc, *Boscoville : la rééducation évaluée*, 1984, 413 p. et les réflexions de J. Selosse, *RICPT*, 1984, p. 12-20; J. Costantino, *Essai de bilan des recherches évaluatives des mesures de traitement des mineurs délinquants*, Mémoire DEA, Aix-en-Provence, 1986; D. Lipton, Martinson et Wilks, *The effectiveness of correctional treatment*, 1975; Coutanceau et *al.*, « Longues peines : évaluations et prise en charge des agresseurs sexuels en milieu carcéral », *RPDP*, 1995, p. 33-62; F. Ballaud et *al.*, « Bilan-évaluation du parcours pédagogique TIG-CEA : mai 1994-juin 1995 », *RPDP*, 1997, p. 99-117.
2. *Cf. supra* nos 822 et s., et 563.

tion et, en l'état, l'efficacité très partielle des traitements s'agissant de la prévention de la récidive chez les délinquants sexuels.

Selon un rapport de l'Académie de médecine du 8 juin 2010 (établi à partir de la recension de nombreuses publications scientifiques entre 1998 et 2010 essentiellement en langue anglaise)[1], mise à part la castration chirurgicale abaissant de 95 % le taux de récidive qui ne peut être mise en œuvre que sur des volontaires – ce qui ne supprime pas pour autant tout problème éthique et juridique –, les traitements hormonaux et les psychothérapies abaisseraient de 25 % le taux de récidive et parmi les psychothérapies seules les méthodes cognitives-comportementales auraient montré un effet. Le constat d'échec est éloquent : « nous ne savons pas sur quels critères déterminer la durée des traitements, la part respective à laisser aux psychothérapies et aux thérapeutiques hormonales, la conduite à tenir devant la survenance des complications à ces dernières. Le problème est d'autant plus prégnant que la dangerosité des délinquants sexuels s'étend fréquemment sur plusieurs dizaines d'années ». Sur cette base, deux recommandations ont été formulées : 1°) définir une politique qui ne soit pas uniquement basée sur des moyens médicaux, les traitements à visée hormonale et psychologique ayant une efficacité très partielle et quelquefois des effets secondaires marquants ne peuvent être le seul outil d'une politique de prévention de la récidive; 2°) mettre en place des actions incitatives de recherche afin d'améliorer la prévention médicale de la récidive des délinquants sexuels, recherche qui est en ce domaine à l'heure actuelle en France absolument sous-dotée et mal structurée.

B. Le choix de la mesure

912 *L'autorité compétente* ◇ L'étude du choix de la mesure de prévention de la récidive en criminologie clinique pose d'abord le problème de l'autorité compétente pour effectuer ce choix.

Il est à remarquer que cette autorité n'est pas le spécialiste (ou l'équipe) de criminologie clinique qui a procédé à l'observation du délinquant et à l'appréciation du cas. Celui-ci joue seulement le rôle de *conseil,* d'*expert.* La décision elle-même sera prise par une *autorité publique :* tribunal lorsque le choix s'effectue au niveau de la condamnation; autorité chargée de l'exécution de la sanction lorsqu'il intervient après condamnation; parquet lorsqu'il s'agit de la poursuite; nouvelle juridiction régionale de la rétention de sûreté après la fin de l'exécution de la peine. Ainsi s'explique la nécessité d'une formation solide en criminologie clinique des juges et des administrateurs concernés. Qu'il s'agisse de l'expertise ou de la décision, la situation actuelle est doublement insatisfaisante dans la mesure où d'une part l'évaluation n'est pas confiée à des criminologues cliniciens, profession qui n'existe pas en France; d'autre part la formation initiale comme continue en criminologie clinique des décideurs mériterait d'être organisée. Ainsi, par exemple, alors que la prévention de la récidive a été formellement incluse dans la définition des missions des personnels des services pénitentiaires d'insertion et de probation (SPIP) par la loi péni-

---

1. E. Milgrom et *al.,* « La prévention médicale de la récidive chez les délinquants sexuels », *Bull. Acad. Natle Méd.,* 2010, tome 194, juin n° 6, p. 1033-1044. *Adde,* à partir de ce rapport Dr. A. Barrata, « Évaluation et prise en charge des délinquants et criminels sexuels », *Institut pour la justice,* Études et analyses n° 12, janvier 2011, spéc. 2ᵉ partie.

tentiaire de 2009 (art. 13)[1], la Cour des comptes soulignait en 2010 les limites de la formation théorique en sociologie et criminologie des conseillers d'insertion et de probation[2]. Une prise de conscience de ces insuffisances a toutefois récemment émergé[3].

913 Les critères du choix ◊ Le principe de l'individualisation de la peine consacré par toutes les législations modernes permet au décideur d'effectuer son choix conformément aux indications des résultats de l'étude clinique[4]. Cependant certaines législations imposent des limites aux possibilités d'individualisation qui vont parfois altérer le choix de la mesure souhaitable[5].

Surtout, il convient de relever que les autorités compétentes pour décider de la mesure sont tenues par la loi de prendre en compte d'autres objectifs que l'objectif clinique. Ainsi le juge devra tenir compte de la valeur rétributive qu'il convient d'attacher à la sanction ou encore de l'effet d'intimidation générale qu'on doit en attendre[6]. De son côté, le directeur d'un établissement pénitentiaire devra prendre en compte les exigences du maintien de la discipline dans son établissement. De la sorte on voit que, dans les faits, le choix de la mesure n'exprime pas toujours les conclusions de l'étude clinique du cas.

Ajoutons que dans le cadre actuel de la réévaluation de la politique des sanctions pénales et de la rationalisation du *sentencing*, certaines législations ont élaboré des « règles directrices de détermination des peines » et mis en place des « commissions de détermination des peines » pour guider le juge dans son choix, ce qui constitue autant de limites indirectes au principe de l'individualisation judiciaire de la peine[7]. Par ailleurs, l'abandon de la recherche de la resocialisation du délinquant dans certains pays[8] ne manque pas de soulever le problème de sa solution de remplacement[9].

---

1. *Cf.* antérieurement art. 2 du décret n° 2005-445 du 6 mai 2005 et circulaire de la DAP n° 113/PMJ1 du 19 mars 2008 relative aux missions et aux méthodes d'intervention des services pénitentiaires d'insertion et de probation.
2. Cour des comptes, Rapport public thématique, *Le service public pénitentiaire : « Prévenir la récidive, gérer la vie carcérale »*, Doc. fr., juillet 2010, 227 p., spéc. p. 104.
3. V. Lamanda, *Amoindrir les risques de récidive criminelle des condamnés dangereux*, Doc. fr., mai 2008, spéc. p. 15 et s.; Avis de la formation plénière du Conseil supérieur de la magistrature (CSM) du 21 mars 2011. Sur la mise en place de l'« outil » DAVC (diagnostic à visée criminologique), v. Rapport sur l'amélioration du fonctionnement des services pénitentiaires d'insertion et de probation, mai 2011, remis au garde des Sceaux le 30 juin 2011.
4. Sur l'individualisation de la peine, très nombreuse bibliographie. V. par ex., la bibliographie citée *in* R. Merle et A. Vitu, I, p. 941 et 985. *Adde* Session de travail sur l'individualisation de la peine (École Nationale d'Administration Pénitentiaire, 1985), CR, *RSC*, 1986, p. 190; G. Kellens, *La mesure de la peine*, Travaux de la Faculté de droit de Liège, 1992; J.-H. Syr, « Les avatars de l'individualisation et la réforme pénale », *RSC*, 1994, p. 218-235; Rottenhof (dir.), *L'individualisation de la peine de Saleilles à aujourd'hui*, Éd. Erès, 284 p.
5. Sur la théorie de la « peine plancher », V. J. Pradel, *D.* 1987, chron. 251, n° 5 et sur la tendance de la Chambre criminelle à limiter l'individualisation, V. obs. A. Vitu, *RSC*, 1988, p. 288 et s., spéc. 292 s/Crim., 12 juin 1987; *Cf. supra* n° 794-795.
6. Sur l'étude de ces diverses fonctions de la peine et de leur efficacité, *cf. supra* n°s 807 et s.
7. *Cf. supra* n° 872. *Adde* F. Lacasse et T. Nadon, « Aperçu de la nouvelle loi canadienne sur la détermination de la peine », *RSC*, 1998, p. 279-290.
8. *Cf.* J. Vérin, « Les États-Unis ont-ils abandonné l'objectif de réinsertion sociale des délinquants ? », *RSC*, 1986, p. 459-462.
9. P. P. Lejins, « Programmes non-correctionnels pour condamnés criminels : un problème naissant de politique criminelle », *Mélanges Pinatel*, 1980, p. 35-46.

C. L'application de la mesure

914 *L'étude du « suivi »* ◊ Dans la conception moderne de la décision, celle-ci ne se conçoit pas sans le « suivi » de son application.

Celui-ci est nécessaire pour *deux raisons :* en premier lieu, pour s'assurer que la décision est exécutée correctement; en second lieu, pour modifier la mesure prise initialement si, en cours d'exécution, un changement de la situation venait à l'imposer[1].

C'est d'ailleurs pour tenir compte de cette nécessité que nombre de législations modernes ont créé des juridictions chargées de l'exécution des peines (en France le juge de l'application des peines, JAP et autres juridictions de l'exécution des peines)[2]. Il y a eu là une modification des règles de la procédure pénale sous l'influence des données de la criminologie clinique.

914bis *Bibliographie générale du chapitre* ◊

E. Yamarellos et G. Kellens I, *v°* « Clinique criminologique », p. 84-99; J. Pinatel (1987), *v°* « Criminologie clinique », p. 47-50; J. Leyrie, p. 262-284; J. Pinatel (1963-1975), n°s 297 et s.; J. Pinatel (1960-1979), p. 123-200; M. Colin et autres, *Études de criminologie clinique*, 1964; B. Di Tullio, *Principes de criminologie clinique*, PUF, 1967; C. Debuyst et *al.*, *La criminologie clinique*, Bruxelles, 1968; N. Mailloux, *Jeunes sans dialogue : criminologie pédagogique*, 1971; G. Levasseur (dir.), *Les techniques de l'individualisation judiciaire*, 1971; P. Moutin, *Aspects actuels de la criminologie clinique en milieu militaire*, 1972; CICC, *Diagnostic et pronostic différentiels de l'état dangereux, traitement de la délinquance*, 1976. – 36e Cours international de criminologie (Tubingen, 1986) : La criminologie appliquée, CR, D. Szabo, *RSC*, 1987, p. 958-961. – Colloque international « Criminologie empirique clinique et pratiques sociales d'intervention en délinquance et en inadaptation » (Bayonne/Saint-Sébastien, mai 1989), CR, R. Ottenhof et A.-M. Favard, *RSC*, 1989, p. 801-805. G. de Léo (dir.), *La psicologico criminologo. La psicologia clinica nella giustizia penale*, 1989, 283 p.; P. Marchais, *Psychiatrie et délinquance*, Paris, 1952, 119 p.; H.N. Barte et G. Ostaptzeff, *Criminologie clinique*, 1992, 126 p.; G. Lopez et S. Bornstein, *Les Comportements criminels*, coll. « Que sais-je ? », PUF, n° 297, 1994; Dufour-Gompers, *v°* « Criminologie clinique »; R. Ottenhof et A.-M. Favard, *Nouvelles approches de Criminologie clinique*, éd. Eres, 1991, 267; A. Lapoyade-Deschamps, *Les apports cliniques de la réforme pénitentiaire en France*, Thèse doct. droit, Pau, préface, J. Pinatel, 1992, 422 p.; J. Pinatel, « Connaissance scientifique et criminologie clinique », *RSC*, 1988, p. 140-146; J. Pinatel, « De la recherche clinique à la clinique criminologique », *RICPT*, 1991, p. 320-327; D. Szabo, « Tendances et déboires de la Criminologie contemporaine », in R. Cario et A.-M. Favard (dir.), *La personnalité criminelle*, éd. Eres, 1991, p. 9-26; T. Albernhe (dir.) *Criminologie et psychiatrie*, éd. Ellipses, 1997; G. Kellens, *Éléments de criminologie*, p. 205-208; R. Gassin, « La criminologie clinique de Jean Pinatel et la criminologie clinique actuelle », *AIC*, 1999, p. 19-40; C. De Beaure-

---

1. Sur les réactions morales des sujets au cours du traitement, V. Cannat et *al.*, *BSIC* 1959, p. 145 et s.; C. Debuyst, « L'étude des réactions vécues provoquées par les divers traitements chez les délinquants », *AIC*, 1969, n° 2, p. 445-480; R.-P. Mailloux, « Les réactions défensives du jeune délinquant en cours de rééducations », *Rev. des Études Pénitentiaires*, 1970.

2. F. Staechle, *La pratique de l'application des peines*, Litec, 1995, 419 p.; M. Herzog-Evans, *Droit de l'exécution des peines*, Dalloz Action, 3e éd., 2007, 1138 p.; B. Bouloc, *Droit de l'exécution des peines*, Dalloz, 4e éd., 2011, 537 p.

paire, M. Benezech et C. Kottler, *Les dangerosités De la criminologie à la psychopathologie, entre justice et psychiatrie*, éd. John Libbey, Eurotexte, 2004, 424 p.; F. Digneffe et C. Adam, « Le développement de la criminologie clinique à l'École de Louvain : une clinique interdisciplinaire de l'humain », *Criminologie*, 2004, vol. 37, n° 1, p. 43; A.-M. Favard, « Criminologie clinique : de la pensée pinatélienne aux nouvelles approches psycho-dynamiques », *in Sciences pénales & Sciences criminologiques Mélanges offerts à Raymond. Gassin*, PUAM, 2007, p. 399-414; C. Adam et F. Digneffe (coord.), *Essais de criminologie clinique Entre psychologie et justice pénale Christian Debuyst*, Larcier, 2009, 455 p.; M. Le Blanc, « L'évaluation clinique, les mesures et la réadaptation des jeunes délinquants », *in* M. Le Blanc et M. Cusson (dir.), *Traité de criminologie empirique*, 4ᵉ éd., 2010, Presses Univ. Montréal, p. 413-441.

CHAPITRE 2

LA CLINIQUE VICTIMOLOGIQUE

915 ***Domaine de la clinique victimologique*** ◇ L'expression « clinique victimologique » peut s'entendre en deux sens différents, un sens large et un sens étroit[1].

Au sens large, le terme désigne le traitement de *toute personne qui a subi un dommage.* Peu importe la cause du dommage, que celui-ci provienne d'une *catastrophe naturelle* (tremblement de terre, inondation, effondrement de terrain...), d'un *événement fortuit* ne mettant pas en cause la responsabilité des individus mêlés à l'événement, d'un comportement mettant en jeu la seule *responsabilité civile*, ou encore d'une *infraction à la loi pénale*. C'est l'ensemble des victimes de ces sources de dommages que prend en compte, dans son champ d'étude, ce que l'on appelle la seconde victimologie[2]. Cette conception a donné lieu à une systématisation qui porte la dénomination ambiguë de « victimologie »[3].

Au sens étroit du terme – qui est son sens premier – en effet, la victimologie est la discipline qui étudie les *victimes des infractions pénales* sous leurs différents aspects et la clinique victimologique consiste dans l'étude du traitement desdites victimes. Il convient donc de distinguer, au sein de la victimologie largement entendue entre « la *victimologie pénale*, étroitement liée à la criminologie et la *victimologie générale* dont le champ d'étude s'étend aux victimes d'accidents divers »[4]. Si la distinction s'impose, c'est que, contrairement à ce que l'on a pu écrire[5], le traitement des victimes des infractions pénales présente une *spécificité* qui le distingue de celui des victimes d'accidents divers. La victimation qui résulte d'une infraction pénale implique une *interaction entre l'auteur et la victime* qui n'a pas son équivalent dans les autres situations victimologiques, que cette interaction soit de contact (ex. violences physiques) ou à distance (ex. abus de confiance). À cet égard, la distinction entre les victimes *réelles* et les autres catégories de victimes d'infractions pénales (fictives, potentielles, crimes sans victimes)[6] revêt une importance certaine. La situation d'interaction des victimes réelles dans le processus du passage à l'acte délictueux confère aussi à la clinique victimologique une spécificité qui présente de nombreux aspects.

---

1. A. Sabourau-Seguin, *v°* « Traitement des victimes », *Dict. sc. crim.* 2004, p. 934-936 ; L. Barret et E. Escard, « Violences et victimes : quelle place pour l'hôpital ? », *RICPT*, 2001, p. 293 et s. ; H. Haas, *Psychologie de la déposition, victimologie et techniques d'entretien. Traité de psychologie légale*, Zurich, 2003, 192 p. ; C. Balier, *La violence en abyme : essai de psycho criminologie*, PUF, 2005, 389 p. ; E. Oliveira, « Nouvelle victimologie : le syndrome de Stockholm », *APC*, 2005, n° 27, p. 167 ; M. Cesoni et R. Rechtman, « La "réparation psychologique" de la victime : une nouvelle fonction de la peine ? », *RDPC*, 2005, p. 158.
2. Sur celle-ci avec les nombreuses références citées, *cf. supra* n°s 311 et s.
3. G. Lopez, *Victimologie*, Dalloz, 1997, 264 p. ; *La victimologie*, Dalloz, 2010, 191 p.
4. G. Lopez, *v°* « Victimologie », *Dict. sc. crim.*, Dalloz, 2004, p. 963 et s., spéc. 963, 2ᵉ colonne.
5. G. Lopez, précité, p. 965, 1ᵉ colonne : « Les conséquences sociales et personnelles de la victimation sont quasiment les mêmes qu'il y ait ou non infraction pénale ».
6. *Cf. supra* n° 653.

916 *Les divers aspects de la spécificité de la clinique victimologique* ◇

1) La première particularité qui caractérise cette clinique, c'est celle de la *crédibilité de la victime*[1]. Sans doute, certaines déclarations de sinistres faites aux compagnies d'assurances ne manquent pas de soulever un doute sur la réalité ou la consistance du dommage invoqué, mais en matière de victimologie pénale la crédibilité qui est en question est celle de *l'existence ou de la nature* de l'acte délictueux, ce qui met en jeu la réalité de l'infraction pénale et de son auteur. Y a-t-il eu attouchement sexuel sur un mineur ? La plaignante a-t-elle été vraiment victime d'un viol ou était-elle consentante ? « Dans certains types d'affaires criminelles, la question de la crédibilité est posée aux experts psychiatres ou psychologues. Dans la très grande majorité des cas, c'est à propos des accusations portées par la victime que la question doit être traitée », a-t-on écrit[2]. S'il en était besoin, la célèbre affaire d'Outreau suffirait à rappeler l'importance de la question. Elle a conduit le rapport « Viout », chargé d'en tirer les enseignements, à préconiser de supprimer le terme crédibilité de toute expertise[3].

2) Une deuxième spécificité concerne la nature et les caractéristiques du *traumatisme subi par la victime d'une infraction pénale* : psychotraumatisme[4] certes, mais psychotraumatisme spécifique. C'est d'abord le cas lorsqu'il y a une atteinte physique de la victime; les souffrances endurées ne sont pas des souffrances perçues comme celles d'un accident quelconque ou d'une maladie : ce sont des souffrances associées aux coups reçus, donnés délibérément par l'auteur. Même lorsque le dommage consiste dans une atteinte aux biens, la manière dont le préjudice est ressenti est particulière; ainsi nombre de victimes de cambriolages racontent que, lorsqu'elles ont vu la porte de leur maison enfoncée et l'intérieur vandalisé, elles ont eu la sensation d'avoir été dépouillées elles-mêmes, comme physiquement.

À la spécificité de la victimisation primaire, s'ajoute bien souvent une *victimisation secondaire*[5] particulière. Les victimes se sentent revictimisées après le crime. Ce sont des « conséquences indirectes du crime et, plus particulièrement, la douleur et les blessures psychologiques infligées aux victimes par l'entourage et par les institutions judiciaires et sociales »[6]. On a inventorié ainsi comme facteurs de victimisation secondaire : les lenteurs et malfaçons du système de justice pénale, les difficultés dans les démarches faites pour obtenir de l'aide, l'attitude indifférente ou même défiante de l'entourage immédiat et du milieu du travail, ainsi que la manière dont est faite la couverture médiatique de l'événement puis du procès.

3) Une autre particularité concerne la *réparation du préjudice* causé, par-delà ce que l'on a justement appelé l'« epsilon irréparable »[7]. Jadis assurée exclusivement

---

1. C. Jonas, v° « Crédibilité », *Dict. sc. crim.*, Dalloz, 2004, p. 187-191; N. Dandoy et al., *Allégations d'abus sexuels et séparations parentales*, De Boeck Univ., 2003, 257 p.; M. Bénézech, « Vérité et mensonge : l'évaluation de la crédibilité en psychiatrie légale et en pratique judiciaire », *Ann. médico-psychologiques*, vol. 165, n° 5, juin 2007, p. 351-364.
2. V° « Crédibilité », précité, p. 187, 2ᵉ colonne.
3. *Rapport du groupe de travail chargé de tirer les enseignements de l'affaire dite « d'Outreau »*, Doc. fr., février 2005, 63 p., spéc. p. 24. Cette préconisation a été rapidement relayée par voie de circulaire, CRIM/AP n° 05-10/E1 du 2 mai 2005 sur l'amélioration du traitement judiciaire des procédures relatives aux infractions de nature sexuelle.
4. G. Lopez, v° « Psychotraumatisme », *Dict. sc. crim.*, Dalloz, 2004, p. 779-781.
5. A. Gaudreault, v° « Victimisation secondaire », *Dict. sc. crim.*, 2004, p. 960 963.
6. V° précité, p. 960.
7. Thème des XIᵉ Assises nationales des services d'aide aux victimes, Aix-en-Provence, juin 1995, Publication de l'INAVEM, 79 p. et cf. *supra* n° 877.

par la voie de la constitution de partie civile dans le procès pénal fait à l'auteur de l'infraction[1], elle peut être assurée aujourd'hui par d'autres voies de droit sous certaines conditions; mais il s'agit toujours de voies de droit particulières. C'est l'indemnisation par la Commission d'indemnisation des victimes d'infractions pénales (CIVI) et par le fonds de garantie des victimes des actes de terrorisme et d'autres infractions (FGTI)[2]; ce sont également les procédures alternatives aux poursuites de la médiation pour les délinquants adultes (article 41-1 C. pr. pén.) et de la médiation-réparation pour les mineurs délinquants (article 12-1, ord. 2 février 1945).

4) Enfin, on ne peut manquer de relever que la philosophie de la *justice restaurative*[3] a été imaginée pour remédier aux carences – vraies ou supposées – de la justice pénale dite traditionnelle. Cette philosophie a provoqué la création de toute une série d'actions d'aide aux victimes[4] et d'accompagnement de celles-ci dans leurs démarches[5], ainsi que d'une manière générale la création d'un droit spécifique des victimes d'infractions pénales[6].

---

1. Ou par l'exercice de l'action en réparation devant la juridiction civile.
2. Y. Lambert-Faivre, *v°* « Indemnisation », *Dict. sc. crim.*, 2004, p. 523-526.
3. *Cf. supra* n° 312.
4. R. Cario et A. Gaudreault (dir.), *L'aide aux victimes : 20 ans après ! Autour de l'œuvre de Micheline Baril*, L'Harmattan, 2002, 128 p.; R. Cario, *v°* « Mouvement associatif d'aide aux victimes », *Dict. sc. crim.*, 2004, p. 648-651.
5. A. Ovaere-Bayer, *v°* « Accompagnement social des victimes », *Dict. sc. crim*, 2004, p. 14-17.
6. R. Cario, *v°* « Droits des victimes », *Dict. sc. crim.*, 2004, p. 305-308; G. Lopez, S. Portelli et S. Clément, *Les droits des victimes. Victimologie et psychotraumatologie*, Dalloz, 2003, 391 p.; *Les droits des victimes Droit, auditions, expertise, clinique*, 2ᵉ éd., Dalloz, 2007, 411 p.

LA CRIMINOLOGIE PRÉVENTIVE

917 ***Définition et objet*** ◇ La criminologie préventive est la branche de la criminologie appliquée qui a pour objet la détermination des moyens les plus efficaces pour assurer la prévention du crime à l'échelon de la société globale ou d'une collectivité plus limitée, comme par exemple une ville, un quartier d'une ville, une station balnéaire, etc., en dehors de l'intimidation générale par la menace de la peine[1]. La criminologie préventive a été pensée précisément pour remédier aux limites de la prévention générale par la menace de la peine.

La connaissance de cette branche de la criminologie appliquée est aujourd'hui de plus en plus nécessaire, car on parle beaucoup de prévention de la criminalité que l'on présente souvent, par opposition à la répression, comme la panacée de la lutte contre la délinquance, sans connaître grand-chose, en général, de la portée exacte des mesures de prévention. La criminologie préventive a précisément pour but de combler cette lacune.

918 ***Origine et développement*** ◇ Comme la criminologie clinique, la criminologie préventive plonge ses racines dans les premières œuvres de la criminologie scientifique. C'est Ferri, en effet, qui, après avoir énoncé la loi de saturation criminelle[2] et en avoir déduit que les peines sont sans effet de prévention générale[3], a présenté tout un vaste programme de mesures préventives qu'il a appelé des « substituts pénaux » ou « équivalents de la peine »[4, 5].

---

1. L'étude de l'intimidation collective par la menace des peines relève de la criminologie de la politique criminelle (*cf. supra* n°ˢ 807 et s.).
2. *Cf. supra* n° 468.
3. *Cf. supra* n° 807.
4. E. Ferri, *Sociologie criminelle*, p. 267-305 et 215-259 dans la réédition Dalloz de 2004.
5. Pour la France, *cf.* M. Kaluszynski, *L'émergence de la notion de prévention en France à la fin du xixᵉ siècle*, Ann. Vaucr., 1986, p. 129-143.

Il apparaît cependant que, comme pour la criminologie clinique, la criminologie préventive ne fut au début qu'un simple paragraphe de ce que nous avons appelé la « criminologie de la politique criminelle et des techniques pénales ». Ce n'est qu'ultérieurement, à partir probablement des années 1930 et du « *Chicago area project* »[1] et certainement à partir des années 1960, que l'idée s'est progressivement affirmée de l'existence d'une nouvelle branche de la criminologie appliquée que l'on a appelée la *criminologie préventive*[2]. Il existe aujourd'hui une littérature considérable sur le sujet[3], les congrès et colloques sur la prévention de la criminalité ne cessent de se multiplier[4], mais on doit constater que cette discipline en voie de constitution est loin de connaître une systématisation élaborée comme celle de la criminologie clinique.

Aussi faut-il prendre le parti d'exposer d'abord les mesures et actions de prévention collective de la criminalité auxquelles on a recours (chapitre 1) avant de tenter d'esquisser une théorie générale de la criminologie préventive (chapitre 2).

918bis *Bibliographie générale du titre* ◇

E. De Greeff (1937), p. 270-284; B. Di Tullio (1951), p. 212-228; E. Seelig, p. 389-398; O. Kinberg, p. 297-301; G. Stefani G. Levasseur et R. Jambu-Merlin, n°s 224-233; J. Pinatel (1971), p. 125-157; D. Szabo (1978), p. 241-259; V. V. Stanciu (1980), p. 215-216; D. Szabo (1986), p. 163-202; E. Yamarellos et G. Kellens, I, v. *Expériences de prévention,* p. 170-173 et II, v. *Politique criminelle,*

1. Sur ce programme, *cf. infra* n° 925.
2. L'expression « criminologie préventive » paraît avoir été utilisée pour la première fois dans l'art. d'Y. Guillou, « La criminologie préventive », *in Prisons et prisonniers,* 1961, 2ᵉ semestre.
3. *Cf.* la bibliographie thématique (1900-1978) de De Crayencourt, *Cahiers de criminologie et de pathologie sociale,* n°s 16-17.
4. Pour les dernières années : First joint international Conférence on research in crime prevention (Ryad, 23-25 janv. 1984), Publication de l'UNSDRI, n° 26, 1985, 239 p.; 7ᵉ Congrès des Nations Unies sur la prévention du crime et le traitement des délinquants (Milan, 26 août-6 sept. 1985), CR, J. C. Sacotte, *RSC,* 1986, p. 179-184; Conférence permanente des pouvoirs locaux et régionaux en Europe (Strasbourg, 15-16 sept. 1986) : « La violence et l'insécurité urbaine, le rôle des politiques locales », Actes, 1987, 289 p.; « Crime control in local commities in Europe », The Granfield conference (oct. 1987), 2 vol.; 18ᵉ Conférence des directeurs d'Instituts de recherches criminologiques du Conseil de l'Europe (Strasbourg, nov. 1988) : « Organisation de la prévention de la criminalité »; Colloque sur la prévention de la délinquance (Lisbonne, 26-28 janv. 1989), CR, *RSC,* 1989, p. 600; Conférence sur la prévention de l'insécurité urbaine (Barcelone, nov. 1987), CR par M. Marcus, *RSC,* p. 147-149; Première Conférence européenne et nord-américaine sur la sécurité et la prévention de la criminalité en milieu urbain (Montréal, Oct. 1989), CR par C. Lazerges, *RSC,* 1990, p. 178-186; Séminaire sur « la recherche relative aux politiques de prévention » (Paris, mai 1991) Actes *in,* P. Robert (dir.) *Les politiques de prévention de la délinquance à l'aune de la recherche,* éd. L'Harmattan, 1991; Séminaire international de formation (Aix-en-Provence, sept.-oct. 1991) : « La prévention de la criminalité en milieu urbain », Actes, PUAM, 1992, 267 p., préf. G. Bonnemaison; XXVIIᵉ Congrès français de criminologie : « La nouvelle politique française de prévention de la criminalité urbaine » (Aix, oct. 1991), Actes, même publication que le séminaire international; 2ᵉ Conférence internationale sur la sécurité et la prévention de la criminalité en milieu urbain (Paris, nov. 1991), *RSC,* 1992, p. 810-815; Séminaire pan-européen de prévention de la délinquance en milieu urbain (Aix-en-Provence, mai 1993), Actes « Les pays de l'Est à l'épreuve de la criminalité en milieu urbain », PUAM, 1994, 193 p.; XIᵉ Congrès international de criminologie (Budapest, août 1993), 4ᵉ thème principal : « La prévention comme réponse au crime et à la criminalité »; Colloque du Ministère délégué à la ville, Montpellier, 17-18 mars 1999 : « Prévention et sécurité, agir au quotidien dans les villes »; Séminaire international de criminologie francophone sur les politiques publiques de sécurité, Montréal, 22-24 avr. 2002 : « Prévention du crime, protocoles d'évaluation et analyse d'impact »; Délégation interministérielle à la ville (DIV), Conseil national des villes (CNV) et Centre international pour la prévention de la criminalité (CIPC Montréal), Paris, 11 février 2009, « Prévention de la délinquance : bonnes pratiques et coopération ».

p. 83-87; J. Pinatel (1987), v. *Prophylaxie criminelle*, p. 176-178; G. Picca, p. 108-116; R. Dufour-Gompers, 1992, p. 273-275, v. *Prévention;* M. Petrunik, La prévention du crime et la délinquance : aperçu des approches actuelles, *Impact*, 1982, 1, p. 23-32. I. Waller, *Tendances actuelles de la prévention du crime en Europe : répercussions au Canada*, 1988; même auteur, « La délinquance et sa prévention : étude comparative », *RICPT*, 1992, p. 265-286; L. Barbe, C. Coquelle et U. Persuy, *Prévention de la délinquance, politique et pratiques*, éd. ESF 1998, 126 p.; R. Cario, *Introduction aux sciences criminelles*, 6ᵉ éd., 2008, p. 126 et s.; M. Cusson, *Prévenir la délinquance : les méthodes efficaces*, PUF, 2002, 220 p.; R. Cario, vᵒ « Prévention du phénomène criminel », *Dict. Sc. crim.*, 2004, p. 745-747; N. Tilley, *Handbook of crime prevention and community safety*, Cullompton, William Publishing, 2005, 782 p.; M. Cusson et al. (dir.), *Traité de la sécurité intérieure*, Hurtubise, 2007, spéc. 4ᵉ partie « Prévenir », p. 401 et s.; R. Bousquet et E. Lenoir, *La prévention de la délinquance*, PUF, 2009, 360 p.; M. Cusson, *Prévenir la délinquance : les méthodes efficaces*, 2ᵉ éd., PUF, 2009, 234 p.; P. Robert, *L'évaluation des politiques de sécurité et de prévention de la délinquance en Europe*, L'Harmattan, 2009, *Aspects de la déviance, de la criminalité et de la prévention en Europe*, CRIMPREV, Rapport de la conférence finale WP8, juin 2009, 338 p.; *Rapport international Prévention de la criminalité et sécurité quotidienne : tendances et perspectives*, Centre international pour la prévention de la criminalité (CIPC), 2010, 241 p.; V. Gautron, « La coproduction locale de sécurité en France : un partenariat institutionnel déficient », *Champ pénal*, vol. VII, 2010; F. Dieu et A. Bousquet, « Regard sur l'évaluation de la prévention de la délinquance en France », *CS*, nᵒ 14, oct.-déc. 2010, p. 152-170.

CHAPITRE 1

LES MESURES ET ACTIONS DE PRÉVENTION COLLECTIVE DE LA CRIMINALITÉ

919 *Actions ponctuelles et actions coordonnées* ◇ Pendant longtemps l'histoire de la prévention collective de la criminalité n'a connu que des mesures ponctuelles et des actions particulières de prévention (section 1). Mais depuis un certain nombre d'années, on a vu se mettre en place, à l'échelon d'un pays tout entier, des organismes officiels de prévention de la criminalité visant la coordination et l'animation de la prévention dans l'ensemble du pays (section 2).

SECTION 1. LES MESURES ET ACTIONS PARTICULIÈRES DE PRÉVENTION COLLECTIVE DE LA CRIMINALITÉ

920 *Distinction* ◇ Il faut distinguer, dans l'ensemble des moyens de prévention utilisés jusqu'à présent, les *mesures à caractère général* (§ 1) que l'on appelle, par analogie avec la prévention médicale, des *mesures de prévention primaire* d'une part, et les *programmes et actions spécifiques de prévention* (§ 2) qui ressortent essentiellement de ce que l'on appelle la *prévention secondaire* en ce qu'elle s'adresse, non à l'ensemble d'une population, mais à une population particulière appelée « *population à risque* ».

§ 1. Les mesures de caractère général [1]

921 *Des auteurs aux lois et règlements* ◇ On trouve chez la plupart des grands auteurs de manuels de criminologie de vastes programmes de *mesures de prévention à caractère général* destinées à combattre les *facteurs sociaux* considérés comme des facteurs criminogènes et même certains *facteurs individuels,* héréditaires ou acquis, que l'on a cru retrouver dans l'étiologie de la délinquance. De la sorte l'analyse des facteurs de l'action criminelle en criminologie théorique trouve une sorte de correspondance, plus ou moins complète et plus ou moins élaborée, dans les développements de la criminologie appliquée.

---

1. G. Picca, « La prévention et le système pénal », *AIC*, 1987, vol. 25, p. 145 et s.; L. Sherman, « Criminologie et criminalisation : défi et science de la sanction pénale », *RICPT*, 1994, p. 7-21.

Ces vastes programmes de mesures de prévention à caractère général sont loin d'être passés tels quels dans les politiques criminelles positives. On trouve cependant dans celles-ci, un certain nombre de dispositions préventives qui ont été empruntées à ces programmes doctrinaux ou inspirées par eux.

Ces dispositions législatives ou réglementaires peuvent être classées en deux grandes catégories.

1) Certaines ont pour *objectif direct* et *exclusif* ou *principal* la prévention générale de la délinquance. Tel est le cas pour de nombreuses lois dites « de police et de sûreté » : contrôle de la vente des armes à feu [1], prohibition du trafic de stupéfiants, réglementation de l'implantation des débits de boissons [2], prostitution des mineurs [3], etc. Parmi les solutions les plus récentes, on citera des mesures qui ont donné lieu à contestation au nom de l'atteinte aux libertés, à savoir les arrêtés municipaux anti-mendicité et les arrêtés couvre-feu pour les mineurs. La loi LOPPSI 2 du 14 mars 2011 (art. 43 I) est finalement venue attribuer au préfet la compétence en matière de couvre-feu pour les mineurs de treize ans sous certaines conditions entre vingt-trois heures et six heures. Plus récemment ce sont les « apéros géants » réunissant plusieurs milliers de personnes invitées à se rassembler *via Facebook* qui ont posé problème. Par ailleurs, en ce qui concerne la prévention de la délinquance contre les dangers de la télévision, le rapport Kriegel sur la violence à la télévision de novembre 2002 contenait un certain nombre de propositions venant s'ajouter aux mesures déjà existantes ou les modifier. Souvent ces textes à finalité préventive sont assortis de sanctions pénales et créent ce que l'on appelle en droit pénal moderne des « *délits-obstacles* » [4].

2) Pour d'autres dispositions du droit positif, l'objectif de prévention de la délinquance n'est qu'indirect et se présente comme une *finalité secondaire,* par rapport à l'objectif essentiel poursuivi par les auteurs du texte. Tel est le cas par exemple de la législation sur l'adoption [5] ou sur la maternité en général [6]. Il peut arriver que la finalité secondaire de prévention de la délinquance de ces dispositions législatives ou réglementaires soit incertaine, comme, par exemple, dans cette affaire pittoresque où était en cause la recevabilité de l'action en justice d'une association de chasse agréée et où le tribunal a jugé qu'il est peu probable que la destruction des nuisibles soit une des mesures nécessaires au maintien de la sécurité nationale et que la répression du braconnage concoure sérieusement à la « *prévention du crime...* » [7].

---

1. V. le décret du 20 févr. 1994 qui soumet à autorisation administrative la détention d'armes à grenaille en raison de leur utilisation par les petits délinquants qui en ont fait souvent un accessoire de base ou encore le décret du 24 mars 1999 relatif aux conditions de commercialisation de certains objets ayant l'apparence d'une arme à feu. D'une manière générale la législation sur le régime des armes et munitions a été modifiée dans un sens restrictif par les lois sur la sécurité intérieure des 15 nov. 2001 et 18 mars 2003. *Adde* décret n° 2011-374 du 5 avril 2011 portant création du fichier national des personnes interdites d'acquisition et de détention d'armes.
2. En matière de stupéfiants et de boissons alcoolisés, l'objectif de prévention est *double* : la santé de la population et la prévention de la délinquance liée à l'usage de ces substances. *Adde* H. Hafer, *La drogue cachée : les phosphates alimentaires, cause de troubles du comportement, des difficultés scolaires et de la délinquance juvénile*, 1986.
3. B. Koeppel, « Prophylaxie sociale, sécurité du citoyen ou la loi du 11 avr. 1908 (relative à la prostitution des mineurs de 18 ans », *Ann. Vaucr.*, 1986, 1, p. 145-162.
4. *Cf.* B. Bouloc, *Droit pénal général*, 22ᵉ éd., 2011, n°ˢ 25 et 52.
5. *Adde* sur l'effet préventif attaché au souci de ne pas nuire au groupe familial : E. S. de la Marnière, « Hérédité et filiation juridique », *D.* 1988, chron. 1, n° 1 et note 2.
6. *Cf.* A. Queniart, « Prévention des risques et contrôle social : l'exemple de la maternité », *Dév. et soc.* 1989, p. 327-337.
7. TI Valence, 28 juin 1989, *RTD com.* 1990, p. 222, obs. E. Alfanderi et M. Jeantin.

Il ne semble pas que cette seconde catégorie de mesures ait fait l'objet de recherches évaluatives du point de vue de la criminologie préventive. En revanche, certaines lois à objet préventif direct ont donné lieu à de telles recherches. Tel est le cas notamment des lois sur l'interdiction ou le contrôle des armes à feu. L'évaluation n'est pas chose facile car elle tend à se confondre avec celle des sanctions pénales qui assortissent généralement les interdictions et les contrôles. Il semble, de manière générale, qu'après une première période où l'impact du nouveau texte est réel, l'effet préventif tend à s'émousser avec le temps, ce qui explique cette répétition périodique avec escalade de ce genre de législation dans nombre de droits positifs.

§ 2. Les programmes et actions spécifiques de prévention collective de la délinquance

922 *Les trois sortes de programmes* ◇ En prenant pour critère les objectifs et les niveaux de prévention auxquels ils se placent, on peut répartir ces programmes en trois grandes catégories : les programmes de prévention sociale (A), les programmes de prévention policière (B) et les actions de prévention destinées à limiter les occasions de crime (C). D'une manière générale, on a observé que la plupart de ces programmes visant à réduire la délinquance ont été fondés plus sur l'intuition que sur une approche véritablement scientifique du problème [1].

A. Les programmes de prévention sociale de la délinquance [2]

923 *Traits caractéristiques* ◇ Ces programmes sont les premières expériences de prévention et les premières de prévention de la délinquance juvénile. Ils sont dits « de prévention sociale » parce que ce sont des expériences de prévention menées par des travailleurs sociaux en dehors de toute intervention des services de police et de justice et orientées vers la lutte contre l'inadaptation des jeunes délinquants et de leur milieu d'évolution. Il s'agit donc de programmes qui entendent être des actions en profondeur de longue durée sur les individus et leur environnement social.

Telle a été du moins la conception qui a présidé à l'élaboration et à l'exécution de ces programmes jusqu'à la fin des années 1960. Mais à ce moment-là on a vu s'affirmer des « voies nouvelles de prévention » (b) qui se sont opposées aux programmes classiques de prévention de la délinquance juvénile (a). Aujourd'hui ce sont les programmes de prévention précoce qui font problème (c).

---

1. En ce sens I. Waller, *RICPT*, 1980, p. 181.
2. Cycle d'étude européen des Nations Unies de Frascati (Italie), 1962 ; Comité européen pour les problèmes criminels, *L'efficacité des programmes en cours concernant la prévention de la délinquance juvénile dans certains pays européens*, Conseil de l'Europe, 1963, 129 p. ; J. Selosse et al., *Expériences de prévention*, 1964, 163 p., ronéo. et « Bibliographie sur des expériences de prévention », *Rev. internationale de l'enfant*, 1967, p. 59-73 ; M. Killias, *Précis de criminologie*, p. 252-283.

a. Les programmes classiques de prévention sociale de la délinquance juvénile[1]

924 ***Des États-Unis en France*** ◇ Les États-Unis (1) ont été en ce domaine un champ d'expérience tout à fait remarquable que la France (2) a imité généralement avec nombre d'années de retard sans avoir toujours conscience que le modèle qu'elle importait était déjà périmé outre-Atlantique[2].

1. Les programmes nord-américains

925 ***Deux catégories de programmes*** ◇ Les programmes nord-américains de prévention sociale de la délinquance juvénile peuvent être répartis en deux grandes catégories en fonction de la *nature des théories explicatives de la délinquance* sur lesquelles ils s'appuient[3].

1) La *première catégorie* regroupe les *programmes d'intervention sur l'environnement* qui reposent sur des théories sociologiques de la délinquance et visent à réduire la délinquance des jeunes en modifiant le milieu social dans lequel évoluent ces jeunes conformément à l'idée de « thérapeutique de masse ».

À vrai dire, ces programmes d'intervention sur l'environnement se subdivisent eux-mêmes en deux sous-catégories car ils n'ont pas tous la même ampleur.

Les plus ambitieux rêvent d'une *transformation globale de l'environnement* par un effort de réorganisation générale de la communauté (*area approach*). Tels furent dans les années 1930 le « *Chicago Area Project* » (CAP), dans les années 1960 lors de l'ère Kennedy les programmes gigantesques et très onéreux qui eurent pour nom : « *Mobilization For Youth* » (MFY), « *Midcity Project* », « *Haryou-Act* », ABCD de Boston et CPI de New-Haven et, lancé en 1982, le « *Neighborhood anti-crime self help program* ».

Parmi ces projets, nombre d'entre eux donnèrent lieu à des évaluations rigoureuses. Les conclusions de celles-ci furent généralement en ce sens que le programme n'avait pas eu d'effet notable de prévention. Même les initiateurs du programme princeps Shaw et Mc Kay[4] finirent par reconnaître leur échec[5].

D'autres programmes se sont limités à l'organisation des loisirs des jeunes à partir de cette idée, apparemment fort logique, que quand les jeunes sont occupés à jouer, ils ne pensent pas en même temps à commettre des infractions (« *recreational approach* »). Les évaluations faites de ces *programmes d'intervention culturelle préventive* ont abouti à la conclusion que si ceux-ci avaient un certain effet de pré-

---

1. J. Vérin, « La prévention sociale : mythe ou réalité ? », *RSC*, 1982, p. 813-819.
2. Ce n'est pas l'un des moindres paradoxes de la situation actuelle que l'Amérique contemporaine a, à cet égard, oublié son passé et cette filiation au point que l'on en est venu à y parler du « modèle français » de prévention de la délinquance et à vouloir suivre « l'école française de prévention » (*Le Monde* du 3 avr. 1990).
3. J. Selosse, « Aperçu sur les résultats des programmes américains de prévention de la délinquance juvénile », *Ann. Vaucr.*, n° 1, 1963, p. 213-229; D. Szabo, « Les mesures de prévention sociale », *in Criminologie en action*, 1967, p. 291-301; D. P. Rosenbaum, *Community crime prevention. Does it work ?*, Sage publications, 1986, 318 p.
4. *Cf. supra* n° 244.
5. *Cf.* J. Snodgrass, C. R. Shaw et H. D. Mac Kay « Chicago criminologists », *British Journal of criminology*, 1976, p. 1-19.

vention à l'égard des pré-adolescents (12-13 ans), cet effet cessait de jouer pour les adolescents (14 ans et plus).

2) La seconde catégorie de programmes nord-américains de prévention sociale a consisté en des *programmes dits pédagogiques et thérapeutiques*[1]. À la différence des précédents, ils reposent, non sur des explications sociologiques de la délinquance, mais sur des *interprétations bio-psychologiques ou psychosociales*. Dès lors, ils consistent, non en une prévention globale exercée sur une masse de jeunes « à risque », mais en une prévention « sélective » qui s'adresse directement aux individus, enfants difficiles et leurs parents, en recourant à des techniques d'intervention individualisées : « *casework* », « *groupwork* » et « *counseling* ». On parle aussi à leur sujet de « prévention développementale »[2].

Trois sortes de programmes ont été ainsi mis en œuvre dans cette perspective : programmes d'organisation de systèmes tutélaires (Cambridge-Somerville « *Youth Project* », programme de Colombus-Ohio); programmes d'action sur les bandes de jeunes; consultations d'orientation éducative (« *Child guidance clinics* »; « *Visiting teachers* »).

Mais ici encore les *recherches évaluatives* qui ont été faites sur nombre de ces programmes ont conclu au peu d'effet de prévention obtenu par leur application. Toutefois, une étude expérimentale de prévention développementale plus récente réalisée à Montréal laisse espérer la possibilité du succès de ce type de prévention, à condition toutefois que la qualité de l'intervention puisse être maintenue lors du passage du stade expérimental sur une population réduite au stade d'application à tous les membres de la population concernée[3].

2. Les actions de prévention sociale de la délinquance juvénile en France[4]

926 **1)** *Les clubs et équipes de prévention*[5] ◇ Jusqu'en 1981, les actions de prévention sociale de la délinquance juvénile dans notre pays se sont résumées dans les *clubs et équipes de prévention* (CEP)[6] et les *animateurs de rue*[7].

1. *Cf.* M. Killias, *Précis de criminologie*, 2ᵉ éd., nᵒˢ 667-673 et 678.
2. R. Carbonneau, vᵒ « Prévention développementale du crime », *Dict. sc. crim.*, 2004, p. 739-745.
3. M. Cusson, *Prévenir la délinquance. Les méthodes efficaces*, PUF, 2002, p. 93-106.
4. CTNERHI, *La prévention spécialisée en France, forme originale d'action socio-éducative*, 1991, 144 p.
5. Bibliographie très abondante. V. not. : H. Joubrel, « Problèmes de prévention : les « clubs de loisirs » pour jeunes inadaptés », *in Hommage à Georges Heuyer*, PUF, 1961, p. 215-223; V. Peyre et M. Jacquey, *Clubs de prévention*, CEFRES de Vaucresson, 1964, 172 p.; J.F., « Les clubs de prévention », *RSC*, 1968, p. 719-721; P. Lascoumes, *Prévention et contrôle social*, Masson éd., 1977, 262 p.; J.-P. Liegeois, *Idéologie et pratique de travail social de prévention*, Privat éd., 1977; Comité national de liaison, *Livre ouvert des clubs et équipes de prévention spécialisée*, 1982-1983, éd. CNL; C. Aubertie, *La prévention par le sport dans les clubs de prévention*, Mémoire DEA, Aix-en-Provence, 1985, 179 p., dactyl.; F. Tetard, « Sauver notre jeunesse ou la prévention dans ses rapports avec les politiques de la jeunesse de 1945 à 1965 », *Ann. Vaucr.*, 1986, 1, p. 163-178; J. Y. Lassalle, *Sport et délinquance*, PUAM, 1988, p. 209-213; P. Duret et M. Augustini, *Sports de rue et insertion sociale*, INSEP, 1993; CTNERHI, *La prévention spécialisée en France*, 1991, 148 p.; M. Boucher, « Les intervenants sociaux au service de la sécurité ? Analyse d'une dérive dangereuse », *in* L. Mucchielli et V. Le Goaziou, *Quand les banlieues brûlent...*, La Découverte, 2006, p. 139-152.
6. Une loi du 4 juillet 1972 a institué une procédure d'agrément des Clubs de prévention et établi une tutelle administrative sur leur fonctionnement.
7. *Cf.* le rapport du Sénat « Délinquance des mineurs », juin 2002, p. 88-89.

Créés dans la période 1940-1950, ils se sont développés surtout à partir de 1958 à travers des vicissitudes diverses.

Leur philosophie de base est celle de la « *recreational approach* » américaine mais ils ont assez vite débordé cette perspective limitée d'organisation des loisirs des jeunes pour tendre vers une action plus étendue sans pouvoir atteindre la dimension d'une « *area approach* » que ni leur structure, ni leurs moyens, ne leur permettaient d'ambitionner.

Leur perspective générale a glissé, au cours du temps, d'une approche de la délinquance juvénile en termes de psychologie sociale vers une approche nettement sociologique. Il en est résulté des modifications tant dans leurs objectifs que dans leurs méthodes d'action.

Certains initiateurs de ces CEP ont attribué à l'action de ces équipements sociaux une efficacité considérable et ont conclu que tout était une question de volonté et de moyens. Mais il s'agissait là d'impressions purement subjectives, car aucune recherche évaluative sérieuse sur l'effet de prévention de ces clubs n'a jamais été réalisée à notre connaissance et ce n'est pas la progression massive de la délinquance juvénile en France depuis la fin des années 1950 qui est de nature à suggérer une hypothèse optimiste sur l'efficacité de l'institution. Aujourd'hui *il semble que* les clubs n'existent plus. Les raisons de leur disparition sont mal connues. L'hypothèse avancée pour expliquer cette disparition réside dans le fait que leurs résultats n'ont jamais été évalués[1].

927 **2) *Les actions officielles postérieures de prévention sociale***[2] ◇
Le « volontarisme » auquel il était fait allusion il y a un instant, a suscité, lors de l'arrivée de la gauche au pouvoir en 1981, un vaste mouvement de renouvellement de la prévention sociale de la délinquance juvénile en France. Tandis que les CEP continuaient à fonctionner encore quelques années, deux sortes d'actions nouvelles d'envergure ont été entreprises : le *remodelage des quartiers dits « d'habitat social »* et les « *opérations anti-été chaud* ».

1) Le *remodelage des quartiers d'habitat social* résulte de décisions prises par le Gouvernement en décembre 1981. Une première catégorie de décisions concernait spécialement la *banlieue lyonnaise*, et notamment la zone d'urbanisation prioritaire (ZUP) des Minguettes[3] qui avait acquis la célébrité « médiatique » l'été précédent avec toute une série d'actes de violence commis par des jeunes du quar-

---

1. M. Cusson, ouvrage précité, p. 76.
2. V. Peyre, « Aspects de la politique française de prévention », 1983-1985, *Ann. Vaucr.*, 1986/1, p. 71-83; F. Dubet et al., *L'état et les jeunes*, éd. ouvrières, 1985, 204 p.; G. Chevalier, *L'intérêt central pour le local. Analyse des politiques socio-préventives entre 1981 et 1986*, CESDIP, 1987, 196 p. et *Dév. et soc.* 1988, p. 237-267; G. Chevalier, *Consensus et clientèles. Les politiques socio-préventives locales en 1985 et 1986*, CESDIP, 1989, 73 p.; J. Gatti-Montain, « Sécurité et Stratégie préventive », in G. Boismenu et J.-J. Gleizal (dir.), *Les mécanismes de régulation sociale*, Boréal/PUL, 1988, p. 163-182; J. Donzelot et T. Oblet, *Enquête sur la nouvelle politique de prévention*, 1985, 189 p., dactyl; J. Donzelot et P. Estebe, *Le développement social urbain : constitution d'une politique (1982-1992)*, 1992; A. Jazouli, *Une saison en banlieue. Courants et prospectives dans les quartiers populaires*, Plon éd., 1995; I. Zakine et al., *La ville, peurs et espérances*, Doc. fr., 1995, 245 p.; J.-P. Gremy, *Les violences urbaines*, Études et recherches de l'IHESI, 1996; E. Alfandari et E. Maurel, *Hébergement et réadaptation sociale*, éd. Sirey, 1996, 150 p.; M.-P. de Liège, « Prévention de la délinquance et développement social en France », Rapport au séminaire du Conseil de l'Europe de Taormina (nov. 1996); E. Baillergeau, « Intervention sociale, prévention et contrôle social La prévention sociale d'hier à aujourd'hui », *Dév et soc.*, 2008/1, p. 3-20.
3. À Vénissieux, dans la banlieue de Lyon.

tier. Une autre catégorie de décisions concernait d'une manière générale les *quartiers dégradés* des grandes villes. Ces dernières décisions, reprises dans le Plan intérimaire 1982-1983 puis dans le 9ᵉ Plan 1984-1988 ont été concrétisées par des contrats locaux de développement social mis en œuvre par une « Commission Nationale pour le Développement Social des quartiers » dénommée Commission Dubedout, du nom de son premier président[1], officiellement instituée par un décret du 6 février 1986[2].

La philosophie générale qui a présidé à l'élaboration de ces actions de prévention a consisté à réorganiser entièrement les zones du programme depuis l'habitat jusqu'à la sécurité immédiate en passant par les loisirs, la formation professionnelle, l'emploi, etc. Cette philosophie entendait expressément s'inspirer de ce que l'on a appelé « l'expérience de Grenoble » qui aurait permis de mettre un terme à des flambées de violence analogues, entre 1974 et 1977, dans plusieurs cités HLM de cette ville. En fait, il s'agissait d'appliquer en France des *programmes d'intervention globale sur le quartier* (*area approach*) appliqués aux États-Unis depuis les années 1930 et dont on a vu qu'ils n'avaient pas donné de grands résultats de prévention mais il ne semble pas que les auteurs des décisions gouvernementales de 1981 aient connu ces expériences antérieures et encore moins les conclusions de leur évaluation[3].

Il aurait été intéressant de posséder une évaluation scientifique de ces nouvelles actions de remodelage des quartiers d'habitat social. Les médias ont fait état de la normalisation de la situation aux Minguettes, mais il semble que celle-ci ait été obtenue essentiellement par la destruction de quelques tours d'habitation, la restauration des autres immeubles et une recomposition de la population de la ZUP avec une limitation du nombre des familles d'origine maghrébine.

Dans l'état de la situation en 1990, les informations données par la presse laissaient un sentiment mitigé sur les résultats de l'expérience neuf ans après « l'été chaud » de 1981. Selon certains, la situation s'était normalisée; selon d'autres « la drogue et l'intégrisme » dominaient le quartier. Il est en fait probable que la réalité se situait entre les deux et que les Minguettes ne posaient pas plus mais pas moins de problèmes de délinquance et de déviance que les autres banlieues très populaires des grandes villes de France.

Depuis 1988, le Gouvernement a réorganisé l'action de prévention de la délinquance par la politique de développement social urbain. Un décret du 28 octobre 1988[4] a créé ou réorganisé trois organismes nationaux chargés de cette politique : le Conseil national des villes (CNV), la Délégation interministérielle à la ville (DIV) et le Comité interministériel des villes (CIV)[5]. Leurs principaux moyens d'action sont des outils contractuels : contrats de ville auxquels ont succédé en 2007 les contrats urbains de cohésion sociale (CUCS), conventions ville-habitat et programmes d'aménagement concertés du territoire (PACT) urbain concer-

1. H. Dubedout, *Ensemble, refaire la ville*, Rapport au Premier Ministre, Doc. fr., 1983.
2. JO 8 févr. 1986, p. 2258.
3. Sur le bilan de ces actions : Commission nationale pour le développement social des quartiers, *Développement social des quartiers. Bilans et perspectives 1981-1984*, Doc. fr., 1985; Rapport de la délégation française du ministère de la Justice au Colloque sur la prévention de la délinquance (Lisbonne, janv. 1989) : « La politique de développement social urbain de la ville d'Hérouville »; Commissariat général au plan : *Bilan/perspectives des contrats de plan de développement social des quartiers*, Doc. fr., 1989, 275 p.
4. JO 3 nov. 1988, p. 13-798. Ce décret a été modifié par le Décr. nᵒˢ 91-328 du 29 mars 1991 (JO 31 mars 1991, p. 4418).
5. www.ville.gouv.fr

nant initialement l'axe Nord-Est du pays[1]. La DIV a lancé en 1990 l'opération de rénovation « 400 quartiers dans 300 villes » pour laquelle une dépense de plus de 4 milliards de francs était prévue au départ.

Depuis lors, divers textes sont intervenus en cette matière. La *loi du 14 novembre 1996* a pour but de lutter contre les phénomènes d'exclusion dans l'espace urbain et de favoriser l'insertion professionnelle, sociale et culturelle des populations habitant dans des grands ensembles ou des quartiers d'habitat dégradé. Elle définit à cet effet des catégories de zone : a) Catégorie générale : « Zones urbaines sensibles » (ZUS) : environ 700 (auxquelles un observatoire national a été ultérieurement dédié en 2004); b) Parmi les ZUS, la loi détache : les « zones de redynamisation urbaine » (ZRU) : environ 350 et les zones franches urbaines (ZFU) : 44. Un certain nombre de mesures (exonération de cotisations sociales ou d'impôts) sont destinées à inciter les entreprises à ne pas déserter ces différentes zones. Ces mesures sont modulées selon les catégories de zone. D'autres dispositions visent à favoriser la « mixité sociale ». Elles concernent l'habitat, les copropriétés et les ensembles d'habitat en difficulté. Enfin, elles sont complétées par des dispositions visant à développer la vie associative au niveau communal et intercommunal. Les zones franches urbaines mises en place en 1997 pour une période de 5 ans ont été supprimées dès 1999 à la suite d'un rapport très critique de l'Inspection générale des affaires sociales. Mais un rapport sénatorial d'information de juillet 2002 dénonçait le caractère particulièrement orienté de ce rapport et plaidait en faveur de la reconstitution de ces zones franches. Outre la loi du 14 novembre 1996, la *loi du 29 juillet 1998* « d'orientation relative à la lutte contre les exclusions » qui compte 159 articles doit également être considérée comme participant au remodelage des quartiers d'habitat social bien que son ambition soit générale. Elle est composée de trois titres généraux : titre I, De l'accès aux droits, à savoir l'accès à l'emploi, l'accès au logement, l'accès aux soins et l'exercice de la citoyenneté; titre II, De la prévention des exclusions qui va du traitement des situations de surendettement aux moyens d'existence; titre III, Des institutions sociales. Depuis lors, plusieurs textes sont intervenus en faveur de la rénovation urbaine. Citons à titre d'exemple la *loi du 1er août 2003* d'orientation et de programmation pour la ville et la rénovation urbaine, dite loi « Borloo », qui a créé 14 nouvelles ZFU en Ile-de-France et finalement prorogé le dispositif dans les ZFU de première génération. Le souci de la « sécurité et de la tranquillité publique » constitue l'un des objectifs et indicateurs des politiques de la ville.

2) Les *opérations « anti-été chaud »*[2], appelées ultérieurement « Prévention été-jeunes », puis « Opération-Été », sont comme leur appellation l'indique, des actions de prévention à caractère temporaire, mais recommencées chaque été, destinées à éviter le renouvellement des incidents de l'été 1981 en offrant des activités aux jeunes qui d'ordinaire ne peuvent pas partir en vacances, notam-

---

1. Cf. J. Borricand, « Espace urbain et prévention de la délinquance. Nouvelles perspectives françaises », *RSC*, 1990, p. 622-629; J. Borricand, « Les contrats de ville : un nouvel outil de prévention de la délinquance en milieu urbain », *in Prob. act. Sc. crim.*, t. IV, 1991, p. 87-116; C. Lazerges, « Méthodes et instruments utilisés par les organismes de prévention de la délinquance en France », *RSC*, 1992, p. 649-661; S Roché, « Vers la démonopolisation des fonctions régaliennes : contractualisation, territorialisation et européanisation de la sécurité intérieure », *RFSP*, 2004/1, p. 43-70.
2. F. Dubet et al., *L'État et les jeunes*, éd. ouvrières, 1985; CTNERHI, *Les opérations été-jeunes : analyse longitudinale d'une politique publique*, 1986; L. Dubouchet (dir.), *Les opérations prévention été. Evaluation*, Collège Coopératif Provence-Alpes-Méditerranée, 1990, 60 p.; J.-Y. Lassalle, *Sport et délinquance*, 1988, p. 213-217; P. Duret et M. Augustini, *Sports de rue et insertion sociale*, INSEP, 1993.

ment ceux des grands ensembles des banlieues des grosses agglomérations. Elles s'inscrivent donc dans la perspective bien connue de « *recreational approach* ».

Ces opérations ont été réalisées avec le concours de plusieurs ministères : Intérieur, Justice, Solidarité Nationale, Armées.

En 1983, le Ministre de la Justice avait rendu compte en Conseil des ministres des résultats de ces opérations en fournissant des données statistiques de la délinquance des jeunes pendant les mois d'été. L'examen de ces chiffres conduisait à la conclusion que ces opérations semblaient plus avoir *déplacé* la délinquance juvénile des 11 départements couverts par l'opération anti-été chaud vers les départements non concernés par celle-ci, que de l'avoir véritablement prévenue, ce qui supposerait en effet une réduction globale de cette délinquance dans l'ensemble du territoire.

Depuis lors, une évaluation générale a été publiée au début de l'année 1990[1]. Mais une lecture attentive du document ne permettait pas de savoir vraiment si les « Opérations Prévention Été-Jeunes » qui se déroulaient alors depuis onze campagnes estivales et dont bénéficiaient en 1990 21 départements avaient eu un effet significatif de prévention de la délinquance juvénile en France. En 1992, ces opérations ont couvert 29 départements[2].

Les « opérations été-jeunes » sont maintenant, semble-t-il, définitivement entrées dans la pratique de la prévention française. En 1993, l'opération avait été menée sur 29 départements et avait concerné 530 000 jeunes. En 1994, elle a été étendue à 36 départements et le gouvernement a affecté 52 millions de F. à sa réalisation. À partir de 1995, l'appellation « Prévention été » a été abandonnée au profit de celle de « Ville, vie, vacances » (*VVV*). L'explication donnée par les ministres compétents au Conseil des ministres du 21 juin 1995 a été la suivante : le terme « prévention » a été banni dans l'intention de ne plus associer les banlieues à la notion de risque; de même le mot « été » a disparu, car les opérations couvrent désormais l'ensemble des congés scolaires, « petites vacances » comprises. Ainsi a été relancée une opération qui commençait à donner des signes d'essoufflement, puisque cette année-là 57 millions de F. lui ont été consacrés et elle a touché 600 000 jeunes. Confiée depuis 2006 à l'Agence pour la cohésion sociale et l'égalité des chances (ACSE), elle a abouti en 2010 à un bilan de 9,9 M€ au soutien de 3 625 projets dans 95 départements.

b. Les voies nouvelles de prévention sociale de la délinquance juvénile[3]

928 *Voies nouvelles ou voies sans issue ?* ◇ Les voies nouvelles de prévention sociale de la délinquance juvénile sont nées de la remise en cause des formes classiques de prévention de cette délinquance sous l'influence du mouvement contestataire des années 1960 (1968 en France). Partant de l'idée que la délinquance juvénile n'est nullement la conséquence d'une inadaptation sociale mais une création artificielle de la « société répressive », ces « voies nouvelles de prévention » entendent exercer leur

---

1. L. Dubouchet, ouvrage précité.
2. Sur l'aide aux initiatives des jeunes : Projets J., *cf.* Circulaire du 11 mars 1992, JO 3 avr. 1992, p. 5001.
3. Centre d'Études de la Délinquance juvénile de Bruxelles, « Voies nouvelles de prévention », Colloque de Namur 1974, Publication n° 35, Bruxelles, 1974; P. Lascoumes, *Prévention et contrôle social*, précité, chap. 7, « Alternatives et contrôle social », p. 179-202.

action de manière à permettre aux jeunes de « s'exprimer librement » dans une société révolutionnée, la « société permissive ». L'action de prévention change alors de sens : elle devient une confidence voire une complicité avec les jeunes.

La *prévention-confidence* a revêtu essentiellement trois modalités : l'éducation dans la rue, les mouvements Infor-Jeunes et les « *Free Clinics* » (Haig Ashbury à San Francisco, L'Abbaye-Le Pont à Paris)[1].

Quant à la *prévention-connivence* qui entendait offrir des refuges radicaux aux jeunes « à problèmes » voire aux jeunes délinquants eux-mêmes, elle a donné lieu à des expériences souvent sans lendemain : groupes « Delta » de l'abbé Englebert à Liège, expérience du Rockerpastor (pasteur Weisback) à Hambourg.

Le problème fondamental que posent ces diverses « voies nouvelles » de prévention est celui de savoir si ce sont encore des actions de prévention. Ce n'est certainement pas le cas pour les expériences de *connivence* qui, loin de prévenir la délinquance, paraissent la faciliter. Mais peut-on considérer des expériences comme les « *Free Clinics* » ou le mouvement Infor-Jeunes comme étant de la prévention ? La prévention suppose en effet que l'on admet que tous les comportements ne sont pas également acceptables et que les comportements inacceptables sont ceux qui sont actuellement condamnés par la société. Or, dès le moment où la prévention-confidence se donne comme objectif de permettre aux jeunes de trouver leur « authenticité », la finalité de prévention de la délinquance paraît pratiquement absente[2].

c. Les programmes de prévention précoce[3]

929 *Une polémique bien française* ◊ *Cf. supra* n°[os] 619 et 620.

B. Les actions de prévention policière[4]

930 *Une conception nouvelle de la police* ◊ Traditionnellement le terme « police » est associé à celui de « répression ». Mais, aujourd'hui, la police

---

1. Du moins jusqu'à la reprise et la réorganisation de l'institution par la Croix Rouge française en 1987 à la suite du dépôt de bilan de l'ancienne association.
2. On peut se demander si le Centre « Point Jeunes » (121 Bd Diderot, 75012 Paris) créé en 1982 par l'Association « Sauvegarde de l'Adolescence » pour l'accueil des adolescents fugueurs et son prolongement en 1983 par la création de « Boutique Ado » relèvent des voies nouvelles de prévention ou de voies plus classiques. L'insistance de ses responsables de conserver à cette structure de médiation le caractère de « lieu d'accueil et de prévention » conduit à les rattacher aux secondes plutôt qu'aux premières. Sur les fugues de mineurs et leur traitement, *cf. Fugueurs, fugueuses, expériences et réponses de quatre pays de la CEE*, Centre Georges Pompidou, 1983, 72 p.
3. R. Cario, v° « Prévention psycho-sociale précoce », *Dict. sc. crim.*, 2004, p. 747-750; R. Cario, *La prévention des comportements criminels, stigmatisation ou bientraitance sociale*, L'Harmattan, 2004, 108 p.; C. Blatier et *al.*, *Prévenir la délinquance dès la petite enfance*, L'Harmattan, 2006, 139 p.; R. Cario, *La prévention psychosociale précoce* », in M. Herzog-Evans (ed.), vol. 3, p. 133-154; Y. Cartuyvels, « La criminologie et ses objets paradoxaux : retour sur un débat plus actuel que jamais ? », *Dev. et soc.*, vol. 31, n° 4, 2007, p. 445-464, spéc. p. 457 et s. ; « La prévention précoce : entre acquis et controverses, quelles pistes pour l'action publique ? », *Centre d'analyse stratégique, La note d'analyse Questions sociales*, déc. 2010, n° 205.
4. R. Screvens, « Police et prévention de la criminalité », *RDPC*, 1979, p. 3-12; H. P. Vignola, *Police : le défi des années 2000*, Montréal, 1982; Conseil de l'Europe, *La police et la prévention de la criminalité*, 1979; A. Bossard, « Police et fonction », *RIPC*, 1981, p. 84-96; H.-P. Vignola, » La

conçoit plus largement sa mission en y ajoutant des *préoccupations de prévention de la criminalité* sous l'influence des idées relatives à l'utilité de la prévention inspirées par la criminologie.

Cette conception nouvelle du rôle de la police dans la société, qui s'est forgée dans les années 1950, s'est d'abord exprimée par l'organisation d'actions de prévention de la délinquance juvénile (a), puis, de manière générale, par des actions de prévention de la criminalité sous toutes ses formes (b).

a. Les actions de prévention policière de la délinquance juvénile [1]

931 *Caractère général* ◇ À la différence des actions de prévention *sociale* de la délinquance juvénile qui constituent des *actions en profondeur et de longue durée,* les actions *policières* de prévention sont des *actions temporaires, limitées* soit à un aspect soit à une période restreinte de la vie sociale des jeunes.

Leur examen montre qu'elles sont de nature diverse (1), mais qu'elles supposent toujours le recours à un personnel spécialisé (2).

932 *1) Les actions spécifiques entreprises* ◇ Ces actions peuvent être classées en cinq catégories en prenant pour critère l'ordre croissant des manifestations d'autorité et d'exercice de la coercition par la police.

1) Les actions d'information et de participation à caractère général.

2) Les actions d'encadrement des jeunes.

3) Les actions qui s'adressent aux jeunes qui ont simplement attiré l'attention de la police.

4) Les actions qui concernent les jeunes qui ont commis une infraction légère pour laquelle on ne juge pas utile des poursuites judiciaires mais qu'on veut empêcher de récidiver.

5) La prise des empreintes digitales des jeunes délinquants (très contestée).

---

prévention du crime, une nécessité », *RIPC*, 1982, p. 16-24; D. Mcnee, « Le rôle de la police », *RICPT*, 1982, p. 421-423 : J. Susini, « Contribution des polices urbaines au contrôle de la criminalité (aspects préventifs et rétroactifs) », *RSC*, 1983, p. 303-313; De Laet et Van Outrive, « Recherches sur la police 1978-1982 (Actualités bibliographiques) », *Dév. et soc.* 1984, p. 377-414; M. Marcus, « Mais que fait la police ? », *RSC*, 1990, p. 630-632; même auteur, « Police en prévention », *RSC*, 1990, p. 173-177; J. Susini, « L'action préventive et de protection sociale de la police », *RSC*, 1991, p. 409-413; XIIᵉ Colloque criminologique du Conseil de l'Europe, Strasbourg, 24-26 nov. 1999, « Les pouvoirs et les responsabilités de la police dans une société démocratique »; M. Cusson, « La prévention du crime par la police : tactiques actuelles et orientations pour demain », *RDPC*, 2000, p. 113 et s.; J.-J. Gleizal, « La réforme des dispositifs de sécurité en France (mars 2001-sept. 2002) », *RSC*, 2002, p. 900-905; A. Normandeau, « Bibliographie sélective en matière de police et de sécurité : les 50 titres essentiels », *RICPT*, 1999, p. 431-443; R. Coleman, *Reclaiming the streets. Surveillance, social control and the city,* Cullompton, William Publishing, 2004, 278 p.

1. Nepote, « Police et prévention de la délinquance juvénile », *RIPC*, oct. 1963, p. 227-234 et nov. 1963, 269-273; Laouenen et Joly, Rapports au Vᵉ Congrès français criminologie, Tours 1964; Tarquinet, « La participation de la police à l'action criminologique », *RICPT*, 1966, p. 256 et s.; « La police et les jeunes issus de l'immigration », *in Rev. Hommes et migrations*, n° 1127, déc. 1989 et n° 1128, janv. 1990; J.-L. Loubet del Bayle, « Délinquance des jeunes, Police et évolution du contrôle social », *RICPT*, 2001, p. 271-276.

Plusieurs actions d'envergure s'inscrivant dans le cadre de l'un ou l'autre de ces types d'action ou, plus souvent, combinant plusieurs d'entre eux, ont été décrites dans la littérature spécialisée. Pour la France, on citera les Brigades de Protection des Mineurs (BPM), les Bureaux d'Accueil des Jeunes de la Préfecture de Police (BADJ), les opérations « vacances » lancées par la police dès 1959 pour lutter contre la délinquance particulière des jeunes en vacances [1] et qu'il ne faut pas confondre avec les « opérations anti-été chaud » dont nous avons déjà parlé [2] qui ont certes la même finalité mais sont des opérations de prévention sociale et non policière et l'opération « Tranquillité-Vacances » créée en 1975 à partir du slogan « Ne soyez pas cambriolables » et renouvelée depuis chaque année. Pour la Grande-Bretagne, on mentionnera le, « Système de Liverpool » (*Police Juvenile Liaison Schèmes*) [3], pour les États-Unis, le programme d'orientation de la jeunesse de la police de la ville de Chula-Vista (Californie) [4], et pour l'Allemagne fédérale le « modèle de Munich » [5].

Parmi ces actions, bien peu ont donné lieu à de véritables évaluations scientifiques. Le plus souvent, on n'en possède que des bilans administratifs qui, émanant de la police elle-même qui a pris l'initiative de telles actions, sont inévitablement positifs, parfois même jusqu'à un excès tel que leur crédibilité en est d'emblée suspecte.

933 **2) *Le recours à un personnel spécialisé*** ◇ Les caractéristiques particulières de la personnalité des adolescents et la nature spéciale de l'action préventive font que la prévention de la délinquance juvénile ne peut se satisfaire du personnel de police ordinaire. Aussi recourt-on à un personnel spécialisé ayant reçu une formation spécifique.

Ce qui caractérise essentiellement ce personnel spécialisé, c'est qu'il s'agit en grande partie de *femmes* que l'on considère, suivant des stéréotypes toujours répandus, comme plus aptes que les hommes à remplir certaines missions vis-à-vis de l'enfance et de l'adolescence, en raison de leur nature et de leur tempérament.

b. Les actions de prévention policière de la délinquance en général [6]

934 *Une orientation actuelle* ◇ Au-delà de la prévention spécifique de la délinquance juvénile, la police s'oriente aujourd'hui de plus en plus vers

---

1. Pour le bilan de l'année 1985 par ex., *cf.* « Regards sur l'intérieur », Lettre du Ministre de l'Intérieur, nov. 1985, n° 5, p. 6-7.
2. *Cf. supra* n° 927.
3. Police de Liverpool, *The Police and Children*, 1962.
4. Police de la Ville de Chula-Vista (Californie), « Programme d'orientation de la jeunesse », *RIPC*, 1978, p. 171 et s.
5. Steinhiliper, « Violence et police », *in La police et la prévention de la criminalité*, Études relatives à la recherche criminologique du Conseil de l'Europe, t. XVI, p. 78 et s.
6. Villetorte, « L'action préventive de la police », *in* Besson et Ancel, *La prévention des infractions contre la vie humaine, t. II*, 1956, 81-110; OIPC, « Les bureaux de prévention criminelle dans les services de police », *RIPC*, 1963, p. 317-328; OIPC, « Rôle et avenir de la police dans le domaine de la prévention » criminelle, Rapport au 3ᵉ Congrès des NU pour la prévention du crime (1965), 32 p. ronéo.; « La prévention », n° spécial de la *Rev. pol. nat.*, 1976, n° 3, 72 p.; E. Schlanitz, « Le rôle de la police considéré en termes d'activités préventives et sociales », *RIPC*,

la prévention de *la délinquance en général,* à côté de la répression de celle-ci. L'élaboration de ce modèle a été, ainsi qu'on l'a écrit, « le résultat d'une prise de conscience croissante du fait que les activités traditionnelles de la police, qui se contentaient de réagir après le fait criminel, devaient laisser la place à des stratégies de prévention dont l'efficacité se situe au-delà de la rhétorique »[1]. En quoi consistent ces actions de prévention (1) ? Comment sont-elles mises en œuvre (2) ? Quels sont leurs résultats (3) ?

935 **1) *Les activités de la police en matière de prévention*** ◇ On peut les répartir en deux catégories.

La première regroupe ce que l'on peut appeler les *actions de prévention classiques* : prévention par la répression (on attribue des vertus préventives aux enquêtes de police)[2], prévention par la présence policière (implantation des postes de police et organisation des patrouilles de surveillance)[3] et rôle préventif de l'application des lois et règlements de police. La prévention par ce que la criminologie contemporaine appelle la « police de proximité » (présence policière et patrouilles à pied) est devenue un thème majeur de la prévention de la délinquance. Née en Angleterre et aux États-Unis au tournant des années 1990[4] et systématisée par le criminologue québécois André Normandeau[5], elle a été introduite en France dans les années 1995-2000, puis supprimée en 2003 parce que jugée inefficace. Elle est un sujet actuel de polémique[6], surtout depuis les

1976, p. 86-97 et 119-127 ; même auteur : « Les principes d'organisation de la prévention criminelle au sein de la police », *RIPC*, 1978, p. 126-137 ; F. Cathala, *La police face à la criminalité,* 1984, chap. VI, « La prévention des infractions », 205-230 ; M. Marcus, « Police, prévention délinquance, statistique "faits de police" », *RSC*, 1986, p. 173-177 et « Police et prévention », *RSC*, 1990, p. 173-177 ; Gendarmerie Royale du Canada, *Prévention de la criminalité et programmes de relations communautaires,* Ottawa, 1987, 184 p. ; C. de Walkeneer, *Police et public : un rendez-vous manqué,* Bruxelles, 1988, 218 p. ; J.-M. Luca, *Les rapports sociologiques entre police d'État et police municipale,* Mémoire de DEA de Sciences criminelles, Aix, 1990 ; C.-D. Shearing, « À la recherche d'une police communautaire ; l'histoire d'un grand ensemble », *Dév. et soc.* 1991, p. 353-359 ; M. Chalom, « Prévention et police communautaire dans les grandes villes », *RIPC*, 1993, n° 441, p. 28 ; même auteur, « L'organisation policière de proximité », *RICPT*, 1994, p. 339-354 ; J.-J. Gleizal, « La loi Pasqua du 21 janv. 1995 analysée dans le contexte de l'évolution des conceptions mondiales de la sécurité », *RSC*, 1995, p. 868-873 ; A. Normandeau (dir.), *Une police professionnelle de type communautaire,* éd. du Méridien, Montréal, 2 vol., 1997 ; J.-P. Brodeur, *Les visages de la police. Pratiques et perceptions,* Presses Univ. Montréal, 2003, 393 p., spéc. la 2e partie, « Proximité et visibilité », p. 83-221 ; P. Tremblay (dir.), « Police et prévention : évaluation et analyse d'impact », *Criminologie,* 2003, n° 1.

    1. J.-P. Brodeur, *op. cit.,* p. 273.

    2. Sur une nouvelle forme d'enquête préventive, V. J. Susini, « L'enquête sous couverture » *RSC*, 1989, p. 387-391. Adde G. Di Marino, « L'indicateur », *in Prob. act. Sc. crim.,* t. III, PUAM, 1990, p. 63-98 ; D. Mayer, « Prévention et répression en matière de contrôles d'identité : une distinction trompeuse », *D.* 1993, chron. p. 272-274 ; C. Brants *et al.,* « Les méthodes d'enquête policière proactive et leur contrôle », *Dév. et soc.* 1997, p. 401-441.

    3. Sur l'îlotage : *Rev. pol. nat.,* 1971, n° 87, p. 39-41 ; « L'agent de police de quartier », *RDPC*, 1984, p. 652-654 ; C. Gay, *L'îlotage,* mémoire de Science administrative, Aix, 1988-89, 45 p. dactylo.

    4. V. toutefois antérieurement, Q. Deluermoz, « La police de proximité un projet neuf ? Retour sur l'expérience parisienne au xixe siècle », *La vie des idées,* 25 février 2011.

    5. A. Normandeau (dir.), *Une police professionnelle de type communautaire,* 2 vol., éd. du Méridien, 1998.

    6. S. Roché, *Police de proximité. Nos politiques de sécurité,* Seuil, 2005, 306 p. ; CR, O. Hassid, *Champ pénal,* 6 janvier 2006 ; même auteur, « Politique et administration dans la formulation d'une politique. Le cas de police de proximité », *RFSP*, 2009/6, vol. 59, p. 1147-1174 ; J.-P. Havrin, *Il a détruit la police de proximité,* Paris, J.-C. Gawsewitch, 2010.

émeutes qui ont embrasé les banlieues en novembre 2005, l'idée soutenue par certains étant que si la police de proximité avait été maintenue, les émeutes n'auraient probablement pas eu lieu[1].

La deuxième catégorie comprend les *actions de prévention nouvelles*. On peut en inventorier de quatre sortes : action sur certains facteurs exogènes (ex. : constatation que tel décor de rue, par les affiches qu'il comporte, les publications qui y sont exposées et les spectacles qu'il offre à la vue du public peut constituer un facteur de milieu favorisant la délinquance), actions visant les personnes susceptibles de devenir auteurs d'infractions ou de récidive, actions visant les personnes susceptibles de devenir victimes d'infraction (ex. : prévention des cambriolages de résidences secondaires par des visites périodiques), action préventive par l'éducation du public, délinquants potentiels comme victimes possibles (ex. : éducation des enfants par les policiers à la connaissance du Code de la route).

936 **2) *La mise en œuvre des actions préventives de la police*** ◇ Cette mise en œuvre, plus particulièrement celle des actions nouvelles de prévention, soulève divers problèmes qui reçoivent des réponses différentes selon les pays.

C'est ainsi que *l'organisation de la prévention* fait tantôt l'objet d'un service autonome et est tantôt fusionnée avec les services ordinaires de police[2].

Les *personnels utilisés* sont tantôt des personnels spécialisés et tantôt des personnels ordinaires.

Quant aux *moyens employés,* la police préventive utilise parfois les moyens les plus modernes (caméras de télévision pour assurer la surveillance des stations de métro, etc.).

L'innovation la plus significative de la participation de la police à la prévention de la délinquance réside dans ce que l'on appelle au Canada la *police communautaire* (aux États-Unis : « *Community - Oriented Policing* »)[3] et en France *la police de proximité*[4]. Créée en 1997 par le gouvernement Jospin, la police de proximité visait à rapprocher la police de la population. Elle était composée de gardiens de la paix à l'écoute de la population, aptes à mêler prévention et répression. Après avoir été dans un premier temps confirmée en

---

1. S. Roché, *Le frisson de l'émeute. Violences urbaines et banlieues*, Seuil, 2006.
2. La France avait créé au sein de la Direction générale de la police nationale, une « sous-direction chargée de l'action préventive et de la protection sociale », mais depuis 2004 l'action préventive relève de la sous-direction des missions de police. Le ministre de l'Intérieur a d'autre part créé également en 1989 un Institut des Hautes Études sur la Sécurité Intérieure (IHESI) chargé d'assurer une formation de haut niveau et de développer les recherches sur les problèmes de sécurité. *Cf.* M. Marcus, « Police en prévention », *RSC*, 1990, p. 173-177 et IHESI, *CSI* (Actes du colloque des 2 et 3 nov. 1989), Paris, Doc. fr., 1990, 294 p. Il est devenu en 2004 l'Institut des hautes études de sécurité (INHES) puis en 2009 l'Institut national des hautes études de la sécurité et de la justice (INHESJ).
3. A. Normandeau (dir.), *Une police professionnelle de type communautaire*, précité; J.-P. Brodeur, « La police en pièces détachées. Introduction », *Criminologie*, vol. 38, n° 2, p. 3-11; F. Diaz et D. Desbiens, « Résistance au changement et criminalité évolutive : un paradoxe. L'exemple de l'implantation de la police communautaire au Québec », *Champ pénal*, vol. VIII, 2011.
4. F. Dieu et P. Mignon, *Sécurité et proximité. La mission de surveillance générale de la gendarmerie*, L'Harmattan, 2002, 171 p.; M. Chalon, « Sentiment de sécurité et police de proximité : un rendez-vous manqué ?, *RICPT*, 2000, p. 103-116; F. Dieu, « Aperçu sur les expériences françaises de proximité », *RICPT*, 2001, p. 259-270; Ministère de l'intérieur, *Guide de la police de proximité*, Doc. fr., mars 2000, 350 p.; F. Dieu et P. Domingo, « Partenariat et évaluation : le cas des contrats locaux de sécurité », *RICPT*, 2003, p. 3-22.

juin 2002 après les élections législatives, elle a été remise en question par une circulaire du 24 octobre 2002 qui, donnant la priorité aux missions d'investigation et d'interpellation, prévoit l'adaptation des modalités de la mise en œuvre de l'organisation de la « pol prox » à cette tâche prioritaire [1]. Ces dernières années, les ministres de l'Intérieur successifs se sont ingéniés à multiplier les annonces de nouvelles formes de police de proximité qui n'en portent pas le nom : unités territoriales de quartier (UTEQ) en 2008, brigades spéciales de terrains (BST) en 2010, patrouilleurs en 2011. Le projet du parti socialiste pour 2012 prévoit à nouveau la création de 10 000 postes de gendarmes et de policiers de proximité.

937 **3) L'évaluation des actions policières de prévention** ◇ Il existe, chez les responsables de la police, une *croyance indéfectible* dans l'efficacité des actions de prévention qu'ils mènent. C'est sans doute pourquoi il n'existe pas de recherche évaluative sur l'effet réel de ces actions.

Toutefois, il existe un secteur pour lequel des recherches expérimentales ont été réalisées aux États-Unis notamment depuis une trentaine d'années. Il s'agit des patrouilles de police (étude de Kansas City; recherche de Nashville, Tennessee; évaluation du « *Cincinnati Community Sector Team Policing* » (COMSEC); recherche de Wilmington (Delaware) sur la « *split-force patrol* ») [2].

La conclusion générale qui se dégage de toutes ces recherches évaluatives est que le renforcement des patrouilles de police traditionnelles ou la mise en place de patrouilles de type nouveau aboutit généralement, non pas à une véritable réduction de la délinquance, mais à un *déplacement* de celle-ci, soit dans l'espace, soit dans le temps, soit dans la nature des activités délictueuses. Pour qu'il en soit autrement, il faut parvenir à un état de « *saturation* » de l'espace par les patrouilles de police, c'est-à-dire à une multiplication et une généralisation telles de celles-ci que leur coût devient très vite insupportable et dépasse l'économie de dommages que l'on a voulu éviter par la mise en place de ces actions spécifiques de prévention policière. Cela dit, l'augmentation de la délinquance dans les zones situées à la périphérie du centre de la ville où a été mise en œuvre la police de proximité, ne s'explique pas nécessairement uniquement par ce que l'on appelle l'« effet chasse-neige », c'est-à-dire le *déplacement* géographique de la délinquance du fait de la plus grande présence de la police dans le centre de la ville [3]. L'effet de déplacement n'est pas un postulat, mais une réalité empirique démontrée par un certain nombre de recherches. Toutefois lorsque l'on veut apprécier l'effet de déplacement, il faut raisonner à variables constantes, donc contrôler les variables autres que celle qui est susceptible d'être la cause du déplacement à savoir l'action de la police de proximité. Il est évident que si d'autres facteurs influent sur l'augmentation de la délinquance, l'effet de déplacement géographique ne peut pas expliquer à lui tout seul l'augmentation de la délinquance dans les zones périphériques.

1. *Le Monde* du 19 févr. 2003.
2. A. M. Newton, « Prevention of crime and delinquency », *in Criminal justice Abstracts,* juin 1978, p. 246-251; C. de Walkeneer, « La patrouille de police, une stratégie de lutte contre la délinquance ? », *RDPC*, 1986, p. 255-268; C. Horton et D. Smith, *Evaluating police works, An action research project*, Londres, Policy studies institute, 1988, 253 p.
3. *Cf.* F. Dieu et B. Domingo, art. précité, spéc. p. 10.

C. Les actions de prévention destinées à limiter les occasions de crime : la prévention situationnelle [1]

938 *Idée générale* ◇ Ce troisième type de programmes particuliers de prévention est le plus récent : il date d'une trentaine d'années environ. L'intérêt pour ce genre d'actions de prévention s'explique par l'inefficacité des autres procédés de prévention de la criminalité antérieurement utilisés.

Dans son sens le plus large, cette approche englobe les divers efforts déployés pour amener les victimes éventuelles à se protéger contre le crime en réduisant l'accessibilité aux cibles ou en faisant appel à des services privés de sécurité plutôt que de compter sur la police et sur la modification des comportements des délinquants potentiels : il s'agit donc de limiter les occasions de crime. Elle relève de la prévention situationnelle qui réside dans « les modifications des circonstances particulières dans lesquelles des délits pourraient être commis afin qu'ils paraissent difficiles risqués ou inintéressants pour qui serait tenté de les commettre » [2].

On peut identifier dans cette perspective cinq types de programmes d'actions de ce genre destinés à la sensibilisation aux nombreuses techniques ou mesures de prévention situationnelle ou à leur mise en œuvre : les programmes d'éducation du public (a), la protection individuelle des victimes éventuelles (b), l'installation de systèmes automatisés de surveillance de l'espace public (c), l'aménagement du cadre de vie (*environnemental design*) (d) et la participation du public à la lutte des organes officiels pour la prévention du crime (e).

a. Les programmes d'éducation du public

939 *Des efforts à effets limités* ◇ L'idée qui est à la base de ces programmes est que la prévention serait mieux assurée si le public était mieux informé sur la criminalité, sur ses causes, sur les instruments de lutte contre celle-ci et sur les moyens pratiques de prévention. De là l'organisation de campagnes d'information du public.

La littérature spécialisée fait état de plusieurs expériences aux États-Unis, au Royaume-Uni et au Canada. En France, celles-ci paraissent beaucoup moins développées, sauf en ce qui concerne la toxicomanie [3] et l'alcoolisme au volant soit la

---

1. J. Vaujour, *La sécurité du citoyen*, coll. « Que sais-je ? », PUF, 1980; R.-V. Clarke (éditeur) *Situational crime prevention*, 1992; R. Fillieule, *Sociologie de la délinquance*, p. 236-251; M. Killias, *Précis de criminologie*, 2001, p. 310-340; A. Normandeau et B. Hasenpuch, « Stratégie de prévention du crime au Canada », *RICPT*, 1980, p. 1-20; I. Waller, « Les moyens pour réduire le cambriolage : les solutions face aux faits, » *RICPT*, 1980, p. 179-190; M. Cusson, « L'analyse criminologique de la prévention situationnelle », *RICPT*, 1992, p. 137 et s.;. *Rev. Crime prevention studies*, 1993 (1ʳᵉ année); M. Cusson, vᵒ « Situation précriminelle », *Dict. sc. crim.*, 2004, p. 874-877, spéc. le § sur la prévention situationnelle; même auteur, « Prévention situationnelle », *in* M. Herzog-Evans (ed.), vol. 3, p. 193-202 et *Criminologie. com*, juin 2010.
2. M. Cusson, « Prévention situationnelle », préc.
3. En 1989, par ex., une campagne anti-drogue lancée par un animateur de télévision a consisté à porter un « bouton blanc » à la boutonnière.

prévention des addictions, et plus récemment le téléchargement illégal dans le cadre du dispositif des lois HADOPI (haute autorité pour la diffusion des œuvres et la protection des droits sur internet). Habituellement ces expériences consistent dans des campagnes publicitaires à la télévision et plus largement médiatiques, par voie d'affiches ou de distribution de brochures.

Certaines de ces campagnes ont fait l'objet d'évaluation scientifique[1]. La conclusion générale qui s'en dégage est que leur effet est à la fois temporaire et limité.

b. La protection individuelle des victimes éventuelles[2]

940 *Le cœur des actions de prévention* ◇ Nombre de programmes d'éducation du public auxquels il vient d'être fait allusion ont pour objet, en tout ou en partie, d'inciter les victimes éventuelles à se protéger personnellement contre les agressions à l'égard des biens ou des personnes dont elles peuvent être l'objet. C'est qu'en effet la protection matérielle personnelle des victimes potentielles de la délinquance constitue le cœur même des actions de prévention destinées à limiter les occasions de crime.

Face à la croissance continue de la criminalité, notamment contre les biens, et à l'insuffisance de la prévention policière, les citoyens n'ont aujourd'hui d'autre solution que de se protéger eux-mêmes en payant de leurs propres deniers tout ce qui se rapporte à leur sécurité[3]. D'où le développement considérable de la sécurité privée, c'est-à-dire de la protection des personnes et des biens qui n'est pas assurée par la puissance publique[4].

La sécurité privée est recherchée par *deux moyens différents* qui peuvent être cumulativement employés.

1) Le premier moyen consiste dans la *réduction de l'accessibilité aux cibles* de la délinquance pour les malfaiteurs éventuels. Entrent dans cette catégorie des

---

1. *Cf.* V.-F. Sacco et R.-A. Silverman, « Selling crime prevention : the evaluation of a mass media campaign », *RCC*, 1981, n° 2, p. 191-202; National Crime Prevention Council : *What, we evaluate ? A basic evaluation guide fort citizen crime prevention programs*, 1986, 76 p.; T. Caputo et M. Vallée, « La lutte contre le crime organisé au Canada. Le rôle des médias et des campagnes de marketing social », Gendarmerie royale du canada, sous-direction recherche et évaluation, 2005.

2. G. Kellens, « La prévention au niveau individuel », *RSC*, 1989, p. 573-583; *La prévention des occasions de vols*, Colloque organisé par l'Institut de Sciences Pénales et de Criminologie d'Aix-en-Provence (déc. 1987), Société alpine de publication éd., 1988, 92 p., CR *in RSC*, 1988, p. 394-397 par J. Borricand; A.-J. Bilek et *al.*, *Private security : standards and goals* (Rapport du groupe de travail officiel sur la sécurité privée), Cincinnati, USA, 1977, 367 p.; C. Grandjean, *Les effets des mesures de sécurité : l'exemple des attaques à main armée contre les établissements bancaires en Suisse*, éd. Rüegger, collection criminologie, vol. 2, 1988, 210 p.; D. Poirier, « Prévenir le vol à main armée », *Criminologie*, 1985, 2, p. 135-146; N. Guiou, *La prévention situationnelle du vol*, mémoire DEA Sciences criminelles, Aix, 1990; M. Cusson, v° « Autodéfense – Autoprotection », *Dict. sc. crim.*, 2004, p. 89-92; M. Cusson, « Le recul de la criminalité au Canada et aux États-Unis entre 1990 et 2000 : le rôle de la sécurité privée », *in* Rapport de l'OND 2009, p. 622-627; même auteur, *L'art de la sécurité*, précité, spéc. chap. 11 « L'essor de la sécurité privée et des nouvelles technologies de protection des espaces », p. 238-268.

3. Selon un rapport sur le coût de la sécurité au cours des années 1980, les Français dépensent de plus en plus d'argent pour se protéger de la délinquance, *Le Monde* du 21 août 1993.

4. Réunion informelle des Ministres européens de la justice (La Haye, juin 1989) : « Le secteur privé au secours de la justice pénale », CR *RICPT*, 1990, p. 115.

actions comme l'opération-identification menée au Canada qui a consisté à marquer un certain nombre de biens d'un signe indélébile permettant de les identifier ultérieurement dans les mains des voleurs ou des receleurs. Participent également de cette idée tous les systèmes de sécurité bancaire (escamotage des caisses, renforcement des coffres-forts, installations d'alarmes, etc.), qui ont pour but de rendre plus difficile l'accès à l'argent ou aux objets de valeur entreposés dans les banques[1].

S'agissant des transports de fonds, une loi du 10 juillet 2000 impose aux personnes qui font appel, de façon habituelle, à des entreprises exerçant l'activité de transport de fonds, de bijoux ou de métaux précieux, d'aménager leurs locaux de façon à sécuriser l'accès des véhicules utilisés pour cette activité et de limiter ainsi le transport à pied des valeurs qu'elles leur confient.

En France, certaines dispositions de la *loi du 21 janvier 1995* relative à la sécurité modifiée par la loi LOPPSI 2 du 14 mars 2011 s'inspirent de cette conception de la prévention. Tel est le cas de l'article 15 de cette loi qui a trait à l'installation sur les véhicules et leurs équipements de dispositifs de sécurité et de marquage. Il en va de même d'une autre disposition qui impose le gardiennage des immeubles et surfaces commerciales. D'autre part, les compagnies d'assurance contribuent au développement de ce type de prévention en subordonnant l'indemnisation de leurs assurés en cas de vol à l'emploi de mesures de prévention individuelle. Les systèmes de vidéosurveillance à l'intérieur des établissements (agences bancaires, grandes surfaces...) entrent également dans le champ de ce type de mesures de prévention. Il en va de même pour les portiques de détection d'objets dangereux ou prohibés et scanners corporels installés dans certains lieux comme l'accès aux aires d'embarquement dans les aéroports[2] et l'accès dans les palais de justice.

La réduction de l'accessibilité aux cibles n'est d'ailleurs plus destinée seulement à la protection des biens, elle vise également celle des personnes. C'est ainsi par exemple qu'au Royaume-Uni, afin de protéger les professeurs contre les agressions de certains de leurs élèves pendant la classe, plusieurs écoles ont installé des systèmes d'alarme qui permettent aux enseignants qui se sentent en danger de déclencher l'alerte en appuyant sur un bouton situé près de leur bureau.

2) Le second moyen consiste dans le *recours à des services privés*, tels que les entreprises qui assurent la sécurité des transports de fonds, les services de surveillance des vols dans les grands magasins, les services de sécurité des locaux des grandes entreprises et la télésurveillance domestique.

Ce recours à des personnels privés de sécurité s'est considérablement développé aux cours des quarante dernières années au point que dans nombre de pays leurs effectifs dépassent ceux de la police officielle. Il pose des problèmes très délicats de définition exacte des pouvoirs de contrainte et d'usage des armes par ces personnels qui ont parfois tendance à se considérer comme de véritables

---

1. Sur la possession d'une arme individuelle pour la prévention individuelle, v. le débat : « Désarmer pour protéger ? Les controverses à propos des entraves à l'armement privé » par G. Kellens et *al.*, *Dév. et soc.* 1983, p. 35-61. *Adde* C. Grandjean, « Attaques à main armée contre les établissements bancaires en Suisse et mesures de sécurité, une étude empirique de la problématique du déplacement et de l'escalade de la violence », *RICPT*, 1992, p. 200 et s.; F. Ocqueteau, « Les centres commerciaux cibles d'incivilités et promoteurs de sécurité », *Dév. et soc.* 1993, p. 235-260; Dossier : « Entreprise et sécurité », *CSI*, 1996, n° 24, p. 7-101; R. Grandmaison et P. Tremblay, « Évaluation des effets de la télésurveillance sur la criminalité commise dans 13 stations du métro à Montréal », *Criminologie*, vol. XXX, 1997, n° 1, 93-110; A. Vitalis, « Le regard omniprésent de la vidéo-surveillance », *Le Monde diplomatique*, mars 1998, p. 26-27.

2. Art. L. 6342-2 du C. des transports.

policiers [1 et 2]. La loi du 2 mars 2010 renforçant la lutte contre les violences de groupe (art 2) est ainsi, par exemple, venue prévoir sous certaines conditions l'habilitation des agents de surveillance et de gardiennage des immeubles collectifs à usage d'habitation particulièrement exposés à des risques d'agression sur les personnes à porter une arme de 6ᵉ catégorie dans l'exercice de leurs missions.

c. La surveillance automatisée de l'espace public

941 *Vidéosurveillance de l'espace public* ◇ Les progrès technologiques ont permis de remplacer les patrouilles de police – ou du moins de les compléter – grâce à l'installation d'appareils de vidéosurveillance – dénommée vidéoprotection depuis la loi LOPPSI 2 du 14 mars 2011 – dans les rues et les places des villes d'une certaine importance dont la finalité est de filmer et de conserver les scènes de rues ainsi que les plaques minéralogiques des véhicules. Au-delà de leurs abords, elle s'est également introduite à l'intérieur même des lycées et autres établissements scolaires [3]. C'est ainsi qu'en janvier 2004 on recensait pas moins de 20 563 caméras de vidéosurveillance à Paris; début 2007, la mairie d'une ville moyenne, Reims, votait un crédit d'investissement de 1,5 M€ pour doter ses rues et places de 36 caméras de vidéosurveillance destinées à « accompagner » la lutte contre la délinquance; après Paris en 2009, Marseille annonçait en mai 2011 sur la base de 23 caméras existantes son plan « 1 000 caméras » à horizon fin 2013 pour un coût évalué à 10 M€ pris en charge pour moitié par l'État. Et l'on n'aurait aucune peine à multiplier les exemples...

1. F. Ocqueteau, « Police(s) privée(s), sécurité privée : nouveaux enjeux de l'ordre et du contrôle social », *Dév. et soc.* 1986, 247-281; F. Ocqueteau *et al.*, « Débat : les enjeux d'un contrôle étatique sur la sécurité privée », *Dév. et soc.* 1988, p. 381-408; « Polices privées : le secteur privé de la sécurité », *Les Cahiers d'action juridique*, n° 60, 1987; C.-D. Shearing, La sécurité privée au Canada : quelques questions et réponses, *Criminologie*, 1984, 1, p. 59-89; C.-D. Shearing et P.-C. Stenning, *Private policing*, Sage public., 1987, 327 p., CR, *RSC*, 1988, p. 421-423; 18ᵉ Conférence de recherches criminologiques du Conseil de l'Europe (Strasbourg, nov. 1988); « Privatisation du contrôle de la criminalité, Études relatives à la rech. crim. », vol. XXVII, 1990, 137 p.; F. Ocqueteau, *Gardiennage, surveillance et sécurité privée*, CESDIP, 1992, 329 p.; D. Nogala, « Le marché de la sécurité privée : analyse d'une évolution internationale », *CSI*, 1996, n° 24, p. 121-141; Cusson, *Criminologie actuelle*, p. 206-226 et *Criminologie*, p. 111-121; J.-P. Brodeur, *Les visages de la police*, précité, 4ᵉ partie, « La sécurité privée », p. 283-339; O. Hassid, « Les dynamiques actuelles du marché de la sécurité en France », *Champ pénal*, vol. VII, 2010, 6 p.; même auteur, « Gestion des risques criminels par l'entreprise », *criminologie. com*, sept. 2010; F. Ocqueteau « À propos de « Les dynamiques actuelles du marché de la sécurité en France ». Réponse à Olivier Hassid », *Champ pénal*, vol. VIII, 2011; M. Mulone, « Sécurité privée », *criminologie. com*, avril 2011.

2. Les activités privées de surveillance, de gardiennage, de transports de fonds et de protection des personnes sont réglementées en France par la loi n° 83-629 du 12 juillet 1983, les décrets n° 86-1058 du 26 sept. 1986 et n° 85-1099 du 10 oct. 1986 et une circulaire du Ministre de l'Intérieur du 24 nov. 1986. *Cf.* J. Singer, « Une question de sécurité : les sociétés de surveillance et de gardiennage », *Rev. administrative*, 1985, p. 175 et s. La loi de1983 a été modifiée par la loi LOPPSI 2 du 14 mars 2011 (art. 31) qui a créé un Conseil national des activités de sécurité privée et des commissions régionales d'agrément et de contrôle.

3. T. Le Goff, « La vidéosurveillance dans les lycées. De la prévention des intrusions à la régulation des indisciplines », *Dev. et soc.*, vol. 34, n° 3, 2010, p. 447-470.

L'installation de ces appareils soulève un problème de respect des libertés individuelles. En France, la question a reçu sa solution par l'article 10 de la loi du 21 janvier 1995 d'orientation et de programmation relative à la sécurité[1], pris après recommandation de la Commission Nationale Informatique et Libertés (CNIL) du 21 juin 1994[2] et modifié par l'article 18 de la loi LOPPSI 2 du 14 mars 2011 partiellement censuré par une décision du Conseil constitutionnel n° 2011-625 DC du 10 mars 2011 (consid. 14 à 19).

L'utilité de la vidéosurveillance des lieux publics a été discutée[3]. Selon le journal *Le Monde*[4], une étude effectuée pour le compte de l'IHESI sur l'impact de la vidéosurveillance sur la criminalité en Grande-Bretagne aurait conclu que « si on établit un parallèle entre le montant des investissements consentis... et le nombre d'arrestations opérées par les agents sur le terrain, la question de l'efficacité de la vidéosurveillance exige une réponse dénuée de toute ambiguïté : l'aide apportée par les caméras à l'identification et à l'arrestation de suspects est négligeable ». L'identification grâce aux caméras de vidéosurveillance des auteurs de l'attentat terroriste de Londres en juillet 2005 montre cependant que le procédé est loin d'être inutile[5]. Mais, s'agissant de prévention de la délinquance, l'objet de l'évaluation n'est pas un problème de police judiciaire, mais de dissuasion des délinquants éventuels. Il s'agit de savoir si la vidéosurveillance détourne ces derniers du passage à l'acte délictueux par crainte d'être pris en délit flagrant et d'être identifiés. Les conclusions de l'enquête précitée, telles que rapportées par le journal *Le Monde*, paraissent bien aller dans le sens de l'affirmative puisqu'elles ajoutent que « l'installation de caméras s'accompagne souvent d'un phénomène de déplacement géographique ou fonctionnel de la criminalité ».

Un bilan d'ensemble des recherches effectuées outre-Atlantique sur l'*efficacité de la télésurveillance préventive* a été dressé récemment[6]. Cette efficacité est réelle quoique limitée : « généralement, l'efficacité dissuasive de la télésurveillance est maximale durant la période qui accompagne et qui suit immédiatement la mise en place des appareils, ensuite elle tend à s'amenuiser, puis à s'estomper complètement »; on observe aussi que lorsque l'installation de la télésurveillance a fait l'objet d'une publicité préalable, le nombre des délits baisse pendant l'installation elle-même, avant même que les caméras soient en fonction. La télésurveillance ostensible parvient à dissuader les délinquants de passer à l'acte parce qu'elle fait réellement augmenter *leurs risques d'être arrêtés*. Cette explication de son efficacité permet de comprendre que le système n'est performant que pour les délits dont l'exécution suppose un certain temps, comme le vol de voiture; en revanche, pour les actes furtifs, d'apparence anodine, comme la remise d'une dose de drogue, la télésurveillance se révèle sans grande utilité. Cela étant, la télé-

---

1. *D.* 1995, Lég. 90.

2. Délibération n° 94-056, *JO* 28 juin 1995.

3. E. Heilmann, « La vidéosurveillance, une réponse efficace à la criminalité ? », *Criminologie*, 2003, vol. 36, n° 1, p. 89-102; M. Cusson, « La surveillance et la télésurveillance sont-elles efficaces ? », *RICPT*, 2005, p. 131-150; S. Fennel, « Camera Surveillance – a short introduction », *in* M; Herzog-Evans (ed.), vol. 3, p. 101-108; L. Dumoulin et *al.*, « Une petite entreprise qui ne connaît pas la crise. Le succès de la vidéosurveillance au regard de la littérature internationale », *Champ pénal*, vol. VII, 2010, 12 p.

4. 18 décembre 2003, art. signé P. Sm. Rappr. E. Heilmann et *al*, « La "vidéoprotection", une gabegie », *Le Monde* du 31 mai 2011.

5. C'est également ce qui est le cas selon les informations relatives à l'identification des auteurs des tentatives d'attentats terroristes de Londres et de Glasgow de juin 2007.

6. M. Cusson, « La télésurveillance », *in* M. Cusson, B. Dupont, et F. Lemieux (dir.), *Traité de la sécurité intérieure*, éd. Hurtubise, Montréal, 2007, chap. 31, p. 452-460.

surveillance trouve aussi des limites plus générales : son efficacité dépend d'abord de la qualité de la mise en œuvre du dispositif; mais surtout, elle conduit plus à un déplacement géographique de l'activité des délinquants en puissance qu'à une véritable diminution de la délinquance. En définitive, si les caméras de vidéosurveillance présentent un intérêt certain de prévention situationnelle, c'est à la condition que leur implantation obéisse à une *stratégie d'ensemble* qui suppose une bonne connaissance de la délinquance dans la ville où on envisage de les implanter.

S'agissant plus particulièrement de la France, après un nouveau rapport de l'INHESJ – s'étant plus attaché à la construction d'instruments qu'à la livraison de données d'évaluation [1] – et de différents appels en ce sens [2], l'évaluation de l'efficacité du procédé a été confiée en 2011 à la nouvelle Commission nationale de la vidéoprotection qui doit en rendre compte dans son rapport annuel au Parlement [3]. Compte tenu du poids financier de la vidéoprotection (qui représenterait 2/3 des crédits alloués à la prévention de la délinquance), la question de la faisabilité et de la nature de cette évaluation (simple bilan administratif ou véritable évaluation scientifique) reste posée.

Malgré ce bilan général nuancé, certains chercheurs français persistent à soutenir que la vidéoprotection ne serait qu'une « gabegie ». Leur argumentation réside dans les trois points suivants. 1/ « La vidéoprotection n'a qu'un impact marginal sur la délinquance ». 2/ « Augmenter cet impact supposerait des moyens policiers supplémentaires alors qu'ils se réduisent ». 3/ « Le coût réel du système « assèche » tellement les budgets de prévention de la délinquance que l'on doit conclure à un usage très contestable de l'argent public » [4].

d. L'aménagement du milieu (« *environmental design* ») [5]

942 *La prévention par l'aménagement du cadre matériel* ◇ Cette nouvelle forme de prévention destinée à limiter les occasions de crime a été proposée et théorisée par un architecte américain, Oscar Newman, dans un ouvrage publié en 1973 sous le titre : « *Defensible space : crime prevention through urban design* ».

L'idée qui est à la base de cette théorie est qu'une organisation appropriée de l'espace matériel urbain, notamment de l'architecture des immeubles, doit être de nature à dissuader les délinquants éventuels en limitant les occasions de crime. Il s'agit notamment d'aménager les immeubles de telle manière que les vues sur chaque partie de ceux-ci soient possibles à tout moment ainsi que sur tout

---

1. *La vidéoprotection, conditions d'efficacité et critères d'évaluation*, INHESJ, juillet 2008, 72 p.
2. « L'évaluation de la vidéoprotection en France », Les journées Paris Descartes de la sécurité en partenariat avec l'INHESJ, 25 janvier 2011.
3. Art. 19 loi LOPPSI 2 du 14 mars 2011.
4. E. Heilmann, T. Le Goff et L. Mucchielli, « La vidéoprotection, une "gabegie" », *Le Monde* du 31 mai 2011.
5. O. Newman, *Defensible space : crime prevention through urban design*, New York, 1973 ; S.E. Merry, *Defensible space undefended : social factors in crime control through environmental design*, Urban Affairs Quarterly, 1981, 4, p. 397-422 ; X. Rauffer, *Le cimetière des utopies*, 1985, p. 144-149 ; B. Poyner, *Design against crime. Beyond defensible space*, Londres, 1983, 118 p., CR, RSC, 1988, p. 420 ; P. Stanley, *La prévention du crime par l'aménagement du milieu*, Toronto, 62 p. ; H.-J. Korthals Altes, *Defensible space in Amsterdam*, Amsterdam, 1987, 51 p. ; J.-C. Marquis, *Aménagement du territoire et urbanisme*, préface M. Delebarre, 1991, 132 p. ; « Crime prevention through environmental design » (Colloque de Washington, déc. 1993), CR, CSI, n° 16, 1994, p. 235-237.

l'espace de la rue qui y donne accès. C'est une sorte de « panoptique » préventif. L'idée a pénétré en France avec *l'article 11 de la loi du 21 janvier 1995* sur la sécurité qui impose une étude de sécurité parmi les études préalables à la réalisation des projets d'aménagement, des équipements collectifs et des programmes de construction (art. L. 111-3-1 C. urbanisme). Son champ d'application a depuis lors été étendu y compris quant à l'opportunité d'installer ou non un système de vidéoprotection[1]. Au-delà, l'« *environmental design* » contemporain a pris la forme de quartiers résidentiels sécurisés et les « *gated communities* » sont aujourd'hui de plus en plus répandues aux États-Unis, en Angleterre mais aussi en France[2].

Les expériences réalisées dans cette perspective ont toutefois donné des résultats limités (Asylum Hill à Hartford, Connecticut; secteur Bedford-Stuyvesant de Brooklyn). C'est que si le « *design* » d'espace défendable apparaît comme une condition nécessaire à la prévention du crime, il n'en est pas une condition suffisante; les relations entre l'environnement et le comportement social ne sont pas en effet des relations à sens unique, mais au contraire des rapports complexes et réciproques, de sorte que l'aménagement du milieu matériel peut être utilisé de manière différente selon les personnes qui l'habitent.

e. La participation du public à la lutte des organes officiels pour la prévention du crime[3]

943 *Une participation ambiguë* ◇ Cette expression de « participation du public à la lutte des organes officiels » recouvre, ainsi qu'on l'a dit, un « extraordinaire spectre de modèles et de significations... depuis le jury jusqu'aux sordides exploits du Ku Klux Klan »[4].

Il convient de la limiter ici à la participation proprement dite à la prévention de la délinquance, telle que nous l'avons définie plus haut[5]. Or, dans ces limites, on observe généralement que si cette participation est souhaitable, elle ne doit pas dépasser certaines limites et l'on fait généralement allusion aux abus des « groupes de vigilance » ou des « patrouilles de citoyens »[6]. Mais on tombe alors

---

1. D. n° 2011-324 du 24 mars 2011 relatif aux études de sécurité publique. V. antérieurement D. n° 2007-1177 du 3 août 2007 et circulaire interministérielle du 1er octobre 2007.
2. V. le dossier spécial de *Dév et soc*, vol. 33, n° 4, 2009, avec les art. de : A. Lemaitre, « Vivre "entre soi". Regards sur le phénomène des quartiers résidentiels sécurisés en Europe », p. 543-546; S. Blandy, « La peur de la délinquance et du désordre et l'extension des quartiers résidentiels sécurisés en Angleterre », p. 557-572; Z. Csefalvay, « Le développement des quartiers sécurisés et la peur de la délinquance : le cas de Budapest », p. 573-591; R. Raposo et D. Cotta, « Quartiers sécurisés, perceptions du (dés)ordre sociospatial et envers l'État : le cas de la métropole mé(con)fiante de Lisbonne », p. 593-612.
3. Comité européen pour les problèmes criminels, *La participation du public à la politique criminelle*, 1984, 74 p.; C. Lazerges, « Une politique criminelle participative. À propos de la mise en place et du fonctionnement des conseils communaux de prévention de la délinquance », *APC*, n° 10, 1988, p. 91-106; S. Rojare, « Une politique criminelle participative : l'exemple de la participation des associations à la variante de médiation », *APC*, n° 11, 1989, p. 107-136; C. Lazerges, « La mise en œuvre par un Conseil communal de prévention de la délinquance de l'idée de participation des citoyens à la politique criminelle, L'exemple de Montpellier », *RSC*, 1988, p. 150-157.
4. L. Radzinowicz, Rapport de synthèse au IVᵉ Congrès des Nations Unies pour la prévention du crime et le traitement des délinquants (Kyoto, 1970), *RSC*, 1970, p. 765 et s., spéc. 769.
5. *Cf. supra* n° 917.
6. V. en faveur de l'institution de comités citoyens de surveillance, la proposition de loi relative à l'instauration d'un système associant les habitants d'un quartier à la prévention de la délinquance, Assemblée nationale, n° 3233, 9 mars 2011.

dans le problème des actions de prévention par recours à des services privés que nous avons déjà examinées[1]. En fait, cette dernière forme d'actions de prévention, destinée à limiter les occasions de crimes, demeure encore bien imprécise.

Un slogan très à la mode aujourd'hui est : « La prévention est l'affaire de tous ». C'est le genre de formule « mobilisatrice » de l'opinion publique qui dit tout et pas grand-chose à la fois. Il est certain que si chaque citoyen avait la préoccupation constante de prévenir la délinquance, à commencer par la sienne et celle de ses proches, le problème serait à peu près résolu. Mais on sait que dans ce type d'affaires la plupart des citoyens se plaignent de l'insécurité, mais laissent aux pouvoirs publics... et aux autres la charge d'y remédier. Aussi, au lieu d'être « l'affaire de tous », la prévention tend, en dehors des services sociaux et policiers normalement compétents, à être accaparée par des « activistes » sociaux, dont la compétence n'est pas toujours à la hauteur de la bonne volonté, quand il ne s'y mêle pas des arrière-pensées politiques.

Il est arrivé cependant que les autorités locales aient voulu faire participer leurs administrés aux décisions relatives à la prévention au moyen d'un référendum; mais la tentative s'est révélée sans succès, la juridiction administrative ayant déclaré illégale la délibération du Conseil municipal qui avait décidé la consultation des électeurs parce que son objet excédait les compétences de la commune[2].

SECTION 2. **LES ORGANISMES GÉNÉRAUX DE PRÉVENTION DE LA CRIMINALITÉ**

944 *De l'utilité d'un organisme central* ◇ Dans la première section de ce chapitre, nous avons décrit sommairement les diverses mesures de caractère général et les multiples programmes et actions spécifiques de prévention collective de la délinquance qui ont été adoptés ou réalisés. Il apparaît cependant que ces diverses mesures, programmes et actions, sont comme des actions éparses, sans coordination ni animation générale.

Or, cette situation est apparue regrettable et on a considéré à partir d'un certain degré de développement de la prévention qu'il était souhaitable de créer un organisme central, à l'échelon national, pour coordonner et promouvoir toutes les actions de prévention et définir une véritable politique nationale de prévention. Ce passage d'actions de prévention parcellaires et limitées à une prévention à l'échelle de l'État tout entier voire de l'Europe, qui a répondu aux nécessités d'une lutte plus efficace contre une délinquance en forte croissance, a été facilité par la modification de l'idéologie de l'État : de l'idée d'*État-providence* en effet on est passé dans les années 1970 à celle d'*État-préventif*. Le premier garantissait la réparation des dommages après qu'ils se soient produits. L'État-préventif, lui, entend assurer la prévention de leur réalisation. De même que l'on pratique une médecine préventive, on entend désormais instituer une criminologie préventive. La mise en œuvre de la prévention est assurée par des politiques de prévention qui en France, comme dans certains pays étrangers, sont confiées à des *Comités de prévention* (§ 1). La France s'est singularisée par la suite avec la création d'un *Ministère de la ville* chargé de définir et d'appliquer une *politique de la ville* dont la

---

1. *Cf. supra* n° 940.
2. Tribunal administratif de Lille, 16 juill. 1992, Préfet du Nord c/ Commune d'Hautmont, JCP 1993, IV, n° 901.

prévention de la délinquance est l'un des éléments plus ou moins apparent (§ 2). La dynamique de ces institutions conduit à son tour à une *internationalisation de la prévention* (§ 3).

§ 1. Les Comités de prévention et la politique de prévention

945 *Du Conseil supérieur de prophylaxie criminelle aux comités contemporains* ◇ Il semble que le premier organisme de ce genre ait été le « Conseil Supérieur de Prophylaxie criminelle » créé en France au ministère de la Justice en 1936[1]. À vrai dire, l'objectif initial de ce conseil était de s'occuper de l'effet individuel préventif attaché aux mesures de traitement[2]. Mais, sous l'influence de Marc Ancel, il fut conduit à replacer la prophylaxie criminelle dans la perspective générale d'une politique préventive telle que Ferri l'avait envisagée avec les « substituts de la peine »[3]. Ce Conseil disparut cependant avec la défaite de 1940.

Après la guerre de 1939-1945, on voit petit à petit se remanifester l'idée de la nécessité d'organismes généraux de prévention dans les divers pays, tandis que des sociétés scientifiques privées tentent de stimuler cette conception.

Pour s'en tenir aux organismes officiels, c'est curieusement d'abord un tout petit pays, le Luxembourg, qui crée en 1951 un « Comité national d'action contre le crime et la délinquance »[4].

Aux États-Unis, on voit s'élaborer en 1961 un « Programme national de prévention de la délinquance »[5], puis en 1967 le Président des États-Unis adresse au Congrès un important message sur la criminalité[6], enfin se constitue en 1975 un organisme national permanent : le « *National Advisory Committee on Criminal Justice Standards and Goals* ».

En Suède[7], c'est en 1976 qu'est créé un Conseil National pour la Prévention du Crime, qui va servir de modèle pour la France deux années après.

946 *En France : prévention de la criminalité et politique* ◇ En France, en 1976, le Président Giscard d'Estaing inquiet de la montée de la criminalité depuis de nombreuses années, crée par un décret du 23 mars 1976, un « Comité d'études sur la violence, la criminalité et la délin-

---

1. *Cf.* J. Pinatel, *L'œuvre de Marc Ancel en matière de prophylaxie criminelle*, « Aspects nouveaux de la pensée juridique », t. II, 1975 et *Le phénomène criminel*, v° « Prophylaxie criminelle », p. 176-177.

2. P. Schiff, « La prophylaxie criminelle et la collaboration médico-judiciaire », *RSC*, 1936, p. 479-492.

3. *Cf. supra* n° 918.

4. *Rev. de défense sociale*, 1951, p. 113 et 1953, p. 120.

5. K. Scudder et K. Beam, *Défi lancé à vingt milliards de dollars. Un programme national de prévention de la délinquance*, Paris, 1964.

6. *RICPT*, 1968, 88 ; T. Sellin, « La *"National crime Commission"* et la recherche criminologique », *RSC*, 1968, p. 565-583.

7. E. Aspelin, « Le Conseil national pour la prévention du crime, un élément de la politique criminelle », *RDPC*, juin 1977, p. 750-757 ; R. Schmelk, « Note sur le Conseil national suédois pour la prévention du crime », *in Réponses à la violence*, Annexes au rapport du Comité d'études présidé par Alain Peyrefitte, t. 8, p. 389-397 ; B. Svensson, « Le Conseil national suédois pour la prévention du crime », *RSC*, 1986, p. 193-197.

quance » placé sous la présidence d'Alain Peyrefitte et désigné habituellement, *brevitatis causa,* Comité Peyrefitte. Ce Comité, après avoir travaillé abondamment et rapidement, remit son rapport au Président de la République le 27 juillet 1977. Celui-ci a été publié la même année à la Documentation française avec huit volumes d'annexes[1].

Parmi les 105 recommandations faites dans ce rapport, figurait la proposition de création, au niveau national, d'un organisme permanent chargé de « coordonner, d'animer et de rendre plus efficaces les efforts, aujourd'hui trop dispersés, des différentes institutions chargées de missions de prévention de la délinquance et de la violence », organisme national relayé au niveau départemental par une structure décentralisée (recommandations 104 et 105).

947 *Les comités Peyrefitte de prévention* ◇ C'est un décret du 28 février 1978 qui a donné suite à ces dernières recommandations en créant un comité national et des comités départementaux de prévention de la violence et de la criminalité[2].

Le Comité national présidé par le Premier ministre et dont la vice-présidence était assurée par Guy Chavanon, procureur général honoraire près la Cour de cassation, s'est mis au travail et a publié notamment un rapport en mai 1980 sous le titre : *Prévenir la violence*[3]. De leur côté, les comités départementaux se sont progressivement mis en place.

Sur le plan législatif, le rapport Peyreffite a donné lieu à l'élaboration de la loi « Sécurité et Liberté » du 2 février 1981 qui marquait une volonté de revirement de la politique criminelle française[4].

Mais, après la victoire de la gauche en 1981, la loi « Sécurité et Liberté » a été partiellement abrogée et le Comité national a été mis en sommeil en raison du changement de philosophie pénale. Le nouveau garde des Sceaux de l'époque, M. Badinter, a remis en chantier tout ce que A. Peyrefitte avait réalisé quelques années auparavant (décisions du Conseil des ministres du 3 février 1982).

948 *La commission Bonnemaison et les nouveaux conseils de prévention* ◇ La remise en chantier commença par la nomination d'une

---

1. Le rapport a été publié en 1977 sous une forme synthétique dans la collection du Livre de Poche aux éd. Presses Pocket avec pour titre « Réponses à la violence » et en deux tomes ; t. 1, *Rapport général,* 238 p. ; t. 2, *Rapports des groupes de travail,* 540 p. **Sur le rapport,** *cf.* V.-V. Stanciu, « Au sujet des « Réponses à la violence » (quelques observations sur des points limités) », D., 1978, chron., p. 205-212.

2. J.F., « Création d'un Comité national et de Comités départementaux de prévention de la violence et de la criminalité », RSC, 1978, p. 971-972 ; G. Picca, « L'initiative française des comités de prévention de la violence et de la criminalité », *RICPT,* 1980, p. 163-170. *Adde* « Les Comités de prévention (l'exemple français) », Journée d'étude de la Société internationale de criminologie du 20 mai 1980, *AIC,* 1979-80, p. 49-86 avec les rapports Chavanon, Szabo, Picca, Vérin et Dumoulin.

3. *Prévenir la violence,* Rapport du comité national de prévention de la violence, *Doc. fr.,* 1980, 383 p. ; R. Schmelk, « Le rapport Peyreffite et ses suites », *RSC,* 1980, p. 573-586. *Adde* G. Bonnemaison, *La Sécurité en Libertés,* éd. Syros, 1987.

4. R. Merle, « Vers un droit pénal de nécessité ? À propos du projet de loi « Sécurité et Liberté », *G.P.,* 22-24 mai 1980, p. 12 ; R. Merle et A. Vitu, *Traité de droit criminel,* t. 1, n° 102 ; R. Gassin, « La criminologie et les tendances modernes de la politique criminelle », *RSC,* 1981, p. 265-279 ; A. Peyrefitte, *Les chevaux du lac Ladoga,* Plon, 1981 ; S. Cimamonti, *Le processus d'élaboration de la loi « Sécurité-Liberté Essai d'analyse sociologique,* PUAM, 1982, 540 p.

« Commission des maires sur la sécurité » dont la présidence fut confiée à un député socialiste, Gilbert Bonnemaison. Celle-ci refit à sa façon l'étude de la criminalité française qui avait déjà été réalisée par le comité Peyrefitte en 1976-1977 et qui avait d'ailleurs aussi donné lieu entre-temps à un épais rapport adopté par le Conseil économique et social en avril 1981[1]. La « Commission des maires sur la sécurité » déposa en décembre 1982 son rapport au Premier ministre, publié sous le titre : « Face à la délinquance : prévention, répression, solidarité »[2].

On retrouve dans les conclusions de cette commission des propositions n° 60 à 62[3] suggérant la création : 1/ d'un Conseil national de prévention de la délinquance; 2/ de Conseils départementaux de prévention de la délinquance; 3/ de Conseils communaux de prévention. On voit, qu'en dehors des change-ments d'appellation, la seule innovation par rapport au système Peyrefitte consis-tait dans la création de Conseils communaux de prévention, ce à quoi on ne pouvait d'ailleurs que s'attendre de la part d'une commission de maires.

Ces divers conseils ont été créés par un décret du 8 juin 1983 et progressive-ment mis en place[4]. Le Conseil national, présidé par le Premier ministre comme autrefois, a vu sa vice-présidence attribuée au maître d'œuvre du rapport de la Commission des maires sur la sécurité, Gilbert Bonnemaison[5].

L'action du Conseil national et des Conseils communaux a donné lieu à des travaux non dénués d'intérêt[6].

---

1. Avis du Conseil économique et social adopté au cours de la séance du 29 avr. 1981 sur le rapport de M. Blanchard-Jacquet : « La sécurité des personnes et des biens en France », 140 p. et annexes, Conseil économique et social, doc. n° 261/SG/22.
2. Publié à la Doc. fr. en 1983, 212 p.
3. *Op. cit.,* p. 147-149.
4. Sur ces conseils d'une manière générale, *cf.* C. Lazerges, *La politique criminelle,* coll. « Que sais-je ? », PUF, 1987, p. 105-112.
5. **Sur le Conseil national :** J. Bernat de Celis, « À propos du Conseil national de prévention de la délinquance », *RSC,* 1984, p. 579-580; G. Krikorian, « Programme et objectifs du Conseil national de prévention de la délinquance », *SPES,* n° 45, oct.-déc. 1983, p. 34-38; H. Berrier, « Le CNPD : informer, communiquer, rassembler... », *Informations sociales,* 1986, n° 6, p. 54-57. **Sur les Conseils communaux :** X... « Les Conseils communaux de prévention : une chance pour la justice ? » in *Justice,* juin-juill. 1983, p. 57-58; M. Marcus, « Un outil pour la politique crimi-nelle : les Conseils communaux de prévention », *RSC,* 1984, p. 47-54; J. Brown, *A communal council for the prevention of delinquency, Épinay-sur-Seine,* Cranfield, Center for policy studies in social order, 1985; C. Lazerges, *CCPD : observation de leur mise en place et de leur fonctionnement, évaluation de leurs effets,* éd. ERPC, Montpellier, 1987, 245 p., et *RSC,* 1988, p. 150-157 et 1990, p. 179-184; T. Bellamy, *Les conseils communaux de prévention de la délinquance de Marseille et d'Aubagne,* Mémoire DEA, Aix-en-Provence, 1988, ronéo.; T. Rebstock, *Le Conseil communal de prévention de la délinquance d'Aix-en-Provence,* mémoire DEA Sciences criminelles, Aix, 1990.
6. J. Donzelot et T. Oblet, *Enquête sur la nouvelle politique de prévention,* 1985, 184 p., ronéo.; H.-F. Mecheri, *Prévenir la délinquance, l'affaire de tous,* éd. L'Harmattan, 1986; V. Peyre, « Aspects de la politique française de prévention, 1983-1985 », *A.-V.,* 1986/1, p. 71-83; G. Krikorian, « La prévention comme stratégie pour combattre le crime urbain. Considérations théoriques et leur application à une situation locale en France », *RIPC,* 1986, p. 71-80 et *Promovere,* mars 1986, n° 45, p. 53-62; G. Chevalier, *L'intérêt central pour le local. Analyse des politiques socio-préventives entre 1981 et 1986,* CESDIP, 1987, 196 p., et *Dév. et soc.* 1988, p. 237-267; J. Roche, *La prévention de la délinquance des jeunes dans trois cités des quartiers Nord de Marseille,* Mémoire DEA, Aix-en-Provence, 1988, 203 p., ronéo; G. Chevalier, *Consensus et clientèles : les politiques socio-préventives locales en 1985 et 1986,* CESDIP, 1989, 73 p., ronéo; Rapport de la délégation française du minis-tère de la Justice au Colloque sur la prévention de la délinquance (Lisbonne, janv. 1989) : « La politique de prévention de la délinquance en France depuis 1981 »; C. Lazerges, « La prévention réhabilitée », *RSC,* 1990, p. 178 et s.; Rapport du Conseil national des villes (CIV) : « Bilan de la Commission des maires sur la sécurité », 1991; C. Faugeron, « La production de l'ordre et le

L'arrivée au pouvoir de la droite en mars 1986, n'a pas entraîné de bouleversement de ces structures, à la différence de ce qui s'était fait en 1981-1982. Mais le gouvernement Chirac a modifié la composition nominale du Conseil national par arrêté du 9 septembre 1986. Il en est résulté l'élection d'un nouveau vice-président en la personne de Marc Becam, député apparenté RPR, en remplacement de Gilbert Bonnemaison.

949 *La politique de prévention de 1988 à 1991*[1] ◊ Avec la réélection de F. Mitterrand à la présidence de la République et le retour de la gauche au gouvernement en mai-juin 1988, l'approche de la politique nationale de prévention a notablement évolué par rapport à la période antérieure 1981-1988.

Cette évolution s'est traduite en premier lieu par une réorganisation des organismes généraux de prévention à l'*échelon national*. Tandis que la structure des Conseils départementaux et des Conseils communaux de prévention de la délinquance était maintenue dans la forme que leur avait donné le décret du 8 juin 1983, un décret n° 88-1015 du 28 octobre 1988 a institué trois organismes nouveaux : le Conseil national des villes et du développement social urbain (CNV), le Comité interministériel des villes et du développement social urbain (CIV) et la Délégation interministérielle à la ville et au développement social urbain (DIV)[2]. Le premier de ces organismes, le CNV, est substitué au Conseil national de prévention de la délinquance créé en 1983 et à la Commission nationale pour le développement social des quartiers instituée en 1986. Placé auprès du Premier ministre et présidé par lui, il a pour mission essentielle d'apporter son concours à l'élaboration de la politique nationale des villes et du développement social urbain (art. 2 du décret)[3]. Le CIV[4] également présidé par le Premier ministre est chargé de définir, animer et coordonner les actions de l'État dans le cadre de la politique nationale des villes (art. 6 du décret). La DIV enfin, créée auprès du Premier ministre et placée sous l'autorité d'un délégué interministériel nommé par décret en conseil des ministres, est une sorte d'exécutif qui prépare, met en œuvre, anime et suscite les travaux et les actions en matière de politique nationale des villes et du développement social urbain (art. 13 à 15 du décret), (Circulaire d'application du 10 juillet 1989).

---

contrôle pénal », *Dév. et soc.* 1991, p. 51-91 ; n° spécial de la revue *Dév. et soc.* « L'insécurité urbaine et les politiques locales », 1991, n° 3 ; J.-M. Belorgey, *Évaluer les politiques de la ville*, 1993 ; J.-P. Gaudin, *Les nouvelles politiques urbaines*, coll. « Que sais-je ? », PUF, 1993, n° 2839 ; Forum européen pour la démocratie, « Sécurité et démocratie », rapport 1993, 214 p. ; Commissariat général au plan, *Villes, démocratie, solidarité : le pari d'une politique*, Rapport du groupe « villes », *Doc. fr.*, 1993, 238 p. ; N. Veron, « Que faire pour les « quartiers » ? Le problème de l'intégration urbaine », *Commentaire*, 1995, n° 72, p. 823-827 ; J.-J. Gleizal, « Politique de la ville », *RSC*, 1996, p. 950 ; G. Chevalier, « Volontarisme et rationalité d'État, L'exemple de la politique de la ville », *RFS*, 1996, p. 209-235 ; C. Chaline, *Les politiques de la ville*, coll. « Que sais-je ? », PUF, 1997, n° 3232. **Pour la Belgique :** G. Kellens, « La prévention du crime en Belgique. Vers une "prévention intégrée" », *RIPC*, mars-avril 1994, p. 7.

1. M. Marcus, « Une évolution marquante dans la prévention », *RSC*, 1989, p. 176-181 ; J. Borricand, « Espace urbain et prévention de la délinquance. Nouvelles perspectives françaises », *RSC*, 1990, n° 3, p. 622-629 ; M. Marcus, « Perspectives prévention », *RSC*, 1992, p. 810-815.

2. *JO* 3 nov. 1988, p. 13798. Ce décret a été modifié par le Décr. n° 91-328 du 29 mars 1991 (*JO* 31 mars 1991, p. 4418) puis abrogé par le décret n° 2009-539 du 14 mai 2009 relatifs aux instances en charge de la politique de la ville qui l'a remplacé.

3. V. sa composition dans l'arrêté du 30 déc. 1988, *JO* 31 déc. 1988, p. 16834.

4. Il remplace à son tour le Comité interministériel pour les villes qui avait été créé par un décret du 16 juin 1984 aujourd'hui abrogé.

Tout ce dispositif institutionnel en effet – et c'est le second aspect de l'évolution – est axé sur *la définition et la mise en œuvre de cette politique nationale urbaine* dont les priorités énoncées dans l'article 1ᵉʳ du décret sont au nombre de sept : 1/ lutte contre les processus d'exclusion et en faveur de l'insertion ; 2/ promotion des programmes de développement tendant à améliorer les conditions de la vie urbaine ; 3/ définition de nouvelles modalités d'association entre l'État, les collectivités locales et les partenaires socio-économiques ; 4/ renforcement de la prévention de la délinquance et des toxicomanies ; 5/ adaptation de la politique pénale et développement de la médiation et de la conciliation ; 6/ recherche concernant l'évolution des formes urbaines et l'innovation architecturale ; 7/ développement de la coopération entre villes françaises complémentaires et de la solidarité entre villes et pays environnants.

Ces objectifs ont été développés en particulier dans le rapport introductif à l'installation du Conseil national des villes[1]. Pour 1990, la politique de prévention de la délinquance a fait l'objet d'une lettre de définition du Premier ministre en date du 15 novembre 1989[2].

L'analyse de cette nouvelle orientation de la « politique de prévention de la délinquance » suggère quelques observations, par-delà le style et le vocabulaire utilisés, qui incitent parfois à penser que l'on a tendance à passer de la « technocratie » à la « logocratie ».

1) La prévention de la délinquance et des déviances a cessé d'être l'objectif exclusif de cette politique. *Elle n'est plus que l'un des sept objectifs énumérés parmi lesquels elle se trouve plus ou moins noyée.* La disparition du Conseil national de prévention de la délinquance et sa fusion avec la Commission nationale pour le développement social des quartiers en un nouveau Conseil national des villes et du développement social urbain signe parfaitement, par la modification des structures et par les termes nouveaux employés, le sens de cette transformation. Il en résulte une confusion entre le « social urbain » et « l'activité de prévention de la délinquance » ne facilitant ni la perception des problèmes de la prévention ni leurs solutions[3].

2) À la différence du décret du 8 juin 1983 qui était silencieux à cet égard et laissait ainsi au Conseil national comme aux Conseils locaux de prévention toute latitude pour analyser les facteurs de la délinquance qu'il s'agissait de prévenir, le décret de 1988 contient une sorte de *doctrine de l'étiologie de la délinquance urbaine* qui s'impose d'en haut à tous les organismes officiels impliqués dans les actions de prévention : les processus d'exclusion et le défaut d'insertion des populations à risque, les mauvaises conditions de vie dans les aires urbaines et l'inadéquation des formes urbaines et architecturales. On sait sans doute que le fait urbain, l'immigration et les difficultés économiques sont des phénomènes pris en considération dans l'analyse des facteurs de la criminalité[4]. Mais on sait aussi qu'ils sont loin d'être les seuls facteurs considérés[5]. De plus leur signification exacte et leur portée dans l'étiologie de la criminalité font l'objet de discussions parmi les

---

1. *Cf.* M. Marcus, « Une évolution marquante dans la prévention », *RSC*, 1989, p. 176-181.
2. V. cette lettre en annexe 2 de la chronique de M. Marcus, « Police en prévention », *RSC*, 1990, p. 173-177, spéc. 176-177.
3. Malgré le CIV, le Gouvernement a jugé nécessaire de créer un Comité interministériel spécial à l'intégration et un secrétaire général à l'intégration (Décr. n° 89-881 du 6 déc. 1989, *JO* 9 déc. 1989, mod. par le Décr. n° 90-35 du 5 janv. 1990). Il faut également tenir compte de la création des Conseils départementaux d'insertion pour l'application du Revenu Minimum d'Insertion créé en 1989 auquel a succédé en 2009 le RSA.
4. *Cf. supra* nᵒˢ 531 et s., 535 et s. et 507 et s.
5. *Cf. supra* nᵒˢ 507 et s.

criminologues contemporains. Aussi peut-on considérer qu'il y a quelque présomption à *déterminer par décret* ce qui ne peut relever que d'une analyse empirique d'une réalité au surplus changeante.

3) Le décret de 1983 en attribuant compétence aux Conseils de prévention, non seulement en matière d'action de prévention, mais également dans le domaine de l'aide aux victimes et de la mise en œuvre des travaux d'intérêt général avait déjà tendance à englober dans la prévention d'une délinquance éventuelle des mesures qui relèvent cependant du traitement d'une délinquance d'ores et déjà réalisée et qui, à ce titre, ressortent normalement de la compétence de l'autorité judiciaire et des administrations spécialisées du ministère de la Justice (Affaires criminelles et grâces, Administration pénitentiaire, etc.). Il en résultait une confusion des genres en même temps que des compétences qui n'étaient guère favorables à une perception satisfaisante de l'action de prévention proprement dite. Le décret de 1988 *aggrave encore cette confusion* en assignant, entre autres, comme objectifs à la nouvelle politique nationale des villes, non seulement « le renforcement de la prévention de la délinquance et des toxicomanies[1] », mais encore « l'adaptation de la politique pénale et le développement de la médiation et de la conciliation ». Qu'est-ce que *la politique pénale*, sinon l'ensemble de l'activité répressive de la justice pénale à l'égard de la délinquance qui lui est soumise ?

4) L'organisation et la définition des missions des conseils départementaux et des conseils communaux de prévention de la délinquance telles qu'elles résultaient du décret de 1983 dont les titres II et III n'avaient pas été abrogés par le décret de 1988, n'avaient fait l'objet d'aucune modification. On pouvait se demander, dans ces conditions, s'il n'y avait pas quelque *distorsion* entre le nouvel aménagement des structures nationales et le maintien inchangé des structures locales. Surtout, on ne pouvait manquer de s'interroger sur la question de savoir si un texte comme la lettre du Premier ministre du 15 novembre 1989 sur la politique de la prévention de la délinquance en 1990 qui détermine de manière autoritaire les priorités dans ce domaine pour l'année en question, n'allait pas limiter l'autonomie des conseils locaux et réduire leur action à celle d'une simple exécution sur le terrain des volontés gouvernementales.

Mais le décret de 1983 a finalement été abrogé par le décret n° 92-343 du 1ᵉʳ avril 1992 qui a réorganisé les conseils départementaux et communaux de prévention de la délinquance. Ce nouveau texte s'est cependant borné à déterminer la composition et le fonctionnement des conseils, sans contenir d'indication sur leurs attributions.

§ 2. Le ministère de la ville, la politique de la ville et la prévention de la délinquance

950 *Une création : Le ministère de la Ville* ◇ À la suite des incidents de Vaux-en-Velin dans la banlieue lyonnaise en octobre 1990[2], une nouvelle

---

1. On remarquera toutefois qu'en matière de lutte contre la toxicomanie, il existe plusieurs organismes nationaux spécialisés (Comité interministériel de lutte contre la toxicomanie, Mission interministérielle de lutte contre la toxicomanie (MILT), Institut national de l'enseignement, de la recherche, de l'information et de la prévention sur les toxicomanies) ou locaux également spécialisés (Comités départementaux de lutte contre la toxicomanie, CDLT), ce qui ne manque pas de soulever des conflits d'attribution et d'intervention.

2. *Cf.* R. Ottenhof, « L'intifada des banlieues », *RSC*, 1991, p. 644-646.

réorganisation de la politique de prévention de la délinquance est intervenue en 1991 avec la création d'un ministère de la Ville, dont les attributions ont été fixées par un décret n° 91-93 du 11 janvier 1991.

Le poste de ministre de la Ville a été occupé successivement par M. Michel Delebarre puis par M. Bernard Tapie. Il est devenu ensuite un simple secrétariat d'État confié à M. François Loncle en juin 1992 avant que M. Tapie, contraint de quitter le Gouvernement pendant quelque temps, ne redevienne ministre en décembre 1992 jusqu'à la démission du Gouvernement Bérégovoy après la perte des élections de mars 1993.

La constitution d'une Administration de la Ville a marqué à son tour une nouvelle inflexion de la politique de prévention. Déjà quelque peu noyée depuis 1988 dans une multiplicité d'objectifs dont tous étaient loin d'entretenir des relations avec la prévention de la délinquance, cette politique s'est trouvée absorbée dans une politique globale, appelée désormais « Politique de la ville ».

Les textes majeurs de cette politique ont été deux lois votées par le Parlement : la loi du 13 mai 1991 relative à la dotation de fonctionnement des collectivités territoriales et la loi d'orientation pour la ville du 13 juillet 1991.

La loi du 13 mai 1991[1] (complétée par certains articles de la loi d'orientation du 6 février 1992 relative à l'administration territoriale de la République) a entendu réformer le *régime de dotation de l'État aux collectivités territoriales* (communes et départements) afin de promouvoir une politique de développement social urbain. À cette fin elle a institué une dotation de solidarité urbaine et un fonds de solidarité dont le financement est assuré, pour partie par l'État au moyen d'un système de péréquation selon la richesse des collectivités locales, et pour partie par prélèvement sur les ressources fiscales des collectivités les plus riches au profit des plus pauvres.

Quant à la *loi d'orientation pour la ville*[2], dite loi LOV, elle part de la conviction que la ségrégation urbaine, avec le cloisonnement de l'espace urbain suivant les catégories et les origines sociales, est à la racine du mal des conflits urbains, semblables à ceux qui ont éclaté à Vaux-en-Velin en 1990. Aussi se propose-t-elle d'assurer la prévention de ce mal en utilisant les institutions du droit de l'urbanisme. On devine ainsi qu'au-delà de l'affirmation platonique du droit à la ville, on a affaire à un texte très technique dans lequel seuls les spécialistes du droit de l'urbanisme peuvent se retrouver. La « sécurité des biens et des personnes » constitue certes l'un des objectifs visés par la loi (art. 1er *in fine*), mais ainsi que l'a observé l'un de ses commentateurs[3], on ne trouve pas dans le texte de mesures concrètes propres à sa mise en œuvre.

Entre-temps se sont succédé les rapports les plus divers sur les problèmes de la ville et en particulier des banlieues défavorisées[4].

---

1. F. Queroi, « La solidarité financière entre collectivités territoriales : la nouvelle donne », *JCP* 1993. I. 3643.
2. Commentaires J.-F. Sestier, *D.*, Act. lég., 1991, p. 143-153 ; J.-M. Auby, *JCP*, 1992, I, 3546.
3. J.-F. Sestier, Commentaire précité, note 71.
4. J.-M. Delarue, *Banlieues en difficultés : la relégation*, Rapport au 1er Ministre, 1991, 220 p. ; J. Borricand, « Les contrats de ville : un nouvel outil de prévention de la délinquance en milieu urbain », *Prob. act. Sc. crim.*, vol. IV, 1991, p. 86-116 ; J. Dray, *Rapport d'information sur la violence des jeunes dans les banlieues*, juin 1992, JO AN Doc., n° 2832 ; Haut Conseil à l'intégration, *Conditions juridiques et culturelles de l'intégration*, Rapport au 1er Ministre, mars 1992, *Doc. fr.*, 1992 ; Commissariat général du Plan, *Villes, démocratie, solidarité : le pari d'une politique*, Doc. fr., 1993, 238 p. ; B. Brunet, « La politique de la ville », *in Droit et société*, n° 23/24, 1993, précité ; J.-P. Gaudin, *Les nouvelles politiques urbaines*, coll. « Que sais-je ? », PUF, 1993 ; P. Estebe, « Police, justice et politiques locales : de l'antagonisme au contrat. Un bilan des Conseils communaux de

La politique de la ville a ensuite donné lieu à l'amorce d'une évaluation par un Comité d'évaluation de la politique de la ville créé à cette fin[1], tandis que se multipliaient les manifestations scientifiques[2], parascientifiques[3] ou politiques[4] relatives à l'insécurité urbaine et à la prévention de la criminalité.

951 *Continuation ou changement ?*[5] ◇ Le discours de politique générale du Premier ministre, M. Balladur, devant le Parlement le 8 avril 1993, contenait divers passages relatifs à la délinquance et aux problèmes de la ville et des banlieues. Le ministère de la Ville, sans être supprimé, a été fusionné avec les affaires sociales et la santé, le même ministre d'État devenant ministre des affaires sociales, de la santé *et de la ville*.

Un débat sur la ville a eu lieu ensuite à l'Assemblée nationale les 27 et 28 avril 1993. Au cours de ce débat, le Ministre des affaires sociales a déclaré à propos des opérations Été : « Je précise que les opérations « prévention-été » et « école ouverte » seront maintenues car, d'après les avis que j'ai recueillis, il s'agit là de bonnes mesures... »[6]. D'une manière générale, les structures existantes (CNV, DIV, CIV, Conseils départementaux et communaux de prévention) ainsi que leurs instruments d'action n'ont pas été modifiés. La dotation budgétaire de 5 milliards de francs pour le « plan d'urgence de la ville » décidée en juillet 1993 a fait écrire

prévention de la délinquance », *CSI*, 1994, n° 2, p. 25-35; G. Bonnemaison, *La ville. Peurs et espérances, Notes et études documentaires, Doc. fr.*, 1995; *Demain, la ville*, Rapport au ministre de l'Emploi et de la Solidarité par J.-P. Sueur, maire d'Orléans, *Doc. fr.*, 1998, 2 tomes, 230 et 391 p.

1. J. Donzelot et P. Estebe, *Programme I : Méthode et stratégie. Le développement social urbain : constitution d'une politique (1982-1992)*, nov. 1992, 117 p.; J.-M. Belorgey, *Évaluer les politiques de la ville*, mars 1993, 70 p. plus annexes.

2. P. Robert (dir.), *Les politiques de prévention de la délinquance à l'aune de la recherche, un bilan international*, 1991, 285 p.; Séminaire international de formation (Aix-en-Provence, sept.-oct. 1991) : « La prévention de la criminalité en milieu urbain » et XXVIIe Congrès français de criminologie (Aix-en-Provence, oct. 1991) : *La nouvelle politique française de prévention de la criminalité urbaine*, PUAM, 1992, 267 p.; G. Di Marino, Rapport de synthèse au Congrès français de criminologie (Aix-en-Provence, oct. 1991), *JCP* 1991, I, 3535; Séminaire pan-européen de formation (Aix, mai 1993), *Les pays de l'Est à l'épreuve de la criminalité en milieu urbain*, PUAM, 1994, 193 p.

3. Conférences internationales sur la sécurité, les drogues et la prévention de la criminalité en milieu urbain organisées par le Forum des collectivités territoriales européennes et nord-américaines : 1re Conférence, Montréal, oct. 1989; 2e Conférence, Paris, nov. 1991.

4. Séminaire de Bron présidé par le Président de la République F. Mitterrand en déc. 1990.

5. A. Jazouli, *Une saison en banlieue. Courants et perspectives dans les quartiers populaires*, Plon, 1995, 368 p.; D. Duprez, « Le modèle français de prévention de la délinquance : la recherche d'un second souffle », in P. Hebberecht et F. Sack, *La prévention de la délinquance en Europe. Nouvelles stratégies*, L'Harmattan, 1997, p. 61-82; J. Ferret et F. Ocqueteau (dir.), *Évaluation des contrats de sécurité*, 1998; J.-C. Karsenty (dir.), même objet, 1998; S. Body-Gendrot, *Les villes face à l'insécurité. Des ghettos américains aux banlieues françaises*, Bayard éd., 1998, 366 p.; R. Bousquet, *Insécurité : nouveaux risques. Les quartiers de tous les dangers*, préface A. Bauer, L'Harmattan, 1998, 232 p.; A. Bauer et X. Raufer, *Violence et insécurité urbaines*, PUF, 1999; J. Alvarez, *De la prévention de la délinquance à la politique de la ville*, Rapport de recherche, Div. ERPC, 1999; C. Jelen, *La guerre des rues. La violence et les « jeunes »*, Plon, 1999, 238 p.; F. Dieu, *Politiques publiques de sécurité*, L'Harmattan, 1999; L. Bui Trong, *Violences urbaines. Des vérités qui dérangent*, Bayard, 2000, 179 p.; S. Body-Gendrot, *Les villes. La fin de la violence ?*, Presses Sc. Po, 2001, 145 p.; P. Duffe (dir.), Rapport d'étape de la mission interministérielle d'évaluation des contrats locaux de sécurité, 2001; IHESI, *Quartiers sensibles ici et ailleurs. Entre volontarisme étatique et initiatives communautaires*, Paris, IHESI, n° 49, 2002, 221 p.

6. Déclarations de Mme Simone Veil, *JO Débats A. N.*, p. 155, colonne 1. Sur la déclaration du Gouvernement, *JO Doc. A. N.*, n° 118.

que le Gouvernement avait fait le choix de la continuité[1]. Les éléments ultérieurs dont on peut avoir connaissance indiquent une recherche d'une plus grande efficacité, mais nullement un changement de politique de la ville[2]. Il faut ajouter que la loi d'orientation sur l'aménagement du territoire du 5 juillet 1996 a eu certainement une incidence sur la politique de la ville. Cela dit, une fois encore, on a quelque peu le sentiment que la prévention de la délinquance demeure perdue dans les sables de la politique de la ville...

Ce sentiment se trouve confirmé par les solutions adoptées ultérieurement. Le 18 janvier 1996, le gouvernement Juppé a adopté un pacte de relance pour la ville, dont la mise en œuvre législative a été l'œuvre de la loi du 14 novembre 1996. La lecture de son article 1er est très significative à cet égard : « Outre les objectifs de diversité de l'habitat et de mixité sociale définis par la loi du 13 juillet 1991 d'orientation pour la ville, elle a pour but de lutter *contre* les phénomènes d'exclusion dans l'espace urbain et de favoriser l'insertion professionnelle, sociale et culturelle des populations habitant dans des grands ensembles ou quartiers dégradés ». La « *prévention de la délinquance* » n'y figure même plus parmi les objectifs. Tout se passe comme si la criminalité des banlieues allait disparaître, comme par enchantement lorsque les objectifs énoncés par ladite loi auront été atteints, s'ils le sont un jour.

La politique du gouvernement socialiste de M. Jospin (1997-2002) ne paraît pas véritablement différente sur ce point. Elle paraît dominée par la *lutte contre l'exclusion* qui fait l'objet d'une loi nouvelle. Le ministère de la Ville qui avait disparu dans la composition du gouvernement Jospin a cependant été recréé en avril 1998 à l'occasion d'un mini-remaniement. Il est très important par ailleurs de relever que, parallèlement à la continuation de la ligne « préventionniste » définie en 1981-1982, ce gouvernement socialiste a découvert, dès 1997, que la *sécurité* était une nécessité politique fondamentale[3]. La satisfaction de cette exigence s'est traduite notamment par l'institution de *contrats locaux de sécurité* (CLS) par la circulaire interministérielle du 28 octobre 1997[4]. Mais de ce fait ce type de contrat comporte une *ambiguïté* qui a pour conséquence que l'on ne sait pas trop s'il faut considérer les CLS comme des instruments de prévention ou comme des outils d'amélioration de la répression. Suivant la circulaire en effet ces contrats « constituent l'outil principal d'une politique de sécurité privilégiant l'éducation à la citoyenneté comme axe de la *prévention* » et « la proximité comme axe de *redéploiement de la police et de la gendarmerie* ». Autant le second objectif est précis, autant l'éducation à la citoyenneté est quelque chose de vague malgré l'énumération du contenu de la prévention énuméré ultérieurement[5].

À défaut d'évaluation scientifique de l'ensemble de la politique de prévention au cours de ces vingt années, la Cour des comptes en a donné une évaluation financière dans son rapport pour l'année 2002. Sa critique est sévère. Elle cons-

---

1. P. Bernard, « Le choix de la continuité », *Le Monde* du 30 juill. 1993.
2. *Cf.* Rapport du groupe de travail Justice/Ville, nov. 1993, 18 p. dactylo; M. Huet, « Les équilibres des fonctions dans la ville : pour une meilleure qualité de la vie », Conseil économique et social, Avis et rapports, JO du 22 nov. 1993. Pour la préparation de la loi de finances pour 1994 : v. Rapport spécial au Sénat sur la ville par P. Marini, JO Doc. Sén. 1993-1994, n° 101 (Annexe n° 3-II); Avis au nom de la Commission des affaires sociales du Sénat sur la politique de la ville par Mme F. Missoffe, JO Doc. Sén. 1993-1994, n° 105.
3. *Cf. supra* n° 795. Sur le Colloque de Villepinte qui a marqué ce changement d'orientation, *cf.* C. Lazerges, *Introduction à la politique criminelle*, L'Harmattan, 2000, p. 114-115.
4. JO 30 oct. 1997. L'art. 1er de la loi du 15 nov. 2001 relative à la sécurité quotidienne en mentionnant les CLS leur a donné valeur législative.
5. G. Berlioz et L. Dubouchet, « Des CCPD aux CLS, Articulation, superposition ou disjonction de deux logiques ? », *CSI*, 1998, n° 33, p. 89-104.

tate l'imprécision des objectifs, l'insuffisance des évaluations ainsi que la complexité et le trop grand nombre des procédures. Elle indique en bref que l'intervention de la puissance publique dans les zones sensibles s'est tellement développée en vingt-cinq ans qu'elle en est devenue indéchiffrable.

952 *Le nouveau cours de la politique de prévention de la délinquance*[1] ◇ Si l'on a pu se demander si les politiques de prévention de 1993 à 2002 avaient été une continuation des politiques antérieures de la décennie 1980 ou si au contraire elles avaient connu un certain changement, le doute n'est plus permis pour la dernière période amorcée en 2002 : on a désormais affaire à *une politique de prévention très différente.* Ce serait une erreur d'imputer cette évolution au seul changement politique qui s'est opéré en France en 2002 à la suite de la réélection de M. Chirac à la présidence de la République et au retour d'une majorité de droite au pouvoir, puis à l'élection en 2007 de M. Sarkozy et d'une majorité de députés UMP. Trois raisons au moins sont de nature à expliquer l'adoption de ce nouveau cours. La première tient au fait que le phénomène n'est pas exclusivement français, mais qu'il touche nombre de pays occidentaux parfois depuis plus longtemps, comme le Royaume-Uni par exemple, bien que ce pays ait été dirigé par un gouvernement travailliste. Une deuxième raison réside dans la *relation* que certains criminologues

---

1. Les ouvrages et art. qui suivent publiés depuis 2003 concernent selon le cas, non seulement le « nouveau cours de la politique de prévention de la délinquance », mais aussi les années antérieures à 2002. C'est la date de publication qui a servi de critère.
   Ouvrages : J. Donzelot avec C. Mével et A. Wyvekens, *Faire société. La politique de la ville aux États-Unis et en France*, Seuil, 2003, 366 p.; C. Chaline, *Les politiques de la ville*, coll. « Que sais-je ? », PUF, 3ᵉ éd., 2003; P. Muller, *Les politiques publiques*, coll. « Que sais-je ? », PUF, 2004; F. de Silgy (dir.), *Sociologie des quartiers sensibles*, A. Colin, 2004, 122 p.; S. Roché, *Police de proximité, nos politiques de sécurité*, Seuil, 2005, 310 p.; G. Chevallier, *Sociologie critique de la politique de la ville : une action publique sous influence*, L'Harmattan, 2005, 254 p.; C. Avenel, *Sociologie des « quartiers sensibles »*, A. Colin, 2005, 128 p.; S. Roché, *Le frisson de l'émeute. Violences urbaines et banlieues*, Seuil, 2006, 227 p.; J. Pierrat, *La mafia des cités. Économie souterraine et crime organisé dans les banlieues*, Denoël, 2006, 286 p.; T. Sauvadet, *Le capital guerrier. Concurrence et solidarité entre jeunes des cités*, A. Colin, 2006, 303 p. – **Articles** : X., « Conseil de sécurité et de prévention de la délinquance, Pratique des Parquets », *Jurisclasseur*, 2003, 11 p.; F. Dieu et B. Domingo, « Partenariat et évolution : le cas des contrats locaux de sécurité », *RICPT*, 2003, p. 3 et s.; R. Gassin, « La réforme des dispositifs territoriaux de prévention par le décret du 17 juillet 2002 et l'évolution de la politique de prévention de la délinquance », *RPDP*, 2004, p. 447-474; G. Lefevre, « Les dispositifs contractuels partenariaux. Vers une nouvelle génération de contrat local de sécurité ? », *Gend. nat.*, 2005, p. 41-49; M.-C. Desdevises, « L'évaluation des actions de prévention de la délinquance dans le cadre de la politique de la ville », *RICPT*, 2005, p. 25-40; P. Rosenzweig, « Jeunes, banlieue et justice », *D.* 2006, Tribune, p. 1; J.-P. Rosenczveig, « Prévention de la délinquance : de la défiance à la confusion », *D.*, 2006, Point de vue, p. 2937; M. Boucher, « Les intervenants sociaux au service de la sécurité ? Analyse d'une dérive dangereuse », *in* L. Mucchielli et V. Le Goazou, *Quand les banlieues brûlent*, La Découverte, 2006, p. 139-152; D. Peyrat, « Le rappel à l'ordre, modèle de la nouvelle prévention ? Remarques critiques sur le projet de loi relatif à la prévention de la délinquance », *AJ pénal*, sept. 2006, p. 350-353; J.-P. Rosenczveig (Entretien avec), « La loi "Prévention de la délinquance" », *D.*, 2007, p. 640; V. Gautron, « La fin de la singularité du modèle français de prévention de la délinquance », *AJ pénal*, mai 2007, p. 205-209; C. Sultan, « La réforme de l'ordonnance de 1945 a-t-elle eu lieu ? », même *revue*, mai 2007, p. 215-217; R. Gassin, « Regards sur l'acmé de la violence dans les banlieues "sensibles" en octobre-novembre 2005 », *RPDP*, 2007, p. 229-248; V. Gautron, « La coproduction locale de sécurité en France : un partenariat institutionnel déficient », *Champ pénal*, vol. VII, 2010.

ont fini par établir entre, d'une part, l'accroissement très important de la délinquance à partir de la fin des années 1950 dans la quasi-totalité des pays occidentaux (sauf Israël, le Japon et en partie la Suisse) [1], et, d'autre part la faiblesse des politiques criminelles dominées par les idéaux de la Défense sociale nouvelle, du « *medical model* » et du « *rehabilitative ideal* ». Enfin – et plus encore –, le changement de politique de prévention résulte de la prise de connaissance des recherches évaluatives relatives aux programmes de prévention. De même que l'on avait pu dire pour les programmes de traitement que « *nothing works !* », on peut appliquer la même interjection aux programmes de prévention sociale; seule la prévention situationnelle, c'est-à-dire les actions sur les situations précriminelles, donne des résultats véritables [2].

Sous le bénéfice de ces observations générales, on peut résumer les multiples dispositions législatives et réglementaires adoptées depuis 2002 autour des idées suivantes.

1) *Le regroupement des organismes locaux de prévention de la délinquance et des dispositifs territoriaux de sécurité.* Ce regroupement a, dans un premier temps, été l'œuvre du décret du 17 juillet 2002 « relatif aux dispositifs territoriaux de sécurité et de coopération pour la prévention et la lutte contre la délinquance » qui a abrogé le décret du 1er avril 1992 [3]. Ce décret remplace les Conseils communaux de prévention de la délinquance par des *Conseils de sécurité et de prévention de la délinquance* et les Conseils départementaux par de nouveaux *Conseils départementaux de la prévention*. En outre, il dote Paris d'un *Conseil parisien spécial de sécurité et de prévention de la délinquance*. Il n'y a pas lieu d'entrer dans le détail de cette nouvelle organisation [4], mais on ne peut manquer de remarquer que l'introduction du terme *sécurité* au côté de celui de *prévention* rattache ainsi l'innovation à la politique criminelle de retour au pénal. *A fortiori* en va-t-il ainsi de l'inclusion dans le décret des dispositions relatives à la conférence départementale de sécurité [5]. Cette orientation consistant à coupler sécurité et prévention a, dans un second temps, été maintenue par le décret du 23 juillet 2007 relatif au conseil local et au conseil intercommunal de sécurité et de prévention de la délinquance qui s'est substitué au précédent en l'abrogeant. Elle apparaît clairement dans la circulaire du 6 février 2008 relative au rôle de l'institution judiciaire en matière de prévention de la délinquance [6] qui affirme d'emblée que « la prévention de la délinquance fait partie intégrante de la politique de sécurité du gouvernement ». C'est encore, en dernier lieu, la perspective retenue par la loi LOPPSI 2 du 14 mars 2011 dans son chapitre VI « Sécurité quotidienne et prévention de la délinquance » (art. 44 à 46) qui, plus généralement, définit sous l'intitulé « La sécurité partout et pour tous » les objectifs et les moyens de la sécurité intérieure

---

1. *Cf. supra* n°s 447 et 448.
2. *Cf.* M. Cusson, *Prévenir la délinquance. Les méthodes efficaces*, PUF, 2002, 220 p. Dans cet ouvrage, l'auteur émet toutefois l'hypothèse, sur la base d'une recherche expérimentale au Québec, que la « prévention développementale » pourrait, sous certaines conditions très rigoureuses, donner des résultats satisfaisants (p. 86-106), mais c'est précisément ce type d'intervention précoce que nombre de « psy » français ont récemment dénoncé (*cf. supra* n°s 619 et 620).
3. *Cf. supra* n° 949.
4. *Cf.* R. Gassin, art. précité à la *RPDP*, 2004, spéc. p. 466-469.
5. *Cf. supra* n° 795.
6. Circulaire de la DACG n° CRIM 08-04/E5.

à horizon 2013 (art. 1 et annexe) et annonce l'adoption prochaine par voie d'ordonnance d'un nouveau code de la sécurité intérieure (CSI) regroupant les dispositions législatives relatives à la sécurité publique et à la sécurité civile (art. 102).

2) *Les textes relatifs à la prévention de la délinquance* (au premier chef la loi du 5 mars 2007) ont pour but de contribuer à l'amélioration durable de la sécurité et non d'améliorer le bien-être des populations; ce dernier objectif relève des politiques sociales et non de la politique de prévention de la délinquance. Cette dernière conçoit la répression et l'anticipation de la délinquance comme un tout, à travers des mesures de prévention situationnelle et des sanctions adaptées en fonction de la nature et de la gravité de l'acte commis, ainsi que du parcours délictueux de l'auteur (renforcement de la répression de la récidive). Dans une perspective de mise en œuvre opérationnelle, le Premier ministre a lancé à l'issue du Comité interministériel de prévention de la délinquance du 2 octobre 2009 le « Plan national de prévention de la délinquance et d'aide aux victimes 2010-2012 » (PNDAV). Envisageant quatre priorités et cinquante mesures, le plan définit quatre moyens d'action : 1°) développer la prévention situationnelle et recourir prioritairement à la vidéoprotection, 2°) la coordination des acteurs locaux de la prévention : le maire au centre du dispositif, 3°) mieux prévenir le délinquance des mineurs, 4°) mieux protéger les victimes des actes de délinquance et améliorer la prévention des violences intrafamiliales.

3) *Les situations d'émeutes survenant dans les banlieues* sont traitées par l'intervention en force de la police et la saisine de la justice, éventuellement en recourant à la déclaration de l'état d'urgence de la loi de 1955 (émeutes de novembre 2005)[1].

4) *Les politiques publiques à caractère économique et social* continuent à s'appliquer et à se développer, mais elles fonctionnent en dehors même de la perspective de prévention de la délinquance (rénovation urbaine, zones franches urbaines, etc.). Après avoir été notamment associée au logement entre juin 2007 et janvier 2009 au sein d'un ministère du logement et de la ville, la politique de la ville a retrouvé un ministère dédié en novembre 2010. Un décret n° 2009-539 du 14 mai 2009 relatifs aux instances en charge de la politique de la ville a abrogé et remplacé le décret du 28 octobre 1988[2] en faisant disparaître dans la dénomination des instances (Conseil national des villes, CNV et Comité interministériel des villes, CIV) la référence au « développement social urbain ». Le CNV a, dans une recommandation du 16 décembre 2010[3], livré son appréciation des deux premières orientations du nouveau cours de la politique de prévention de la délinquance ci-dessus analysées. Il y dénonce en les qualifiant de « sujets de préoccupation » tout particulièrement la régression dans la gouvernance de cette politique et le renforcement du clivage prévention / sécurité. Il a donc recommandé la réorientation du Plan national pour qu'il soit réellement centré sur la prévention de la délinquance en prenant en considération la personne même du délinquant dans son contexte et sa globalité afin d'empêcher la commission des premiers faits, le plan actuel étant davantage centré sur le traitement de la délinquance.

---

1. *Cf.* R. Gassin, art. précité à la *RPDP* 2007. *Adde* S. Roché, « The nature of rioting. Comparative réflexions based on the French case study », *in* M. Herzog-Evans (ed.), vol. 2, p. 155-170.
2. *Supra* n° 949.
3. « Prévention de la délinquance. Quelle gouvernance, quels financements ? ».

§ 3. L'internationalisation de la politique de prévention [1]

953 *Vers un organisme européen puis mondial* ◇ L'idée avait été lancée, notamment par J. Léauté [2], d'élargir l'Europe des douze à l'époque au-delà du Marché Commun à la protection juridique des valeurs éthiques communes. Elle a depuis largement fait son chemin et intégré la politique de prévention de la criminalité pour aboutir à la création d'organismes dédiés.

À l'*échelle européenne*, la Conférence permanente des pouvoirs locaux et régionaux des pays du *Conseil de l'Europe* a organisé en 1986 une première conférence sur la lutte contre la délinquance et l'insécurité, puis une 2e conférence sur la prévention à Barcelone en novembre 1987. Une association rassemblant les collectivités territoriales, les mouvements associatifs ou autres associations œuvrant dans différents pays d'Europe sur la prévention de la délinquance a été créée en mai 1987 [3]. Avait enfin été envisagée la création d'un « Centre universitaire européen de prévention de la délinquance et de l'insécurité ». La prévention de la criminalité (pas seulement organisée) constituant, par ailleurs, depuis le traité d'Amsterdam (art. 29) l'une des politiques de l'*Union européenne* concourant à un espace de liberté de sécurité et de justice, un Réseau européen de prévention de la criminalité (REPC) (*European Crime Prevention Network* – EUPCN) [4] a été institué en 2001 [5]. Renforcé en 2009 [6], ce réseau a pour objectif de contribuer au développement des différents aspects de la prévention de la criminalité au niveau de l'Union par l'intermédiaire de représentants nationaux et de points de contact désignés par chaque État membre. Il établit un rapport annuel et doit faire l'objet d'ici fin 2012 d'un rapport d'évaluation de la Commission européenne [7].

À l'*échelle internationale*, s'est tenue en octobre 1989 à Montréal une première conférence européenne et nord-américaine sur la sécurité et la prévention de la criminalité en milieu urbain. Une seconde conférence a eu lieu à Paris en novembre 1991. Cet élargissement du champ de la conférence à l'Amérique du Nord témoigne d'une volonté de coopération dans la prévention de la criminalité entre deux des trois pôles du monde occidental (le Japon et sa zone d'influence du sud-est asiatique étant en dehors du processus) [8,9].

---

1. P. Hebberecht et F. Sack, *La prévention de la délinquance en Europe. Nouvelles stratégies*, L'Harmattan, 1997.
2. *Gaz. Pal.*, 10 juin 1984, p. 16.
3. Le Conseil de l'Europe lui-même a adopté une recommandation n° R. (87)-19 sur l'organisation de la prévention de la criminalité en 1987.
4. www.eucpn.org
5. Décision 2001/427/JAI du Conseil du 28 mai 2001.
6. Décision 2009/902/JAI du Conseil du 30 novembre 2009.
7. La Commission européenne a elle-même pésenté deux communications sur la prévention de la criminalité : COM (2000) 0786 final du 29 novembre 2000 et COM (2004) 165 final du 12 mars 2004.
8. Pour les références aux actes et comptes rendus de ces diverses conférences, *cf. supra* n° 918.
9. Sur les efforts des Nations Unies elles-mêmes en matière de prévention, v. U. Leone et U. Zveric, « Développement et criminalité », *RICPT*, 1987, p. 271-285. *Adde* la résolution (2002) « Les principes directeurs des Nations Unies applicales à la prévention du crime ».

Depuis lors, le 9 mai 1994, a été lancé officiellement à Épinay-sur-Seine (France) un « Centre international pour la prévention de la criminalité »[1] dont la création avait été annoncée trois ans auparavant, lors de la conférence de Paris. Installé à Montréal, cet organisme dont le premier président fut M. Gilbert Bonnemaison, président du Forum européen pour la sécurité urbaine, est un forum international d'échanges et d'apprentissage en matière de prévention de la délinquance et de sécurité des collectivités. Il rassemble des organisations non gouvernementales, des instituts et des associations de villes implantées dans tous les continents[2].

Cette tendance à l'internationalisation de la prévention a trouvé son slogan dans la transformation d'une apostrophe célèbre : « Préventeurs de tous les pays, unissez-vous ! »[3].

---

1. www.crime-prevention-intl.org
2. *Le Monde* du 11 mai 1994.
3. A. Lemaitre, *RDPC*, 1996, p. 889-893.

CHAPITRE 2

ESQUISSE D'UNE THÉORIE GÉNÉRALE DE LA CRIMINOLOGIE PRÉVENTIVE

954 *Notion et fonction d'une théorie générale* ◇ Jusqu'à présent, nous avons décrit les diverses mesures de prévention à caractère général et les programmes et actions spécifiques de prévention qui ont été élaborés et mis en œuvre dans les politiques criminelles positives.

Mais pour faciliter la mise en place de nouvelles mesures ou actions de prévention, il est éminemment souhaitable de disposer d'une *théorie générale de la criminologie préventive*, c'est-à-dire d'une *construction d'ensemble* qui pose les *principes à observer* pour obtenir une action préventive *efficace* et les *relations* qui existent entre ces divers principes. Une théorie générale de ce genre, qui existe depuis déjà assez longtemps en matière de criminologie clinique [1], commence à peine à s'élaborer depuis quelques années grâce à une réflexion sur les actions de prévention menées jusqu'à présent et à leur mise en relation avec les connaissances acquises dans le domaine de la criminologie théorique [2].

L'étude des multiples questions que soulève la construction de cette théorie générale peut être regroupée autour des deux interrogations fondamentales qui viennent à l'esprit chaque fois que l'on réfléchit sur une forme quelconque d'action collective : Pourquoi ? Et comment ? Ainsi une *première section* sera consacrée à « *La prévention : pourquoi ?* » et une *seconde section* à : « *La prévention : comment ?* ».

SECTION 1. **LA PRÉVENTION : POURQUOI ?**

955 *De multiples interrogations* ◇ À première vue, la réponse à la question paraît d'une évidence enfantine. Pourquoi la prévention ? Tout simplement, est-on tenté de répondre, parce que la *répression* ne suffit pas ou même parfois n'opère pas du tout et que la *prévention* apparaît comme le véritable moyen de réduire la délinquance.

---

1. *Cf. supra* n° 880.
2. J. Brown et J. Jammes, « La prévention de la criminalité : à la recherche de concepts et de stratégies », *RSC*, 1980, p. 943-956 ; D. Szabo, « La prévention : concepts et stratégie », *RSC*, 1984, p. 685-705 ; H. Berkmoes et G.-L. Bourdoux, « La prévention de la criminalité », *RDPC*, 1986, p. 733-782 ; A.-M. Favard, « La prévention dans la ville », *Ann. Vaucr.*, 1986, n° 1, p. 101-116 ; F. Carlier, *Une introduction à la prévention du crime. Histoire, définitions et théorie, l'officier de police*, Gaud, 1987, 5, p. 63-87 ; I. Waller, « La délinquance et sa prévention : étude comparative », *RICPT*, 1993, n° 1 ; W.-A. Lunden, « The theory of crime prevention », *British Journal of criminology*, 1962, p. 213-228 ; I. Antilla, « Emerging theory of crime prevention », *in World Congress of crime prevention*, Proccedings, Louisville, Kentucky, 1975, p. 16-25 ; H.-D. Schwind, F. Berkauer et E. Steinhiliper, *Praeventive kriminalpolitik*, Heidelberg, 1980, 649. À titre comparatif, P. Ligneau (dir.) *La prévention sanitaire en France*, 1983.

Mais dès que l'on réfléchit à la question, on voit surgir *toute une série d'interrogations*. Si l'utilité de la prévention est aussi évidente, pourquoi est-elle apparue si tardivement dans l'histoire de la lutte contre la criminalité et a-t-elle encore aujourd'hui tant de mal à s'imposer ? D'ailleurs que veut-on dire exactement quand on parle de prévention ? Est-ce que tout le monde entend ce concept de la même façon et plus encore est-ce que nombre des gens qui l'emploient en comprennent vraiment la signification ? Parviendrait-on à s'entendre sur *la notion de prévention*, qu'est-ce qui peut en fournir *la justification précise* au-delà de cette idée très vague selon laquelle la répression ne suffit pas ? Bien plus, est-ce que l'idée même que la prévention va agir là où la répression est sans effet suffisant est une vue tellement exacte ? N'y a-t-il pas des cas de délinquance dans lesquels on ne peut pas attendre grand-chose de la prévention et où finalement on est obligé de se rabattre sur la répression, si imparfaite soit-elle ?

Voilà autant de questions qui invitent à aller plus avant dans la réponse à l'interrogation première : Pourquoi la prévention ? À cette fin on va tout d'abord s'interroger sur *la notion de prévention* (§ 1), puis on examinera la *justification de la prévention* (§ 2).

§ 1. **La notion de prévention** [1]

956 *Une notion imprécise et protéiforme* ◇ À la question : « qu'entend-on par prévention ? », nombre de personnes répondront que cette notion est d'une telle *évidence intuitive* qu'il n'est même pas besoin d'en chercher une définition; la *prévention*, dit-on souvent, c'est évidemment ce qui s'oppose à la *répression*.

Cependant, quand on parcourt la littérature déjà fort importante relative à la prévention, on constate assez vite que l'idée de prévention n'est pas aussi « claire et distincte » que le cartésianisme ne le souhaiterait (A). Par ailleurs, lorsque l'on pousse l'analyse du contenu de la notion, on s'aperçoit aussi que *la plus grande diversité* règne sur les *distinctions* que l'on peut faire à l'intérieur même de la prévention et les *typologies* auxquelles on aboutit (B).

A. La définition de la prévention

957 *De la multiplicité des définitions à leur analyse critique* ◇ Définir *la prévention* n'est déjà pas une chose facile parce que très souvent les auteurs traitent de questions de prévention sans prendre la précaution d'en donner une définition préalable ou encore en avancent une définition sans se préoccuper de l'expliciter et de la justifier. Mais la tâche devient encore plus ardue lorsqu'on consulte les textes qui ont voulu s'attaquer à ce problème parce qu'ils présentent généralement des *définitions très différentes* de cette notion.

---

1. R. Gassin, « La notion de prévention de la criminalité », *in La prévention de la criminalité en milieu urbain*, préface de G. Bonnemaison, PUAM, 1992, p. 21-36.

On pourrait croire sans doute que ces questions de définition n'ont pas grande importance et qu'il s'agit là d'une pure question de convention. En réalité il n'en est rien car *l'extension* et *la compréhension* que l'on attribue au *concept de prévention* commandent à la fois sa *justification* et sa *mise en œuvre*. Aussi apparaît-il nécessaire d'insister au départ sur cette question de définition. Pour ce faire, on va présenter les *diverses conceptions* de la prévention dans la littérature criminologique (a) puis on procédera à leur *analyse critique* (b).

a. Les diverses conceptions de la notion de prévention

958 *Les deux orientations générales* ◇ La prévention appartient à cette catégorie de notions dont on dit volontiers qu'il y en a autant de définitions que d'auteurs qui ont tenté de les définir. Toutefois, si l'on néglige les différences secondaires pour s'en tenir à l'essentiel, on peut repérer dans les écrits consacrés à la prévention deux grandes orientations : des *conceptions si extensives* qu'elles reviennent à dire que « tout est prévention » en matière de lutte contre la délinquance, y compris les sanctions pénales et l'indemnisation des victimes (1); des *conceptions plus limitées* qui tracent une ligne de partage entre la prévention et la répression au moment qui précède l'accomplissement des actes criminels (2).

959 *1) Les conceptions totalisatrices de la notion de prévention* ◇ Selon ces conceptions, tout ce qui concerne la lutte contre la délinquance relèverait de la prévention. Elles se sont affirmées les premières dans le sillage de la pensée de politique criminelle d'E. Ferri. Pour cet auteur, en effet, le libre arbitre n'existant pas et l'acte criminel étant déterminé de manière rigoureuse par divers facteurs individuels et sociaux[1], il s'ensuit deux conséquences essentielles : 1/ les *peines classiques* doivent être remplacées par des *mesures de défense individuelle* qui reposent, non plus sur l'idée de rétribution, mais sur celle de *prévention de la récidive;* 2/ la *prévention générale* doit être recherchée, non par la menace de peines dépourvues de valeur intimidante, mais par des *mesures de défense* collective, les substituts pénaux ou équivalents de la peine, destinées à *supprimer ou réduire les facteurs sociaux de la délinquance*[2]. Ainsi pour Ferri, la conception de la notion de prévention était bien une conception totalisatrice puisqu'elle regroupait non seulement les substituts pénaux, mais aussi les mesures individuelles de prévention de la récidive.

Cette conception totalisatrice de la prévention se retrouvera par la suite notamment dans le *Mouvement de la Défense Sociale nouvelle*[3]. C'est également celle qui perce dans les écrits de *certains auteurs contemporains*, quelles que soient

---

1. *Cf. supra* n°s 217 et s.
2. E. Ferri, La sociologie criminelle, p. 313 et s.
3. E. Gramatica, « Prévention et défense sociale », *RIDS*, 1955, n°s 1-2, p. 3; Y. Marx, « Qu'est-ce que la prévention ? », *in La prévention des infractions contre la vie humaine et l'intégrité de la personne*, 1956, t. 1, p. 1-24; S. Shoham, « The prevention of crime as conceived by the International Congresses and meetings on criminal policy », *AIC*, 1962, p. 123.

leurs orientations[1] et que l'on retrouve dans la conception du rôle des *Conseils français de prévention de la délinquance*[2] avec encore une accentuation depuis la réforme de leur structure en 1988[3].

Cette conception trouve d'ailleurs un reflet significatif dans la liste des rapports présentés par la délégation française du ministère de la Justice au Colloque de Lisbonne sur la prévention en janvier 1989 : 1/ la politique de prévention de la délinquance en France depuis juin 1981; 2/ la politique de protection et d'aide aux victimes d'infractions pénales; 3/ les actions de conciliation et de médiation de Valence; 4/ le travail d'intérêt général; 5/ la politique de développement social urbain de la ville d'Hérouville[4]. Si l'on met à part le premier rapport qui a un caractère général, on peut constater que les trois suivants concernent la prévention de la récidive et la réparation du dommage causé par une infraction déjà consommée. Seul le dernier rapport vise une intervention *a priori* destinée à empêcher la délinquance de se produire.

On retrouve encore cette conception totalisatrice dans les rapports d'évaluation des programmes de prévention nord-américains rédigés en 1997-2002 par le professeur L. Sherman et ses collaborateurs de l'Université du Maryland à la demande du Congrès des États-Unis[5]. Partant de l'idée que la prévention de la délinquance est un *résultat*, une *conséquence*, ces auteurs considèrent que *tout moyen* qui est employé pour atteindre ce résultat doit être considéré comme un moyen de prévention : la prévention est tout programme ou toute pratique qui entraîne une diminution du nombre des crimes dans le futur, diminution qui ne se produirait pas sans ce programme ou pratique. Il en résulte que, pour ces auteurs, les sanctions pénales entendues comme instruments de prévention de la récidive entrent dans la notion de prévention au sens étroit du terme.

960 **2) *Les conceptions limitatives de la prévention*** ◇ Ce sont celles qui sont aujourd'hui le plus fréquemment retenues dans la littérature criminologique. Elles ne sont peut-être pas toujours exprimées avec la clarté suffisante, mais elles n'en sont pas moins certaines. Les auteurs n'y parviennent pas toujours non plus par la même voie, mais ils finissent cependant par y arriver. Tel est notamment le cas de la première tentative de synthèse, en langue française du moins, de l'ensemble des problèmes relatifs à la prévention de la criminalité[6]. Selon ce travail, « la prévention peut se définir comme un instrument utilisé par l'État pour mieux maîtriser la criminalité par l'élimination ou la limitation des *facteurs criminogènes* et par la gestion adéquate des *facteurs de l'environnement physique et social qui engendrent des occasions favorables à la perpétration des délits*[7] ». Il n'y est plus question des mesures de prévention de la récidive; seules sont prises en considération comme des actions de prévention, les mesures

---

1. *Cf.* D. Szabo, « La prévention concepts et stratégies », *in RSC*, 1984, précité, spéc. p. 685 et M.-L. Rassat, « Peut-on prévenir la délinquance ? », *RICPT*, 1988, p. 437-444.
2. Commission des maires sur la sécurité (Rapport Bonnemaison) : « Face à la délinquance; prévention, répression, solidarité », 1982, spéc. 2ᵉ partie du rapport et propositions.
3. *Cf. supra* n° 949.
4. *Cf. RSC*, 1989, p. 600.
5. *Cf. infra* n° 987.
6. H. Berkmoes et G.-L. Bourdoux, art. précité.
7. P. 736.

antérieures à la commission des actes délictueux[1]. Une conception analogue a été encore retenue plus récemment dans un ouvrage consacré à la recherche des méthodes de prévention qui sont efficaces[2].

Cette conception limitative de la notion de prévention n'est d'ailleurs pas seulement une vue doctrinale. Elle est également celle du *Conseil de l'Europe* qui dans la *recommandation n° R (83) 7 du Comité des Ministres* aux États membres exclut en tant qu'objet de l'étude de la notion de prévention, la « prévention pénale » qui s'appuie sur la peine, sa détermination et son exécution. L'*Union européenne* se situe également en amont de l'intervention pénale quand elle énonce que la prévention de la criminalité couvre toutes les mesures quantitatives et qualitatives contribuant à faire diminuer la criminalité et le sentiment d'insécurité que ce soit directement en décourageant les activités criminelles, ou par le biais de politiques et d'actions destinées à réduire les facteurs criminogènes ainsi que les causes de la criminalité[3]. Il est donc clair que pour le Conseil de l'Europe comme l'Union européenne la prévention de la criminalité doit être définie comme étant seulement l'*un des instruments de la politique criminelle* et qu'elle doit être distinguée des *autres instruments de cette politique,* tels que la peine dans ses diverses fonctions[4], l'aide aux victimes, la réinsertion sociale, la dépénalisation, le traitement des délinquants, les substituts aux peines privatives de liberté et *a fortiori* la responsabilité civile[5].

b. Analyse critique de la notion de prévention

961 *De la signification courante au sens scientifique* ◇ En présence de définitions aussi différentes de la prévention que celles qui viennent d'être exposées, l'analyse critique a pour finalité de dégager la définition qui présente le maximum de *cohérence logique et phénoménologique* afin de pouvoir construire une théorie générale aussi satisfaisante que possible.

Si l'on recherche le *sens courant* du mot « prévention » donné par les dictionnaires, la première chose qui frappe c'est que la signification du terme a considérablement évolué depuis le début du XXᵉ siècle. C'est ainsi qu'aucun des sens figurant dans le Larousse publié avant la Première Guerre mondiale n'évoquait, au moins directement, la notion actuelle de prévention. Aujourd'hui, le mot « prévention », tel qu'il ressort de son étymologie, possède une double dimension. Prévenir, c'est à la fois « devancer, aller au-devant de » et « avertir de ». En criminologie préventive, c'est dans son premier sens qu'est pris le mot prévention. Il s'agit de « devancer », d'« aller au-devant de » la criminalité en utilisant diverses techniques d'intervention destinées à empêcher la criminalité de se produire. Si la prévention de celle-ci comporte un « avertissement » de quelque chose, au second

---

1. Comp. dans un sens voisin : J. Brown et Jammes, art. précité, qui distinguent entre l'approche *proactive* et l'approche *réactive* du contrôle de la criminalité; L. Walgrave et F. de Cauter, « Une tentative de clarification de la notion de "prévention" », *Ann. Vaucr.*, 1986, 1, p. 31 et s., qui distinguent entre intervention « préventive » et intervention « curative » (p. 41); P. Robert *in Les politiques de prévention de la délinquance à l'aune de la recherche*, L'Harmattan, 1991, p. 14-15.
2. M. Cusson, *Prévenir la délinquance. Les méthodes efficaces*, PUF, 2002, p. 9-11.
3. Art. 2-2 décision 2009/902/JAI, préc.
4. *Cf. supra* nᵒˢ 806 et s.
5. *Cf.* A. Tunc, « Responsabilité civile et dissuasion des comportements antisociaux », *in Mélanges dédiés à Marc Ancel*, 1974, t. 1, p. 407 et s.

sens indiqué par l'étymologie, c'est uniquement au titre de l'une des techniques possibles d'intervention (ex. l'avertissement adressé à la population ou à certaines personnes du risque qu'elles courent en ne prenant pas telle ou telle mesure de protection); mais il n'y a là qu'une simple mesure technique de caractère partiel et qui ne s'impose pas dans toutes les formes de prévention.

Si l'on envisage maintenant le concept de prévention *d'un point de vue scientifique,* on doit observer qu'il appartient à cette catégorie de concepts des sciences sociales que l'on peut appeler des « concepts mixtes » ou, pour être plus exacts et plus précis, des « concepts dialectisés ». Au départ, en effet, il s'agit de constructions purement *théoriques* qui désignent et caractérisent un projet de changement social : telle était bien la caractéristique de la prévention dans le vocabulaire de Ferri et des positivistes. Par la suite, un certain nombre de réalisations pratiques sont venues donner une sorte de « corporalité » au concept de prévention et en faire par conséquent un *concept empirique.* Mais, peu après, de nouvelles réflexions se sont engagées sur ce dernier et ont abouti à des développements critiques qui renvoient le concept dans le champ de *l'analyse théorique.* On a donc affaire à un concept logico-expérimental qui découle à la fois d'une réflexion rationnelle et d'une observation de l'expérience, ce qui en fait la *mixité,* et qui, du fait de la succession dans le temps de l'une et de l'autre, lui confère la *dialecticité.*

En présence de tels concepts, la méthode qui parait la mieux appropriée pour choisir, parmi les multiples conceptions de la prévention, celle qui a les meilleures chances d'opérationnalisation, est celle que l'on peut appeler la « méthode de la cohérence ». On entend par là la réflexion rationnelle qui, prenant en compte les données de l'expérience en même temps que la spéculation logique, s'efforce de donner au concept à définir le plus de cohérence logique possible afin d'en garantir l'efficacité maximale dans le champ de l'action. Or à quels *résultats* aboutit la méthode de la cohérence lorsqu'il s'agit de départager les conceptions totalisatrices et les conceptions limitatives de la prévention ?

Pour dégager ces résultats, il faut partir de l'interrogation sur *ce qui peut fonder l'efficacité éventuelle de la prévention.* Cette dernière repose sur l'hypothèse selon laquelle il serait possible d'influer sur le comportement des populations par des mesures ou des actions déterminées, afin d'éviter qu'elles n'adoptent des conduites non désirables, délinquantes ou déviantes. L'analyse de cette hypothèse met en évidence *trois éléments :* 1/ elle postule qu'il existe des comportements jugés non désirables, sous l'appellation d'actes délictueux ou déviants; 2/ elle implique qu'il existe dans la population globale, ou dans certains segments de celle-ci, une propension particulière à s'adonner à de telles activités; 3/ elle suppose qu'il est possible de détourner ces éléments de population de ces comportements indésirables en recourant à des mesures ou à des actions spécifiques.

Quels peuvent être alors les *critères* de ces mesures ou actions spécifiques sur la base de cette hypothèse ? Celles-ci doivent répondre à *quatre conditions :* 1/ une action ne peut être dite de prévention de la délinquance que si elle a pour *objectif principal, sinon exclusif,* d'assurer la prévention de la délinquance ou des déviances, c'est-à-dire d'agir sur les facteurs ou les processus considérés comme des déterminants de celles-ci; 2/ ces mesures ou actions s'adressant à la population globale ou à un segment de celle-ci, ne peuvent être dites actions ou mesures de prévention que celles qui ont un *caractère collectif,* par opposition aux mesures ou actions individuelles; 3/ du moment qu'il s'agit d'éviter l'adoption de conduites délinquantes ou déviantes, ne peuvent être dites préventives que les actions ou mesures *qui interviennent avant la perpétration des actes délictueux ou déviants,* et non après; 4/ enfin, la prévention consistant dans l'application de mesures ou actions antérieures à la commission de toute infraction pénale ou l'adoption de tout comportement déviant, ces mesures ou actions *ne peuvent être directement coercitives,* la coercition supposant qu'un délit a déjà été commis [1].

À partir de ces critères on peut dire que la prévention s'entend de l'ensemble des mesures de politique criminelle, à l'exception des mesures d'intervention pénale, qui ont pour finalité exclusive, ou au moins principale, de limiter la possibilité de survenance d'un ensemble d'actions criminelles en les rendant impossibles, plus difficiles ou moins probables.

L'explicitation de cette définition conduit à deux *certitudes* (1) et à une *interrogation* (2).

1. Les certitudes

962 Distinctions ◇ La double certitude consiste dans la distinction de la prévention de la criminalité de *l'intervention pénale* d'une part, et des *mesures de bien-être social* d'autre part.

963 1) *Prévention et intervention pénale* ◇ Cette première distinction se trouve incluse dans le premier terme de la définition qui vient d'être donnée (« à l'exclusion des mesures d'intervention pénale »). La raison vient du fait que la prévention est essentiellement *proactive,* alors que l'intervention pénale est par nature *réactive.* Peu importe à cet égard la finalité et le contenu de cette intervention : intimidation, rétribution, resocialisation ou réparation. Plutôt que de parler de prévention, il vaudrait mieux, à vrai dire, en distinguant l'amont et l'aval employer l'expression d'« intervention *a priori* », par opposition à l'« intervention *a posteriori* ».

De cette distinction découlent plusieurs conséquences.

1) Conformément à ce que nous avons dit précédemment [2], elle exclut du sens du mot prévention en criminologie préventive *la prévention par la menace de la peine* ou *intimidation générale* ou encore *dissuasion.* Il s'agit certes, bien entendu, de prévention au sens large du terme, mais ce serait se condamner à ne rien comprendre au problème de la criminologie préventive que de l'inclure dans celle-ci. La criminologie préventive s'est précisément élaborée contre elle si l'on peut dire, pour remédier à son inefficacité préventive, vraie ou supposée. L'étude scientifique de l'intimidation collective fait partie de la criminologie de la politique criminelle [3], et non de la criminologie préventive.

2) La définition de la prévention que l'on vient de donner, exclut également de son champ d'action la *prévention individuelle* de la *récidive,* comme d'ailleurs de la

---

1. Ces critères qui avaient été présentés dans la 3ᵉ éd. du présent manuel en 1994 (p. 589) ont été repris dans le « Guide pratique pour les contrats locaux de sécurité » publié à la Doc. fr. par l'IHESI en 1998. Il en est ainsi du moins pour les critères 1, 2 et 4. Pourquoi ce guide n'a-t-il pas retenu le critère n° 3 et a-t-il de la sorte opté implicitement pour une conception totalisatrice de la prévention ? L'explication s'en trouve dans les termes de la circulaire du 28 nov. 1997 sur les contrats locaux de sécurité ; le point II, 1, a de la circulaire qui énumère le contenu de la prévention de la délinquance énonce parmi ses 9 points : « La prévention de la récidive, l'aide aux victimes, la médiation pénale ». L'IHESI ne pouvait évidemment pas contredire le Gouvernement !

2. *Cf. supra* n° 917.

3. *Cf. supra* n° 807.

primo-délinquance lorsqu'il existe dans une législation la possibilité de prendre des mesures individualisées *ante delictum* (ex. en France pour les mineurs en danger, les alcooliques dangereux pour autrui ou les vagabonds aptes au travail). On a parlé en effet d'« ensemble d'actions criminelles » et non d'actions criminelles individuelles, pour bien marquer le *caractère collectif* de la prévention en criminologie préventive. La prévention *individuelle* de la récidive et de la primo-délinquance est certes de la prévention au sens le plus général du terme, mais *elle obéit à des principes, des stratégies et des techniques tout à fait différents* de la prévention collective qui relèvent de la criminologie clinique [1] et non de la criminologie préventive. Telle est la raison de son exclusion de celle-ci. On doit remarquer cependant qu'il existe des situations limites où la distinction tend à s'estomper.

3) La définition de la prévention qui précède écarte encore de son champ d'action *les systèmes d'indemnisation et d'aide aux victimes* qui sont la réparation des dommages causés par une infraction. Il s'agit en effet ici encore de mesures post-délictuelles, par hypothèses individualisées, et qui répondent à des finalités réparatrices, différentes de la prévention, même si elles prennent la forme d'associations d'aide aux victimes. Elles entrent en réalité dans le domaine d'une *criminologie clinique élargie.*

4) Échappent enfin au champ de la prévention ces procédés modernes de politique criminelle qui ont nom *décriminalisation, dépénalisation* et *déjudiciarisation* (« *diversion* » en anglais). Les deux premiers relèvent de la criminologie de la politique criminelle [2]. Quant au troisième qui débouche sur des procédures de conciliation, de médiation ou de transaction, il se partage, selon le point de vue sous lequel on le considère, entre la criminologie des techniques pénales [3] et la criminologie clinique élargie, mais il n'entre certainement pas dans le champ de la prévention [4].

964 2) *Prévention et mesures de bien-être social* ◇ On entend par « mesures sociales » ou « mesures de bien-être social », celles qui ont pour finalité de transformer la vie en société en ouvrant des possibilités à certaines catégories sociales, dites défavorisées, pour améliorer leur sort, ou en leur venant en aide matériellement (ex. le Revenu minimum d'insertion, RMI, créé en 1988 ou le Revenu de solidarité active, RSA, qui lui a succédé en 2009) ou moralement. La loi du 29 juillet 1998 sur la lutte contre les exclusions [5] en est une expression particulièrement significative.

On a souvent tendance à considérer indistinctement de telles mesures comme des mesures de prévention parce qu'elles seraient susceptibles d'avoir, au moins indirectement, un effet de prévention [6]. Le Centre international pour la prévention de la criminalité [7] constatait ainsi qu'en 2010 les politiques de prévention ne se bornent plus à rechercher une réduction des taux de criminalité mais visent à améliorer la qualité de la vie quotidienne et le « vivre

---

1. *Cf. supra* n°s 878 et s.
2. *Cf. supra* n°s 803 et s.
3. *Cf. supra* n° 874.
4. En ce sens S. Moyer, *La déjudiciarisation dans le système judiciaire pour les jeunes*, Montréal, 1980, p. 121-123.
5. *Cf. supra* n° 927.
6. Telle est la conception de la nouvelle politique française de prévention. *Cf. supra* n° 949. V. sa critique par G. Di Marino, *JCP* 1991, I, 3535.
7. *Cf. supra* n° 953.

ensemble »[1]. Cette conception est critiquable parce qu'elle a l'inconvénient d'enlever aux mesures de prévention leur spécificité et de les dissoudre dans un ensemble politique beaucoup plus général dont il est impossible d'apprécier la valeur préventive. Certains criminologues ne manquent d'ailleurs pas de faire la distinction[2]. Il convient en effet de ne réserver au champ de la prévention de la délinquance que les mesures sociales qui ont pour « finalité exclusive ou au moins principale » un objet de prévention, comme il est dit dans la définition.

2. Le point d'interrogation

965 *Prévention ou contrôle ?* ◇ Certains auteurs contemporains entendent distinguer entre la *prévention* de la criminalité et le *contrôle des populations*[3]. La question qui a été posée pour les « patrouilles de citoyens » aux États-Unis ou les professionnels de l'intervention sociale[4], se présente plus largement pour l'action de la *police*.

Lorsque la police est en *action de police judiciaire*, il est certain qu'il s'agit de répression et non de prévention. À l'inverse, quand les services de police organisent une *action de prévention sociale* ou y participent (ex. l'animation de « clubs de prévention » par des policiers), il n'est pas davantage douteux qu'il s'agit bien d'actions de prévention.

Le problème se présente lorsque l'on considère le phénomène de la *présence policière*, c'est-à-dire le fait de l'implantation d'un service de police dans une aire géographique déterminée et les patrouilles de police. S'agit-il de prévention ou de quelque chose d'intermédiaire entre prévention et répression, le *contrôle de la population ?* En faveur de la distinction du contrôle et de la prévention, on arguera du fait que l'efficacité de la présence policière est liée à ses pouvoirs de police judiciaire et à l'actualisation de la menace de la peine qu'elle représente. Mais en faveur de l'assimilation de la présence policière à la prévention, on invoquera le fait que cette présence modifie la situation précriminelle et constitue donc une forme de *prévention situationnelle*. Aussi y a-t-il lieu de la prendre en compte dans la notion de prévention tout en ayant conscience de la spécificité de cette action de contrôle[5,6].

B. Les typologies de prévention

966 *Des activités de natures différentes* ◇ La définition qui vient d'être donnée permet de délimiter le cadre général à l'intérieur duquel s'inscri-

---

1. *Rapport international prévention de la criminalité et sécurité quotidienne : tendances et perspectives*, 2010, 241 p., spéc. p. 9 et 23.
2. En ce sens, L. Walgrave et F. de Cauter, art. précité, spéc. p. 41, bien que ces auteurs préconisent, sous le terme de « prévention radicale » une politique de bien-être social (p. 45 et s.). Plus largement sur la distinction au regard de l'exclusion sociale entre politiques pénales et politiques sociales *cf.* Dr P. Gray, « Social Exclusion and Criminal Justice Policies », *in* M. Herzog-Evans (ed.), vol. 1, p. 333-352.
3. W. Einstader, « Citizen patrols : prevention or control ? », *Crime and social justice*, 1984, p. 200.
4. E. Baillergeau, « Intervention sociale, prévention et contrôle social », *Dev. et soc.*, 2008/1, vol. 32, p. 3-20.
5. C'est ce qui a été fait dans la description des actions de prévention, *cf. supra* n°s 935 et s.
6. Sur une définition très différente de la prévention en termes de « science politique », *cf.* L. Barbe et al. précité.

vent les activités de prévention. Encore faut-il voir que ces activités ne sont pas toutes de même nature, ce qui conduit à l'élaboration de typologies d'activités de prévention.

La littérature criminologique comprend *plusieurs typologies* reposant sur des critères différents et d'utilité variable. Celles-ci n'ont cessé de se multiplier au cours des dernières années et de se sophistiquer (a). Une bonne typologie cependant suppose une assise théorique aussi solide que possible et qui tienne compte des limites fixées par la définition de la prévention (b).

a. Les diverses typologies

967 **1)** *Une multiplicité de distinctions* ◊ On peut repérer au moins six grandes typologies de la prévention, lesquelles admettent diverses variantes. Remarque très importante : ces typologies ne correspondent pas toutes à la même *extension* du concept de prévention; alors que les unes s'inscrivent dans le cadre des conceptions limitatives, d'autres se déploient dans tout le champ des conceptions totalisatrices de la prévention[1].

1) La typologie la plus ancienne distingue entre *prévention de la délinquance juvénile* et *prévention de la délinquance en général*. Pendant longtemps en effet, on a eu tendance à considérer que seule la délinquance juvénile pouvait faire l'objet d'une *prévention sociale et de mesures de rééducation*, alors que la prévention de la délinquance générale relevait du seul système pénal avec *intimidation générale* par la menace de la peine et prévention de la récidive par l'*application des peines*. Cette typologie repose sur l'idée que les enfants et les adolescents ont des *personnalités en formation*, donc susceptibles d'être modelées par une action éducative appropriée ou « redressées » par des mesures de rééducation individualisées, tandis que la *personnalité de l'adulte* est déjà formée et ne peut plus être remodelée ni réformée, la *peur de la peine* et la *rétribution de la faute commise* restant les seuls leviers d'action sur elle. Le critère du jeune a évolué avec cette distinction : de 14 à 16 ans selon les législations, il est passé généralement à 18 ans; ensuite on a admis la notion de « jeunes adultes » de 18 à 21 ans et parfois jusqu'à 25 ans.

2) Une deuxième distinction consiste à opposer *prévention générale* et *prévention spécifique*[2]. La première est celle qui s'attaque aux facteurs généraux du phénomène à prévenir. La seconde vise des facteurs plus précis, plus spécifiques de ce phénomène.

3) Une troisième distinction oppose la *prévention passive* et la *prévention active*. La première édicte des mesures de prévention mais ne va pas au-devant du phénomène à prévenir; elle est du type « avertissement ». La seconde au contraire œuvre activement à l'évitement du phénomène indésirable. Cette distinction a été élaborée principalement par les premières réflexions policières sur la prévention de la délinquance[3].

4) La distinction la plus répandue est la *distinction tripartite, d'après les niveaux de prévention*, entre prévention primaire, secondaire et tertiaire[4].

---

1. *Cf. supra* nᵒˢ 959 et 960.
2. Cette distinction est utilisée par ex. par R. Lenoir, *Les exclus*, 1974, p. 38.
3. OIPC, « Les bureaux de prévention policière dans les services de police », *RIPC*, 1963, p. 317-328, spéc. 326.
4. *Cf.* O. Jeanneret, « Les niveaux de la prévention », *in Les cahiers médico-sociaux*, Genève, 1967, nᵒ 2, p. 71-79.

La *prévention primaire* est l'ensemble des moyens qui sont orientés vers la modification des conditions criminogènes de l'environnement physique et social global.

La *prévention secondaire* est dirigée vers l'identification et l'intervention préventive à l'égard de groupes ou de populations qui présentent un « risque particulier » de délinquance.

La *prévention tertiaire* est celle qui est dirigée vers la prévention de la récidive, à travers des actions individualisées de réadaptation sociale ou de neutralisation des anciens délinquants[1].

La définition de ces trois niveaux montre que seuls les deux premiers intéressent la criminologie préventive. Le troisième relève de la criminologie clinique[2].

Cette division tripartite connaît bien des *variantes*. Tel auteur distingue entre prévention par l'amélioration des conditions d'existence, prévention par attaque concertée des structures et des institutions sociales défectueuses, et prévention par services offerts aux délinquants et handicapés sociaux[3]. Tel autre, opérant dans le domaine de la prévention de la délinquance juvénile, différencie la « prévention préventive », la « prévention curative » et la « rééducation »[4]. Une typologie de cette veine, plus élaborée encore, distingue non pas trois mais quatre niveaux de prévention : le modèle punitif, le modèle médico-thérapeutique, le modèle mécanique et le modèle communautaire[5].

5) Mais, depuis une vingtaine d'années la distinction considérée comme la plus opérationnelle, consiste à séparer *prévention sociale* et *prévention situationnelle*. Elle repose sur la distinction sur le plan théorique entre les théories étiologiques de la délinquance[6] et les théories dynamiques de l'acte criminel[7], plus particulièrement celles qui mettent l'accent sur le rôle de la situation précriminelle dans les facteurs et les processus du passage à l'acte. Elle a été systématisée notamment par H. Berkmoes et G.-L. Bourdoux[8]. La *prévention sociale* repose sur l'approche des facteurs de la délinquance ; elle exige la réunion de deux démarches : 1) la détermination de ces facteurs et 2) l'organisation de programmes d'action en vue d'en écarter ou d'en canaliser les effets. La *prévention situationnelle*[9] repose en revanche sur cette idée que le passage à l'acte criminel est dû non seulement aux motivations de l'acteur qui résument l'impact de l'étiologie

---

1. *Cf.* P.-J. Brantigham et F.-L. Faust, « *A conceptual model of crime prevention* », *Crime and delinquency*. 1976, p. 284-296.

2. *Cf. supra* n° 956. M. Cusson relève que ni la clarté ni l'utilité de cette tripartition ne sont évidentes (*Prévenir la délinquance*, précité, p. 9, note 1).

3. D. Szabo, « Les mesures de prévention sociale », *in Criminologie en action*, 1968, p. 273-311, spéc. 288-289.

4. H. Michard, « Le problème de la prévention », *Rééducation*, 1951, n° spécial, p. 3-16.

5. J. Rico d'après M. Delmas-Marty, « Systèmes d'administration de la justice et prévention », *RDPC*, 1988, p. 119-134, spéc. p. 119.

6. *Cf. supra* n°s 226 et s.

7. *Cf. supra* n°s 275 et s.

8. Art. précité à la *RDPC*, 1986, spéc. p. 741-758. C'est cette distinction qui est retenue par M. Cusson dans l'ouvrage précité qui distingue 1/ Les actions sur les situations ; 2/ Les actions visant les individus (en sous distinguant entre prévention sociale proprement dite et prévention développementale. *Cf.* le CR de l'ouvrage *RSC*, 2003, p. 225-228.

9. R.-V.-G. Clarke, « Situational crime prevention : theory and practice », *British Journal of criminology*, 1980, n° 2, p. 136-147 ; R.-V.-G. Clarke (éd.), *Situational crime prevention. Successful case studies*, Albany (N-Y), 1992, 286 p. ; R.-V.-G. Clarke, « Les technologies de la prévention situationnelle », *CSI*, 1995, n° 21, p. 101-113 ; Séminaire de recherche criminologique appliquée de l'IHESI (nov. 1995) « Délinquants et rationalité », Rapports M. Cusson, M. Myhre, R. Le Doussal, J. Prouly et R. Gassin ; Colloque de l'Intercenter de Messine (avr. 1996) : « Theoritical and philosophical foundations of situational crime prevention and rational choice », Rapports K. Rease, A. Bouloukos et G. Farrell, A. Nigli, K.-D. Opp, R. Gassin, G. Gennaro, R. Seve, New-

sur la personne du délinquant, mais aussi aux *caractéristiques situationnelles*[1]; de la sorte on estime que certains délits au moins peuvent être évités si l'on a la maîtrise *ou la manipulation de l'environnement immédiat* dans lequel ils se produisent et les programmes de prévention tendent à acquérir cette maîtrise[2]. L'approche situationnelle conduit alors à *deux sortes d'actions préventives :* celles qui ont pour but de diminuer *les situations précriminelles* incitant à la commission des délits et celles qui visent à *augmenter les risques d'appréhension.*

Cette distinction connaît des variantes plus ou moins fidèles ou partielles : distinction entre politique sociale et de lutte contre la criminalité, application de la loi et initiatives privées[3]; opposition entre prévention au niveau de la collectivité et prévention au niveau individuel[4]; antithèse entre prévention orientée vers le délinquant et prévention orientée vers la victime ou « prévention victimologique ».

6) Une autre typologie a été proposée postérieurement, qui oppose une *prévention « défensive »* et une *prévention « émancipatrice »*[5]. La prévention « défensive » est celle de la peur et de l'exclusion; la prévention « émancipatrice » est celle de la confiance et de l'intégration. Il s'agit ainsi d'une distinction qui repose à la fois sur les objectifs et sur les moyens de la prévention et qui s'inscrit comme le pendant de l'opposition entre répression et resocialisation dans le domaine de la criminologie clinique. On reconnaîtra dans la nouvelle politique française de prévention construite en 1988[6] une illustration parfaite de la notion de prévention « émancipatrice ».

À vrai dire, antérieurement à cette typologie on avait déjà proposé et développé une opposition tout à fait comparable entre d'une part la *prévention « défensive »* où « on se défend contre un problème ou ses conséquences » et « on tâche de mettre fin à une situation indésirable » et d'autre part une *prévention « offensive »* qui « ne part pas de la crainte d'un problème spécifique, mais d'une confiance dans les possibilités spontanées des populations »[7]. Mais ce dernier travail pré-

---

man et Marongiu, N. Tilley, S. Shohan et R. Clarke et M. Felson; R. Clarke, « Situational crime prevention », *in* M. Tonry et D. Farrington, *Building a safer society*, Chicago, 1995, p. 91-150; R. Gassin, « Les relations entre la prévention situationnelle et le contrôle de la criminalité », *RICPT*, 1996, p. 259-271; M. Cusson, *Criminologie actuelle*, p. 167-174 et *Criminologie*, p. 65-66 et 128-131, même auteur, « Prévention situationnelle », *criminologie. com*, juin 2010.

1. Pour une conception plus complexe de la prévention situationnelle, v. A.-M. Favard, « La prévention dans la ville : à la recherche de concepts intermédiaires permettant l'ancrage des pratiques », *Ann. Vaucr.*, 1986/1, p. 101-116; « Observatoire permanent et prévention situationnelle », *RSC*, 1989, p. 380-386.

2. « Situational crime prevention measures are those which aim to reduce the opportunities for specific forms of crime to be commited » écrit P. Veater, *in* « Crime trends and preventive strategies : identification of the problem », *Police Journal*, 1988, p. 14-18. *Adde* M. Killias, *Précis de criminologie*, 1991, p. 298-331; M. Cusson, « L'analyse criminologique de la prévention situationnelle », *RICPT*, 1992, p. 137 et s; G.-L. Isenring et M. Killias, « L'étude de la délinquance économique dans les entreprises suisses par l'approche situationnelle en vue d'une meilleure prévention », *RICPT*, 2005, p. 3.

3. H. D. Steinhilper, « Violence et police », *in La police et la prévention de la criminalité*, Conseil de l'Europe, 1978, t. XVI, p. 69.

4. G. Kellens, « La prévention au niveau individuel », *RSC*, 1989, p. 573-583, spéc. 574.

5. M. Delmas-Marty, « Systèmes d'administration de la justice et prévention », *RDPC*, 1988, p. 119.

6. *Cf. supra* n° 949.

7. L. Walgrave et F. de Cauter, « Une tentative de clarification de la notion de prévention », *Ann. Vaucr.*, 1986/1, précité, spéc. p. 42-43. La prévention « offensive » s'inspire fortement des « Nouvelles voies de prévention », *cf. supra* n° 928. Au demeurant, les six typologies qui précèdent n'épuisent pas toutes les classifications concevables. C'est ainsi que N. Queloz distingue, à propos de la prévention de l'émergence et de l'extension de la criminalité organisée, entre 4 sortes de prévention : structurelle, contextuelle, situationnelle et individuelle (« Les actions internationales de lutte contre la criminalité organisée : le cas de l'Europe », *RSC*, 1997, p. 765 et s., spéc. 776-777).

sente aussi l'intérêt d'être probablement le premier à proposer une combinatoire des diverses dimensions de la notion de prévention.

968 *2) Une combinatoire des typologies* ◇ Les distinctions qui précèdent se développent en général séparément les unes des autres. Pourtant nombre d'entre elles se recoupent. Aussi est-il intéressant de montrer comment elles peuvent se combiner en donnant l'exemple du modèle élaboré par L. Walgrave et F. de Cauter[1].

Ces auteurs ont identifié trois principes de classification dans le vaste domaine de la prévention. Le premier s'attache au *moment de la prévention* et distingue entre politique du bien-être général, intervention préventive proprement dite et action curative. Le deuxième vise le *point d'application de l'intervention* et oppose une prévention axée sur la personne et une prévention axée sur les structures. Le troisième enfin prend pour critère le *caractère de la prévention,* ce qui conduit à différencier la prévention « offensive » de la prévention « défensive ».

Analysant alors les rapports réciproques entre ces trois dimensions de la prévention, les auteurs les résument dans le modèle graphique suivant[2].

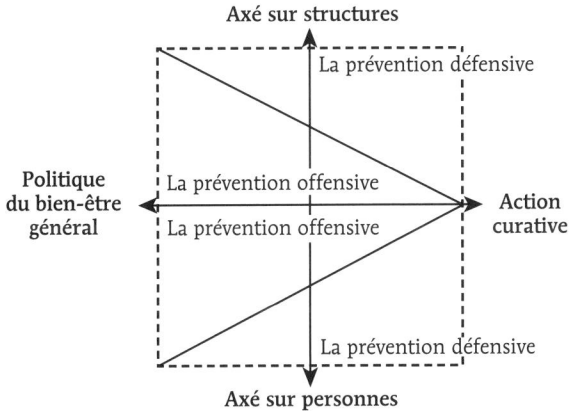

b. **La typologie proposée**

969 *Une typologie tridimensionnelle* ◇ Pour notre part, il nous semble que c'est à partir des *lieux d'articulations du phénomène collectif* de la criminalité et *du phénomène individuel* du crime qu'il convient d'établir une typologie rationnelle de la prévention en criminologie préventive. On se souvient que cette articulation s'opère, selon les cas à trois niveaux : formation de la personnalité des délinquants, constitution des situations précriminelles et processus du passage à l'acte[3].

---

1. Art. précité, spéc. p. 40-44.
2. Art. précité, p. 43.
3. *Cf. supra* nos 745 et s.

De la sorte, on peut distinguer trois sortes d'activités de prévention de la criminalité.

a) Prévention au niveau de la formation de la personnalité des individus qui peut être elle-même :
– soit *indirecte* par des mesures générales qui concernent l'ensemble de la population (ex. législation de l'adoption),
– soit *directe* par actions spécifiques exercées auprès de groupes sociaux localisés et limités particulièrement vulnérables (ex. clubs de prévention)[1].

b) Prévention au niveau de la constitution des situations précriminelles qui peut elle-même se subdiviser en deux sous-types :
– actions destinées à éviter la formation de l'événement originaire constitutif de la situation précriminelle[2]. Il s'agit essentiellement d'actions de type psychosocial destinées à désamorcer la formation de ces situations.
– actions destinées à neutraliser les circonstances de mise à exécution du projet criminel[3]. Elles consistent surtout en mesures d'ordre technique, telles que l'interdiction de vente des armes à feu.

c) *Prévention au niveau du développement des processus du passage à l'acte.* C'est ici, par exemple, que peut se situer l'action préventive des patrouilles de police qui par leur présence active sur les lieux où un crime va se commettre interrompent le processus du passage à l'acte criminel[4].

§ 2. **La justification de la prévention**

970 *Un problème criminologique strictement empirique* ◇ Depuis les positivistes et plus particulièrement depuis Ferri, il s'est développé tout un courant d'idées selon lequel la justification de la prévention ne saurait être mise en doute. On s'est même habitué peu à peu à considérer la validité du recours à la prévention comme allant de soi, ce que l'on exprime par la phrase qui a pris la valeur d'un adage : « Mieux vaut prévenir que réprimer », comme la médecine déclare : « Mieux vaut prévenir que guérir ».

Aujourd'hui cependant certaines critiques plus ou moins radicales dirigées contre la prévention conduisent à s'interroger sur sa justification[5]. Il convient à cet égard de bien faire le départ entre les trois points de vue auxquels on peut se placer pour apprécier la prévention : juridico-moral, politico-idéologique et empirico-criminologique. La criminologie appliquée qui est une science empirique[6] n'a pas à prendre en considération les deux premiers points de vue qui relèvent d'autres disciplines (droit, morale, politique, philosophie...)[7]. Elle doit se placer

---

1. C'est ce type de prévention que vise J. Pinatel. *in* « Personnalité criminelle et prévention de la criminalité », *AIC,* 1973, p. 13-23.
2. *Cf. supra* n° 646.
3. *Cf. supra* n° 647.
4. *Cf. supra* n°ˢ 657 et s.
5. V. par ex. M.-L. Rassat, « Peut-on prévenir la délinquance ? », *RICPT,* 1988, p. 437-444. *Cf.* cependant en sens opposé C. Lazerges, « La prévention réhabilitée », *RSC,* 1990, p. 178-186; mais ne réhabilite-t-on pas ce qui a déjà été détruit ou dégradé ?
6. *Cf. supra* n°ˢ 46 et s.
7. Sur certains de ces aspects, v. par ex. M. Delmas-Marty, « Systèmes d'administration de la justice et prévention », *RDPC,* 1988, p. 119-134, spéc., p. 128 et s.; M.-L. Rassat, art. précité, en partie.

du strict point de vue de *l'étude empirique,* c'est-à-dire de *l'observation des faits.* C'est précisément pour l'avoir oublié que nombre de discussions sur le sujet n'aboutissent qu'à des affrontements irréductibles.

Envisagé ainsi du seul point de vue empirique, le problème de la justification de la prévention se décompose en deux grandes questions qui sont distinctes l'une de l'autre en théorie, sinon en pratique. La première consiste à se demander si le recours à la prévention est, sinon indispensable, du moins *socialement utile* (A). Quant à la seconde question, elle a pour objet de savoir si la prévention est *possible,* c'est-à-dire dotée d'une certaine efficacité (B).

A. L'utilité du recours à la prévention

971 *De l'insuffisance à la nocivité* ◇ Dans la perspective des positivistes puis des partisans du mouvement de la Défense Sociale (ancienne et nouvelle), évoquer l'utilité du recours à la prévention, c'était se référer à l'insuffisance, voire à la *carence de la répression,* depuis la dissuasion par la menace de la peine jusqu'à la rétribution et à la prévention de la récidive par l'application d'une peine intimidante[1].

Cette idée a été cependant longtemps la seule justification avancée de l'utilité du recours à la prévention. Elle s'inscrivait dans la perspective de la criminologie traditionnelle qui voit dans cette discipline la *science de l'action criminelle*[2]. Mais depuis une trentaine d'années, une autre perspective est venue se superposer à la précédente et parfois même s'y substituer : la « répression pénale » est considérée non seulement comme inefficace, mais aussi comme *nocive et inacceptable.* C'est l'un des aspects de la criminologie dite de la réaction sociale[3].

972 *De l'inefficacité de la répression* ◇ On sait que les fonctions *traditionnellement assignées à la sanction pénale sont multiples* et *de nature diverse* : pédagogie générale, intimidation collective, intimidation individuelle, neutralisation et rétribution.

Or une étude approfondie de la *valeur empirique* de ces diverses finalités nous a montré que ces buts sont loin d'être pleinement atteints et même parfois impossibles à obtenir[4]. Aussi n'est-il pas surprenant que devant ce constat de quasi-impuissance répressive, on ait proposé de recourir à des *interventions a priori,* faute de pouvoir obtenir des *interventions a posteriori* les effets que l'on en attendait. Encore convient-il d'observer toutefois que c'est à la suite d'une première dégradation de l'efficacité du système pénal[5] que l'idée de prévention a été lancée à partir du dernier quart du XIXᵉ siècle et que le succès grandissant de la notion se trouve en quelque sorte directement lié à la décroissance continue de l'efficacité de l'appareil répressif de l'État, telle qu'on peut la mesurer à travers la tendance contemporaine caractérisée à l'augmentation de la criminalité et du sentiment

---

1. Les écoles de politique criminelle précitées se référant à une conception totalisatrice de la prévention (*cf. supra* n° 959), nous sommes contraints d'envisager la discussion dans la dimension même où elle s'est développée.
2. *Cf. supra* n°ˢ 2 et s.
3. *Cf. supra* n°ˢ 301 et s.
4. *Cf. supra* n°ˢ 807 et s.
5. *Cf. supra* n°ˢ 553 et s.

d'insécurité, dans les pays occidentaux du moins[1]. Mais parallèlement, une autre raison est venue renforcer la prégnance de l'idée de prévention dans les esprits : la nocivité et même le caractère insupportable de la répression.

973 ***De la nocivité de la répression*** ◇ L'idée selon laquelle la répression est nocive n'est pas nouvelle; c'est ainsi notamment que les théories psychanalytiques sur « l'instinct de mort » avaient accrédité la conception selon laquelle la menace de la peine, et notamment de la peine de mort, exercerait un véritable *pouvoir de fascination* sur certains esprits qui les conduirait à commettre des crimes graves[2]. D'autre part « *la lutte contre la peine* » était le point de départ de la théorie de la Défense Sociale de Gramatica[3]. Mais la véritable offensive contre la répression, sa nocivité et son caractère inacceptable, a été lancée par la *criminologie interactionniste* avec sa distinction entre « déviance primaire » et « déviance secondaire » et sa théorie de la *stigmatisation*[4] : si c'est en effet l'intervention pénale qui crée la délinquance en stigmatisant ceux que saisit le système de justice pénale, toute répression devient un mal et apparaît de ce fait comme insupportable. Ce courant a été repris et amplifié d'une manière générale par la plupart des tendances que l'on regroupe sous l'appellation de « criminologie de la réaction sociale » et c'est aussi devenu une idée politique à la mode selon laquelle il faut rechercher « la sécurité en libertés »[5].

La répression pénale est-elle véritablement criminogène ? On en discute[6], notamment à propos de la prison. L'état actuel des connaissances conduit à se défier en cette matière aussi bien de l'« angélisme » répressif que de la condamnation systématique de tout recours à la répression. Il reste que, dans la mesure où il peut être empiriquement vérifié que l'application de certaines sanctions aboutit à des effets pervers chez certains délinquants, il y a là aussi une nouvelle raison de recourir à la prévention. Mais celle-ci est-elle possible ?

B. La possibilité du recours à la prévention[7]

974 Si l'utilité du recours à la prévention dans nos sociétés contemporaines ne saurait être niée, au moins dans une certaine mesure, encore convient-il de s'assurer qu'elle est *empiriquement possible*. Ni les préoccupations idéologiques des « entrepreneurs sociaux », ni les aspirations concrètes des populations[8], ne sauraient en effet tenir lieu de justification de la préven-

---

1. *Cf. supra* n°s 445 et s.
2. Pour une illustration, écrite il est vrai *a posteriori* : J. Mesrine, *L'instinct de mort*, 3ᵉ éd., Flammarion, 2008, (1ʳᵉ éd., 1977). Un film éponyme en a été tiré par J.-F. Richet en 2008.
3. F. Gramatica, « *La lotta contro la pena* », *Rivista di difesa sociale*, 1947, p. 3.
4. *Cf. supra* n°s 302 et s.
5. *Cf.* G. Bonnemaison, *La sécurité en libertés*, Paris, 1987, 155 p.
6. *Cf. supra* n°s 636 et s., 869 et s.
7. J. Vérin, « La prévention sociale : mythe ou réalité ? », *RSC*, 1982, p. 813-819; G. Picca, « Échec à la prévention ? », *RICPT*, 1983, p. 8-12; M.-L. Rassat, « Peut-on prévenir la délinquance ? », *RICPT*, 1988, p. 437-444.
8. *Cf.* G.-T. Marx, « La société de sécurité maximale », *Dév. et soc.* 1988, p. 147-166.

tion au regard de la criminologie appliquée. Pour rechercher celle-ci, il convient dans un premier temps de rassembler les *données* qui sont de nature à contribuer à éclairer le problème (a) afin de pouvoir dégager à la fois les *principes empiriques* sur lesquels peut s'appuyer le recours à la prévention et les *limites également empiriques* qu'il convient d'assigner à celle-ci (b).

a. L'analyse des données

975 1) *Les données théoriques* ◇ La possibilité du recours à la prévention n'est pas admise par toutes les théories criminologiques, soit que celles-ci se prononcent expressément sur la question, soit que cette conclusion résulte indirectement de leurs explications de la criminalité.

Les *écoles criminologiques qui nient plus ou moins ouvertement la possibilité d'une prévention* efficace de la criminalité sont assez nombreuses et d'inspirations diverses. On peut en effet y repérer :

1) des criminologies qui, s'inspirant de la pensée de Lombroso, situent la causalité du crime dans l'organisation bio-psychique des individus [1];

2) des sociologues qui s'appuient, implicitement ou expressément, sur la théorie durkheimienne de la « normalité sociale du crime » [2] : ils expliquent l'échec des expériences de prévention parce que le crime serait un phénomène social sur lequel on ne peut pas influer beaucoup [3];

3) des marxistes pour qui la criminalité est inhérente au système capitaliste et toute action de prévention n'est rien d'autre qu'une tentative de la part des classes dominantes de « contrôler les déperditions de force de travail » d'où elles tirent, selon Marx, la plus-value [4];

4) diverses théories de la criminologie de la réaction sociale pour lesquelles il n'y a pas de différence entre les actes déviants et les actes non-déviants et la criminalité serait une création de l'activité du système de justice pénale [5];

5) les conceptions criminalistes de la criminalité [6] qui s'appuient notamment sur les théories économique et stratégique de la délinquance [7] et qui soutiennent que les échecs de la lutte contre la criminalité sont dus essentiellement à la faiblesse de la politique des sanctions pénales.

En revanche, toutes les *théories étiologiques* à direction *psychosociale* [8] et à direction *psycho-morale* [9] considèrent la prévention de la délinquance comme empiriquement possible; on doit aussi y ajouter les *théories dynamiques complémentaires*

---

1. V. en ce sens P. Nuvolone, « Prévention du crime et causalité », *in Liber amicorum Hermann Bekaert*, 1977, p. 283-292.
2. Sur cette théorie, *cf. supra* n° 214.
3. En ce sens le criminologue nordique Nils Christie.
4. En ce sens P. Lascoumes, *Prévention et contrôle social, Les contradictions du travail social*, Masson, 1977.
5. *Cf. supra* n°s 301 et s.
6. *Cf. supra* n°s 567 et 568.
7. *Cf. supra* n°s 287 à 292.
8. *Cf. supra* n°s 242 et s.
9. *Cf. supra* n°s 260 et s.

de l'acte criminel, qu'elles attribuent à la situation précriminelle ou à la personnalité de l'agent le rôle déterminant dans le passage à l'acte délictueux [1].

En définitive, sur le plan théorique, on peut situer les *positions des auteurs* sur un axe dont l'une des extrémités comporterait l'option « répression seule » et l'autre « ni répression, ni prévention », l'option préventive se situant entre les deux avec des modalités diverses :

| Ni répression ni prévention | Prévention neutre [2] | Prévention sociale | Prévention situationnelle | Répression seule |

L'idée de prévention apparaît ainsi au fond comme une sorte d'*idée « centriste »,* qui selon les modalités penche un peu plus à gauche ou un peu plus à droite, ce qui contraste avec l'opposition manichéenne courante « répression/prévention » à laquelle les discours politiques et les médias ont habitué les opinions publiques [3].

976 **2) *Les résultats des expériences concrètes*** ◇ De nombreuses actions de prévention de la délinquance ont été menées jusqu'à présent de par le monde et notamment dans les pays occidentaux. Quelques-unes d'entre elles ont fait l'objet de *recherches évaluatives.* Les programmes de prévention sociale de la délinquance juvénile n'ont pas donné à cet égard des résultats très encourageants [4]. Les recherches sur l'efficacité du renforcement du « patrouillage » policier ont à leur tour montré que, sauf à atteindre un état de « saturation » de présence policière insupportable notamment pour les finances publiques, la multiplication des patrouilles de police aboutissait au mieux à déplacer la criminalité, mais non à la réduire véritablement [5]. Il n'y a guère finalement que dans le domaine des actions de prévention destinées à limiter les occasions de crime (prévention situationnelle) que l'on a obtenu certains résultats concrets significatifs [6].

1. *Cf. supra* n°s 276 et s. La position développée par M. Cusson en 2002 dans *Prévenir la délinquance Les méthodes efficaces,* qui attribue de l'efficacité à nombre d'actions de prévention situationnelle (p. 27-71) et, du moins à titre expérimental, à la prévention développementale (p. 86-106) paraît marquer *implicitement* une *évolution* par rapport à ses ouvrages antérieurs, où, présentant une théorie stratégique du crime, il concentrait le contrôle social du crime uniquement dans la *peine* et son application (*cf. supra* n° 292).
2. La notion de « prévention neutre » a été imaginée par L. Hulsman dans le cadre de sa doctrine de l'abolition du système pénal (*cf.* L. Hulsman et J. Bernat de Celis, « Fondements et enjeux de la théorie du système pénal », *in* F. Ringelheim (dir.) *Punir mon beau souci,* 1984, p. 297-317). Pour la doctrine abolitionniste, la prévention ne peut trouver de justification, puisqu'elle suppose un système pénal et que, pour cette doctrine, il doit être aboli (p. 303). Toutefois, cette doctrine introduit la notion de « prévention au sens neutre du terme (sans référence au pénal) » (p. 313) pour désigner « des aménagements sociaux susceptibles de rendre moins fréquents ou moins lourds certains problèmes interpersonnels indésirables » (p. 303) : ex. modifier les circuits routiers pour éviter les accidents de la route (p. 313).
3. *Cf.* cependant une analyse différente dans une perspective de *criminologie critique* : R. Hastings, « La prévention du crime : l'illusion du consensus », *in Prob. act. Sc. crim.,* PUAM, t. VI, 1993, p. 47-69.
4. *Cf. supra* n°s 925 et 927. M. Cusson, ouvrage précité, p. 75-85.
5. *Cf. supra* n° 937.
6. *Cf. supra* n°s 938 et s. V. not. pour le succès du « Seattle Community crime prevention program », I. Waller, « Les moyens pour réduire le cambriolage : les solutions face aux faits », *RICPT,* 1980, p. 179-180. Plus généralement, *cf.* M. Cusson, ouvrage précité.

En définitive, au terme du rappel de ces données à la fois théoriques et pratiques, il apparaît que si la prévention n'est pas impossible, son champ d'application et ses effets ne sont pas illimités.

b. Principe de la possibilité et limites de la prévention

977 *1) Le principe de la possibilité de la prévention* ◇ Il ne suffit pas d'affirmer le principe de la possibilité de la prévention, encore faut-il rechercher quelles sont les *bases empiriques* qui supportent cette possibilité. Trois données fondamentales nous paraissent constituer ces bases décisives.

On retiendra en premier lieu le principe selon lequel *les personnalités peuvent être modifiées* par une action du milieu extérieur. Les comportements des individus ne sont pas, en règle générale, inscrits à l'avance dans leur patrimoine génétique et dans leur enveloppe corporelle. L'action de l'éducation est déterminante chez l'enfant et l'adolescent; l'adulte lui-même change au contact de son environnement social[1].

On relèvera deuxièmement que les *contextes situationnels* ne sont pas immuables. Les situations dans lesquelles se déploient les actions humaines peuvent être changées, soit à la suite de la survenance de phénomènes accidentels, soit sous l'effet de l'activité des hommes eux-mêmes et de la société.

Enfin, on notera que, dans la *dynamique du passage à l'acte* qui se caractérise par l'interaction de la personnalité et de la situation, rien n'est jamais définitivement joué tant que l'acte n'a pas été consommé. *Des modifications soit de l'acteur, soit de la situation, soit des deux, peuvent toujours se produire,* notamment à la suite de l'action du hasard ou de l'intervention volontaire de l'homme et de la société.

978 *2) Les limites de la prévention* ◇ Les principes qui précèdent ne signifient pas pour autant que tout est possible en matière de prévention. Tout au contraire, l'analyse des données qui précèdent montre que son efficacité est enserrée dans de *multiples limites* dont il convient de faire *l'inventaire* et d'expliciter les *raisons*. On peut en repérer *cinq principales*.

1) Une première limite tient aux *infractions*. Toutes les variétés d'infractions pénales ne peuvent pas également être prévenues par les procédés de la criminologie préventive. Des distinctions sont à faire entre celles que seule la répression peut prévenir par la dissuasion et l'action policière répressive (comme c'est le cas actuellement pour diverses formes de terrorisme) et celles qui au contraire relèvent des méthodes de la criminologie préventive.

Parmi ces dernières d'autre part, toutes ne peuvent pas également être prévenues par le même type de prévention. Là encore des distinctions sont à opérer.

2) Une deuxième limite tient aux *individus*. Si nombre d'individus sont sensibles aux méthodes de prévention, il en est certains qui, soit en raison de leur état mental, soit en raison de leur personnalité (les super-délinquants), soit en raison de leur détermination momentanée, sont peu ou moins susceptibles de réagir positivement aux actions de prévention.

3) Une troisième limite tient aux *techniques de prévention utilisables*. Toutes les techniques ne sont pas semblablement *pertinentes*. En deuxième lieu, même perti-

---

1. Comp. J. Pinatel, « Personnalité criminelle et prévention de la criminalité », *AIC*, 1973, p. 13-23.

nentes certaines sont d'un *coût* tel que celui-ci excède l'économie de préjudice que procure leur application[1]. En troisième lieu, certaines engendrent des *effets pervers* en particulier par l'effet d'initiation qu'elles peuvent avoir auprès d'auteurs potentiels ou par le sentiment d'insécurité factice qu'elles peuvent développer dans la population. Il faut tenir compte encore de ce que l'on appelle l'*effet de déplacement* de la prévention qui, au lieu de réduire la criminalité, borne ses effets à la déplacer soit dans l'espace, soit dans le temps, soit dans la nature des infractions commises[2]. Enfin, certaines techniques peuvent entraîner des *contraintes pour la liberté individuelle* qui sont peu compatibles avec les conceptions démocratiques (cas des contrôles de police préventifs).

4) Une quatrième limite résulte précisément de *la conception que la société se fait des valeurs ou des pratiques sociales à adopter*. Certaines de ces valeurs ou pratiques peuvent être en contradiction avec la prévention de la criminalité et ont ainsi des retombées criminogènes. La prévention trouve des limites dans le poids de ces conceptions et ne peut guère faire autre chose que de mettre en place des procédés indirects de neutralisation de ces effets criminogènes. Le cas du divorce est tout à fait exemplaire à cet égard.

5) Une cinquième limite provient de ce que la prévention n'est que peu de chose si elle *n'est pas prolongée par la perspective de la répression*. Il faut qu'en cas d'échec de la prévention, il soit connu que la société n'est pas désarmée et dispose encore de l'arme ultime de la répression. À cet égard, la manière fréquente de présenter la question comme un dilemme entre la prévention et la répression est tout à fait spécieuse. On peut dire, sans pour autant forcer les choses, qu'*il n'y a pas de prévention sans répression*[3].

SECTION 2. LA PRÉVENTION : COMMENT ?[4]

979 ***L'art de la prévention*** ◇ La justification et les limites de la prévention étant dégagées, il reste encore à se demander de quelle manière on peut réa-

---

1. *Cf.* M. W. Lipsey, « Is delinquency prevention a cost-effective strategy : a California perspective », *Journal of research in Crime and delinquency*, 1984, p. 279-302; L.-T. Wilkins, « La prévention et le coût du crime dans la planification nationale », *RIPC*, 1967, p. 23-30.
2. T. A. Reppeto, « Crime prevention and the displacement phenomenon », *Crime and delinquency*, 1976, n° 2, p. 166-177; T. Gabor, « The crime displacement hypothesis : an empirical examination », *Crime and delinquency*, 1981, n° 3, p. 390-404; C. Grandjean, « Attaques à main armée contre les établissements bancaires en Suisse et mesures de sécurité. Une étude empirique de la problématique du déplacement et de l'escalade de la violence », *RICPT*, 1992, p. 200 et s.
3. Sur la nécessité de la sanction comme support de l'éducation, *cf.* P. Berger et T. Luckmann, *La construction sociale de la réalité*, 1986, p. 99. Pour une proposition de *prévention sans répression* (interdit sans peines), v. cependant C. Lazerges, « Les fonctions de la peine et la toxicomanie », *RSC*, 1988, p. 857-864. En revanche pour *le combinaison des deux* : G. Bonnemaison, « La complémentarité prévention-répression », *Rev. pol. nat.*, nov. 1985, p. 93-98; G. Krikorian, « La prévention comme stratégie pour combattre la criminalité urbaine. Considérations théoriques et leur application à une situation particulière en France », *RIPC*, 1986, p. 71-80. *Adde* E. Huq, « Le difficile équilibre entre prévention et répression », *RIPC*, janv.-févr. 1992, p. 36-38; D. Mayer, « Prévention et répression en matière de contrôle d'identité : une distinction trompeuse », *D.* 1993, chron. p. 272-274.
4. A. Ortholland, *Comment prévenir le crime*, Paris, 1988, 204 p.; J.-R. Mendoza Troconis, « Les moyens de prévention contre la criminalité », *EIPSC*, 1977-1978, n°s 31-33, p. 29-31; I. Waller, « Comment restaurer la sécurité dans nos communautés », *RICPT*, 1988, p. 418-425; F. Gaillard, « L'action de prévention », *Informations sociales*, 1992, n° 19, p. 50-56; C. Hiew et C.-B. Collrin, « Preventive interventions in the criminal justice system : a process analysis », *Canadian Journal of criminology*, 1983, p. 319-328.

liser la prévention pour qu'elle soit efficace. La bonne volonté et le dévouement ne suffisent pas en l'espèce comme on a trop souvent tendance à le croire. La prévention est un art, ce terme étant entendu au sens d'une activité qui doit se soumettre à un ensemble de règles si l'on veut qu'elle soit menée à bonne fin. Pour décrire et expliquer cet art, on va en premier lieu présenter les opérations fondamentales que suppose une activité de prévention (§ 1), puis on indiquera l'aménagement de leur mise en œuvre (§ 2).

§ 1. **Les opérations fondamentales de la prévention**

980 *Les sept opérations* ◇ Toute activité de prévention, pour être menée à bien suppose l'accomplissement d'une série d'*opérations intellectuelles* dont il convient de préciser le *contenu*. Ces opérations sont au nombre de *sept* : l'analyse préalable de l'état de la criminalité (A), le choix des « cibles » de prévention (B), la détermination de la théorie de base (C), la définition des objectifs de prévention (D), la sélection des types de prévention (E), la détermination de l'autorité compétente pour exercer une action de prévention (F), enfin l'évaluation scientifique de l'activité de prévention (G)[1].

A. L'analyse préalable de l'état de la criminalité

981 *L'étude meso-criminologique* ◇ « Pour élaborer un programme de prévention du crime, a-t-on écrit, il faut en connaître les formes, les caractères et les causes »[2]. De fait, l'établissement d'un programme de prévention suppose une bonne connaissance de la criminalité dans l'aire géographique délimitée pour l'action de prévention (quartier, ville, département). Une bonne étude méso-criminologique[3] nous paraît requérir l'analyse des trois dimensions suivantes : 1/ la répartition géographique de la criminalité dans l'aire géographique considérée[4]; 2/ l'analyse de la structure de cette criminalité selon les infractions, les délinquants et les victimes[5]; 3/ l'évolution dans le temps de ce double ensemble sur une période à déterminer dans chaque cas particulier[6].

---

1. W. Clifford, *Planing crime prevention*, Lexington books, 1976, 148 p.; M. Cusson et *al.*, *La planification et l'évaluation des projets de prévention du crime*, Québec, 1994; A. Normandeau et I. Waller, « Un pays sans peur et sans crime... ou presque (À propos d'un rapport nord-américain sur la prévention de la criminalité) », *RICPT*, 1994, p. 298-309; J. Graham et T. Beunet (HEUNI), *Crime prevention strategies in Europe and North America*, 1995, 138 p.
2. J. Pinatel, *La société criminogène*, 1971, p. 18; *Adde* A.-M. Favard, « Primauté de l'observation en criminologie et développement de stratégies "d'observatoires" », *AIC*, 1991, p. 97-111; A.-M. Favard et R. Ottenhof, « La connaissance de la criminalité urbaine, condition préalable à la mise en œuvre des politiques de prévention », *in La prévention de la criminalité en milieu urbain*, PUAM, 1992, p. 185-196.
3. Sur la notion de méso-criminologie, *cf. supra* n° 93 en note.
4. Sur la méthode utilisable, *cf.* les travaux de l'école allemande contemporaine de géographie criminelle cités *supra* n° 182 en note.
5. *Cf. supra* n° 178.
6. C'est ainsi que, pour la France où la courbe de la criminalité s'est infléchie de 1985 à 1988 (*cf. supra* n° 457), il sera utile de remonter dans le temps jusqu'en 1981. De même cette courbe s'étant à nouveau infléchie de 1995 à 1997, il faudra remonter à 1989.

La police anglaise a mis au point une méthode d'analyse désignée sous l'appellation de « *crime data analysis* »[1]; mais on lui reproche de n'avoir qu'une faible utilité pour les programmes de prévention sociale, son intérêt ne concernant que la prévention situationnelle policière[2]. On utilise d'autre part en cette matière un concept opératoire de grande utilité : celui de « *high incidence offences* ». On entend par là les actes délictueux qui, par leur nombre et l'extrême dispersion de leurs victimes, paraissent avoir une grande influence sur le sentiment d'insécurité; il s'agit notamment du vandalisme, des cambriolages et des vols de véhicules automobiles.

B. Le choix des cibles de prévention

982 *Le concept de risque*[3] ◇ Ainsi qu'on l'a vu, la prévention n'est pas une entité; c'est un ensemble de mesures qui peuvent s'exercer à différents niveaux et qui peuvent être suivant les cas globales ou spécifiques. Mais les moyens financiers et les ressources humaines dont bénéficie la collectivité ne sont pas illimités; ceci l'oblige à faire des choix de prévention. *Sur quels critères effectuer ces choix ?*

Le concept de *risque*, élaboré pour la médecine préventive, paraît tout à fait opératoire en criminologie préventive, à la condition de lui faire subir les adaptations nécessaires.

Selon le docteur Manciaux, le *concept de risque* est « un concept de répartition des services disponibles, qu'il s'agisse de services sanitaires, sociaux, éducatifs ou autres, sur la base suivante : un peu pour tous, mais davantage pour ceux qui en ont le plus besoin, le problème étant de trouver justement à temps ceux qui ont besoin d'une prévention renforcée ». De la sorte on définit ainsi, en santé publique, des *individus* ou *des groupes à risque* déterminés à partir de *facteurs* ou *d'indicateurs de risque;* on définit également des *environnements à risque,* toujours à partir de facteurs ou d'indicateurs spécifiques.

Ces notions, transposées en criminologie préventive avec les adaptations nécessaires, apparaissent d'une grande utilité pour le choix des « cibles » de prévention. Il s'agit de définir des *populations, plus ou moins larges, à risque* ainsi que des *situations à risque* et ce que l'on peut appeler les *processus à risque* en faisant référence aux processus de passage à l'acte[4]. Le recours à cette notion de risque est d'autant plus commode que la mise en œuvre de ce critère a été opérationnalisée dans une *procédure à quatre étapes* construite sur le modèle : hypothèse, test sur échantillon, correction et application généralisée[5].

C. La détermination de la théorie de base

983 *De l'utilité des théories criminologiques* ◇ Lorsque l'on a porté son choix sur une ou quelques « cibles » de prévention, il convient alors

---

1. M.-H. Ramsay et K.-H. Heal, « Crime analysis : an approach to crime prevention », *Police Research Bulletin,* 1982, p. 23-27.
2. J.-T. Donohue, « *Crime data analysis : the weak link in community crime prevention programs* », *Police chief,* 1982, 3, p. 34-35; Veater, « Crime trends and preventive strategies : identification of the problem », *Police Journal,* 1988, p. 14-18.
3. M. Manciaux, « La prévention des inadaptations », *Sauvegarde de l'enfance,* janv.-févr. 1978, p. 65-72; A.-M. Favard, *RSC,* 1989, p. 384-385.
4. *Cf.* la typologie des activités de prévention, *supra* n° 969.
5. M. Manciaux, art. précité, p. 70.

d'analyser le risque en recherchant quelle est la causalité de ce risque. Pour ce faire la criminologie théorique offre au spécialiste de la prévention une gamme luxuriante de théories criminologiques[1]. Il lui appartient de retenir celle qui lui parait le mieux rendre compte de la situation de prévention qu'il convient de traiter.

On peut se demander, à ce point des développements, s'il n'existerait pas un *concept très général* qui pourrait jouer, en matière de criminologie préventive, une fonction analogue à celle que joue – ou qu'a jouée – la notion d'état dangereux ou de dangerosité en criminologie clinique[2]. On pense naturellement aux concepts *d'anomie* ou de *désorganisation sociale*. Encore faudrait-il pouvoir les opérationnaliser utilement.

D. La définition des objectifs de prévention

984 **Des objectifs précis** ◇ Toute activité de prévention a évidemment pour objectif la réduction de la criminalité ou la limitation de sa progression à tout le moins. Mais il tombe sous le sens qu'un tel objectif très général est bien vague. Il s'agit de définir un ou *quelques objectifs précis* assignés à l'opération de prévention envisagée. Comment déterminer ces objectifs ?

C'est à partir de l'analyse de la situation de risque et de l'interprétation que l'on en donne par la théorie criminologique que l'on doit définir lesdits objectifs. Ceux-ci doivent être déterminés de manière telle qu'ils fassent disparaître les facteurs ou les indicateurs de risque.

E. La sélection du type de prévention

985 **Une sélection circonstanciée** ◇ La criminologie préventive offre au spécialiste de la prévention toute une gamme de possibilités d'actions ou de mesures de prévention entre lesquelles il lui appartient de choisir en fonction tant de la nature de la « cible » de prévention que des objectifs à atteindre.

986 **De l'approche idéologique intuitive à l'approche scientifique** ◇ Pendant longtemps, cette sélection a été opérée, d'une manière purement *empirique* pour ne pas dire arbitraire. Elle mêlait dans des proportions variables, selon les cas, l'intuition, l'expérience, l'engagement dans l'action sociale, mais aussi la position idéologique et le calcul politique[3]. C'est qu'il n'existait pas le plus souvent d'évaluation des actions de prévention menées jusque-là et, quand il en avait été effectué, les évaluations demeuraient parcellaires et le plus souvent ignorées.

---

1. *Cf. supra* n°s 225 et s.
2. *Cf. supra* n°s 886 et s.
3. Il en allait ainsi aux États-Unis comme en France. *Cf.* Brandon C. Welsh et *al.*, « What do we know about crime prevention ? », *AIC*, 2002, p. 11-31, spéc. p. 11-12.

Aujourd'hui la situation a changé et les actions de prévention peuvent être désormais sélectionnées sur des critères d'allure scientifique assez précis. Sans doute toute action de prévention est-elle « une intervention inédite dans une combinaison unique de circonstances », de sorte qu'« aucune réponse ne vaut dans l'absolu ». Il reste cependant que « grâce aux expériences accumulées, nous ne sommes plus dans l'obscurité totale » [1]. Au cours des dernières années en effet, un grand nombre de mesures et de programmes de prévention ont fait l'objet d'évaluations scientifiques, et ces évaluations ont été confrontées et synthétisées par certains auteurs afin de déterminer de manière globale les conditions qui sont requises pour que les divers types de prévention aient des chances d'être efficaces. Il s'agit, dans le domaine de la prévention de la délinquance, de travaux comparables à ceux qui avaient été faits dans les années 1970 pour les traitements de resocialisation des délinquants [2].

Deux catégories de travaux méritent d'être exposées à cet égard. Il s'agit d'une part des recherches de L. W. Sherman et collaborateurs et d'autre part de l'ouvrage de M. Cusson sur les méthodes efficaces de prévention de la délinquance.

987 *Laurence W. Sherman et coll. : que savons-nous sur la prévention du crime ?* [3] ◇ Dans les années 1990, le Congrès des États-Unis a commandé au professeur Laurence W. Sherman et à ses collaborateurs de l'université du Maryland une évaluation indépendante et rigoureusement scientifique des programmes de prévention de la délinquance financés par des fonds fédéraux de l'ordre de 4 milliards de dollars. Ces auteurs ont ainsi analysé les évaluations de quelque 700 programmes de prévention de nature diverse. Cette recherche a donné lieu à un premier rapport en 1997 : « *Preventing crime, what works, what doesn't, what's promising* ». Ce rapport a été mis à jour et révisé substantiellement en 2002 par un second rapport intitulé « *Evidence-Based Crime Prevention* ». C'est le contenu de cette vaste recherche qui va être sommairement résumé ci-dessous.

1) Ce travail commence par préciser les aspects majeurs de la notion de prévention que ces auteurs ont retenue pour leur recherche. Ils concernent d'une part la *définition* de la prévention et d'autre part la *relativité* de l'efficacité de la prévention de la délinquance.

S'agissant en premier lieu de la *définition de la prévention du crime*, les auteurs retiennent comme critère les *conséquences* des actions de politique criminelle et non la *nature* des moyens employés par ces actions. Constitue ainsi un programme ou une pratique de prévention de la délinquance tout programme ou pratique qui a pour *effet une diminution du nombre des infractions* qui se seraient produites dans le futur sans ces programmes ou pratiques, et qui ont été évitées grâce à eux. La prévention de la délinquance se définit donc par la *réduction de la criminalité*. Il en résulte qu'il n'y a pas lieu de distinguer entre prévention et inter-

---

1. M. Cusson, *Prévenir la délinquance. Les méthodes efficaces*, PUF, 2002, p. 68.
2. *Cf. supra* n°s 828 et s.
3. L.W. Sherman, D. Gottfredson, D. MacKenzie, J. Eck, P. Reuter et S. Bushway, *Preventing crime : what works, what doesn't, what's promising*, Washington (D.C.), US Department of Justice, National Institute of justice, 1997 ; L.W. Sherman, D.P. Farrington, B.C. Welsh et D.L. MacKenzie (eds), *Evidence-based crime prevention*, London, Routledge, 2002, 440 p. ; Welsh, Farrington, Sherman et Mackenzie, « What do we know about crime prevention ? », AIC, 2002, p. 11-31.

vention pénale; les sanctions pénales, dès le moment où elles ont pour effet la prévention de la récidive, entrent dans le champ de la notion de prévention selon L. Sherman et ses collaborateurs [1].

Sous le bénéfice de cette définition de la délinquance, les principaux *domaines* d'application des mesures de prévention identifiés par ces auteurs dans le cadre de leur recherche sont au nombre de sept : les familles, les communautés, les écoles, les marchés du travail, les espaces publics, les services de police, et les juridictions répressives ainsi que les peines qu'elles prononcent (*courts and corrections*). Mais il est essentiel, pour eux, de prendre en considération le fait que les programmes de prévention dans l'un quelconque de ces domaines n'est pas réalisé dans le vide; il y a *interdépendance* entre les politiques de prévention de la délinquance et le *contexte* politique, économique, social et culturel dans lesquelles elles se déploient. De la sorte – et c'est là le deuxième aspect de la notion de prévention sur laquelle les auteurs mettent l'accent – l'efficacité de la prévention du crime dans chacun des sept domaines d'application énumérés ci-dessus dépend fortement des conditions du contexte environnant. C'est ainsi que les écoles ne peuvent pas réussir sans des familles qui les soutiennent, les familles sans des marchés du travail qui leur offrent des possibilités d'emploi, les employeurs de main-d'œuvre sans des espaces publics sécurisés par la police, etc. Cette conception de la *relativité de l'efficacité des mesures de prévention* est une extension à ces dernières de la théorie de la « *conditional deterrence* » élaborée pour analyser l'efficacité des sanctions pénales elles-mêmes [2]. Elle implique que toute évaluation d'un programme de prévention prenne en compte le contexte institutionnel dans lequel il s'est déployé.

2) La définition de la prévention du crime par ses conséquences et de l'interdépendance des programmes et pratiques de prévention avec leur contexte institutionnel conduit ainsi les auteurs à énoncer *trois questions essentielles* auxquelles doivent répondre les recherches évaluatives.

1° Quel est l'*effet indépendant* de chaque programme ou pratique sur le nombre des infractions considérées ?

2° Quels sont les *résultats comparés* de divers programmes ou pratiques ayant le même point d'application en utilisant une mesure commune du nombre de crimes prévenus et des coûts respectifs de chaque programme ou pratique ?

3° Quelles sont les *conditions qui sont requises dans d'autres domaines institutionnels* pour qu'un programme ou une pratique de prévention du crime soit efficace, pour accroître son efficacité ou au contraire pour la réduire ?

3) Pour répondre à ces questions, les auteurs ont utilisé l'échelle de qualité méthodique dite *Scientific Method Scale* (SMS) [3]. Les idées qui sont à la base de la construction de cette échelle gravitent autour de la notion de causalité scientifique [4]. Elles conduisent à la distinction de *cinq niveaux* qui cernent progressivement la valeur causale du programme ou de la pratique évaluée de telle sorte que lorsque l'on parvient à l'application du niveau 5, on peut classer les programmes évalués en *quatre catégories* : ceux qui sont efficaces, ceux qui sont dépourvus d'efficacité, ceux qui sont prometteurs et ceux dont l'efficacité demeure inconnue.

---

1. Cette conception large de la prévention est contraire à celle que nous avons retenue. V. la discussion de la question *supra* n° 963.

2. *Cf. supra* n° 813.

3. T.-D. Cook et D.-T. Campbell, *Quasi-experimentation : design and analysis issues for field settings,* Chicago, 1979.

4. Sur l'analyse causale, *cf.* T. Hirschi et H.-C. Selvin, *Recherches en délinquance,* préface R. Boudon, 1975, Mouton éd., 274 p.

4) Les *résultats de l'étude évaluative* des auteurs sont des résultats propres à chaque programme ou pratique de prévention de la délinquance, de sorte qu'il n'est évidemment pas question de les présenter ici. On ne peut que renvoyer sur ce point aux publications susmentionnées. En revanche, ce qui frappe dans l'examen global de ces résultats, c'est que l'on trouve pratiquement dans chacun des 7 domaines d'application des mesures de prévention énumérées ci-dessus, des programmes efficaces (« *they work* »), des programmes dépourvus d'efficacité (« *they don't work* ») et des programmes prometteurs (« *they are promising* »). Il paraît donc résulter de cette grande recherche évaluative que la répression pénale peut être efficace comme la prévention et que la prévention sociale peut être efficace au même titre que la prévention situationnelle : tout dépend du contexte. Cette seconde conclusion diffère nettement de la recherche évaluative dont il va être question maintenant.

988 *Maurice Cusson : Les méthodes efficaces de prévention*[1] ◇ Dans l'ouvrage « Prévenir la délinquance : les méthodes efficaces », M. Cusson, distinguant entre les actions sur les situations (la prévention situationnelle) et les actions visant les individus (la prévention sociale globalement entendue)[2], a cru pouvoir dégager les principes suivants.

a) S'agissant en premier lieu de la *prévention situationnelle*[3], elle doit obéir à trois principes d'action.

1° Il faut d'abord que la *solution soit ajustée au problème*. Cela implique que l'on doit commencer par *définir le délit* spécifique à contrer, puis identifier la situation précriminelle qui le favorise afin de déterminer la « cause prochaine » qui en explique la prolifération : impunité des auteurs, facilité avec laquelle le délit est commis ou profit qu'en retirent les délinquants.

2° Il faut en deuxième lieu *concentrer l'effort de prévention là où le besoin s'en fait le plus sentir* (victimisations à répétition, points chauds du délit déterminé), au lieu de procéder par saupoudrage en direction de l'ensemble d'une population ou d'une aire géographique trop étendue. Pour avoir des chances de succès, une action de prévention situationnelle doit atteindre *un niveau d'intensité suffisant*, ce qui suppose la limitation du point d'application de cette action-là où le problème de délinquance est le plus préoccupant et où des résultats décisifs peuvent être obtenus.

3° Il faut enfin tout à la fois que l'action s'adresse à *une population motivée* à voir la délinquance se réduire (qui n'est pas nécessairement uniquement composée de personnes déjà victimisées) et qu'elle soit conçue et mise en œuvre par des *experts compétents en prévention* travaillant en accord, voire en collaboration, avec cette population. Nombre d'échecs de programmes de prévention sont dus à ce que leur réalisation est l'œuvre de bénévoles inexpérimentés qui opèrent en outre au sein de populations non intéressées, et parfois même hostiles.

Ces principes d'action à caractère scientifique trouvent cependant une limite – au moins implicite – dans la pensée même de leur auteur. Selon M. Cusson en effet la sécurité moderne assurée par la prévention situationnelle doit être compatible avec les libertés individuelles, avec l'ouverture des espaces de vie à la libre circulation des personnes et des biens, et avec la limitation au strict minimum du

---

1. M. Cusson, *Prévenir la délinquance*, précité, CR RSC, 2003, p. 225-228.
2. *Cf. supra* n° 960.
3. *Op. cit.*, p. 68-71. *Adde* M. Cusson, « Comment prévenir ? Les techniques et la méthode de la prévention situationnelle », *in Traité de la sécurité intérieure*, M. Cusson et al. (dir.), Hurtubise, 2007, chap. 28, p. 413-428, spéc. p. 426 et s.

recours à la force[1]. Ce sont là des valeurs fondamentales des sociétés démocratiques contemporaines auxquelles on ne peut qu'être profondément attaché. Il reste qu'elles constituent une sorte d'idéologie contraignante qui grève fortement « la marge de manœuvre des experts de la sécurité ». L'auteur le reconnaît aisément et écrit qu'« il leur faut compenser (cette limitation) par des efforts d'imagination et d'intelligence, par une analyse fine des situations, par le savoir-faire, par la technologie, par le partenariat »[2]. Mais sera-ce toujours suffisant et n'arrive-t-il pas un moment où les progrès de la technologie, comme les traitements informatiques ou les caméras de vidéosurveillance par exemple, entrent en conflit avec le respect des libertés et de la libre circulation, sinon du recours à la non-violence ?

b) S'agissant de la *prévention sociale*, M. Cusson distingue au sein de celle-ci entre la *prévention communautaire*, qui consiste dans l'intervention sur une ville, un quartier, une bande ou un groupe de jeunes, et la *prévention développementale* dont la cible est l'individu et sa famille[3]. Le bilan des évaluations des diverses variétés de prévention communautaire qu'il a analysées le conduit à conclure que ce type de prévention est non seulement inefficace mais dans un certain nombre de cas même contre-productif[4]. En revanche, la prévention développementale qui a pour fin « la restauration des conditions éducatives normales » lui paraît plus prometteuse. Partant d'une expérience réalisée à Montréal, il assigne les quatre objectifs suivants à ce type de prévention comme condition de son efficacité : le développement de la compétence éducative des parents, celui de la compétence sociale de l'enfant, la stimulation du développement cognitif de l'enfant et la combinaison des interventions aussi bien sur les parents que sur les enfants par l'école. Par ailleurs l'efficacité de ces programmes est subordonnée à d'exigeantes conditions de durée (1 an au moins), d'intensité (le traitement simultané de tous les problèmes posés par la famille et l'enfant) et de qualité (intervenants particulièrement compétents et dévoués)[5]. La question que pose in fine notre auteur est celle-ci : est-il possible de maintenir ces conditions particulièrement exigeantes lorsque l'on entend passer du stade expérimental à une intervention généralisée applicable à tous les cas qui requièrent le recours à ce type de prévention ?[6]

F. La détermination de l'autorité compétente pour exercer une action de prévention[7]

989 *Le cas de la police* ◇ Tout le monde s'accorde pour admettre que les actions de prévention entrent dans le cadre normal des fonctions des services sociaux. En revanche on discute âprement la question de savoir si la prévention de la criminalité peut entrer dans les attributions de la police. Les opinions sont partagées et l'échange des arguments se situe à la fois sur le terrain politique et sur le plan technique. Le lien entre prévention et

---

1. *Op. cit.*, p. 34-37.
2. *Op. cit.*, p. 37.
3. *Op. cit.*, p. 75.
4. *Op. cit.*, p. 75-85. *Adde* sur la prévention communautaire N. Tilley, « Community crime prevention policies », *in* M. Herzog-Evans (ed.), vol. 3, p. 111-132.
5. *Op. cit.*, p. 93-106.
6. *Op. cit.*, p. 106.
7. Sur le rôle de l'*éducation*, *cf.* Chesnais et al., « Éducateur spécialisé : un métier à risque », *Informations sociales*, 1986, n° 6, p. 36-43. Sur la place du *magistrat* : « Y a-t-il une place pour le magistrat dans une dynamique de prévention ? », *RSC*, 1990, p. 197-198.

répression[1] devrait permettre une réponse plus évidente qu'il n'y paraît à première vue y compris dans l'esprit des policiers eux-mêmes[2].

Par-delà cette discussion de légitimité de l'action préventive de la police, certains auteurs se sont efforcés de dégager des modèles de définition et d'organisation de la prévention policière. On peut ainsi en repérer trois dans la littérature spécialisée : 1/ le modèle de l'OIPC-Interpol[3]; 2/ le modèle proposé par H. Feraud au 3e Colloque criminologique du Conseil de l'Europe (Strasbourg, 1977) sur « le rôle social de la police dans la prévention de la criminalité dans une société moderne »[4]; 3/ le modèle suggéré par R. Screvens au 2e Séminaire d'enseignement supérieur organisé par l'Institut International de Police en 1978[5].

990   Le cas du public ◇ La question se pose également de savoir si le *public* doit participer à la prévention et dans quelle mesure. Pour bien préciser la portée de la question, il convient de distinguer la *population* « à risque » (délinquants potentiels, victimes potentielles) du *public* proprement dit.

Il est évident que la participation de la première qui fait l'objet de l'action de prévention est non seulement souhaitable mais indispensable. Encore faut-il que cette participation prenne la forme définie par le programme de prévention. C'est ici que se situe le danger de certaines initiatives complémentaires ou substitutives d'un programme, du type organisation de milices privées parmi les victimes potentielles.

Quant au public étranger à la population « à risque », le problème est plus complexe. Le slogan qui a cours volontiers est : « La prévention est l'affaire de tous ». Mais il faut encore préciser en quoi la participation du public peut consister pour être utile[6].

G. Nécessité d'une évaluation scientifique de l'activité de prévention[7]

991   Le cœur et la raison ◇ L'expérience des actions de prévention menées jusqu'à présent que nous avons examinées dans le chapitre premier mon-

---

1. *Supra* n° 978.
2. M. Cusson, « La prévention : les principes et la prévention policière », *in Traité de la sécurité intérieure*, M. Cusson et al. (dir.), Hurtubise, 2007, chap. 27, p. 403-412, spéc. p. 409 et s.
3. OIPC-Interpol, « Rôle et avenir de la police dans le domaine de la prévention criminelle », Rapport au 3e Congrès des Nations Unies pour la prévention du crime et le traitement des délinquants (1965), p. 26-31.
4. Reproduit *in Études relatives à la recherche criminologique*, vol. XVI, 1979, p. 7-31.
5. R. Screvens, « Police et prévention de la criminalité », *RDPC*, 1979, p. 3-12. V. déjà antérieurement du même auteur : « Nouvelles missions de la police dans le cadre de l'action pénale et pénitentiaire », *RDPC*, 1960-1961, p. 899 et s.; K. Mlakar, *Les nouvelles orientations de la police en France et au Canada*, mémoire DEA Sciences criminelles, Aix, 1992, spéc. p. 126 et s. sur le modèle de la police communautaire; D. Mayer, « Prévention et répression en matière de contrôle d'identité : une distinction trompeuse », *D.* 1993, chron. p. 272-274; A. Normandeau (dir.), *Une police professionnelle de type communautaire*, 2 vol. Montréal, 1998.
6. En faveur de cette participation du public, *cf.* la recommandation du Comité des Ministres du Conseil de l'Europe du 23 juin 1983 rapportée dans C. Lazerges, *Introduction à la politique criminelle*, L'Harmattan, 2000, p. 110-111.; T. Firchow, *Toxicomanies : pour une politique criminelle participative*, th. Montpellier, 1988.
7. J. Cornejo, *Le problème de l'efficacité et de l'évaluation des interventions de prévention de la délinquance*, Louvain, 1981, 263 p.; A. Normandeau et B. Hasenpuch, « Prevention programs and their evaluation », *RCC*, 1980, p. 307-319; P. Robert, *Les politiques de prévention à l'année de la*

tre que ces actions soulèvent généralement de grands espoirs quand ce n'est pas de l'enthousiasme chez leurs promoteurs et que ceux-ci s'en tiennent généralement à ces sentiments généreux pour apprécier le succès de leur propre action. Or, dans la plupart des cas où des chercheurs ont procédé à une *évaluation scientifique* des programmes de prévention entrepris, ils ont constaté que ceux-ci s'étaient soldés par des échecs ou, à tout le moins, des demi-échecs.

C'est dire qu'un *exercice rationnel de la prévention* implique toujours une évaluation scientifique de cette activité.

L'évaluation scientifique doit être soigneusement distinguée du *bilan administratif* généralement dressé par les administrations intéressées. Elle doit être faite par un personnel indépendant de celles-ci, spécialement formé à la recherche évaluative.

Le *critère de l'évaluation* doit être la réduction de la criminalité ou la limitation de sa progression, les autres critères possibles tels que la modification des comportements non-pénaux dans une collectivité ne devant être considérés que comme des indicateurs secondaires de la réalisation de l'objectif essentiel : la prévention de la criminalité. Il importe également d'être très attentif au phénomène du *déplacement de la criminalité*[1] et ne pas considérer celui-ci comme un succès de l'action de prévention, comme on le fait trop souvent.

Quant à la *mise en œuvre* de l'évaluation, elle doit être, sinon permanente, du moins périodique et ne pas attendre la fin de l'exécution du programme de prévention, du moins lorsque celui-ci s'étale sur un temps assez long. Elle mérite d'être anticipée dans son principe avant même le démarrage du programme qui lui sert d'objet.

Lorsque l'on évoque la nécessité de l'évaluation des programmes de prévention, on se heurte très souvent, de la part des acteurs de terrain, des politiques, mais aussi de certains idéologues, au type de raisonnement suivant : « De toute manière si on n'avait rien fait, la situation serait encore pire ». Ce type d'argument n'est nullement pertinent. L'alternative en effet n'est pas « ne rien faire » ou « faire n'importe quoi » (en dépensant souvent beaucoup d'argent sans résultat significatif). Le problème se pose dans les termes suivants : « étant donné que les ressources sont rares et doivent être employées au mieux, est-ce que le résultat

---

recherche, L'Harmattan, 1991, 285 p. ; J.-M. Belorgey, *Évaluer les politiques de la ville*, 1993 ; M. Cusson et *al.*, *La planification et l'évaluation des projets de prévention du crime*, Québec, 1994 ; P. Robert, « Évaluer la prévention », *APC*, 1995, p. 53-70 ; R. Grandmaison et P. Tremblay, « Évaluation des effets de la télésurveillance dans 13 stations de métro de Montréal », *Criminologie*, vol. XXX, 1997, n° 1, p. 93-110 ; M. Cusson, *Prévenir la délinquance. Les mesures efficaces, précité*, p. 15-18 ; Séminaire international francophone sur les politiques publiques de sécurité, « Prévention du crime, protocoles d'évaluation et analyse d'impact », Montréal, 22-24 avr. 2002 ; N. Chambon, « Réduire l'insécurité : peut-on apprécier l'impact des politiques locales ? », *Politiques et management public*, 1999, n° 17, p. 151-169 ; même auteur, « Une démarche pragmatique pour amorcer une culture de l'évaluation en France », 1er Colloque annuel sur la prévention de la criminalité, Québec, Centre international de prévention de la criminalité, 2001 ; P. Robert et R. Zauberman, « Le crime et la mesure. Mesurer la délinquance et évaluer les politiques de sécurité et de prévention », *in Aspects de la déviance, de la criminalité et de la prévention en Europe*, CRIMPREV, Rapport de la conférence finale WP8, juin 2009, p. 254-281, spéc. 2e partie ; *Rapport international prévention de la criminalité et sécurité quotidienne : tendances et perspectives*, CIPC, 2010, 241 p., spéc. chap. 10 « Méthodes d'évaluation en prévention de la criminalité », p. 185-196 ; F. Dieu et A. Bousquet, « Regard sur l'évaluation de la prévention de la délinquance en France », *CSI*, n° 14, oct-déc. 2010, p. 152-170.

1. *Cf. supra* n° 978.

obtenu par les actions engagées est satisfaisant ? Est-ce que d'autres actions réalisées avec les mêmes moyens n'auraient pas donné de meilleurs résultats ? »

Cela étant, il existe une première difficulté importante en criminologie préventive qui est liée au temps, souvent très long, qui s'écoule entre le moment où il est procédé à la préparation du projet de prévention et celui où, le projet étant réalisé, on s'attaque à l'évaluation de ses effets sur la criminalité. Il est essentiel en effet de prendre en considération le fait qu'entre-temps le *contexte* a pu changer de sorte que l'analyse de la situation qui avait été faite lors de la préparation du projet était exacte, mais la modification des facteurs criminogènes à l'œuvre entre ce moment et celui de l'évaluation entraîne une évaluation négative. On a très justement souligné que les facteurs de la délinquance sont « versatiles »[1]. Par ailleurs, on doit remarquer que les effets qui sont attachés à un même facteur varient eux-mêmes avec le temps. On peut résumer cette autre difficulté par la proposition générale suivante qui a l'allure d'une « loi » de la criminologie préventive : *les mêmes causes ne produisent pas nécessairement les mêmes effets (la délinquance) dans le temps et les mêmes effets (la délinquance) ne sont pas produits par les mêmes causes selon les époques.* Ainsi un phénomène social comme le divorce qui a sur la formation de la personnalité de l'enfant un effet particulièrement traumatisant dans une société où le divorce est rare et socialement stigmatisé comme c'était le cas autrefois, marque beaucoup moins les enfants dans une société où le divorce est si fréquent qu'il est considéré comme une solution normale ou quasi-normale aux difficultés des couples.

§ 2. La mise en œuvre de la prévention[2]

992 *Des activités spécifiques à l'organisation d'ensemble de la prévention* ◇ La mise en œuvre de la prévention consiste avant tout en des *activités spécifiques de prévention* (A). Mais à partir du moment où celles-ci se développent dans un pays, un besoin de coordination et de planification apparaît qui conduit à une *organisation d'ensemble* (B).

A. La mise en œuvre des activités spécifiques

993 *a) Les programmes particuliers de prévention* ◇ L'analyse d'un grand nombre de programmes de prévention a conduit certains auteurs à théoriser les modèles de prévention. On va présenter ici trois types d'analyse qui permettent de comprendre ce que peut être un programme particulier de prévention.

994 *1) L'analyse de Pierre Lascoumes*[3] ◇ Partant de l'idée qu'une action de prévention exprime une *stratégie d'intervention*, cet auteur relève

---

1. S. Roché, *La délinquance des jeunes*, Seuil, 2001, p. 118-123.
2. « Vers une stratégie de la prévention du crime », *RI. polit. crim.*, 1972, n° 30, 71-75 ; « L'évolution de la délinquance et les stratégies de prévention », même *revue*, 1979, n° 35, p. 3 et s. ; S. Edelman et W. Rowe, « Crime prevention from the justice system perspective : a conceptual and planing model », *Canadian Journal of criminology*, 1983, p. 391-398.
3. P. Lascoumes, « Les stratégies novatrices de prévention et de contrôle social », *in Voies nouvelles de prévention*, CEDJ, Bruxelles, 1974, p. 167 et s., spéc. 169-170.

que le concept de « stratégie d'intervention » est formé de deux dimensions : une dimension tactique et une dimension philosophique qui la sous-tend[1].

1) La *dimension philosophique* (ou politique) est « celle de la délimitation de la situation, du problème pris en considération et des limites dans lesquelles on le place pour le traiter ». Cette dimension comporte elle-même deux *indicateurs :* les besoins, demandes et aspirations d'une part, les objectifs poursuivis d'autre part.

2) La *dimension tactique* (ou technique) est « celle qui détermine le « comment » de l'intervention ». Elle contient à son tour trois *indicateurs :* le type d'organisation adopté (nature du modèle retenu, répartition du pouvoir à l'intérieur, mode de financement); le mode d'intervention (degré de profession-nalisation et type de compétence, style des relations existant dans le service, nature physique du lieu offert); l'impulsion originelle (qui a décidé d'instituer un programme d'intervention ?).

Le tableau de l'analyse conceptuelle de la stratégie d'intervention se présente donc ainsi :

Concept	Dimensions	Indicateurs
Stratégie d'intervention	Niveau philosophique ou politique	Besoins, demandes et aspira-tions pris en considération. Objectifs poursuivis
	Niveau tactique ou pratique	Impulsion originelle Organisation interne Mode d'intervention

P. Lascoumes a fait abondamment application de cette méthode d'analyse dans ses travaux sur la prévention[2] en résumant chaque type de stratégie d'inter-vention en un tableau construit sur le modèle suivant :

Indicateurs	Caractéristiques
1. Impulsion originelle	...
2. Nature des besoins demandes et aspirations prises en considération	...
	...
	...
3. Organisation interne	...
4. Mode d'intervention	...
5. Objectifs poursuivis	...

---

1. Sur l'analyse conceptuelle en général, *cf. supra* n° 130.
2. P. Lascoumes, *Prévention et contrôle social*, précité, p. 183 à 193 et art. précité.

995 2) *L'analyse d'André Normandeau et Christiane Ouelette* [1] ◇
Ces auteurs ont opérationnalisé le concept de « programmes de prévention de la délinquance » en *quatre dimensions*.

1/ *Spécificité et organisation :* un programme est une forme organisée et spécialisée d'intervention sociale.

2/ *Objectifs :* ayant pour seul objectif ou objectif prépondérant la réduction de la délinquance.

3/ *Populations-cibles :* destinés à une classe déterminée d'individus.

4/ *Moyens employés :* en recourant à des moyens variés, mais dont la justification se fait au nom de la science.

Ces dimensions sont elles-mêmes subdivisées en *indicateurs*.

Dimensions	Sous-dimensions	Indicateurs
1. Spécificité et organisation		1. Qui chapeaute ces programmes ? 2. Qui subventionne et pourquoi ? 3. Les programmes sont-ils décidés de l'extérieur ou naissent-ils de l'intérieur ? 4. Quelle est la structure professionnelle du personnel employé ?
2. Objectifs		1. Quelle est l'analyse de la causalité de la délinquance ? 2. Quels sont les objectifs assignés au programme et comment sont-ils liés à l'analyse de la causalité ?
3. Populations-cibles	1. Caractéristiques des populations-cibles	1. Garçons ou filles ? 2. Adolescents, jeunes ou adultes ? 3. Délinquants potentiels ou déjà connus ?
	2. Sites ou aires d'implantation des programmes	1. Ville, quartier, rue... ? 2. Localisation dans l'ensemble urbain ? 3. Caractéristiques socio-économiques 4. Taux de délinquance
4. Moyens employés	1. Mode de recrutement de la clientèle 2. Niveau d'impact des programmes 3. Techniques utilisées par les agents de prévention	1. Active, passive ou mixte ? 2. Prévention d'assistance ou de prise en charge ?

1. A. Normandeau et C. Ouelette, *Description et analyse des programmes québécois de prévention de la délinquance*, 1978, p. 5-12.

996 **3)** ***L'analyse de H. Berkmoes et G.-L. Bourdoux***[1] ◇ Ces auteurs présentent du modèle de fonctionnement de la prévention une analyse différente des précédents modèles qui a le mérite de présenter la *chronologie* des opérations impliquées par toute activité de prévention. Les auteurs découpent celle-ci en cinq étapes.

– 1re étape : l'analyse de la criminalité.
1/ Sélection d'un type d'infraction que l'on analyse plus en profondeur.
2/ Rassemblement de faits et chiffres significatifs et prise de connaissance de la littérature sur le sujet et des projets analogues.
3/ Analyse des données.

– 2e étape : l'estimation.
1/ Déterminer quels paramètres peuvent être modifiés de sorte que l'occasion se présente moins souvent et/ou que le risque soit moins élevé.
2/ Estimer si l'opération est souhaitable.
3/ Dresser un premier inventaire des parties concernées.

– 3e étape : les objectifs.
Définition claire et opérationnalisable.

– 4e étape : la sélection des moyens.
1/ L'inventaire.
2/ Les retombées.
3/ Les limites.
4/ La préparation à l'évaluation.

– 5e étape : l'évaluation.

997 **b)** ***Les mesures législatives ou réglementaires à caractère général*** ◇ Il ne semble pas que des travaux analogues à ceux qui viennent d'être résumés dans les numéros précédents aient été menés pour la mise en œuvre des mesures de prévention de caractère général décidées par le législateur ou par le gouvernement agissant par voie réglementaire. Une théorisation s'impose cependant et l'on peut dans un premier temps s'inspirer du modèle de type chronologique qui a été décrit au numéro précédent.

B. La mise en œuvre d'une organisation d'ensemble

998 ***Théorisation des Conseils de prévention*** ◇ On a vu précédemment[2] que le besoin s'était fait sentir dans nombre de pays de coiffer les multiples actions de prévention engagées par un Comité ou Conseil national, régional ou communal, et maintenant international, pour coordonner, animer, planifier l'activité de prévention de la criminalité. Ces divers conseils ou comités sont généralement décrits dans leur individualité (composition, fonctionnement, compétences, activités, etc.), mais il ne

---

1. H. Berkmoes et G.-L. Bourdoux, « La prévention de la criminalité », *RDPC*, 1986, p. 733-782, spéc. 765-769.
2. *Cf. supra* n°s 944 et s.

semble pas que l'on en ait fait jusqu'à présent une sorte de théorie générale. Celle-ci s'impose cependant pour une efficacité meilleure.

On en soulignera seulement deux aspects essentiels.

1) Quelle part doit être réservée aux *personnalités politiques* par rapport aux *techniciens* de la prévention dans ces conseils ? Une place trop grande faite aux « politiques » risque d'aboutir à de simples actions *à court terme* fondées sur des préoccupations électorales.

2) Quelles doivent être les *compétences* de ces conseils de prévention ? L'expérience actuelle des conseils en France montre que ceux-ci tendent à s'occuper de tout, y compris de la prévention individuelle de la récidive qui pose cependant des problèmes tout à fait spécifiques [1]. La réforme réalisée en 1988 n'a fait qu'accentuer cette tendance [2].

Il nous paraîtrait plus satisfaisant de voir s'organiser dans notre pays deux sortes de conseils. *Au premier niveau,* existeraient trois conseils : 1/ « Conseil de réforme et d'application du droit pénal »; 2/ « Conseil de lutte contre la récidive »; 3/ « Conseil de prévention collective de la criminalité ». L'ensemble serait alors chapeauté, *au niveau supérieur,* par un vaste « Conseil de politique criminelle ». Mais une telle conception suppose que l'on accède à l'idée d'une « politique criminelle intégrée » et d'une « criminologie appliquée synthétique ». Aucune construction d'ensemble véritable de cette synthèse n'a jusqu'ici été réalisée [3].

---

1. *Cf. supra* nᵒˢ 504 et 722-723.
2. *Cf. supra* nᵒ 949.
3. *Cf. supra* nᵒ 764.

BIBLIOGRAPHIE GÉNÉRALE

La présente rubrique a d'abord pour objet de donner la liste des traités, manuels et dictionnaires de criminologie rédigés en *langue française* à laquelle on a ajouté, à partir de la seconde édition, une liste des principaux manuels en langue étrangère les plus récents [1]. Ces ouvrages sont présentés ici par ordre alphabétique de nom d'auteur. Dans le texte, ils sont désignés par le simple nom de leur auteur. Lorsqu'il y a plusieurs éditions, on indique la première édition, à titre de point de repère, et l'édition la plus récente, qui est généralement celle à laquelle sont empruntées les citations données en note des développements. On donnera ensuite la liste des revues publiant des articles se rapportant à la criminologie. Cette liste sera enfin suivie d'un inventaire des bibliographies portant sur la criminologie.

1. Traités, manuels et dictionnaires de criminologie

a. En langue française

E. Altavilla, *Psychologie judiciaire,* traduit de l'italien par M.-T. et R. Beraud, éd. Cujas, 1959.

H.N. Barte et G. Ostaptzeff, *Criminologie clinique,* Masson, 1992.

A. Bauer, *Criminologie plurielle, Introduction générale à la criminologie,* PUF, 2011.

J.-M. Bessette, *Sociologie du crime,* PUF, Le sociologue, 1re éd., 1982.

C. Blatier, *Introduction à la psychocriminologie,* Dunod, 2010, 145 p.

M. Born, *Psychologie de la délinquance,* De Boeck éd., 2003, 284 p.

R. Boudon et F. Bourricaud, *Dictionnaire critique de la sociologie,* 1re éd., 1982; 6e éd. (quadrige) 2000.

B. Bouloc, *Droit pénal général,* Dalloz, 22e éd., 2011.

S. Brochu (dir.), *Perspectives actuelles en criminologie,* Univ. Montréal, 1996.

E. Campos, *Le crime,* Les essentiels Milan, 1998.

R. Cario, *Introduction aux sciences criminelles. Pour une approche globale et intégrée du phénomène criminel,* L'Harmattan, 1996, 6e éd., 2008, 350 p.

---

1. Pour les manuels et traités en langue étrangère classiques, v. la liste bibliographique dressée par pays *in* J. Pinatel, tome III du *Traité de droit pénal et criminologie* de P. Bouzat et J. Pinatel, p. 31 à 44.

D. Casoni et L. Brunet, *La Psychocriminologie. Apports psychanalytiques et applications cliniques*, Presses Université de Laval, 2003.

A. Cohen, *La déviance*, éd. Duculot, 1971.

J. Constant, *Éléments de criminologie*, Liège, Imprimerie des Invalides, 1949.

M. Cusson, *Criminologie actuelle*, PUF, 1998, 254 p.; (a).

M. Cusson, *La criminologie*, Hachette, 4e éd., 2005, (b).

M. Cusson, B. Dupont et F. Lemieux (éd.), *Traité de sécurité intérieure*, (Montréal), éd. Hurtubise, 2007, 705 p.

Y. Dandurand et F.-X. Ribordy, *Crime et Société. Introduction à l'étude du phénomène criminel*, Recueil de textes, Univ. Ottawa, 1980.

A. Davidovitch, *Conférences de sociologie criminelle*, École nationale supérieure de police, 1978, 141 p., multigraphié.

E. de Greeff, *Introduction à la criminologie*, 1re éd. Louvain, éd. de l'Écrou, 1937; 2e éd. (1er volume paru). Paris, PUF, 1948.

Dictionnaire des Sciences criminelles (sous la dir. de G. Lopez et S. Tzitzis), Dalloz éd., 2004, 1013 p.

B. Di Tullio, *Manuel d'Anthropologie* criminelle, Paris, Payot, 1951. *Principes de criminologie clinique*, PUF, 1967.

R. Dufour-Gompers, *Dictionnaire du crime et de la violence*, éd. Ères, 1992.

J. Faget, *Sociologie de la délinquance et de la justice pénale*, 2003, 2e éd. 2009, 160 p.

R. Fillieule, *Sociologie de la délinquance*, PUF, 2002, 284 p.

J. Gariepy et S. Rizkalla, *Criminologie générale*, éd. Modulo, Montréal, 2003, 229 p.

M. Herzog-Evans (Ed), Transnational Criminology Manual, *Wolf Legal Publishers*, 2010, 3 vol., vol. 1, 754 p., vol. 2, 650 p., vol. 3, 781 p.

R. Hood et R. Sparks, *La délinquance*, Hachette, 1970.

M. Killias, *Précis de criminologie*, Berne, 1991, 2e éd. 2001, 563 p.

G. Kellens, *Précis de criminologie et de droit des sanctions pénales*, Collection scientifique de l'Université de Liège, 1991.

G. Kellens, *Éléments de criminologie*, Éd. Bruylant, Belgique, 1998, 272 p.

O. Kinberg, *Les problèmes fondamentaux de la criminologie*, éd. Cujas, 1959.

M. Laignel-Lavastine et V.V. Stanciu, *Précis de criminologie*, Paris, Payot, 1950.

J. Larguier, *Criminologie et science pénitentiaire*, Mementos, Dalloz, 10e éd. 2005.

J. Léauté, *Criminologie et science pénitentiaire*, PUF, 1972. *Criminologie et pénologie*, Cours polycopié, Paris, 1981.

M. Le Blanc, v. Szabo

J. Leyrie, *Manuel de psychiatrie légale et de criminologie clinique*, Vrin, 1977.

G. Lopez et S. Bornstein, *Les comportements criminels*, coll. « Que sais-je ? », PUF.

N. Mailloux, *Jeunes sans dialogues, Criminologie pédagogique*, éd. Fleurus, 1971.

J. Marquiset, *Le crime*, coll. « Que sais-je ? », PUF, 1re éd., 1948; 5e éd., 1976.

E. Mira y Lopez, *Manuel de psychologie juridique*, PUF, 1959.

L. Négrier-Dormont, *La criminologie*, Paris, Litec, 1992.

L. Négrier-Dormont et S. Tzitzis, *Criminologie de l'acte et philosophie pénale*, Litec, 1994.

R. Merle et A. Vitu, *Traité de droit criminel*, Cujas, 7e éd. 1997, tome I, Livre I, le phénomène criminel, p. 19-95.

M. Ouimet, v. Szabo

G. Picca, *La criminologie*, coll. « Que sais-je ? », PUF, 1re éd., 1983; 8e éd. 2009.

J. Pinatel, *La criminologie*, 1re éd., Spes 1960; Nouvelle éd. Les éditions ouvrières, 1979. Tome III (*La criminologie*) du Traité de droit pénal et de criminologie de P. Bouzat et J. Pinatel, Dalloz, 1re éd., 1963; 3e éd., 1975. *La société criminogène*,

Calmann-Lévy, 1971. *Le phénomène criminel*, MA éditions, 1987; *Histoire des sciences de l'homme et de la criminologie*, L'Harmattan, 2002, 128 p.

J. Pradel, *Droit pénal général*, Cujas, 18ᵉ éd., 2010, chap. préliminaire : Le phénomène criminel, p. 17-44.

S. Rizkalla, *Criminologie et réaction sociale*, Modulo, éd. Québec, 1984.

P. Robert, *Sociologie du crime*, La Découverte, coll. Repères, 2005, 121 p.

E. Seelig, *Traité de criminologie*, PUF, 1956.

J.-L. Senon, G. Lopez, R. Cario et al., *Psychocriminologie*, Dunod, 2008, 445 p.

V.V. Stanciu, *Essais de psycho-sociologie* criminelle, Paris, éd. anthropos, 1980; *Flamme et lumière en criminologie*, Cahiers Vasile Stanciu, nᵒˢ 7-8, 1995.

G. Stefani et G. Levasseur, *Droit pénal général et criminologie*, Précis Dalloz, 1ʳᵉ éd., 1956; 2ᵉ éd., 1961.

G. Stefani et G. Levasseur et R. Jambu-Merlin, *Criminologie et science pénitentiaire*, Précis Dalloz, 1ʳᵉ éd., 1968; 5ᵉ éd., 1982.

E.H. Sutherland et D.-R. Cressey, *Principes de criminologie*, éd. Cujas, 1966.

D. Szabo, *Criminologie*, Presses Univ. Montréal, 1965. *Criminologie*, (édition abrégée), Presses Univ. Montréal, 1970 [1]. *Déviance et criminalité*, texte, A. Colin, Coll. U2, 1970. *Criminologie et politique criminelle*, Vrin, 1978. *Science et crime*, Vrin, 1986; *Fondation et fondements de la criminologie* (entretiens avec Marcel Fournier), Éd. Liber de vive voix, 1998, 227 p.

D. Szabo et E. A. Fattah, *Criminologie*, in Encyclopédie médico-chirurgicale, tome 6, Psychiatrie, art. 37906, A 10 à A 40, 1969-1971.

D. Szabo, 1/ *La criminologie empirique au Québec*, Presses Univ. Montréal, 1985 (sous la dir. de D. Szabo et M. Le Blanc), 2/ *Traité de criminologie empirique*, 2ᵉ éd., 1994 (sous la dir. de D. Szabo et M. Le Blanc), 3/ *Traité de criminologie empirique*, 3ᵉ éd., 2003, (sous la dir. de M. Le Blanc, M. Ouimet et D. Szabo), 779 p.; 4/ *Traité de criminologie empirique* (sous la dir. de M. Le Blanc et M. Cusson), 4ᵉ éd., 2010, 451 p.

F. Tulkens, M. Van de Kerchove et al., *Introduction au droit pénal : aspects juridiques et criminologiques*, Bruxelles, Kluwer, 9ᵉ éd., 2010.

R. Vouin et J. Léauté, *Droit pénal et criminologie*, PUF, Thémis, 1956.

E. Yamarellos et G. Kellens, *Le crime et la criminologie*, 2 volumes, éd. Marabout Université, 1970.

b. En langue étrangère

• **Anglais et américain**

Encyclopedia of crime and justice, 4 vol., S.H. Kadish (éd.).

Adler et al., *Encyclopedia of criminology*.

Barak-Glantz et Johnson, *Comparative criminology*, 1983, 160 p.

S. Brown, F.A. Esbensen et G. Geis, *Criminology. Explaining crime and its context*, 2ᵉ éd., 1996, 560 p.

D. Downes et P. Rock, *Understanding deviance*, 2ᵉ éd. 1995, 415 p.

Eitzen et Timmer, *Criminology, crime and criminal justice*, 1985, 640 p.

D.C. Gibbons, *Society, crime and criminal behavior*, 5ᵉ éd., 1987, 532 p.

J. Gladstone et al., *Criminology : a reader's guide*, Toronto 1991.

M. Gottfredson et T. Hirschi, *A general theory of crime*, Stanford University Press, 1990.

H. Kapstein et M. Malsh (ed.), *Crime, victims and justice. Essays on principles and practice*, Aldershot, Ashgate, 2004, 161 p.

---

1. La référence D. Szabo : Criminologie, dans le texte renvoie à l'édition complète de 1965.

Lilly Cullen et Ball, *Criminological theory*, 1995, 256 p.
J. Mc Cord et J. Laub, *Contemporary Masters in Criminology*, 1995, 412 p.
M. Maguire, R. Morgan et R. Reiner, *The Oxford Handbook of Criminology*, Oxford, 1994, 1259 p.
H. Mannheim, *Comparative criminology*, 1965.
Nettler, *Criminology Lessons*, 1989, 342 p.
H. Prins, *Criminal behavior*, 2ᵉ éd., 1982, 309 p.
V. Sacco et L. Kennedy, *The criminal event. An introduction to criminology*, 1994, 380 p.
J. Sheley, Criminology *A contemporary handbook*, 2ᵉ éd. 1995, 656 p.
N. Walker, *Crime and criminology*, 1987, 224 p.
J.Q. Wilson, *Thinking about crime*, 1985.

• **Allemand**

U. Eisenberg, *Kriminologie*, 4ᵉ éd., 1995, 1519 p.
G. Kayser, *Kriminologie. Eine Einführung in die grundlagen*, 8ᵉ éd., 1989, 594 p.
G. Kayser, *Kriminologie, Ein Lehrbuck*, 2ᵉ éd., 1988, 1066 p.
K.L. Kunz, *Kriminologie*, 1994, 405 p.
B.D. Meier, *Kriminologie*, Munchen, C.H. Beek, 2003, 320 p.
H.J. Schneider, *Kriminologie*, 3ᵉ éd., 1992, 342 p.
H.-D. Schwind, *Kriminologie*, 5ᵉ éd., 1993, 473 p.

• **Espagnol**

A. Beristain, *Nueva criminologia desde el derecho penal y la Victimologia*, 1994, 403 p.
Lopez-Rey y Arrojo, *Compendio de criminologia y politico criminal*, 1985, 239 p.

• **Grèce**

J. Farsedakis, *Éléments de criminologie*, Athènes, 1996.

• **Italien**

T. Bandini et U. Gatti, *Criminologia. Il contributo della ricerca alla conoscenza del crimine e della reazione sociale*, 2ᵉ éd., 2003, Milan, Giuffre éd., 453 p.
Mantovani, *Il problema della criminalita*, 1984, 682 p.

• **Portugais**

R. de Brito-Alves, *Criminologia*, 1986, 297 p.
J. de Figueiredo Diaz et autre, *Criminologia*, 1984, 576 p.

• **Roumain**

R.M. Stanoïu, *Criminologie*, vol. 1., Bucarest 1995.

2. Revues [1]

a. En langue française

Actualités psychiatriques (*Act. psych.*).
Annales internationales de criminologie (*AIC*), anciennement Bulletin de la société internationale de criminologie (*BSIC*).
Annales médico-psychologiques (*AMP*).
Annales de Vaucresson (*Ann. Vaucr.*).
Année sociologique (*AS*).

---

1. L'abréviation figurant entre parenthèses indique la manière dont la revue est citée dans le texte.

Archives d'anthropologie criminelle (*AAC*).
Archives de politique criminelle (*APC*).
Bulletin (Suisse) de criminologie.
Bulletin de médecine légale et de toxicologie médicale (*BML*).
Bulletin de la société Internationale de Défense Sociale (*BSIDS*).
Cahiers de criminologie et de pathologie sociale.
Cahiers de recherches criminologiques du CICC de Montréal.
Cahiers de la Sécurité intérieure (*CSI*).
Champ Pénal (par Internet).
Commentaire.
Criminologie (anciennement Acta Criminologica).
Déviance et société (*Dév. et Soc.*).
European Journal on criminal policy and research (partiellement en langue française) (EJCPR).
Études internationales de psychosociologie criminelle (*EIPSC*).
Gendarmerie nationale (Paris) (*Gend. Nat.*).
Information psychiatrique (*IP*).
Instantanés criminologiques (*IC*).
Le Débat.
Liaisons (*Bulletin de la préfecture de police de Paris*).
Liaisons Canada.
Médecine légale et dommage corporel (*ML et DC*) anciennement Annales de médecine légale et de criminologie (*AMLC*).
Politeia (Revue professionnelle belge des services de police).
Questions pénales (*Quest. pén.*).
Rééducation (*Rééd.*).
Revue canadienne de criminologie (*RCC*).
Revue de droit pénal et de criminologie (*RDPC*).
Revue française de sociologie (RFS).
Revue internationale de criminologie et de police technique (*RICPT*), et scientifique (depuis 1998).
Revue internationale de défense sociale (*RIDS*).
Revue internationale de philosophie pénale et de criminologie de l'Acte.
Revue internationale de Police criminelle (*RIPC*).
Revue internationale de politique criminelle (*RI. polit. crim.*).
Revue internationale des sciences sociales (*RISS*).
Revue de neuro-psychiatrie infantile et d'hygiène mentale de l'enfance (*RNPI*).
Revue pénale suisse.
Revue pénitentiaire et de droit pénal (*RPDP*).
Revue de la police nationale (*Rev. pol. nat.*).
Revue de Science criminelle et de droit pénal comparé (*RSC*).
Sauvegarde de l'enfance (*SE*).

b. *En langue anglaise*

Abstracts on Criminology and penology (Abstr.) (anciennement Excerpta criminologica) et depuis 1992 Criminology penology and police science abstracts (à la suite de la fusion avec les Abstracts on police science).
British Journal of Criminology (*Brit. journ. crim.*).
Crime and delinquency.
European Journal on criminal policy and research (EJCPR).
International Journal of criminology and penology devenu International Journal of sociology of law.

The Journal of criminal law, Criminology and police science.
The Journal of research in crime and delinquency.
The quantitative Journal of criminology.
Theoritical criminology (depuis 1997).
Victimology, An international Journal.

c. En langue allemande

Archiv für Kriminologie.
Kriminalistik.
Kriminologisches (Bulletin suisse de criminologie).
Monatsschrift für Kriminologie und Strafrechtsreform.

d. En langue italienne

Archivio di antropologia criminale.
Quaderni di criminologia clinica.
Rassegna di criminologia.
Rassegna di studi penitenziari.
Rivista di criminologia, vittimologia e sicurezza.
Scuola positiva.

e. En langue espagnole

Annuario de derecho pen al y ciencias penales.
Revista de Estudios penitenciarios.

f. En langue grecque

Revue hellénique de criminologie.

3. Bibliographies de criminologie

Unesco, *Éléments d'une documentation en criminologie,* Paris, 1961, 114 p. (indique les ouvrages fondamentaux).
Jean Pinatel, *Bibliographie choisie, Revue internationale des Sciences Sociales,* Vol. XVIII, n° 2, 1966 (Bibliographie choisie des ouvrages parus de 1950 à 1964).
Annales internationales de criminologie, Bibliographie, 1960, 123-152; 1961, 175-185; 1962, 175-181 et 497-538; 1963, 523-547; 1964, 199-226 et 491-509; 1965, 131-159; 1966, 107-134 et 433-460; 1967, 195-246 et 567-614; 1968, 147-174-481; 1973, 403-408; 1975, 15-63.
Réponses à la violence, Annexes au rapport du Comité Peyrefitte, tomes 6, p. 81-182 et 8, p. 55-295.
Th. Sellin et L. Savitz, *A bibliographical manual for the students of criminology,* Bull. de la Société Internationale de Criminologie, 1960, I, 81-122.
Wolfgang, Figlio et Thornberry, Criminology index (1945-1972), *Research and theory in criminology in the United States,* 2 vol., 1975.
International bibliography on crime and delinquency, 5 vol., 1964-1967.
Criminology and forensic sciences, an international bibliography, 3 volumes, 1950-1980.
International Policing, publié par le National Institute of law enforcement and criminal justice, février 1978, 97 p.
Centre de formation et de recherche de l'éducation surveillée (CEFRES), Rapports et publications, 1952-1979, Vaucresson, 1980, 1 volume.

Recensions bibliographiques périodiques :
1) Bibliographies de la *Revue de science criminelle.*
2) Recensions semestrielles publiées par la Revue internationale de police criminelle (ont cessé de paraître en 1980).
3) Bulletins signalétiques du CNRS : Sociologie, Psychologie.
4) Abstracts on criminology and penology, bimestriel, (antérieurement Excerpta criminogica).
5) Criminal justice abstracts.

Informations sur les recherches, criminologiques en cours :
1) Conseil de l'Europe : Échange international d'informations sur les projets de recherches criminologiques dans les États membres.
2) National Council on crime and delinquency (USA) : Current projects in the prevention, control and treatment of crime and delinquency.

INDEX DES AUTEURS [1]

(Les chiffres renvoient aux numéros des paragraphes)

---

1. Seuls figurent dans cette table les noms des auteurs cités dans le texte, à l'exclusion de ceux mentionnés dans les notes.

INDEX ALPHABÉTIQUE

(Les chiffres renvoient aux numéros des paragraphes)

W

Z

TABLE DES MATIÈRES

Photocomposition : **SCM**, Toulouse

711012 (I)-(2.5) OFM-T 60g JOU (JoE)

Achevé d'imprimer en septembre 2011
dans les ateliers de Normandie Roto Impression s.a.s.
61250 Lonrai
N° d'imprimeur : 11-3648
Dépôt légal : octobre 2011

Imprimé en France